Modelagem de planilha e análise de decisão:

uma introdução prática a *business analytics*

Tradução da 8ª edição norte-americana

Dados Internacionais de Catalogação na Publicação (CIP)
(Câmara Brasileira do Livro, SP, Brasil)

R144m Ragsdale, Cliff T.
Modelagem de planilha e análise de decisão : uma introdução prática a business analytics / Cliff Ragsdale ; tradução Solange A. Visconte ; revisão técnica João Luiz Becker. - São Paulo, SP : Cengage, 2019.
692 p. ; 28 cm.

Inclui bibliografia e índice.
Tradução de: Spreadsheet modeling and decision analysis (8. ed.).
ISBN 978-85-221-2829-7

1. Processo decisório - Processamento de dados. 2. Processo decisório - Simulação por computador. 3. Sistemas de suporte de decisão. 4. Ciência da administração - Simulação por computador. I. Visconte, Solange A. II. Becker, João Luiz. III. Título.

CDU 658.004.915
CDD 658.4030285554

Índice para catálogo sistemático:
1. Processo decisório : Processamento de dados 658.004.915

(Bibliotecária responsável: Sabrina Leal Araujo - CRB 8/10213)

Modelagem de planilha e análise de decisão:

uma introdução prática a *business analytics*

Tradução da 8ª edição norte-americana

Cliff Ragsdale

Virginia Polytechnic Institute e State University

Em memória daqueles
que foram agredidos e perderam suas vidas
pela nobre busca da Educação
no Instituto Politécnico da Virgínia em 16 de abril de 2007

Tradução

Solange A. Visconte

Revisão técnica

João Luiz Becker

Professor, PhD em Management Science, Professor Titular do Departamento de Tecnologia e Ciência de Dados da Escola de Administração de Empresas de São Paulo da Fundação Getúlio Vargas

CENGAGE

Austrália • Brasil • México • Cingapura • Reino Unido • Estados Unidos

CENGAGE

Modelagem de planilha e análise de decisão: uma introdução prática a *business analytics*

3ª edição brasileira

Tradução da 8ª edição norte-americana

Cliff Ragsdale

Gerente editorial: Noelma Brocanelli

Editora de desenvolvimento: Gisela Carnicelli

Supervisora de produção gráfica: Fabiana Alencar Albuquerque

Título original: Spreadsheet Modeling and Decision Analysis 8th edition (ISBN 13: 978-1-305-94741-2)

Tradução: Solange A. Visconte

Revisão técnica: João Luiz Becker

Cotejo e revisão: Viviane Uemura, Fábio Gonçalves, Luicy Caetano de Oliveira e Tatiana Tanaka

Diagramação: PC Editorial Ltda.

Capa: Buono Disegno

Imagens de capa: Vadym Nechyporenko/Shutterstock, Viktorija Reuta/Shutterstock, Diki Prayogo/Shutterstock, BrightSpace/Shutterstock

Indexação: Priscilla Lopes

ISBN-13: 978-85-221-2829-7
ISBN-10: 85-221-2829-4

Cengage Learning
Condomínio E-Business Park
Rua Werner Siemens, 111 – Prédio 11 – Torre A – Conjunto 12
Lapa de Baixo – CEP 05069-900 – São Paulo – SP
Tel.: (11) 3665-9900 – Fax: (11) 3665-9901
SAC: 0800 11 19 39

Para suas soluções de curso e aprendizado, visite www.cengage.com.br

Impresso no Brasil
Printed in Brazil
1. impr. – 2021

Prefácio

As planilhas são um dos programas de software mais populares e presentes em todo o mundo. Diariamente, milhões de pessoas envolvidas com negócios usam programas de planilha para construir modelos de problemas de decisão enfrentados rotineiramente em suas atividades. Consequentemente, os empregadores, ao recrutar funcionários, buscam pessoas com experiência e habilidade no uso dessas planilhas.

As planilhas também se tornaram um meio de introduzir aos estudantes de graduação e pós-graduação nas áreas de negócios e engenharia os conceitos abordados e as ferramentas utilizadas no curso introdutório de *business analytics*. Isso desenvolve, simultaneamente, as habilidades dos alunos com uma ferramenta padrão utilizada no mundo de negócios de hoje e abre seus olhos para a variedade de técnicas de análise quantitativa que pode ser usada nesse ambiente de modelagem. Além de atrair o interesse dos alunos, as planilhas acrescentam uma nova relevância a *business analytics*, porque eles veem como essas planilhas podem ser aplicadas com um software bastante utilizado no mundo dos negócios.

Modelagem de planilha e análise de decisão: uma introdução prática a business analytics oferece uma introdução às técnicas de *business analytics* descritivas, preditivas e prescritivas e mostra como essas ferramentas podem ser implementadas usando-se o Microsoft® Excel. A experiência prévia com esse programa certamente é útil, mas não é um pré-requisito para o uso do texto. Em geral, um estudante familiarizado com computadores e com os conceitos de planilhas apresentados na maioria dos cursos introdutórios de computação não terá dificuldade em usar este texto. Instruções passo a passo e figuras estão presentes em cada exemplo, assim como dicas de software são apresentadas sempre que necessário.

O que há de novo na 8ª edição?

As características mais significativas na oitava edição de *Modelagem de planilha e análise de decisão: uma introdução prática a business analytics* são o novo foco em *business analytics* e a utilização do Analytic Solver Platform for Education da Frontline Systems, Inc. O Analytic Solver Platform é um *add-in* para Excel que proporciona acesso a ferramentas analíticas para otimização, simulação, análise de sensibilidade e análise de árvore de decisão, bem como diversas ferramentas para *data mining*. Facilita a realização de otimizações, simulações com múltiplos parâmetros e a aplicação de técnicas de otimização a modelos de simulação em uma interface integrada e coerente. Também oferece incríveis funções de simulação interativa, com as quais os resultados da simulação são atualizados automaticamente em tempo real sempre que forem realizadas alterações manuais na planilha. Além disso, quando executado em "Guided mode" opcional, o Analytic Solver Platform proporciona aos estudantes mais de cem caixas de diálogo personalizadas que proporcionam diagnósticos de diversas condições do modelo e explicam os passos envolvidos na solução de problemas. O Analytic Solver Platform oferece diversas outras funções, tendo o potencial de transformar o modo como abordamos a educação na área de análise quantitativa, atualmente e no futuro.[1]

Acesse www.solver.com/aspe para obter informações de como adquirir o software. Você também pode entrar em contato com o suporte pelo e-mail support@solver.com. Atendimento em inglês.

As alterações adicionais na oitava edição de *Modelagem de planilha e análise de decisão: uma introdução prática a business analytics* em relação à sétima edição incluem:

- Integração completa com o Microsoft® Office 2016.
- O Capítulo 1 inclui uma abrangente discussão e definição da boa tomada de decisão.
- O Capítulo 6 apresenta uma nova seção sobre o tópico problemas de balanceamento de linhas de produção.

[1] Todas as soluções para os problemas apresentados ao longo do livro foram obtidas com o Analytic Solver Platform, versão 16.0, de 2019. Eventuais discrepâncias na aparência das planilhas se devem a diferenças de versões do software utilizados no original e na tradução para o português, realizadas em datas distintas. (N.R.T.)

- O Capítulo 10[2] passou por ampla revisão para refletir as alterações na XLMiner Platform e foi expandido para incluir uma discussão sobre precisão, especificidade, escore F1 e Curvas ROC.
- O Capítulo 11 apresenta técnicas novas, simplificadas com a finalidade de produzir previsões para dados de séries temporais estacionárias.
- Problemas e questões novos e revisados foram incorporados ao final de cada capítulo ao longo do livro.
- As planilhas deste livro tiveram seu conteúdo traduzido onde editável. O conteúdo relativo ao Solver não pode foi traduzido, pois não se tem acesso aos comandos específicos do aplicativo.

Aspectos inovadores

Além de sua importante orientação a planilhas, esta edição de *Modelagem de planilha e análise de decisão: uma introdução prática a business analytics* contém muitos outros aspectos singulares que a distinguem de outros textos.

- Formulações algébricas e planilhas são usadas lado a lado para ajudar no desenvolvimento de habilidades de pensamento conceitual.
- Instruções passo a passo e diversas figuras com anotações facilitam a compreensão e o acompanhamento dos exemplos.
- É dada mais ênfase à formulação de métodos e a sua interpretação do que a algoritmos.
- Os exemplos realistas motivam a discussão de cada tópico.
- As soluções para os problemas exemplo são analisadas de uma perspectiva gerencial.
- Arquivos de planilhas para todos os exemplos são fornecidos na página deste livro no site da editora. Acesse: www.cengage.com.br.
- Foi acrescentado um capítulo distinto e acessível sobre *data mining*.
- As seções intituladas "O mundo da *business analytics*" mostram como cada tópico tem sido aplicado em uma empresa real.

Organização

O sumário de *Modelagem de planilha e análise de decisão: uma introdução prática a business analytics* está disposto de maneira bastante tradicional, mas os tópicos podem ser abordados de diversas formas. O texto começa com uma visão geral da *business analytics* no Capítulo 1. Os Capítulos de 2 a 8 abrangem diversos temas sobre técnicas de modelagem prescritiva: programação linear, análise de sensibilidade, redes, programação inteira, programação de meta e otimização multiobjetivo e programação não linear e otimização evolutiva. Os Capítulos de 9 a 11 tratam de técnicas de modelagem preditiva e técnicas de previsão: análise de regressão, *data mining* e análise de séries temporais.

Os Capítulos 12 e 13 tratam de técnicas de modelagem descritiva: simulação e teoria das filas, e o Capítulo 14 trata de análise de decisões.

Ao terminar o Capítulo 1, é importante que se faça uma breve recapitulação sobre os fundamentos das planilhas (inserir e copiar fórmulas, previsão, formatação básica, editoração etc.). Em seguida, o professor poderia tratar do material sobre otimização, regressão, *data mining* ou simulação, dependendo de suas preferências pessoais. Os capítulos sobre filas e gestão de projetos fazem referências gerais à simulação e, portanto, devem suceder a discussão desse tópico.

Agradecimentos

Agradeço aos seguintes colegas que deram importantes contribuições para o desenvolvimento deste livro. Os revisores desta oitava edição foram:

Layek Abdel-Malek, New Jersey Institute of Technology
Ajay Aggarwal, Millsaps College
Aydin Alptekinoglu, University of Florida
Leonard Asimow, Robert Morris University
Tom Bramorski, University of Georgia
John Callister, Cornell University
Moula Cherikh, Virginia State University

[2] A tradução deste capítulo baseou-se na versão atualizada do capítulo. A atualização decorreu de importantes mudanças no aplicativo usado nos diversos exemplos apresentados, o Analytics Solver Plattform, particularmente em seu módulo de Data Mining.

Steve Comer, The Citadel
David L. Eldredge, Murray State University
Ronald Farina, University of Denver
Konstantinos Georgatos, John Jay College
Michael Gorman, University of Dayton
Deborah Hanson, University of Great Falls
Duncan Holthausen, North Carolina State University
Mark Isken, Oakland University
PingSun Leung, University of Hawaii em Manoa
Mary McKenry, University of Miami
Anuj Mehrotra, University of Miami
Stephen Morris, University of San Francisco
Manuel Nunez, University of Connecticut
Alan Olinsky, Bryant University
John Olson, University of St. Thomas
Mark Parker, Carroll College
Tom Reiland, North Carolina State University
Thomas J. Schriber, University of Michigan
Bryan Schurle, Kansas State University
John Seydel, Arkansas State University
Peter Shenkin, John Jay College of Criminal Justice
Stan Spurlock, Mississippi State University
Donald E. Stout Jr., Saint Martin's College
Ahmad Syamil, Arkansas State University
Pandu R. Tadikamalla, University of Pittsburgh
Shahram Taj, University of Detroit Mercy
Danny Taylor, University of Nevada
G. Ulferts, University of Detroit Mercy
Tim Walters, University of Denver
Larry White, Prairie View A&M University
Barry A. Wray, University of North Carolina-Wilmington

Agradeço também a Tom Bramorski, da University of Georgia. David Ashley forneceu muitos dos artigos resumidos apresentados nas seções intituladas "O mundo da *business analytics*" ao longo do texto e criou o modelo de filas utilizado no Capítulo 13. Jack Yurkiewicz, da Pace University, contribuiu com diversos dos casos encontrados no livro.

Um agradecimento especial a todos os alunos e professores que utilizaram as edições anteriores deste livro e que providenciaram muitos comentários e sugestões para torná-lo melhor. Agradeço também à maravilhosa equipe da Cengage Learning: Aaron Arnsparger, gerente de produtos sênior, e Conor Allen, desenvolvedor de conteúdo. Sinto-me honrado e privilegiado em trabalhar com ambos.

Agradeço ao meu amigo Dan Fylstra e à equipe da Frontline Systems (www.solver.com) por conceberem e desenvolverem o Analytic Solver Platform e por auxiliarem meu trabalho de revisão para este livro. Em minha opinião, o Analytic Solver Platform é o desenvolvimento mais significativo na área de ensino de *business analytics* desde a criação dos computadores pessoais e das planilhas eletrônicas. (Dan, você tem o meu voto para uma condecoração por seus feitos em modelagem analítica e indução no Hall da Fama da análise quantitativa!)

Mais uma vez, agradeço à minha querida esposa, Kathy, por sua paciência inesgotável, apoio, incentivo e amor. Este livro é dedicado aos meus pais, Roy e Mamie Ragsdale, que partiram, ambos, do planeta que denominamos Terra durante a preparação desta revisão, mas cuja influência e memória permanecem.

Considerações finais

Espero que gostem da abordagem em planilha para ensinar *business analytics* tanto quanto eu e que achem o livro interessante e útil. Se você encontrar maneiras criativas de usar as técnicas abordadas neste livro ou se precisar de ajuda para aplicá-las, eu adoraria muito que entrasse em contato. Além disso, quaisquer comentários, perguntas, sugestões ou críticas construtivas que tenham relação com este texto serão muito bem-vindos.

Cliff T. Ragsdale
e-mail: Cliff.Ragsdale@vt.edu

Analytic Solver Platform

Acesse www.solver.com/aspe para obter informações de como adquirir o software. Você também pode entrar em contato com o suporte pelo e-mail support@solver.com. Atendimento em inglês.

Material de apoio

Na página deste livro no site da editora estão disponíveis para *download*:
- Manual de soluções (para professores, em inglês).
- Planilhas do Excel (para professores e alunos, em português)
- Slides de Power Point (para professores e alunos, em português).

Sobre o revisor técnico – João Luiz Becker

Professor Titular de Tecnologia e Ciência de Dados na FGV-EAESP. É Bacharel em Economia, Bacharel em Matemática, Mestre em Matemática Aplicada e PhD em Management Science. Atualmente o foco de suas pesquisas recai sobre aplicações gerenciais de mineração de textos (text mining), sistemas automáticos de recomendação, clusterização de clientes, deep learning, avaliação do valor de clientes (customer lifetime value – CLV) e simulação de modelos markovianos.

Nota da Editora:
1. As unidades de medida deste livro foram mantidas para garantir a originalidade do texto.

Sumário

Capítulo 1

Introdução à modelagem e à tomada de decisão

1.0 Introdução

Este livro é intitulado *Modelagem de planilha e análise de decisão: uma introdução prática a* business analytics, então, comecemos discutindo o que exatamente significa esse título. Pela própria natureza da vida, todos nós devemos continuamente tomar decisões que ajudarão a resolver problemas e resultarão em melhores oportunidades para nós mesmos ou para as organizações em que trabalhamos. Mas tomar boas decisões raramente é uma tarefa fácil. Os problemas enfrentados pelos tomadores de decisão no ambiente comercial competitivo, de ritmo frenético e com uso intenso de dados de hoje, são geralmente de extrema complexidade e podem ser resolvidos por vários cursos de ação possíveis. A avaliação dessas alternativas e a escolha do melhor curso de ação representam a essência da tomada de decisão.

Desde a concepção da planilha eletrônica no início da década de 1980, milhões de executivos descobriram que uma das maneiras mais eficazes de analisar e avaliar alternativas de decisão envolve o uso de planilhas para criar modelos em computador das oportunidades comerciais e dos problemas de decisão enfrentados. Um **modelo em computador** é um conjunto de relacionamentos matemáticos e suposições lógicas implementados em um computador como representação de algum objeto, problema ou fenômeno de decisão do mundo real. Hoje, as planilhas eletrônicas representam a maneira mais útil e conveniente para os executivos implementarem e analisarem modelos em computador. De fato, a maioria dos executivos provavelmente classificaria a planilha eletrônica como sua ferramenta analítica mais importante, depois do cérebro! Com o uso de um **modelo de planilha** (um modelo em computador implementado por meio de planilha), um executivo pode analisar alternativas de decisão antes de ter de escolher um plano específico para implementação.

Este livro introduz o leitor em uma variedade de técnicas do campo da *business analytics*, que pode ser aplicada em modelos de planilha, a fim de ajudar no processo de tomada de decisão. Para nosso objetivo, definiremos aqui a ***business analytics***[1] como um campo de estudo que usa dados, computadores, estatística e matemática para resolver problemas comerciais. Ela envolve o uso de métodos e ferramentas científicas para conduzir a tomada de decisão. É a ciência de tomar melhores decisões. A ***business analytics*** também pode ser chamada de pesquisa operacional, ciência da gestão ou ciência da decisão. Veja a Figura 1.1 para obter um resumo de como a *business analytics* tem sido aplicada com êxito em várias situações do mundo real.

Em um passado não muito distante, a *business analytics* era um campo altamente especializado que, em geral, podia ser praticado apenas por aqueles com acesso a computadores *mainframe* e que possuíam conhecimento avançado de matemática, linguagens de programação de computador e pacotes de software especializado. No entanto, a proliferação de computadores pessoais (PCs) de alta tecnologia e o desenvolvimento de planilhas eletrônicas fáceis de usar tornaram as ferramentas de *business analytics* muito mais práticas e disponíveis para um público muito maior. Praticamente para todos.

1.1 A abordagem da modelagem na tomada de decisão

A ideia de usar modelos na solução de problemas e na tomada de decisão não é nova e certamente não está vinculada ao uso de computadores. Em algum momento, todos nós usamos uma abordagem de modelagem para tomar uma decisão. Por exemplo, se você já se mudou para um apartamento ou casa, sem dúvida teve de decidir sobre como organizar seus móveis em sua nova casa. Provavelmente, havia diversas disposições diferentes a serem consideradas.

[1] No Brasil, o termo que se consagra é "*business analytics*". (N.R.T.)

FIGURA 1.1
Exemplos de aplicações bem-sucedidas da business analytics.

Campeões na *Business Analytics*

Na última década, muitos projetos de *business analytics* pouparam milhões de dólares para companhias em diversas indústrias. A cada ano, o Institute for Operations Research and Management Sciences (Informs) patrocina o Franz Edelman Awards, prêmio que reconhece alguns dos projetos de *business analytics* mais proeminentes concebidos no ano anterior. Veja a seguir alguns dos campeões do Franz Edelman Awards de 2013 e 2014 (descritos em *Interfaces*, v. 44, n. 1, jan.-fev. de 2014, e v. 45, n. 1, jan.-fev. de 2015).

- A Chevron criou uma ferramenta de otimização utilizada em todas as suas refinarias. A companhia emprega essa ferramenta para planejamento estratégico e operacional, a fim de otimizar o mix de óleos crus e produtos a serem produzidos, determinar configurações das operações de refinaria e planejar despesas de capital. Este tipo de atividade de modelagem é parte integrante da cultura e dos processos de negócios da Chevron. As economias anuais obtidas a partir do trabalho de otimização na Chevron estão estimadas em US$ 1 bilhão.
- Na década de 1980, a Dell obteve sucesso ao permitir que os clientes encomendassem computadores com configuração personalizada. Mais recentemente, ela se aventurou no mercado de configurações fixas de hardware (FHC, na sigla em inglês) para enfrentar a concorrência cada vez maior. A equipe de *analytics* da Dell utilizou diversas técnicas estatísticas para criar um conjunto de FHCs e aperfeiçoar o *design* de seu site. Criou também modelos que analisam a variabilidade de oferta e demanda, visando identificar quando diferentes promoções devem ser utilizadas. Estas iniciativas geraram mais de US$ 140 milhões ao reduzir os descontos, aumentar a atração de clientes *on-line*, aperfeiçoar a logística e melhorar a satisfação dos clientes.
- A Kroger Company opera 1.950 farmácias em sua cadeia de supermercados. Utilizando os dados reais de demanda, sua equipe de *analytics* criou um modelo de simulação e otimização a fim de determinar pontos e níveis máximos de ressuprimento de itens em suas farmácias. Este esforço analítico reduziu a ocorrência anual de escassez de estoque em 1,6 milhão de prescrições, diminuiu os estoques em mais de US$ 120 milhões e aumentou a receita anual em aproximadamente US$ 80 milhões.
- A National Broadcast Network Company (NBNC) é um órgão governamental responsável por fornecer serviços de rede de banda larga em toda a Austrália. Recentemente, a NBNC trabalhou com uma companhia de consultoria em *analytics* para desenvolver um conjunto de modelos de programação inteira mista que automatizam e otimizam o *design* de uma rede provendo cobertura de banda larga para aproximadamente 8 milhões de pontos. As reduções no tempo de elaboração de projeto e outras economias têm um valor estimado em US$ 1,7 bilhão.
- A Alliance for Paired Donations (APD) procura salvar vidas assegurando um doador de rim vivo para cada paciente que precisa de transplante. As pessoas que necessitam de transplante de rim geralmente têm um amigo ou parente disposto a fazer essa doação, mas frequentemente o doador do rim é incompatível com o paciente receptor. Trocas com outros pares de paciente-doador podem, às vezes, resolver essas incompatibilidades. A APD emprega técnicas de programação inteira para determinar a melhor correspondência de pares para solucionar esse problema de intercâmbio de rins. Desde 2006, os esforços da APD já salvaram mais de 220 vidas – e esse tipo de "economia" é inestimável.

Uma delas proporcionaria um espaço mais amplo, mas exigiria a remoção das paredes para transformar o apartamento em um *loft*. Outra disponibilizaria menos espaço, porém você evitaria o transtorno e os gastos com a reforma. Para analisar essas diferentes disposições e tomar uma decisão, você não construiu o *loft*. Você criou um **modelo mental** das duas disposições, imaginando como cada uma delas ficaria. Assim, algumas vezes, um modelo mental simples é tudo que é necessário para analisar o problema e tomar uma decisão.

Para decisões mais complexas, um modelo mental pode ser impossível de construir, ou insuficiente, e outros tipos de modelo tornam-se necessários. Por exemplo, um conjunto de desenhos ou projetos para uma casa ou um edifício fornece um **modelo visual** da estrutura do mundo real. Esses desenhos ajudam a ilustrar como as diversas partes da estrutura se encaixarão quando estiver concluída. Um mapa rodoviário é outro tipo de modelo visual, pois ajuda um motorista a analisar as várias rotas de determinado local a outro.

Você provavelmente também tenha visto comerciais de carros na televisão que mostram engenheiros automotivos usando **modelos físicos** ou **em escala** para estudar a aerodinâmica de vários *designs* de carros a fim de encontrar aquele que cria a menor resistência ao vento e maximiza a economia de combustível. De maneira semelhante, os engenheiros aeronáuticos usam modelos em escala de aviões para estudar as características de voo de vários *designs* de fuselagem e de asa. E os engenheiros civis podem usar modelos em escala de edifícios e de pontes para estudar as características de diferentes técnicas de construção.

Outro tipo comum de modelo é um **modelo matemático**, que usa relações matemáticas para descrever ou representar um objeto ou problema de decisão. Neste livro, estudaremos o modo como vários modelos matemáticos podem ser implementados e analisados em computador com o uso de software de planilha. Mas, antes de entrarmos em uma discussão mais profunda de modelos de planilha, vejamos algumas das características dos benefícios mais gerais da modelagem.

1.2 Características e benefícios da modelagem

Embora este livro se concentre em modelos matemáticos implementados em computador por meio de planilhas, os exemplos de modelos não matemáticos fornecidos anteriormente merecem uma discussão mais detalhada, pois ajudam a ilustrar várias características e benefícios importantes da modelagem em geral. Primeiro, os modelos mencionados são, normalmente, versões simplificadas do objeto ou problema de decisão que representam. Para estudar a aerodinâmica do *design* de um carro, não precisamos construir um carro inteiro, completo, com motor e rádio, pois esses componentes têm pouco ou nenhum efeito na aerodinâmica. Portanto, embora um modelo seja normalmente uma representação simplificada da realidade, é útil desde que seja válido. Um **modelo válido** é aquele que representa de maneira precisa as características relevantes do objeto ou problema de decisão que está sendo estudado.

Em segundo lugar, geralmente é mais barato analisar problemas de decisão fazendo uso de um modelo. Isso é especialmente fácil de entender com relação a modelos em escala de itens de preço elevado, como carros e aviões. Além do custo financeiro menor para criar um modelo, a análise dele pode ajudar a evitar prejuízos que poderiam resultar em tomada de decisão deficiente. Por exemplo, é muito mais barato descobrir falhas em um projeto de asa usando um modelo em escala de uma aeronave do que encontrar esses problemas depois da queda de um avião de carreira completamente carregado.

Frank Brock, ex-vice-presidente executivo da empresa Brock Candy, contou a seguinte história sobre os projetos que sua empresa preparou para a instalação de uma nova fábrica. Depois de meses de trabalho de *design* cuidadoso, ele mostrou, com orgulho, os planos a vários de seus trabalhadores da linha de produção. Quando Brock solicitou comentários, um dos trabalhadores respondeu: "É um edifício de muito boa aparência, senhor Brock, mas essa válvula de cocção parece estar a 6 metros da válvula de vapor". "E o que há de errado nisso?", perguntou Brock. "Bem, nada", disse o trabalhador, "exceto que minhas mãos têm de estar nas duas válvulas ao mesmo tempo!".[2] Não é preciso dizer que é muito mais barato descobrir e corrigir esse "pequeno" problema com o uso de um modelo visual antes de colocar o concreto e os canos como originalmente planejado.

Terceiro, os modelos normalmente fornecem as informações necessárias com maior antecipação. Em geral, é relativamente fácil verificar que modelos em escala de carros ou aviões podem ser criados e analisados de modo mais rápido que as contrapartidas do mundo real. A antecipação também é importante quando dados vitais não estarão disponíveis antes de determinado momento. Nesses casos, podemos criar um modelo para ajudar a prever os dados omissos a fim de auxiliar na tomada de decisão.

Quarto, modelos são normalmente úteis para examinar aspectos que seriam impossíveis de fazer na realidade. Por exemplo, modelos humanos (manequins de teste de carros) são usados em testes de batidas de carro para verificar o que pode acontecer a uma pessoa se um automóvel em alta velocidade bater em uma parede de tijolos. Da mesma maneira, modelos do DNA podem ser usados para visualizar o modo como moléculas se unem. Esses dois assuntos seriam de difícil, se não impossível, verificação sem o uso de modelos.

Finalmente, e provavelmente mais importante, os modelos nos permitem ganhar *insight* e entendimento sobre o objeto ou problema de decisão que está sendo investigado. O objetivo final de usar modelos é melhorar a tomada de decisão. Como veremos, o processo de criação de um modelo pode nos ajudar a entender um problema. Em alguns casos, uma decisão pode ser tomada durante a criação de um modelo, à medida que um elemento anteriormente não entendido do problema é descoberto ou eliminado. Em outros casos, uma análise cuidadosa de um modelo concluído pode ser necessária para compreender o problema e obter os *insights* necessários para tomar uma decisão. De qualquer maneira, é o *insight* obtido com o processo de modelagem que leva, no final, a uma melhor tomada de decisão.

---

[2] COLSON, Charles; ECKERD, Jack. *Why America Doesn't Work*. Denver, Colorado: Word Publishing, 1991. p. 146-147.

1.3 Modelos matemáticos

Como mencionado anteriormente, as técnicas de modelagem neste livro diferem um pouco de modelos em escala de carros e aviões, ou de modelos visuais de instalações de produção. Os modelos que criaremos usam a Matemática para descrever um problema de decisão. Usamos o termo "Matemática" em seu sentido mais amplo, abrangendo não apenas os elementos mais familiares dessa ciência, como a Álgebra, mas também o tópico relacionado da Lógica.

Agora, vamos considerar um exemplo simples de um modelo matemático:

$$\text{LUCRO} = \text{RECEITA} - \text{DESPESAS} \qquad \mathbf{1.1}$$

A Equação 1.1 descreve um relacionamento simples entre receita, despesas e lucro. Esse relacionamento matemático descreve a operação de determinação do lucro — ou um modelo matemático do lucro. Claro, nem todos os modelos são tão simples, mas, se os considerarmos por partes, os modelos que discutiremos não serão muito mais complexos do que esse.

Frequentemente, modelos matemáticos descrevem relacionamentos funcionais. Por exemplo, o modelo matemático na Equação 1.1 descreve um relacionamento funcional entre receita, despesas e lucro. Usando os símbolos da Matemática, esse relacionamento funcional é representado da seguinte forma:

$$\text{LUCRO} = f(\text{RECEITA, DESPESAS}) \qquad \mathbf{1.2}$$

Expressa em palavras, a Equação 1.2 significa "o lucro é uma função de receita e despesas". Também poderíamos dizer que o lucro depende (ou é dependente) de receita e despesas. Assim, nessa equação, o termo LUCRO representa uma **variável dependente**, enquanto RECEITA e DESPESAS são **variáveis independentes**. Frequentemente, símbolos compactos (como A, B e C) são usados para representar variáveis em uma equação como a 1.2. Por exemplo, se deixarmos Y, X_1 e X_2 representarem LUCRO, RECEITA e DESPESAS, respectivamente, poderíamos escrever a Equação 1.2 da seguinte forma:

$$Y = f(X_1, X_2) \qquad \mathbf{1.3}$$

A notação $f(\cdot)$ representa a função que define o relacionamento entre a variável dependente Y e as variáveis independentes X_1 e X_2. No caso de determinação de LUCRO a partir de RECEITA e DESPESAS, a forma matemática da função $f(\cdot)$ é muito simples, pois sabemos que $f(X_1, X_2) = X_1 - X_2$. No entanto, em muitas outras situações que modelaremos, a forma de $f(\cdot)$ será bastante complexa e poderá envolver diversas variáveis independentes. Mas, independentemente da complexidade de $f(\cdot)$ ou do número de variáveis independentes envolvidas, muitos dos problemas de decisão encontrados em negócios podem ser representados por modelos que assumem a forma geral,

$$Y = f(X_1, X_2, \ldots, X_k) \qquad \mathbf{1.4}$$

Na Equação 1.4, a variável dependente Y representa uma medida de desempenho final do problema que estamos modelando. Os termos $X_1, X_2, \ldots, X_k$ representam as diferentes variáveis independentes que desempenham algum papel ou que têm algum impacto na determinação do valor de Y. Novamente, $f(\cdot)$ é a função (possivelmente bem complexa) que especifica ou descreve o relacionamento entre as variáveis dependentes e as independentes.

O relacionamento expresso na Equação 1.4 é muito semelhante ao que ocorre na maioria dos modelos de planilha. Considere um modelo de planilha simples para calcular o pagamento mensal de um financiamento de carro, como mostrado na Figura 1.2.

A planilha da Figura 1.2 contém uma variedade de **células de entrada** (por exemplo, preço de compra, valor inicial, valor da troca, período do empréstimo, taxa de juros anual) que correspondem, conceitualmente, às variáveis independentes $X_1, X_2, \ldots, X_k$ na Equação 1.4. De maneira semelhante, uma variedade de operações matemáticas é realizada usando essas células de entrada de maneira análoga à da função $f(.)$ na Equação 1.4. Os resultados dessas operações matemáticas determinam o valor de alguma **célula de saída** da planilha (por exemplo, parcela mensal), que corresponde à variável dependente Y na Equação 1.4. Assim, há uma correspondência direta entre a Equação 1.4 e a planilha da Figura 1.2. Esse tipo de correspondência existe para a maioria dos modelos de planilha deste livro.

1.4 Categorias de modelos matemáticos

A Equação 1.4 não apenas descreve os principais elementos dos modelos matemáticos ou de planilhas, como também fornece um meio conveniente de comparação e contraste entre as três categorias de técnicas de modelagem

FIGURA 1.2 *Exemplo de um modelo de planilha simples.*

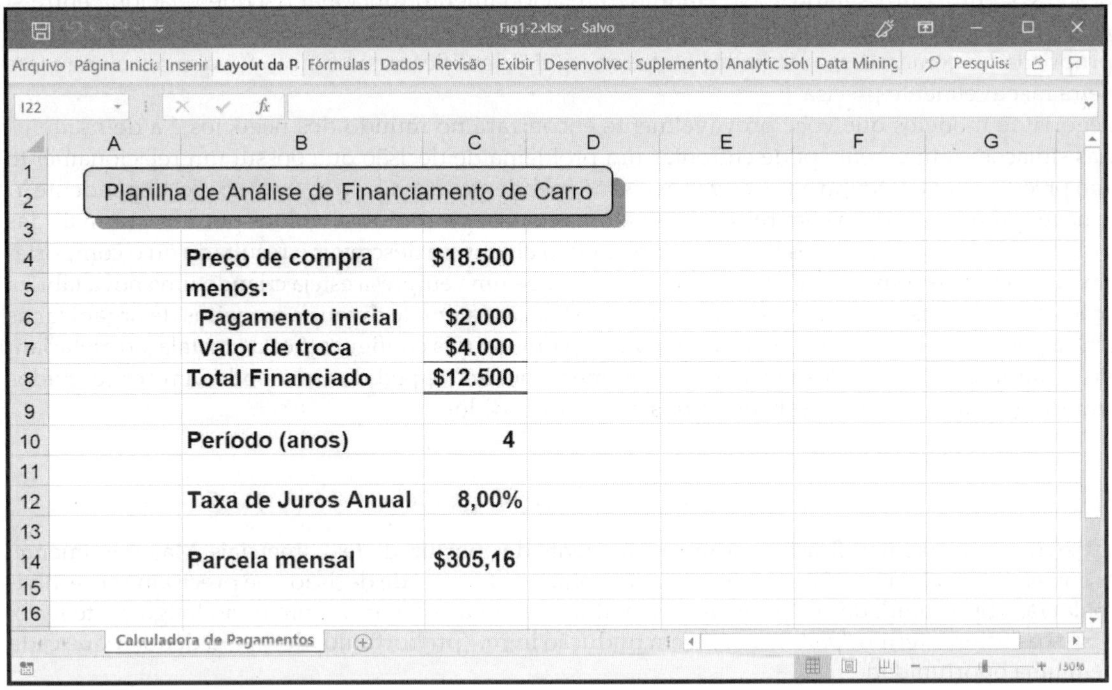

apresentadas neste livro: Modelos Prescritivos, Modelos Preditivos e Modelos Descritivos. A Figura 1.3 resume as características e algumas das técnicas associadas a cada uma dessas categorias.

Em algumas situações, um gerente pode enfrentar determinado problema de decisão que envolva um relacionamento funcional muito preciso e bem definido $f(\cdot)$ entre as variáveis independentes $X_1, X_2, \ldots, X_k$ e a variável dependente Y. Se os valores nas variáveis independentes estiverem sob o controle do tomador de decisão, o problema de decisão nesses tipos de situação se resume à determinação dos valores das variáveis independentes $X_1, X_2, \ldots, X_k$ que produzem o melhor valor possível para a variável dependente Y. Esses tipos de modelos são chamados **modelos prescritivos** porque suas soluções informam ao tomador de decisão que ações realizar. Por exemplo, você pode estar interessado na determinação de como certa soma de dinheiro deverá ser alocada em diferentes investimentos (representados pelas variáveis independentes) a fim de maximizar o retorno sobre um portfólio sem exceder determinado nível de risco.

Uma segunda categoria de problemas de decisão tem como objetivo prever ou estimar qual valor a variável dependente Y terá quando as variáveis independentes $X_1, X_2, \ldots, X_k$ tiverem valores específicos. Se a função $f(\cdot)$ relacionando as variáveis dependentes e independentes for conhecida, é uma tarefa muito simples — basta atribuir valores especificados para $X_1, X_2, \ldots, X_k$ na função $f(\cdot)$ e computar Y. Em alguns casos, no entanto, a forma funcional de $f(\cdot)$ pode ser desconhecida e deverá ser estimada para que o tomador de decisão faça previsões sobre a variável dependente Y. Esses tipos de modelo são chamados **modelos preditivos**. Por exemplo, um avaliador de imóveis

	Características do Modelo:		
Categoria	**Forma de $f(\cdot)$**	**Valores das variáveis independentes**	**Técnicas de *business analytics***
Modelos Prescritivos	conhecido, bem definido	conhecido ou sob o controle do tomador de decisão	Programação Linear, Redes, Programação Inteira, CPM, Programação de Meta, Lote Econômico, Programação Não Linear
Modelos Preditivos	desconhecido, mal definido	conhecido ou sob o controle do tomador de decisão	Análise de Regressão, Análise de Séries Temporais, Análise Discriminante, Redes Neurais, Regressão Logística, Análise de Afinidade, Análise de Agrupamento
Modelos Descritivos	conhecido, bem definido	desconhecido ou incerto	Simulação, Filas, PERT, Modelos de Estoques

FIGURA 1.3 *Categorias e características das técnicas de modelagem de* business analytics.

pode saber que o valor de uma propriedade comercial (Y) é influenciado pelo total de metros quadrados (X_1) e pela idade da construção (X_2), entre outros fatores. No entanto, o relacionamento funcional $f(\cdot)$ que relaciona entre si essas variáveis pode ser desconhecido. Ao analisar a relação entre o preço de venda, o total de metros quadrados e a idade de outras propriedades comerciais, o avaliador pode conseguir identificar uma função $f(\cdot)$ que relacione essas variáveis de maneira razoavelmente precisa.

A terceira categoria de modelos que você provavelmente encontrará no mundo dos negócios é a de **modelos descritivos**. Nessas situações, um gerente pode enfrentar um problema de decisão que possui um relacionamento funcional $f(\cdot)$ muito preciso e bem definido entre as variáveis independentes $X_1, X_2, \ldots, X_k$ e a variável dependente Y. No entanto, pode haver grande incerteza com relação aos valores exatos que serão assumidos por uma ou mais das variáveis independentes $X_1, X_2, \ldots, X_k$. Nesses tipos de problemas, o objetivo é descrever o resultado ou o comportamento de determinada operação ou sistema. Por exemplo, suponha que uma empresa esteja criando uma nova fábrica e tenha várias opções de máquinas a serem colocadas na nova instalação, além de diversas maneiras de organizar as máquinas. A gerência pode estar interessada em estudar o modo como várias configurações da instalação afetariam a pontualidade no atendimento de pedidos (Y), dado um número incerto de pedidos que poderiam ser recebidos (X_1) e os prazos incertos (X_2) que poderiam ser solicitados por esses pedidos.

1.5 *Business analytics* e o processo de resolução de problemas

A *business analytics* se concentra na identificação e no aproveitamento de oportunidades comerciais. Mas, geralmente, as **oportunidades** comerciais podem ser vistas ou formuladas como **problemas** de decisão que precisam ser resolvidos. Por isso, as palavras "oportunidade" e "problema" são utilizadas quase como sinônimos ao longo deste livro. De fato, algumas pessoas usam o termo "*probortunity*" (em tradução livre, "probortunidade") para denotar que cada problema é também uma oportunidade.

Durante nossa discussão, dissemos que o principal objetivo da criação de modelos é ajudar os gerentes a tomar decisões que solucionem problemas. As técnicas de modelagem que estudaremos representam uma parte pequena, mas importante, do processo total de resolução de problemas. O "processo de resolução do problemas" discutido aqui se concentra no aproveitamento de diferentes tipos de oportunidades comerciais. Para se tornar um modelador eficaz, é importante entender como a modelagem se encaixa em todo o processo de resolução do problemas. Como um modelo pode ser usado para representar um problema ou fenômeno de decisão, pode-se criar um modelo visual do fenômeno que ocorre quando as pessoas resolvem problemas, o que chamamos processo de resolução de problemas. Embora uma variedade de modelos pudesse ser igualmente válida, o modelo da Figura 1.4 sumariza os principais elementos do processo de resolução de problemas e é suficiente para nosso objetivo.

A primeira etapa do processo de resolução do problema, sua identificação (ou identificação da "*probortunity*"), também é a mais importante. Se não identificarmos corretamente o problema de decisão associado à oportunidade comercial em questão, todo o trabalho que se seguirá não será nada além de esforço, tempo e dinheiro perdidos. Infelizmente, a identificação do problema normalmente não é tão fácil quanto parece. Sabemos que um problema existe onde há uma lacuna ou uma disparidade entre a situação presente e algum estado desejado. No entanto, normalmente não enfrentamos um problema bem definido. Em vez disso, acabamos enfrentando uma "bagunça"![3] A identificação do problema real envolve a reunião de muitas informações e a conversa com muitas pessoas para aumentar nosso entendimento da bagunça. Devemos ponderar todas essas informações e tentar identificar a raiz do problema ou os problemas que provocaram a bagunça. Portanto, identificar o problema real (e não apenas os sintomas do problema) requer *insight*, uma pitada de imaginação, tempo e bastante trabalho de detetive.

O resultado final da etapa de identificação do problema é um enunciado bem definido do problema. O simples ato de definir bem um problema geralmente o torna muito mais fácil de ser resolvido. Como diz o ditado, "um problema bem definido já está meio resolvido". Tendo identificado o problema, voltamos nossa atenção para a criação ou formulação de um modelo do problema. Dependendo da natureza do problema, podemos usar um modelo mental, um modelo visual, um

FIGURA 1.4
Um modelo visual do processo de resolução de problemas.

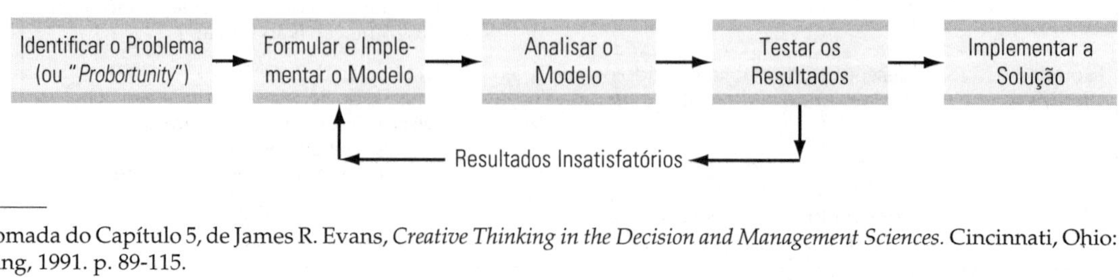

[3] Essa caracterização é tomada do Capítulo 5, de James R. Evans, *Creative Thinking in the Decision and Management Sciences*. Cincinnati, Ohio: South-Western Publishing, 1991. p. 89-115.

modelo em escala, ou um modelo matemático. Embora este livro se concentre em modelos matemáticos, não significa que estes sejam sempre aplicáveis ou os melhores. Na maioria das situações, o melhor modelo é o mais simples e o que reflita de maneira precisa a característica relevante ou a essência do problema estudado.

Neste livro, discutiremos várias técnicas de *business analytics*. É importante que você não desenvolva uma preferência muito tendenciosa por qualquer uma das técnicas. Algumas pessoas querem formular todos os problemas que enfrentam com algo que pode ser resolvido por sua técnica de modelagem favorita. Isso simplesmente não funciona.

Como indicado anteriormente na Figura 1.3, há diferenças fundamentais nos tipos de problemas que um gerente pode enfrentar. Algumas vezes, os valores das variáveis independentes que afetam um problema estão sob o controle do gerente, mas outras vezes não. Algumas vezes, a forma do relacionamento funcional $f(\cdot)$ referente às variáveis dependentes e independentes é bem definida, e outras vezes não. Essas características fundamentais do problema deverão guiar a seleção de uma técnica de modelagem apropriada. A meta no estágio de formulação do modelo é selecionar uma técnica de modelagem que seja adequada ao seu problema, em vez de tentar adequar seu problema ao formato exigido por uma técnica de modelagem pré-selecionada.

Depois de ter escolhido uma representação ou formulação adequada de seu problema, a próxima etapa é implementar essa formulação como um modelo de planilha. Não falaremos sobre o processo de implementação agora porque este será o foco do restante deste livro. Depois de você ter verificado que seu modelo de planilha foi implementado de maneira precisa, a próxima etapa no processo de resolução de problemas é usá-lo para analisar o problema que ele representa. O principal foco dessa etapa é gerar e avaliar alternativas que possam levar a uma solução do problema. Isso, em geral, implica desenvolver plenamente vários cenários diversos ou fazer perguntas do tipo "O que aconteceria se?". Planilhas são particularmente úteis para analisar modelos matemáticos dessa maneira. Em um modelo de planilha bem projetado, é relativamente simples alterar algumas das suposições do modelo para verificar o que pode acontecer em diferentes situações. À medida que prosseguirmos, enfatizaremos algumas técnicas para criação de modelos de planilhas que facilitem o tipo de análise "O que aconteceria se?". Esse tipo de análise também é muito adequado e útil quando se trabalha com modelos não matemáticos.

O resultado final da análise de um modelo nem sempre fornece uma solução para o problema real estudado. À medida que analisamos um modelo fazendo várias perguntas "O que aconteceria se?", é importante testar a viabilidade e a qualidade de cada solução potencial. Os projetos que Frank Brock mostrou para os funcionários da linha de produção representavam o resultado final de sua análise do problema. Ele testou de maneira inteligente a viabilidade e a qualidade dessa alternativa antes de implementá-la e descobriu uma falha considerável em seus planos. Assim, o processo de teste pode dar novos *insights* sobre a natureza de um problema. O processo de teste também é importante porque fornece a oportunidade de rechecar a validade do modelo. Às vezes, podemos descobrir uma alternativa que parece boa demais para ser verdade. Isso pode nos levar a descobrir que alguma suposição relevante não foi levada em conta no modelo. O teste dos resultados do modelo em relação a resultados conhecidos (e o senso comum simples) ajuda a assegurar a integridade estrutural e a validade do modelo. Depois de analisar o modelo, podemos descobrir que precisamos voltar a ele e modificá-lo.

A última etapa do processo de resolução de problemas, a implementação, é normalmente a mais difícil. A implementação começa com a derivação de *insights* gerenciais decorrentes de nossos esforços de modelagem, estruturados no contexto do problema do mundo real que está sendo resolvido, e com a comunicação desses *insights* para influenciar ações que afetam a situação comercial. Isso requer a elaboração de uma mensagem que é compreendida por várias partes interessadas na organização, persuadindo-as a tomar um curso específico de ação. (Consulte Grossman et al., 2008, para diversas sugestões úteis sobre esse processo.). Tem sido dito que gerentes preferem viver com problemas que não conseguem resolver do que aceitar soluções que não conseguem entender. Tornar as soluções compreensíveis e aceitáveis é o cerne do processo de implementação.

Devido a sua própria natureza, as resoluções de problemas envolvem pessoas e mudanças. Para o melhor ou para o pior, a maioria das pessoas é resistente a mudanças, mas existem maneiras de minimizar essa resistência aparentemente inevitável. Por exemplo, é sensato envolver, se possível, qualquer pessoa que será afetada pela decisão em todas as etapas do processo da resolução do problema. Isso não apenas ajuda a desenvolver um sentido de propriedade e entendimento da solução final, mas também pode ser fonte de informações importantes durante o processo de resolução do problema. Como ilustrado pela história de Brock Candy, mesmo se for impossível incluir as pessoas afetadas pela solução em todas as etapas, sua opinião deverá ser solicitada e considerada antes que uma solução seja aceita e implementada. A resistência a mudanças e a novos sistemas também poderá ser atenuada por meio da criação de interfaces flexíveis e amigáveis para os modelos matemáticos que normalmente são desenvolvidos no processo de resolução de problemas.

Neste livro, concentramo-nos principalmente nas etapas de formulação, implementação, análise e teste do modelo do processo de resolução de problemas, resumidas anteriormente na Figura 1.4. Novamente, não implica que essas etapas sejam mais importantes que as outras. Se não identificarmos o problema correto, o melhor que podemos esperar de nossa iniciativa de modelagem é "a resposta certa para a pergunta errada", o que não resolve o problema real. De maneira semelhante, mesmo se identificarmos o problema corretamente e criarmos um modelo que leve a uma solução perfeita, se não pudermos implementar a solução, ainda não teremos resolvido o problema. O desenvolvimento das habilidades interpessoais e investigativas necessárias para trabalhar com as pessoas na identificação do problema e na implementação da solução é tão importante quanto as habilidades de modelagem matemática que você desenvolverá trabalhando neste livro.

1.6 Efeitos de ancoragem e enquadramento

Neste ponto, alguns de vocês provavelmente estão pensando que é melhor confiar no julgamento subjetivo e na intuição em vez de confiar em modelos ao tomar decisões. De fato, a maioria dos problemas de decisão não triviais envolve algumas questões que são difíceis ou impossíveis de enquadrar e analisar na forma de um modelo matemático. Esses aspectos não estruturáveis de um problema de decisão podem exigir o uso de julgamento e intuição. No entanto, é importante perceber que a cognição humana é normalmente falha e pode levar a julgamentos incorretos e decisões irracionais. Erros no julgamento humano normalmente surgem devido ao que os psicólogos chamam de efeitos de **ancoragem** e **enquadramento** associados a problemas de decisão.

Os efeitos de ancoragem surgem quando um fator aparentemente trivial serve como ponto inicial (ou âncora) para estimativas em um problema de tomada de decisão. Os tomadores de decisão ajustam suas estimativas a partir dessa âncora, no entanto permanecem muito próximos a ela, ocorrendo normalmente um subajustamento. Em um estudo psicológico clássico sobre essa questão, foi solicitado a um grupo de sujeitos que estimassem individualmente o valor de $1 \times 2 \times 3 \times 4 \times 5 \times 6 \times 7 \times 8$ (sem usar uma calculadora). Foi solicitado a outro grupo de sujeitos que estimassem o valor de $8 \times 7 \times 6 \times 5 \times 4 \times 3 \times 2 \times 1$. Os pesquisadores levantaram a hipótese de que o primeiro número apresentado (ou talvez o produto dos primeiros três ou quatro números) serviria de âncora mental. Os resultados sustentaram a hipótese. A estimativa mediana dos sujeitos para os quais os números foram mostrados em ordem crescente ($1 \times 2 \times 3 \ldots$) foi 512, enquanto a estimativa mediana dos sujeitos para os quais a sequência foi mostrada em ordem decrescente ($8 \times 7 \times 6 \ldots$) foi 2.250. Claro, a ordem de multiplicação para esses números é irrelevante e o produto de ambas as séries é o mesmo: 40.320.

Os efeitos de enquadramento se referem à maneira como um tomador de decisão vê ou percebe as alternativas em um problema de decisão – normalmente envolvendo uma perspectiva ganhar/perder. A maneira como um problema é enquadrado normalmente influencia as escolhas feitas por um tomador de decisão e pode levar a um comportamento irracional. Por exemplo, suponha que você tenha acabado de ganhar $ 1.000 e tenha de escolher uma das seguintes alternativas: (A_1) receber $ 500 adicionais com certeza, ou (B_1) jogar uma moeda honesta e receber $ 1.000 adicionais se sair cara ou $ 0 adicional se sair coroa. Aqui, a alternativa A_1 é "ganho certo" e é a que a maioria das pessoas prefere. Agora, suponha que você tenha recebido $ 2.000 e deva escolher uma das seguintes alternativas: (A_2) devolver $ 500 imediatamente ou (B_2) jogar uma moeda honesta e devolver $ 0 se sair cara ou $ 1.000 se sair coroa. Quando o problema é enquadrado dessa maneira, a alternativa A_2 é "perda certa" e muitas pessoas que anteriormente preferiram a alternativa A_1 agora preferem a alternativa B_2 (pois contém a chance de evitar uma perda). No entanto, a Figura 1.5 mostra uma única árvore de decisão para esses dois cenários, deixando claro que, em ambos, a alternativa "A" garante um retorno total de $ 1.500, enquanto a alternativa "B" oferece uma chance de 50% de retorno total de $ 2.000 e uma chance de 50% de retorno total de $ 1.000 (as árvores de decisão serão abordadas com mais detalhes em um capítulo posterior). Um tomador de decisão puramente racional deveria concentrar-se nas consequências de suas escolhas e selecionar de maneira consistente a mesma alternativa, independentemente do modo como o problema é estruturado.

Queiramos admitir ou não, estamos todos propensos a cometer erros de estimativa devido a efeitos de ancoragem e podemos mostrar irracionalidade na tomada de decisão devido aos efeitos de enquadramento. Por isso, é

FIGURA 1.5
Árvore de decisão para efeitos de enquadramento.

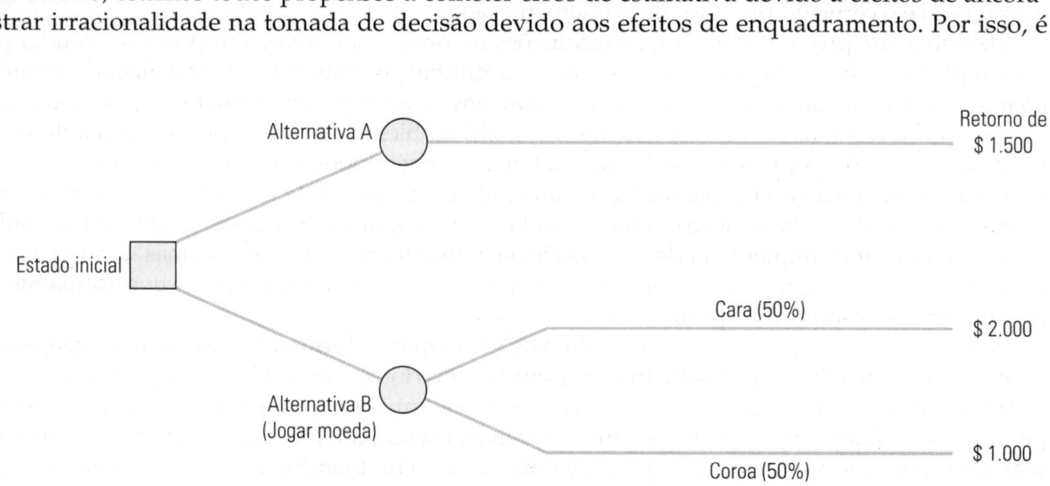

importante usar modelos de computador para fazer o que estes executam com acerto (por exemplo, modelagem de partes estruturáveis de um problema de decisão) e deixar o cérebro humano fazer o que faz melhor (por exemplo, lidar com a parte não estruturável de um problema de decisão).

1.7 Boas decisões *versus* bons resultados

O objetivo da abordagem de modelagem para a resolução de problemas é ajudar os indivíduos a tomar boas decisões. Mas boas decisões nem sempre resultam em bons resultados. Por exemplo, suponha que a previsão do tempo no jornal da tarde anuncie um dia quente, seco e ensolarado para o dia seguinte. Quando, na manhã seguinte, você se levanta e olha pela janela, não há nenhuma nuvem à vista. Se você decidir deixar o guarda-chuva em casa e depois se molhar em uma tempestade inesperada à tarde, você tomou uma decisão ruim? Certamente não. Circunstâncias imprevisíveis além de seu controle fizeram com que você se prejudicasse, mas seria injusto dizer que você tomou uma decisão ruim. Uma boa decisão é aquela que está em harmonia com o que você sabe, o que quer, o que você pode fazer e aquilo com que está comprometido. Mas boas decisões, algumas vezes, resultam em prejuízos. Veja a Figura 1.6 para conhecer a história de outra boa decisão com resultado ruim.

As técnicas de modelagem apresentadas neste livro podem ajudá-lo a tomar boas decisões, mas não garantem que bons resultados ocorrerão em decorrência dessas decisões. A Figura 1.7 descreve as possíveis combinações de decisões boas e ruins e resultados bons e ruins. Quando uma decisão boa ou ruim é tomada, a sorte geralmente desempenha um papel na determinação de um bom ou mau resultado. No entanto, usar consistentemente um processo estruturado, guiado por dados, e baseado em modelos para tomar decisões deverá produzir bons resultados (e sucesso merecido) com mais frequência que a tomada de decisão realizada mais ao acaso.

1.8 Resumo

Este livro apresenta ao leitor uma variedade de técnicas do campo da *business analytics* que podem ser aplicadas em modelos de planilhas para ajudar na análise da decisão e na resolução do problema. Este capítulo discutiu como modelos de planilha de problemas de decisão podem ser usados para analisar as consequências de cursos possíveis de ação antes de uma alternativa específica ser selecionada para implementação. Descreveu como modelos de problemas

FIGURA 1.6
Uma boa decisão com um resultado ruim.

Andre-Francois Raffray pensou que tinha feito um grande negócio em 1965, quando concordou em pagar a uma mulher de 90 anos de idade, chamada Jeanne Calment, \$ 500 por mês até que ela morresse, a fim de adquirir seu apartamento em Arles, parte noroeste de Marselha, no sul da França, uma cidade por onde Vincent van Gogh circulou. Comprar apartamentos de pessoas idosas enquanto estas ainda estão vivas é comum na França. O idoso passa a desfrutar de uma renda mensal do comprador que joga com a possibilidade de obter uma barganha imobiliária, apostando que o proprietário não viverá muito. Com a morte do proprietário, o comprador herda o apartamento, independentemente de quanto foi pago. Mas, em dezembro de 1995, Raffray morreu aos 77 anos, tendo pago mais de \$ 180.000 por um apartamento no qual ele nunca teve a oportunidade de morar.

No mesmo dia, Calment, então a pessoa mais velha do mundo, com 120 anos, jantava *foie gras*, coxas de pato, queijo e bolo de chocolate no asilo onde morava, próximo ao apartamento disputado. E ela não precisa se preocupar em perder sua renda mensal de \$ 500. Embora o valor já pago por Raffray fosse duas vezes o valor atual de mercado do apartamento, sua viúva foi obrigada a continuar enviando o cheque mensal para Calment. Se Calment também viver mais que ela, os filhos de Raffray terão que continuar a pagar. "Na vida, algumas vezes fazemos negócios ruins", disse Calment a respeito do resultado da decisão de Raffray. (Fonte: *The Savannah Morning News*, 29.12.1995).

FIGURA 1.7
Matriz de qualidade da decisão e qualidade do resultado.

		Qualidade do Resultado	
		Boa	Ruim
Qualidade da Decisão	Boa	Sucesso merecido	Má sorte
	Ruim	Boa sorte	Justiça poética

Adaptada de RUSSO, J.; SHOEMAKER, P. *Winning Decisions*. Nova York, NY: Doubleday, 2002.

de decisão diferem em várias características importantes e como uma técnica de modelagem mais adequada para o tipo de problema enfrentado deverá ser selecionada. Discutiu como a modelagem e a análise de planilhas se encaixam no processo de resolução de problemas. Em seguida, discutiu como os fenômenos psicológicos de ancoragem e enquadramento podem influenciar o julgamento e a tomada de decisão. Finalmente, descreveu a importância da distinção entre a qualidade de um processo decisório e a qualidade dos resultados da decisão.

1.9 Referências

ARIELY, D. *Predictably Irrational.* Nova York: Harper Perennial, 2010.

BAZERMAN, M.; MOORE, D. *Judgement in Managerial Decision Making,* 8. ed. Nova York: Wiley, 2012.

EDWARDS, J.; FINLAY, P.; WILSON, J. The Role of the OR Specialist in "Do It Yourself" Spreadsheet Development. *European Journal of Operational Research,* v. 127, n. 1, 2000.

GROSSMAN, T.; NORBACK, J.; HARDIN, J.; FOREHAND, G. Managerial Communication of Analytical Work. *INFORMS Transactions on Education,* v. 8, n. 3, maio 2008, p. 125-138.

HALL, R. What's so Scientific about MS/OR? *Interfaces,* v. 15, 1985.

HASTIE, R.; DAWES, R. M. *Rational Choice in an Uncertain World.* 2. ed. Los Angeles, CA: Sage Publications, 2009.

SCHRAGE, M. *Serious Play.* Cambridge, MA: Harvard Business School Press, 2000.

SONNTAG, C.; GROSSMAN, T. End-User Modeling Improves R&D Management at AgrEvo Canada, Inc. *Interfaces,* v. 29, n. 5, 1999.

O MUNDO DA *BUSINESS ANALYTICS*

"O analista comercial treinado na ciência da gestão pode ser uma arma secreta na busca por resultados finais de um diretor de informações"

Obcecadas por eficiência. São aquelas pessoas que você encontra em coquetéis explicando como o anfitrião poderia evitar aquele tumulto ao redor do famoso patê de camarão, se o repartisse em três recipientes e os dispusesse em diferentes pontos da sala. Enquanto ela esboça em um guardanapo de papel um modo de melhorar a circulação das pessoas, você percebe que sua palavra favorita é "otimizar" – sinal de que ela estudou o campo de "pesquisa operacional" ou "ciência da gestão" (também conhecido como PO ou *business analytics*).

Os profissionais de PO são levados a resolver problemas de logística. Essa característica não torna as pessoas mais populares em festas, mas é exatamente o que os departamentos de sistemas de informações (SI) precisam hoje para agregar maior valor comercial. Os especialistas dizem que os executivos de SI mais atilados aprenderão a explorar os talentos desses "magos" matemáticos em sua busca por melhores resultados finais da empresa.

De acordo com Ron J. Ponder, diretor do departamento de informação (CIO) da Sprint Corp., em Kansas City, e ex-CIO na Federal Express Corp., "Se os departamentos de SI tivessem mais participação dos analistas de pesquisa operacional, eles criariam soluções muito melhores e mais ricas". Como Ph.D em pesquisa operacional e responsável pela criação de renomados sistemas de rastreamento de pacotes da Federal Express, Ponder acredita na PO. Ele e outros dizem que os analistas treinados em PO podem transformar sistemas de informações comuns em eficientes sistemas de apoio à decisão perfeitamente adequados para compor equipes de reengenharia dos processos de negócios. "Eu sempre tive um departamento de pesquisa operacional subordinado a mim, e isso é extremamente valioso. Agora estou criando um na Sprint", diz Ponder.

O início

A PO teve seu início na Segunda Guerra Mundial, quando o exército tinha de tomar decisões importantes sobre a alocação de recursos escassos para várias operações militares. Uma das primeiras aplicações comerciais para computadores nos anos 1950 foi resolver problemas de pesquisa operacional para o setor petrolífero. Uma técnica chamada programação linear foi usada para determinar como produzir gasolina, com ponto de fulgor, viscosidade e octano, da maneira mais econômica. Desde então, a PO se disseminou no mundo dos negócios e da gestão pública, desde a criação de operações eficientes de *drive-thru* para a Burger King Corp. até a criação de ultrassofisticados sistemas computacionais de negociação de ações.

Um exemplo clássico de PO é o problema de agendamento de tripulação enfrentado por todas as grandes empresas aéreas. Como planejar os itinerários de 8 mil pilotos e de 17 mil atendentes de voo quando há um número astronômico de combinações de voos, tripulações e cidades? Os analistas de PO da United Airlines conceberam um sistema de agendamento chamado Paragon, que tenta minimizar a quantidade de tempo remunerado que as tripulações passam esperando por voos. O sistema possui restrições, como as regras dos sindicatos e as regulamentações da Administração Federal de Aviação dos Estados Unidos, e deve ajudar a empresa a poupar pelo menos $ 1 milhão por ano.

(continua)

PO hoje

Os profissionais de PO de hoje estão envolvidos em uma variedade de projetos de *business analytics*, incluindo a análise de dados de mídias sociais, planejamento e gerenciamento de estoque e sortimento de produtos, mineração de textos de comentários de clientes *on-line*, produção integrada por computador, ciber-segurança, gestão de cuidados com a saúde e computação cognitiva.

Os analistas de PO podem desenvolver um modelo de como um processo comercial funciona agora e simular como ele funcionaria de maneira mais eficiente no futuro. Portanto, faz sentido ter um analista de PO na equipe interdisciplinar que cuida de projetos de reengenharia dos processos comerciais. Em essência, os profissionais de PO adicionam mais valor ao negócio, criando "ferramentas que realmente ajudam os tomadores de decisão a analisar situações complexas", diz Andrew B. Whinston, diretor do Centro de Gestão de Sistemas de Informação da University of Texas, em Austin.

Thomas M. Cook, presidente de Tecnologias de Suporte à Decisão da American Airlines, diz que a adição de habilidades de PO à equipe pode produzir sistemas inteligentes que realmente criam soluções para problemas comerciais. Uma das grandes histórias de sucesso de Cook na área de pesquisa operacional é um sistema de "gerenciamento de resultados" que decide quanto fazer de *overbooking* e como definir o preço para cada poltrona, de modo que o avião fique cheio e os lucros sejam maximizados. Um sistema de gerenciamento de resultados lida com mais de 250 variáveis de decisão e é responsável por uma quantidade significativa da receita da American Airlines.

Onde começar

De que forma o CIO pode iniciar colaboração com os analistas de PO? Se a empresa já tiver um grupo de profissionais de PO, o departamento de SI poderá usar a experiência desses profissionais como consultores internos. Caso contrário, o CIO poderá simplesmente contratar alguns especialistas em PO, informar-lhes o problema e ver o que acontece. O retorno pode vir surpreendentemente rápido. Como dito por um ex-profissional de PO, "Se eu não pudesse economizar para meu empregador o equivalente a meu salário no primeiro mês do ano, me sentiria como se não estivesse fazendo meu trabalho".

Adaptado de: BETTS, Mitch. Efficiency Einsteins. *ComputerWorld*, p. 64, 22 mar. 1993.

Questões e problemas

1. O que significa a expressão "análise de decisões"?
2. Defina "modelo de computador".
3. Qual é a diferença entre um modelo de planilha e um modelo de computador?
4. Defina "*business analytics*".
5. Qual é o relacionamento entre *business analytics* e modelagem de planilha?
6. Que tipos de aplicações de planilhas não seriam considerados *business analytics*?
7. De que maneiras os modelos de planilha facilitam o processo de tomada de decisão?
8. Quais são os benefícios de usar uma abordagem de modelagem para a tomada de decisão?
9. O que é uma variável dependente?
10. O que é uma variável independente?
11. Um modelo pode ter mais de uma variável dependente?
12. Um problema de decisão pode ter mais de uma variável dependente?
13. De que maneiras os modelos prescritivos são diferentes dos modelos descritivos?
14. De que maneiras os modelos prescritivos são diferentes dos modelos preditivos?
15. De que maneiras os modelos descritivos são diferentes dos modelos preditivos?
16. Como você definiria as palavras "descrição", "previsão" e "prescrição"? Considere com atenção o que é específico sobre o significado de cada palavra.
17. Identifique um ou mais modelos mentais que você já tenha utilizado. Algum deles pode ser expresso matematicamente? Em caso afirmativo, identifique as variáveis dependentes e independentes em seu modelo.
18. Considere o modelo de planilha mostrado na Figura 1.2. Esse modelo é descritivo, preditivo ou prescritivo, ou, ainda, não cai em nenhuma dessas categorias?
19. Discuta o significado do termo "*probortunity*".
20. Quais são as etapas do processo de resolução de problemas?
21. Qual etapa do processo de resolução de problemas você considera mais importante? Por quê?
22. Para ser útil, um modelo deve representar de maneira precisa todos os detalhes de uma situação de decisão? Justifique sua resposta.

23. Se você fosse apresentado a vários modelos de determinado problema de decisão, qual você estaria mais inclinado a usar? Por quê?
24. Descreva um exemplo em que organizações comerciais ou políticas podem usar efeitos de ancoragem para influenciar a tomada de decisão.
25. Descreva um exemplo em que organizações comerciais ou políticas possam usar efeitos de enquadramento para influenciar a tomada de decisão.
26. Suponha que tubarões tenham sido vistos na praia onde você está passando férias com um amigo. Você e seu amigo foram informados sobre o tubarão e sabem dos danos que um ataque desse animal pode causar. Vocês decidem (individualmente) nadar mesmo assim. Você é imediatamente atacado por um tubarão enquanto seu amigo se diverte surfando nas ondas. Você tomou uma decisão boa ou ruim? E seu amigo? Explique sua resposta.
27. Descreva um exemplo em que um líder comercial, político ou militar bem conhecido tomou uma decisão acertada com um mau resultado, ou uma má decisão que obteve um bom resultado.

CASO 1.1 Paradoxo de Patrick

A sorte de Patrick mudou da noite para o dia, mas não sua habilidade de raciocínio matemático. No dia seguinte à sua formatura da faculdade, ele usou $ 20 que havia ganho da avó para comprar um bilhete de loteria. Ele sabia que suas chances de ganhar na loteria eram extremamente pequenas e essa não era provavelmente uma boa maneira de gastar esse dinheiro. No entanto, também se lembrava da aula de ciência da gestão, em que aprendeu que decisões ruins algumas vezes resultam em bons resultados. Portanto, ele disse a si mesmo, "Quer saber? Talvez essa má decisão seja aquela que dará um bom resultado". Por causa dessa observação, ele comprou o bilhete de loteria.

No dia seguinte, Patrick tirou do bolso o bilhete de loteria amassado e tentou comparar os números sorteados com os números impressos no papel. Quando seus olhos finalmente conseguiram focar os números, Patrick notou que eles eram exatamente iguais aos sorteados. Ele tinha um bilhete de loteria premiado! Nos dias seguintes, Patrick descobriu que sua parte do pote de ouro equivalia a $ 500.000, descontados os impostos. Ele sabia o que faria com parte do dinheiro: comprar um carro novo, pagar seu crédito educativo e dar à avó uma viagem para o Havaí com todas as despesas pagas. Mas Patrick também sabia que não podia contar com bons resultados advindos de outras decisões ruins. Portanto, resolveu pegar metade do que ganhou e investir em sua aposentadoria.

Alguns dias depois, Patrick estava sentado com dois de seus colegas da faculdade, Josh e Peyton, tentando entender quanto dinheiro seu novo fundo de aposentadoria poderia render em trinta anos. Eles estudaram administração na faculdade e lembraram, de sua aula de finanças, que se investissem p dólares por n anos a uma taxa anual de juros de i%, em n anos eles teriam $p(1 + i)^n$ em dinheiro. Então, descobriram que, se Patrick colocasse $ 250.000 por trinta anos em um investimento com um retorno anual de 10%, ele teria $ 4.362.351 – ou seja, $ $250.000(1 + 0{,}10)^{30}$ – no fim desse período.

Mas, depois de pensar um pouco mais, eles concordaram que seria improvável que Patrick encontrasse um investimento que produzisse um retorno de exatamente 10% por ano, por todos os próximos trinta anos. Se qualquer parte desse dinheiro for investida em ações, em alguns anos o retorno poderá ser maior que 10% e em outros, provavelmente, será menor. Então, para contabilizar a variabilidade potencial no retorno do investimento, Patrick e seus amigos criaram um plano. Eles assumiram que Patrick encontraria um investimento que produziria um retorno anual de 17,5% em 70% do tempo e um retorno de –7,5% (ou realmente uma perda) em 30% do tempo. Esse tipo de investimento deveria produzir um retorno anual médio de $0{,}7(17{,}5\%) + 0{,}3(-7{,}5\%) = 10\%$. Josh estava certo de que isso significava que Patrick ainda podia esperar que seu investimento de $ 250.000 aumentasse para $ 4.362.351 em trinta anos (porque $ $250.000(1 + 0{,}10)^{30}$ = $ 4.362.351).

Depois de pensar nisso por um tempo, Peyton chegou à conclusão de que Josh estava errado. Da maneira como Peyton encarava a questão, Patrick deveria visualizar um retorno de 17,5% em 70% dos trinta anos (ou $0{,}7(30) = 21$ anos) e um retorno de –7,5% em 30% dos trinta anos (ou $0{,}3(30) = 9$ anos). Então, de acordo com Peyton, significaria que Patrick deveria ter $ $250.000(1 + 0{,}175)^{21}(1 - 0{,}075)^{9}$ = $ 3.664.467 após trinta anos. Pois isso, são $ 697.884 a menos que Josh diz que Patrick deveria ter.

Depois de ouvir o argumento de Peyton, Josh discordou do amigo porque seus cálculos supõem que o "bom" retorno de 17,5% ocorreria em cada um dos primeiros 21 anos e o "mau" retorno de –7,5% ocorreria em cada um dos últimos nove anos. Mas Peyton contra-argumentou dizendo que a ordem de bons e maus retornos não importava. A lei comutativa de aritmética diz que, quando você adiciona ou multiplica números, a ordem não importa (ou seja, $X + Y = Y + X$ e $X \times Y = Y \times X$). Portanto, Peyton diz que, como Patrick espera 21 "bons" retornos e 9 "maus" e não importa em que ordem eles ocorram, o resultado esperado do investimento deveria ser $ 3.664.467 depois de trinta anos.

Patrick está realmente confuso. Os argumentos de seus dois amigos parecem fazer sentido logicamente, mas eles levam a respostas tão diferentes que é impossível que ambos estejam corretos. O que realmente preocupa Patrick é que ele começará seu novo emprego como analista comercial em algumas semanas. E, se ele não puder raciocinar a fim de obter a resposta certa para um problema relativamente simples como esse, o que fará quando encontrar problemas mais difíceis que o esperam no mundo comercial? Agora ele realmente se arrepende de não ter prestado mais atenção às aulas de *business analytics*.

E você, o que acha? Quem está certo, Joshua ou Peyton? E, o mais importante, por quê?

Capítulo 2

Introdução à otimização e à programação linear

2.0 Introdução

Nosso mundo possui recursos limitados. A quantidade de petróleo que podemos retirar da terra é restrita. O espaço de terra disponível para jogarmos lixo e resíduos tóxicos é limitado e, em muitas áreas, está diminuindo rapidamente. Em um nível mais individual, cada um de nós tem uma quantidade de tempo limitada para realizar ou desfrutar as atividades que programamos para todos os dias. A maioria de nós tem uma quantidade limitada de dinheiro para gastar na realização dessas atividades. As empresas também têm recursos limitados. Uma indústria emprega um número limitado de trabalhadores. Um restaurante tem uma quantidade limitada de mesas.

Decidir como melhor usar os recursos limitados disponíveis a um indivíduo ou uma empresa é um problema universal. No ambiente comercial competitivo de hoje, é cada vez mais importante garantir que os recursos limitados de uma empresa sejam usados da maneira mais eficiente possível. Normalmente, isso envolve determinar como alocar os recursos de maneira a maximizar os lucros ou minimizar os custos. A **Programação Matemática** (PM) é uma área da *business analytics* que encontra a maneira ideal ou mais eficiente de usar recursos limitados para atingir os objetivos de um indivíduo ou de uma empresa. Por esse motivo, a programação matemática é geralmente chamada **otimização**.

2.1 Aplicações da otimização matemática

Para ajudá-lo a entender o objetivo da otimização e os tipos de problema em que pode ser usada, vamos considerar diversos exemplos de situações de tomada de decisão nos quais técnicas de PM têm sido aplicadas.

Determinação do *Mix* de Produtos. A maioria das indústrias pode fabricar uma variedade de produtos. No entanto, cada produto normalmente requer diferentes quantidades de matérias-primas e mão de obra. De maneira semelhante, a quantidade de lucro gerado pelos produtos varia. O gerente da empresa deve decidir quanto de cada produto produzir para maximizar os lucros ou atender à demanda com custo mínimo.

Fabricação. Placas de circuito impresso, como as usadas na maioria dos computadores, normalmente têm centenas ou milhares de perfurações para acomodar os diferentes componentes elétricos que devem ser conectados a elas. Para fabricar essas placas, uma perfuratriz controlada por computador deve ser programada para perfurar determinado local e então mover a broca para o próximo local e perfurar novamente. Esse processo é repetido centenas ou milhares de vezes para concluir todos os furos de uma placa de circuito. Os fabricantes dessas placas se beneficiariam com a determinação de uma ordem de perfuração que minimize a distância total que a perfuratriz deverá percorrer.

Roteamento e Logística. Muitas empresas de varejo têm armazéns em todo o país, os quais são responsáveis por manter as lojas abastecidas com mercadorias. A quantidade de mercadorias disponíveis nos armazéns e a quantidade necessária em cada loja tendem a flutuar, como também o custo da remessa e da entrega de mercadorias dos armazéns para os locais de varejo. Grandes somas de dinheiro podem ser economizadas por meio da determinação do método mais barato de transferência de mercadorias dos armazéns para as lojas.

Planejamento Financeiro. O Governo Federal exige que os indivíduos comecem a retirar dinheiro de contas de aposentadoria individuais e de outros programas de aposentadoria protegidos contra impostos no máximo até completarem setenta anos e meio. Várias regras devem ser seguidas para evitar o pagamento de multa nessas retiradas. A maioria dos indivíduos deseja retirar seu dinheiro de maneira a minimizar a quantidade de impostos que eles devem pagar ao mesmo tempo que se obedeçam às leis tributárias.

A otimização está em todos os lugares

Vai para a Disney World neste verão? A otimização será sua companheira inseparável, estabelecendo cronogramas para a tripulação e os aviões, determinando os preços das passagens aéreas e de quartos de hotéis e, até mesmo, definindo as capacidades dos brinquedos dos parques temáticos. Se você usar o Orbitz para reservar seus voos, um mecanismo de otimização procurará entre milhões de opções a fim de encontrar as tarifas mais baratas. Se quiser obter do MapQuest as direções para o hotel, outro mecanismo de otimização descobrirá a rota mais rápida. Se enviar *souvenirs* para casa, um mecanismo de otimização informará à empresa de transporte em qual caminhão colocar os pacotes, como dispor esses objetos de modo que os carregue e descarregue mais rapidamente e qual rota o motorista deverá seguir para tornar as entregas mais eficientes.

(Adaptado de: POSTREL, V. Operation Everything. *The Boston Globe*, 27 jun. 2004.)

2.2 Características dos problemas de otimização

Esses exemplos representam apenas algumas áreas em que a PM tem sido usada com êxito. Consideraremos muitos outros exemplos ao longo deste livro. No entanto, os exemplos anteriores dão uma ideia das questões envolvidas na otimização. Cada um deles envolve uma ou mais *decisões* que deverão ser tomadas: quanto de cada produto deverá ser produzido? Qual furo deverá ser feito em seguida? Quanto de cada produto deverá ser enviado de cada armazém para as diversas lojas? Quanto dinheiro um indivíduo deverá retirar, a cada ano, das várias contas de aposentadoria?

Além disso, em cada exemplo, *restrições* deverão ser colocadas com relação às alternativas disponíveis para o tomador de decisão. No primeiro exemplo, ao determinar o número de produtos a ser fabricado, um gerente de produção provavelmente enfrentará problemas com uma quantidade limitada de matérias-primas e de mão de obra. No segundo exemplo, a broca nunca deverá retornar ao local em que um furo já foi perfurado. No terceiro exemplo, há uma limitação física com relação à quantidade de mercadoria que um caminhão pode carregar de um armazém para as lojas em sua rota. No quarto exemplo, as leis determinam as quantidades mínima e máxima que podem ser retiradas de contas de aposentadoria sem que incida multa. Muitas outras restrições também podem ser identificadas para esses exemplos. Na verdade, não é incomum que problemas de otimização do mundo real tenham centenas ou milhares de restrições.

Um elemento comum em cada um dos exemplos é a existência de uma meta ou *objetivo* que o tomador de decisão considera ao decidir qual é o melhor curso de ação. No primeiro exemplo, o gerente de produção pode decidir produzir vários *mix* de produtos diferentes, dados os recursos disponíveis, mas ele, provavelmente, escolherá o *mix* de produtos que maximizará os lucros. No segundo exemplo, um grande número de padrões de perfuração possíveis pode ser usado, mas o padrão ideal, provavelmente, envolverá mover a broca à distância total mais curta. No terceiro exemplo, existem inúmeras maneiras pelas quais a mercadoria dos armazéns pode ser enviada para abastecer as lojas, mas a empresa, provavelmente, vai querer identificar a rota que minimizará o custo total com o transporte. Finalmente, no quarto exemplo, os indivíduos podem retirar dinheiro de suas contas de aposentadoria de várias maneiras, sem violar as leis tributárias, mas, provavelmente, vão querer encontrar o método que minimize o valor de impostos a pagar.

2.3 Como expressar matematicamente problemas de otimização

Com a discussão anterior, sabemos que os problemas de otimização envolvem três elementos: decisões, restrições e um objetivo. Se pretendemos criar um modelo matemático de um problema de otimização, precisaremos de termos ou símbolos matemáticos para representar cada um desses três elementos.

2.3.1 DECISÕES

As decisões em um problema de otimização são geralmente representadas em um modelo matemático pelos símbolos $X_1, X_2, \ldots, X_n$. Vamos nos referir a $X_1, X_2, \ldots, X_n$ como as **variáveis de decisão** (ou simplesmente as variáveis) no modelo. Essas variáveis podem representar as quantidades de diferentes produtos que o gerente de produção pode escolher produzir. Podem representar a quantidade de diferentes mercadorias a ser enviada de um armazém para determinada loja. Podem representar, ainda, a quantidade de dinheiro a ser retirada de diferentes contas de aposentadoria.

Os símbolos exatos utilizados para representar as variáveis de decisão não são particularmente importantes. Você pode usar $Z_1, Z_2, \ldots, Z_n$ ou símbolos como Cachorro, Gato e Macaco para representar as variáveis de decisão no modelo. A escolha de quais símbolos usar é uma questão de preferência pessoal e pode variar de um problema para outro.

2.3.2 RESTRIÇÕES

As restrições em um problema de otimização podem ser representadas de várias maneiras em um modelo matemático. Três maneiras gerais de expressar os relacionamentos possíveis de restrição em um problema de otimização são:

Uma restrição "menor ou igual a": $f(X_1, X_2, \ldots, X_n) \leq b$

Uma restrição "maior ou igual a": $f(X_1, X_2, \ldots, X_n) \geq b$

Uma restrição "igual a": $f(X_1, X_2, \ldots, X_n) = b$

Em cada caso, a **restrição** é uma função das variáveis de decisão que deve ser menor ou igual a, maior ou igual a, ou igual a um valor específico (representado pela letra b). Vamos nos referir a $f(X_1, X_2, \ldots, X_n)$ como o valor do lado esquerdo da restrição (LHS, na sigla em inglês) e a b como o valor do lado direito da restrição (RHS, na sigla em inglês).

Por exemplo, podemos usar uma restrição "menor ou igual a" para garantir que a mão de obra total usada na produção de determinado número de produtos não exceda a quantidade de trabalhadores disponíveis. Podemos usar uma restrição "maior ou igual a" para garantir que a quantia total de dinheiro retirada das contas de aposentadoria de uma pessoa não seja menor que a quantia mínima exigida pela Receita Federal. Você pode usar quantas restrições forem necessárias para representar determinado problema de otimização, dependendo dos requisitos da situação.

2.3.3 OBJETIVO

O objetivo em um problema de otimização é representado matematicamente por uma função objetivo no seguinte formato geral:

$$\text{MAX (ou MIN):} \quad f(X_1, X_2, \ldots, X_n)$$

A **função objetivo** identifica alguma função das variáveis de decisão que o tomador de decisão deseja MAXimizar ou MINimizar. Nos exemplos anteriores, essa função pode ser usada para descrever o lucro total associado a um *mix* de produtos, a distância total que a broca deve ser movida, ao custo total de transporte de mercadorias ou ao imposto total pago pelo aposentado.

A formulação matemática de um problema de otimização pode ser descrita no seguinte formato geral:

$$\text{MAX (ou MIN):} \quad f_0(X_1, X_2, \ldots, X_n) \qquad \textbf{2.1}$$

$$\text{Sujeito a:} \quad f_1(X_1, X_2, \ldots, X_n) \leq b_1 \qquad \textbf{2.2}$$

$$\vdots$$

$$f_k(X_1, X_2, \ldots, X_n) \geq b_k \qquad \textbf{2.3}$$

$$\vdots$$

$$f_m(X_1, X_2, \ldots, X_n) = b_m \qquad \textbf{2.4}$$

Essa representação identifica a função objetivo (Equação 2.1) que será maximizada (ou minimizada) e as restrições que deverão ser satisfeitas (Equações 2.2 a 2.4). Os subscritos adicionados ao *f* e ao b em cada equação enfatizam que as funções que descrevem o objetivo e as restrições podem ser todas diferentes e pode haver qualquer número de cada tipo de restrição. A meta na otimização é encontrar os valores das variáveis de decisão que maximizam (ou minimizam) a função objetivo sem violar nenhuma das restrições.

2.4 Técnicas de programação matemática

Nossa representação geral de um modelo de PM é simplesmente isso – geral. Existem muitos tipos de função que você pode utilizar para representar a função objetivo e as restrições em um modelo de PM. Claro, você deve sempre usar funções que descrevem de maneira precisa o objetivo e as restrições do problema que está tentando resolver. Algumas vezes, as funções em um modelo são de natureza linear (isto é, formam linhas retas ou superfícies planas); outras vezes, são não lineares (isto é, formam linhas ou superfícies curvas). Algumas vezes, os valores ótimos das variáveis de decisão em um modelo devem assumir valores inteiros (números inteiros); outras vezes, as variáveis de decisão podem assumir valores fracionários.

Dada a diversidade dos problemas de PM que podem ser encontrados, muitas técnicas foram desenvolvidas para resolvê-los. Nos próximos capítulos, analisaremos essas técnicas de PM e tentaremos compreender como elas diferem e quando cada uma delas deverá ser usada. Começaremos examinando uma técnica chamada **Programação Linear** (PL), que envolve a criação e a resolução de problemas de otimização com funções objetivo e restrições lineares. A PL é uma ferramenta muito poderosa que pode ser aplicada em diversas situações comerciais. Além disso, é a base para várias outras técnicas que serão discutidas posteriormente e é, portanto, um bom ponto inicial para nossa investigação no campo da otimização.

2.5 Um exemplo de problema de PL

Começaremos nosso estudo de PL considerando um exemplo simples. Porém não devemos interpretar como se a PL não conseguisse resolver problemas mais complexos ou realistas. A PL tem sido usada para resolver problemas extremamente complicados, poupando às empresas milhões de dólares. No entanto, abordar diretamente um desses problemas complicados seria como começar uma maratona sem nunca ter corrido antes – você seria ultrapassado e deixado para trás rapidamente. Portanto, começaremos com algo simples.

> A Blue Ridge Hot Tubs fabrica e vende dois modelos de banheiras: a Aqua-Spa e a Hydro-Lux. Howie Jones, proprietário e gerente da empresa, precisa decidir quanto de cada tipo de banheira produzir em seu próximo ciclo de produção. Ele compra cubas de fibra de vidro pré-fabricadas de um fornecedor local e adiciona a elas a bomba e a tubulação para produzir as banheiras. (Esse fornecedor pode abastecer Howie com quantas cubas forem necessárias.) Howie instala o mesmo tipo de bomba em ambos os modelos de banheira. Ele terá apenas 200 bombas disponíveis durante o próximo ciclo de produção. Do ponto de vista da fabricação, a principal diferença entre os dois modelos de banheira é a quantidade de tubulação e de trabalho necessários. Cada Aqua-Spa requer 9 horas de trabalho e 12 pés de tubulação. Cada Hydro-Lux requer 6 horas de trabalho e 16 pés de tubulação. Howie espera ter 1.566 horas de trabalho de produção e 2.880 pés de tubulação disponíveis durante o próximo ciclo de produção. Ele tem lucro de $ 350 em cada Aqua-Spa vendida e, em cada Hydro-Lux que comercializa, $ 300. Está confiante de que poderá vender todas as banheiras que produzir. A pergunta é: quantas Aqua-Spas e Hydro-Luxes ele deve produzir se quiser maximizar os lucros durante o próximo ciclo de produção?

2.6 Formulação de modelos de PL

O processo de considerar um problema prático, como determinar quantas Aqua-Spas e Hydro-Luxes Howie deve produzir, e expressá-lo algebricamente em termos de um modelo de PL é conhecido como **formulação** do modelo. Nos próximos capítulos, veremos que a formulação de um modelo de PL é tanto arte como ciência.

2.6.1 ETAPAS NA FORMULAÇÃO DE UM MODELO DE PL

Há algumas etapas gerais que devem ser seguidas para garantir que a formulação de um problema específico seja acurada. Passaremos por essas etapas aplicando o exemplo das banheiras.

1. **Entenda o problema.** Essa etapa parece tão óbvia que quase não merece ser mencionada. No entanto, muitas pessoas tendem a escrever diretamente a função objetivo e as restrições antes de realmente entender o problema. Se você não compreender completamente o problema que enfrenta, é improvável que a formulação dele esteja correta.

   O problema de nosso exemplo é muito fácil de entender: quantas Aqua-Spas e Hydro-Luxes Howie deverá produzir para maximizar seu lucro, usando não mais que 200 bombas, 1.566 horas de trabalho e 2.880 pés de tubulação?

2. **Identifique as variáveis de decisão.** Depois de certificar-se de ter entendido o problema, será necessário identificar as variáveis de decisão. Pergunte a si mesmo, quais são as decisões fundamentais que devem ser tomadas para resolver o problema? As respostas para essa pergunta ajudarão a identificar as variáveis de decisão adequadas para seu modelo. Identificar as variáveis de decisão significa determinar o que os símbolos X_1, X_2, ..., X_n representam no seu modelo.

   Em nosso exemplo, a decisão fundamental que Howie enfrenta é esta: quantas Aqua-Spas e Hydro-Luxes deverão ser produzidas? Nesse problema, X_1 representará o número de Aqua-Spas a ser produzido, enquanto X_2 representará quantas Hydro-Luxes serão produzidas.

3. **Coloque a função objetivo como uma combinação linear das variáveis de decisão.** Depois de determinar as variáveis de decisão que usará, a próxima etapa é criar a função objetivo para o modelo. Essa função expressa o relacionamento matemático entre as variáveis de decisão no modelo a ser maximizado ou minimizado.

Em nosso exemplo, Howie obtém um lucro de \$ 350 em cada Aqua-Spa (X_1) que vende e \$ 300 em cada Hydro-Lux (X_2). Desse modo, o objetivo de Howie de maximizar o lucro que ganha é expresso matematicamente como:

$$\text{MAX:} \quad 350X_1 + 300X_2$$

Para quaisquer valores que possam ser atribuídos a X_1 e X_2, a função acima calcula o lucro total associado que Howie obteria. Obviamente, ele quer maximizar esse valor.

4. **Coloque as restrições como combinações lineares das variáveis de decisão.** Como mencionado anteriormente, há algumas limitações com relação aos valores que podem ser assumidas pelas variáveis de decisão em um modelo de PL. Essas limitações devem ser identificadas e colocadas na forma de restrições.

   Em nosso exemplo, Howie enfrenta três restrições principais. Como apenas 200 bombas estão disponíveis e cada banheira requer uma bomba, Howie não pode produzir mais que 200 banheiras. Essa restrição é expressa matematicamente como:

$$1X_1 + 1X_2 \leq 200$$

   Essa restrição indica que cada unidade de X_1 produzida (ou seja, cada Aqua-Spa montada) usará uma das 200 bombas disponíveis, assim como cada unidade de X_2 produzida (ou seja, cada Hydro-Lux montada). O número total de bombas usadas (representado por $1X_1 + 1X_2$) deve ser menor ou igual a 200. Outra restrição que Howie enfrenta é a limitação de 1.566 horas de trabalho que ele dispõe durante o próximo ciclo de produção. Como cada Aqua-Spa que ele fabrica (cada unidade de X_1) requer 9 horas de trabalho e cada Hydro-Lux (cada unidade de X_2) requer 6 horas de trabalho, a restrição no número de horas de trabalho é expressa como:

$$9X_1 + 6X_2 \leq 1.566$$

   O número total de horas de trabalho usadas (representado por $9X_1 + 6X_2$) deverá ser menor ou igual às horas totais de trabalho disponíveis, que equivalem a 1.566.

   A restrição final especifica que apenas 2.880 pés de tubulação estão disponíveis para o próximo ciclo de produção. Cada Aqua-Spa produzida (cada unidade de X_1) requer 12 pés de tubulação e cada Hydro-Lux produzida (cada unidade de X_2) requer 16 pés de tubulação.

   A restrição a seguir é necessária para garantir que o plano de produção de Howie não use mais tubulação que o disponível:

$$12X_1 + 16X_2 \leq 2.880$$

   O número total de pés de tubulação usados (representado por $12X_1 + 16X_2$) deve ser menor ou igual ao número total de pés de tubulação disponível, que é 2.880.

5. **Identifique quaisquer limites nas variáveis de decisão.** Normalmente, limites superiores ou inferiores simples são aplicados às variáveis de decisão. Limites superiores e inferiores podem ser vistos como restrições adicionais ao problema.

   No nosso exemplo, temos limites inferiores iguais a zero para as variáveis X_1 e X_2, pois é impossível produzir um número negativo de banheiras. Portanto, as duas restrições seguintes também se aplicam a esse problema.

$$X_1 \geq 0$$
$$X_2 \geq 0$$

   Restrições como essas são normalmente denominadas condições de não negatividade e são muito comuns em problemas de PL.

2.7 Resumo do modelo de PL para o problema do exemplo

O modelo de PL completo para o problema de decisão de Howie pode ser colocado como:

$$
\begin{array}{llr}
\text{MAX:} & 350X_1 + 300X_2 & \textbf{2.5} \\
\text{Sujeito a:} & 1X_1 + 1X_2 \leq 200 & \textbf{2.6} \\
 & 9X_1 + 6X_2 \leq 1.566 & \textbf{2.7} \\
 & 12X_1 + 16X_2 \leq 2.880 & \textbf{2.8} \\
 & 1X_1 \geq 0 & \textbf{2.9} \\
 & 1X_2 \geq 0 & \textbf{2.10}
\end{array}
$$

Nesse modelo, as variáveis de decisão X_1 e X_2 representam o número de Aqua-Spas e Hydro-Luxes a ser produzidas, respectivamente. Nossa meta é determinar os valores para X_1 e X_2 que maximizam o objetivo na Equação 2.5, enquanto satisfazem, simultaneamente, todas as restrições das Equações 2.6 a 2.10.

2.8 A forma geral de um modelo de PL

A técnica de programação linear recebe esse nome porque os problemas de PM aos quais se aplica são de natureza linear. Ou seja, deve ser possível expressar todas as funções de um modelo de PL como uma soma ponderada (ou combinação linear) das variáveis de decisão. Assim, um modelo de PL assume a forma geral:

$$\text{MAX (ou MIN):} \quad c_1X_1 + c_2X_2 + \dots + c_nX_n \tag{2.11}$$

$$\text{Sujeito a:} \quad a_{11}X_1 + a_{12}X_2 + \dots + a_{1n}X_n \leq b_1 \tag{2.12}$$

$$\vdots$$

$$a_{k1}X_1 + a_{k2}X_2 + \dots + a_{kn}X_n \geq b_k \tag{2.13}$$

$$\vdots$$

$$a_{m1}X_1 + a_{m2}X_2 + \dots + a_{mn}X_n = b_m \tag{2.14}$$

Até esse ponto sugerimos que as restrições em um modelo de PL representam algum tipo de recurso limitado. Embora esse seja normalmente o caso, em capítulos posteriores veremos exemplos de modelos de PL nos quais as restrições representam eventos que não são recursos limitados. O ponto importante aqui é que *qualquer* problema que possa ser formulado na maneira mostrada anteriormente é um problema de PL.

Os símbolos $c_1, c_2, \dots, c_n$ da Equação 2.11 são chamados **coeficientes da função objetivo** e podem representar os lucros marginais (ou custos) associados às variáveis de decisão $X_1, X_2, \dots, X_n$, respectivamente. O símbolo a_{ij} encontrado nas Equações 2.12 a 2.14 representa o coeficiente numérico na restrição *i* para a variável X_j. A função objetivo e as restrições de um problema de PL representam diferentes somas ponderadas das variáveis de decisão. Os símbolos b_i nas restrições representam que a combinação linear correspondente das variáveis de decisão deverá ser "menor ou igual" "maior ou igual" ou "igual" ao valor.

Agora podemos ver uma conexão direta entre o modelo de PL que formulamos para a Blue Ridge Hot Tubs nas Equações 2.5 a 2.10 e a definição geral de um modelo de PL dada nas Equações 2.11 a 2.14. Especificamente, observe que os vários símbolos usados nas Equações 2.11 a 2.14 para representar constantes numéricas (isto é, c_j, a_{ij} e b_i) foram substituídos por valores numéricos reais nas Equações 2.5 a 2.10. Observe também que nossa formulação do modelo de PL para a Blue Ridge Hot Tubs não exigiu o uso de restrições "igual a". Diferentes problemas exigem diferentes tipos de restrição e deveremos usar quaisquer tipos de restrição que sejam necessários para o problema existente.

2.9 Resolução de problemas de PL: uma abordagem intuitiva

Depois de um modelo de PL ter sido formulado, nosso interesse naturalmente se volta para resolvê-lo. Mas, antes de realmente solucionar o nosso problema do exemplo da Blue Ridge Hot Tubs, qual seria a melhor solução? Apenas observando o modelo, quais valores de X_1 e X_2 você acha que dariam a Howie o maior lucro?

Seguindo uma linha de raciocínio, pode parecer que Howie precise produzir o maior número de unidades de X_1 (Aqua-Spas) possível, pois cada uma delas gera um lucro de $ 350, enquanto cada unidade de X_2 (Hydro-Luxes) gera um lucro de apenas $ 300. Mas qual é o número máximo de Aqua-Spas que Howie poderia produzir?

Ele pode produzir o número máximo de unidades de X_1 não fabricando nenhuma unidade de X_2 e devotando todos os seus recursos à produção de X_1. Suponha que deixemos $X_2 = 0$ no modelo das Equações 2.5 a 2.10 para indicar que nenhuma Hydro-Lux será produzida. Qual será, então, o maior valor possível de X_1? Se $X_2 = 0$, a desigualdade na Equação 2.6 indica:

$$X_1 \leq 200 \tag{2.15}$$

Portanto, sabemos que X_1 não pode ser maior que 200 se $X_2 = 0$. Porém também devemos considerar as restrições nas Equações 2.7 e 2.8. Se $X_2 = 0$, a desigualdade da Equação 2.7 se reduz a:

$$9X_1 \leq 1.566 \tag{2.16}$$

Se dividirmos os dois lados dessa desigualdade por 9, descobrimos que a restrição anterior é equivalente a:

$$X_1 \leq 174 \tag{2.17}$$

Agora, considere a restrição da Equação 2.8. Se $X_2 = 0$, a desigualdade da Equação 2.8 se reduz a:

$$12X_1 \leq 2.880 \qquad \textbf{2.18}$$

Novamente, se dividirmos ambos os lados dessa desigualdade por 12, descobriremos que a restrição anterior é equivalente a:

$$X_1 \leq 240 \qquad \textbf{2.19}$$

Portanto, se $X_2 = 0$, as três restrições do nosso modelo que impõem limites superiores para o valor de X_1 serão reduzidas aos valores mostrados nas Equações 2.15, 2.17 e 2.19. A mais restritiva é a Equação 2.17. Logo, o número máximo de unidades de X_1 que pode ser produzido é 174. Em outras palavras, 174 é o maior valor que X_1 pode assumir e ainda satisfazer todas as restrições do modelo.

Se Howie construir 174 unidades de X_1 (Aqua-Spas) e nenhuma unidade de X_2 (Hydro-Luxes), ele terá usado toda a mão de obra disponível para a produção ($9X_1 = 1.566$, se $X_1 = 174$). No entanto, ele ainda terá 26 bombas ($200 - X_1 = 26$, se $X_1 = 174$) e 792 pés de tubulação não utilizados ($2.880 - 12X_1 = 792$, se $X_1 = 174$). Além disso, perceba que o valor da função objetivo (ou lucro total) associado a essa solução é:

$$\$\,350X_1 + \$\,300X_2 = \$\,350 \times 174 + \$\,300 \times 0 = \$\,60.900$$

Nessa análise, vemos que a solução $X_1 = 174$, $X_2 = 0$ é *viável* para o problema, pois satisfaz todas as restrições do modelo. Mas é a *solução ótima*? Em outras palavras, há outro conjunto possível de valores para X_1 e X_2 que também satisfaz todas as restriçoes e resulta em um valor mais alto para a função objetivo? Como veremos, a abordagem intuitiva que usamos aqui para a resolução dos problemas de PL não é a mais adequada, pois há, na realidade, uma solução *melhor* para o problema de Howie.

2.10 Resolução de problemas de PL: uma abordagem gráfica

As restrições de um modelo de PL definem o conjunto de soluções viáveis – ou a **região viável** – para o problema. A dificuldade em PL é determinar qual ponto ou pontos na região viável correspondem ao melhor valor possível da função objetivo. Para problemas simples, com uma ou duas variáveis de decisão, é relativamente fácil rascunhar a região viável para o modelo de PL e localizar o ponto viável ótimo graficamente. Como a abordagem gráfica pode ser usada apenas se houver duas variáveis de decisão, tem uso prático limitado. No entanto, é uma maneira extremamente eficaz de desenvolver um entendimento básico da estratégia envolvida na resolução de problemas de PL. Portanto, usaremos a abordagem gráfica para resolver o problema simples enfrentado pela Blue Ridge Hot Tubs. O Capítulo 3 mostrará como resolver esse e outros problemas de PL usando uma planilha.

Para resolver graficamente um problema de PL, primeiro devemos estabelecer as restrições para o problema e identificar sua região viável. Isso é feito colocando as *linhas de contorno* das restrições e identificando os pontos que satisfarão todas as restrições. Portanto, como fazemos isso para o nosso problema do exemplo (repetido aqui)?

$$
\begin{array}{llcrl}
\text{MAX:} & 350\,X_1 + 300\,X_2 & & & \textbf{2.20}\\
\text{Sujeito a:} & 1\,X_1 + 1\,X_2 & \leq & 200 & \textbf{2.21}\\
 & 9\,X_1 + 6\,X_2 & \leq & 1.566 & \textbf{2.22}\\
 & 12\,X_1 + 16\,X_2 & \leq & 2.880 & \textbf{2.23}\\
 & 1\,X_1 & \geq & 0 & \textbf{2.24}\\
 & 1\,X_2 & \geq & 0 & \textbf{2.25}
\end{array}
$$

2.10.1 PLOTANDO A PRIMEIRA RESTRIÇÃO

O contorno da primeira restrição do nosso modelo, que especifica que não mais de 200 bombas poderão ser usadas, é representado pela linha reta definida pela equação:

$$X_1 + X_2 = 200 \qquad \textbf{2.26}$$

Se pudermos encontrar quaisquer dois pontos nessa linha, a linha inteira poderá ser plotada facilmente ligando esses dois pontos. Se $X_2 = 0$, podemos ver na Equação 2.26 que $X_1 = 200$. Desse modo, o ponto $(X_1, X_2) = (200, 0)$ deve ser colocado nessa linha. Se tomarmos $X_1 = 0$, da Equação 2.26 é fácil ver que $X_2 = 200$. Portanto, o ponto $(X_1, X_2) = (0, 200)$ também deve ser colocado nessa linha. Esses dois pontos são plotados no gráfico da Figura 2.1 e conectados para formar a linha reta que representa a Equação 2.26.

Observe que o gráfico da linha associada à Equação 2.26 realmente se estende além dos eixos X_1 e X_2 mostrados na Figura 2.1. No entanto, podemos desconsiderar os pontos além desses eixos, uma vez que os valores assumidos por X_1 e X_2 não podem ser negativos (pois também temos as restrições dadas por $X_1 \geq 0$ e $X_2 \geq 0$).

A linha conectando os pontos (0, 200) e (200, 0) na Figura 2.1 identifica os pontos (X_1, X_2) que satisfazem a igualdade $X_1 + X_2 = 200$. Mas lembremos que a primeira restrição no modelo de PL é a desigualdade $X_1 + X_2 \leq 200$. Assim, após colocar a linha de contorno de uma restrição, devemos determinar qual área do gráfico corresponde a soluções viáveis para a restrição original. Isso pode ser feito facilmente escolhendo um ponto arbitrário em um dos lados da linha de contorno e verificando se este satisfaz a restrição original. Por exemplo, se testarmos o ponto $(X_1, X_2) = (0, 0)$, vemos que esse ponto satisfaz a primeira restrição. Portanto, a área do gráfico no mesmo lado da linha de contorno, como o ponto (0, 0), corresponde às soluções viáveis da nossa primeira restrição. Essa área de soluções viáveis está sombreada na Figura 2.1.

2.10.2 PLOTANDO A SEGUNDA RESTRIÇÃO

Algumas das soluções viáveis para uma restrição em um modelo de PL normalmente não satisfarão uma ou mais das outras restrições do modelo. Por exemplo, o ponto $(X_1, X_2) = (200, 0)$ satisfaz a primeira restrição de nosso modelo, mas não satisfaz a segunda, que estabelece que não mais de 1.566 horas de trabalho sejam usadas (pois $9 \times 200 + 6 \times 0 = 1.800$). Portanto, quais valores para X_1 e X_2 satisfarão essas duas restrições simultaneamente? Para responder a essa pergunta, também precisamos plotar a segunda restrição no gráfico. Isso é feito da mesma maneira que antes, localizando dois pontos na linha de contorno da restrição e conectando esses pontos em linha reta.

A linha de contorno para a segunda restrição do nosso modelo é dada por:

$$9X_1 + 6X_2 = 1.566 \qquad \textbf{2.27}$$

Se $X_1 = 0$ na Equação 2.27, então $X_2 = 1.566/6 = 261$. Então, o ponto (0, 261) deve ser colocado na linha definida pela Equação 2.27. De maneira semelhante, se $X_2 = 0$ na Equação 2.27, então $X_1 = 1.566/9 = 174$. Logo, o ponto (174, 0)

FIGURA 2.1
Representação gráfica da restrição de bomba.

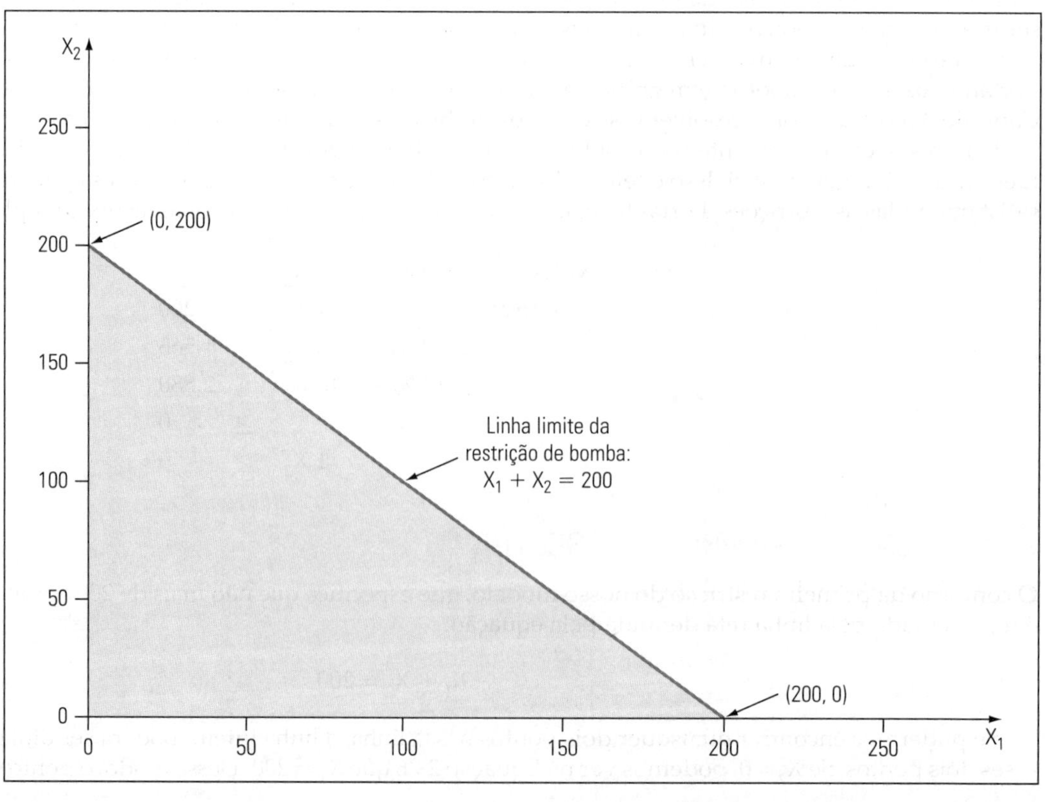

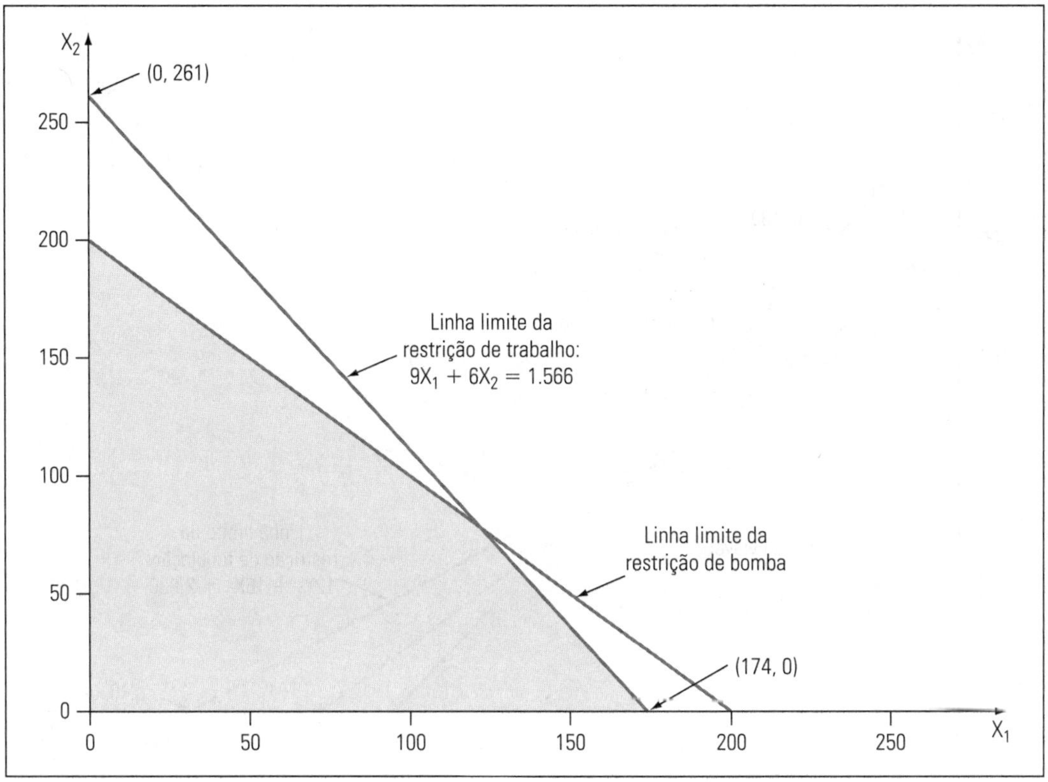

FIGURA 2.2
Representação gráfica das restrições de bomba e de trabalho.

também deve ser colocado nessa linha. Esses dois pontos são colocados no gráfico e conectados com uma linha reta que representa a Equação 2.27, conforme mostrado na Figura 2.2.

A linha traçada na Figura 2.2, que representa a Equação 2.27, é a linha de contorno para nossa segunda restrição. Para determinar a área do gráfico que corresponde às soluções viáveis para a segunda restrição, novamente precisamos testar um ponto em um dos lados dessa linha para verificar se é viável. O ponto $(X_1, X_2) = (0, 0)$ satisfaz $9X_1 + 6X_2 \leq 1.566$. Portanto, todos os pontos no mesmo lado da linha de contorno satisfazem essa restrição.

2.10.3 PLOTANDO A TERCEIRA RESTRIÇÃO

Para encontrar o conjunto de valores de X_1 e X_2 que satisfaça todas as restrições no modelo, é preciso plotar a terceira restrição. Essa restrição exige que não mais de 2.880 pés de tubulação sejam usados na produção de banheiras. Novamente, encontraremos dois pontos no gráfico que caem sobre a linha de contorno para essa restrição e conectaremos com uma linha reta.

A linha de contorno para a terceira restrição em nosso modelo é:

$$12X_1 + 16X_2 = 2.880 \qquad \textbf{2.28}$$

Se $X_1 = 0$ na Equação 2.28, então $X_2 = 2.880/16 = 180$. Logo, o ponto (0, 180) deve ser colocado na linha definida pela Equação 2.28. De maneira semelhante, se $X_2 = 0$ na Equação 2.28, então $X_1 = 2.880/12 = 240$. Portanto, o ponto (240, 0) também deve ser colocado nessa linha. Esses dois pontos são colocados no gráfico e conectados com uma linha reta que representa a Equação 2.28, conforme mostrado na Figura 2.3.

Novamente, a linha traçada na Figura 2.3, que representa a Equação 2.28, é a linha de contorno para nossa terceira restrição. Para determinar a área do gráfico que corresponde a soluções viáveis para essa restrição, temos de testar um ponto em um dos lados da linha para verificar se é viável. O ponto $(X_1, X_2) = (0, 0)$ satisfaz $12X_1 + 16X_2 \leq 2.880$. Portanto, todos os pontos no mesmo lado da linha de contorno satisfazem essa restrição.

2.10.4 A REGIÃO VIÁVEL

Agora é fácil ver quais pontos satisfazem todas as restrições de nosso modelo. Esses pontos correspondem à área sombreada da Figura 2.3, chamada "Região Viável". A **região viável** é o conjunto de pontos ou valores que as variáveis

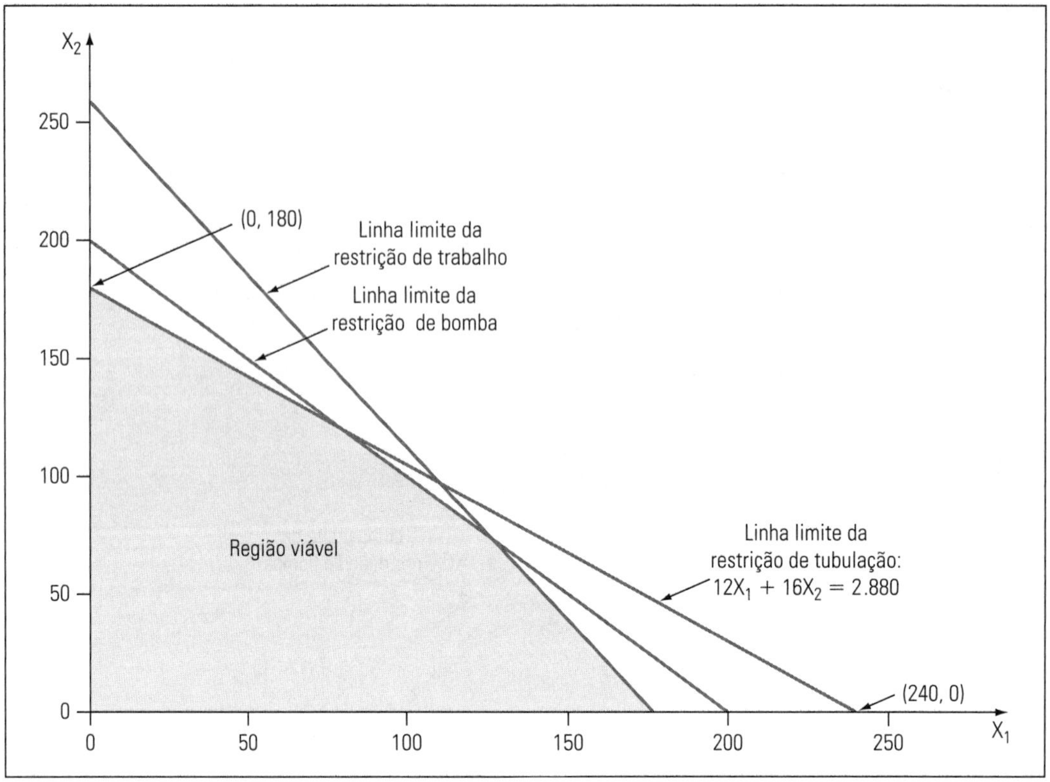

FIGURA 2.3
Representação gráfica da região viável.

de decisão podem assumir de modo que satisfaçam simultaneamente todas as restrições do problema. Compare, por um momento, com atenção, os gráficos das Figuras 2.1, 2.2 e 2.3. Observe que, quando adicionamos a segunda restrição na Figura 2.2, algumas das soluções viáveis associadas à primeira restrição foram eliminadas porque essas soluções não satisfizeram a segunda restrição. De maneira semelhante, quando adicionamos a terceira restrição na Figura 2.3, outra parte das soluções viáveis para a primeira restrição é eliminada.

2.10.5 PLOTANDO A FUNÇÃO OBJETIVO

Agora que isolamos o conjunto de soluções viáveis para nosso problema de PL, precisamos determinar qual dessas soluções é a melhor. Ou seja, devemos determinar qual ponto da região viável vai maximizar o valor da função objetivo do nosso modelo. Em um primeiro momento, pode parecer que tentar localizar esse ponto é como procurar uma agulha em um palheiro. Afinal, a exemplo do que foi mostrado pela região sombreada da Figura 2.3, há um número infinito de soluções viáveis para esse problema. Felizmente, podemos eliminar facilmente a maioria das soluções viáveis de um problema de PL para que estas não sejam consideradas. Pode-se mostrar que, se um problema de PL tiver uma solução ótima com um valor finito da função objetivo, essa solução sempre ocorrerá em um ponto da região viável em que duas ou mais das linhas de contorno das restrições se interceptam. Esses pontos de intersecção são, algumas vezes, chamados **pontos de canto** ou **pontos extremos** da região viável.

Para verificar por que a solução ótima finita de um problema de PL ocorre em um ponto extremo da região viável, considere o relacionamento entre a função objetivo e a região viável do modelo de PL de nosso exemplo. Suponha que estamos interessados em encontrar os valores de X_1 e X_2 associados a dado nível de lucro, como \$ 35.000. Então, matematicamente, estamos interessados em encontrar os pontos (X_1, X_2) para os quais a nossa função objetivo é igual a \$ 35.000, ou onde:

$$\$\,350X_1 + \$\,300X_2 = \$\,35.000 \qquad \textbf{2.29}$$

Essa equação define uma linha reta que pode ser colocada no nosso gráfico. Especificamente, se $X_1 = 0$, então da Equação 2.29, $X_2 = 116{,}67$. De maneira semelhante, se $X_2 = 0$ na Equação 2.29, então $X_1 = 100$. Logo, os pontos $(X_1, X_2) = (0, 116{,}67)$ e $(X_1, X_2) = (100, 0)$ caem na linha que define o nível de lucro de \$ 35.000 (Observe que todos os pontos dessa linha produzem um nível de lucro de \$ 35.000.) Essa linha é mostrada na Figura 2.4.

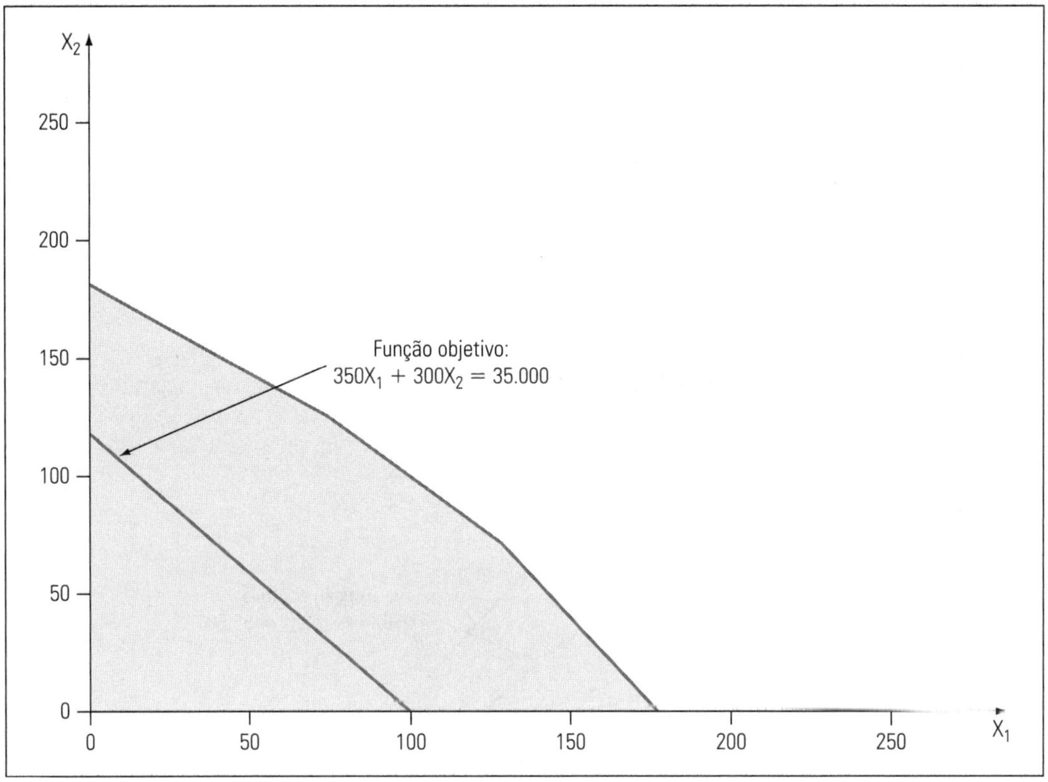

FIGURA 2.4
Gráfico que mostra os valores de X_1 e X_2 que produzem um valor da função objetivo de $ 35.000.

Agora, suponha que estejamos interessados em encontrar os valores de X_1 e X_2 que produzem um nível de lucro maior, como $ 52.500. Então, matematicamente, estamos interessados em encontrar os pontos (X_1, X_2) para os quais a nossa função objetivo é igual a $ 52.500, ou onde:

$$\$\,350X_1 + \$\,300X_2 = \$\,52.500 \quad \mathbf{2.30}$$

Essa equação também define uma linha reta, que poderíamos colocar no nosso gráfico. Se fizermos isso, descobriremos que os pontos $(X_1, X_2) = (0, 175)$ e $(X_1, X_2) = (150, 0)$ caem nessa linha, conforme mostrado na Figura 2.5.

2.10.6 ENCONTRANDO A SOLUÇÃO ÓTIMA USANDO CURVAS DE NÍVEL

As linhas da Figura 2.5 que representam os dois valores da função objetivo são algumas vezes chamadas **curvas de nível**, pois representam diferentes níveis ou valores do objetivo. Observe que as duas curvas de nível na Figura 2.5 são *paralelas* uma em relação à outra. Se repetirmos esse processo de desenhar linhas associadas a valores cada vez maiores de nossa função objetivo, continuaremos a observar uma série de linhas paralelas se distanciando da origem – ou seja, do ponto (0, 0). A última curva de nível que podemos desenhar e que intercepta a região viável determinará o lucro máximo que podemos obter. Esse ponto da intersecção, mostrado na Figura 2.6, representa a solução ótima viável para o problema.

Como mostrado na Figura 2.6, a solução ótima para nosso problema do exemplo ocorre no ponto em que a maior curva de nível possível intercepta a região viável em um único ponto. Esse é o ponto viável que produz o maior lucro para a Blue Ridge Hot Tubs. Mas como descobrimos exatamente qual é esse ponto e quanto lucro ele fornece?

Se compararmos a Figura 2.6 com a Figura 2.3, veremos que a solução ótima ocorre onde as linhas de contorno das restrições de bomba e de trabalho se interceptam (ou são iguais). Desse modo, a solução ótima é definida pelo ponto (X_1, X_2) que satisfaz, simultaneamente, as Equações 2.26 e 2.27, as quais são repetidas aqui:

$$X_1 + X_2 = 200$$
$$9X_1 + 6X_2 = 1.566$$

FIGURA 2.5
Curvas de nível paralelas para dois valores diferentes da função objetivo.

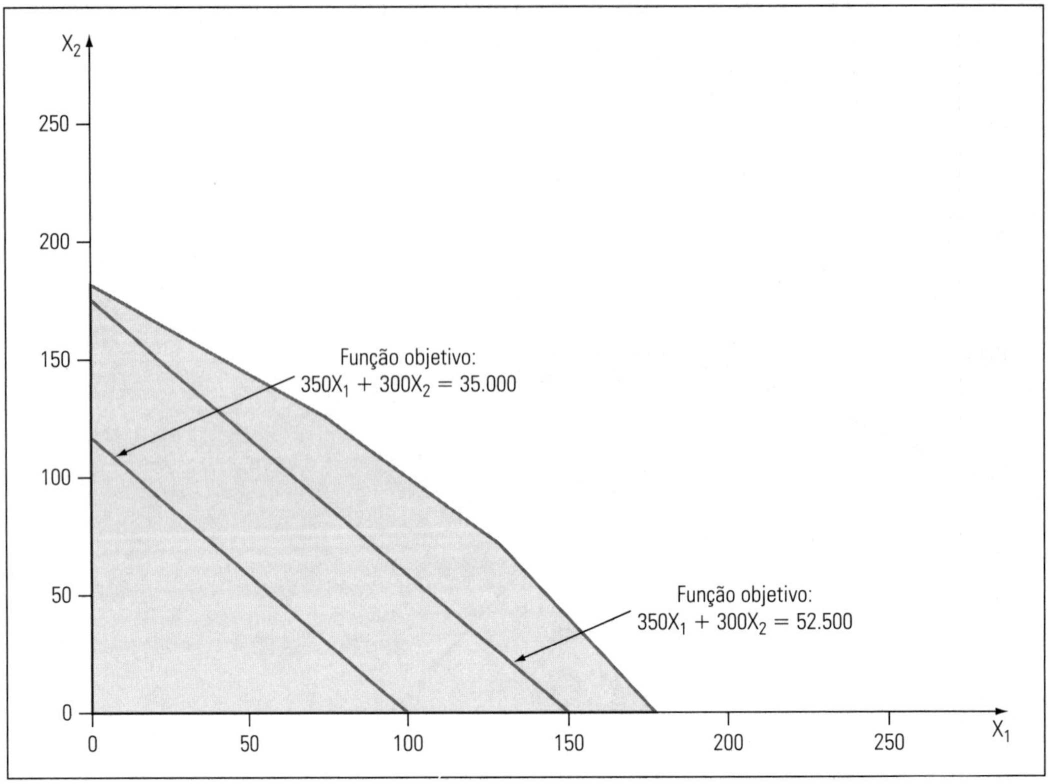

FIGURA 2.6
Gráfico que mostra a solução ótima em que a curva de nível é tangente à região viável.

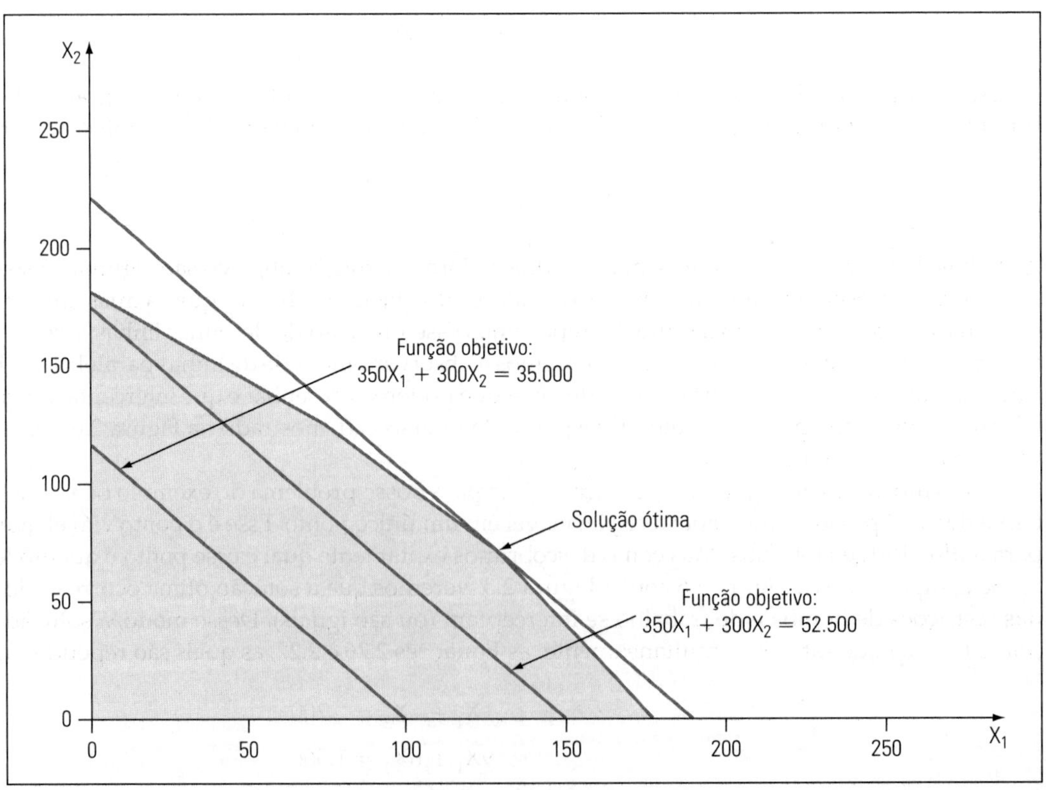

Da primeira equação, concluímos facilmente que $X_2 = 200 - X_1$. Se substituirmos essa definição de X_2 na segunda equação, obteremos:

$$9X_1 + 6(200 - X_1) = 1.566$$

Com o uso de álgebra simples, podemos resolver essa equação para encontrar que $X_1 = 122$. E porque $X_2 = 200 - X_1$, podemos concluir que $X_2 = 78$. Portanto, determinamos que a solução ótima para o nosso problema do exemplo ocorre no ponto $(X_1, X_2) = (122, 78)$. Esse ponto satisfaz todas as restrições de nosso modelo e corresponde ao ponto na Figura 2.6 identificado como a solução ótima.

O lucro total associado a essa solução é encontrado com a substituição dos valores ótimos de $X_1 = 122$ e $X_2 = 78$ na função objetivo. Assim, a Blue Ridge Hot Tubs pode obter um lucro de \$ 66.100 se produzir 122 Aqua-Spas e 78 Hydro-Luxes (\$ $350 \times 122 +$ \$ $300 \times 78 =$ \$ 66.100). Qualquer outro plano de produção resulta em um lucro total menor. Observe que a solução que encontramos anteriormente usando a abordagem intuitiva (que resultou em um lucro total de \$ 60.900) é inferior à solução ótima identificada aqui.

2.10.7 ENCONTRANDO A SOLUÇÃO ÓTIMA PELA ENUMERAÇÃO DOS PONTOS DE CANTO

Anteriormente, indicamos que, se um problema de PL tiver uma solução ótima finita, essa solução sempre ocorrerá em algum ponto de canto da região viável. Portanto, uma outra maneira de resolver um problema de PL é identificar todos os pontos de canto, ou pontos extremos, da região viável e calcular o valor da função objetivo de cada um desses pontos. O ponto de canto com o maior valor da função objetivo é a solução ótima para o problema.

Essa abordagem é ilustrada na Figura 2.7, em que as coordenadas X_1 e X_2 para cada um dos pontos extremos são identificadas juntamente com os valores da função objetivo associada. Como esperado, essa análise também indica que o ponto $(X_1, X_2) = (122, 78)$ é ótimo.

Enumerar os pontos de canto para identificar a solução ótima é normalmente mais difícil que a abordagem de curva de nível, pois requer a identificação das coordenadas para *todos* os pontos extremos da região viável. Se houver muitas restrições que se interceptam, o número de pontos extremos pode ficar muito grande, tornando esse procedimento bastante tedioso. Além disso, existe uma condição especial para a qual esse procedimento não funcionará. Essa condição, conhecida como solução ilimitada, será descrita em breve.

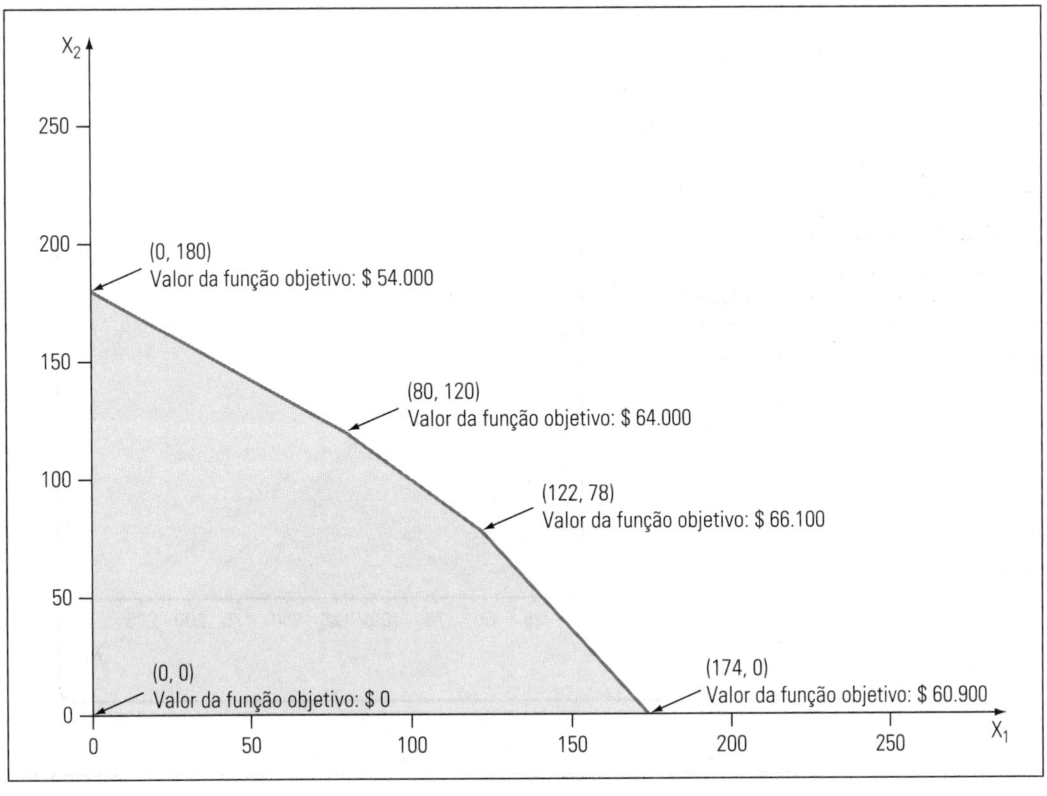

FIGURA 2.7
Valores da função objetivo em cada ponto extremo da região viável.

2.10.8 RESUMO DA SOLUÇÃO GRÁFICA PARA PROBLEMAS DE PL

Para resumir esta seção, um problema de PL de duas variáveis é resolvido graficamente executando as seguintes etapas:

1. Plote a linha de contorno de cada restrição do modelo.
2. Identifique a região viável, ou seja, o conjunto de pontos do gráfico que satisfaz, simultaneamente, todas as restrições.
3. Encontre a solução ótima por um dos seguintes métodos:
   a. Plote uma ou mais curvas de nível para a função objetivo e determine a direção na qual as alterações paralelas nessa linha produzem os melhores valores da função objetivo. Altere a curva de nível paralelamente na direção melhorada, até que intercepte a região viável em um único ponto. Em seguida, encontre as coordenadas para esse ponto. Essa é a solução ótima.
   b. Identifique as coordenadas de todos os pontos extremos da região viável e calcule os valores da função objetivo associados a cada ponto. Se a região viável é limitada, o ponto com o melhor valor da função objetivo será a solução ótima.

2.10.9 ENTENDENDO COMO AS COISAS MUDAM

É importante perceber que, se ocorrerem alterações em qualquer um dos coeficientes da função objetivo ou das restrições desse problema, a curva de nível, a região viável e a solução ótima desse problema também poderão mudar. Para ser um modelador eficaz de PL, é importante desenvolver alguma intuição sobre como as alterações em vários coeficientes do modelo impactarão a solução do problema. Estudaremos esse assunto com mais detalhes no Capítulo 4 ao discutir a análise de sensibilidade. No entanto, a planilha mostrada na Figura 2.8 (e que corresponde ao arquivo nomeado Fig2-8.xlsm, disponível na página deste livro no site da editora) permite alterar qualquer um dos coeficientes desse problema e, instantaneamente, observar seu efeito. Você é estimulado a fazer experiências com esse arquivo para certificar-se de que entende os relacionamentos entre os vários coeficientes de modelo e seu impacto nesse problema de PL. (O Caso 2.1 no fim deste capítulo traz algumas perguntas específicas que podem ser respondidas usando a planilha mostrada na Figura 2.8.)

FIGURA 2.8 *Planilha interativa para o problema de PL da Blue Ridge Hot Tubs.*

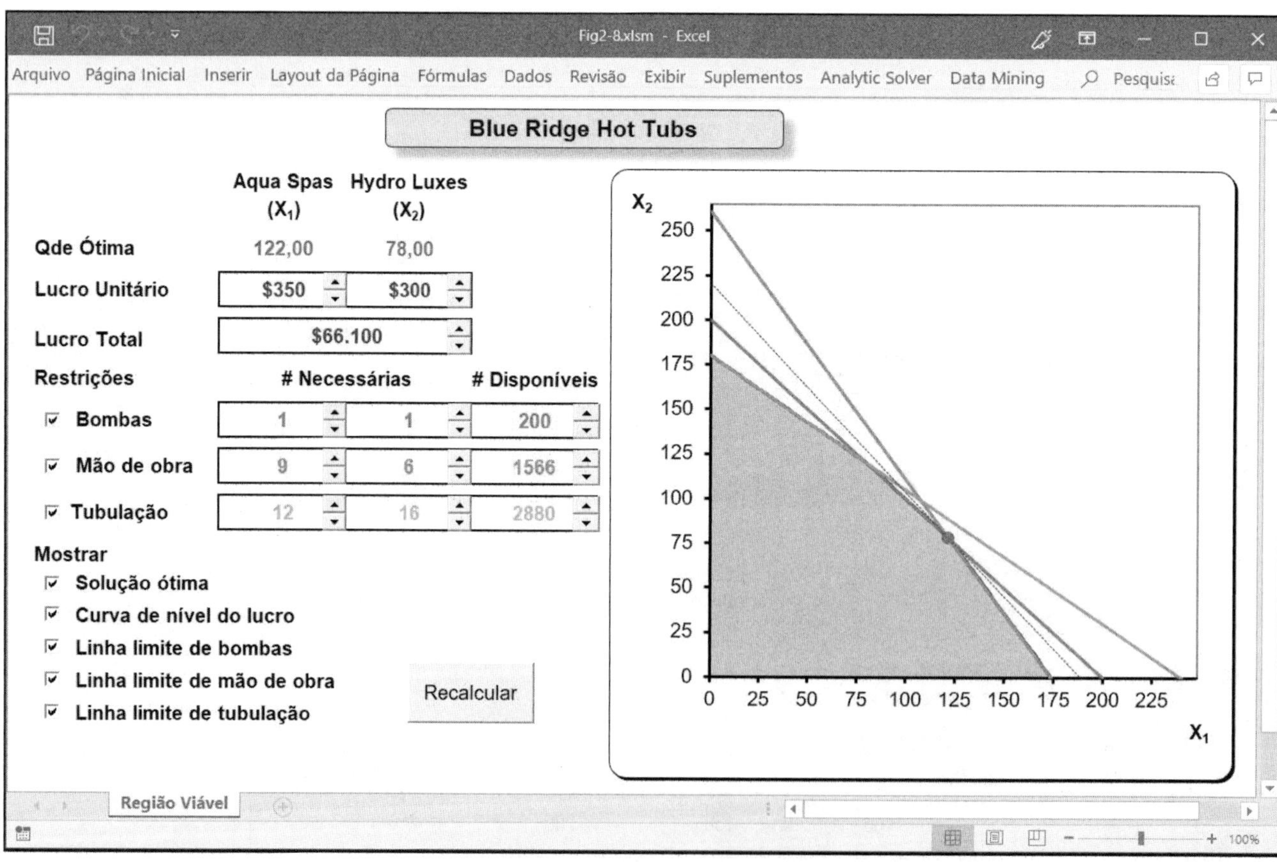

2.11 Condições especiais em modelos de PL

Várias condições especiais podem surgir na modelagem de PL: *múltiplas soluções ótimas*, *restrições redundantes*, *soluções ilimitadas* e *inviabilidade*. As primeiras duas condições não impedem a resolução de um modelo de PL e não são realmente problemas – são apenas anomalias que algumas vezes ocorrem. Por outro lado, as duas últimas condições representam problemas reais que nos impedem de resolver um modelo de PL.

2.11.1 MÚLTIPLAS SOLUÇÕES ÓTIMAS

Alguns modelos de PL podem apresentar mais de uma solução ótima, ou seja, têm **múltiplas soluções ótimas**. Isso significa que pode haver mais de um ponto viável que maximiza (ou minimiza) o valor da função objetivo.

Por exemplo, suponha que Howie possa aumentar o preço das Aqua-Spas a ponto de que cada unidade vendida gere um lucro de \$ 450, em vez de \$ 350. O modelo de PL revisado para esse problema será:

$$
\begin{array}{llcl}
\text{MAX:} & 450X_1 + 300X_2 & & \\
\text{Sujeito a:} & 1X_1 + 1X_2 & \leq & 200 \\
 & 9X_1 + 6X_2 & \leq & 1.566 \\
 & 12X_1 + 16X_2 & \leq & 2.880 \\
 & 1X_1 & \geq & 0 \\
 & 1X_2 & \geq & 0
\end{array}
$$

Como nenhuma das restrições foi alterada, a região viável para esse modelo é a mesma do exemplo anterior. A única diferença nesse modelo é a função objetivo. Portanto, as curvas de nível para a função objetivo são diferentes das que observamos anteriormente. Várias curvas de nível para esse modelo são plotadas com a região viável na Figura 2.9.

Observe que a curva de nível final na Figura 2.9 intercepta a região viável juntamente com uma *borda* da região viável, em vez de um único ponto. Todos os pontos no segmento de linha que unem o ponto de canto em (122, 78) ao ponto de canto em (174, 0) produzem o mesmo valor ótimo da função objetivo, que equivale a \$ 78.300 para esse problema. Assim, todos esses pontos são soluções ótimas para o problema. Se usássemos um computador para resolver esse problema, identificaria como solução ótima apenas os pontos de canto dessa borda.

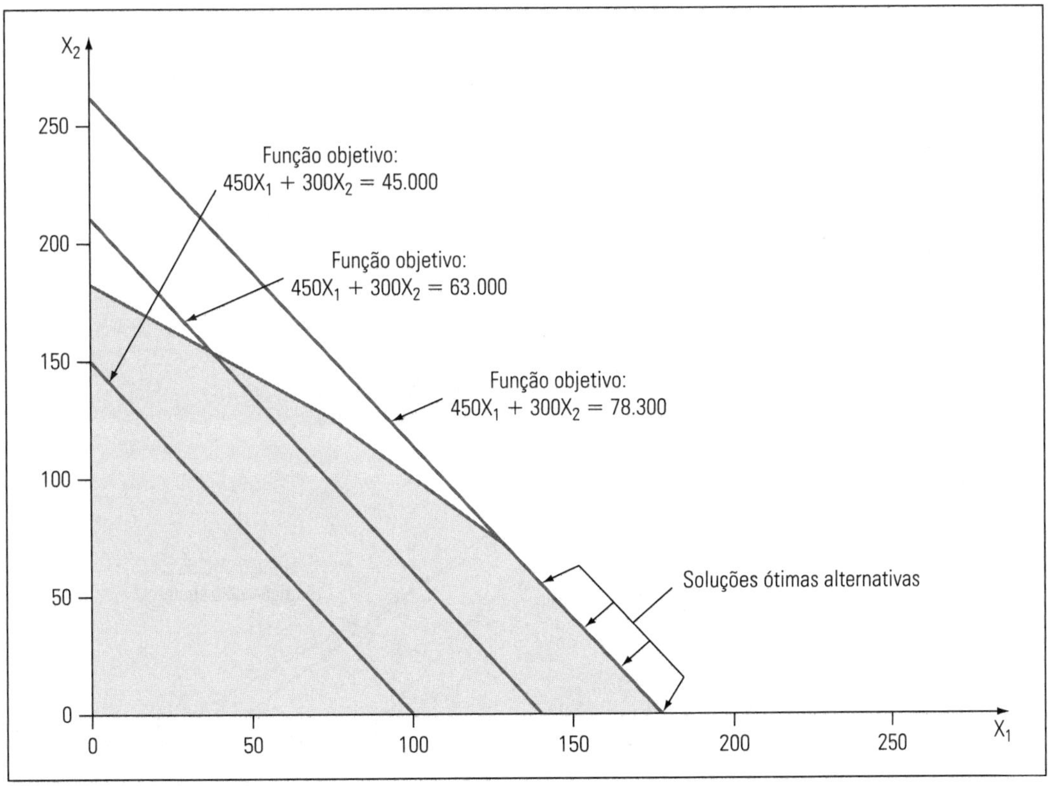

FIGURA 2.9
Exemplo de um problema de PL com um número infinito de soluções ótimas.

O fato de múltiplas soluções ótimas ocorrerem algumas vezes não é realmente um problema, pois essa anomalia não nos impede de encontrar uma solução ótima para o problema. Na realidade, no Capítulo 7, "Programação de meta e otimização multiobjetivo", você verá que múltiplas soluções ótimas são, algumas vezes, muito desejáveis.

2.11.2 RESTRIÇÕES REDUNDANTES

As restrições redundantes apresentam outra condição especial que algumas vezes ocorre em um modelo de PL. **Restrição redundante** é aquela que não desempenha nenhum papel na determinação da região viável do problema. Por exemplo, no exemplo das banheiras, suponha que 225 bombas estão disponíveis, em vez de 200. O modelo de PL anterior pode ser modificado para refletir essa alteração da seguinte forma:

$$\begin{array}{lrcl}
\text{MAX:} & 350X_1 + 300X_2 & & \\
\text{Sujeito a:} & 1X_1 + 1X_2 & \leq & 225 \\
 & 9X_1 + 6X_2 & \leq & 1.566 \\
 & 12X_1 + 16X_2 & \leq & 2.880 \\
 & 1X_1 & \geq & 0 \\
 & 1X_2 & \geq & 0
\end{array}$$

Esse modelo é idêntico ao modelo original que formulamos para esse problema, *exceto* para o novo limite superior na primeira restrição (que representa o número de bombas que podem ser usadas). As restrições e a região viável para esse modelo revisado são mostradas na Figura 2.10.

Observe que a restrição de bomba nesse modelo não desempenha mais nenhum papel na definição da região viável do problema. Ou seja, desde que as restrições de tubulação e de trabalho tenham sido satisfeitas (que é sempre o caso para qualquer solução viável), a restrição de bomba também será satisfeita. Portanto, podemos remover a restrição de bomba do modelo sem alterar a região viável do problema, pois essa restrição é simplesmente redundante.

O fato de a restrição de bomba não desempenhar um papel na definição da região viável na Figura 2.10 implica que haverá sempre um excesso de bombas disponíveis. Como nenhuma das soluções viáveis identificadas na Figura 2.10 incide na linha de contorno da restrição de bomba, essa restrição sempre será satisfeita como uma desigualdade estrita ($1X_1 + 1X_2 < 225$) e nunca como igualdade estrita ($1X_1 + 1X_2 = 225$).

FIGURA 2.10
Exemplo de restrição redundante.

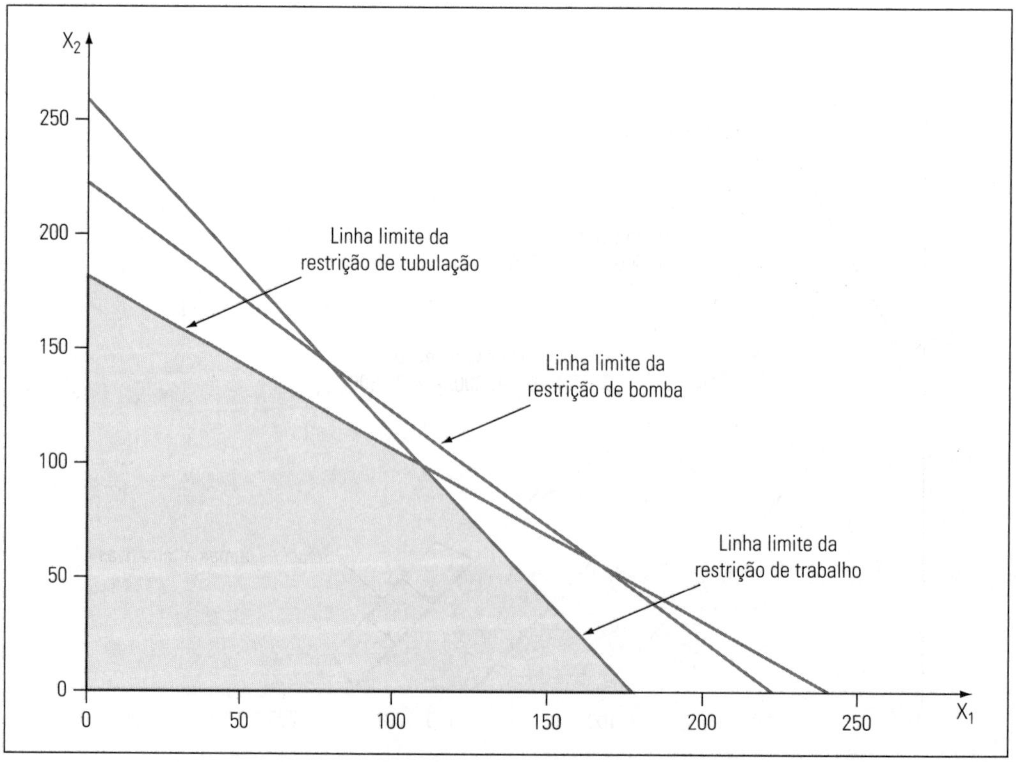

Novamente, as restrições redundantes não são realmente problemas. Elas não nos impedem (ou ao computador) de encontrar a solução ótima para um problema de PL. No entanto, representam "excesso de bagagem" para o computador e, portanto, se você souber que uma restrição é redundante, eliminá-la poupa ao computador esse trabalho a mais. Por outro lado, se o modelo com o qual está trabalhando for modificado e usado repetidamente, pode ser melhor deixar as restrições redundantes no modelo, pois podem não ser redundantes no futuro. Por exemplo, na Figura 2.3, sabemos que, se a disponibilidade de bombas voltar para 200, a restrição de bomba novamente desempenhará um papel importante na definição da região viável (e solução ótima) do problema.

2.11.3 SOLUÇÕES ILIMITADAS

Ao tentar resolver alguns problemas de PL, é possível encontrar situações em que a função objetivo pode se tornar infinitamente grande (no caso de um problema de maximização) ou infinitamente pequena (no caso de um problema de minimização). Como exemplo, considere este problema de PL:

$$
\begin{array}{lrl}
\text{MAX:} & X_1 + X_2 & \\
\text{Sujeito a:} & X_1 + X_2 & \geq 400 \\
 & -X_1 + 2X_2 & \leq 400 \\
 & X_1 & \geq 0 \\
 & X_2 & \geq 0
\end{array}
$$

A região viável e algumas curvas de nível para esse problema são mostradas na Figura 2.11. Neste gráfico, podemos verificar que, à medida que as curvas de nível se distanciam cada vez mais da origem, a função objetivo aumenta. Como a região viável não está limitada nessa direção, é possível continuar mudando a curva de nível por uma quantidade infinita e tornar a função objetivo infinitamente grande.

Embora não seja incomum encontrar uma solução **ilimitada** ao resolver um modelo de PL, esse tipo de solução indica que há algo errado com a formulação; por exemplo, uma ou mais restrições foram omitidas ou uma restrição "menor ou igual a" foi inserida erroneamente como uma restrição "maior ou igual a".

Ao descrever como encontrar a solução ótima para um modelo de PL enumerando pontos de canto, observamos que esse procedimento nem sempre funcionará se a região viável para o problema for ilimitada. A Figura 2.11 fornece um exemplo desse tipo de situação. Os únicos pontos extremos para a região viável na Figura 2.11 ocorrem em (400,

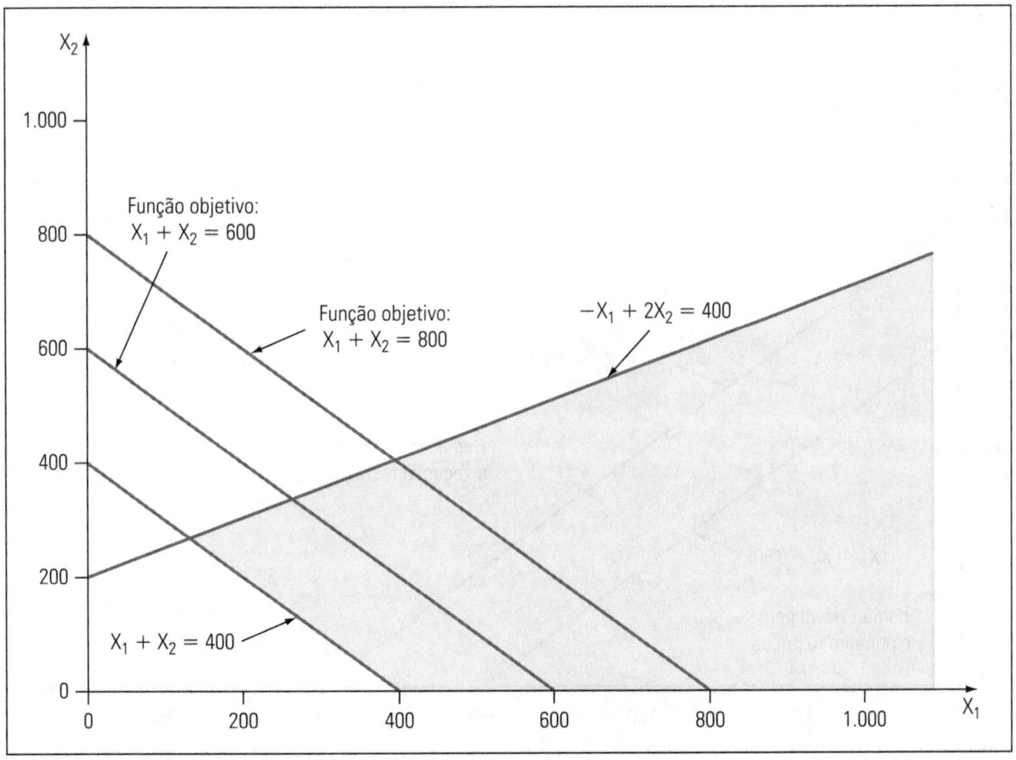

FIGURA 2.11
Exemplo de um problema de PL com uma solução ilimitada.

0) e ($133,\overline{3}$, $266,\overline{6}$). O valor da função objetivo em ambos os pontos (e em qualquer ponto no segmento de linha que os une) é 400. Ao enumerar os pontos extremos para esse problema, podemos concluir erroneamente que as múltiplas soluções ótimas existentes resultem em um valor ótimo de 400 da função objetivo. Isso é verdade se o problema envolver a *minimização* da função objetivo. No entanto, a meta aqui é *maximizar* o valor da função objetivo, que, como vimos, pode ser feito sem limite. Portanto, ao tentar resolver um problema de PL enumerando os pontos extremos de uma região viável ilimitada, também é necessário verificar se a função objetivo é ilimitada.

2.11.4 INVIABILIDADE

Um problema de PL é **inviável** se não houver uma maneira de satisfazer todas as restrições do problema simultaneamente. Como exemplo, considere o seguinte modelo de PL:

$$\begin{array}{lrcl} \text{MAX:} & X_1 + X_2 & & \\ \text{Sujeito a:} & X_1 + X_2 & \leq & 150 \\ & X_1 + 2X_2 & \geq & 200 \\ & X_1 & \geq & 0 \\ & X_2 & \geq & 0 \end{array}$$

As soluções viáveis para as primeiras duas restrições do modelo são mostradas na Figura 2.12. Observe que as soluções viáveis para a primeira restrição incidem no lado esquerdo da sua linha de contorno, enquanto as soluções viáveis para a segunda restrição incidem no lado direito da sua linha de contorno. Portanto, não existem valores possíveis para X_1 e X_2 que simultaneamente satisfaçam ambas as restrições no modelo. Nesse caso, não há soluções viáveis para o problema.

A inviabilidade pode ocorrer em problemas de PL devido talvez a um erro na formulação do modelo, como tornar, não intencionalmente, uma restrição "menor ou igual a" em uma restrição "maior ou igual a". Ou pode simplesmente não haver uma maneira de satisfazer todas as restrições do modelo. Nesse caso, algumas restrições devem ser eliminadas ou relaxadas a fim de obter uma região viável (e solução viável) para o problema.

Relaxar restrições envolve aumentar os limites superiores (ou reduzir os limites inferiores) para expandir o número de soluções viáveis. Por exemplo, se relaxarmos a primeira restrição do modelo anterior alterando o limite

FIGURA 2.12
Exemplo de um problema de PL sem solução viável.

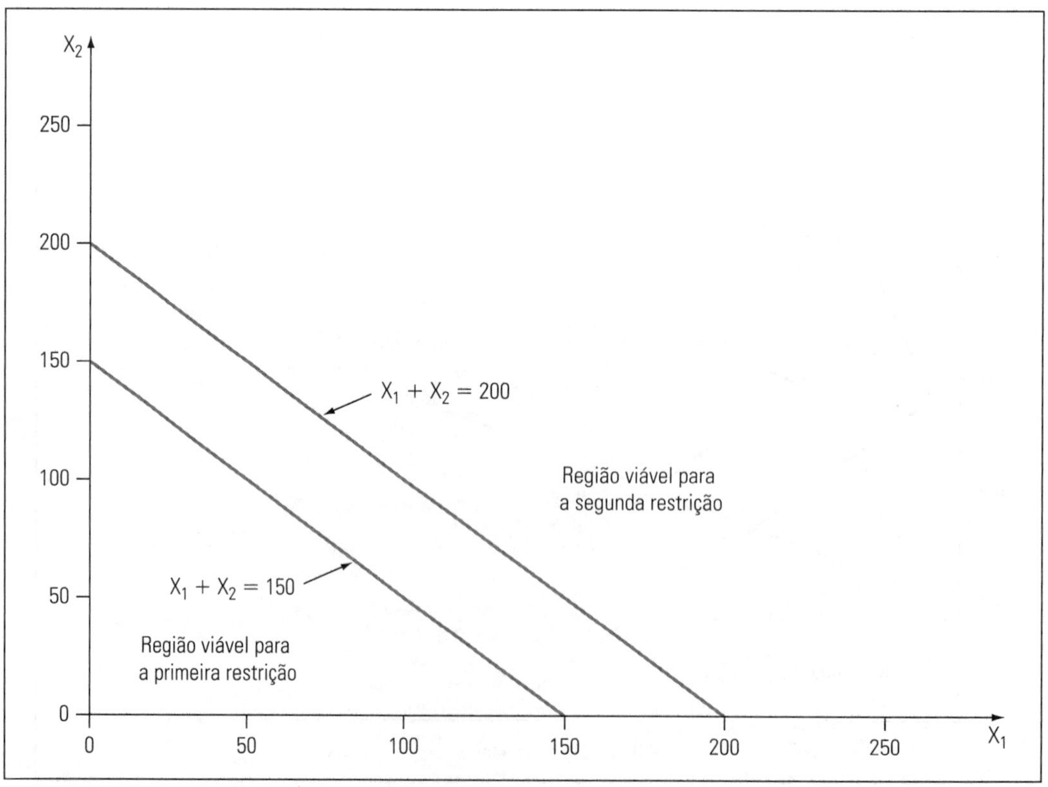

superior de 150 para 250, haverá uma solução viável para o problema. Claro, relaxar restrições não deve ser feito arbitrariamente. Em um modelo real, o valor 150 representaria alguma característica real do problema de decisão (como o número de bombas disponíveis para produzir banheiras). Obviamente não podemos mudar esse valor para 250 a menos que seja viável, ou seja, a menos que saibamos que outras 100 bombas poderão ser obtidas.

2.12 Resumo

Este capítulo ofereceu introdução a uma área da análise de negócios conhecida como programação matemática (PM) ou otimização. A otimização cobre grande amplitude da gama de problemas que compartilham uma meta comum: determinar os valores para as variáveis de decisão de um problema que maximizará (ou minimizará) alguma função objetivo, satisfazendo, ao mesmo tempo, várias restrições. As restrições impõem limitações com relação aos valores que podem ser assumidos pelas variáveis de decisão e definem o conjunto de opções viáveis (ou a região viável) para o problema.

Problemas de programação linear (PL) representam uma categoria especial de problemas de PM, em que a função objetivo e todas as restrições podem ser expressas como combinações lineares das variáveis de decisão. Problemas de PL simples de duas variáveis podem ser resolvidos graficamente, identificando a região viável e plotando as curvas de nível para a função objetivo. Uma solução ótima para um problema de PL sempre ocorre em um ponto de canto de sua região viável (a menos que a função objetivo seja ilimitada).

Algumas situações atípicas podem ser encontradas nos problemas de otimização. Estas incluem múltiplas soluções ótimas, restrições redundantes, soluções ilimitadas e inviabilidade.

2.13 Referências

BAZARAA, M.; JARVIS, J. *Linear Programming and Network Flows*. Nova York: Wiley, 1990.

DANTZIG, G. *Linear Programming and Extensions*. Princeton, NJ: Princeton University Press, 1963.

EPPEN, G.; GOULD, F.; SCHMIDT, C. *Introduction to Management Science*. Englewood Cliffs, NJ: Prentice Hall, 1993.

SHOGAN, A. *Management Science*. Englewood Cliffs, NJ: Prentice Hall, 1988.

WINSTON, W. *Operations Research: Applications and Algorithms*. Belmont, CA: Duxbury Press, 1997.

Questões e problemas

1. Um modelo de PL pode ter mais de uma solução ótima. É possível um modelo de PL ter exatamente duas soluções ótimas? Justifique sua resposta.
2. Na solução para o problema da Blue Ridge Hot Tubs, descobrimos que os valores ótimos para X_1 e X_2 eram inteiros (números inteiros). Essa é uma propriedade geral das soluções para problemas de PL? Em outras palavras, a solução para um problema de PL sempre consistirá em números inteiros? Justifique sua resposta.
3. Para determinar a região viável associada a restrições "menor ou igual a" ou "maior ou igual a", colocamos essas restrições em gráficos, como se fossem restrições "igual a". Por que é possível?
4. As seguintes funções objetivo para um problema de PL são equivalentes? Ou seja, se ambas forem usadas, uma de cada vez, para resolver um problema com exatamente as mesmas restrições, o valor ótimo para X_1 e para X_2 será o mesmo nos dois casos? Justifique sua resposta.

$$\text{MAX:} \quad 2X_1 + 3X_2$$
$$\text{MIN:} \quad -2X_1 - 3X_2$$

5. Quais das seguintes restrições não são lineares ou não podem ser incluídas como uma restrição em um problema de programação linear?
   a. $2X_1 + X_2 - 3X_3 \geq 50$
   b. $2X_1 + \sqrt{X_2} \geq 60$
   c. $4X_1 - \frac{1}{3}X_2 = 75$
   d. $\dfrac{3X_1 + 2X_2 - 3X_3}{X_1 + X_2 + X_3} \leq 0{,}9$
   e. $3X_1^2 + 7X_2 \leq 45$
6. Resolva graficamente o seguinte problema de PL, enumerando os pontos de canto.

$$\begin{aligned} \text{MAX:} \quad & 3X_1 + 4X_2 \\ \text{Sujeito a:} \quad & X_1 \leq 12 \\ & X_2 \leq 10 \\ & 4X_1 + 6X_2 \leq 72 \\ & X_1, X_2 \geq 0 \end{aligned}$$

7. Resolva graficamente o seguinte problema de PL, usando curvas de nível.

$$\begin{aligned} \text{MAX:} \quad & 2X_1 + 5X_2 \\ \text{Sujeito a:} \quad & 6X_1 + 5X_2 \leq 60 \\ & 2X_1 + 3X_2 \leq 24 \\ & 3X_1 + 6X_2 \leq 48 \\ & X_1, X_2 \geq 0 \end{aligned}$$

8. Resolva graficamente o seguinte problema de PL, enumerando os pontos de canto.

$$\begin{aligned} \text{MIN:} \quad & 5X_1 + 20X_2 \\ \text{Sujeito a:} \quad & X_1 + X_2 \geq 12 \\ & 2X_1 + 5X_2 \geq 40 \\ & X_1 + X_2 \leq 15 \\ & X_1, X_2 \geq 0 \end{aligned}$$

9. Considere o seguinte problema de PL.

$$\begin{aligned} \text{MAX:} \quad & 3X_1 + 2X_2 \\ \text{Sujeito a:} \quad & 3X_1 + 3X_2 \leq 300 \\ & 6X_1 + 3X_2 \leq 480 \\ & 3X_1 + 3X_2 \leq 480 \\ & X_1, X_2 \geq 0 \end{aligned}$$

a. Desenhe a região viável para esse modelo.
b. Qual é a solução ótima?
c. Identifique qualquer restrição redundante nesse modelo.

10. Resolva graficamente o seguinte problema de PL, usando curvas de nível.

$$\begin{aligned} \text{MIN:} \quad & 2X_1 + 3X_2 \\ \text{Sujeito a:} \quad & 2X_1 + 1X_2 \geq 3 \\ & 4X_1 + 5X_2 \geq 20 \\ & 2X_1 + 8X_2 \geq 16 \\ & 5X_1 + 6X_2 \leq 60 \\ & X_1, X_2 \geq 0 \end{aligned}$$

11. Resolva o seguinte problema de PL usando curvas de nível.

$$\begin{aligned} \text{MAX:} \quad & 4X_1 + 5X_2 \\ \text{Sujeito a:} \quad & 2X_1 + 3X_2 \leq 120 \\ & 4X_1 + 3X_2 \leq 140 \\ & X_1 + X_2 \geq 80 \\ & X_1, X_2 \geq 0 \end{aligned}$$

12. Resolva graficamente o seguinte problema de PL, enumerando os pontos de canto.

$$\begin{aligned} \text{MAX:} \quad & 10X_1 + 12X_2 \\ \text{Sujeito a:} \quad & 8X_1 + 6X_2 \leq 98 \\ & 6X_1 + 8X_2 \leq 98 \\ & X_1 + X_2 \geq 14 \\ & X_1, X_2 \geq 0 \end{aligned}$$

13. A Bibbins Manufacturing produz bolas de *softball* e de beisebol para ligas desportivas juvenis. Cada bola de *softball* custa \$ 11 para produzir e é vendida por \$ 17, enquanto cada bola de beisebol custa \$ 10,50 e é vendida por \$ 15. O material e as horas de trabalho necessárias para a produção de cada item são listados aqui, juntamente com a disponibilidade de cada recurso.

	Quantidade exigida por		Quantidade
Recurso	***Softball***	**Beisebol**	**Disponível**
Couro	5 onças	4 onças	6.000 onças
Náilon	6 jardas	3 jardas	5.400 jardas
Miolo	4 onças	2 onças	4.000 onças
Trabalho	2,5 min	2 min	3.500 min
Costura	1 min	1 min	1.500 min

a. Formule um modelo de PL para esse problema.
b. Desenhe a região viável.
c. Qual é a solução ótima?

14. A Oakton Manufacturing produz dois tipos de cadeiras de balanço, especificamente projetadas para homens e mulheres, conhecidas como os modelos *"His"* (dele) e *"Hers"* (dela). Cada cadeira requer quatro pés e dois balancins, mas diferem no número de cavilhas de madeira. Cada cadeira *"His"* requer quatro cavilhas curtas e oito cavilhas longas, enquanto a cadeira *"Hers"* requer oito cavilhas curtas e quatro cavilhas longas. Cada cadeira *"His"* fornece \$ 10 de lucro, e cada cadeira *"Hers"* \$ 12. A empresa tem 900 pés, 400 balancins, 1.200 cavilhas curtas e 1.056 cavilhas longas disponíveis e quer maximizar seu lucro ao mesmo tempo que garante que o número de cadeiras *"His"* produzidas seja pelo menos a metade do número de cadeiras *"Hers"*.
a. Formule um modelo de PL para esse problema.
b. Desenhe a região viável para esse problema.
c. Encontre a solução ótima.

15. A empresa Gourmet Grill fabrica e vende dois tipos de churrasqueiras: a gás propano e elétrica. Cada churrasqueira a gás propano é vendida por \$ 320 e sua fabricação custa \$ 220. Cada churrasqueira elétrica é vendida por \$ 260 e sua fabricação custa \$ 180. Cada churrasqueira passa por quatro operações durante o processo de fabricação. As horas exigidas para cada tipo de churrasqueira em cada um desses processos de fabricação são resumidas da seguinte forma:

	Horas exigidas por unidade	
Processo de fabricação	**Gás propano**	**Elétrica**
Prensa	2	1
Fabricação	4	5
Montagem	2	3
Teste	1	1

No próximo ciclo de produção, estão disponíveis 2.400 horas de tempo de prensa, 6.000 horas de fabricação, 3.300 horas de montagem e 1.500 horas de realização de testes. Suponha que a Gourmet Grill possa vender toda a sua produção e gostaria de determinar o plano de produção que maximizaria seu lucro.
a. Formule um modelo de PL para esse problema.
b. Desenhe a região viável para esse problema.
c. Determine a solução ótima para esse problema usando curvas de nível.

16. A empresa Electrotech fabrica dois dispositivos elétricos de tamanho industrial: geradores e alternadores. Esses dois produtos requerem trabalhos de fiação e teste durante o processo de montagem. Cada gerador requer 2 horas de trabalho de fiação e 1 hora de testes e pode ser vendido com um lucro de \$ 250. Cada alternador requer 3 horas de trabalho de fiação e 2 horas de testes e pode ser vendido com um lucro de \$ 150. Existem 260 horas de trabalho de fiação e 140 horas do tempo de teste disponíveis no próximo período de produção, e a Electrotech quer maximizar seu lucro.
a. Formule um modelo de PL para esse problema.
b. Desenhe a região viável para esse problema.
c. Determine a solução ótima para esse problema usando curvas de nível.

17. Utilizando os dados do exercício anterior, suponha que a gerência da Electrotech decida que precisa fazer pelo menos 20 geradores e 20 alternadores.
a. Reformule seu modelo de PL para levar em conta essa mudança.
b. Desenhe a região viável para esse problema.

c. Determine a solução ótima para esse problema enumerando os pontos de canto.
d. Suponha que a Electrotech possa adquirir tempo de fiação adicional com um custo muito favorável. Ela deve trabalhar assim? Justifique sua resposta.

18. Bill's Grill é um restaurante de faculdade famoso por seus hambúrgueres. O proprietário do restaurante, Bill, mistura carne fresca bovina e suína com um ingrediente secreto para fazer hambúrgueres que são anunciados como não tendo mais de 25% de gordura. Bill pode comprar carne bovina contendo 80% de carne e 20% de gordura a $ 0,85 cada libra. Ele pode comprar carne suína contendo 70% de carne e 30% de gordura a $ 0,65 cada libra. Bill quer determinar o custo mínimo para misturar a carne bovina e suína para fazer hambúrgueres com não mais que 25% de gordura.
a. Formule um modelo de PL para esse problema. (Sugestão: as variáveis de decisão para esse problema representam a porcentagem de carne bovina e a de carne suína a ser combinadas.)
b. Desenhe a região viável para esse problema.
c. Determine a solução ótima para esse problema enumerando os pontos de canto.

19. A American Auto está avaliando seu plano de marketing para os sedãs, utilitários esportivos e caminhões que produz. Um anúncio de TV para os utilitários esportivos foi desenvolvido. A empresa estima que cada exibição desse comercial custará $ 500.000 e aumentará as vendas de utilitários esportivos em 3%, mas reduzirá as vendas de caminhões em 1% e não terá efeito nas vendas de sedãs. A empresa também desenvolveu uma campanha para ser veiculada em várias revistas nacionais a um custo de $ 750.000 por título. Estima-se que cada revista em que o anúncio for exibido aumentará as vendas de sedãs, utilitários esportivos e caminhões em 2%, 1% e 4%, respectivamente. A empresa visa aumentar as vendas de sedãs, utilitários esportivos e caminhões em, pelo menos, 3%, 14% e 4%, respectivamente, com o menor custo possível.
a. Formule um modelo de PL para esse problema.
b. Desenhe a região viável.
c. Qual é a solução ótima?

20. O gerente de marketing para o refrigerante Mountain Mist precisa decidir quantas exibições em TV e quantos anúncios de revistas veicular durante o próximo trimestre. Cada exibição em TV custa $ 5.000 e deve aumentar as vendas em 300 mil latas. Cada anúncio de revista custa $ 2.000 e deve aumentar as vendas em 500 mil latas. Um total de $ 100.000 pode ser gasto em anúncios de TV e de revista. No entanto, a Mountain Mist quer gastar mais de $ 70.000 em comerciais de TV e não mais de $ 50.000 em anúncios de revistas. A empresa tem um lucro de $ 0,05 em cada lata que vende.
a. Formule um modelo de PL para esse problema.
b. Desenhe a região viável para esse modelo.
c. Usando curvas de nível, encontre a solução ótima para o problema.

21. A Refinaria Blacktop extrai minerais de minérios brutos provenientes de dois diferentes locais em Montana. Cada tonelada de minério tipo 1 contém 20% de cobre, 20% de zinco e 15% de magnésio. Cada tonelada de minério tipo 2 contém 30% de cobre, 25% de zinco e 10% de magnésio. O minério tipo 1 custa $ 90 por tonelada e o minério tipo 2 custa $ 120 por tonelada. A Blacktop gostaria de comprar minério suficiente para extrair pelo menos 8 toneladas de cobre, 6 toneladas de zinco e 5 toneladas de magnésio com o menor custo possível.
a. Formule um modelo de PL para esse problema.
b. Desenhe a região viável para esse problema.
c. Encontre a solução ótima.

22. A fabricante de motocicletas Zippy produz duas motocicletas populares (minimotos equipadas com motores de 49 cc): a Razor e a Zoomer. Na próxima semana, o fabricante quer produzir até 700 motocicletas e garantir que o número de Razors produzidas não exceda o número de Zoomers em mais de 300. Cada Razor produzida e vendida resulta em um lucro de $ 70, enquanto cada Zoomer resulta em um lucro de $ 40. As motocicletas são mecanicamente idênticas e só diferem na aparência dos detalhes em polímero ao redor do tanque de combustível e do assento. Cada detalhe da Razor requer 2 libras de polímero e 3 horas de tempo de produção e cada Zoomer requer 1 libra de polímero e 4 horas de tempo de produção. Suponha que 900 libras de polímero e 2.400 horas de trabalho estejam disponíveis para a produção dessas motocicletas na semana seguinte.
a. Formule um modelo de PL para esse problema.
b. Desenhe a região viável para esse problema.
c. Qual é a solução ótima?

23. A empresa Quality Desk fabrica dois tipos de mesa para computador, utilizando placas de MDF. O modelo Presidencial é vendido por $ 149 e requer 30 pés quadrados de placas de MDF, um mecanismo de deslizamento do teclado e 5 horas de trabalho para ser produzido. O modelo Senador é vendido por $ 135 e requer 24 pés quadrados de placas de MDF, um mecanismo de deslizamento de teclado e 3 horas de trabalho para ser produzido. Na próxima semana, a empresa poderá comprar até 15.000 pés quadrados de placas de MDF a $ 1,35 por pé quadrado e até 600 mecanismos de deslizamento de teclado a um custo de $ 4,75 cada. A empresa contabiliza o trabalho de fabricação como custo fixo e tem 3.000 horas de trabalho disponíveis na próxima semana para a produção dessas mesas.

a. Formule um modelo de PL para esse problema.
b. Desenhe a região viável para esse problema.
c. Qual é a solução ótima?

24. Um fazendeiro da Geórgia tem uma propriedade de 100 acres na qual vai plantar melancias e melões-cantalupo. Cada acre plantado com melancia requer 50 galões de água por dia e deve ser preparado para plantio com 20 libras de fertilizante. Cada acre plantado com melões-cantalupo requer 75 galões de água por dia e deve ser preparado para plantio com 15 libras de fertilizante. O fazendeiro estima que precisará de 2 horas de trabalho para colher cada acre plantado com melancias e 2,5 horas para colher cada acre plantado com melões-cantalupo. Ele acredita que as melancias serão vendidas por cerca de $ 3 cada e os melões-cantalupo serão vendidos por cerca de $ 1 cada. Cada acre plantado com melancia deverá produzir 90 unidades. Cada acre plantado com melões-cantalupo deve produzir 300 unidades. O fazendeiro pode bombear cerca de 6.000 galões de água por dia para irrigação. Ele pode comprar fertilizante por um custo de $ 10 por saco de 50 libras. Finalmente, o fazendeiro pode contratar trabalhadores para colher os campos a $ 5 por hora. Se ele vender todas as melancias e todos os melões-cantalupo produzidos, quantos acres de cada cultura deverá plantar para maximizar os lucros?
    a. Formule um modelo de PL para esse problema.
    b. Desenhe a região viável para esse modelo.
    c. Usando curvas de nível, encontre a solução ótima para o problema.

25. A Sanderson Manufacturing produz portas e janelas ornadas e decorativas. Cada item produzido passa por três processos de fabricação: corte, lixamento e acabamento. Cada porta produzida requer 1 hora de corte, 30 minutos no lixamento e 30 minutos no acabamento. Cada janela requer 30 minutos no corte, 45 minutos no lixamento e uma hora no acabamento. Na semana seguinte, a empresa terá 40 horas de capacidade de corte disponível, 40 horas de capacidade de lixamento e 60 horas de capacidade de acabamento. Suponha que todas as portas produzidas possam ser vendidas com um lucro de $ 500 e todas as janelas possam ser vendidas com um lucro de $ 400.
    a. Formule um modelo de PL para esse problema.
    b. Desenhe a região viável.
    c. Qual é a solução ótima?

26. A PC-Express é uma loja de varejo de computadores que vende computadores desktop e laptop. A empresa ganha $ 600 em cada computador desktop que vende e $ 900 em cada laptop. Os computadores que a PC-Express vende são fabricados por outra empresa. Esse fabricante tem um pedido especial de outro cliente e não pode enviar mais de 80 computadores desktops e 75 laptops para a PC-Express no mês seguinte. Os funcionários da PC-Express devem passar aproximadamente 2 horas instalando softwares e verificando cada computador desktop que vendem. Eles gastam aproximadamente 3 horas para concluir esse processo em computadores laptop. A PC-Express espera ter cerca de 300 horas disponíveis para executar essa tarefa no próximo mês. A gerência da loja tem certeza de que poderá vender todos os computadores que comprar, mas não tem certeza de quantos desktops e laptops deve comprar para maximizar os lucros.
    a. Formule um modelo de PL para esse problema.
    b. Desenhe a região viável para esse modelo.
    c. Encontre a solução ótima para o problema enumerando os pontos de canto.

As linhas estão mudando[1] (com pedido de desculpas para Bob Dylan)

CASO 2.1

O proprietário da Blue Ridge Hot Tubs, Howie Jones, pediu a sua ajuda para analisar como a região viável e a solução para seu problema de produção podem mudar devido às alterações em vários parâmetros no modelo de PL. Ele espera que isso possa ampliar seu entendimento de PL e de como as restrições, a função objetivo e a solução ótima se inter-relacionam. Para ajudar nesse processo, ele pediu que uma empresa de consultoria desenvolvesse a planilha mostrada anteriormente na Figura 2.8 (e no arquivo Fig2-8.xlsm, disponível na página deste livro no site da editora) que atualiza dinamicamente a região viável e a solução ótima, à medida que os parâmetros do modelo variam. Infelizmente, Howie não teve muito tempo para se familiarizar com essa planilha; portanto, ele a deixou em suas mãos e pediu que você a usasse para responder às perguntas a seguir. (Clique no botão Reset, no arquivo Fig2-8. xlsm, antes de responder a cada uma das perguntas a seguir.)

[1] "For the Lines They Are a-changing", um trocadilho com "The times they are a-changing", música de Bob Dylan que marcou os anos 1960.

Observação importante sobre o software

O arquivo Fig2-8.xlsm contém uma macro que deve ser ativada para que a planilha opere corretamente. Para permitir que essa (e outras) macros sejam executadas no Excel, clique em Arquivo, Opções, Central de Confiabilidade, Configurações da Central de Confiabilidade, Configurações de Macro e, em seguida, selecione Desativar Todas as Macros com Notificação. Clique em OK duas vezes. Em seguida, quando o Excel abrir uma pasta de trabalho contendo macros, deverá exibir um aviso de segurança indicando que algum conteúdo ativo foi desativado, dando a você a oportunidade de ativar esse conteúdo, o que deve ser feito para os arquivos em Excel que acompanham este livro.

1. Na solução ótima para esse problema, quantas bombas, horas de trabalho e pés de tubulação estão sendo usados?
2. Se a empresa puder aumentar o número de bombas disponíveis deverá fazer isso? Justifique sua resposta. Em caso afirmativo, qual seria o número máximo de bombas adicionais que deveria adquirir e em quanto esse fator aumentaria o lucro?
3. Se a empresa puder adquirir mais horas de trabalho, ela deverá fazer isso? Justifique sua resposta. Em caso afirmativo, quantas horas de trabalho adicionais a empresa deveria adquirir e em quanto aumentaria o lucro?
4. Se a empresa puder adquirir mais tubulações, deverá fazer isso? Justifique sua resposta. Em caso afirmativo, quanto de tubulação adicional a empresa deveria adquirir e em quanto aumentaria o lucro?
5. Em quanto o lucro aumentaria se a empresa pudesse reduzir de 9 para 8 as horas de trabalho necessárias para produzir Aqua-Spas? E de 8 para 7 horas? E de 7 para 6 horas?
6. Em quanto o lucro aumentaria se a empresa pudesse reduzir de 6 para 5 as horas de trabalho necessárias para produzir Hydro-Luxes? E de 5 para 4 horas? E de 4 para 3 horas?
7. Qual seria a alteração no lucro ótimo se a empresa aumentasse a quantidade de tubos necessários para produzir Aqua-Spas de 12 a 13 pés? E de 13 a 14 pés? E de 14 a 15 pés?
8. Qual seria a alteração no lucro ótimo se a empresa aumentasse a quantidade de tubos necessários para produzir Hydro-Luxes de 16 a 17 pés? E de 17 a 18 pés? E de 18 a 19 pés?
9. Em quanto o lucro unitário nas Aqua-Spas deve mudar antes que o *mix* de produtos ideal seja alterado?
10. Em quanto o lucro unitário nas Hydro-Luxes deve mudar antes que o *mix* de produtos ideal seja alterado?

Capítulo 3

Modelagem e resolução de problemas de PL em uma planilha

3.0 Introdução

No Capítulo 2 discutiu-se como formular problemas de programação linear (PL) e como resolver graficamente problemas de PL simples de duas variáveis. Como podemos esperar, poucos problemas de PL do mundo real envolvem apenas duas variáveis de decisão. Portanto, a abordagem da solução gráfica é de valor limitado na resolução de problemas de PL. No entanto, a discussão de problemas de duas variáveis fornece uma base para o entendimento dos elementos envolvidos em todos os problemas de PL e das estratégias gerais para resolvê-los.

Por exemplo, todo problema de PL passível de solução tem uma região viável, e uma solução ótima pode ser encontrada em algum ponto extremo dessa região (supondo que o problema não seja ilimitado). Isso é válido para todos os problemas de PL, independentemente do número de variáveis de decisão. Embora seja relativamente fácil representar graficamente a região viável para um problema de PL de duas variáveis, é difícil visualizar ou representar graficamente a região viável de um problema de PL com três variáveis, porque esse tipo de gráfico é tridimensional. Se houver mais de três variáveis, é praticamente impossível visualizar ou representar graficamente a região viável para um problema de PL, pois esse tipo de gráfico envolve mais de três dimensões.

Felizmente, existem várias técnicas matemáticas para resolver problemas de PL que envolvem praticamente qualquer número de variáveis sem visualizar ou representar graficamente suas regiões viáveis. Essas técnicas são agora embutidas em pacotes de planilhas, os quais tornam a resolução de problemas de PL uma tarefa relativamente simples. Assim, usando o software de computador adequado, você pode resolver facilmente qualquer problema de PL. O principal desafio é garantir que formule o problema de PL corretamente e transfira de maneira precisa essa formulação para o computador. Este capítulo mostra como fazer essa opção usando planilhas.

3.1 Solucionadores para planilhas

A importância da PL (e da otimização em geral) é ressaltada pelo fato de que todos os pacotes de planilhas mais importantes vêm com ferramentas nativas de otimização de planilhas chamadas Solver. Este livro usa o Excel para ilustrar como os solver pode resolver problemas de otimização. No entanto, os mesmos conceitos e técnicas apresentados aqui se aplicam a outros pacotes de planilhas, embora certos detalhes de implementação possam diferir.

Você também pode resolver problemas de otimização sem o uso de uma planilha utilizando um pacote especializado de programação matemática. Uma lista parcial desses pacotes inclui: LINDO, CPLEX, GUROBI Optimizer e Xpress-MP. Tipicamente, pesquisadores e empresas usam esses pacotes para resolver problemas extremamente grandes que não cabem convenientemente em uma planilha.

A empresa do Solver para planilhas

A Frontline Systems, Inc. criou o Solver no Microsoft Excel, Lotus 1-2-3 e Corel Quattro Pro. A empresa comercializa versões avançadas desse solver e outras ferramentas analíticas para planilhas, incluindo o Analytic Solver Platform, produto que será apresentado ao longo deste livro. Você pode saber mais sobre a Frontline Systems e seus produtos acessando http://www.solver.com.

3.2 Resolução de problemas de PL em uma planilha

Demonstraremos os mecanismos de uso do Solver no Excel resolvendo o problema encarado por Howie Jones, descrito no Capítulo 2. Lembre-se de que Howie é proprietário e dirige a Blue Ridge Hot Tubs, empresa que vende dois modelos de banheiras de hidromassagem: a Aqua-Spa e a Hydro-Lux. Howie compra cubas de fibra de vidro pré-fabricadas e instala uma bomba d'água comum e a quantidade adequada de tubulação para produzir cada banheira. Cada Aqua-Spa requer 9 horas de trabalho e 12 pés de tubulação. Cada Hydro-Lux requer 6 horas de trabalho e 16 pés de tubulação. A demanda para esses produtos é tamanha que cada Aqua-Spa produzida pode ser vendida para gerar um lucro de $ 350, e cada Hydro-Lux produzida pode ser vendida para gerar um lucro de $ 300. Howie espera ter 200 bombas, 1.566 horas de trabalho e 2.880 pés de tubulação disponíveis durante o próximo ciclo de produção. O problema é determinar o número ideal de Aqua-Spas e Hydro-Luxes a serem produzidas para maximizar os lucros.

O Capítulo 2 desenvolveu a seguinte formulação de PL para o problema que Howie enfrenta. Neste modelo, X_1 e X_2 representam o número de Aqua-Spas e de Hydro-Luxes a ser produzidas, respectivamente.

$$
\begin{array}{llll}
\text{MAX:} & 350X_1 + 300X_2 & & \}\ \text{lucro} \\
\text{Sujeito a:} & 1X_1 + 1X_2 & \leq 200 & \}\ \text{restrição de bomba} \\
& 9X_1 + 6X_2 & \leq 1.566 & \}\ \text{restrição de mão de obra} \\
& 12X_1 + 16X_2 & \leq 2.880 & \}\ \text{restrição de tubulação} \\
& 1X_1 & \geq 0 & \}\ \text{limite inferior simples} \\
& 1X_2 & \geq 0 & \}\ \text{limite inferior simples}
\end{array}
$$

Então, como você resolve esse problema em uma planilha? Antes de mais nada, deve implementar, ou construir, esse modelo na planilha.

3.3 As etapas na implementação de um modelo de PL em uma planilha

As quatro etapas a seguir resumem o que deve ser feito para implementar qualquer problema de PL em uma planilha.

1. **Organize os dados para o modelo na planilha.** Os dados para o modelo consistem nos coeficientes da função objetivo, os vários coeficientes nas restrições e os valores do lado direito (*right-hand-side* – RHS) para as restrições. Há normalmente mais de uma maneira de organizar em planilha os dados para um problema específico, mas algumas diretrizes gerais devem ser mantidas em mente. Primeiro, o objetivo é organizar os dados para que objetivos e significados fiquem o mais claro possível. Pense na sua planilha como um relatório da gerência que precisa comunicar claramente os fatores mais relevantes do problema considerado. Com essa finalidade, é necessário passar algum tempo organizando mentalmente os dados para o problema, visualizando como essas informações podem ser dispostas logicamente, antes de começar a digitar valores na planilha. Rótulos descritivos deverão ser colocados na planilha para identificar claramente os diversos dados. Normalmente, as estruturas de linha e coluna dos dados no modelo podem ser usadas na planilha para facilitar a implementação do modelo. (Observe que alguns ou todos os coeficientes e valores para um modelo de PL poderiam ser calculados a partir de outros dados, normalmente denominados dados primários. É melhor manter os dados primários na planilha e usar fórmulas adequadas para calcular os coeficientes e valores que são necessários para a formulação da PL. Em seguida, se os dados primários forem alterados, as mudanças apropriadas para o modelo de PL serão feitas automaticamente nos coeficientes.)
2. **Reserve células separadas na planilha para representar cada variável de decisão do modelo algébrico.** Embora você possa usar quaisquer células vazias em uma planilha a fim de representar as variáveis de decisão, normalmente é melhor organizar as células que representem as variáveis de decisão, de modo que espelhem a estrutura dos dados. Isso é útil na determinação de fórmulas para a função objetivo e as restrições do modelo. Se possível, é também uma boa ideia manter na mesma área da planilha as células que representam as variáveis de decisão. Além disso, é necessário usar rótulos descritivos para identificar claramente o significado dessas células.
3. **Crie uma fórmula em uma célula da planilha que corresponda à função objetivo no modelo algébrico.** A fórmula da planilha que corresponde à função objetivo é criada referindo-se às células de dados em que os coeficientes da função objetivo foram inseridos (ou calculados) e às células correspondentes que representam as variáveis de decisão.
4. **Para cada restrição, crie uma fórmula em uma célula separada na planilha que corresponda ao lado esquerdo (*left-hand-side* – LHS) da restrição.** A fórmula correspondente ao LHS de cada restrição é criada referindo-se às células de dados em que os coeficientes para essas restrições tenham sido inseridos (ou calculados) e às células de variáveis de decisão adequadas. Muitas das fórmulas de restrição têm estrutura semelhante. Assim, quando possível, é necessário criar fórmulas de restrição que possam ser copiadas para implementar outras fórmulas de

restrição. Isso não apenas reduz o esforço necessário para implementar um modelo, mas também ajuda a evitar erros de digitação de difícil detecção.

Embora cada uma das etapas anteriores deva ser realizada para implementar um modelo de PL em uma planilha, elas não têm de ser realizadas na ordem indicada. Geralmente é melhor realizar o passo 1 primeiro, seguido pelo passo 2. Mas a ordem em que os passos 3 e 4 são realizados geralmente varia de problema para problema.

Além disso, frequentemente é sensato o uso de sombra e cores de fundo ou bordas para identificar as células que representam variáveis de decisão, restrições e função objetivo em um modelo. Isso permite que o usuário de uma planilha faça a distinção mais rapidamente entre células que representam dados de entrada (que podem ser alterados) e outros elementos do modelo. Temos mais a dizer sobre como projetar e implementar modelos efetivos de planilhas para problemas de PL. Mas, primeiro, vejamos como aplicar as etapas anteriores para implementar um modelo de planilha usando nosso problema exemplo.

3.4 Um modelo de planilha para o problema da Blue Ridge Hot Tubs

Uma possível representação de planilha para nosso problema de exemplo é dada na Figura 3.1 (e no arquivo Fig3-1.xlsm, disponível na página deste livro no site da editora). Vamos avançar pela criação desse modelo, passo a passo, de modo que você possa ver como se relaciona com a formulação algébrica.

FIGURA 3.1 *Um modelo de planilha para o problema de produção da Blue Ridge Hot Tubs.*

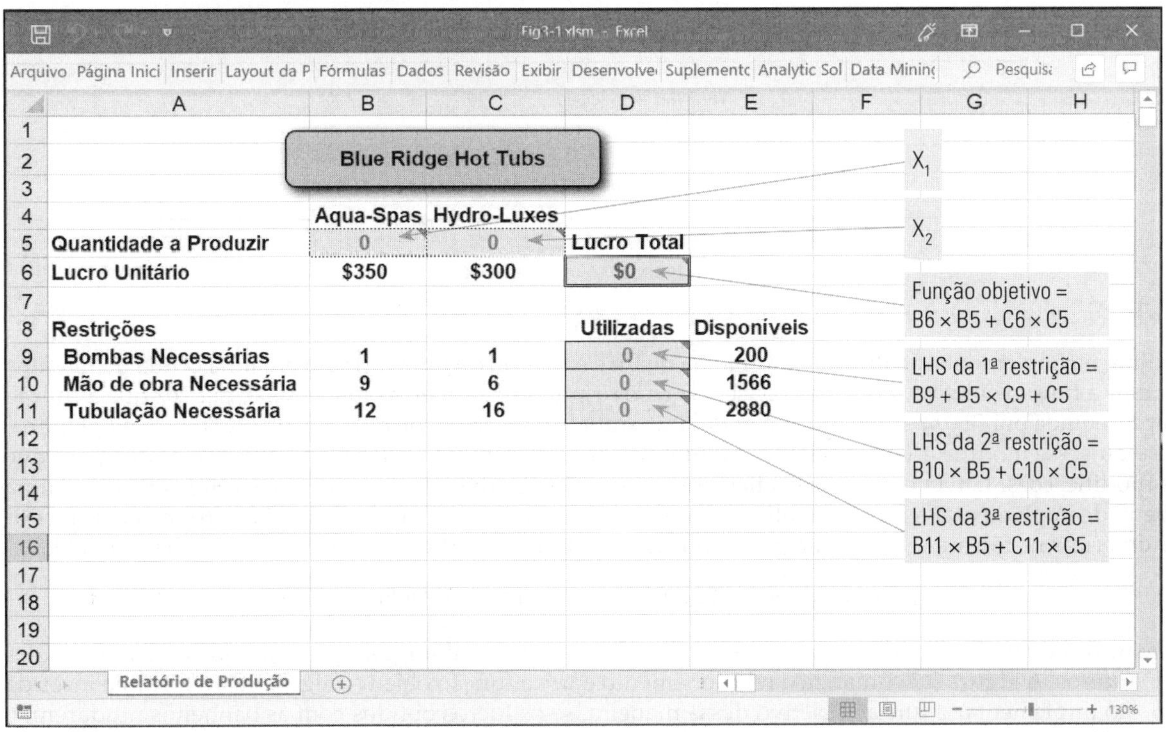

> **Uma observação sobre macros**
>
> Na maioria dos exemplos de planilhas que acompanham este livro, você pode clicar nas barras de título na parte superior da planilha para ativar ou desativar uma nota que fornece documentação adicional sobre o modelo de planilha. Esse recurso de documentação é ativado por meio do uso de macros. Para habilitar essa (e outras) macros para rodar no Excel, clique em: Arquivo, Opções, Central de Confiabilidade, Configurações da Central de Confiabilidade, Configurações de Macro e selecione Desabilitar Todas as Macros com Notificação. Clique em OK e então clique em OK novamente. Se a seguir você abrir um arquivo que contenha macros, o Excel exibirá um alerta de segurança indicando que algum conteúdo ativo foi desabilitado, dando a você a oportunidade de ativar esse conteúdo, o que deve ser feito para que seja possível usar os recursos de macro em arquivos de planilha que acompanham este livro.

3.4.1 ORGANIZANDO OS DADOS

Uma das primeiras etapas na montagem de qualquer modelo de planilha para um problema de PL é organizar na planilha os dados para o modelo. Na Figura 3.1, inserimos os dados para o lucro unitário para Aqua-Spas e Hydro-Luxes nas células B6 e C6, respectivamente. A seguir, inserimos os números de bombas, horas de mão de obra e quantidade de tubulação necessários para produzir cada tipo de banheira, nas células B9 a C11. Os valores nas células B9 e C9 indicam que é preciso uma bomba para cada tipo de banheira. Os valores nas células B10 e C10 mostram que cada Aqua-Spa fabricada exige nove horas de mão de obra e cada Hydro-Lux exige seis horas. As células B11 e C11 indicam que cada Aqua-Spa fabricada exige 12 pés de tubulação e que cada Hydro-Lux exige 16 pés. O número disponível de bombas, o de horas de mão de obra e o de pés de tubulação são inseridos nas células E9 a E11. Observe que também são inseridos comentários apropriados para identificar os elementos de dados do problema.

3.4.2 REPRESENTANDO AS VARIÁVEIS DE DECISÃO

Conforme indicado na Figura 3.1, as células B5 e C5 representam as variáveis de decisão X_1 e X_2 em nosso modelo algébrico. Essas células são sombreadas e delineadas com bordas tracejadas para distingui-las visualmente dos outros elementos do modelo. Foram inseridos valores iguais a zero nas células B5 e C5 porque não sabemos quantas Aqua-Spas e Hydro-Luxes devem ser fabricadas. Resumindo, usaremos o Solver para determinar os valores ótimos para essas células. A Figura 3.2 sumariza o relacionamento entre as variáveis de decisão no modelo algébrico e as células correspondentes da planilha.

FIGURA 3.2
Sumário do relacionamento entre as variáveis de decisão e as células correspondentes da planilha.

Variáveis de decisão:	X_1	X_2
	↓	↓
Células da planilha:	B5	C5

3.4.3 REPRESENTANDO A FUNÇÃO OBJETIVO

A etapa seguinte na implementação de nosso problema de PL é a criação de uma fórmula em uma célula da planilha para representar a função objetivo. Podemos conseguir esse resultado de diversas maneiras. Uma vez que a função objetivo é representada por $350X_1 + 300X_2$, você pode ficar tentado a inserir a fórmula =350*B5+300*C5 na planilha. Entretanto, se quisesse modificar os coeficientes na função objetivo, teria de voltar e editar essa fórmula para que refletisse as modificações. Uma vez que os coeficientes da função objetivo são inseridos nas células B6 e C6, uma melhor maneira de implementar a função objetivo é fazer referência aos valores nas células B6 e C6 em vez de inserir constantes numéricas na fórmula. A fórmula para a função objetivo (Total Profit) é, assim, inserida na célula D6:

Fórmula para a célula D6: =B6*B5+C6*C5

Conforme mostrado na Figura 3.1, inicialmente a célula D6 retorna o valor igual a zero porque ambas as células B5 e C5 contêm zeros. A Figura 3.3 sumariza o relacionamento entre a função objetivo algébrica e a fórmula inserida na célula D6. Ao implementar a função objetivo dessa maneira, se os lucros obtidos com as banheiras mudarem, o modelo da planilha pode ser alterado facilmente e o problema pode ser resolvido novamente a fim de determinar o efeito dessa modificação na solução ótima. Observe que a célula D6 está sombreada e delineada com borda dupla para distingui-la de outros elementos do modelo.

FIGURA 3.3
Sumário do relacionamento entre as variáveis de decisão e as células correspondentes da planilha.

Objetivo algébrico:	$350\ X_1 + 300\ X_2$
	↓ ↓ ↓ ↓
Fórmula na célula D6:	= B6*B5 + C6*C5

3.4.4 REPRESENTANDO AS RESTRIÇÕES

A próxima etapa na montagem do modelo de planilha envolve a implementação de restrições do modelo de PL. Anteriormente dissemos que, para cada restrição no modelo algébrico, você deve criar uma fórmula em uma célula da planilha que corresponda ao LHS da restrição. O LHS de cada restrição em nosso modelo é:

LHS da restrição de bomba

$$\boxed{1X_1 + 1X_2} \leq 200$$

LHS da restrição de mão de obra

$$\boxed{9X_1 + 6X_2} \leq 1.566$$

LHS da restrição de tubulação

$$\boxed{12X_1 + 16X_2} \leq 2.880$$

Precisamos configurar três células na planilha para representar as fórmulas do LHS das três restrições. Novamente, isso é feito referenciando as células de dados que contêm os coeficientes para essas restrições e as células que representam as variáveis de decisão. O LHS da primeira restrição é, assim, inserido na célula D9:

Fórmula para a célula D9: =B9*B5+C9*C5

De maneira similar, o LHS da segunda e da terceira restrição são inseridos, assim, nas células D10 e D11:

Fórmula para a célula D10: =B10*B5+C10*C5

Fórmula para a célula D11: =B11*B5+C11*C5

Essas fórmulas calculam o número de bombas, horas de mão de obra e comprimento em pés de tubulação necessários para fabricar o número de banheiras representadas nas células B5 e C5. Observe que as células D9 a D11 foram sombreadas e delineadas com bordas sólidas para distingui-las dos outros elementos do modelo.

A Figura 3.4 sumariza o relacionamento entre as fórmulas do LHS das restrições na formulação algébrica de nosso modelo e suas representações na planilha.

Sabemos que a Blue Ridge Hot Tubs tem 200 bombas, 1.566 horas de mão de obra e 2.880 pés de tubulação disponíveis para a próxima etapa de produção. Em nossa formulação algébrica do modelo de PL, esses valores representam os valores de RHS para essas três restrições. Dessa forma, o número disponível de bombas, as horas de mão de obra e os pés de tubulação são inseridos nas células E9, E10 e E11, respectivamente. Esses termos indicam os limites superiores dos valores que as células D9, D10 e D11 podem assumir.

3.4.5 REPRESENTANDO OS LIMITES NAS VARIÁVEIS DE DECISÃO

Agora, como ficam os limites inferiores simples de nossas variáveis de decisão representadas por $X_1 \geq 0$ e $X_2 \geq 0$? Essas condições são bem comuns nos problemas de PL e são chamadas **condições de não negatividade** porque indicam que as variáveis de decisão podem assumir apenas valores não negativos. Essas condições podem se parecer com restrições e, de fato, podem ser implementadas como as demais restrições. Entretanto, o Solver permite que

Fórmula do LHS para a restrição de bomba: $1 \ X_1 + 1 \ X_2$

↓ ↓ ↓ ↓

Fórmula na célula D9: = B9*B5 + C9*C5

Fórmula LHS para a restrição de mão de obra: $9 \ X_1 + 6 \ X_2$

↓ ↓ ↓ ↓

Fórmula na célula D10: = B10*B5 + C10*C5

Fórmula LHS para a restrição de tubulação: $12 \ X_1 + 16 \ X_2$

↓ ↓ ↓ ↓

Fórmula na célula D11: = B11*B5 + C11*C5

FIGURA 3.4
Sumário do relacionamento entre as fórmulas do LHS das restrições e suas representações na planilha.

você especifique limites inferior e superior simples para as variáveis de decisão referenciando diretamente as células que representam as variáveis de decisão. Dessa forma, neste ponto, não executamos nenhuma ação específica para implementar esses limites em nossa planilha.

3.5 Como o Solver vê o modelo

Após a implementação de nosso modelo na planilha, podemos usar o Solver para encontrar a solução ótima para o problema. Mas, primeiro, precisamos definir os três seguintes componentes de nosso modelo de planilha para o Solver:

1. **Célula objetivo.** A célula na planilha que representa a *função objetivo* no modelo (e se seu valor deve ser maximizado ou minimizado).
2. **Células variáveis.** As células na planilha que representam as *variáveis de decisão* no modelo (e de quaisquer limites superior e inferior que se apliquem a essas células).
3. **Células de restrição.** As células na planilha que representam as *fórmulas do LHS* das restrições no modelo (e de quaisquer limites superior e inferior que se apliquem a essas fórmulas).

Esses componentes correspondem diretamente às células na planilha que estabelecemos quando da implementação do modelo de PL. Por exemplo, na planilha de nosso problema exemplo, a célula objetivo é representada pela célula D6, as células de variáveis são representadas pelas células B5 e C5 e as células de restrição são representadas pelas células D9, D10 e D11. A Figura 3.5 mostra essas relações. A Figura 3.5 mostra também um comentário de célula documentando a finalidade da célula D6. Os comentários de célula podem ser uma maneira muito efetiva de descrever a finalidade ou o significado das diversas células em um modelo.

Comparando a Figura 3.1 com a Figura 3.5, você pode perceber a conexão direta entre a maneira como formulamos os modelos de PL algebricamente e como o Solver vê a implementação do modelo na planilha. As variáveis de decisão no modelo algébrico correspondem às células variáveis para o Solver. As fórmulas do LHS para as diferentes restrições no modelo algébrico correspondem às células de restrição para o Solver. Finalmente, a função objetivo no modelo algébrico corresponde à célula objetivo para o Solver. A Figura 3.6 resume as relações entre o nosso modelo algébrico e como o Solver vê a implementação desse modelo na planilha.

FIGURA 3.5 *Sumário da visão do Solver para o modelo.*

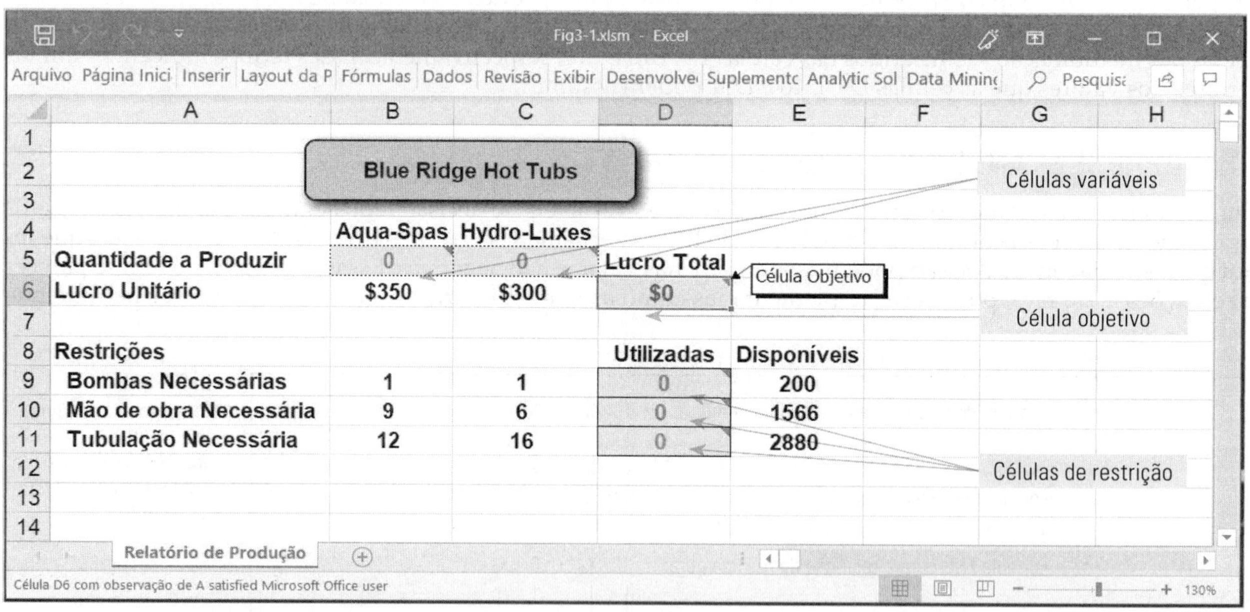

FIGURA 3.6 *Sumário da terminologia do Solver.*

Termos usados para descrever modelos de PL algebricamente	Termos correspondentes usados pelo Solver para descrever modelos de planilha de PL
função objetivo	célula objetivo
variáveis de decisão	células variáveis (ou ajustáveis)
fórmulas do LHS de restrições	células de restrição

Uma observação sobre a criação de comentários em células

É fácil criar comentários em células como o mostrado na célula D6 da Figura 3.5. Para criar um comentário para uma célula:

1. Clique na célula para selecioná-la.
2. Escolha Revisão, Novo Comentário (ou pressione Shift + F2).
3. Digite o comentário para a célula e, então, selecione outra célula.

A exibição dos comentários de células pode ser ativada ou desativada conforme o procedimento a seguir:

1. Selecione uma célula contendo um comentário.
2. Escolha Revisão.
3. Selecione o ícone Mostrar/Ocultar na seção de Comentários.

Para copiar o comentário de uma célula para diversas outras:

1. Clique na célula que contenha o comentário que você deseja copiar.
2. Selecione Início, Área de Transferência, copiar na Aba (ou pressione Ctrl + C).
3. Escolha as células para as quais você deseja copiar o comentário.
4. Selecione Início, Colar, Colar Especial (ou clique com o botão direito e selecione Colar Especial).
5. Escolha o botão de opção de comentários.
6. Clique no botão OK.

Instalando o Analytic Solver Platform for Education

Este livro usa o Analytic Solver Platform for Education – uma versão ***bastante*** melhorada do Solver padrão nativo do Excel. Apesar de a maioria dos exemplos deste livro também funcionar com o Solver padrão que acompanha o Excel, o Analytic Solver Platform for Education inclui diversos recursos adicionais que serão discutidos ao longo deste livro.

3.6 Usando o Analytic Solver Platform

Após a implementação de um modelo de PL em uma planilha, ainda precisamos resolver o problema que está sendo modelado. Para fazer isso, primeiro devemos indicar para o Solver quais células da planilha representam a função objetivo, as variáveis de decisão e as restrições. Para executar o Solver, selecione a aba *Analytic Solver Platform*, conforme mostra a Figura 3.7, para mostrar o painel de tarefas do Analytic Solver.

O Analytic Solver Platform oferece uma gama de ferramentas analíticas (por exemplo, análise de sensibilidade, otimização, simulação, análise discriminante, árvores de decisão) que discutiremos ao longo deste livro. No momento, estamos interessados na ferramenta de otimização do Analytic Solver Platform, de forma que esse recurso foi expandido na Figura 3.7 fazendo um duplo clique na opção *Optimization* no painel de tarefas do Analytic Solver.

Observação sobre o software

O painel de tarefas do Analytic Solver mostrado na Figura 3.7 pode ser ativado ou desativado clicando no ícone *Model* na aba *Analytic Solver Platform*.

3.6.1 DEFININDO A CÉLULA OBJETIVO

A Figura 3.8 mostra como definir a célula objetivo para nosso modelo. Para fazer isso:

1. Selecione a célula D6 (na qual implementamos a fórmula representando a função objetivo para nosso modelo).
2. Clique na opção *Add Objective* na lista que aparece quando você clica na seta *drop-down* perto do sinal verde de adição no painel de tarefas do Analytic Solver.

FIGURA 3.7 *Painel de tarefas do Analytic Solver Platform.*

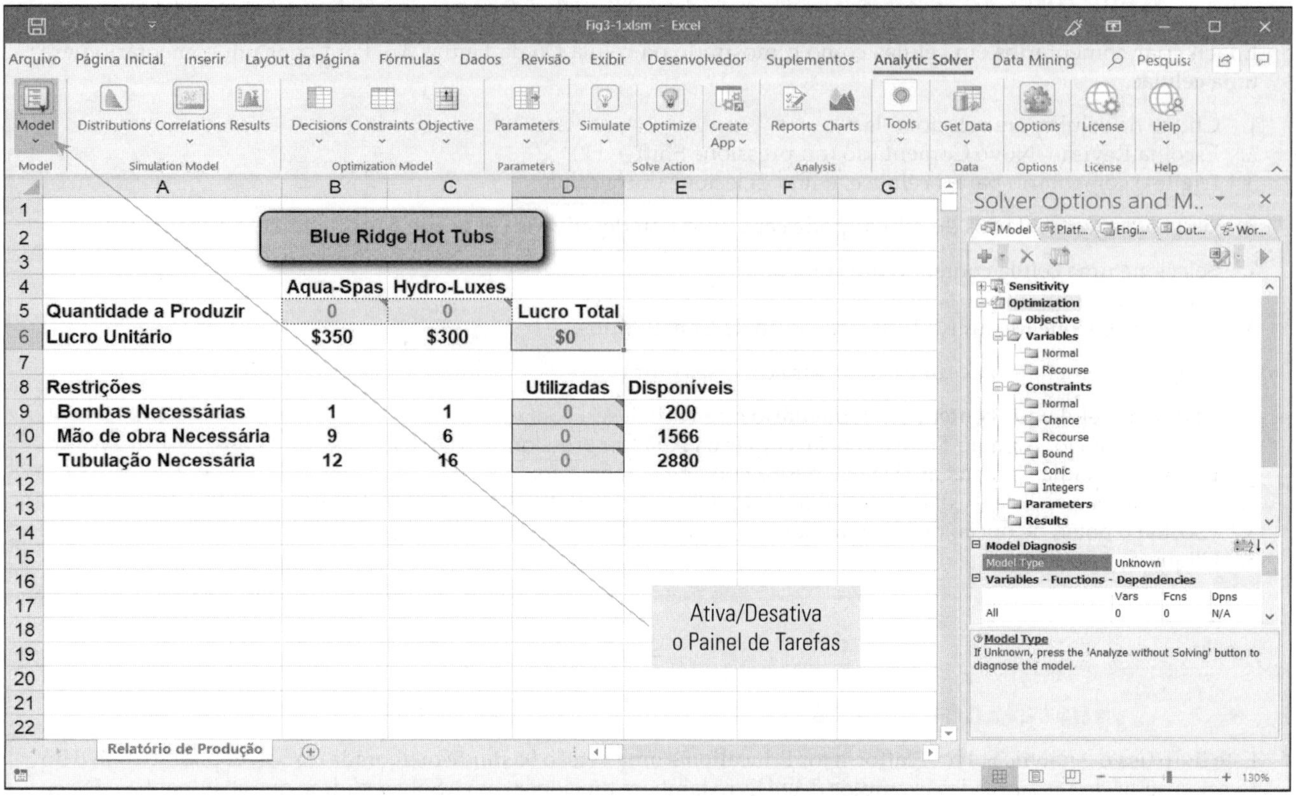

FIGURA 3.8 *Especificando a célula objetivo.*

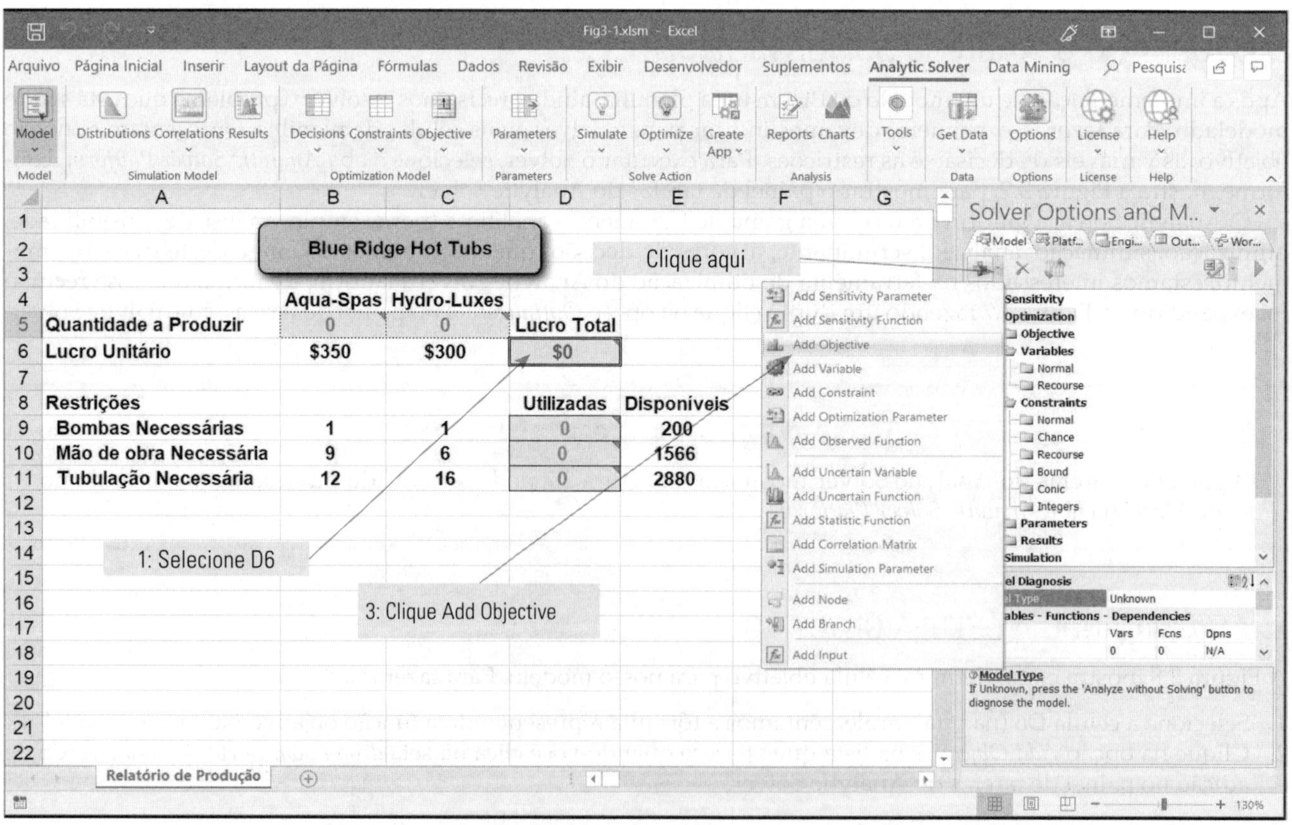

FIGURA 3.9 *Especificando a direção de otimização.*

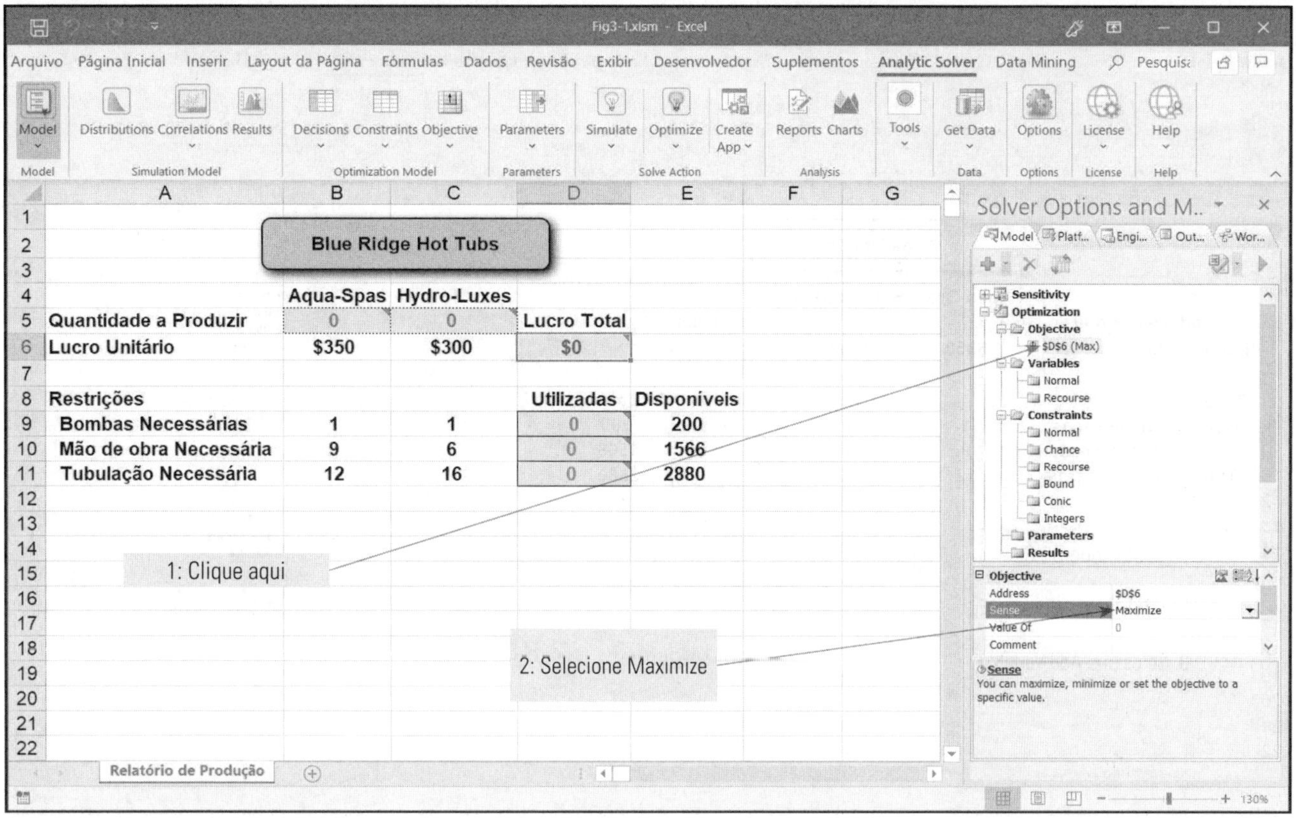

A Figura 3.9 mostra o resultado dessas ações. No painel de tarefas do Analytic Solver, perceba que a célula D6 agora é listada como objetivo para o problema, e, por padrão, o Solver supõe que queiramos maximizar seu valor. Essa é a suposição correta para esse problema. No entanto, como verá, em outras situações você poderia querer minimizar o valor da função objetivo. Na Figura 3.9, perceba que, se selecionar (clicar sobre) a célula objetivo ($D$6) no painel de tarefas do Analytic Solver, uma informação mais detalhada sobre essa seleção aparece na parte inferior do painel. Especificamente, a célula objetivo tem uma propriedade chamada *Sense* que você pode mudar para indicar se quer maximizar ou minimizar o valor do objetivo. (Como opção, ao dar duplo clique na célula objetivo ($D$6) no painel do Analytic Solver, uma caixa de diálogo é lançada, a qual pode ser usada para mudar a direção de otimização e outras informações acerca do objetivo.)

3.6.2 DEFININDO AS CÉLULAS VARIÁVEIS

Para resolver nosso problema de PL, também precisamos indicar quais células representam as variáveis de decisão no modelo. A Figura 3.10 mostra como definir as células variáveis para nosso modelo. Para tanto, siga estes passos:

1. Selecione as células B5 e C5.
2. Clique na opção *Add Variable* na lista que aparece quando você clica na seta *drop-down* perto do sinal verde de adição no painel de tarefas do Analytic Solver.

As células B5 e C5 agora representam as variáveis de decisão para o modelo. O Solver determinará os valores ótimos para essas células mais tarde. Se todas as variáveis de decisão não estiverem em um intervalo contíguo, você pode selecionar todas as células variáveis (enquanto pressiona a tecla CTRL no seu teclado) e clicar no comando *Add Variable*. Como opção, você pode repetidamente seguir o processo de selecionar grupos individuais de células de variáveis de decisão e clicar no comando *Add Variable*. Sempre que possível, é melhor usar células contíguas para representar as variáveis de decisão.

FIGURA 3.10 *Especificando as células de variáveis.*

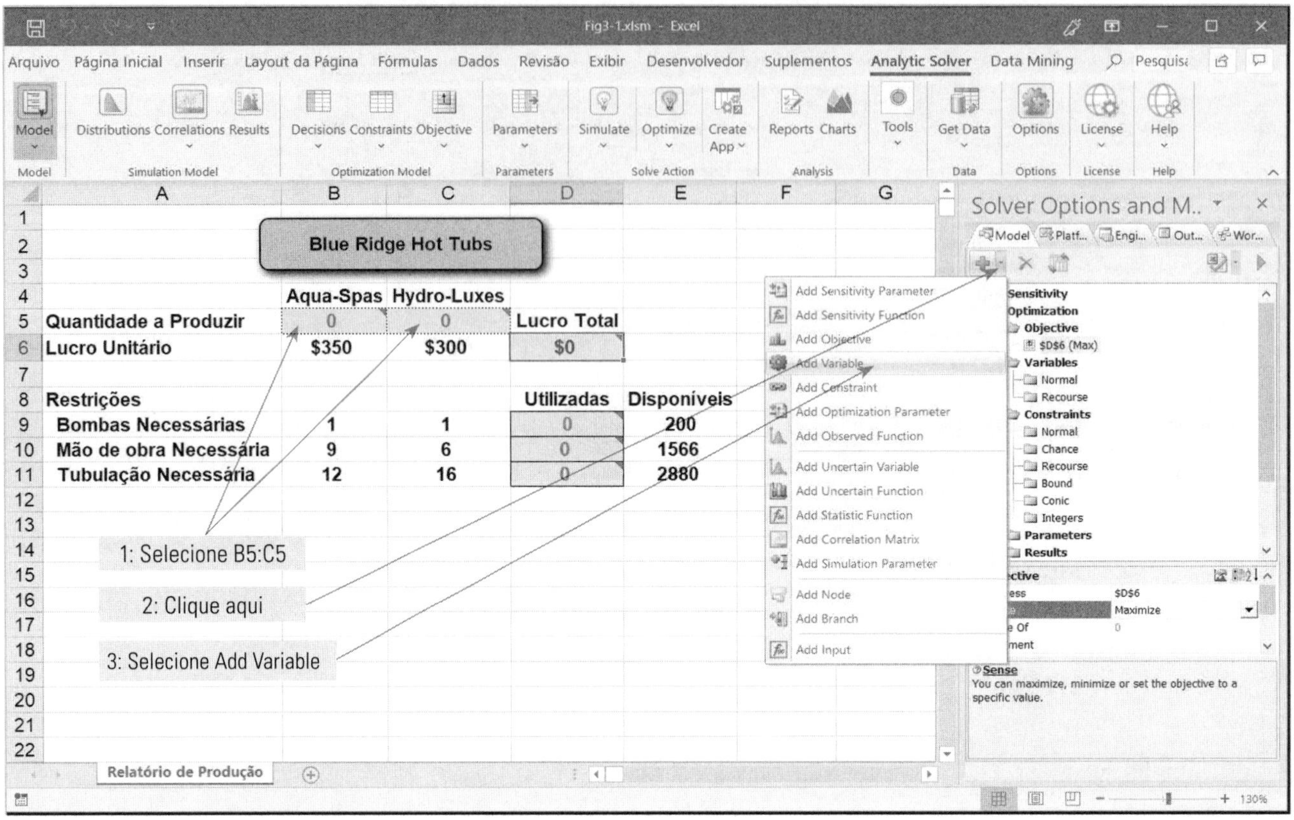

3.6.3 DEFININDO AS CÉLULAS DE RESTRIÇÃO

A seguir, devemos definir as células de restrição na planilha e as restrições que se aplicam a essas células. Conforme mencionado antes, as células de restrição são aquelas em que implementamos fórmulas do LHS para cada restrição em nosso modelo. A Figura 3.11 mostra como definir as células de restrição para nosso modelo. Para tanto, siga estes passos:

1. Selecione as células de D9 até D11.
2. Clique na opção *Add Constraint* na lista que aparecerá quando clicar na seta *drop-down* perto do sinal verde de adição no painel de tarefas do Analytic Solver.

A caixa de diálogo resultante é mostrada na Figura 3.12. Preenchemos essa caixa de diálogo como mostrado para indicar que as células D9 a D11 representam as células de restrição cujos valores devem ser menores ou iguais aos valores das células E9 a E11, respectivamente. Se as células de restrição não estivessem em células contíguas na planilha, teríamos que definir repetidamente as células de restrição. Da mesma maneira que com células variáveis, normalmente, é melhor escolher células contíguas em sua planilha para implementar as fórmulas de restrições do LHS em um modelo.

Se quiser definir mais que uma restrição ao mesmo tempo, como na Figura 3.12, todas as células de restrição que você selecionar devem ser do mesmo tipo (isto é, devem ser todas $\leq$, $\geq$ ou $=$). Portanto, onde for possível, é uma boa ideia manter as restrições de certo tipo agrupadas em células contíguas para que possa selecioná-las ao mesmo tempo. Por exemplo, em nosso caso, as três células de restrição que selecionamos são restrições do tipo "menor ou igual a" ($\leq$). No entanto, essa consideração não deve ter prioridade sobre a escolha da configuração da planilha que comunique sua finalidade mais claramente.

FIGURA 3.11 *Especificando as células de restrição.*

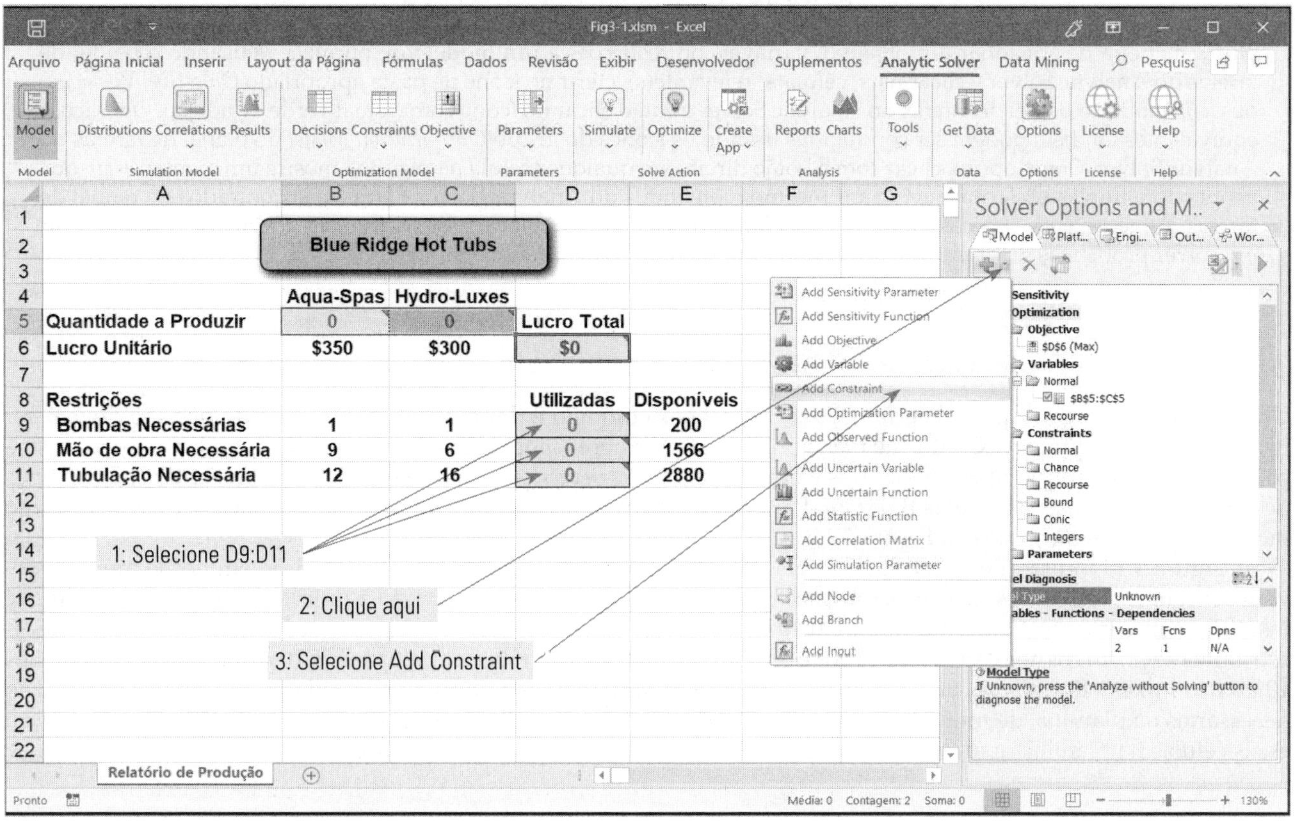

FIGURA 3.12 *Definindo as restrições.*

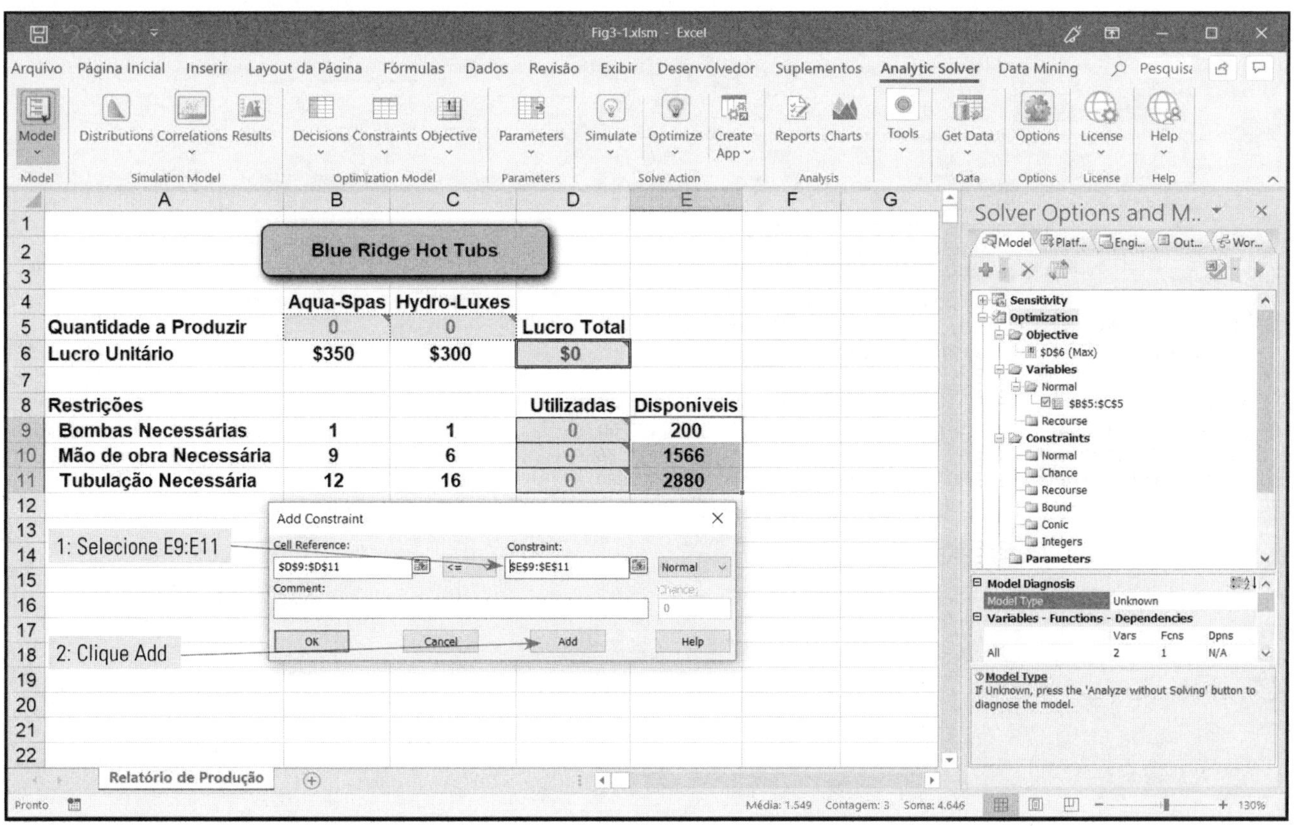

Observação sobre o software

Outra maneira de adicionar um objetivo, variáveis ou restrições a um modelo de otimização usando o painel de tarefas do Analytic Solver é clicar na(s) célula(s) relevante(s), clicar no ícone de pasta apropriado *Objective*, *Variables*, ou *Constraints* no painel de tarefas do Analytic Solver e então clicar no ícone com o sinal verde de adição. Operações equivalentes também podem ser conduzidas usando os ícones do grupo *Optimization Model* do painel de tarefas do Analytic Solver. Como opção, clicar com o botão direito em qualquer célula na planilha mostra um menu *pop-up* que proporciona um acesso conveniente aos mesmos comandos do Analytic Solver Platform encontrados no painel de tarefas. À medida que usa o Analytic Solver Platform, você deve explorar essas diferentes alternativas para definir e resolver problemas de otimização, decidindo quais recursos de interface prefere.

3.6.4 DEFININDO AS CONDIÇÕES DE NÃO NEGATIVIDADE

Uma especificação final que precisamos fazer para nosso modelo é definir que as variáveis de decisão devem ser iguais ou maiores que zero. Conforme mencionado anteriormente, podemos estabelecer essas condições como restrições colocando restrições apropriadas nos valores que podem ser associados às células que representam as variáveis de decisão (nesse caso, as células B5 e C5). Para tanto, simplesmente vamos incluir outro conjunto de restrições no modelo, conforme mostrado na Figura 3.13.

A Figura 3.13 indica que as células B5 e C5, as quais representam as variáveis de decisão em nosso modelo, devem ser iguais ou maiores que zero. Observe que o valor do RHS dessa restrição é uma constante numérica que é inserida manualmente. O mesmo tipo de restrição também pode ser usado se colocarmos alguns limites inferiores estritamente positivos nessas variáveis (por exemplo, se quiséssemos fabricar pelo menos 10 Aqua-Spas e pelo menos 10 Hydro-Luxes). Entretanto, nesse caso, provavelmente seria melhor colocar as quantidades mínimas de produção necessárias na planilha, de modo que essas restrições sejam exibidas claramente. Podemos, então, fazer referência a essas células na planilha quando especificamos os valores do RHS para essas restrições.

FIGURA 3.13 *Definindo as condições de não negatividade.*

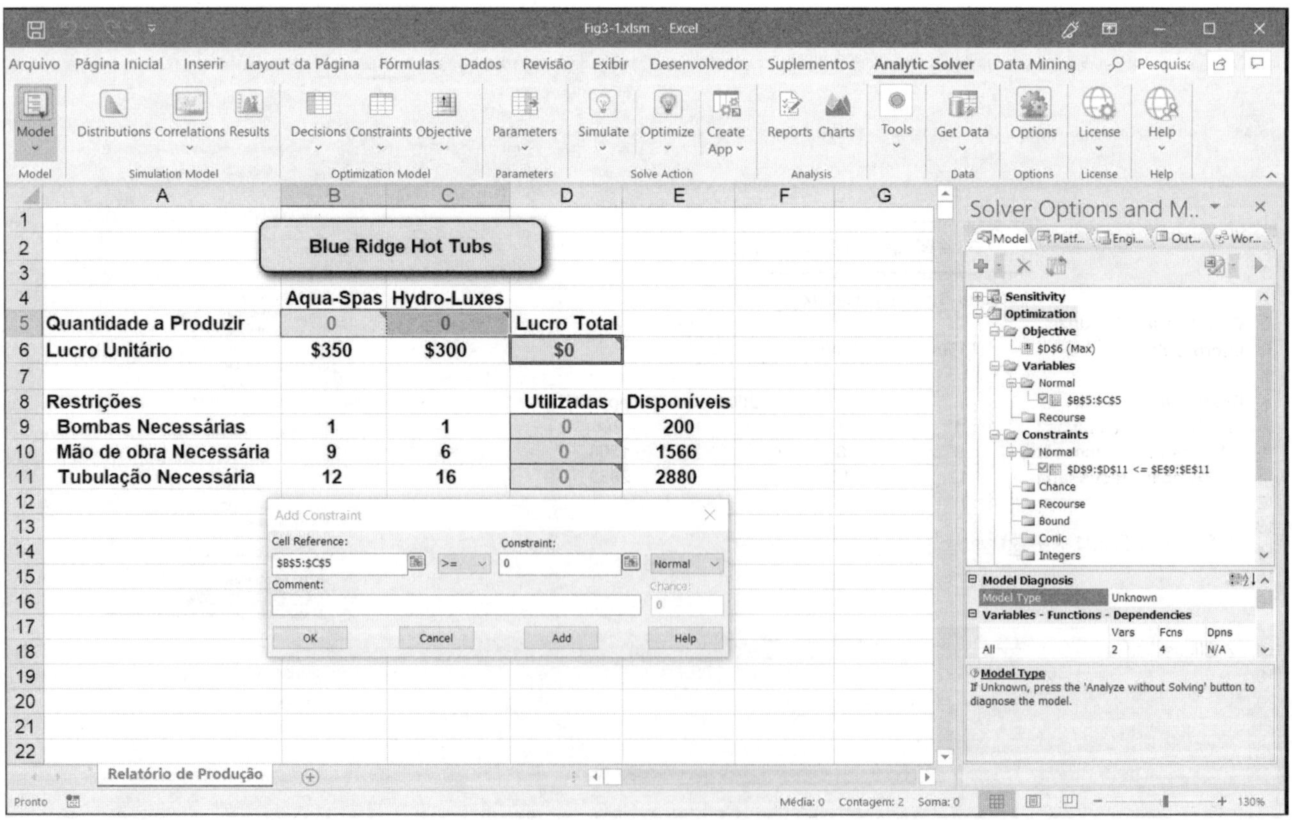

Observação sobre o software

Há outras maneiras de especificar as condições de não negatividade para as variáveis de decisão. Na aba *Engine* no painel de tarefas do Analytic Solver (veja a Figura 3.15), definir o valor da propriedade *Assume Non-Negativity* como *true* (verdadeiro) faz o Solver supor que todas as variáveis (ou células variáveis) no nosso modelo que não receberam limites inferiores explícitos devam ter limites inferiores iguais a zero. Adicionalmente, na aba Platform, você pode definir valores para os limites inferiores ou superiores das variáveis de decisão.

3.6.5 REVISANDO O MODELO

Depois de especificar os elementos de nosso modelo, a Figura 3.14 mostra as configurações finais de otimização para nosso problema. Sempre é uma boa ideia revisar essas informações antes de resolver o problema para assegurar que tenham sido inseridos todos os parâmetros de maneira precisa e também corrigidos quaisquer erros antes de continuar. Adicionalmente, clicar no ícone *Analyze without Solving* faz o Solver avaliar o seu modelo e resumir suas descobertas e conclusões. Por exemplo, nesse caso, o Solver determinou que o nosso modelo é um problema de PL convexo com duas variáveis, quatro funções, oito dependências (surgidas das duas variáveis de decisão sendo envolvidas na função objetivo e três restrições) e dois limites. (A convexidade é um aspecto importante dos problemas de otimização que serão discutidos em maiores detalhes no Capítulo 8. Todos os problemas de PL são convexos por definição.)

3.6.6 OUTRAS OPÇÕES

Como mostrado na Figura 3.15, a aba *Engine* no painel *Solver Options and Model Specification* fornece acesso a uma amplitude de configurações para resolver problemas de otimização. A lista *drop-down* no topo desse painel permite que você selecione uma variedade de mecanismos (ou algoritmos) para resolver problemas de otimização. Se o

FIGURA 3.14 *Sumário de como o Solver vê o modelo.*

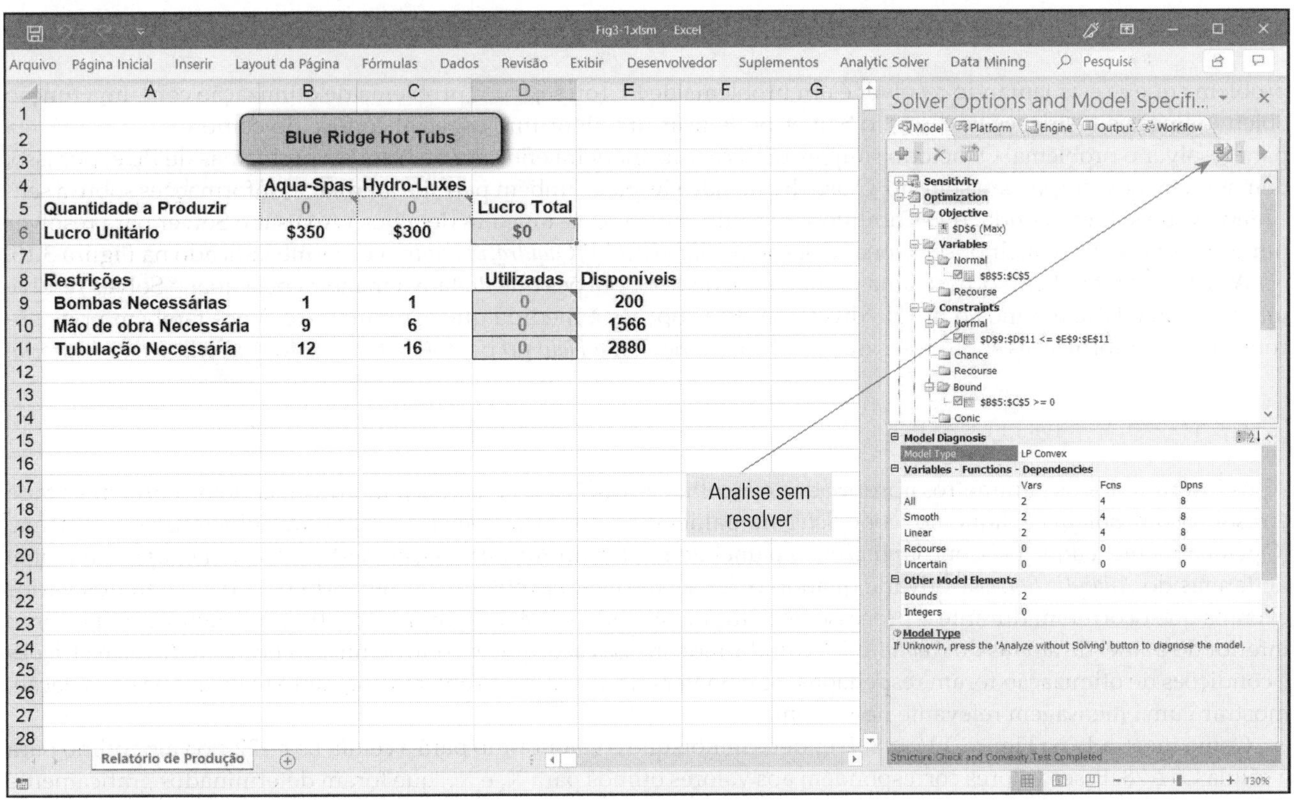

FIGURA 3.15
A aba Engine.

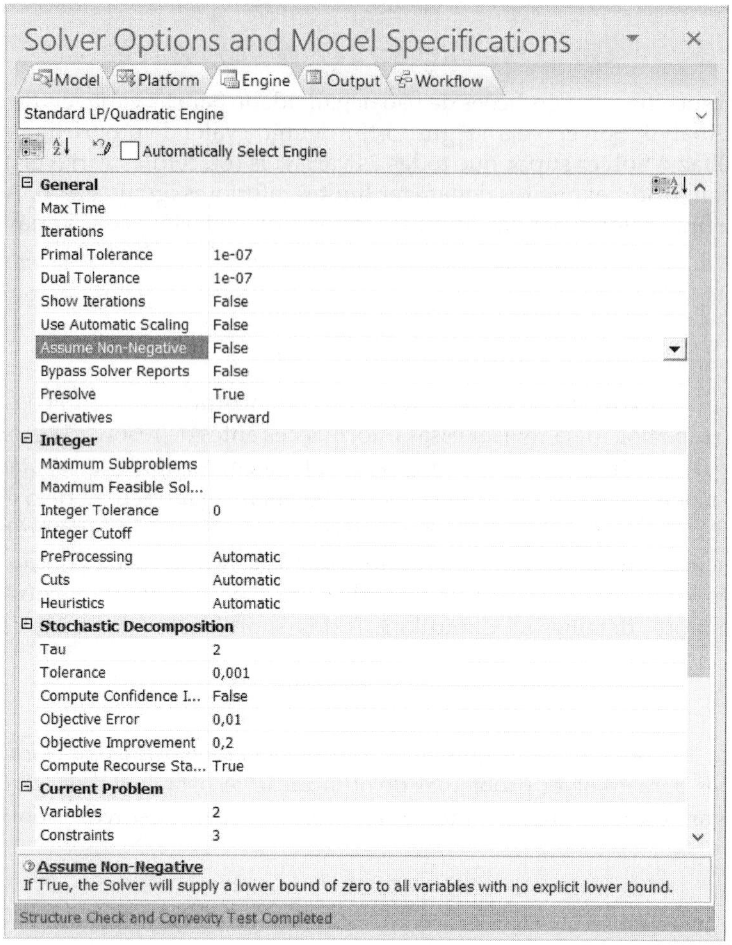

problema que se está tentando resolver é um problema de PL (ou seja, um problema de otimização com uma função objetivo linear e restrições lineares), o Solver pode usar um algoritmo especial conhecido como **método simplex** para resolver o problema. O método simplex oferece uma maneira eficiente de resolver problemas de PL e, por isso, demanda menos tempo para solução. O uso do método simplex também permite ampliar as informações sobre a sensibilidade da solução obtida. (No Capítulo 4, discutiremos esse assunto em detalhes.) Ao usar o Solver para resolver um problema de PL, é melhor selecionar a opção de *Standard LP/Quadratic Engine* conforme indicado na Figura 3.15.

A aba *Engine* também fornece uma grande variedade de opções que afetam a maneira pela qual o Solver resolve um problema. Discutiremos o uso de diversas dessas opções à medida que continuarmos. Você também pode encontrar mais informações sobre essas opções clicando no ícone *Help* no painel de tarefas do *Analytic Solver Platform*.

3.6.7 RESOLVENDO O PROBLEMA

Após inserir todos os parâmetros apropriados e escolher as opções necessárias para nosso modelo, a próxima etapa é resolver o problema. Clique no ícone *Solve* no painel de tarefas do *Analytic Solver* para solucionar o problema. (Opcionalmente, clique no ícone *Optimize* no painel de tarefas do *Analytic Solver Platform*.) A aba *Output* no painel de tarefas do *Analytic Solver* é ativada quando o Solver resolve o problema, fornecendo uma descrição dos vários eventos que ocorreram durante o processo de solução. Quando o Solver termina, mostra uma mensagem no canto inferior do painel de tarefas do *Analytic Solver* indicando, nesse caso, que encontrou uma solução e todas as restrições e condições de otimização foram respeitadas. Se o Solver encontrar um problema enquanto realiza uma otimização, mostrará uma mensagem relevante nesse ponto.

Como mostrado na Figura 3.16, o Solver determinou que o valor ótimo para a célula B5 é 122 e o valor ótimo para a célula C5 é 78. Esses valores correspondem aos valores ótimos para X_1 e X_2, que foram determinados graficamente

FIGURA 3.16 *Resolvendo o problema da Blue Ridge Hot Tubs.*

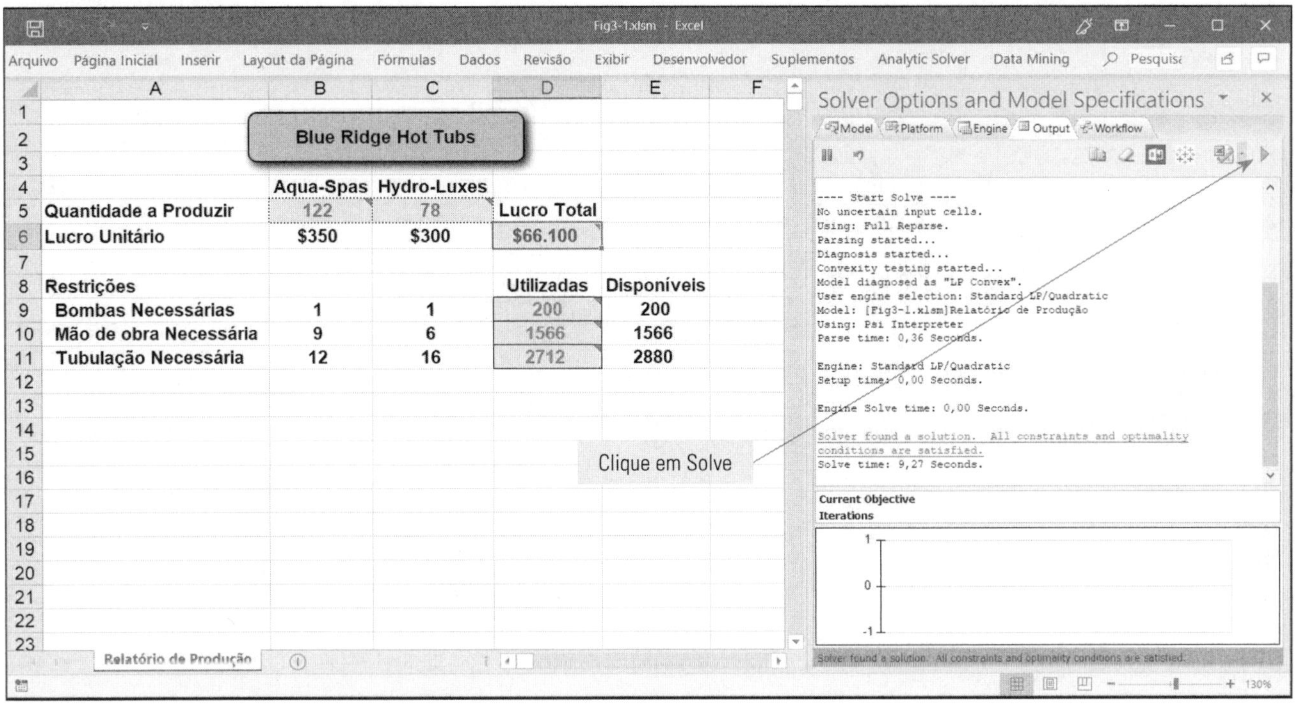

no Capítulo 2. O valor da célula objetivo (D6) agora indica que, se a Blue Ridge Hot Tubs fabricar e vender 122 Aqua--Spas e 78 Hydro-Luxes, terá um lucro de $ 66.100. As células D9, D10 e D11 indicam que essa solução usa todas as 200 bombas disponíveis, todas as 1.566 horas disponíveis de mão de obra e 2.712 dos 2.880 pés de tubulação disponível.

Modo guiado

A *Analytic Solver Platform* inclui um recurso valioso chamado *Guided Mode* (Modo Guiado) que fornece descrições sobre o que o *Analytic Solver Platform* está fazendo quando analisa e resolve modelos. Esse recurso pode ser ligado ou desligado selecionando a opção desejada no menu *Help* (Ajuda), o comando *Operating Mode* (Modo de Operação) na aba do painel de tarefas do *Analytic Solver Platform.* Este livro não exibe nenhuma caixa de diálogos mostradas pelo recurso *Guided Mode.* No entanto, encorajamos o uso do Modo Guiado enquanto você estiver aprendendo sobre o *Analytic Solver Platform,* pois fornece uma abundância de informações e instruções sobre as dificuldades associadas com a modelagem e a solução do tipo de problemas de decisão abordados neste livro.

3.7 Usando o Solver nativo do Excel

Como mencionado anteriormente, a empresa que desenvolve o *Analytic Solver Platform* (Frontline Systems, Inc.) também desenvolve o Solver que vem com o Excel. O Solver nativo do Excel é fácil de usar e capaz de resolver a maioria dos problemas de otimização discutidos neste livro. Contudo, faltam vários recursos úteis e poderosos oferecidos pelo *Analytic Solver Platform.*

A Figura 3.17 mostra a interface do Solver nativo do Excel (acessível pelo comando Solver na aba Dados do painel de tarefas) e as configurações necessárias para usá-lo a fim de resolver o problema da Blue Ridge Hot Tubs. Para usar o Solver nativo, você precisa identificar as células objetivo (e a direção desejada de otimização), as células variáveis e as restrições – exatamente como fizemos anteriormente usando o *Analytic Solver Platform.* A caixa de diálogo do Solver na Figura 3.17 também permite selecionar um método de resolução (análogo às seleções disponíveis na aba *Engine* do painel de tarefas do *Analytic Solver*). Você então deve clicar no botão Resolver para solucionar o problema.

FIGURA 3.17 *O Solver nativo do Excel.*

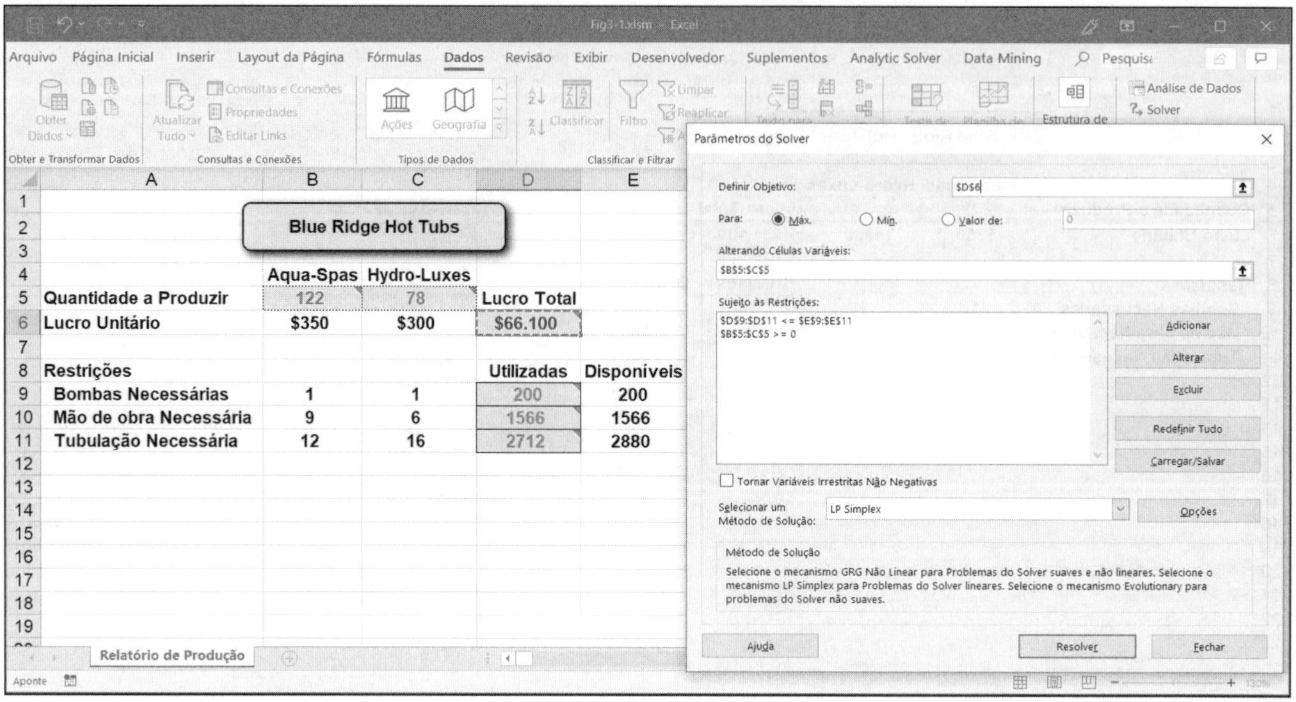

Para cada um dos problemas de otimização neste livro, identificaremos a célula objetivo (e se esta deveria ser maximizada ou minimizada), as células variáveis e as restrições. Com a aplicação dessas informações, você pode usar ou o Solver nativo do Excel ou o *Analytic Solver Platform* para resolver os problemas.

3.8 Metas e diretrizes para o desenho de planilhas

Agora que você tem uma ideia básica sobre como o Solver funciona e de como montar um modelo de PL em uma planilha, discutiremos diversos outros exemplos de formulação de modelos de PL, resolvendo-os utilizando o Solver. Esses problemas destacam a grande variedade de problemas de negócios em que a PL pode ser aplicada e também mostram alguns "segredos do ofício" que devem ajudá-lo a resolver os problemas no fim deste capítulo. À medida que trabalhar com os problemas no fim do capítulo, você poderá avaliar melhor o quanto de raciocínio é necessário para encontrar uma boa maneira de implementar determinado modelo.

À medida que prosseguimos, tenha em mente que você pode montar esses problemas de várias maneiras. A criação de modelos de planilhas que comunicam suas finalidades de maneira efetiva tem muito de arte, ou pelo menos uma habilidade adquirida. Planilhas são ferramentas inerentemente de formatação livre e não impõem uma estrutura em particular quanto à maneira como modelamos os problemas. Como resultado, não há uma forma "correta" de modelar um problema em uma planilha; entretanto, certamente algumas maneiras são melhores (ou mais lógicas) que outras. Para chegar ao resultado final de um desenho lógico de planilha, os esforços de modelagem devem ser direcionados para os seguintes objetivos:

- **Comunicação.** A finalidade primária de uma planilha é comunicar informações aos gerentes. Como tal, o objetivo primário do desenho na maioria das tarefas de modelagem em planilhas é comunicar os aspectos relevantes do problema da maneira mais clara e intuitiva possível.
- **Confiabilidade.** O resultado gerado por uma planilha deve ser correto e consistente. Isso tem um impacto óbvio no grau de confiança que um gerente coloca nos resultados do esforço de modelagem.
- **Auditabilidade.** Um gerente deve ser capaz de refazer os passos seguidos para gerar os diferentes resultados do modelo a fim de entendê-lo e confirmar os resultados. Os modelos que são configurados em um *layout* intuitivo e lógico tendem a ser mais auditáveis.

Diretrizes para o desenho de planilhas

- **Organize os dados e, a partir deles, monte o modelo.** Após os dados terem sido organizados de maneira visualmente atraente, os locais convenientes para as variáveis de decisão, restrições e a função objetivo tendem a emergir naturalmente. Isso também tende a melhorar a confiabilidade, a auditabilidade e a modificabilidade do modelo.
- **Não incorpore constantes numéricas em fórmulas.** As constantes numéricas devem ser colocadas em células individuais e identificadas de maneira apropriada. Isso melhora a confiabilidade e a facilidade de modificação do modelo.
- **Ideias logicamente relacionadas (por exemplo, LHS e RHS de restrições) devem ser organizadas bem próximas fisicamente umas das outras e na mesma orientação de coluna ou linha.** Isso melhora a confiabilidade e a auditabilidade do modelo.
- **Provavelmente, um desenho que resulte em fórmulas que possam ser copiadas é melhor que um que não o permita.** Um modelo com fórmulas que possam ser copiadas para completar uma série de cálculos em um intervalo é menos propenso a erros (mais confiável) e tende a ser de mais fácil entendimento (auditável). Tão logo os usuários entendam a primeira fórmula em um intervalo, eles entendem todas as demais fórmulas do intervalo.
- **Os totais de linha e coluna devem estar bem próximos das linhas ou colunas que estão sendo totalizadas.** Frequentemente os usuários de planilhas esperam que os números no fim de uma coluna ou linha representem um total ou alguma outra medida de sumário envolvendo os dados na coluna ou linha. Números nos fins de colunas ou linhas que não representem totais podem ser interpretados de maneira errada (reduzindo a auditabilidade).
- **Na leitura ocidental, o olho humano percorre a página da esquerda para a direita e de cima para baixo.** Esse fato deve ser levado em consideração e ser refletido no desenho da planilha, de modo que aumente a auditabilidade do modelo.
- **Use cores, sombreado, bordas e proteção para distinguir parâmetros cambiáveis de outros elementos do modelo.** Isso melhora a confiabilidade e a modificabilidade do modelo.
- **Use caixas de texto e comentários de célula para documentar os diversos elementos do modelo.** Esses dispositivos podem ser usados para fornecer maior detalhamento sobre um modelo ou algumas células em particular comparativamente a outras formas de realce.

FIGURA 3.18
Diretrizes para o desenho efetivo de planilhas.

- **Modificabilidade.** Os dados e as suposições em que baseamos os modelos de planilha podem mudar com frequência. Uma planilha bem projetada deve ser de fácil modificação ou aperfeiçoamento para atender às necessidades dinâmicas dos usuários.

Na maioria dos casos, um desenho de planilha que comunique sua finalidade mais claramente também será um desenho mais confiável, auditável e modificável. À medida que você considera diferentes maneiras de implementação de um modelo de planilha para um problema em particular, considere quão bem as alternativas de modelagem se comparam em relação a essas metas. Algumas sugestões e diretrizes práticas para a criação de modelos efetivos de planilhas são dadas na Figura 3.18.

Solver de PL com base em planilhas criam novas aplicações para programação linear

Em 1987, o *The Wall Street Journal* relatou o que na época foi uma nova e empolgante tendência no setor de negócios – a disponibilidade de solver para PCs, o que permitiu que muitas companhias transferissem modelos de PL de computadores *mainframe*. A Newfoundland Energy Ltd., por exemplo, avaliou seu *mix* de compras de óleos crus, utilizando PL em um *mainframe* durante 25 anos. Após começar a empregar um PC para essa aplicação, a companhia economizou milhares de dólares por ano em custos por tempo de acesso ao *mainframe*.

continua

A expansão do acesso a PL também gerou novas aplicações. Therese Fitzpatrick, administradora no setor de enfermagem no Grant Hospital, em Chicago, utilizou a otimização de planilhas para criar um modelo de escala de serviço de pessoal que foi projetado para economizar um total de $ 80.000 por mês em custos com horas extras e contratações temporárias. A tarefa de programar os horários de 300 enfermeiros de modo que aqueles com as habilidades apropriadas estivessem no local certo e no momento certo exigia 20 horas por mês. O modelo de PL possibilitou que Therese concluísse essa tarefa em 4 horas, mesmo considerando fatores complicadores, tais como folgas, férias e variações nas exigências pessoais em diferentes horários e dias da semana.

A Hawley Fuel Corp., distribuidora de carvão por atacado de Nova York, descobriu que poderia minimizar seu custo de compras ao mesmo tempo que atenderia às exigências de seus clientes quanto a teores de enxofre e cinzas ao otimizar um modelo de PL em planilha. Charles Howard, de Victoria, na Columbia Britânica, desenvolveu um modelo de PL para aumentar a geração de eletricidade de uma barragem apenas abrindo e fechando as válvulas de saída no momento certo.

Fonte: BULKELY, W. M. The right mix: new software makes the choice much easier. *The Wall Street Journal*, 27 mar. 1987. p. 17.

3.9 Decisões de fabricar *versus* comprar

Conforme mencionado no início do Capítulo 2, a PL é particularmente apropriada para problemas em que recursos escassos ou limitados devem ser alocados ou usados de forma ótima. Numerosos exemplos desses tipos de problema ocorrem em fábricas. Por exemplo, a PL pode ser usada para determinar como os diversos componentes de uma tarefa devem ser associados a máquinas multifunção para minimizar o tempo necessário para concluir a tarefa. Ou, como em outro exemplo, uma empresa pode receber um pedido de diversos itens que não pode atender inteiramente com a própria capacidade de produção. Nesse caso, a empresa deve determinar que itens produzir e quais subcontratar (ou comprar) de um fornecedor externo. A seguir, damos um exemplo desse tipo de decisão "fabricar *vs.* comprar".

A Electro-Poly Corporation é a fabricante líder mundial de anéis coletores. Um anel coletor é um dispositivo de acoplamento que permite que a corrente elétrica passe através de uma conexão giratória, como a torreta de canhões em um navio, em um avião ou em um tanque. Recentemente, a empresa recebeu um pedido de $ 750.000 para diversas quantidades de três tipos de anéis coletores. Cada anel exige certa quantidade de tempo para cabeamento e fixação. A tabela abaixo resume as exigências para os três modelos de anéis coletores.

	Modelo 1	**Modelo 2**	**Modelo 3**
Quantidade solicitada	3.000	2.000	900
Horas necessárias para cabeamento por unidade	2	1,5	3
Horas necessárias para montagem por unidade	1	2	1

Infelizmente, a Electro-Poly não tem capacidade suficiente de cabeamento e fixação, de modo que atenda ao pedido até a data de entrega. A empresa tem somente 10.000 horas de capacidade de cabeamento e 5.000 horas de capacidade de fixação para alocar esse pedido. Entretanto, a empresa pode subcontratar qualquer parte desse pedido com um de seus concorrentes. Os custos unitários para produzir internamente cada modelo e o custo de compra de produtos fabricados por um concorrente estão resumidos na tabela a seguir.

	Modelo 1	**Modelo 2**	**Modelo 3**
Custo para produzir	$ 50	$ 83	$ 130
Custo para comprar	$ 61	$ 97	$ 145

A Electro-Poly quer determinar o número de anéis coletores que deve fabricar e o número que deve comprar, de modo que atenda ao pedido do cliente com o menor custo possível.

3.9.1 DEFININDO AS VARIÁVEIS DE DECISÃO

Para resolver o problema da Electro-Poly, precisamos de seis variáveis de decisão para representar as alternativas a serem consideradas.

M_1 = quantidade de anéis coletores do modelo 1 a ser fabricada internamente
M_2 = quantidade de anéis coletores do modelo 2 a ser fabricada internamente
M_3 = quantidade de anéis coletores do modelo 3 a ser fabricada internamente
B_1 = quantidade de anéis coletores do modelo 1 a ser comprada de concorrente
B_2 = quantidade de anéis coletores do modelo 2 a ser comprada de concorrente
B_3 = quantidade de anéis coletores do modelo 3 a ser comprada de concorrente

Conforme mencionado no Capítulo 2, não precisamos usar os símbolos $X_1, X_2 \dots, X_n$ para as variáveis de decisão. Se outros símbolos deixarem o modelo mais claro, sinta-se livre para usá-los. Nesse caso, os símbolos M_i e B_i ajudam a distinguir as variáveis de fabricação interna (*Make in-house*) das de compra de concorrente (*Buy from competitor*).

3.9.2 DEFININDO A FUNÇÃO OBJETIVO

O objetivo nesse problema é minimizar o custo total de suprimento do pedido. Lembre-se de que cada anel coletor do modelo 1 feito internamente (cada unidade de M_1) custa \$ 50; cada anel coletor do modelo 2 feito internamente (cada unidade de M_2) custa \$ 83; e cada anel coletor do modelo 3 feito internamente (cada unidade de M_3) custa \$ 130. Cada anel coletor do modelo 1 comprado do competidor (cada unidade de B_1) custa \$ 61; cada anel coletor do modelo 2 comprado do competidor (cada unidade de B_2) custa \$ 97; e cada anel coletor do modelo 3 comprado do competidor (cada unidade de B_3) custa \$ 145. Então, o objetivo é representado matematicamente assim:

$$\text{MIN:} \quad 50M_1 + 83M_2 + 130M_3 + 61B_1 + 97B_2 + 145B_3$$

3.9.3 DEFININDO AS RESTRIÇÕES

Diversas restrições afetam esse problema. São necessárias duas restrições para garantir que o número de anéis coletores fabricados internamente não exceda a capacidade disponível de cabeamento e fixação. Essas restrições são dadas como:

$$2M_1 + 1{,}5M_2 + 3M_3 \leq 10.000 \quad \text{\} restrição de cabeamento}$$
$$1M_1 + 2M_2 + 1M_3 \leq 5.000 \quad \text{\} restrição de fixação}$$

Três restrições adicionais garantem que há 3.000 anéis coletores do modelo 1, 2.000 anéis coletores do modelo 2 e 900 anéis coletores do modelo 3 para preencher o pedido. Essas restrições são dadas a seguir:

$$M_1 + B_1 = 3.000 \quad \text{\} demanda para o modelo 1}$$
$$M_2 + B_2 = 2.000 \quad \text{\} demanda para o modelo 2}$$
$$M_3 + B_3 = 900 \quad \text{\} demanda para o modelo 3}$$

Finalmente, devido ao fato de nenhuma das variáveis do modelo poder assumir valor menor que zero, também precisamos da seguinte condição de não negatividade:

$$M_1, M_2, M_3, B_1, B_2, B_3 \geq 0$$

3.9.4 IMPLEMENTANDO O MODELO

O modelo de PL para o problema da Electro-Poly, de fabricar *vs.* comprar, é resumido a seguir:

$$\begin{array}{llllllll}
\text{MIN:} & \multicolumn{5}{l}{50M_1 + 83M_2 + 130M_3 + 61B_1 + 97B_2 + 145B_3} & & \text{\} custo total} \\
\text{Sujeito a:} & M_1 & + & B_1 & & = & 3.000 & \text{\} demanda para o modelo 1} \\
 & M_2 & + & B_2 & & = & 2.000 & \text{\} demanda para o modelo 2} \\
 & M_3 & + & B_3 & & = & 900 & \text{\} demanda para o modelo 3} \\
 & 2M_1 & + & 1{,}5M_2 & + \; 3M_3 & \leq & 10.000 & \text{\} restrição de cabeamento} \\
 & 1M_1 & + & 2M_2 & + \; 1M_3 & \leq & 5.000 & \text{\} restrição de fixação} \\
 & & & \multicolumn{2}{l}{M_1, M_2, M_3, B_1, B_2, B_3} & \geq & 0 & \text{\} condição de não negatividade}
\end{array}$$

Os dados para esse modelo foram implementados na planilha da Figura 3.19 (e no arquivo Fig3-19.xlsm, disponível na página deste livro no site da editora). Os coeficientes que aparecem na função objetivo são inseridos no intervalo B10 a D11. Os coeficientes para as fórmulas do LHS para as restrições de cabeamento e fixação são inseridas nas células B17 a D18 e os valores de RHS correspondentes são inseridos nas células F17 e F18. Uma vez que as fórmulas do LHS para as restrições de demanda envolvem somente a soma das variáveis de decisão, não precisamos listar na planilha os coeficientes para essas restrições. Os valores do RHS para as restrições de demanda são inseridos nas células B14 a D14.

As células B6 a D7 são reservadas para representar as seis variáveis em nosso modelo algébrico. Portanto, a função objetivo pode ser inserida na célula E11 conforme segue:

Fórmula para a célula E11: =B10*B6+C10*C6+D10*D6+B11*B7+C11*C7+D11*D7

Nessa fórmula, os valores no intervalo B6 a D7 são multiplicados pelos valores correspondentes no intervalo B10 a D11; esses produtos individuais são então adicionados um ao outro. Portanto, a fórmula é simplesmente a soma do conjunto de produtos – ou uma *soma dos produtos*. Ocorre que essa fórmula pode ser implementada de uma maneira equivalente (e mais fácil) assim:

Fórmula equivalente para a célula E11: =SOMARPRODUTO(B10:D11;B6:D7)

A fórmula precedente faz uso dos valores da faixa B10 a D11, multiplica-os pelos valores correspondentes na faixa B6 a D7 e faz a adição (ou soma) desses produtos. A função SOMARPRODUTO( ) simplifica bastante a implementação das diversas fórmulas exigidas na otimização de problemas e será usada de maneira intensa neste livro.

FIGURA 3.19 *Modelo de planilha para o problema da Electro-Poly, de fabricar* vs. *comprar.*

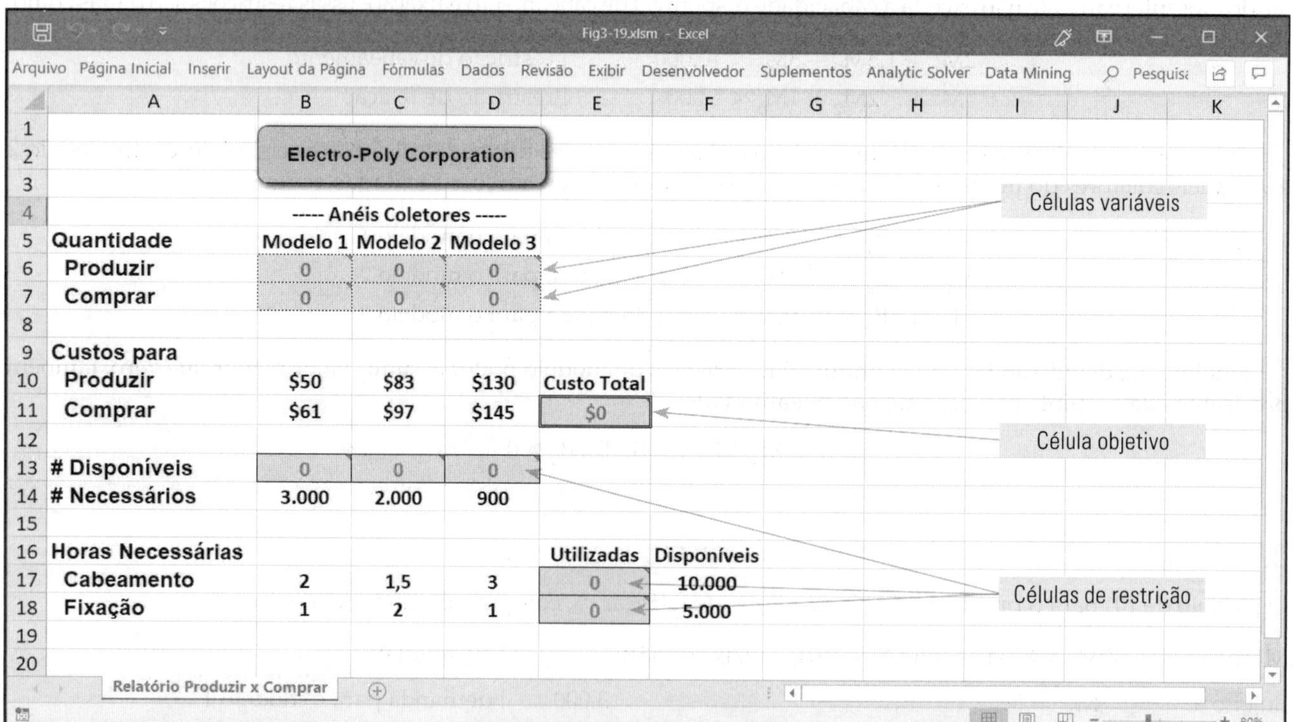

Fórmulas das principais células		
Célula	**Fórmula**	**Copiado para**
B13	=B6+B7	C13:D13
E11	=SOMARPRODUTO(B10:D11;B6:D7)	--
E17	=SOMARPRODUTO(B17:D17;$B$6:$D$6)	E18

Devido ao fato de o LHS da restrição de demanda para os anéis coletores do modelo 1 envolver a soma das variáveis M_1 e B_1, essa restrição é implementada na célula B13 somando as duas células da planilha que correspondem a essas variáveis – as células B6 e B7:

Fórmula para a célula B13: =B6+B7
(Copiar para C13 a D13.)

A fórmula da célula B13 é então copiada para as células C13 e D13 a fim de implementar as fórmulas do LHS para as restrições para os anéis coletores dos modelos 2 e 3.

Os coeficientes para as restrições de cabeamento e fixação são inseridos nas células B17 a D18. A fórmula do LHS para a restrição de cabeamento é implementada na célula E17 assim:

Fórmula para a célula E17: =SOMARPRODUTO(B17:D17;$B$6:$D$6)
(Copiar para a célula E18.)

Essa fórmula é então copiada para a célula E18 a fim de implementar a fórmula do LHS para a restrição de fixação. (Na fórmula precedente, o sinal de cifrão denota referências absolutas a células. Uma **referência absoluta a uma célula** não mudará se a fórmula que contiver a referência for copiada para outro local.)

3.9.5 RESOLVENDO O PROBLEMA

Para resolver esse problema, precisamos especificar a célula objetivo, as células variáveis e as de restrição identificadas na Figura 3.19, da mesma maneira como fizemos anteriormente no exemplo da Blue Ridge Hot Tubs. A Figura 3.20 mostra os parâmetros do Solver necessários para resolver o problema da Electro-Poly de fabricar *versus* comprar. A solução ótima encontrada pelo Solver é mostrada na Figura 3.21.

3.9.6 ANALISANDO A SOLUÇÃO

A solução ótima mostrada na Figura 3.21 indica que a Electro-Poly deve fabricar (internamente) 3.000 anéis coletores do modelo 1, 550 anéis coletores do modelo 2 e 900 anéis coletores do modelo 3 (ou seja, $M_1 = 3.000$, $M_2 = 550$, $M_3 = 900$). Adicionalmente, deve comprar 1.450 anéis coletores do modelo 2 de seu concorrente (isto é, $B_1 = 0$, $B_2 = 1.450$, $B_3 = 0$). Essa solução permite que a Electro-Poly supra o pedido do cliente com um custo mínimo de $ 453.300. Essa solução usa 9.525 horas da capacidade de cabeamento disponível e todas as 5.000 horas da capacidade de fixação.

À primeira vista, essa solução pode ser um tanto surpreendente. A Electro-Poly precisa pagar $ 97 para cada anel coletor do modelo 2 que comprar de seu concorrente. Isso representa um ágio de $ 14 sobre o valor do custo interno de $ 83. Por outro lado, a Electro-Poly deve pagar um ágio de $ 11 sobre o seu custo interno para adquirir o anel coletor do modelo 1 de seu concorrente. Parece que a solução ótima seria comprar anéis coletores do modelo 1 do concorrente em vez de anéis coletores do modelo 2, porque o ágio de custo adicional para anéis coletores do modelo 1 é menor. No entanto, esse argumento não considera o fato de que cada anel coletor do modelo 2 fabricado internamente usa duas vezes mais capacidade de fixação da empresa que cada anel coletor do modelo 1. Fazendo mais anéis coletores do modelo 2 internamente diminuiria a capacidade de fixação da empresa mais rapidamente e exigiria a compra de um número excessivo de anéis coletores do modelo 1 do concorrente. Felizmente, a técnica de PL considera automaticamente tais compensações na determinação da solução ótima para o problema.

Configurações do Solver:
Objetivo: E11 (Min) Células variáveis: B6:D7 Restrições: B13:D13 = B14:D14 E17:E18 <= F17:F18 B6:D7 >= 0
Opções do Solver:
Standard LP/Quadratic Engine (LP Simplex)

FIGURA 3.20
Configurações do Solver para o problema de fabricar versus *comprar.*

FIGURA 3.21 *Solução ótima para o problema da Electro-Poly de fabricar* versus *comprar.*

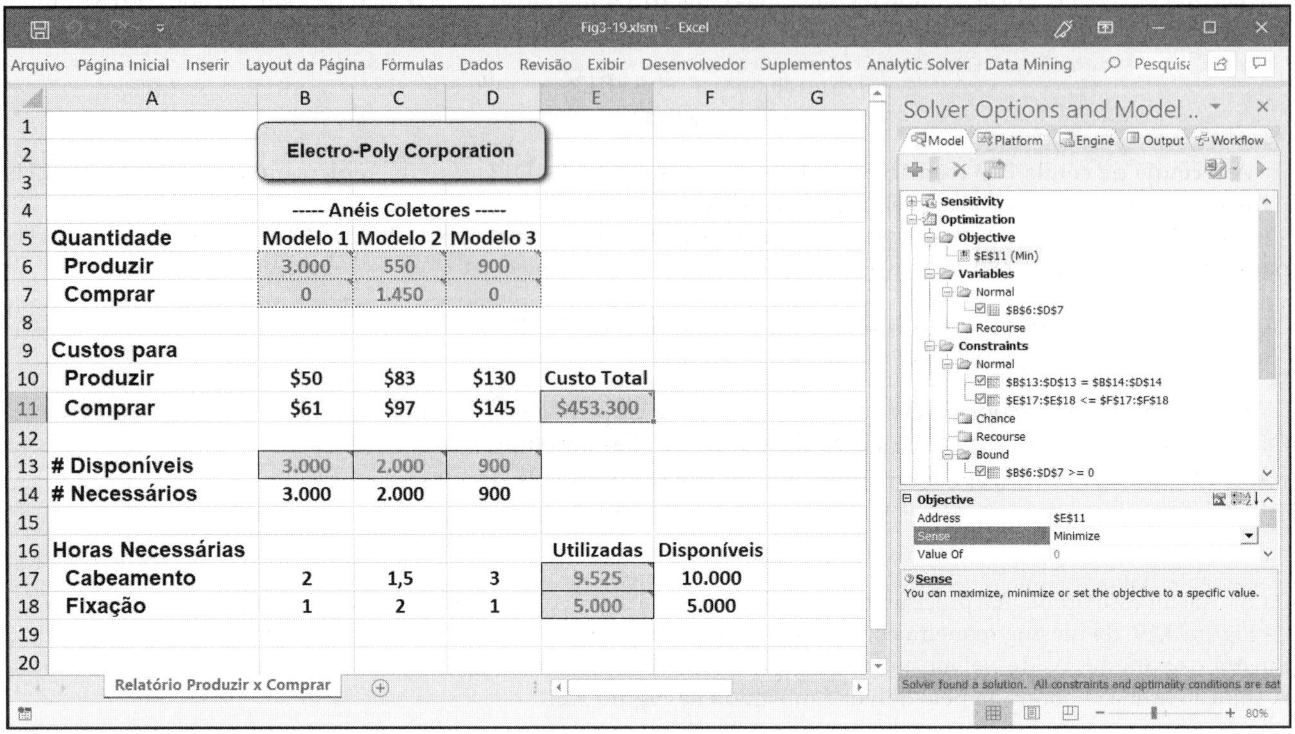

3.10 Um problema de investimento

Existem inúmeros problemas na área de finanças aos quais podem ser aplicadas várias técnicas de otimização. Frequentemente, esses problemas envolvem tentativas de maximizar o retorno de um investimento ao mesmo tempo que atendem a certas exigências de fluxo de caixa e restrições de risco. De modo alternativo, podemos querer minimizar o risco em um investimento ao mesmo tempo que mantemos certo nível de retorno. Consideraremos tal problema agora e discutiremos vários outros problemas de engenharia financeira ao longo deste texto.

Brian Givens é um analista financeiro da Retirement Planning Services, Inc. que se especializou em projetar portfólios de renda para aposentados usando títulos corporativos. Ele acabou de concluir uma consulta com uma cliente que espera ter $ 750.000 em ativos líquidos para investir quando se aposentar no próximo mês. Brian e sua cliente concordaram em considerar obrigações futuras das seguintes seis empresas:

Empresa	Retorno	Anos para o vencimento	Classificação
Acme Chemical	8,65%	11	1-Excelente
DynaStar	9,50%	10	3-Bom
Eagle Vision	10,00%	6	4-Regular
MicroModeling	8,75%	10	1-Excelente
OptiPro	9,25%	7	3-Bom
Sabre Systems	9,00%	13	2-Muito Bom

A coluna identificada como "Retorno" nessa tabela representa o retorno anual esperado de cada obrigação, a coluna "Anos para o vencimento" indica o prazo de vencimento das obrigações e a coluna "Classificação" indica a avaliação de um segurador independente quanto à qualidade ou risco associado a cada título. Brian acredita que todas as empresas são investimentos relativamente seguros. Entretanto, para proteger a renda, Brian e sua cliente concordaram que não mais que 25% do dinheiro dela deveria ser aplicado em qualquer investimento e que pelo menos metade do dinheiro deveria ser investido em títulos de longo prazo que vencem em 10 anos ou mais. Além disso, mesmo sabendo que a DynaStar, a Eagle Vision e a OptiPro oferecem os retornos mais altos, ambos concordaram que não mais que 35% do dinheiro deveria ser investido nessas obrigações, porque elas também representam os riscos mais altos (isto é, foram classificadas com notas menores que "muito bom").

Brian precisa determinar como alocar os investimentos de sua cliente para maximizar a receita ao mesmo tempo que atenda às restrições de investimentos acordadas.

3.10.1 DEFININDO AS VARIÁVEIS DE DECISÃO

Nesse problema, Brian deve decidir quanto dinheiro deve investir em cada tipo de título. Por haver seis diferentes alternativas de investimento, precisamos das seguintes seis variáveis de decisão:

X_1 = quantia de dinheiro a investir na Acme Chemical
X_2 = quantia de dinheiro a investir na DynaStar
X_3 = quantia de dinheiro a investir na Eagle Vision
X_4 = quantia de dinheiro a investir na MicroModeling
X_5 = quantia de dinheiro a investir na OptiPro
X_6 = quantia de dinheiro a investir na Sabre Systems

3.10.2 DEFININDO A FUNÇÃO OBJETIVO

O objetivo nesse problema é maximizar a renda do investimento para a cliente de Brian. Uma vez que cada dólar investido na Acme Chemical (X_1) rende 8,65% ao ano, cada dólar investido na DynaStar (X_2) rende 9,50%, e assim por diante, a função objetivo para o problema é expressa como:

$$\text{MAX:} \quad 0{,}0865X_1 + 0{,}095X_2 + 0{,}10X_3 + 0{,}0875X_4 + 0{,}0925X_5 + 0{,}09X_6 \ \} \text{ retorno anual total}$$

3.10.3 DEFININDO AS RESTRIÇÕES

Novamente, várias restrições se aplicam a esse problema. Primeiro, devemos assegurar que sejam investidos exatamente \$ 750.000. Isso é dado pela seguinte restrição:

$$X_1 + X_2 + X_3 + X_4 + X_5 + X_6 = 750.000$$

A seguir, devemos assegurar que não mais que 25% do total seja investido em qualquer investimento individual. Vinte e cinco por cento de \$ 750.000 é \$ 187.500. Portanto, Brian não pode colocar mais que \$ 187.500 em qualquer investimento individual. As seguintes restrições reforçam essa limitação:

$$X_1 \leq 187.500$$
$$X_2 \leq 187.500$$
$$X_3 \leq 187.500$$
$$X_4 \leq 187.500$$
$$X_5 \leq 187.500$$
$$X_6 \leq 187.500$$

Devido ao fato de que os títulos da Eagle Vision (X_3) e da OptiPro (X_5) são os únicos que têm prazo de vencimento inferior a 10 anos, a seguinte restrição assegura que pelo menos metade do dinheiro (\$ 375.000) seja colocada em investimentos com prazo de vencimento maiores ou iguais a dez anos:

$$X_1 + X_2 + X_4 + X_6 \geq 375.000$$

De maneira similar, a seguinte restrição assegura que não mais que 35% do dinheiro (\$ 262.500) seja colocado em títulos da DynaStar (X_2), Eagle Vision (X_3) e OptiPro (X_5):

$$X_2 + X_3 + X_5 \leq 262.500$$

Finalmente, em razão de nenhuma das variáveis do modelo poder assumir valor menor que zero, também precisamos da seguinte condição de não negatividade:

$$X_1, X_2, X_3, X_4, X_5, X_6 \geq 0$$

3.10.4 IMPLEMENTANDO O MODELO

O modelo de PL para o problema de investimentos da Retirement Planning Services Inc. é resumido como:

MAX: $0{,}0865X_1 + 0{,}095X_2 + 0{,}10X_3 + 0{,}0875X_4 + 0{,}0925X_5 + 0{,}09X_6$ } retorno anual total

Sujeito a:
$X_1 \leq 187.500$ } restrição de 25% por investimento
$X_2 \leq 187.500$ } restrição de 25% por investimento
$X_3 \leq 187.500$ } restrição de 25% por investimento
$X_4 \leq 187.500$ } restrição de 25% por investimento
$X_5 \leq 187.500$ } restrição de 25% por investimento
$X_6 \leq 187.500$ } restrição de 25% por investimento
$X_1 + X_2 + X_3 + X_4 + X_5 + X_6 = 750.000$ } quantia total investida
$X_1 + X_2 + X_4 + X_6 \geq 375.000$ } investimento de longo prazo
$X_2 + X_3 + X_5 \leq 262.500$ } investimento de maior risco
$X_1, X_2, X_3, X_4, X_5, X_6 \geq 0$ } condições de não negatividade

Uma maneira conveniente de implementar esse modelo é mostrada na Figura 3.22 (e no arquivo Fig3-22.xlsm, disponível na página deste livro no site da editora). Cada linha dessa planilha corresponde a uma das alternativas de investimento. As células C6 a C11 correspondem às variáveis de decisão para o problema ($X_1, \ldots, X_6$). O valor máximo que cada uma dessas células pode assumir está listado nas células D6 a D11. Esses números correspondem aos valores do RHS para as seis primeiras restrições. A soma das células C6 a C11 está calculada na célula C12, conforme segue, e será restringida para um valor igual ao mostrado na célula C13:

Fórmula para a célula C12: =SOMA(C6:C11)

Os retornos anuais para cada investimento estão listados nas células E6 a E11. A função objetivo é, então, implementada de maneira conveniente na célula E12, conforme segue:

Fórmula para a célula E12: =SOMARPRODUTO(E6:E11;$C$6:$C$11)

FIGURA 3.22 *Modelo de planilha para o problema de escolha dos títulos da Retirement Planning Services Inc.*

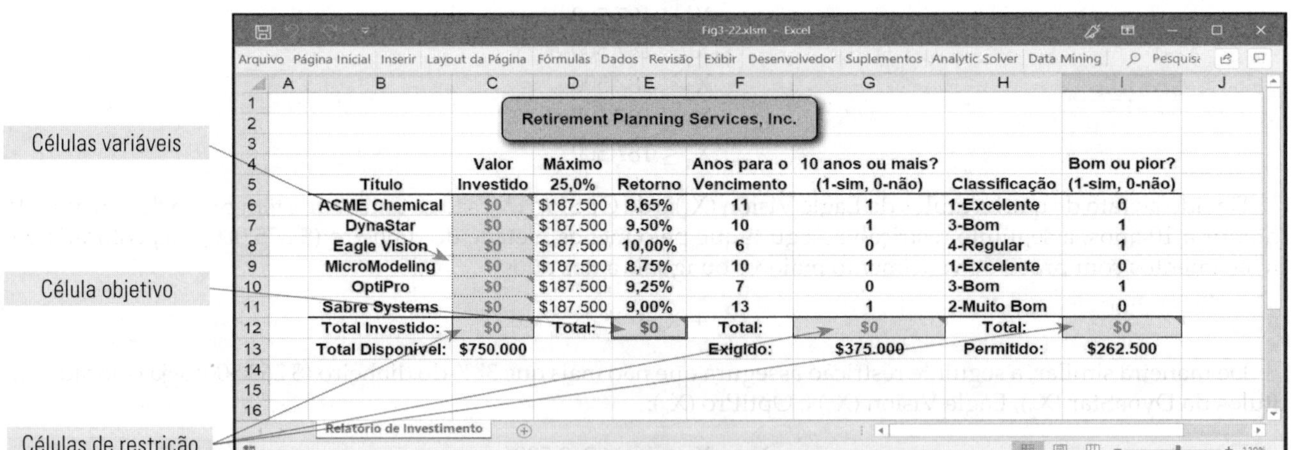

Fórmulas das principais células

Célula	Fórmula	Copiado para
C12	=SOMA(C6:C11)	--
E12	=SOMARPRODUTO(E6:E11;$C$6:$C$11)	G12 and I12

Os valores nas células G6 a G11 indicam que essas linhas correspondem a investimentos de "longo prazo". Observe que o uso de uns e zeros nessa coluna torna-a conveniente para calcular a soma das células C6, C7, C9 e C11 (representando X_1, X_2, X_4 e X_6) que corresponde ao LHS da restrição de investimento de "longo prazo". Isso é feito na célula G12 conforme segue:

Fórmula para a célula G12: =SOMARPRODUTO(G6:G11;$C$6:$C$11)

De maneira similar, os zeros e uns nas células I6 a I11 indicam os investimentos de maior risco e permitem que implementemos o LHS da restrição de "investimento de maior risco", conforme segue:

Fórmula para a célula I12: =SOMARPRODUTO(I6:I11;$C$6:$C$11)

Observe que o uso de zeros e uns nas colunas G e I para calcular as somas das variáveis de decisão é uma técnica de modelagem muito útil, possibilitando ao usuário modificar as variáveis que estão sendo incluídas nas somas. Observe também que a fórmula para o objetivo na célula E12 pode ser copiada para as células G12 e I12 a fim de implementar fórmulas do LHS para essas células de restrição.

3.10.5 RESOLVENDO O PROBLEMA

Para resolver esse problema, precisamos especificar a célula objetivo, as células variáveis e as células de restrição identificadas na Figura 3.22. A Figura 3.23 mostra as configurações do Solver necessárias para resolver esse problema. A solução ótima encontrada pelo Solver é mostrada na Figura 3.24.

3.10.6 ANALISANDO A SOLUÇÃO

A solução mostrada na Figura 3.24 indica que o plano de investimento ótimo coloca $ 112.500 na Acme Chemical (X_1), $ 75.000 na DynaStar (X_2), $ 187.500 na Eagle Vision (X_3), $ 187.500 na MicroModeling (X_4), $ 0 na OptiPro (X_5) e $ 187.500 na Sabre Systems (X_6). É interessante observar que mais dinheiro está sendo investido na Acme Chemical que na DynaStar e na OptiPro, mesmo sabendo-se que o retorno na Acme Chemical é menor que os retornos da DynaStar e da OptiPro. Isso acontece porque tanto a DynaStar quanto a OptiPro representam investimentos de "maior risco", e o limite de 35% em investimentos de "maior risco" é uma restrição obrigatória (ou atende à igualdade estrita na solução ótima). Dessa forma, a solução ótima pode ser melhorada se pudermos colocar mais que 35% do dinheiro em investimentos de maior risco.

3.11 Um problema de transporte

Muitos dos problemas que as empresas de transporte e logística enfrentam podem ser classificados na categoria de problemas de fluxo de rede. Consideraremos o exemplo a seguir e estudaremos esse problema detalhadamente no Capítulo 5.

Configurações do Solver:

Objetivo: E12 (Max)
Células variáveis: C6:C11
Restrições:
C6:C11 <= D6:D11
C6:C11 >= 0
C12 = C13
G12 >= G13
I12 <= I13

Opções do Solver:
Standard LP/Quadratic Engine (LP Simplex)

FIGURA 3.23
Configurações do Solver para o problema de escolha de títulos.

FIGURA 3.24 *Solução ótima para o problema de escolha de títulos.*

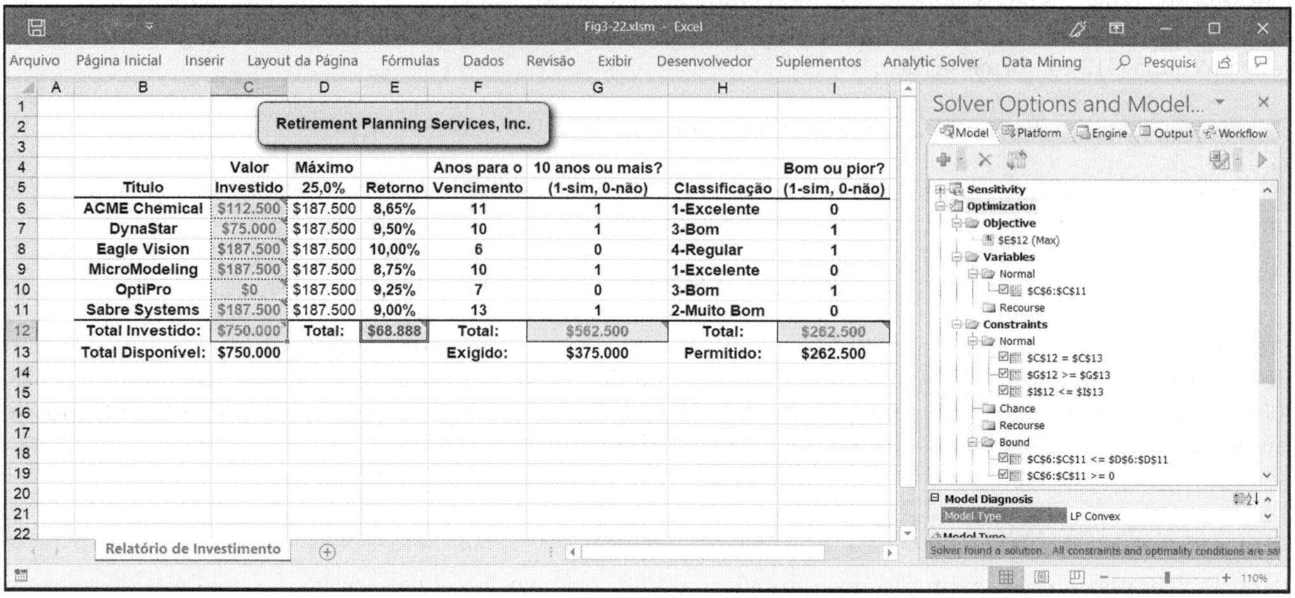

A Tropicsun é líder no cultivo e na distribuição de produtos cítricos frescos, com três grandes pomares no centro do estado da Flórida, espalhados nas cidades de Mt. Dora, Eustis e Clermont. A Tropicsun tem estoques de 275.000, 400.000 e 300.000 alqueires de frutas em Mt. Dora, Eustis e Clemont, respectivamente. A empresa possui instalações de processamento de cítricos em Ocala, Orlando e Leesburg, com capacidades de processamento para 200.000, 600.000 e 225.000 alqueires, respectivamente. A Tropicsun tem contrato com uma empresa transportadora local para levar suas frutas dos pomares para as instalações de processamento. A empresa de transporte cobra um frete fixo para cada milha percorrida por cada alqueire de fruta. Cada milha que um alqueire de frutas viaja é conhecida como um alqueire-milha.

	Distâncias (em milhas) entre pomares e fábricas		
Pomar	**Ocala**	**Orlando**	**Leesburg**
Mt. Dora	21	50	40
Eustis	35	30	22
Clermont	55	20	25

A Tropicsun quer determinar quantos alqueires de cada pomar devem ser enviados para cada instalação de processamento, de modo que se minimize o número total de alqueires-milhas.

3.11.1 DEFININDO AS VARIÁVEIS DE DECISÃO

Nessa situação, a questão é determinar quantos alqueires de frutas devem ser enviados de cada pomar para cada instalação de processamento. O problema é resumido graficamente na Figura 3.25.

Os círculos (ou nós) da Figura 3.25 correspondem a diferentes pomares e instalações de processamento. Observe que foi atribuído um número para cada nó. As setas (ou arcos) que conectam os diversos pomares e as instalações de processamento representam diferentes rotas de transporte. O problema de decisão enfrentado pela Tropicsun é determinar quantos alqueires de frutas enviar em cada uma dessas rotas. Dessa forma, uma variável de decisão é associada a cada um dos arcos na Figura 3.25. De maneira geral, podemos definir essas variáveis como:

$$X_{ij} = \text{número de alqueires a enviar do nó } i \text{ para o nó } j$$

Especificamente, as nove variáveis de decisão são:

X_{14} = número de alqueires a enviar de Mt. Dora (nó 1) para Ocala (nó 4)

X_{15} = número de alqueires a enviar de Mt. Dora (nó 1) para Orlando (nó 5)

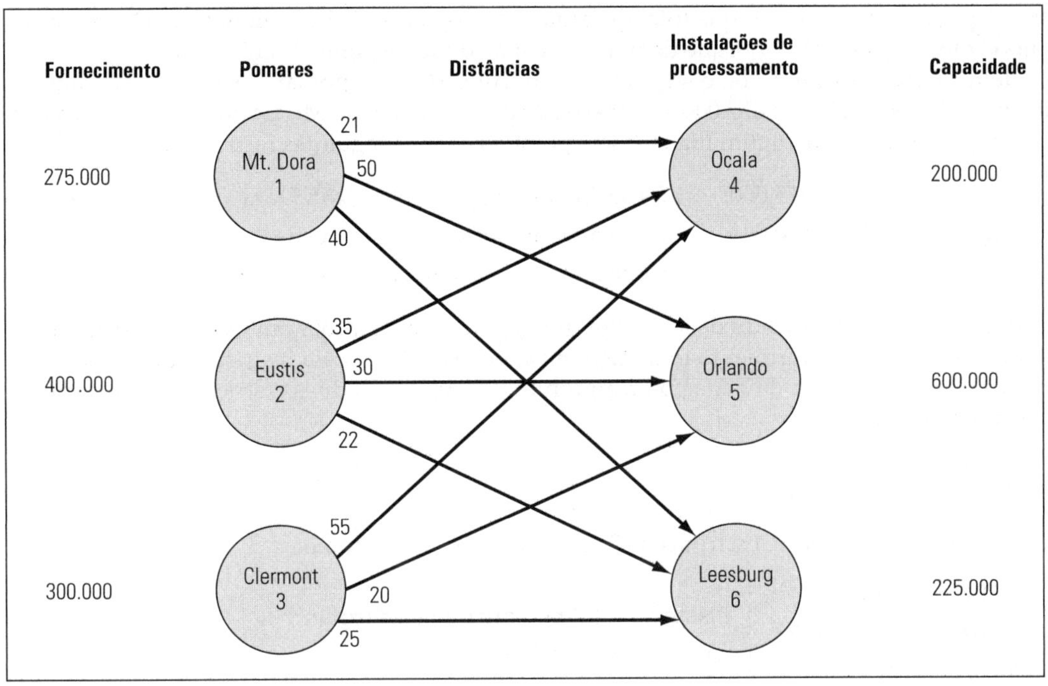

FIGURA 3.25
Diagrama para o problema de transporte da Tropicsun.

X_{16} = número de alqueires a enviar de Mt. Dora (nó 1) para Leesburg (nó 6)
X_{24} = número de alqueires a enviar de Eustis (nó 2) para Ocala (nó 4)
X_{25} = número de alqueires a enviar de Eustis (nó 2) para Orlando (nó 5)
X_{26} = número de alqueires a enviar de Eustis (nó 2) para Leesburg (nó 6)
X_{34} = número de alqueires a enviar de Clermont (nó 3) para Ocala (nó 4)
X_{35} = número de alqueires a enviar de Clermont (nó 3) para Orlando (nó 5)
X_{36} = número de alqueires a enviar de Clermont (nó 3) para Leesburg (nó 6)

3.11.2 DEFININDO A FUNÇÃO OBJETIVO

Nesse problema, o objetivo é determinar quantos alqueires enviar de cada pomar para cada instalação de processamento e, ao mesmo tempo, minimizar a distância total (ou número total de alqueires-milhas) que as frutas devem percorrer. A função objetivo para esse problema é representada por:

$$\text{MIN:} \quad 21X_{14} + 50X_{15} + 40X_{16} + 35X_{24} + 30X_{25} + 22X_{26} + 55X_{34} + 20X_{35} + 25X_{36}$$

O termo $21X_{14}$ nessa função indica que cada alqueire enviado de Mt. Dora (nó 1) para Ocala (nó 4) deve viajar 21 milhas. Os termos restantes expressam relações similares para outras rotas.

3.11.3 DEFININDO AS RESTRIÇÕES

Existem duas restrições físicas a esse problema. Há um limite na quantidade de frutas que podem ser transportadas para cada instalação de processamento. A Tropicsun não pode enviar mais que 200.000, 600.000 e 225.000 alqueires para Ocala, Orlando e Leesburg, respectivamente. Essas limitações são dadas nas seguintes restrições:

$$X_{14} + X_{24} + X_{34} \leq 200.000 \quad \} \text{ restrição de capacidade para Ocala}$$
$$X_{15} + X_{25} + X_{35} \leq 600.000 \quad \} \text{ restrição de capacidade para Orlando}$$
$$X_{16} + X_{26} + X_{36} \leq 225.000 \quad \} \text{ restrição de capacidade para Leesburg}$$

A primeira restrição indica que o total de alqueires enviados para Ocala (nó 4) a partir de Mt. Dora (nó 1), Eustis (nó 2) e Clermont (nó 3) deve ser igual ou menor que a capacidade de Ocala, que é de 200.000 alqueires. As outras duas restrições têm interpretações similares para Orlando e Leesburg. Observe que a capacidade total de processamento das instalações (1.025.000 alqueires) excede o estoque total de frutas nos pomares (975.000 alqueires). Dessa forma, essas restrições são do tipo "menor ou igual a" porque nem toda a capacidade disponível será usada.

O segundo conjunto de restrições assegura que o suprimento de frutas de cada pomar é enviado para alguma instalação de processamento. Ou seja, todos os 275.000, 400.000 e 300.000 alqueires de Mt. Dora, Eustis e Clermont, respectivamente, devem ser processados em algum lugar. Isso é possível com as seguintes restrições:

$$X_{14} + X_{15} + X_{16} = 275.000 \quad \} \text{ fornecimento disponível em Mt. Dora}$$
$$X_{24} + X_{25} + X_{26} = 400.000 \quad \} \text{ fornecimento disponível em Eustis}$$
$$X_{34} + X_{35} + X_{36} = 300.000 \quad \} \text{ fornecimento disponível em Clermont}$$

A primeira restrição indica que o total enviado de Mt. Dora (nó 1) para as instalações em Ocala (nó 4), Orlando (nó 5) e Leesburg (nó 6) deve ser igual ao suprimento total disponível em Mt. Dora. Essa restrição indica que todas as frutas disponíveis em Mt. Dora devem ser enviadas para algum lugar. As outras duas restrições desempenham papéis similares para Eustis e Clermont.

3.11.4 IMPLEMENTANDO O MODELO

O modelo de PL para o problema de transporte de frutas da Tropicsun é resumido como:

$$\text{MIN:} \quad \left.\begin{array}{l} 21X_{14} + 50X_{15} + 40X_{16} + \\ 35X_{24} + 30X_{25} + 22X_{26} + \\ 55X_{34} + 20X_{35} + 25X_{36} \end{array}\right\} \text{ distância total percorrida pelas frutas (em alqueires-milhas)}$$

$$\text{Sujeito a:}$$
$$X_{14} + X_{24} + X_{34} \leq 200.000 \quad \} \text{ restrição de capacidade para Ocala}$$
$$X_{15} + X_{25} + X_{35} \leq 600.000 \quad \} \text{ restrição de capacidade para Orlando}$$
$$X_{16} + X_{26} + X_{36} \leq 225.000 \quad \} \text{ restrição de capacidade para Leesburg}$$
$$X_{14} + X_{15} + X_{16} = 275.000 \quad \} \text{ fornecimento disponível em Mt. Dora}$$
$$X_{24} + X_{25} + X_{26} = 400.000 \quad \} \text{ fornecimento disponível em Eutis}$$
$$X_{34} + X_{35} + X_{36} = 300.000 \quad \} \text{ fornecimento disponível em Clermont}$$
$$X_{ij} \geq 0, \text{ para todos } i \text{ e } j \quad \} \text{ condições de não negatividade}$$

A última restrição, como nos modelos anteriores, indica que todas as variáveis de decisão devem ser não negativas.

Uma maneira conveniente de implementar esse modelo é mostrada na Figura 3.26 (e no arquivo Fig3-26.xlsm, disponível na página deste livro no site da editora). Nessa planilha, as distâncias entre cada pomar e instalação são sumarizadas no formato tabular nas células C7 a E9. As células C14 a E16 são reservadas para a representação do número de alqueires a serem transportados de cada pomar para cada instalação de processamento. Observe que essas nove células correspondem diretamente às nove variáveis de decisão na formulação algébrica do modelo.

As fórmulas do LHS para as três restrições de capacidade no modelo são implementadas nas células C17, D17 e E17 da planilha. Para tanto, a seguinte fórmula é inserida na célula C17 e copiada para as células D17 e E17:

Fórmula para a célula C17: =SOMA(C14:C16)
(Copiar para D17 e E17.)

Essas células representam o total de alqueires de frutas que estão sendo enviados para as instalações em Ocala, Orlando e Leesburg, respectivamente. As células C18 a E18 contêm os valores do RHS para essas células de restrição.

As fórmulas do LHS para as três restrições de suprimento no modelo são implementadas nas células F14, F15 e F16 da planilha:

Fórmula para a célula F14: =SOMA(C14:E14)
(Copiar para F15 e F16.)

Essas células representam o total de alqueires de frutas que estão sendo transportados dos pomares de Mt. Dora, Eustis e Clermont, respectivamente. As células G14 a G16 contêm os valores do RHS para essas células de restrição.

Finalmente, a fórmula para a função objetivo desse modelo é inserida na célula E20 como:

Fórmula para a célula E20: =SOMARPRODUTO(C7:E9;C14:E16)

A função SOMARPRODUTO( ) multiplica cada elemento no intervalo C7 a E9 pelo correspondente na faixa C14 a E16 e, então, soma os produtos individuais.

FIGURA 3.26 *Modelo de planilha para o problema de transporte da Tropicsun.*

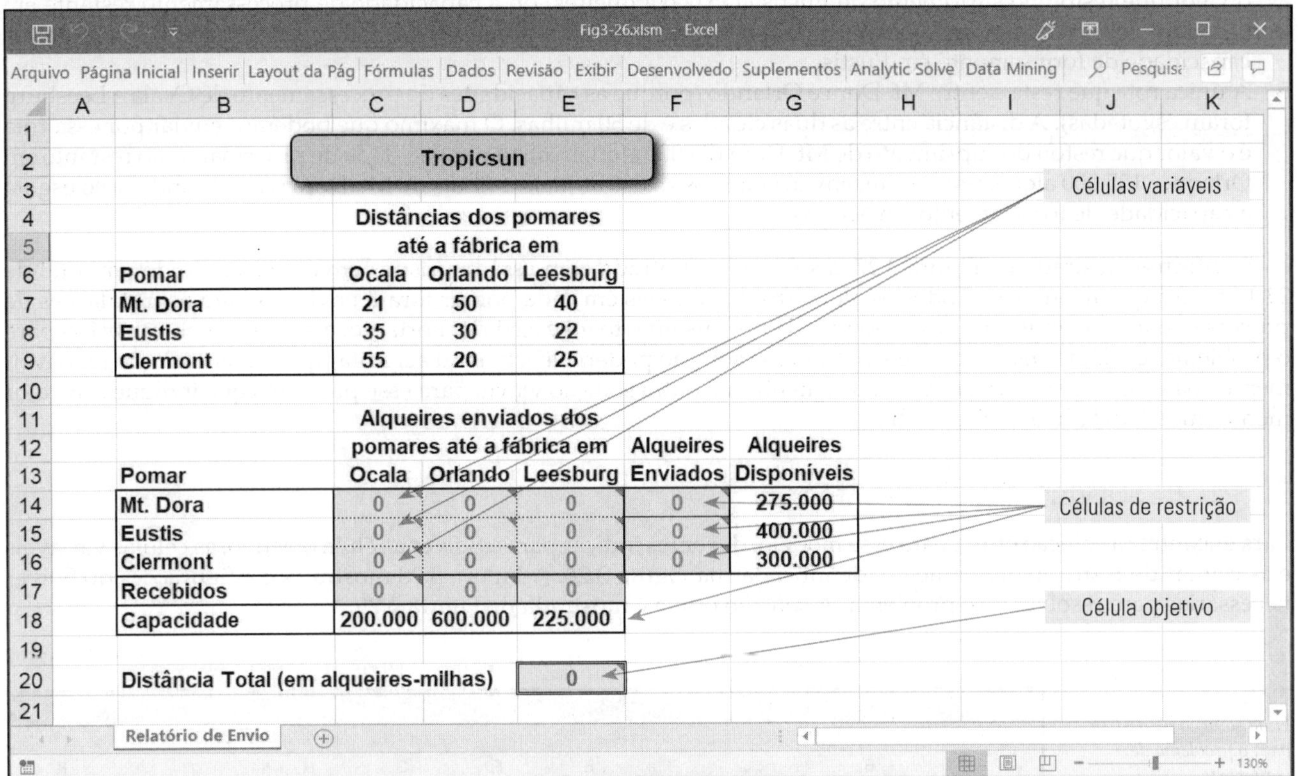

Fórmulas das principais células		
Célula	**Fórmula**	**Copiado para**
C17	–SOMA(C14:C16)	D17:E17
F14	=SOMA(C14:E14)	F15:F16
E20	=SOMARPRODUTO(C7:E9;C14:E16)	--

3.11.5 SOLUÇÃO HEURÍSTICA PARA O MODELO

Para avaliar o que o Solver está realizando, podemos tentar resolver o problema manualmente, usando uma heurística. Uma **heurística** é uma regra prática para tomada de decisões que pode funcionar bem em alguns casos, mas não garante a produção de soluções ou decisões ótimas. Uma heurística que podemos aplicar para resolver o problema da Tropicsun é enviar sempre o máximo possível pela rota mais curta (ou com o menor custo). Usando essa heurística, resolvemos o problema conforme segue:

1. Uma vez que a rota mais curta entre qualquer pomar e instalação de processamento é a que liga Clermont a Orlando (20 milhas), primeiro enviamos o máximo possível por essa rota. O máximo que podemos enviar por essa rota seria o menor valor produzido em Clermont (300.000 alqueires) ou a capacidade de processamento em Orlando (600.000 alqueires). Assim, transportaríamos 300.000 alqueires de Clermont para Orlando. Isso esgota a capacidade de fornecimento em Clermont.
2. A segunda rota mais curta é entre Mt. Dora e Ocala (21 milhas). O máximo que podemos enviar por essa rota seria o menor valor entre o suprimento de Mt. Dora (275.000 alqueires) e a capacidade de processamento em Ocala (200.000 alqueires). Assim, o valor máximo transportado por essa rota seria 200.000 alqueires. Essa quantidade esgota a capacidade de processamento em Ocala.
3. A terceira rota mais curta é entre Eustis e Leesburg (22 milhas). O máximo que podemos enviar por essa rota seria o valor total produzido em Eustis (400.000 alqueires) ou a capacidade total de processamento em Leesburg (225.000 alqueires). Assim, o valor máximo transportado por essa rota seria 225.000 alqueires. Essa quantidade esgota a capacidade de processamento em Leesburg.

4. A quarta rota mais curta é entre Eustis e Orlando (30 milhas). O máximo que podemos enviar por essa rota seria o valor que restou do suprimento de Eustis (175.000 alqueires) ou a capacidade de processamento restante em Orlando (300.000 alqueires). Assim, só podemos enviar 175.000 alqueires de Eustis para Orlando. Isso esgota a capacidade de fornecimento em Eustis.
5. A única rota que resta é entre Mt. Dora e Orlando (porque as capacidades de processamento de Ocala e Leesburg foram esgotadas). A distância entre as duas cidades é de 50 milhas. O máximo que podemos enviar por essa rota é o valor que restou do suprimento de Mt. Dora (75.000 alqueires) ou a capacidade de processamento restante em Orlando (125.000 alqueires). Assim, enviaríamos os 75.000 alqueires finais de Mt. Dora para Orlando. Isso esgota a capacidade de fornecimento em Mt. Dora.

Conforme mostrado na Figura 3.27, a solução encontrada com essa heurística envolve o envio de um total de 24.150.000 alqueires-milhas. Todos os alqueires disponíveis em cada pomar foram enviados para as instalações de processamento e nenhuma das capacidades de processamento foi excedida. Portanto, essa é uma solução *viável* para o problema. E a lógica usada para encontrar essa solução poderia levar-nos a acreditar que é uma solução razoavelmente boa – mas é a solução *ótima*? Não há nenhuma outra solução viável para esse problema que indique um valor menor que 24.150.000 alqueires-milhas?

3.11.6 RESOLVENDO O PROBLEMA

Para encontrar a solução ótima para esse modelo, devemos indicar para o Solver a célula objetivo, as células variáveis e as células de restrição previamente identificadas na Figura 3.26. A Figura 3.28 mostra as configurações do Solver necessárias para resolver esse problema. A solução ótima é mostrada na Figura 3.29.

FIGURA 3.27
Uma solução heurística para o problema de transporte.

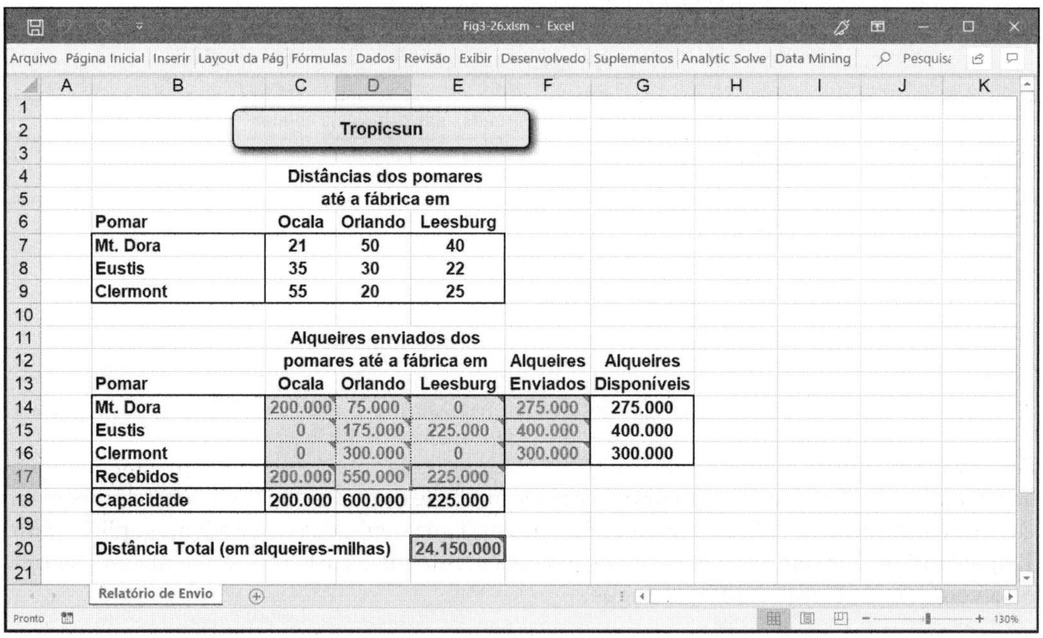

Distâncias dos pomares até a fábrica em

Pomar	Ocala	Orlando	Leesburg
Mt. Dora	21	50	40
Eustis	35	30	22
Clermont	55	20	25

Alqueires enviados dos pomares até a fábrica em

Pomar	Ocala	Orlando	Leesburg	Alqueires Enviados	Alqueires Disponíveis
Mt. Dora	200.000	75.000	0	275.000	275.000
Eustis	0	175.000	225.000	400.000	400.000
Clermont	0	300.000	0	300.000	300.000
Recebidos	200.000	550.000	225.000		
Capacidade	200.000	600.000	225.000		

Distância Total (em alqueires-milhas) 24.150.000

FIGURA 3.28
Parâmetros do Solver para o problema de transporte.

Configurações do Solver:

Objetivo: E20 (Min)
Células variáveis: C14:E16
Restrições:
F14:F16 = G14:G16
C17:E17 <= C18:E18
C14:E16 >= 0

Opções do Solver:

Standard LP/Quadratic Engine (LP Simplex)

FIGURA 3.29 *Solução ótima para o problema de transporte da Tropicsun.*

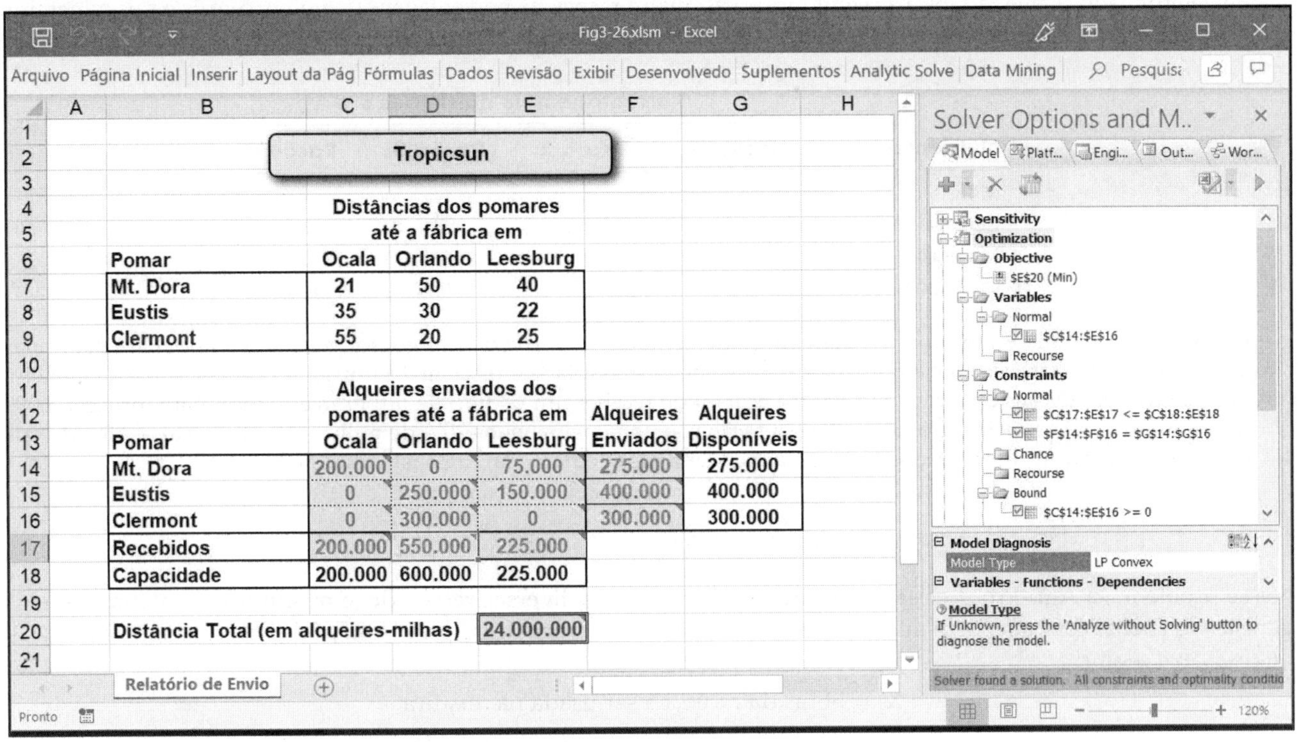

3.11.7 ANALISANDO A SOLUÇÃO

A solução ótima na Figura 3.29 indica que 200.000 alqueires devem ser enviados de Mt. Dora para Ocala (X_{14} = 200.000) e 75.000 alqueires devem ser enviados de Mt. Dora para Leesburg (X_{16} = 75.000). Dos 400.000 alqueires disponíveis no pomar em Eustis, 250.000 alqueires devem ser enviados para processamento em Orlando (X_{25} = 250.000) e 150.000 alqueires devem ser enviados para Leesburg (X_{26} = 150.000). Finalmente, todos os 300.000 alqueires disponíveis em Clermont devem ser enviados para Orlando (X_{35} = 300.000). Nenhuma das outras possíveis rotas de envio será usada.

A solução mostrada na Figura 3.29 satisfaz todas as restrições do modelo e resulta na distância mínima de 24.000.000 alqueires-milhas, o que é melhor que a solução heurística identificada anteriormente. Dessa forma, algumas vezes heurísticas simples podem resolver problemas de PL, mas, conforme esse exemplo ilustra, não há garantia de que uma solução heurística seja a melhor possível.

3.12 Um problema de mistura

Muitos problemas empresariais envolvem a determinação de uma mistura ótima de ingredientes. Por exemplo, as principais empresas de petróleo devem determinar a mistura de menor custo de diferentes petróleos e outros produtos químicos a ser misturados para produzir determinada qualidade de gasolina. As empresas de jardinagem devem determinar a mistura de menor custo de produtos químicos e outros produtos para produzir diferentes tipos de fertilizantes. A seguir, mostramos outro exemplo de um problema comum de mistura no setor agrícola dos EUA, que produz anualmente bens avaliados em aproximadamente $ 200 bilhões.

> A Agri-Pro é uma empresa que vende produtos agrícolas a fazendeiros em diversos estados. Um dos serviços que oferece a seus clientes é uma mistura personalizada de ração, em que o fazendeiro pode pedir uma quantidade específica de ração para gado e especificar a quantidade de milho, cereais e sais minerais que a ração deve conter. Esse é um serviço importante porque a ração apropriada para os diversos animais da fazenda muda regularmente, dependendo do clima, das condições das pastagens e assim por diante.

A Agri-Pro armazena grandes quantidades de quatro tipos de rações que pode misturar para atender às especificações de determinado cliente. A tabela a seguir mostra as quatro rações, as porcentagens de milho, cereais e sais minerais e o custo por libra para cada tipo.

	Porcentagem de nutrientes em			
Nutriente	**Ração 1**	**Ração 2**	**Ração 3**	**Ração 4**
Milho	30%	5%	20%	10%
Cereais	10%	30%	15%	10%
Minerais	20%	20%	20%	30%
Custo por Libra	$ 0,25	$ 0,30	$ 0,32	$ 0,15

Em média, os cidadãos dos EUA consomem quase 70 libras de carne de frango por pessoa por ano. Para continuar competitivos, os granjeiros devem se assegurar de que as suas criações recebam os nutrientes necessários e da maneira mais efetiva em termos de custo. A Agri-Pro acabou de receber um pedido de um granjeiro local para fornecer 8.000 libras de ração. O granjeiro solicitou que essa ração contenha pelo menos 20% de milho, 15% de cereais e 15% de sais minerais. O que a Agri-Pro precisa fazer para atender a esse pedido com um custo mínimo?

3.12.1 DEFININDO AS VARIÁVEIS DE DECISÃO

Nesse problema, a Agri-Pro precisa determinar quanto de suas diversas rações deve misturar para atender às exigências do cliente com um custo mínimo. Uma formulação algébrica desse problema pode usar as quatro variáveis de decisão a seguir:

X_1 = libras da ração 1 a ser usada na mistura

X_2 = libras da ração 2 a ser usada na mistura

X_3 = libras da ração 3 a ser usada na mistura

X_4 = libras da ração 4 a ser usada na mistura

3.12.2 DEFININDO A FUNÇÃO OBJETIVO

O objetivo nesse problema é atender ao pedido do cliente com o menor custo possível. Uma vez que cada libra das rações 1, 2, 3 e 4 custa $ 0,25, $ 0,30, $ 0,32 e $ 0,15, respectivamente, a função objetivo é representada por:

$$\text{MIN:}\quad 0{,}25X_1 + 0{,}30X_2 + 0{,}32X_3 + 0{,}15X_4$$

3.12.3 DEFININDO AS RESTRIÇÕES

Quatro restrições devem ser atendidas para que as exigências do cliente sejam satisfeitas. Primeiro, o cliente deseja um total de 8.000 libras de ração. Isso é expresso pela restrição:

$$X_1 + X_2 + X_3 + X_4 = 8.000$$

O cliente também deseja que o pedido consista de pelo menos 20% de milho. Uma vez que cada libra das rações 1, 2, 3 e 4 contém 30%, 5%, 20% e 10% de milho, respectivamente, a quantidade total de milho na mistura é representada por:

$$0{,}30X_1 + 0{,}05X_2 + 0{,}20X_3 + 0{,}10X_4$$

Para garantir que o *milho* represente pelo menos 20% das 8.000 libras de ração, devemos estabelecer a seguinte restrição:

$$\frac{0{,}30X_1 + 0{,}05X_2 + 0{,}20X_3 + 0{,}10X_4}{8.000} \geq 0{,}20$$

De maneira similar, para garantir que os *cereais* representem pelo menos 15% das 8.000 libras de ração, devemos estabelecer a seguinte restrição:

$$\frac{0,10X_1 + 0,30X_2 + 0,15X_3 + 0,10X_4}{8.000} \geq 0,15$$

Finalmente, para garantir que os *sais minerais* representem pelo menos 15% das 8.000 libras de ração, devemos estabelecer a seguinte restrição:

$$\frac{0,20X_1 + 0,20X_2 + 0,20X_3 + 0,30X_4}{8.000} \geq 0,15$$

3.12.4 ALGUMAS OBSERVAÇÕES SOBRE RESTRIÇÕES, RELATÓRIOS E ESCALAS

Precisamos fazer algumas observações importantes sobre as restrições para esse modelo. Primeiro, essas restrições parecem um tanto diferentes da usual soma linear de produtos. Entretanto, são equivalentes a uma soma de produtos. Por exemplo, a restrição para a porcentagem exigida de milho pode ser expressa como:

$$\frac{0,30X_1 + 0,05X_2 + 0,20X_3 + 0,10X_4}{8.000} \geq 0,20$$

ou como:

$$\frac{0,30X_1}{8.000} + \frac{0,05X_2}{8.000} + \frac{0,20X_3}{8.000} + \frac{0,10X_4}{8.000} \geq 0,20$$

ou, se você multiplicar ambos os lados da desigualdade por 8.000:

$$0,30X_1 + 0,05X_2 + 0,20X_3 + 0,10X_4 \geq 1.600$$

Todas essas restrições definem exatamente o mesmo conjunto de valores viáveis para $X_1, \ldots, X_4$. Teoricamente, poderemos implementar e usar *qualquer* uma dessas restrições para resolver o problema. Entretanto, precisamos considerar diversas questões práticas na determinação da forma da restrição a implementar.

Observe que as fórmulas do LHS para a primeira e a segunda versão da restrição representam a *proporção* de milho no pedido de 8.000 libras, ao passo que o LHS da terceira versão da restrição representa o *total de libras* de milho no pedido de 8.000 libras. Uma vez que precisamos implementar na planilha a fórmula do LHS de uma dessas restrições, precisamos decidir que número exibir na planilha – a *proporção* (ou porcentagem) de milho no pedido ou o *total de libras* de milho no pedido. Se conhecermos um desses valores, poderemos facilmente definir a fórmula para calcular o outro valor. Mas, quando existir mais de uma maneira de implementar uma restrição (como geralmente acontece), precisamos considerar o que o valor da porção do LHS da restrição significa para o usuário da planilha, de modo que os resultados do modelo possam ser relatados da maneira mais clara possível.

Outra questão a considerar envolve a *escala* usada no modelo, de modo que possa ser resolvido acuradamente. Por exemplo, suponha que decidamos implementar a fórmula do LHS para a primeira ou a segunda versão da restrição do milho dada anteriormente, de modo que a *proporção* de milho no pedido de 8.000 libras de ração apareça na planilha. Os coeficientes para as variáveis nessas restrições são valores *muito* pequenos. Em qualquer caso, o coeficiente para X_2 é 0,05/8.000 ou 0,000006250.

Conforme o Solver tenta resolver um problema de PL, deve executar cálculos intermediários que tornam os diversos coeficientes do modelo maiores ou menores. À medida que os números ficam muito grandes ou muito pequenos, frequentemente os computadores enfrentam problemas de memória ou de representação que demandam o uso de aproximações dos números reais. Isso cria oportunidade para que ocorram problemas de precisão dos resultados e, em alguns casos, pode impedir que o computador resolva o problema. Assim, se alguns coeficientes no modelo inicial forem extremamente grandes ou extremamente pequenos, mudar a escala do problema é uma boa ideia, de modo que todos os coeficientes sejam de magnitudes similares.

3.12.5 REDIMENSIONANDO A ESCALA DO MODELO

Para ilustrar como se muda a escala de um problema, considere a seguinte formulação equivalente do problema da Agri-Pro:

X_1 = *milhares de libras* da ração 1 a ser usada na mistura
X_2 = *milhares de libras* da ração 2 a ser usada na mistura

X_3 = *milhares de libras* da ração 3 a ser usada na mistura
X_4 = *milhares de libras* da ração 4 a ser usada na mistura

A função objetivo e as restrições são representadas por:

MIN: $250X_1 + 300X_2 + 320X_3 + 150X_4$ } custo total

Sujeito a: $X_1 + X_2 + X_3 + X_4 = 8$ } milhares de libras de ração exigidas

$\frac{0{,}30X_1 + 0{,}05X_2 + 0{,}20X_3 + 0{,}10X_4}{8} \geq 0{,}20$ } % mínima de milho exigida

$\frac{0{,}10X_1 + 0{,}30X_2 + 0{,}15X_3 + 0{,}10X_4}{8} \geq 0{,}15$ } % mínima de cereais exigida

$\frac{0{,}20X_1 + 0{,}20X_2 + 0{,}20X_3 + 0{,}30X_4}{8} \geq 0{,}15$ } % mínima de minerais exigida

$X_1, X_2, X_3, X_4 \geq 0$ } condições de não negatividade

Agora, cada unidade de X_1, X_2, X_3 e X_4 representa 1.000 libras das rações 1, 2, 3 e 4, respectivamente. Desse modo o objetivo reflete o fato de que cada unidade (ou cada 1.000 libras) de X_1, X_2, X_3 e X_4 custa \$ 250, \$ 300, \$ 320 e \$ 150, respectivamente. As restrições também foram ajustadas para refletir o fato de que agora as variáveis representam milhares de libras de diferentes rações. Observe que o menor coeficiente nas restrições é agora 0,05/8 = 0,00625 e o maior coeficiente é 8 (isto é, o valor de RHS para a primeira restrição).

Em nossa formulação original, o menor coeficiente era 0,00000625, o maior coeficiente era 8.000. Ao mudar a escala do problema, nós reduzimos dramaticamente o intervalo entre os menores e os maiores coeficientes no modelo.

Usando a alteração automática de escala

A aba *Engine* no painel de tarefas do Analytic Solver oferece uma opção chamada *Use Automatic Scaling*. Se você escolher essa opção, o Solver tentará alterar automaticamente a escala dos dados em seu modelo antes de resolver o problema. Apesar de essa opção ser muito efetiva, você não deve confiar somente nela para resolver problemas de escala que ocorram com o seu modelo.

Modelos lineares e mudanças de escala

Ao usar os otimizadores de PL do Solver, vários testes internos são realizados automaticamente para verificar se o modelo é verdadeiramente linear nos objetivos e restrições. Se os testes do Solver indicarem que o modelo não é linear, aparecerá uma mensagem indicando que as condições de linearidade não foram satisfeitas. Os testes internos que o Solver aplica são quase 100% precisos, mas, algumas vezes, indicam que o modelo não é linear quando, de fato, é. Isso tem maior probabilidade de ocorrer quando a escala do modelo é ruim. Se essa mensagem aparecer e você tiver certeza de que seu modelo é linear, resolver o modelo novamente pode fazer com que o Solver identifique a solução ótima. Se isso não funcionar, tente reformular seu modelo de modo que melhore a escala.

3.12.6 IMPLEMENTANDO O MODELO

Uma maneira de implementar esse modelo em uma planilha é mostrada na Figura 3.30 (e no arquivo Fig3-30.xlsm, disponível na página deste livro no site da editora). Nessa planilha, as células B5 a E5 contêm os custos dos diferentes tipos de ração. A porcentagem dos diferentes nutrientes encontrados em cada tipo de ração está listada nas células B10 a E12.

A célula G6 contém a quantidade total de ração (em 1.000 libras) requisitada pelo cliente e as porcentagens mínimas dos três tipos de nutrientes solicitados no pedido foram inseridas nas células G10 a G12. Observe que os valores da coluna G correspondem aos valores do RHS para as diversas restrições desse modelo.

Nessa planilha, as células B6, C6, D6 e E6 foram reservadas para representar as variáveis de decisão X_1, X_2, X_3 e X_4. Em última instância, essas células indicarão o quanto de cada tipo de ração deve ser misturado para atender ao pedido. A fórmula para a função objetivo desse problema é implementada na célula F5 usando a fórmula:

Fórmula para a célula F5: =SOMARPRODUTO(B5:E5;B6:E6)

FIGURA 3.30 *O modelo de planilha para o problema de mistura da Agri-Pro.*

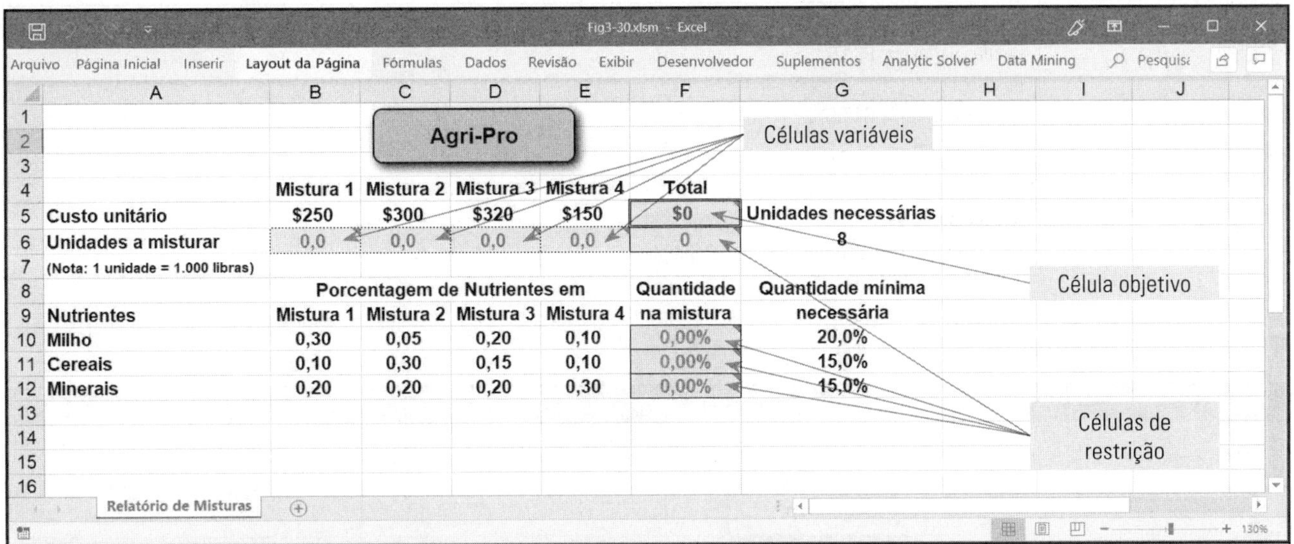

Fórmulas das principais células		
Célula	**Fórmula**	**Copiado para**
F5	=SOMARPRODUTO(B5:E5;B6:E6)	--
F6	=SOMA(B6:E6)	--
F10	=SOMARPRODUTO(B10:E10;$B$6:$E$6)/$G$6	F11:F12

A fórmula do LHS para a primeira restrição envolve o cálculo da soma das variáveis de decisão. Essa relação é implementada na célula F6 assim:

Fórmula para a célula F6: =SOMA(B6:E6)

O RHS para essa restrição está na célula G6. As fórmulas do LHS para as outras três restrições são implementadas nas células F10, F11 e F12. Especificamente, a fórmula do LHS para a segunda restrição (que representa a proporção de milho na mistura) é implementada na célula F10 assim:

Fórmula para a célula F10: =SOMARPRODUTO(B10:E10;$B$6:$E$6)/$G$6
(Copiar para F11 a F12.)

Essa fórmula é então copiada para as células F11 e F12 a fim de implementar as fórmulas do LHS para as duas restrições restantes. Novamente, as células G10 a G12 contêm os valores do RHS para essas restrições.

Observe que esse modelo é implementado de uma maneira que visa facilitar a compreensão para o usuário. Cada célula de restrição tem uma interpretação lógica que comunica informações importantes. Para quaisquer valores dados para as células variáveis (B6 a E6) que totalizem 8 (em milhares), as células de restrição (F10 a F12) indicam a porcentagem *real* de milho, cereal e sais minerais na mistura.

3.12.7 RESOLVENDO O PROBLEMA

A Figura 3.31 mostra os parâmetros do Solver necessários para resolver esse problema. A solução ótima é mostrada na Figura 3.32.

3.12.8 ANALISANDO A SOLUÇÃO

A solução ótima mostrada na Figura 3.32 indica que o pedido de 8.000 libras de ração é produzido ao menor custo possível misturando 4.500 libras da ração 1 ($X_1 = 4{,}5$) com 2.000 libras da ração 2 ($X_2 = 2$) e 1.500 libras da ração 4 ($X_4 = 1{,}5$). A célula F6 indica que esse fator produz exatamente 8.000 libras de ração. Além disso, as células F10 a F12 indicam que essa mistura contém 20% de milho, 15% de cereais e 21,88% de sais minerais. O custo total de produção dessa mistura é de $ 1.950, conforme indicado na célula F5.

FIGURA 3.31 *Configurações do Solver para o problema de mistura.*

Configurações do Solver:

Objetivo: F5 (Min)
Células variáveis: B6:E6
Restrições:
F10:F12 >= G10:G12
F6 = G6
B6:E6 >= 0

Opções do Solver:

Standard LP/Quadratic Engine (LP Simplex)

FIGURA 3.32 *Solução ótima para o problema de mistura da Agri-Pro.*

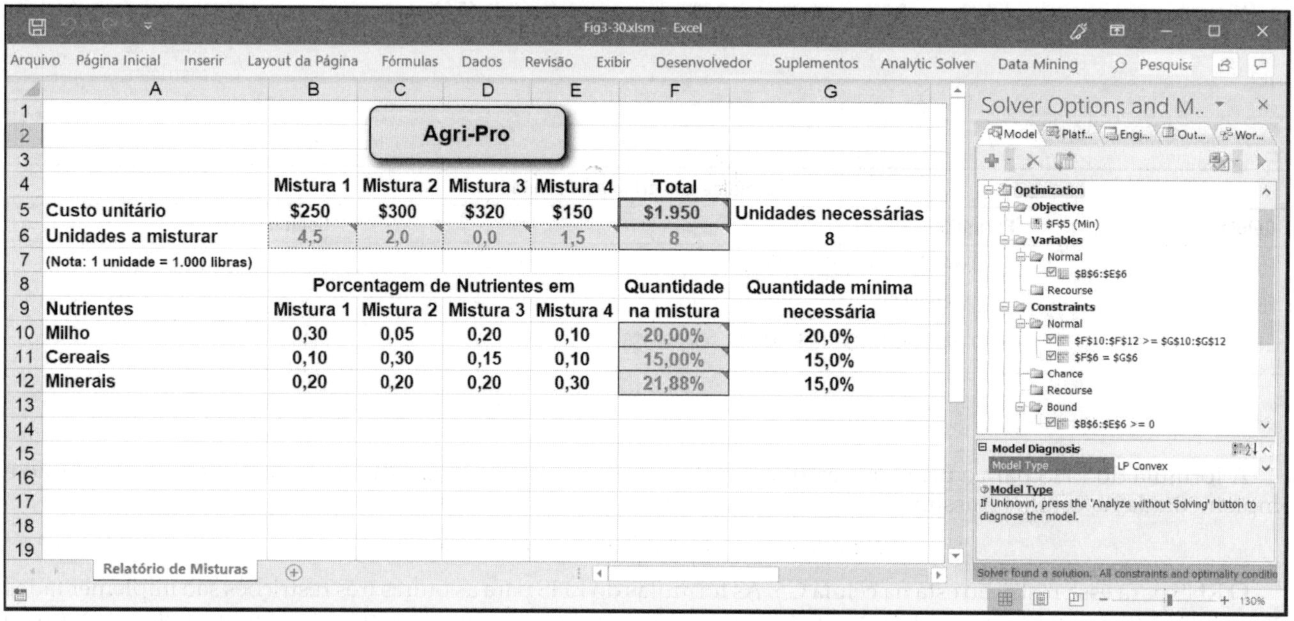

Você já encontrou PL no supermercado?

Na próxima vez que você entrar no supermercado, vá até o corredor onde estão as rações para animais. Na embalagem de qualquer ração para cão ou gato, verá a seguinte tabela (copiada diretamente da embalagem da ração preferida do cão do autor):

Esse produto contém:

- Pelo menos 21% de proteína bruta
- Pelo menos 8% de gorduras totais
- Pelo menos 4,5% de fibra bruta
- Pelo menos 12% de umidade

Ao divulgar essas informações, o fabricante garante que o produto atende a essas exigências nutricionais. Diversos ingredientes (como milho, soja, carne e ossos, gordura animal, trigo e arroz) são misturados para compor o produto. A maioria das empresas está interessada em determinar uma mistura de ingredientes que satisfaça essas exigências da maneira mais barata possível. Portanto, não é de surpreender que a maioria dos principais fabricantes de rações para animais use a PL de maneira intensa nos processos de resolução desse tipo de problema de mistura.

3.13 Um problema de planejamento de produção e de estoques

Um dos problemas fundamentais que as indústrias enfrentam é o do planejamento de seus níveis de produção e estoques. Esse processo leva em consideração as previsões de demanda e as restrições de recursos para períodos posteriores e determina os níveis de produção e estoque para cada um desses períodos, de modo que atendam à demanda prevista da maneira mais econômica. Como o exemplo a seguir ilustra, a característica multiperiódica desses problemas pode ser tratada de maneira mais conveniente em uma planilha para simplificar o processo de produção.

A Upton Corporation fabrica compressores de ar robustos destinados ao mercado consumidor final e ao mercado industrial leve. Atualmente, a Upton está tentando planejar seus níveis de produção e estoques para os próximos seis meses. Devido às flutuações sazonais nos custos de insumos e de matéria-prima, o custo unitário de produção de compressores de ar varia a cada mês – assim como a sua demanda. A capacidade de produção também varia de um mês para o outro por causa das diferenças no número de dias úteis, férias e manutenção e treinamento programados. A tabela abaixo resume os custos mensais de produção, demandas e capacidades de produção que a gerência da Upton estima para os próximos seis meses.

	Mês					
	1	**2**	**3**	**4**	**5**	**6**
Custo Unitário de Produção	$ 240	$ 250	$ 265	$ 285	$ 280	$ 260
Unidades Demandadas	1.000	4.500	6.000	5.500	3.500	4.000
Produção Máxima	4.000	3.500	4.000	4.500	4.000	3.500

Dado o tamanho do armazém da Upton, um máximo de 6.000 unidades pode ser mantido no estoque ao fim de cada mês. O proprietário da empresa gosta de manter ao menos 1.500 unidades como estoque de segurança para atender a contingências de demanda inesperadas. Para manter uma força de mão de obra estável, a empresa quer produzir mensalmente pelo menos o equivalente à metade de sua capacidade de produção. O supervisor da Upton estima que o custo de manter uma unidade em estoque, em qualquer mês, seja aproximadamente igual a 1,5% do custo unitário de produção no mesmo mês. A Upton estima o número de unidades mantidas em estoque a cada mês tomando a média dos estoques inicial e final de cada mês.

Atualmente, há 2.750 unidades em estoque. A Upton deseja identificar o plano de produção e de estoques para os próximos seis meses que atenda à demanda esperada a cada mês ao mesmo tempo que minimize os custos de produção e de estoque.

3.13.1 DEFININDO AS VARIÁVEIS DE DECISÃO

O problema básico que a gerência da Upton enfrenta é decidir quantas unidades fabricar em cada um dos seis meses seguintes. Representaremos essas variáveis de decisão conforme mostrado abaixo:

P_1 = número de unidades a produzir no mês 1
P_2 = número de unidades a produzir no mês 2
P_3 = número de unidades a produzir no mês 3
P_4 = número de unidades a produzir no mês 4
P_5 = número de unidades a produzir no mês 5
P_6 = número de unidades a produzir no mês 6

3.13.2 DEFININDO A FUNÇÃO OBJETIVO

O objetivo desse problema é minimizar os custos totais de produção e de estoques. O custo total de produção é calculado facilmente conforme abaixo:

$$\text{Custo de Produção} = 240P_1 + 250P_2 + 265P_3 + 285P_4 + 280P_5 + 260P_6$$

Calcular o custo de estoques é um pouco mais complicado. O custo de manter uma unidade em estoque a cada mês equivale a 1,5% do custo de produção no mesmo mês. Assim, o custo unitário de estoque é de $ 3,60 no mês 1 (por exemplo, 1,5% × $ 240 = $ 3,60), $ 3,75 no mês 2 (isto é, 1,5% × $ 250 = $ 3,75) e assim por diante. O número de unidades mantidas em estoque a cada mês deve ser calculado como a média do estoque inicial e final para o mês. Obviamente, o estoque inicial em dado mês equivale ao estoque final do mês anterior. De modo que, se B_i representar o estoque inicial do mês *i*, o custo total de estoque é dado por:

$$\text{Custo de Estoques} = 3{,}6(B_1 + B_2)/2 + 3{,}75(B_2 + B_3)/2 + 3{,}98(B_3 + B_4)/2$$
$$+ 4{,}28(B_4 + B_5)/2 + 4{,}20(B_5 + B_6)/2 + 3{,}9(B_6 + B_7)/2$$

Observe que o primeiro termo da fórmula representa o custo de estoques para o mês 1 usando B_1 como estoque inicial para o mês 1 e B_2 como estoque final para o mês 1. Dessa forma, a função objetivo para esse problema é dada assim:

$$\text{MIN:} \quad \left.\begin{aligned} &240P_1 + 250P_2 + 265P_3 + 285P_4 + 280P_5 + 260P_6 \\ &+ 3{,}6(B_1 + B_2)/2 + 3{,}75(B_2 + B_3)/2 + 3{,}98(B_3 + B_4)/2 \\ &+ 4{,}28(B_4 + B_5)/2 + 4{,}20(B_5 + B_6)/2 + 3{,}9(B_6 + B_7)/2 \end{aligned}\right\} \text{custo total}$$

3.13.3 DEFININDO AS RESTRIÇÕES

Dois conjuntos de restrições aplicam-se a esse problema. Primeiro, o número de unidades produzidas a cada mês não pode exceder os níveis máximos de produção declarados no problema. Entretanto, também devemos assegurar que o número de unidades produzidas a cada mês não seja menor que a metade da capacidade máxima de produção para o mês. Essas condições podem ser expressas de maneira concisa conforme segue:

$$2.000 \le P_1 \le 4.000 \quad \} \text{ nível de produção para o mês 1}$$
$$1.750 \le P_2 \le 3.500 \quad \} \text{ nível de produção para o mês 2}$$
$$2.000 \le P_3 \le 4.000 \quad \} \text{ nível de produção para o mês 3}$$
$$2.250 \le P_4 \le 4.500 \quad \} \text{ nível de produção para o mês 4}$$
$$2.000 \le P_5 \le 4.000 \quad \} \text{ nível de produção para o mês 5}$$
$$1.750 \le P_6 \le 3.500 \quad \} \text{ nível de produção para o mês 6}$$

Essas restrições simplesmente colocam os limites inferior e superior apropriados nos valores que cada uma das variáveis de decisão pode assumir. De maneira similar, devemos assegurar que o estoque final de cada mês fique dentro dos limites mínimo e máximo permitidos de estoque (que equivalem a 1.500 e 6.000, respectivamente). De maneira geral, o estoque final para qualquer mês é calculado como:

$$\text{Estoque Final} = \text{Estoque Inicial} + \text{Unidades Produzidas} - \text{Unidades Vendidas}$$

Dessa forma, as restrições abaixo indicam que o estoque final em cada um dos seis meses seguintes (após atender a demanda do mês) deve ficar entre 1.500 e 6.000.

$$1.500 \le B_1 + P_1 - 1.000 \le 6.000 \quad \} \text{ estoque final do mês 1}$$
$$1.500 \le B_2 + P_2 - 4.500 \le 6.000 \quad \} \text{ estoque final do mês 2}$$
$$1.500 \le B_3 + P_3 - 6.000 \le 6.000 \quad \} \text{ estoque final do mês 3}$$
$$1.500 \le B_4 + P_4 - 5.500 \le 6.000 \quad \} \text{ estoque final do mês 4}$$
$$1.500 \le B_5 + P_5 - 3.500 \le 6.000 \quad \} \text{ estoque final do mês 5}$$
$$1.500 \le B_6 + P_6 - 4.000 \le 6.000 \quad \} \text{ estoque final do mês 6}$$

Finalmente, para assegurar que o estoque inicial em um dado mês seja igual ao estoque final do mês anterior, temos as seguintes restrições adicionais:

$$B_2 = B_1 + P_1 - 1.000$$
$$B_3 = B_2 + P_2 - 4.500$$
$$B_4 = B_3 + P_3 - 6.000$$
$$B_5 = B_4 + P_4 - 5.500$$
$$B_6 = B_5 + P_5 - 3.500$$
$$B_7 = B_6 + P_6 - 4.000$$

3.13.4 IMPLEMENTANDO O MODELO

O problema de PL para o planejamento de produção e de estoques da Upton pode ser resumido assim:

MIN: $240P_1 + 250P_2 + 265P_3 + 285P_4 + 280P_5 + 260P_6$
$+ 3{,}6(B_1 + B_2)/2 + 3{,}75(B_2 + B_3)/2 + 3{,}98(B_3 + B_4)/2$
$+ 4{,}28(B_4 + B_5)/2 + 4{,}20(B_5 + B_6)/2 + 3{,}9(B_6 + B_7)/2$ } custo total

Sujeito a:

$2.000 \le P_1 \le 4.000$ } nível de produção para o mês 1
$1.750 \le P_2 \le 3.500$ } nível de produção para o mês 2
$2.000 \le P_3 \le 4.000$ } nível de produção para o mês 3
$2.250 \le P_4 \le 4.500$ } nível de produção para o mês 4
$2.000 \le P_5 \le 4.000$ } nível de produção para o mês 5
$1.750 \le P_6 \le 3.500$ } nível de produção para o mês 6
$1.500 \le B_1 + P_1 - 1.000 \le 6.000$ } estoque final do mês 1
$1.500 \le B_2 + P_2 - 4.500 \le 6.000$ } estoque final do mês 2
$1.500 \le B_3 + P_3 - 6.000 \le 6.000$ } estoque final do mês 3
$1.500 \le B_4 + P_4 - 5.500 \le 6.000$ } estoque final do mês 4
$1.500 \le B_5 + P_5 - 3.500 \le 6.000$ } estoque final do mês 5
$1.500 \le B_6 + P_6 - 4.000 \le 6.000$ } estoque final do mês 6

em que:

$$B_2 = B_1 + P_1 - 1.000$$
$$B_3 = B_2 + P_2 - 4.500$$
$$B_4 = B_3 + P_3 - 6.000$$
$$B_5 = B_4 + P_4 - 5.500$$
$$B_6 = B_5 + P_5 - 3.500$$
$$B_7 = B_6 + P_6 - 4.000$$

Uma maneira conveniente de implementar esse modelo é mostrada na Figura 3.33 (e no arquivo Fig3-33.xlsm, disponível na página deste livro no site da editora). As células C7 a H7 dessa planilha representam o número de compressores de ar a ser produzidos a cada mês e, portanto, correspondem às variáveis de decisão (P_1 a P_6) em nosso modelo. Colocaremos os limites superior e inferior apropriados nessas células para reforçar as restrições representadas pelas primeiras seis restrições em nosso modelo. A demanda prevista para cada período está listada abaixo das variáveis de decisão nas células C8 a H8.

Com o estoque inicial de 2.750 inserido na célula C6, o estoque final para o mês 1 é calculado na célula C9 conforme segue:

Fórmula para a célula C9: =C6+C7−C8
(Copiar para as células D9 a H9.)

Essa fórmula pode ser copiada para as células D9 a H9 a fim de calcular os níveis de estoque final para cada um dos meses restantes. Colocaremos os limites superior e inferior apropriados nessas células para reforçar as restrições indicadas pelo segundo conjunto de restrições em nosso modelo.

A fim de assegurar que o estoque inicial do mês 2 seja igual ao estoque final do mês 1, inserimos a seguinte fórmula na célula D6:

Fórmula para a célula D6: =C9
(Copiar para as células E6 a H6.)

Essa fórmula pode ser copiada para as células E6 a H6 a fim de assegurar que o estoque inicial de cada mês seja igual ao estoque final do mês anterior. É importante observar que, devido ao fato de os níveis iniciais de estoque poderem ser calculados diretamente a partir dos níveis finais, não há necessidade de especificar essas células como células de restrição para o Solver.

Com os custos unitários mensais de produção inseridos nas células C17 a H17, os custos unitários mensais de manutenção de estoques são calculados nas células C18 a H18 conforme segue:

Fórmula para a célula C18: =$B$18*C17
(Copiar para as células D18 a H18.)

FIGURA 3.33 *Modelo de planilha para o problema de produção da Upton.*

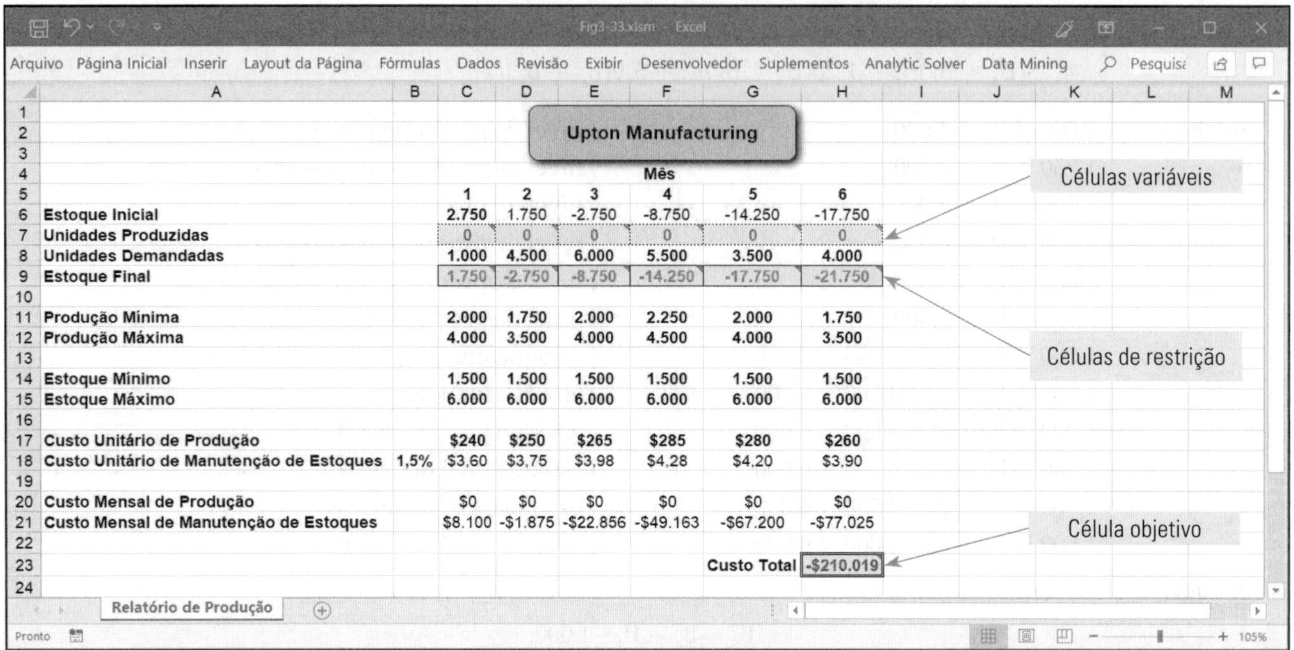

Fórmulas das principais células		
Célula	**Fórmula**	**Copiado para**
C9	=C6+C7−C8	D9:H9
D6	=C9	E6:H6
C18	=$B$18*C17	D18:H18
C20	=C17*C7	D20:H20
C21	=C18*(C6+C9)/2	D21:H21
H23	=SOMA(C20:H21)	--

Os custos totais mensais de produção e de estoques são então calculados nas linhas 20 e 21 conforme segue:

Fórmula para a célula C20: =C17*C7
(Copiar para as células D20 a H20.)

Fórmula para a célula C21: =C18*(C6+C9)/2
(Copiar para as células D21 a H21.)

Finalmente, a função objetivo que representa os custos totais de produção e de estoques para o problema é implementada na célula H23 a seguir:

Fórmula para a célula H23: =SOMA(C20:H21)

3.13.5 RESOLVENDO O PROBLEMA

A Figura 3.34 mostra as configurações do Solver necessárias para resolver esse problema. A solução ótima é mostrada na Figura 3.35.

3.13.6 ANALISANDO A SOLUÇÃO

A solução ótima mostrada na Figura 3.35 indica que a Upton deve produzir 4.000 unidades no período 1; 3.500 unidades no período 2; 4.000 unidades no período 3; 4.250 unidades no período 4; 4.000 unidades no período 5; e

Configurações do Solver:

Objetivo: H23 (Min)
Células variáveis: C7:H7
Restrições:
  C9:H9 <= C15:H15
  C9:H9 >= C14:H14
  C7:H7 <= C12:H12
  C7:H7 >= C11:H11

Opções do Solver:
  Standard LP/Quadratic Engine (LP Simplex)

FIGURA 3.34 *Configurações do Solver para o problema de produção.*

FIGURA 3.35 *Solução ótima para o problema de produção da Upton.*

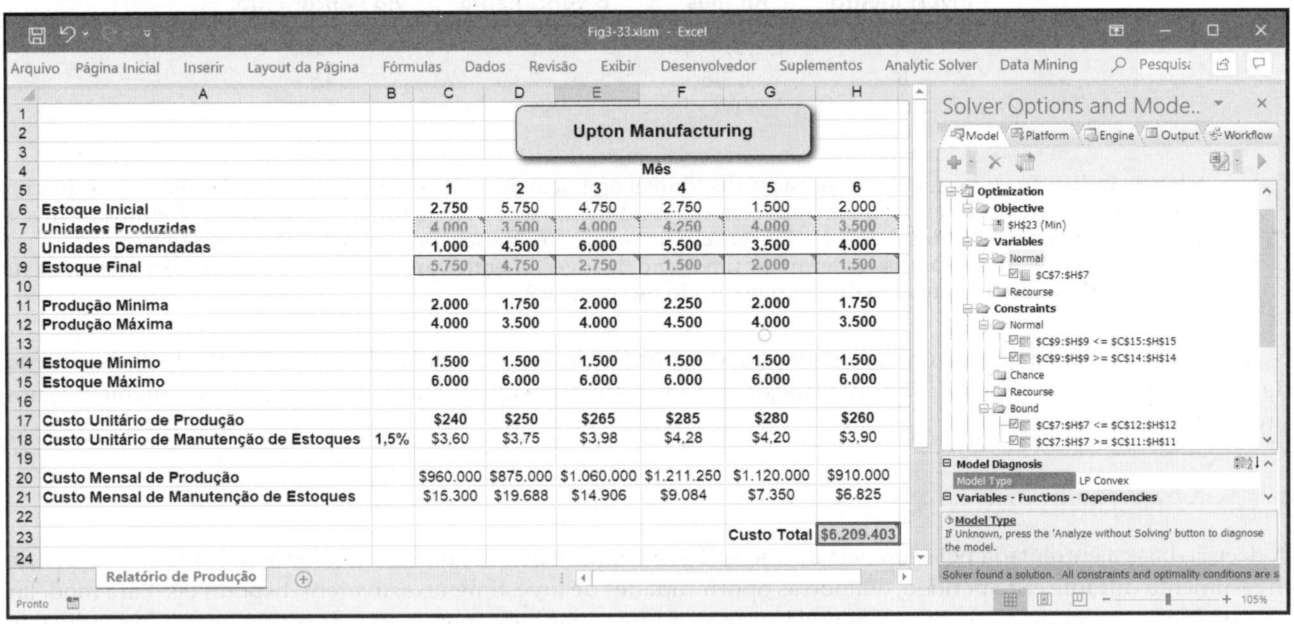

3.500 unidades no período 6. Embora a demanda para compressores de ar no mês 1 possa ser satisfeita pelo estoque inicial, a produção no mês 1 é exigida para acumular estoque para os meses futuros nos quais a demanda exceda a capacidade de produção disponível. Perceba que esse cronograma de produção exige que a empresa opere na sua capacidade máxima de produção em todos os meses exceto no mês 4. É esperado que o mês 4 tenha o custo de produção por unidade mais alto. Dessa forma, é mais econômico fabricar unidades extras nos meses anteriores e mantê-los em estoque para venda no mês 4.

É importante observar que, apesar de a solução para esse problema fornecer um plano de produção para os próximos seis meses, não significa que a gerência da Upton seja obrigada a implementar essa solução em particular ao longo dos próximos seis meses. No nível operacional, a equipe de gerência está mais preocupada com a decisão que deve ser tomada agora, isto é, o número de unidades a ser programado para produção no mês 1. No fim do mês 1, a gerência da Upton deve atualizar o estoque, a demanda e as estimativas de custo e resolver o problema novamente para identificar o plano de produção para os próximos seis meses (atualmente os meses de 2 a 7). No fim do mês 2, esse processo deve ser repetido novamente. Dessa forma, os modelos de planejamento para diversos períodos devem ser usados repetida e periodicamente, como parte do processo contínuo de planejamento.

3.14 Um problema de fluxo de caixa multiperíodo

Diversos problemas em empresas envolvem decisões que terão repercussões sobre decisões futuras. No exemplo anterior, vimos como os planos de fabricação para um período podem afetar a quantidade de recursos disponíveis e os estoques mantidos em períodos subsequentes. De maneira similar, muitas decisões financeiras envolvem diversos períodos, porque a quantidade de dinheiro investida ou gasta em determinado momento no tempo afeta diretamente a quantia de dinheiro disponível em períodos subsequentes. Nesses tipos de problemas multiperíodos, sem um modelo de PL, é difícil prever as consequências futuras de uma decisão tomada no presente. A formulação de tal modelo é ilustrada a seguir, em um exemplo do mundo das finanças.

Taco-Viva é uma pequena e crescente cadeia de restaurantes *fast-food* especializada em comida mexicana. A gerência da empresa decidiu abrir um novo restaurante em Wilmington, Carolina do Norte, e deseja criar um fundo para construção (ou um fundo de amortização) a fim de custear a nova instalação. É previsto que a construção do restaurante leve seis meses e custe $ 800.000. O contrato da Taco-Viva com a empresa de construção exige pagamentos de $ 250.000 no fim do segundo e do quarto meses de construção e um pagamento final de $ 300.000 no fim do sexto mês, quando o restaurante tiver sido concluído. A empresa pode usar quatro oportunidades de investimento para criar o fundo de construção, listados na tabela abaixo:

Investimento	Disponível no mês	Meses até o vencimento	Rendimento no vencimento
A	1, 2, 3, 4, 5, 6	1	1,8%
B	1, 3, 5	2	3,5%
C	1, 4	3	5,8%
D	1	6	11,0%

A tabela indica que o investimento A estará disponível no início de cada um dos próximos seis meses e os fundos investidos dessa maneira vencem em um mês com um rendimento de 1,8%. Os fundos podem ser colocados no investimento C somente no início dos meses 1 e 4 e vencem no fim de três meses com um rendimento de 5,8%.

A gerência da Taco-Viva precisa determinar um plano de investimentos que permita a programação necessária de pagamentos colocando o mínimo de dinheiro no fundo de construção.

Esse é um problema que envolve diversos períodos porque deve ser considerado um horizonte de planejamento de seis meses. Ou seja, a Taco-Viva deve planejar que alternativas de investimento usar em diversos momentos nos próximos seis meses.

3.14.1 DEFININDO AS VARIÁVEIS DE DECISÃO

A decisão básica enfrentada pela gerência da Taco-Viva é definir a quantia que deve colocar em cada alternativa de investimento durante cada período, quando as oportunidades de investimento estiverem disponíveis. Para modelar esse problema, precisamos de diferentes variáveis para representar cada combinação de investimento/período. Isso pode ser feito como:

$A_1, A_2, A_3, A_4, A_5, A_6$ = quantia em dinheiro (em milhares de dólares) colocada no investimento A no começo dos meses 1, 2, 3, 4, 5 e 6, respectivamente

B_1, B_3, B_5 = quantia em dinheiro (em milhares de dólares) colocada no investimento B no começo dos meses 1, 3 e 5, respectivamente

C_1, C_4 = quantia em dinheiro (em milhares de dólares) colocada no investimento C no começo dos meses 1 e 4, respectivamente

D_1 = quantia em dinheiro (em milhares de dólares) colocada no investimento D no começo do mês 1

Observe que todas as variáveis são expressas em unidades de milhares de dólares para manter uma escala razoável para esse problema. Assim, tenha em mente que, quando nos referirmos à quantia de dinheiro representada pelas nossas variáveis, queremos expressá-la em milhares de dólares.

3.14.2 DEFININDO A FUNÇÃO OBJETIVO

A gerência da Taco-Viva deseja minimizar a quantia de dinheiro que deve colocar inicialmente no fundo de construção para cobrir os pagamentos que serão devidos conforme o contrato. No início do mês 1, a empresa deseja investir uma quantia que, com os rendimentos do investimento, cubra os pagamentos exigidos sem a injeção adicional de dinheiro da empresa. Uma vez que A_1, B_1, C_1 e D_1 representam as quantidades iniciais investidas pela empresa no mês 1, a função objetivo para o problema é:

$$\text{MIN:} \quad A_1 + B_1 + C_1 + D_1 \qquad \} \text{ total investido no começo do mês 1}$$

3.14.3 DEFININDO AS RESTRIÇÕES

Para formular as restrições de fluxo de caixa para esse problema, é importante identificar claramente: (1) quando os diferentes investimentos podem ser feitos, (2) quando os diferentes investimentos vencerão e (3) quanto dinheiro estará disponível no momento em que cada investimento vencer. A Figura 3.36 sumariza essas informações.

Os valores negativos, representados por –1 na Figura 3.36, indicam quando os dólares *entram* em cada investimento. Os valores positivos mostram quanto esses mesmos dólares valerão quando o investimento vencer ou quando os dólares *saem* de cada investimento. As setas duplas indicam os períodos em que os fundos permanecem em um investimento em particular. Por exemplo, a terceira linha da tabela na Figura 3.36 indica que cada dólar colocado no investimento C no começo do mês 1 valerá $ 1,058 quando esse investimento vencer três meses mais tarde – no *começo* do mês 4. (Perceba que o começo do mês 4 ocorre praticamente ao mesmo tempo do *fim* do mês 3. Assim, não há diferença prática entre o começo de um período e o fim do período anterior.)

Supondo que a empresa invista as quantias representadas por A_1, B_1, C_1 e D_1 no início do mês 1, quanto dinheiro estará disponível para reinvestimento ou para realizar os pagamentos no início dos meses 2, 3, 4, 5, 6 e 7? A resposta para essa questão nos permite gerar o conjunto de restrições de fluxo de caixa necessário para resolver esse problema.

Conforme indicado pela segunda coluna da Figura 3.36, os únicos fundos que vencem no início do mês 2 são aqueles colocados no investimento A, no início do mês 1 (A_1). O valor dos fundos que vencem no início do mês 2 é $ 1,018A_1. Devido ao fato de não serem necessários pagamentos no início do mês 2, todos os fundos que vencem devem ser reinvestidos. Mas a única nova oportunidade de investimento disponível no início do mês 2 é o investimento A (A_2). Dessa forma, a quantia colocada no investimento A no início do mês 2 deve ser $ 1,018A_1. Isso é expresso pela restrição:

$$1{,}018A_1 = A_2 + 0 \qquad \} \text{ fluxo de caixa para o mês 2}$$

Essa restrição indica que a quantia total que vence no início do mês 2 (1,018A_1) deve ser igual à quantia de dinheiro reinvestida no início do mês 2 (A_2) mais quaisquer pagamentos a vencer no mês 2 ($ 0).

Agora, considere os fluxos de caixa que acontecerão durante o mês 3. No início do referido mês, quaisquer fundos que foram colocados no investimento B no início do mês 1 (B_1) vencerão e valerão um total de $ 1,035B_1. De maneira similar, quaisquer fundos colocados no investimento A no início do mês 2 (A_2) vencerão e valerão um total de $ 1,018A_2. Uma vez que um pagamento de $ 250.000 vence no início do mês 3, devemos nos assegurar de que os

	Entrada de caixa/saída de caixa no começo do mês						
Investimento	**1**	**2**	**3**	**4**	**5**	**6**	**7**
A_1	−1	1,018					
B_1	−1	←→	1,035				
C_1	−1	←→	←→	1,058			
D_1	−1	←→	←→	←→	←→	←→	1,11
A_2		−1	1,018				
A_3			−1	1,018			
B_3			−1	←→	1,035		
A_4				−1	1,018		
C_4				−1	←→	←→	1,058
A_5					−1	1,018	
B_5					−1	←→	1,035
A_6						−1	1,018
Pagamentos exigidos (em $ 1.000s)	$ 0	$ 0	$ 250	$ 0	$ 250	$ 0	$ 300

FIGURA 3.36
Sumário do fluxo de caixa para as oportunidades de investimentos da Taco-Viva.

fundos que vencem no início do mês 3 sejam suficientes para cobrir esse pagamento e que quaisquer fundos restantes sejam colocados em oportunidades de investimento disponíveis no início do mês 3 (A_3 e B_3). Essa exigência pode ser declarada algebricamente como:

$$1{,}035B_1 + 1{,}018A_2 = A_3 + B_3 + 250 \quad \} \text{ fluxo de caixa para o mês 3}$$

Essa restrição indica que a quantia total que vence no início do mês 3 ($1{,}035B_1 + 1{,}018A_2$) deve ser igual à quantia de dinheiro reinvestida no início do mês 3 ($A_3 + B_3$) mais o pagamento a vencer nesse mês ($ 250.000).

A mesma lógica que aplicamos para gerar restrições de fluxo de caixa para os meses 2 e 3 também pode ser usada para gerar restrições de fluxo de caixa para os meses restantes. Isso gera uma restrição de fluxo de caixa para cada mês, que assume a seguinte forma geral:

$$\begin{pmatrix}\text{Quantia total}\\ \text{em dólares no}\\ \text{início do mês}\end{pmatrix} = \begin{pmatrix}\text{Total em dólares}\\ \text{reinvestido no}\\ \text{início do mês}\end{pmatrix} + \begin{pmatrix}\text{Pagamento}\\ \text{devido no}\\ \text{início do mês}\end{pmatrix}$$

Usando essa definição geral de relacionamento de fluxo de caixa, as restrições para os meses restantes são representadas por:

$$\begin{aligned}
&1{,}058C_1 + 1{,}018A_3 = A_4 + C_4 && \} \text{ fluxo de caixa para o mês 4}\\
&1{,}035B_3 + 1{,}018A_4 = A_5 + B_5 + 250 && \} \text{ fluxo de caixa para o mês 5}\\
&1{,}018A_5 = A_6 && \} \text{ fluxo de caixa para o mês 6}\\
&1{,}11D_1 + 1{,}058C_4 + 1{,}035B_5 + 1{,}018A_6 = 300 && \} \text{ fluxo de caixa para o mês 7}
\end{aligned}$$

Para implementar essas restrições na planilha, devemos expressá-las de maneira ligeiramente diferente (mas algebricamente equivalente). Especificamente, para obedecermos à nossa definição geral de uma restrição de igualdade ($f(X_1, X_2, \ldots, X_n) = b$), devemos reescrever as restrições de fluxo de caixa de modo que todas as variáveis em cada restrição apareçam à esquerda do sinal de igual e uma constante numérica apareça à direita do sinal de igual. Isso pode ser feito como:

$$\begin{aligned}
&1{,}018A_1 - 1A_2 = 0 && \} \text{ fluxo de caixa para o mês 2}\\
&1{,}035B_1 + 1{,}018A_2 - 1A_3 - 1B_3 = 250 && \} \text{ fluxo de caixa para o mês 3}\\
&1{,}058C_1 + 1{,}018A_3 - 1A_4 - 1C_4 = 0 && \} \text{ fluxo de caixa para o mês 4}\\
&1{,}035B_3 + 1{,}018A_4 - 1A_5 - 1B_5 = 250 && \} \text{ fluxo de caixa para o mês 5}\\
&1{,}018A_5 - 1A_6 = 0 && \} \text{ fluxo de caixa para o mês 6}\\
&1{,}11D_1 + 1{,}058C_4 + 1{,}035B_5 + 1{,}018A_6 = 300 && \} \text{ fluxo de caixa para o mês 7}
\end{aligned}$$

Há dois pontos importantes a serem observados sobre essa expressão alternativa das restrições. Primeiro, cada restrição assume a seguinte forma geral, que é algebricamente equivalente a nossas definições gerais, feitas anteriormente, para as restrições de fluxo de caixa:

$$\begin{pmatrix}\text{Quantia total}\\ \text{no}\\ \text{início do mês}\end{pmatrix} - \begin{pmatrix}\text{Total reinvestido}\\ \text{no}\\ \text{início do mês}\end{pmatrix} = \begin{pmatrix}\text{Pagamento devido}\\ \text{no}\\ \text{início do mês}\end{pmatrix}$$

Apesar de as restrições parecerem ligeiramente diferentes nessa forma, estabelecem a mesma relação entre as variáveis, conforme expresso pelas restrições anteriores.

Segundo, os coeficientes do LHS na expressão alternativa das restrições correspondem diretamente aos valores listados no sumário de fluxo de caixa da Figura 3.36. Ou seja, os coeficientes na restrição para o mês 2 correspondem aos valores na coluna para o mês 2 na Figura 3.36; os coeficientes para o mês 3 correspondem aos valores na coluna para o mês 3 e assim por diante. Essas relações são verdadeiras para todas as restrições e serão muito úteis na implementação desse modelo na planilha.

3.14.4 IMPLEMENTANDO O MODELO

O modelo de PL para o problema do fundo de construção da Taco-Viva é sumarizado conforme segue:

$$
\begin{array}{llcll}
\text{MIN:} & A_1 + B_1 + C_1 + D_1 & & & \}\ \text{total investido no começo do mês 1} \\
\text{Sujeito a:} & 1{,}018A_1 - 1A_2 & = & 0 & \}\ \text{fluxo de caixa para o mês 2} \\
 & 1{,}035B_1 + 1{,}018A_2 - 1A_3 - 1B_3 & = & 250 & \}\ \text{fluxo de caixa para o mês 3} \\
 & 1{,}058C_1 + 1{,}018A_3 - 1A_4 - 1C_4 & = & 0 & \}\ \text{fluxo de caixa para o mês 4} \\
 & 1{,}035B_3 + 1{,}018A_4 - 1A_5 - 1B_5 & = & 250 & \}\ \text{fluxo de caixa para o mês 5} \\
 & 1{,}018A_5 - 1A_6 & = & 0 & \}\ \text{fluxo de caixa para o mês 6} \\
 & 1{,}11D_1 + 1{,}058C_4 + 1{,}035B_5 + 1{,}018A_6 & = & 300 & \}\ \text{fluxo de caixa para o mês 7} \\
 & A_i, B_i, C_i, D_i, \geq 0, \text{ para todos } i & & & \}\ \text{condições de não negatividade}
\end{array}
$$

Uma abordagem para implementar esse modelo é mostrada na Figura 3.37 (e no arquivo Fig3-37.xlsm, disponível na página deste livro no site da editora). As três primeiras colunas desta planilha sumarizam as diferentes opções de investimento que estão disponíveis e os meses em que o dinheiro pode entrar e sair desses investimentos. As células D6 a D17 representam as variáveis de decisão de nosso modelo e indicam a quantia de dinheiro (em milhares de dólares) que deve ser colocada em cada um dos possíveis investimentos.

A função objetivo para esse problema exige que calculemos a quantia de dinheiro total investida no mês 1. Isso foi feito na célula D18 conforme segue:

Fórmula para a célula D18: =SOMASE(B6:B17;1;D6:D17)

A função SOMASE( ) compara os valores nas células B6 a B17 ao valor 1 (seu segundo argumento). Se qualquer dos valores das células B6 a B17 for igual a 1, esta soma os valores correspondentes nas células D6 a D17. Nesse caso, os valores nas células B6 a B9 são todos iguais a 1; dessa forma, a função retorna a soma dos valores das células D6 a D9. Observe que, apesar de ser possível implementar o objetivo usando a fórmula SOMA(D6:D9), a fórmula SOMASE( ) torna o modelo mais modificável e confiável. Se quaisquer dos valores na coluna B forem modificados de, ou para 1, a função SOMASE( ) continua a representar a função objetivo apropriada; o mesmo não aconteceria com a função SOMA( ).

FIGURA 3.37 *Modelo de planilha para o problema do fundo de construção da Taco-Viva.*

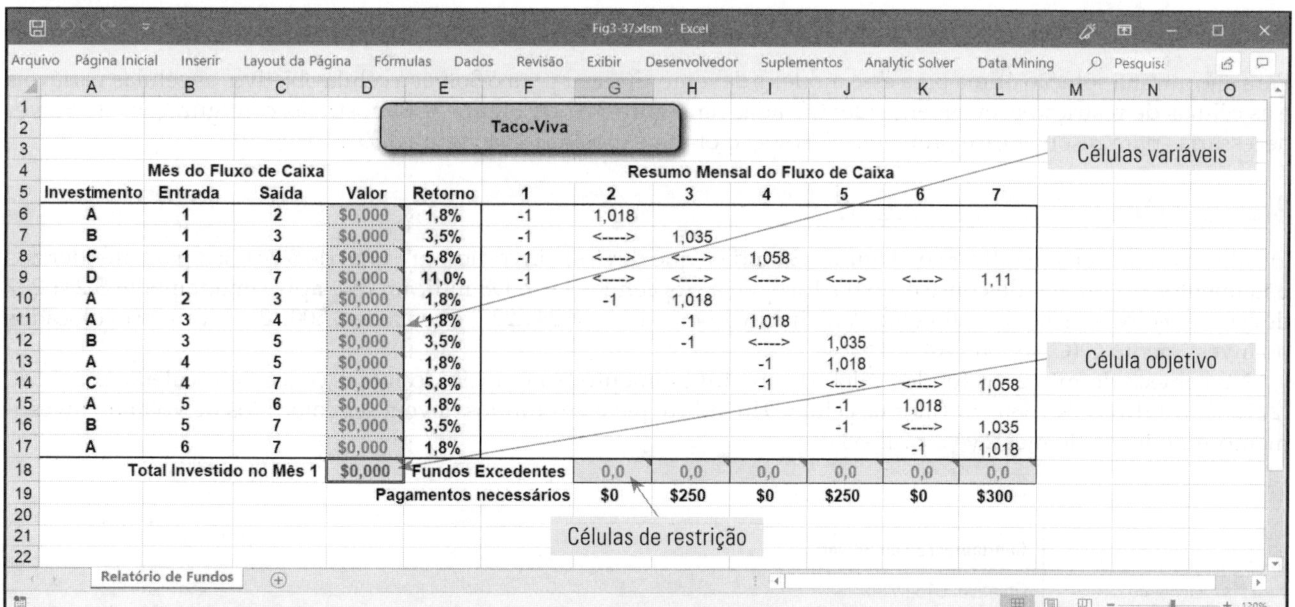

Fórmulas das principais células		
Célula	**Fórmula**	**Copiado para**
D18	=SOMASE(B6:B17,1,D6:D17)	D9:H9
F6	=SE($B6=F$5;–1;SE($C6=F$5;1+$E6;SE(E($B6<F$5;$C6>F$5);"<--->";"")))	E6:H6
G18	=$B$18*C17	D18:H18

Nossa próxima tarefa é implementar a tabela de entrada/saída de fluxo de caixa descrita anteriormente na Figura 3.36. Lembre-se de que cada linha na Figura 3.36 corresponde aos fluxos de caixa associados com uma alternativa de investimento em particular. Essa tabela pode ser implementada em nossa planilha usando a seguinte fórmula:

Fórmula para a célula F6: =SE($B6=F$5;-1;SE($C6=F$5;1+$E6;SE(E($B6<F$5;$C6>F$5);"<--->";" ")))
(Copiar para as células F6 a L17.)

Essa fórmula primeiramente checa se o valor do Mês de Entrada de Caixa na coluna B corresponde ao valor do indicador do mês na linha 5. Se assim for, a fórmula retorna o valor –1. De outra forma, esta continua e checa se o valor do Mês de Entrada de Caixa na coluna C corresponde ao valor do indicador do mês na linha 5. Se assim for, a fórmula retorna um valor igual a 1 mais o retorno para o investimento (da coluna E). Se nenhuma das duas primeiras condições for atendida, a fórmula verifica a seguir se o indicador de mês atual da linha 5 é maior que o valor do "Mês de Entrada de Caixa" (coluna B) e menor que o "Mês de Saída de Caixa" (coluna C). Em caso positivo, a fórmula retorna os caracteres "<---->" para indicar períodos em que os fundos não entram nem saem de um investimento em particular. Finalmente, se nenhuma das três condições anteriores for atendida, a fórmula simplesmente retorna um caractere vazio (ou nulo). Apesar de essa fórmula parecer um tanto intimidante, é simplesmente um conjunto de três funções SE aninhadas. Mais importante, ela atualiza automaticamente o sumário de fluxo de caixa se qualquer um dos valores nas colunas B, C ou E for modificado, aumentando a confiabilidade do modelo e a capacidade de modificá-lo.

Anteriormente, observamos que os valores listados nas colunas 2 a 7 da tabela de entrada/saída de fluxo de caixa correspondem diretamente aos coeficientes que aparecem em diversas restrições de fluxo de caixa. Essa propriedade nos permite implementar, de maneira conveniente, as restrições de fluxo de caixa na planilha. Por exemplo, a fórmula de LHS para a restrição de fluxo de caixa para o mês 2 é implementada na célula G18 assim:

Fórmula na célula G18: =SOMARPRODUTO(G6:G17;$D$6:$D$17)
(Copiar para H18 a L18.)

Essa fórmula multiplica cada entrada na faixa G6 a G17 pela entrada correspondente na faixa D6 a D17 e, então, soma esses produtos individuais. Essa fórmula é copiada para as células H18 a L18. (Observe que a fórmula SOMARPRODUTO( ) trata as células que contenham identificações e caracteres nulos como se contivessem o valor zero.) Reserve uns instantes para verificar que as fórmulas nas células G18 a L18 correspondem às fórmulas do LHS das restrições de fluxo de caixa de nosso modelo. As células G19 a L19 listam os valores do RHS para as restrições do fluxo de caixa.

3.14.5 RESOLVENDO O PROBLEMA

Para encontrar a solução ótima para esse modelo, devemos indicar para o Solver a célula objetivo, as células variáveis e as células de restrição previamente identificadas na Figura 3.37. A Figura 3.38 mostra as configurações do Solver necessárias para resolver esse problema. A solução ótima é mostrada na Figura 3.39.

3.14.6 ANALISANDO A SOLUÇÃO

O valor da célula objetivo (D18) na Figura 3.39 indica que deve ser investido um total de \$ 741.363 para atender aos pagamentos do projeto de construção da Taco-Viva. As células D6 e D8 indicam que aproximadamente \$ 241.237 devem ser colocados no investimento A no início do mês 1 ($A_1 = 241{,}237$) e cerca de \$ 500.126 devem ser colocados no investimento C ($C_1 = 500{,}126$).

No começo do mês 2, os fundos colocados no investimento A no início do mês 1 vencerão e valerão \$ 245.580 ($241.237 \times 1{,}018 = 245.580$). O valor na célula D10 indica que esses fundos devem ser colocados de volta no investimento A no início do mês 2 ($A_2 = 245{,}580$).

FIGURA 3.38
Configurações do Solver para o problema do fundo de construção.

Configurações do Solver:
Objetivo: D18 (Min) Células variáveis: D6:D17 Restrições: G18:L18 = G19:L19 D6:D17 >= 0
Opções do Solver: Standard LP/Quadratic Engine (LP Simplex)

FIGURA 3.39 *Solução ótima para o problema do fundo de construção da Taco-Viva.*

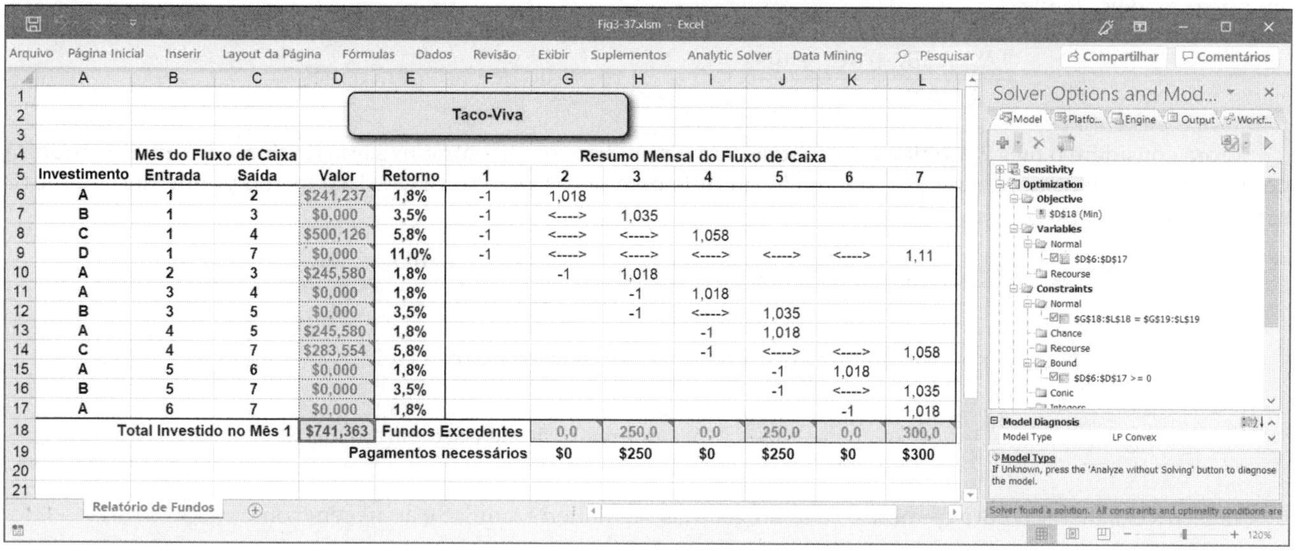

No início do mês 3, vence o primeiro pagamento de \$ 250.000. Nesse período, vencerão os fundos colocados no investimento A no início do mês 2, os quais valerão \$ 250.000 (1,018 × 245.580 = 250.000), permitindo-nos fazer esse pagamento.

No início do mês 4, os fundos colocados no investimento C no início do mês 1 vencerão e valerão \$ 529.134. Nossa solução indica que \$ 245.580 dessa quantia deve ser colocada no investimento A ($A_4 = 245{,}580$), e o restante deve ser reinvestido no investimento C ($C_4 = 283{,}554$).

Se você seguir os fluxos de caixa para os meses restantes, descobrirá que nosso modelo está fazendo exatamente aquilo para o qual foi projetado. A quantia de dinheiro prevista para vencer no início de cada mês é exatamente igual à quantia de dinheiro programada para ser reinvestida após os pagamentos necessários terem sido feitos. Dessa forma, de um número infinito de possíveis programações de investimentos, nosso modelo de PL encontrou o planejamento que exigirá a menor quantia de dinheiro à vista.

3.14.7 MODIFICANDO O PROBLEMA DA TACO-VIVA PARA LEVAR EM CONTA O RISCO (OPCIONAL)

Em problemas de investimento como esse, não é estranho que os tomadores de decisão estabeleçam limites quanto ao risco que desejam assumir. Por exemplo, vamos supor que o diretor financeiro (CFO) da Taco-Viva tenha atribuído as seguintes classificações de risco para cada um dos possíveis investimentos, em uma escala de 1 a 10 (em que 1 representa o menor risco e 10 o maior). Também assumiremos que o CFO deseja determinar um plano de investimento em que o nível médio ponderado de risco não exceda a 5.

Investimento	**Classificação de risco**
A	1
B	3
C	8
D	6

Precisaremos formular uma restrição adicional para cada período para garantir que o risco médio ponderado nunca exceda a 5. Para entender como pode ser feito, vamos começar com o mês 1.

No mês 1, os fundos podem ser investidos em A_1, B_1, C_1 ou D_1 e cada investimento está associado a um diferente grau de risco. Para calcular o risco médio ponderado durante o mês 1, devemos multiplicar os fatores de risco de cada investimento pela proporção do dinheiro investido. Isso é representado por:

$$\text{Risco médio ponderado no mês } 1 = \frac{1A_1 + 3B_1 + 8C_1 + 6D_1}{A_1 + B_1 + C_1 + D_1}$$

Podemos assegurar que o risco médio ponderado no mês 1 não exceda ao valor 5 incluindo a seguinte restrição em nosso modelo de PL:

$$\frac{1A_1 + 3B_1 + 8C_1 + 6D_1}{A_1 + B_1 + C_1 + D_1} \leq 5 \qquad \} \text{ restrição de risco para o mês 1}$$

Agora considere o mês 2. Conforme a coluna para o mês 2 em nossa entrada/saída de fluxo de caixa, a empresa pode ter fundos investidos em B_1, C_1, D_1 ou A_2 durante esse mês. Dessa forma, o risco médio ponderado no mês 2 é definido como:

$$\text{Risco médio ponderado no mês 2} = \frac{3B_1 + 8C_1 + 6D_1 + 1A_2}{B_1 + C_1 + D_1 + A_2}$$

Novamente, a seguinte restrição garante que esta quantidade nunca exceda a 5:

$$\frac{3B_1 + 8C_1 + 6D_1 + 1A_2}{B_1 + C_1 + D_1 + A_2} \leq 5 \qquad \} \text{ restrição de risco para o mês 2}$$

As restrições de risco para os meses 3 a 6 são geradas de maneira similar e aparecem como:

$$\frac{8C_1 + 6D_1 + 1A_3 + 3B_3}{C_1 + D_1 + A_3 + B_3} \leq 5 \qquad \} \text{ restrição de risco para o mês 3}$$

$$\frac{6D_1 + 3B_3 + 1A_4 + 8C_4}{D_1 + B_3 + A_4 + C_4} \leq 5 \qquad \} \text{ restrição de risco para o mês 4}$$

$$\frac{6D_1 + 8C_4 + 1A_5 + 3B_5}{D_1 + C_4 + A_5 + B_5} \leq 5 \qquad \} \text{ restrição de risco para o mês 5}$$

$$\frac{6D_1 + 8C_4 + 3B_5 + 1A_6}{D_1 + C_4 + B_5 + A_6} \leq 5 \qquad \} \text{ restrição de risco para o mês 6}$$

Apesar de as restrições de risco listadas aqui terem um significado claro, é mais fácil implementar essas restrições na planilha se as expressarmos de maneira diferente (mas algebricamente equivalente). Em particular, é útil eliminar as frações no LHS das desigualdades multiplicando cada restrição pelo seu denominador e coletando novamente as variáveis no LHS da desigualdade. As etapas abaixo mostram como reescrever a restrição de risco para o mês 1:

1. Multiplique ambos os lados da desigualdade pelo denominador:

$$(A_1 + B_1 + C_1 + D_1)\frac{1A_1 + 3B_1 + 8C_1 + 6D_1}{A_1 + B_1 + C_1 + D_1} \leq (A_1 + B_1 + C_1 + D_1)5$$

para obter:

$$1A_1 + 3B_1 + 8C_1 + 6D_1 \leq 5A_1 + 5B_1 + 5C_1 + 5D_1$$

2. Colete novamente as variáveis no LHS do sinal de desigualdade:

$$(1 - 5)A_1 + (3 - 5)B_1 + (8 - 5)C_1 + (6 - 5)D_1 \leq 0$$

para obter:

$$-4A_1 - 2B_1 + 3C_1 + 1D_1 \leq 0$$

Dessa forma, as duas restrições abaixo são algebricamente equivalentes:

$$\frac{1A_1 + 3B_1 + 8C_1 + 6D_1}{A_1 + B_1 + C_1 + D_1} \leq 5 \qquad \} \text{ restrição de risco para o mês 1}$$

$$-4A_1 - 2B_1 + 3C_1 + 1D_1 \leq 0 \qquad \} \text{ restrição de risco para o mês 1}$$

O conjunto de valores para A_1, B_1, C_1 e D_1 que satisfaz a primeira dessas restrições também satisfaz a segunda restrição (ou seja, essas restrições têm exatamente o mesmo conjunto de valores viáveis). Assim, não importa qual dessas restrições usemos para encontrar a solução ótima para o problema.

As restrições de risco restantes são simplificadas da mesma maneira, gerando as seguintes restrições:

$$\begin{array}{llllllllll} -2B_1 & + & 3C_1 & + & 1D_1 & - & 4A_2 & \leq & 0 & \} \text{ restrição de risco para o mês 2} \\ 3C_1 & + & 1D_1 & - & 4A_3 & - & 2B_3 & \leq & 0 & \} \text{ restrição de risco para o mês 3} \\ 1D_1 & - & 2B_3 & - & 4A_4 & + & 3C_4 & \leq & 0 & \} \text{ restrição de risco para o mês 4} \\ 1D_1 & + & 3C_4 & - & 4A_5 & - & 2B_5 & \leq & 0 & \} \text{ restrição de risco para o mês 5} \\ 1D_1 & + & 3C_4 & - & 2B_5 & - & 4A_6 & \leq & 0 & \} \text{ restrição de risco para o mês 6} \end{array}$$

Observe que o coeficiente para cada valor nessas restrições é simplesmente o fator de risco para o investimento específico menos o valor máximo permitido para o risco médio ponderado de 5. Ou seja, todas as variáveis A_i têm coeficientes de 1 – 5 = –4; todas as variáveis B_i têm coeficientes de 3 – 5 = –2; todas as variáveis C_i têm coeficientes de 8 – 5 = 3; todas as variáveis D_i têm coeficientes de 6 – 5 = 1. Essa observação nos ajudará a implementar essas restrições eficientemente.

3.14.8 IMPLEMENTANDO AS RESTRIÇÕES DE RISCO

A Figura 3.40 (e o arquivo Fig3-40.xlsm, disponível na página deste livro no site da editora) ilustra uma maneira fácil de implementar as restrições de risco para esse modelo. Observamos previamente que o coeficiente para cada variável em cada uma dessas restrições de risco é simplesmente o fator de risco para o investimento específico menos o valor máximo permitido para o risco médio ponderado. Assim, a estratégia na Figura 3.40 é gerar esses valores

FIGURA 3.40 *Modelo de planilha para o problema revisado do fundo de construção da Taco-Viva.*

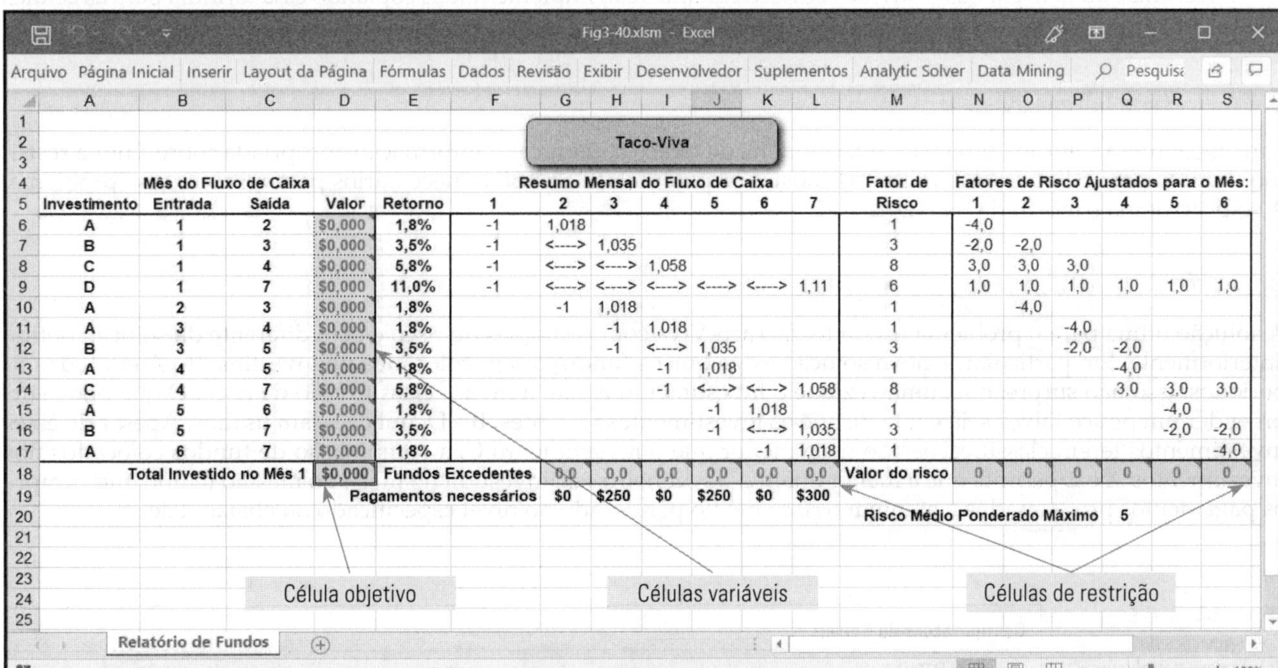

	A	B	C	D	E	F	G	H	I	J	K	L	M	N	O	P	Q	R	S
4		Mês do Fluxo de Caixa				Resumo Mensal do Fluxo de Caixa							Fator de	Fatores de Risco Ajustados para o Mês:					
5	Investimento	Entrada	Saída	Valor	Retorno	1	2	3	4	5	6	7	Risco	1	2	3	4	5	6
6	A	1	2	$0,000	1,8%	-1	1,018						1	-4,0					
7	B	1	3	$0,000	3,5%	-1	<---->	1,035					3	-2,0	-2,0				
8	C	1	4	$0,000	5,8%	-1	<---->	<---->	1,058				8	3,0	3,0	3,0			
9	D	1	7	$0,000	11,0%	-1	<---->	<---->	<---->	<---->	<---->	1,11	6	1,0	1,0	1,0	1,0	1,0	1,0
10	A	2	3	$0,000	1,8%		-1	1,018					1		-4,0				
11	A	3	4	$0,000	1,8%			-1	1,018				1			-4,0			
12	B	3	5	$0,000	3,5%			-1	<---->	1,035			3			-2,0	-2,0		
13	A	4	5	$0,000	1,8%				-1	1,018			1				-4,0		
14	C	4	7	$0,000	5,8%				-1	<---->	<---->	1,058	8				3,0	3,0	3,0
15	A	5	6	$0,000	1,8%					-1	1,018		1					-4,0	
16	B	5	7	$0,000	3,5%					-1	<---->	1,035	3					-2,0	-2,0
17	A	6	7	$0,000	1,8%						-1	1,018	1						-4,0
18		Total Investido no Mês 1		$0,000	Fundos Excedentes		0,0	0,0	0,0	0,0	0,0	0,0	Valor do risco	0	0	0	0	0	0
19					Pagamentos necessários		$0	$250	$0	$250	$0	$300							
20													Risco Médio Ponderado Máximo		5				

Fórmulas das principais células

Célula	Fórmula	Copiado para
D18	=SOMASE(B6:B17;1,D6:D17)	--
F6	=SE($B6=F$5;–1;SE($C6=F$5;1+$E6;SE(E($B6<F$5,$C6>F$5);"<---->";"")))	F6:L17
G18	=SOMARPRODUTO(G6:G17;$D$6:$D$17)	H18:L18 e N18:S18
N6	=SE(OU(F6=–1;ESQUERDA(F6)="<");$M6–$Q$20;"")	N6:S17

nas colunas e linhas apropriadas da planilha de modo que a função SOMARPRODUTO( ) possa implementar as fórmulas do LHS para as restrições de risco.

Lembre-se de que a restrição de risco para cada mês envolve somente as variáveis que representam investimentos que realmente possuem fundos durante esse mês. Para qualquer mês, os investimentos que realmente possuem fundos durante esse mês têm o valor –1 ou possuem um texto que inicia com o símbolo "<" (o primeiro caractere de "<---->") na coluna correspondente da tabela sumário de entrada/saída de fluxo de caixa. Por exemplo, durante o mês 2, os fundos podem ser investidos em B_1, C_1, D_1 ou A_2. As células correspondentes ao mês 2 na Figura 3.40 (células G7, G8, G9 e G10, respectivamente) contêm o valor –1 ou uma entrada de texto que inicia com o símbolo "<". Dessa forma, para gerar os coeficientes apropriados para as restrições de risco, podemos instruir a planilha a examinar o sumário de entrada/saída de fluxo de caixa à procura de células que contenham o valor –1 ou entradas de texto que iniciem com o símbolo "<" e retornem os coeficientes de restrição de risco corretos nas células apropriadas. Para tanto, inserimos a seguinte fórmula na célula N6:

Fórmula na célula N6: =SE(OU(F6=-1;ESQUERDA(F6)="<");$M6-$Q$20;" ")
(Copiar para N6 a S17.)

Para gerar o valor apropriado na célula N6, a fórmula anterior confere se a célula F6 é igual a –1 ou se contém uma entrada de texto que comece com o símbolo "<". Se nenhuma dessas condições for verdadeira, a função assume o fator de risco para o investimento da célula M6 e subtrai o fator de risco máximo admissível encontrado na célula Q20; caso contrário, a função retorna uma sequência nula (com um valor igual a zero). Essa fórmula é copiada para as células restantes na faixa N6 a S17, conforme mostrado na Figura 3.40.

Os valores nas células N6 a S17, mostrados na Figura 3.40, correspondem aos coeficientes nas fórmulas do LHS para cada uma das restrições de risco formuladas anteriormente. Desse modo, a fórmula do LHS para a restrição de risco para o mês 1 é implementada na célula N18 como:

Fórmula na célula N18: =SOMARPRODUTO(N6:N17;$D$6:$D$17)
(Copiar para O18 a S18.)

As fórmulas do LHS para as restrições de risco restantes são implementadas copiando essa fórmula para as células O18 a S18. Informaremos ao Solver que essas células de restrição devem ser menores ou iguais a zero.

3.14.9 RESOLVENDO O PROBLEMA

Para encontrar a solução ótima para esse modelo, devemos comunicar a informação apropriada sobre a nova restrição de risco para o Solver. A Figura 3.41 mostra os parâmetros do Solver necessários para resolver esse problema. A solução ótima é mostrada na Figura 3.42.

3.14.10 ANALISANDO A SOLUÇÃO

A solução ótima para o problema revisado da Taco-Viva com restrições de risco é bem diferente da solução obtida anteriormente. Em particular, a nova solução exige que os fundos sejam colocados no investimento A em todos os períodos. Isso não surpreende, uma vez que o investimento A tem a menor classificação de risco. O que pode surpreender um pouco talvez seja o fato de que os investimentos restantes, B e D, nunca sejam usados. Apesar de esses investimentos terem classificações de risco menor que o investimento C, a combinação de fundos colocados nos investimentos A e C permite que a menor quantia de dinheiro seja investida no mês 1 ao mesmo tempo que cumpre os pagamentos programados e mantém o risco médio ponderado no nível especificado ou abaixo dele.

FIGURA 3.41
Configurações do Solver para o problema revisado do fundo de construção.

Configurações do Solver:

Objetivo: D18 (Min)
Células variáveis: D6:D17
Restrições:
G18:L18 = G19:L19
N18:S18 <= 0
D6:D17 >= 0

Opções do Solver:

Standard LP/Quadratic Engine (LP Simplex)

FIGURA 3.42 *Solução ótima para o problema revisado do fundo de construção da Taco-Viva.*

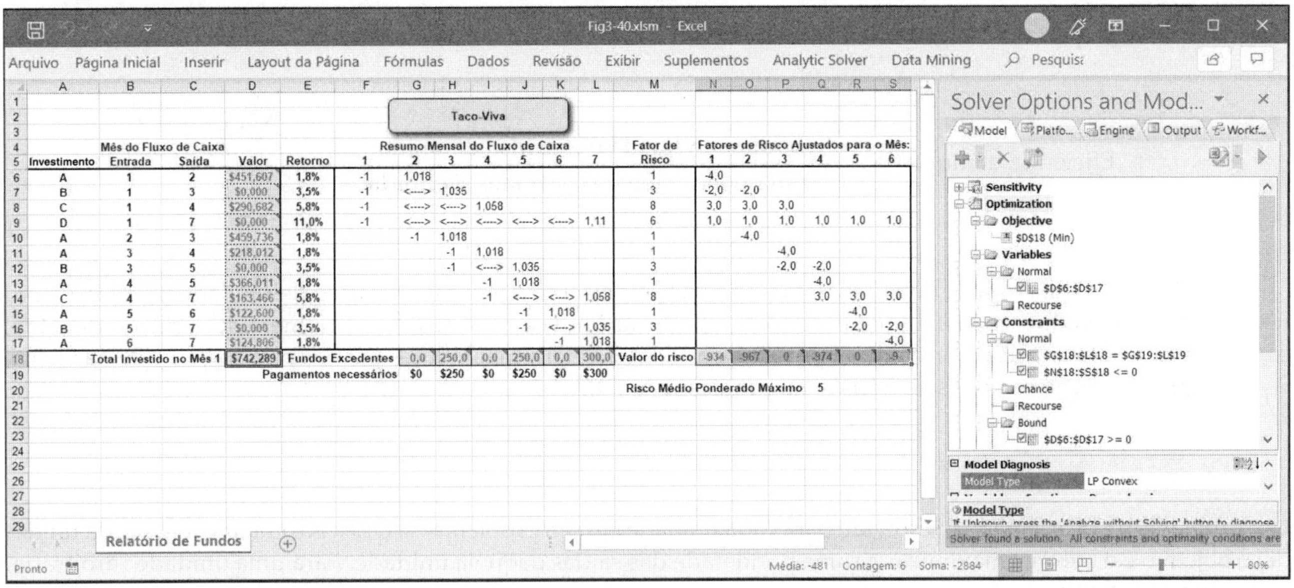

3.15 Análise envoltória de dados

Frequentemente os gerentes estão interessados em determinar a eficiência de diversas unidades em uma empresa. De maneira similar, os analistas de investimento podem se interessar em comparar a eficiência de diversas empresas concorrentes em um mesmo setor. A Análise Envoltória de Dados (*Data Envelopment Analysis* – DEA) é uma modelagem baseada na PL para a execução desse tipo de análise. A DEA determina quão eficientemente uma unidade operacional (ou uma empresa) converte entradas em saídas em comparação a outras unidades. Consideraremos como a DEA pode ser aplicada por meio do seguinte exemplo.

Mike Lister é gerente distrital da Steak & Burger, cadeia de restaurantes que serve refeições rápidas. A região que Mike gerencia possui 12 filiais do restaurante. Mike está realizando a avaliação de desempenho dessas unidades durante o ano anterior para fazer recomendações sobre o valor do bônus anual que deverá ser pago para cada gerente de unidade. Ele deseja basear sua decisão, em parte, no quanto cada unidade foi eficientemente operada. Mike coletou os dados mostrados na tabela abaixo de cada uma das 12 unidades. As saídas que ele escolheu incluem o lucro líquido de cada unidade (em centenas de milhares de dólares), a média da classificação da satisfação dos clientes e uma pontuação mensal média de limpeza. As entradas incluem o total de mão de obra (em centenas de milhares de horas) e o custo operacional total (em milhares de dólares). Mike deseja aplicar a DEA a esses dados para determinar uma pontuação de eficiência para cada unidade.

	Saídas			Entradas	
Unidade	**Lucro**	**Satisfação**	**Limpeza**	**Mão de obra**	**Custos operacionais**
1	5,98	7,7	92	4,74	6,75
2	7,18	9,7	99	6,38	7,42
3	4,97	9,3	98	5,04	6,35
4	5,32	7,7	87	3,61	6,34
5	3,39	7,8	94	3,45	4,43
6	4,95	7,9	88	5,25	6,31
7	2,89	8,6	90	2,36	3,23
8	6,40	9,1	100	7,09	8,69
9	6,01	7,3	89	6,49	7,28
10	6,94	8,8	89	7,36	9,07
11	5,86	8,2	93	5,46	6,69
12	8,35	9,6	97	6,58	8,75

3.15.1 DEFININDO AS VARIÁVEIS DE DECISÃO

Usando a DEA, a eficiência de uma unidade arbitrária é definida da seguinte forma:

$$\text{Eficiência da unidade } i = \frac{\text{Soma ponderada das saídas da unidade } i}{\text{Soma ponderada das entradas da unidade } i} = \frac{\sum_{j=1}^{n_O} O_{ij} w_j}{\sum_{j=1}^{n_I} I_{ij} v_j}$$

Aqui, O_{ij} representa o valor de *saída* j da unidade i; I_{ij} representa o valor de *entrada* j da unidade i; w_j é um peso não negativo atribuído à saída j; v_j é um peso não negativo atribuído à entrada j; n_O é o número de variáveis de saída; e n_I é o número de variáveis de entrada. O problema na DEA é determinar valores para os pesos w_j e v_j. Dessa forma, w_j e v_j representam as variáveis de decisão no problema da DEA.

3.15.2 DEFININDO O OBJETIVO

Um problema de PL separado é resolvido para cada unidade em um problema de DEA. No entanto, para cada unidade, o objetivo é o mesmo: maximizar a soma ponderada das saídas daquela unidade. Para uma unidade i arbitrária, o objetivo é declarado conforme segue:

$$\text{MAX:} \quad \sum_{j=1}^{n_O} O_{ij} w_j$$

Dessa forma, à medida que cada problema de PL é resolvido, dá-se à unidade que está sendo investigada a oportunidade de escolher as melhores ponderações possíveis sob sua ótica (ou os pesos que maximizam a soma ponderada de suas saídas), sujeita às seguintes restrições.

3.15.3 DEFININDO AS RESTRIÇÕES

É impossível para qualquer unidade ser mais que 100% eficiente. De modo que, à medida que cada problema de PL é resolvido, a unidade que está sendo investigada não pode escolher pesos para si mesma que façam com que a eficiência de qualquer unidade (incluindo ela própria) seja maior que 100%. Dessa forma, para cada unidade individual, exige-se que a soma ponderada de suas saídas seja menor ou igual à soma ponderada de suas entradas (de modo que a proporção das saídas ponderadas contra as entradas ponderadas não exceda a 100%).

$$\sum_{j=1}^{n_O} O_{kj} w_j \le \sum_{j=1}^{n_I} I_{kj} v_j, \qquad \text{para } k = 1 \text{ até o número de unidades}$$

ou, de maneira equivalente,

$$\sum_{j=1}^{n_O} O_{kj} w_j - \sum_{j=1}^{n_I} I_{kj} v_j \le 0, \qquad \text{para } k = 1 \text{ até o número de unidades}$$

Para impedir soluções ilimitadas, também precisamos que a soma das entradas ponderadas para a unidade que está sendo investigada (unidade i) seja igual a um.

$$\sum_{j=1}^{n_I} I_{ij} v_j = 1$$

Uma vez que a soma das entradas ponderadas para a unidade sob investigação deva ser igual a um e suas somas de saídas ponderadas (que estão sendo maximizadas) não possam exceder a esse valor, a pontuação de eficiência máxima para a unidade que está sendo investigada também é igual a um (ou 100%). Dessa forma, as unidades que são eficientes terão uma pontuação de eficiência DEA igual a 100%.

> **Pontos importantes**
>
> Quando a DEA é aplicada, assume-se que "mais é melhor" para as variáveis de saída (por exemplo, lucro) e "menos é melhor" para variáveis de entrada (por exemplo, custos). Quaisquer variáveis de saída ou entrada que não obedeçam naturalmente a essas regras devem ser transformadas antes da aplicação da DEA. Por exemplo, a porcentagem de produtos com defeito não é uma boa escolha para uma variável de saída, porque menos defeitos é uma característica positiva. Entretanto, a porcentagem de produtos fabricados sem defeitos seria uma escolha aceitável para uma saída porque "mais é melhor" nesse caso. Adicionalmente, se há n_O variáveis de saída e n_I variáveis de entrada, você esperaria que houvesse *aproximadamente* $n_O \times n_I$ unidades eficientes. Dessa forma, o número total de unidades no conjunto de dados deve ser substancialmente maior que $n_O \times n_I$ para que haja uma discriminação significativa entre as unidades.

3.15.4 IMPLEMENTANDO O MODELO

Para avaliar a eficiência da unidade 1 no problema da Steak & Burger, devemos resolver o seguinte problema de PL:

MAX: $5{,}98w_1 + 7{,}7w_2 + 92w_3$ } saída ponderada para a unidade 1

Sujeito a:
$5{,}98w_1 + 7{,}7w_2 + 92w_3 - 4{,}74v_1 - 6{,}75v_2 \le 0$ } restrição de eficiência para a unidade 1
$7{,}18w_1 + 9{,}7w_2 + 99w_3 - 6{,}38v_1 - 7{,}42v_2 \le 0$ } restrição de eficiência para a unidade 2
e assim por diante até...
$8{,}35w_1 + 9{,}6w_2 + 97w_3 - 6{,}58v_1 - 8{,}75v_2 \le 0$ } restrição de eficiência para a unidade 12
$4{,}74v_1 + 6{,}75v_2 = 1$ } restrição de entrada para a unidade 1
$w_1, w_2, w_3, v_1, v_2 \ge 0$ } condições de não negatividade

Uma maneira conveniente de implementar esse modelo é mostrada na Figura 3.43 (e no arquivo Fig3-43.xlsm, disponível na página deste livro no site da editora).

Na Figura 3.43, as células B19 a F19 são reservadas para representar as ponderações para cada uma das variáveis de entrada e saída. A saída ponderada para cada unidade é calculada na coluna G, conforme segue:

Fórmula para a célula G6: =SOMARPRODUTO(B6:D6;$B$19:$D$19)
(Copiar para G7 a G17.)

De maneira similar, a entrada ponderada para cada unidade é calculada na coluna H, conforme segue:

Fórmula para a célula H6: =SOMARPRODUTO(E6:F6;$E$19:$F$19)
(Copiar para H7 a H17.)

As diferenças entre as saídas e as entradas ponderadas são calculadas na coluna I. Instruiremos o Solver para restringir esses valores como menores ou iguais a zero.

Fórmula para a célula I6: =G6-H6
(Copiar para I7 a I17.)

A saída ponderada para a unidade 1 (calculada na célula G6) implementa a função objetivo apropriada e, nesse problema, poderia ser usada como célula objetivo para o Solver.

De maneira similar, a entrada ponderada para a unidade 1 é calculada na célula H6 e poderia ser restringida para ser igual a um (conforme anteriormente especificado pela restrição de entrada para a unidade 1). Entretanto, uma vez que precisamos resolver um problema de PL diferente para cada uma das 12 unidades, é mais conveniente lidar com a função objetivo e a restrição de entrada de uma maneira ligeiramente diferente. Para isso, reservamos a célula B21 para indicar o número da unidade que está sendo investigada atualmente. A célula B22 contém uma fórmula que retorna a saída ponderada para essa unidade a partir da lista de saídas ponderadas na coluna G.

Fórmula para a célula B22: =ÍNDICE(G6:G17;B21,1)

FIGURA 3.43 *Modelo de planilha para o problema de DEA da Steak & Burger.*

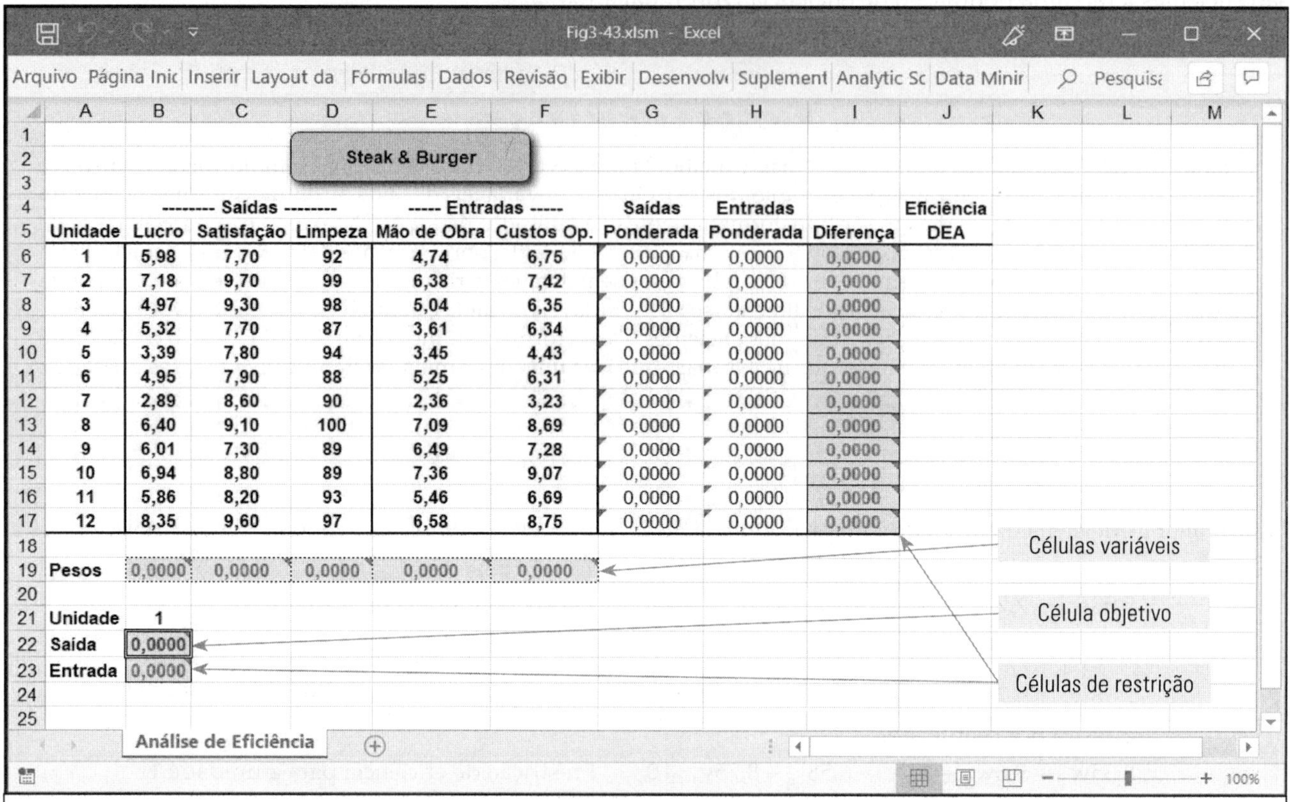

Fórmulas das principais células		
Célula	**Fórmula**	**Copiado para**
G6	=SOMARPRODUTO(B6:D6;$B$19:$D$19)	G7:G17
H6	=SOMARPRODUTO(E6:F6;$E$19:$F$19)	H7:H17
I6	=G6–H6	I7:I17
B22	=ÍNDICE(G6:G17;B21;1)	--
B23	=ÍNDICE(H6:H17;B21;1)	--

Em geral, a função ÍNDICE (***intervalo; número de linha; número de coluna***) retorna o valor no ***número da linha*** e da ***coluna*** especificados de uma dada ***faixa***. Uma vez que a célula B21 contém o número 1, a fórmula anterior retorna o valor na primeira linha e na primeira coluna do intervalo G6:G17 – ou o valor na célula G6. Dessa forma, como o valor da célula B21 representa um número de unidade válido entre 1 e 12, o valor na célula B22 representará a função objetivo apropriada para o modelo de DEA para essa unidade. De maneira similar, a restrição de entrada que exige que as entradas ponderadas para a unidade em questão sejam iguais a 1 pode ser implementada na célula B23 conforme segue:

Fórmula para a célula B23: =ÍNDICE(H6:H17;B21;1)

Desse modo, para qualquer número de unidade que esteja listado na célula B21, a célula B22 representa a função objetivo apropriada a ser maximizada e a célula B23 representa a entrada ponderada que deve ser restringida como igual a 1. Esse arranjo simplifica consideravelmente o processo de resolução da série exigida de modelos de DEA.

3.15.5 RESOLVENDO O PROBLEMA

Para resolver esse modelo, especificamos a célula objetivo, as células variáveis e as restrições especificadas na Figura 3.44. Observe que seriam usadas exatamente as mesmas configurações do Solver para encontrar as ponderações

Configurações do Solver:

Objetivo: B22 (Max)
Células variáveis: B19:F19
Restrições:
I6:I17 <= 0
B23 = 1
B19:F19 >= 0

Opções do Solver:

Standard LP/Quadratic Engine (LP Simplex)

FIGURA 3.44 *Configurações do Solver para o problema de DEA.*

de DEA ideais para qualquer outra unidade. A solução ótima para a unidade 1 é mostrada na Figura 3.45. Observe que a unidade 1 atinge uma pontuação de eficiência de 0,9667 e, por isso, é ligeiramente ineficiente.

Para completar a análise das unidades restantes, Mike poderia mudar o valor na célula B21 manualmente para 2, 3, …, 12 e usar o Solver para reotimizar a planilha para cada unidade e guardar as pontuações de eficiência na coluna J. No entanto, se houvesse 120 unidades em vez de 12, esta abordagem manual seria bem monótona. Felizmente, o Analytic Solver Platform proporciona uma maneira bem mais fácil de automatizar esse processo.

A Figura 3.46 mostra uma versão ligeiramente modificada da planilha para esse problema em que duas mudanças-chaves foram feitas. Primeiro, a seguinte fórmula foi inserida na célula B21:

Fórmula para a célula B21: =PsiCurrentOpt( )

A função PsiCurrentOpt( ) não é nativa do Excel, mas, em vez disso, é parte do Analytic Solver Platform. Acontece que podemos instruir o Analytic Solver para realizar "otimizações multiparametrizadas", mudando um ou mais parâmetros em cada processo de otimização. (Apesar de não ser usada nesse exemplo, a função PsiOptParam( ) pode ser usada para mudar o valor de um parâmetro em um problema à medida que cada processo de otimização é realizado.) Nesse caso, a função PsiOptParam( ) inserida na célula B21 retorna o número de otimização atual à medida

FIGURA 3.45 *Solução ótima de DEA para a unidade 1.*

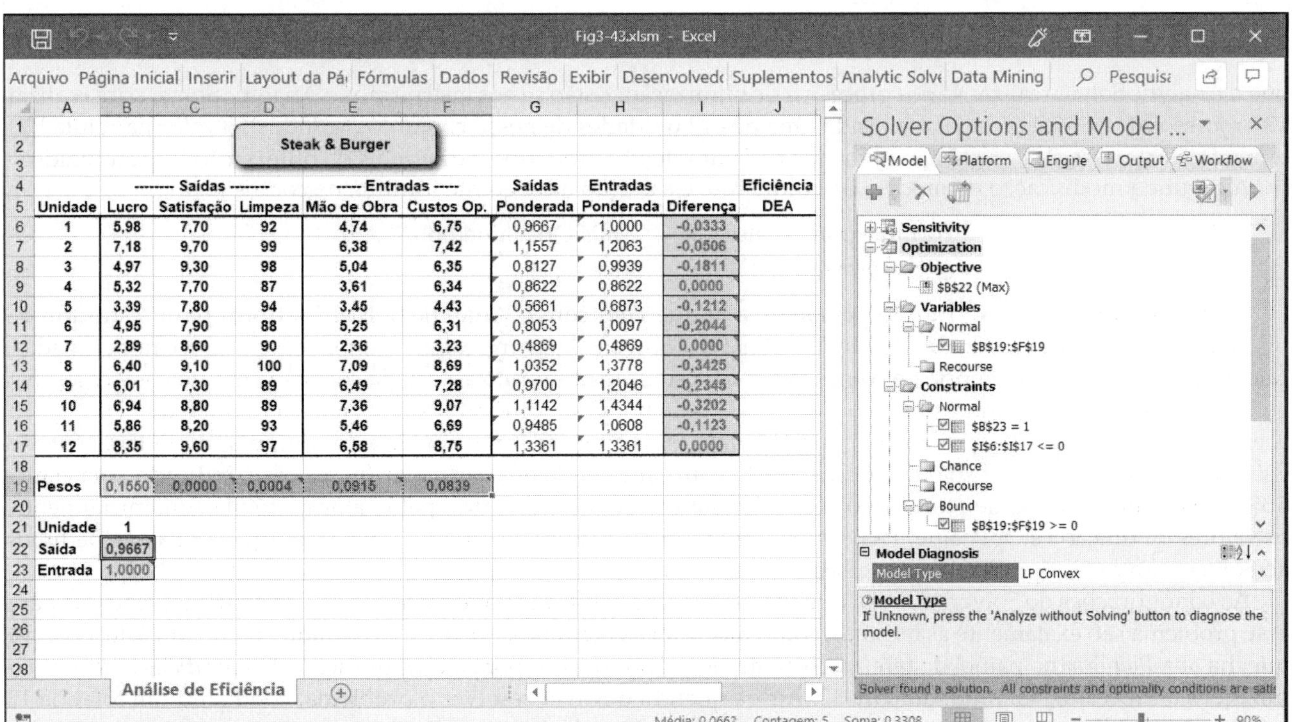

FIGURA 3.46 *Modificando o modelo para múltiplas otimizações.*

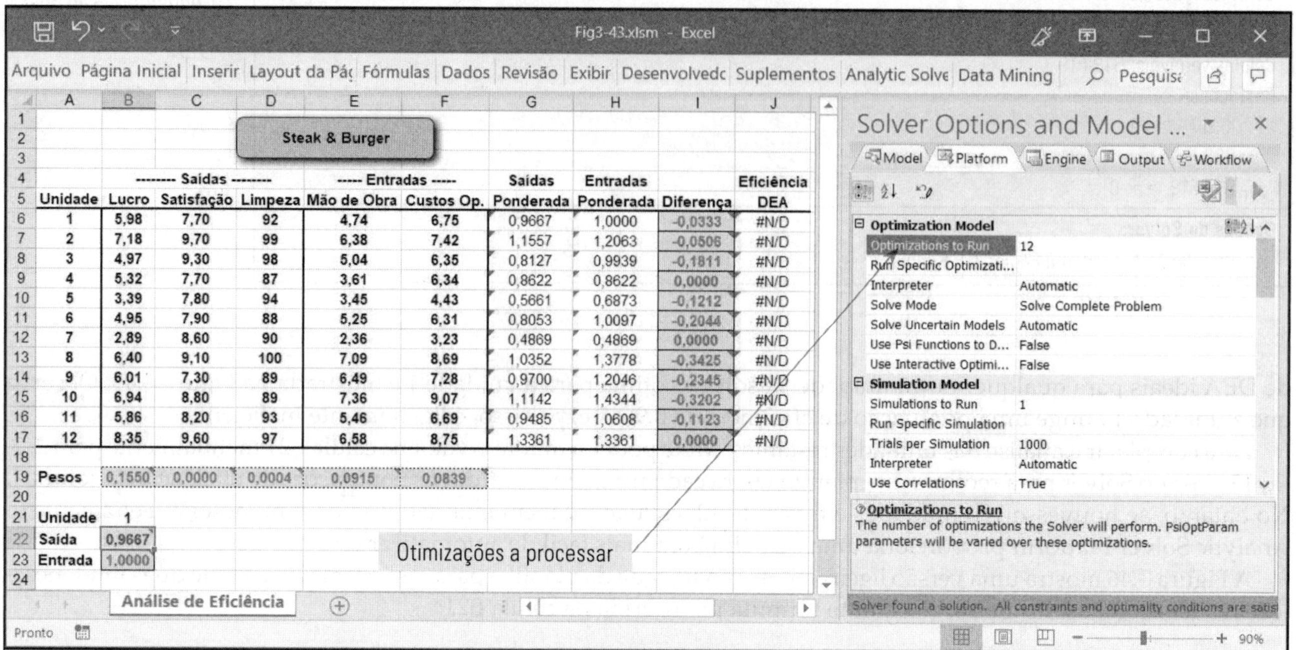

Fórmulas das principais células		
Célula	**Fórmula**	**Copiado para**
G6	=SOMARPRODUTO(B6:D6;$B$19:$D$19)	G7:G17
H6	=SOMARPRODUTO(E6:F6;$E$19:$F$19)	H7:H17
I6	=G6-H6	I7:I17
J6	=PsiOptValue($B$22,A6)	J7:J17
B21	=PsiCurrentOpt( )	--
B22	=ÍNDICE(G6:G17;B21;1)	--
B23	=ÍNDICE(H6:H17;B21;1)	--

que o Analytic Solver realizar vários processos de otimização. Então se nós instruirmos o Analytic Solver para realizar 12 processos de otimização (um para cada uma das 12 unidades de nosso conjunto de dados), o valor na célula B21 tomará os valores 1, 2, 3, ..., 12 à medida que cada um dos 12 processos individuais de otimização for conduzido.

A segunda modificação no modelo na Figura 3.46 é a adição da seguinte fórmula na coluna J:

Fórmula para a célula J6: =PsiOptValue($B$22;A6)
(Copiar para J7 a J17.)

A PsiOptValue( ) é outra função personalizada que vem com o Analytic Solver Platform para o suporte de otimizações multiparametrizadas. Quando o Analytic Solver Platform realizar otimizações multiparametrizadas, calculará e guardará na memória do computador uma solução otimizada associada com cada um dos processos. No entanto, só consegue mostrar essas soluções na tela uma por vez. A função PsiOptValue( ) permite que você tenha acesso a valores associados com qualquer uma das soluções guardadas na memória do computador. Então, a função PsiOptValue($B$22;A6) retorna o valor associado com uma célula em particular (nesse caso, indicado pela célula $B$22) para um processo de otimização em particular (nesse caso, indicado pelo valor na célula A6). Inicialmente, os valores da função PsiOptValue( ) na coluna J retornam os valores de erro de "#N/A" porque ainda não pedimos ao Solver para realizar múltiplos processos de otimização.

As configurações do Solver (ou seja, a célula objetivo, as células variáveis e as células de restrição) exigidas para esse problema são exatamente as mesmas, como mostram as Figuras 3.44 e 3.45. No entanto, na Figura 3.46, observe que, na aba *Platform* no painel de tarefas do Analytic Solver, o valor para a configuração *Optimizations to Run* (Otimizações a Processar) foi mudado para 12. Agora quando o Solver resolver o problema, conduzirá um total de 12 otimizações, mudando o valor na célula B21 de 1 para 12 (por meio da função PsiOptParam( ) na célula B21), e o valor objetivo otimizado resultante para cada processo será mostrado na coluna J (por meio das funções PsiOptValue( ) na coluna J). A Figura 3.47 mostra a tela resultante.

Na Figura 3.47, observe que 12 otimizações foram conduzidas, e podemos inspecionar qualquer uma das 12 soluções escolhendo a otimização desejada usando a lista *drop-down* exibida no painel de tarefas do Analytic Solver. A Figura 3.47 exibe a solução associada com o 10º processo de otimização. No entanto, perceba que os valores na coluna J correspondem aos valores objetivos otimizados para cada um dos processos individuais de otimização.

Observação sobre o software

Como padrão, ao executar otimizações multiparametrizadas, o Analytic Solver registra (ou monitora) os valores otimizados da função objetivo, das variáveis de decisão e de quaisquer células referenciadas por uma função PsiOptValue( ). Na aba *Model* (Modelo) no painel de tarefas do Analytic Solver, você verá uma propriedade chamada *Monitor Value* (Monitorar Valor) para vários elementos do modelo. Se essa propriedade for definida como *True* (Verdadeira), o Analytic Solver registrará (ou monitorará) os valores resultantes nas células associadas ao longo das otimizações múltiplas.

3.15.6 ANALISANDO A SOLUÇÃO

A solução mostrada na Figura 3.47 indica que as unidades 2, 4, 7 e 12 funcionam com 100% de eficiência (no sentido da DEA), enquanto as unidades restantes operam de maneira menos eficiente. Observe que uma qualificação de eficiência de 100% não significa necessariamente que a unidade esteja funcionando da melhor maneira possível. Simplesmente significa que nenhuma combinação linear das outras unidades do estudo resulta em uma unidade composta que produz pelo menos tanta saída usando a mesma entrada ou menos. Por outro lado, para unidades que são *ineficientes* no sentido da DEA, há uma combinação linear de unidades eficientes que resulta em uma unidade composta, a qual gera pelo menos tanta saída usando a mesma entrada ou menos que a unidade ineficiente. A ideia na DEA é que uma unidade ineficiente deverá ser capaz de funcionar de maneira tão eficiente quanto essa hipotética unidade composta formada de uma combinação linear das unidades eficientes.

FIGURA 3.47 *Pontuações de eficiência de DEA para todas as unidades.*

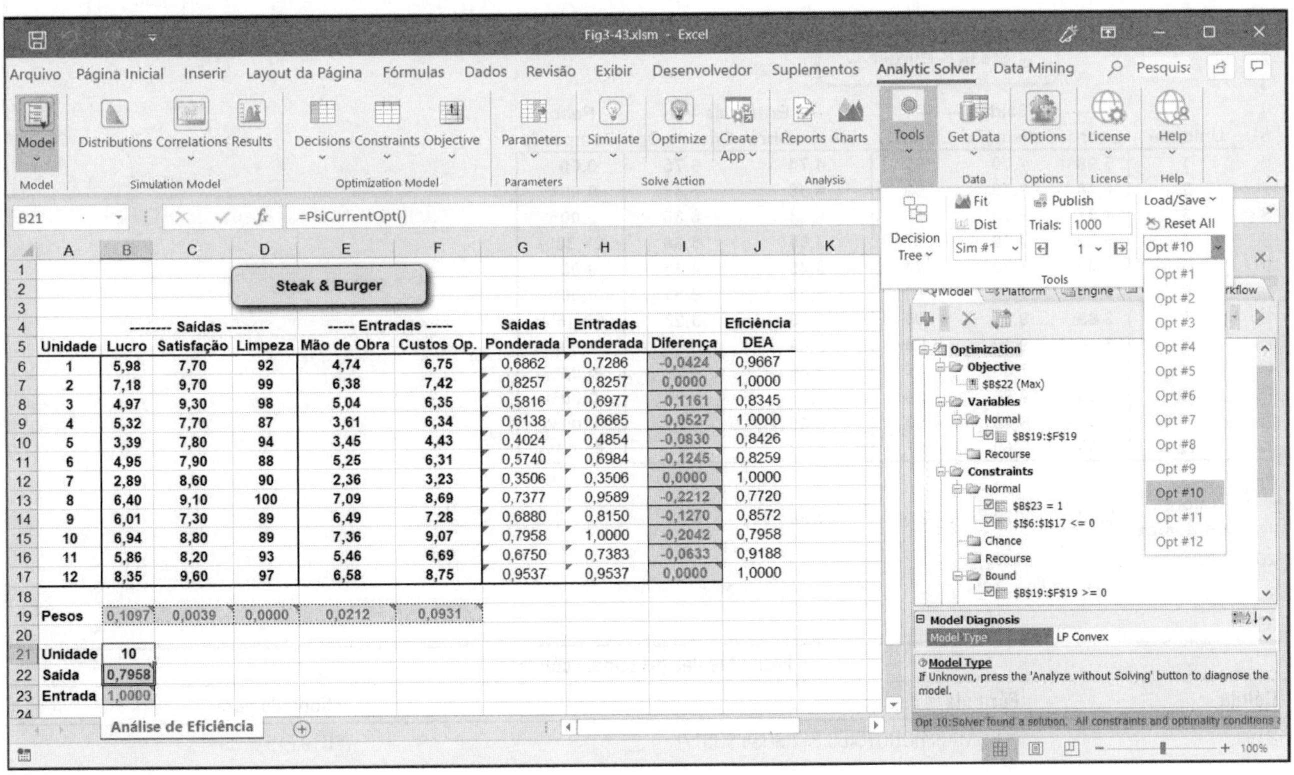

Por exemplo, a unidade 1 tem uma pontuação de eficiência de 96,67% e é, portanto, um tanto ineficiente. A Figura 3.48 (e o arquivo Fig3-48.xlsm, disponível na página deste livro no site da editora) mostra que uma média ponderada de 26,38% da unidade 4 mais 28,15% da unidade 7 mais 45,07% da unidade 12 produz uma unidade composta hipotética com números de saída maiores ou iguais àqueles da unidade 1 e exigindo menos quantidade de entrada que a unidade 1. A suposição com relação à DEA é que a unidade 1 deveria ter sido capaz de atingir o mesmo nível de desempenho.

Para qualquer unidade ineficiente, você pode determinar a combinação linear de unidades eficientes que resulta em uma unidade composta mais eficiente, conforme segue:

1. Resolva o problema da DEA para a unidade em questão.
2. No painel de tarefas do Analytic Solver, selecione *Reports* (Relatórios), *Optimization* (Otimização), *Sensitivity* (Sensibilidade).

No relatório de sensibilidade resultante, o valor absoluto de Preços Sombra para as restrições de *"Difference"* são os pesos que devem criar uma unidade composta mais eficiente que a unidade em questão. O relatório de sensibilidade para a unidade 1 é mostrado na Figura 3.49. (Todas as informações dadas pelo Relatório de Sensibilidade são cobertas em detalhes no Capítulo 4.)

3.16 Resumo

Este capítulo descreveu como formular um problema de PL algebricamente, implementá-lo em uma planilha e resolvê-lo usando o Solver. As variáveis de decisão na formulação algébrica de um modelo correspondem às células variáveis na planilha. As fórmulas do LHS para cada restrição em um modelo de PL devem ser implementadas em diferentes células da planilha. Além disso, uma célula na planilha deve representar a função objetivo no modelo de PL. Dessa forma, há uma relação direta entre os diversos componentes de uma formulação algébrica de um problema de PL e sua implementação na planilha.

FIGURA 3.48 *Exemplo de uma unidade composta que é mais eficiente que a unidade 1.*

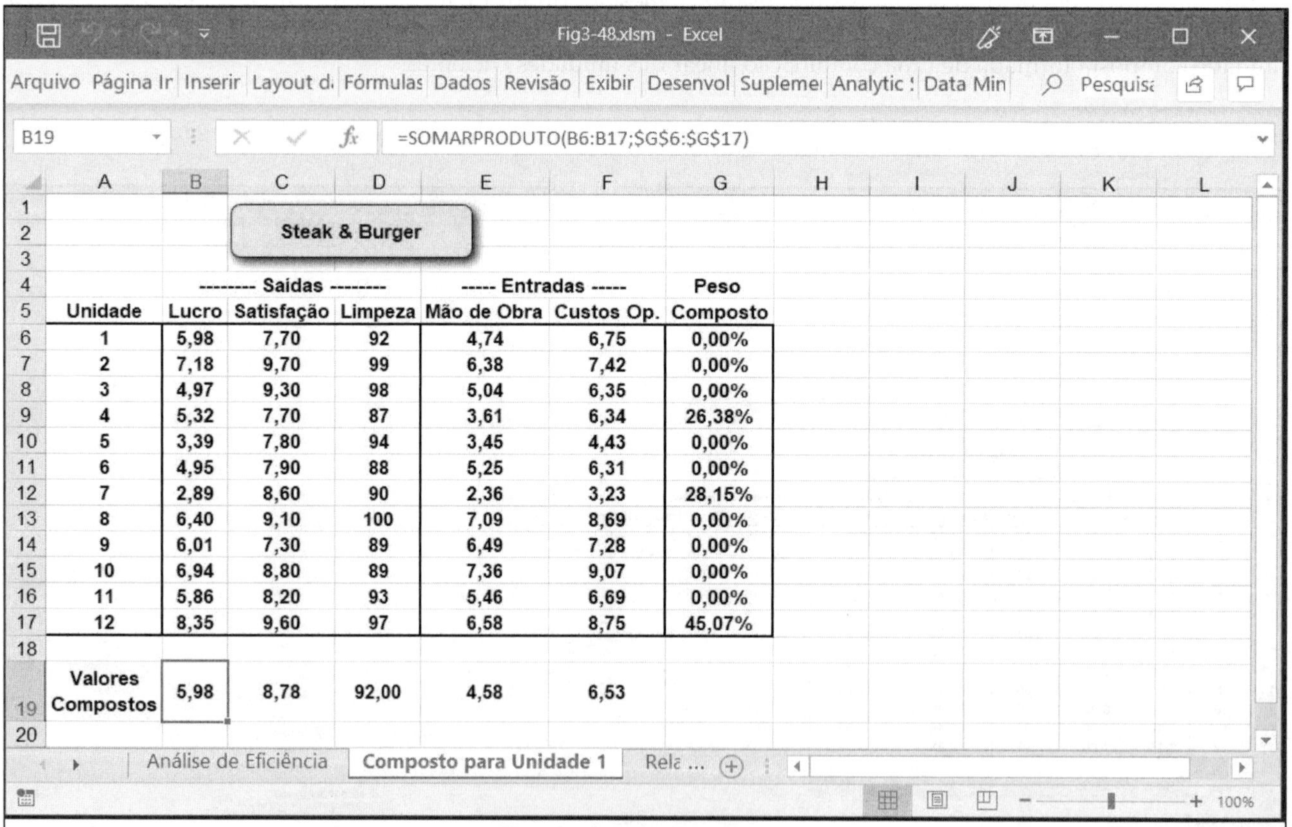

Steak & Burger

	-------- Saídas --------			----- Entradas -----		Peso
Unidade	Lucro	Satisfação	Limpeza	Mão de Obra	Custos Op.	Composto
1	5,98	7,70	92	4,74	6,75	0,00%
2	7,18	9,70	99	6,38	7,42	0,00%
3	4,97	9,30	98	5,04	6,35	0,00%
4	5,32	7,70	87	3,61	6,34	26,38%
5	3,39	7,80	94	3,45	4,43	0,00%
6	4,95	7,90	88	5,25	6,31	0,00%
7	2,89	8,60	90	2,36	3,23	28,15%
8	6,40	9,10	100	7,09	8,69	0,00%
9	6,01	7,30	89	6,49	7,28	0,00%
10	6,94	8,80	89	7,36	9,07	0,00%
11	5,86	8,20	93	5,46	6,69	0,00%
12	8,35	9,60	97	6,58	8,75	45,07%
Valores Compostos	5,98	8,78	92,00	4,58	6,53	

Fórmulas das principais células

Célula	Fórmula	Copiado para
B19	=SOMARPRODUTO(B6:B17;$G$6:$G$17)	C19:F19

FIGURA 3.49 *Relatório de sensibilidade para a unidade 1.*

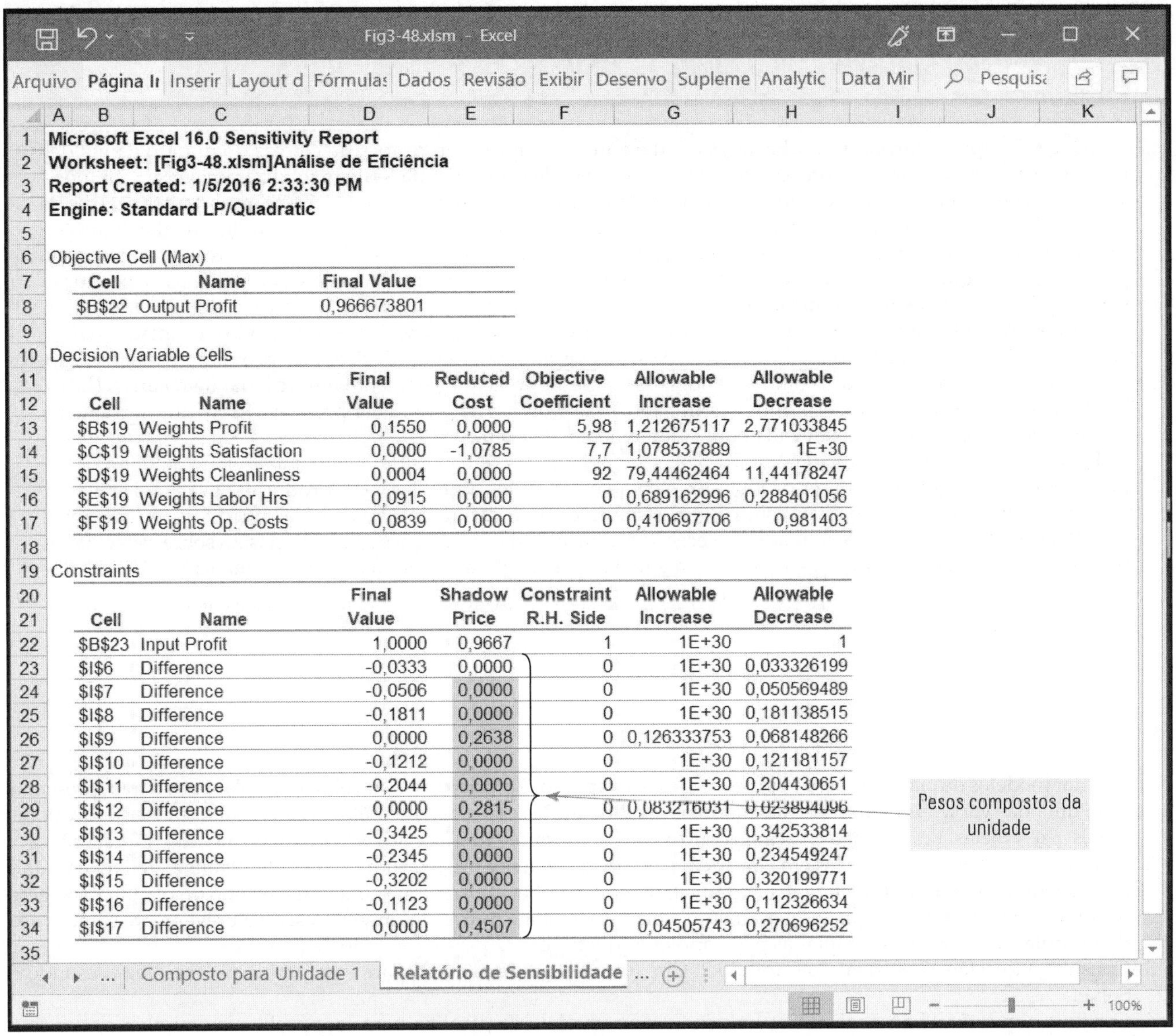

Microsoft Excel 16.0 Sensitivity Report
Worksheet: [Fig3-48.xlsm]Análise de Eficiência
Report Created: 1/5/2016 2:33:30 PM
Engine: Standard LP/Quadratic

Objective Cell (Max)

Cell	Name	Final Value
$B$22	Output Profit	0,966673801

Decision Variable Cells

Cell	Name	Final Value	Reduced Cost	Objective Coefficient	Allowable Increase	Allowable Decrease
$B$19	Weights Profit	0,1550	0,0000	5,98	1,212675117	2,771033845
$C$19	Weights Satisfaction	0,0000	-1,0785	7,7	1,078537889	1E+30
$D$19	Weights Cleanliness	0,0004	0,0000	92	79,44462464	11,44178247
$E$19	Weights Labor Hrs	0,0915	0,0000	0	0,689162996	0,288401056
$F$19	Weights Op. Costs	0,0839	0,0000	0	0,410697706	0,981403

Constraints

Cell	Name	Final Value	Shadow Price	Constraint R.H. Side	Allowable Increase	Allowable Decrease
$B$23	Input Profit	1,0000	0,9667	1	1E+30	1
$I$6	Difference	-0,0333	0,0000	0	1E+30	0,033326199
$I$7	Difference	-0,0506	0,0000	0	1E+30	0,050569489
$I$8	Difference	-0,1811	0,0000	0	1E+30	0,181138515
$I$9	Difference	0,0000	0,2638	0	0,126333753	0,068148266
$I$10	Difference	-0,1212	0,0000	0	1E+30	0,121181157
$I$11	Difference	-0,2044	0,0000	0	1E+30	0,204430651
$I$12	Difference	0,0000	0,2815	0	0,083216031	0,023894096
$I$13	Difference	-0,3425	0,0000	0	1E+30	0,342533814
$I$14	Difference	-0,2345	0,0000	0	1E+30	0,234549247
$I$15	Difference	-0,3202	0,0000	0	1E+30	0,320199771
$I$16	Difference	-0,1123	0,0000	0	1E+30	0,112326634
$I$17	Difference	0,0000	0,4507	0	0,04505743	0,270696252

Um dado problema de PL pode ser implementado de várias maneiras em uma planilha. O processo de montagem de modelos de planilha é mais arte que ciência. Uma planilha bem implementada representa o problema de maneira que comunica claramente sua finalidade, é confiável, auditável e modificável.

3.17 Referências

CHARNES, C. et al. *Data envelopment analysis*: theory, methodology, and application. Nova York: Kluwer Academic Publishers, 1996.

HILAL, S.; ERICKSON, W. Matching Supplies to Save Lives: Linear Programming the Production of Heart Valves. *Interfaces*, v. 11, n. 6, 1981.

LANZENAUER, C. et al. RRSP Flood: LP to the Rescue. *Interfaces*, v. 17, n. 4, 1987.

MCKAY, A. Linear Programming Applications on Microcomputers. *Journal of the Operational Research Society*, v. 36, jul. 1985.

ROUSH, W. et al. Using Chance-Constrained Programming for Animal Feed Formulation at Agway. *Interfaces*, v. 24, n. 2, 1994.

SHOGAN, A. *Management science*. Englewood Cliffs, NJ: Prentice Hall, 1988.

SUBRAMANIAN, R. et al. Coldstart: Fleet Assignment at Delta Airlines. *Interfaces*, v. 24, n. 1, 1994.

WILLIAMS, H. *Model building in mathematical programming*. Nova York: Wiley, 1990.

O MUNDO DA *BUSINESS ANALYTICS*

Otimizando a produção, os estoques e a distribuição na Kellogg

A Kellogg Company (http://www.kelloggs.com) é a maior empresa produtora de cereais do mundo e uma das produtoras líderes de alimentos processados. Em 1999, as vendas mundiais da Kellogg totalizaram quase $ 7 bilhões. A Kellogg opera cinco instalações industriais nos Estados Unidos e no Canadá, possui sete importantes centros de distribuição e aproximadamente quinze empresas coembaladoras terceirizadas para fabricar ou embalar alguns de seus produtos. Só no negócio de cereais, a Kellogg precisa coordenar a produção de 80 produtos ao mesmo tempo que controla estoques e a distribuição de mais de 600 itens de armazenamento, com cerca de 90 linhas de produção e 180 linhas de embalagem. A otimização dessas diversas variáveis de decisão é obviamente um desafio assustador.

Desde 1990, a Kellogg usa programação linear em grande escala e para diversos períodos, chamado *Kellogg Planning System* (KPS – Sistema de Planejamento da Kellogg), para orientar decisões de produção e distribuição. A maioria das empresas grandes como a Kellogg usa algum tipo de planejamento empresarial de recursos (ERP). O sistema ERP da Kellogg é um produto customizado, desenvolvido na própria empresa, e o KPS é uma ferramenta desenvolvida de maneira personalizada para complementar o sistema ERP.

Uma versão em nível operacional do KPS é usada com níveis semanais de detalhamento para ajudar a determinar onde os produtos devem ser produzidos e como os produtos acabados e em produção devem ser enviados das instalações de produção para os centros de distribuição. Uma versão do KPS de nível tático é usada com nível mensal de detalhamento para ajudar a estabelecer os orçamentos das instalações e tomar decisões sobre capacidades e consolidações. A Kellogg atribui sua economia anual de $ 40 a $ 45 milhões ao uso do sistema KPS.

Fonte: BROWN, G.; KEEGAN, J.; VIGUS, B.; WOOD, K. The Kellogg Company Optimizes Production, Inventory, and Distribution. *Interfaces*, v. 35, n. 6, 2001.

Questões e problemas

1. Ao criar modelos de planilhas para os problemas deste capítulo, é preciso reservar células nas planilhas para representar cada uma das variáveis de decisão dos modelos algébricos. Reservamos essas células nas planilhas inserindo valores iguais a zero nelas. Por que não colocamos outro valor ou fórmula nessas células? Teria feito alguma diferença?
2. Quatro metas devem ser levadas em consideração quando se tenta projetar um modelo de planilha efetivo: comunicação, confiabilidade, auditabilidade e modificabilidade. Também observamos que um desenho de planilha que gere fórmulas que possam ser copiadas geralmente é mais efetivo que outros desenhos. Descreva brevemente como o uso de fórmulas que possam ser copiadas pode apoiar as quatro metas para o desenho de planilhas.
3. Consulte a questão 13 no final do Capítulo 2. Crie um modelo de planilha para esse problema e resolva-o usando o Solver.
4. Consulte a questão 14 no final do Capítulo 2. Crie um modelo de planilha para esse problema e resolva-o usando o Solver.
5. Consulte a questão 16 no final do Capítulo 2. Crie um modelo de planilha para esse problema e resolva-o usando o Solver.
6. Consulte a questão 15 no final do Capítulo 2. Crie um modelo de planilha para esse problema e resolva-o usando o Solver.
7. Consulte a questão 19 no final do Capítulo 2. Crie um modelo de planilha para esse problema e resolva-o usando o Solver.
8. Consulte a questão 22 no final do Capítulo 2. Crie um modelo de planilha para esse problema e resolva-o usando o Solver.
9. Consulte a questão 23 no final do Capítulo 2. Crie um modelo de planilha para esse problema e resolva-o usando o Solver.
10. Consulte a questão 24 no final do Capítulo 2. Crie um modelo de planilha para esse problema e resolva-o usando o Solver.
11. Consulte a questão 25 no final do Capítulo 2. Crie um modelo de planilha para esse problema e resolva-o usando o Solver.
12. Consulte a questão 26 no final do Capítulo 2. Crie um modelo de planilha para esse problema e resolva-o usando o Solver.
13. A empresa Weedwacker fabrica dois tipos de cortadores de grama: um modelo elétrico e um modelo a gás. A empresa foi contratada por uma cadeia nacional de lojas de desconto para fornecer um total de 30.000 cortadores elétricos e 15.000 a gás. Entretanto, a capacidade de produção da Weedwacker é limitada em três departamentos: produção, montagem,

e embalagem. A tabela abaixo apresenta as horas de processamento disponíveis e o tempo de processamento necessário para cada departamento, por tipo de cortador:

	Horas necessárias por cortador		
	Elétrico	**A gás**	**Horas disponíveis**
Produção	0,20	0,40	10.000
Montagem	0,30	0,50	15.000
Embalagem	0,10	0,10	5.000

A empresa fabrica o cortador elétrico internamente por $ 55 e o cortador a gás por $ 85. Como opção, pode comprar cortadores elétricos e a gás de outra fonte por $ 67 e $ 95, respectivamente. Quantos cortadores a gás e elétricos a Weedwacker deve fabricar e quantos precisará comprar de seu concorrente para atender seu contrato com o menor custo possível?

a. Formule um modelo de PL para esse problema.
b. Crie um modelo de planilha para esse problema e resolva-o usando o Solver.
c. Qual é a solução ótima?

14. Um fabricante de móveis produz dois tipos de mesas (rústicas e contemporâneas) usando três tipos de máquinas. O tempo necessário para produzir as mesas em cada máquina é dado na tabela abaixo.

Máquina	Rústica	Contemporânea	Tempo total de máquina disponível por semana
Tupia	1,5	2,0	1.000
Lixadeira	3,0	4,5	2.000
Polidora	2,5	1,5	1.500

As mesas rústicas são vendidas por $ 350, e as mesas contemporâneas, por $ 450. A gerência determinou que pelo menos 20% das mesas fabricadas devem ser do modelo rústico e pelo menos 30% devem ser do modelo contemporâneo. Quantas mesas de cada tipo devem ser fabricadas pela empresa se quiser maximizar sua receita?

a. Formule um modelo de PL para esse problema.
b. Crie um modelo de planilha para esse problema e resolva-o usando o Solver.
c. Qual é a solução ótima?
d. Como o modelo de sua planilha mudará se houver 25 tipos de mesas e 15 processos de maquinário envolvidos na fabricação dos móveis?

15. A Bearland Manufacturing produz 4 tipos diferentes de painéis de madeira. Cada tipo de painel é feito colando-se e prensando-se diferentes misturas de cavacos de pinho e de carvalho. A seguinte tabela resume a quantidade necessária de cola, prensa e mistura de cavacos de madeira necessários para produzir um *pallet* de 50 unidades de cada tipo de painel:

	Recursos exigidos por *pallet* de cada tipo de painel			
Tipo de painel	**Tahoe**	**Pacific**	**Savannah**	**Aspen**
Cola (quartos)	50	50	100	50
Prensa (horas)	50	150	100	50
Cavacos de pinho (libras)	500	400	300	200
Cavacos de carvalho (libras)	500	750	250	500

Suponha que a empresa tenha 6.000 quartos de cola; 7.500 horas de capacidade de prensa; 30.000 libras de cavacos de pinho; e 62.500 libras de cavacos de carvalho disponíveis no próximo ciclo de produção. Suponha também que cada *pallet* dos painéis Tahoe, Pacific, Savannah e Aspen possa ser vendido por $ 450, $ 1.150, $ 800 e $ 400, respectivamente. Finalmente, por questões comerciais, a empresa quer produzir pelo menos 4 *pallets* de cada tipo de painel.

a. Formule um modelo de PL para esse problema.
b. Crie um modelo de planilha para esse problema e resolva-o usando o Solver.
c. Qual é a solução ótima?

16. A Beef-Up Ranch engorda gado para fazendeiros do meio-oeste norte-americano e os entrega nas instalações de processamento em Topeka, no Kansas, e Tulsa, no Oklahoma. A empresa precisa determinar as quantidades de ração de gado que deve comprar para que as várias exigências nutricionais sejam satisfeitas enquanto os custos totais de ração são minimizados. A mistura dada às vacas deve conter níveis diferentes de quatro nutrientes essenciais e pode ser feita ao misturar três tipos de ração diferentes. A quantidade de cada nutriente (em onças) encontrada em cada libra de ração é resumida a seguir:

	Nutriente (em onças) por libra de ração		
Nutriente	**Ração 1**	**Ração 2**	**Ração 3**
A	3	2	4
B	3	1	3
C	1	0	2
D	6	8	4

Os custos por libra das rações 1, 2 e 3 são $ 2,00, $ 2,50 e $ 3,00, respectivamente. O requisito mínimo por vaca a cada mês é de 4 libras do nutriente A, 5 libras do nutriente B, 1 libra do nutriente C e 8 libras do nutriente D. No entanto, as vacas não devem ser alimentadas mais que duas vezes o requisito mínimo de cada nutriente a cada mês. (Observe que há 16 onças em uma libra.) Além disso, a fazenda consegue obter apenas 1.500 libras de cada tipo de ração por mês. Uma vez que há 100 vacas na Beef-Up Ranch a qualquer tempo, significa que não podem ser usados mais de 15 libras de cada tipo de ração por vaca a cada mês.

a. Formule um problema de programação linear para determinar quanto de cada tipo de ração se deve dar a cada vaca por mês.
b. Crie um modelo de planilha para esse problema e resolva-o usando o Solver.
c. Qual é a solução ótima?

17. A Incline Electronics produz três produtos diferentes em uma fábrica que fica aberta 40 horas por semana. Cada produto exige os tempos de processamento seguintes (em horas) para cada uma de três máquinas.

	Produto 1	Produto 2	Produto 3
Máquina 1	2	2	1
Máquina 2	3	4	6
Máquina 3	4	6	5

Cada máquina deve ser operada por um dos 19 trabalhadores multitarefa, cada um deles estando disponível 35 horas por semana. A fábrica tem disponíveis 10 máquinas do tipo 1, 6 máquinas do tipo 2 e 8 máquinas do tipo 3; os produtos 1, 2 e 3 contribuem com $ 90, $ 120 e $ 150, respectivamente, em lucros marginais por unidade produzida.

a. Formule um modelo de PL para esse problema.
b. Implemente seu modelo em uma planilha e resolva-o.
c. Qual é a solução ótima?
d. Quantos trabalhadores devem ser designados para cada tipo de máquina?

18. A Tuckered Outfitters planeja colocar no mercado uma marca personalizada de mistura de cereais e frutas secas. Os ingredientes para a mistura de cereais e frutas secas incluem Passas, Cereais, Gotas de Chocolate, Amendoins e Amêndoas, custando, respectivamente, $ 2,50, $ 1,50, $ 2,00, $ 3,50 e $ 3,00 por libra. O conteúdo de vitaminas, sais minerais e proteína de cada tipo de ingrediente (em gramas por libra) é resumido na tabela seguinte juntamente com as calorias por libra de ingrediente:

	Passas	Cereais	Chocolate	Amendoins	Amêndoas
Vitaminas	20	10	10	30	20
Sais minerais	7	4	5	9	3
Proteína	4	2	1	10	1
Calorias	450	160	500	300	500

A empresa gostaria de identificar a mistura com o menor custo desses ingredientes que fornece ao menos 40 gramas de vitaminas, 15 gramas de sais minerais, 10 gramas de proteína e 600 calorias por embalagem de 2 libras. Adicionalmente, eles querem que cada ingrediente perfaça ao menos 5% e não mais que 50% do peso da embalagem.

a. Formule um modelo de PL para esse problema.
b. Implemente seu modelo em uma planilha e resolva-o.
c. Qual é a mistura ideal e quanto é o custo total dos ingredientes por embalagem?

19. Um banco possui $ 650.000 em ativos a ser alocados entre investimentos em títulos, hipotecas residenciais, empréstimos para compra de veículos e empréstimos pessoais. Espera-se que os títulos gerem um retorno de 10%, as hipotecas, de 8,5%, os empréstimos para compra de veículos, de 9,5%, e os empréstimos pessoais, de 12,5%. Para assegurar que o portfólio não incorra em muito risco, o banco deseja restringir os empréstimos pessoais a não mais que 25% do total do portfólio. O banco também deseja assegurar que mais dinheiro seja investido em hipotecas que em empréstimos pessoais. Também deseja investir mais em títulos que em empréstimos pessoais.

a. Formule um modelo de PL para esse problema com o objetivo de maximizar o retorno esperado do portfólio.
b. Implemente seu modelo em uma planilha e resolva-o.
c. Qual é a solução ótima?

20. A Aire-Co produz desumidificadores domésticos em duas diferentes instalações, uma em Atlanta e outra em Phoenix. O custo unitário de produção em Atlanta e Phoenix é de $ 400 e $ 360, respectivamente. Cada instalação pode fabricar um máximo de 300 unidades por mês. Os custos de manutenção de estoques são avaliados em $ 30 por unidade no estoque inicial de cada mês. A Aire-Co estima que a demanda por seus produtos seja de 300, 400 e 500 unidades, respectivamente, ao longo dos próximos três meses. A Aire-Co deseja ser capaz de atender a essa demanda a um custo mínimo.
    a. Formule um modelo de PL para esse problema.
    b. Implemente seu modelo em uma planilha e resolva-o.
    c. Qual é a solução ótima?
    d. De que forma a solução se modifica, se cada instalação precisar produzir pelo menos 50 unidades por mês?
    e. De que forma a solução se modifica, se cada instalação precisar produzir pelo menos 100 unidades por mês?
21. A Valu-Com Electronics fabrica cinco diferentes modelos de placas de interface de telecomunicações para computadores pessoais e *notebooks*. Conforme apresentado na tabela a seguir, cada um desses dispositivos exige diferentes quantidades de placas de circuito impresso, resistores, chips de memória e horas de montagem.

	Necessidades por unidade				
	HyperLink	**FastLink**	**SpeedLink**	**MicroLink**	**EtherLink**
Placa de circuito impresso (em polegadas quadradas)	20	15	10	8	5
Resistores	28	24	18	12	16
Chips de memória	8	8	4	4	6
Mão de obra para montagem (em horas)	0,75	0,6	0,5	0,65	1

O preço unitário no atacado e o custo de fabricação de cada modelo são mostrados abaixo.

	Receita e custo unitários				
	HyperLink	**FastLink**	**SpeedLink**	**MicroLink**	**EtherLink**
Preço no atacado	$ 189	$ 149	$ 129	$ 169	$ 139
Custo de produção	$ 136	$ 101	$ 96	$ 137	$ 101

No próximo período de produção, a Valu-Com possui 80.000 polegadas quadradas de placas de circuito impresso, 100.000 resistores, 30.000 chips de memória e 5.000 horas de tempo de montagem disponíveis. A empresa pode vender toda a produção que fabricar, mas o departamento de marketing quer certificar-se de que a empresa produza pelo menos 500 unidades de cada produto e pelo menos o dobro de placas FastLink em relação às placas HyperLink fabricadas, ao mesmo tempo que maximize o lucro.
    a. Formule um modelo de PL para esse problema.
    b. Crie um modelo de planilha para esse problema e resolva-o usando o Solver.
    c. Qual é a solução ótima?
    d. A Valu-Com pode obter mais lucro se escalar seus trabalhadores para trabalhar horas extras?
22. Um funcionário do Blacksburg National Bank precisa determinar como investir $ 100.000 na seguinte coleção de títulos para maximizar o retorno anual.

Título	Retorno anual	Vencimento	Risco	Isenção de imposto
A	9,5%	Longo Prazo	Alto	Sim
B	8,0%	Curto Prazo	Baixo	Sim
C	9,0%	Longo Prazo	Baixo	Não
D	9,0%	Longo Prazo	Alto	Sim
E	9,0%	Curto Prazo	Alto	Não

O funcionário deseja investir pelo menos 50% do dinheiro em títulos de curto prazo e não mais que 50% em títulos de alto risco. Pelo menos 30% dos fundos devem ir para investimentos livres de tributos e pelo menos 40% do retorno total anual deve ser isento de tributos.
    a. Formule um modelo de PL para esse problema.
    b. Crie um modelo de planilha para esse problema e resolva-o usando o Solver.
    c. Qual é a solução ótima?
23. A empresa de locação de veículos Rent-a-Dent permite que seus clientes aluguem um carro em uma de suas lojas e o devolvam em qualquer outra. Atualmente, duas lojas (1 e 2) têm respectivamente 16 e 18 carros excedentes e quatro lojas (3, 4, 5 e 6) precisam de 10 carros cada. Os custos de transferência dos carros excedentes das lojas 1 e 2 para as outras lojas estão resumidos na tabela a seguir.

	Custos de transporte de carros entre locais			
	Loja 3	**Loja 4**	**Loja 5**	**Loja 6**
Loja 1	$ 54	$ 17	$ 23	$ 30
Loja 2	$ 24	$ 18	$ 19	$ 31

Devido ao fato de haver 34 carros excedentes nas lojas 1 e 2 e ser necessário enviar 40 carros às lojas 3, 4, 5 e 6, algumas delas não receberão tantos carros quanto precisam. Entretanto, a gerência deseja se assegurar de que todos os carros excedentes serão enviados para onde são necessários e que cada loja que precisa de carros receba pelo menos cinco deles.

a. Formule um modelo de PL para esse problema.
b. Crie um modelo de planilha para esse problema e resolva-o usando o Solver.
c. Qual é a solução ótima?

24. A Molokai Nut Company (MNC) fabrica quatro produtos diferentes a partir de nozes de macadâmia cultivadas nas ilhas havaianas: nozes inteiras cobertas de chocolate (Inteiras), pedaços de nozes cobertas de chocolate (Pedaços), barras crocantes de nozes cobertas de chocolate (Crocantes) e nozes torradas simples (Torradas). A empresa mal consegue dar conta da crescente demanda por esses produtos. Entretanto, os preços cada vez mais altos da matéria-prima e a concorrência estrangeira estão obrigando a MNC a cuidar de suas margens de lucro para garantir que está operando da maneira mais eficiente possível. A fim de atender à demanda de comercialização para a próxima semana, a MNC precisa produzir pelo menos 1.000 libras do produto Inteiras, entre 400 e 500 libras do produto Pedaços, não mais que 150 libras do produto Crocantes e não mais que 200 libras do produto Torradas. Cada libra dos produtos Inteiras, Pedaços, Crocantes e Torradas contém, respectivamente, 60%, 40%, 20% e 100% de nozes de macadâmia, com o peso restante correspondendo à cobertura de chocolate. A empresa tem 1.100 libras de nozes e 800 libras de chocolate disponíveis para a próxima semana. Os diversos produtos são fabricados usando quatro tipos de máquinas que descascam, torram e cobrem as nozes com chocolate (se necessário) e embalam os produtos. A tabela a seguir mostra o tempo requerido por produto em cada máquina. Cada máquina tem 60 horas de tempo disponível na próxima semana.

	Minutos necessários por libra			
Máquina	**Inteiras**	**Pedaços**	**Crocantes**	**Torradas**
Descascamento	1,00	1,00	1,00	1,00
Torra	2,00	1,50	1,00	1,75
Cobertura	1,00	0,70	0,20	0,00
Embalagem	2,50	1,60	1,25	1,00

O preço de venda e o custo variável associado a cada libra de produto são apresentados abaixo:

	Receita e custos por libra			
	Inteiras	**Pedaços**	**Crocantes**	**Torradas**
Preço de Venda	$ 5,00	$ 4,00	$ 3,20	$ 4,50
Custo Variável	$ 3,15	$ 2,60	$ 2,16	$ 3,10

a. Formule um modelo de PL para esse problema.
b. Crie um modelo de planilha para esse problema e resolva-o usando o Solver.
c. Qual é a solução ótima?

25. Uma empresa está tentando planejar como alocar seu orçamento de $ 145.000 para publicidade de um novo produto. A empresa está pensando em anúncios em jornais e comerciais na televisão como formas primárias de publicidade. A tabela abaixo apresenta os custos de publicidade nessas mídias e o número de novos clientes atingidos pelo aumento na quantidade de propaganda.

Mídias & nº de anúncios	**Nº de novos clientes alcançados**	**Custo por anúncio**
Jornal: 1-10	900	$ 1.000
Jornal: 11-20	700	$ 900
Jornal: 21-30	400	$ 800
Televisão: 1-5	10.000	$ 12.000
Televisão: 6-10	7.500	$ 10.000
Televisão: 11-15	5.000	$ 8.000

Por exemplo, cada um dos primeiros 10 anúncios da empresa em jornais custará $ 1.000 e espera-se que atinja 900 novos clientes. Cada um dos dez anúncios seguintes em jornal custará $ 900 e espera-se que atinja 700 novos clientes. Observe que o número de novos clientes atingidos pela crescente quantidade de publicidade se reduz à medida que a publicidade satura o mercado. Assuma que a empresa comprará não mais que trinta anúncios de jornal e não mais que quinze anúncios de televisão.

a. Formule um modelo de PL para esse problema com o objetivo de maximizar o número de novos clientes atingidos pela publicidade.
b. Implemente seu modelo em uma planilha e resolva-o.
c. Qual é a solução ótima?
d. Suponha que o número de clientes atingidos por 11 a 20 anúncios de jornal seja 400 e que o número de novos clientes atingidos por 21 a 30 anúncios de jornal seja 700. Faça essas alterações em sua planilha e otimize o problema novamente. Qual é a nova solução ótima? O que está errado (se houver algo) com essa solução e por quê?

26. A Shop at Home Network vende diversos produtos de utilidade doméstica durante transmissões de televisão ao vivo. A empresa possui vários depósitos para guardar grande parte das mercadorias que vende, mas também aluga espaço extra de depósito quando necessário. Durante os próximos cinco meses a empresa espera que seja necessário alugar as seguintes quantidades de espaço extra em depósitos:

Mês	1	2	3	4	5
Pés quadrados necessários	20.000	30.000	40.000	35.000	50.000

No início de qualquer mês, a empresa pode alugar espaço extra para um ou mais meses aos seguintes custos:

Duração do contrato de aluguel (meses)	1	2	3	4	5
Custo por pé quadrado alugado	\$ 55	\$ 95	\$ 130	\$ 155	\$ 185

Assim, por exemplo, no início do mês 1, a empresa pode alugar tanto espaço quanto desejar por quatro meses a um custo de \$ 155 por pé quadrado. De maneira similar, no início do mês 3, pode alugar qualquer quantidade de espaço que desejar por dois meses a um custo de \$ 95 por pé quadrado. A empresa quer determinar qual o menor custo para atender suas necessidades de espaço de estocagem nos próximos cinco meses.
a. Formule um modelo de PL para esse problema.
b. Crie um modelo de planilha para esse problema e resolva-o usando o Solver.
c. Qual é a solução ótima?
d. Quanto custaria para a empresa atender suas necessidades de espaço, se em cada mês aluga exatamente a quantidade de espaço necessária para o mês?

27. Um construtor de casas pré-fabricadas decidiu terceirizar quatro componentes das residências. Diversas empresas estão interessadas em participar do negócio, mas nenhuma pode aceitar mais que um subcontrato. As cotações feitas pelas empresas para os diversos subcontratos são apresentadas na tabela a seguir.

Cotações por empresas (em \$ 1.000) para diversos subcontratos

	Empresa			
Componente	A	B	C	D
1	185	225	193	207
2	200	190	175	225
3	330	320	315	300
4	375	389	425	445

Assumindo que todas as empresas podem executar cada subcontrato com a mesma qualidade, para que empresa cada subcontrato deve ser atribuído se o construtor de casas pré-fabricadas quiser minimizar os pagamentos às subcontratadas?
a. Formule um modelo de PL para esse problema.
b. Crie um modelo de planilha para esse problema e resolva-o usando o Solver.
c. Qual é a solução ótima?

28. A Holiday Fruit Company compra laranjas e as utiliza para compor cestos de frutas para presente e para fabricar suco fresco. A empresa classifica as frutas que compra em uma escala de 1 (menor qualidade) a 5 (maior qualidade). A tabela abaixo apresenta o atual estoque de frutas da Holiday.

Classificação	1	2	3	4	5
Suprimento (milhares de libras)	90	225	300	100	75

Cada libra de laranjas destinada às cestas de frutas resulta em um lucro marginal de \$ 2,50, ao passo que cada libra destinada ao suco de laranja resulta em um lucro marginal de \$ 1,75. A Holiday quer que as frutas destinadas às cestas tenham uma escala média de qualidade de pelo menos 3,75 e que seu suco fresco tenha uma escala média de qualidade de pelo menos 2,50.
a. Formule um modelo de PL para esse problema.
b. Implemente seu modelo em uma planilha e resolva-o.
c. Qual é a solução ótima?

29. A Riverside Oil Company, localizada no leste do Kentucky, produz gasolina comum e *premium*. Cada barril da comum é vendido por $ 21 e deve ter uma taxa de octanagem de pelo menos 90. Cada barril da *premium* é vendido por $ 25 e deve ter uma taxa de octanagem de pelo menos 97. Cada um desses tipos de gasolina é fabricado ao se misturarem diferentes quantidades dos três seguintes insumos:

Insumo	Custo por barril	Taxa de octanagem	Barris disponíveis (em milhares)
1	$ 17,25	100	150
2	$ 15,75	87	350
3	$ 17,75	110	300

A Riverside tem pedidos para 300.000 barris de gasolina comum e 450.000 barris de gasolina *premium*. Como a empresa deve alocar os insumos disponíveis para a produção de gasolina comum e *premium* se deseja maximizar os lucros?
a. Formule um modelo de PL para esse problema.
b. Crie um modelo de planilha para esse problema e resolva-o usando o Solver.
c. Qual é a solução ótima?

30. A manutenção em um importante parque temático na região central da Flórida é um processo contínuo que acontece 24 horas por dia. Devido à grande distância que separa as principais áreas residenciais da cidade e o parque, os empregados não gostam de trabalhar em turnos de menos de 8 horas. Esses turnos de 8 horas começam a cada 4 horas ao longo do dia. O número de trabalhadores de manutenção necessários em períodos diferentes ao longo do dia varia. A seguinte tabela resume o número mínimo de funcionários necessários em cada período de quatro horas.

Período	Mínimo necessário de funcionários
Das 0h às 4h	90
Das 4h às 8h	215
Das 8h às 12h	250
Das 12h às 16h	165
Das 16h às 20h	300
Das 20h às 0h	125

O supervisor de manutenção deseja determinar o número mínimo de empregados a ser escalados de modo que atenda às exigências mínimas de preenchimento de escala.
a. Formule um modelo de PL para esse problema.
b. Crie um modelo de planilha para esse problema e resolva-o usando o Solver.
c. Qual é a solução ótima?

31. O Radmore Memorial Hospital tem um problema em seu laboratório de análise de fluidos. O laboratório possui três máquinas que analisam diversas amostras de fluido. Recentemente, a demanda pela análise de amostras de sangue aumentou tanto que o diretor do laboratório está tendo dificuldades em assegurar que todas as amostras sejam analisadas rápido o suficiente e, ainda, em concluir as análises de outros fluidos que chegam ao laboratório. O laboratório trabalha com cinco tipos de amostras de sangue. Todas as máquinas podem ser usadas para processar qualquer tipo de amostra de sangue. Entretanto, o tempo despendido por cada máquina varia, dependendo do tipo de amostra de sangue que está sendo analisado. Esses tempos são apresentados na tabela abaixo.

Tempo necessário para processar a amostra, em minutos

	Tipo de amostra				
Máquina	**1**	**2**	**3**	**4**	**5**
A	3	4	4	5	3
B	5	3	5	4	5
C	2	5	3	3	4

Cada máquina pode ser usada durante 8 horas por dia. As amostras de sangue coletadas em determinado dia chegam ao laboratório e são armazenadas durante a noite e processadas no dia seguinte. Assim, no início de cada dia, o diretor do laboratório deve determinar como alocar as diversas amostras nas máquinas para análise. Nesta manhã, o laboratório tem 80 amostras do tipo 1; 75 amostras do tipo 2; 80 amostras do tipo 3; 120 amostras do tipo 4; e 60 amostras do tipo 5 aguardando processamento. O diretor do laboratório deseja saber quanto de cada tipo de amostra deve ser analisado em cada máquina a fim de minimizar o tempo total despendido pelas máquinas para analisar as amostras.
a. Formule um modelo de PL para esse problema.
b. Crie um modelo de planilha para esse problema e resolva-o usando o Solver.
c. Qual é a solução ótima?
d. Quanto tempo de processamento restará disponível em cada máquina se essa solução for implementada?
e. Como o modelo e a solução mudariam se o diretor do laboratório desejasse equilibrar o uso de cada máquina de modo que cada uma delas fosse usada durante aproximadamente o mesmo tempo?

32. A Virginia Tech opera sua própria usina de geração de energia. A eletricidade gerada por essa usina alimenta a universidade, as empresas e residências locais na área de Blacksburg. A usina queima três tipos de carvão, operação que gera vapor para acionar as turbinas que geram a eletricidade. A Agência de Proteção Ambiental (EPA) exige que, para cada tonelada de carvão queimada, as emissões de fumaça da fornalha de carvão não contenham mais que 2.500 partes por milhão (ppm) de enxofre e não mais que 2,8 quilogramas (kg) de poeira de carvão. A tabela abaixo sumariza as quantias de enxofre, poeira de carvão e vapor resultantes da queima de uma tonelada de cada tipo de carvão.

Carvão	Enxofre (em ppm)	Pó de carvão (em kg)	Libras de vapor produzidas
1	1.100	1,7	24.000
2	3.500	3,2	36.000
3	1.300	2,4	28.000

Os três tipos de carvão podem ser misturados e queimados em qualquer combinação. As emissões resultantes de enxofre ou pó de carvão e as libras de vapor produzidas por qualquer mistura são dadas como média ponderada dos valores mostrados na tabela para cada tipo de carvão. Por exemplo, se os carvões forem misturados para produzir uma mistura que consista em 35% de carvão 1; 40% de carvão 2; e 25% de carvão 3, a emissão de enxofre (em ppm) resultante da queima de uma tonelada dessa mistura é:

$$0{,}35 \times 1.100 + 0{,}40 \times 3.500 + 0{,}25 \times 1.300 = 2.110$$

O gerente da usina deseja determinar a mistura de carvão que produzirá o máximo de libras de vapor por tonelada sem violar as exigências da EPA.

a. Formule um modelo de PL para esse problema.
b. Crie um modelo de planilha para esse problema e resolva-o usando o Solver.
c. Qual é a solução ótima?
d. Se a fornalha pode queimar até 30 toneladas de carvão por hora, qual é a quantidade máxima de vapor que pode ser produzida por hora?

33. A Pitts Barbecue Company produz três tipos de molho para churrasco: Extrapicante, Picante e Suave. O vice-presidente de marketing da Pitts prevê que a empresa pode vender 8.000 caixas do molho Extrapicante mais 10 caixas extras para cada dólar que gastar promovendo esse molho; 10.000 caixas de molho Picante mais 8 caixas extras para cada dólar gasto promovendo esse molho; e 12.000 caixas do molho Suave mais 5 caixas extras para cada dólar gasto promovendo esse molho. Apesar de cada molho para churrasco ser vendido a $ 10 a caixa, o custo de produção dos diferentes tipos de molho varia. Custa para a empresa $ 6 para produzir uma caixa de molho Extrapicante, $ 5,50 para produzir uma caixa do molho Picante e $ 5,25 para produzir uma caixa do molho Suave. O presidente da empresa deseja garantir a produção de pelo menos as quantidades mínimas de cada molho que o vice-presidente de marketing acredita que a empresa possa vender. Um orçamento total de $ 25.000 foi aprovado para a promoção desses produtos, dos quais pelo menos $ 5.000 devem ser gastos na publicidade de cada molho. Quantas caixas de cada tipo de molho devem ser fabricadas e como você sugere que a empresa deva alocar o orçamento promocional para maximizar os lucros?

a. Formule um modelo de PL para esse problema.
b. Crie um modelo de planilha para esse problema e resolva-o usando o Solver.
c. Qual é a solução ótima?

34. A Pelletier Corporation acabou de descobrir que não terá espaço suficiente no depósito nos próximos cinco meses. As exigências adicionais de espaço de depósito para esse período estão listadas na seguinte tabela:

Mês	1	2	3	4	5
Espaço adicional necessário (em milhares de pés quadrados)	25	10	20	10	5

Para atender suas necessidades de espaço, a empresa planeja alugar espaço adicional de depósito no curto prazo. Nos próximos cinco meses, um depósito local concordou em alugar para a Pelletier qualquer área de espaço para qualquer número de meses, de acordo com o seguinte planejamento de custo.

Período de Aluguel (meses)	1	2	3	4	5
Custo por 1.000 pés quadrados	$ 300	$ 525	$ 775	$ 850	$ 975

Essas opções de aluguel estão disponíveis para a Pelletier no início de cada um dos próximos cinco meses. Por exemplo, a empresa pode alugar 5.000 pés quadrados durante quatro meses iniciando no mês 1 (a um custo de $ 850 x 5) e alugar 10.000 pés quadrados durante dois meses começando no mês 3 (a um custo de $ 525 x 10).

a. Formule um modelo de PL para esse problema.
b. Crie um modelo de planilha para esse problema e resolva-o usando o Solver.
c. Qual é a solução ótima?

35. A Sentry Lock Corporation fabrica uma popular trava de segurança em fábricas localizadas em Macon, Louisville, Detroit e Phoenix. O custo unitário de produção em cada fábrica é de $ 35,50, $ 37,50, $ 39,00 e $ 36,25, respectivamente, e a capacidade anual de produção de cada fábrica é de 18.000, 15.000, 25.000 e 20.000, respectivamente. As travas da

Sentry são vendidas a varejistas por meio de distribuidores atacadistas em sete cidades dos Estados Unidos. O custo unitário de remessa de cada fábrica para cada distribuidor é apresentado na tabela a seguir, com a demanda prevista de cada distribuidor para o próximo ano.

	Custo unitário de remessa para o distribuidor em						
Fábricas	**Tacoma**	**San Diego**	**Dallas**	**Denver**	**St. Louis**	**Tampa**	**Baltimore**
Macon	$ 2,50	$ 2,75	$ 1,75	$ 2,00	$ 2,10	$ 1,80	$ 1,65
Louisville	$ 1,85	$ 1,90	$ 1,50	$ 1,60	$ 1,00	$ 1,90	$ 1,85
Detroit	$ 2,30	$ 2,25	$ 1,85	$ 1,25	$ 1,50	$ 2,25	$ 2,00
Phoenix	$ 1,90	$ 0,90	$ 1,60	$ 1,75	$ 2,00	$ 2,50	$ 2,65
Demanda	8.500	14.500	13.500	12.600	18.000	15.000	9.000

A Sentry deseja determinar a forma menos custosa de fabricação e remessa das travas de suas fábricas para os distribuidores. Uma vez que a demanda total dos distribuidores excede a capacidade total de produção de todas as fábricas, a Sentry percebeu que não poderá satisfazer toda a demanda por seu produto, mas deseja garantir que cada distribuidor terá a oportunidade de receber pelo menos 80% dos produtos pedidos.

a. Crie um modelo de planilha para esse problema e resolva-o.
b. Qual é a solução ótima?

36. Uma empresa de reciclagem de papel converte papel de jornal, mistura de papéis, papel sulfite e papelão em polpa para papel para jornal, embalagens e papel com qualidade para impressão. A seguinte tabela resume o rendimento para cada tipo de polpa recuperada de cada tonelada de material reciclado.

	Rendimento da reciclagem		
	Papel para jornal	**Embalagem**	**Cartolina para impressão**
Jornal	85%	80%	—
Mistura de papéis	90%	80%	70%
Papel sulfite	90%	85%	80%
Papelão	80%	70%	—

Por exemplo, uma tonelada de jornais pode ser reciclada com uma técnica que rende 0,85 tonelada de polpa para papel de jornal. Alternativamente, uma tonelada de jornais pode ser reciclada com uma técnica que rende 0,80 tonelada de papel para embalagem. De maneira similar, uma tonelada de papelão pode ser reciclada para render 0,80 tonelada de polpa para papel de jornal ou 0,70 tonelada de polpa para papel de embalagem. Observe que jornais e papelão não podem ser convertidos em polpa de papel de qualidade de impressão usando as técnicas disponíveis.

O custo de processamento de cada tonelada de matéria-prima nos diversos tipos de polpa é apresentado na tabela a seguir com a quantidade de cada uma das quatro matérias-primas que podem ser adquiridas e seus custos.

	Custos de processamento por tonelada			Custo de compra por tonelada	Toneladas disponível
	Papel para jornal	**Embalagem**	**Papel para impressão**		
Jornal	$ 6,50	$ 11,00	—	$ 15	600
Mistura de papel	$ 9,75	$ 12,25	$ 9,50	$ 16	500
Papel sulfite	$ 4,75	$ 7,75	$ 8,50	$ 19	300
Papelão	$ 7,50	$ 8,50	—	$ 17	400

O reciclador deseja determinar a maneira mais econômica de produzir 500 toneladas de polpa para papel de jornal, 600 toneladas de polpa de papel para embalagem e 300 toneladas de polpa para papel de qualidade para impressão.

a. Crie um modelo de planilha para esse problema e resolva-o.
b. Qual é a solução ótima?

37. Uma vinícola tem a seguinte capacidade para produzir um vinho de mesa exclusivo em qualquer um de seus dois vinhedos aos custos indicados abaixo:

Vinhedo	Capacidade	Custo por garrafa
1	3.500 garrafas	$ 23
2	3.100 garrafas	$ 25

Quatro restaurantes italianos espalhados pelos Estados Unidos estão interessados em adquirir esse vinho. Devido ao fato de esse vinho ser exclusivo, todos eles desejam comprar a quantidade de vinho que precisam, mas levarão o quanto puderem obter. As quantidades máximas solicitadas pelos restaurantes e os preços que desejam pagar são apresentados na tabela a seguir.

Restaurante	Demanda máxima	Preço
1	1.800 garrafas	$ 69
2	2.300 garrafas	$ 67
3	1.250 garrafas	$ 70
4	1.750 garrafas	$ 66

Os custos de remessa de uma garrafa da vinícola até os restaurantes são sumarizados na tabela abaixo.

	Restaurante			
Vinhedo	**1**	**2**	**3**	**4**
1	$ 7	$ 8	$ 13	$ 9
2	$ 12	$ 6	$ 8	$ 7

A vinícola precisa determinar o plano de produção e de remessa que permita maximizar seus lucros com esse vinho.

a. Formule um modelo de PL para esse problema.
b. Crie um modelo de planilha para esse problema e resolva-o usando o Solver.
c. Qual é a solução ótima?

38. Paul Bergey é o responsável pelo carregamento de navios para a International Cargo Company (ICC) no porto de Newport News, Virgínia. Ele está preparando um plano de carga para um navio de carga da ICC com destino a Gana. Um negociante de mercadorias agrícolas deseja transportar os seguintes produtos nesse navio.

Mercadoria	Quantidade disponível (ton.)	Volume por ton. (pés cúbicos)	Lucro por ton. ($)
1	4.800	40	70
2	2.500	25	50
3	1.200	60	60
4	1.700	55	80

Paul pode escolher carregar parte ou toda a carga de mercadorias disponível. Entretanto, o navio possui três porões de carga com as seguintes restrições de capacidade:

Posição da carga	Capacidade de peso (ton.)	Capacidade de volume (pés cúbicos)
Proa	3.000	145.000
Centro	6.000	180.000
Popa	4.000	155.000

Mais de um tipo de mercadoria pode ser colocado no mesmo porão de carga. Entretanto, de acordo com as considerações de equilíbrio do navio, o peso no porão de carga da proa deve ficar na margem de 10% do peso do porão de carga da popa e o porão de carga central deve conter entre 40% e 60% do peso total a bordo.

a. Formule um modelo de PL para esse problema.
b. Crie um modelo de planilha para esse problema e resolva-o usando o Solver.
c. Qual é a solução ótima?

39. A Acme Manufacturing produz uma variedade de utensílios domésticos em uma única instalação de fabricação. A demanda esperada para um desses utensílios durante os próximos quatro meses é mostrada na tabela a seguir, com os custos de produção esperados e com a capacidade de produção prevista para esses itens.

	Mês			
	1	**2**	**3**	**4**
Demanda	420	580	310	540
Custo de produção	$ 49,00	$ 45,00	$ 46,00	$ 47,00
Capacidade de produção	500	520	450	550

A Acme prevê um custo de $ 1,50 por mês para cada unidade de seu utensílio mantido em estoque (estimado pela média do estoque inicial e final de cada mês). Atualmente, a Acme tem 120 unidades em estoque para esse produto. A fim de manter uma força de trabalho equilibrada a empresa deseja produzir pelo menos 400 unidades por mês. Também deseja manter um estoque de segurança de pelo menos 50 unidades por mês. A Acme quer determinar quanto de cada utensílio fabricar durante cada um dos próximos quatro meses para atender à demanda esperada ao menor custo total possível.

a. Formule um modelo de PL para esse problema.

b. Crie um modelo de planilha para esse problema e resolva-o usando o Solver.
c. Qual é a solução ótima?
d. Quanto dinheiro a Acme pode economizar se quiser eliminar a restrição de produzir pelo menos 400 unidades por mês?

40. A Carter Enterprises está envolvida no negócio de soja na Carolina do Sul, Alabama e Geórgia. O presidente da empresa, Earl Carter, vai a um mercado de *commodities* uma vez por mês onde ele compra e vende soja a granel. Carter usa um armazém local para guardar seu estoque de soja. Esse armazém cobra $ 10 por tonelada média de soja armazenada por mês (com base na média do estoque inicial e final de cada mês). O depósito garante a Carter a capacidade de armazenar até 400 toneladas de soja no fim de cada mês. Carter previu o preço que ele crê que a soja terá por tonelada durante cada um dos próximos seis meses. Esses preços são apresentados na tabela a seguir.

Mês	**1**	**2**	**3**	**4**	**5**	**6**
Preço por tonelada	$ 135	$ 110	$ 150	$ 175	$ 130	$ 145

Suponha que atualmente a Carter tenha 70 toneladas de soja armazenada. Quantas toneladas de soja ele deve comprar e vender durante cada um dos próximos seis meses para maximizar seu lucro na comercialização do grão?
a. Formule um modelo de PL para esse problema.
b. Crie um modelo de planilha para esse problema e resolva-o usando o Solver.
c. Qual é a solução ótima?

41. A DotCom Corporation está implementando um plano de pensão para seus empregados. A empresa pretende iniciar a injeção de fundos no plano com um depósito de $ 50.000 em 1° de janeiro de 2018. Planeja investir $ 12.000 adicionais um ano depois e continuar fazendo investimentos adicionais (aumentando $ 2.000 por ano) em 1° de janeiro de cada ano, de 2020 a 2032. Para financiar esses pagamentos, a empresa planeja adquirir certa quantia de títulos. O título 1 custa $ 970 por unidade e pagará cupons de $ 65 em 1° de janeiro de cada ano de 2019 a 2022 mais um pagamento final de $ 1.065 em 1° de janeiro de 2023. O título 2 custa $ 980 e pagará cupons de $ 73 em 1° de janeiro de cada ano de 2019 a 2028 mais um pagamento final de $ 1.073 em 1° de janeiro de 2029. O título 3 custa $ 1.025 e pagará cupons de $ 85 em 1° de janeiro de cada ano de 2019 a 2031 mais um pagamento final de $ 1.085 em 1° de janeiro de 2032. Os saldos em caixa da empresa rendem uma taxa de juros de 4,5%. Suponha que a empresa deseje adquirir títulos em 1° de janeiro de 2018 e possa comprá-los em unidades fracionárias. Quanto a empresa deve investir nos diversos títulos e na conta de caixa para financiar esse plano até 1° de janeiro de 2032 da maneira menos dispendiosa?
a. Crie um modelo de planilha para esse problema e resolva-o.
b. Qual é a solução ótima?

42. Recentemente, Jack Potts ganhou $ 1.000.000 em Las Vegas e está tentando determinar como investir o prêmio. Ele restringiu suas escolhas a cinco investimentos, resumidos na tabela a seguir.

	Sumário de entradas e saídas de caixa (no início dos anos)			
	1	**2**	**3**	**4**
A	–1	0,50	0,80	
B		–1	↔	1,25
C	–1	↔	↔	1,35
D			–1	1,13
E	–1	↔	1,27	

Se Jack investir $ 1 no investimento A no começo do mês 1, receberá $ 0,50 no começo do ano 2 e mais $ 0,80 no começo do ano 3. Como opção, ele pode investir $ 1 no investimento B no começo do ano 2 e receber $ 1,25 no começo do ano 4. Registros de "↔" na tabela indicam as situações em que nenhuma entrada ou saída de caixa pode ocorrer. No início de cada ano, Jack pode colocar dinheiro em uma conta de mercado financeiro cujo rendimento esperado é de 8% ao ano. Ele deseja manter pelo menos $ 50.000 na conta no mercado financeiro e não quer colocar mais que $ 500.000 em qualquer investimento individual. Como você aconselharia Jack a investir o prêmio, uma vez que ele deseja maximizar a quantia de dinheiro que terá no início do ano 4?
a. Formule um modelo de PL para esse problema.
b. Crie um modelo de planilha para esse problema e resolva-o usando o Solver.
c. Qual é a solução ótima?

43. Recentemente, Fred e Sally Merrit herdaram uma quantia substancial de dinheiro de um parente falecido. Eles desejam usar parte desse dinheiro para abrir uma conta para pagar a educação universitária da filha. A filha, Lisa, iniciará a universidade daqui a cinco anos. Os Merrits preveem que as despesas do primeiro ano na universidade somarão $ 12.000 e aumentarão $ 2.000 por ano durante cada um dos três anos restantes de sua graduação. Os seguintes investimentos estão disponíveis para os Merrits:

Investimento	Disponível	Vence em	Rende no vencimento
A	Todo ano	1 ano	6%
B	1, 3, 5, 7	2 anos	14%
C	1, 4	3 anos	18%
D	1	7 anos	65%

Os Merrits querem estabelecer um plano de investimento que fornecerá os fundos necessários para cobrir as despesas previstas com o menor investimento inicial.

a. Formule um modelo de PL para esse problema.
b. Crie um modelo de planilha para esse problema e resolva-o usando o Solver.
c. Qual é a solução ótima?

44. Consulte a questão anterior. Suponha que os investimentos disponíveis para os Merrits tenham os seguintes níveis de risco associados.

Investimento	Classificação de risco
A	1
B	3
C	6
D	8

Se os Merrits quiserem que o nível de risco médio ponderado não exceda a 4, quanto do dinheiro será necessário reservar para a educação de Lisa e como eles devem investi-lo?

a. Formule um modelo de PL para esse problema.
b. Crie um modelo de planilha para esse problema e resolva-o usando o Solver.
c. Qual é a solução ótima?

45. Uma empresa de comercialização de gás natural quer desenvolver um plano ótimo de comercialização para os próximos 10 dias. A tabela abaixo apresenta os preços estimados (por milhares de pés cúbicos (cf)), pelos quais a empresa pode comprar e vender gás natural no mercado *spot* durante esse período. A empresa pode comprar gás no mercado *spot* ao preço de "venda" e vender gás no mercado *spot* ao preço de "compra".

Dia	1	2	3	4	5	6	7	8	9	10
Compra	$ 3,06	$ 4,01	$ 6,03	$ 4,06	$ 4,01	$ 5,02	$ 5,10	$ 4,08	$ 3,01	$ 4,01
Venda	$ 3,22	$ 4,10	$ 6,13	$ 4,19	$ 4,05	$ 5,12	$ 5,28	$ 4,23	$ 3,15	$ 4,18

Atualmente, a empresa possui 150.000 cf de gás armazenado e uma capacidade máxima de armazenamento de 300.000 cf. Para manter a pressão necessária para o sistema de gasodutos de distribuição de gás, a empresa não pode injetar mais que 200.000 cf na instalação de armazenamento nem extrair mais que 180.000 cf por dia. Assuma que as retiradas ocorram de manhã e as injeções à tarde. O proprietário da instalação de armazenamento cobra uma taxa de armazenamento de 5% do valor de mercado (compra) do estoque diário médio de gás. (O estoque diário médio é calculado como a média dos estoques inicial e final de cada dia.)

a. Crie um modelo de planilha para esse problema e resolva-o.
b. Qual é a solução ótima?
c. Assumindo que as previsões de preços para o gás natural mudem diariamente, como você sugeriria que a empresa usasse seu modelo?

46. A empresa de contabilidade Coopers & Andersen está fazendo uma pesquisa de análise de desempenho para avaliar o nível de satisfação de seus clientes em relação aos clientes atendidos por empresas de contabilidade concorrentes. Os clientes são divididos em quatro grupos:

Grupo 1: Grandes clientes da Coopers & Andersen
Grupo 2: Pequenos clientes da Coopers & Andersen
Grupo 3: Grandes clientes das empresas concorrentes
Grupo 4: Pequenos clientes das empresas concorrentes

Serão pesquisadas um total de 4.000 empresas, por telefone ou por meio de entrevistas via webcam. Os custos associados com a pesquisa dos diferentes tipos de empresas estão sumarizados abaixo:

	Custos da pesquisa	
Grupo	**Telefone**	**Webcam**
1	$ 18	$ 40
2	$ 14	$ 35
3	$ 25	$ 60
4	$ 20	$ 45

A Coopers & Andersen deseja que a pesquisa seja realizada da maneira menos onerosa possível e que atenda às seguintes condições:

- Pelo menos 10%, mas não mais que 50% das empresas pesquisadas, devem pertencer a cada um dos grupos.
- Pelo menos 50% das empresas pesquisadas devem ser de clientes da Coopers & Andersen.
- Pelo menos 25% das pesquisas devem ser feitas via webcam.
- Pelo menos 50% dos grandes clientes da Coopers & Andersen que forem pesquisados devem ser entrevistados via webcam.
- Um máximo de 40% das empresas pesquisadas devem ser pequenas.
- No máximo 25% das pequenas empresas pesquisadas devem ser entrevistadas via webcam.

a. Formule um modelo de PL para esse problema.
b. Crie um modelo de planilha para esse problema e resolva-o usando o Solver.
c. Qual é a solução ótima?

47. O diretor financeiro da Eagle Beach Wear & Gift Shop está planejando o fluxo de caixa da empresa para os próximos seis meses. A tabela abaixo apresenta as contas a receber de clientes e os pagamentos esperados para cada mês (em $ 100.000).

	Janeiro	Fevereiro	Março	Abril	Maio	Junho
Saldos a vencer das contas a receber	1,50	1,00	1,40	2,30	2,00	1,00
Pagamentos planejados (incluídos os descontos)	1,80	1,60	2,20	1,20	0,80	1,20

A empresa tem em caixa um saldo inicial de $ 40.000 e deseja manter um saldo de pelo menos $ 25.000 em espécie ao fim de cada mês. Para conseguir, pode obter fundos de curto prazo de várias maneiras:

- **Atrasar pagamentos.** Em qualquer mês, os fornecedores da empresa permitem que se adiem pagamentos em até um mês. Entretanto, quando isso ocorre, ela perde o direito de um desconto de 2% que normalmente recebe quando os pagamentos são feitos no prazo. (Portanto, a perda desse desconto de 2% é um custo financeiro.)
- **Tomar emprestado dando como garantia as contas a receber.** Em qualquer mês, o banco da empresa emprestará até 75% dos saldos de contas a receber que vencem no mês. Esses empréstimos devem ser pagos novamente no mês seguinte e incorrem em uma taxa de juros de 1,5%.
- **Tomar um empréstimo de curto prazo.** No início de janeiro, o banco da empresa também fará um empréstimo de 6 meses a ser pago em sua totalidade no fim de junho. A taxa de juros desse empréstimo é de 1% ao mês e é pagável no fim de cada mês.

Assuma que a empresa ganhe 0,5% de juros a cada mês sobre saldos em dinheiro mantidos no início do mês.

Crie um modelo de planilha que a empresa possa usar para determinar o plano de gerenciamento com o menor custo de caixa (ou seja, custos financeiros líquidos mínimos) no período de 6 meses. Qual é a solução ótima?

48. A WinterWearhouse opera uma loja de roupas especializada em trajes de esqui. Dada a natureza sazonal de seu negócio, frequentemente há desequilíbrio entre o momento de vencimento das contas do estoque adquirido e o momento em que as mercadorias são realmente vendidas e o dinheiro é recebido. Para os próximos seis meses, a empresa estimou as seguintes entradas e saídas de caixa:

	Mês					
	1	**2**	**3**	**4**	**5**	**6**
Recebíveis de caixa	$ 100.000	$ 225.000	$ 275.000	$ 350.000	$ 475.000	$ 625.000
Contas a vencer	$ 400.000	$ 500.000	$ 600.000	$ 300.000	$ 200.000	$ 100.000

A empresa deseja manter em caixa um saldo de $ 20.000 em dinheiro e atualmente possui um saldo de $ 100.000 disponível. A empresa pode tomar dinheiro de um banco local com a seguinte estrutura a termo de taxas de juros: 1 mês a 1%, 2 meses a 1,75%, 3 meses a 2,49%, 4 meses a 3,22% e 5 meses a 3,94%. Quando necessário, a empresa faz um empréstimo no fim de um mês e o quita, com juros, no final do mês em que a obrigação vence. Por exemplo, se a empresa tomar emprestado $ 10.000 por 2 meses no mês 3, terá de pagar $ 10.175 no fim do mês 5.

a. Crie um modelo de planilha para esse problema e resolva-o.
b. Qual é a solução ótima?
c. Suponha que o banco da empresa queira limitar os empréstimos da WinterWearhouse a não mais que $ 100.000 em cada nível na estrutura a termo de taxas de juros. Como esta restrição mudaria a solução para o problema?
d. Em face de sua resposta à questão c, quanto o limite de empréstimo do banco precisaria aumentar para obter uma solução viável?

49. A Fidelity Savings & Loans (FS&L) opera diversas agências bancárias em todo o sudeste dos Estados Unidos. Os funcionários da empresa desejam analisar a eficiência das diversas agências usando a DEA. Os seguintes dados foram selecionados para representar as apropriadas medidas de entrada e saída de cada agência bancária.

Agência	ROA	Novos empréstimos	Satisfação	Horas de mão de obra	Custos operacionais
1	5,32	770	92	3,73	6,34
2	3,39	780	94	3,49	4,43
3	4,95	790	93	5,98	6,31
4	6,01	730	82	6,49	7,28
5	6,40	910	98	7,09	8,69
6	2,89	860	90	3,46	3,23
7	6,94	880	89	7,36	9,07
8	7,18	970	99	6,38	7,42
9	5,98	770	94	4,74	6,75
10	4,97	930	91	5,04	6,35

a. Identifique os valores de entrada e saída da FS&L. Todos foram medidos na escala apropriada para a DEA?
b. Calcule a eficiência de cada agência.
c. Que agências são eficientes em termos de DEA?
d. Que níveis de entrada e de saída a agência 5 deve pretender para se tornar eficiente?

50. A cadeia de hotéis Embassy Lodge deseja comparar a eficiência de sua marca com a de seus maiores concorrentes usando a DEA. A Embassy coletou os dados listados na tabela a seguir em publicações comerciais do setor. A Embassy vê as percepções de satisfação e valor (pontuadas de 0 a 100, em que 100 é a melhor) como "saídas" produzidas em razão das seguintes "entradas": preço, conveniência, conforto dos quartos, climatização, serviço e qualidade da comida. (Todas as entradas são expressas em escalas nas quais menos é melhor.)

Marca	Satisfação	Valor	Preço	Conveniência	Conforto dos quartos	Controle de climatização	Serviço	Qualidade da comida
Embassy Lodge	88	82	90,00	2,3	1,8	2,7	1,5	3,3
Sheritown Inn	87	93	70,00	1,5	1,1	0,2	0,5	0,5
Hynton Hotel	78	87	75,00	2,2	2,4	2,6	2,5	3,2
Vacation Inn	87	88	75,00	1,8	1,6	1,5	1,8	2,3
Merrylot	89	94	80,00	0,5	1,4	0,4	0,9	2,6
FairPrice Inn	93	93	80,00	1,3	0,9	0,2	0,6	2,8
Jetty Park Inn	90	91	77,00	2,0	1,3	0,9	1,2	3,0
President's Suites	88	95	85,00	1,9	1,7	2,6	1,6	1,8
Johnson Loward's	94	78	90,00	1,4	1,2	0,0	0,8	2,1
Leeward Place	93	87	93,00	0,7	2,3	2,5	2,3	3,2
Magmun Opus	91	89	77,00	1,9	1,5	1,9	1,9	0,8
Rural Retreat	82	93	76,00	2,2	1,3	0,8	0,8	2,3
Sleep Well Inn	93	90	88,00	1,5	0,9	0,5	1,6	3,2
Comfort Cave	87	89	87,00	2,3	1,4	1,2	2,2	2,0
Nights Inn	92	91	85,00	1,4	1,3	0,6	1,4	2,1
Western Hotels	97	92	90,00	0,3	1,7	1,7	1,7	1,8

a. Calcule a eficiência de cada marca.
b. Que marcas são eficientes?
c. O Embassy Lodge é eficiente? Caso não seja, que valores de entrada e de saída deve alcançar para se tornar eficiente?

Colocando a Link na cadeia de suprimentos — CASO 3.1

Rick Eldridge é o novo vice-presidente de operações da Golfer's Link (TGL), uma empresa especializada na produção de tacos de golfe de qualidade a preços módicos. Rick foi contratado basicamente devido à sua experiência em gerenciamento de cadeia de suprimentos (SCM). O SCM é o planejamento e o controle integrados de todos os recursos no processo logístico, desde a aquisição de matéria-prima até a entrega dos produtos acabados ao usuário final. Enquanto o SCM busca otimizar todas as atividades na cadeia de suprimento, incluindo transações entre empresas, a primeira prioridade de Rick é assegurar que todos os aspectos da produção e distribuição dentro da TGL funcionem de maneira otimizada.

A TGL fabrica três diferentes linhas de tacos de golfe para homens, mulheres e crianças, nas instalações de fabricação localizadas em Daytona Beach, Memphis e Tempe. A fábrica em Tempe produz todas as três linhas de tacos, enquanto a de Daytona fabrica apenas as linhas Masculino e Feminino, e a fábrica em Memphis produz apenas as linhas Feminino e Infantil. Cada linha de tacos exige quantidades variáveis de três matérias-primas que algumas vezes estão com suprimento baixo: titânio, alumínio e um tipo especial de madeira resistente que a TGL usa em todos os seus cabos. O processo de fabricação de cada linha de tacos em cada fábrica é o mesmo. Dessa forma, as quantidades de cada um desses materiais necessários em cada conjunto das diferentes linhas de tacos estão detalhadas a seguir:

	Recursos necessários por conjunto de tacos (em libras)		
	Masculino	**Feminino**	**Infantil**
Titânio	2,9	2,7	2,5
Alumínio	4,5	4	5
Madeira	5,4	5	4,8

A quantidade prevista de cada um dos principais recursos disponíveis em cada fábrica durante o próximo mês é:

	Disponibilidade prevista de recursos (em libras)		
	Daytona	**Memphis**	**Tempe**
Titânio	4.500	8.500	14.500
Alumínio	6.000	12.000	19.000
Madeira	9.500	16.000	18.000

A reputação de qualidade e bons preços da TGL garante que consiga vender todos os tacos que fabricar. No atacado, as linhas masculina, feminina e infantil geram receitas de $ 225, $ 195 e $ 165, respectivamente, não importa onde tenham sido fabricadas. Os conjuntos de tacos são enviados das instalações de fabricação para centros de distribuição em Sacramento, Denver e Pittsburgh. A cada mês, os diferentes centros de distribuição solicitam as quantidades de conjuntos de tacos de cada uma das três linhas que gostariam de receber. O contrato da TGL com o distribuidor estabelece que os pedidos sejam atendidos em pelo menos 90% (mas não mais que 100%).

	Número de conjuntos de tacos pedidos		
	Masculino	**Feminino**	**Infantil**
Sacramento	700	900	900
Denver	550	1.000	1.500
Pittsburgh	900	1.200	1.100

O custo de remessa de um conjunto de tacos para cada distribuidor a partir de cada instalação de produção está detalhado na próxima tabela. Observe novamente que Daytona não fabrica conjuntos de tacos infantis e que Memphis não produz conjuntos de tacos masculinos.

	Custos de remessa						
	Masculino		**Feminino**			**Infantil**	
Para/De	**Daytona**	**Tempe**	**Daytona**	**Memphis**	**Tempe**	**Memphis**	**Tempe**
Sacramento	$ 51	$ 10	$ 49	$ 33	$ 9	$ 31	$ 8
Denver	$ 28	$ 43	$ 27	$ 22	$ 42	$ 21	$ 40
Pittsburgh	$ 36	$ 56	$ 34	$ 13	$ 54	$ 12	$ 52

Rick pediu que você determinasse o plano ótimo de produção e remessas para o próximo mês.

1. Crie um modelo de planilha para esse problema e resolva-o. Qual é a solução ótima?
2. Se Rick quiser melhorar essa solução, que recursos adicionais seriam necessários e onde? Explique.
3. Qual seria o lucro ótimo da TGL se a companhia não tivesse que fornecer pelo menos 90% dos pedidos de cada distribuidor?
4. Suponha que o acordo da TGL incluísse a opção de pagamento de uma multa de $ 10.000 se não conseguir fornecer pelo menos 90% do pedido de cada distribuidor, mas em vez disso fornecesse pelo menos 80% do pedido. Comente os prós e contras de a TGL exercer essa opção.

Operações cambiais na Baldwin Enterprises

CASO 3.2

A Baldwin Enterprises é uma grande empresa de manufatura com divisões de operação e vendas nos Estados Unidos e em diversos outros países. O diretor financeiro da organização, Wes Hamrick, está preocupado com a quantia de dinheiro que a Baldwin tem gasto com custos de transações nos mercados internacionais de câmbio e, por isso, pediu que você o ajudasse a otimizar as funções de tesouraria de câmbio da Baldwin.

Com operações em diversos países, a Baldwin mantém ativos de caixa em diversas moedas diferentes: dólares dos EUA (USD), euros da União Europeia (EUR), libras da Grã-Bretanha (GBP), dólares de Hong Kong (HKD) e ienes do Japão (JPY). Para atender às diferentes necessidades de fluxo de caixa associadas com suas operações em todo o mundo, frequentemente a Baldwin deve transferir fundos de um local (e moeda) para outro. Por exemplo, para pagar uma despesa de manutenção inesperada em suas instalações no Japão, a Baldwin pode ter de converter parte de seu saldo em dólares norte-americanos em ienes japoneses.

O mercado internacional de câmbio (FX) é uma rede de instituições financeiras e corretores em que pessoas, empresas, bancos e governos compram e vendem moedas de diferentes países. Fazem desse modo para financiar o comércio internacional, investir ou fazer negócios no exterior ou especular com as mudanças de preços de moedas. O mercado FX funciona 24 horas por dia e representa o maior e mais líquido mercado da economia global. Em média, equivalente a cerca de $ 1,5 trilhão em diferentes moedas é negociado diariamente no mercado FX em todo o mundo. A liquidez do mercado proporciona às empresas acesso aos mercados internacionais de mercadorias e serviços ao fornecer as moedas necessárias para as transações em todo mundo (consulte: <http://www.ny.frb.org/fxc>).

O mercado FX funciona de uma maneira bem similar ao mercado de ações ou *commodities*: há um preço de oferta e outro de venda para cada mercadoria (ou, nesse caso, moeda). Preço de compra é o que o mercado paga para comprar uma moeda em particular e o preço de venda é o que o mercado deseja receber para vender uma moeda. Normalmente, os preços de venda são ligeiramente maiores que os de compra para uma mesma moeda – o que representa o custo da transação ou o lucro obtido pelas organizações que sustentam a liquidez do mercado.

A tabela a seguir detalha as taxas atuais do mercado FX para as moedas que no presente a Baldwin possui. As entradas nessa tabela representam as taxas de conversão de cada moeda em relação às demais.

Converte\Em	USD	EUR	GBP	HKD	JPY
USD	1	1,01864	0,6409	7,7985	118,55
EUR	0,9724	1	0,6295	7,6552	116,41
GBP	1,5593	1,5881	1	12,154	184,97
HKD	0,12812	0,1304	0,0821	1	15,1005
JPY	0,00843	0,00856	0,0054	0,0658	1

Por exemplo, a tabela indica que uma libra da Grã-Bretanha (GBP) pode ser trocada (ou vendida) por 1,5593 dólares dos EUA (USD). Dessa forma, $ 1,5593 é o preço de compra, em USD, para uma libra da Grã-Bretanha. Alternativamente, a tabela indica que um dólar dos EUA (USD) pode ser convertido (vendido) em 0,6409 libra da Grã-Bretanha (GBP). De modo que se gasta cerca de 1,5603 dólar dos EUA (ou 1/0,6409) para comprar uma libra da Grã-Bretanha (ou, o preço de venda, em dólares dos EUA, para uma libra da Grã-Bretanha é cerca de $ 1,5603).

Observe que, se você pegasse uma libra da Grã-Bretanha, a convertesse em 1,5593 dólares dos EUA e então convertesse de volta esses 1,5593 dólares em libras da Grã-Bretanha, terminaria com somente 0,999355 libras da Grã-Bretanha (isto é, $1 \times 1{,}5593 \times 0{,}6409 = 0{,}999355$). O dinheiro que você perde nessa troca é o custo da transação.

O portfólio de moedas atual da Baldwin é de 2 milhões de dólares norte-americanos, 5 milhões de euros, 1 milhão de libras, 3 milhões de dólares de Hong Kong e 30 milhões de ienes. Esse portfólio é equivalente a USD$ 9.058.560 sob as taxas de câmbio atuais (dadas acima). Wes pediu que você projetasse um plano de negociação de moedas que aumentasse a quantia de euros e ienes da Baldwin para 8 milhões de euros e 54 milhões de ienes, respectivamente, ao mesmo tempo que mantivesse o equivalente a pelo menos USD$ 250.000 em cada moeda. A Baldwin mede os custos das transações como a mudança no valor do portfólio equivalente em dólares norte-americanos.

1. Crie um modelo de planilha para esse problema e resolva-o.
2. Qual é o plano ótimo de negociação?
3. Qual é o custo ótimo de transação (em dólares norte-americanos)?
4. Suponha que outro executivo acredite que manter o equivalente a USD$ 250.000 em cada moeda seja excessivo e queira baixar essa quantia para o equivalente a USD$ 50.000 em cada moeda. Isso ajudaria a diminuir o custo de transações? Justifique sua resposta.
5. Suponha que a taxa de câmbio para converter USD em GBP aumentou de 0,6409 para 0,6414. O que aconteceria com a solução ótima nesse caso?

CASO 3.3 O fundo de pensão da Wolverine

Kelly Jones é analista financeiro da Wolverine Manufacturing, uma empresa que fabrica rolamentos para motores destinados à indústria automotiva. A Wolverine está desenvolvendo um novo acordo trabalhista com sua força de trabalho sindicalizada. Uma das maiores preocupações do sindicato é o financiamento do plano de aposentadoria da Wolverine para seus empregados horistas. O sindicato acredita que a empresa não tem contribuído com dinheiro suficiente para esse fundo, de modo que cobra os benefícios que terão de ser pagos para os empregados aposentados. Por isso, o sindicato quer que a empresa contribua com aproximadamente $ 1,5 milhão adicional para esse fundo ao longo dos próximos vinte anos. Essas contribuições começariam com um pagamento extra de $ 20.000 ao fim do ano 1, com os pagamentos aumentando em 12,35% ao ano nos próximos dezenove anos.

O sindicato solicitou que a empresa criasse um fundo de amortização para cobrir os pagamentos extras anuais para o fundo de pensão. O diretor financeiro da Wolverine e o negociador chefe do sindicato concordaram que poderiam ser usados títulos com classificação AAA emitidos recentemente por três diferentes empresas para criar esse fundo. A tabela a seguir detalha as previsões para essas obrigações.

Empresa	Vencimento	Pagamento de cupons	Preço	Valor nominal
AC&C	15 anos	$ 80	$ 847, 88	$ 1.000
IBN	10 anos	$ 90	$ 938,55	$ 1.000
MicroHard	20 anos	$ 85	$ 872,30	$ 1.000

De acordo com essa tabela, a Wolverine pode comprar os títulos emitidos pela AC&C por $ 847,88 a unidade. Cada título AC&C pagará a seu detentor $ 80 por ano nos próximos quinze anos, mais um pagamento extra de $ 1.000 (o valor nominal) no décimo quinto ano. Interpretações similares se aplicam às informações dos títulos da IBN e da MicroHard. Um fundo de mercado financeiro que renda 5% pode ser usado para manter os pagamentos de quaisquer cupons que não sejam necessários para atender às necessidades de pagamento do fundo de pensão em determinado ano.

O diretor financeiro da Wolverine pediu que Kelly determinasse quanto dinheiro a empresa teria de investir e quais títulos deveria comprar para atender às exigências do sindicato.

1. No lugar de Kelly, o que você diria ao diretor financeiro?
2. Suponha que o sindicato insista na inclusão de uma das seguintes cláusulas no acordo:
   a. No máximo a metade do número total de títulos comprados pode ser de uma única empresa.
   b. Pelo menos 10% do número total de títulos deve ser adquirido de cada uma das empresas.

Com que cláusula a Wolverine deve concordar?

CASO 3.4 Salvando os peixes-boi

"Então como eu vou gastar esse dinheiro?", pensou Tom Wieboldt, enquanto olhava sentado as imagens e pôsteres de peixes-boi em seu escritório. Como ávido ambientalista, Tom é presidente da "Amigos dos Peixes-Boi" – uma organização sem fins lucrativos que defende a criação de uma legislação para proteger os peixes-boi.

Peixes-boi são mamíferos aquáticos de grande porte, de cor marrom acinzentada, cujos corpos terminam em uma cauda plana em forma de remo. Estas criaturas gentis e lentas crescem até uma média de 10 pés quando adultos e pesam em média 1.000 libras. Os peixes-boi são encontrados em rios rasos e de pouca correnteza, estuários, baías de água salgada, canais e áreas costeiras. Nos Estados Unidos, eles concentram-se na Flórida durante o inverno, mas podem ser encontrados nos meses de verão mais a oeste, até o Alabama, e mais ao norte, até a Virgínia e as Carolinas. Eles não têm predadores naturais e a perda do hábitat é a mais séria ameaça que os peixes-boi enfrentam atualmente. A maioria das mortes de peixes-boi provocadas por seres humanos ocorre em colisões com embarcações motorizadas.

A organização de Tom apoia um projeto de lei na assembleia legislativa da Flórida para restringir o uso de embarcações motorizadas em áreas habitadas por peixes-boi. Prevê-se que esse projeto de lei entre em votação durante a atual legislatura. Tom recentemente recebeu uma ligação de uma organização nacional de proteção indicando que eles vão doar $ 300.000 para a Amigos dos Peixes-Boi para ajudar a aumentar a consciência pública sobre o dilema desses animais e para encorajar os eleitores a pedirem que seus representantes na assembleia legislativa votem em favor desse projeto de lei. Tom pretende usar o dinheiro doado para comprar espaço publicitário em diversos tipos de mídia a fim de "espalhar a mensagem" durante as quatro semanas anteriores à votação.

Tom está considerando várias alternativas de publicidade: jornais, televisão, rádio, *outdoors* e revistas. Um consultor de marketing repassou os seguintes dados a respeito dos custos e da efetividade dos diversos tipos de mídia que estão sendo levados em consideração.

Mídia publicitária	Custo unitário	Escore de impacto unitário
Meia página, jornal diário	$ 800	55
Página inteira, jornal diário	$ 1.400	75
Meia página, jornal de domingo	$ 1.200	65
Página inteira, jornal de domingo	$ 1.800	80
Espaço na TV durante o dia	$ 2.500	85
Espaço na TV durante a noite	$ 3.500	100
Outdoors em rodovias	$ 750	35
Espaço de 15 segundos no rádio	$ 150	45
Espaço de 30 segundos no rádio	$ 300	55
Meia página, revista	$ 500	50
Página inteira, revista	$ 900	60

De acordo com o consultor de marketing, o tipo mais efetivo de publicidade para a organização de Tom seriam pequenos anúncios na TV nas primeiras horas da noite. Dessa forma, esse tipo de publicidade recebeu um "escore de impacto unitário" de 100. Os outros tipos de publicidade receberam então avaliações de impacto que refletem sua efetividade esperada relativamente a um anúncio na televisão à noite. Por exemplo, espera-se que um anúncio de meia página em revista tenha metade da efetividade de um anúncio vespertino na TV e, por esse motivo, a publicidade em revista recebeu um escore de impacto unitário igual 50.

Tom deseja distribuir os $ 300.000 entre as diferentes alternativas de publicidade a fim de maximizar o impacto obtido. Entretanto, ele crê que é importante espalhar sua mensagem entre os diversos canais de publicidade, já que nem todas as pessoas ouvem rádio ou assistem TV à noite.

Os dois jornais mais lidos do estado da Flórida são o *Orlando Sentinel* e o *Miami Herald*. Durante as quatro semanas anteriores à votação, Tom deseja colocar anúncios de meia página nas versões diárias (de segunda-feira a sábado) de cada um desses jornais, pelo menos três vezes por semana. Ele também deseja colocar um anúncio de página inteira em cada jornal na semana anterior à votação (edição diária) e mais anúncios de página inteira, se estes forem úteis. Tom também quer colocar anúncios de página inteira nas edições de domingo de cada jornal, no domingo anterior à votação. Ele não quer colocar anúncios de página inteira e de meia página em um mesmo jornal, no mesmo dia. De modo que o número máximo de anúncios de página inteira e de meia página que podem ser colocados em jornais diários deve ser 48 (isto é, 4 semanas × 6 dias por semana × 2 jornais = 48). De maneira similar, o número máximo de anúncios de página inteira e de meia página que podem ser colocados em jornais de domingo é oito.

Tom quer veicular pelo menos um e não mais que três anúncios de TV durante o dia, todos os dias no período de quatro semanas. Ele também deseja colocar pelo menos um anúncio na TV toda noite, mas não mais que dois por noite.

No estado, há dez *outdoors* disponíveis durante as quatro semanas anteriores à votação. Tom quer colocar pelo menos um *outdoor* nas cidades de Orlando, Tampa e Miami.

Ele julga que veicular imagens dos graciosos, gorduchos e amáveis peixes-boi na mídia impressa é uma vantagem em comparação aos anúncios no rádio. Entretanto, os anúncios no rádio são relativamente baratos e podem atingir pessoas que as outras mídias não atingirão. Dessa forma, Tom deseja veicular pelo menos dois anúncios de 15 segundos e pelo menos dois anúncios de 30 segundos no rádio a cada dia. Entretanto, ele quer limitar o número de propaganda no rádio a cinco anúncios de 15 segundos e a cinco anúncios de 30 segundos por dia.

Há três diferentes revistas semanais em que Tom pode colocar anúncios. Ele quer colocar anúncios de página inteira em cada uma das revistas em algum momento durante o período de quatro semanas. Entretanto, não deseja colocar anúncios de página inteira e de meia página na mesma revista, na mesma semana. Dessa forma, o número total de anúncios de página inteira e de meia página em revistas não deve exceder a 12 (ou seja, 4 semanas × 3 revistas × 1 anúncio por revista por semana = 12 anúncios).

Apesar de Tom ter uma noção dos números mínimo e máximo de anúncios que deverão ser colocados nos diversos tipos de mídia, ele não tem certeza de quanto dinheiro gastará com isso. E, se Tom puder atender a todas as exigências mínimas, ele realmente não sabe qual é a melhor maneira de gastar os recursos restantes. Por isso, Tom novamente se perguntou: "Como vou gastar esse dinheiro?"

1. Crie um modelo de planilha para esse problema e resolva-o. Qual é a solução ótima?
2. Das restrições que Tom colocou para esse problema, o que está "segurando" ou impedindo que a função objetivo seja melhorada ainda mais?
3. Suponha que Tom queira aumentar o número permitido de anúncios de TV durante a noite. Quanto isso melhoraria a solução?
4. Suponha que Tom queira dobrar o número permitido de anúncios veiculados a cada dia no rádio. Quanto isso melhoraria a solução?

Capítulo 4

Análise de sensibilidade e o método Simplex

4.0 Introdução

Nos Capítulos 2 e 3, estudamos como formular e resolver modelos de programação linear (PL) para diversos problemas de decisão. Entretanto, a formulação e a solução de um modelo de PL não significam necessariamente que o problema de decisão original foi resolvido. Após a solução de um modelo de PL, surgem diversas questões relacionadas com a solução ótima. Em particular, podemos nos interessar sobre quão sensível a solução ótima é em relação a alterações nos diversos coeficientes do modelo de PL.

As empresas raramente sabem com certeza quais os custos em que incorrerão ou a quantidade exata de recursos que serão utilizados em dada situação ou período. Dessa forma, as gerências podem ser céticas quanto a soluções ótimas obtidas com o uso de modelos que assumem que todos os fatores relevantes são conhecidos com certeza. A análise de sensibilidade pode ajudar a contornar esse ceticismo e oferecer uma melhor descrição de como a solução de um problema vai se modificar se diferentes fatores no modelo forem alterados. A análise de sensibilidade também pode ajudar a responder a diversas questões gerenciais que podem surgir quanto à solução para um problema de PL.

4.1 A finalidade da análise de sensibilidade

Conforme observado no Capítulo 2, qualquer problema que possa ser declarado na forma abaixo é um problema de PL:

$$\begin{array}{ll} \text{MAX (ou MIN):} & c_1X_1 + c_2X_2 + \ldots + c_nX_n \\ \text{Sujeito a:} & a_{11}X_1 + a_{12}X_2 + \ldots + a_{1n}X_n \leq b_1 \\ & \vdots \\ & a_{k1}X_1 + a_{k2}X_2 + \ldots + a_{kn}X_n \geq b_k \\ & \vdots \\ & a_{m1}X_1 + a_{m2}X_2 + \ldots + a_{mn}X_n = b_m \end{array}$$

Todos os coeficientes desse modelo (c_j, a_{ij} e b_i) são constantes numéricas. De modo que, quando formulamos e resolvemos um problema de PL, implicitamente assumimos que podemos especificar os valores exatos para esses coeficientes. Entretanto, no mundo real, esses coeficientes podem mudar de um dia para o outro ou mesmo de um minuto para o seguinte. Por exemplo, o preço que uma empresa cobra por seus produtos pode mudar diária, semanal ou mensalmente. De maneira similar, se um operário experiente ficar doente, um fabricante pode ter uma diminuição na capacidade de produzir itens em determinada máquina em relação ao que foi originalmente planejado.

Ao perceber que existem tais incertezas, um gerente deve considerar quão sensível é uma solução de modelo de PL a possíveis alterações ou erros de estimativa: (1) nos coeficientes da função objetivo (c_j), (2) nos coeficientes de restrição (a_{ij}) e (3) nos valores de RHS para as restrições (b_i). Um gerente também pode fazer diversas perguntas do tipo "O que aconteceria se?" sobre esses valores. Por exemplo, o que aconteceria se o custo do produto aumentasse em 7%? O que aconteceria se uma redução no tempo de configuração de uma máquina permitisse capacidade adicional a essa máquina? O que aconteceria se a sugestão de um operário fizesse com que um produto precisasse de somente duas horas de trabalho em vez de três? A análise de sensibilidade se volta para essas questões ao avaliar a sensibilidade de uma solução à incerteza ou a erros de estimativa quanto aos coeficientes do modelo e também quanto à sensibilidade de uma solução em relação a mudanças nos coeficientes do modelo que possam ocorrer devido à intervenção humana.

4.2 Abordagens para a análise de sensibilidade

Você pode executar a análise de sensibilidade em um modelo de PL de diversas maneiras. Se quiser determinar o efeito de alguma alteração no modelo, a abordagem mais direta é simplesmente modificar o modelo e resolvê-lo novamente. Essa abordagem é apropriada se o modelo não demandar muito tempo para ser modificado ou resolvido. Além disso, se você estiver interessado em estudar as consequências da mudança *simultânea* de diversos coeficientes no modelo, essa pode ser a única abordagem prática para a análise de sensibilidade.

O Solver também fornece informações sobre sensibilidade após resolver um problema de PL. Conforme mencionado no Capítulo 3, um dos benefícios de usar o método Simplex para resolver problemas de PL é que esse método é consideravelmente mais rápido do que as outras técnicas de otimização oferecidas pelo Solver. Entretanto, outra vantagem de usar o método Simplex é que fornece mais informações de análise de sensibilidade do que as outras técnicas. Em particular, trata-se de um método que nos oferece informações sobre:

- A faixa de valores que os coeficientes da função objetivo podem assumir sem alterar a solução ótima.
- O impacto sobre o valor ótimo da função objetivo de aumentos ou reduções na disponibilidade dos diversos recursos limitados.
- O impacto sobre o valor ótimo da função objetivo de mudanças forçadas dos valores de algumas variáveis de decisão mais distantes dos valores ótimos.
- O impacto que alterações nos coeficientes das restrições terão sobre a solução ótima para o problema.

4.3 Um problema exemplo

Utilizaremos novamente o problema da Blue Ridge Hot Tubs para ilustrar os tipos de análise de sensibilidade disponíveis usando o Solver. A formulação de PL do problema é repetida aqui, em que X_1 representa o número de Aqua-Spas e X_2 o número de Hydro-Luxes a ser produzidos:

$$
\begin{array}{llrcrl}
\text{MAX:} & 350X_1 + 300X_2 & & & & \} \text{ lucro} \\
\text{Sujeito a:} & 1X_1 + 1X_2 & \leq & 200 & & \} \text{ restrição de bomba} \\
 & 9X_1 + 6X_2 & \leq & 1.566 & & \} \text{ restrição de trabalho} \\
 & 12X_1 + 16X_2 & \leq & 2.880 & & \} \text{ restrição de tubulação} \\
 & X_1, X_2 & \geq & 0 & & \} \text{ condições de não negatividade}
\end{array}
$$

Esse modelo foi implementado na planilha mostrada na Figura 4.1 (e no arquivo Fig4-1.xls, disponível na página deste livro no site da editora). (Veja no Capítulo 3 os detalhes sobre os procedimentos usados para criar e resolver esse modelo de planilha.) Após resolver o modelo de PL, o Solver exibe a caixa de diálogo Resultados do Solver, mostrada na Figura 4.1. Essa caixa de diálogo oferece três opções de relatório: Resposta, Sensibilidade e Limites. Você pode selecionar qualquer um desses relatórios após um modelo ter sido resolvido. Para selecionar os três relatórios juntos, ilumine-os e então clique em OK. Para acessar cada relatório individualmente, clique na guia apropriada na parte inferior da tela.

Observação sobre o software

Quando for resolver um problema de PL, certifique-se de usar os padrões do LP Simplex. Isso permite a máxima quantidade de informação de análise de sensibilidade nos relatórios discutidos neste capítulo.

4.4 O Relatório de Resposta

A Figura 4.2 mostra o Relatório de Resposta (*Answer Report*) para o problema da Blue Ridge Hot Tubs. Para criar esse relatório, primeiro resolva o problema de PL de maneira usual e, em seguida, clique em Reports, Optimization, Answer na aba do Analytic Solver Platform. Esse relatório apresenta a solução do problema e é praticamente autoexplicativo. A primeira seção do relatório apresenta o valor original e o final (ótimo) da célula de destino. A seção seguinte apresenta o valor original e o final (ótimo) das células das variáveis de decisão.

A seção final desse relatório fornece informações sobre as restrições. Em particular, a coluna *Cell Value* (Valor da Célula) mostra o valor final (ótimo) assumido por cada célula de restrição. Observe que esses valores correspondem ao valor final assumido pela fórmula do LHS de cada restrição. A coluna *Formula* indica os limites superior ou inferior

FIGURA 4.1 *Um modelo de planilha para o problema de* mix *de produtos da Blue Ridge Hot Tubs.*

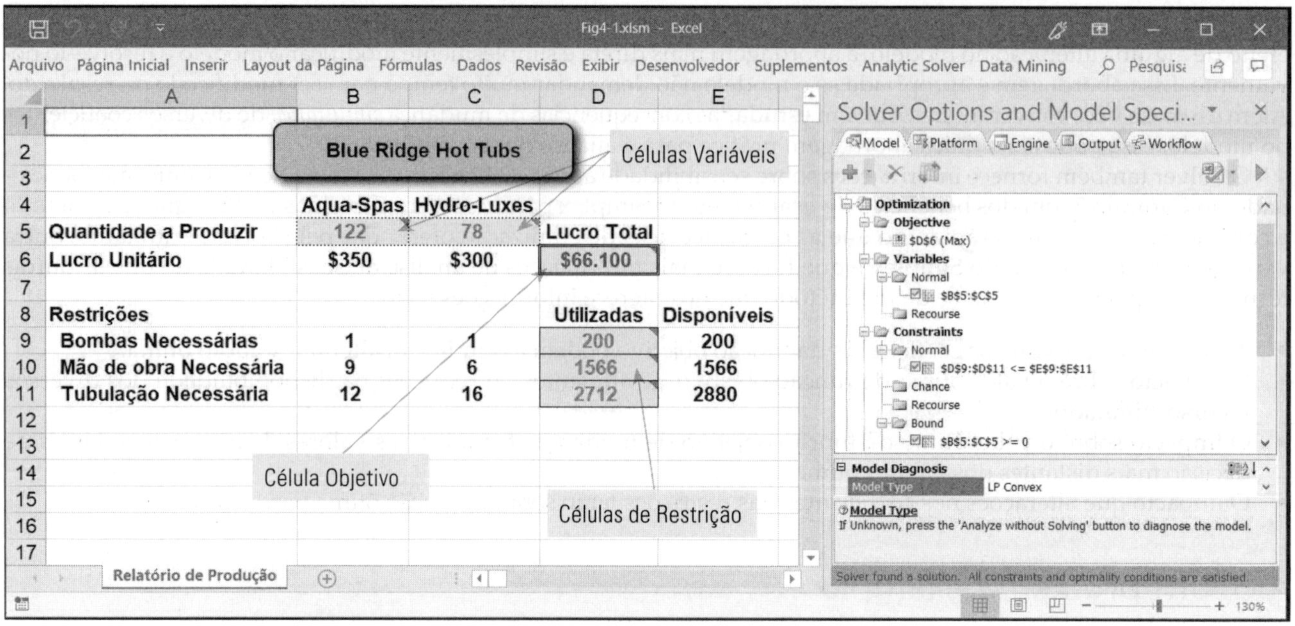

FIGURA 4.2 *Relatório de Resposta para o problema da Blue Ridge Hot Tubs.*

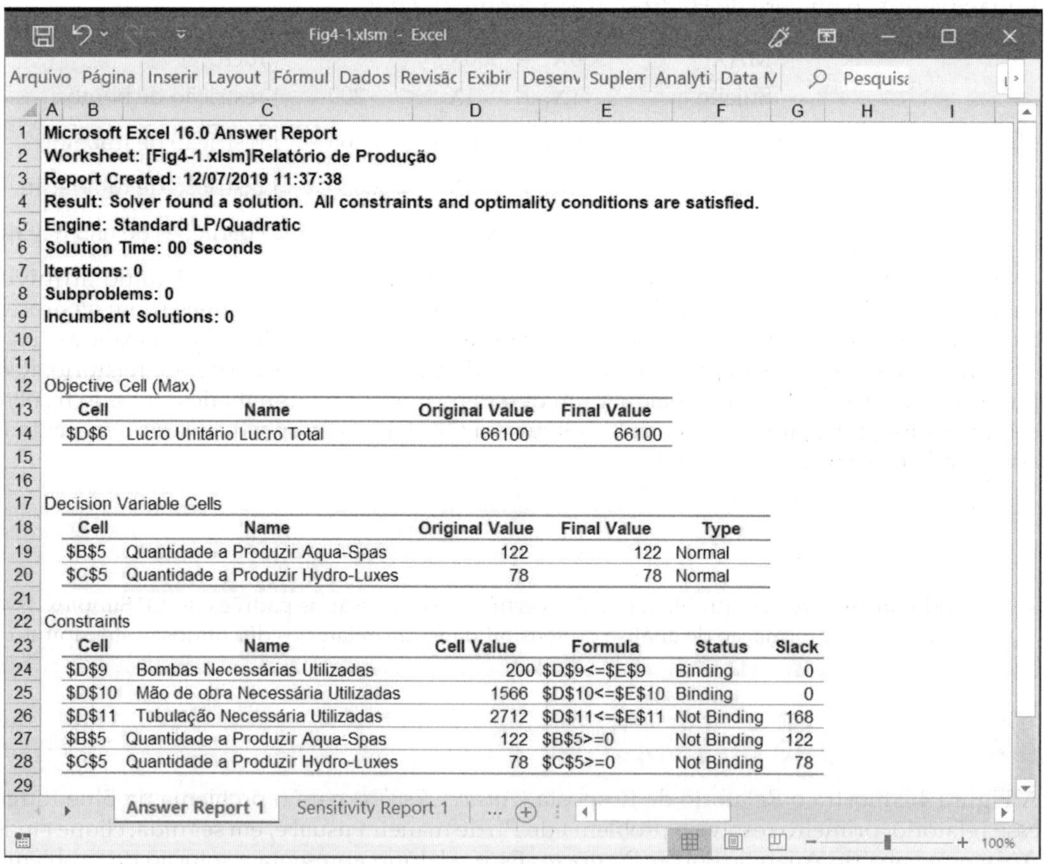

que se aplicam a cada célula de restrição. A coluna *Status* indica quais restrições são limitantes e quais não são limitantes. Uma restrição é **limitante** se for satisfeita como uma igualdade estrita na solução ótima; de outra maneira, é **não limitante**. Observe que as restrições para o número de bombas e a quantidade de trabalho usado são ambas limitantes, o que significa que *todas* as bombas e *todas* as horas de trabalho disponíveis serão usadas se essa solução for implementada. Dessa forma, essas restrições estão impedindo que a Blue Ridge Hot Tubs consiga um maior nível de lucro.

Finalmente, os valores na coluna *Slack* (Folga) indicam a diferença entre o LHS e o RHS de cada restrição. Por definição, restrições limitantes têm folga zero e restrições não limitantes têm algum nível positivo de folga. Os valores na coluna *Slack* indicam que, se essa solução for implementada, todas as bombas e as horas de trabalho disponíveis serão usadas, mas sobrarão 168 pés de tubulação. Os valores de folga para condições de não negatividade indicam as quantias pelas quais as variáveis de decisão excedem seus respectivos limites inferiores iguais a zero.

O Relatório de Resposta não fornece nenhuma informação que não possa ser derivada da solução mostrada no modelo de planilha. Entretanto, esse relatório fornece um sumário conveniente da solução que pode ser facilmente incorporado em um documento como parte de um relatório gerencial.

Cabeçalhos de relatório

Ao criar os relatórios descritos neste capítulo, o Solver tentará usar diversas entradas de texto da planilha original para gerar cabeçalhos e identificações significativos para os relatórios. Devido às diversas maneiras pelas quais um modelo pode ser implementado, o Solver nem sempre produzirá cabeçalhos significativos. Entretanto, você pode alterar qualquer entrada de texto para tornar o relatório mais significativo ou descritivo.

4.5 O Relatório de Sensibilidade

A Figura 4.3 mostra o Relatório de Sensibilidade (*Sensitivity Report*) para o problema da Blue Ridge Hot Tubs. Para criar esse relatório, resolva o problema de PL da maneira usual, então clique em Reports, Optimization, Sensitivity na aba do Analytic Solver Platform. Esse relatório apresenta informações sobre as células variáveis e as restrições

FIGURA 4.3 *Relatório de Sensibilidade para o problema da Blue Ridge Hot Tubs.*

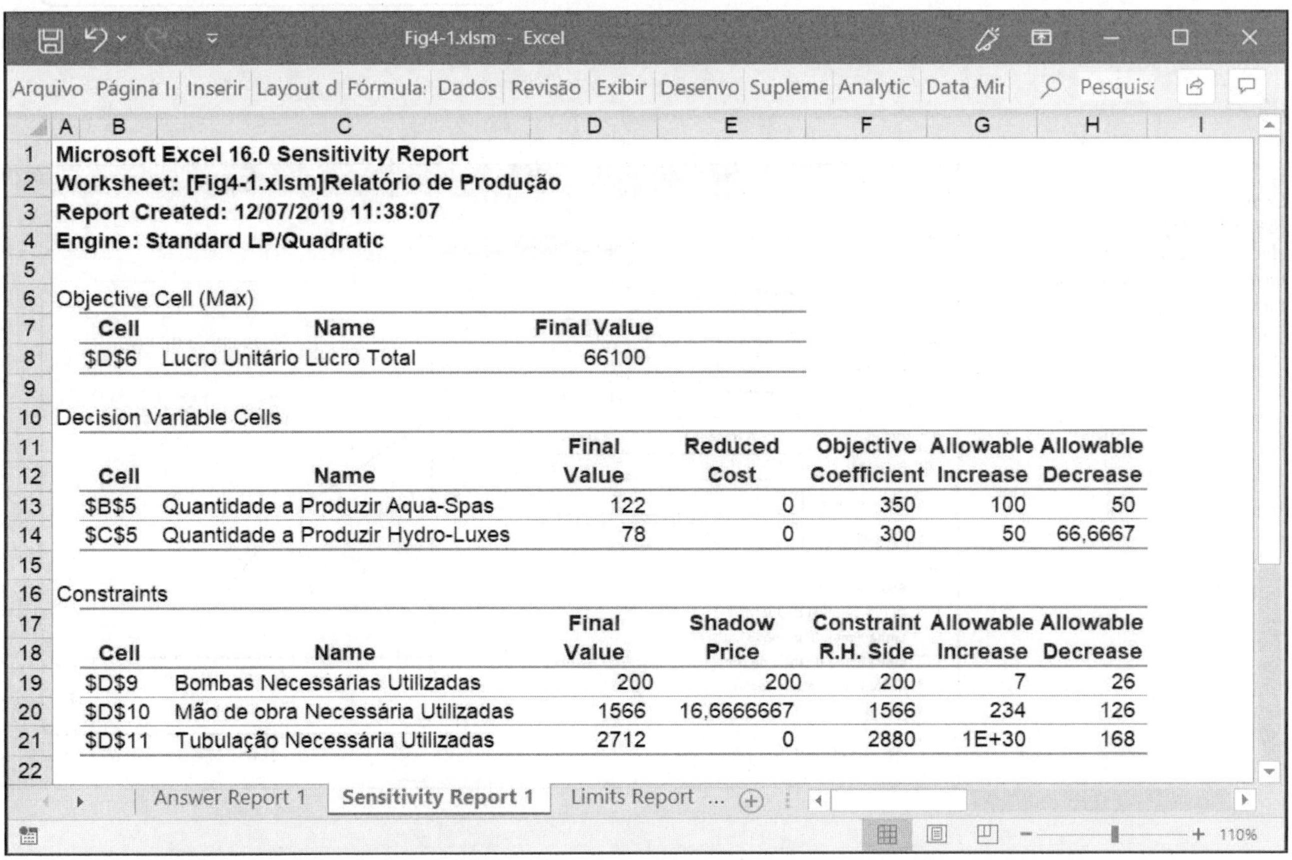

Microsoft Excel 16.0 Sensitivity Report
Worksheet: [Fig4-1.xlsm]Relatório de Produção
Report Created: 12/07/2019 11:38:07
Engine: Standard LP/Quadratic

Objective Cell (Max)

Cell	Name	Final Value
$D$6	Lucro Unitário Lucro Total	66100

Decision Variable Cells

Cell	Name	Final Value	Reduced Cost	Objective Coefficient	Allowable Increase	Allowable Decrease
$B$5	Quantidade a Produzir Aqua-Spas	122	0	350	100	50
$C$5	Quantidade a Produzir Hydro-Luxes	78	0	300	50	66,6667

Constraints

Cell	Name	Final Value	Shadow Price	Constraint R.H. Side	Allowable Increase	Allowable Decrease
$D$9	Bombas Necessárias Utilizadas	200	200	200	7	26
$D$10	Mão de obra Necessária Utilizadas	1566	16,6666667	1566	234	126
$D$11	Tubulação Necessária Utilizadas	2712	0	2880	1E+30	168

para o nosso modelo. Essas informações são úteis na avaliação de quão sensível a solução ótima é com respeito a alterações em diversos coeficientes do modelo.

4.5.1 ALTERAÇÕES NOS COEFICIENTES DA FUNÇÃO OBJETIVO

No Capítulo 2, fizemos a introdução da abordagem em curva de nível para resolver graficamente um problema de PL e mostramos como usar essa abordagem para resolver o problema da Blue Ridge Hot Tubs. Essa solução gráfica é repetida na Figura 4.4 (e no arquivo Fig4-4.xlsm, disponível na página deste livro no site da editora).

FIGURA 4.4
Gráfico da região viável e da solução ótima originais.

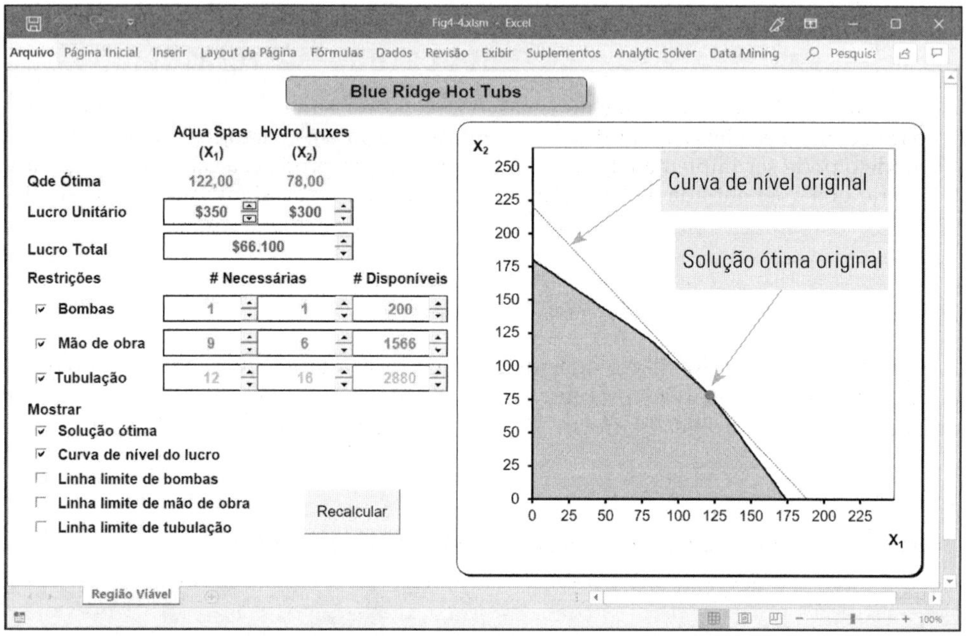

FIGURA 4.5
Como uma alteração no coeficiente da função objetivo pode mudar a inclinação da curva de nível e a solução ótima.

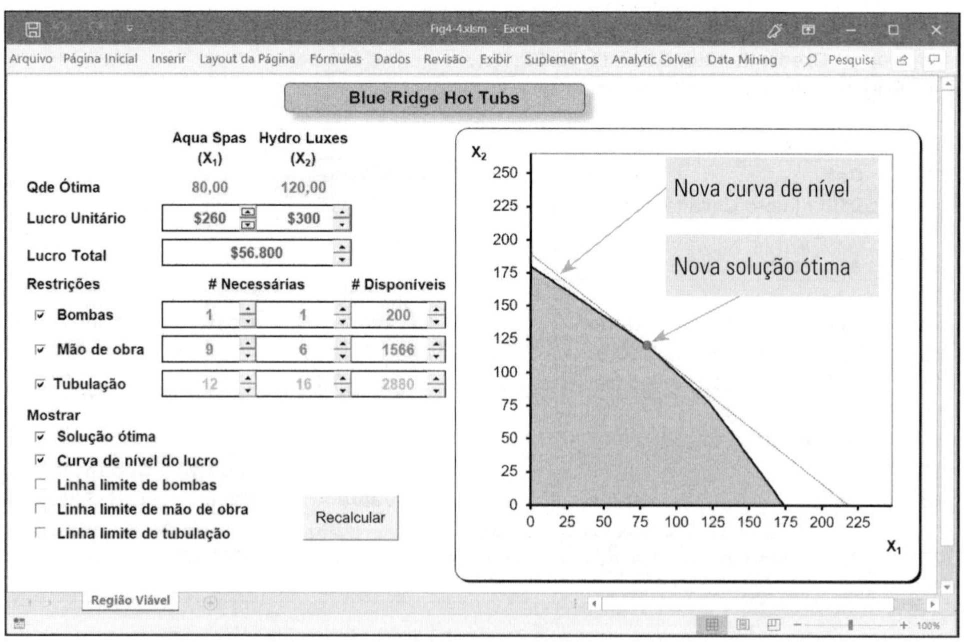

A inclinação da curva de nível original na Figura 4.4 é determinada pelos coeficientes na função objetivo do modelo (os valores 350 e 300). Na Figura 4.5, podemos ver que, se a inclinação da curva de nível fosse diferente, o ponto extremo representado por $X_1 = 80$, $X_2 = 120$ seria a solução ótima. Certamente, a única maneira de alterar a curva de nível para a função objetivo é modificar os coeficientes na função objetivo. De modo que, se os coeficientes da função objetivo forem todos incertos, podemos nos interessar em determinar o quanto esses valores poderiam ser alterados antes que a solução ótima se alterasse.

Por exemplo, se o proprietário da Blue Ridge Hot Tubs não tiver controle completo sobre os custos de produção das banheiras (o que é provável, uma vez que ele compra as cubas de fibra de vidro pré-fabricadas de outra empresa), os valores do lucro na função objetivo de nosso modelo de PL podem não coincidir com os lucros exatos gerados pelas banheiras no futuro. Portanto, antes de o gerente decidir produzir 122 Aqua-Spas e 78 Hydro-Luxes, ele pode determinar o quão sensível essa solução é em relação aos valores do lucro no objetivo. Isto é, o gerente pode querer determinar o quanto os valores do lucro poderiam ser alterados antes que a solução ótima de $X_1 = 122$, $X_2 = 78$ se alterasse. Essa informação é fornecida pelo Relatório de Sensibilidade mostrado na Figura 4.3.

Os coeficientes originais da função objetivo associados com as células variáveis estão listados na coluna *Objective Coefficient* (Coeficiente do Objetivo) da Figura 4.3. As duas colunas seguintes mostram os aumentos e as reduções admissíveis nesses valores. Por exemplo, o valor da função objetivo associada com Aqua-Spas (ou variável X_1) pode aumentar em até $ 100 dólares norte-americanos ou reduzir-se em até $ 50 sem alterar a solução ótima, assumindo que todos os demais coeficientes permaneçam constantes. (Você pode conferir isso alterando o coeficiente de lucro para Aqua-Spas para qualquer valor na faixa de $ 300 a $ 450 e resolvendo o modelo novamente). De maneira similar, o valor do coeficiente da função objetivo associada com Hydro-Luxes (ou variável X_2) pode aumentar em até $ 50 ou reduzir-se em até $ 66,67 sem alterar os valores ótimos das variáveis de decisão, assumindo que todos os demais coeficientes permaneçam constantes (mais uma vez, você pode conferir isso resolvendo novamente o modelo com diferentes valores de lucro para as Hydro-Luxes).

Observação sobre o software

Na configuração de um modelo de planilha para um problema de PL para o qual você pretende gerar um Relatório de Sensibilidade, é uma boa ideia assegurar-se de que as células correspondentes aos valores de RHS das restrições contenham constantes ou fórmulas que não envolvam variáveis de decisão. Dessa forma, qualquer fórmula de RHS relacionada direta ou indiretamente a variáveis de decisão devem ser movidas algebricamente para o lado esquerdo da restrição antes da implementação de seu modelo. Isso ajudará a reduzir problemas na interpretação do Relatório de Sensibilidade do Solver.

4.5.2 UMA OBSERVAÇÃO SOBRE CONSTÂNCIA

A frase "assumindo que todos os demais coeficientes permaneçam constantes" no parágrafo anterior reforça a afirmação de que os aumentos e as reduções admissíveis mostrados no Relatório de Sensibilidade se aplicam somente se *todos* os outros coeficientes do modelo de PL não se alterarem. O coeficiente do objetivo para Aqua-Spas pode assumir qualquer valor entre $ 300 e $ 450 sem alterar a solução ótima – *mas isso somente é verdadeiro se todos os demais coeficientes no modelo permanecerem constantes (incluindo o coeficiente da função objetivo para X_2)*. De maneira similar, o coeficiente da função objetivo para X_2 pode assumir qualquer valor entre $ 233,33 e $ 350 sem alterar a solução ótima – *mas isso somente é verdadeiro se todos os demais coeficientes no modelo permanecerem constantes (incluindo o coeficiente da função objetivo para X_1)*. Mais adiante, neste capítulo, você verá como determinar se a atual solução continua ótima se forem feitas alterações em dois ou mais coeficientes do objetivo ao mesmo tempo.

4.5.3 MÚLTIPLAS SOLUÇÕES ÓTIMAS

Algumas vezes, o aumento ou a redução admissível do coeficiente da função objetivo para uma ou mais variáveis será igual a zero. Na ausência de degeneração (a ser descrita posteriormente), indica que existem múltiplas soluções ótimas. Normalmente, você pode fazer com que o Solver crie uma solução ótima alternativa (quando existir) ao: (1) incluir uma restrição em seu modelo que mantenha a função objetivo no valor ótimo atual, e então (2) tentar maximizar ou minimizar o valor de uma das variáveis de decisão que tenha um coeficiente da função objetivo com um aumento ou uma redução admissível igual a zero. Algumas vezes, essa abordagem envolve um pouco de "tentativa e erro" na etapa 2, mas deve fazer com que o Solver gere uma solução ótima alternativa para seu problema.

4.5.4 ALTERAÇÕES NOS VALORES DO RHS

Conforme observado anteriormente, as restrições que têm folga igual a zero na solução ótima para um problema de PL são chamadas restrições limitantes. Essas restrições limitantes impedem que melhoremos (por exemplo, maximizando ou minimizando) a função objetivo. Por exemplo, o Relatório de Resposta da Figura 4.2 indica que as restrições para o número de bombas e horas de trabalho disponíveis são limitantes, enquanto a restrição da quantidade de tubulação é não limitante. Isso também é evidente na Figura 4.3, comparando-se a coluna *Final Value* (Valor Final) com a coluna *Constraint R.H. Side* (Lado Direito da Restrição). Os valores na coluna *Final Value* representam os valores do LHS de cada restrição na solução ótima. Uma restrição é limitante se o seu Valor Final for igual ao valor do seu Lado Direito da Restrição.

Após resolver um problema de PL, podemos querer determinar quanto melhor ou quanto pior a solução seria se tivéssemos mais ou menos de determinado recurso. Por exemplo, Howie Jones pode imaginar quanto de lucro poderia ser obtido se tivesse mais bombas ou horas de trabalho disponíveis. A coluna *Shadow Price* (Preço Sombra) na Figura 4.3 fornece as respostas para essas questões.

O **preço sombra** de uma restrição indica quanto o valor da função objetivo muda conforme um *aumento* de uma unidade no valor do RHS, assumindo que todos os demais coeficientes permaneçam constantes. Se um preço sombra for positivo, um aumento de uma unidade no valor do RHS da restrição associada resulta em um aumento no valor ótimo da função objetivo. Se um preço sombra for negativo, um aumento de uma unidade no valor do RHS da restrição associada resulta em uma redução no valor ótimo da função objetivo. Para analisar os efeitos de reduções nos valores de RHS, inverte-se o sinal do preço sombra. Ou seja, o preço sombra negativado de uma restrição indica a quantia que modifica o valor da função objetivo, dada uma *redução* de uma unidade no valor do RHS da restrição, assumindo que todos os demais coeficientes permaneçam constantes. Os valores do preço sombra se aplicam desde que o aumento ou a redução no valor do RHS fique dentro dos limites de aumento ou redução admissível de cada restrição apresentada no Relatório de Sensibilidade.

Por exemplo, a Figura 4.3 indica que o preço sombra para a restrição de trabalho é 16,67. Dessa forma, se o número de horas disponíveis de trabalho aumentar para uma quantia na faixa de 0 a 234 horas, o valor ótimo da função objetivo muda (aumenta) em $ 16,67 para cada hora adicional de trabalho. Se o número de horas disponíveis de trabalho se reduzir para uma quantia na faixa de 0 a 126 horas, o valor ótimo da função objetivo muda (diminui) em –$ 16,67 para cada hora de trabalho perdida. Uma interpretação similar vale para o preço sombra da restrição do número de bombas. (É coincidência o fato de o preço sombra para a restrição de bomba [200] ser o mesmo que para o RHS e para o Valor Final.)

4.5.5 PREÇOS SOMBRA PARA RESTRIÇÕES NÃO LIMITANTES

Agora, vamos considerar o preço sombra para a restrição não limitante de tubulação. A restrição de tubulação tem um preço sombra igual a zero com um aumento admissível igual a infinito e uma redução admissível de 168. Portanto, se o valor do RHS para a restrição de tubulação aumenta em *qualquer* quantidade, o valor da função objetivo não se altera (ou se altera em zero unidades). Esse resultado não surpreende. Uma vez que a solução ótima deixa uma sobra de 168 pés de tubulação sem uso, *mais* tubos não produzirão uma solução melhor. Além disso, podemos reduzir o valor do RHS dessa restrição em 168 sem afetar a solução ótima.

Conforme esse exemplo ilustra, o preço sombra de uma restrição não limitante é sempre zero. Há sempre alguma quantia para a qual o valor do RHS de uma restrição não limitante pode ser alterado sem afetar a solução ótima.

4.5.6 UMA OBSERVAÇÃO SOBRE PREÇOS SOMBRA

Uma importante observação que precisa ser feita refere-se aos preços sombra. Para ilustrar esse ponto, vamos supor que o valor do RHS da restrição de trabalho de nosso problema exemplo aumente em 162 horas (passa de 1.566 para 1.728) devido à inclusão de novos trabalhadores. Como esse aumento está dentro do aumento admissível listado para a restrição de trabalho, pode-se esperar que o valor ótimo da função objetivo aumentasse em $ 16,67 × 162 = $ 2.700. Ou seja, o novo valor ótimo da função objetivo seria aproximadamente $ 68.800 ($ 66.100 + $ 16,67 × 162 = $ 68.800). A Figura 4.6 mostra o modelo resolvido após o aumento do valor do RHS para a restrição de trabalho em 162 horas para 1.728.

Ainda na mesma figura, o novo valor ótimo da função objetivo é $ 68.800, conforme esperado. Mas essa solução envolve a produção de 176 Aqua-Spas e 24 Hydro-Luxes. Ou seja, a solução ótima para o problema revisado é *diferente* da solução para o problema original mostrado na Figura 4.1. Isso não surpreende, já que ao alterarmos o RHS de uma

FIGURA 4.6 *A solução revisada para o problema de banheira com 162 horas adicionais de trabalho.*

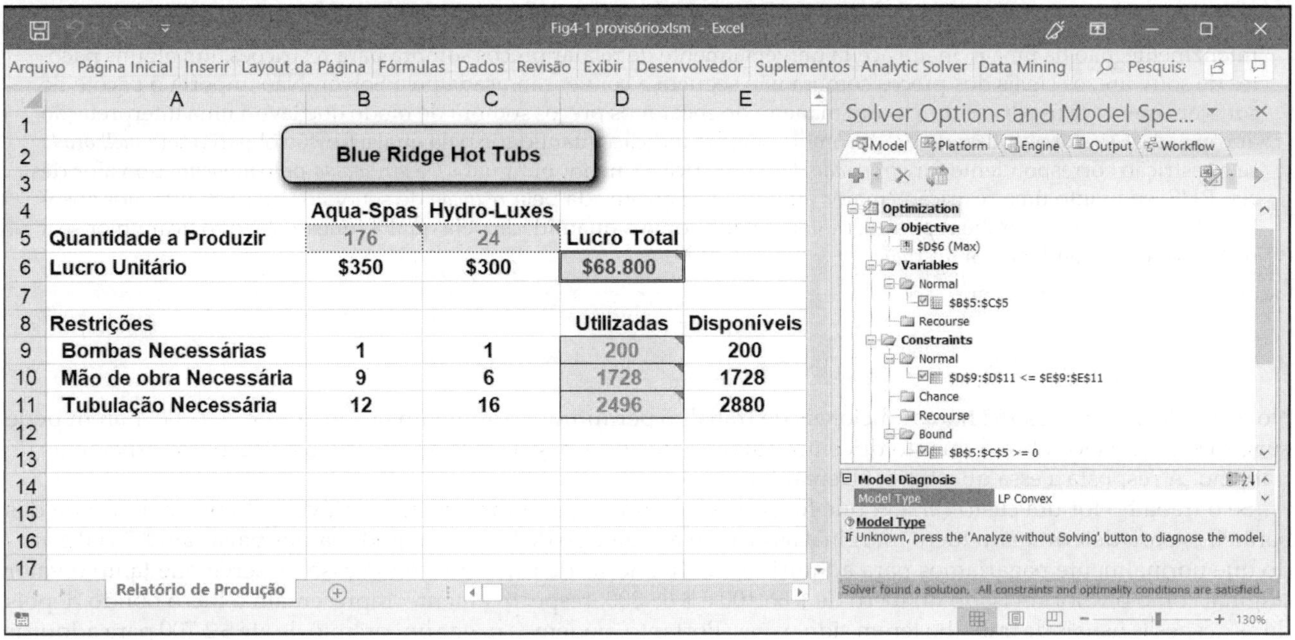

restrição modificamos também a região viável para o problema. O efeito do aumento do RHS da restrição de trabalho é mostrado graficamente na Figura 4.7.

Portanto, apesar de os preços sombra indicarem como o valor da função objetivo se modifica caso um dado valor de RHS se altere, *não* dizem a você que valores as variáveis de decisão precisam assumir para atingir esse novo valor da função objetivo. A determinação dos novos valores ótimos para as variáveis de decisão exige que você faça as alterações apropriadas no valor do RHS e resolva o modelo novamente.

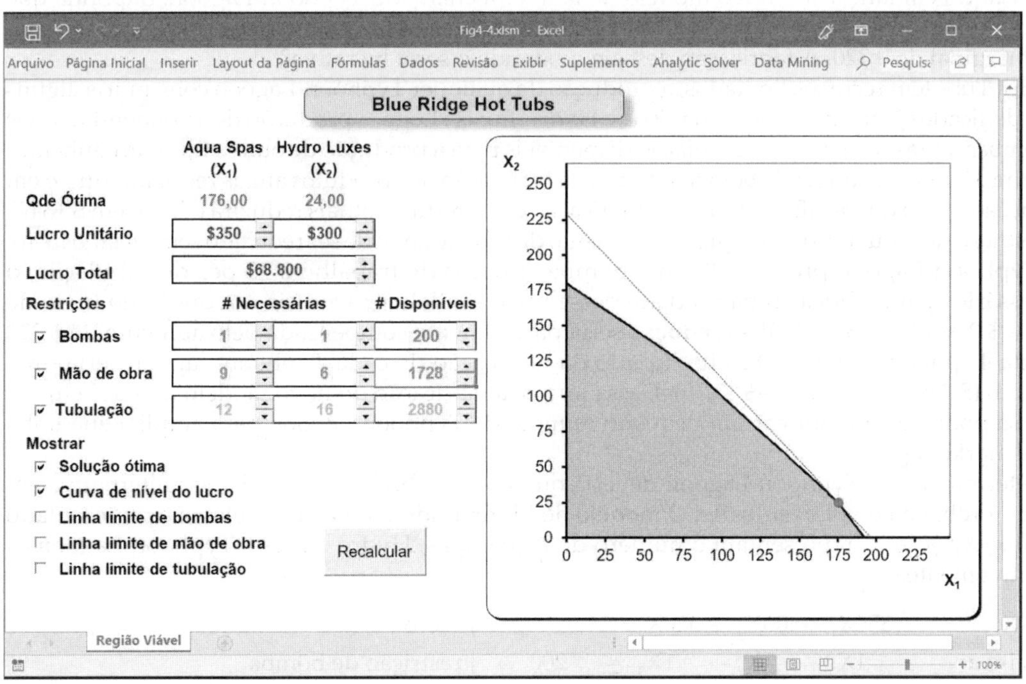

FIGURA 4.7 *Como uma alteração no valor do RHS da restrição de mão de obra altera a região viável e a solução ótima.*

Outra interpretação dos preços sombra

Infelizmente, não há uma maneira aceita universalmente de relatar preços sombra para restrições. Em alguns pacotes de software, os sinais dos preços sombra não seguem a convenção usada pelo Solver. Não importa o pacote de software que você use, há sempre outra maneira de encarar os preços sombra de modo que leve a uma interpretação apropriada. O valor absoluto do preço sombra sempre indica a quantidade pela qual a função objetivo será *melhorada* se a restrição correspondente for *afrouxada*. Uma restrição "menor ou igual a" é *afrouxada* pelo *aumento* do valor de seu RHS, enquanto uma restrição "maior ou igual a" é afrouxada pela *redução* de seu valor de RHS. (O valor absoluto do preço sombra também pode ser interpretado como a quantidade pela qual a função objetivo ficará pior se a restrição correspondente for *apertada*.)

4.5.7 PREÇOS SOMBRA E O VALOR DE RECURSOS ADICIONAIS

No exemplo anterior, as 162 horas adicionais de trabalho permitiram o aumento dos lucros em $ 2.700. Porém pode surgir uma questão sobre o quanto devemos estar dispostos a pagar para adquirir essas 162 horas adicionais de trabalho. A resposta a essa questão é: "Depende...".

Se o trabalho for um custo *variável* que foi subtraído (junto com outros custos variáveis) do preço de venda das banheiras para determinar o lucro marginal associado a cada tipo de banheira, poderíamos pagar até $ 2.700 *a mais* do que normalmente pagaríamos para adquirir essas 162 horas de trabalho. Nesse caso, observe que tanto o valor original como o valor revisado do lucro de $ 66.100 e $ 68.800, respectivamente, representam o lucro obtido depois de as despesas usuais de trabalho terem sido pagas. Portanto, podemos pagar um prêmio de até $ 2.700 para adquirir as 162 horas adicionais de trabalho (ou um extra de $ 16,67 por hora adicional de trabalho) e, ainda assim, termos ao menos o mesmo lucro que obteríamos sem essas 162 horas adicionais. Dessa forma, se a taxa normal de trabalho for $ 12 por hora, poderíamos pagar até $ 28,67 por hora para adquirir cada uma das 162 horas adicionais de trabalho.

Por outro lado, se o trabalho for um custo fixo, que deve ser pago não importa quantas banheiras sejam produzidas, não seria subtraído (ou não deveria ser) do preço de venda das banheiras para determinar os coeficientes do lucro marginal para cada banheira produzida. Nesse caso, deveríamos pagar no máximo $ 16,67 por hora para adquirir cada uma das 162 horas adicionais de trabalho.

4.5.8 OUTROS USOS DOS PREÇOS SOMBRA

Uma vez que os preços sombra representam os valores marginais dos recursos em um problema de PL, podem nos ajudar a responder diversas outras questões gerenciais que possam surgir. Por exemplo, suponhamos que a Blue Ridge Hot Tubs está pensando em lançar um novo modelo de banheira chamado Typhoon-Lagoon. Suponha que cada unidade desse novo modelo precise de uma bomba, 8 horas de trabalho e 13 pés de tubulação para ser fabricada e possa gerar um lucro marginal de $ 320. A fabricação desse novo modelo seria lucrativa?

Como a Blue Ridge Hot Tubs tem recursos limitados, a produção de qualquer Typhoon-Lagoon consumiria alguns dos recursos atualmente dedicados à produção de Aqua-Spas e Hydro-Luxes. Logo, a produção de Typhoon-Lagoons reduzirá o número de bombas, horas de trabalho e tubulação disponíveis para a produção de outros tipos de banheiras. Os preços sombra na Figura 4.3 indicam que cada bomba retirada da fabricação dos produtos atuais reduzirá o lucro em $ 200. De maneira similar, cada hora de trabalho retirada da fabricação dos produtos atuais reduzirá o lucro em $ 16,67. O preço sombra para a restrição de tubulação indica que o suprimento de tubulação pode ser reduzido sem afetar o lucro.

Pelo fato de cada Typhoon-Lagoon precisar de uma bomba, 8 horas de trabalho e 13 pés de tubulação, o desvio de recursos necessários para fabricar uma unidade desse novo modelo provocaria a redução no lucro de $\$\,200 \times 1 + \$\,16{,}67 \times 8 + \$\,0 \times 13 = \$\,333{,}33$. Essa redução seria parcialmente compensada pelo aumento de $ 320 no lucro gerado por cada Typhoon-Lagoon. O efeito líquido da fabricação de cada Typhoon-Lagoon seria uma redução de $ 13,33 no lucro ($ 320 – $ 333,33 = –$ 13,33). Dessa forma, a fabricação do novo modelo não seria lucrativa (entretanto a empresa pode decidir fabricar um pequeno número de Typhoon-Lagoon para ampliar sua linha de produtos para fins de marketing).

Outra maneira de determinar se a Typhoon-Lagoon deveria ou não ser fabricada é incluir essa alternativa em nosso modelo e resolver o problema de PL resultante. O modelo de PL revisado para esse problema é representado da seguinte forma, em que X_1, X_2 e X_3 representam o número de Aqua-Spas, Hydro-Luxes e Typhoon-Lagoons a serem fabricadas, respectivamente:

$$\begin{array}{lllr} \text{MAX:} & 350X_1 + 300X_2 + 320X_3 & & \} \text{ lucro} \\ \text{Sujeito a:} & 1X_1 + \ \ 1X_2 + \ \ 1X_3 \leq & 200 & \} \text{ restrição de bomba} \end{array}$$

$$
\begin{aligned}
9X_1 + \ \ 6X_2 + \ \ 8X_3 &\leq 1.566 && \text{\} restrição de trabalho} \\
12X_1 + 16X_2 + 13X_3 &\leq 2.880 && \text{\} restrição de tubulação} \\
X_1, X_2\, X_3 &\geq \quad 0 && \text{\} condições de não negatividade}
\end{aligned}
$$

FIGURA 4.8 *Modelo de planilha para o problema revisado de* mix *de produtos com três modelos de banheiras.*

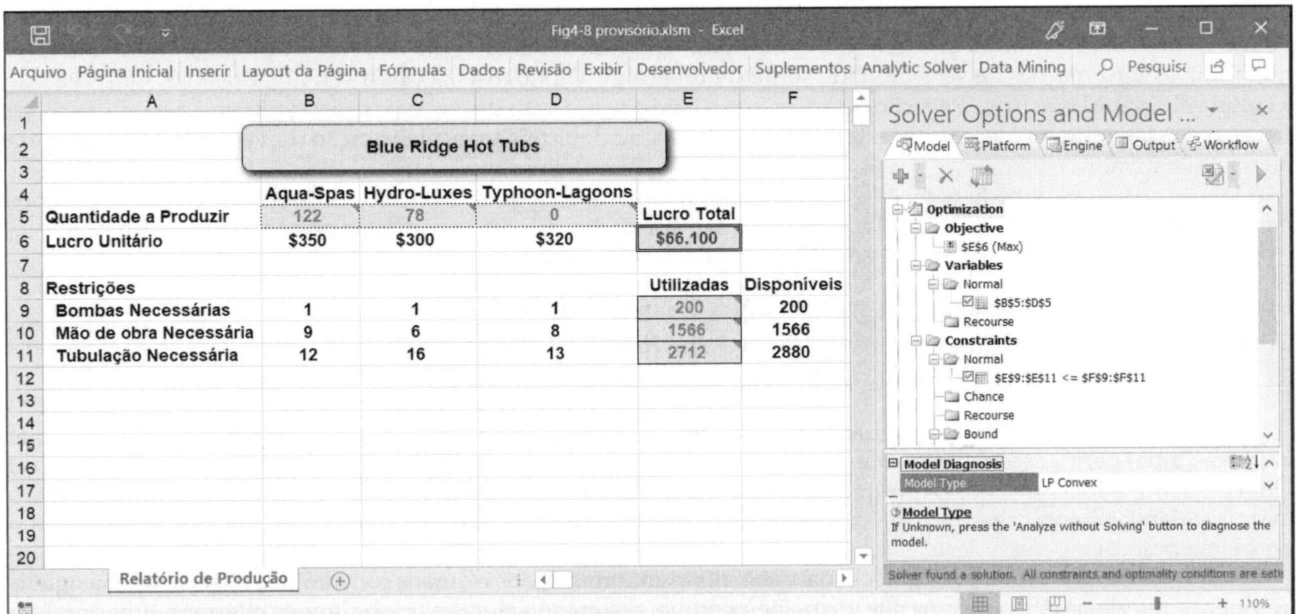

Fórmulas das principais células		
Célula	**Fórmula**	**Copiado para**
E6	=SOMARPRODUTO(B6:D6;$B$5:$D$5)	E9:E11

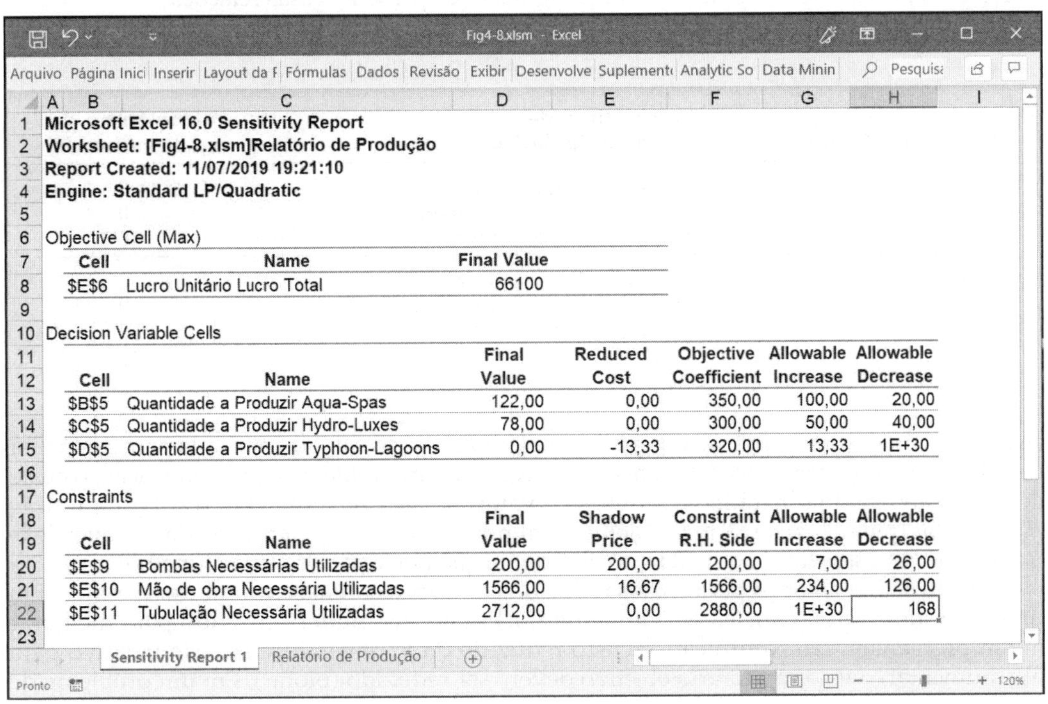

FIGURA 4.9 *Relatório de Sensibilidade para o problema revisado de* mix *de produtos com três modelos de banheiras.*

Esse modelo é implementado e resolvido na planilha, como mostrado na Figura 4.8 (e no arquivo Fig4-8.xlsm, disponível na página deste livro no site da editora). Observe que a solução ótima para esse problema envolve a fabricação de 122 Aqua-Spas (X_1 = 122), 78 Hydro-Luxes (X_2 = 78) e nenhuma Typhoon-Lagoon (X_3 = 0). De modo que, conforme esperado, a solução ótima não envolve a fabricação de Typhoon-Lagoons. A Figura 4.9 mostra o Relatório de Sensibilidade para nosso modelo revisado.

4.5.9 O SIGNIFICADO DOS CUSTOS REDUZIDOS

O Relatório de Sensibilidade para nosso modelo revisado, mostrado na Figura 4.9, é idêntico ao Relatório de Sensibilidade de nosso modelo original, *exceto* por incluir uma linha adicional na seção de células de decisão variáveis. Essa linha traz as informações de sensibilidade sobre o número de Typhoon-Lagoons a serem fabricadas. Observe que a coluna *Reduced Cost* (Custo Reduzido) indica que o valor de redução de custo para as Typhoon-Lagoons é –13,33. Este é o mesmo número que calculamos na seção anterior, ao determinar se a fabricação de Typhoon-Lagoons seria ou não lucrativa.

O **custo reduzido** de cada variável é igual à quantia unitária com que o produto contribui para os lucros, menos o valor unitário dos recursos consumidos (os quais são apreçados de acordo com seus preços sombra). Por exemplo, o custo reduzido de cada variável nesse problema é calculado como:

Custo reduzido de Aqua-Spas $= 350 - 200 \times 1 - 16{,}67 \times 9 - 0 \times 12 = 0$
Custo reduzido de Hydro-Luxes $= 300 - 200 \times 1 - 16{,}67 \times 6 - 0 \times 16 = 0$
Custo reduzido de Typhoon-Lagoons $= 320 - 200 \times 1 - 16{,}67 \times 8 - 0 \times 13 = -13{,}33$

O aumento admissível no coeficiente da função objetivo para as Typhoon-Lagoons é igual a 13,33. Significa que a solução atual permanecerá como solução ótima desde que o lucro marginal das Typhoon-Lagoons seja menor ou igual a \$ 320 + \$ 13,33 = \$ 333,33 (porque manteria seu custo reduzido menor ou igual a zero). Entretanto, se o lucro marginal das Typhoon-Lagoons é maior que \$ 333,33, fabricar esse produto seria lucrativo e a solução ótima para o problema mudaria.

É interessante observar que os preços sombra (valores marginais) dos recursos consumidos são exatamente iguais aos lucros marginais dos produtos que, de maneira ótima, assumem valores entre os limites inferior e superior. Isso sempre acontecerá. Na solução ótima para um problema de PL, as variáveis que assumem valores *entre* seus limites simples inferior e superior sempre têm valores de custo reduzido iguais a zero. (Em nosso problema exemplo, todas as variáveis possuem limites simples superiores implícitos iguais a infinito positivo.) As variáveis com valores ótimos iguais a seus limites simples inferiores têm custos reduzidos menores ou iguais a zero para problemas de maximização, ou maiores ou iguais a zero para problemas de minimização. Variáveis com valores ótimos iguais a seu limite simples superior têm valores de custo reduzido que são maiores ou iguais a zero para problemas de maximização, ou menores ou iguais a zero para problemas de minimização. A Figura 4.10 apresenta essas relações.

FIGURA 4.10
Relação de valores ótimos de custo reduzido.

Tipo de problema	Valor ótimo de variável de decisão	Valor ótimo de custo reduzido
Maximização	no limite inferior simples	≤ 0
	entre limites inferior e superior	$= 0$
	no limite superior simples	≥ 0
Minimização	no limite inferior simples	≥ 0
	entre limites inferior e superior	$= 0$
	no limite superior simples	≤ 0

De maneira geral, em termos ótimos, uma variável assume seu maior valor possível (ou é ajustada para seu maior valor superior simples) se ajudar a aumentar o valor da função objetivo. Em um problema de maximização, o custo reduzido da variável deve ser não negativo para indicar que, se o valor da variável aumentar, o valor da função objetivo também deverá aumentar (melhorar). Em um problema de minimização, o custo reduzido da variável deve ser não positivo para indicar que, se o seu valor aumentar, o valor da função objetivo se reduzirá (melhorará).

Argumentos similares podem ser levantados para custos reduzidos de variáveis em seus limites inferiores. Em termos ótimos, uma variável assume seu menor valor (limite inferior) se ele não puder ser usado para melhorar o valor do objetivo. Em um problema de maximização, o custo reduzido da variável deve ser não positivo para indicar que, se o seu valor aumentar, o valor da função objetivo deverá ser reduzido (piorar). Em um problema de minimização, o custo reduzido da variável deve ser não negativo para indicar que, se o seu valor aumentar, o valor da função objetivo aumentará (piorará).

Pontos-chave

Nossa discussão sobre o Relatório de Sensibilidade do Solver destaca alguns pontos-chave em relação aos preços sombra e seus relacionamentos com os custos reduzidos. Esses pontos-chave são resumidos como:

- Os preços sombra dos recursos vão equacionar o valor marginal dos recursos consumidos com o benefício marginal das mercadorias que estão sendo fabricadas.
- Os recursos com suprimento excessivo têm um preço sombra (ou valor marginal) igual a zero.
- O custo reduzido de um produto é a diferença entre seu lucro marginal e o valor marginal dos recursos que consome.
- Produtos cujos lucros marginais sejam menores que o valor das matérias-primas necessárias para sua fabricação não serão fabricados em uma solução ótima.

4.5.10 ANALISANDO ALTERAÇÕES EM COEFICIENTES DE RESTRIÇÃO

Dado o que sabemos sobre custos reduzidos e preços sombra, agora podemos analisar como as alterações em alguns coeficientes das restrições afetam a solução ótima em um problema de PL. Por exemplo, não é lucrativo para a Blue Ridge Hot Tubs fabricar Typhoon-Lagoons assumindo que cada unidade requer 8 horas de trabalho. Entretanto, o que aconteceria se o novo produto pudesse ser fabricado em somente 7 horas? O valor do custo reduzido para as Typhoon-Lagoons é calculado como:

$$\$\,320 - \$\,200 \times 1 - \$\,16{,}67 \times 7 - \$\,0 \times 13 = \$\,3{,}31$$

Pelo fato de esse novo valor do custo reduzido ser positivo, a fabricação de Typhoon-Lagoons seria lucrativa nesse cenário e a solução mostrada na Figura 4.8 não seria mais ótima. Também poderíamos ter chegado a essa conclusão alterando o requisito de trabalho para a produção de Typhoon-Lagoons em nosso modelo de planilha e resolvendo o problema novamente. De fato, temos de fazer isso para determinar a nova solução ótima se a produção de cada Typhoon-Lagoon exigir somente 7 horas de trabalho.

Como outro exemplo, suponha que quiséssemos saber a quantia máxima de trabalho necessário para fabricar uma Typhoon-Lagoon e, ao mesmo tempo, manter sua produção economicamente justificável. A produção de Typhoon-Lagoons será lucrativa desde que o custo reduzido para o produto seja maior ou igual a zero. Se L_3 representar a quantia de trabalho necessário para fabricar uma Typhoon-Lagoon, queremos descobrir o valor máximo de L_3 que mantém o custo reduzido para as Typhoon-Lagoons maior ou igual a zero. Isto é, queremos descobrir o valor máximo de L_3 que satisfaça a seguinte desigualdade:

$$\$\,320 - \$\,200 \times 1 - \$\,16{,}67 \times L_3 - \$\,0 \times 13 \geq 0$$

Se resolvermos essa desigualdade para L_3, obteremos:

$$L_3 \leq \frac{120}{16{,}67} = 7{,}20$$

Dessa forma, a fabricação de Typhoon-Lagoons será economicamente justificada desde que o trabalho necessário para produzi-las não exceda 7,20 horas por unidade. Tipos similares de questões podem ser respondidos usando o conhecimento dos relacionamentos básicos entre custos reduzidos, preços sombra e condições ótimas.

4.5.11 ALTERAÇÕES SIMULTÂNEAS NOS COEFICIENTES DA FUNÇÃO OBJETIVO

Anteriormente, observamos que os valores nas colunas *Allowable Increase* (Aumento Admissível) e *Allowable Decrease* (Redução Admissível) no Relatório de Sensibilidade para os coeficientes da função objetivo indicam as quantias máximas pelas quais cada coeficiente do objetivo pode se alterar sem modificar a solução ótima, assumindo que todos os demais coeficientes do modelo permaneçam constantes. Uma técnica conhecida como *A Regra de 100%* determina se a solução atual permanece ótima quando mais de um coeficiente da função objetivo se altera. As duas situações seguintes podem surgir quando se aplica essa regra:

Caso 1. Todas as variáveis cujos coeficientes da função objetivo se alteram têm custos reduzidos diferentes de zero.
Caso 2. Pelo menos uma variável cujo coeficiente da função objetivo se altera tem um custo reduzido igual a zero.

No caso 1, a solução atual permanece ótima desde que o coeficiente da função objetivo de cada variável modificada permaneça dentro dos limites indicados nas colunas *Allowable Increase* e *Allowable Decrease* do Relatório de Sensibilidade. O caso 2 é um pouco mais complicado. Nele, devemos executar a seguinte análise, em que:

c_j = o coeficiente original da função objetivo para a variável X_j
Δc_j = alteração planejada em c_j
I_j = o aumento admissível em c_j dado no Relatório de Sensibilidade
D_j = a redução admissível em c_j dado no Relatório de Sensibilidade

$$r_j = \begin{cases} \dfrac{\Delta c_j}{I_j}, & \text{se } \Delta c_j \geq 0 \\ \dfrac{-\Delta c_j}{D_j}, & \text{se } \Delta c_j < 0 \end{cases}$$

Observe que r_j mede a proporção de alteração planejada em c_j para a máxima alteração admissível para a qual a solução atual permanece ótima. Se apenas um coeficiente da função objetivo se alterar, a solução atual permanece ótima desde que $r_j \leq 1$ (ou, se r_j for expresso como porcentagem, deve ser menor ou igual a 100%). De maneira similar, se mais de um coeficiente da função objetivo se alterar, a solução atual permanece ótima desde que $\Sigma r_j \leq 1$. (Observe que, se $\Sigma r_j > 1$, a solução atual pode permanecer ótima, mas isso não é garantido.)

4.5.12 UM ALERTA QUANTO À DEGENERAÇÃO

Algumas vezes, uma solução para um problema de PL exibe uma anomalia matemática conhecida como **degeneração**. A solução para um problema de PL se degenera se os valores de RHS de quaisquer restrições têm um aumento ou uma redução admissível igual a zero. A presença de degeneração afeta nossa interpretação dos valores no Relatório de Sensibilidade em diversas e relevantes maneiras:

1. Quando a solução é degenerada, não se pode confiar nos métodos mencionados anteriormente para a detecção de múltiplas soluções ótimas.
2. Quando uma solução é degenerada, os custos reduzidos para as células variáveis podem não ser únicos. Adicionalmente, nesse caso, os coeficientes para a função objetivo para células variáveis devem se alterar tanto quanto (e possivelmente mais do que) seus respectivos custos reduzidos antes que a solução ótima se altere.
3. Quando a solução é degenerada, os aumentos e as reduções admissíveis para os coeficientes da função objetivo ainda se mantêm e, de fato, os coeficientes podem ter de se alterar substancialmente além dos limites de aumento e redução antes que a solução ótima se altere.
4. Quando a solução é degenerada, os preços sombra dados e suas faixas ainda podem ser interpretados da maneira usual, mas podem não ser únicos. Isto é, um conjunto diferente de preços sombra e faixas também pode ser aplicado ao problema (mesmo se a solução ótima for única).

Dessa forma, antes de interpretar os resultados de um Relatório de Sensibilidade, primeiro você deve verificar se a solução é degenerada, porque influi no modo como os números no relatório devem ser interpretados. Uma descrição completa da anomalia da degeneração está além do escopo deste livro. Entretanto, algumas vezes a degeneração é causada por restrições redundantes no modelo de PL. Deve-se tomar *muito cuidado* (e talvez consultar um especialista em programação matemática) se importantes decisões de negócio necessitarem ser tomadas com base no Relatório de Sensibilidade para um problema de PL degenerado.

4.6 O Relatório de Limites

O Relatório de Limites (*Limits Report*) para o problema da Blue Ridge Hot Tubs é mostrado na Figura 4.11.[1] Esse relatório lista o valor ótimo da célula de destino. Além disso, apresenta os valores ótimos para cada célula variável e indica quais valores a célula de destino assume se cada célula variável for ajustada para seu limite superior ou

[1] Para criar esse relatório, resolva o problema de PL de maneira usual, mas usando o Solver padrão nativo do Excel acessível a partir da aba Suplementos na faixa de opções do Excel, então clique em Premium Solver 2019, Solve, Limits, OK. (N.R.T.)

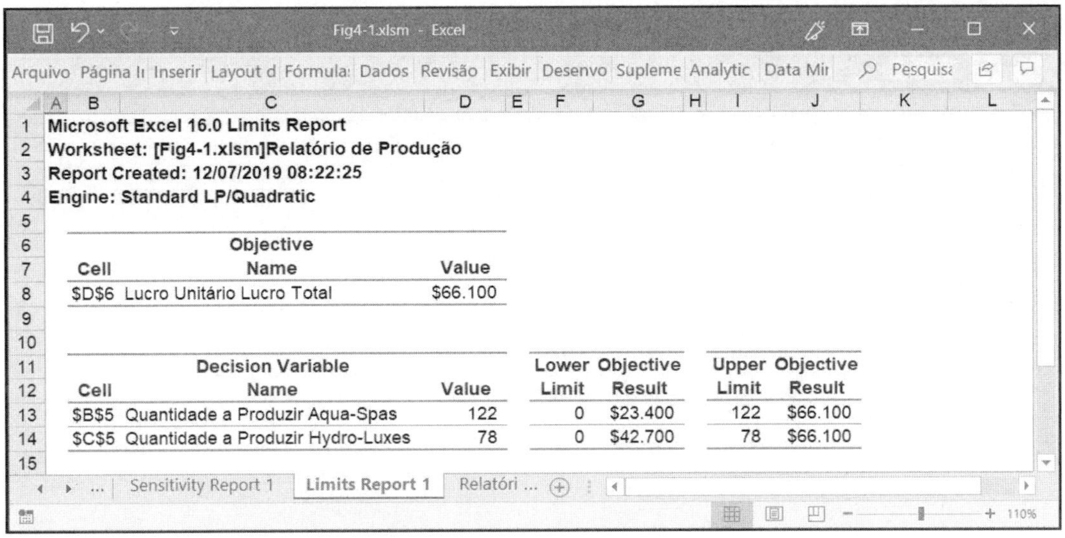

FIGURA 4.11
Relatório de Limites para o problema original da Blue Ridge Hot Tubs.

inferior. Os valores na coluna *Lower Limit* (Limite Inferior) indicam o menor valor que cada variável pode assumir, enquanto os valores de todas as outras células variáveis permanecem constantes e todas as restrições são satisfeitas. Os valores na coluna *Upper Limit* (Limite Superior) indicam o maior valor que cada variável pode assumir, enquanto os valores de todas as outras células variáveis permanecem constantes e todas as restrições são satisfeitas.

4.7 Análise de sensibilidade *ad hoc*

Embora o Relatório de Sensibilidade padrão que o Solver prepara possa ser bastante útil, não pode antecipar nem fornecer respostas para cada pergunta que possa surgir sobre a solução a um problema de PL e os efeitos que as mudanças nos parâmetros do modelo podem exercer na solução ótima. Entretanto, o Analytic Solver Platform fornece uma série de funcionalidades eficazes que podemos utilizar para resolver questões de análise de sensibilidade *ad hoc* quando surgirem. Nesta seção, iremos considerar duas destas técnicas *ad hoc*: *Spider Plots* e *Solver Tables*. Um *Spider Plot* sintetiza o valor ótimo para uma célula de saída à medida que mudanças individuais são realizadas em várias células de entrada. Uma *Solver Table* sintetiza o valor ótimo para múltiplas células de saída à medida que mudanças são realizadas em uma única célula de entrada. Como mostrado no exemplo a seguir, essas ferramentas podem ser úteis no desenvolvimento e compreensão de como as mudanças em diversos parâmetros do modelo afetam a solução ótima de um problema.

4.7.1 CRIANDO *SPIDER PLOTS* E TABELAS

Lembre-se de que a solução ótima para o problema da Blue Ridge Hot Tubs envolve produzir 122 Aqua-Spas e 78 Hydro-Luxes para obter um lucro total de $ 66.100. No entanto, essa solução presume que haverá exatamente 200 bombas, 1.566 horas de trabalho e 2.880 pés de tubulação disponíveis. Na realidade, bombas e tubulações por vezes têm defeitos e os trabalhadores ocasionalmente podem pedir dispensa por doenças. Portanto, o dono da companhia pode se perguntar quão sensível a mudanças nesses parâmetros é o lucro total. Embora o Relatório de Sensibilidade do Solver forneça alguma informação sobre essa questão, um *Spider Plot* pode ser mais útil para comunicar essa informação à gerência.

Recapitulando, um *Spider Plot* resume o valor ótimo de uma célula de saída conforme alterações individuais são feitas em várias células (ou parâmetros) de entrada do modelo, uma por vez, enquanto os valores de outras células de entrada são mantidas constantes e iguais aos valores originais (ou de "caso base"). Nesse caso, a célula de saída de interesse é a célula D6, que representa o lucro total. Os parâmetros de interesse são as células E9, E10 e E11, representando, respectivamente, a disponibilidade de bombas, mão de obra e tubulação. A Figura 4.12 (e o arquivo Fig4-12.xlsm, disponível na página deste livro no site da editora) mostra como elaborar uma planilha para criar um *Spider Plot* para esse problema.

A estratégia na Figura 4.12 é individualmente (uma por vez) variar a disponibilidade de bombas, mão de obra e tubulação entre 90% e 110% de seus valores originais enquanto os recursos restantes são mantidos em seus níveis de caso base. Os valores de cada base para cada um dos três parâmetros estão listados nas células de F9 a F11. Para cada um dos três parâmetros, vamos criar e otimizar 11 cenários diferentes (mantendo os outros dois parâmetros com seus valores de caso base) e gravar o valor ótimo correspondente para a função objetivo (célula D6). Portanto,

FIGURA 4.12 *Configuração para a criação de uma Tabela e um* Spider Plot.

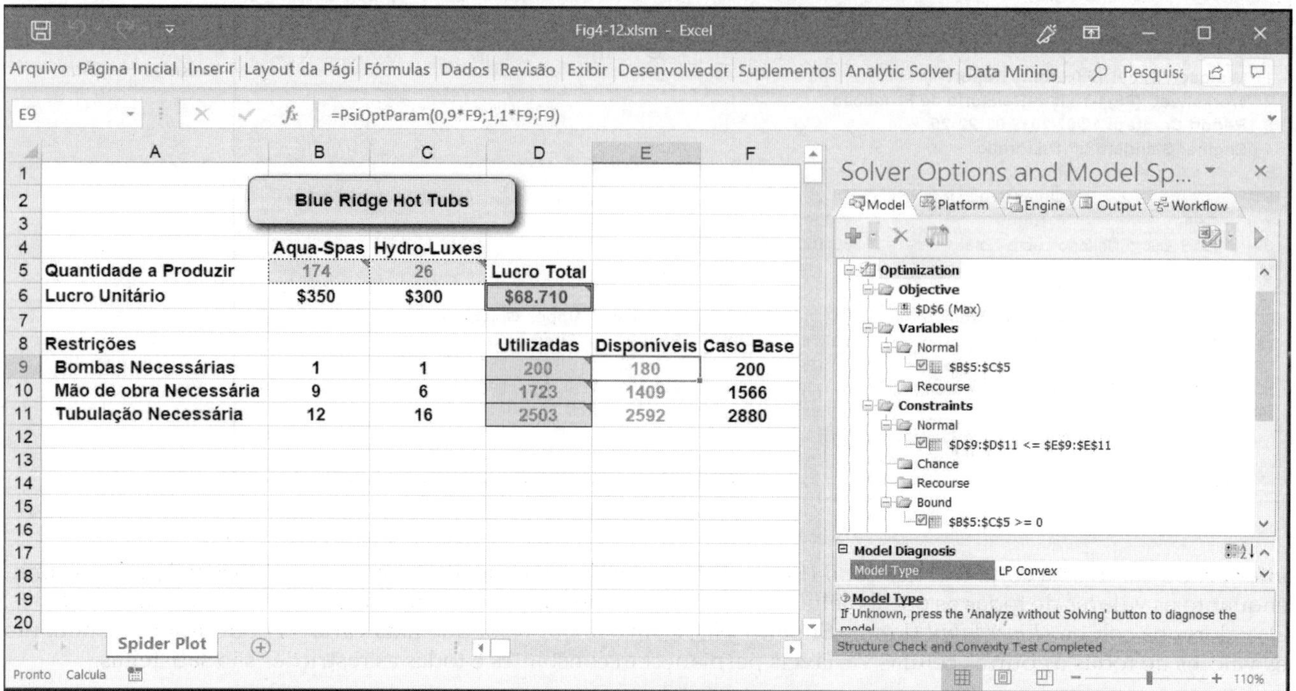

Fórmulas das principais células		
Célula	**Fórmula**	**Copiado para**
D6	=SOMARPRODUTO(B6:C6;$B$5:$C$5)	D9:D11
E9	=PsiOptParam(0.9*F9,1.1*F9,F9)	E10:E11

FIGURA 4.13 *Configurações da caixa de diálogo para o* Spider Plot.

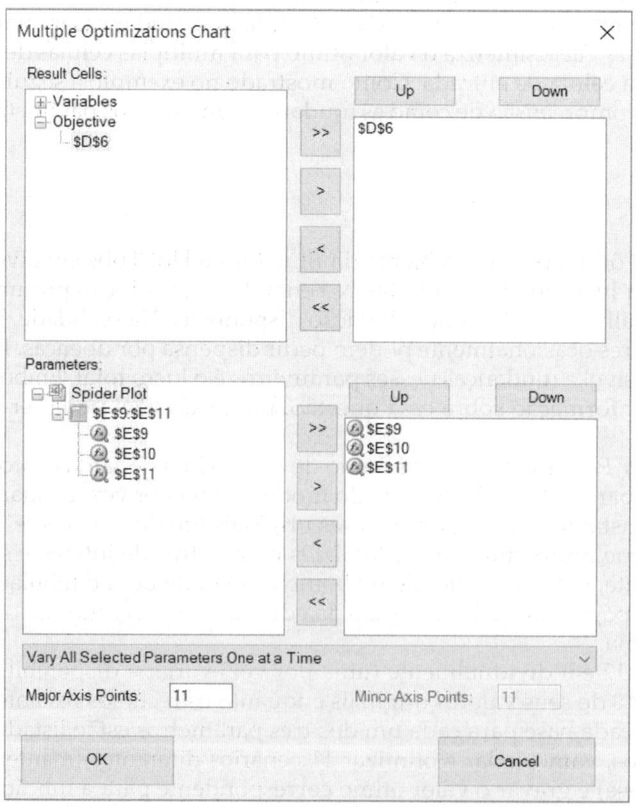

usaremos o Analytic Solver para resolver um total de 33 (ou seja, 3 × 11) variações do nosso problema da Blue Ridge Hot Tubs. Nas primeiras 11 operações, modificaremos o primeiro parâmetro (o número de bombas disponíveis) entre 90% e 110% de seu valor de caso base. Nas próximas 11 operações (operações 12 a 22), alteraremos o segundo parâmetro (a quantidade de trabalho disponível) entre 90% e 110% de seu valor de caso base. Finalmente, nas últimas 11 operações (operações 23 a 33), alteraremos o terceiro parâmetro (a quantidade de tubulação disponível) entre 90% e 110% de seu valor de caso base.

A célula E9 contém a seguinte fórmula para variar o valor em E9 de 90% a 110% do valor de caso base na célula F9:

Fórmula para a célula E9: =PsiOptParam(0,9*F9, 1,1*F9, F9)
(Copiar para E10:E11.)

Observe que os dois primeiros argumentos na função PsiOptParam( ) especificam, respectivamente, os valores mínimo e máximo para a célula que está sendo parametrizada, enquanto o terceiro argumento define o valor de caso base para a célula. Então a forma geral desta função é =PsiOptParam (valor mínimo, valor máximo, valor de caso base). Fórmulas similares nas células E10 e E11 variam os valores nessas células entre 90% e 110% de seus valores de caso base encontrados na célula F10 e F11, respectivamente.

Para resolver esse problema, usamos as mesmas configurações para a célula objetivo, células variáveis e células de restrições, como feito anteriormente. No entanto, para levar o *Analytic Solver* a operar as múltiplas otimizações necessárias para este problema e formar o gráfico dos resultados, faça o seguinte:

1. Na aba do Analytic Solver Platform, clique em *Charts, Multiple Optimizations, Parameter Analysis.* (Isto mostra a caixa de diálogo na Figura 4.13.)
2. Faça as seleções indicadas na Figura 4.13 e clique em OK.

O Analytic Solver Platform opera, portanto, as 33 otimizações necessárias para esta análise e organiza os resultados no (apropriadamente nomeado) *Spider Plot* indicado na Figura 4.14. (As indicações foram adicionadas manualmente às linhas na tabela para maior clareza.) Observe que 33 otimizações devem ser realizadas, pois 11 *Major Axis Points* foram solicitados na Figura 4.13 e estamos variando três parâmetros. Além disso, uma vez que cada parâmetro varia ao longo de 11 valores espaçados igualmente entre 90% e 110% de seu caso base, os valores reais utilizados nesse exemplo incluem 90%, 92%, 94%, 96%, 98%, 100%, 102%, 104%, 106%, 108% e 110% do valor do caso base. De modo geral, ao variar um parâmetro entre o mínimo (*min*) e máximo (*max*) por cento sobre *n* pontos no eixo maior, a porcentagem usada na *i*-ésima de otimização (P_i) é dada por $P_i = min + (i-1)*(max - min)/(n-1)$.

O gráfico na Figura 4.14 mostra os valores ótimos da função objetivo (na célula D6) para cada uma das 33 operações de otimização. O ponto central no gráfico corresponde à solução ótima para o modelo original com 100% de bombas, trabalho e tubulação disponíveis. Cada linha no gráfico mostra o impacto sobre o lucro total ao variar um nível de recurso diferente entre 90% e 110% de seu valor original (caso base).

A partir da Figura 4.14 fica claro que o lucro total é relativamente insensível a diminuições modestas ou aumentos excessivos na disponibilidade da tubulação (E11). Isso é consistente com a informação de sensibilidade em relação à

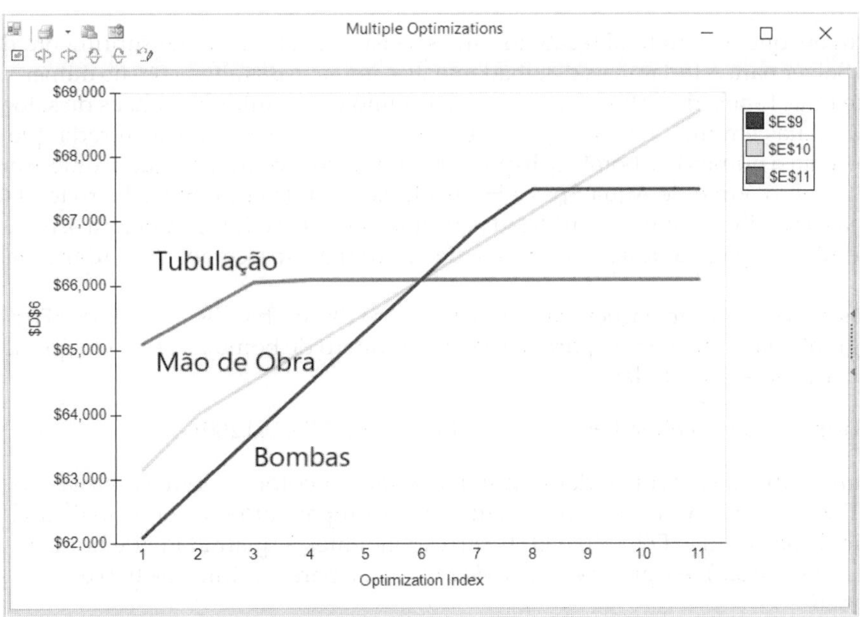

FIGURA 4.14
Um Spider Plot *mostrando o relacionamento entre o lucro e a disponibilidade de bombas, trabalho e tubulação.*

FIGURA 4.15 Spider Table *resumindo a relação entre o lucro e a disponibilidade de bombas, mão de obra e tubulação.*

	A	B	C	D	E	F	G	H	I	J	K	L	M
1			$D$6	Lucro									
2	Bombas	$E$9	62100	62900	63700	64500	65300	66100	66900	67500	67500	67500	67500
3	Mão de Obra	$E$10	63150	64012	64534	65056	65578	66100	66622	67144	67666	68188	68710
4	Tubulação	$E$11	65100	65580	66060	66100	66100	66100	66100	66100	66100	66100	66100

tubulação mostrada anteriormente na Figura 4.9. A solução ótima para o problema original envolveu a utilização de todas as bombas e todas as horas de trabalho, mas apenas 2.712 pés dos 2.880 pés de tubulação disponíveis. Como resultado, podemos atingir o mesmo nível de lucro mesmo se a disponibilidade da tubulação fosse reduzida em 168 pés (ou para cerca de 94,2% de seu valor original). De modo semelhante, por não estarmos utilizando toda a tubulação disponível, a aquisição de mais tubulações apenas aumentaria o superávit e não traria nenhum avanço no lucro. Portanto, nossa análise sugere que a disponibilidade de tubulação não deve ser uma das preocupações principais nesse problema. Por outro lado, o *Spider Plot* sugere que mudanças na disponibilidade de bombas (E9) e mão de obra (E10) têm impacto mais evidente no lucro e na solução ótima do problema.

Os dados contidos em um *Spider Plot* podem ser resumidos em uma *Spider Table*, que também é fácil de criar utilizando o Analytic Solver Platform. Para criar uma *Spider Table* para o nosso exemplo, siga as instruções a seguir:

1. Na aba do Analytic Solver Platform, clique em *Reports, Optimization, Parameter Analysis*. (Isso também mostra uma caixa de diálogo como a mostrada na Figura 4.13).
2. Faça as seleções indicadas anteriormente na Figura 4.13 e clique em OK.

A *Spider Table* resultante é mostrada na Figura 4.15. Observe que foram manualmente adicionadas legendas para maior clareza. Adicionalmente, a formatação condicional foi usada para aplicar um "mapa de calor" à tabela, facilitando a distinção dos valores maiores e menores. (Isso foi feito usando o comando Formatação Condicional, Escalas de cor na aba Página inicial na barra.) Essa tabela fornece detalhes numéricos para cada uma das linhas desenhadas no *Spider Plot*.

4.7.2 CRIANDO UMA TABELA DO SOLVER

O *Spider Plot* na Figura 4.14 sugere que o lucro total recebido é mais sensível a alterações no suprimento de bombas. Podemos criar uma Tabela do Solver para estudar mais detalhadamente o impacto das alterações no número disponível de bombas. Lembre-se de que uma Tabela do Solver mostra o valor ótimo para múltiplas células de saída à medida que alterações individuais são feitas em uma única célula de entrada. Nesse caso, a única entrada que queremos alterar é a célula E9, que representa o número de bombas disponíveis. Podemos controlar o que acontece em diversas células de saída, incluindo o número ótimo de Aqua-Spas e Hydro-Luxes (células B5 e B6), o lucro total (célula D6) e a quantidade total de bombas, trabalho e tubulação utilizados (células D9, D10 e D11). A Figura 4.16 (assim como o arquivo Fig4-16.xlsm, disponível na página deste livro no site da editora) mostra como configurar uma Tabela do Solver para esse problema.

Nesse problema, queremos realizar 11 otimizações, variando o número de bombas disponíveis de 170 para 220 em cada operação. A fórmula seguinte na célula E9 irá "parametrizar" o número de bombas, de modo que seus valores mudem conforme cada otimização seja executada:

Fórmula para a célula E9: =PsiOptParam(170,220,200)

Na Figura 4.16, repare também que a propriedade *Monitor Value* foi colocada em *True* para as restrições $D$9:$D$11<= $E$9:$E$11. Isso instrui o Analytic Solver Platform a acompanhar os valores finais do LHS dessa restrição (isto é, os valores finais das células D9, D10 e D11, correspondentes à quantidade de bombas, trabalho e tubulação, utilizados em cada otimização). As propriedades *Monitor Value* para a célula objetivo e células variáveis são colocadas em *True* como padrão.

FIGURA 4.16 *Configuração para a criação de uma Tabela do Solver.*

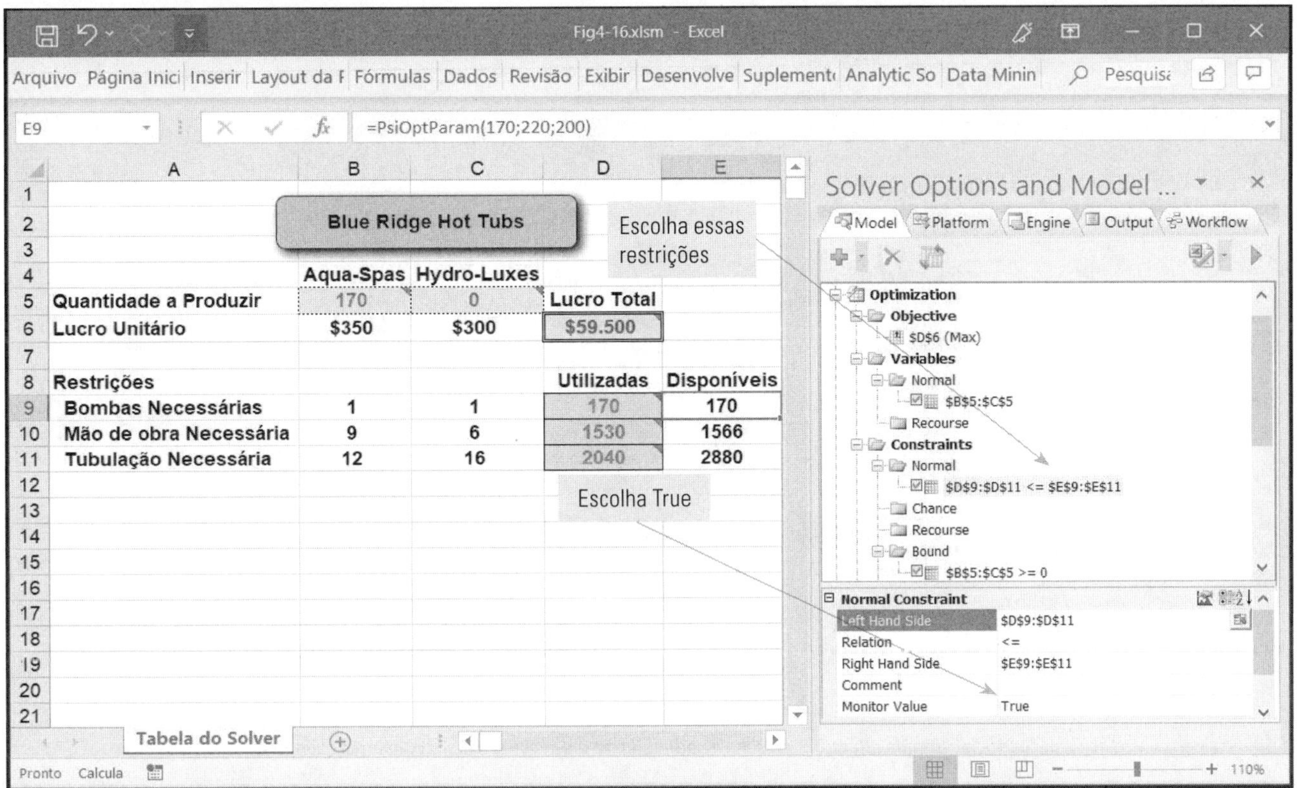

Fórmulas das principais células		
Célula	**Fórmula**	**Copiado para**
D6	=SOMARPRODUTO(B6:C6;$B$5:$C$5)	D9:D11
E9	=PsiOptParam(0.9*F9,1.1*F9,F9)	E10:E11

Para resolver esse problema, utilizamos as mesmas definições para a célula objetivo, células variáveis e células de restrição como anteriormente. No entanto, para fazer com que o Analytic Solver execute as múltiplas otimizações necessárias para esse problema e sintetize os resultados, faça o seguinte:

1. Na aba da Analytic Solver Platform, clique em *Reports, Optimization, Parameter Analysis.* (Isso faz com que a caixa de diálogo na Figura 4.17 apareça.)
2. Realize as seleções indicadas na Figura 4.17 e clique em OK.

Assim, Analytic Solver Platform executa as 11 otimizações necessárias para essa análise e cria a tabela de resultados mostrada na Figura 4.18. (Os títulos das colunas na linha 1 dessa tabela foram adicionados manualmente para maior clareza). Além disso, em razão de cada parâmetro variar em 11 valores igualmente espaçados entre 170 e 220, os valores reais utilizados nesse exemplo incluem 170, 175, 180, 185, 190, 195, 200, 205, 210, 215 e 220. Em geral, quando se varia um parâmetro entre um mínimo (*min*) e um máximo (*max*) em *n* pontos, o valor do parâmetro utilizado na *i*-ésima otimização (V_i) é dado por $V_i = min + (i - 1)*(max - min)/(n - 1)$.

Diversas percepções interessantes surgem da Figura 4.18. Primeiro, comparando as colunas A e D, à medida que o número disponível de bombas aumenta de 170 para 205, todas essas bombas serão sempre usadas. Com cerca de 175 bombas também começamos a usar todo o trabalho disponível. Entretanto, quando o número de bombas disponíveis aumenta para 210 ou mais, somente 207 bombas podem ser usadas, porque, neste ponto, a quantidade de tubulação e de trabalho é ultrapassada. Isso sugere que a empresa não deve se interessar em obter mais do que 7 bombas adicionais, a menos que também possa aumentar a quantidade de tubulação e de trabalho disponíveis.

Observe também que a adição ou subtração de 5 bombas no suprimento original de 200 faz com que o valor ótimo da função objetivo (coluna E) se altere em $ 1.000. Isso sugere que, se a empresa tem 200 bombas, o valor marginal de cada bomba é de aproximadamente $ 200 (isto é, $ 1.000/5 = $ 200). Isso, é claro, equivale ao preço sombra das bombas mostradas anteriormente na Figura 4.9.

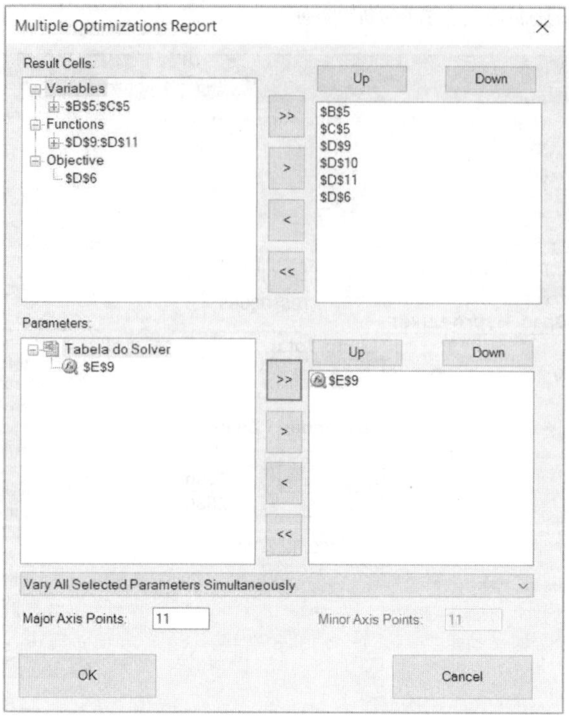

FIGURA 4.17 *Configurações da caixa de diálogo para criar uma* Solver Table.

FIGURA 4.18 *Tabela do Solver mostrando alterações na solução ótima, lucro e uso de recursos e número de bombas.*

	A	B	C	D	E	F	G
1	Bombas Disponíveis	Aqua-Spas	Hydro-Luxes	Bombas Utilizadas	Mão de Obra Utilizada	Tubulação Utilizada	Lucro Total
2	$E$9	$B$5	$C$5	$D$9	$D$10	$D$11	$D$6
3	170	170	0	170	1530	2040	$59.500
4	175	172	3	175	1566	2112	$61.100
5	180	162	18	180	1566	2232	$62.100
6	185	152	33	185	1566	2352	$63.100
7	190	142	48	190	1566	2472	$64.100
8	195	132	63	195	1566	2592	$65.100
9	200	122	78	200	1566	2712	$66.100
10	205	112	93	205	1566	2832	$67.100
11	210	108	99	207	1566	2880	$67.500
12	215	108	99	207	1566	2880	$67.500
13	220	108	99	207	1566	2880	$67.500

Finalmente, é interessante notar que, quando há entre 175 e 205 bombas disponíveis, cada aumento de 5 bombas faz com que o número ótimo de Aqua-Spas se reduza em 10 e o número ótimo de Hydro-Luxes aumente em 15. Assim, uma vantagem da Tabela do Solver sobre o Relatório de Sensibilidade é que esta não apenas mostra em quanto o valor ótimo da função objetivo se altera conforme o número de bombas é modificado, mas também pode informar como a solução ótima se altera.

4.7.3 COMENTÁRIOS

Podem ser construídas Tabelas adicionais do Solver e *Spider Tables*/*Spider Plots* para analisar cada elemento do modelo, incluindo coeficientes das restrições e da função objetivo. Entretanto, essas técnicas são consideradas "computacionalmente custosas", porque exigem que o modelo de PL seja resolvido repetidamente. Para pequenos problemas, como o da Blue Ridge Hot Tubs, não é realmente um problema. Mas, à medida que o tamanho e a complexidade do problema aumentam, essa abordagem de análise da sensibilidade pode se tornar onerosa.

4.8 Otimização robusta

Como vimos, uma solução ótima para um problema de PL irá ocorrer no limite de sua região viável. Embora esses limites possam ser determinados com muita precisão para determinado conjunto de dados, quaisquer incertezas ou alterações nos dados resultarão em incertezas ou alterações nos limites das regiões viáveis. Assim, a solução ótima para um problema de PL pode ser de certa maneira frágil e, na verdade, pode se tornar inviável (e um erro caro) caso qualquer um dos coeficientes em um modelo de PL esteja incorreto ou divirja do fenômeno real que está sendo modelado. Nos últimos anos, essa realidade levou vários pesquisadores a considerar (e muitas vezes preferir) soluções robustas para problemas de otimização. Uma solução robusta para um problema de PL é uma solução no interior da região viável (em vez de no limite da região viável) que possui um valor de função objetivo razoavelmente bom. Claramente, tal solução não irá maximizar (ou minimizar) o valor da função objetivo (exceto em casos triviais), de modo que não é uma solução ótima no sentido tradicional da palavra. Entretanto, uma solução robusta geralmente permanecerá viável caso perturbações modestas ou alterações ocorram nos coeficientes no modelo.

O Analytic Solver Platform oferece diversas ferramentas avançadas para identificar soluções robustas para problemas de otimização. No caso de problemas de PL, podemos facilmente adaptar incertezas em coeficientes de restrição utilizando conjuntos de incerteza (USet) de possibilidade de restrição. Para ilustrar, lembre que o problema original da Blue Ridge Hot Tubs presumiu que cada uma das Aqua-Spas exigia 1 bomba, 9 horas de trabalho e 12 pés de tubulação, enquanto cada uma das Hydro-Luxes exigia 1 bomba, 6 horas de trabalho e 16 pés de tubulação. A solução ótima para esse problema foi fazer 122 Aqua-Spas e 78 Hydro-Luxes (consulte a Figura 4.1) Claramente, cada uma das banheiras de hidromassagem exige 1 bomba, não existindo incerteza sobre essa restrição. Entretanto, a quantia real de trabalho e tubulação pode variar um pouco dos valores presumidos anteriormente. Desse modo, suponha que a quantia de trabalho por banheira de hidromassagem possa variar de seus valores presumidos originalmente em 15 minutos (ou 0,25 hora) e que a quantia de tubulação necessária possa variar em 6 polegadas (ou 0,5 pé). Isto é, a quantia de trabalho exigida por Aqua-Spa é incerta, mas pode-se esperar que varie uniformemente entre 8,75 e 9,25 horas, e o trabalho exigido por Hydro-Lux espera-se que varie uniformemente de 5,75 horas a 6,25 horas. Semelhantemente, a quantia de tubulação necessária por Aqua-Spa é incerta, mas pode-se esperar que varie uniformemente entre 11,5 e 12,5 pés, e a tubulação necessária por Hydro Lux espera-se variar uniformemente de 15,5 a 16,5 pés. A Figura 4.19 (e o arquivo Fig4-19.xlsm, disponível na página deste livro no site da editora) mostra uma versão revisada do problema que representa essas incertezas nas restrições de trabalho e tubulação.

Na Figura 4.19, note que as constantes numéricas anteriores nas células B10 até C11 foram trocadas pelos seguintes geradores de números aleatórios:

Fórmula para a célula B10:	= PsiUniform(8,75, 9,25)
Fórmula para a célula C10:	= PsiUniform(5,75, 6,25)
Fórmula para a célula B11:	= PsiUniform(11,5, 12,5)
Fórmula para a célula C11:	= PsiUniform(15,5, 16,5).

A função PsiUniform (Menor, Maior) é uma função do Analytic Solver Platform que retorna um valor aleatório a partir de uma distribuição uniforme entre um limite menor especificado e um limite maior cada vez que a planilha é recalculada. Pelo fato de os números serem gerados (ou amostrados aleatoriamente), os números na tela do computador provavelmente são diferentes daqueles na Figura 4.19 (e mudarão se a planilha for recalculada pressionando a função F9). Observe também que a solução ótima de 122 Aqua-spas e 78 Hydro-Luxes viola, de fato, as restrições de trabalho no cenário mostrado na Figura 4.19. Portanto, conforme relatado anteriormente, a solução ótima para um problema de PL pode mesmo terminar sendo inviável se houver incerteza em relação aos valores de um ou mais coeficientes modelo, que simplesmente ignoramos ou assumimos não existir. A planilha na Figura 4.19 não ignora as incertezas nos coeficientes de trabalho e tubulação, mas, em vez disso, as esboçam explicitamente.

Na Figura 4.19, note que a restrição no número de bombas utilizadas foi definida de maneira convencional e aparece como uma restrição "normal" na aba Modelo (Model) do painel de tarefas do Analytic Solver. Ao definir as restrições de tubulação e de trabalho, devemos definir o tipo de restrição USet e especificar um valor para o *Set Size*. (Perceba que tais restrições aparecem como restrições *Chance* no painel de tarefas Analytic Solver na aba Model.) O *Set Size*, algumas vezes, é descrito como a quantidade de incerteza para a restrição. Não há maneira estabelecida de determinar o valor *Set Size*. De modo geral, conforme tal valor aumenta, a solução obtida torna-se mais conservadora (ou mais robusta).

FIGURA 4.19 *Uma planilha de otimização robusta para o problema da Blue Ridge.*

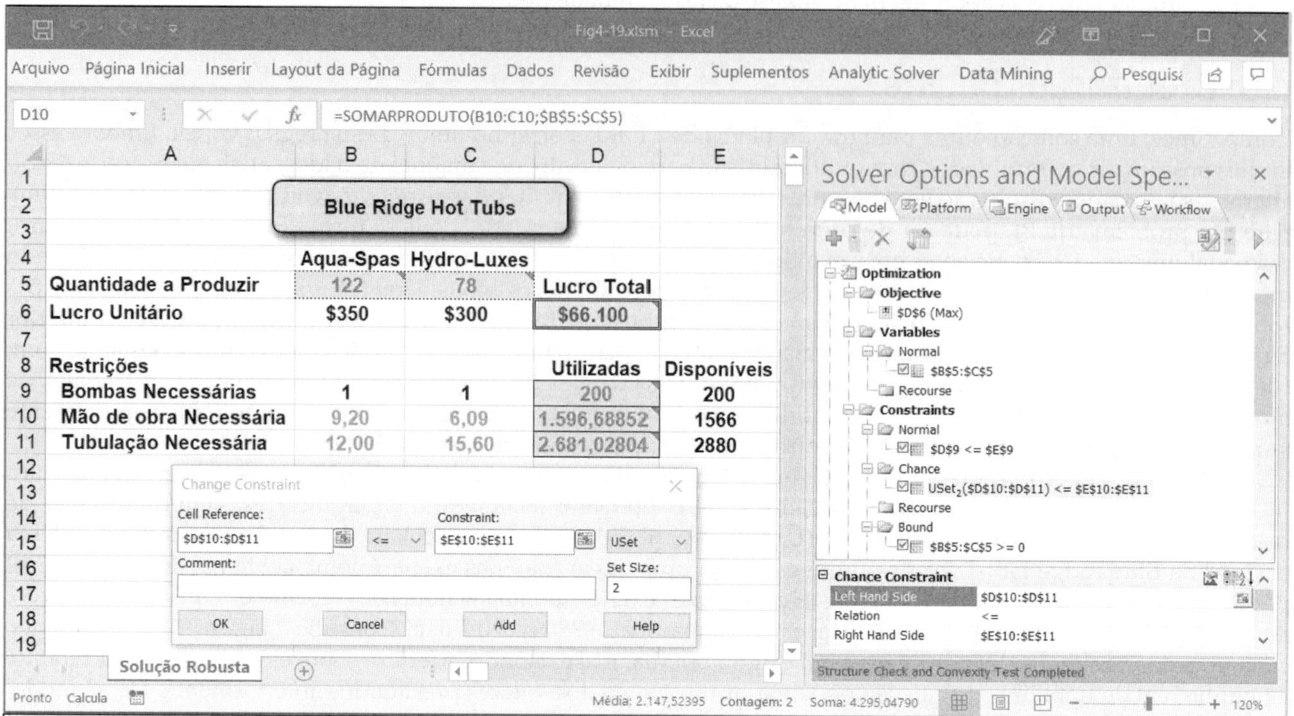

Fórmulas das principais células		
Célula	**Fórmula**	**Copiado para**
D6	=SOMARPRODUTO(B6:C6;$B$5:$C$5)	D9:D11
B10	=PsiUniform(8.75, 9.25)	--
C10	=PsiUniform(5.75, 6.25)	--
B11	=PsiUniform(11.5, 12.5)	--
C11	=PsiUniform(15.5, 16.5)	--

Quando resolvemos esse problema, o Analytic Solver, na verdade, formula um problema mais amplo de PL com vários valores de coeficientes diferentes para as restrições USet. O programa resolve esse problema para obter uma solução que satisfaça todas essas possíveis configurações de restrições. A Figura 4.20 mostra a primeira solução que o Analytic Solver encontrou para esse problema. Essa solução envolve produzir 105 Aqua-Spas e 94 Hydro-Luxes por um lucro de $ 64.945. Se você avaliar essa solução sob nossas condições determinísticas originais, nas quais Aqua--Spas requerem 9 horas de trabalho e 12 pés de tubulação, e Hydro-Luxes requerem 6 horas de trabalho e 16 pés de tubulação, verá que essa solução usa cerca de 1.509 das 1.566 horas de trabalho disponíveis e cerca de 2.764 pés dos 2.880 pés de tubulação disponíveis. Então, como indicado na aba *Output* no painel de tarefas do Analytic Solver, essa é uma "solução conservadora" que não usa todos os recursos disponíveis. Se você clicar na menor das setas verdes aba *Output*, o Analytic Solver exibirá uma solução menos conservadora para o problema, mostrada na Figura 4.21.

A solução na Figura 4.21 envolve a produção de cerca de 115 Aqua-Spas e 85 Hydro-Luxes por um lucro de $ 65.769. Se você avaliar essa solução sob nossas condições determinísticas originais (com 9 horas de trabalho e 12 pés de tubulação para Aqua-Spas e 6 horas de trabalho e 16 pés de tubulação para Hydro-Luxes), verá que essa solução usa cerca de 1.545 das 1.566 horas de trabalho disponíveis e cerca de 2.740 pés dos 2.880 pés de tubulação disponíveis. Essa solução é melhor que a anterior, mostrada na Figura 4.20, na perspectiva dos lucros, mas nos aproxima muito mais do limite da restrição de trabalho.

Como você pode ver, a otimização robusta é uma técnica muito eficaz, mas que requer um pouco de tentativa e erro, por parte do tomador de decisão, quanto a especificar o *Set Size* e avaliar as comparações entre satisfazer as restrições com uma margem confortável (para levar em conta incertezas) e sacrificar o valor da função objetivo. Exploraremos a ideia de otimização sob incerteza no Capítulo 12.

FIGURA 4.20 *Uma solução robusta e conservadora para o problema das banheiras.*

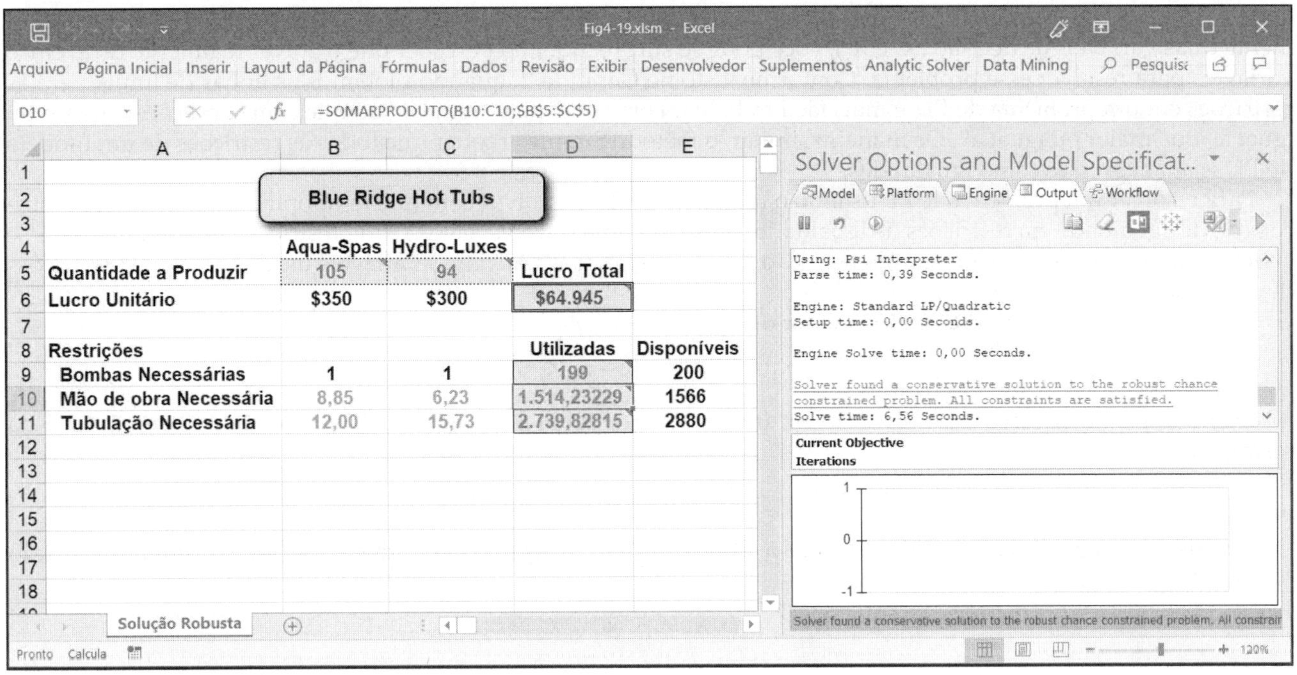

FIGURA 4.21 *Uma solução robusta e menos conservadora para o problema das banheiras.*

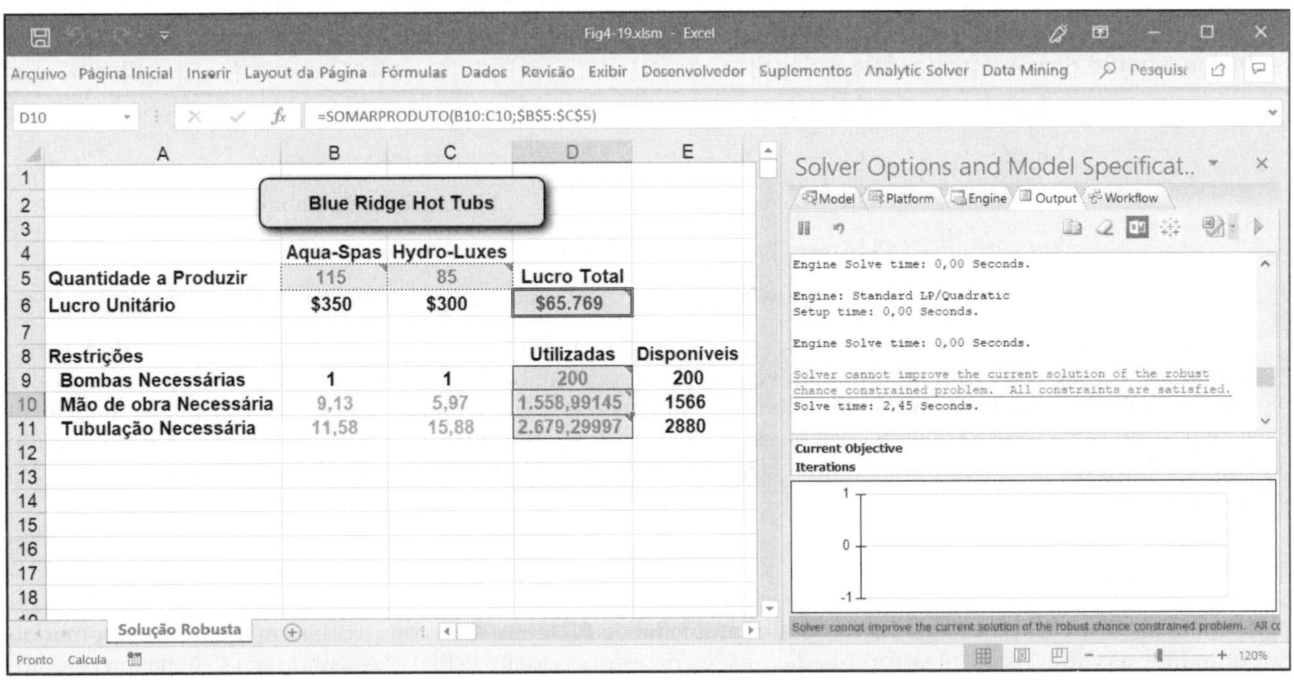

4.9 O método Simplex

Temos mencionado repetidamente que o método Simplex é o recomendado para resolver problemas de PL. Esta seção fornece uma visão geral desse método e mostra como se relaciona com alguns dos itens mostrados no Relatório de Resposta e no Relatório de Sensibilidade.

4.9.1 CRIANDO RESTRIÇÕES DE IGUALDADE USANDO VARIÁVEIS DE FOLGA

Uma vez que nossa formulação original do modelo de PL para o problema da Blue Ridge Hot Tubs apresenta somente duas variáveis de decisão (X_1 e X_2), você pode se surpreender ao perceber que o Solver realmente usou cinco variáveis para resolver esse problema. Conforme visto no Capítulo 2, quando plotamos as linhas de limite para as restrições em um problema de PL, é mais fácil trabalhar com condições "igual a" do que com condições "menor ou igual a" ou "maior ou igual a". De maneira similar, o método Simplex requer que todas as restrições de um modelo de PL sejam expressas como igualdades.

Para resolver um problema de PL usando o método Simplex, o Solver converte temporariamente todas as restrições de desigualdade em restrições de igualdade, somando uma nova variável a cada restrição "menor ou igual a" e subtraindo uma nova variável de cada restrição "maior ou igual a". As novas variáveis usadas para criar restrições de igualdade são chamadas variáveis de folga.

Por exemplo, considere a restrição "menor ou igual a":

$$a_{k1}X_1 + a_{k2}X_2 + \ldots + a_{kn}X_n \leq b_k$$

O Solver pode converter essa restrição em uma restrição "igual a", somando a variável de folga S_k ao LHS da restrição:

$$a_{k1}X_1 + a_{k2}X_2 + \ldots + a_{kn}X_n + S_k = b_k$$

A variável S_k representa a quantia pela qual $a_{k1}X_1 + a_{k2}X_2 + \ldots + a_{kn}X_n$ é menor que b_k. Agora, considere a restrição "maior ou igual a":

$$a_{k1}X_1 + a_{k2}X_2 + \ldots + a_{kn}X_n \geq b_k$$

O Solver pode converter essa restrição em uma restrição "igual a", subtraindo a variável de folga S_k não negativa do LHS da restrição:

$$a_{k1}X_1 + a_{k2}X_2 + \ldots + a_{kn}X_n - S_k = b_k$$

Nesse caso, a variável S_k representa a quantia pela qual $a_{k1}X_1 + a_{k2}X_2 + \ldots + a_{kn}X_n$ excede b_k.

Para resolver o problema original da Blue Ridge Hot Tubs usando o método Simplex, o Solver resolveu o seguinte problema modificado envolvendo *cinco* variáveis:

MAX:	$350X_1 + 300X_2$	} lucro
Sujeito a:	$1X_1 + 1X_2 + S_1 = 200$	} restrição de bomba
	$9X_1 + 6X_2 + S_2 = 1.566$	} restrição de trabalho
	$12X_1 + 16X_2 + S_3 = 2.880$	} restrição de tubulação
	$X_1, X_2\ S_1, S_2, S_3 \geq 0$	} condições de não negatividade

Nós nos referiremos a X_1 e X_2 como **variáveis estruturais** no modelo para distingui-las das variáveis de folga.

Lembre-se de que não configuramos variáveis de folga na planilha nem as incluímos nas fórmulas das células de restrição. O Solver configura automaticamente as variáveis de folga que precisa para resolver um problema em particular. A única vez que o Solver menciona essas variáveis é ao criar um Relatório de Resposta como o mostrado na Figura 4.2. Os valores presentes na coluna *Slack* do Relatório de Resposta correspondem aos valores ótimos das variáveis de folga.

4.9.2 SOLUÇÕES BÁSICAS VIÁVEIS

Após todas as restrições de desigualdade em um problema de PL terem sido convertidas em igualdades (somando ou subtraindo as variáveis de folga apropriadas), as restrições do modelo de PL representam um sistema (ou coleção) de equações lineares. Se houver um total de n variáveis em um sistema de m equações, uma estratégia para encontrar uma solução para o sistema de equações é selecionar quaisquer m variáveis e tentar encontrar valores para elas que resolvam o sistema, assumindo que todas as demais variáveis estão configuradas para seus limites inferiores (que normalmente são iguais a zero). Essa estratégia requer mais variáveis do que restrições em um sistema de equações – ou que $n \geq m$.

Algumas vezes, as m variáveis selecionadas para resolver o sistema de equações em um modelo de PL são chamadas **variáveis básicas**, enquanto as variáveis restantes são denominadas **variáveis não básicas**. Se puder ser obtida uma solução para o sistema de equações usando dado conjunto de variáveis básicas (enquanto as variáveis não básicas são todas definidas como iguais a zero), essa solução é chamada **solução básica viável** (SBV). Cada SBV corresponde a um dos pontos extremos da região viável para o problema de PL, e sabemos que a solução ótima para o problema de PL também ocorre em um ponto extremo. De modo que o desafio na PL é encontrar as variáveis básicas (e seus valores ótimos) que produzam a solução viável básica correspondente ao ponto extremo ótimo da região viável.

Devido ao fato de nosso problema modificado envolver três restrições e cinco variáveis, podemos selecionar três variáveis básicas em dez diferentes maneiras para formar possíveis soluções básicas viáveis para o problema. A Figura 4.22 apresenta os resultados para essas dez opções.

As cinco primeiras soluções na Figura 4.22 são viáveis e, dessa forma, representam SBVs para esse problema. As soluções restantes são inviáveis porque violam condições de não negatividade. A melhor alternativa viável mostrada na Figura 4.22 corresponde à solução ótima para o problema. Em particular, se X_1, X_2 e S_3 forem selecionadas como variáveis básicas e S_1 e S_2 são variáveis não básicas e são fixadas em seus valores de limite inferior (zero), tentamos encontrar valores para X_1, X_2 e S_3 que satisfaçam as seguintes restrições:

$$1X_1 + 1X_2 = 200 \quad \} \text{ restrição de bomba}$$

$$9X_1 + 6X_2 = 1.566 \quad \} \text{ restrição de trabalho}$$

$$12X_1 + 16X_2 + S_3 = 2.880 \quad \} \text{ restrição de tubulação}$$

Observe que S_1 e S_2 nas restrições modificadas "igual a" não estão incluídas nas equações acima porque estamos assumindo que os valores dessas variáveis não básicas são iguais a zero (seus limites inferiores). Usando álgebra linear, o método Simplex determina que os valores $X_1 = 122$, $X_2 = 78$ e $S_3 = 168$ satisfazem as equações dadas acima. Portanto, uma solução básica viável para esse problema é $X_1 = 122$, $X_2 = 78$, $S_1 = 0$, $S_2 = 0$, $S_3 = 168$. Conforme indicado na Figura 4.22, esta solução produz um valor de \$ 66.100 para a função objetivo. (Observe que os valores ótimos para as variáveis de folga S_1, S_2 e S_3 também correspondem aos valores mostrados no Relatório de Resposta na Figura 4.2 na coluna *Slack* para as células de restrição D9, D10 e D11.) A Figura 4.23 mostra as relações entre as SBVs listadas na Figura 4.22 e os pontos extremos da região viável para esse problema.

	Variáveis básicas	Variáveis não básicas	Solução	Valor objetivo
1	S_1, S_2, S_3	X_1, X_2	$X_1 = 0, X_2 = 0,$ $S_1 = 200, S_2 = 1.566, S_3 = 2.880$	0
2	X_1, S_1, S_3	X_2, S_2	$X_1 = 174, X_2 = 0,$ $S_1 = 26, S_2 = 0, S_3 = 792$	60.900
3	X_1, X_2, S_3	S_1, S_2	$X_1 = 122, X_2 = 78,$ $S_1 = 0, S_2 = 0, S_3 = 168$	66.100
4	X_1, X_2, S_2	S_1, S_3	$X_1 = 80, X_2 = 120,$ $S_1 = 0, S_2 = 126, S_3 = 0$	64.000
5	X_2, S_1, S_2	X_1, S_3	$X_1 = 0, X_2 = 180,$ $S_1 = 20, S_2 = 486, S_3 = 0$	54.000
6*	X_1, X_2, S_1	S_2, S_3	$X_1 = 108, X_2 = 99,$ $S_1 = -7, S_2 = 0, S_3 = 0$	67.500
7*	X_1, S_1, S_2	X_2, S_3	$X_1 = 240, X_2 = 0,$ $S_1 = -40, S_2 = -594, S_3 = 0$	84.000
8*	X_1, S_2, S_3	X_2, S_1	$X_1 = 200, X_2 = 0,$ $S_1 = 0, S_2 = -234, S_3 = 480$	70.000
9*	X_2, S_2, S_3	X_1, S_1	$X_1 = 0, X_2 = 200,$ $S_1 = 0, S_2 = 366, S_3 = -320$	60.000
10*	X_2, S_1, S_3	X_1, S_2	$X_1 = 0, X_2 = 261,$ $S_1 = -61, S_2 = 0, S_3 = -1.296$	78.300

Nota: o asterisco (*) denota soluções inviáveis.

FIGURA 4.22
Possíveis SBVs para o problema original da Blue Ridge Hot Tubs.

4.9.3 ENCONTRANDO A MELHOR SOLUÇÃO

O método Simplex funciona primeiro identificando qualquer SBV (ou ponto extremo) para um problema de PL e, em seguida, mudando para um ponto extremo adjacente, se tal movimento melhora o valor da função objetivo. Quando nenhum ponto extremo adjacente tem um melhor valor de função objetivo, o ponto extremo atual é o ótimo e o método Simplex termina.

O processo de movimentação de um ponto extremo para um adjacente é feito trocando-se uma das variáveis básicas por uma variável não básica a fim de criar uma nova SBV que corresponda ao ponto extremo adjacente. Por exemplo, na Figura 4.23, a movimentação da primeira SBV (ponto 1) para a segunda SBV (ponto 2) envolve a transformação de X_1 em variável básica e de S_2 em uma variável não básica. De maneira similar, podemos mover do ponto 2 para o ponto 3 alterando as variáveis básicas para variáveis não básicas. Assim, partindo do ponto 1 na Figura 4.23, o método Simplex pode mover para o ponto 2 e, em seguida, para a solução ótima no ponto 3. De outra forma, o método Simplex pode mover do ponto 1 para os pontos 5 e 4 a fim de chegar à solução ótima no ponto 3. Assim, embora não haja nenhuma garantia de que o método Simplex tomará o caminho mais curto para a solução ótima de um problema de PL, eventualmente encontrará a solução ótima.

Para determinar se a mudança de uma variável básica para uma não básica resultará em melhor solução, o método Simplex calcula o custo reduzido de cada variável não básica e determina se a função objetivo pode ser melhorada, caso qualquer uma dessas variáveis seja substituída por uma variável básica. (Observe que soluções não limitadas são detectadas facilmente no método Simplex pela existência de uma variável não básica que pode melhorar o valor do objetivo por uma quantia infinita se se transformasse em variável básica.) Esse processo continua até que não seja mais possível obter melhorias no valor da função objetivo.

4.10 Resumo

Este capítulo descreveu os métodos para avaliar o quão sensível um modelo de PL é às diversas alterações que podem ocorrer no modelo ou em sua solução ótima. O impacto das alterações em um modelo de PL pode ser analisado

FIGURA 4.23
Ilustração dos relacionamentos entre as SBVs e os pontos extremos.

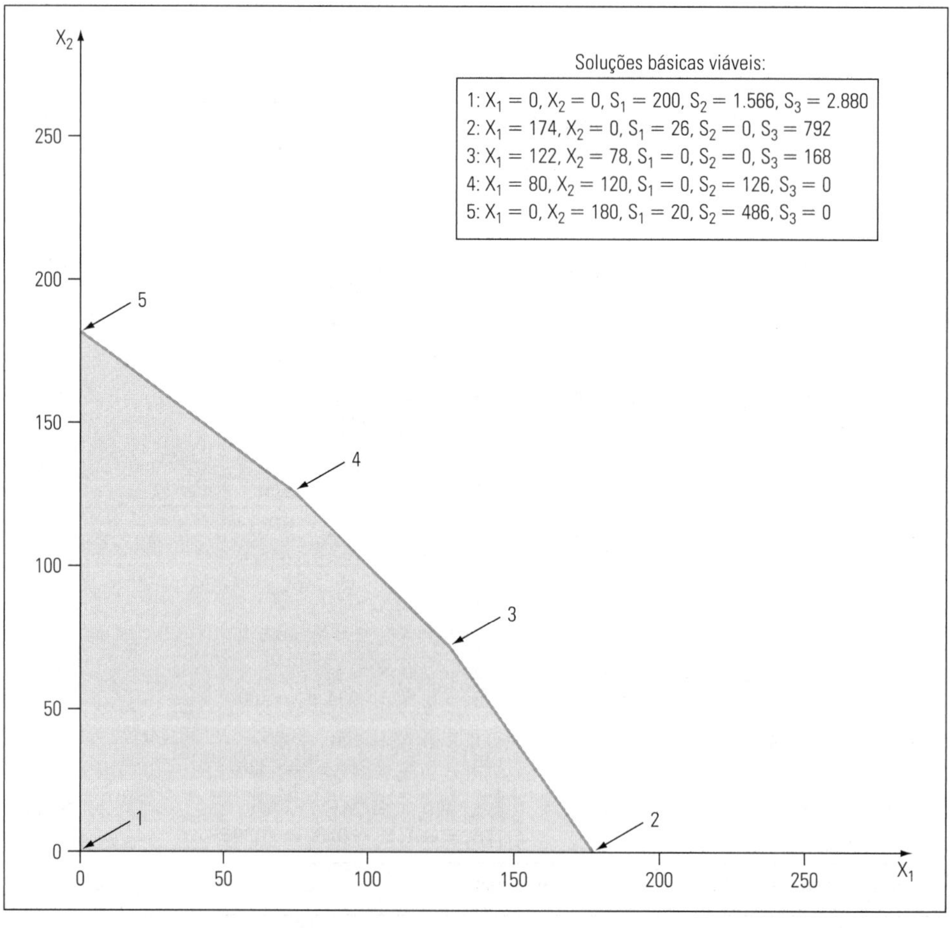

facilmente com uma nova resolução do modelo. O Solver também fornece automaticamente uma quantidade significativa de informações sobre sensibilidade. Para problemas de PL, a quantidade máxima de informações de sensibilidade é obtida resolvendo-se o problema por meio do método Simplex. Antes de usar as informações do Relatório de Sensibilidade, você deve sempre verificar a presença de degeneração, porque pode causar um efeito significativo sobre como se deve interpretar os números nesse relatório.

Embora a informação disponível no Relatório de Sensibilidade seja útil, não fornece respostas a todas as questões que um analista possa ter a respeito da solução ótima para determinado problema de PL. Como resultado, várias técnicas *ad hoc* tal como *Spider Plots/Tables* e Tabelas do Solver estão disponíveis para ajudar a resolver questões específicas que possam surgir.

O método Simplex considera somente os pontos extremos da região viável e é uma maneira eficiente de resolver problemas de PL. Nesse método, variáveis de folga são introduzidas primeiramente para converter todas as restrições em restrições do tipo "igual a". O método Simplex sistematicamente se movimenta na direção de soluções de pontos extremos cada vez melhores até que nenhum ponto extremo adjacente forneça um valor melhorado para a função objetivo.

4.11 Referências

BAZARAA, M.; JARVIS, J.; SHERALI, H. *Linear Programming and Network Flows*. Nova York: Wiley, 2009.

SHOGAN, A. *Management Science*. Englewood Cliffs, NJ: Prentice Hall, 1988.

WAGNER, H.; RUBIN, D. Shadow Prices: Tips and Traps for Managers and Instructors. *Interfaces*, v. 20, n. 4, 1990.

WINSTON, W. *Operations Research*: Applications and Algorithms. Belmont, CA: Duxbury Press, 2003.

O MUNDO DA *BUSINESS ANALYTICS*

Modelo de gerenciamento e alocação de combustível ajuda a National Airlines a se adaptar a alterações de custos e de suprimento

O combustível é um importante componente na estrutura de custo de uma empresa aérea. O preço e a disponibilidade de combustíveis podem variar de um terminal aéreo para outro e algumas vezes é vantajoso para uma aeronave transportar uma quantidade de combustível maior do que o mínimo necessário para o próximo trajeto de sua rota. Diz-se que o combustível carregado com a finalidade de tirar proveito do preço ou da disponibilidade em um local específico está tancado. Uma desvantagem de tancar é que o consumo de combustível aumenta, já que a aeronave transporta mais peso.

O uso de PL para determinar quando e onde abastecer aeronaves economizou diversos milhões de dólares para a National Airlines durante os dois primeiros anos de implementação. Em particular, a empresa viu seu gasto médio com combustível cair 11,75% durante um período em que o gasto médio com combustível para todas as principais empresas aéreas domésticas dos Estados Unidos subiu 2,87%.

A função objetivo do modelo de gerenciamento e alocação de combustíveis consiste nos gastos com combustível e aumentos nos custos operacionais decorrentes da tancagem. As restrições no modelo dizem respeito à disponibilidade, às reservas mínimas e à capacidade das aeronaves.

Um recurso particularmente útil do modelo de gerenciamento e alocação de combustíveis é uma série de relatórios que ajudam as gerências a modificar o plano de carregamento de combustível quando ocorrem mudanças repentinas em sua disponibilidade ou em seu preço. Os preços sombra, junto com a faixa associada de aplicabilidade, fornecem informações sobre alterações no suprimento. As informações sobre alterações no preço por galão de combustível surgem de aumentos e reduções admissíveis dos coeficientes da função objetivo.

Por exemplo, o relatório de disponibilidade pode indicar que a quantidade ótima a ser adquirida da Shell West em Los Angeles é 2.718.013 galões, mas, se o suprimento dessa empresa se reduzir e o combustível precisar ser comprado de outro fornecedor mais atrativo, o custo total aumentaria em $ 0,0478 por galão (o preço sombra). Esse combustível seria substituído por uma aquisição anterior de até 159.293 galões da Shell East em Nova Orleans, tancado até Los Angeles.

O relatório de preço mostra, por exemplo, que deveriam ser feitas substituições de fornecedor se o preço atual da Shell West em Los Angeles, que é de $ 0,3074, aumentar para $ 0,32583 ou cair para $ 0,27036. O relatório também indica qual deve ser a substituição.

Fonte: DARNELL, D. W.; LOFLIN, C. National Airlines Fuel Management and Allocation Model. *Interfaces*, v. 7, n. 2, p. 1-16, fev. 1977.

Questões e problemas

Nota importante: para todas as questões que requerem um Relatório de Sensibilidade, use o Standard LP/ Quadratic Engine da Analytic Solver Platform.

1. Howie Jones usou as seguintes informações para calcular os coeficientes de lucro para Aqua-Spas e Hydro-Luxes: cada bomba custa \$ 225, a hora de trabalho custa \$ 12 e a tubulação custa \$ 2 por pé. Além de bombas, trabalho e tubulação, a produção de Aqua-Spas e Hydro-Luxes consome, respectivamente, \$ 243 e \$ 246 por unidade em outros recursos que não têm restrições de suprimento. Usando essas informações, Howie calculou o lucro marginal das Aqua-Spas e Hydro-Luxes como:

	Aqua-Spas	Hydro-Luxes
Preço de venda	\$ 950	\$ 875
Custo de bomba	–\$ 225	–\$ 225
Custo de trabalho	–\$ 108	–\$ 72
Custo de tubulação	–\$ 24	–\$ 32
Outros custos variáveis	–\$ 243	–\$ 246
Lucro marginal	\$ 350	\$ 300

O contador de Howie revisou esses cálculos e acredita que Howie cometeu um erro. Para fins de contabilidade, as despesas gerais de fabricação são atribuídas aos produtos a uma taxa de \$ 16 por hora de trabalho. O contador de Howie argumenta que, devido ao fato de a Aqua-Spa exigir 9 horas de trabalho, o lucro marginal desse produto deve ser \$ 144 menor. De maneira similar, devido ao fato de a Hydro-Lux exigir 6 horas de trabalho, a margem de lucro desse produto deve ser \$ 96 menor. Quem está certo e por quê?

2. Uma variável que assuma um valor ótimo entre seus limites inferior e superior tem um custo reduzido igual a zero. Por que isso deve ser verdade? (*Sugestão*: O que aconteceria se o valor do custo reduzido de tal variável não fosse zero? O que isso implica em relação ao valor da função objetivo?)

3. Implemente o seguinte problema de PL em uma planilha. Use o Solver para resolver o problema e crie um Relatório de Sensibilidade. Use essas informações para responder às seguintes questões:

$$\begin{aligned} \text{MAX:} \quad & 4X_1 + 2X_2 \\ \text{Sujeito a:} \quad & 2X_1 + 4X_2 \leq 20 \\ & 3X_1 + 5X_2 \leq 15 \\ & X_1, X_2 \geq 0 \end{aligned}$$

   a. Que faixa de valores o coeficiente da função objetivo para a variável X_1 pode assumir sem alterar a solução ótima?
   b. A solução ótima para esse problema é única ou há múltiplas soluções ótimas?
   c. Quanto o coeficiente da função objetivo para a variável X_2 precisa aumentar antes que ela passe a fazer parte da solução ótima com um valor estritamente positivo?
   d. Qual é o valor ótimo da função objetivo se X_2 for igual a 1?
   e. Qual é o valor ótimo da função objetivo se o valor do RHS para a segunda restrição mudar de 15 para 25?
   f. A atual solução ainda é ótima se o coeficiente para X_2 na segunda restrição mudar de 5 para 1? Justifique sua resposta.

4. Implemente o seguinte modelo de PL em uma planilha. Use o Solver para resolver o problema e crie um Relatório de Sensibilidade. Use essas informações para responder às seguintes questões:

$$\begin{aligned} \text{MAX:} \quad & 2X_1 + 4X_2 \\ \text{Sujeito a:} \quad & -X_1 + 2X_2 \leq 8 \\ & X_1 + 2X_2 \leq 12 \\ & X_1 + X_2 \geq 2 \\ & X_1, X_2 \geq 0 \end{aligned}$$

   a. Quais das restrições são limitantes para a solução ótima?
   b. A solução ótima para esse problema é única ou há múltiplas soluções ótimas?
   c. Qual é a solução ótima para esse problema se o valor do coeficiente da função objetivo para a variável X_1 for zero?
   d. Quanto o coeficiente da função objetivo para a variável X_2 pode ser reduzido antes de alterar a solução ótima?
   e. Dado o objetivo nesse problema, se as gerências pudessem aumentar o valor do RHS para quaisquer restrições com custos idênticos, qual você escolheria aumentar e por quê?

5. Implemente o seguinte modelo de PL em uma planilha. Use o Solver para resolver o problema e crie um Relatório de Sensibilidade. Use essas informações para responder às seguintes questões:

$$\begin{aligned} \text{MIN:} \quad & 5X_1 + 3X_2 + 4X_3 \\ \text{Sujeito a:} \quad & X_1 + X_2 + 2X_3 \geq 2 \\ & 5X_1 + 3X_2 + 2X_3 \geq 1 \\ & X_1, X_2, X_3 \geq 0 \end{aligned}$$

a. Qual é o menor valor que o coeficiente da função objetivo da variável X_3 pode assumir sem alterar a solução ótima?
b. Qual é o valor ótimo da função objetivo se o valor do coeficiente de X_3 nessa função se alterar para –1? (*Sugestão*: A resposta para essa questão não é dada no Relatório de Sensibilidade. Considere o que a nova função objetivo representa relativamente às restrições.)
c. Qual é o valor ótimo da função objetivo se o valor do RHS da primeira restrição aumentar para 7?
d. Qual é o valor ótimo da função objetivo se o valor do RHS da primeira restrição diminuir uma unidade?
e. A atual solução permanecerá ótima se os coeficientes da função objetivo para X_1 e X_3 diminuírem uma unidade?

6. A CitruSun Corporation envia concentrado de suco de laranja congelado de instalações de processamento em Eustis e Clermont para distribuidores em Miami, Orlando e Tallahassee. Cada instalação pode produzir 20 toneladas de concentrado a cada semana. Para a próxima semana, a empresa acabou de receber pedidos de 10 toneladas de Miami, 15 toneladas de Orlando e 10 toneladas de Tallahassee. O custo por tonelada fornecida a cada um dos distribuidores, a partir de cada uma das instalações de processamento, é mostrado na tabela abaixo.

	Miami	**Orlando**	**Tallahassee**
Eustis	$ 260	$ 220	$ 290
Clermont	$ 230	$ 240	$ 310

A empresa quer determinar o plano com menor custo para atender seus pedidos para a próxima semana.
a. Formule um modelo de PL para esse problema.
b. Implemente o modelo em uma planilha e resolva-o.
c. Qual é a solução ótima?
d. A solução ótima é degenerada?
e. A solução ótima é única? Caso não seja, identifique uma solução ótima alternativa para o problema.
f. Como a solução mudaria se a instalação de Clermont fosse forçada a parar por um dia e perdesse 4 toneladas na capacidade de produção?
g. Qual seria o valor ótimo da função objetivo se a capacidade de processamento em Eustis fosse reduzida em 5 toneladas?
h. Interprete o custo reduzido para a remessa de Eustis até Miami.

7. Use o Solver para criar Relatórios de Resposta e de Sensibilidade para a questão 16 do fim do Capítulo 2 e responda às seguintes questões:
a. Quanto de capacidade de fiação e de teste em excesso existe na solução ótima?
b. Qual é o lucro total da empresa se tiver 10 horas adicionais de capacidade de fiação?
c. Em quanto o lucro dos alternadores precisa aumentar para que sua produção se justifique?
d. A solução ótima se altera se o lucro marginal com geradores se reduzir em $ 50 e o lucro marginal com alternadores aumentar em $ 75?
e. Suponha que o lucro marginal de geradores se reduza em $ 25. Qual é o lucro máximo de alternadores que pode ser obtido sem alterar a solução ótima?
f. Suponha que o volume de fiação necessário para os alternadores seja reduzido para 1,5 hora. Esse fator altera a solução ótima? Justifique sua resposta.

8. Use o Solver para criar Relatórios de Resposta e de Sensibilidade para a questão 22 do fim do Capítulo 2 e responda às seguintes questões:
a. Se o lucro com Razors se reduzisse para $ 35 a solução ótima se alteraria?
b. Se o lucro com Zoomers se reduzisse para $ 35 a solução ótima se alteraria?
c. Interprete o preço sombra para o suprimento de polímero.
d. Por que o preço sombra de $ 0 para a restrição está limitando a produção de minimotos para não mais do que 700 unidades?
e. Suponha que a empresa possa obter 300 horas adicionais de trabalho na produção. Qual seria o novo nível ótimo do lucro?

9. Use o Solver para criar Relatórios de Resposta e de Sensibilidade para a questão 24 do fim do Capítulo 2 e responda às seguintes questões:
a. Quanto o preço das melancias pode cair antes que não seja mais ótimo plantar melancias?
b. Quanto o preço do melão-cantalupo precisa aumentar antes que seja ótimo cultivar somente essa fruta?
c. Suponha que o preço das melancias caia em $ 60 por acre e que o preço dos melões-cantalupo aumente em $ 50 por acre. A solução atual ainda é ótima?
d. Suponha que o fazendeiro possa alugar até 20 acres de terra de uma fazenda vizinha para plantar safras adicionais. Quantos acres o fazendeiro deve arrendar e qual é a quantia máxima que deve pagar para alugar cada acre?

10. Use o Solver para criar Relatórios de Resposta e de Sensibilidade para a questão 25 do fim do Capítulo 2 e responda às seguintes questões:
a. Se o lucro obtido com a venda de portas aumentasse para $ 700 a solução ótima se alteraria?
b. Se o lucro obtido com a venda de janelas reduzisse para $ 200 a solução ótima se alteraria?
c. Explique o preço sombra para o processo de acabamento.

d. Se a disponibilidade de capacidade de corte aumentasse em 20 horas, qual seria o lucro adicional que a empresa receberia?
e. Suponha que outra empresa queira usar 15 horas da capacidade de lixamento da Sanderson e deseja pagar $ 400 por hora para a aquisição. A Sanderson deve concordar com isso? Sua resposta se alteraria caso a empresa quisesse usar 25 horas de capacidade de lixamento?

11. Crie um Relatório de Sensibilidade para o problema de fabricar *versus* comprar da Electro-Poly na Seção 3.9 do Capítulo 3 e responda às seguintes questões.
a. A solução é degenerada?
b. Em quanto o custo de fabricação de anéis coletores do modelo 1 deveria aumentar antes que se tornasse mais econômico comprar parte deles?
c. Suponha que o custo de compra de anéis coletores do modelo 2 caísse em $ 9 por unidade. A solução ótima se alteraria?
d. Assuma que os trabalhadores na área de enrolamento recebem normalmente $ 12 por hora e conseguem mais 50% com horas extras. A Electro-Poly deve escalar esses empregados para trabalhar em horas extras a fim de concluir essa tarefa? Em caso afirmativo, quanto dinheiro isso economizaria?
e. Assuma que os trabalhadores na área do coletor recebem normalmente $ 12 por hora e consigam mais 50% com horas extras. A Electro-Poly deve escalar esses empregados para trabalhar em horas extras a fim de concluir essa tarefa? Em caso afirmativo, quanto dinheiro isso economizaria?
f. Crie um *Spider Plot* que mostre o efeito de variar cada um dos requisitos de enrolamento e do coletor (nas células B17 a D18) de 90% a 100% de seus níveis atuais em incrementos de 1%. Se a Electro-Poly quiser investir em treinamento ou novas tecnologias para reduzir um desses valores, qual deles oferece o maior potencial de economia de custos?

12. Use o Solver para criar um Relatório de Sensibilidade para a questão 13 do fim do Capítulo 3 e responda às seguintes questões:
a. Quanto os cortadores elétricos deveriam custar para que a empresa considerasse a possibilidade de adquiri-los em vez de fabricá-los?
b. Se o custo para fabricar cortadores a gás aumentasse para $ 90 por unidade, como a solução ótima se alteraria?
c. Quanto a empresa deveria estar disposta a pagar para adquirir capacidade adicional na área de montagem? Justifique sua resposta.
d. Quanto a empresa deveria estar disposta a pagar para adquirir capacidade adicional na área de produção? Justifique sua resposta.
e. Prepare um *Spider Plot* mostrando a sensibilidade do custo total a alterações no custo de fabricação e no custo de aquisição (ajustando os valores originais em 90%, 92%, ..., 110%). A quais desses custos o custo total é mais sensível?
f. Suponha que as horas disponíveis de capacidade de produção sejam incertas e possam variar entre 9.500 e 10.500. De que modo a solução ótima se altera para cada alteração de 100 horas na capacidade de produção dentro dessa faixa?

13. Use o Solver para criar um Relatório de Sensibilidade para a questão 14 do fim do Capítulo 3 e responda às seguintes questões:
a. Se a empresa puder conseguir mais 50 unidades de tempo de tupia, deve fazer isso? Em caso afirmativo, quanto deveria estar disposta a pagar por isso?
b. Se a empresa puder conseguir mais 50 unidades de tempo de lixadeira, deve fazer isso? Em caso afirmativo, quanto deveria estar disposta a pagar por isso?
c. Suponha que o tempo da máquina polidora de mesas rústicas pode ser reduzido de 2,5 para 2 unidades por mesa. Quanto a empresa deveria estar disposta a pagar para obter essa melhoria na eficiência?
d. As mesas contemporâneas são vendidas por $ 450. Quanto o preço de venda teria de cair para que considerássemos não mais produzi-las? Isso faz sentido? Justifique sua resposta.
e. Crie um *Spider Plot* mostrando o efeito sobre o lucro ótimo, variando a disponibilidade de cada recurso entre 90% e 110% de seu valor de caso base em incrementos de 2%. Descreva a informação ilustrada por esse gráfico.

14. Utilize o Solver para criar um Relatório de Sensibilidade para a questão 15 do Capítulo 3 e responda às seguintes questões:
a. A solução é degenerada?
b. A solução é única?
c. Suponha que o lucro por *pallet* de painéis Tahoe caiu em $ 40. A solução ótima iria mudar?
d. Suponha que o lucro por *pallet* de painéis Aspen caiu em $ 40. A solução ótima iria mudar?
e. Qual quantia a empresa estaria disposta a pagar para obter 1.000 horas adicionais de capacidade de prensa?
f. Suponha que a empresa tenha recebido uma proposta para comprar 5.000 libras de seus cavacos de pinho por $ 1.250. Ela deve aceitar essa proposta? Justifique.
g. Crie um *Spider Plot* ilustrando como o lucro ótimo muda à medida que a disponibilidade de cada um dos quatro recursos varia de 90% a 110% de seus valores de caso base. Explique a relação entre esse gráfico e os preços sombra dos recursos dados no Relatório de Sensibilidade.
h. Suponha que exista alguma incerteza a respeito da quantia de capacidade de prensa que estará disponível. Crie uma Tabela Solver resumindo como a solução ótima e o lucro mudam à medida que a quantia de capacidade de prensa disponível muda de 5.000 para 7.000 em incrementos de 500. Que informação esse relatório transmite a respeito do *mix* de produtos ótimos como uma função da capacidade de prensa disponível?

15. Use o Solver para criar um Relatório de Sensibilidade para a questão 16 do Capítulo 3 e responda às seguintes questões:
    a. A solução é degenerada?
    b. A solução é única?
    c. Explique os sinais dos custos reduzidos para cada uma das variáveis de decisão. Ou seja, considerando o valor ótimo de cada variável de decisão, por que o sinal de seus custos reduzidos associados faz sentido econômico?
    d. Suponha que o custo por libra da ração 3 aumentou em $ 3. A solução ótima mudaria? O valor ótimo da função objetivo mudaria?
    e. Caso a companhia possa reduzir quaisquer exigências de nutrientes, qual deveria ser escolhido e por quê?
    f. Caso a companhia possa aumentar quaisquer exigências de nutrientes, qual deveria escolher e por quê?
    g. Suponha que haja alguma incerteza sobre a estimativa de custo de cada tipo de ração. Prepare um *Spider Plot* variando o custo por libra de cada tipo de ração entre mais ou menos $ 0,25 de seu valor estabelecido em incrementos de $ 0,05 observando o impacto no custo ótimo. O que esse gráfico revela, e quais são as implicações para o gerenciamento?
16. Use o Solver para criar um Relatório de Sensibilidade para a questão 17 do Capítulo 3 e responda às questões a seguir:
    a. A solução é degenerada?
    b. Explique o valor do preço sombra associado à Máquina 1.
    c. Caso a fábrica possa contratar outro trabalhador, você recomendaria tal ação? Por quê?
    d. Suponha que o lucro marginal de cada produto foi calculado usando custos estimados. Se você pudesse ter estimativas mais precisas de lucro para esses produtos, qual (quais) seria(m) o(s) mais interessante(s)? Por quê?
    e. Se todos os 19 trabalhadores estiverem presentes e trabalharem 35 horas por semana, a empresa terá um total de 665 horas de trabalho disponíveis. Suponha que o gerente dessa companhia esteja preocupado com as faltas dos trabalhadores por questões de saúde ou por outras razões. Prepare uma Tabela do Solver que resuma o que acontece com a mistura de produto ótimo e o lucro total conforme o total de horas de trabalho varia de 600 a 665 horas em incrementos de 5 horas. O que a análise revela e quais são as implicações gerenciais?
17. Use o Solver para criar um Relatório de Sensibilidade para a questão 18 do Capítulo 3 e responda às seguintes questões:
    a. A solução é degenerada?
    b. A solução mudaria se o preço das uvas-passas fosse $ 2,80 por libra?
    c. A solução mudaria se o preço dos amendoins fosse $ 3,25 por libra?
    d. Se pudesse relaxar uma restrição nutricional, qual você escolheria? Por quê?
    e. Crie um *Spider Plot* resumindo o impacto no custo total de variações no custo por libra de cada ingrediente entre 90% e 110% do valor base em incrementos de 2%. O que o gráfico revela e quais são as implicações gerenciais?
18. Use o Solver para criar um Relatório de Sensibilidade para a questão 21 do Capítulo 3 e responda às seguintes questões:
    a. Quais das restrições do problema são limitantes?
    b. Se a empresa quiser eliminar um de seus produtos, qual deve ser?
    c. Se a empresa puder comprar 1.000 chips de memória adicionais ao custo normal, deve fazê-lo? Em caso afirmativo, em quanto seus lucros aumentariam?
    d. Suponha que os custos de fabricação usados nessa análise foram estimados de maneira precipitada e são um tanto imprecisos. Para que produtos você desejaria estimativas de custos mais precisas antes de implementar essa solução?
    e. Crie um *Spider Plot* mostrando a sensibilidade do lucro total para o preço de venda de cada produto (ajustando os valores originais em 90%, 92%, ... , 110%). De acordo com esse gráfico, o lucro total é mais sensível a que produto?
19. Use o Solver para criar um Relatório de Sensibilidade para a questão 23 do Capítulo 3 e responda às seguintes questões:
    a. A solução ótima é a única? Como você pode explicar isso?
    b. Qual loja recebeu o menor número de carros?
    c. Suponha que determinado carro que está na loja 1 deva ser enviado para a loja 3 a fim de atender ao pedido de um cliente. Qual será o aumento nos custos para a empresa?
    d. Suponha que pelo menos oito carros devam ser enviados para a loja 6. Que impacto isso terá sobre o valor ótimo da função objetivo?
20. Consulte a **pergunta anterior**. Suponha que a loja 1 tem 15 carros disponíveis, em vez de 16. Crie um Relatório de Sensibilidade para o problema e responda às seguintes questões:
    a. A solução ótima é a única? Como você pode explicar isso?
    b. De acordo com o Relatório de Sensibilidade, de quanto deve ser o aumento do custo total se impusermos que um carro seja enviado da loja 1 para a loja 3?
    c. Adicione uma restrição ao modelo para forçar o envio de um carro da loja 1 à loja 3. Quanto é o aumento do custo total?
21. Use o Solver para criar um Relatório de Sensibilidade para a questão 28 do Capítulo 3 e responda às seguintes questões:
    a. Qual é o máximo nível de lucro que pode ser obtido para esse problema?
    b. Há múltiplas soluções ótimas para esse problema? Se houver, identifique aquela que permite usar a maior quantidade possível de laranjas do tipo 5 em cestas de frutas, ao mesmo tempo que se obtém o lucro máximo identificado no item a.
    c. Se a Holiday puder comprar mais 1.000 libras de laranjas do tipo 4 a um custo de $ 2,65 por libra, ela deve comprar isso? Por quê?
    d. Crie um *Spider Plot* mostrando a alteração no lucro total obtido alterando-se a escala média de qualidade de 90% até 110% em incrementos de 1%. Se o departamento de agricultura quiser aumentar a escala média de qualidade de um desses produtos, que produto a empresa deve defender?

22. Use o Solver para criar um Relatório de Sensibilidade para a questão 29 do fim do Capítulo 3 e responda às seguintes questões:
    a. Há múltiplas soluções ótimas para esse problema? Justifique sua resposta.
    b. Qual é a mais alta taxa de octanagem possível para a gasolina comum, assumindo que a empresa deseja maximizar seus lucros? Qual é a taxa de octanagem para a gasolina *premium* nessa solução?
    c. Qual é a mais alta taxa de octanagem possível para a gasolina *premium*, assumindo que a empresa deseja maximizar seus lucros? Qual é a taxa de octanagem para a gasolina comum nessa solução?
    d. Quais das duas soluções de maximização de lucros identificadas nas questões b e c você recomendaria que a empresa implementasse? Por quê?
    e. Se a empresa pudesse comprar mais 150 barris do insumo 2 ao custo de $ 17 por unidade, ela deveria comprar? Por quê?
    f. Crie um Spider Plot mostrando a mudança no lucro total obtido alterando a disponibilidade dos insumos de 90% para 110% em incrementos de 2%. O que esse gráfico revela e quais são as implicações gerenciais?
23. Use o Solver para criar um Relatório de Sensibilidade para a questão 34 do fim do Capítulo 3 e responda às seguintes questões:
    a. A solução é degenerada?
    b. A solução é única?
    c. Use uma Tabela do Solver para determinar o preço máximo que a Pelletier Corporation deve pagar pelo arrendamento de dois meses.
    d. Suponha que a empresa não tenha certeza de que precisará exatamente de 20.000 pés quadrados no mês 3 e acredita que a quantia real possa ser de 15.000 pés quadrados a 25.000 pés quadrados. Use uma Tabela do Solver para determinar se tal fator provocaria algum efeito nos arranjos de arrendamento que a empresa escolher nos meses 1 e 2.
24. Use o Solver para criar um Relatório de Sensibilidade para a questão 35 do fim do Capítulo 3 e responda às seguintes questões:
    a. A solução é única?
    b. Se a Sentry deseja aumentar sua capacidade de produção para melhor atender à demanda por seus produtos, que fábrica ela deve escolher? Justifique sua resposta.
    c. Se o custo de transporte de Phoenix até Tacoma aumentou para $ 1,98 por unidade, a solução se alteraria? Justifique sua resposta.
    d. Quanto a mais a empresa deve cobrar do distribuidor em Tacoma se ele insistir em receber 8.500 unidades?
    e. A Sentry está pensando em rever sua política de fornecer pelo menos 80% dos pedidos de seus distribuidores e gostaria de verificar o impacto sobre o custo total de variações dessa porcentagem entre 70% e 100% em incrementos de 1%. Crie um *Spider Plot* para ilustrar esse aspecto. O que o gráfico revela e quais são as implicações gerenciais?
25. Use o Solver para criar um Relatório de Sensibilidade para a questão 36 do fim do Capítulo 3 e responda às seguintes questões:
    a. A solução é degenerada?
    b. A solução é única?
    c. Quanto o reciclador pagaria para adquirir mais papelão?
    d. Se o reciclador puder comprar mais 50 toneladas de jornal ao custo de $ 18 por tonelada, deve comprar? Justifique sua resposta.
    e. Qual é o custo marginal do reciclador para produzir cada um dos três diferentes tipos de polpa?
    f. Quanto o custo de conversão de papel sulfite em papel-jornal teria de cair antes que se tornasse econômico usar papel sulfite para essa finalidade?
    g. Em quanto o rendimento de polpa de papel-jornal por tonelada de papelão teria de aumentar antes que se tornasse mais econômico usar papelão para essa finalidade?
    h. Crie um *Spider Plot* para mostrar o impacto no custo total ótimo de variação dos custos por tonelada de jornal, mistura de papel, papel sulfite e papelão, entre mais ou menos $ 1, a partir de incrementos de $ 0,20 em seus valores declarados. O que este gráfico revela e quais são as implicações gerenciais?
    i. Suponha que seja possível aumentar qualquer um dos coeficientes de rendimento de reciclagem (não nulos) no problema por até 5% em incrementos de 1%. Crie um *Spider Plot* e uma Tabela que resumam o efeito que isso teria sobre o custo total ótimo. Se a empresa puder aumentar um dos coeficientes de rendimento em 5% sem custos, qual deverá ser escolhido e quanto seria economizado?
26. Use o Solver para criar um Relatório de Sensibilidade para a questão 38 do fim do Capítulo 3 e responda às seguintes questões:
    a. A solução é degenerada?
    b. A solução é única?
    c. Quanto o lucro por tonelada da mercadoria 1 pode cair antes que a solução ótima mude?
    d. Crie um *Spider Plot* mostrando a alteração no lucro total obtido alterando-se o lucro por tonelada de cada mercadoria de 95% para 105% em incrementos de 1%. Se a ICC quisesse aumentar o preço de transporte de uma das mercadorias, qual delas causaria maior influência sobre os lucros totais?
27. Consulte a questão 45 do Capítulo 3 e responda às seguintes questões:
    a. Crie um *Spider Plot* para resumir o que acontece com o lucro total ótimo conforme a capacidade de armazenamento total aumenta de 300.000 cf para 400.000 cf, em incrementos de 10.000 cf.

b. Quais dos valores de capacidade de armazenamento considerados na questão anterior resultam no maior lucro (sem ter uma excessiva capacidade de armazenamento)?
c. Quanto a empresa deve estar disposta a pagar para aumentar sua capacidade de armazenamento para 350.000 cf?
d. Suponha que a empresa de gás tenha aumentado sua capacidade de armazenamento para 350.000 cf. Agora considere que um produtor precise de 50.000 cf extras de capacidade de armazenamento para os próximos 10 dias e queira comprar essa capacidade da empresa. Qual será o menor valor que a empresa deverá cobrar para fornecer essa capacidade?

28. Considere o seguinte problema de PL:

$$\begin{aligned} \text{MAX:} \quad & 4X_1 + 2X_2 \\ \text{Sujeito a:} \quad & 2X_1 + 4X_2 \leq 20 \\ & 3X_1 + 5X_2 \leq 15 \\ & X_1, X_2 \geq 0 \end{aligned}$$

a. Use variáveis de folga para reescrever esse problema de modo que todas as suas restrições se transformem em restrições do tipo "igual a".
b. Identifique os diferentes conjuntos de variáveis básicas que podem ser usadas a fim de obter uma solução para o problema.
c. Dos possíveis conjuntos de variáveis básicas, qual leva a soluções viáveis e quais são os valores para todas as variáveis em cada uma dessas soluções?
d. Crie um gráfico da região viável para esse problema e indique qual solução básica viável corresponde a cada um dos pontos extremos da região viável.
e. Qual é o valor da função objetivo em cada uma das soluções básicas viáveis?
f. Qual é a solução ótima para o problema?
g. Quais restrições são limitantes para a solução ótima?

29. Considere o seguinte problema de PL:

$$\begin{aligned} \text{MAX:} \quad & 2X_1 + 4X_2 \\ \text{Sujeito a:} \quad & -X_1 + 2X_2 \leq 8 \\ & X_1 + 2X_2 \leq 12 \\ & X_1 + X_2 \geq 2 \\ & X_1, X_2 \geq 0 \end{aligned}$$

a. Use variáveis de folga para reescrever esse problema, de modo que todas as suas restrições se transformem em restrições do tipo "igual a".
b. Identifique os diferentes conjuntos de variáveis básicas que podem ser usadas a fim de obter uma solução para o problema.
c. Dos possíveis conjuntos de variáveis básicas, quais são as soluções viáveis e quais são os valores para todas as variáveis em cada uma dessas soluções?
d. Crie um gráfico da região viável para esse problema e indique qual solução básica viável corresponde a cada um dos pontos extremos da região viável.
e. Qual é o valor da função objetivo em cada uma das soluções básicas viáveis?
f. Qual é a solução ótima para o problema?
g. Quais restrições são limitantes para a solução ótima?

30. Considere o seguinte problema de PL:

$$\begin{aligned} \text{MIN:} \quad & 5X_1 + 3X_2 + 4X_3 \\ \text{Sujeito a:} \quad & X_1 + X_2 + 2X_3 \geq 2 \\ & 5X_1 + 3X_2 + 2X_3 \geq 1 \\ & X_1, X_2, X_3 \geq 0 \end{aligned}$$

a. Use variáveis de folga para reescrever esse problema, de modo que todas as suas restrições se transformem em restrições do tipo "igual a".
b. Identifique os diferentes conjuntos de variáveis básicas que podem ser usadas a fim de obter uma solução para o problema.
c. Dos possíveis conjuntos de variáveis básicas, quais são as soluções viáveis e quais são os valores para todas as variáveis em cada uma dessas soluções?
d. Qual é o valor da função objetivo em cada uma das soluções básicas viáveis?
e. Qual é a solução ótima para o problema?
f. Quais restrições são limitantes para a solução ótima?

31. Considere a seguinte restrição, em que S é uma variável de folga:

$$2X_1 + 4X_2 + S = 16$$

a. Qual era a restrição original antes que a variável de folga fosse incluída?
b. Que valor de S é associado a cada um dos seguintes pontos:

i) $X_1 = 2, X_2 = 2$
ii) $X_1 = 8, X_2 = 0$
iii) $X_1 = 1, X_2 = 3$
iv) $X_1 = 4, X_2 = 1$

32. Considere a seguinte restrição, em que S é uma variável de folga:

$$3X_1 + 4X_2 - S = 12$$

a. Qual era a restrição original antes que a variável de folga fosse incluída?
b. Que valor de S é associado a cada um dos seguintes pontos:

i) $X_1 = 5, X_2 = 0$
ii) $X_1 = 2, X_2 = 2$
iii) $X_1 = 7, X_2 = 1$
iv) $X_1 = 4, X_2 = 0$

CASO 4.1 Um caso de nozes

A Molokai Nut Company (MNC) fabrica quatro produtos diferentes com base em nozes de macadâmia cultivadas nas ilhas havaianas: nozes inteiras cobertas de chocolate (*Whole* – Inteiras), pedaços de nozes cobertas de chocolate (*Cluster* – Pedaços), barras crocantes de nozes cobertas com chocolate (*Crunch* – Crocantes) e nozes torradas simples (*Roasted* – Torradas). A empresa mal consegue dar conta da crescente demanda por esses produtos. Entretanto, os crescentes preços da matéria-prima e a concorrência estrangeira estão forçando a MNC a cuidar de suas margens de lucro para se assegurar de que está operando da maneira mais eficiente possível. A fim de atender à demanda de comercialização para a próxima semana, a MNC precisa produzir pelo menos 1.000 libras do produto *Whole*, entre 400 e 500 libras do produto *Cluster*, não mais do que 150 libras do produto *Crunch* e não mais do que 200 libras do produto *Roasted*.

Cada libra dos produtos *Whole*, *Cluster*, *Crunch* e *Roasted* contém, respectivamente, 60%, 40%, 20% e 100% de nozes de macadâmia, com o peso restante correspondendo à cobertura de chocolate. A empresa tem 1.100 libras de nozes e 800 libras de chocolate disponíveis para a próxima semana. Os diversos produtos são fabricados usando quatro tipos de máquinas que descascam as nozes, torram e cobrem as nozes com chocolate (se necessário) e embalam o produto. A tabela a seguir mostra o tempo requerido por produto em cada máquina. Cada uma delas tem 60 horas de tempo disponível para a próxima semana.

	Minutos necessários por libra			
Máquina	***Whole***	***Cluster***	***Crunch***	***Roasted***
Descascamento	1,00	1,00	1,00	1,00
Torra	2,00	1,50	1,00	1,75
Cobertura	1,00	0,70	0,20	0,00
Embalagem	2,50	1,60	1,25	1,00

Recentemente, o supervisor apresentou à gerência o seguinte resumo financeiro das operações semanais médias da MNC no último trimestre. Com base nesse relatório, o supervisor argumenta que a empresa deve interromper a produção de seus produtos *Cluster* e *Crunch*.

	Produto				
	Whole	***Cluster***	***Crunch***	***Roasted***	**Total**
Receita de Vendas	$ 5.304,00	$ 1.800,00	$ 510,00	$ 925,00	$ 8.539,00
Custos Variáveis					
Materiais Diretos	$ 1.331,00	$ 560,00	$ 144,00	$ 320,00	$ 2.355,00
Trabalho Direto	$ 1.092,00	$ 400,00	$ 96,00	$ 130,00	$ 1.718,00
Despesas Gerais de Fabricação	$ 333,00	$ 140,00	$ 36,00	$ 90,00	$ 599,00
Venda & Administração	$ 540,00	$ 180,00	$ 62,00	$ 120,00	$ 902,00
Custos Fixos Alocados					
Despesas Gerais de Fabricação	$ 687,83	$ 330,69	$ 99,21	$ 132,28	$ 1.250,01
Venda & Administração	$ 577,78	$ 277,78	$ 83,33	$ 111,11	$ 1.050,00
Lucro Líquido	$ 742,39	–$ 88,47	–$ 10,54	$ 21,61	$ 664,99
Unidades Vendidas	1.040	500	150	200	1.890
Lucro Líquido por Unidade	$ 0,7138	–$ 0,1769	–$ 0,0703	$ 0,1081	$ 0,3518

1. Você concorda com as recomendações do supervisor? Justifique sua resposta.
2. Formule um modelo de PL para esse problema.
3. Crie um modelo de planilha para esse problema e resolva-o usando o Solver.
4. Qual é a solução ótima?
5. Crie um Relatório de Sensibilidade para essa solução e responda às seguintes questões.
6. A solução é degenerada?
7. A solução é única?
8. Se a MNC quisesse reduzir a produção de algum produto, qual você recomendaria e por quê?
9. Se a MNC quisesse aumentar a produção de qualquer produto, qual você recomendaria e por quê?
10. Que recursos impedem a MNC de obter mais lucro? Se a empresa pudesse adquirir mais desse recurso, quanto adquiriria e que quantia pagaria por isso?
11. Quanto a MNC pagaria para adquirir mais chocolate?
12. Se o departamento de marketing quisesse reduzir o preço do *Whole* em $ 0,25, a solução ótima se alteraria?
13. Crie um *Spider Plot* mostrando o impacto sobre o lucro líquido alterando o tempo necessário no processo de embalagem, entre 70% e 130% de seus valores originais, em incrementos de 5%. Interprete as informações no gráfico resultante.
14. Crie um *Spider Plot* mostrando o impacto sobre o lucro líquido alterando a disponibilidade de nozes e de chocolate, entre 70% e 100% de seus valores originais, em incrementos de 5%. Interprete as informações no gráfico resultante.

Parket Sisters

CASO 4.2

(Contribuição de Jack Yurkiewicz, Lubin School of Business, Pace University, Nova York)

A despeito dos computadores e processadores de texto, recentemente a arte de escrever à mão entrou em uma era de grande expansão. As pessoas estão comprando canetas-tinteiro novamente e lapiseiras estão se tornando cada vez mais populares. Joe Script, o presidente e principal executivo da Parket Sisters, um pequeno, mas bem-sucedido fabricante de canetas e lapiseiras, quer firmar-se no mercado. O mercado de material de escrita está dividido em dois setores principais. Um dominado pela Mont Blanc, Cross, Parker Brothers, Waterman, Schaffer e algumas outras empresas que fornecem instrumentos de escrita. As linhas de produto dessas empresas consistem de canetas e lapiseiras de *design* elaborado, garantia vitalícia e altos preços. Na outra ponta do mercado estão fabricantes como a BIC, Pentel e muitas empresas do Extremo Oriente que oferecem itens de boa qualidade, com preço baixo, poucos enfeites e diversidade limitada. Essas canetas e lapiseiras destinam-se a ser usadas por certo tempo e descartadas quando acaba a tinta da caneta esferográfica ou quando a lapiseira deixa de funcionar. Resumindo, esses itens não são reparáveis.

Joe julga que deve haver um meio-termo e é aí que deseja posicionar a empresa. A Parket Sisters fabrica itens de alta qualidade, com poucos enfeites e pouca diversidade, mas também oferece garantia vitalícia. Além disso, suas canetas e lapiseiras são ergonômicas. Joe sabe que algumas pessoas desejam o *status* da caneta Mont Blanc Meisterstuck, por exemplo, mas ele nunca ouviu alguma pessoa dizer que escrever com essa caneta é agradável. A pena da caneta é muito grande e desajeitada para a escrita suave. Por outro lado, os produtos da Parket Sisters têm reputação de funcionar bem, são fáceis de manusear e usar e causam pouca "fadiga de escrita".

A Parket Sisters fabrica somente três itens – uma caneta esferográfica, uma lapiseira e uma caneta-tinteiro. Todas estão disponíveis somente na cor preta e são vendidas principalmente em lojas especializadas e por empresas de venda por catálogo. O lucro unitário dos itens é de $ 3,00 para a caneta esferográfica, $ 3,00 para a lapiseira e $ 5,00 para a caneta-tinteiro. Esses valores levam em consideração o trabalho, o custo dos materiais, embalagem, controle de qualidade e assim por diante.

A empresa está tentando planejar o *mix* de produção para cada semana. Joe acredita que a empresa possa vender todas as canetas e lapiseiras que fabricar, mas, atualmente, a produção está limitada pelos recursos disponíveis. Devido a uma greve recente e a certos problemas de fluxo de caixa, os fornecedores desses recursos estão vendendo quantidades limitadas para a Parket Sisters. Joe pode contar, no máximo, com 1.000 onças de plástico, 1.200 onças de cromo e 2.000 onças de aço inoxidável por semana desses fornecedores e é provável que essas quantidades não mudem em um futuro próximo. Por causa da reputação excelente de Joe, os fornecedores venderão qualquer quantidade (até seu limite) de recursos que ele precisar. Ou seja, os fornecedores não exigem que ele compre com antecedência algumas quantidades fixas de recursos para a sua produção de canetas e lapiseiras; portanto, esses recursos podem ser considerados custos variáveis em vez de custos fixos para as canetas e as lapiseiras.

Cada caneta esferográfica exige 1,2 onça de plástico, 0,8 onça de cromo e 2 onças de aço inoxidável. Cada lapiseira exige 1,7 onça de plástico, nenhum cromo e 3 onças de aço inoxidável. Cada caneta-tinteiro exige 1,2 onça de plástico, 2,3 onças de cromo e 4,5 onças de aço inoxidável. Joe acredita que a PL pode ajudá-lo a decidir como deve ser o *mix* semanal de produtos.

Com base nas suas anotações, Joe se envolve com a formulação da PL. Além das restrições dos recursos disponíveis, ele sabe que o modelo deve incluir muitas outras restrições (como disponibilidade de tempo de trabalho e de materiais de embalagem). Entretanto, Joe deseja o modelo o mais simples possível. Ele sabe que eventualmente terá de levar em conta outras restrições, mas, como modelo inicial, Joe quer limitar as restrições a somente três recursos: plástico, cromo e aço inoxidável.

Com apenas essas três restrições, Joe pode formular o problema facilmente como:

$$\begin{aligned}
\text{MAX:} \quad & 3{,}0X_1 + 3{,}0X_2 + 5{,}0X_3 \\
\text{Sujeito a:} \quad & 1{,}2X_1 + 1{,}7X_2 + 1{,}2X_3 \leq 1.000 \\
& 0{,}8X_1 + 0X_2 + 2{,}3X_3 \leq 1.200 \\
& 2{,}0X_1 + 3{,}0X_2 + 4{,}5X_3 \leq 2.000 \\
& X_1, X_2, X_3 \geq 0
\end{aligned}$$

em que:

X_1 = o número de canetas esferográficas

X_2 = o número de lapiseiras

X_3 = o número de canetas-tinteiro

O conhecimento que Joe tem do Excel e do recurso do Solver é limitado, por isso pede que você resolva o problema e então responda às seguintes questões. (Assuma que cada questão seja independente, a menos que seja informado do contrário.)

1. Qual deve ser o *mix* de produtos da semana e qual é o lucro líquido semanal?
2. A solução ótima da questão 1 é degenerada? Explique sua resposta.
3. A solução ótima da questão 1 é única ou há respostas alternativas para essa questão? Explique sua resposta.
4. Qual é o valor marginal de uma ou mais unidades de cromo? E de plástico?
5. Um distribuidor local ofereceu para a Parket Sisters 500 onças adicionais de aço inoxidável por $ 0,60 por onça, valor superior ao que a empresa normalmente paga. A Parket Sisters deve comprar o aço inoxidável a esse preço? Explique sua resposta.
6. Se a Parket Sisters comprar as 500 onças adicionais de aço inoxidável da questão 5, qual será o novo *mix* ótimo de produtos e qual será o novo lucro ótimo? Explique sua resposta.
7. Suponha que o distribuidor ofereça mais plástico à Parket Sisters ao preço de apenas $ 1,00 a mais do que o custo normal de $ 5,00 por onça. Entretanto, o distribuidor somente venderá o plástico em lotes de 500 onças. A Parket Sisters deve comprar tais lotes? Explique sua resposta.
8. O distribuidor deseja vender para a Parket Sisters o plástico em lotes de somente 100 onças, em vez do lote usual de 500 onças, mas a $ 1,00 acima do custo de $ 5,00 por onça. Quantos lotes a empresa deve comprar? Qual será o *mix* ótimo de produtos se a Parket Sisters comprar esses lotes e qual será o lucro ótimo?
9. A Parket Sisters tem a oportunidade de vender parte de seu plástico por $ 6,50 por onça para outra empresa. Essa outra empresa (que não fabrica canetas nem lapiseiras e, por isso, não é concorrente) quer comprar 300 onças de plástico da Parket Sisters. A Parket Sisters deve vender o plástico para essa outra empresa? O que acontecerá com o *mix* de produtos da Parket Sisters e o lucro global se a Parket Sisters vender o plástico? Seja o mais específico possível.
10. O fornecedor de cromo teve de atender a um pedido de emergência e poderá enviar somente 1.000 onças de cromo nesta semana, em vez das 1.200 onças usuais. Se a Parket Sisters receber somente 1.000 onças de cromo, qual será o *mix* ótimo de produtos e o lucro ótimo? Seja o mais específico possível.
11. O departamento de P&D da Parket Sisters está projetando uma nova lapiseira, de modo que torne esse produto mais lucrativo. O novo projeto exige 1,1 onça de plástico, 2 onças de cromo e 2 onças de aço inoxidável. Se a empresa puder vender essa lapiseira com um lucro líquido de $ 3,00, deve aprovar o novo projeto? Explique sua resposta.
12. Se o lucro unitário de cada caneta esferográfica cair para $ 2,50, qual será o *mix* ótimo de produtos e qual será o lucro total da empresa?
13. O departamento de marketing sugeriu o lançamento de uma nova caneta de ponta porosa que exige 1,8 onça de plástico, 0,5 onça de cromo e 1,3 onça de aço inoxidável. Qual deverá ser o lucro do produto para a produção valer a pena?
14. Qual deverá ser o lucro unitário mínimo das lapiseiras para que sua produção valha a pena?
15. As gerências acreditam que a empresa deva fabricar pelo menos 20 lapiseiras por semana para completar sua linha de produtos. Que efeito isso produziria sobre o lucro global? Dê um exemplo numérico.
16. Se o lucro de uma caneta-tinteiro for de $ 6,75 em vez de $ 5,00, qual será o *mix* ótimo de produtos e qual será o lucro ótimo?

CASO 4.3 Kamm Industries

Se sua residência ou escritório são acarpetados, é bem provável que o carpete venha de Dalton, Geórgia – também conhecida como "capital mundial do carpete". Os fabricantes da área de Dalton fabricam mais de 70% dos $ 9 bilhões fabricados pela indústria em todo o mundo. A competição nesse setor é intensa, o que obriga os produtores a se esforçar para conseguir a eficiência máxima e economias de escala. Também obriga os produtores a avaliar continuamente os investimentos em novas tecnologias.

A Kamm Industries é um dos produtores de carpete líderes da área de Dalton. O proprietário, Geoff Kamm, solicitou que você ajude no planejamento da programação de produção para o próximo trimestre (13 semanas). A empresa tem pedidos para 15 diferentes tipos de carpetes que pode fabricar em dois tipos de teares: teares Dobbie e Pantera. Os teares

Pantera produzem carpetes felpudos padrão. Os teares Dobbie também fabricam carpetes felpudos padrão, mas permitem a incorporação de desenhos (como flores ou logotipos de empresas) no carpete. A tabela seguinte mostra os pedidos de cada tipo de carpete, os quais deverão ser fabricados no próximo trimestre, junto com seus ritmos de produção e custos em cada tipo de tear e o custo de subcontratação de cada pedido. Observe que os primeiros quatro pedidos envolvem requisitos especiais de produção que somente podem ser conseguidos em um tear Dobbie ou com subcontratação. Assuma que qualquer parte do pedido pode ser terceirizada.

	Demanda	Dobbie		Pantera		Subcontratação
Carpete	Jardas	Jardas/Hora	Custo/Jarda	Jardas/Hora	Custo/Jarda	Custo/Jarda
1	14.000	4,510	$ 2,66	nd	nd	$ 2,77
2	52.000	4,796	2,55	nd	nd	2,73
3	44.000	4,629	2,64	nd	nd	2,85
4	20.000	4,256	2,56	nd	nd	2,73
5	77.500	5,145	1,61	5,428	$ 1,60	1,76
6	109.500	3,806	1,62	3,935	1,61	1,76
7	120.000	4,168	1,64	4,316	1,61	1,76
8	60.000	5,251	1,48	5,356	1,47	1,59
9	7.500	5,223	1,50	5,277	1,50	1,71
10	69.500	5,216	1,44	5,419	1,42	1,63
11	68.500	3,744	1,64	3,835	1,64	1,80
12	83.000	4,157	1,57	4,291	1,56	1,78
13	10.000	4,422	1,49	4,558	1,48	1,63
14	381.000	5,281	1,31	5,353	1,30	1,44
15	64.000	4,222	1,51	4,288	1,50	1,69

Atualmente, a Kamm possui e opera 15 teares Dobbie e 80 teares Pantera. Para maximizar a eficiência e acompanhar o ritmo da demanda, a companhia funciona 24 horas por dia, 7 dias por semana. Cada máquina é desligada para manutenção de rotina por cerca de 2 horas por semana. Crie um modelo de planilha para esse problema que possa ser usado para determinar o plano ótimo de produção e responda às seguintes questões.

1. Qual é o plano de produção ótimo e os custos associados?
2. A solução é degenerada?
3. A solução é única?
4. O que aconteceria com o custo total se uma das máquinas Dobbie quebrasse e não pudesse ser usada durante todo o trimestre?
5. O que aconteceria com o custo total se fosse adquirida uma máquina Dobbie adicional e esta ficasse disponível durante o trimestre?
6. O que aconteceria com o custo total se uma das máquinas Pantera quebrasse e não pudesse ser usada durante todo o trimestre?
7. O que aconteceria com o custo total se fosse adquirida uma máquina Pantera adicional e ficasse disponível durante o trimestre?
8. Explique os preços sombra e os valores na coluna "*Allowable Increase*" (Aumento Admissível) do Relatório de Sensibilidade para produtos que estejam sendo terceirizados.
9. Quanto custaria produzir o pedido 2? Em quanto o custo total deveria cair se esse pedido fosse cancelado? Justifique sua resposta.
10. Se os carpetes dos pedidos 5 a 15 fossem todos vendidos pelo mesmo preço, a Kamm deve encorajar sua equipe a vender mais qual tipo de carpete? Por quê?
11. Se o custo de compra do carpete do pedido 1 aumentasse para $ 2,80 por jarda, em quanto a solução ótima se alteraria? Por quê?
12. Se o custo de compra do carpete no pedido 15 caísse para $ 1,65 por jarda, em quanto a solução ótima se alteraria? Por quê?
13. Suponha que o custo de comprar diferentes tipos de carpetes possa ser negociado e economizar até $ 0,50 por jarda seja possível. Quais carpetes seriam as melhores opções para negociação de preço? Explique como chegou a essa conclusão.

Capítulo 5

Modelagem de rede

5.0 Introdução

Em empresas, diversos problemas de decisão prática podem ser classificados como problemas de fluxo de rede. Esses têm uma característica em comum – podem ser descritos ou representados em uma forma gráfica conhecida como rede. Este capítulo enfoca diversos problemas de fluxo de rede, incluindo problemas de transbordo, problemas do caminho mais curto, de fluxos máximos, de transporte/distribuição e problemas generalizados de fluxo de rede. Apesar de existirem procedimentos especializados para a resolução de problemas de fluxo de rede, nós os formularemos e resolveremos como problemas de PL. Também consideraremos um tipo diferente de problema de rede conhecido como problema de árvore de expansão mínima.

5.1 O problema do transbordo

Vamos iniciar nosso estudo de problemas de rede considerando o problema do transbordo. Conforme você verá, a maioria dos outros tipos de problemas de rede pode ser encarada como variações simples do problema de transbordo, de modo que, assim que você entender como formular e resolver problemas de transbordo, os demais tipos de problemas serão fáceis de resolver. O seguinte exemplo ilustra o problema do transbordo.

A Bavarian Motor Company (BMC) fabrica veículos de luxo em Hamburgo, na Alemanha, e os exporta para vendê-los nos Estados Unidos. Os veículos exportados são remetidos de Hamburgo para portos em Newark, Nova Jersey, e em Jacksonville, Flórida. Desses portos, os veículos são transportados por trem ou caminhão para distribuidores em Boston, Massachusetts; Columbus, Ohio; Atlanta, Geórgia; Richmond, Virgínia; e Mobile, Alabama. A Figura 5.1 mostra as possíveis rotas de envio disponíveis para a empresa junto com o custo de transporte de cada veículo na rota indicada.

Atualmente, há 200 carros disponíveis no porto de Newark e 300 em Jacksonville. O número de veículos solicitados pelos distribuidores em Boston, Columbus, Atlanta, Richmond e Mobile é 100, 60, 170, 80 e 70, respectivamente. A BMC deseja determinar a maneira mais econômica de transportar veículos dos portos em Newark e Jacksonville para as cidades onde estão localizados os distribuidores.

5.1.1 CARACTERÍSTICAS DE PROBLEMAS DE FLUXO DE REDE

A Figura 5.1 ilustra diversas características comuns a todos os problemas de fluxo de rede. Todos eles podem ser representados como um conjunto de nós conectados por arcos. Na terminologia de problemas de fluxo de rede, os círculos na Figura 5.1 são chamados de nós e as linhas que conectam os nós são denominadas arcos. Os arcos em uma rede indicam os caminhos, rotas ou conexões válidos entre os nós em um problema de fluxo de rede. Quando as linhas de conexão dos nós em uma rede forem setas que indicam uma direção, os arcos da rede serão chamados de arcos direcionados. Este capítulo discute principalmente os arcos direcionados, mas, por conveniência, os chamaremos apenas de arcos.

A noção de nós de oferta (ou nós de envio) e nós de demanda (ou nós de recepção) é outro elemento comum em problemas de fluxo de rede, conforme ilustrado na Figura 5.1. Os nós que representam os portos das cidades de Newark e Jacksonville são nós de fornecimento porque cada um deles tem um suprimento de veículos para enviar a outros nós na rede. Richmond representa um nó de demanda porque recebe veículos de outros nós. Todos os demais nós dessa rede são de transbordo. Os nós de transbordo tanto podem receber como enviar para outros nós da rede. Por exemplo, o nó que representa Atlanta na Figura 5.1 é um nó de transbordo porque pode *receber* veículos de Jacksonville, Mobile e Columbus e também pode *enviar* veículos para Columbus, Mobile e Richmond.

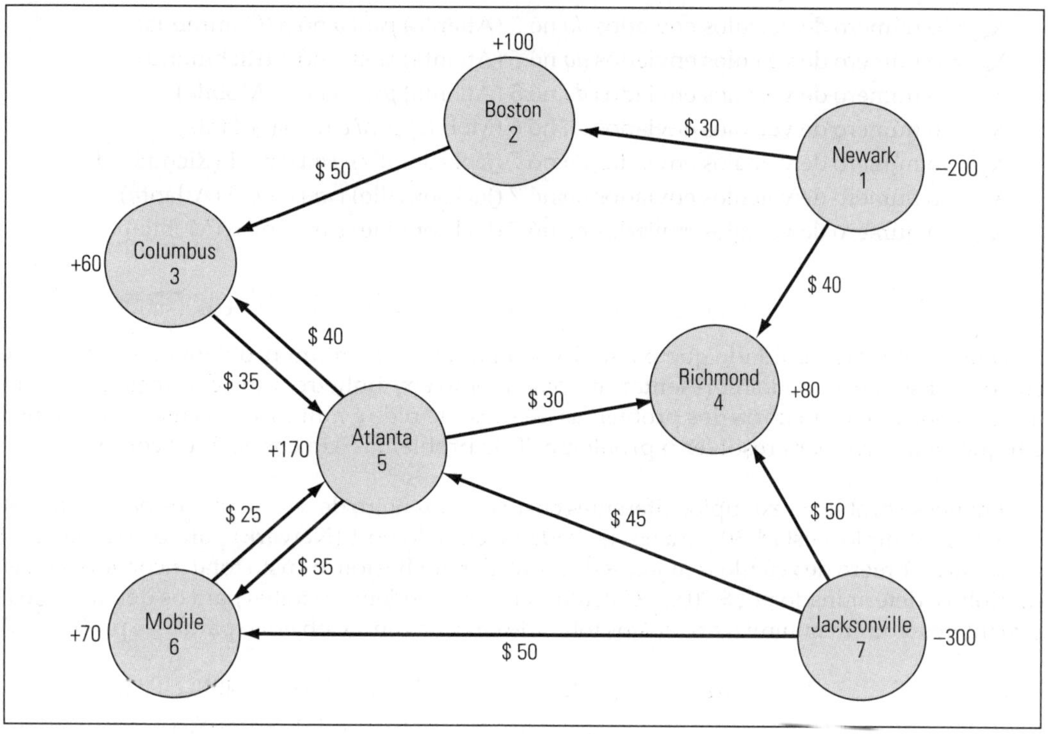

FIGURA 5.1
Representação da rede de problema de transbordo da BMC.

A oferta ou a demanda líquidas de cada nó na rede são indicadas, respectivamente, por um número positivo ou negativo ao lado de cada nó. Nós usamos um **número positivo** para representar o fluxo líquido necessário em (ou seja, a demanda em) certo nó e um **número negativo** para representar o fluxo líquido disponível para sair de (ou seja, a oferta em) um nó. Por exemplo, o valor +80 ao lado do nó de Richmond indica que o número de veículos precisa aumentar em 80, ou que Richmond tem uma *demanda* de 80 veículos. O valor −200 ao lado do nó de Newark indica que o número de veículos pode ser reduzido em 200, ou que Newark tem uma *oferta* de 200 veículos. Um nó de transbordo pode apresentar uma oferta ou uma demanda líquida, mas não ambas. Nesse problema em particular, todos os nós de transbordo têm demandas. Por exemplo, o nó que representa Mobile na Figura 5.1 possui uma demanda de 70 veículos.

5.1.2 AS VARIÁVEIS DE DECISÃO PARA PROBLEMAS DE FLUXO DE REDE

A meta em um modelo de fluxo de rede é determinar quantos itens devem ser movimentados (ou escoados) em cada um dos arcos. Em nosso exemplo, a BMC precisa determinar o método mais econômico para transportar veículos ao longo dos diversos arcos mostrados na Figura 5.1, de modo que envie os veículos aos locais onde são necessários. Dessa forma, cada um dos arcos em um modelo de fluxo de rede representa uma variável de decisão. Determinar o fluxo ótimo para cada arco é o equivalente a determinar o valor ótimo da variável de decisão correspondente.

É uma prática comum usar números para identificar cada nó em um problema de fluxo de rede. Na Figura 5.1, o número 1 identifica o nó de Newark, o número 2 identifica o nó de Boston e assim por diante. Você pode associar números aos nós de qualquer maneira, mas é melhor usar uma série de inteiros consecutivos. Numerar nós é uma maneira conveniente de identificar as variáveis de decisão necessárias para formular o modelo de PL para o problema. Para cada arco em um modelo de fluxo de rede, é preciso definir uma variável de decisão como:

$$X_{ij} = \text{o número de itens enviados (ou escoados) } \textit{do} \text{ nó } i \textit{ para} \text{ o nó } j$$

A rede na Figura 5.1 contém 11 arcos. Dessa forma, a formulação de PL desse modelo requer as seguintes 11 variáveis de decisão:

X_{12} = o número de veículos enviados *do* nó 1 (Newark) *para o* nó 2 (Boston)
X_{14} = o número de veículos enviados *do* nó 1 (Newark) *para o* nó 4 (Richmond)
X_{23} = o número de veículos enviados *do* nó 2 (Boston) *para o* nó 3 (Columbus)
X_{35} = o número de veículos enviados *do* nó 3 (Columbus) *para o* nó 5 (Atlanta)

X_{53} = o número de veículos enviados *do* nó 5 (Atlanta) *para o* nó 3 (Columbus)
X_{54} = o número de veículos enviados *do* nó 5 (Atlanta) *para o* nó 4 (Richmond)
X_{56} = o número de veículos enviados *do* nó 5 (Atlanta) *para o* nó 6 (Mobile)
X_{65} = o número de veículos enviados *do* nó 6 (Mobile) *para o* nó 5 (Atlanta)
X_{74} = o número de veículos enviados *do* nó 7 (Jacksonville) *para o* nó 4 (Richmond)
X_{75} = o número de veículos enviados *do* nó 7 (Jacksonville) *para o* nó 5 (Atlanta)
X_{76} = o número de veículos enviados *do* nó 7 (Jacksonville) *para o* nó 6 (Mobile)

5.1.3 A FUNÇÃO OBJETIVO PARA PROBLEMAS DE FLUXO DE REDE

Normalmente, cada unidade que passa do nó *i* para o nó *j* em um problema de fluxo de rede incorre em algum custo, c_{ij}. Esse custo pode representar um pagamento em dinheiro, uma distância ou algum outro tipo de penalidade. O objetivo na maioria dos problemas de fluxo de rede é minimizar o custo total, a distância ou a penalidade em que se incorre para resolver o problema. Tais problemas são conhecidos como **problemas de custo mínimo de fluxo de rede**.

Em nosso problema exemplo, diferentes custos em dinheiro devem ser pagos para cada veículo enviado por dado arco. Por exemplo, custa \$ 30 para enviar cada veículo do nó 1 (Newark) para o nó 2 (Boston). Uma vez que X_{12} representa o número de veículos enviados de Newark para Boston, o custo total incorrido para enviar veículos por esse caminho é determinado por \$ $30X_{12}$. Cálculos similares podem ser feitos para os demais arcos na rede. Como a BMC está interessada em minimizar os custos totais de envio, a função objetivo para esse problema é expressa desta forma:

$$\text{MIN:} \quad +30X_{12} + 40X_{14} + 50X_{23} + 35X_{35} + 40X_{53} + 30X_{54}$$
$$+35X_{56} + 25X_{65} + 50X_{74} + 45X_{75} + 50X_{76}$$

5.1.4 AS RESTRIÇÕES PARA PROBLEMAS DE FLUXO DE REDE

Da mesma forma que o número de arcos na rede determina o número de variáveis na formulação da PL de um problema de fluxo de rede, o número de nós determina a quantidade de restrições. Particularmente, deve haver uma restrição para cada nó. Um conjunto simples de regras, conhecido como **regras de equilíbrio de fluxo**, aplica-se à construção de restrições para problemas de custo mínimo de fluxo de rede. Essas regras são mostradas a seguir:

Para problemas de custo mínimo de fluxo de rede em que:	Aplique esta regra de equilíbrio de fluxo em cada nó:
Oferta Total > Demanda Total	Entrada – Saída ≥ Oferta ou Demanda
Oferta Total = Demanda Total	Entrada – Saída = Oferta ou Demanda
Oferta Total < Demanda Total	Entrada – Saída ≤ Oferta ou Demanda

Observe que, se a oferta total em um problema de fluxo de rede for menor do que a demanda total, será impossível satisfazer toda a demanda. A regra de equilíbrio de fluxo listada para esse caso assume que se deseja determinar a maneira mais econômica de distribuir os produtos disponíveis – sabendo que é impossível satisfazer toda a demanda. Se você quiser atingir o máximo possível da demanda, adicione um nó de oferta artificial à rede com uma oferta arbitrariamente alta (para ter oferta total ≥ demanda total) e conecte-o a cada nó de demanda com um custo de fluxo arbitrariamente alto. A solução ótima para o problema resultante (ignorando os fluxos nos arcos artificiais) preenche o máximo possível da demanda ao menor custo possível.

Para aplicar corretamente a regra de equilíbrio de fluxo, primeiro devemos comparar a oferta total na rede com a demanda total. Em nosso problema exemplo, há uma oferta total de 500 veículos e uma demanda total de 480 veículos. Uma vez que a oferta total excede a demanda total, usaremos a regra de equilíbrio de fluxo para formular nosso problema exemplo. Ou seja, em cada nó, criaremos uma restrição na forma:

$$\text{Entrada} - \text{Saída} \geq \text{Oferta ou Demanda}$$

Por exemplo, considere o nó 1 (Newark) na Figura 5.1. Nenhum arco flui para esse nó, mas dois arcos (representados por X_{12} e X_{14}) saem desse nó. Conforme a regra de equilíbrio de fluxo de rede, a restrição para esse nó é:

$$\text{Restrição para o nó 1: } -X_{12} - X_{14} \geq -200$$

Observe que o fornecimento nesse nó é representado por –200, seguindo a convenção que estabelecemos anteriormente. Se multiplicarmos ambos os lados desta inequação por –1, vemos que é equivalente a $+X_{12} + X_{14} \leq +200$. (Observe que ao multiplicar uma inequação por –1 reverte-se a direção da inequação.) Essa restrição indica que o número total de carros saindo de Newark não deve exceder 200. Assim, se incluirmos qualquer uma das formas desta restrição no modelo, podemos garantir que não mais que 200 carros serão enviados de Newark.

Agora, considere a restrição para o nó 2 (Boston) na Figura 5.1. Devido ao fato de Boston ter uma demanda para 100 veículos, a regra de equilíbrio de fluxo de rede requer que o número total de veículos que chegam a Boston vindos de Newark (via X_{12}) menos o número total de veículos que são enviados de Boston para Columbus (via X_{23}) deixe pelo menos 100 veículos em Boston. Essa condição é imposta pela seguinte restrição:

$$\text{Restrição para o nó 2: } +X_{12} - X_{23} \geq +100$$

Observe que essa restrição permite que se deixe mais do que o número necessário de veículos em Boston (por exemplo, 200 veículos podem ser enviados para Boston e somente 50 podem ser enviados para outro lugar, deixando 150 automóveis nessa cidade). Entretanto, uma vez que o nosso objetivo é minimizar os custos, podemos ter certeza de que um número excessivo de veículos nunca será enviado para outras cidades, porque resultaria em custos desnecessários.

Com o uso da regra de equilíbrio de fluxo de rede, as restrições para cada um dos nós restantes de nosso problema exemplo são representadas como:

Restrição para o nó 3:	$+X_{23} + X_{53} - X_{35} \geq +60$
Restrição para o nó 4:	$+X_{14} + X_{54} + X_{74} \geq +80$
Restrição para o nó 5:	$+X_{35} + X_{65} + X_{75} - X_{53} - X_{54} - X_{56} \geq +170$
Restrição para o nó 6:	$+X_{56} + X_{76} - X_{65} \geq +70$
Restrição para o nó 7:	$-X_{74} - X_{75} - X_{76} \geq -300$

Novamente, cada restrição indica que o fluxo em direção a um dado nó menos o fluxo para fora do mesmo nó deve ser maior ou igual à oferta ou à demanda nesse nó. Desse modo, ao traçar um gráfico de problema de fluxo de rede similar ao da Figura 5.1, é fácil descrever as restrições para o problema seguindo a regra de equilíbrio de fluxo de rede. Certamente, também precisamos especificar a seguinte condição de não negatividade para todas as variáveis de decisão porque não devem ocorrer fluxos negativos entre os arcos:

$$X_{ij} \geq 0 \text{ para todos os } i \text{ e } j$$

5.1.5 IMPLEMENTANDO O MODELO EM UMA PLANILHA

A formulação para o problema de transbordo da BMC é apresentada como:

MIN: $+30X_{12} + 40X_{14} + 50X_{23} + 35X_{35} + 40X_{53} + 30X_{54} + 35X_{56} + 25X_{65} + 50X_{74} + 45X_{75} + 50X_{76}$ } custo total de envio

Sujeito a:		
	$-X_{12} - X_{14} \geq -200$	} restrição de fluxo para o nó 1
	$+X_{12} - X_{23} \geq +100$	} restrição de fluxo para o nó 2
	$+X_{23} + X_{53} - X_{35} \geq +60$	} restrição de fluxo para o nó 3
	$+X_{14} + X_{54} + X_{74} \geq +80$	} restrição de fluxo para o nó 4
	$+X_{35} + X_{65} + X_{75} - X_{53} - X_{54} - X_{56} \geq +170$	} restrição de fluxo para o nó 5
	$+X_{56} + X_{76} - X_{65} \geq +70$	} restrição de fluxo para o nó 6
	$-X_{74} - X_{75} - X_{76} \geq -300$	} restrição de fluxo para o nó 7
	$X_{ij} \geq 0$, para todos os i e j	} condições de não negatividade

Uma maneira conveniente de implementar esse modelo é mostrada na Figura 5.2 (e no arquivo Fig5-2.xlsm, disponível na página deste livro no site da editora). Nessa planilha, as células B6 a B16 são usadas para representar as variáveis de decisão para nosso modelo (ou o número de veículos que devem fluir entre cada uma das cidades

FIGURA 5.2 *Implementação da planilha para o problema de transbordo da BMC.*

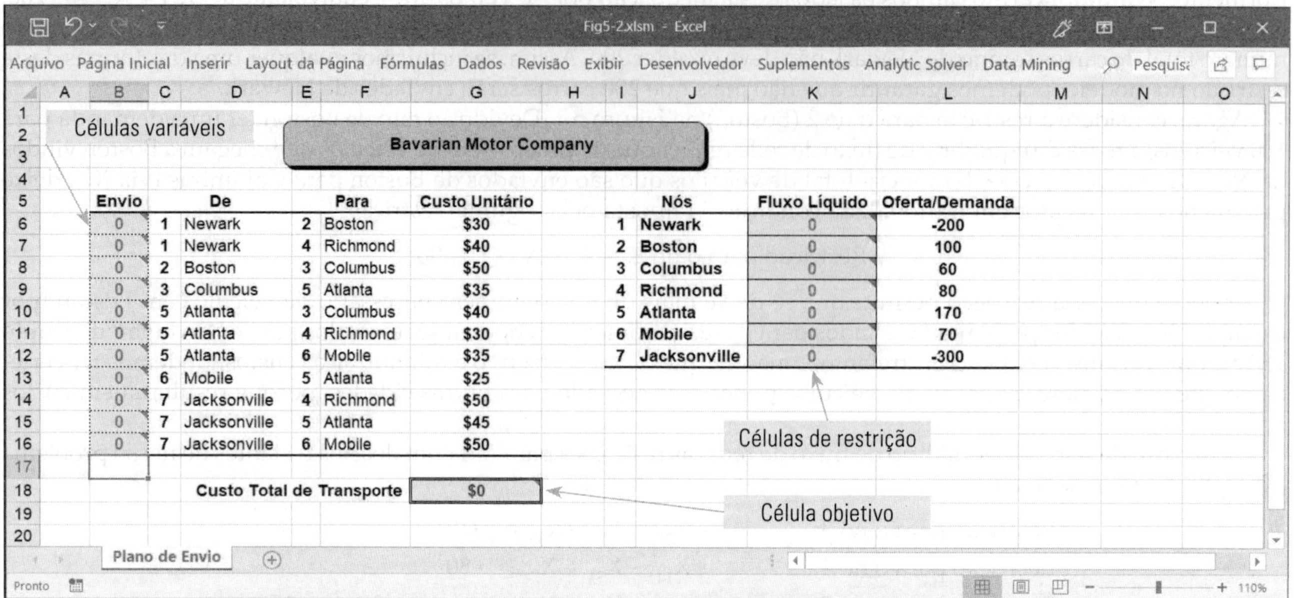

Fórmulas das principais células		
Célula	**Fórmula**	**Copiado para**
D6	=PROCV(C6;$I$6:$J$12;2)	D7:D16 e F6:F16
G18	=SOMARPRODUTO(B6:B16;G6:G16)	--
K6	=SOMASE($E$6:$E$16;I6;$B$6:$B$16) −SOMASE($C$6:$C$16;I6;$B$6:$B$16)	K7:K12

listadas). O custo unitário para transportar os veículos entre cada cidade está listado na coluna G. A função objetivo para o modelo é então implementada na célula G18, conforme segue:

Fórmula para a célula G18: =SOMARPRODUTO(B6:B16;G6:G16)

A fim de implementar as fórmulas de LHS para as restrições desse modelo, precisamos calcular o fluxo total de entrada menos o fluxo total de saída para cada nó. Isso é feito nas células K6 a K12, conforme segue:

Fórmula para a célula K6: =SOMASE($E$6:$E$16;I6;$B$6:$B$16) –
(Copiar para as células K7 a K12.) SOMASE($C$6:$C$16;I6;$B$6:$B$16)

A primeira função SOMASE( ) dessa fórmula compara os valores da faixa E6 a E16 com o valor de I6 e, caso ocorra uma coincidência, soma o valor correspondente na faixa B6 a B16. Certamente, esse fator nos dá o número total de veículos que *entram em* Newark (o qual, nesse caso, será sempre zero, porque nenhum dos valores em E6 a E16 coincide com o valor em I6). A próxima função SOMASE( ) dessa fórmula compara os valores da faixa C6 a C16 com o valor de I6 e, caso ocorra uma coincidência, soma os valores correspondentes na faixa B6 a B16. Isso nos dá o número total de veículos que ***saem*** de Newark (o qual, nesse caso será sempre igual aos valores nas células B6 e B7, porque esses são os únicos arcos que saem de Newark). Copiar essa fórmula para as células K7 a K12 nos permite calcular facilmente o fluxo total de entrada menos o fluxo total de saída para cada um dos nós em nosso problema. Os valores de RHS para essas células de restrição são mostrados nas células L6 a L12.

As funções PROCV( ) usadas nas colunas D e F dessa planilha não são necessárias para resolver os problemas, mas ajudam a comunicar a lógica de nosso modelo ao fornecer os nomes das cidades associados com valores de nós "de" e "para" nas colunas C e E, respectivamente. A fórmula na célula D6 é:

Fórmula para a célula D6: =PROCV(C6;$I$6:$J$12;2)
(Copiar para as células D7 a D16 e F6 a F16.)

Essa função PROCV( ) "procura" o valor na célula C6 na *primeira* coluna da faixa I6 a J12 e, quando encontra o valor correspondente, retorna o valor na 2ª coluna da linha correspondente (conforme especificado pelo valor 2 como terceiro argumento na função PROCV( )). Assim, para a célula D6, a função PROCV( ) primeiro procura pelo valor 1 (da célula D6) na primeira coluna da faixa I6 a J12, e localiza esse valor na primeira linha da faixa. Ela então retorna o valor "Newark" encontrado na segunda coluna na mesma linha na faixa I6 a J12. Copiar essa fórmula para as células D7 a D16 e F6 a F16 nos possibilita retornar os nomes de cidades associados com os outros nós "de" e "para" nesse problema. (Por padrão, a função PROCV( ) assume que os valores na primeira coluna do intervalo especificado aparecem em ordem crescente. Se esse não for o caso, um quarto argumento opcional deve ser passado para a função com um valor Booleano igual a Falso.)

A Figura 5.3 mostra os parâmetros e opções do Solver necessários para resolver esse modelo. A solução ótima para nosso problema é mostrada na Figura 5.4.

5.1.6 ANALISANDO A SOLUÇÃO

A Figura 5.4 mostra a solução ótima para o problema de transbordo da BMC. A solução indica que 120 carros devem ser enviados de Newark para Boston ($X_{12} = 120$), 80 carros de Newark para Richmond ($X_{14} = 80$), 20 carros de Boston para Columbus ($X_{23} = 20$), 40 carros de Atlanta para Columbus ($X_{53} = 40$), 210 carros de Jacksonville para Atlanta ($X_{75} = 210$) e 70 carros de Jacksonville para Mobile ($X_{76} = 70$). A célula G18 indica que o custo total associado com este plano de remessa é de $ 22.350. Os valores das células de restrição em K6 e K12 indicam, respectivamente, que todos os 200 veículos disponíveis em Newark estão sendo enviados e que somente 280 dos 300 veículos disponíveis em Jacksonville estão sendo enviados. Uma comparação entre as células de restrição em K7 a K11 com seus valores de RHS em L7 a L11 revela que a demanda em cada uma dessas cidades será atendida pelo fluxo líquido de veículos em direção a cada cidade.

Configurações do Solver:

Objetivo: G18 (Min)
Células variáveis: B6:B16
Restrições:
K6:K12 >= L6:L12
B6:B16 >= 0

Opções do Solver:

Standard LP/Quadratic Engine (LP Simplex)

FIGURA 5.3 *Parâmetros e opções do Solver para o problema de transbordo da BMC.*

FIGURA 5.4 *Solução ótima para o problema de transbordo da BMC.*

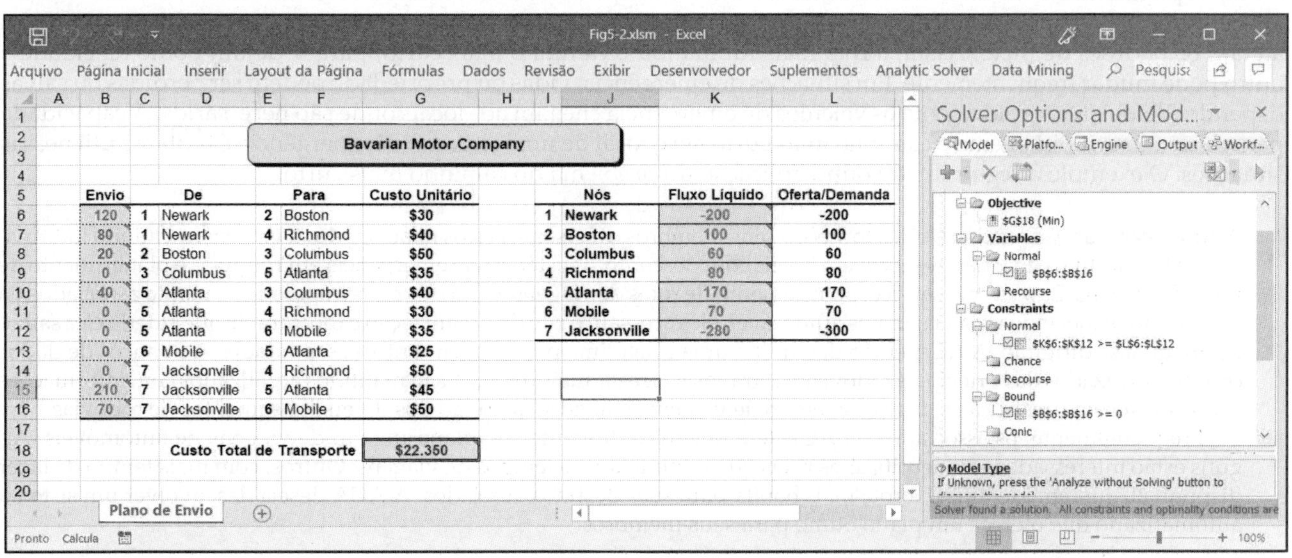

FIGURA 5.5
Representação de rede da solução ótima para o problema de transbordo da BMC.

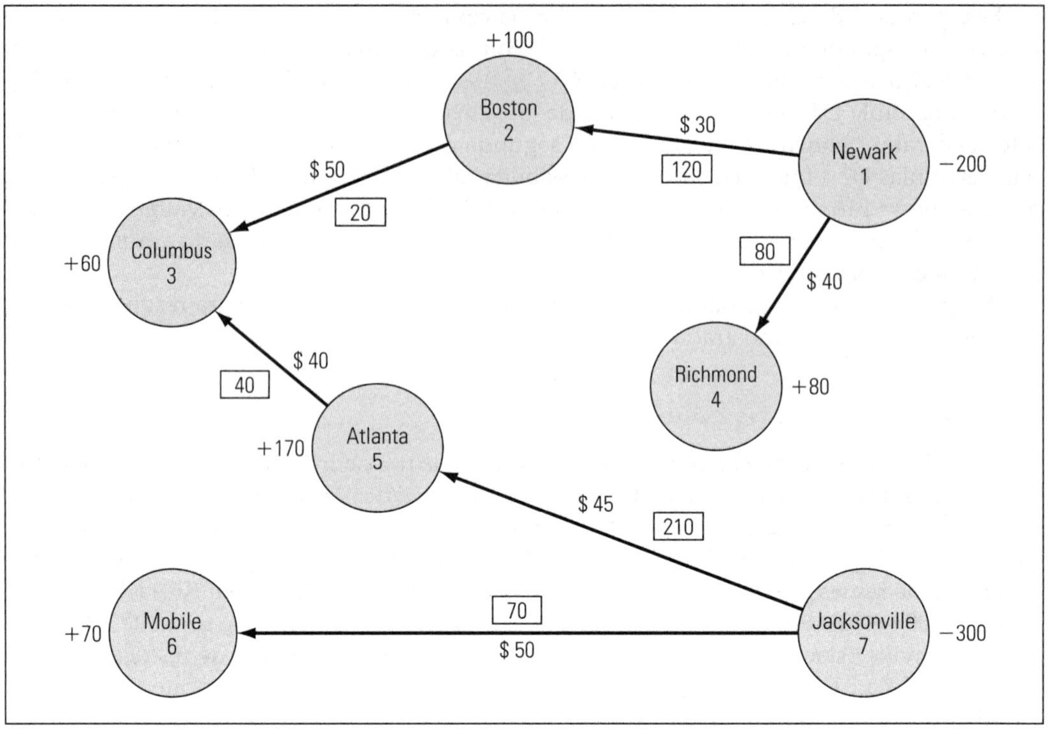

Essa solução está representada graficamente, conforme mostrado na Figura 5.5. Os valores nas caixas ao lado de cada arco indicam os fluxos ótimos para os arcos. O fluxo ótimo para todos os outros arcos no problema, que não são mostrados na Figura 5.5, é 0. Observe que a quantia escoando para cada nó menos a quantia saindo de cada nó é igual à oferta ou demanda no nó. Por exemplo, 210 veículos são enviados de Jacksonville para Atlanta. Atlanta manterá 170 dos veículos (para satisfazer a demanda nesse nó) e enviará os 40 adicionais para Columbus.

5.2 O problema do caminho mais curto

Em muitos problemas de decisão, precisamos determinar a rota ou o caminho mais curto (ou menos custoso) em uma rede, de um nó inicial até um nó final. Por exemplo, muitas cidades estão desenvolvendo modelos computadorizados de suas rodovias e ruas para ajudar os veículos de emergência a identificar a rota mais curta até um dado local. Cada cruzamento de rua representa um nó em potencial em uma rede e as ruas que ligam as intersecções representam os arcos. Dependendo do dia da semana e da hora do dia, o tempo necessário para percorrer diversas ruas pode aumentar ou diminuir devido a modificações nos padrões de tráfego. A construção e a manutenção de rodovias também afetam os padrões de fluxo. Assim a rota mais rápida (ou o caminho mais curto) para ir de um ponto da cidade a outro pode mudar frequentemente. Em situações de emergência, vidas ou propriedade podem ser perdidas ou salvas dependendo de quão rapidamente os veículos de emergência chegam aos locais onde são necessários. A capacidade para determinar rapidamente o caminho mais curto até o local de uma situação de emergência é bastante útil nessas situações. O exemplo a seguir ilustra outra aplicação do problema do caminho mais curto.

A American Car Association (ACA) fornece a seus membros diversos serviços relacionados a viagens, incluindo informações sobre destinos de férias, reservas em hotéis com desconto, assistência de emergência em rodovias e planejamento de rotas de viagens. Esse último serviço, planejamento de rotas de viagens, é um dos mais populares. Quando associados da ACA estão planejando uma viagem de automóvel, eles acessam o site da organização e indicam de que cidade eles sairão e para qual se dirigirão. A ACA então determina uma rota ótima para viagens entre essas cidades. Os bancos de dados computadorizados das principais rodovias e estradas interestaduais da ACA são mantidos atualizados com informações sobre atrasos na construção e desvios e tempo de viagem estimados ao longo dos diversos segmentos de rodovias.

Frequentemente, os associados da ACA têm objetivos diferentes no planejamento de viagens de automóveis. Alguns estão interessados em identificar as rotas que minimizam os tempos de viagens. Outros, com mais tempo de lazer disponível, querem identificar a rota mais bonita para seus destinos desejados. A ACA deseja desenvolver um sistema automatizado que ofereça um plano ótimo para seus membros.

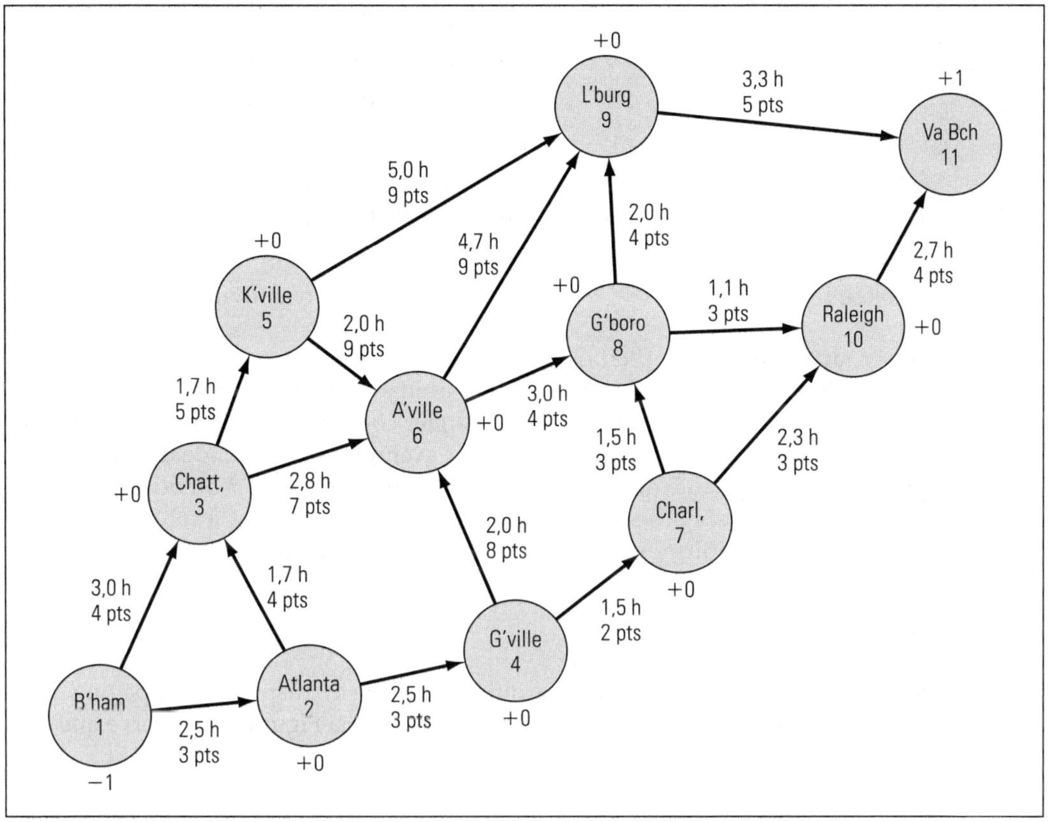

FIGURA 5.6
Rede de possíveis rotas para o problema de caminho mais curto da ACA.

Para verificar como a ACA pode se beneficiar ao resolver problemas de caminho mais curto, considere a rede simplificada mostrada na Figura 5.6 para a viagem de um associado que deseja ir de Birmingham, no Alabama, para Virginia Beach, na Virgínia. Os nós nesse gráfico representam diferentes cidades e os arcos indicam as possíveis rotas de viagem entre as cidades. A Figura 5.6 lista tanto o tempo previsto de viagem para percorrer a rodovia representada por cada arco, como o número de pontos que a rota recebeu no sistema da ACA e que representa a classificação quanto à qualidade dos cenários das diversas rotas.

A solução desse problema como um modelo de fluxo de rede exige que diversos nós tenham alguma oferta ou demanda. Na Figura 5.6, o nó 1 (Birmingham) tem uma oferta de 1, o nó 11 (Virginia Beach) tem uma demanda de 1 e todos os outros nós têm uma demanda (ou oferta) de 0. Se visualizarmos esse modelo como um problema de transbordo, queremos encontrar ou o caminho mais rápido ou o caminho com o cenário mais bonito para enviar 1 unidade de fluxo do nó 1 para o nó 11. A rota que esta unidade de oferta toma corresponde ou ao caminho mais curto ou ao caminho com o cenário mais bonito através da rede, dependendo de qual objetivo se pretende alcançar.

5.2.1 UM MODELO DE PL PARA O PROBLEMA EXEMPLO

Usando a regra de equilíbrio de fluxo, o modelo de PL para minimizar o tempo de viagem nesse problema é representado como:

MIN: $+2{,}5X_{12} + 3X_{13} + 1{,}7X_{23} + 2{,}5X_{24} + 1{,}7X_{35} + 2{,}8X_{36} + 2X_{46} + 1{,}5X_{47} + 2X_{56}$
$+ 5X_{59} + 3X_{68} + 4{,}7X_{69} + 1{,}5X_{78} + 2{,}3X_{7,10} + 2X_{89} + 1{,}1X_{8,10} + 3{,}3X_{9,11} + 2{,}7X_{10,11}$

Sujeito a:

$-X_{12} - X_{13} = -1$ } restrição de fluxo para o nó 1
$+X_{12} - X_{23} - X_{24} = 0$ } restrição de fluxo para o nó 2
$+X_{13} + X_{23} - X_{35} - X_{36} = 0$ } restrição de fluxo para o nó 3
$+X_{24} - X_{46} - X_{47} = 0$ } restrição de fluxo para o nó 4

$+X_{35} - X_{56} - X_{59}$	$= 0$	} restrição de fluxo para o nó 5
$+X_{36} + X_{46} + X_{56} - X_{68} - X_{69}$	$= 0$	} restrição de fluxo para o nó 6
$+X_{47} - X_{78} - X_{7,10}$	$= 0$	} restrição de fluxo para o nó 7
$+X_{68} + X_{78} - X_{89} - X_{8,10}$	$= 0$	} restrição de fluxo para o nó 8
$+X_{59} + X_{69} + X_{89} - X_{9,11}$	$= 0$	} restrição de fluxo para o nó 9
$+X_{7,10} + X_{8,10} - X_{10,11}$	$= 0$	} restrição de fluxo para o nó 10
$+X_{9,11} + X_{10,11}$	$= +1$	} restrição de fluxo para o nó 11
$X_{ij} \geq 0$, para todos os i e j		} condições de não negatividade

Devido ao fato de a oferta total ser igual à demanda total nesse problema, as restrições devem ser declaradas como igualdades. A primeira restrição neste modelo garante que a única unidade de oferta disponível no nó 1 é enviada ao nó 2 ou ao nó 3. As próximas nove restrições indicam que qualquer coisa escoando para os nós 2 ao 10 deve também sair desses nós porque cada um tem uma demanda de 0. Por exemplo, se a unidade de oferta deixa o nó 1 para o nó 2 (via X_{12}), a segunda restrição garante que deixará o nó 2 em direção ao nó 3 ou nó 4 (via X_{23} ou X_{24}). A última restrição indica que a unidade deve afinal ser escoada para o nó 11. Dessa forma, a solução para esse problema indica a rota mais rápida para ir do nó 1 (Birmingham) ao nó 11 (Virginia Beach).

5.2.2 O MODELO E A SOLUÇÃO DE PLANILHA

A solução ótima para esse problema mostrada na Figura 5.7 (e no arquivo Fig5-7.xlsm, disponível na página deste livro no site da editora) foi obtida usando os parâmetros e opções do Solver exibidos na Figura 5.8. Observe que esse

FIGURA 5.7 *Modelo de planilha e solução mostrando a rota que minimiza o tempo esperado de viagem para o problema do caminho mais curto da ACA.*

Fórmulas das principais células		
Célula	**Fórmula**	**Copiado para**
D7	=PROCV(C7;$J$7:$K$17;2)	D8:D24 e F7:F24
G26	=SOMARPRODUTO(G7:G24;$B$7:$B$24)	H26
L7	=SOMASE($E$7:$E$24;J7;$B$7:$B$24) –SOMASE($C$7:$C$24;J7;$B$7:$B$24)	L8:L17

modelo inclui cálculos do tempo total de viagem (célula G26) e os pontos totais de classificação cenográfica (célula H26) associados com qualquer solução. Qualquer uma dessas células pode ser escolhida como função objetivo, conforme os desejos dos clientes. Entretanto, a solução mostrada na Figura 5.7 minimiza o tempo esperado de viagem.

A solução ótima mostrada na Figura 5.7 indica que o plano de viagem mais rápido seria dirigir do nó 1 (Birmingham) para o nó 2 (Atlanta), seguir para o nó 4 (Greenville), depois para o nó 7 (Charlotte) e então para o nó 10 (Raleigh) e, finalmente, para o nó 11 (Virginia Beach). O tempo total esperado de viagem para essa rota é de 11,5 horas. Observe também que essa rota recebe uma classificação de 15 pontos na escala de classificação de cenários da ACA.

Usando essa planilha, também podemos determinar a rota com o melhor cenário instruindo o Solver a maximizar o valor na célula H26. A Figura 5.9 mostra a solução ótima obtida nesse caso. Esse plano de viagem envolve dirigir de Birmingham para Atlanta, depois para Chattanooga, seguir para Knoxville, para Asheville, depois para Lynchburg e, finalmente, para Virginia Beach. Esse itinerário possui uma classificação de 35 pontos na escala de classificação de cenários da ACA, mas o tempo de condução é de quase 16 horas.

5.2.3 MODELOS DE FLUXO DE REDE E SOLUÇÕES INTEIRAS

Até esse ponto, cada um dos modelos de fluxo de rede que resolvemos gerou soluções inteiras. Se você usar o método Simplex para resolver qualquer modelo de fluxo de rede de custo mínimo que tenha RHS de restrições com valores inteiros, então a solução ótima assume automaticamente valores inteiros. Essa propriedade é útil porque os itens que fluem na maioria dos modelos de fluxo de rede representam unidades discretas (tais como veículos ou pessoas).

Configurações do Solver:

Objetivo: G26 (Min)
Células variáveis: B7:B24
Restrições:
L7:L17 = M7:M17
B7:B24 >= 0

Opções do Solver:

Standard LP/Quadratic Engine (LP Simplex)

FIGURA 5.8 *Parâmetros e opções do Solver para o problema do caminho mais curto da ACA*

FIGURA 5.9 *Solução mostrando a rota com o melhor panorama.*

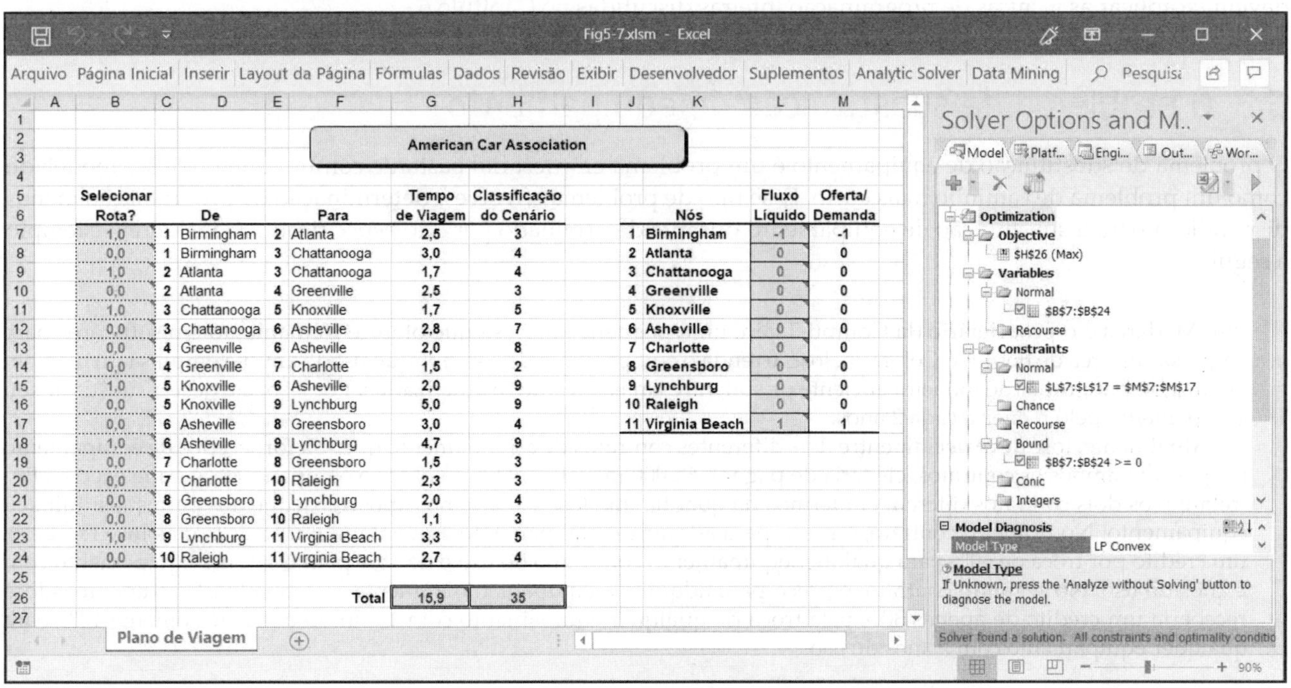

Selecionar Rota?		De		Para	Tempo de Viagem	Classificação do Cenário
1,0	1	Birmingham	2	Atlanta	2,5	3
0,0	1	Birmingham	3	Chattanooga	3,0	4
1,0	2	Atlanta	3	Chattanooga	1,7	4
0,0	2	Atlanta	4	Greenville	2,5	3
1,0	3	Chattanooga	5	Knoxville	1,7	5
0,0	3	Chattanooga	6	Asheville	2,8	7
0,0	4	Greenville	6	Asheville	2,0	8
0,0	4	Greenville	7	Charlotte	1,5	2
1,0	5	Knoxville	6	Asheville	2,0	9
0,0	5	Knoxville	9	Lynchburg	5,0	9
0,0	6	Asheville	8	Greensboro	3,0	4
1,0	6	Asheville	9	Lynchburg	4,7	9
0,0	7	Charlotte	8	Greensboro	1,5	3
0,0	7	Charlotte	10	Raleigh	2,3	3
0,0	8	Greensboro	9	Lynchburg	2,0	4
0,0	8	Greensboro	10	Raleigh	1,1	3
1,0	9	Lynchburg	11	Virginia Beach	3,3	5
0,0	10	Raleigh	11	Virginia Beach	2,7	4
				Total	15,9	35

	Nós	Fluxo Líquido	Oferta/ Demanda
1	Birmingham	-1	-1
2	Atlanta	0	0
3	Chattanooga	0	0
4	Greenville	0	0
5	Knoxville	0	0
6	Asheville	0	0
7	Charlotte	0	0
8	Greensboro	0	0
9	Lynchburg	0	0
10	Raleigh	0	0
11	Virginia Beach	1	1

FIGURA 5.10 *Exemplo de solução não inteira para um problema de rede com restrições colaterais.*

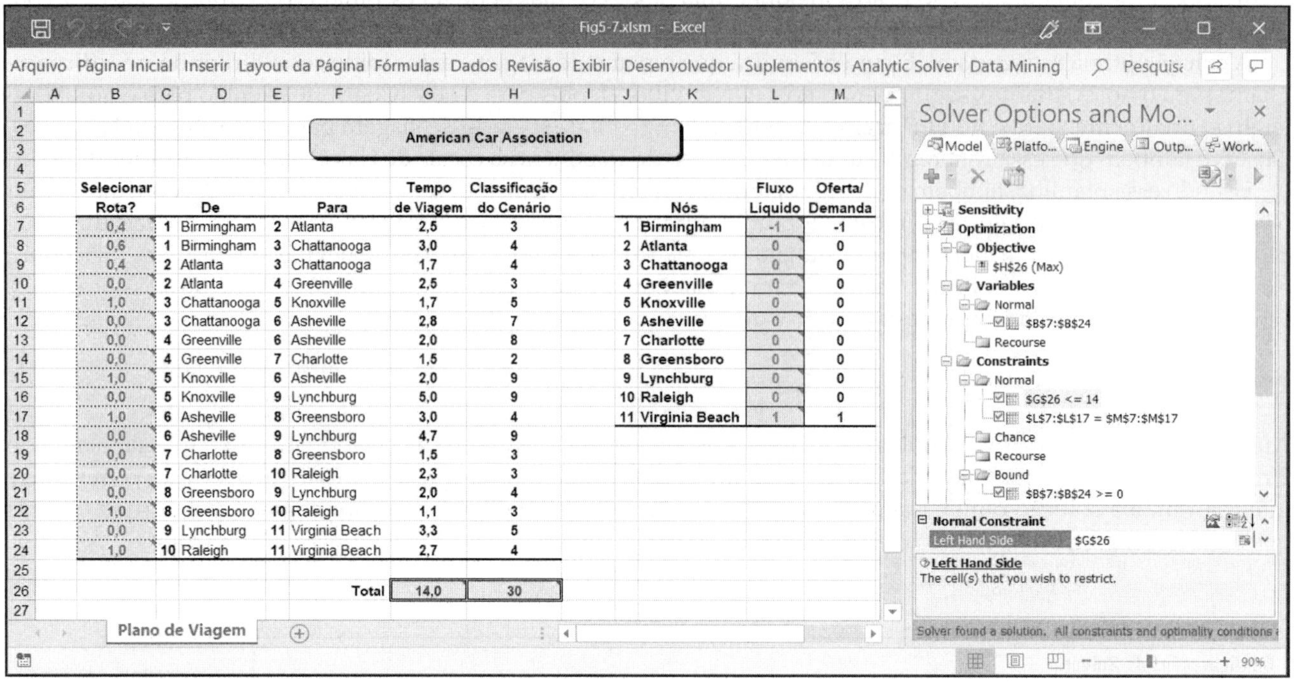

Algumas vezes, é tentador impor restrições adicionais (ou restrições colaterais) em um modelo de rede. Por exemplo, no problema da ACA, suponha que o cliente deseja ir para Virginia Beach pelo caminho com os melhores panoramas em um tempo máximo de viagem de 14 horas. Podemos facilmente incluir uma restrição ao modelo para fazer com que o tempo total de viagem G26 seja menor ou igual a 14 horas. Se então resolvermos novamente o modelo para maximizar a classificação de cenários na célula H26, obteremos a solução mostrada na Figura 5.10.

Infelizmente, essa solução não é útil porque gera resultados fracionários. Dessa forma, se incluirmos restrições colaterais aos problemas de fluxo de rede que não obedeça à regra de equilíbrio de fluxo, não podemos garantir que essa solução para a formulação de PL será inteira. Se forem necessárias soluções inteiras para tais problemas, devem-se aplicar as técnicas de programação inteiras discutidas no Capítulo 6.

5.3 O problema de substituição de equipamento

O problema de substituição de equipamento é um problema empresarial bastante comum que pode ser modelado como um problema de caminho mais curto. Esse tipo de problema envolve a determinação da programação menos dispendiosa para a substituição de equipamento durante determinado período especificado. Considere o exemplo a seguir.

José Maderos é o proprietário da Compu-Train, uma pequena empresa que oferece treinamento em softwares para empresas na área de Boulder, Colorado. José arrenda o equipamento de computação usado em sua empresa e o mantém atualizado para rodar de maneira eficiente os softwares mais recentes e atualizados. Por isso, ele deseja substituir seu equipamento pelo menos a cada 2 anos.

Atualmente, José deve decidir entre dois diferentes contratos de arrendamento que seu fornecedor de equipamento propôs. Em ambos os contratos, ele teria de pagar $ 62.000 inicialmente para obter o equipamento de que precisa. Entretanto, os dois contratos diferem em termos da quantia que José pagaria nos anos subsequentes para substituir seu equipamento. No primeiro contrato, o preço para adquirir o equipamento aumentaria 6% ao ano, mas José receberia um crédito por troca de 60% para qualquer equipamento com 1 ano de uso e de 15% para qualquer equipamento com 2 anos de uso. No segundo contrato, o preço para adquirir o equipamento aumentaria somente 2% ao ano, mas José receberia um crédito de apenas 30% pela troca de qualquer equipamento com 1 ano de uso e de somente 10% para qualquer equipamento com 2 anos de uso.

José chegou à conclusão de que, não importa o que faça, terá de pagar \$ 62.000 inicialmente para obter o equipamento. Entretanto, ele deseja determinar qual contrato permite minimizar os custos restantes de arrendamento nos próximos 5 anos e quando, nos termos do contrato escolhido, ele deve substituir seu equipamento.

Cada um dos dois contratos que José está considerando pode ser modelado como um problema de caminho mais curto. A Figura 5.11 mostra como seria obtido considerando-se o primeiro contrato. Cada nó corresponde a um ponto no tempo durante os próximos 5 anos, quando José poderá substituir seu equipamento. Cada arco nessa rede representa uma alternativa disponível para José. Por exemplo, o arco do nó 1 para o nó 2 indica que José pode manter o equipamento que adquirir inicialmente por 1 ano e então substituí-lo (no início do ano 2) por um custo líquido de \$ 28.520 (\$ 62.000 × 1,06 – 0,6 × \$ 62.000 = \$ 28.520). Alternativamente, o arco do nó 1 para o nó 3 indica que José pode manter o equipamento por 2 anos e substituí-lo no início do ano 3 por um custo líquido de \$ 60.363 (\$ 62.000 × $1{,}06^2$ – 0,15 × \$ 62.000 = \$ 60.363).

O arco do nó 2 para o nó 3 indica que, se José substituir seu equipamento inicial no começo do ano 2, ele pode manter o novo equipamento por 1 ano e então substituí-lo no início do ano 3 por um custo líquido de \$ 30.231 (\$ 62.000 × $1{,}06^2$ – 0,60 × (\$ 62.000 × 1,06) = \$ 30.231). Os arcos e custos restantes na rede podem ser interpretados da mesma maneira. O problema de decisão de José é determinar a maneira menos dispendiosa (ou mais curta) de ir do nó 1 até o nó 5 nessa rede.

5.3.1 O MODELO E A SOLUÇÃO DE PLANILHA

A formulação de PL do problema de decisão de José pode ser gerada com base no gráfico da Figura 5.11, usando a regra de equilíbrio de fluxo de rede da mesma maneira que para os problemas de fluxo de rede anteriores. O modelo de planilha para esse problema foi implementado conforme mostrado na Figura 5.12 (e no arquivo Fig5-12.xlsm, disponível na página deste livro no site da editora) e resolvido usando as definições mostradas na Figura 5.13. Para ajudar José a comparar as duas diferentes alternativas que possui, observe que foi reservada uma área de planilha na Figura 5.12 para representar hipóteses acerca do crescimento anual dos custos do arrendamento (célula G5) e os valores de troca de equipamento com 1 e 2 anos de uso (células G6 e G7). O restante do modelo da planilha usa esses valores para calcular os diversos custos. Isso nos permite modificar quaisquer das hipóteses e facilmente resolver novamente o modelo.

A solução ótima para esse problema mostra que, sob as provisões do primeiro contrato, José deve substituir seu equipamento no começo de cada ano a um custo total de \$ 124.764. Essa quantia soma-se aos \$ 62.000 que ele deve pagar à vista no começo do ano 1.

Para determinar a estratégia ótima de substituição e dos custos associados com o segundo contrato, José poderia simplesmente modificar as hipóteses no início da planilha e resolver o modelo novamente. Os resultados são mostrados na Figura 5.14.

A solução ótima para esse problema mostra que, com base nas provisões do segundo contrato, José deve substituir seu equipamento no começo dos anos 3 e 5 a um custo total de \$ 118.965. Novamente, essa quantia soma-se aos \$ 62.000 que ele deve pagar à vista no começo do ano 1. Embora os custos totais de acordo com o segundo contrato sejam mais baixos que o primeiro, a partir do segundo contrato José estaria trabalhando com equipamento mais velho durante os anos 2 e 4. Dessa forma, embora a solução para esses dois modelos deixe claras as consequências das duas alternativas, ele ainda deve decidir por si mesmo se os benefícios da economia de custos sob o segundo

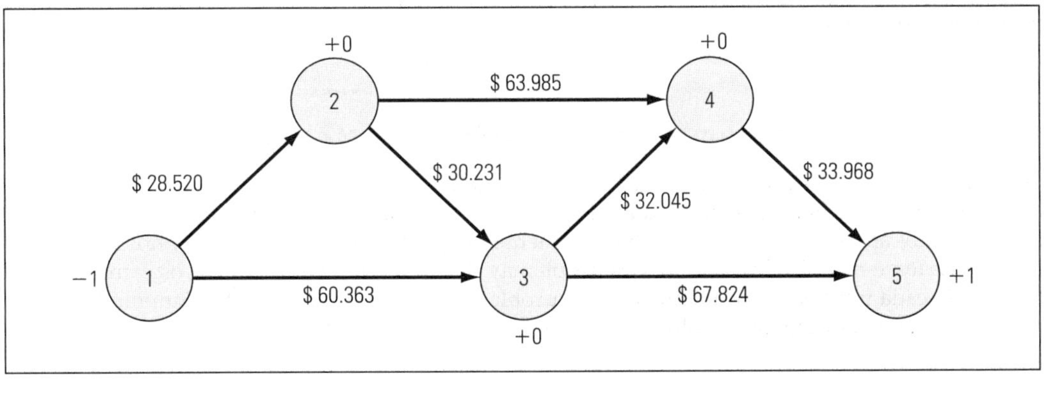

FIGURA 5.11
Representação de rede da primeira alternativa de contrato da Compu-Train para o problema de substituição de equipamento.

FIGURA 5.12 *Modelo de planilha e solução para a alternativa do primeiro contrato de arrendamento da Compu-Train.*

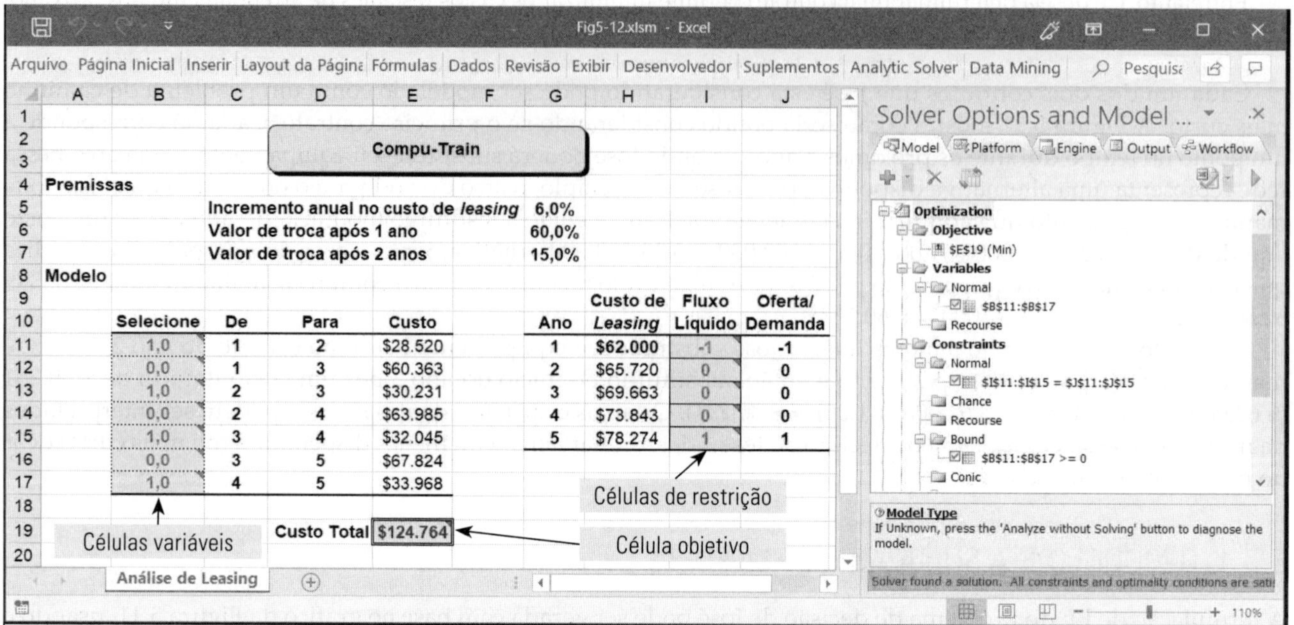

Fórmulas das principais células

Célula	Fórmula	Copiado para
E19	=SOMARPRODUTO(E11:E17;B11:B17)	--
I11	=SOMASE($D$11:$D$17;G11;$B$11:$B$17)−SOMASE($C$11:$C$17;G11;$B$11:$B$17)	I12:I15
H12	=H11*(1+$G$5)	H13:H15
E11	=PROCV(D11;G$11:J$15;2)−(SE(D11−C11=1;G$6;G$7)*PROCV(C11;G$11:J$15;2))	E12:E17

FIGURA 5.13 *Parâmetros e opções do Solver para o problema de substituição de equipamento da Compu-Train.*

Configurações do Solver:

Objetivo: E19 (Min)
Células variáveis: B11:B17
Restrições:
  I11:I15 = J11:J15
  B11:B17 >= 0

Opções do Solver:
  Standard LP/Quadratic Engine (LP Simplex)

contrato superam os custos não financeiros associados com o uso de equipamento ligeiramente desatualizado durante os anos 2 e 4. Claro, independentemente de qual contrato José decida escolher, ele terá a chance de reconsiderar se atualiza ou não seu equipamento no começo de um dos próximos quatro anos.

Resumo dos problemas de caminho mais curto

Você pode modelar qualquer problema de caminho mais curto como problema de transbordo atribuindo ao nó inicial um fornecimento igual a 1 e ao nó final uma demanda igual a 1, e uma demanda igual a 0 para todos os demais nós na rede. Uma vez que os exemplos apresentados aqui envolvem somente um pequeno número de caminhos ao longo de cada uma das redes, talvez fosse mais fácil resolver esses problemas simplesmente enumerando os caminhos e calculando a distância total de cada um deles. Entretanto, em um problema com muitos nós e arcos, um modelo de PL automatizado é preferível a uma abordagem de solução manual.

FIGURA 5.14 *Solução para a segunda alternativa de contrato de arrendamento da Compu-Train.*

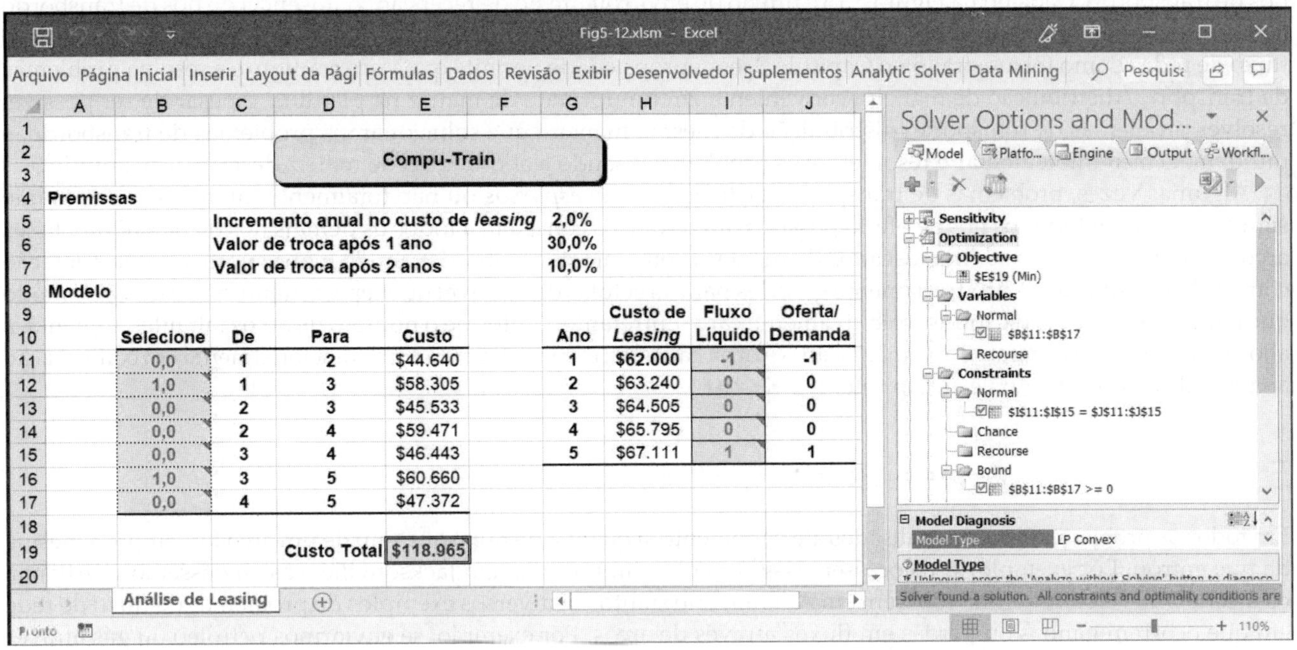

5.4 Problemas de transporte/distribuição

O Capítulo 3 apresentou um exemplo de outro tipo de problema de fluxo de rede conhecido como problema de transporte/distribuição. O exemplo envolveu a Tropicsun – empresa de cultivo e distribuição de produtos cítricos frescos. A Tropicsun desejava determinar a maneira menos dispendiosa de transportar frutas recém-colhidas de três pomares de frutas cítricas para as instalações de processamento. A representação de rede para o problema é repetida na Figura 5.15.

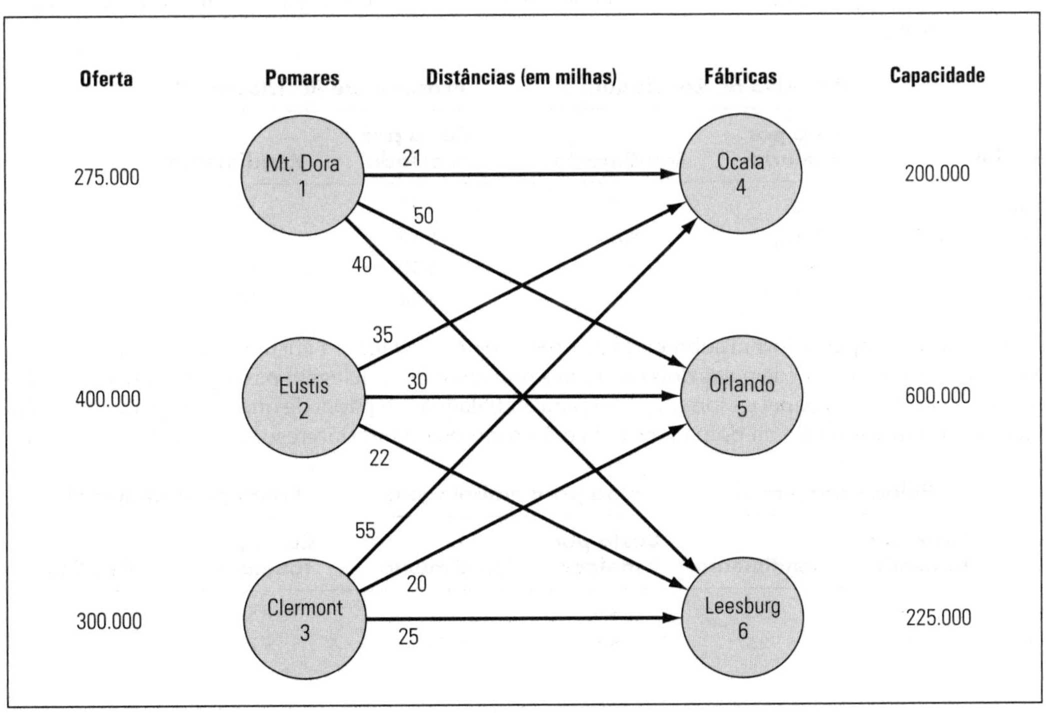

FIGURA 5.15 *Representação de rede do problema de transporte/distribuição da Tropicsun.*

A rede mostrada na Figura 5.15 difere dos problemas de fluxo de rede anteriores deste capítulo porque não tem nós de transbordo. Cada nó na Figura 5.15 é um nó de envio ou um nó de recepção. A ausência de nós de transbordo é a principal característica que distingue os problemas de transporte/distribuição dos demais tipos de problemas de fluxo de rede. Como foi mostrado no Capítulo 3, essa propriedade permite que você configure e resolva problemas de transporte/distribuição de maneira conveniente em um formato de matriz na planilha. Apesar de ser possível resolver problemas de transporte/distribuição da mesma maneira que solucionamos problemas de transbordo, é muito mais fácil implementar e resolver esses problemas usando a abordagem de matriz descrita no Capítulo 3.

Algumas vezes, problemas de transporte/distribuição são ***esparsos*** ou não totalmente interconectados (o que significa que nem todos os nós de oferta possuem arcos que os conectem a todos os demais nós de demanda). Esses arcos "faltantes" podem ser manuseados de maneira conveniente na abordagem de matriz para a implementação com atribuição de custos arbitrariamente grandes para as células de variável que representam esses arcos, de modo que o fluxo nesses arcos se torne proibitivamente caro. Entretanto, conforme o número de arcos faltantes aumenta, a abordagem da matriz para a implementação se torna cada vez menos eficiente computacionalmente em comparação ao procedimento descrito neste capítulo.

5.5 Problemas generalizados de fluxo de rede

Em todos os problemas de rede analisados até o momento, a quantia de fluxo que saiu de um arco foi sempre a mesma da que entrou. Por exemplo, se colocássemos 40 veículos em um trem em Jacksonville e os enviássemos a Atlanta, os mesmos 40 veículos sairiam do trem em Atlanta. Entretanto, há diversos exemplos de problemas de fluxo de rede em que ocorrem ganhos ou perdas em fluxos através de arcos. Por exemplo, se enviarmos petróleo ou gás através de uma tubulação com problemas de vazamento, a quantidade de petróleo ou gás que chegará ao destino pretendido será menor do que a originalmente enviada. Exemplos similares de perda de fluxo ocorrem como resultado da evaporação de líquidos, perdas de alimentos e outros itens perecíveis, ou imperfeições de matérias-primas em processos produtivos, resultando em determinada quantidade de sucata. Muitos problemas financeiros de fluxo de caixa podem ser modelados como problemas de fluxo de rede, nos quais os ganhos de fluxo (ou aumentos) ocorrem na forma de juros ou dividendos enquanto o dinheiro flui por meio de diversos investimentos. O exemplo a seguir ilustra as modificações de modelagem exigidas para acomodar esses tipos de problemas.

Nancy Grant é a proprietária da Coal Bank Hollow Recycling, uma empresa que se especializou na coleta e reciclagem de papel. A empresa de Nancy usa dois diferentes processos de reciclagem para converter papéis de jornal, papéis diversos, papel sulfite de escritório e papelão em polpa de papel. A quantidade de polpa de papel recuperada de materiais recicláveis e o custo de extração da polpa diferem, dependendo do processo de reciclagem usado. A tabela a seguir apresenta os processos de reciclagem:

	Processo de Reciclagem 1		Processo de Reciclagem 2	
Material	**Custo por tonelada**	**Rendimento**	**Custo por tonelada**	**Rendimento**
Jornal	$ 13	90%	$ 12	85%
Mistura de Papéis	$ 11	80%	$ 13	85%
Sulfite	$ 9	95%	$ 10	90%
Papelão	$ 13	75%	$ 14	85%

Por exemplo, cada tonelada de papel de jornal submetida ao processo de reciclagem 1 custa $ 13 e rende 0,9 tonelada de polpa de papel. A polpa de papel produzida pelos dois diferentes processos de reciclagem passa por outras operações a fim de ser transformada em polpa para papel de jornal, papel para embalagem ou papel de qualidade para impressão. Os rendimentos associados à transformação da polpa reciclada em produtos finais estão resumidos na tabela abaixo:

	Polpa para jornal		Polpa para embalagem		Polpa para impressão	
Fonte da polpa	**Custo por tonelada**	**Rendimento**	**Custo por tonelada**	**Rendimento**	**Custo por tonelada**	**Rendimento**
Processo de Reciclagem 1	$ 5	95%	$ 6	90%	$ 8	90%
Processo de Reciclagem 2	$ 6	90%	$ 8	95%	$ 7	95%

Por exemplo, uma tonelada de papel saída do processo de reciclagem 2 pode ser transformada em 0,95 tonelada de papel para embalagem a um custo de \$ 8.

Atualmente, Nancy tem 70 toneladas de jornal, 50 toneladas de papéis diversos, 30 toneladas de papel de qualidade de impressão e 40 toneladas de papelão. Ela tem um contrato para produzir 60 toneladas de polpa para jornal, 40 toneladas de polpa para papel para embalagem e 50 toneladas de polpa para papel para impressão e quer determinar o modo mais eficiente de cumprir essa obrigação.

A Figura 5.16 mostra como o problema de reciclagem de Nancy pode ser esquematizado como um problema generalizado de fluxo de rede. Os arcos nesse gráfico indicam possível fluxo de material de reciclagem pelo processo de produção. Em cada arco, listamos o custo de fluxo ao longo do arco e o fator de redução que se aplica ao fluxo ao longo do arco. Por exemplo, o arco do nó 1 ao nó 5 indica que cada tonelada de jornal utilizada no processo de reciclagem 1 custa \$ 13 e rende 0,90 tonelada de polpa para papel.

5.5.1 FORMULANDO UM MODELO DE PL PARA O PROBLEMA DA RECICLAGEM

Para formular algebricamente o modelo de PL para esse problema, definimos a variável de decisão X_{ij} para representar as toneladas de produto que fluem do nó i para o nó j. O objetivo é, então, declarado da seguinte maneira:

$$\text{MIN:} \quad 13X_{15} + 12X_{16} + 11X_{25} + 13X_{26} + 9X_{35} + 10X_{36} + 13X_{45} + 14X_{46} + 5X_{57} + 6X_{58} + 8X_{59} + 6X_{67} + 8X_{68} + 7X_{69}$$

As restrições para esse problema podem ser geradas usando a regra de equilíbrio de fluxo para cada nó. As restrições para os primeiros quatro nós (representando a oferta de papel-jornal, papéis diversos, papel de qualidade para impressão e papelão, respectivamente) são dados por:

$$-X_{15} - X_{16} \geq -70 \quad \text{\} restrição de fluxo para o nó 1}$$
$$-X_{25} - X_{26} \geq -50 \quad \text{\} restrição de fluxo para o nó 2}$$
$$-X_{35} - X_{36} \geq -30 \quad \text{\} restrição de fluxo para o nó 3}$$
$$-X_{45} - X_{46} \geq -40 \quad \text{\} restrição de fluxo para o nó 4}$$

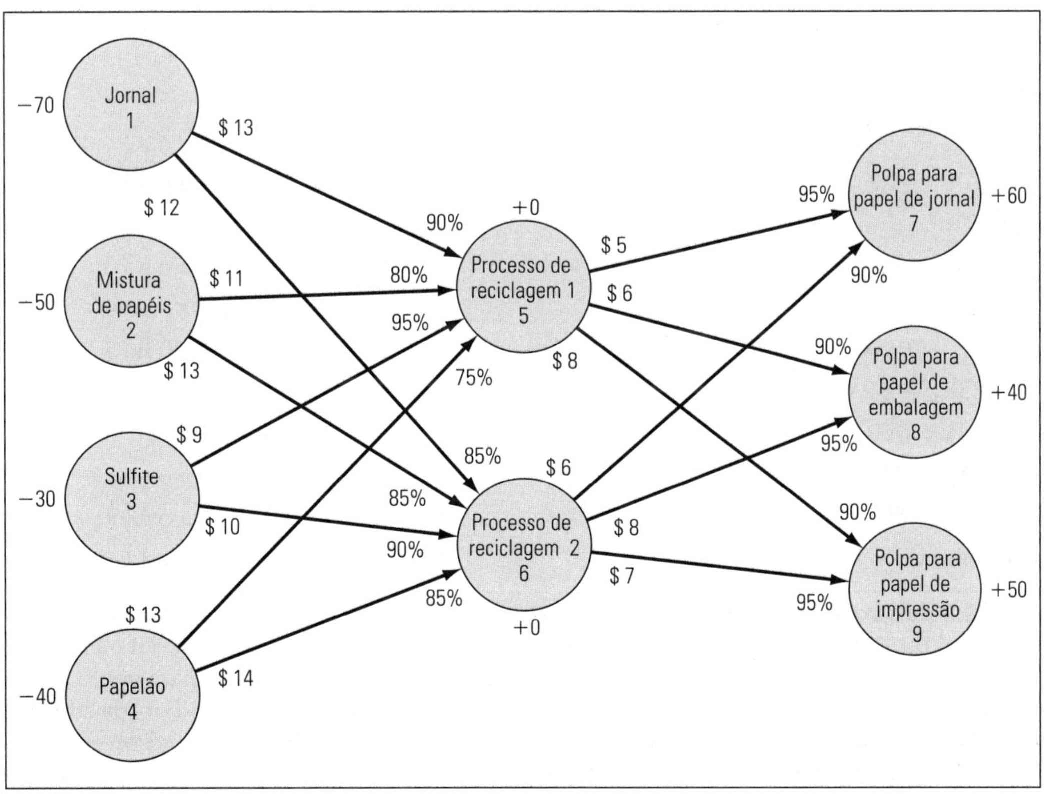

FIGURA 5.16
Representação gráfica do problema generalizado de fluxo de rede da Coal Bank Hollow Recycling.

Essas restrições simplesmente indicam que a quantidade de produtos que fluem para fora de cada um desses nós não pode exceder a oferta disponível em cada nó. (Lembre-se de que a restrição dada para o nó 1 é equivalente a $+X_{15} + X_{16} \leq +70$.)

Aplicando a regra de equilíbrio de fluxo aos nós 5 e 6 (que representam os dois processos de reciclagem), obteremos:

$$+0{,}9X_{15} + 0{,}8X_{25} + 0{,}95X_{35} + 0{,}75X_{45} - X_{57} - X_{58} - X_{59} \geq 0 \quad \text{\} restrição de fluxo para o nó 5}$$
$$+0{,}85X_{16} + 0{,}85X_{26} + 0{,}9X_{36} + 0{,}85X_{46} - X_{67} - X_{68} - X_{69} \geq 0 \quad \text{\} restrição de fluxo para o nó 6}$$

Para melhor entender a lógica dessas restrições, nós as escreveremos novamente conforme a seguinte maneira equivalente algebricamente:

$$+0{,}9X_{15} + 0{,}8X_{25} + 0{,}95X_{35} + 0{,}75X_{45} \geq +X_{57} + X_{58} + X_{59} \quad \text{\} restrição de fluxo equivalente para o nó 5}$$
$$+0{,}85X_{16} + 0{,}85X_{26} + 0{,}9X_{36} + 0{,}85X_{46} \geq +X_{67} + X_{68} + X_{69} \quad \text{\} restrição de fluxo equivalente para o nó 6}$$

Observe que a restrição para o nó 5 exige que a quantidade que está sendo enviada do nó 5 (dada por $X_{57} + X_{58} + X_{59}$) não pode exceder a quantidade que estaria disponível no nó 5 (dada por $0{,}9X_{15} + 0{,}8X_{25} + 0{,}95X_{35} + 0{,}75X_{45}$). Dessa forma, os fatores de rendimento entram em jogo na determinação da quantidade de produto que estaria disponível depois dos processos de reciclagem. Uma interpretação similar se aplica à restrição para o nó 6.

Finalmente, aplicando a regra de equilíbrio de fluxo aos nós 7, 8 e 9 obteremos as restrições:

$$+0{,}95X_{57} + 0{,}90X_{67} \geq 60 \quad \text{\} restrição de fluxo para o nó 7}$$
$$+0{,}9X_{58} + 0{,}95X_{68} \geq 40 \quad \text{\} restrição de fluxo para o nó 8}$$
$$+0{,}9X_{59} + 0{,}95X_{69} \geq 50 \quad \text{\} restrição de fluxo para o nó 9}$$

A restrição para o nó 7 garante que a quantidade final de produto que flui para o nó 7 ($0{,}95X_{57} + 0{,}90X_{67}$) seja suficiente para atender à demanda de polpa nesse nó. Novamente, interpretações similares se aplicam às restrições para os nós 8 e 9.

5.5.2 IMPLEMENTANDO O MODELO

O modelo para o problema generalizado de fluxo de rede da Coal Bank Hollow Recycling é apresentado a seguir:

MIN: $13X_{15} + 12X_{16} + 11X_{25} + 13X_{26} + 9X_{35} + 10X_{36} + 13X_{45} + 14X_{46} + 5X_{57} + 6X_{58} + 8X_{59} + 6X_{67} + 8X_{68} + 7X_{69}$

Sujeito a:

$$-X_{15} - X_{16} \geq -70 \quad \text{\} restrição de fluxo para o nó 1}$$
$$-X_{25} - X_{26} \geq -50 \quad \text{\} restrição de fluxo para o nó 2}$$
$$-X_{35} - X_{36} \geq -30 \quad \text{\} restrição de fluxo para o nó 3}$$
$$-X_{45} - X_{46} \geq -40 \quad \text{\} restrição de fluxo para o nó 4}$$
$$+0{,}9X_{15} + 0{,}8X_{25} + 0{,}95X_{35} + 0{,}75X_{45} - X_{57} - X_{58} - X_{59} \geq 0 \quad \text{\} restrição de fluxo para o nó 5}$$
$$+0{,}85X_{16} + 0{,}85X_{26} + 0{,}9X_{36} + 0{,}85X_{46} - X_{67} - X_{68} - X_{69} \geq 0 \quad \text{\} restrição de fluxo para o nó 6}$$
$$+0{,}95X_{57} + 0{,}90X_{67} \geq 60 \quad \text{\} restrição de fluxo para o nó 7}$$
$$+0{,}9X_{58} + 0{,}95X_{68} \geq 40 \quad \text{\} restrição de fluxo para o nó 8}$$
$$+0{,}9X_{59} + 0{,}95X_{69} \geq 50 \quad \text{\} restrição de fluxo para o nó 9}$$
$$X_{ij} \geq 0, \text{ para todos os } i \text{ e } j \quad \text{\} condições de não negatividade}$$

Em todos os outros modelos de fluxo de rede que vimos até este ponto, todos os coeficientes em todas as restrições eram implicitamente sempre +1 ou –1. Isso não é verdadeiro no modelo acima. Dessa forma, devemos dar atenção especial aos coeficientes nas restrições que implementamos na planilha desse modelo. Uma abordagem para implementar esse modelo é mostrada na Figura 5.17 (e no arquivo Fig5-17.xlsm, disponível na página deste livro no site da editora).

A planilha na Figura 5.17 é muito similar às planilhas dos outros problemas de fluxo de rede que resolvemos anteriormente. As células A6 a A19 representam as variáveis de decisão (arcos) para nosso modelo e a correspondente unidade de custo associada a cada variável está listada na faixa de H6 a H19. A função objetivo é implementada na célula H21 como:

Fórmula para a célula H21: =SOMARPRODUTO(H6:H19;A6:A19)

A fim de implementar as fórmulas do LHS para nossas restrições, não podemos mais simplesmente somar as variáveis que fluem para cada nó e subtrairmos as variáveis que fluem dos nós. Em vez disso, primeiro precisamos multiplicar as variáveis que fluem para um nó pelo fator de rendimento apropriado. Com os fatores de rendimento inseridos na coluna D, o fluxo ajustado para cada arco é calculado na coluna E, conforme segue:

Fórmula para a célula E6: =A6*D6
(Copiar para as células E7 a E19.)

Agora, para implementar as fórmulas do LHS para cada nó nas células L6 a L14, somaremos os fluxos ajustados pelo rendimento em cada nó e subtrairemos o fluxo bruto de cada nó. Isso pode ser feito da seguinte forma:

Fórmula para a célula L6: = SOMASE($F$6:$F$19;J6;$E$6:$E$19)–
(Copiar para as células L7 a L14.) SOMASE($B$6:$B$19;J6;$A$6:$A$19)

Observe que a primeira função SOMASE( ) nessa fórmula soma os fluxos ajustados pelo rendimento na coluna E enquanto a segunda função SOMASE( ) soma os valores apropriados de fluxos brutos da coluna A. Dessa forma, apesar de essa fórmula ser muito similar às usadas em modelos anteriores, há uma diferença fundamental que deve

FIGURA 5.17 *Modelo de planilha para o problema generalizado de fluxo de rede da Coal Bank Hollow Recycling.*

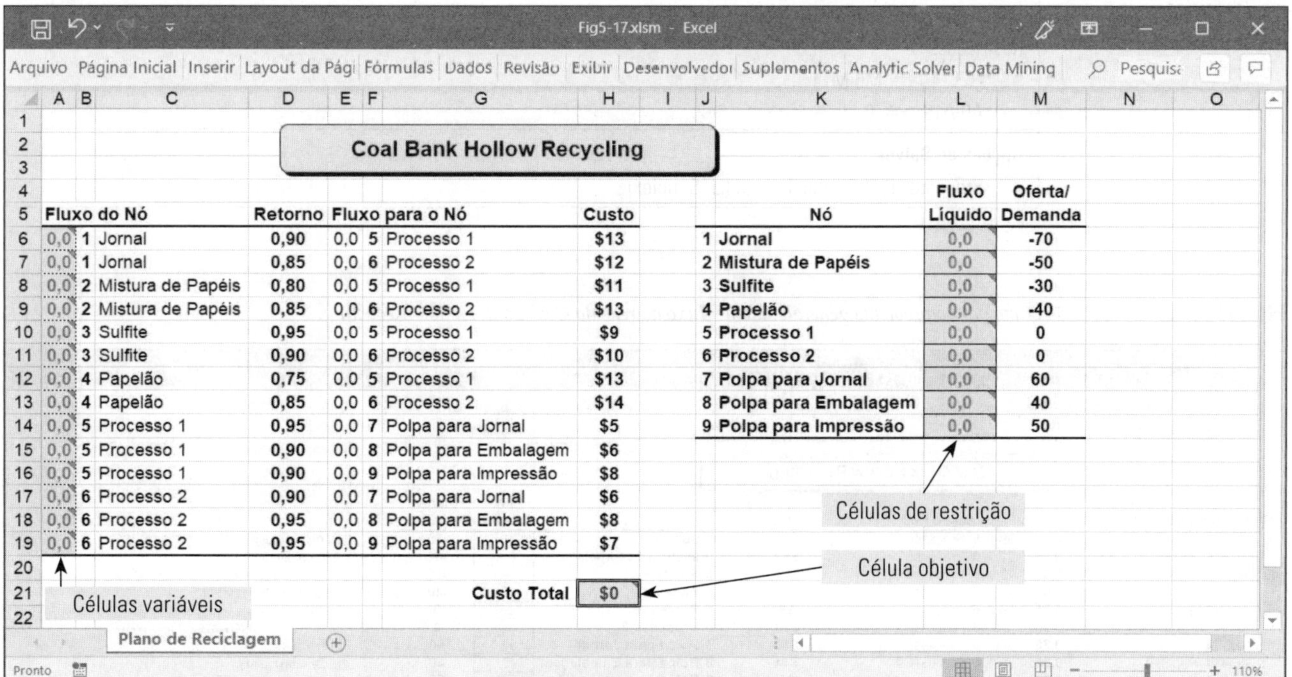

Coal Bank Hollow Recycling

Fluxo	do	Nó	Retorno	Fluxo	para	o Nó	Custo
0,0	1	Jornal	0,90	0,0	5	Processo 1	$13
0,0	1	Jornal	0,85	0,0	6	Processo 2	$12
0,0	2	Mistura de Papéis	0,80	0,0	5	Processo 1	$11
0,0	2	Mistura de Papéis	0,85	0,0	6	Processo 2	$13
0,0	3	Sulfite	0,95	0,0	5	Processo 1	$9
0,0	3	Sulfite	0,90	0,0	6	Processo 2	$10
0,0	4	Papelão	0,75	0,0	5	Processo 1	$13
0,0	4	Papelão	0,85	0,0	6	Processo 2	$14
0,0	5	Processo 1	0,95	0,0	7	Polpa para Jornal	$5
0,0	5	Processo 1	0,90	0,0	8	Polpa para Embalagem	$6
0,0	5	Processo 1	0,90	0,0	9	Polpa para Impressão	$8
0,0	6	Processo 2	0,90	0,0	7	Polpa para Jornal	$6
0,0	6	Processo 2	0,95	0,0	8	Polpa para Embalagem	$8
0,0	6	Processo 2	0,95	0,0	9	Polpa para Impressão	$7
						Custo Total	$0

	Nó	Fluxo Líquido	Oferta/ Demanda
1	Jornal	0,0	-70
2	Mistura de Papéis	0,0	-50
3	Sulfite	0,0	-30
4	Papelão	0,0	-40
5	Processo 1	0,0	0
6	Processo 2	0,0	0
7	Polpa para Jornal	0,0	60
8	Polpa para Embalagem	0,0	40
9	Polpa para Impressão	0,0	50

Fórmulas das principais células

Célula	Fórmula	Copiado para
C6	=PROCV(B6;$J$6:$K$14;2)	C7:C19 e G6:G19
E6	=D6*A6	E7:E19
H21	=SOMARPRODUTO(H6:H19;A6:A19)	--
L6	=SOMASE($F$6:$F$19;J6;$E$6:$E$19)–SOMASE($B$6:$B$19;J6;$A$6:$A$19)	L7:L14

ser cuidadosamente observada e entendida. Os valores do RHS para essas células de restrição estão listados nas células M6 a M14.

5.5.3 ANALISANDO A SOLUÇÃO

Os parâmetros do Solver usados para resolver esse problema são mostrados na Figura 5.18 e a solução ótima é mostrada na Figura 5.19.

Nessa solução, 43,4 toneladas de jornal, 50 toneladas de papéis diversos e 30 toneladas de papel sulfite são destinados ao processo de reciclagem 1 (ou seja, $X_{15} = 43,4$, $X_{25} = 50$, $X_{35} = 30$). Então, esse processo rende um total de 107,6 toneladas de polpa (ou seja, $0,9 \times 43,3 + 0,8 \times 50 + 0,95 \times 30 = 107,6$), das quais 63,2 toneladas são alocadas para a produção de polpa para papel-jornal ($X_{57} = 63,2$) e 44,4 toneladas são alocadas para a produção de polpa para papel para embalagem ($X_{58} = 44,4$). Isso nos permite atender à demanda de 60 toneladas de polpa para papel-jornal ($0,95 \times 63,2 = 60$) e 40 toneladas de papel para embalagem ($0,90 \times 44,4 = 40$).

As 26,6 toneladas restantes de papel-jornal são combinadas com 35,4 toneladas de papelão no processo de reciclagem 2 (ou seja, $X_{16} = 26,6$, $X_{46} = 35,4$). Isto resulta em um rendimento de 52,6 toneladas de polpa (ou seja, $0,85 \times 26,6 + 0,85 \times 35,4 = 52,6$), que se destinam totalmente (via $X_{69} = 52,6$) à produção de 50 toneladas de polpa para papel de qualidade para impressão ($0,95 \times 52,6 = 50$).

É importante para Nancy observar que esse plano de produção demanda todo o seu suprimento de papel-jornal, papéis diversos e papel sulfite, mas deixa cerca de 4,6 toneladas de papelão sem uso. Dessa forma, ela pode baixar ainda mais o custo total de produção adquirindo mais papel-jornal, papéis diversos ou papel sulfite. O melhor para Nancy seria comercializar o excesso de papelão com outro reciclador em troca do material que falta.

FIGURA 5.18 *Configurações e opções do Solver para o problema de reciclagem.*

Configurações do Solver:

Objetivo: H21 (Min)
Células variáveis: A6:A19
Restrições:
L6:L14 >= M6:M14
A6:A19 >= 0

Opções do Solver:

Standard LP/Quadratic Engine (LP Simplex)

FIGURA 5.19 *Solução ótima para o problema generalizado de fluxo de rede da Coal Bank Hollow Recycling.*

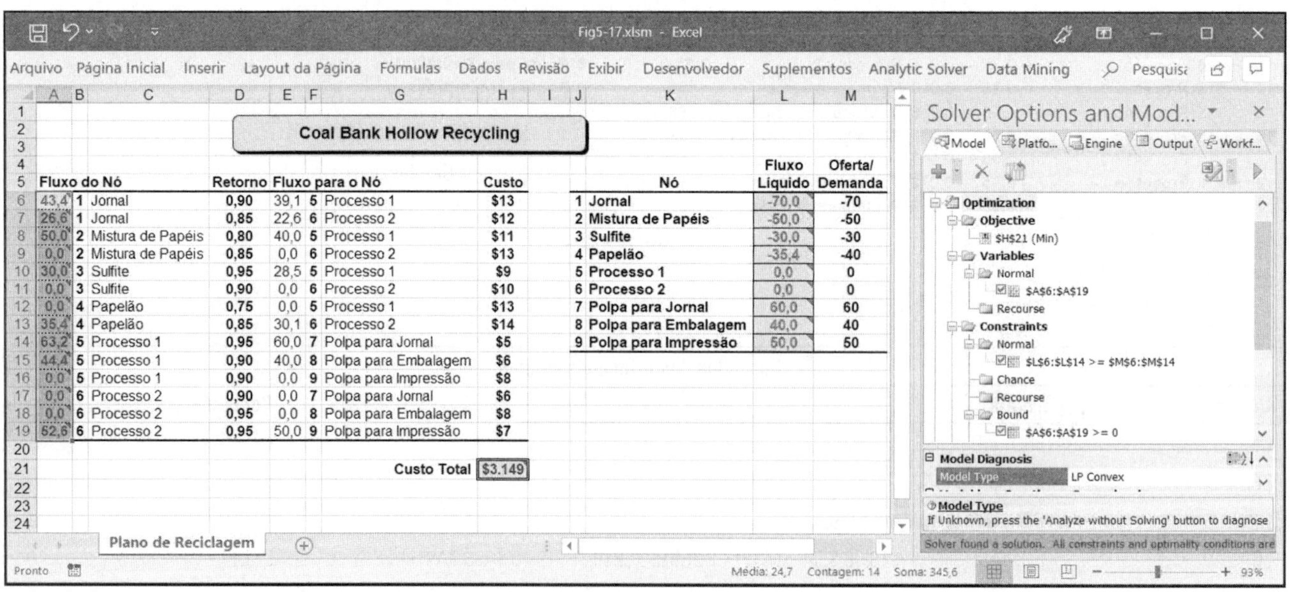

5.5.4 PROBLEMAS GENERALIZADOS DE FLUXO DE REDE E VIABILIDADE

Em problemas generalizados de fluxo de rede, os ganhos ou perdas associados a fluxos em cada arco efetivamente aumentam ou reduzem a oferta disponível na rede. Por exemplo, considere o que ocorreria na Figura 5.16 se a oferta de papel-jornal fosse reduzida para 55 toneladas. Embora *pareça* que a oferta total na rede (175 toneladas) ainda exceda a demanda total (150 toneladas), se tentarmos resolver o problema modificado, o Solver nos dirá que ele não tem solução viável. (Você pode conferir esse dado.) Desse modo, não somos capazes de satisfazer toda a demanda devido a perdas de material que ocorrem no processo de produção.

Aqui, o importante é perceber que, com problemas generalizados de fluxo de rede, nem sempre se pode saber com antecedência se a oferta total é adequada para atender à demanda total. Como resultado, nem sempre se sabe qual regra de equilíbrio de fluxo deve ser aplicada. Quando a questão não está clara, é mais seguro (consulte a questão 3 no final deste capítulo para informação adicional) supormos primeiramente que toda a demanda pode ser atendida e (conforme a regra de equilíbrio de fluxo) usar as restrições de forma: Entrada – Saída $\geq$ Oferta ou Demanda. Se o problema resultante for inviável (e não houver erros no modelo!), então saberemos que a demanda total não poderá ser satisfeita e (conforme a regra de equilíbrio de fluxo) deveremos usar restrições da seguinte forma: Entrada – Saída $\leq$ Oferta ou Demanda. Neste caso, a solução identificará a maneira menos custosa de distribuir o suprimento disponível.

Como um exemplo desta abordagem, as Figuras 5.20 e 5.21 mostram, respectivamente, os parâmetros do Solver e a solução ótima para esse problema revisado de reciclagem, com 55 toneladas de papel-jornal. Observe que essa solução usa toda a demanda disponível de cada um dos materiais de reciclagem. Ainda que a solução satisfaça toda a demanda de polpa para papel-jornal e para embalagem, fica quase 15 toneladas abaixo da demanda total de polpa para papel de impressão. A empresa de reciclagem precisaria consultar o cliente para verificar se esse déficit poderia ser conseguido de outra empresa ou marcado para atendimento posterior.

Quando o suprimento total não consegue atender toda a demanda, outro objetivo gerencial possível é atender o máximo possível da demanda a um custo mínimo. Isto é feito facilmente ao adicionar um nó de oferta adicional à rede com uma quantia de oferta arbitrariamente grande (para que a oferta total seja maior que a demanda total), conectando-o diretamente a cada um dos nós de demanda com um custo arbitrariamente grande em fluxos sobre estes arcos. Os fluxos sobre os arcos artificiais serão minimizados porque incorrem em uma penalidade de alto custo. Isto, por sua vez, faz o máximo possível da demanda ser atendida pelos nós de oferta reais (não artificiais) na rede.

Como um exemplo dessa abordagem, as Figuras 5.22 e 5.23 (e o arquivo Fig5-23.xlsm, disponível na página deste livro no site da editora) mostram, respectivamente, os parâmetros do Solver e a solução ótima para esse problema revisado de reciclagem com 55 toneladas de papel-jornal. Observe que um nó artificial (nó 10) foi adicionado ao problema com uma quantia arbitrariamente grande de oferta. Adicionalmente, três novos arcos foram acrescentados para conectar esse novo nó de oferta aos nós 7, 8 e 9, que representam, respectivamente, os nós de demanda para polpa para papel de jornal, para embalagem e polpa para papel de qualidade para impressão. Dessa forma, qualquer demanda que não possa ser atendida pelo fluxo de materiais reais agora pode ser atendida (em um sentido virtual) pela oferta artificial. Custos arbitrariamente altos de $ 999 são associados a fluxos nesses arcos artificiais nas células H20 a H22. O custo total a ser minimizado na célula H26 é composto pelo custo real dos materiais escoando através da rede (célula H24) e o custo de uso desta oferta artificial (célula H25). Observe que a solução ótima mostrada na Figura 5.23 tem um custo real de $ 3.159 e faltam quase 4 toneladas para atender à demanda total para polpa para papel para embalagem. Essa solução atende o máximo possível da demanda ao menor custo possível e poderia ser preferida pela gerência (e o cliente da empresa) em vez da solução mostrada na Figura 5.21.

Configurações do Solver:

Objetivo: H21 (Min)
Células variáveis: A6:A19
Restrições:
L6:L14 <= M6:M14
A6:A19 >= 0

Opções Solver:

Standard LP/Quadratic Engine (LP Simplex)

FIGURA 5.20
Parâmetros do Solver para o problema modificado de reciclagem.

Ponto importante de modelagem

Para problemas generalizados de fluxo de rede, os ganhos ou as perdas associados a fluxos em cada arco *efetivamente* aumentam ou reduzem a oferta disponível na rede. Como resultado, algumas vezes é difícil dizer antecipadamente se a oferta total é adequada para atender à demanda total no problema generalizado de fluxo de rede. Em caso de dúvida, é melhor assumir que a oferta total é capaz de satisfazer a demanda total e usar o Solver para comprovar (ou refutar) essa hipótese.

5.6 Problemas de fluxos máximos

O problema de fluxo máximo é um tipo de problema de fluxo de rede cuja meta é determinar a quantidade máxima de fluxo que pode ocorrer na rede. Em um problema de fluxo máximo, a quantidade de fluxo que pode ocorrer em cada arco é limitada por alguma restrição de capacidade. Esse tipo de rede pode ser usado para modelar o fluxo de petróleo em um oleoduto (no qual a quantidade de petróleo que pode fluir por uma tubulação, em uma unidade de tempo, é limitada pelo diâmetro da tubulação). Os engenheiros de tráfego também usam esse tipo de rede para determinar o número máximo de veículos que podem trafegar por um conjunto de ruas com diferentes capacidades impostas pelo número de pistas e pelos limites de velocidade. O exemplo a seguir ilustra um problema de fluxo máximo.

FIGURA 5.21 *Solução ótima para o problema modificado de reciclagem.*

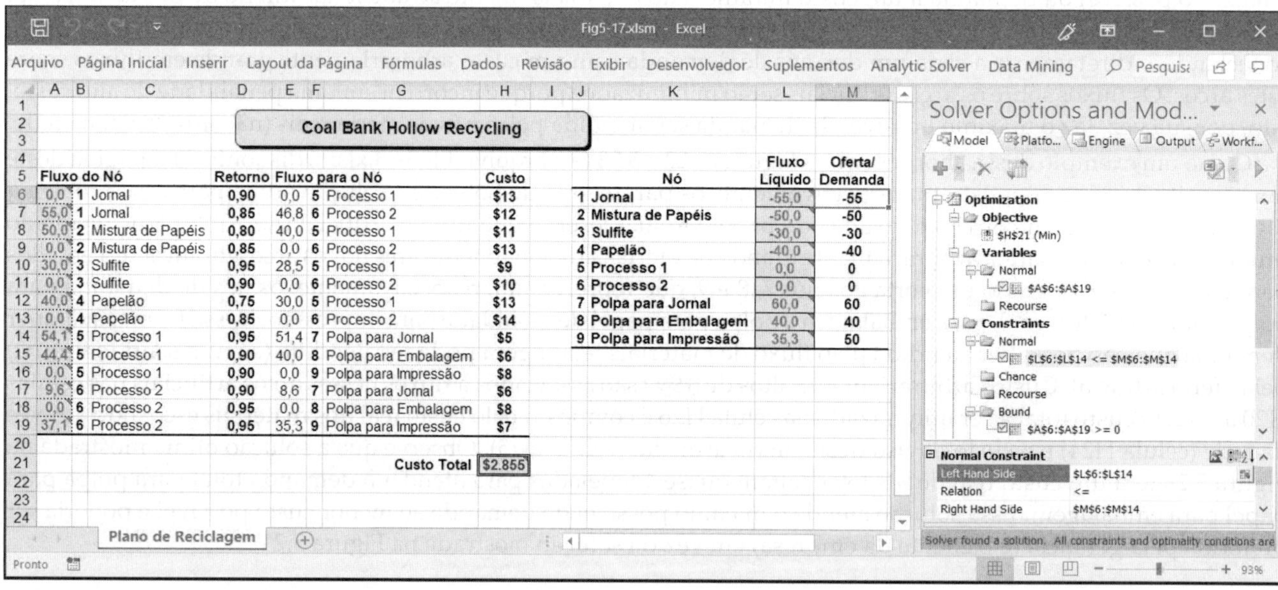

FIGURA 5.22 *Parâmetros e opções do Solver para o problema de reciclagem modificado com um nó de oferta artificial.*

Configurações do Solver:

Objetivo: H26 (Min)
Células variáveis: A6:A22
Restrições:
L6:L15 >= M6:M15
A6:A22 >= 0

Opções do Solver:

Standard LP/Quadratic Engine (LP Simplex)

FIGURA 5.23 *Modelo de planilha e solução ótima para o problema de reciclagem modificado com um nó de oferta artificial.*

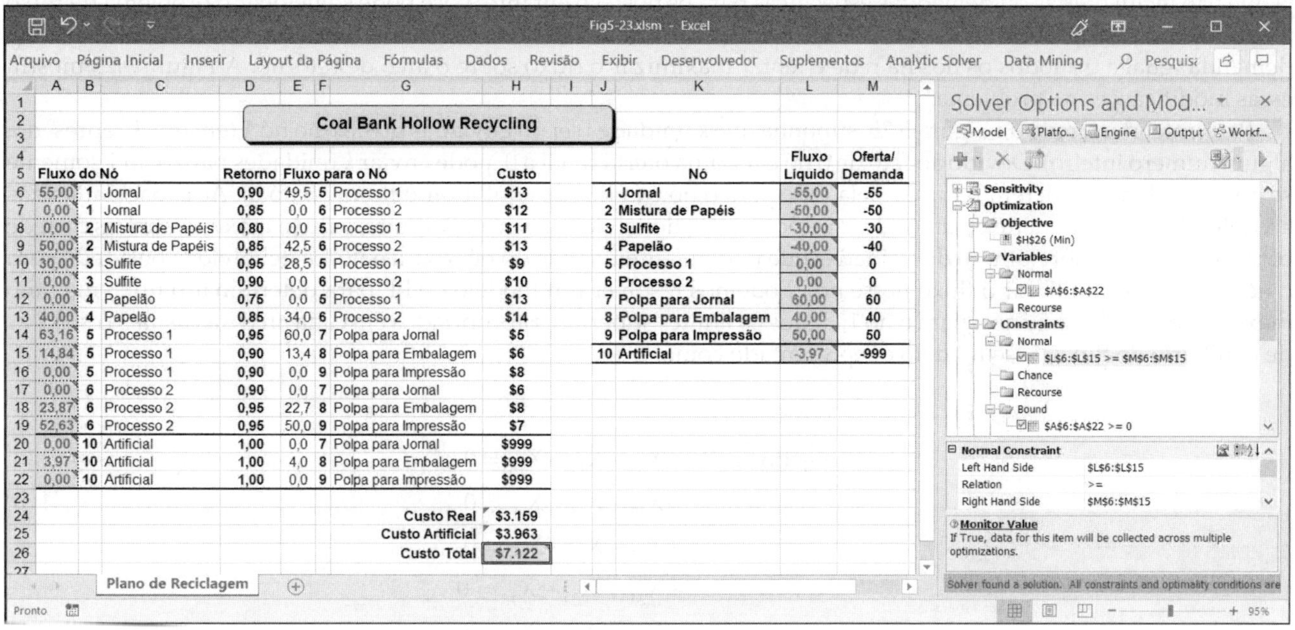

Coal Bank Hollow Recycling

Fluxo	do Nó		Retorno	Fluxo	para o Nó	Custo
55,00	1	Jornal	0,90	49,5	5 Processo 1	$13
0,00	1	Jornal	0,85	0,0	6 Processo 2	$12
0,00	2	Mistura de Papéis	0,80	0,0	5 Processo 1	$11
50,00	2	Mistura de Papéis	0,85	42,5	6 Processo 2	$13
30,00	3	Sulfite	0,95	28,5	5 Processo 1	$9
0,00	3	Sulfite	0,90	0,0	6 Processo 2	$10
0,00	4	Papelão	0,75	0,0	5 Processo 1	$13
40,00	4	Papelão	0,85	34,0	6 Processo 2	$14
63,16	5	Processo 1	0,95	60,0	7 Polpa para Jornal	$5
14,84	5	Processo 1	0,90	13,4	8 Polpa para Embalagem	$6
0,00	5	Processo 1	0,90	0,0	9 Polpa para Impressão	$8
0,00	6	Processo 2	0,90	0,0	7 Polpa para Jornal	$6
23,87	6	Processo 2	0,95	22,7	8 Polpa para Embalagem	$8
52,63	6	Processo 2	0,95	50,0	9 Polpa para Impressão	$7
0,00	10	Artificial	1,00	0,0	7 Polpa para Jornal	$999
3,97	10	Artificial	1,00	4,0	8 Polpa para Embalagem	$999
0,00	10	Artificial	1,00	0,0	9 Polpa para Impressão	$999
					Custo Real	$3.159
					Custo Artificial	$3.963
					Custo Total	$7.122

Nó	Fluxo Líquido	Oferta/ Demanda
1 Jornal	-55,00	-55
2 Mistura de Papéis	-50,00	-50
3 Sulfite	-30,00	-30
4 Papelão	-40,00	-40
5 Processo 1	0,00	0
6 Processo 2	0,00	0
7 Polpa para Jornal	60,00	60
8 Polpa para Embalagem	40,00	40
9 Polpa para Impressão	50,00	50
10 Artificial	-3,97	-999

5.6.1 UM EXEMPLO DE PROBLEMA DE FLUXO MÁXIMO

A Northwest Petroleum Company opera um campo de petróleo e refinaria no Alasca. O petróleo cru obtido do campo de petróleo é bombeado pela rede de subestações de bombeamento (mostrada na Figura 5.24) até a refinaria da empresa, localizada a 500 milhas do campo de petróleo. A quantidade de petróleo que pode fluir através de cada um dos oleodutos, representados pelos arcos na rede, varia devido a diferentes tipos de diâmetro. Os números ao lado dos arcos na rede indicam a quantidade máxima que pode fluir através das diversas tubulações (medida em milhares de barris por hora). A empresa quer determinar o número máximo de barris que pode fluir por hora do campo de petróleo até a refinaria.

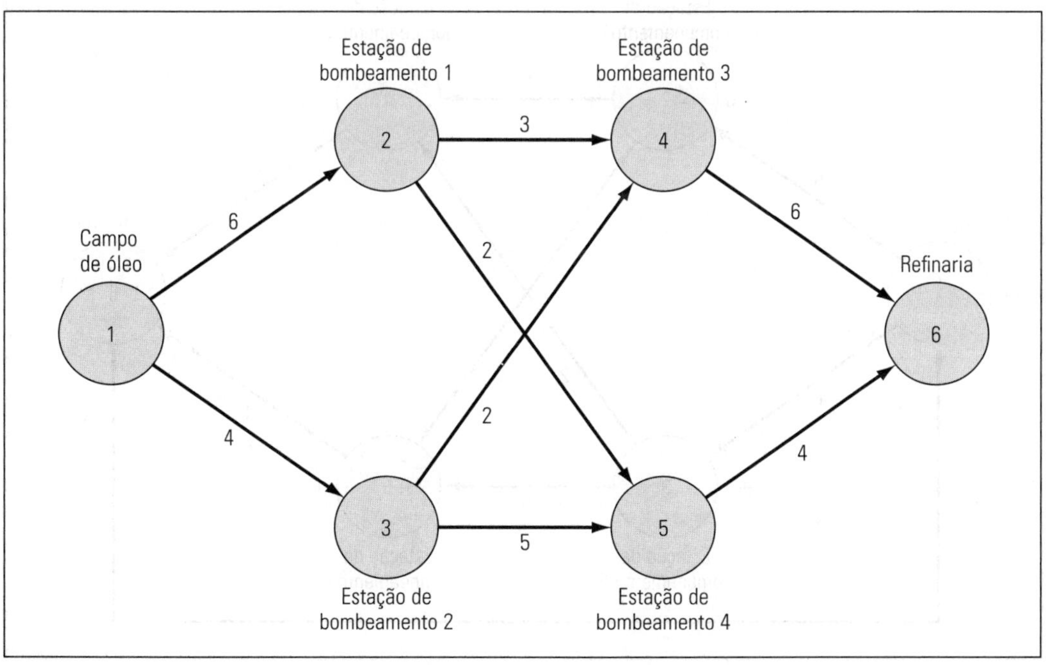

FIGURA 5.24 *Representação da rede de operação da refinaria de petróleo da Northwest Petroleum Company.*

O problema do fluxo máximo parece ser muito diferente dos modelos de fluxo de rede descritos anteriormente, já que não inclui ofertas ou demandas específicas para os nós. No entanto, você pode solucionar o problema de fluxo máximo como um problema de transbordo se adicionar um arco de retorno do nó final ao nó inicial, associar uma demanda igual a 0 a todos os nós na rede e tentar maximizar o fluxo sobre o arco de retorno. A Figura 5.25 mostra essas modificações no problema.

Para entender a rede da Figura 5.25, suponha que *k* unidades sejam enviadas do nó 6 ao nó 1 (em que *k* representa algum número inteiro). Devido ao fato de o nó 6 ter uma oferta igual a 0, pode enviar *k* unidades para o nó 1 somente se essas unidades puderem retornar pela rede para o nó 6 (a fim de equilibrar o fluxo no nó 6). As capacidades dos arcos limitam a quantidade de unidades que podem ser devolvidas ao nó 6. Portanto, o fluxo máximo através da rede corresponde ao maior número de unidades que podem ser enviadas do nó 6 para o nó 1 e devolvidas pela rede para o nó 6 (a fim de equilibrar o fluxo nesse nó). Podemos resolver um modelo de PL para determinar o fluxo máximo maximizando o fluxo do nó 6 para o nó 1, dados os limites superiores apropriados em cada arco e as usuais restrições de equilíbrio de fluxo. Esse modelo é representado como:

$$
\begin{aligned}
\text{MAX:} \quad & X_{61} \\
\text{Sujeito a:} \quad & +X_{61} - X_{12} - X_{13} = 0 \\
& +X_{12} - X_{24} - X_{25} = 0 \\
& +X_{13} - X_{34} - X_{35} = 0 \\
& +X_{24} + X_{34} - X_{46} = 0 \\
& +X_{25} + X_{35} - X_{56} = 0 \\
& +X_{46} + X_{56} - X_{61} = 0
\end{aligned}
$$

com os seguintes limites nas variáveis de decisão:

$$
\begin{array}{lll}
0 \leq X_{12} \leq 6 & 0 \leq X_{25} \leq 2 & 0 \leq X_{46} \leq 6 \\
0 \leq X_{13} \leq 4 & 0 \leq X_{34} \leq 2 & 0 \leq X_{56} \leq 4 \\
0 \leq X_{24} \leq 3 & 0 \leq X_{35} \leq 5 & 0 \leq X_{61} \leq \infty
\end{array}
$$

FIGURA 5.25
Estrutura de rede para o problema do fluxo máximo da Northwest Petroleum Company.

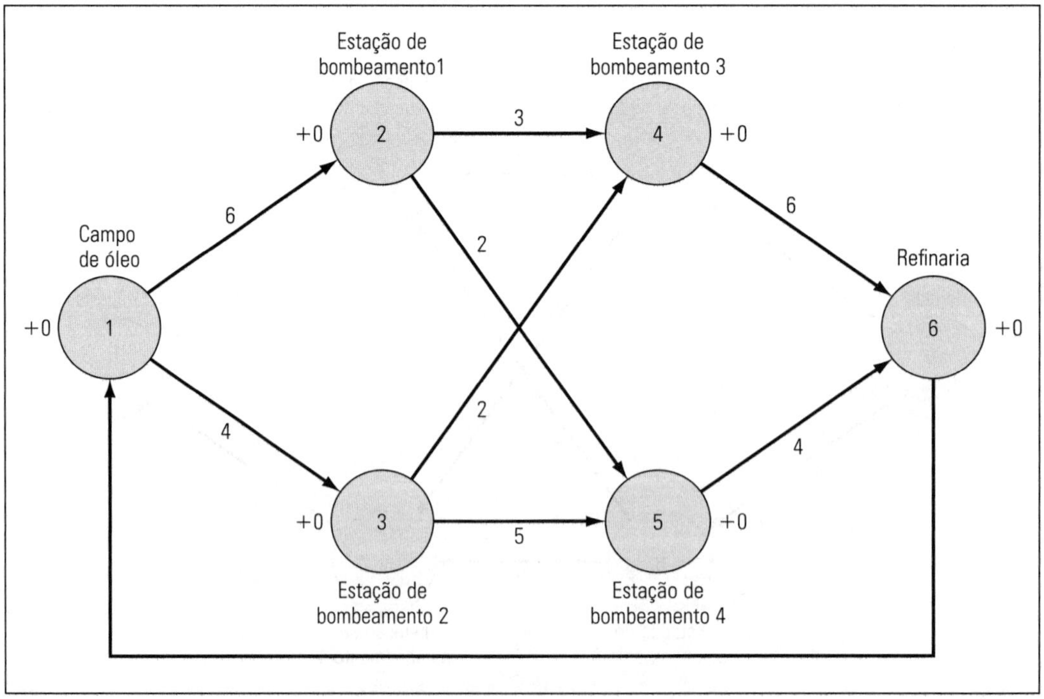

5.6.2 O MODELO E A SOLUÇÃO DE PLANILHA

Este modelo é implementado na planilha mostrada na Figura 5.26 (e no arquivo Fig5-26.xlsm, disponível na página deste livro no site da editora). Esse modelo de planilha difere dos modelos de rede anteriores em poucas, mas importantes, maneiras. Primeiro, a coluna G na Figura 5.26 representa os limites superiores para cada arco. Segundo, a função objetivo é representada pela célula B16, que contém a fórmula:

Fórmula na célula B16: =B14

A célula B14 representa o fluxo do nó 6 para o nó 1 (ou X_{61}). Essa célula corresponde à variável que desejamos maximizar na função objetivo do modelo de PL. Os parâmetros e opções do Solver mostrados na Figura 5.27 são utilizados para a solução ótima mostrada na Figura 5.26.

Devido ao fato de os arcos que levam ao nó 6 (X_{46} e X_{56}) terem uma capacidade total de 10 unidades de fluxo, talvez seja surpreendente verificar que somente 9 unidades podem fluir pela rede. Entretanto, a solução ótima mostrada na Figura 5.26 indica que o fluxo máximo pela rede é de somente 9 unidades.

Os fluxos ótimos identificados na Figura 5.26 para cada arco são mostrados nas caixas ao lado das capacidades para cada arco na Figura 5.28. Na Figura 5.28, o arco do nó 5 ao nó 6 está em sua capacidade total de 4 unidades, enquanto o arco do nó 4 para o nó 6 está 1 unidade abaixo de sua capacidade máxima (que é de 6 unidades). Embora o arco do nó 4 para o nó 6 possa transportar uma unidade adicional de fluxo, ele não consegue fazê-lo porque todos os arcos que chegam ao nó 4 (X_{24} e X_{34}) estão operando na capacidade máxima.

Um gráfico igual ao da Figura 5.28, que mostra os fluxos ótimos em um problema de fluxo máximo, é útil para identificarmos onde aumentos na capacidade de fluxo seriam mais efetivos. Por exemplo, por esse gráfico podemos perceber que, mesmo sabendo que X_{24} e X_{34} estão operando na capacidade máxima, o crescimento de suas capacidades não aumentará necessariamente o fluxo pela rede. Aumentar a capacidade de X_{24} possibilitaria aumentar o fluxo através da rede porque uma unidade adicional poderia então fluir do nó 1 ao nó 2, ao nó 4 e ao nó 6. No entanto, aumentar a capacidade de X_{34} não possibilitaria um aumento no fluxo total porque o arco do nó 1 ao nó 3 já está funcionando em capacidade total.

FIGURA 5.26 *Modelo de planilha e solução para o problema de fluxo máximo da Northwest Petroleum Company.*

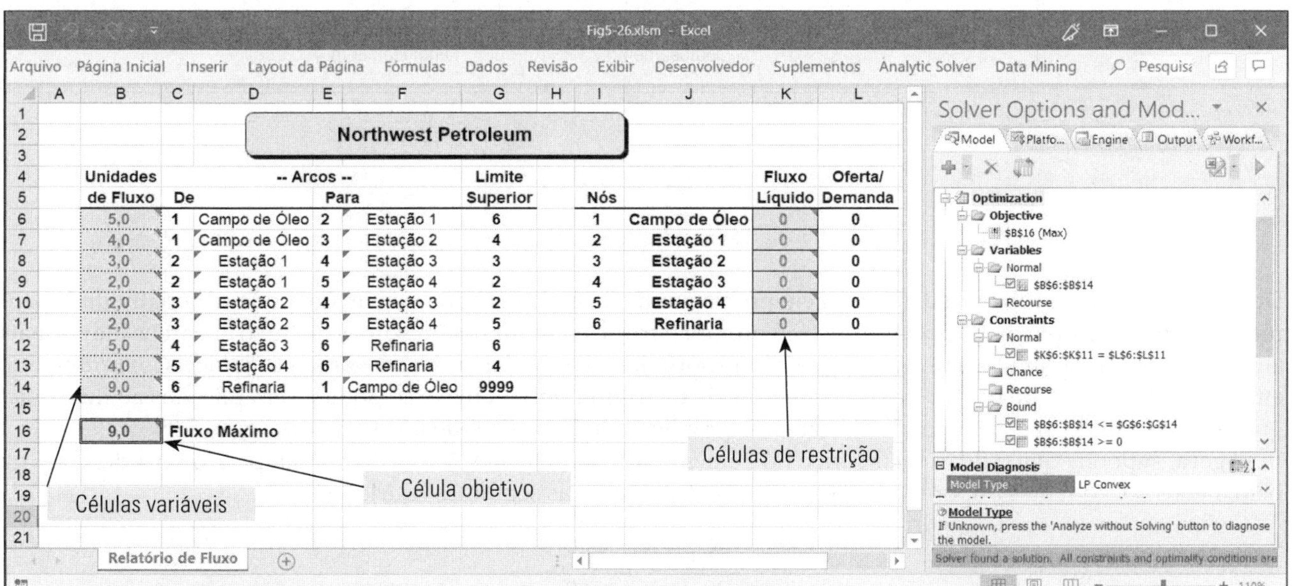

Fórmulas das principais células		
Célula	**Fórmula**	**Copiado para**
B16	=B14	--
D6	=PROCV(C6;$I$6:$J$11;2)	D7:D14 e F6:F14
K6	=SOMASE($E$6:$E$14;I6;$B$6:$B$14)−SOMASE($C$6:$C$14;I6;$B$6:$B$14)	K7:K11

FIGURA 5.27
Parâmetros e opções do Solver para o problema de fluxo máximo da Northwest Petroleum Company.

Configurações do Solver:

Objetivo: B16 (Max)
Células variáveis: B6:B14
Restrições:
B6:B14 <= G6:G14
K6:K11 = L6:L11
B6:B14 >= 0

Opções do Solver:
Standard LP/Quadratic Engine (LP Simplex)

FIGURA 5.28
Representação de rede da solução para o problema de fluxo máximo da Northwest Petroleum Company.

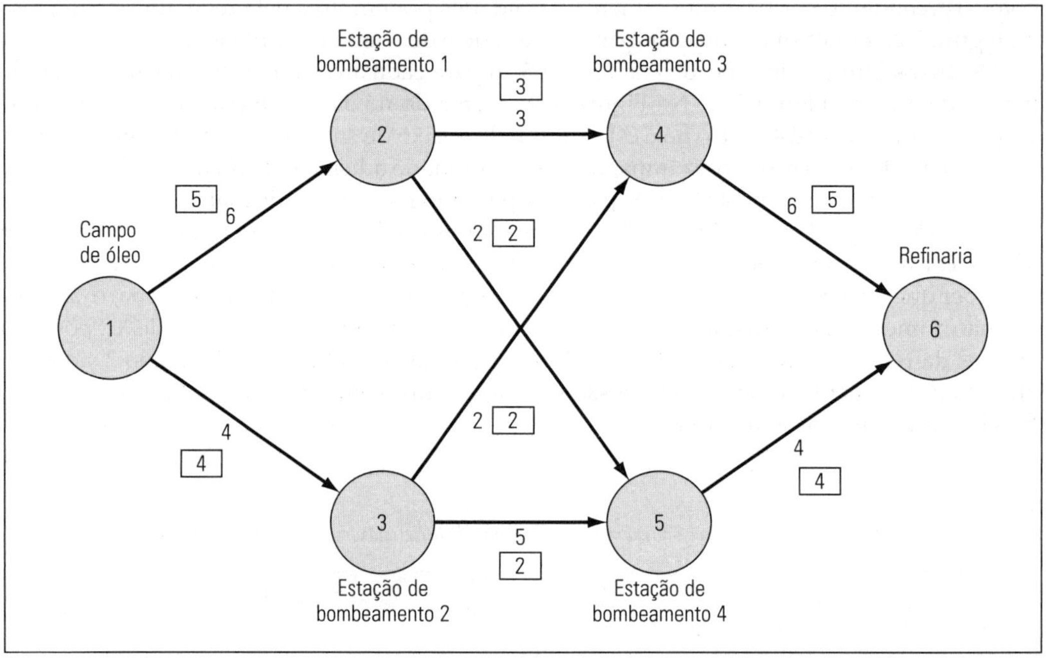

5.7 Considerações especiais sobre modelagem

Diversas condições especiais podem surgir em problemas de fluxo de rede que exigem um pouco de criatividade para modelar de forma precisa. Por exemplo, é fácil impor restrições mínimas ou máximas de fluxo em arcos individuais em redes, colocando limites inferior e superior apropriados nas correspondentes variáveis de decisão. Entretanto, em alguns problemas de fluxo de rede, exigências de fluxos mínimo ou máximo podem ser aplicadas ao fluxo *total* que emana de dado nó. Por exemplo, considere o problema de fluxo de rede mostrado na Figura 5.29.

Agora, suponha que o fluxo total para o nó 3 deva ser de pelo menos 50 e o fluxo total para o nó 4 deva ser de pelo menos 60. Podemos impor facilmente essas condições com as seguintes restrições:

$$X_{13} + X_{23} \geq 50$$
$$X_{14} + X_{24} \geq 60$$

Infelizmente, essas restrições não atendem à regra de equilíbrio de fluxo e, por isso, devemos impor *restrições colaterais* ao modelo. Uma abordagem alternativa para a modelagem desse problema é mostrada na Figura 5.30.

Dois nós e arcos adicionais foram inseridos na Figura 5.30. Observe que o arco do nó 30 ao nó 3 tem um limite inferior (L.I. na figura) de 50. Isso garantirá que ao menos 50 unidades escoem para o nó 3. O nó 3 deve, então, distribuir este fluxo aos nós 5 e 6. Similarmente, o arco conectando o nó 40 ao nó 4 garante que pelo menos 60 unidades

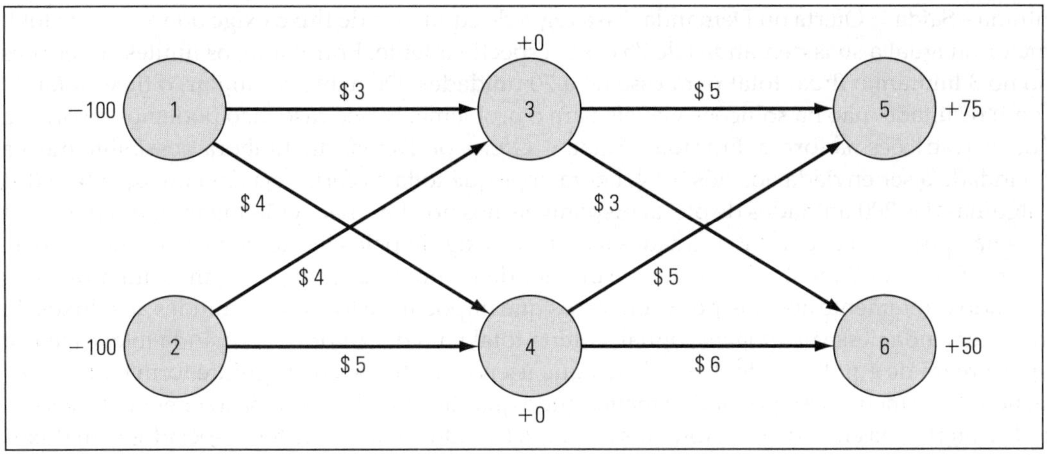

FIGURA 5.29
Exemplo de problema de fluxo de rede.

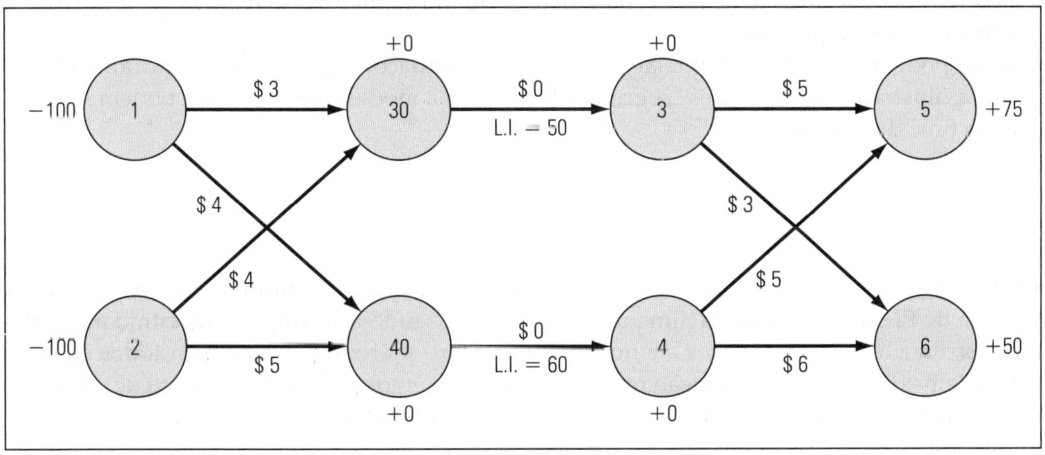

FIGURA 5.30
Problema revisado de fluxo de rede com limites inferiores para o fluxo total para os nós 3 e 4.

fluirão ao nó 4. Os nós e os arcos adicionais acrescentados à Figura 5.30 são algumas vezes chamados nós **dummies/artificiais** e **arcos dummies/artificiais**.

Como outro exemplo, considere a rede na parte superior da Figura 5.31 em que o fluxo entre dois nós pode ocorrer com dois custos diferentes. Um arco tem custo de $ 6 por unidade de fluxo e um limite superior (L.S. na figura) de 35. O outro arco tem um custo de $ 8 por unidade de fluxo sem limite superior na quantia de fluxo permitida. Observe que a solução de custo mínimo é enviar 35 unidades de fluxo do nó 1 para o nó 2 pelo arco de $ 6 e 15 unidades do nó 1 para o nó 2 pelo arco de $ 8.

Para modelar o problema matematicamente, gostaríamos de ter dois arcos chamados X_{12} porque ambos vão do nó 1 ao nó 2. No entanto, se ambos os arcos forem chamados X_{12}, não há uma maneira de distinguir um do outro! Uma solução para esse dilema é mostrada na parte inferior da Figura 5.31, na qual inserimos um nó e um arco *dummy*. Dessa forma, há dois arcos distintos fluindo para o nó 2: X_{12} e $X_{10,2}$. Agora, para fluir do nó 1 até o nó 2, pelo arco de $ 8, primeiro devemos passar pelo nó 10.

Como exemplo final, observe que os limites superiores (ou restrições de capacidade) nos arcos em um fluxo de rede podem restringir de maneira *efetiva* a quantidade de oferta que pode ser enviada pela rede para atender à demanda. Como resultado, algumas vezes é difícil determinar antecipadamente, em uma rede com restrições de fluxo (limites superiores) nos arcos, se a demanda total poderá ser atendida – mesmo se a oferta total disponível exceder a demanda total. Novamente, esse fator gera um problema em potencial para descobrir qual regra de equilíbrio de fluxo usar. Considere o exemplo da Figura 5.32.

A parte superior da Figura 5.32 mostra uma rede com uma oferta total de 200 e uma demanda total de 155. Devido à oferta total parecer exceder a demanda total, estamos inclinados a aplicar a regra de equilíbrio de fluxo que geraria restrições da forma: Entrada – Saída ≥ Oferta ou Demanda. Essa regra de equilíbrio de fluxo exige que a entrada total para os nós 3 e 4 seja maior ou igual a suas demandas de 75 e 80, respectivamente. Entretanto, os limites superiores dos arcos que levam ao nó 3 limitam o fluxo total para esse nó a 70 unidades. De maneira similar, o fluxo total no nó 4 é limitado a 70. Como resultado, não há soluções viáveis para o problema. Nesse caso, não podemos resolver a inviabilidade invertendo as restrições na forma: Entrada – Saída ≤ Oferta ou Demanda. Embora possibilite menos que a quantia total demandada a ser enviada aos nós 3 e 4, agora *exige* que toda a oferta seja enviada para fora dos nós 1 e 2. Claramente, algumas das 200 unidades de oferta disponíveis nos nós 1 e 2 não terão lugar algum para ir se o fluxo total nos nós 3 e 4 não poder exceder a 140 unidades (conforme exigido pelos limites superiores nos arcos).

Uma solução para essa dificuldade é mostrada na metade inferior da Figura 5.32. Aqui, incluímos um nó *dummy* de demanda (nó 0) conectado diretamente aos nós 1 e 2, com arcos que impõem custos muito grandes aos fluxos do nó *dummy*. Observe que a demanda nesse nó *dummy* é igual à oferta total na rede. Agora, a demanda total excede a oferta total, de modo que a regra de equilíbrio de fluxo obriga que usemos restrições da seguinte forma: Entrada – Saída ≤ Oferta ou Demanda. Novamente, isso possibilita menos que a quantia total demandada a ser enviada aos nós 0, 3 e 4, mas *exige* que toda a oferta seja enviada para fora dos nós 1 e 2. Devido aos altos custos associados com fluxos dos nós 1 e 2 ao nó de demanda *dummy*, o Solver garantirá que o máximo possível da oferta seja mandado primeiro aos nós 3 e 4. Qualquer oferta restante nos nós 1 e 2 seria então enviada ao nó *dummy*. Certamente, na realidade, fluxos para o nó *dummy* representam excesso de oferta ou estoque nos nós 1 e 2 que não seriam realmente enviados para qualquer lugar ou incorrer em quaisquer custos. No entanto, usar um nó *dummy* dessa maneira permite que se modele e resolva o problema de maneira precisa.

Os nós e os arcos *dummies* podem ser úteis na modelagem de diversas situações que ocorrem naturalmente em problemas de rede. As técnicas ilustradas aqui são três "segredos do ofício" na modelagem de rede e podem ser úteis em alguns dos problemas do final deste capítulo.

5.8 Problemas de árvore de expansão mínima

Outro tipo de problema de rede é conhecido como problema de árvore de expansão mínima. Esse não pode ser resolvido como um problema de PL, mas pode ser facilmente solucionado usando um simples algoritmo manual.

Para uma rede com n nós, uma **árvore de expansão** é um conjunto de $n - 1$ arcos que conectam todos os nós e não possuem laços. Um problema de árvore de expansão mínima envolve a determinação do conjunto de arcos que conecta todos os nós em uma rede e, ao mesmo tempo, minimiza o comprimento total (ou custo) dos arcos selecionados. Considere o exemplo a seguir.

FIGURA 5.31
Redes alternativas que permitem dois diferentes tipos de fluxo entre dois nós.

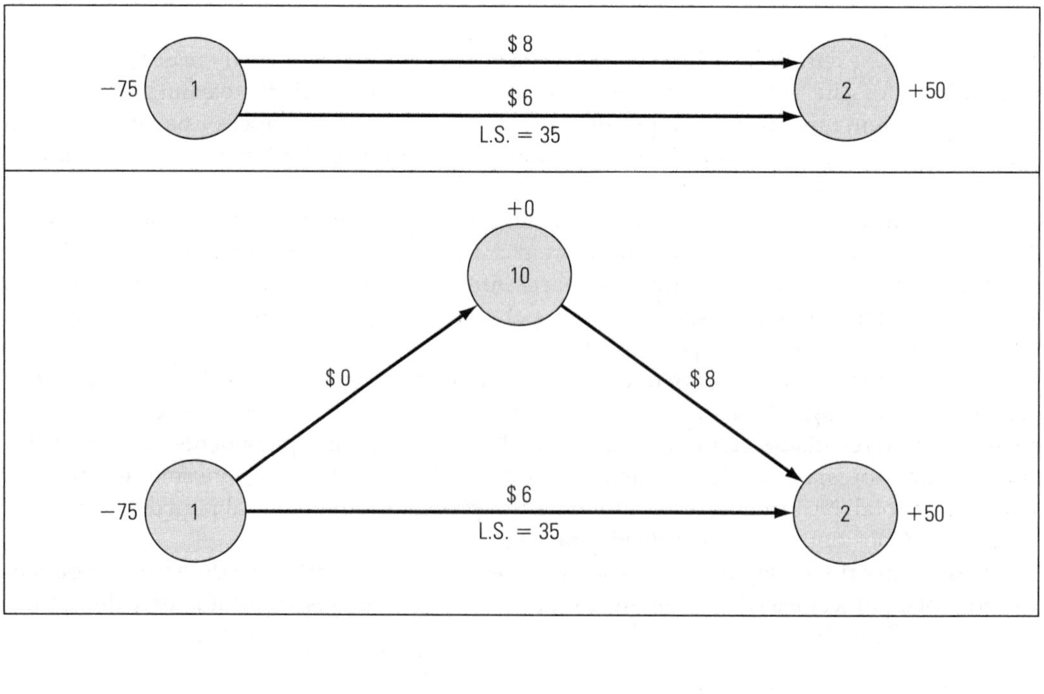

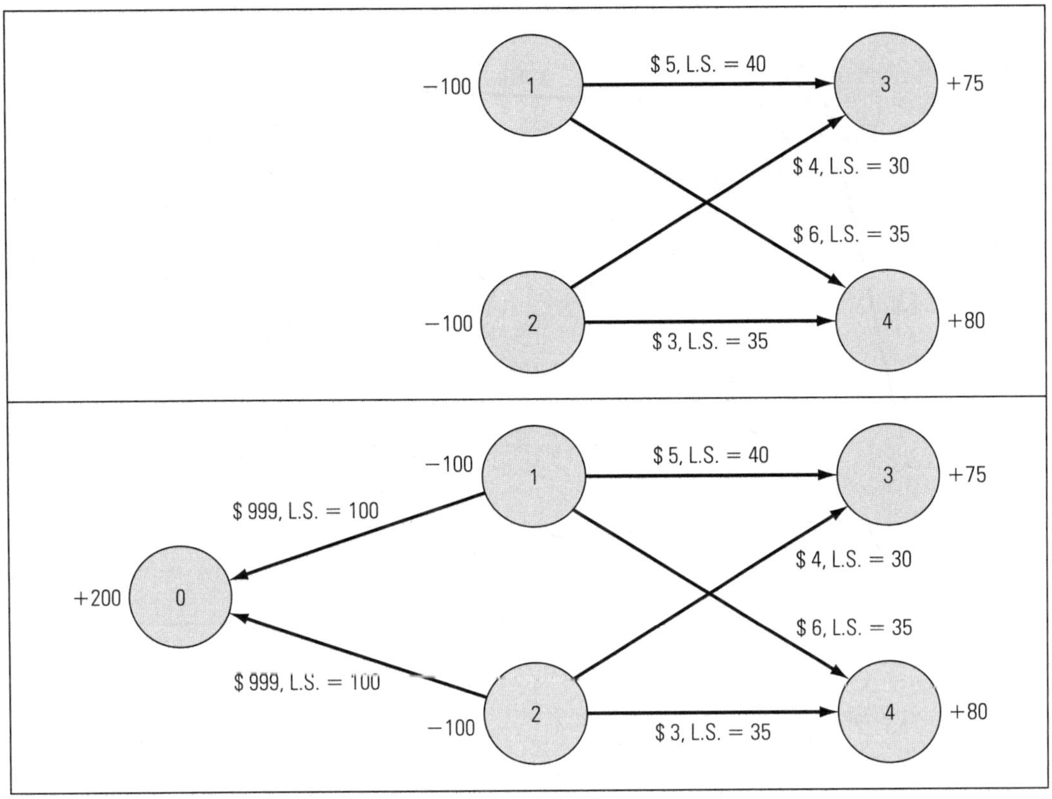

FIGURA 5.32
Exemplo de uso de um nó de demanda dummy.

Jon Fleming é responsável pela configuração de uma rede local (LAN) no departamento de engenharia da Windstar Aerospace Company. A LAN consiste em diversos computadores individuais conectados a um computador ou servidor de arquivos centralizado. Cada computador na LAN pode acessar informações de um servidor de arquivos e se comunicar com outros computadores que compõem a rede.

A instalação de uma LAN envolve a conexão de todos os computadores entre si por meio de cabos de comunicação. Nem todos os computadores precisam ser conectados diretamente ao servidor de arquivos, mas deve haver algum tipo de ligação entre cada computador na rede. A Figura 5.33 mostra todas as possíveis conexões que Jon pode fazer. Cada nó nessa figura representa um dos computadores da LAN. Cada linha que conecta os nós representa uma possível conexão entre pares de computadores. O valor em cada linha representa o custo de fazer a conexão.

Os arcos na Figura 5.33 não têm orientação direcional específica, o que indica que as informações podem se mover em qualquer direção nos arcos. Observe também que os *links* de comunicação representados pelos arcos ainda não existem de fato. O desafio de Jon é determinar que ligações estabelecer. Uma vez que a rede envolve $n = 6$ nós, a árvore de expansão para esse problema consiste em $n - 1 = 5$ arcos, que resultam em um caminho existente entre qualquer par de nós. O objetivo é encontrar a árvore de expansão mínima (menos dispendiosa) para esse problema.

5.8.1 UM ALGORITMO PARA O PROBLEMA DE ÁRVORE DE EXPANSÃO MÍNIMA

Você pode aplicar um algoritmo simples para resolver problemas de árvore de expansão mínima. As etapas para esse algoritmo são:

1. Selecione qualquer nó. Chame-o de sub-rede atual.
2. Inclua à sub-rede atual o arco mais econômico que conecte qualquer nó dentro da sub-rede atual a qualquer nó que ainda não esteja na sub-rede. (Empates podem ser resolvidos de maneira arbitrária.) Chame-o de sub-rede atual.
3. Se todos os nós estiverem na sub-rede, você encontrou a solução ótima. Caso contrário, volte para a etapa 2.

FIGURA 5.33
Representação de rede para o problema de árvore de expansão mínima da Windstar Aerospace Company.

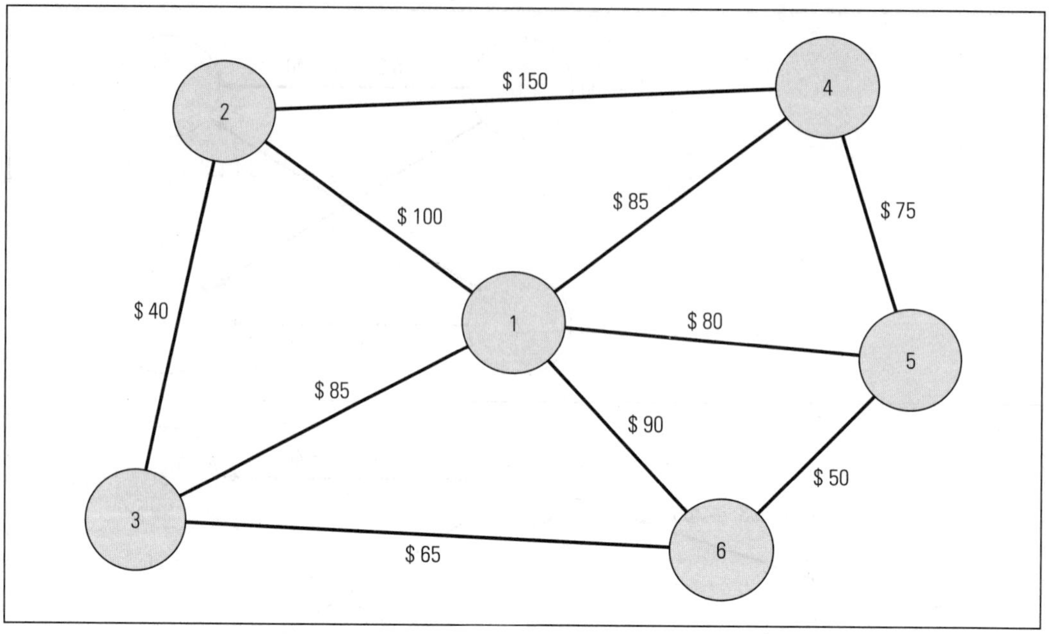

5.8.2 RESOLVENDO O PROBLEMA EXEMPLO

Você pode programar esse algoritmo facilmente ou, para problemas simples, executá-lo manualmente. As etapas a seguir ilustram como executar manualmente o algoritmo para o problema exemplo mostrado na Figura 5.33.

Etapa 1. Se selecionarmos o nó 1 na Figura 5.33, então o nó 1 é a sub-rede atual.
Etapa 2. O arco mais barato conectando a sub-rede atual a um nó fora da sub-rede atual é o arco de $ 80 conectando os nós 1 e 5. Esse arco e o nó 5 são adicionados à sub-rede atual.
Etapa 3. Quatro nós (2, 3, 4 e 6) permanecem não conectados – dessa forma, volte para a etapa 2.
Etapa 2. O arco mais barato conectando a sub-rede atual a um nó fora da sub-rede atual é o arco de $ 50 conectando os nós 5 e 6. Esse arco e o nó 6 são adicionados à sub-rede atual.
Etapa 3. Três nós (nós 2, 3 e 4) permanecem não conectados – dessa forma, volte para a etapa 2.
Etapa 2. O arco mais barato conectando a sub-rede atual a um nó fora da sub-rede atual é o arco de $ 65 conectando os nós 6 e 3. Esse arco e o nó 3 são adicionados à sub-rede atual.
Etapa 3. Dois nós (nós 2 e 4) permanecem não conectados – dessa forma, volte para a etapa 2.
Etapa 2. O arco mais barato conectando a sub-rede atual a um nó fora da sub-rede atual é o arco de $ 40 conectando os nós 3 e 2. Esse arco e o nó 2 são adicionados à sub-rede atual.
Etapa 3. Um nó (nó 4) permanece não conectado – dessa forma, volte para a etapa 2.
Etapa 2. O arco mais barato conectando a sub-rede atual a um nó fora da sub-rede atual é o arco de $ 75 conectando os nós 5 e 4. Esse arco e o nó 4 são adicionados à sub-rede atual.
Etapa 3. Todos os nós estão agora conectados. Pare; a sub-rede atual é ótima.

A Figura 5.34 mostra a árvore de expansão ótima (mínima) gerada por este algoritmo. O algoritmo descrito aqui produz a árvore de expansão ótima (mínima) independentemente de qual nó é selecionado inicialmente no passo 1. Você pode verificar isso resolvendo o problema de exemplo novamente, começando com um nó diferente na etapa 1.

5.9 Resumo

Neste capítulo, apresentaram-se diversos problemas empresariais modelados como problemas de fluxo de rede, incluindo problemas de transbordo, de caminho mais curto, de fluxo máximo, de transporte/distribuição, e modelos generalizados de fluxo de rede. Ele também introduziu o problema da árvore de expansão mínima e apresentou um algoritmo simples para a resolução manual desse tipo de problema.

Apesar de existirem algoritmos especiais para a solução de problemas de fluxo de rede, você também pode formular e resolver esses problemas como problemas de PL. As restrições na formulação de PL de um problema de

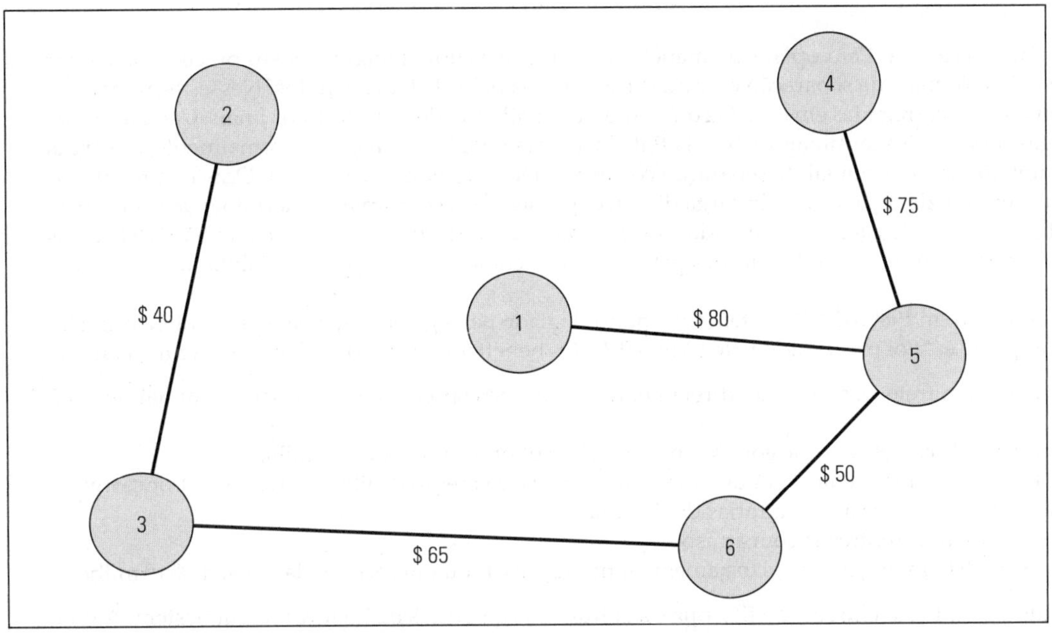

FIGURA 5.34
Solução ótima para o problema da árvore de expansão mínima da Windstar Aerospace Company.

fluxo de rede têm uma estrutura especial que permite que você implemente e resolva esses modelos facilmente em uma planilha. Embora possam existir maneiras mais eficientes de resolver problemas de fluxo de rede, os métodos discutidos neste capítulo são, em geral, os mais práticos. Para problemas de fluxo de rede extremamente complexos, você pode ter de usar um algoritmo especializado. Infelizmente, é improvável que você encontre esse tipo de software especializado em sua loja de informática local. Entretanto, diversos pacotes de otimização de rede podem ser encontrados em diretórios técnicos/científicos na internet.

5.10 Referências

GLASSEY, R.; GUPTA, V. A Linear Programming Analysis of Paper Recycling. *Studies in Mathematical Programming*. Nova York: North-Holland, 1978.
GLOVER, F.; KLINGMAN, D. Network Applications in Industry and Government. *AIIE Transactions*, v. 9, n. 4, 1977.
GLOVER, F.; KLINGMAN, D.; PHILLIPS, N. *Network Models and Their Applications in Practice*. Nova York: Wiley, 1992.
HANSEN, P.; WENDELL, R. A Note on Airline Commuting. *Interfaces*, v. 11, n. 12, 1982.
PHILLIPS, D.; DIAZ, A. *Fundamentals of Network Analysis*. Englewood Cliffs, NJ: Prentice Hall, 1981.
VEMUGANTI, R. et al. Network Models for Fleet Management. *Decision Sciences*, v. 20, 1989.

O MUNDO DA *BUSINESS ANALYTICS*

Yellow Freight System eleva os lucros e a qualidade com otimização de rede

Uma das maiores empresas de transporte de veículos dos Estados Unidos, a Yellow Freight System, Inc. de Overland Park, Kansas, usa modelagem e otimização de rede para auxiliar no gerenciamento de planejamento de carga, rotas de caminhões descarregados, rotas de carretas, inclusão ou exclusão de rotas diretas de serviço e planejamento estratégico de tamanho e localização de terminais. O sistema, chamado SYSNET, funciona em uma rede de estações de trabalho da Sun, otimizando um milhão de variáveis de fluxo de rede. A empresa também usa uma sala de planejamento tático equipada com ferramentas de exibição gráfica que permitem a realização de reuniões de planejamento interativamente com o sistema.

A empresa atua no segmento de consolidação de cargas (*less-than-truckload* – LTL) do mercado de transporte rodoviário de cargas. Ou seja, ela aceita contratos para transportar cargas de qualquer tamanho, não importa se

(continua)

estas completarão ou não a carreta. Para operar de maneira eficiente, a Yellow Freight System precisa consolidar e transferir cargas em 23 terminais de separação de cargas espalhados pelos Estados Unidos. Nesses terminais, as cargas podem ser novamente carregadas em carretas diferentes, dependendo de seus destinos finais. Cada terminal de separação de cargas serve vários terminais de fim da linha, em uma rede *hub-and-spoke*. Normalmente, as cargas são enviadas de caminhão para o terminal de separação correspondente do ponto de origem. Ocasionalmente, os gerentes locais procuram reduzir custos fazendo carga direta, o que significa contornar um terminal de transbordo e enviar um caminhão fechado de carga consolidada diretamente para o destino final. Antes do SYSNET, essas decisões eram tomadas em campo, sem informações precisas sobre como os custos e a confiabilidade de todo o sistema seriam afetados.

Desde sua implementação em 1989, o SYSNET tem sido muito elogiado pelas gerências. Frequentemente, a primeira reação a uma nova proposta é: "Foi processado pelo SYSNET?". Os benefícios atribuídos ao novo sistema incluem:

- um aumento de 11,6% em frete transportado diretamente, o que corresponde a uma economia anual de $ 4,7 milhões;
- melhor direcionamento de carretas, o que corresponde a uma economia anual de $ 1 milhão;
- economia de $ 1,42 milhão anualmente, com um aumento no número médio de libras carregadas por carreta;
- redução das reclamações relativas a mercadorias danificadas;
- redução de 27% no número de entregas com atraso;
- em 1990, o uso do SYSNET em projetos de planejamento tático representou uma economia anual de $ 10 milhões.

Igualmente importante tem sido o efeito sobre a filosofia e a cultura das gerências na Yellow Freight System. Agora, a gerência tem maior controle sobre as operações da rede; tradição, intuição e "instinto" foram substituídos por ferramentas analíticas formais; e a empresa está mais apta a agir como parceira de clientes em sistemas de gerenciamento da qualidade total e de *just-in-time*.

Fonte: BRAKLOW, J. W.; GRAHAM, W. W.; HASSLER, S. M.; PECK, K. E.; POWELL, W. B. Interactive Optimization Improves Service and Performance for Yellow Freight System. *Interfaces*, v. 22, n. 1, jan.-fev. 1992, p. 147-172.

Questões e problemas

1. Este capítulo seguiu a convenção que estabelece o uso de números negativos para representar a oferta em um nó e números positivos para representar a demanda em um outro nó. Outra convenção estabelece exatamente o oposto – usar números positivos para representar a oferta e números negativos para representar a demanda. Como a regra de equilíbrio de fluxo apresentada neste capítulo precisa ser alterada para alinhar essa convenção alternativa?
2. Para usar a regra de equilíbrio de fluxo apresentada neste capítulo, as restrições para nós de oferta devem ter valores de RHS negativos. Alguns pacotes de software de PL não conseguem resolver problemas em que as restrições tenham valores de RHS negativos. Como essas restrições poderiam ser modificadas para gerar modelos de PL que possam ser resolvidos com o auxílio de tais pacotes de software?
3. Considere o problema revisado da Coal Bank Hollow discutido na Seção 5.5.4 deste capítulo. Afirmamos que é mais seguro assumir que a oferta em um problema generalizado de fluxo de rede é capaz de atender à demanda (até que o Solver prove o contrário).
   a. Resolva o problema da Figura 5.17 (e do arquivo Fig5-17.xlsm, disponível na página deste livro no site da editora) supondo que 80 toneladas de papel-jornal estão disponíveis e que a oferta *não* é adequada para atender à demanda. Quanto de cada um dos materiais brutos de reciclagem é usado? Quanto da demanda de cada produto é atendida? Qual é o custo dessa solução?
   b. Resolva o problema novamente, supondo que a oferta é suficiente para atender à demanda. Quanto de cada um dos materiais brutos de reciclagem é usado? Quanto da demanda de cada produto é atendida? Qual é o custo dessa solução?
   c. Qual é a melhor solução? Por quê?
   d. Suponha que há disponíveis 55 toneladas de papel-jornal. A Figura 5.21 mostra a solução mais econômica para a distribuição da oferta nesse caso. Nessa solução, a demanda para polpa de papel-jornal e de papel para embalagem é atendida, mas ficam faltando quase 15 toneladas de polpa de papel de qualidade para impressão. Quanto desse déficit pode ser reduzido (sem criar déficits de outros produtos) e quanto isso custaria para ser feito?
4. Considere o problema generalizado de transporte mostrado na Figura 5.35. Como ele pode ser transformado em um problema de transporte equivalente? Trace uma rede para o problema equivalente.
5. Desenhe uma representação de rede para o seguinte problema de fluxo de rede.

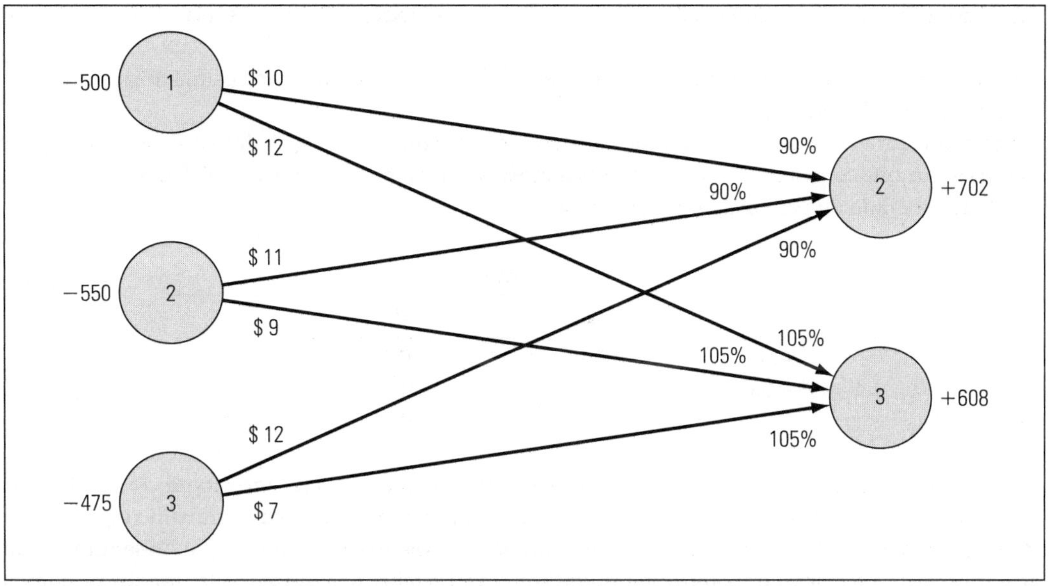

FIGURA 5.35
Gráfico de um problema generalizado de fluxo de rede.

$$
\begin{array}{ll}
\text{MIN:} & +7X_{12} + 6X_{14} + 3X_{23} + 4X_{24} + 5X_{32} + 9X_{43} + 8X_{52} + 5X_{54} \\
\text{Sujeito a:} & -X_{12} - X_{14} = -5 \\
& +X_{12} + X_{52} + X_{32} - X_{23} - X_{24} = +4 \\
& -X_{32} + X_{23} + X_{43} = +8 \\
& +X_{14} + X_{24} + X_{54} - X_{43} = +0 \\
& -X_{52} - X_{54} = -7 \\
& X_{ij} \geq 0 \text{ para todos os } i \text{ e } j
\end{array}
$$

6. Desenhe uma representação de rede para o seguinte problema de fluxo de rede. Que tipo de problema de fluxo de rede é esse?

$$
\begin{array}{lll}
\text{MIN:} & +2X_{13} + 6X_{14} + 5X_{15} + 4X_{23} + 3X_{24} + 7X_{25} & \\
\text{Sujeito a:} & -X_{13} - X_{14} - X_{15} & = -8 \\
& -X_{23} - X_{24} - X_{25} & = -7 \\
& +X_{13} + X_{23} & = +5 \\
& +X_{14} + X_{24} & = +5 \\
& +X_{15} + X_{25} & = +5 \\
& X_{ij} \geq 0 \text{ para todos os } i \text{ e } j &
\end{array}
$$

7. Consulte o problema de substituição de equipamento discutido na Seção 5.3 deste capítulo. Além dos custos de arrendamento descritos para o problema, suponha que a Compu-Train deva pagar $ 2.000 extras em custos de mão de obra sempre que substituir seus computadores por novos. Que efeito isso tem na formulação e na solução do problema? Qual contrato de arrendamento é ótimo para esse caso?
8. Suponha que os x na tabela abaixo indicam os locais, em um edifício, onde precisam ser instalados *sprinklers*. O **s** indica a fonte de água que abastecerá esses *sprinklers*. Suponha que a tubulação somente pode correr na vertical e na horizontal (mas não na diagonal) entre a fonte de abastecimento de água e os *sprinklers*.

	1	**2**	**3**	**4**	**5**	**6**	**7**
1		x					
2	x	x	x		x	x	x
3	x		x		x	x	x
4	x	x	x			x	x
5	x	x	x		x		x
6							
7	x						
8				**s**			x

a. Crie uma árvore de expansão que mostre como a água pode ser levada até todos os *sprinklers* usando o mínimo de tubos.
b. Suponha que sejam necessários 10 pés de tubo para conectar cada célula da tabela com cada célula adjacente. Qual é a quantidade de tubo necessária à sua solução?

9. A Acme Manufacturing produz uma variedade de eletrodomésticos em uma única fábrica. A demanda esperada para um desses eletrodomésticos durante os próximos quatro meses é mostrada na tabela abaixo, com os custos esperados de produção e a capacidade esperada de produção para esse item.

	Mês			
	1	**2**	**3**	**4**
Demanda	420	580	310	540
Custo de Produção	\$ 49,00	\$ 45,00	\$ 46,00	\$ 47,00
Capacidade de Produção	500	520	450	550

A Acme estima que custe \$ 1,50 por mês para manter cada unidade de seus eletrodomésticos em estoque ao fim de cada mês. Atualmente, a Acme tem 120 unidades desse produto em estoque. Para manter uma força de trabalho equilibrada, a empresa quer produzir pelo menos 400 unidades por mês. Ela também deseja manter um estoque de segurança de pelo menos 50 unidades por mês. A Acme quer determinar quantas unidades fabricar durante cada um dos próximos 4 meses para atender à demanda esperada ao menor custo total possível.

a. Desenhe um modelo de fluxo de rede para esse problema.
b. Crie um modelo de planilha para esse problema e resolva-o usando o Solver.
c. Qual é a solução ótima?
d. Quanto dinheiro a Acme pode economizar se quiser eliminar a restrição de produzir pelo menos 400 unidades por mês?

10. Encarregada pela admissão de novos membros para a fraternidade Alpha Beta Chi (ABC), Kim Grant pediu que cada candidata à admissão identificasse cinco membros da ABC que gostaria de ter como irmã mais velha. Kim então pediu às candidatas que colocassem em um *ranking* essas irmãs mais velhas em potencial de 5 a 1, em que 5 representa a pessoa que elas mais querem como irmã mais velha, 4 representa a próxima escolha e assim por diante. Esses *rankings* são apresentados na tabela a seguir.

	Irmãs mais velhas														
Candidatas	**1**	**2**	**3**	**4**	**5**	**6**	**7**	**8**	**9**	**10**	**11**	**12**	**13**	**14**	**15**
1			5		3			1			2				4
2		5		2		1		4		3					
3	2		3			4		5				1			
4		5	4				1		2						3
5		3			5					2			4	1	

Depois de pensar muito, Kim achou que esse problema é similar a alguns dos problemas que encontrou em uma aula de *business analytics* que frequentou durante o seu segundo ano. Ela sabe que toda candidata deve ter uma irmã mais velha, e cada irmã mais velha em potencial não pode ser associada a mais de uma candidata. Idealmente, Kim quer associar cada candidata à irmã mais velha a qual ela tenha dado nota 5. A soma das notas para tal associação é 25 porque cada uma das 5 candidatas seria associada a uma irmã mais velha a qual elas deram nota 5. Mas, na tabela anterior, isso envolveria associar as candidatas 2 e 4 à mesma irmã mais velha, o que não é possível. Kim acha que a segunda melhor estratégia é determinar a associação que maximiza a soma das notas.

a. Crie um modelo de planilha para o problema de Kim e resolva-o.
b. Quais candidatas devem ser associadas a quais irmãs mais velhas?
c. Você pode pensar em um objetivo alternativo que Kim poderia usar para resolver seu problema?

11. A Sunrise Swimwear fabrica, entre janeiro e junho de cada ano, trajes de natação para mulheres, os quais são vendidos, entre março e agosto, para as lojas de varejo. A tabela a seguir mostra a capacidade mensal de produção, a demanda de varejo (em milhares) e os custos de produção e de manutenção de estoques (por 1.000).

Mês	Capacidade	Demanda	Custo de produção por 1.000	Custo de manutenção de estoques por 1.000	
				Primeiro mês	Outros meses
Janeiro	16	—	$ 7.100	$ 110	$ 55
Fevereiro	18	—	$ 7.700	$ 110	$ 55
Março	20	14	$ 7.600	$ 120	$ 55
Abril	28	20	$ 7.800	$ 135	$ 55
Maio	29	26	$ 7.900	$ 150	$ 55
Junho	36	33	$ 7.400	$ 155	$ 55
Julho	—	28	—	—	—
Agosto	—	10	—	—	—

Por exemplo, 1.000 unidades de trajes de banho feitos em janeiro para atender à demanda em abril custariam $ 7.100 em custos de produção mais $ 220 em custos de manutenção de estoques durante fevereiro, março e abril ($ 110 por manutenção de estoques em fevereiro, $ 55 em março e $ 55 em abril).

a. Desenhe a representação de fluxo de rede para esse problema.
b. Implemente um modelo de planilha para esse problema.
c. Qual é a solução ótima?

12. A Jacobs Manufacturing produz um popular acessório personalizado para picapes em fábricas localizadas em Huntington, na Virgínia Ocidental, e em Bakersfield, na Califórnia, e o envia para distribuidores em Dallas, no Texas, Chicago, em Illinois, Denver, no Colorado, e Atlanta, na Geórgia. As fábricas em Huntington e Bakersfield têm, respectivamente, capacidade para produzir 3.000 e 4.000 unidades por mês. Para outubro, os custos de envio de uma caixa com 10 unidades de cada fábrica para cada distribuidor estão detalhados na seguinte tabela:

	Custo de envio por contêiner			
	Dallas	Chicago	Denver	Atlanta
Huntington	$ 19	$ 15	$ 14	$ 12
Bakersfield	$ 16	$ 18	$ 11	$ 13

A Jacobs recebeu a notícia de que essas taxas de envio aumentarão em $ 1,50 em 1º de novembro. Cada distribuidor pediu 1.500 unidades do produto da Jacobs para outubro e 2.000 unidades para novembro. Em qualquer mês, a Jacobs pode enviar para cada distribuidor até 500 unidades a mais do que o solicitado, se a empresa conceder um desconto de $ 2 por unidade sobre o excesso (que o distribuidor deve manter em estoque de 1 mês para o seguinte). Em outubro, os custos unitários de produção em Huntington e Bakersfield são de $ 12 e $ 16, respectivamente. Em novembro, a Jacobs espera que o custo de produção em ambas as fábricas seja de $ 14 por unidade. A empresa deseja desenvolver um plano de produção e distribuição para os meses de outubro e novembro que permita atender à demanda esperada de cada distribuidor pelo custo mínimo.

a. Desenhe um modelo de fluxo de rede para esse problema.
b. Implemente seu modelo em uma planilha e resolva-o.
c. Qual é a solução ótima?

13. Uma empresa de construção deseja determinar a política ótima de substituição da escavadeira de sua propriedade. A empresa tem como política não utilizar uma escavadeira por mais de 5 anos e previu os seguintes custos operacionais anuais e valores de revenda para a escavadeira durante cada um dos 5 anos:

	Idade em anos				
	0 -1	1-2	2-3	3-4	4-5
Custo de operação	$ 8.000	$ 9.100	$ 10.700	$ 9.200	$ 11.000
Valor de revenda	$ 14.000	$ 9.000	$ 6.000	$ 3.500	$ 2.000

Assuma que, atualmente, o preço de escavadeiras novas seja de $ 25.000 e que estas tenham custos crescentes de 4,5% por ano. A empresa deseja determinar quando deve substituir sua escavadeira atual, que tem 2 anos de uso. Use um horizonte de planejamento de 5 anos.

a. Desenhe a representação de rede para esse problema.
b. Implemente seu modelo em uma planilha e resolva-o. Qual é a solução ótima?
c. Que outros aspectos deste problema um analista poderia querer considerar?

14. A Ortega Food Company precisa enviar 100 caixas de *hot tamales* de seu depósito em San Diego para um distribuidor em Nova York, a um custo mínimo. Os custos associados com o envio das 100 caixas entre diversas cidades são:

	Para					
De	**Los Angeles**	**Denver**	**St. Louis**	**Memphis**	**Chicago**	**Nova York**
San Diego	5	13	—	45	—	105
Los Angeles	—	27	19	50	—	95
Denver	—	—	14	30	32	—
St. Louis	—	14	—	35	24	—
Memphis	—	—	35	—	18	25
Chicago	—	—	24	18	—	17

a. Desenhe a representação de rede para esse problema.
b. Descreva a formulação de PL para esse problema.
c. Resolva o problema usando o Solver. Interprete a solução.

15. Um agricultor no sul da Geórgia produz algodão em fazendas em Statesboro e Brooklet, envia a produção para empresas descaroçadoras de algodão em Claxton e Millen, onde ela é processada e, então, enviada para centros de distribuição em Savannah, Perry e Valdosta, onde é vendida para os clientes por $ 60 a tonelada. Qualquer sobra de algodão é vendida ao armazém do governo em Hinesville por $ 25 a tonelada. O custo do cultivo e da colheita de uma tonelada de algodão nas fazendas em Statesboro e Brooklet é de $ 20 e $ 22, respectivamente. Atualmente, há 700 e 500 toneladas de algodão disponíveis em Statesboro e em Brooklet, respectivamente. O custo de transporte do algodão das fazendas até as descaroçadoras e para o armazém do governo é mostrado na tabela abaixo:

	Claxton	**Millen**	**Hinesville**
Statesboro	$ 4,00	$ 3,00	$ 4,50
Brooklet	$ 3,50	$ 3,00	$ 3,50

A descaroçadora de Claxton tem capacidade para processar 700 toneladas de algodão a um custo de $ 10 por tonelada. A descaroçadora de Millen pode processar 600 toneladas a um custo de $ 11 por tonelada. Cada descaroçadora deve usar pelo menos a metade da capacidade disponível. O custo de remessa por tonelada de cada descaroçadora até cada centro de distribuição a partir de cada instalação de produção está detalhado na tabela a seguir:

	Savannah	**Perry**	**Valdosta**
Claxton	$ 10	$ 16	$ 15
Millen	$ 12	$ 18	$ 17

Suponha que a demanda por algodão em Savannah, Perry e Valdosta seja de 400, 300 e 450 toneladas, respectivamente.
a. Desenhe um modelo de fluxo de rede para representar esse problema.
b. Implemente seu modelo no Excel e resolva-o.
c. Qual é a solução ótima?

16. Um banco de sangue deseja determinar a maneira mais econômica de transportar doações de sangue de Pittsburgh e Staunton para hospitais em Charleston, Roanoke, Richmond, Norfolk e Suffolk. A oferta e a demanda de sangue doado são mostradas na Figura 5.36 com custo unitário de envio ao longo de cada arco.
a. Crie um modelo de planilha para esse problema.
b. Qual é a solução ótima?
c. Suponha que não mais do que 1.000 unidades de sangue possam ser transportadas por qualquer arco. Qual é a solução ótima para esse problema revisado?

FIGURA 5.36
Modelo de fluxo de rede para o problema do banco de sangue.

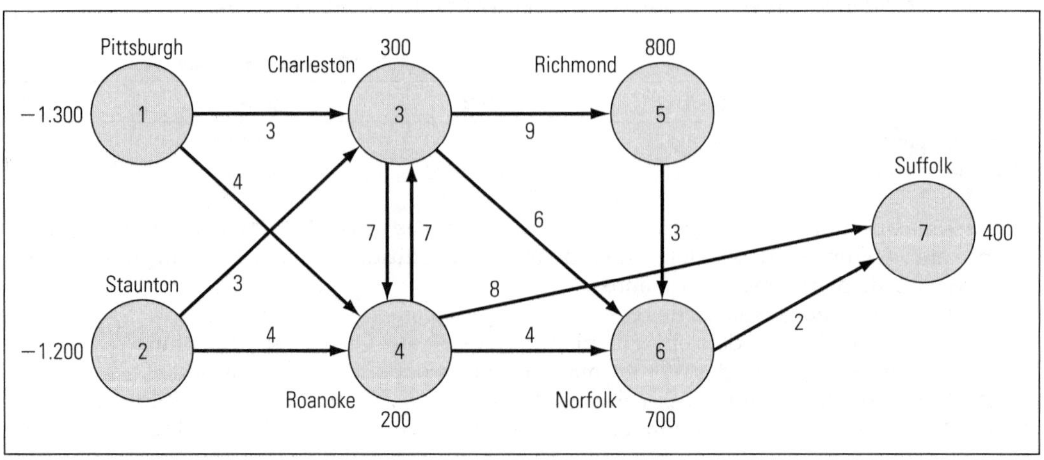

17. Um fabricante de móveis possui depósitos nas cidades representadas pelos nós 1, 2 e 3 na Figura 5.37. Os valores nos arcos indicam os custos de remessa por unidade para o transporte de conjuntos de sala de estar entre as diversas cidades. O suprimento de conjuntos de sala de estar em cada armazém é indicado pelo número negativo próximo aos nós 1, 2 e 3. A demanda para conjuntos de sala de estar é indicada pelo número positivo próximo aos nós restantes.
    a. Identifique os nós de oferta, demanda e de transbordo nesse problema.
    b. Use o Solver para determinar o plano de remessa mais econômico para esse problema.
18. O gráfico da Figura 5.38 representa diversos fluxos que podem ocorrer em uma instalação de tratamento de esgoto e os números nos arcos representam o fluxo máximo (em toneladas de esgoto por hora) que pode ser tratado. Formule um modelo de PL para determinar a tonelagem máxima de esgoto por hora que pode ser processada por essa instalação.

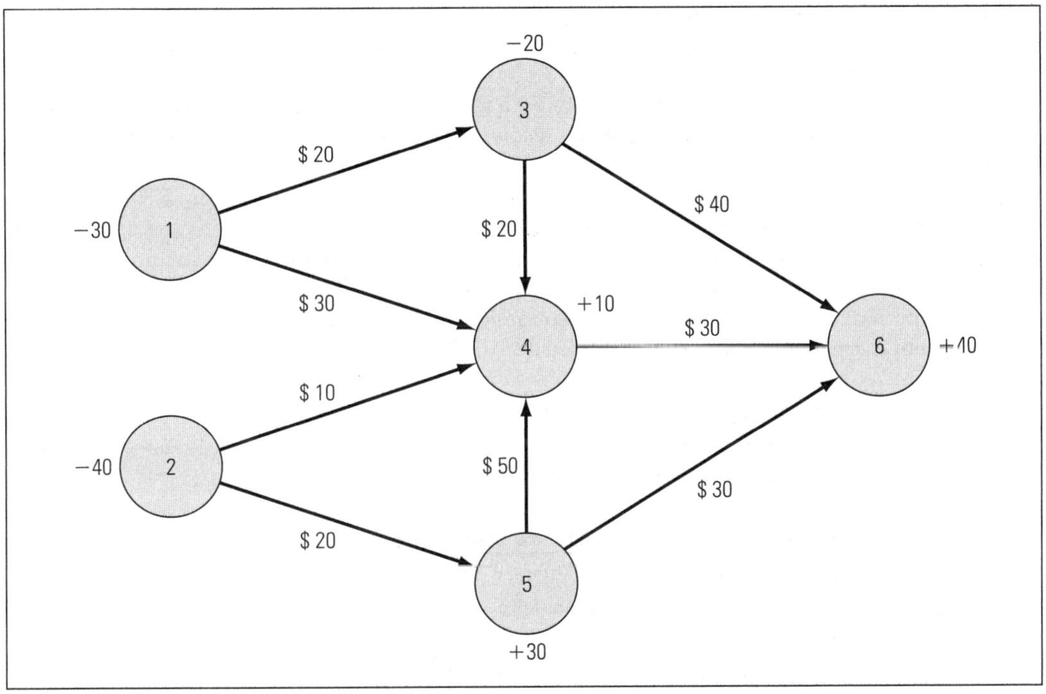

FIGURA 5.37
Modelo de fluxo de rede para o problema de fabricação de mobiliário.

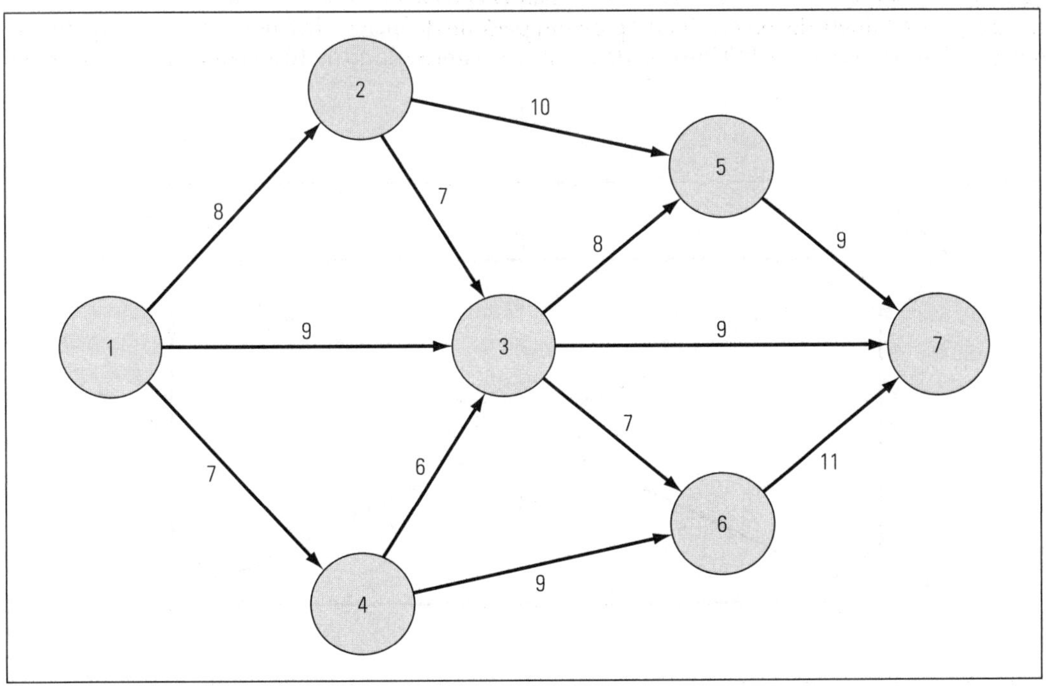

FIGURA 5.38
Modelo de fluxo de rede para a instalação de tratamento de esgoto.

19. Uma empresa possui três depósitos que fornecem determinado produto a quatro lojas. Cada depósito possui 30 unidades do produto. As lojas 1, 2, 3 e 4 precisam de 20, 25, 30 e 35 unidades do produto, respectivamente. Os custos de remessa por unidade a partir de cada depósito para cada loja são:

	Loja			
Depósito	**1**	**2**	**3**	**4**
1	5	4	6	5
2	3	6	4	4
3	4	3	3	2

a. Desenhe a representação de rede para esse problema. Que tipo de problema é esse?
b. Formule um modelo de PL para determinar o plano de envio mais econômico para atender às demandas das lojas.
c. Resolva o problema usando o Solver.
d. Suponha que remessas não sejam permitidas entre o depósito 1 e a loja 2 ou entre o depósito 2 e a loja 3. Qual é a maneira mais fácil de modificar a planilha para que você possa resolver este problema modificado? Qual é a solução ótima para o problema modificado?

20. Um vendedor de carros usados precisa transportar seu estoque de veículos dos pontos 1 e 2 na Figura 5.39 para leilões de carros usados que estão acontecendo nos pontos 4 e 5. Os custos do transporte de carros em cada uma das rotas são indicados nos arcos. Os caminhões utilizados para transportar os automóveis podem acomodar no máximo 10 veículos. Dessa forma, o número máximo de automóveis que pode fluir por cada arco é igual a 10.
a. Formule um modelo de PL para determinar o método mais econômico de distribuir os veículos dos locais 1 e 2, de modo que 20 veículos fiquem disponíveis para venda no local 4 e 10 veículos fiquem disponíveis para venda no local 5.
b. Use o Solver para encontrar a solução ótima para esse problema.

21. Uma consultora de sistemas de informação que vive em Dallas deve passar a maior parte do mês de março nas instalações de um cliente em San Diego. O plano de viagem dela para o mês é o seguinte:

Partir de Dallas	**Partir de San Diego**
Segunda-feira, 2 de março	Sexta-feira, 6 de março
Segunda-feira, 9 de março	Quinta-feira, 12 de março
Terça-feira, 17 de março	Sexta-feira, 20 de março
Segunda-feira, 23 de março	Quarta-feira, 25 de março

O preço normal de uma passagem de ida e volta entre Dallas e San Diego custa $ 750. Entretanto, a empresa aérea oferece um desconto de 25% se o bilhete de ida e volta for para um período de menos de 7 noites e incluir um fim de semana. Um desconto de 35% é oferecido para bilhetes de ida e volta para um período de 10 ou mais noites e há, ainda,

FIGURA 5.39
Modelo de fluxo de rede para o problema de veículos usados.

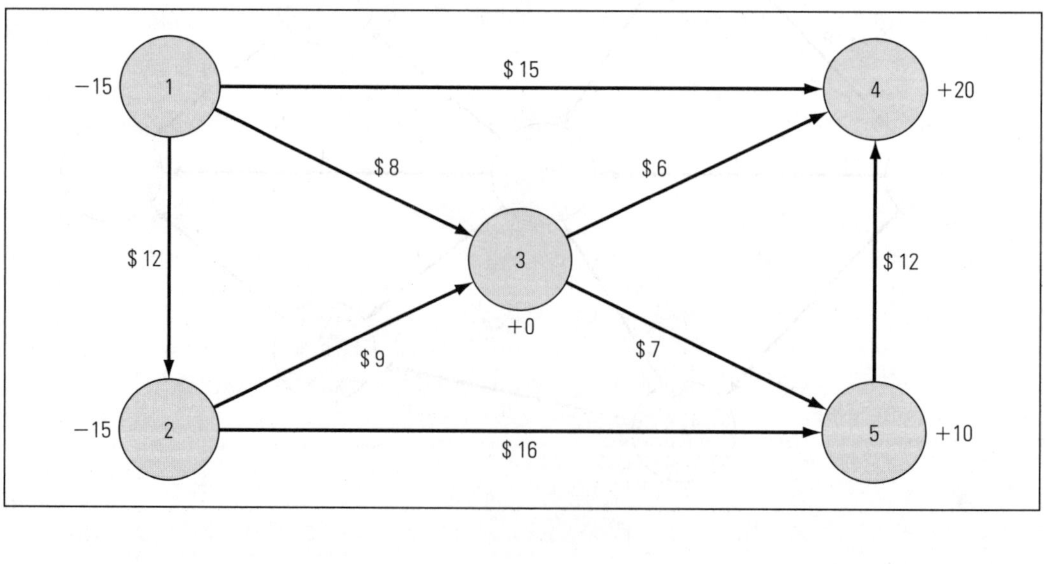

um desconto de 45% disponível para bilhetes de ida e volta em um período de 20 ou mais noites. A consultora deseja adquirir quatro bilhetes de ida e volta, de modo que consiga sair de Dallas e chegar a San Diego nos dias indicados.

a. Desenhe um modelo de fluxo de rede para esse problema.
b. Implemente o problema em uma planilha e resolva-o.
c. Qual é a solução ótima? Qual será a economia em relação a quatro bilhetes de ida e volta adquiridos sem desconto?

22. A Conch Oil Company precisa transportar 30 milhões de barris de petróleo de um porto em Doha, Qatar, no Golfo Pérsico, para três refinarias na Europa. As refinarias estão localizadas em Roterdã, na Holanda, em Toulon, na França, e em Palermo, na Itália, e precisam de 6 milhões, 15 milhões e 9 milhões de barris, respectivamente. O petróleo pode ser transportado para as refinarias de três maneiras diferentes. Primeiro, o petróleo pode ser enviado do Qatar para Roterdã, Toulon e Palermo em superpetroleiros que contornam a África a custos de $ 1,20, $ 1,40 e $ 1,35 por barril, respectivamente. A Conch é obrigada por contrato a enviar pelo menos 25% de seu petróleo por meio desses superpetroleiros. Alternativamente, o petróleo pode ser transportado de Doha para Suez, no Egito, a um custo de $ 0,35 por barril, seguir pelo Canal de Suez até Port Said, a um custo de $ 0,20 por barril, e, então, de Port Said para Roterdã, Toulon e Palermo a um custo por barril de $ 0,27, $ 0,28 e $ 0,19, respectivamente. Finalmente, até 15 milhões de barris de petróleo transportados de Doha para Suez podem então ser enviados por oleoduto a Damietta, Egito, a $ 0,16 por barril. De Damietta, ele pode ser transportado para Roterdã, Toulon e Palermo por custos de $ 0,25, $ 0,20 e $ 0,15, respectivamente.
   a. Desenhe um modelo de fluxo de rede para esse problema.
   b. Implemente seu modelo em uma planilha e resolva-o.
   c. Qual é a solução ótima?

23. A Omega Airlines oferece diversos voos diários diretos entre Atlanta e Los Angeles. As escalas desses voos são mostradas nas tabelas a seguir.

Voo	Sai de Atlanta	Chega a L.A.
1	6h	8h
2	8h	10h
3	10h	12h
4	12h	14h
5	16h	18h
6	18h	20h
7	19h	21h

Voo	Sai de L.A.	Chega a Atlanta
1	5h	9h
2	6h	10h
3	9h	13h
4	12h	16h
5	14h	18h
6	17h	21h
7	19h	23h

   A Omega deseja determinar a maneira ótima de alocar tripulações para esses voos diferentes. A empresa deseja garantir que as tripulações sempre voltem diariamente para a cidade de onde partiram. O regulamento da FAA exige pelo menos 1 hora de descanso para a tripulação entre os voos. Entretanto, as tripulações ficam irritadas quando têm de esperar por períodos muito longos entre os voos, por isso a Omega deseja programar os voos de maneira que se minimizem esses períodos de espera.
   a. Desenhe um modelo de fluxo de rede para esse problema.
   b. Implemente o problema em uma planilha e resolva-o.
   c. Qual é a solução ótima? Qual é o período mais longo que uma tripulação tem de aguardar entre voos conforme sua solução?
   d. Há soluções ótimas alternativas para esse problema? Se existirem, estas resultam em menor tempo total de espera entre voos?

24. Uma empresa de mudanças residenciais precisa transportar móveis e pertences de uma família da cidade 1 para a cidade 12, como mostrado na Figura 5.40, em que o número de arcos representa o percurso em milhas entre as cidades.
   a. Crie um modelo de planilha para esse problema.
   b. Qual é a solução ótima?
   c. Suponha que a empresa de mudanças seja paga por milha e, como resultado, deseja determinar qual é o caminho mais longo entre a cidade 1 e a cidade 12. Qual é a solução ótima?
   d. Agora suponha que a viagem seja possível em qualquer direção entre as cidades 6 e 9. Descreva a solução ótima para esse problema.

25. Joe Jones deseja estabelecer um fundo de construção (ou fundo de amortização) para pagar a nova pista de boliche que está construindo. É previsto que a construção da pista de boliche leve 6 meses e custe $ 300.000. O contrato de Joe com a empresa de construção exige pagamentos de $ 50.000 no fim do segundo e do quarto mês de construção e um pagamento final de $ 200.000 no fim do sexto mês, quando a pista de boliche tiver sido concluída. Joe identificou quatro investimentos que pode fazer para criar o fundo de construção; esses investimentos estão detalhados na tabela a seguir:

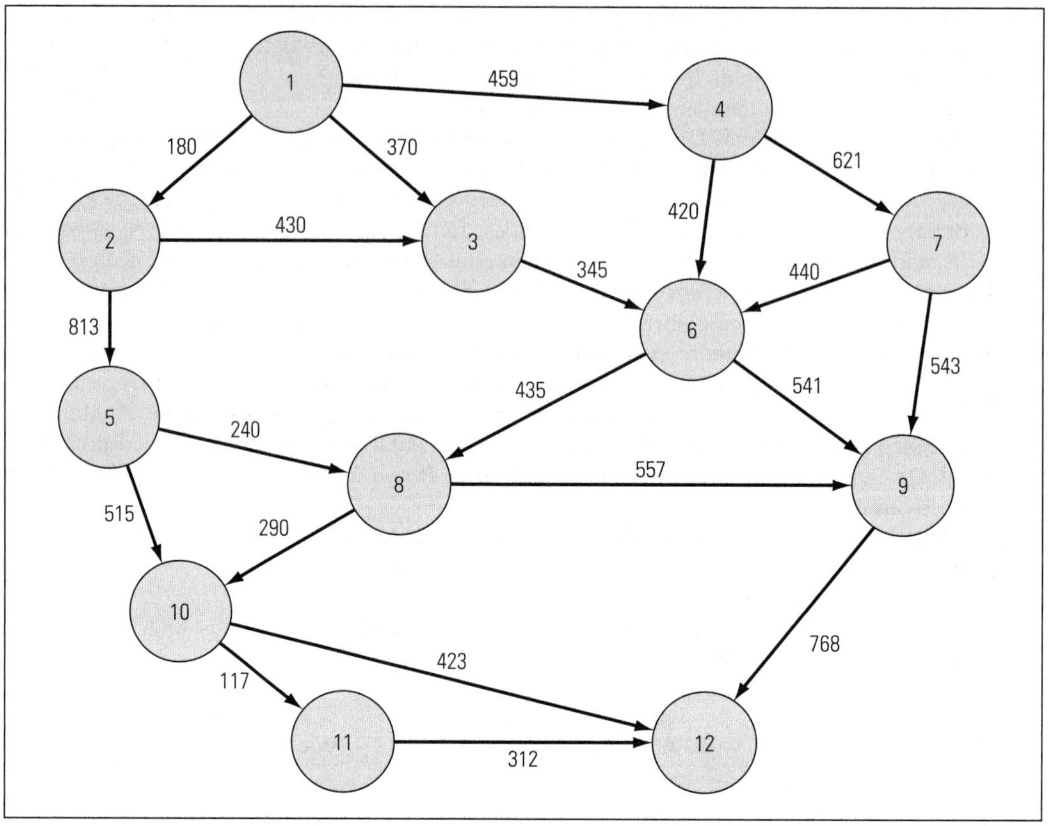

FIGURA 5.40
Modelo de fluxo de rede para o problema da empresa de mudanças.

Investimento	Disponível no mês	Meses até o vencimento	Rendimento no vencimento
A	1, 2, 3, 4, 5, 6	1	1,2%
B	1, 3, 5	2	3,5%
C	1, 4	3	5,8%
D	1	6	11,0%

A tabela indica que o investimento A estará disponível no início de cada um dos próximos 6 meses e os fundos investidos dessa maneira vencem em 1 mês com um rendimento de 1,2%. De maneira similar, os fundos podem ser colocados no investimento C somente no início dos meses 1 ou 4 e vencem no fim de 3 meses com um rendimento de 5,8%. Joe gostaria de determinar um plano de investimento em que a quantia que depositar no mês 1 garantirá que há dinheiro suficiente para atender aos pagamentos para este projeto. Claro, ele também gostaria de minimizar o depósito exigido no mês 1.

a. Desenhe um modelo de fluxo de rede para esse problema.
b. Crie um modelo de planilha para esse problema e resolva-o.
c. Qual é a solução ótima?

26. As chamadas telefônicas para a YakLine, uma operadora de longa distância que oferece descontos, passam por diversos dispositivos de conexão que interconectam vários *hubs* de rede em diferentes cidades. O número máximo de chamadas que podem ser controladas por cada segmento da rede é mostrado na tabela abaixo:

Segmentos da rede	Chamadas (em milhares)
Washington, DC, para Chicago	800
Washington, DC, para Kansas City	650
Washington, DC, para Dallas	700
Chicago para Dallas	725
Chicago para Denver	700
Kansas City para Denver	750
Kansas City para Dallas	625
Denver para San Francisco	900
Dallas para San Francisco	725

A YakLine deseja determinar o número máximo de chamadas que podem ser feitas de seu *hub* de operações na costa leste, em Washington, DC, para seu *hub* de operações na costa oeste, em San Francisco.

a. Desenhe um modelo de fluxo de rede para esse problema.
b. Crie um modelo de planilha para esse problema e resolva-o.
c. Qual é a solução ótima?

27. A Union Express tem 60 toneladas de carga que precisam ser enviadas de Boston para Dallas. A capacidade de envio em cada uma das rotas que os aviões da Union Express utilizam a cada noite é mostrada na tabela abaixo:

Segmentos de voo noturnos	Capacidade (em toneladas)
De Boston para Baltimore	30
De Boston para Pittsburgh	25
De Boston para Cincinnati	35
De Baltimore para Atlanta	10
De Baltimore para Cincinnati	5
De Pittsburgh para Atlanta	15
De Pittsburgh para Chicago	20
De Cincinnati para Chicago	15
De Cincinnati para Memphis	5
De Atlanta para Memphis	25
De Atlanta para Dallas	10
De Chicago para Memphis	20
De Chicago para Dallas	15
De Memphis para Dallas	30
De Memphis para Chicago	15

A Union Express será capaz de transportar todas as 60 toneladas de Boston para Dallas em uma noite?

a. Desenhe um modelo de fluxo de rede para esse problema.
b. Crie um modelo de planilha para esse problema e resolva-o.
c. Qual é o fluxo máximo para essa rede?

28. A Alaskan Railroad é uma operação ferroviária independente e não conectada a nenhum outro serviço ferroviário na América do Norte. Como resultado disso, cargas ferroviárias entre o Alasca e o restante da América do Norte devem ser enviadas de caminhão por milhares de milhas ou carregadas em navios de carga oceânicos e transportados pelo mar. A Alaskan Railroad recentemente iniciou negociações com o Canadá com respeito à expansão de suas linhas férreas para conectarem-se com o sistema ferroviário norte-americano. A Figura 5.41 resume os diversos segmentos (e os custos associados em milhões de dólares norte-americanos) que poderiam ser construídos. O sistema ferroviário norte-americano atualmente fornece serviços para New Hazelton e Chetwynd. A Alaskan Railroad gostaria de expandir sua ferrovia para poder alcançar ao menos uma dessas cidades tanto de Skagway como de Fairbanks.

a. Implemente um modelo de fluxo de rede para determinar a maneira de menor custo para conectar as cidades de Skagway e Fairbanks ao sistema ferroviário norte-americano.
b. Qual é a solução ótima?

29. Mensagens de e-mail enviadas pela internet são divididas em pacotes eletrônicos que podem seguir diversos caminhos diferentes até chegar ao destino onde a mensagem original será remontada. Suponha que os nós do gráfico mostrado na Figura 5.42 representem uma série de *hubs* de computadores na internet e os arcos representem conexões entre eles. Suponha que os valores dos arcos representem o número de pacotes por minuto (em 1.000.000) que podem ser transmitidos em arco.

a. Implemente um modelo de fluxo de rede para determinar o número máximo de pacotes que podem fluir do nó 1 para o nó 12 em um minuto.
b. Qual é o fluxo máximo?

30. A empresa Britts & Straggon fabrica pequenos motores em diferentes instalações. Das instalações, os motores são transportados para dois diferentes depósitos antes de serem entregues a três distribuidores atacadistas. O custo unitário de fabricação em cada instalação é mostrado na tabela abaixo, juntamente com as capacidades diárias mínimas e máxima de produção.

FIGURA 5.41
Opções de transporte para a Alaskan Railroad.

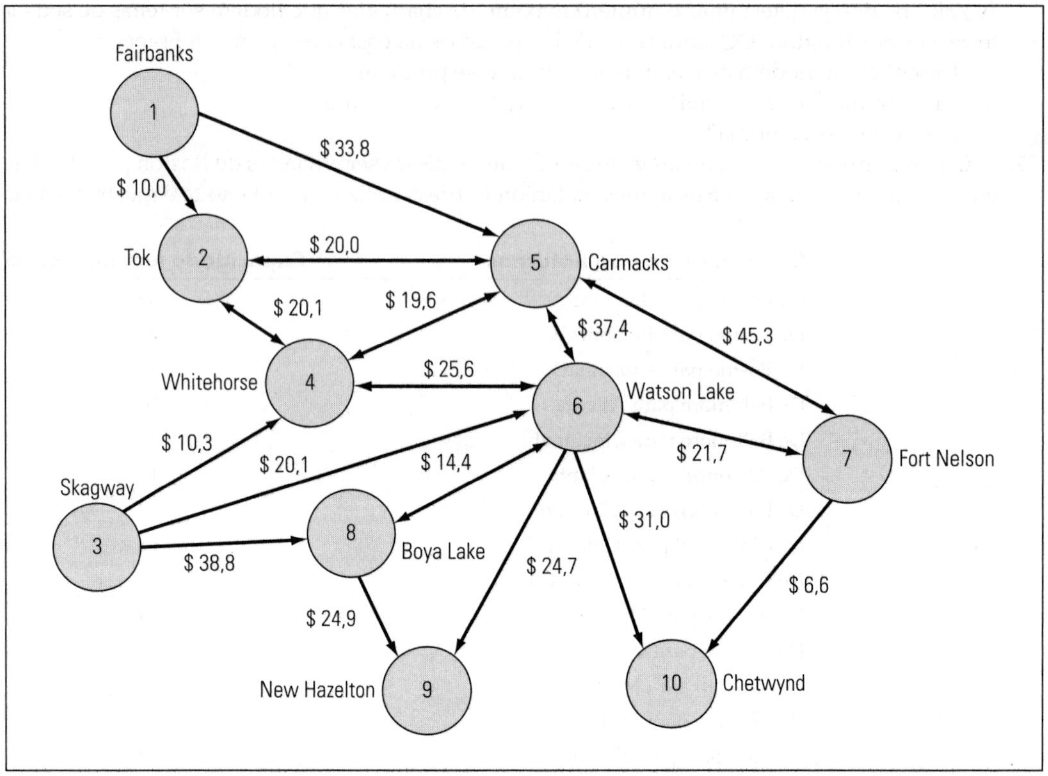

FIGURA 5.42
Hubs *de rede e interconexões para o problema de e-mail.*

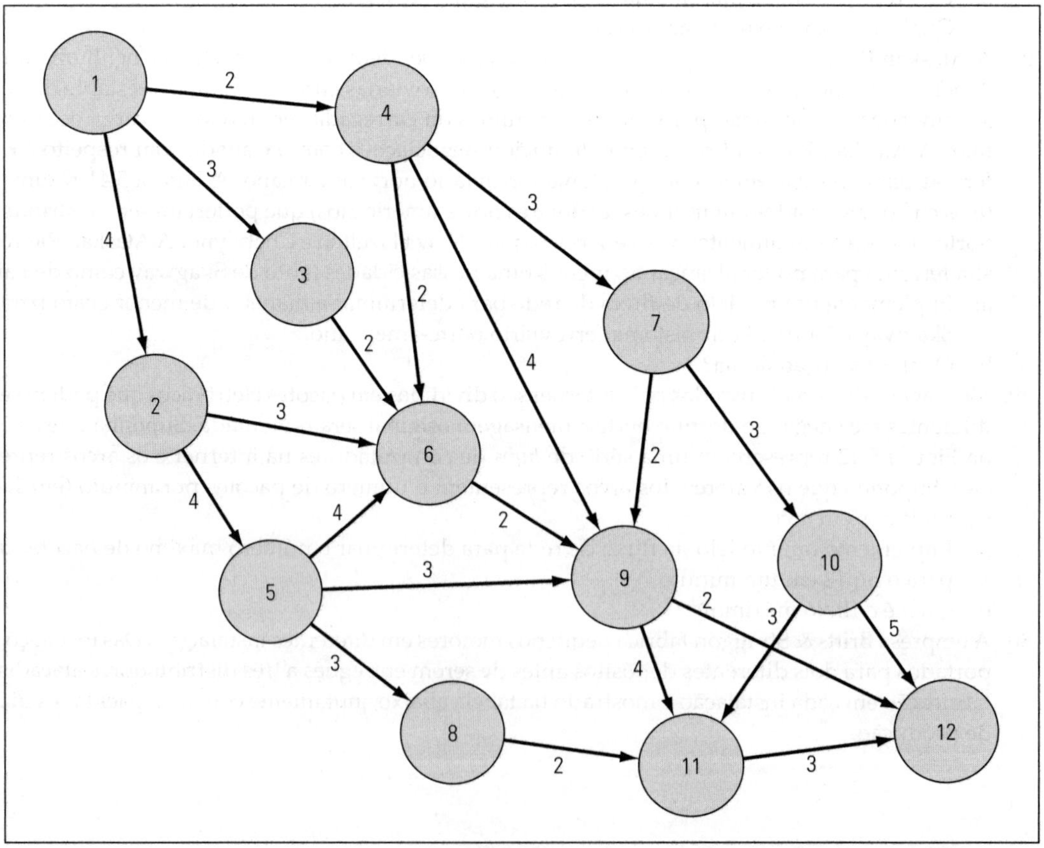

Instalação	Custo de fabricação	Produção mínima exigida	Capacidade de produção máxima
1	$ 13	150	400
2	$ 15	150	300
3	$ 12	150	600

O custo unitário de transporte de motores de cada instalação até cada depósito é mostrado abaixo.

Instalação	Depósito 1	Depósito 2
1	$ 4	$ 5
2	$ 6	$ 4
3	$ 3	$ 5

O custo unitário de transporte de motores de cada depósito até cada distribuidor é mostrado na tabela abaixo, juntamente com a demanda diária prevista de cada distribuidor para o próximo ano.

Depósito	Distribuidor 1	Distribuidor 2	Distribuidor 3
1	$ 6	$ 4	$ 3
2	$ 3	$ 5	$ 2
Demanda	300	600	100

Cada depósito pode processar até 500 motores por dia.

a. Desenhe um modelo de fluxo de rede para representar esse problema.
b. Implemente seu modelo no Excel e resolva-o.
c. Qual é a solução ótima?

31. Um aeroporto em construção terá três terminais e duas áreas de retirada de bagagem. Um sistema automatizado de entrega de bagagem foi projetado para transportar a bagagem de cada terminal até as duas áreas de retirada. Esse sistema está representado graficamente na Figura 5.43, em que os nós 1, 2 e 3 representam os terminais e os nós 7 e 8 representam as áreas de retirada de bagagem. O número máximo de bagagens que podem ser manuseadas por minuto por cada parte do sistema está indicado pelo valor em cada arco na rede.

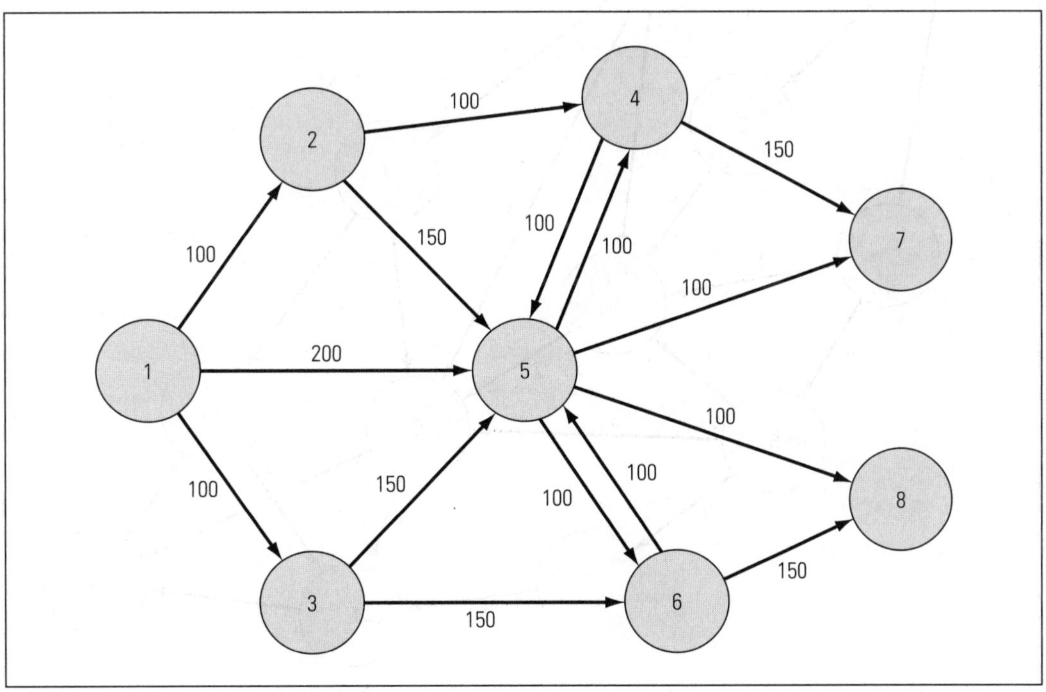

FIGURA 5.43
Modelo de fluxo de rede para o problema do terminal do aeroporto.

a. Formule um modelo de PL para determinar o número máximo de bagagens por minuto que pode ser entregue pelo sistema.
b. Use o Solver para encontrar a solução ótima para esse problema.

32. O Departamento de Transportes dos EUA (DOT) está planejando construir uma nova rodovia interestadual ligando Detroit, em Michigan, a Charleston, na Carolina do Sul. Um grande número de diferentes rotas foram propostas e estão resumidas na Figura 5.44, onde o nó 1 representa Detroit e o nó 12 representa Charleston. Os números nos arcos indicam os custos previstos de construção dos diversos trechos (em milhões de dólares). Prevê-se que todas as rotas demandarão aproximadamente o mesmo tempo total para fazer a viagem entre Detroit e Charleston. Dessa forma, o DOT está interessado em identificar a alternativa mais econômica.
a. Formule um modelo de PL para determinar o método mais econômico para o plano de construção.
b. Use o Solver para encontrar a solução ótima para esse problema.

33. Um construtor está projetando a tubulação para o sistema de aquecimento e ar-condicionado de um novo prédio térreo destinado a consultórios médicos. A Figura 5.45 mostra as possíveis conexões entre a unidade primária de ar-condicionado (nó 1) e as diversas saídas de ar a serem colocadas no edifício (nós 2 a 9). Os arcos na rede representam possíveis conexões de tubulação e os valores nos arcos representam o comprimento em pés de tubulação necessário.

Partindo do nó 1, use o algoritmo da árvore de expansão mínima para determinar a quantidade mínima de tubulação que deve ser instalada para fornecer acesso de ar a cada saída de ar.

34. O gerente de serviços de bufê para o Hotel Roanoker tem um problema. O salão de banquete do hotel será ocupado todas as noites durante a próxima semana por grupos que reservaram os seguintes números de mesas:

Dia	Segunda	Terça	Quarta	Quinta	Sexta
Mesas reservadas	400	300	250	400	350

O hotel dispõe de 500 toalhas de mesa, as quais podem ser usadas nesses banquetes. Entretanto, essas toalhas terão de ser lavadas antes que possam ser usadas novamente. Um serviço de limpeza local recolherá as toalhas sujas toda noite

FIGURA 5.44
Possíveis rotas para o problema da construção da rodovia interestadual.

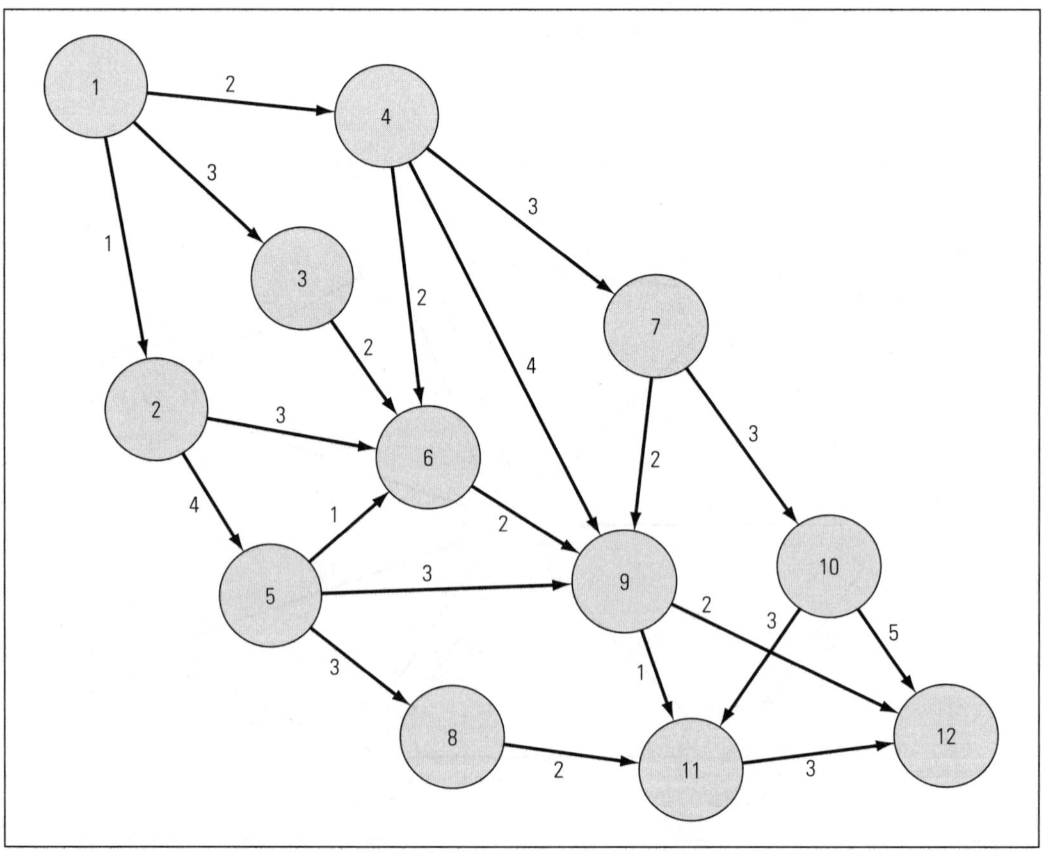

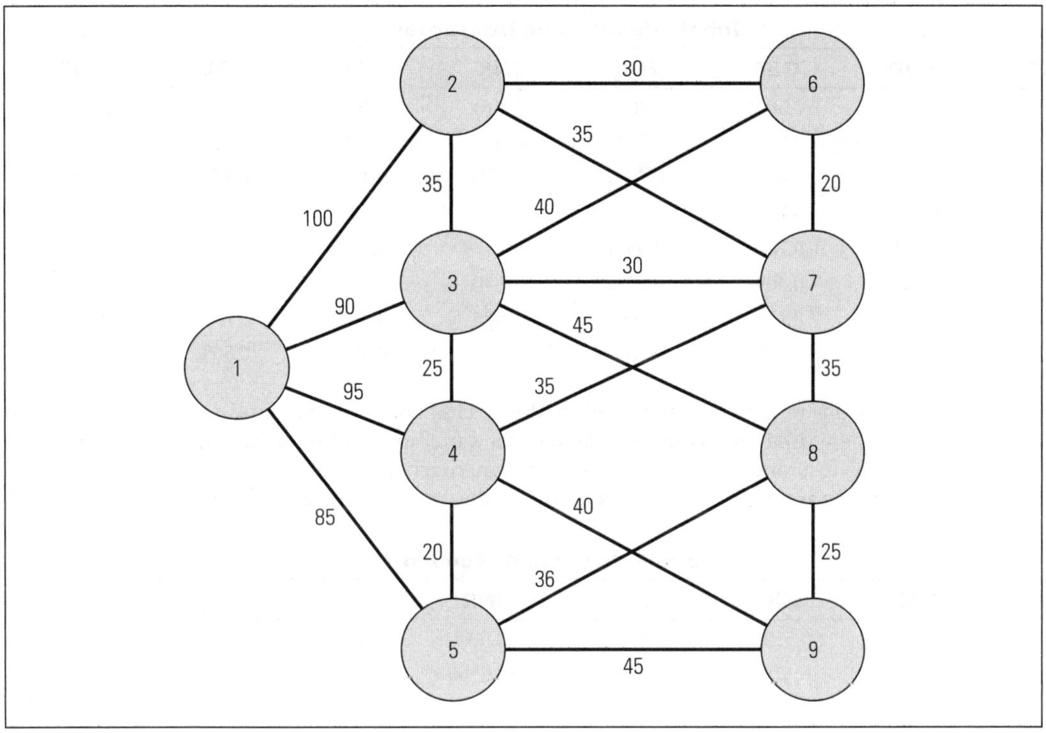

FIGURA 5.45
Representação de rede do problema de tubulação.

depois do banquete e oferecerá um serviço de limpeza com entrega no dia seguinte por $ 2 por toalha de mesa, ou um serviço de limpeza de dois dias a $ 1 por toalha (por exemplo, uma toalha recolhida na segunda pode estar pronta para uso na terça por $ 2 ou pronta para uso na quarta por $ 1). Não há perdas de toalhas de mesa e todas deverão ser lavadas. Devido a restrições de capacidade da lavanderia, o serviço de um dia está disponível somente para 250 toalhas de mesa e não pode ser oferecido para toalhas de mesa coletadas na sexta-feira à noite. Todas as toalhas de mesa usadas na sexta-feira devem estar prontas para uso novamente na segunda-feira. O hotel deseja determinar o plano mais econômico para ter as toalhas de mesa lavadas.

a. Desenhe um modelo de fluxo de rede para esse problema. (*Dica*: expresse as ofertas e as demandas como fluxos mínimos necessários e máximos permitidos pelos arcos selecionados.)
b. Crie um modelo de planilha para esse problema e resolva-o. Qual é a solução ótima?

Hamilton & Jacobs **CASO 5.1**

A Hamilton & Jacobs (H&J) é uma empresa global de investimentos, que financia o capital inicial de risco para empresas promissoras em todo o mundo. Devido à natureza de seu negócio, a H&J mantém fundos em diversos países e os converte de acordo com as necessidades. Há alguns meses, a empresa converteu US$ 16 milhões em ienes japoneses (JPY) quando 1 dólar dos EUA (USD) valia 75 ienes. Desde essa época, o valor do dólar subiu fortemente, e hoje são necessários quase 110 ienes para adquirir um dólar.

Além dessa quantia em ienes, a H&J também possui, atualmente, 6 milhões de euros e 30 milhões de francos suíços (CHF). O chefe de previsões econômicas da H&J antevê que todas as moedas que ela possui continuarão a perder força contra o dólar pelo restante do ano. Como resultado, a empresa gostaria de converter todas as reservas extras em moedas de volta em dólares dos EUA até que o quadro econômico estabilize.

O banco H&J trabalha com diferentes taxas cambiais para a conversão entre as diversas moedas. A tabela a seguir mostra as taxas (expressas como porcentagem do valor total convertido) para dólares dos EUA (USD), dólares australianos (AUD), libras esterlinas (GBP), euros (EURO), rupias indianas (INR), iene japonês (JPY), dólares de Cingapura (SGD) e francos suíços (CHF).

Tabela de taxas de transações

DE\PARA	USD	AUD	GBP	EUR	INR	JPY	SGD	CHF
USD	—	0,10%	0,50%	0,40%	0,40%	0,40%	0,25%	0,50%
AUD	0,10%	—	0,70%	0,50%	0,30%	0,30%	0,75%	0,75%
GBP	0,50%	0,70%	—	0,70%	0,70%	0,40%	0,45%	0,50%
EUR	0,40%	0,50%	0,70%	—	0,05%	0,10%	0,10%	0,10%
INR	0,40%	0,30%	0,70%	0,05%	—	0,20%	0,10%	0,10%
JPY	0,40%	0,30%	0,40%	0,10%	0,20%	—	0,05%	0,50%
SGD	0,25%	0,75%	0,45%	0,10%	0,10%	0,05%	—	0,50%
CHF	0,50%	0,75%	0,50%	0,10%	0,10%	0,50%	0,50%	—

Como a conversão entre diversas moedas resulta em custos diferentes, a H&J chegou à conclusão de que a conversão direta dos totais atuais de outras moedas em dólares dos EUA pode não ser a melhor estratégia. Em vez disso, talvez seja menos dispendioso converter as quantias existentes em uma moeda intermediária antes de convertê-las finalmente em dólares dos EUA. A tabela apresentada a seguir mostra as atuais taxas de câmbio para a conversão de uma moeda em outra.

Tabela de taxas de câmbio

DE\PARA	USD	AUD	GBP	EUR	INR	JPY	SGD	CHF
USD	1	1,29249	0,55337	0,80425	43,5000	109,920	1,64790	1,24870
AUD	0,77370	1	0,42815	0,62225	33,6560	85,0451	1,27498	0,96612
GBP	1,80710	2,33566	1	1,45335	78,6088	198,636	2,97792	2,25652
EUR	1,24340	1,60708	0,68806	1	54,0879	136,675	2,04900	1,55263
INR	0,02299	0,02971	0,01272	0,01849	1	2,5269	0,03788	0,02871
JPY	0,00910	0,01176	0,00503	0,00732	0,39574	1	0,01499	0,01136
SGD	0,60683	0,78433	0,33581	0,48804	26,3972	66,7031	1	0,75775
CHF	0,80083	1,03507	0,44316	0,64407	34,8362	88,0275	1,31969	1

A tabela de câmbio indica, por exemplo, que 1 iene japonês pode ser convertido em 0,00910 dólares norte-americanos. De modo que 100.000 ienes resultariam em US$ 910. No entanto, a taxa de 0,40% do banco para essa transação reduziria a quantia líquida recebida para US$ 910 x (1 – 0,004) = US$ 906,36. Então a H&J deseja sua ajuda para determinar o melhor jeito de converter todas as suas quantias em outras moedas novamente em o dólar norte-americano.

1. Desenhe um diagrama de fluxo de rede para esse problema.
2. Crie um modelo de planilha para esse problema e resolva-o.
3. Qual é a solução ótima?
4. Se a H&J convertesse cada moeda diretamente em dólares norte-americanos, que quantia ela teria?
5. Suponha que a H&J queira executar a mesma conversão, mas queira também deixar 5 milhões em dólares australianos. Qual é a solução ótima nesse caso?

CASO 5.2 Old Dominion Energy

Os Estados Unidos são o maior consumidor e o segundo maior produtor de gás natural do mundo. Segundo a Administração de Informações sobre Energia dos EUA (EIA), em 2014 o país consumiu 26,7 trilhões de pés cúbicos de gás natural. Desde a desregulamentação por fases, iniciada nos anos 1980, o transporte e a distribuição de gás natural a partir da boca do poço aumentaram e atualmente há mais de 278.000 milhas de gasodutos em toda a nação. Com mais empresas de energia elétrica mudando para o gás natural, considerado um combustível mais limpo, espera-se que o consumo de gás natural cresça ainda mais rapidamente nos próximos vinte anos.

Para atender a essa demanda, foram construídas instalações de armazenamento de gás natural em diversos locais ao longo dos gasodutos. As empresas de energia podem comprar gás quando os preços estiverem menores e armazená-lo nessas instalações para uso ou venda posterior. Uma vez que o consumo de energia é influenciado em grande parte pelo clima (que não é totalmente previsível), frequentemente ocorrem desequilíbrios na oferta e na demanda de gás em diferentes partes do país. As empresas de gás monitoram constantemente essas condições de mercado e procuram oportunidades para vender o gás armazenado quando o preço oferecido em certo local for alto o suficiente. Essa decisão é difícil de ser tomada porque o custo é diferente para transportar gás por meio de vários segmentos de gasoduto no país e a capacidade disponível em diversas partes do gasoduto muda constantemente. Dessa forma, quando as empresas veem uma oportunidade de vender a um preço favorável, elas devem analisar rapidamente quanto há de capacidade disponível e fazer negócios com os operadores individuais de gasodutos a fim de obter a capacidade necessária para transportar o gás do local de armazenamento até o comprador.

Bruce McDaniel é um negociante de gás da Old Dominion Energy (ODE), Inc. A rede da Figura 5.45 representa uma parte do gasoduto que a ODE utiliza. Os valores ao lado de cada arco na rede são representados na forma (x,y), em que x é o custo por mil pés cúbicos (cf) de gás transportado no arco e y é a capacidade disponível de transmissão do arco em milhares de pés cúbicos. Observe que os arcos nessa rede são bidirecionais (isto é, o gás pode fluir em qualquer direção, pelos preços e nas capacidades listados).

Atualmente, Bruce tem 100.000 cf de gás armazenado em Katy. Os clientes industriais em Joliet estão oferecendo $ 4,35 por milhar de pés cúbicos para até 35.000 cf de gás. Os compradores em Leidy estão dispostos a pagar $ 4,63 por milhar de pés cúbicos para até 60.000 cf de gás. Crie um modelo de planilha para ajudar Bruce a responder às questões abaixo.

1. Dada a capacidade disponível da rede, quanto gás pode ser enviado de Katy para Leidy? E de Katy para Joliet?
2. Quanto gás Bruce deve oferecer para venda em Joliet e em Leidy se ele quiser maximizar os lucros?
3. Bruce é capaz de atender a toda a demanda de ambos os clientes? Em caso negativo, por que não?
4. Se Bruce quiser pagar mais para conseguir capacidade adicional em outros gasodutos, quais ele deve pesquisar e por quê?

US Express

CASO 5.3

A US Express é uma empresa de entrega noturna de encomendas com sede em Atlanta, na Geórgia. O combustível para jato ainda é o maior custo operacional incorrido pela empresa e ela quer sua ajuda para administrar esse custo. O preço do combustível para jato varia consideravelmente em diferentes aeroportos pelo país. Como resultado, parece ser mais sensato "encher o tanque" com combustível de jato em aeroportos em que seja mais barato. Entretanto, a quantidade de combustível que uma aeronave queima depende, em parte, do peso da aeronave – e o excesso de combustível torna a aeronave mais pesada e, dessa forma, aumenta o consumo de combustível. De maneira similar, mais combustível é queimado em voos da costa leste até a costa oeste (voando contra a corrente de ar) do que da costa oeste para a costa leste (voando a favor da corrente de ar).

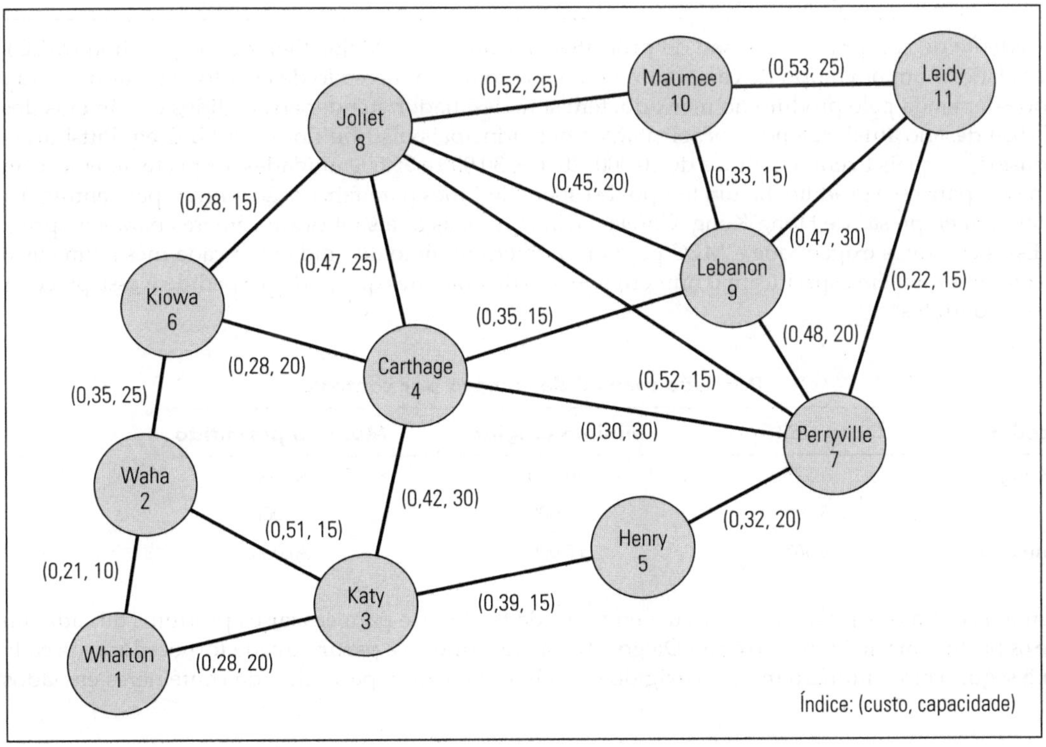

FIGURA 5.46 *Rede de gasodutos para a Old Dominion Energy.*

A tabela abaixo mostra a programação de voos (ou rotação) realizados a cada noite por uma das aeronaves da empresa. Para cada segmento de voo, a tabela indica as quantidades mínimas necessárias e máximas permitidas de combustível a bordo na decolagem e o custo do combustível em cada ponto de partida. A coluna final fornece uma função linear relacionada ao consumo de combustível em relação à quantidade de combustível a bordo na decolagem.

Segmento	Partida	Chegada	Nível mínimo de combustível na decolagem (em milhares)	Nível máximo de combustível na decolagem (em milhares)	Custo por galão	Combustível usado em voo com G galões (em milhares) a bordo na decolagem
1	Atlanta	San Francisco	21	31	$ 0,92	$3{,}20 + 0{,}45 \times G$
2	San Francisco	Los Angeles	7	20	$ 0,85	$2{,}25 + 0{,}65 \times G$
3	Los Angeles	Chicago	18	31	$ 0,87	$1{,}80 + 0{,}35 \times G$
4	Chicago	Atlanta	16	31	$ 1,02	$2{,}20 + 0{,}60 \times G$

Por exemplo, se a aeronave sair de Atlanta para San Francisco com 25.000 galões a bordo, ela deve chegar a San Francisco com aproximadamente $25 - (3{,}2 + 0{,}45 \times 25) = 10{,}55$ mil galões de combustível.

A empresa possui diversas outras aeronaves que seguem muitos outros planos de voo a cada noite, de modo que as economias de custo em potencial decorrentes da aquisição eficiente de combustível são bem significativas. Mas, antes de modificar todas as programações de voo, a empresa quer que você crie um modelo de planilha para determinar o plano de aquisição mais econômico de combustível para a programação anterior. (*Dica:* tenha em mente que o máximo de combustível que você pode comprar em qualquer ponto de partida é o nível máximo de combustível para decolagem nesse ponto. Além disso, assuma que qualquer que seja o combustível que ainda houver a bordo quando a aeronave voltar para Atlanta, ele ainda estará a bordo quando a aeronave deixar Atlanta na noite seguinte.)

a. Desenhe o diagrama de fluxo de rede para esse problema.
b. Implemente o modelo para esse problema em sua planilha e resolva-o.
c. Quanto combustível a US Express deve adquirir em cada ponto de partida e qual é o custo desse plano de aquisição?

CASO 5.4 A Major Electric Corporation

Henry Lee é o vice-presidente de compras da divisão de produtos eletrônicos da Major Electric Corporation (MEC). Recentemente, a empresa lançou um novo tipo de câmera de vídeo que tomou o mercado de assalto. Apesar de Henry estar satisfeito com a forte demanda pelo produto no mercado, tem sido desafiador atender aos pedidos de câmeras dos distribuidores da MEC. Seu desafio atual é atender às solicitações dos principais distribuidores da MEC em Pittsburgh, Denver, Baltimore e Houston, os quais fizeram pedidos de 10.000, 20.000, 30.000 e 25.000 unidades, respectivamente, com prazo de entrega de 2 meses (para esse produto, há um tempo de espera de 1 mês para fabricação e 1 mês para entrega).

A MEC tem contratos com empresas de Hong Kong, Coreia e Cingapura, as quais fabricam câmeras para a empresa com a marca da MEC. Esses contratos exigem que a MEC peça um número mínimo de unidades a cada mês a um custo unitário garantido. Os contratos também especificam o número máximo de unidades que pode ser pedido a esse preço. A tabela abaixo resume esses contratos:

	Previsão mensal de compra por contrato		
Fornecedor	**Custo unitário**	**Mínimo exigido**	**Máximo permitido**
Hong Kong	$ 375	20.000	30.000
Coreia	$ 390	25.000	40.000
Cingapura	$ 365	15.000	30.000

A MEC também tem um contrato permanente com uma empresa de transporte para enviar os produtos de cada um desses fornecedores até os portos em San Francisco e San Diego. O custo de remessa a partir de cada fornecedor para cada porto é dado na tabela a seguir com o número mínimo exigido e o número máximo permitido de contêineres enviados a cada mês:

Previsões mensais do contrato de remessa

Fornecedor	Exigências de envio para San Francisco			Exigências de envio para San Diego		
	Custo por contêiner	Mínimo de contêineres	Máximo de contêineres	Custo por contêiner	Mínimo de contêineres	Máximo de contêineres
Hong Kong	$ 2.000	5	20	$ 2.300	5	20
Coreia	$ 1.800	10	30	$ 2.100	10	30
Cingapura	$ 2.400	5	25	$ 2.200	5	15

Nos termos desse contrato, a MEC garante que enviará pelo menos 20, mas não mais do que 65 contêineres de embarque para San Francisco a cada mês, e pelo menos 30, mas não mais do que 70 contêineres para San Diego a cada mês.

Cada contêiner pode acomodar até 1.000 câmeras de vídeo e será levado de caminhão dos portos até os distribuidores. A MEC tem um contrato permanente com uma empresa de transportes, que fornece serviços de transporte rodoviário todos os meses. O custo de remessa de um contêiner por caminhão de cada porto até cada distribuidor está detalhado na tabela a seguir.

Custo unitário de envio por contêiner

	Pittsburgh	Denver	Baltimore	Houston
San Francisco	$ 1.100	$ 850	$ 1.200	$ 1.000
San Diego	$ 1.200	$ 1.000	$ 1.100	$ 900

Como nos demais contratos, para obter os preços acima, a MEC precisa utilizar certa quantidade mínima de capacidade de transporte por caminhão em cada rota e a cada mês e não pode exceder determinada quantidade máxima de remessa sem incorrer em maiores custos. Essas restrições mínimas e máximas de remessa estão detalhadas na tabela a seguir.

Número mínimo exigido e número máximo permitido de contêineres por mês

	Pittsburgh		Denver		Baltimore		Houston	
	Mín.	Máx.	Mín.	Máx.	Mín.	Máx.	Mín.	Máx.
San Francisco	3	7	6	12	10	18	5	15
San Diego	4	6	5	14	5	20	10	20

Henry recebeu a tarefa de pôr em ordem todas essas informações a fim de determinar o plano de distribuição menos dispendioso para atender às solicitações dos distribuidores. Mas, como Henry tem entradas para assistir à sinfonia hoje à noite, ele pediu que você examinasse esse problema e desse recomendações a ele até às 9h da manhã seguinte.

1. Desenhe um modelo de fluxo de rede para esse problema. (*Dica*: Considere a inserção de nós intermediários em sua rede para ajudá-lo a atender a essas restrições mínimas de compra para cada fornecedor e as exigências mínimas de embarque para cada porto.)
2. Crie um modelo de planilha para esse problema e resolva-o.
3. Qual é a solução ótima?

Capítulo 6

Programação linear inteira

6.0 Introdução

Quando algumas ou todas as variáveis de decisão em um problema de PL são restritas a assumir apenas valores inteiros, o problema resultante é chamado problema de programação linear inteira (PLI). Muitos problemas práticos de negócios necessitam de soluções inteiras. Por exemplo, quando uma empresa escala trabalhadores, ela precisa determinar o número ótimo de empregados que serão designados para cada turno. Se formularmos esse problema como um problema de PL, sua solução ótima poderia envolver a alocação de números fracionários de trabalhadores (por exemplo, 7,33 trabalhadores) a turnos diferentes; mas isso não é uma solução viável inteira. Da mesma forma, se uma companhia aérea tentar decidir quantas aeronaves dos modelos 767, 757 e A300 comprará para sua frota, ela deve obter uma solução inteira, pois não pode comprar frações de aviões.

Este capítulo discute a maneira de solucionar problemas de otimização nos quais determinadas variáveis de decisão devem assumir apenas valores inteiros. Mostraremos também como o uso de variáveis inteiras nos permite construir modelos mais precisos para uma série de problemas de negócios.

6.1 Condições de integralidade

Para ilustrar algumas das questões envolvidas em um problema de PLI, vamos considerar novamente o problema de decisão enfrentado por Howie Jones, o proprietário da Blue Ridge Hot Tubs, descrito nos Capítulos 2, 3 e 4. Essa empresa vende dois modelos de banheiras, a Aqua-Spa e a Hydro-Lux, produzidas por meio da compra de cubas de fibra de vidro pré-fabricadas e da instalação de uma bomba de água comum e uma quantidade adequada de tubulação. Cada Aqua-Spa produzida requer uma bomba, 9 horas de trabalho e 12 pés de tubulação e contribui com $ 350 de lucro. Cada Hydro-Lux produzida requer uma bomba, 6 horas de trabalho e 16 pés de tubulação e contribui com $ 300 de lucro. Levando em consideração que a empresa tem disponíveis 200 bombas, 1.566 horas de trabalho e 2.880 pés de tubulação, criamos a seguinte formulação de PL para esse problema, na qual X_1 e X_2 representam o número de Aqua-Spas e de Hydro-Luxes a serem produzidas:

$$
\begin{array}{llrl}
\text{MAX:} & 350X_1 + 300X_2 & & \}\ \text{lucro} \\
\text{Sujeito a:} & 1X_1 + 1X_2 \leq & 200 & \}\ \text{restrição de bomba} \\
 & 9X_1 + 6X_2 \leq & 1.566 & \}\ \text{restrição de trabalho} \\
 & 12X_1 + 16X_2 \leq & 2.880 & \}\ \text{restrição de tubulação} \\
 & X_1, X_2 \geq & 0 & \}\ \text{condições de não negatividade}
\end{array}
$$

A Blue Ridge Hot Tubs está, sem dúvida, interessada em obter a melhor *solução inteira* possível para esse problema, uma vez que as banheiras podem ser vendidas somente como unidades discretas. Assim, podemos ter certeza de que a empresa deseja encontrar a *solução ótima inteira* para esse problema. Então, além das restrições mencionadas anteriormente, acrescentamos a seguinte condição de integralidade para a formulação do problema:

$$X_1 \text{ e } X_2 \text{ devem ser inteiros}$$

Uma condição de integralidade indica que algumas (ou todas) as variáveis na formulação devem assumir apenas valores inteiros. Referimo-nos a tais variáveis como variáveis inteiras em um problema. Contrastando, as variáveis que não precisam assumir valores estritamente inteiros são chamadas variáveis contínuas. Embora seja fácil determinar as condições de integralidade para um problema, tais condições muitas vezes tornam o problema mais difícil (e às vezes impossível) de resolver.

6.2 Relaxamento

Uma abordagem para achar a solução ótima inteira para um problema é relaxar, ou ignorar, as condições de integralidade e resolvê-lo como se fosse um problema de PL padrão, no qual todas as variáveis são consideradas contínuas. Esse modelo é, às vezes, chamado **relaxamento de PL** do problema de PLI original. Considere o seguinte problema de PLI:

$$\begin{aligned} \text{MAX:} \quad & 2X_1 + 3X_2 \\ \text{Sujeito a:} \quad & X_1 + 3X_2 \leq 8{,}25 \\ & 2{,}5X_1 + X_2 \leq 8{,}75 \\ & X_1, X_2 \geq 0 \\ & X_1, X_2 \text{ devem ser inteiros} \end{aligned}$$

O relaxamento de PL para esse problema é representado por:

$$\begin{aligned} \text{MAX:} \quad & 2X_1 + 3X_2 \\ \text{Sujeito a:} \quad & X_1 + 3X_2 \leq 8{,}25 \\ & 2{,}5X_1 + X_2 \leq 8{,}75 \\ & X_1, X_2 \geq 0 \end{aligned}$$

A única diferença entre a PLI e seu relaxamento de PL é que todas as condições de integralidade impostas pela PLI são removidas no relaxamento. Entretanto, conforme ilustrado na Figura 6.1, essa alteração tem um impacto significativo nas regiões viáveis para ambos os problemas.

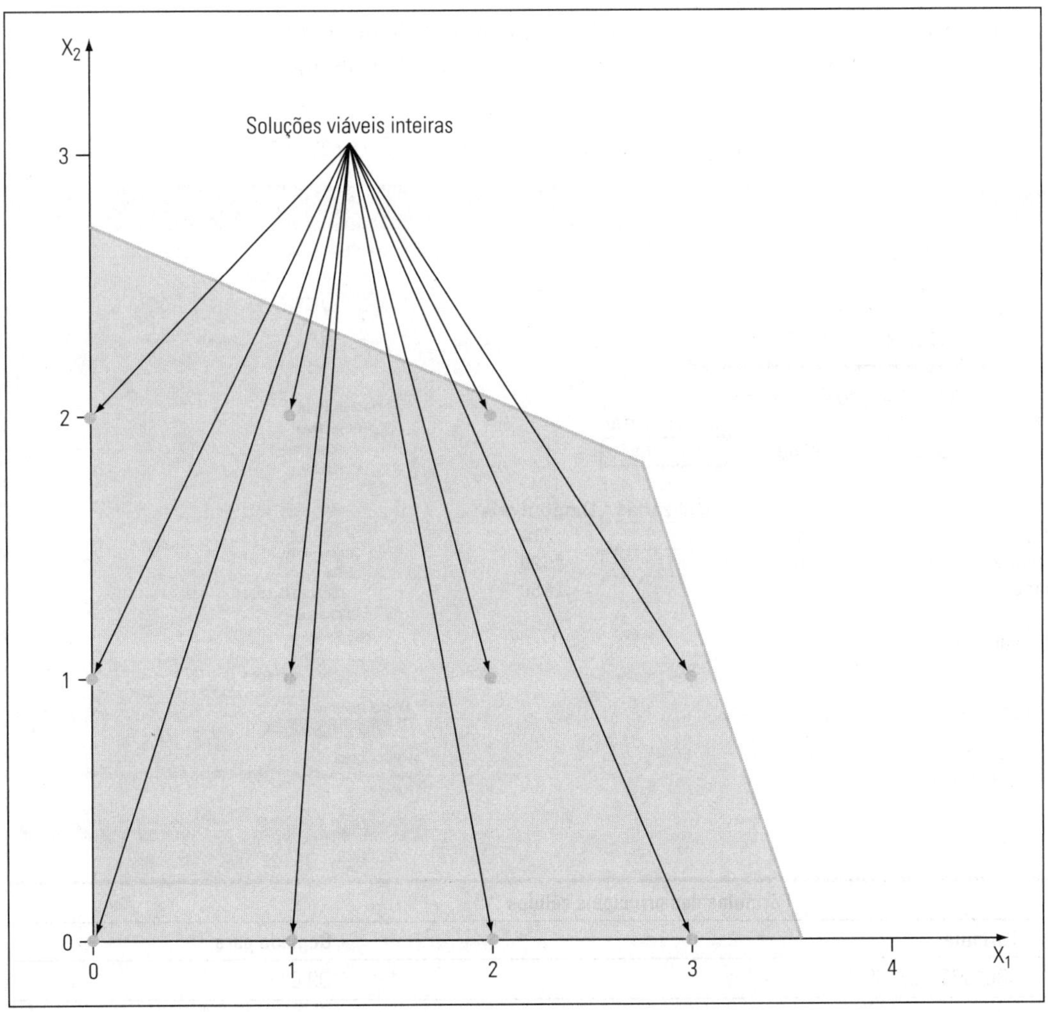

FIGURA 6.1
Região viável inteira versus *região viável de PL.*

Como mostrado na Figura 6.1, a região viável para a PLI consiste de apenas 11 pontos discretos. Por outro lado, a região viável para seu relaxamento consiste de um número infinito de pontos representados pela área sombreada. Essa figura ilustra um ponto importante sobre a relação entre a região viável de uma PLI e seu relaxamento de PL. A região viável do relaxamento de PL de um problema de PLI *sempre* engloba *todas* as soluções viáveis inteiras para o problema de PLI original. Embora a região viável relaxada possa incluir soluções não inteiras adicionais, ela *não* incluirá soluções inteiras que não sejam viáveis para a PLI original.

6.3 Resolvendo o problema relaxado

O relaxamento de PL de um problema de PLI é muitas vezes facilmente resolvido usando-se o método Simplex. Conforme foi explicado no Capítulo 2, a solução ótima para um problema de PL ocorre em um dos pontos de canto de sua região viável (assumindo que o problema tem uma solução ótima limitada). Dessa forma, se tivermos muita sorte, a solução ótima para o relaxamento de PL de um problema de PLI pode ocorrer em um ponto de canto inteiro da região viável relaxada. Nesse caso, encontramos a solução ótima inteira para o problema de PLI simplesmente resolvendo seu relaxamento de PL. É exatamente isso o que aconteceu nos Capítulos 2 e 3, quando resolvemos, no início, o modelo relaxado de PL para o problema das banheiras. A Figura 6.2 (e o arquivo Fig6-2.xlsm, disponível na página deste livro no site da editora) mostra a solução para esse problema.

A solução ótima para a formulação de PL relaxada do problema das banheiras atribui valores inteiros para as variáveis de decisão ($X_1 = 122$ e $X_2 = 78$). Portanto, nesse caso, o problema de PL relaxado passa a ter uma solução ótima com valor inteiro. Entretanto, como é de esperar, esse não será sempre o caso.

Suponha, por exemplo, que a Blue Ridge Hot Tubs tenha disponíveis apenas 1.520 horas de trabalho e 2.650 pés de tubulação durante o seu próximo ciclo de produção. A empresa poderia estar interessada em resolver o seguinte problema de PLI:

$$\begin{array}{llll} \text{MAX:} & 350X_1 + 300X_2 & & \} \text{ lucro} \\ \text{Sujeito a:} & 1X_1 + \ \ 1X_2 \leq & 200 & \} \text{ restrição de bomba} \\ & 9X_1 + \ \ 6X_2 \leq & 1.520 & \} \text{ restrição de trabalho} \end{array}$$

FIGURA 6.2 *Solução inteira obtida como solução ótima para o problema de PL revisado da Blue Ridge Hot Tubs.*

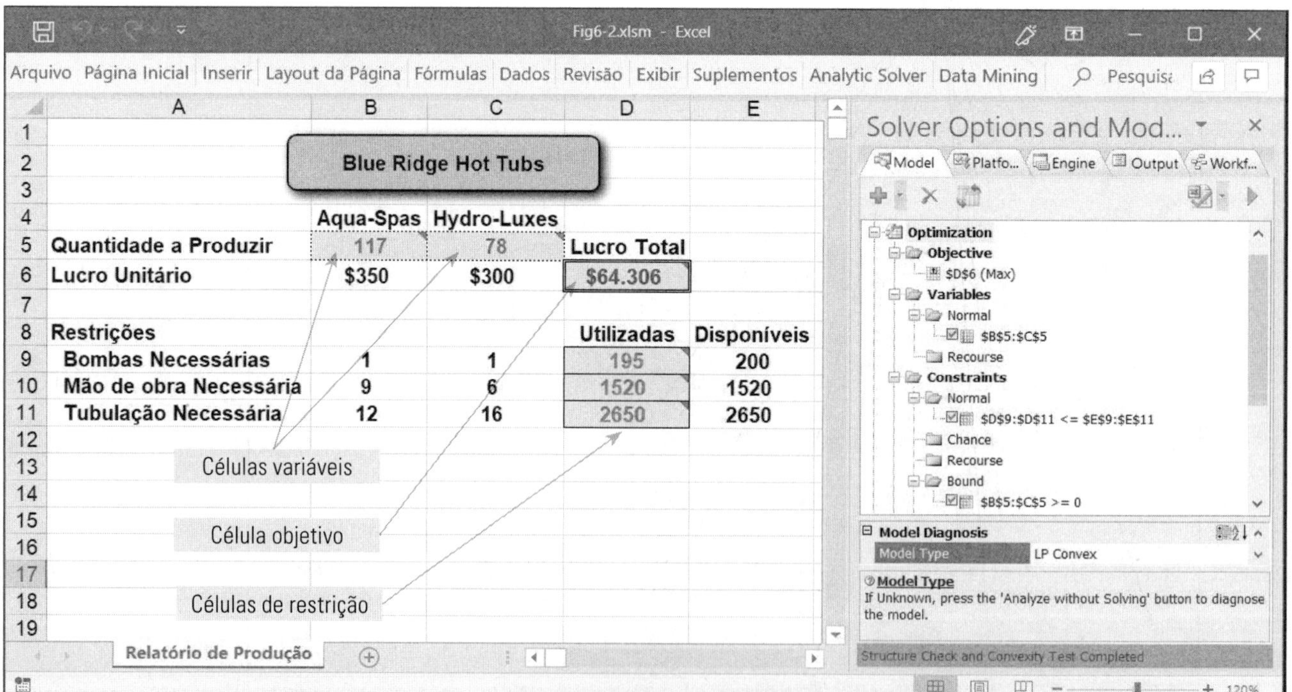

Fórmulas das principais células		
Célula	**Fórmula**	**Copiado para**
D6	=B6*$B$5+C6*$C$5	D9:D11

$$12X_1 + 16X_2 \leq 2.650 \quad \} \text{ restrição de tubulação}$$
$$X_1, X_2 \geq 0 \quad \} \text{ condições de não negatividade}$$
$$X_1, X_2 \text{ devem ser inteiros} \quad \} \text{ condições de integralidade}$$

Se relaxarmos as condições de integralidade e resolvermos o problema de PL resultante, obteremos as soluções mostradas na Figura 6.3. Essa solução indica que a produção de 116,9444 Aqua-Spas e 77,9167 Hydro-Luxes vai gerar um lucro máximo de $ 64.306. Porém essa solução viola as condições de integralidade expressas no problema original. Como regra geral, a solução ótima para o relaxamento de PL de um problema de PLI não garante a produção de uma solução inteira. Em tais casos, outras técnicas devem ser aplicadas para encontrar a solução ótima inteira para o problema que está sendo resolvido. (Há algumas exceções a essa regra. Particularmente, os problemas de fluxo de rede discutidos no Capítulo 5 muitas vezes podem ser encarados como problemas de PLI. Por razões que escapam ao escopo deste livro, o relaxamento de PL dos problemas de fluxo de rede sempre terão soluções inteiras se os suprimentos e demandas em cada nó forem inteiros e o problema for resolvido com o uso do método Simplex.)

6.4 Limites

Antes de discutirmos como resolver os problemas de PLI, devemos levar em conta um ponto importante sobre a relação entre a solução ótima para um problema de PLI e a solução ótima para o seu relaxamento de PL. O valor da função objetivo para a solução ótima do problema de PLI *nunca* pode ser melhor que o valor da função objetivo para a solução ótima de seu relaxamento de PL.

Por exemplo, a solução mostrada na Figura 6.3 indica que, se a Blue Ridge Hot Tubs pudesse produzir (e vender) números fracionados de banheiras, conseguiria um lucro máximo de $ 64.306 produzindo 116,9444 Aqua-Spas e 77,9167 Hydro-Luxes. Nenhuma outra solução viável (inteira ou qualquer outra) poderia resultar em melhor valor da função objetivo. Se existisse uma solução viável melhor, o processo de otimização teria identificado essa solução como a ótima, porque nosso objetivo era de maximizar o valor da função objetivo.

Embora a resolução do relaxamento de PL do problema revisado das banheiras pode não fornecer a solução ótima inteira para o nosso problema de PLI original, ela indica que o valor da função objetivo da solução ótima inteira não pode ser maior que $ 64.306. Essa informação pode ser importante para nos ajudar a avaliar a qualidade das soluções inteiras que poderemos descobrir em nossa busca pela solução ótima.

FIGURA 6.3 *Solução não inteira obtida como solução ótima para o problema de PL revisado da Blue Ridge Hot Tubs.*

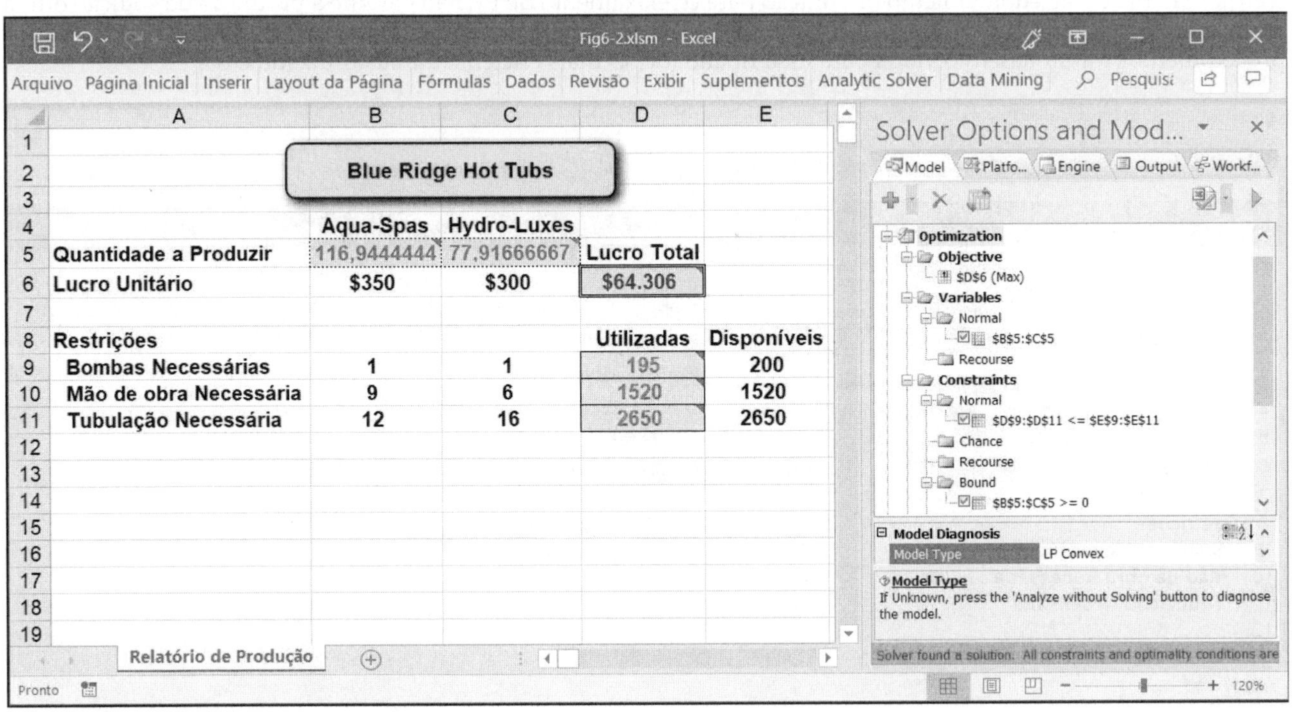

Conceito-chave

Para problemas de *maximização*, o valor da função objetivo na solução ótima para o relaxamento de PL representa um *limite superior* para o valor ótimo da função objetivo do problema de PLI original. Para os problemas de *minimização*, o valor da função objetivo na solução ótima para o relaxamento de PL representa um *limite inferior* para o valor ótimo da função objetivo do problema de PLI original.

6.5 Arredondamento

Conforme foi mencionado antes, a solução para o relaxamento de PL de um problema de PLI poderia satisfazer as condições de integralidade desse problema e, portanto, representar sua solução ótima inteira. Mas o que deverá ser feito se não for esse o caso (como ocorre com frequência)? Uma técnica frequentemente usada envolve o arredondamento da solução da PL relaxada.

Quando a solução para o relaxamento de PL de um problema de PLI não resulta em solução inteira, somos levados a pensar que simplesmente aplicando o arredondamento encontraremos a solução ótima inteira. Infelizmente, esse não é o caso. Por exemplo, se os valores para as variáveis de decisão mostrados na Figura 6.3 forem arredondados manualmente até seu valor inteiro mais próximo, como mostrado na Figura 6.4, a solução resultante é inviável. A empresa não pode fabricar 117 Aqua-Spas e 78 Hydro-Luxes, porque isso envolveria usar mais horas de trabalho e tubulação do que há disponível.

Pelo fato de o arredondamento nem sempre funcionar, talvez tenhamos de arredondar para baixo ou truncar os valores para as variáveis de decisão identificadas no relaxamento de PL. Como mostrado na Figura 6.5, isso resulta em uma solução viável na qual 116 Aqua-Spas e 77 Hydro-Luxes são fabricadas com um lucro total de $ 63.700. Entretanto, essa abordagem apresenta dois possíveis problemas. Primeiro, o arredondamento para baixo poderia também resultar em uma solução inviável, como mostrado na Figura 6.6.

Outro problema provocado pelo arredondamento para baixo é que, mesmo que ele resulte em uma solução viável inteira, não há garantias de que seja a solução *ótima* inteira. Por exemplo, a solução inteira obtida pelo arredondamento para baixo, mostrada na Figura 6.5, produziu um lucro total de $ 63.700. No entanto, como mostrado na Figura 6.7, existe uma solução inteira melhor para esse problema. Se a empresa produz 118 Aqua-Spas e 76 Hydro-Luxes, ela pode atingir um lucro total de $ 64.100 (que é a solução ótima inteira para esse problema). O simples arredondamento da solução para o relaxamento de PL de um problema de PLI não garante a solução ótima inteira. Embora a solução inteira obtida pelo arredondamento esteja muito próxima da solução ótima inteira, o arredondamento nem sempre funciona tão bem.

Conforme vimos, a solução para o relaxamento de PL de um problema de PLI não é garantia de produção de solução inteira, e o arredondamento da solução para o relaxamento de PL não garante a produção da solução ótima inteira. Portanto, precisamos encontrar de outra maneira a solução ótima inteira para um problema de PLI. Vários procedimentos foram desenvolvidos para essa finalidade. O mais eficiente e mais utilizado é o **algoritmo *branch-***

FIGURA 6.4 *Solução inviável inteira obtida pelo arredondamento para cima.*

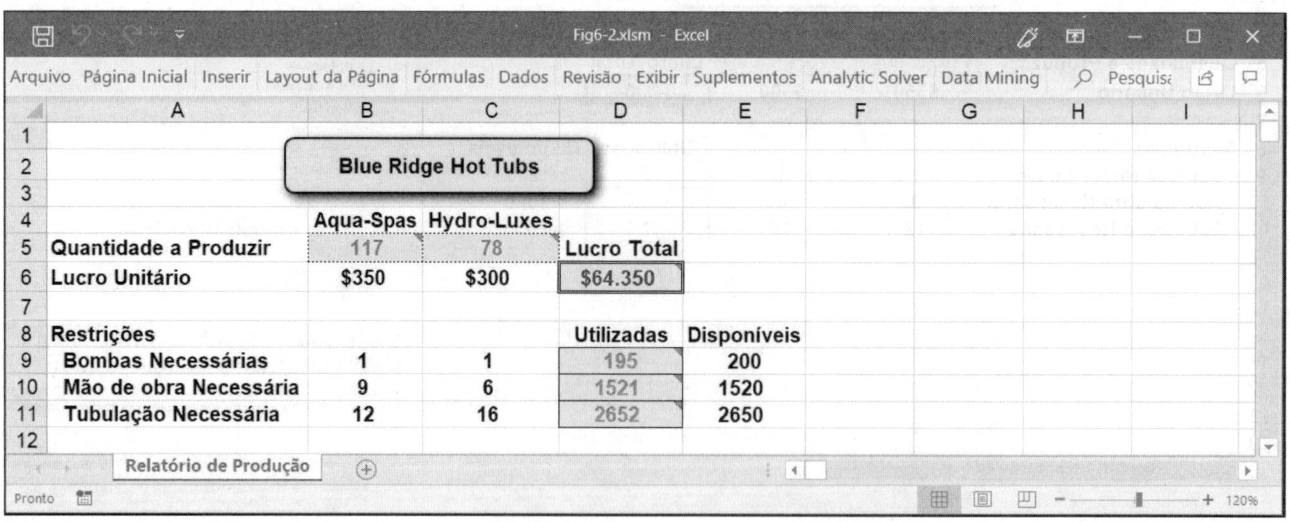

FIGURA 6.5 *Solução viável inteira obtida pelo arredondamento para baixo.*

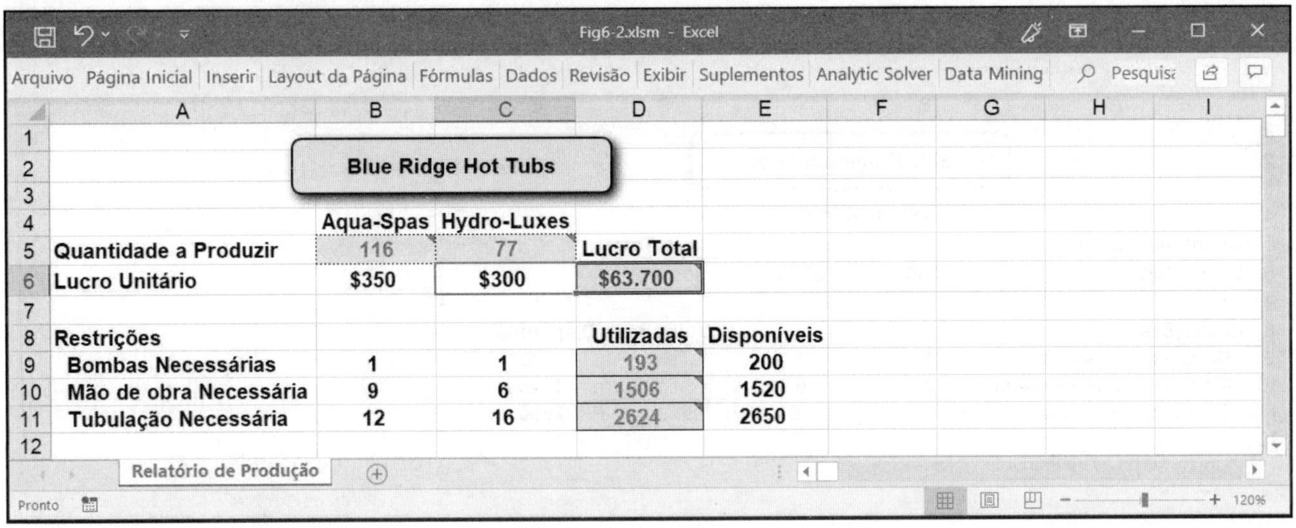

	A	B	C	D	E
2		Blue Ridge Hot Tubs			
4		Aqua-Spas	Hydro-Luxes		
5	Quantidade a Produzir	116	77	Lucro Total	
6	Lucro Unitário	$350	$300	$63.700	
8	Restrições			Utilizadas	Disponíveis
9	Bombas Necessárias	1	1	193	200
10	Mão de obra Necessária	9	6	1506	1520
11	Tubulação Necessária	12	16	2624	2650

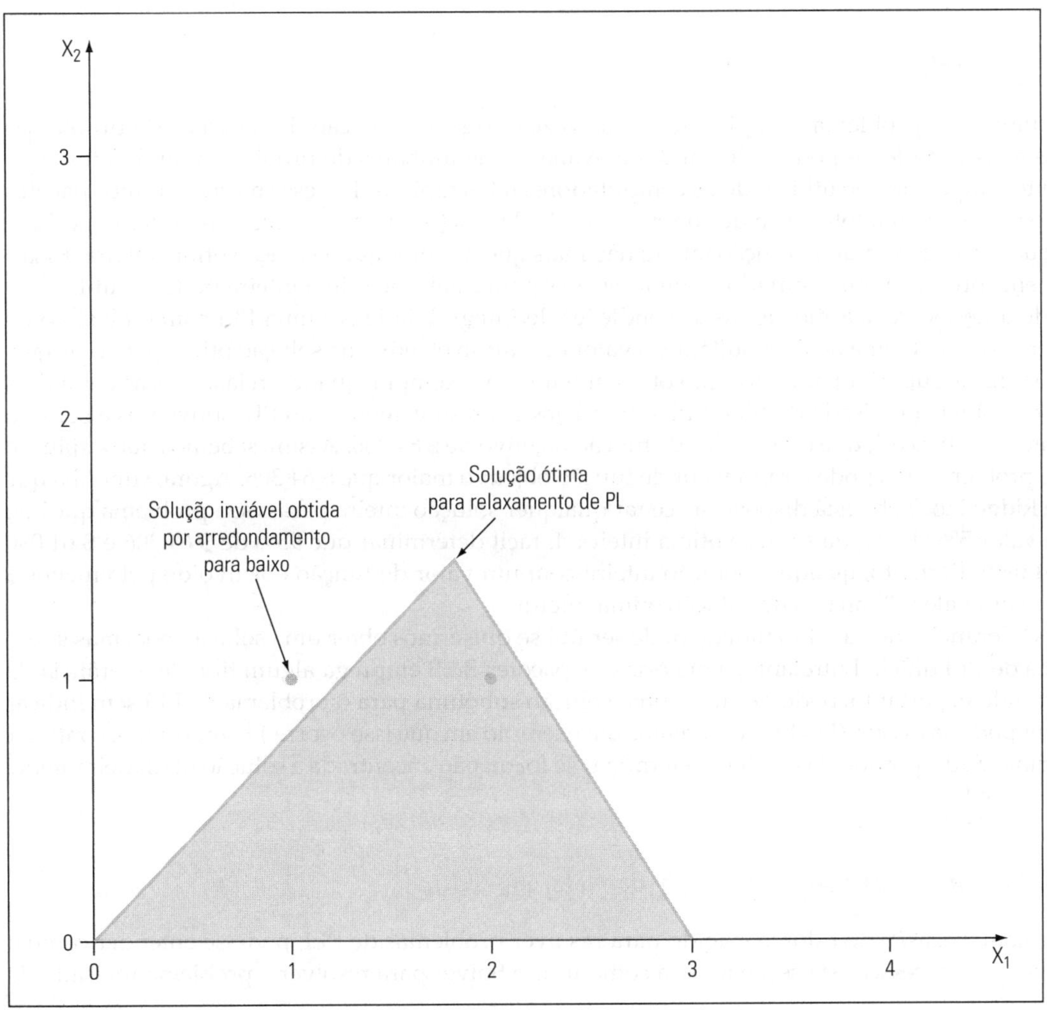

FIGURA 6.6 *Como o arredondamento para baixo pode resultar em uma solução inviável inteira.*

-and-bound, ou **algoritmo B&B**. O algoritmo B&B teoricamente nos permite resolver qualquer problema de PLI resolvendo uma série de problemas de PL chamados problemas candidatos. Para os que se interessam, há uma discussão, no fim deste capítulo, sobre como funciona o algoritmo B&B.

FIGURA 6.7 *Solução ótima inteira para o problema revisado da Blue Ridge Hot Tubs.*

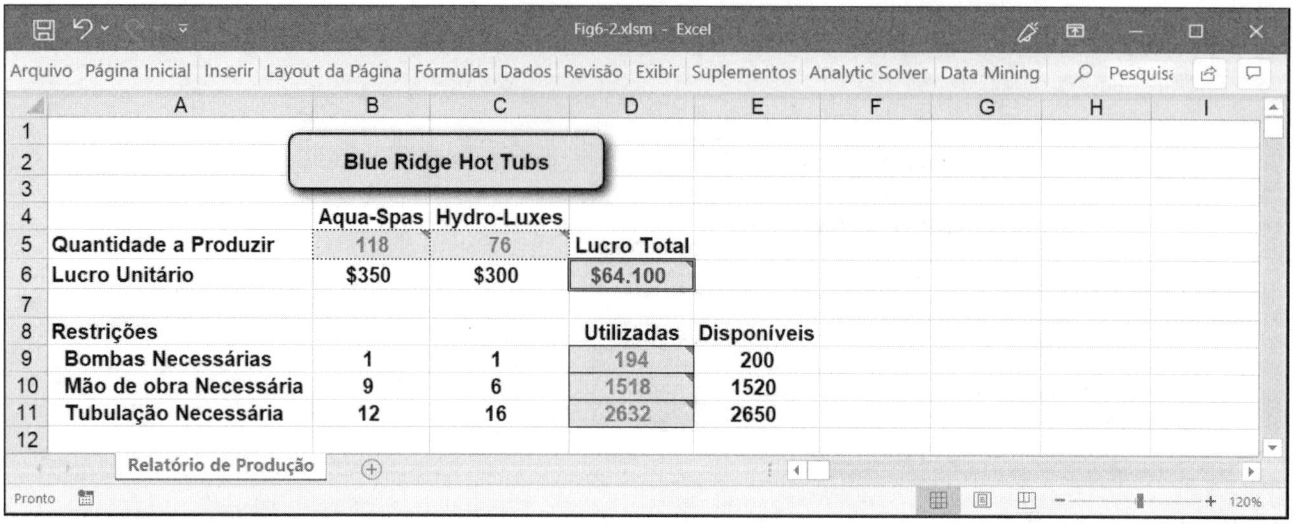

	A	B	C	D	E
2		Blue Ridge Hot Tubs			
4		Aqua-Spas	Hydro-Luxes		
5	Quantidade a Produzir	118	76	Lucro Total	
6	Lucro Unitário	$350	$300	$64.100	
8	Restrições			Utilizadas	Disponíveis
9	Bombas Necessárias	1	1	194	200
10	Mão de obra Necessária	9	6	1518	1520
11	Tubulação Necessária	12	16	2632	2650

6.6 Regras de parada

Encontrar a solução ótima para problemas simples de PLI às vezes exige a avaliação de centenas de problemas candidatos. Problemas mais complexos podem demandar a avaliação de milhares de problemas candidatos, algo que pode requerer muito tempo, mesmo utilizando os computadores mais rápidos. Por esse motivo, muitos pacotes de PLI nos permitem especificar uma tolerância de subotimalidade de X% (sendo X um valor numérico) que faz o algoritmo B&B parar quando encontra uma solução inteira não mais que X% pior que a solução ótima inteira. Essa é outra situação em que encontrar os limites superiores ou inferiores para a solução ótima inteira pode ser útil.

Como foi observado antes, se relaxarmos todas as condições de integralidade em uma PLI com o objetivo de maximização e resolvermos o problema de PL resultante, o valor da função objetivo na solução ótima para o problema relaxado fornece um limite superior para a solução ótima inteira. Por exemplo, quando relaxamos as condições de integralidade para o problema revisado da Blue Ridge Hot Tubs e o resolvemos como PL, obtivemos a solução mostrada anteriormente na Figura 6.3, que tem o valor de função objetivo de $ 64.306. Assim, sabemos que a solução ótima inteira para esse problema não pode ter um valor de função objetivo maior que $ 64.306. Agora, suponha que o proprietário da Blue Ridge Hot Tubs está disposto a aceitar qualquer solução inteira para o seu problema que não seja maior do que um valor 5% abaixo da solução ótima inteira. É fácil determinar que 95% de $ 64.306 é $ 61.090 (0,95 × $ 64.306 = $ 61.090). Portanto, qualquer solução inteira com um valor de função objetivo de pelo menos $ 61.090 não será pior que um valor 5% abaixo da solução ótima inteira.

A especificação das tolerâncias de subotimalidade pode ser útil se quisermos obter uma solução boa, mas subótima para um problema de PLI difícil. Entretanto, a maioria dos pacotes B&B emprega algum tipo de tolerância de subotimalidade predefinido e, portanto, pode produzir uma solução subótima para o problema de PLI sem indicar que uma solução melhor poderia existir. (Em breve, veremos um exemplo em que isso ocorre.) É importante conhecer as tolerâncias de subotimalidade, porque elas podem determinar se foi ou não encontrada a solução verdadeiramente ótima para um problema de PLI.

6.7 Resolução de problemas de PLI usando o Solver

Agora que se tem uma compreensão do esforço exigido para resolver problemas de PLI, pode-se entender como o uso do Solver simplifica esse processo. Esta seção mostra como usar o Solver para resolver o problema revisado da Blue Ridge Hot Tubs.

A Figura 6.8 mostra as configurações do Solver exigidas para resolver o problema da Blue Ridge Hot Tubs como um problema de PL padrão. Entretanto, nenhum desses parâmetros indica que as células que representam as variáveis de decisão (células B5 e C5) devam assumir valores inteiros. Para comunicar isso ao Solver, precisamos adicionar restrições ao problema, como mostrado na Figura 6.9.

FIGURA 6.8 *Parâmetros do Solver para o problema relaxado da Blue Ridge Hot Tubs.*

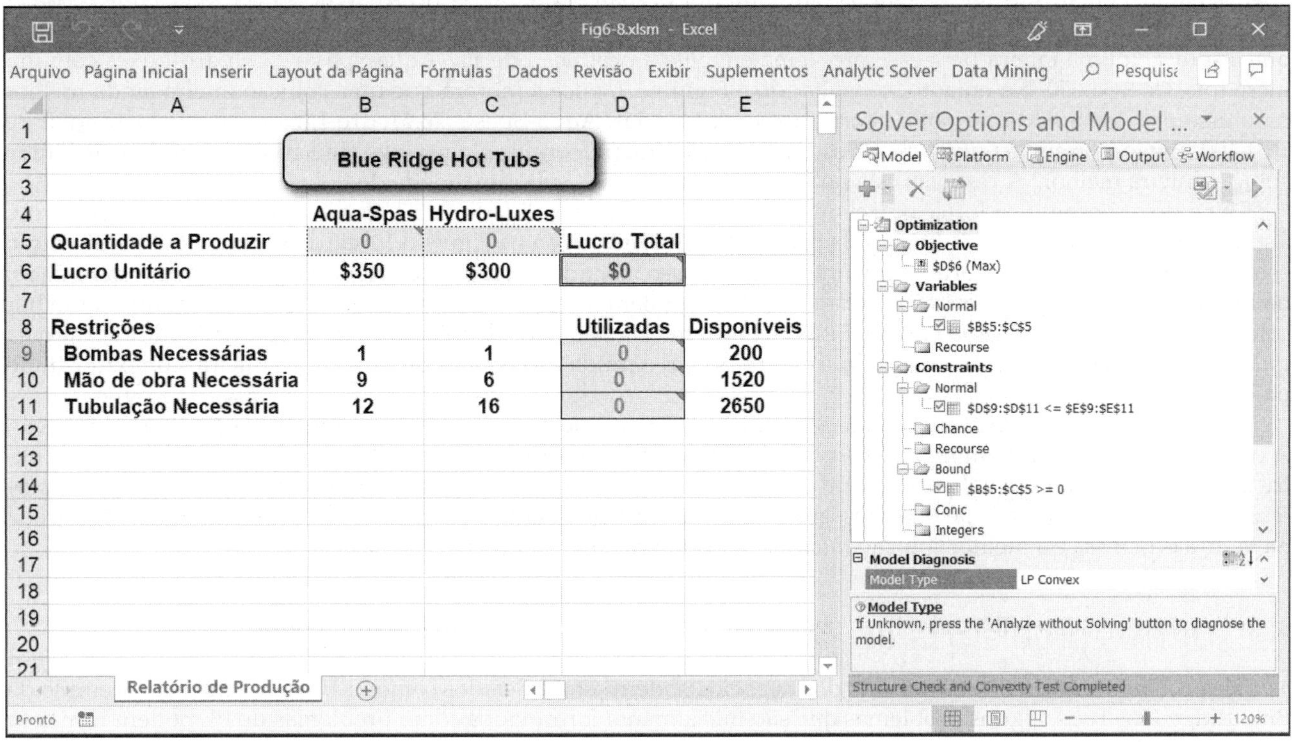

FIGURA 6.9 *Selecionando restrições inteiras.*

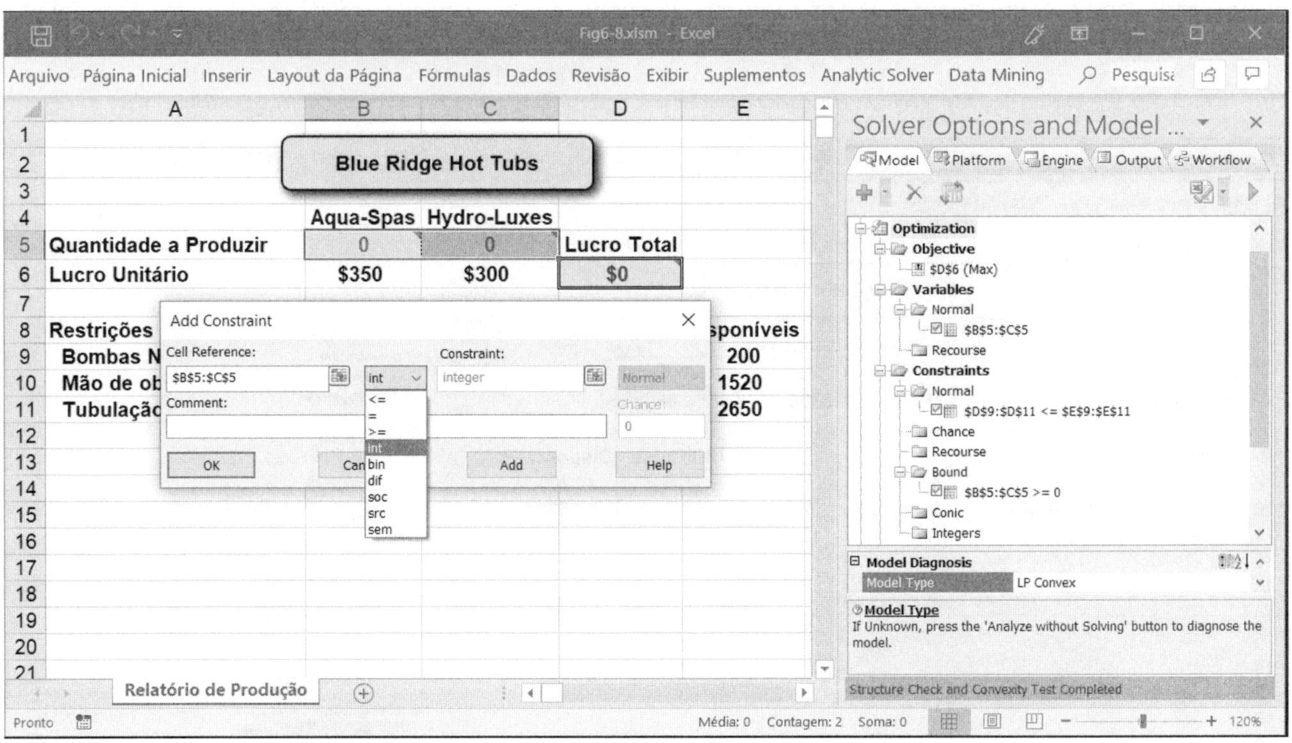

Na Figura 6.9, as células B5 a C5 são especificadas como células de referência para restrições adicionais. Porque queremos que essas células assumam apenas valores inteiros, precisamos selecionar a opção "int" do menu, como mostrado na Figura 6.9, e clicar em OK.

A Figura 6.10 mostra a configuração do Solver e a solução ótima com as células B5 e C5 restritas para assumir apenas valores inteiros. A mensagem na parte inferior do painel de tarefas do Analytic Solver indica que o Solver encontrou uma solução "dentro da tolerância" que satisfaz todas as restrições. Dessa forma, poderíamos suspeitar que a solução ótima inteira para esse problema envolve a produção de 117 Aqua-Spas e 77 Hydro-Luxes com um lucro total de $ 64.050. No entanto, consultando a Figura 6.7, você lembrará que uma solução inteira ainda melhor para esse problema pode ser obtida com a produção de 118 Aqua-Spas e 76 Hydro-Luxes por um lucro total de $ 64.100. Então por que o Solver escolheu uma solução inteira com um lucro total de $ 64.050 quando existe uma solução inteira melhor? A resposta está no fator de tolerância de subotimalidade do Solver.

De modo pré-especificado, ele utiliza uma tolerância de subotimalidade de 5%. Então, quando o Solver encontrou a solução inteira com o valor de função objetivo de $ 64.050, mostrada na Figura 6.10, ele determinou que essa solução estava dentro dos 5% da solução ótima inteira e, por isso, abandonou a busca. (Novamente, observe a mensagem na Figura 6.10, "Solução inteira encontrada dentro da tolerância".) Para garantir que o Solver encontre a melhor solução possível para um problema de PLI, devemos mudar seu fator de tolerância de subotimalidade clicando na guia Mecanismo no painel de tarefas do Analytic Solver e mudando o valor de Tolerância Inteira, como mostrado na Figura 6.11.

Como mostrado na Figura 6.11, pode-se estabelecer uma série de opções para controlar as operações do Solver. A opção de Tolerância Inteira representa o valor de tolerância de subotimalidade. Para garantir que o Solver encontre a melhor solução possível para um problema de PLI, devemos mudar essa configuração para o seu valor pré-especificado de 0,05 para 0. Se fizermos isso e resolvermos novamente o problema, obteremos a solução mostrada na Figura 6.12. Essa é a melhor solução inteira possível para o problema.

6.8 Outros problemas de PLI

Muitos problemas de decisão no mundo dos negócios podem ser modelados como PLI. Como vimos no exemplo da Blue Ridge Hot Tubs, alguns problemas que são inicialmente formulados como problemas de PL podem tornar-se formulações de PLI se exigirem soluções inteiras. Entretanto, a importância da PLI se estende para além de simplesmente nos permitir obter soluções inteiras para problemas de PL.

A capacidade de restringir certas variáveis para assumirem apenas valores inteiros nos habilita a modelar precisamente várias condições importantes. Por exemplo, até esse ponto nós não consideramos, em determinado problema

FIGURA 6.10 *Parâmetros do Solver e solução ótima para o problema revisado da Blue Ridge Hot Tubs com restrições inteiras.*

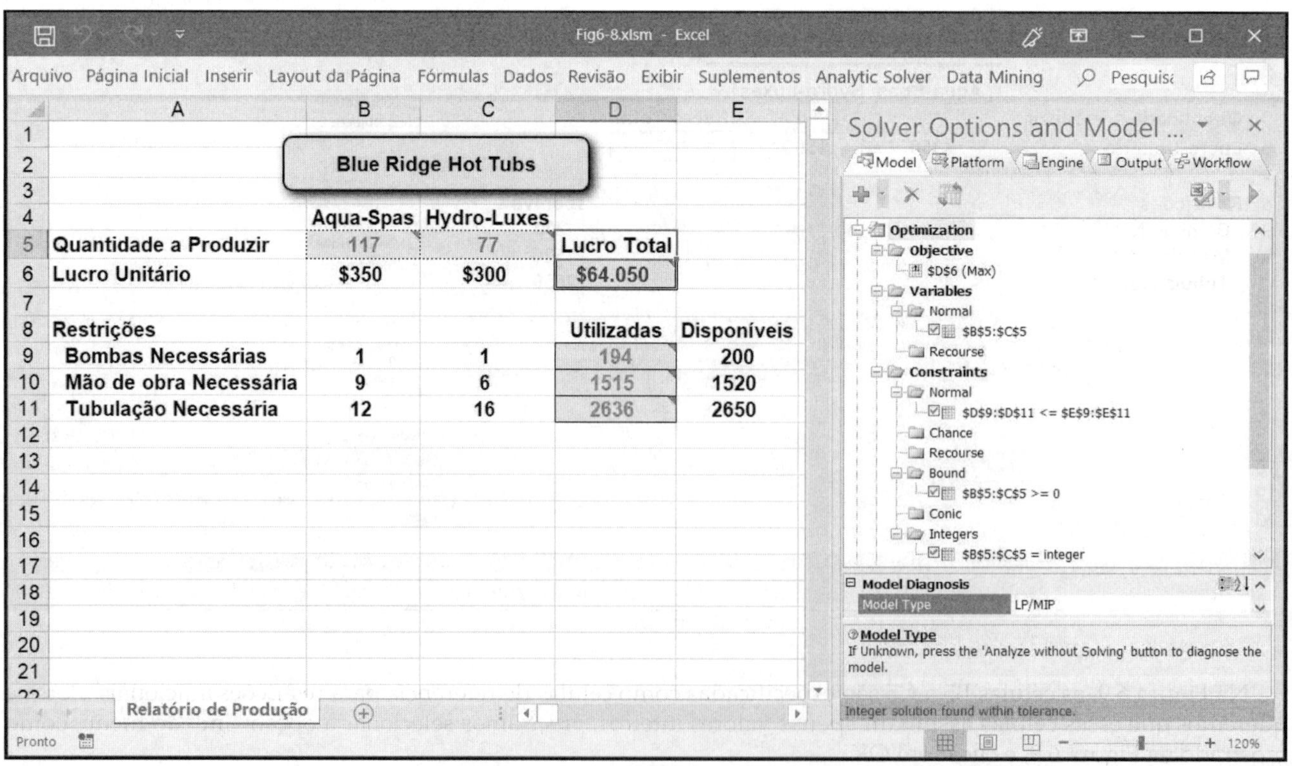

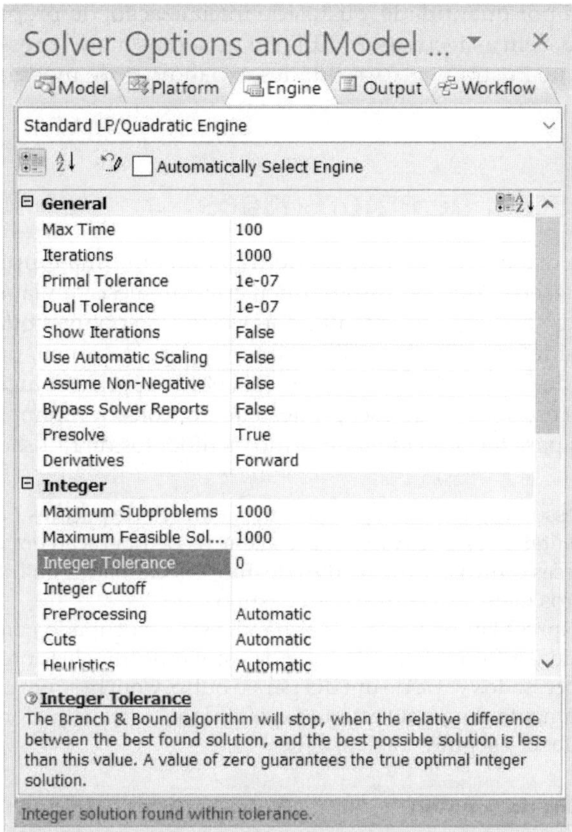

FIGURA 6.11 *Mudando o fator de tolerância de subotimalidade.*

FIGURA 6.12 *Solução ótima inteira para o problema revisado da Blue Ridge Hot Tubs.*

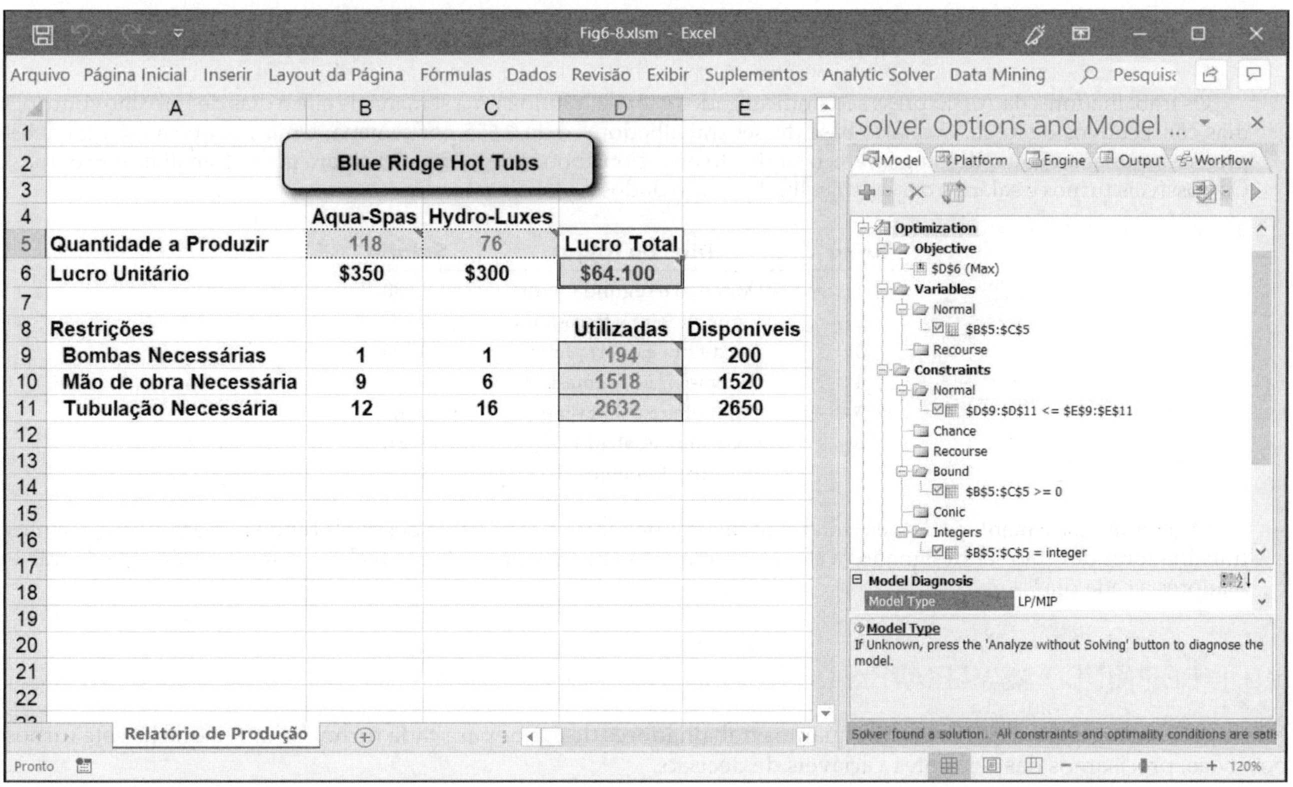

de decisão, o impacto de descontos por quantidade, custos de inicialização, de preparação ou de contratação, ou, ainda, restrições de tamanho de lote. Sem as técnicas de PLI não podemos modelar essas situações de decisão. Consideramos agora vários exemplos que ilustram as capacidades expandidas de modelagem tornadas possíveis com o uso de variáveis inteiras.

6.9 Um problema de escala de empregados

Qualquer pessoa responsável pela elaboração de escalas de trabalho em uma empresa com vários empregados compreende as dificuldades dessa tarefa. Pode ser muito difícil criar uma escala viável, mais ainda uma escala ótima. Tentar garantir que um número suficiente de trabalhadores esteja disponível quando necessário é uma tarefa complicada quando se devem considerar múltiplos turnos, pausas para descanso, pausas para o almoço e para o jantar. Entretanto, alguns modelos de PLI sofisticados foram concebidos para a solução desses problemas. Embora uma discussão sobre esses modelos esteja além do escopo deste texto, consideraremos um exemplo simples de um problema de escala de empregados para ter uma ideia de como os modelos de PLI são aplicados nessa área.

A Air-Express é um serviço expresso de expedição que garante a entrega de pacotes para o dia seguinte em qualquer parte dos Estados Unidos continental. A empresa tem vários centros de operação em aeroportos de grandes cidades do país. Pacotes são recebidos nesses centros, provenientes de outras localidades ou outros centros, e são enviados ao seu destino final ou a outros centros mais próximos de seu destino.

O gerente do centro da Air-Express em Baltimore, Maryland, está preocupado com os custos de trabalho em seu centro e tem interesse em determinar a forma mais eficiente de escalar os trabalhadores. O centro opera sete dias por semana e o número de pacotes processados varia de um dia para o outro. Com base em dados históricos sobre o número médio de pacotes recebidos diariamente, o gerente estima a quantidade de trabalhadores necessária para processar os pacotes, conforme mostrado na tabela a seguir:

Dia da semana	Trabalhadores exigidos
Domingo	18
Segunda-feira	27
Terça-feira	22
Quarta-feira	26
Quinta-feira	25
Sexta-feira	21
Sábado	19

Os trabalhadores da Air-Express são sindicalizados e têm garantida uma semana de cinco dias de trabalho com dois dias consecutivos de folga. O salário-base desses trabalhadores é de $ 655 por semana. Uma vez que a maioria deles prefere ter o sábado ou o domingo livre, o sindicato negociou abonos de $ 25 por dia para quem trabalhar nesses dias. Os possíveis turnos e salários desses trabalhadores são dados na tabela a seguir:

Turno	Dias de folga	Salário
1	Domingo e segunda-feira	$ 680
2	Segunda-feira e terça-feira	$ 705
3	Terça-feira e quarta-feira	$ 705
4	Quarta-feira e quinta-feira	$ 705
5	Quinta-feira e sexta-feira	$ 705
6	Sexta-feira e sábado	$ 680
7	Sábado e domingo	$ 655

O gerente deseja manter a despesa total com salários no centro o mais baixo possível. Tendo isso em mente, quantos trabalhadores deverão ser designados a cada turno se o gerente quiser ter disponível um número suficiente de trabalhadores a cada dia?

6.9.1 DEFININDO AS VARIÁVEIS DE DECISÃO

Nesse problema, o gerente deve decidir quantos trabalhadores designar para cada turno. Uma vez que há sete turnos possíveis, precisamos das seguintes variáveis de decisão:

X_1 = número de trabalhadores designados para o turno 1
X_2 = número de trabalhadores designados para o turno 2
X_3 = número de trabalhadores designados para o turno 3
X_4 = número de trabalhadores designados para o turno 4
X_5 = número de trabalhadores designados para o turno 5
X_6 = número de trabalhadores designados para o turno 6
X_7 = número de trabalhadores designados para o turno 7

6.9.2 DEFININDO A FUNÇÃO OBJETIVO

O objetivo nesse problema é minimizar o total de salários pagos. Cada trabalhador dos turnos 1 e 6 recebe \$ 680 por semana, e cada trabalhador do turno 7 recebe \$ 655. Todos os demais trabalhadores recebem \$ 705 por semana. Assim, o objetivo de minimizar a despesa total com salários é expresso como:

$$\text{MIN:} \quad 680X_1 + 705X_2 + 705X_3 + 705X_4 + 705X_5 + 680X_6 + 655X_7 \quad \} \text{ despesa total com salários}$$

6.9.3 DEFININDO AS RESTRIÇÕES

As restrições para esse problema devem garantir que pelo menos 18 trabalhadores sejam escalados para o domingo, pelo menos 27 sejam escalados para segunda-feira e assim por diante. Precisamos de uma restrição para cada dia da semana.

Para nos certificarmos de que pelo menos 18 trabalhadores estejam disponíveis no domingo, devemos determinar quais variáveis de decisão representam turnos que estão escalados para funcionar no domingo. Como os turnos 1 e 7 são os únicos que têm o domingo como dia de folga, os turnos restantes, de 2 a 6, estão todos escalados para funcionar no domingo. A seguinte restrição garante que pelo menos 18 trabalhadores estejam disponíveis no domingo:

$$0X_1 + 1X_2 + 1X_3 + 1X_4 + 1X_5 + 1X_6 + 0X_7 \geq 18 \quad \} \text{ trabalhadores exigidos no domingo}$$

Como os trabalhadores nos turnos 1 e 2 têm a segunda-feira como dia de folga, a restrição para a segunda-feira deve garantir que a soma das variáveis que representam o número de trabalhadores nos demais turnos, de 3 a 7, resulte em pelo menos 27. Essa restrição é expressa da seguinte forma:

$$0X_1 + 0X_2 + 1X_3 + 1X_4 + 1X_5 + 1X_6 + 1X_7 \geq 27 \quad \} \text{ trabalhadores exigidos na segunda-feira}$$

As restrições para os demais dias da semana são facilmente geradas aplicando a mesma lógica utilizada para as duas restrições anteriores. As restrições resultantes são expressas da seguinte forma:

$$\begin{aligned}
1X_1 + 0X_2 + 0X_3 + 1X_4 + 1X_5 + 1X_6 + 1X_7 &\geq 22 \quad \} \text{ trabalhadores exigidos na terça-feira}\\
1X_1 + 1X_2 + 0X_3 + 0X_4 + 1X_5 + 1X_6 + 1X_7 &\geq 26 \quad \} \text{ trabalhadores exigidos na quarta-feira}\\
1X_1 + 1X_2 + 1X_3 + 0X_4 + 0X_5 + 1X_6 + 1X_7 &\geq 25 \quad \} \text{ trabalhadores exigidos na quinta-feira}\\
1X_1 + 1X_2 + 1X_3 + 1X_4 + 0X_5 + 0X_6 + 1X_7 &\geq 21 \quad \} \text{ trabalhadores exigidos na sexta-feira}\\
1X_1 + 1X_2 + 1X_3 + 1X_4 + 1X_5 + 0X_6 + 0X_7 &\geq 19 \quad \} \text{ trabalhadores exigidos no sábado}
\end{aligned}$$

Finalmente, todas as nossas variáveis de decisão devem assumir valores inteiros não negativos. Essas condições são expressas da seguinte forma:

$$X_1, X_2, X_3, X_4, X_5, X_6, X_7 \geq 0$$
$$\text{Todos os } X_i \text{ devem ser inteiros}$$

6.9.4 UMA OBSERVAÇÃO SOBRE AS RESTRIÇÕES

A essa altura, pode-se imaginar por que as restrições para cada dia são "maior ou igual a" em vez de "igual a". Por exemplo, se a Air-Express precisa de apenas 19 pessoas no sábado, por que devemos ter uma restrição que permita escalar *mais* do que 19 pessoas? A resposta para essa pergunta está relacionada com a viabilidade. Suponhamos que o problema seja expresso novamente de modo que todas as restrições sejam "igual a". Há dois possíveis resultados para esse problema: (1) ele pode ter uma solução ótima viável ou (2) pode não ter uma solução viável.

No primeiro caso, se a formulação com restrições "igual a" tiver uma solução ótima viável, essa mesma solução também deve ser viável para a formulação com restrições "maior ou igual a". Porque ambas as formulações têm a mesma função objetivo, a solução para a formulação original não poderia ser pior (em termos de valor ótimo da função objetivo) do que uma formulação com restrições "igual a".

No segundo caso, se a formulação com restrições "igual a" não tiver solução viável, não haverá escala em que o número *exato* de empregados exigidos seja obtido a cada dia. Para encontrar uma solução viável nesse caso, precisaríamos tornar as restrições menos restritivas, permitindo escalar mais que o número exigido de empregados (ou seja, usar restrições "maior ou igual a").

Portanto, a utilização de restrições "maior ou igual a" não impede que se encontre uma solução na qual o número exato de trabalhadores necessários seja escalado para cada turno, se essa escala for viável e ótima. Caso contrário, a formulação com restrições "maior ou igual a" também garante que seja obtida uma solução ótima viável para o problema.

6.9.5 IMPLEMENTANDO O MODELO

O modelo de PLI para o problema de escala da Air-Express é resumido da seguinte forma:

MIN: $680X_1 + 705X_2 + 705X_3 + 705X_4 + 705X_5 + 680X_6 + 655X_7$ } despesa total com salários

Sujeito a:

$0X_1 + 1X_2 + 1X_3 + 1X_4 + 1X_5 + 1X_6 + 0X_7 \geq 18$ } trabalhadores exigidos no domingo

$0X_1 + 0X_2 + 1X_3 + 1X_4 + 1X_5 + 1X_6 + 1X_7 \geq 27$ } trabalhadores exigidos na segunda-feira

$1X_1 + 0X_2 + 0X_3 + 1X_4 + 1X_5 + 1X_6 + 1X_7 \geq 22$ } trabalhadores exigidos na terça-feira

$1X_1 + 1X_2 + 0X_3 + 0X_4 + 1X_5 + 1X_6 + 1X_7 \geq 26$ } trabalhadores exigidos na quarta-feira

$1X_1 + 1X_2 + 1X_3 + 0X_4 + 0X_5 + 1X_6 + 1X_7 \geq 25$ } trabalhadores exigidos na quinta-feira

$1X_1 + 1X_2 + 1X_3 + 1X_4 + 0X_5 + 0X_6 + 1X_7 \geq 21$ } trabalhadores exigidos na sexta-feira

$1X_1 + 1X_2 + 1X_3 + 1X_4 + 1X_5 + 0X_6 + 0X_7 \geq 19$ } trabalhadores exigidos no sábado

$X_1, X_2, X_3, X_4, X_5, X_6, X_7 \geq 0$

Todos os X_i devem ser inteiros

Uma maneira conveniente de implementar esse modelo é mostrada na Figura 6.13 (e no arquivo Fig6-13.xlsm, disponível na página deste livro no site da editora). Cada linha da tabela mostrada nessa planilha corresponde a um dos sete turnos no problema. Para cada dia da semana foram feitos lançamentos para indicar quais os turnos escalados para trabalho

FIGURA 6.13 *Modelo de planilha para o problema de escala de empregados da Air-Express.*

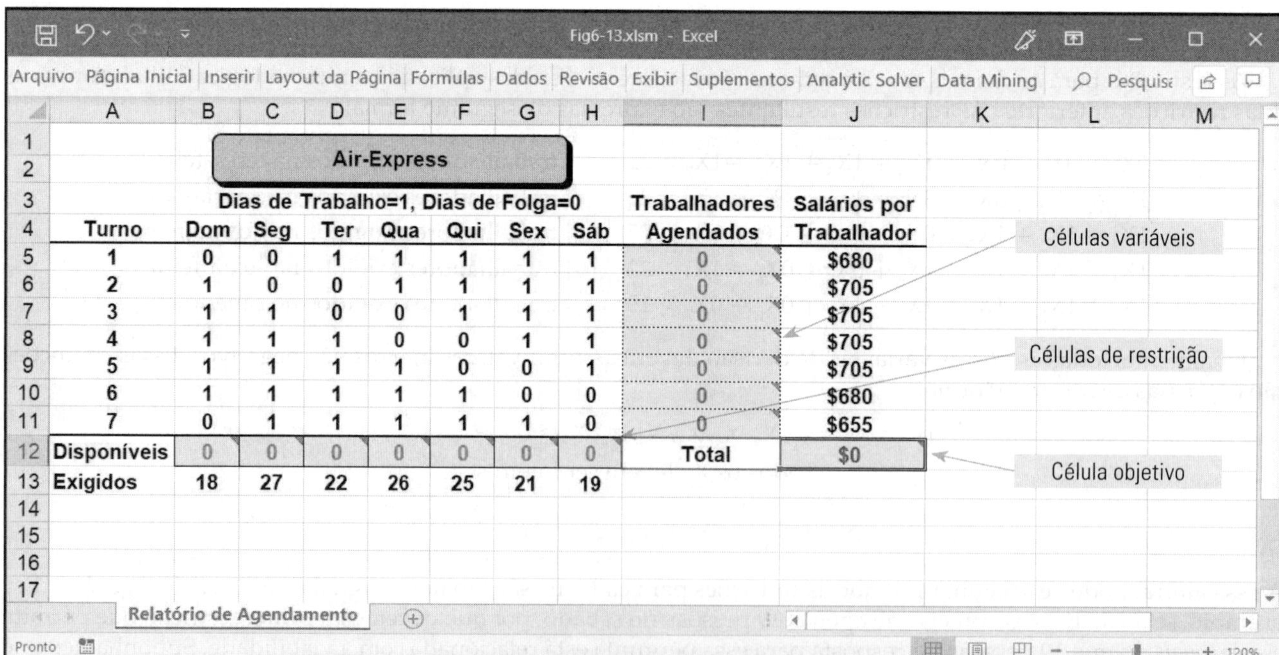

Air-Express

Turno	Dom	Seg	Ter	Qua	Qui	Sex	Sáb	Trabalhadores Agendados	Salários por Trabalhador
	Dias de Trabalho=1, Dias de Folga=0								
1	0	0	1	1	1	1	1	0	$680
2	1	0	0	1	1	1	1	0	$705
3	1	1	0	0	1	1	1	0	$705
4	1	1	1	0	0	1	1	0	$705
5	1	1	1	1	0	0	1	0	$705
6	1	1	1	1	1	0	0	0	$680
7	0	1	1	1	1	1	0	0	$655
Disponíveis	0	0	0	0	0	0	0	Total	$0
Exigidos	18	27	22	26	25	21	19		

Fórmulas das principais células		
Célula	**Fórmula**	**Copiado para**
B12	=SOMARPRODUTO(B5:B11;$I$5:$I$11)	C12:H12 e J12

ou folga. Por exemplo, o turno 1 está escalado para folgar no domingo e na segunda-feira e trabalhar nos demais dias da semana. Observe que os valores para cada dia da semana na Figura 6.13 correspondem diretamente aos coeficientes na restrição em nosso modelo de PLI para o mesmo dia da semana. O número exigido para cada dia está listado nas células B13 a H13 e corresponde aos valores de RHS de cada restrição. Os salários a serem pagos para cada trabalhador nos diversos turnos estão listados nas células J5 a J11 e correspondem aos coeficientes da função objetivo em nosso modelo.

As células I5 a I11 indicam o número de trabalhadores designados para cada turno e correspondem às variáveis de decisão X_1 a X_7 em nossa formulação algébrica do modelo de PL. A fórmula LHS para cada restrição é facilmente implementada usando a função SOMARPRODUTO( ). Por exemplo, a fórmula na célula B12 implementa da seguinte forma o LHS da restrição para o número de trabalhadores necessários no domingo:

Fórmula para a célula B12: =SOMARPRODUTO(B5:B11;$I$5:$I$11)
(Copiar para C12 a H12 e J12.)

Essa fórmula é, então, copiada para as células C12 a H12 a fim de implementar as fórmulas LHS das restrições restantes. Com os coeficientes para a função objetivo lançados nas células J5 a J11, a fórmula anterior também é copiada para a célula J12 a fim de implementar a função objetivo para esse modelo.

6.9.6 RESOLVENDO O MODELO

A Figura 6.14 mostra os parâmetros do Solver exigidos para solucionar esse problema. A solução ótima é mostrada na Figura 6.15.

6.9.7 ANALISANDO A SOLUÇÃO

A solução mostrada na Figura 6.15 garante que o número de empregados disponíveis é pelo menos tão grande quanto o número de empregados exigidos para cada dia. A despesa total mínima com salário associada a essa solução é de $ 22.540. (Há múltiplas soluções ótimas para esse problema.)

6.10 Variáveis binárias

Como mencionado anteriormente, alguns problemas de PL evoluem de modo natural para problemas de PLI quando nos damos conta de que precisamos obter soluções inteiras. Por exemplo, no problema da Air-Express precisamos determinar o número de trabalhadores a serem designados para cada um dos sete turnos. Uma vez que os trabalhadores são unidades discretas, precisamos impor, nesse modelo, condições de integralidade nas variáveis de decisão, representando o número de trabalhadores escalados para cada turno. Para isso, mudamos as variáveis contínuas no modelo para **variáveis inteiras gerais** ou variáveis que poderiam assumir qualquer valor inteiro (desde que as restrições do problema não sejam violadas). Em muitas outras situações, poderíamos querer usar **variáveis inteiras binárias** (ou variáveis binárias), que podem assumir *apenas dois* valores inteiros: 0 e 1. Variáveis binárias podem ser úteis em diversas situações práticas de modelagem, conforme ilustrado nos exemplos a seguir.

6.11 Um problema de orçamento de capital

Em um problema de orçamento de capital, um tomador de decisão fica diante de vários projetos potenciais ou de alternativas de investimento e deve determinar quais projetos ou investimentos serão escolhidos. Os projetos ou investimentos requerem, tipicamente, diferentes quantidades de recursos diversos (por exemplo: dinheiro, equipamento,

Configurações do Solver:
Objetivo: J12 (Min) Células variáveis: I5:I11 Restrições: B12:H12 >= B13:H13 I5:I11 = integer I5:I11 >= 0
Opções do Solver:
Standard LP/Quadratic Engine (LP Simplex) Integer Tolerance = 0

FIGURA 6.14
Configurações do Solver e opções para o problema de escala de empregados da Air--Express.

FIGURA 6.15 *Solução ótima para o problema de escala de empregados da Air-Express.*

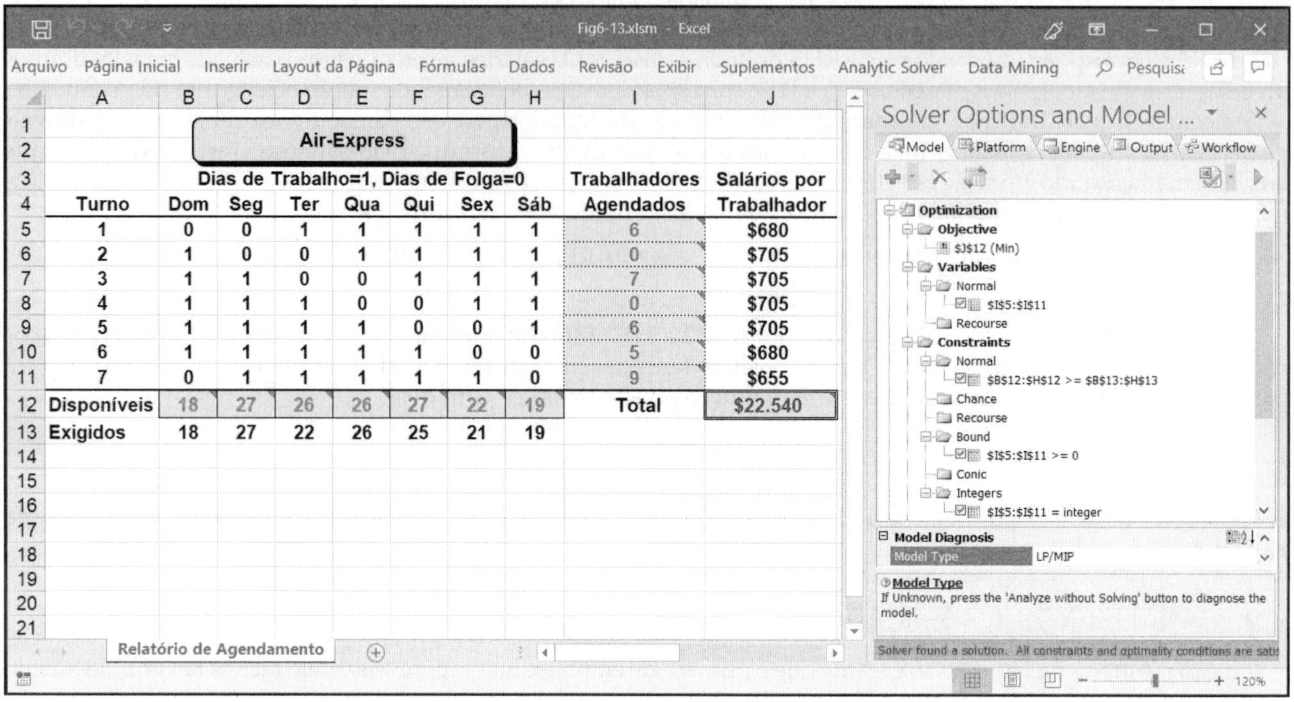

pessoal) e geram diferentes fluxos de caixa para a empresa. Os fluxos de caixa para cada projeto ou investimento são convertidos em um valor presente líquido (VPL). O problema é determinar qual conjunto de projetos ou de investimentos deve ser selecionado para atingir o valor presente líquido máximo. Consideremos o seguinte exemplo:

Em sua posição como vice-presidente de pesquisa e desenvolvimento (P&D) para a CRT Technologies, Mark Schwartz é responsável pela avaliação e escolha dos projetos que receberão apoio. A empresa recebeu mais de uma dúzia de propostas de P&D de seus cientistas e engenheiros e identificou 6 projetos como coerentes com a missão da empresa. Entretanto, a CRT Technologies não dispõe de fundos necessários para realizar todos os 6 projetos. Mark deve determinar quais projetos serão contemplados. As exigências de financiamento para cada projeto estão resumidas na tabela a seguir, juntamente com o VPL que a empresa espera que cada projeto gere.

		Capital necessário (em $ 1.000)				
Projeto	**VPL esperado (em $ 1.000)**	**Ano 1**	**Ano 2**	**Ano 3**	**Ano 4**	**Ano 5**
1	$ 141	$ 75	$ 25	$ 20	$ 15	$ 10
2	$ 187	$ 90	$ 35	$ 0	$ 0	$ 30
3	$ 121	$ 60	$ 15	$ 15	$ 15	$ 15
4	$ 83	$ 30	$ 20	$ 10	$ 5	$ 5
5	$ 265	$ 100	$ 25	$ 20	$ 20	$ 20
6	$ 127	$ 50	$ 20	$ 10	$ 30	$ 40

Atualmente, a empresa tem $ 250.000 disponíveis para investir em novos projetos. Ela também tem um orçamento de $ 75.000 para o apoio continuado a esses projetos no ano 2 e $ 50.000 por ano para anos 3, 4 e 5. Os fundos excedentes em qualquer ano são realocados para outros usos dentro da empresa e não podem ser utilizados nos anos seguintes.

6.11.1 DEFININDO AS VARIÁVEIS DE DECISÃO

Mark deve decidir qual dos seis projetos selecionar. Assim, precisamos de seis variáveis para representar as alternativas consideradas. Representaremos por $X_1, X_2, \ldots, X_6$ as seis variáveis de decisão para esse problema e assumiremos que elas operam como:

$$X_i = \begin{cases} 1, \text{ se o projeto } i \text{ for selecionado} \\ 0, \text{ caso contrário} \end{cases} \qquad i = 1, 2, \ldots, 6$$

Cada variável de decisão nesse problema é uma variável binária que assume o valor 1 se o projeto associado for selecionado, ou assume o valor 0 se o projeto associado não for selecionado. Resumindo, cada variável age como "um interruptor liga/desliga" para indicar se determinado projeto foi selecionado ou não.

6.11.2 DEFININDO A FUNÇÃO OBJETIVO

O objetivo desse problema é maximizar o VPL total dos projetos selecionados. Essa condição é matematicamente expressa da seguinte maneira:

$$\text{MAX:} \quad 141X_1 + 187X_2 + 121X_3 + 83X_4 + 265X_5 + 127X_6$$

Observe que essa função objetivo simplesmente soma os VPL para os projetos selecionados.

6.11.3 DEFININDO AS RESTRIÇÕES

Precisamos de uma restrição de capital para cada ano a fim de garantir que os projetos selecionados não demandem mais dinheiro do que há disponível. Esse conjunto de restrições é representado por:

$$\begin{aligned}
&75X_1 + 90X_2 + 60X_3 + 30X_4 + 100X_5 + 50X_6 \leq 250 && \text{\} restrição de capital para o ano 1} \\
&25X_1 + 35X_2 + 15X_3 + 20X_4 + 25X_5 + 20X_6 \leq 75 && \text{\} restrição de capital para o ano 2} \\
&20X_1 + 0X_2 + 15X_3 + 10X_4 + 20X_5 + 10X_6 \leq 50 && \text{\} restrição de capital para o ano 3} \\
&15X_1 + 0X_2 + 15X_3 + 5X_4 + 20X_5 + 30X_6 \leq 50 && \text{\} restrição de capital para o ano 4} \\
&10X_1 + 30X_2 + 15X_3 + 5X_4 + 20X_5 + 40X_6 \leq 50 && \text{\} restrição de capital para o ano 5}
\end{aligned}$$

6.11.4 ESTABELECENDO AS VARIÁVEIS BINÁRIAS

Em nossa formulação desse problema, assumimos que cada variável de decisão é uma variável binária. Devemos incluir essa premissa na indicação formal de nosso modelo, acrescentando a restrição:

Todos os X_i devem ser binários

6.11.5 IMPLEMENTANDO O MODELO

O modelo de PLI para o problema de seleção de projeto da CRT Technologies é resumido assim:

$$\begin{aligned}
\text{MAX:} \quad & 141X_1 + 187X_2 + 121X_3 + 83X_4 + 265X_5 + 127X_6 \\
\text{Sujeito a:} \quad & 75X_1 + 90X_2 + 60X_3 + 30X_4 + 100X_5 + 50X_6 \leq 250 \\
& 25X_1 + 35X_2 + 15X_3 + 20X_4 + 25X_5 + 20X_6 \leq 75 \\
& 20X_1 + 0X_2 + 15X_3 + 10X_4 + 20X_5 + 10X_6 \leq 50 \\
& 15X_1 + 0X_2 + 15X_3 + 5X_4 + 20X_5 + 30X_6 \leq 50 \\
& 10X_1 + 30X_2 + 15X_3 + 5X_4 + 20X_5 + 40X_6 \leq 50 \\
& \text{Todos os } X_i \text{ devem ser binários}
\end{aligned}$$

Esse modelo é implementado na planilha da Figura 6.16 (e no arquivo Fig6-16.xlsm, disponível na página deste livro no site da editora). Nessa planilha, os dados para cada projeto estão listados em linhas separadas.

As células B6 a B11 contêm valores iguais a 0 para indicar que elas estão reservadas para representar as seis variáveis em nosso modelo algébrico. A fórmula LHS para a restrição de capital é lançada na célula D12 e depois copiada para as células E12 a H12, da seguinte forma:

Fórmula para célula D12: =SOMARPRODUTO(D6:D11;$B$6:$B$11)
(Copiar para E12 a H12.)

FIGURA 6.16 *Modelo de planilha para o problema de seleção de projetos da CRT Technologies.*

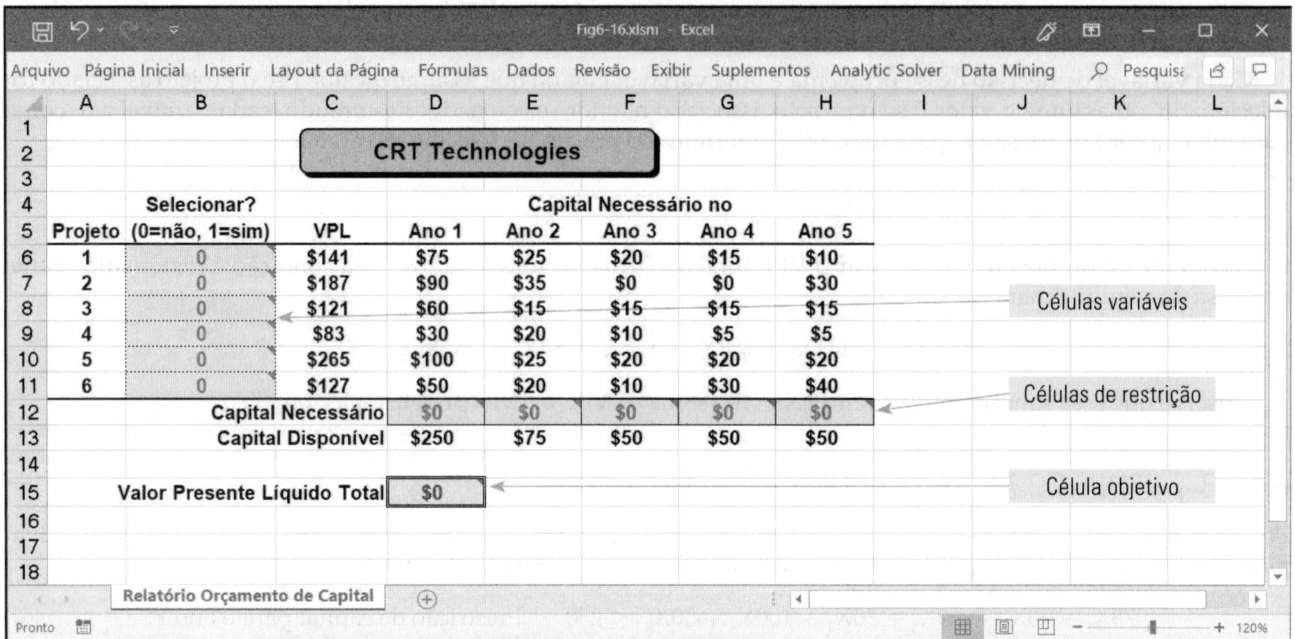

Fórmulas das principais células		
Célula	**Fórmula**	**Copiado para**
D12	=SOMARPRODUTO(D6:D11;$B$6:$B$11)	E12:H12
D15	=SOMARPRODUTO(C6:C11;$B$6:$B$11)	

Os valores RHS para as restrições estão listados nas células D13 a H13. Finalmente, a função objetivo do modelo é implementada na célula D15 da seguinte forma:

Fórmula para célula D15: =SOMARPRODUTO(C6:C11;$B$6:$B$11)

6.11.6 RESOLVENDO O MODELO

Para resolver esse modelo, devemos informar ao Solver onde implementamos a função objetivo, as variáveis de decisão e as restrições. As configurações do Solver e as opções mostradas na Figura 6.17 indicam que a função objetivo está implementada na célula D15 e que as variáveis de decisão são representadas pelas células B6 a B11. Observe, também, que apenas dois conjuntos de restrições estão especificados para esse problema.

O primeiro conjunto de restrições garante que as células B6 a B11 operarão como variáveis binárias. Implementamos essas restrições marcando as células na planilha que representam nossas variáveis de decisão e selecionando a opção "bin" (binário) na caixa de diálogo Adicionar Restrição (consulte a Figura 6.9). O último conjunto de restrições indica que os valores nas células D12 a H12 devem ser menores ou iguais aos valores nas células D13 a H13 quando o problema for resolvido. Essas condições correspondem às restrições de capital no problema.

FIGURA 6.17 *Configurações do Solver e opções para o problema de seleção de projetos da CRT Technologies.*

Configurações do Solver:

Objetivo: D15 (Max)
Células variáveis: B6:B11
Restrições:
B6:B11 = binary
D12:H12 <= D13:H13

Opções do Solver:

Standard LP/Quadratic Engine (LP Simplex)
Integer Tolerance = 0

Pelo fato de esse modelo conter seis variáveis de decisão e cada variável poder assumir apenas um dentre dois valores, existem, no máximo, $2^6 = 64$ soluções inteiras para esse problema. Algumas dessas soluções não cairão na região viável, então podemos supor que não será muito difícil resolver esse problema de maneira ótima. Se ajustarmos o fator de Tolerância Inteira em 0 e resolvermos o problema, obteremos as soluções mostradas na Figura 6.18.

6.11.7 COMPARANDO A SOLUÇÃO ÓTIMA COM UMA SOLUÇÃO HEURÍSTICA

A solução ótima mostrada na Figura 6.18 indica que, se a CRT Technologies selecionar os projetos 1, 4 e 5, poderá atingir um VPL total de \$ 489.000. Embora essa solução não utilize todo o capital disponível em cada ano, ela ainda é a melhor solução inteira para o problema.

Outra abordagem para a solução do problema é criar uma lista de importância dos projetos em ordem decrescente segundo o VPL e depois selecionar os projetos nessa lista, em ordem, até que o capital esteja esgotado. Como mostrado na Figura 6.19, se aplicássemos essa solução heurística para o problema atual, os projetos 5 e 2 seriam selecionados, mas não poderíamos selecionar outros projetos devido à falta de capital no ano 5. Essa solução geraria um VPL total de \$ 452.000. Novamente, podemos ver o benefício potencial das técnicas de otimização em relação às técnicas de solução heurística.

6.12 Variáveis binárias e condições lógicas

Variáveis binárias podem ser usadas para modelar várias condições lógicas que poderiam ser aplicadas em uma série de problemas. Por exemplo: no problema da CRT Technologies, vários dos projetos em consideração (ou seja, os projetos 1, 3 e 6) poderiam representar abordagens alternativas para produzir determinada parte de um produto. A empresa poderia querer limitar a solução a fim de incluir *não mais que uma* dessas três alternativas. Essa restrição pode ser expressa da seguinte maneira:

$$X_1 + X_3 + X_6 \leq 1$$

Uma vez que X_1, X_3 e X_6 representam variáveis binárias, não mais que um deles pode assumir o valor 1 e ainda satisfazer a restrição anterior. Se quisermos garantir que a solução inclua *exatamente uma* dessas alternativas, podemos incluir a seguinte restrição ao nosso modelo:

$$X_1 + X_3 + X_6 = 1$$

FIGURA 6.18 *Solução ótima inteira para o problema de seleção de projetos da CRT Technologies.*

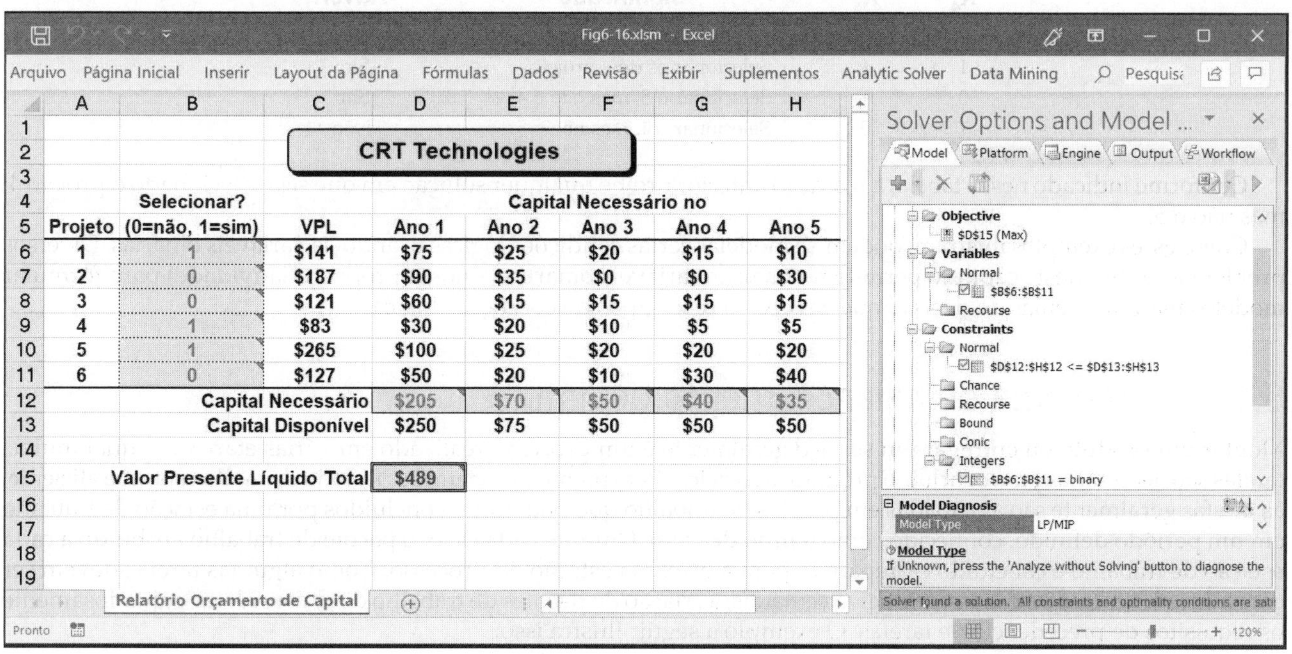

FIGURA 6.19 *Uma solução heurística subótima para a CRT Technologies.*

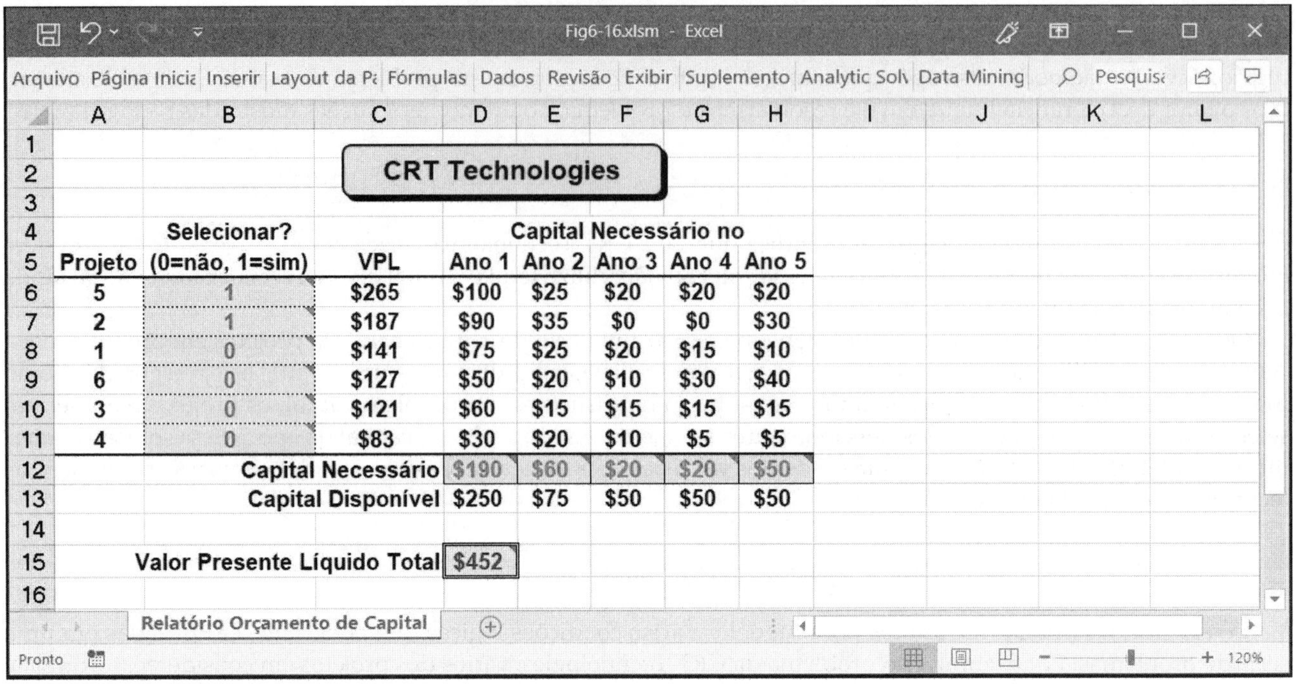

Projeto	Selecionar? (0=não, 1=sim)	VPL	Ano 1	Ano 2	Ano 3	Ano 4	Ano 5
			Capital Necessário no				
5	1	$265	$100	$25	$20	$20	$20
2	1	$187	$90	$35	$0	$0	$30
1	0	$141	$75	$25	$20	$15	$10
6	0	$127	$50	$20	$10	$30	$40
3	0	$121	$60	$15	$15	$15	$15
4	0	$83	$30	$20	$10	$5	$5
		Capital Necessário	$190	$60	$20	$20	$50
		Capital Disponível	$250	$75	$50	$50	$50
		Valor Presente Líquido Total	$452				

Como exemplo de outro tipo de condição lógica, suponha que o projeto 4 envolva uma tecnologia de comunicação celular que estará disponível para a empresa apenas se ela aceitar o projeto 5. Em outras palavras, a empresa só pode selecionar o projeto 4 se também selecionar o projeto 5. Esse tipo de relação pode ser imposto na solução com a restrição:

$$X_4 - X_5 \leq 0$$

As quatro possíveis combinações de valores para X_4 e X_5 e sua relação com a restrição anterior são resumidas na tabela a seguir:

Valor de X_4	Valor de X_5	Significado	Viável?
0	0	Não selecionar os dois projetos	Sim
1	1	Selecionar os dois projetos	Sim
0	1	Selecionar o 5, mas não o 4	Sim
1	0	Selecionar o 4, mas não o 5	Não

Conforme indicado nessa tabela, a restrição anterior proíbe qualquer solução em que seja selecionado o projeto 4, mas não o 5.

Como esses exemplos ilustram, podem-se modelar certas condições lógicas usando-se variáveis binárias. Diversos problemas no fim deste capítulo permitem-nos usar variáveis binárias (e nossa própria criatividade) para formular modelos para problemas de decisão que envolvam esses tipos de condições lógicas.

6.13 O problema de balanceamento de linha

Montar um produto ou entregar um serviço geralmente é um processo realizado em várias etapas, no qual muitas tarefas são necessárias para concluir o produto ou serviço. Para manter as operações fluindo de modo estável e eficiente, as tarefas geralmente são agrupadas em pacotes de trabalho que podem ser concluídos por uma estação de trabalho em um período definido, conhecido como **tempo de ciclo**. Durante cada ciclo, o pacote de trabalho atribuído a cada estação de trabalho é concluído e preparado para a próxima estação no processo. Como algumas tarefas devem ser concluídas antes que outras possam ser executadas, a criação de pacotes de trabalho deve considerar cuidadosamente os requisitos de precedência de tarefas. O exemplo a seguir ilustra isso.

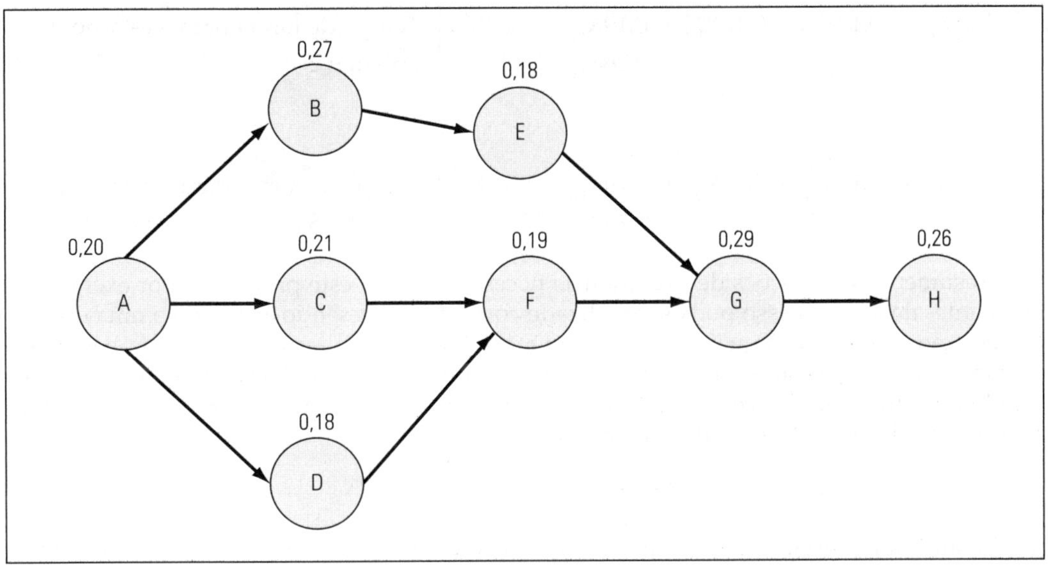

FIGURA 6.20
Precedência de tarefas e tempos para o problema de balanceamento de linhas.

A Colpitts Control Devices fabrica mecanismos de direção operados manualmente para cadeiras de rodas motorizadas utilizadas por pessoas com problemas de locomoção. Criar um mecanismo de direção requer oito tarefas de montagem. A Figura 6.20 resume as relações de precedência entre essas tarefas, bem como o tempo necessário para executar cada tarefa (em minutos). Por exemplo, a tarefa A deve ser concluída antes da tarefa B, a tarefa C deve ser concluída antes da tarefa F, e assim por diante. A empresa gostaria de agrupar as tarefas no número mínimo de estações de trabalho necessárias para atingir um tempo de ciclo de 0,5 minuto.

6.13.1 DEFININDO AS VARIÁVEIS DE DECISÃO

Há oito tarefas nesse problema, portanto, na pior das hipóteses, cada tarefa pode precisar ser designada à sua própria estação de trabalho exclusiva. Assim, devemos permitir até oito estações de trabalho. Ignorando as relações de precedência (que serão exigidas com restrições), qualquer tarefa pode ser atribuída a qualquer uma das estações de trabalho. Isso leva ao seguinte conjunto de variáveis de decisão binárias para o problema:

$$X_{ij} = \begin{cases} 1, \text{ se a tarefa } i \text{ for designada para a estação de trabalho } j \\ 0, \text{ caso contrário} \end{cases}, \; i = \text{A, B, ..., H}, j = 1, 2, \ldots, 8$$

Mais uma variável de decisão é necessária para este problema e será apresentada a seguir.

6.13.2 DEFININDO AS RESTRIÇÕES

Várias restrições diferentes se aplicam a esse problema. Primeiro, devemos garantir que cada uma das oito tarefas seja atribuída a exatamente uma estação de trabalho. Isso é feito da seguinte maneira:

$$X_{A1} + X_{A2} + X_{A3} + X_{A4} + X_{A5} + X_{A6} + X_{A7} + X_{A8} = 1 \} \text{ Restrição de atribuição para a Tarefa A}$$

$$X_{B1} + X_{B2} + X_{B3} + X_{B4} + X_{B5} + X_{B6} + X_{B7} + X_{B8} = 1 \} \text{ Restrição de atribuição para a Tarefa B}$$

e assim por diante até...

$$X_{H1} + X_{H2} + X_{H3} + X_{H4} + X_{H5} + X_{H6} + X_{H7} + X_{H8} = 1 \} \text{ Restrição de atribuição para a Tarefa H}$$

Em seguida, devemos garantir que o tempo necessário para concluir as tarefas atribuídas a cada estação de trabalho não exceda o tempo de ciclo desejado de 0,5 minuto. Isso é realizado do seguinte modo:

$$\left.\begin{aligned} 0{,}2X_{A1} + 0{,}27X_{B1} + 0{,}21X_{C1} + 0{,}18X_{D1} + 0{,}18X_{E1} + 0{,}19X_{F1} + 0{,}29X_{G1} \\ + 0{,}26X_{H1} \leq 0{,}5 \end{aligned}\right\} \text{ Tempo de tarefa para a estação de trabalho 1}$$

$$0{,}2X_{A2} + 0{,}27X_{B2} + 0{,}21X_{C2} + 0{,}18X_{D2} + 0{,}18X_{E2} + 0{,}19X_{F2} + 0{,}29X_{G2} + 0{,}26X_{H2} \leq 0{,}5 \quad \text{Tempo de tarefa para a estação de trabalho 2}$$

e assim por diante até...

$$0{,}2X_{A8} + 0{,}27X_{B8} + 0{,}21X_{C8} + 0{,}18X_{D8} + 0{,}18X_{E8} + 0{,}19X_{F8} + 0{,}29X_{G8} + 0{,}26X_{H8} \leq 0{,}5 \quad \text{Tempo de tarefa para a estação de trabalho 8}$$

As setas na Figura 6.20 resumem as condições de precedência necessárias para este problema. Por exemplo, a tarefa A deve ser concluída antes da tarefa B. Isso pode ser realizado com a tarefa A sendo atribuída a uma estação de trabalho que precede a estação de trabalho à qual a tarefa B está atribuída. Como alternativa, isso também pode ser feito atribuindo-se as tarefas A e B à mesma estação de trabalho (assumindo que ambas as tarefas podem ser realizadas no tempo de ciclo especificado). Em geral, a estação de trabalho (1, 2, ..., 8) à qual a tarefa *i* é atribuída pode ser calculada a partir das variáveis de decisão, da seguinte maneira:

$$WS_i = 1X_{i1} + 2X_{i2} + 3X_{i3} + 4X_{i4} + 5X_{i5} + 6X_{i6} + 7X_{i7} + 8X_{i8}$$

Por exemplo, se a tarefa C for atribuída à estação de trabalho 3 (ou seja, $X_{C3} = 1$), então $WS_C = 3X_{C3} = 3$. Utilizando esta definição de WS_i as restrições de precedência podem ser definidas do seguinte modo:

$WS_A \leq WS_B$	(implementar como $WS_A - WS_B \leq 0$)	} A tarefa B está posicionada com ou após A
$WS_A \leq WS_C$	(implementar como $WS_A - WS_C \leq 0$)	} A tarefa C está posicionada com ou após A
$WS_A \leq WS_D$	(implementar como $WS_A - WS_D \leq 0$)	} A tarefa D está posicionada com ou após A
$WS_B \leq WS_E$	(implementar como $WS_B - WS_E \leq 0$)	} A tarefa E está posicionada com ou após B
$WS_C \leq WS_F$	(implementar como $WS_C - WS_F \leq 0$)	} A tarefa F está posicionada com ou após C
$WS_D \leq WS_F$	(implementar como $WS_D - WS_F \leq 0$)	} A tarefa F está posicionada com ou após D
$WS_E \leq WS_G$	(implementar como $WS_E - WS_G \leq 0$)	} A tarefa G está posicionada com ou após E
$WS_F \leq WS_G$	(implementar como $WS_F - WS_G \leq 0$)	} A tarefa G está posicionada com ou após F
$WS_G \leq WS_H$	(implementar como $WS_G - WS_H \leq 0$)	} A tarefa H está posicionada com ou após G

Observe que a primeira dessas restrições de precedência garante que a tarefa B seja atribuída à mesma estação de trabalho que a tarefa A (se $WS_A = WS_B$) ou a uma que venha a seguir (se $WS_A < WS_B$). Interpretações similares se aplicam às outras restrições de precedência.

6.13.3 DEFININDO A FUNÇÃO OBJETIVO

Lembre-se de que o objetivo neste problema é determinar o número mínimo de estações de trabalho necessárias para atingir um tempo de ciclo de 0,5 minuto. Como WS_i representa o número da estação de trabalho à qual a tarefa *i* está atribuída e queremos usar o menor número possível de estações de trabalho, gostaríamos de minimizar o número máximo de estações de trabalho atribuídas. Ou seja, gostaríamos de usar o objetivo:

$$\text{MIN: MAX}(WS_A, WS_B, WS_C, WS_D, WS_E, WS_F, WS_G, WS_H)$$

Infelizmente, essa função objetivo não é uma combinação linear das variáveis de decisão. No entanto, podemos expressar o mesmo objetivo de maneira linear, introduzindo uma variável adicional (Q) e oito restrições adicionais, como segue:

$$\text{MIN: } Q$$
$$WS_A \leq Q$$
$$WS_B \leq Q$$
e assim por diante até ...
$$WS_H \leq Q$$

Como a variável Q deve ser maior ou igual aos valores de todos os números de estação de trabalho atribuídos e como estamos tentando minimizá-lo, Q sempre será igual ao número máximo de estações de trabalho atribuídas. Ao mesmo tempo, essa função objetivo tenta encontrar uma solução na qual o número máximo de estações de trabalho atribuídas (e o valor de Q) seja o menor possível. Portanto, esta técnica nos permite minimizar o número máximo de estações de trabalho atribuídas (e também minimizar o número de estações de trabalho utilizadas). (Observe que essa técnica para minimizar o máximo de vários valores calculados é útil em diversas situações de modelagem de otimização.)

6.13.4 IMPLEMENTANDO O MODELO

O modelo de PLI para o problema de balanceamento de carga de trabalho da Colpitts Control Devices é resumido como:

MIN: Q

Sujeito a:

$X_{A1} + X_{A2} + X_{A3} + X_{A4} + X_{A5} + X_{A6} + X_{A7} + X_{A8} = 1$ } Restrição de atribuição para a tarefa A

$X_{B1} + X_{B2} + X_{B3} + X_{B4} + X_{B5} + X_{B6} + X_{B7} + X_{B8} = 1$ } Restrição de atribuição para a tarefa B

e assim por diante a...

$X_{H1} + X_{H2} + X_{H3} + X_{H4} + X_{H5} + X_{H6} + X_{H7} + X_{H8} = 1$ } Restrição de atribuição para a tarefa H

$0{,}2X_{A1} + 0{,}27X_{B1} + 0{,}21X_{C1} + 0{,}18X_{D1} + 0{,}18X_{E1} + 0{,}19X_{F1} + 0{,}29X_{G1} + 0{,}26X_{H1} \leq 0{,}5$ } Tempo de tarefa para a estação de trabalho 1

$0{,}2X_{A2} + 0{,}27X_{B2} + 0{,}21X_{C2} + 0{,}18X_{D2} + 0{,}18X_{E2} + 0{,}19X_{F2} + 0{,}29X_{G2} + 0{,}26X_{H2} \leq 0{,}5$ } Tempo de tarefa para a estação de trabalho 2

e assim por diante a...

$0{,}2X_{A8} + 0{,}27X_{B8} + 0{,}21X_{C8} + 0{,}18X_{D8} + 0{,}18X_{E8} + 0{,}19X_{F8} + 0{,}29X_{G8} + 0{,}26X_{H8} \leq 0{,}5$ } Tempo de tarefa para a estação de trabalho 8

$WS_A \leq Q$ } Restrição de objetivo para o número da estação de trabalho à qual a tarefa A é atribuída

$WS_B \leq Q$ } Restrição de objetivo para o número da estação de trabalho à qual a tarefa B é atribuída

e assim por diante a...

$WS_H \leq Q$ } Restrição de objetivo para o número da estação de trabalho à qual a tarefa H é atribuída

$WS_A - WS_B \leq 0$ } A tarefa B está posicionada com ou após A

$WS_A - WS_C \leq 0$ } A tarefa C está posicionada com ou após A

$WS_A - WS_D \leq 0$ } A tarefa D está posicionada com ou após A

$WS_B - WS_E \leq 0$ } A tarefa E está posicionada com ou após B

$WS_C - WS_F \leq 0$ } A tarefa F está posicionada com ou após C

$WS_D - WS_F \leq 0$ } A tarefa F está posicionada com ou após D

$WS_E - WS_G \leq 0$ } A tarefa G está posicionada com ou após E

$WS_F - WS_G \leq 0$ } A tarefa G está posicionada com ou após F

$WS_G - WS_H \leq 0$ } A tarefa H está posicionada com ou após G

Em que:

$WS_A = 1X_{A1} + 2X_{A2} + 3X_{A3} + 4X_{A4} + 5X_{A5} + 6X_{A6} + 7X_{A7} + 8X_{A8}$ } Número da estação de trabalho à qual a tarefa A é atribuída

$WS_B = 1X_{B1} + 2X_{B2} + 3X_{B3} + 4X_{B4} + 5X_{B5} + 6X_{B6} + 7X_{A7} + 8X_{B8}$ } Número da estação de trabalho à qual a tarefa B é atribuída

e assim por diante a...

$WS_H = 1X_{H1} + 2X_{H2} + 3X_{H3} + 4X_{H4} + 5X_{H5} + 6X_{H6} + 7X_{H7} + 8X_{H8}$ } Número da estação de trabalho à qual a tarefa H é atribuída

Todos os X_{ij} são binários

FIGURA 6.21 *Modelo de planilha para o problema de balanceamento de linha.*

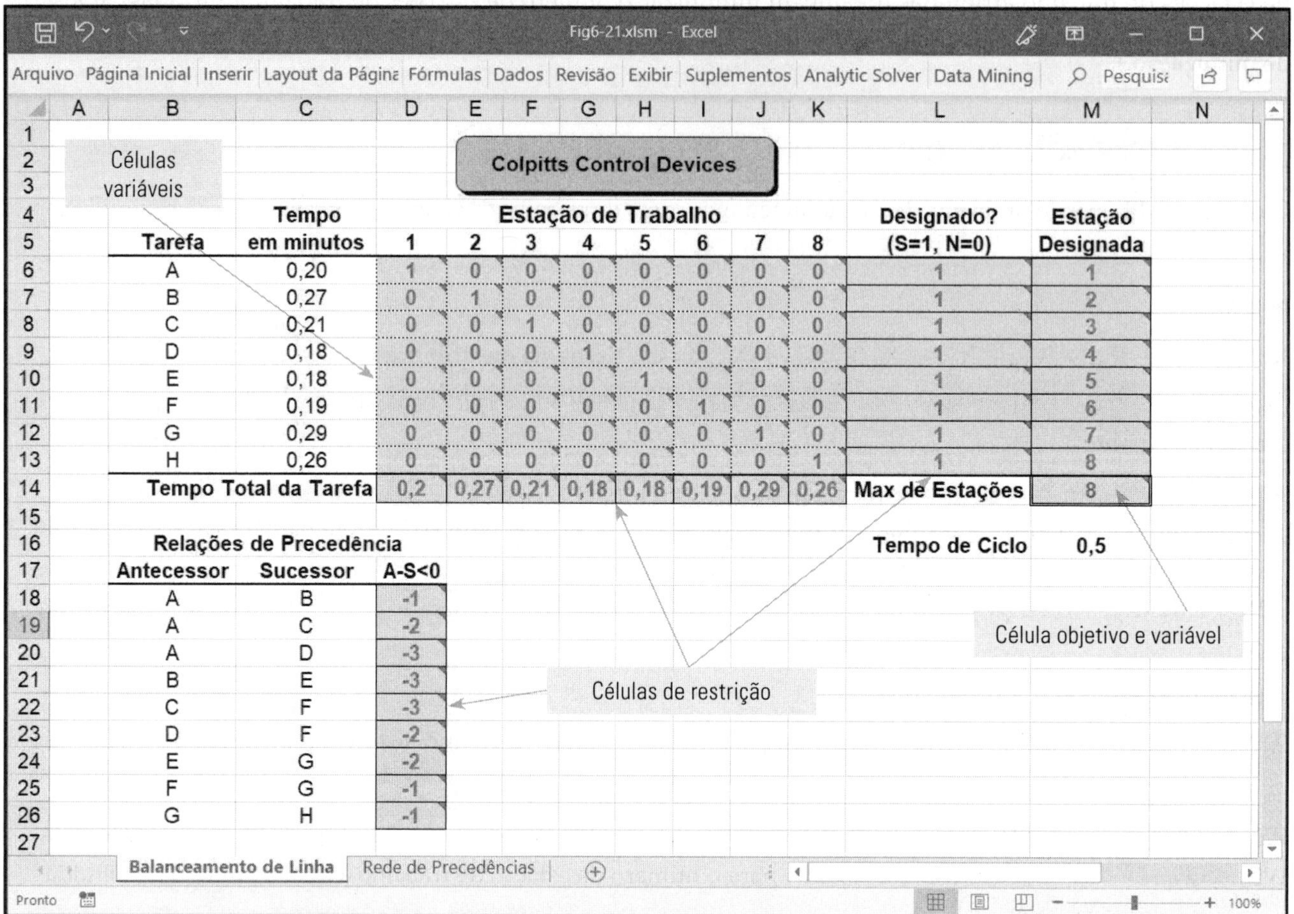

Fórmulas das principais células		
Célula	**Fórmula**	**Copiado para**
D14	=SOMARPRODUTO(D6:D13;$C$6:$C$13)	E14:K14
L6	=SOMA(D6:K6)	L7:L13
M6	=SOMARPRODUTO(D6:K6;$D$5:$K$5)	M7:M13
D18	=PROCV(B18;$B$6:$M$13;12) – PROCV(C18;$B$6:$M$13;12)	D19:D26

Uma maneira conveniente de implementar esse modelo é mostrada na Figura 6.21 (e no arquivo Fig6-21.xlsm, disponível na página deste livro no site da editora). As células D6 a K13 nessa planilha representam as variáveis de decisão binárias que indicam a qual estação de trabalho cada tarefa é atribuída. Uma solução inicial arbitrária é mostrada na Figura 6.21, com cada tarefa sendo atribuída a uma estação de trabalho exclusiva.

As fórmulas do LHS para as restrições de atribuição de tarefa são implementadas nas células L6 a L13, que somam as variáveis de decisão em suas respectivas linhas. Cada uma dessas células será restrita a ser igual a 1.

Fórmula para a célula L6: =SOMA(D6:K6)
(Copiar para L7 a L13.)

As fórmulas que calculam o tempo total das tarefas atribuídas a cada estação de trabalho são implementadas nas células D14 a K14 e serão restritas para não exceder o tempo de ciclo desejado especificado na célula M16.

Fórmula para a célula D14: =SOMARPRODUTO(D6:D13;$C$6:$C$13)
(Copiar para E14 a K14.)

O número da estação de trabalho à qual cada tarefa é atribuída é calculado nas células M6 até M13, como segue:

Fórmula para a célula M6: =SOMARPRODUTO(D6:K6;$D$5:$K$5)
(Copiar para M7 a M13.)

As tarefas predecessoras e sucessoras para cada relação de precedência estipulada são listadas nas células B18 a C26. Lembre-se de que cada tarefa sucessora deve ser posicionada na mesma estação de trabalho à qual sua tarefa predecessora está associada ou a uma estação de trabalho posterior. A fórmula do LHS para cada uma dessas restrições é implementada nas células D18 a D26 e será restrita a ser menor ou igual a zero.

Fórmula para a célula D18: =PROCV(B18;$B$6:$M$13;12)-PROCV(C18;$B$6:$M$13;12)
(Copiar para D19 a D26.)

A primeira função PROCV( ) nessa fórmula "procura" o valor na célula B18 na primeira coluna do intervalo de B6 a M13 e, quando encontra o valor correspondente, retorna o valor na 12ª coluna da linha correspondente (conforme especificado pelo valor 12 como o terceiro argumento na função PROCV( )). Portanto, para a célula D18, a primeira função PROCV( ) procura a letra A (de B18) na primeira coluna do intervalo de B6 a M13 e localiza esse valor na primeira linha do intervalo. Em seguida, retorna o valor 1 encontrado na 12ª coluna na mesma linha (célula M6) no intervalo de B6 a M13. A segunda função PROCV( ) realiza uma operação idêntica para o valor na célula C18 (ou seja, a letra B) e retorna o valor 2 encontrado na célula M7. Ao copiar essa fórmula para as células D19 a D26, calculamos as diferenças entre o número da estação de trabalho atribuída para cada emparelhamento predecessor e sucessor. (Por padrão, a função PROCV( ) assume que os valores na primeira coluna do intervalo determinado aparecem em ordem crescente. Se esse não for o caso, um quarto argumento opcional deve ser passado para a função PROCV( ) com um valor Booleano igual a Falso.)

Por fim, a função objetivo para esse problema é implementada na célula M14. Embora pareça intuitivo e tentador usar a fórmula MAX(M6:M13) nessa célula, lembre-se de que essa não é uma função linear das variáveis de decisão. Em vez disso, a célula M14 deve ser definida para ser uma célula de variável de decisão e a célula objetivo. Como com qualquer outra célula variável, o Solver determinará o valor ótimo para a célula, portanto, nenhuma fórmula deve ser colocada na célula. (O valor 8 mostrado na célula M14 na Figura 6.21 foi inserido manualmente.) Instruiremos o Solver a escolher e minimizar o valor na célula M14, mantendo seu valor maior ou igual aos valores nas células M6 a M13. Isso, por sua vez, minimizará o número de estações de trabalho necessárias.

6.13.5 ANALISANDO A SOLUÇÃO

Os parâmetros e as opções do Solver utilizados para resolver este problema são mostrados na Figura 6.22. Novamente, observe que a célula M14 é ao mesmo tempo uma célula variável e a célula objetivo que desejamos minimizar. A solução ótima para o problema é mostrada na Figura 6.23.

Essa solução indica que cinco estações de trabalho são necessárias. As tarefas A e C são atribuídas à estação de trabalho 1; as tarefas B e D, à estação de trabalho 2; a tarefa E, à estação de trabalho 3; as tarefas F e G, à estação de trabalho 4, e a tarefa H, à estação de trabalho 5. Observe que os tempos especificados das tarefas atribuídas às estações de trabalho variam e são todos menores que o tempo de ciclo especificado de 0,5 minuto.

Configurações do Solver:

Objetivo: M14 (Min)
Células variáveis: D6:K13, M14
Restrições:
- D14:K14 <= M16
- D18:D26 <= 0
- L6:L13 = 1
- M6:M13 <= M14
- D6:K13 = binary

Opções do Solver:

- Standard LP/Quadratic Engine (LP Simplex)
- Integer Tolerance = 0

FIGURA 6.22
Configurações e opções do Solver para o problema de balanceamento de linha.

FIGURA 6.23 *Solução ótima do problema de balanceamento de linha.*

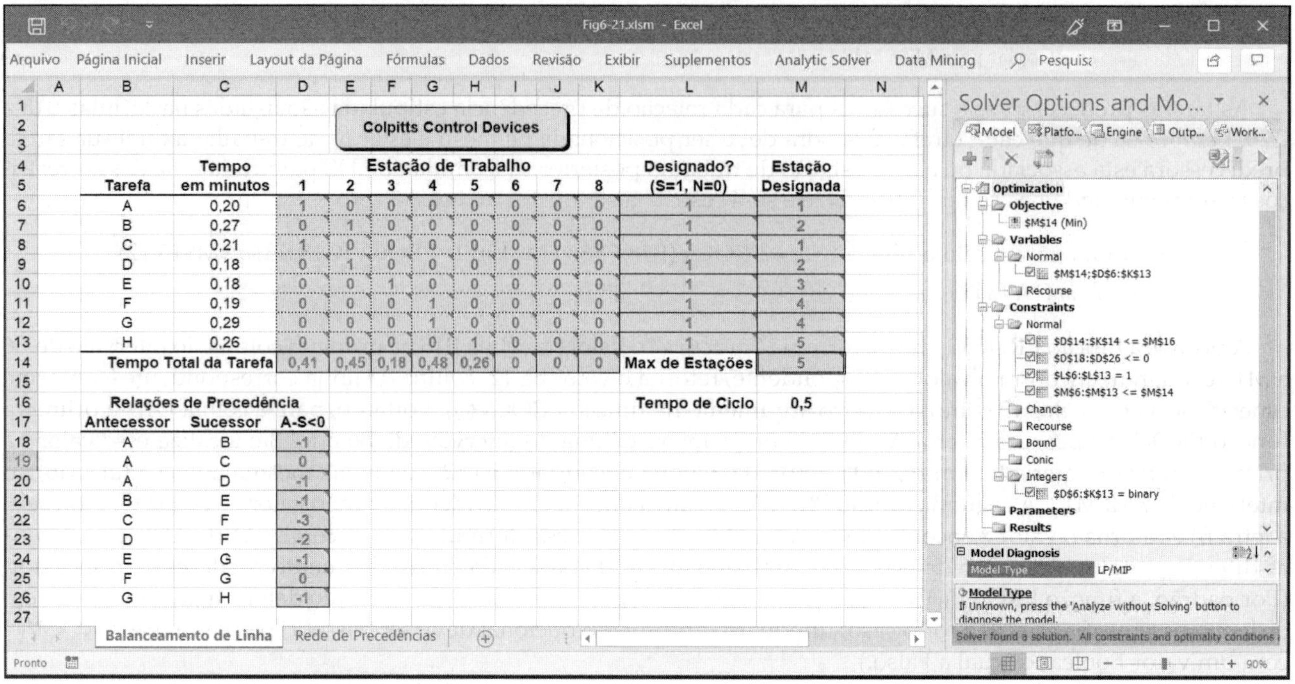

6.13.6 EXTENSÃO

Até este ponto, abordamos o problema de balanceamento de linha a partir da perspectiva de determinar o número mínimo de estações de trabalho necessárias para atingir um tempo de ciclo especificado. Outra abordagem para o problema envolve determinar o tempo de ciclo mínimo associado a um determinado número de estações de trabalho. No exemplo apresentado, se houver uma única estação de trabalho (com todas as tarefas atribuídas a essa estação de trabalho), o tempo de ciclo mínimo será de 1,78 minuto – ou a soma dos tempos de todas as tarefas. Da mesma forma, se houver oito estações de trabalho (com cada tarefa atribuída a uma única estação de trabalho), o tempo de ciclo mínimo será de 0,29 minuto – ou o tempo máximo de todas as tarefas. Mas e se houvesse 2, 3, 4, 5, 6 ou 7 estações de trabalho? Qual seria o tempo de ciclo mínimo associado a cada uma dessas configurações? Felizmente, com algumas mudanças fáceis, podemos executar uma otimização parametrizada em nosso modelo para responder a essas perguntas.

A Figura 6.24 (e o arquivo Fig6-24.xlsm, disponível na página deste livro no site da editora) ilustra as mudanças necessárias no modelo. Primeiro, observe que a célula M16 (representando o tempo de ciclo) é agora uma célula de variável de decisão *e* a célula objetivo que desejamos minimizar. Além disso, a célula M14 agora representa simplesmente o valor de RHS para as restrições nas células M6 a M13, que calculam o número da estação de trabalho à qual cada tarefa é atribuída. A Figura 6.24 mostra a solução que obteríamos se apenas uma estação de trabalho fosse permitida. No entanto, a fórmula na célula M14 nos permite "parametrizar" ou especificar vários valores para essa célula.

Fórmula para a célula M14: =PsiOptParam(1, 8)

A função PsiOptParam( ) na célula M14 informa ao Analytic Solver Platform que queremos considerar valores entre 1 e 8 para essa célula. (Embora não seja necessário neste exemplo, um terceiro argumento para a função PsiOptParam( ) pode ser especificado para indicar um valor padrão para a célula, o que é útil ao utilizar mais de uma função PsiOptParam( ) no mesmo modelo.) Como mostra a Figura 6.25, a guia Platform no painel de tarefas do Analytic Solver Platform nos permite indicar que queremos executar oito otimizações. Quando executamos o modelo utilizando as configurações mostradas na Figura 6.26, o Analytic Solver Platform executará oito otimizações, alterando o valor na célula M14 de 1 para 8 em incrementos iguais.

Conforme mostra a Figura 6.27, podemos visualizar os resultados de qualquer uma das oito otimizações usando a lista *drop-down* exibida na guia do Analytic Solver Platform. Observe que, quando permitimos quatro estações de

FIGURA 6.24 *Modelo de planilha para o problema de balanceamento de linha parametrizado.*

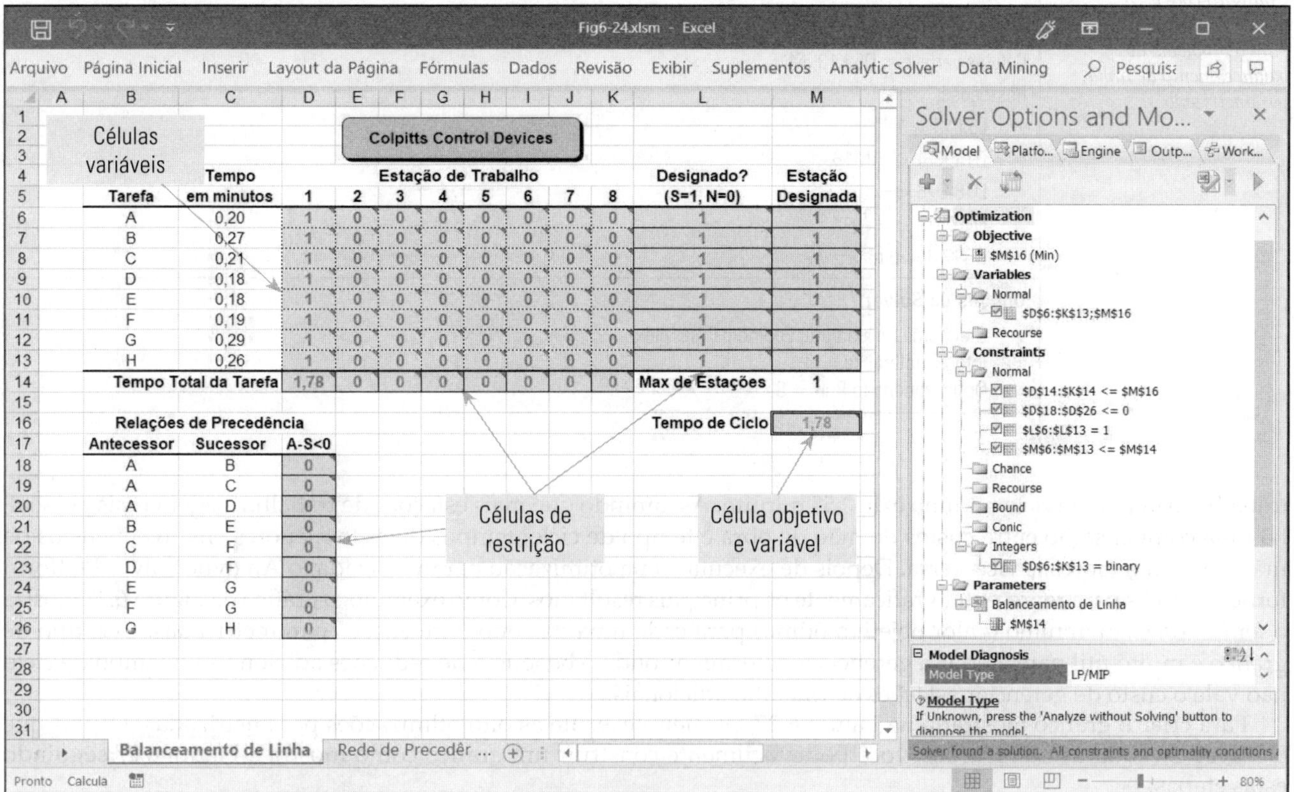

Fórmulas das principais células		
Célula	**Fórmula**	**Copiado para**
M14	=PsiOptParam(1;8)	--
D14	=SOMARPRODUTO(D6:D13;$C$6:$C$13)	E14:K14
L6	=SOMAR(D6:K6)	L7:L13
M6	=SOMARPRODUTO(D6:K6;$D$5:$K$5)	M7:M13
D18	=PROCV(B18;$B$6:$M$13;12)–PROCV(C18;$B$6:$M$13;12)	D19:D26

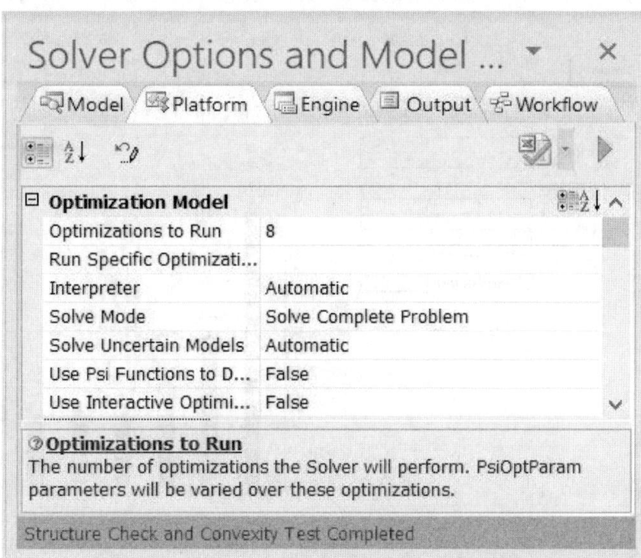

FIGURA 6.25 *Configuração do Analytic Solver Platform para executar múltiplas otimizações.*

FIGURA 6.26 *Configurações e opções do Solver para o problema do balanceamento de linha parametrizado.*

Configurações do Solver:

Objetivo: M16 (Min)
Células variáveis: D6:K13, M16
Restrições:
- L6:L13 = 1
- D14:K14 <= M16
- D18:D26 <= 0
- M6:M13 <= M14
- D6:K13 = binary

Opções do Solver:

- Standard LP/Quadratic Engine (LP Simplex)
- Integer Tolerance = 0
- Optimizations to Run = 8

trabalho, o tempo de ciclo mínimo é de 0,55 minuto. Assumindo que mais estações de trabalho exigem mais pessoal, há uma compensação entre custos de mão de obra e tempo de ciclo; tempos de ciclo menores envolvem custos de mão de obra maiores, e vice-versa. Depois de executar uma otimização parametrizada, o Analytic Solver Platform fornece opções para representar graficamente os principais resultados. Como exemplo, o gráfico da Figura 6.27 mostra o tempo de ciclo mínimo (valor objetivo ótimo) para cada uma das oito otimizações parametrizadas. Esse tipo de gráfico é muito útil para ajudar a gerência a determinar onde o benefício de reduções adicionais no tempo de ciclo não vale o custo de gerenciar estações de trabalho adicionais.

Para criar o gráfico mostrado na Figura 6.27, primeiro execute as oito otimizações parametrizadas. Depois que o Solver executar as otimizações, você pode facilmente construir um gráfico como mostra a Figura 6.27 seguindo estas etapas:

1. Clique no ícone *Charts* na guia do Analytic Solver Platform.
2. Selecione *Multiple Optimizations* e *Monitored Cells.*

FIGURA 6.27 *Explorando resultados para o problema de balanceamento de linha parametrizado.*

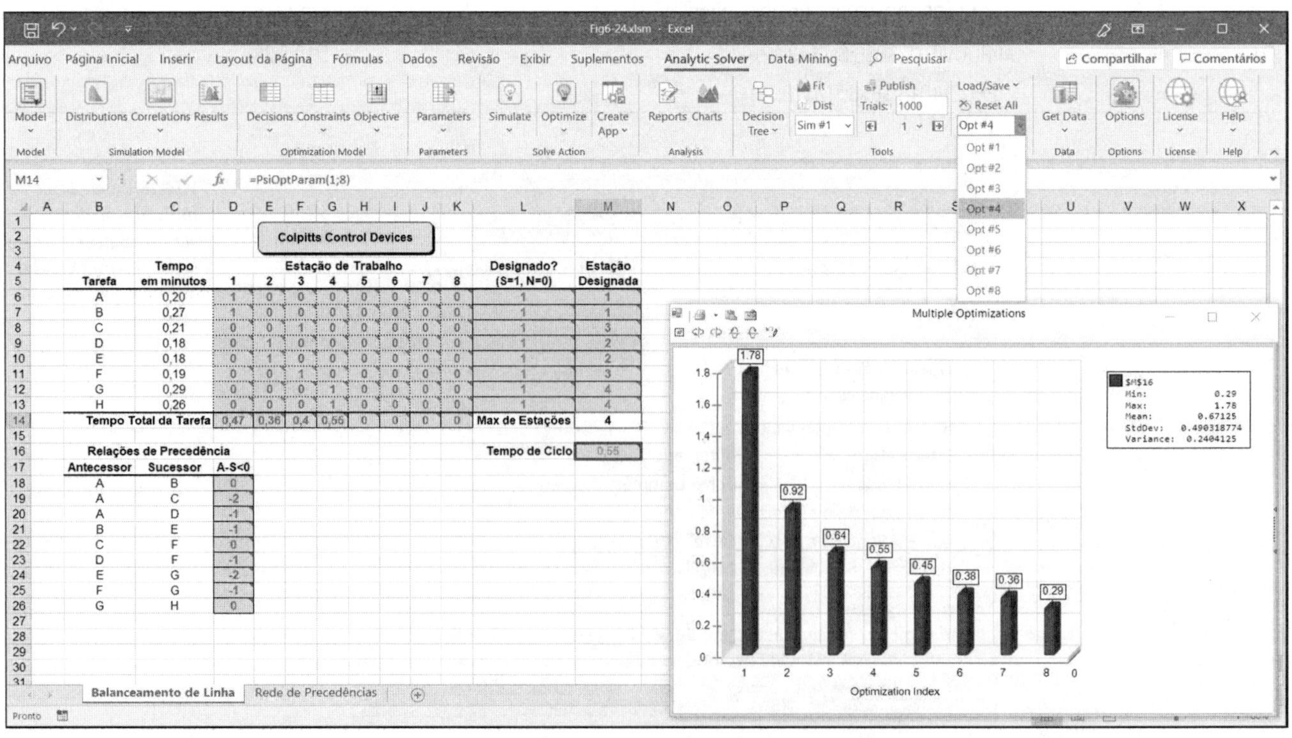

3. Amplie a opção *Objective*, selecione $M$16 e clique no botão ">".
4. Clique em OK.

O Analytic Solver Platform produz um gráfico básico dos resultados de otimização e oferece uma variedade de opções que permitem editar e personalizar sua aparência.

6.14 O problema do custo fixo

Na maioria dos problemas de PL discutidos nos primeiros capítulos, formulamos funções objetivo para maximizar lucros ou minimizar custos. Em cada um desses casos, associamos um custo por unidade ou um lucro por unidade a cada variável de decisão para criar a função objetivo. Entretanto, em algumas situações, a decisão de produzir um produto resulta em um custo de preparação, ou custo fixo, além de um custo ou lucro por unidade. Esses tipos de problemas são conhecidos como problemas de despesa fixa ou custo fixo. Segue uma lista de exemplos de custos fixos:

- O custo de arrendamento, aluguel ou compra de uma peça de equipamento ou veículo que será necessário se determinada ação for adotada;
- O custo de preparação de uma máquina ou linha de produção para fabricar um tipo de produto diferente;
- O custo de construção de uma nova linha de produção ou instalação que será necessária se determinada decisão for tomada;
- O custo de contratação de mão de obra adicional que será necessária se determinada decisão for tomada.

Em cada um desses exemplos, os custos fixos são custos *novos* que incorrerão se for adotada determinada ação ou decisão. Os custos fixos são diferentes de custos embutidos, os quais incorrerão não importa qual a decisão tomada. Os custos embutidos são irrelevantes para a tomada de decisão porque, por definição, a decisão não influencia esses custos. Por outro lado, os custos fixos são fatores importantes na tomada de decisão porque a decisão determina se esses custos incorrerão ou não. O exemplo a seguir ilustra a formulação e a solução de um problema de custo fixo.

A Remington Manufacturing está planejando o próximo ciclo de produção. A empresa fabrica três produtos, e cada um deles deve passar por operações de usinagem, moagem e montagem. A tabela a seguir resume as horas de usinagem, moagem e montagem necessárias para produzir uma unidade de cada produto, e o número total de horas disponíveis para realizar cada operação.

	Horas necessárias por			
Operação	**Produto 1**	**Produto 2**	**Produto 3**	**Total de horas disponíveis**
Usinagem	2	3	6	600
Moagem	6	3	4	300
Montagem	5	6	2	400

O departamento de contabilidade estimou que a venda de cada unidade do produto 1 fabricada e vendida renderá um lucro de \$ 48, e cada unidade dos produtos 2 e 3 contribuirá com \$ 55 e \$ 50, respectivamente. No entanto, a fabricação de uma unidade do produto 1 requer uma operação de preparação da linha de produção que custa \$ 1.000. Preparações semelhantes são exigidas para os produtos 2 e 3, a um custo de \$ 800 e \$ 900, respectivamente. O departamento de marketing acredita que pode vender todos os produtos fabricados. Portanto, a gerência da Remington deseja determinar a combinação mais lucrativa de produtos a ser manufaturados.

6.14.1 DEFININDO AS VARIÁVEIS DE DECISÃO

Embora somente três produtos estejam sendo considerados, precisamos de seis variáveis para formular o problema de maneira precisa. Podemos definir essas variáveis como:

$$X_i = \text{o número de unidades do produto } i \text{ a ser produzido, } i = 1, 2, 3$$

$$Y_i = \begin{cases} 1, \text{ se } X_i > 0 \\ 0, \text{ se } X_i = 0 \end{cases}, \quad i = 1, 2, 3$$

Precisamos de três variáveis, X_1, X_2 e X_3, que correspondem às unidades dos produtos 1, 2, e 3 fabricados. Cada uma das variáveis X_i tem uma variável binária correspondente, Y_i, que será igual a 1 se X_i assumir qualquer valor positivo ou igual a 0 se X_i for 0. Por enquanto, não é necessário se preocupar com a maneira como essa relação entre X_i e Y_i é ativada. Exploraremos isso em breve.

6.14.2 DEFININDO A FUNÇÃO OBJETIVO

Dada a nossa definição das variáveis de decisão, a função objetivo para o nosso modelo é expressa da seguinte forma:

$$\text{MAX:} \quad 48X_1 + 55X_2 + 50X_3 - 1.000Y_1 - 800Y_2 - 900Y_3$$

Os primeiros três termos dessa função calculam o lucro marginal gerado pelo número de produtos 1, 2 e 3 vendidos. Os últimos três termos dessa função subtraem os custos fixos para os produtos fabricados. Por exemplo, a partir de nossa definição das variáveis Y_i, sabemos que, se X_1 assumir um valor positivo, Y_1 deve ser igual a 1. E, se $Y_1 = 1$, o valor da função objetivo será reduzido em \$ 1.000 para refletir o pagamento do custo de preparação. Por outro lado, se $X_1 = 0$, sabemos que $Y_1 = 0$. Portanto, se nenhuma unidade de X_1 for produzida, o custo de preparação para o produto 1 não incorrerá no objetivo. Existem relações semelhantes entre X_2 e Y_2 e entre X_3 e Y_3.

6.14.3 DEFININDO AS RESTRIÇÕES

Vários conjuntos de restrições se aplicam a esse problema. São necessárias restrições de capacidade para garantir que a quantidade de horas de usinagem, moagem e montagem empregadas não exceda a de horas disponíveis para cada um desses recursos. Essas restrições são expressas da seguinte forma:

$$2X_1 + 3X_2 + 6X_3 \leq 600 \quad \} \text{ restrição de usinagem}$$
$$6X_1 + 3X_2 + 4X_3 \leq 300 \quad \} \text{ restrição de moagem}$$
$$5X_1 + 6X_2 + 2X_3 \leq 400 \quad \} \text{ restrição de montagem}$$

Precisamos, também, incluir condições de integralidade e de não negatividade nas variáveis X_i, como:

$$X_i \geq 0 \text{ e inteira, } i = 1, 2, 3$$

A seguinte restrição nas variáveis Y_i é necessária para garantir que elas operarão como variáveis binárias:

Todos Y_i devem ser binários

Conforme foi mencionado antes, devemos garantir que a relação exigida entre as variáveis X_i e Y_i sejam ativadas. Em particular, o valor das variáveis Y_i pode ser determinado a partir das variáveis X_i. Portanto, precisamos de restrições para estabelecer essa *ligação* entre o valor das variáveis Y_i e o das variáveis X_i. Essas restrições de ligação são representadas por:

$$X_1 \leq M_1Y_1$$
$$X_2 \leq M_2Y_2$$
$$X_3 \leq M_3Y_3$$

Em cada uma dessas restrições, M_i é uma constante numérica que representa um limite superior para o valor ótimo de X_i. Assumamos que todos os M_i sejam números arbitrariamente grandes, como por exemplo $M_i = 10.000$. Então, cada restrição cria uma ligação entre o valor de X_i e de Y_i. Por exemplo, se algumas variáveis X_i nas restrições anteriores assumem um valor maior que 0, a variável Y_i correspondente deve assumir o valor 1 ou a restrição será violada. Por outro lado, se alguma das variáveis X_i for igual a 0, as variáveis Y_i correspondentes poderiam ser iguais a 0 ou 1 e ainda satisfazer a restrição. Entretanto, se considerarmos a função objetivo para esse problema, sabemos que, quando houver escolha, o Solver sempre ajustará o Y_i para igual a 0 (e não 1) porque isso resulta em um valor de função objetivo melhor. Portanto, podemos concluir que, se algumas variáveis X_i forem iguais a 0, o Solver ajustará a correspondente variável Y_i para 0 porque isso é viável e resultará em um valor de função objetivo melhor.

6.14.4 DETERMINANDO VALORES PARA O "M GRANDE"

Os valores M_i usados nas restrições de ligação às vezes são chamados valores "M grande" porque podem assumir valores arbitrariamente grandes. Entretanto, por razões que escapam ao escopo deste texto, esses tipos de problema são bem mais fáceis de resolver se os valores M_i forem mantidos no patamar mais baixo possível. Como indicado antes, os valores M_i impõem limites superiores aos valores de X_i. Assim, se o problema indicar que uma empresa não pode fabricar nem vender mais de 60 unidades de X_1, por exemplo, poderíamos usar $M_1 = 60$. No entanto, mesmo que os limites superiores para X_i não sejam claramente indicados, às vezes é fácil deduzir limites superiores implícitos para essas variáveis.

Consideremos a variável X_1 no problema da Remington. Qual é o número máximo de unidades de X_1 que pode ser produzido nesse problema? Relembrando nossas restrições de capacidade, se a empresa produzir 0 unidade de X_2 e X_3, ela esgotaria a capacidade de usinagem após produzir $600/2 = 300$ unidades de X_1. Da mesma forma, ela esgotaria a capacidade de moagem após produzir $300/6 = 50$ unidades de X_1, e esgotaria a capacidade de montagem após produzir $400/5 = 80$ unidades de X_1. Portanto, o número máximo de unidades de X_1 que a empresa pode produzir é 50. Seguindo a mesma lógica, podemos determinar que o número máximo de unidades de X_2 que a empresa pode produzir é MIN(600/3, 300/3, 400/6) = 66,67, e o número máximo de unidades de X_3 é MIN(600/6, 300/4, 400/2) = 75. Assim, para esse problema, limites superiores razoáveis para X_1, X_2 e X_3 são representados por $M_1 = 50$, $M_2 = 66{,}67$ e $M_3 = 75$, respectivamente. (Observe que o método ilustrado aqui para a obtenção de valores razoáveis para M_i não se aplica se algum dos coeficientes de restrição na usinagem, moagem ou montagem for negativo. Por que isso acontece?) Quando possível, devem-se determinar valores razoáveis para M_i nesse tipo de problema. Entretanto, se não for possível, podem-se atribuir valores arbitrariamente maiores a M_i.

6.14.5 IMPLEMENTANDO O MODELO

Usando os valores para M_i calculados antes, nossa formulação de PLI do modelo de planejamento de produção da Remington é resumida assim:

MAX:	$48X_1 + 55X_2 + 50X_3 - 1.000Y_1 - 800Y_2 - 900Y_3$	
Sujeito a:	$2X_1 + 3X_2 + 6X_3 \leq 600$	} restrição de usinagem
	$6X_1 + 3X_2 + 4X_3 \leq 300$	} restrição de moagem
	$5X_1 + 6X_2 + 2X_3 \leq 400$	} restrição de montagem
	$X_1 - 50Y_1 \leq 0$	} restrição de ligação
	$X_2 - 67Y_2 \leq 0$	} restrição de ligação
	$X_3 - 75Y_3 \leq 0$	} restrição de ligação
	Todos Y_i devem ser binários	} restrições binárias
	Todos X_i devem ser inteiros	} condições de integralidade
	$X_i \geq 0, i = 1, 2, 3$	} condições de não negatividade

Esse modelo expressa as restrições de ligação de uma forma um pouco diferente (mas algebricamente equivalente) para seguir nossa convenção de ter todas as variáveis no LHS da desigualdade e uma constante no RHS. Esse modelo foi implementado na planilha da Figura 6.28 (e no arquivo Fig6-28.xlsm, disponível na página deste livro no site da editora).

Na planilha da Figura 6.28, as células B5, C5 e D5 representam as variáveis X_1, X_2 e X_3, e as células B15, C15 e D15 representam Y_1, Y_2 e Y_3. Os coeficientes para a função objetivo estão nas células B7 a D8. Essa função é implementada na célula F8 com a seguinte fórmula:

Fórmula para a célula F8: =SOMARPRODUTO(B7:D7;B5:D5) –
SOMARPRODUTO(B8:D8;B15:D15)

As células B11 a D13 contêm os coeficientes de restrição de usinagem, moagem e montagem. As fórmulas LHS para essas restrições são implementadas nas células E11 a E13 e as células F11 a F13 contêm os valores RHS para essas restrições. Finalmente, as fórmulas para as restrições de ligação são lançadas nas células B16 a D16, conforme segue:

Fórmula para a célula B16: =B5 – MIN($F$11/B11;$F$12/B12;$F$13/B13)*B15

(Copiar para C16 a D16.)

FIGURA 6.28 *Modelo de planilha para o problema de custo fixo da Remington.*

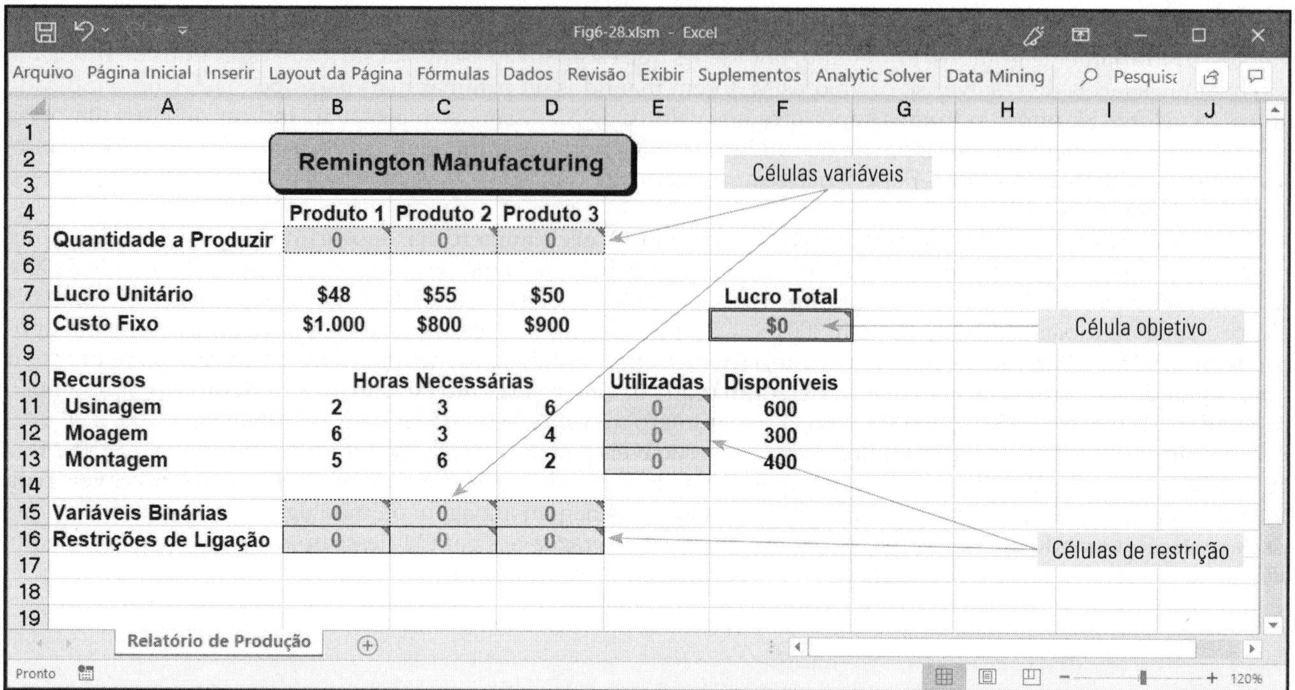

Fórmulas das principais células

Célula	Fórmula	Copiado para
B16	=B5-MIN($F$11/B11;$F$12/B12;$F$13/B13)*B15)	C16:D16
E11	=SOMARPRODUTO(B11:D11;$B$5:$D$5)	E12:E13
F8	=SOMARPRODUTO(B7:D7;B5:D5) – SOMARPRODUTO(B8:D8;B15:D15)	--

Em vez de lançar os valores para M_i nessas restrições, implementamos fórmulas que calculam automaticamente os valores corretos de M_i se o usuário dessa planilha alterasse qualquer um dos coeficientes ou dos valores RHS nas restrições de capacidade.

6.14.6 RESOLVENDO O MODELO

As configurações e opções do Solver exigidas para esse problema são mostradas na Figura 6.29. Observe que as linhas B5 a D5 e B15 a D15, que correspondem às variáveis X_i e Y_i, respectivamente, estão ambas listadas como conjuntos de células que o Solver pode mudar. Observe também que a restrição binária necessária é imposta nas células B15 a D15.

FIGURA 6.29 *Configurações e opções do Solver para o problema de custo fixo da Remington.*

Configurações do Solver:

Objetivo: F8 (Max)
Células variáveis: B5:D5, B15:D15
Restrições:
E11:E13 <= F11:F13
B16:D16 <= 0
B5:D5 >= 0
B5:D5 = integer
B15:D15 = binary

Opções do Solver:

Standard LP/Quadratic Engine (LP Simplex)
Integer Tolerance = 0

FIGURA 6.30 *Solução ótima inteira para o problema de custo fixo da Remington.*

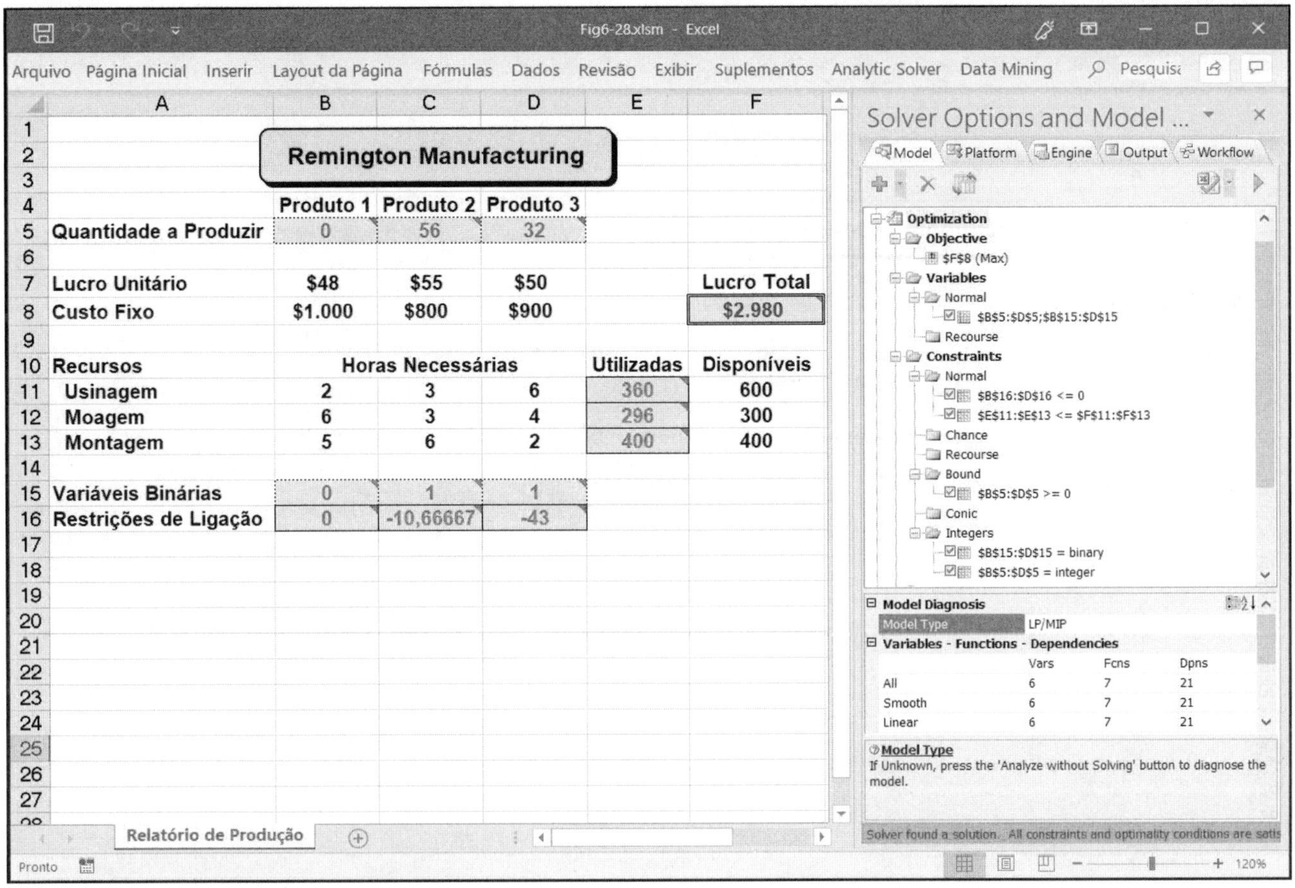

Uma vez que existem tão poucas variáveis inteiras nesse problema, deveríamos obter uma solução ótima inteira facilmente. Se deixarmos a Tolerância Inteira igual a 0, obteremos a solução ótima para esse problema mostrada na Figura 6.30.

6.14.7 ANALISANDO A SOLUÇÃO

A solução mostrada na Figura 6.30 indica que a empresa deveria produzir 0 unidades do produto 1, 56 unidades do produto 2 e 32 unidades do produto 3 ($X_1 = 0$, $X_2 = 56$ e $X_3 = 32$). O Solver atribuiu valores de 0, 1 e 1 para as células B15, C15 e D15, respectivamente ($Y_1 = 0$, $Y_2 = 1$ e $Y_3 = 1$). Assim, ele manteve a relação adequada entre X_i e Y_i, porque as restrições de ligação estavam especificadas para esse problema.

Os valores em B16, C16 e D16 indicam as quantidades em que os valores para X_1, X_2 e X_3 (nas células B5, C5 e D5) ficam abaixo dos limites superiores impostos por suas respectivas restrições de ligação. Portanto, o valor ótimo de X_2 é de aproximadamente 10,67 unidades abaixo do limite superior de 66,67, e o valor ótimo de X_3 é de 43 unidades abaixo de seu limite superior de 75. Uma vez que o valor ótimo de Y_1 é zero, a restrição de ligação para X_1 e Y_1 impõe um limite superior de 0 em X_1. Assim, o valor na célula B16 indica que o valor ótimo de X_1 está zero unidades abaixo de seu limite superior de zero.

6.14.8 UM COMENTÁRIO SOBRE AS FUNÇÕES SE( )

Na Figura 6.30, é importante observar que estamos tratando as células B15, C15 e D15 – que representam, respectivamente, as variáveis binárias Y_1, Y_2, Y_3 – exatamente da mesma forma que quaisquer outras células que representam variáveis de decisão. Simplesmente lançamos valores iguais a 0 nessas células para indicar que elas representam variáveis de decisão. Então, deixamos o Solver determinar quais valores serão colocados nessas células de modo que satisfaçam todas as restrições e maximizem a função objetivo. Algumas pessoas tentam "facilitar" o trabalho do Solver (ou sua própria vida) usando uma abordagem alternativa, com funções SE( ) no objetivo para ativar ou desativar os custos

FIGURA 6.31 *Uma implementação alternativa do problema de custo fixo da Remington com as funções SE( ) substituindo as variáveis binárias e as restrições de ligação.*

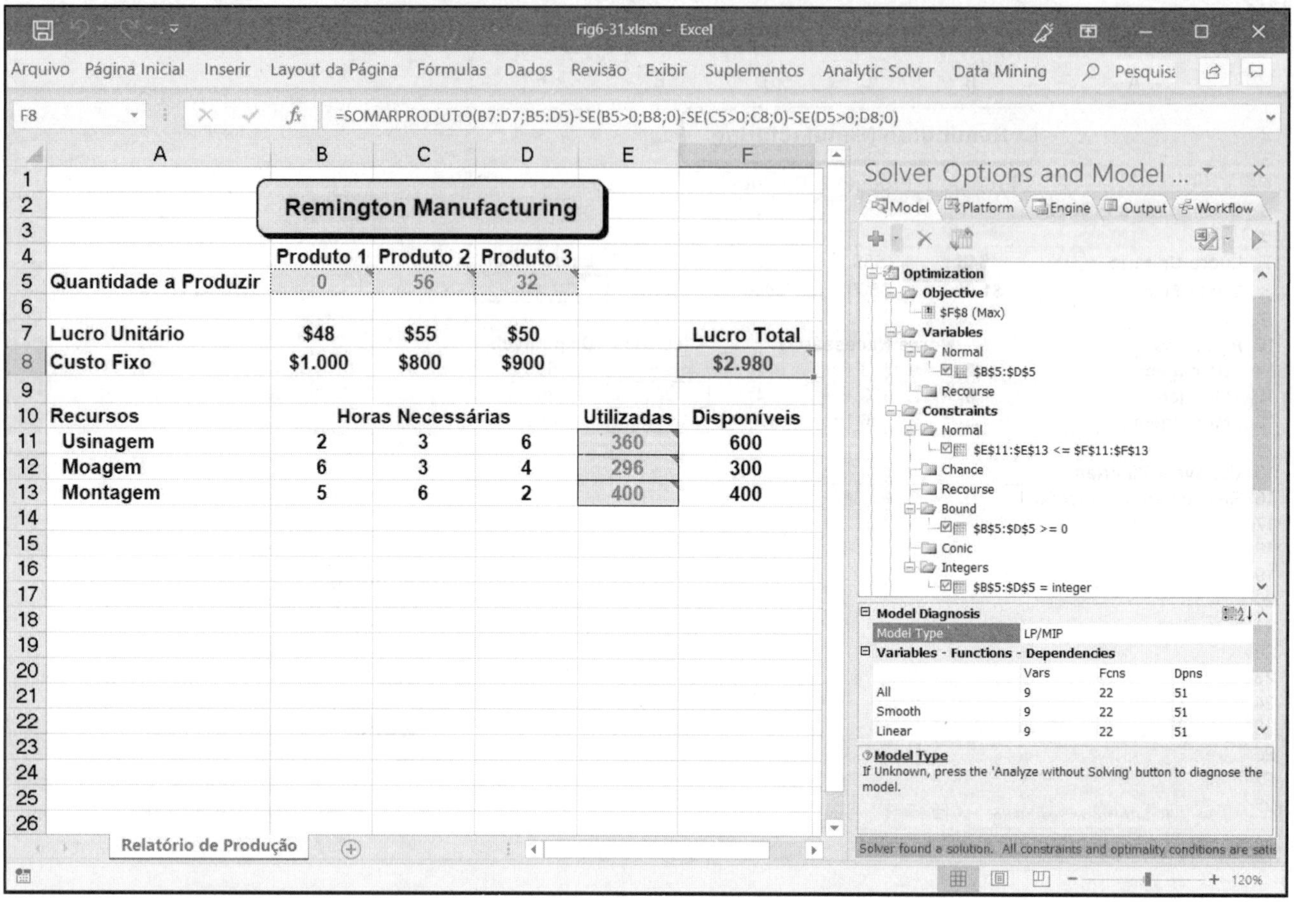

fixos dependendo dos valores das células B5, C5 e D5, que correspondem às variáveis X_1, X_2 e X_3, respectivamente. Por exemplo, considere o modelo na Figura 6.31 (e no arquivo Fig6-31.xlsm, disponível na página deste livro no site da editora), no qual eliminamos as variáveis binárias e as restrições de ligação e as substituímos por funções SE( ) no objetivo (célula F8), a fim de modelar os custos fixos nesse problema da seguinte forma:

Fórmula para a célula F8: =SOMARPRODUTO(B7:D7;B5:D5)-SE(B5>0;B8;0)–
SE(C5>0;C8;0)-SE(D5>0;D8;0)

Embora essa abordagem pareça fazer sentido, ela pode produzir resultados indesejados. Esse uso das funções SE( ) traz descontinuidades no modelo de planilha que faz com que seja mais difícil para o Solver (particularmente o Solver integrado ao Excel) encontrar a solução ótima. Uma das características mais interessantes do Analytic Solver é a sua capacidade de transformar automaticamente um modelo que contém certos tipos de funções SE( ) em um modelo de programação inteira equivalente sem as funções SE( ).

Ao resolver esse problema, as informações de diagnóstico na guia Saída no painel de tarefas do Analytic Solver (não mostrado) indicam que esse modelo é diagnosticado como um problema não simples, e o Solver o transforma automaticamente em um problema de "PL Convexa". Observe que essa transformação não é feita em sua planilha, mas refere-se à forma como o Analytic Solver lida com o modelo internamente. Embora a solução mostrada na Figura 6.31 corresponda à solução ótima mostrada na Figura 6.30, observe que o número de variáveis (Vars), funções (Fcns) e dependências (Dpns) listado na parte inferior do painel de tarefas do Analytic Solver na Figura 6.31 é significativamente maior que o número listado na Figura 6.30. Ou seja, a transformação automática pelo Analytic Solver Platform do modelo na Figura 6.31 (com funções SE( )) resultou em um problema com 9 variáveis, 22 funções e 51 dependências, enquanto nosso modelo original na Figura 6.30 (usando variáveis binárias e restrições de ligação) tem apenas 6 variáveis, 7 funções e 21 dependências. Portanto, ainda que a mesma solução tenha sido obtida usando funções SE( ), foi necessário que o Analytic Solver formulasse e resolvesse um modelo significativamente mais complicado. Nesse caso, essa complexidade adicional não se tornou um problema. No entanto, é fácil ver como as complicações causadas pelas funções SE( ) podem se tornar problemáticas quando o tamanho do problema aumenta. Além disso, o Analytic Solver nem sempre terá êxito na transformação de um modelo com funções SE( ). Assim, por vários motivos, o melhor é evitar as funções SE( ) quando possível e não confiar na capacidade do Analytic Solver de transformar automaticamente alguns modelos que as contenham. (Se desejar, você pode desativar esse tipo de transformação automática no Analytic Solver, definindo para "Nunca" a opção Transformação de Modelo Não Suave na guia Plataforma no painel de tarefas.)

6.15 Pedido mínimo/tamanho da compra

Muitos problemas de investimento, de produção e de distribuição apresentam quantidades mínimas de compra ou tamanho mínimo de lote de produção, que devem ser atendidos. Por exemplo, determinada oportunidade de investimento pode exigir um investimento mínimo de $ 25.000. Ou um fornecedor de determinada peça usada em um processo de produção pode exigir um pedido mínimo de 10 unidades. Da mesma forma, muitos fabricantes têm uma política de não produzir determinado artigo a menos que um lote mínimo seja produzido.

Para observarmos como esses tipos de demandas mínimas de pedidos/compra podem ser modelados, suponhamos que, no problema anterior, a Remington Manufacturing se recusasse a produzir o produto 3 (X_3) a menos que o pedido fosse de pelo menos 40 unidades. Esse tipo de restrição é modelado da seguinte forma:

$$X_3 \leq M_3Y_3$$
$$X_3 \geq 40Y_3$$

A primeira restrição é do mesmo tipo de restrição de ligação descrito antes, na qual M_3 representa um limite superior para X_3 (ou um número arbitrariamente maior) e Y_3 representa uma variável binária. Se X_3 assumir qualquer valor positivo, Y_3 deve ser igual a 1 (se $X_3 > 0$, então $Y_3 = 1$). Entretanto, de acordo com a segunda restrição, se Y_3 for igual a 1, então X_3 deve ser maior ou igual a 40 (se $Y_3 = 1$, então $X_3 \geq 40$). Por outro lado, se X_3 for igual a 0, Y_3 também deve ser igual a 0 para satisfazer ambas as restrições. Juntas, essas duas restrições garantem que, se X_3 assumir qualquer valor positivo, esse valor deve ser pelo menos 40. Esse exemplo ilustra a maneira como as variáveis binárias podem ser usadas para modelar uma condição prática que provavelmente ocorrerá em diversos problemas de decisão.

6.16 Descontos por quantidade

Em todos os problemas estudados até este ponto, assumimos que os coeficientes de lucro ou de custo na função objetivo eram constantes. Por exemplo, consideremos nosso problema revisado da Blue Ridge Hot Tubs, que é representado por:

MAX:	$350X_1 + 300X_2$	} lucro
Sujeito a:	$1X_1 + 1X_2 \leq 200$	} restrição de bomba
	$9X_1 + 6X_2 \leq 1.520$	} restrição de trabalho
	$12X_1 + 16X_2 \leq 2.650$	} restrição de tubulação
	$X_1, X_2 \geq 0$	} condições de não negatividade
	X_1, X_2 devem ser inteiros	} condições de integralidade

Esse modelo assume que *qualquer* Aqua-Spa adicional (X_1) fabricada e vendida resulta em um aumento de $ 350 no lucro. Assume também que cada Hydro-Lux adicional (X_2) fabricada e vendida resulta em um aumento de $ 300 no lucro. Entretanto, à medida que a produção dessas banheiras aumenta, podem ser obtidos descontos por quantidade em seus componentes, o que faria com que a margem de lucro desses artigos aumentasse.

Por exemplo, suponha que, se a empresa produzir mais de 75 Aqua-Spas, será capaz de obter descontos por quantidade e outras economias de escala que aumentariam a margem de lucro para $ 375 por cada unidade produzida além de 75. Da mesma forma, suponha que, se a empresa produzir mais de 50 Hydro-Luxes, será capaz de aumentar sua margem de lucro para $ 325 por cada unidade produzida além de 50. Ou seja, cada uma das primeiras 75 unidades de X_1 e das primeiras 50 unidades de X_2 produziria lucros de $ 350 e $ 300 por unidade, respectivamente, e cada unidade adicional de X_1 e X_2 produziria lucros de $ 375 e $ 325 por unidade, respectivamente. Como modelamos esse tipo de problema?

6.16.1 FORMULANDO O MODELO

Para acomodar as diferentes taxas de lucro que podem ser geradas pela produção de Aqua-Spas e Hydro-Luxes, precisamos definir novas variáveis para o problema, em que

X_{11} = número de Aqua-Spas produzidas com um lucro de \$ 350 por unidade;
X_{12} = número de Aqua-Spas produzidas com um lucro de \$ 375 por unidade;
X_{21} = número de Hydro-Luxes produzidas com um lucro de \$ 300 por unidade;
X_{22} = número de Hydro-Luxes produzidas com um lucro de \$ 325 por unidade.

Usando essas variáveis, podemos começar a reformular o problema da seguinte forma:

MAX:	$350X_{11} + 375X_{12} + 300X_{21} + 325X_{22}$	
Sujeito a:	$1X_{11} + 1X_{12} + 1X_{21} + 1X_{22} \leq 200$	} restrição de bomba
	$9X_{11} + 9X_{12} + 6X_{21} + 6X_{22} \leq 1.520$	} restrição de trabalho
	$12X_{11} + 12X_{12} + 16X_{21} + 16X_{22} \leq 2.650$	} restrição de tubulação
	Todos $X_{ij} \geq 0$	} limites inferiores simples
	Todos os X_{ij} devem ser inteiros	} condições de integralidade

Essa formulação não está completa. Observe que a variável X_{12} seria sempre melhor que X_{11}, porque X_{12} requer exatamente os mesmos recursos que X_{11} e gera um maior lucro por unidade. A mesma relação existe entre X_{22} e X_{21}. Assim, a solução ótima para o problema é $X_{11} = 0$, $X_{12} = 118$, $X_{21} = 0$ e $X_{22} = 76$. Entretanto, essa solução não é permitida porque não podemos produzir nenhuma unidade de X_{12} até que tenhamos produzido 75 unidades de X_{11}; e não podemos produzir nenhuma unidade de X_{22} até que tenhamos produzido 50 unidades de X_{21}. Portanto, devemos identificar algumas restrições adicionais para garantir que essas condições sejam satisfeitas.

6.16.2 AS RESTRIÇÕES FALTANTES

Para garantir que o modelo não permita a produção de nenhuma unidade de X_{12} a menos que tenhamos fabricado 75 unidades de X_{11}, consideremos as seguintes restrições:

$$X_{12} \leq M_{12}Y_1$$
$$X_{11} \geq 75Y_1$$

Na primeira restrição, M_{12} representa uma constante numérica arbitrariamente grande e Y_1 representa uma variável binária. A primeira restrição exige que $Y_1 = 1$, caso alguma unidade de X_{12} seja produzida (se $X_{12} > 0$, então $Y_1 = 1$). No entanto, se $Y_1 = 1$, então a segunda restrição exigiria que X_{11} fosse pelo menos 75. De acordo com a segunda restrição, a única maneira em que menos de 75 unidades de X_{11} podem ser produzidas é se $Y_1 = 0$, o que, pela primeira restrição, implica $X_{12} = 0$. Essas duas restrições não permitem que nenhuma unidade de X_{12} seja fabricada a menos que 75 unidades de X_{11} tenham sido produzidas. As restrições abaixo garantem que o modelo não permitirá que nenhuma unidade de X_{22} seja fabricada a menos que tenhamos produzido 50 unidades de X_{21}:

$$X_{22} \leq M_{22}Y_2$$
$$X_{21} \geq 50Y_2$$

Se incluirmos essas novas restrições em nossa formulação anterior (junto com as restrições necessárias para fazer com que Y_1 e Y_2 operem como variáveis binárias), teremos uma formulação precisa do problema de decisão. A solução ótima para esse problema é $X_{11} = 75$, $X_{12} = 43$, $X_{21} = 50$, $X_{22} = 26$.

6.17 Um problema de concessão de contrato

Outras condições muitas vezes surgem em problemas envolvendo decisões que podem ser modeladas eficazmente usando-se variáveis binárias. O seguinte exemplo, que envolve concessão de contratos, ilustra algumas dessas condições.

> A B&G Construction é uma empresa de construção localizada em Tampa, Flórida. A empresa recentemente assinou contratos para a construção de quatro prédios em locais diferentes espalhados pelo sul da Flórida. Cada projeto de construção exige grandes quantidades de cimento a ser entregues no local da construção. A pedido da B&G, três empresas de cimento fizeram propostas para fornecer cimento para esses trabalhos. A tabela a seguir apresenta os preços que as três empresas cobram por tonelada entregue e a quantidade máxima de cimento que cada uma pode fornecer.

	Custo por tonelada entregue de cimento				
	Projeto 1	**Projeto 2**	**Projeto 3**	**Projeto 4**	**Fornecimento máx.**
Empresa 1	\$ 120	\$ 115	\$ 130	\$ 125	525
Empresa 2	\$ 100	\$ 150	\$ 110	\$ 105	450
Empresa 3	\$ 140	\$ 95	\$ 145	\$ 165	550
Total de toneladas necessárias	450	275	300	350	

Por exemplo, a Empresa 1 pode fornecer o máximo de 525 toneladas de cimento, e cada tonelada entregue aos projetos 1, 2, 3 e 4 custará \$ 120, \$ 115, \$ 130 e \$ 125, respectivamente. Os custos variam basicamente devido às diferentes distâncias entre as fábricas de cimento e os locais de construção. Os números na última linha da tabela indicam a quantidade total de cimento (em toneladas) necessária para cada projeto.

Além dos fornecimentos máximos listados, cada empresa de cimento incluiu condições especiais em suas propostas. Especificamente, a Empresa 1 indicou que não aceitará pedidos de menos de 150 toneladas para qualquer um dos projetos de construção. A Empresa 2 indicou que pode fornecer mais de 200 toneladas para um projeto somente. A Empresa 3 indicou que apenas aceitará pedidos que totalizem 200 toneladas, 400 toneladas ou 550 toneladas.

A B&G pode fechar contratos com mais de um fornecedor para atender à demanda de cimento de determinado projeto. O problema é especificar quais quantidades deve comprar de cada fornecedor para atender às demandas de cada projeto pelo custo mínimo total.

Esse problema se parece com um problema de transporte no qual queremos determinar quanto de cimento deverá ser embarcado de cada fornecedor para cada projeto de construção a fim de atender às demandas dos projetos a um custo mínimo. Entretanto, as condições especiais impostas por cada fornecedor exigem restrições colaterais que normalmente não são encontradas em um problema de transporte padrão. Primeiro, discutiremos a formulação da função objetivo e as restrições de transporte. Então, consideraremos uma forma de implementar as restrições colaterais exigidas pelas condições especiais no problema.

6.17.1 FORMULANDO O MODELO: A FUNÇÃO OBJETIVO E AS RESTRIÇÕES DE TRANSPORTE

Para começar a formulação desse problema, precisamos definir nossas variáveis de decisão como:

$$X_{ij} = \text{toneladas de cimento comprado da empresa } i \text{ para o projeto de construção } j$$

A função objetivo para minimizar o custo total é representada por:

$$\begin{aligned} \text{MIN:} \quad & 120X_{11} + 115X_{12} + 130X_{13} + 125X_{14} \\ & + 100X_{21} + 150X_{22} + 110X_{23} + 105X_{24} \\ & + 140X_{31} + 95X_{32} + 145X_{33} + 165X_{34} \end{aligned}$$

Para garantir que o fornecimento máximo de cimento de cada empresa não seja excedido, precisamos das seguintes restrições:

$$\begin{aligned} X_{11} + X_{12} + X_{13} + X_{14} &\le 525 \quad \} \text{ fornecimento da empresa 1} \\ X_{21} + X_{22} + X_{23} + X_{24} &\le 450 \quad \} \text{ fornecimento da empresa 2} \\ X_{31} + X_{32} + X_{33} + X_{34} &\le 550 \quad \} \text{ fornecimento da empresa 3} \end{aligned}$$

Para garantir que a demanda de cimento em cada projeto de construção seja atendida, precisamos das seguintes restrições:

$$\begin{aligned} X_{11} + X_{21} + X_{31} &= 450 \quad \} \text{ demanda de cimento no projeto 1} \\ X_{12} + X_{22} + X_{32} &= 275 \quad \} \text{ demanda de cimento no projeto 2} \\ X_{13} + X_{23} + X_{33} &= 300 \quad \} \text{ demanda de cimento no projeto 3} \\ X_{14} + X_{24} + X_{34} &= 350 \quad \} \text{ demanda de cimento no projeto 4} \end{aligned}$$

6.17.2 IMPLEMENTANDO AS RESTRIÇÕES DE TRANSPORTE

A função objetivo e as restrições do problema foram implementadas no modelo de planilha da Figura 6.32 (e no arquivo Fig6-32.xlsm, disponível na página deste livro no site da editora).

FIGURA 6.32 *Modelo de planilha para a porção de transporte do problema de concessão de contrato da B&G.*

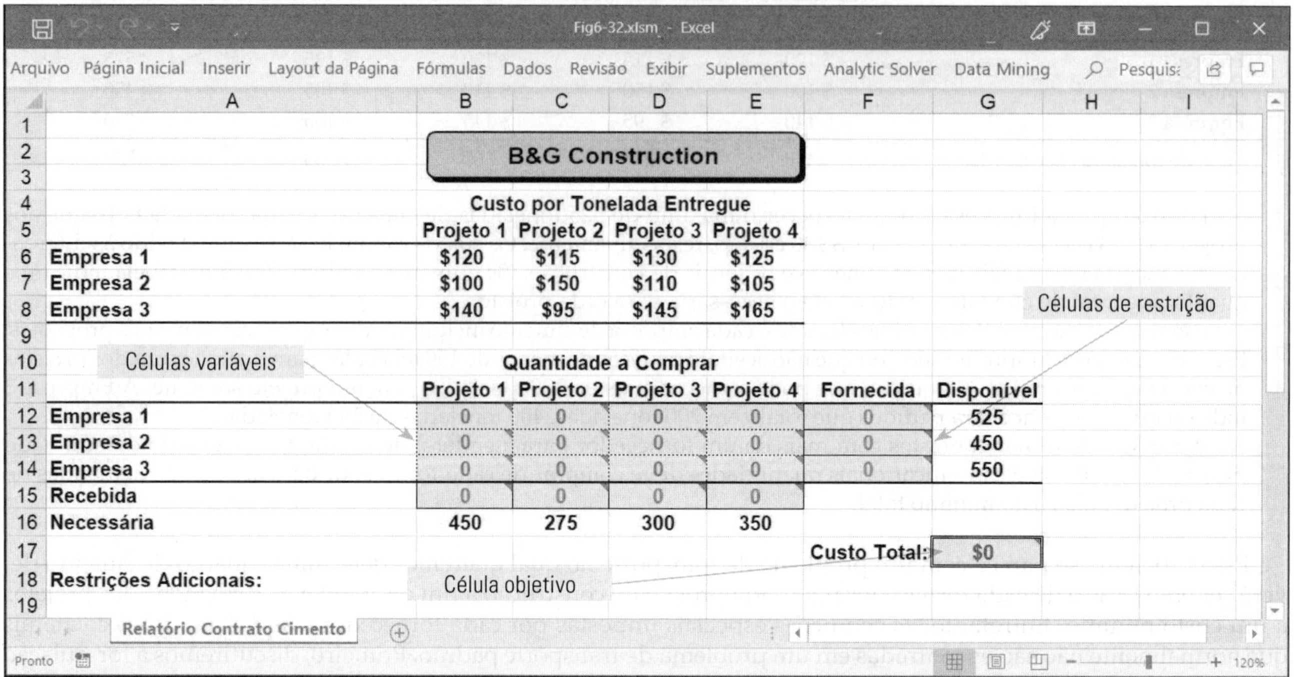

Fórmulas das principais células		
Célula	**Fórmula**	**Copiado para**
B15	=SOMA(B12:B14)	C15:E15
F12	=SOMA(B12:E12)	F13:F14
G17	=SOMARPRODUTO(B6:E8;B12:E14)	--

Nessa planilha, os custos por tonelada entregue de cimento aparecem nas células B6 a E8. As células B12 a E14 representam as variáveis de decisão no modelo. A função objetivo é lançada na célula G17 como:

Fórmula para a célula G17: =SOMARPRODUTO(B6:E8;B12:E14)

As fórmulas LHS das restrições de fornecimento são lançadas nas células F12 a F14 conforme segue:

Fórmula para a célula F12 =SOMA(B12:E12)
(Copiar para F13 a F14.)

As células G12 a G14 contêm os valores RHS para essas restrições. As fórmulas LHS para as restrições de demanda são lançadas nas células B15 a E15, assim:

Fórmula para a célula B15: =SOMA(B12:B14)
(Copiar para C15 a E15.)

As células B16 a E16 contêm os valores RHS para essas restrições.

6.17.3 FORMULANDO O MODELO: AS RESTRIÇÕES COLATERAIS

A Empresa 1 indicou que não aceitará pedidos de menos de 150 toneladas para qualquer um dos projetos de construção. Essa restrição para o pedido de tamanho mínimo é modelada pelas seguintes oito restrições, em que Y_{ij} representa variáveis binárias.

$$X_{11} \leq 525Y_{11} \quad \text{(implementar como } X_{11} - 525Y_{11} \leq 0\text{)}$$
$$X_{12} \leq 525Y_{12} \quad \text{(implementar como } X_{12} - 525Y_{12} \leq 0\text{)}$$
$$X_{13} \leq 525Y_{13} \quad \text{(implementar como } X_{13} - 525Y_{13} \leq 0\text{)}$$
$$X_{14} \leq 525Y_{14} \quad \text{(implementar como } X_{14} - 525Y_{14} \leq 0\text{)}$$
$$X_{11} \geq 150Y_{11} \quad \text{(implementar como } X_{11} - 150Y_{11} \geq 0\text{)}$$
$$X_{12} \geq 150Y_{12} \quad \text{(implementar como } X_{12} - 150Y_{12} \geq 0\text{)}$$
$$X_{13} \geq 150Y_{13} \quad \text{(implementar como } X_{13} - 150Y_{13} \geq 0\text{)}$$
$$X_{14} \geq 150Y_{14} \quad \text{(implementar como } X_{14} - 150Y_{14} \geq 0\text{)}$$

Cada restrição tem uma forma algebricamente equivalente, que no final será usada na implementação da restrição na planilha. As quatro primeiras restrições representam as restrições de ligação que garantem que, se X_{11}, X_{12}, X_{13} ou X_{14} forem maiores que 0, a variável binária associada (Y_{11}, Y_{12}, Y_{13} ou Y_{14}) deve ser igual a 1. (Essas restrições também indicam que 525 é o valor máximo que pode ser assumido por X_{11}, X_{12}, X_{13} e X_{14}.) As próximas quatro restrições garantem que, se X_{11}, X_{12}, X_{13} ou X_{14} forem maiores que 0, seu valor deve ser de pelo menos 150. Incluímos essas restrições na formulação desse modelo para garantir que qualquer pedido feito à Empresa 1 seja de pelo menos 150 toneladas de cimento.

A Empresa 2 indicou que pode fornecer mais de 200 toneladas para um projeto somente. Esse tipo de restrição é representado pelo seguinte conjunto de restrições em que, novamente, Y_{ij} representa variáveis binárias:

$$X_{21} \leq 200 + 250Y_{21} \quad \text{(implementar como } X_{21} - 200 - 250Y_{21} \leq 0\text{)}$$
$$X_{22} \leq 200 + 250Y_{22} \quad \text{(implementar como } X_{22} - 200 - 250Y_{22} \leq 0\text{)}$$
$$X_{23} \leq 200 + 250Y_{23} \quad \text{(implementar como } X_{23} - 200 - 250Y_{23} \leq 0\text{)}$$
$$X_{24} \leq 200 + 250Y_{24} \quad \text{(implementar como } X_{24} - 200 - 250Y_{24} \leq 0\text{)}$$
$$Y_{21} + Y_{22} + Y_{23} + Y_{24} \leq 1 \quad \text{(implementar como tal)}$$

A primeira restrição indica que a quantidade fornecida pela Empresa 2 para o projeto 1 deve ser menor que 200 se $Y_{21} = 0$, ou menor que 450 (o fornecimento máximo da Empresa 2) se $Y_{21} = 1$. As próximas três restrições têm interpretações semelhantes para a quantidade fornecida pela Empresa 2 para os projetos 2, 3 e 4, respectivamente. A última restrição indica que, no máximo, uma das Y_{21}, Y_{22}, Y_{23} e Y_{24} pode ser igual a 1. Portanto, apenas um dos projetos pode receber mais de 200 toneladas de cimento da Empresa 2.

O conjunto final de restrições para esse problema se refere à estipulação da Empresa 3 de que ela somente aceitará pedidos que totalizem 200, 400 ou 550 toneladas. Esse tipo de condição é modelado usando as variáveis binárias Y_{ij}, assim:

$$X_{31} + X_{32} + X_{33} + X_{34} = 200Y_{31} + 400Y_{32} + 550Y_{33}$$
$$\text{(implementar como } X_{31} + X_{32} + X_{33} + X_{34} - 200Y_{31} - 400Y_{32} - 550Y_{33} = 0\text{)}$$
$$Y_{31} + Y_{32} + Y_{33} \leq 1 \text{ (implementar como tal)}$$

Essas restrições permitem que a quantidade total encomendada da Empresa 3 assuma quatro valores distintos. Se $Y_{31} = Y_{32} = Y_{33} = 0$, então nada será encomendado da Empresa 3. Se $Y_{31} = 1$, então 200 toneladas deverão ser encomendadas. Se $Y_{32} = 1$, então 400 toneladas deverão ser encomendadas. Finalmente, se $Y_{33} = 1$, então 550 toneladas deverão ser encomendadas. Essas duas restrições implementam a condição especial imposta pela Empresa 3.

6.17.4 IMPLEMENTANDO AS RESTRIÇÕES COLATERAIS

Embora as restrições colaterais nesse problema nos permitam impor condições importantes nas soluções viáveis que podem ser consideradas, essas restrições servem mais como uma finalidade "mecânica" – fazer o modelo funcionar – e não representam o interesse principal da gerência. Assim, é muitas vezes conveniente implementar restrições colaterais em uma área fora da planilha, de modo que elas não prejudiquem a finalidade principal da planilha, neste caso, determinar o quanto de cimento será encomendado de cada fornecedor potencial. A Figura 6.33 mostra como as restrições colaterais para o problema podem ser implementadas em uma planilha.

Para implementar as restrições colaterais para a Empresa 1, lançamos o lote mínimo de 150 na célula B20 e reservamos as células B21 a E21 para representar as variáveis binárias Y_{11}, Y_{12}, Y_{13} e Y_{14}. As fórmulas LHS para as restrições de ligação para a Empresa 1 são implementadas nas células B22 a E22, assim:

Fórmula para a célula B22: =B12-$G$12*B21
(Copiar para C22 a E22.)

FIGURA 6.33 *Modelo de planilha para as restrições colaterais do problema de concessão de contrato da B&G.*

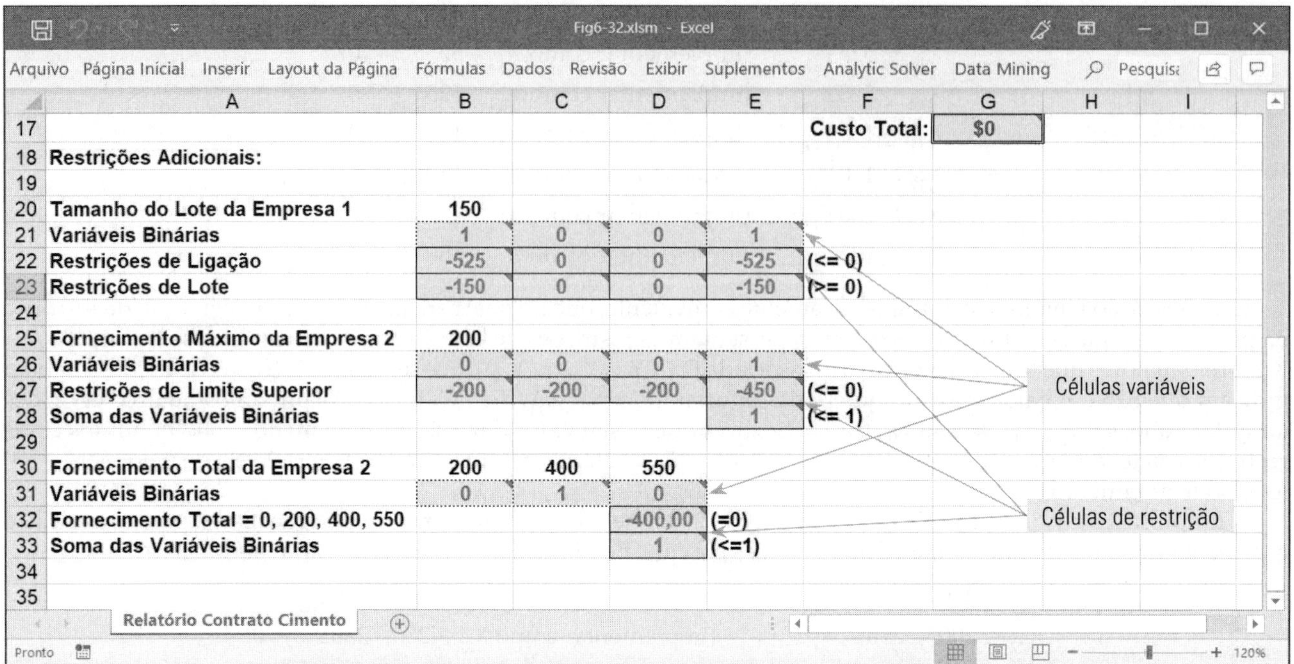

Fórmulas das principais células		
Célula	**Fórmula**	**Copiado para**
B22	=B12 – $G$12*B21	C22:E22
B23	=B12 – $B$20*B21	C23:E23
B27	=B13 – $B$25 – ($G$13 – $B$25)*B26	C27:E27
E28	=SOMA(B26:E26)	--
D32	=SOMA(B14:E14) – SOMARPRODUTO(B30:D30;B31:D31)	--
D33	=SOMA(B31:D31)	--

A célula F22 contém um lembrete para avisarmos o Solver que essas células devem ser menores ou iguais a 0. As fórmulas LHS para as restrições de lote mínimo da Empresa 1 são implementadas nas células B23 a E23, assim:

Fórmula para a célula B23: =B12-$B$20*B21
(Copiar para C23 a E23.)

A célula F23 contém um lembrete para avisarmos o Solver que essas células devem ser maiores ou iguais a 0.

Para implementar as restrições colaterais para a Empresa 2, lançamos o fornecimento máximo de 200 na célula B25 e reservamos as células B26 a E26 para representar as variáveis binárias Y_{21}, Y_{22}, Y_{23} e Y_{24}. As fórmulas LHS para as restrições de fornecimento máximo são implementadas nas células B27 a E27, assim:

Fórmula para a célula B27: =B13-$B$25-($G$13-$B$25)*B26
(Copiar para C27 a E27.)

A célula F27 nos lembra para avisarmos o Solver que essa célula deve ser menor ou igual a 0. Como discutido anteriormente, para garantir que não mais de um pedido da Empresa 2 exceda 200 toneladas, a soma das variáveis binárias para a Empresa 2 não pode exceder 1. A fórmula LHS da primeira restrição é inserida na célula E28, assim:

Fórmula para a célula E28: =SOMA(B26:E26)

A célula F28 nos lembra para avisarmos o Solver que essa célula deve ser menor ou igual a 1.

A fim de implementar as restrições colaterais para a Empresa 3, as três quantidades possíveis de pedido total são lançadas nas células B30 a D30. As células B31 a D31 são reservadas para representar as variáveis binárias Y_{31}, Y_{32} e Y_{33}. A fórmula LHS para as restrições colaterais de fornecimento total da Empresa 3 é lançada na célula D32 como:

Fórmula para a célula D32: =SOMA(B14:E14)-SOMARPRODUTO(B30:D30;B31:D31)

A célula E32 nos lembra para avisarmos o Solver que a célula D32 deve ser igual a 0. Finalmente, para garantir que não mais do que uma das variáveis binárias para a Empresa 3 seja igual a 1, lançamos a soma dessas variáveis na célula D33 como:

Fórmula para a célula D33: =SOMA(B31:D31)

A célula E33 nos lembra para avisarmos o Solver que essa célula deve ser menor ou igual a 1.

6.17.5 RESOLVENDO O MODELO

Os parâmetros do Solver exigidos para esse problema são mostrados na Figura 6.34. Observe que todas as células representando variáveis binárias devem ser identificadas como células variáveis e precisam ser restritas para assumir apenas valores inteiros de 0 ou 1.

6.17.6 ANALISANDO A SOLUÇÃO

Uma solução ótima para esse problema é mostrada na Figura 6.35 (há múltiplas soluções ótimas para esse problema). Nessa solução, as quantidades de cimento exigidas por cada projeto de construção são atendidas na medida exata. Além disso, cada condição imposta pelas restrições colaterais para cada empresa é atendida. Especificamente, os pedidos feitos à Empresa 1 são, no mínimo, de 150 toneladas; apenas um pedido feito à Empresa 2 excede 200 toneladas; e a soma dos pedidos feitos à Empresa 3 é exatamente igual a 400 toneladas.

6.18 O algoritmo *branch-and-bound* (opcional)

Conforme foi mencionado antes, um procedimento especial conhecido como algoritmo *branch-and-bound* (ramifica-limita), ou algoritmo B&B, é exigido para solucionar PLIs. Embora possamos facilmente indicar a presença de variáveis inteiras em um modelo, é necessário um pouco de esforço por parte do Solver para realmente resolver um problema de PLI usando o algoritmo B&B. Para apreciarmos e entendermos melhor o que está envolvido no algoritmo B&B, vejamos como ele funciona.

Configurações do Solver:
Objetivo: G17 (Min) Células variáveis: B12:E14, B21:E21, B26:E26, B31:D31 Restrições: B12:E14 ≥ 0 B21:E21 = binary B26:E26 = binary B31:D31 = binary F12:F14 ≤ G12:G14 B15:E15 = B16:E16 B22:E22 ≤ 0 B23:E23 ≥ 0 B27:E27 ≤ 0 E28 ≤ 1 D32 = 0 D33 ≤ 1
Opções do Solver: Standard LP/Quadratic Engine (LP Simplex) Integer Tolerance = 0

FIGURA 6.34
Configurações e opções do Solver para o problema de concessão de contrato da B&G.

FIGURA 6.35 *Solução ótima para o problema de concessão de contrato da B&G.*

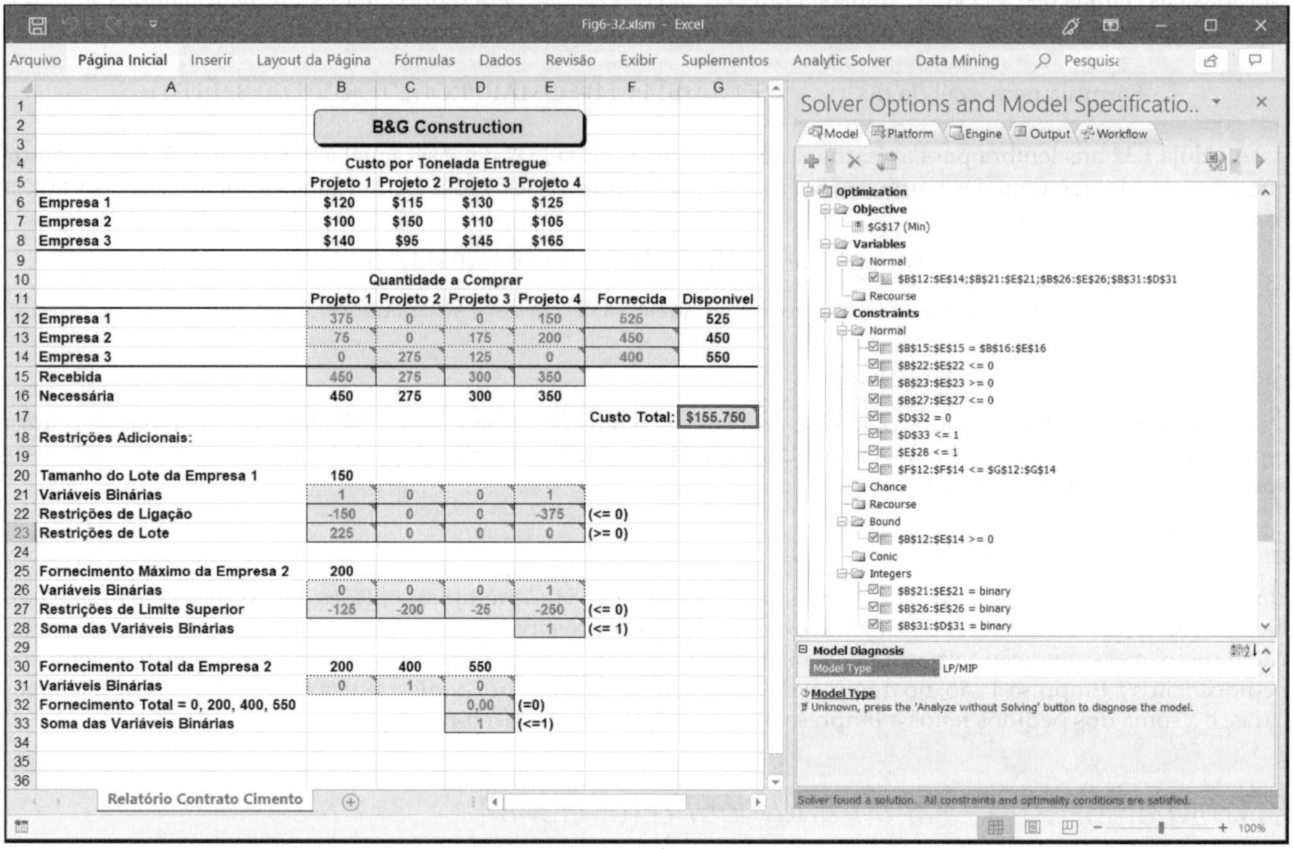

O algoritmo B&B começa relaxando todas as condições de integralidade em uma PLI e resolvendo o problema de PL resultante. Conforme foi observado antes, se tivermos sorte, a solução ótima para o problema de PL relaxado serviria para satisfazer as condições de integralidade originais. Se isso ocorrer, então terminamos – a solução ótima para o relaxamento de PL é também a solução ótima para a PLI. Entretanto, é mais provável que a solução ótima para a PL viole uma ou mais condições de integralidade. Por exemplo, consideremos o problema em que as regiões viáveis inteiras e relaxadas apareceram na Figura 6.1, repetidas na Figura 6.36:

$$\begin{aligned} \text{MAX:} \quad & 2X_1 + 3X_2 \\ \text{Sujeito a:} \quad & X_1 + 3X_2 \leq 8{,}25 \\ & 2{,}5X_1 + X_2 \leq 8{,}75 \\ & X_1, X_2 \geq 0 \\ & X_1, X_2 \text{ devem ser inteiros} \end{aligned}$$

Se relaxarmos as condições de integralidade nesse problema e resolvermos o problema de PL resultante, obteremos a solução $X_1 = 2{,}769$, $X_2 = 1{,}826$ mostrada na Figura 6.36. Essa solução viola claramente as condições de integralidade expressas no problema original. Parte da dificuldade aqui é que nenhum dos pontos de canto da região viável relaxada é inteiro (a não ser a origem). Sabemos que a solução ótima para um problema de PL ocorrerá em um ponto de canto de sua região viável, mas, nesse caso, nenhum dos pontos de canto (exceto a origem) corresponde a soluções inteiras. Assim, precisamos modificar o problema de modo que as soluções viáveis inteiras para o problema ocorram em pontos de canto da região viável relaxada. Isso é conseguido pela operação de ramificação.

6.18.1 RAMIFICANDO

Qualquer variável inteira em uma PLI que assuma um valor fracionado na solução ótima para um problema relaxado pode ser designada uma **variável de ramificação**. Por exemplo, as variáveis X_1 e X_2 no problema anterior deveriam assumir apenas valores inteiros, mas receberam os valores $X_1 = 2{,}769$ e $X_2 = 1{,}826$ na solução ótima para o relaxamento do problema de PL. Qualquer uma dessas variáveis poderia ser escolhida como variável de ramificação.

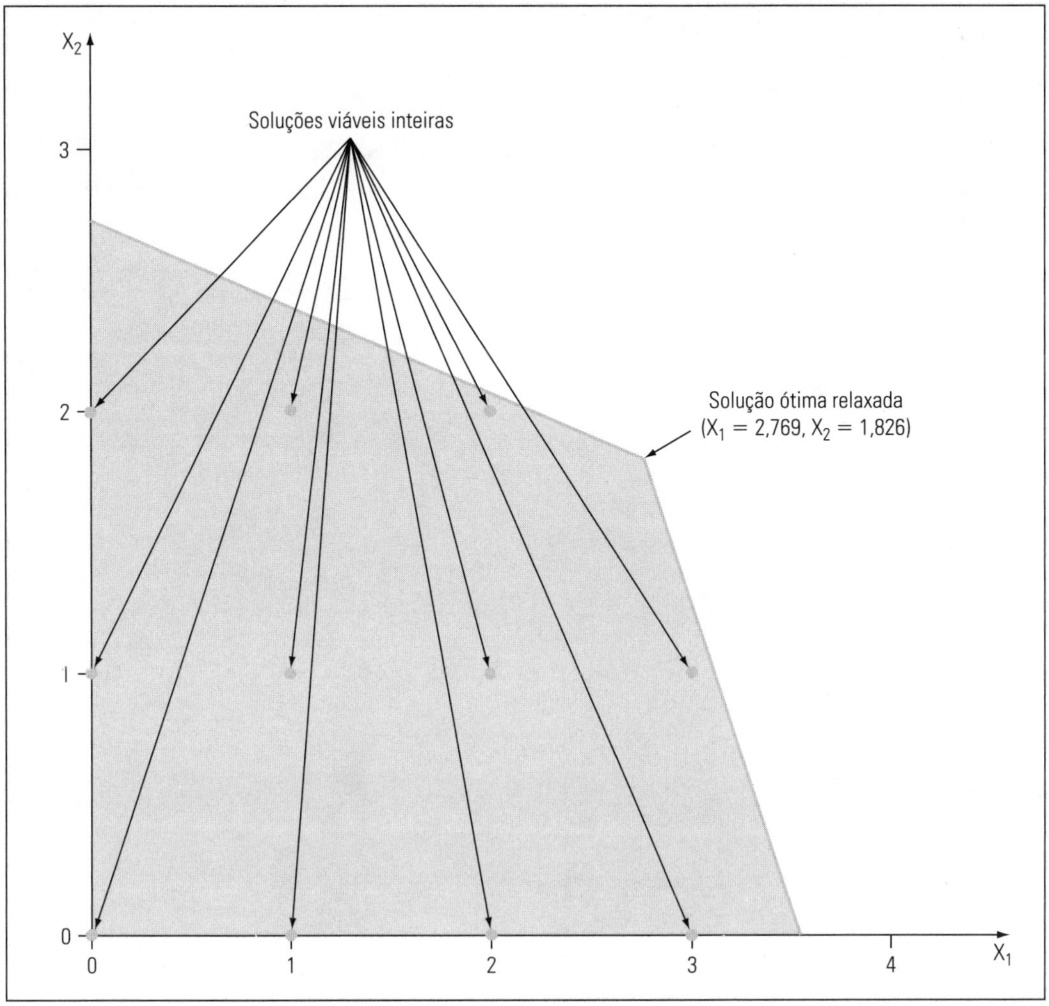

FIGURA 6.36
Solução para o relaxamento de PL em um ponto de canto não inteiro.

Vamos, arbitrariamente, escolher X_1 como nossa variável de ramificação. Uma vez que o valor corrente de X_1 não é viável, queremos eliminar essa solução de futuras considerações. Muitas outras soluções nessa mesma vizinhança da região viável relaxada também podem ser eliminadas. Ou seja, X_1 deve assumir um valor menor ou igual a 2 ($X_1 \leq 2$) ou maior ou igual a 3 ($X_1 \geq 3$) na solução ótima inteira para a PLI. Portanto, todas as outras possíveis soluções em que X_1 assume valores entre 2 e 3 (tais como a solução atual na qual $X_1 = 2{,}769$) podem ser eliminadas de consideração. Fazendo-se a ramificação em X_1, nosso problema original de PLI pode ser subdividido nos seguintes dois problemas candidatos:

$$
\begin{array}{lll}
\text{Problema I:} & \text{MAX:} & 2X_1 + 3X_2 \\
& \text{Sujeito a:} & X_1 + 3X_2 \leq 8{,}25 \\
& & 2{,}5X_1 + X_2 \leq 8{,}75 \\
& & X_1 \leq 2 \\
& & X_1, X_2 \geq 0 \\
& & X_1, X_2 \text{ devem ser inteiros}
\end{array}
$$

$$
\begin{array}{lll}
\text{Problema II:} & \text{MAX:} & 2X_1 + 3X_2 \\
& \text{Sujeito a:} & X_1 + 3X_2 \leq 8{,}25 \\
& & 2{,}5X_1 + X_2 \leq 8{,}75 \\
& & X_1 \geq 3 \\
& & X_1, X_2 \geq 0 \\
& & X_1, X_2 \text{ devem ser inteiros}
\end{array}
$$

FIGURA 6.37
Soluções viáveis para os problemas candidatos após a primeira ramificação.

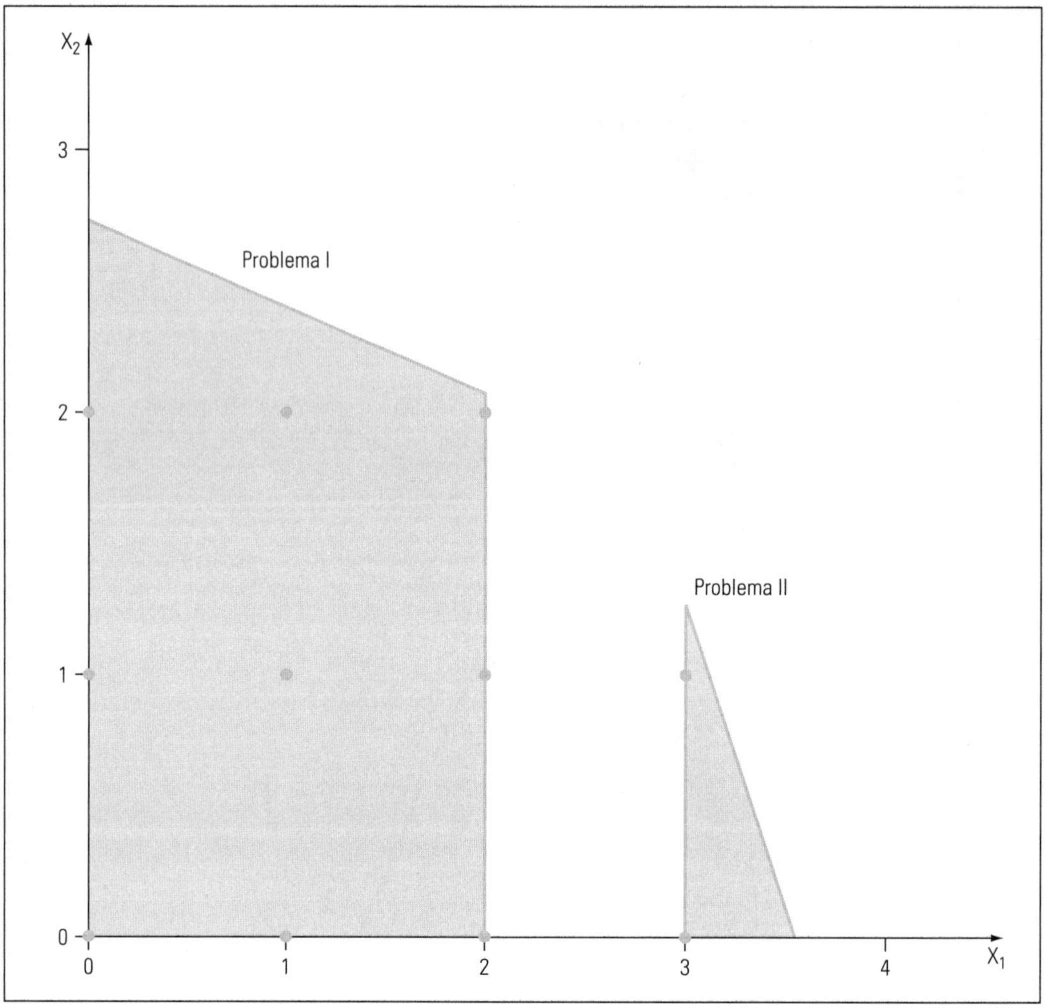

As regiões viáveis inteiras e relaxadas para cada problema candidato são mostradas na Figura 6.37. Observe que uma parte da região viável relaxada mostrada na Figura 6.36 foi eliminada na Figura 6.37, mas nenhuma das soluções viáveis inteiras mostradas na Figura 6.36 foi eliminada. Essa é uma propriedade geral da operação de ramificação no algoritmo B&B. Além disso, observe que, agora, diversas soluções viáveis inteiras ocorrem nas linhas de contorno das regiões viáveis, mostradas na Figura 6.37. E o mais importante, uma dessas soluções viáveis inteiras ocorre em um ponto extremo da região viável relaxada para o problema I (no ponto $X_1 = 2$, $X_2 = 0$). Se relaxarmos as condições de integralidade no problema I e resolvermos o problema de PL resultante, poderemos obter uma solução inteira porque um dos pontos de canto da região viável relaxada corresponde a tal ponto. (Entretanto, esse ponto extremo inteiro viável poderia não ser a solução ótima para o problema.)

6.18.2 LIMITANDO

O próximo passo no algoritmo B&B é selecionar um dos problemas candidatos existentes para uma análise mais detalhada. Vamos selecionar arbitrariamente o problema I. Se relaxarmos as condições de integralidade no problema I e resolvermos o problema de PL resultante, obteremos a solução $X_1 = 2$, $X_2 = 2{,}083$ e um valor de função objetivo equivalente a 10,25. Esse valor representa um limite superior na melhor solução inteira que pode ser obtida a partir do problema I. Ou seja, uma vez que a solução relaxada para o problema I não é viável inteira, ainda não encontramos a melhor solução inteira possível para esse problema. No entanto, sabemos que o valor da função objetivo da melhor solução inteira que pode ser obtida a partir do problema I não pode ser maior que 10,25. Como veremos, essa informação pode ser útil para a redução da quantidade de trabalho necessário para encontrar a solução ótima inteira para um problema de PLI.

6.18.3 RAMIFICANDO NOVAMENTE

Devido ao fato de a solução relaxada para o problema I não ser totalmente viável inteira, o algoritmo B&B continua selecionando X_2 como uma variável de ramificação e criando dois problemas adicionais a partir do problema I. Esses problemas são representados da seguinte forma:

$$\begin{array}{lll} \text{Problema III:} & \text{MAX:} & 2X_1 + 3X_2 \\ & \text{Sujeito a:} & X_1 + 3X_2 \leq 8{,}25 \\ & & 2{,}5X_1 + X_2 \leq 8{,}75 \\ & & X_1 \leq 2 \\ & & X_2 \leq 2 \\ & & X_1, X_2 \geq 0 \\ & & X_1, X_2 \text{ devem ser inteiros} \end{array}$$

$$\begin{array}{lll} \text{Problema IV:} & \text{MAX:} & 2X_1 + 3X_2 \\ & \text{Sujeito a:} & X_1 + 3X_2 \leq 8{,}25 \\ & & 2{,}5X_1 + X_2 \leq 8{,}75 \\ & & X_1 \leq 2 \\ & & X_2 \geq 3 \\ & & X_1, X_2 \geq 0 \\ & & X_1, X_2 \text{ devem ser inteiros} \end{array}$$

O problema III é criado acrescentando-se a restrição $X_2 \leq 2$ ao problema I. O problema IV é criado pelo acréscimo da restrição $X_2 \geq 3$ ao problema I. Assim, nossa solução anterior para o problema I (em que $X_2 = 2{,}083$) será eliminada de consideração como uma possível solução para os relaxamentos de PL dos problemas III e IV.

O problema IV é inviável porque não há soluções viáveis em que $X_2 \geq 3$. As regiões viáveis inteiras e relaxadas para os problemas II e III estão resumidas na Figura 6.38.

Todos os pontos de canto para a região viável relaxada do problema III correspondem a soluções viáveis inteiras. Assim, se relaxarmos as condições de integralidade no problema III e resolvermos o problema de PL resultante, devemos obter uma solução viável inteira. A solução para o problema III é representada por $X_1 = 2$, $X_2 = 2$ e tem valor de função objetivo equivalente a 10.

6.18.4 LIMITANDO NOVAMENTE

Embora tenhamos obtido uma solução viável inteira para o nosso problema, não saberemos se é uma solução *ótima* inteira até avaliarmos o problema candidato restante (ou seja, o problema II). Se relaxarmos as condições de integralidade no problema II e resolvermos o problema de PL resultante, obteremos a solução $X_1 = 3$, $X_2 = 1{,}25$ com um valor de função objetivo equivalente a 9,75.

Devido ao fato de a solução para o problema II não ser viável inteira, poderíamos ramificar a variável X_2 em uma nova tentativa de determinar a melhor solução inteira possível para o problema II. Entretanto, isso não é necessário. Antes observamos que, para problemas de PLI de *maximização*, o valor da função objetivo na solução ótima para o relaxamento de PL do problema representa um *limite superior* do valor ótimo da função objetivo do problema de PLI original. Isso significa que, mesmo que ainda não saibamos a solução ótima inteira para o problema II, sabemos que seu valor de função objetivo não pode ser maior que 9,75. E, como 9,75 é um valor pior do que aquele da função objetivo para a solução inteira obtida pelo problema III, não podemos encontrar uma melhor solução inteira ao continuar a ramificação do problema II. Portanto, o problema II pode ser eliminado de maiores considerações. Por não termos mais nenhum problema candidato para considerar, podemos concluir que a solução ótima inteira para o nosso problema é $X_1 = 2$, $X_2 = 2$, com um valor ótimo de função objetivo igual a 10.

6.18.5 RESUMO DO EXEMPLO B&B

Os passos envolvidos na solução para o nosso problema exemplo podem ser graficamente representados na forma de uma *árvore branch-and-bound*, como mostrado na Figura 6.39. Embora a Figura 6.36 indique que existam onze soluções inteiras para esse problema, não precisamos localizar todas elas para provar que a solução inteira que encontramos

FIGURA 6.38
Soluções viáveis para os problemas candidatos após a segunda ramificação.

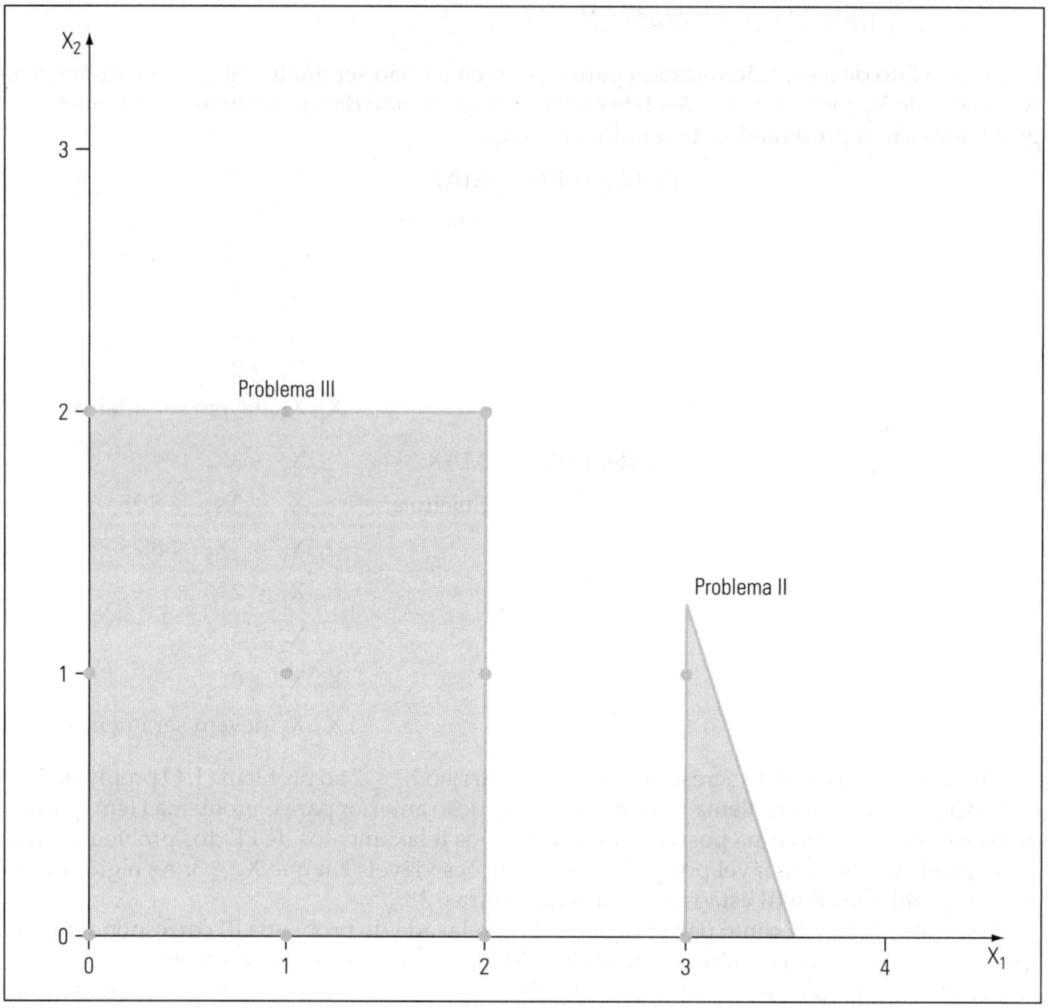

FIGURA 6.39
Árvore branch-and-bound *para o problema exemplo.*

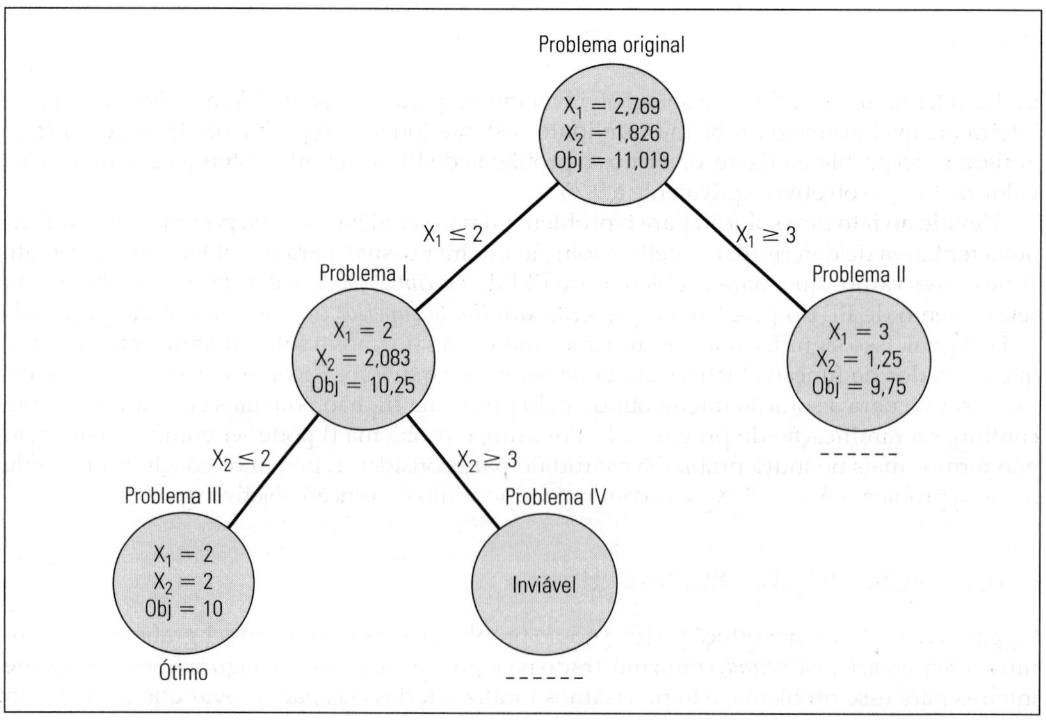

FIGURA 6.40
Descrição detalhada do algoritmo B&B para resolver problemas de PLI.

O ALGORITMO *BRANCH-AND-BOUND* (B&B)

1. Relaxe todas as condições de integralidade em PLI e resolva o problema de PL resultante. Se a solução ótima do problema de PL relaxado satisfaz as condições de integralidade originais, pare – essa é a solução ótima inteira. Caso contrário, vá para o passo 2.
2. Se o problema em análise é um problema de maximização faça Z_{best} = –infinito. Se for um problema de minimização, faça Z_{best} = +infinito. (Em geral Z_{best} representa o valor da função objetivo da melhor solução inteira conhecida à medida que o algoritmo prossegue.)
3. Faça X_j representar uma das variáveis que violou as condições de integralidade na solução do problema que foi resolvido mais recentemente e faça b_j representar seu valor não inteiro. Faça INT(b_j) representar o maior valor inteiro que seja menor que b_j. Crie dois novos problemas candidatos: para o primeiro, anexe a restrição $X_j \leq$ INT(b_j) ao problema de PL mais recentemente resolvido; para o segundo, anexe a restrição $X_j \geq$ INT(b_j) + 1 problema de PL mais recentemente resolvido. Coloque esses novos problemas de PL em uma lista de problemas candidatos a serem resolvidos.
4. Se a lista de problemas candidatos estiver vazia, vá para o passo 9. Caso contrário, remova um problema candidato da lista, relaxe as condições de integralidade no problema e resolva-o.
5. Se não há uma solução para o problema candidato atual (ou seja, ele é inviável), vá para o passo 4. Caso contrário, faça Z_{cp} denotar o valor ótimo da função objetivo para o problema candidato atual.
6. Se Z_{cp} não for melhor que Z_{best} (para um problema de maximização $Z_{cp} \leq Z_{best}$ ou para um problema de minimização $Z_{cp} \geq Z_{best}$), volte para o passo 4.
7. Se a solução para o problema candidato atual *não* satisfizer as condições de integralidade originais, volte para o passo 3.
8. Se a solução para o problema candidato atual *satisfizer* as condições de integralidade originais, uma melhor solução inteira foi encontrada. Assim, faça $Z_{best} = Z_{cp}$ e salve a solução obtida para esse problema candidato. Depois volte para o passo 4.
9. Pare. A solução ótima foi encontrada e tem um valor de função objetivo dado pelo valor atual de Z_{best}.

é a solução ótima. A operação de limitação do algoritmo B&B eliminou a necessidade de enumerar explicitamente todas as soluções viáveis inteiras e selecionar a melhor dentre elas como sendo a solução ótima.

Se a solução relaxada para o problema II fosse maior que 10 (digamos 12,5), então o algoritmo B&B continuaria a ramificação desse problema em uma tentativa de achar uma solução inteira melhor (uma solução inteira com um valor de função objetivo maior que 10). Da mesma forma, se o problema IV tivesse uma solução viável não inteira, precisaríamos fazer mais ramificações a partir desse problema, caso seu valor objetivo relaxado fosse melhor do que o da melhor solução viável inteira conhecida. Assim, a primeira solução inteira obtida pelo uso de B&B nem sempre será a solução ótima inteira. Uma descrição mais detalhada das operações do algoritmo B&B é dada na Figura 6.40.

6.19 Resumo

Este capítulo discutiu as questões envolvidas na formulação e resolução de problemas de PLI. Em alguns casos, soluções inteiras aceitáveis para os problemas de PLI podem ser obtidas pelo arredondamento da solução para o problema de PL relaxado. Entretanto, esse procedimento pode levar a soluções subótimas. O procedimento é útil desde que se possa mostrar que a solução obtida pelo arredondamento está dentro da distância aceitável da solução ótima inteira. Essa abordagem pode ser a única forma prática de obter soluções inteiras para alguns problemas de PLI.

O algoritmo B&B é uma técnica poderosa para resolver problemas de PLI. Muita habilidade e criatividade estão envolvidas na formulação de PLIs para que eles possam ser resolvidos de maneira eficiente usando a técnica de B&B. Variáveis binárias podem ser úteis para contornar diversas hipóteses simplificadoras feitas na formulação de modelos de PL. Aqui, novamente, é necessária uma grande criatividade da parte do desenvolvedor do modelo a fim de identificar as restrições para a implementação de várias condições lógicas em um determinado problema.

6.20 Referências

BEAN, J. et al. Selecting Tenants in a Shopping Mall. *Interfaces*, v. 18, n. 2, 1988.

BLAKE, J.; DONALD, J. Mount Sinai Hospital Uses Integer Programming to Allocate Operating Room Time. *Interfaces*, v. 32, n. 2, 2002.

CARRAWAY, R.; CUMMINS, M.; FREELAND, J. Solving Spreadsheet-Based Integer Programming Models: An Example from the International Telecommunications. *Decision Sciences*, v. 21, n. 4, 1990.

NAUSS, R.; MARKLAND, R. Theory and Application of an Optimizing Procedure for the Lock Box Location Analysis. *Management Science*, v. 27, n. 8, 1981.

NEMHAUSER, G.; WOLSEY, L. *Integer and Combinatorial Optimization*. Nova York: Wiley, 1988.

PEISER, R.; ANDRUS, S. Phasing of Income-Producing Real Estate. *Interfaces*, v. 13, n. 1, 1983.

SCHINDLER, S; SEMMEL, T. Station Staffing at Pan American World Airways. *Interfaces*, v. 23, n. 3, 1993.

STOWE, J. An Integer Programming Solution for the Optimal Credit Investigation/Credit Granting Sequence. *Financial Management*, v. 14, n. 2, 1985.

TAVAKOLI, A.; LIGHTNER, C. Implementing a Mathematical Model for Locating EMS Vehicles in Fayetteville, NC. *Computers & Operations Research*, v. 31, 2004.

O MUNDO DA *BUSINESS ANALYTICS*

Quem cobre a flutuação? – Maryland National melhora as operações de compensação de cheques e reduz custos

O Maryland National Bank (MNB) de Baltimore normalmente processa cerca de 500.000 cheques que totalizam mais de \$ 250.000.000 diariamente. Os cheques não descontados no MNB ou em um banco local devem ser compensados através do Federal Reserve System, um banco de compensação privado, ou por meio do "envio direto" pelo correio para o banco em que serão descontados.

Pelo fato de os fundos não estarem disponíveis até que o cheque seja compensado, os bancos tentam maximizar a disponibilidade de fundos correntes reduzindo a flutuação – o intervalo de tempo necessário para que um cheque seja compensado. Os bancos publicam uma escala de disponibilidade informando o número de dias até que os fundos de um cheque depositado estejam disponíveis para o cliente. Se o tempo de compensação for mais longo que o informado, o banco deve "cobrir a flutuação". Se o cheque for compensado através do Federal Reserve e o seu tempo de compensação for maior que a sua escala de disponibilidade, ele "cobre a flutuação". Se o tempo de compensação for mais curto que a escala de disponibilidade do banco local, o cliente "cobre a flutuação". O custo da flutuação está relacionado com o custo diário do capital.

O MNB usa um sistema baseado em PLI binária para decidir o tempo e o método a serem usados para cada volume de cheques de determinado tipo (chamado letra de caixa). Os custos totais de compensação (a função objetivo) incluem custos de flutuação, taxas de compensação do Federal Reserve ou de bancos privados de compensação e custos de transporte para envio direto. As restrições garantem que apenas um método seja escolhido para cada tipo de cheque e que um método seja usado somente quando estiver disponível. O uso desse sistema economiza ao banco \$ 100.000 anualmente.

Fonte: MARKLAND, R. E.; NAUSS, R. M. Improving Transit Check Clearing Operations at Maryland National Bank. *Interfaces*, v. 13, n. 1, p. 1-9, fev. 1983.

Questões e problemas

1. Como mostrado na Figura 6.1, a região viável para uma PLI consiste em um número *finito* de pontos relativamente pequeno, ao passo que a região viável de seu relaxamento de PL consiste de um número *infinito* de pontos. Por que, então, as PLIs são tão mais difíceis de resolver do que as PLs?
2. Identifique valores razoáveis para M_{12} e M_{22} no exemplo sobre descontos por quantidade, apresentado na Seção 6.16.2 deste capítulo.
3. Considere o seguinte problema de otimização:

$$\begin{aligned} \text{MAX:} \quad & X_1 + X_2 \\ \text{Sujeito a:} \quad & -4X_1 + 4X_2 \leq 1 \\ & -8X_1 + 10X_2 \geq 15 \\ & X_1, X_2 \geq 0 \end{aligned}$$

a. Qual é a solução ótima para o problema?
b. Suponha que X_1 e X_2 sejam inteiros. Qual é a solução ótima?
c. Qual princípio geral de programação inteira é ilustrado nessa questão?

4. As seguintes questões se referem ao exemplo de seleção de projeto da CRT Technologies apresentado neste capítulo. Formule uma restrição para implementar as condições descritas em cada uma das seguintes afirmações.
   a. Entre os projetos 1, 2, 4 e 6, a gerência da CRT deseja selecionar exatamente dois projetos.
   b. O projeto 2 pode ser escolhido somente se o projeto 3 for selecionado e vice-versa.
   c. O projeto 5 não pode ser aceito a menos que os projetos 3 e 4 também sejam.
   d. Se os projetos 2 e 4 forem aceitos, então o projeto 5 também deverá ser aceito.
5. No exemplo de seleção de projeto da CRT Technologies mostrado neste capítulo, o problema indica que os fundos excedentes em qualquer ano são realocados e não podem ser utilizados no ano seguinte. Suponha que esse não seja mais o caso e que os fundos excedentes possam ser usados em anos futuros.
   a. Modifique o modelo de planilha dado para esse problema de modo que reflita essa mudança nas hipóteses.
   b. Qual é a solução ótima para o problema revisado?
6. As seguintes perguntas se referem ao exemplo da Blue Ridge Hot Tubs discutido neste capítulo.
   a. Suponha que Howie Jones tivesse de comprar uma única peça de equipamento por $ 1.000 para produzir quaisquer Aqua-Spas ou Hydro-Luxes. Como isso afetaria a formulação do modelo de seu problema de decisão?
   b. Suponha que Howie Jones deva comprar uma peça de equipamento que custa $ 900 para produzir qualquer Aqua-Spa e outra peça de equipamento que custa $ 800 para produzir qualquer Hydro-Lux. Como isso afetaria a formulação do modelo para o problema?
7. No problema de balanceamento de carga de trabalho da Colpitts Control Devices apresentado neste capítulo, uma tarefa sucessora poderia ser atribuída à mesma estação de trabalho de uma tarefa predecessora imediata. Suponha que alteremos essa suposição para que uma tarefa sucessora não possa ser atribuída a uma estação de trabalho que contenha uma tarefa predecessora imediata.
   a. Qual alteração é necessária para incorporar essa nova restrição?
   b. Com essa nova restrição em vigor, resolva o problema de balanceamento de carga de trabalho da Colpitts para determinar o tempo mínimo de ciclo com 1, 2, 3, 4, 5, 6, 7 e 8 estações de trabalho e produza um gráfico dos resultados como o mostrado na Figura 6.27.
   c. Explique como e por que seus resultados diferem daqueles mostrados no gráfico da Figura 6.27.
8. A Bowden Transport fornece serviços de despacho para caminhoneiros independentes especializados no transporte de carros comprados on-line do vendedor para o comprador. No momento, há quatro carros que precisam ser retirados e entregues e cinco caminhões nas proximidades desses carros. A tabela a seguir resume o custo marginal de cada caminhão que coleta e entrega cada um dos carros, juntamente com o número de espaços disponíveis para transporte de carros em cada caminhão.

	Custo marginal da coleta e entrega				
	Carro 1	**Carro 2**	**Carro 3**	**Carro 4**	**Capacidade**
Caminhão 1	$276	$497	$251	$364	2 carros
Caminhão 2	$179	$375	$298	$190	1 carro
Caminhão 3	$150	$475	$344	$492	1 carro
Caminhão 4	$ 97	$163	$285	$185	1 carro
Caminhão 5	$305	$150	$225	$165	2 carros

   A Bowden cobra do comprador do carro uma taxa fixa de $600 para retirar e entregar cada carro e fica com 50% do lucro obtido.
   a. Formule um modelo de PLI para esse problema.
   b. Implemente seu modelo de PLI em uma planilha e resolva-o.
   c. Qual é a solução ótima?
9. Eric Brown é responsável por atualizar a rede sem fio de seu empregador. Ele identificou sete locais possíveis para a instalação dos novos nós da rede. Cada nó pode fornecer serviço a diferentes regiões dentro do centro empresarial de seu empregador. O custo de instalação de cada nó e as regiões que podem ser servidas por cada nó são:

   Nó 1: Regiões 1, 2, 5; Custo: $ 700
   Nó 2: Regiões 3, 6, 7; Custo $ 600
   Nó 3: Regiões 2, 3, 7, 9; Custo $ 900
   Nó 4: Regiões 1, 3, 6, 10; Custo $ 1.250
   Nó 5: Regiões 2, 4, 6, 8; Custo $ 850
   Nó 6: Regiões 4, 5, 8, 10; Custo $ 1.000
   Nó 7: Regiões 1, 5, 7, 8, 9; Custo $ 100

   a. Formule uma PLI para esse problema.
   b. Implemente seu modelo em uma planilha e resolva-o.
   c. Qual é a solução ótima?

10. Garden City Beach é um lugar de veraneio popular frequentado por milhares de pessoas. A cada verão, a cidade contrata salva-vidas temporários para garantir a segurança dos veranistas. Os salva-vidas de Garden City são contratados para trabalhar cinco dias consecutivos em cada semana, seguidos de dois dias de folga. Entretanto, a companhia de seguros da cidade exige o seguinte número de salva-vidas de plantão a cada dia da semana:

	Número mínimo de salva-vidas exigidos por dia						
	Domingo	**Segunda-feira**	**Terça-feira**	**Quarta-feira**	**Quinta-feira**	**Sexta-feira**	**Sábado**
Salva-vidas	18	17	16	16	16	14	19

O administrador da cidade gostaria de determinar o número mínimo de salva-vidas que terão de ser contratados.

a. Formule uma PLI para esse problema.
b. Implemente seu modelo em uma planilha e resolva-o.
c. Qual é a solução ótima?
d. Vários salva-vidas desejam ter folga nos sábados e domingos. Qual é o número máximo de salva-vidas que podem folgar nos fins de semana sem que isso aumente o número total de salva-vidas necessários?

11. Joni Wu gerencia o GoldRush Casino em Nova Orleans. Ela gostaria de ajustar o *mix* de máquinas de jogos no cassino para garantir que elas operem da maneira mais lucrativa. A tabela a seguir resume o *mix* atual dessas máquinas. Joni está disposta a aumentar ou diminuir o número de cada tipo de máquina em até 10% (arredondando para o número inteiro mais próximo). No entanto, devido a limitações de espaço, o número total de máquinas de jogos deve permanecer o mesmo.

Tipo de máquina	Unidades instaladas	Lucro Médio Diário por Unidade
$ 0,01 Caça-níqueis com cilindros	243	$ 123
$ 0,05 Caça-níqueis com cilindros	9	$ 46
$ 0,25 Caça-níqueis com cilindros	45	$ 82
$ 0,50 Caça-níqueis com cilindros	16	$ 76
$ 1,00 Caça-níqueis com cilindros	40	$ 89
$ 5,00 Caça-níqueis com cilindros	12	$ 205
$ 0,01 Caça-níqueis em vídeo	658	$ 316
$ 0,05 Caça-níqueis em vídeo	8	$ 108
$ 0,01 Videopôquer	8	$ 207
$ 0,05 Caça-níqueis em vídeo	67	$ 137
$ 0,25 Caça-níqueis em vídeo	84	$ 133
$ 1,00 Caça-níqueis em vídeo	6	$ 115
$ 0,01 Caça-níqueis multijogos	75	$ 117
$ 0,05 Caça-níqueis multijogos	257	$ 70
$ 0,25 Caça-níqueis multijogos	232	$ 90
$ 1,00 Caça-níqueis multijogos	18	$ 266
$ 5,00 Caça-níqueis multijogos	8	$ 114
$ 10,00 Caça-níqueis multijogos	6	$ 776
$ 0,05 Vídeo Keno	30	$ 47

a. Quanto o cassino atualmente lucra em média todos os dias?
b. Crie um modelo de otimização em uma planilha para resolver o problema de Joni.
c. Qual é a solução ótima e quanto lucro o cassino deve ganhar em média a cada dia com a melhor variedade de máquinas de jogos?

12. O restaurante Snookers está aberto das 8 às 22 horas diariamente. Além das horas de atendimento ao público, os funcionários devem começar a trabalhar 1 hora antes da abertura do restaurante e permanecer até 1 hora após o fechamento a fim de realizar atividades de arrumação e limpeza. O restaurante emprega tanto funcionários em período integral como funcionários em meio período, nos seguintes turnos:

Turno	Pagamento diário recebido
7 h – 11 h	$ 32
7 h – 15 h	$ 80
11 h – 15 h	$ 32
11 h – 19 h	$ 80
15 h – 19 h	$ 32
15 h – 23 h	$ 80
19 h – 23 h	$ 32

Os seguintes números de funcionários são necessários durante cada intervalo de tempo:

Horas	Funcionários necessários
7 h – 11 h	11
11 h – 13 h	24
13 h – 15 h	16
15 h – 17 h	10
17 h – 19 h	22
19 h – 21 h	17
21 h – 23 h	6

Pelo menos um funcionário que trabalhe em período integral deve estar disponível 1 hora antes da abertura e após o fechamento. Além disso, pelo menos 30% dos empregados devem trabalhar em período integral (8 horas) durante os horários mais movimentados do restaurante (das 11 às 13 horas e das 17 às 19 horas).

a. Formule uma PLI para esse problema com o objetivo de minimizar os custos diários totais com o salário dos funcionários.
b. Implemente seu modelo em uma planilha e resolva-o.
c. Qual é a solução ótima?

13. Um fabricante de motores industriais identificou 10 novos possíveis clientes para seus produtos. As estimativas de potencial de vendas anuais de cada cliente são dadas a seguir:

Cliente	1	2	3	4	5	6	7	8	9	10
Potencial de vendas (em $ 1.000.000)	$ 113	$ 106	$ 84	$ 52	$ 155	$ 103	$ 87	$ 91	$ 128	$ 131

A empresa gostaria de alocar esses 10 possíveis clientes para 5 de seus vendedores atuais da forma mais equitativa possível. (Cada cliente pode ser atribuído a apenas 1 vendedor.) Para isso, os clientes atribuídos a cada um dos 5 vendedores teriam, de maneira *ideal*, exatamente o mesmo potencial de vendas. Se essa solução não for possível, a empresa gostaria de minimizar a quantidade total pela qual o potencial de vendas dos clientes atribuídos a cada vendedor desvia da alocação ideal.

a. De maneira ideal, qual potencial de vendas deve ser atribuído para cada vendedor?
b. Formule um modelo de programação matemática para esse problema. (*Sugestão*: Para cada vendedor, crie duas variáveis de decisão para representar a quantidade na qual seu potencial de vendas atribuído é, respectivamente, superior ou inferior ao potencial de vendas ideal.)
c. Implemente seu modelo em uma planilha e resolva-o.
d. Qual é a solução ótima?

14. Uma empresa de energia está pensando em um modo de aumentar sua capacidade de geração para atender à crescente demanda esperada em sua área de serviço. Atualmente, a empresa opera com 750 megawatts (MW) de capacidade de geração, mas prevê que necessitará das seguintes capacidades mínimas em cada um dos próximos cinco anos:

	Ano				
	1	2	3	4	5
Capacidade mínima em megawatts (MW)	780	860	950	1.060	1.180

A empresa pode aumentar sua capacidade de geração adquirindo quatro diferentes tipos de geradores: de 10 MW, de 25 MW, de 50 MW ou de 100 MW. O custo de aquisição e instalação de cada tipo de gerador em cada um dos próximos cinco anos está resumido na seguinte tabela:

	Custo do gerador (em $ 1.000) no ano				
Tamanho do gerador	**1**	**2**	**3**	**4**	**5**
10 MW	$ 300	$ 250	$ 200	$ 170	$ 145
25 MW	$ 460	$ 375	$ 350	$ 280	$ 235
50 MW	$ 670	$ 558	$ 465	$ 380	$ 320
100 MW	$ 950	$ 790	$ 670	$ 550	$ 460

a. Formule um modelo de programação matemática para determinar a maneira menos dispendiosa de expandir os ativos de geração da empresa para os níveis mínimos exigidos.
b. Implemente seu modelo em uma planilha e resolva-o.
c. Qual é a solução ótima?

15. A Health Care Systems da Flórida (HCSF) planeja construir vários prontos-socorros na região central da Flórida. A gerência da HCSF dividiu um mapa da área em sete regiões. Eles querem localizar os prontos-socorros para que todas as sete regiões sejam servidas convenientemente por pelo menos uma unidade. Cinco possíveis locais estão disponíveis para a construção das novas unidades. As regiões que podem ser servidas convenientemente por cada pronto-socorro são indicadas por um X na seguinte tabela:

	Possíveis locais para a construção				
Região	**Sanford**	**Altamonte**	**Apopka**	**Casselberry**	**Maitland**
1	X		X		
2	X	X		X	X
3		X		X	
4			X		X
5	X	X			
6			X		X
7				X	X
Custo ($ 1.000)	$ 450	$ 650	$ 550	$ 500	$ 525

a. Formule um problema de PLI para determinar quais locais devem ser selecionados, de modo que proporcione serviço conveniente a todas as regiões a um custo mais acessível.
b. Implemente seu modelo em uma planilha e resolva-o.
c. Qual é a solução ótima?

16. Charles McKeown é editor de aquisições em uma editora de livros-texto universitários. O arquivo Books.xlsx, disponível na página deste livro no site da editora, contém uma lista de 151 livros didáticos que Charles teve a oportunidade de adquirir de outra editora. Para cada título, o arquivo apresenta o preço (custo de aquisição) e o valor presente líquido (NPV, na sigla em inglês) das vendas futuras esperadas. Suponha que Charles possa selecionar até 20 títulos dessa lista e investir $12 milhões nessas aquisições.
a. Crie um modelo de otimização em uma planilha para resolver o problema de Charles.
b. Quais títulos Charles deve adquirir, quanto do orçamento será utilizado e qual é o VPL esperado desses títulos?

17. A Radford Castings fabrica sapatas de freios em seis diferentes máquinas. A tabela a seguir contém os custos de fabricação associados com a produção das sapatas de freios em cada máquina, juntamente com a capacidade disponível em cada máquina. Se a empresa recebe um pedido de 1.800 sapatas de freios, como ela deve programar essas máquinas?

Máquina	Custo fixo	Custo variável	Capacidade
1	$ 1.000	$ 21	500
2	$ 950	$ 23	600
3	$ 875	$ 25	750
4	$ 850	$ 24	400
5	$ 800	$ 20	600
6	$ 700	$ 26	800

a. Formule um modelo de PLI para esse problema.
b. Crie um modelo de planilha para esse problema e resolva-o.
c. Qual é a solução ótima?

18. A filha adolescente de um astro de cinema que faleceu recentemente herdou alguns bens do patrimônio de seu pai famoso. Em vez de converter esses bens em dinheiro imediatamente, seu consultor financeiro recomendou que ela deixasse uma parte dos bens valorizarem antes de vendê-los. Um avaliador fez as seguintes estimativas dos valores dos bens (em $ 1.000) para cada um dos próximos cinco anos:

	Ano 1	Ano 2	Ano 3	Ano 4	Ano 5
Carro	$ 35	$ 37	$ 39	$ 42	$ 45
Piano	$ 16	$ 17	$ 18	$ 19	$ 20
Colar	$ 125	$ 130	$ 136	$ 139	$ 144
Mesa	$ 25	$ 27	$ 29	$ 30	$ 33
Tacos de golfe	$ 40	$ 43	$ 46	$ 50	$ 52
Humidor	$ 5	$ 7	$ 8	$ 10	$ 11

Conhecendo a tendência dessa adolescente de gastar dinheiro, o consultor financeiro gostaria de criar um plano para maximizar a quantidade de dinheiro recebida com a venda desses bens e garantir que pelo menos $ 30.000 de fundos novos estejam disponíveis a cada ano para mantê-la na faculdade.

a. Formule um modelo de PLI para esse problema.
b. Crie um modelo de planilha para esse problema e resolva-o.
c. Qual é a solução ótima?

19. Um criador de jogos de videogame tem sete propostas para novos jogos. Infelizmente, a empresa não pode desenvolver todas as propostas porque o orçamento para novos projetos está limitado a $ 950.000 e existem apenas 20 programadores para desenvolver os novos projetos. As exigências financeiras, os retornos e o número de programadores necessários para cada projeto estão resumidos na tabela a seguir. Os projetos 2 e 6 requerem conhecimento de programação especializado que apenas um dos programadores tem. Esses dois projetos não podem ser selecionados simultaneamente porque o programador com os conhecimentos necessários consegue desenvolver apenas um dos projetos. (Observação: Todos os valores monetários representam milhares de dólares.)

Projeto	Programadores necessários	Capital necessário	VPL estimado
1	7	$ 250	$ 650
2	6	$ 175	$ 550
3	9	$ 300	$ 600
4	5	$ 150	$ 450
5	6	$ 145	$ 375
6	4	$ 160	$ 525
7	8	$ 325	$ 750

a. Formule um modelo de PLI para esse problema.
b. Crie um modelo de planilha para esse problema e resolva-o.
c. Qual é a solução ótima?

20. A Tropicsun é líder no cultivo e na distribuição de produtos cítricos frescos, com três grandes pomares espalhados pelo centro do estado da Flórida, nas cidades de Mt. Dora, Eustis e Clermont. A Tropicsun atualmente tem 275.000 alqueires de cítricos no pomar de Mt. Dora, 400.000 alqueires no pomar de Eustis e 300.000 no pomar de Clermont. A empresa possui usinas de processamento de cítricos em Ocala, Orlando e Leesburg, com capacidades de processamento para 200.000, 600.000 e 225.000 alqueires, respectivamente. A Tropicsun tem contrato com uma empresa transportadora local para levar frutas dos pomares para as usinas. A empresa de logística cobra uma taxa fixa de $ 8 por milha independentemente de quantos alqueires de fruta estão sendo transportados. A seguinte tabela resume as distâncias em milhas entre cada pomar e cada usina.

Distâncias em milhas entre os pomares e as usinas

	Usina		
Pomar	Ocala	Orlando	Leesburg
Mt. Dora	21	50	40
Eustis	35	30	22
Clermont	55	20	25

A Tropicsun quer determinar quantos alqueires transportar de cada pomar para cada usina a fim de minimizar o custo total do transporte.

a. Formule um modelo de PLI para esse problema.
b. Crie um modelo de planilha para esse problema e resolva-o.
c. Qual é a solução ótima?

21. Um empreiteiro planeja construir um edifício residencial especificamente para alugar a estudantes de pós-graduação, em um terreno adjacente a uma importante universidade. Quatro tipos de apartamentos podem ser incluídos no edifício: quitinetes e apartamentos de um, dois ou três quartos. Cada quitinete requer 500 pés quadrados; cada apartamento de um quarto requer 700 pés quadrados; cada apartamento de dois quartos requer 800 pés quadrados; e cada apartamento

de três quartos requer 1.000 pés quadrados. O empreiteiro deseja que o edifício tenha no máximo 15 unidades de um quarto, 22 de dois quartos e 10 de três quartos. As leis locais de zoneamento não permitem que o empreiteiro construa mais de 40 unidades nesse determinado local de construção, e o edifício é restrito a ter um máximo de 40.000 pés quadrados. O empreiteiro já concordou em alugar 5 unidades de um quarto e 8 unidades de dois quartos para uma imobiliária local que é o "parceiro silencioso" nessa empreitada. As pesquisas de mercado indicam que cada quitinete pode ser alugada por $ 350 por mês, cada apartamento de um quarto por $ 450 por mês, cada apartamento de dois quartos por $ 550 por mês e cada apartamento de três quartos por $ 750 por mês. Quantas unidades o empreiteiro deverá incluir nos planos de construção a fim de maximizar a renda potencial de aluguel do edifício?

a. Formule um modelo de PL para esse problema.
b. Crie um modelo de planilha para esse problema e resolva-o usando o Solver.
c. Qual é a solução ótima?
d. Qual restrição nesse modelo limita a renda potencial do empreiteiro e impede que ela cresça?

22. A Bellows Lumber Yard, Inc. estoca tábuas de 25 pés de comprimento que ela corta conforme o pedido dos clientes. Um pedido de 5.000 tábuas de 7 pés, 1.200 tábuas de 9 pés e 300 tábuas de 11 pés acabou de chegar. O gerente da serraria identificou seis formas de cortar as tábuas de 25 pés para atender a esse pedido. Os seis padrões de corte estão resumidos na tabela a seguir:

	Número de tábuas produzidas		
Padrão de corte	**7 pés**	**9 pés**	**11 pés**
1	3	0	0
2	2	1	0
3	2	0	1
4	1	2	0
5	0	1	1
6	0	0	2

Uma possibilidade (padrão de corte 1) é cortar a tábua de 25 pés em três tábuas de 7 pés e não cortar nenhuma tábua de 9 ou 11 pés. Observe que o padrão de corte 1 usa um total de 21 pés de tábua e deixa uma peça de 4 pés como refugo. Outra possibilidade (padrão de corte 4) é cortar uma tábua de 25 pés em uma tábua de 7 pés e duas de 9 pés (usando todos os 25 pés da tábua). Os padrões de corte remanescentes têm interpretações semelhantes. O gerente da serraria quer atender a esse pedido usando o menor número possível de tábuas de 25 pés. Para fazê-lo, o gerente precisa determinar quantas tábuas de 25 pés devem ser submetidas a cada padrão de corte.

a. Formule um modelo de PL para esse problema.
b. Crie um modelo de planilha para esse problema e resolva-o usando o Solver.
c. Qual é a solução ótima?
d. Suponha que o gerente queira minimizar o desperdício. A solução seria diferente?

23. A Howie's Carpet World acabou de receber um pedido para fornecer carpetes a um novo prédio de escritórios. O pedido é de 4.000 jardas de carpete de 4 pés de largura, 20.000 jardas de carpete com 9 pés de largura e 9.000 jardas de carpete com 12 pés de largura. A empresa pode encomendar dois tipos de rolos de carpete que serão cortados para atender ao pedido. Um tipo de rolo tem 14 pés de largura, 100 jardas de comprimento e custa $ 1.000; o outro tem 18 pés de largura, 100 jardas de comprimento e custa $ 1.400. A empresa precisa determinar quanto dos dois tipos de rolo vai encomendar e como esses rolos deverão ser cortados. Esse processo deve ser feito da maneira menos onerosa possível.

a. Formule um modelo de PL para esse problema.
b. Crie um modelo de planilha para esse problema e resolva-o usando o Solver.
c. Qual é a solução ótima?
d. Suponha que Howie queira minimizar o desperdício. A solução seria diferente?

24. Um fabricante está considerando alternativas para construir novas fábricas, que devem ficar localizadas próximo aos seus três principais clientes, com os quais ele pretende estreitar uma relação duradoura. O custo líquido de construção e transporte de cada unidade produzida para os clientes variará dependendo de onde a fábrica será construída e de sua capacidade de produção. Esses custos estão resumidos na tabela a seguir:

	Custo líquido por unidade para atender o cliente		
Fábrica	**X**	**Y**	**Z**
1	35	30	45
2	45	40	50
3	70	65	50
4	20	45	25
5	65	45	45

A demanda anual dos clientes X, Y e Z por produtos deve ser de 40.000, 25.000, e 35.000 unidades, respectivamente. A capacidade anual de produção e os custos de construção de cada fábrica são dados na tabela a seguir:

Fábrica	Capacidade de produção	Custo de construção (em $ 1.000)
1	40.000	$ 1.325
2	30.000	$ 1.100
3	50.000	$ 1.500
4	20.000	$ 1.200
5	40.000	$ 1.400

A empresa deseja determinar qual fábrica construir para satisfazer a demanda de seus clientes a um custo total mínimo.

a. Formule um modelo de PLI para esse problema.
b. Crie um modelo de planilha para esse problema e resolva-o.
c. Qual é a solução ótima?

25. Utilizando os dados do exercício anterior, suponha que as fábricas 1 e 2 representem diferentes alternativas de construção para o mesmo local (ou seja, somente uma dessas fábricas pode ser construída). Da mesma forma, suponha que as fábricas 4 e 5 representem diferentes alternativas de construção para outro local.
    a. Que restrições adicionais são exigidas para modelar essas novas condições?
    b. Revise a planilha de modo que ela reflita essas restrições adicionais e resolva o problema resultante.
    c. Qual é a solução ótima?
26. A GLMH Shipping é uma *start-up* que planeja oferecer serviços de entrega no mesmo dia entre 20 grandes cidades nos Estados Unidos. Para fornecer esse serviço, a GLMH precisa construir centros de distribuição em aeroportos em várias dessas cidades. A GLMH deseja selecionar os locais dos centros de modo que garanta que cada uma das 20 cidades esteja a 500 milhas de pelo menos um dos locais do centro. O arquivo Airports.xlsx contém dados que descrevem o custo estimado para estabelecer um centro em cada cidade, bem como uma matriz resumindo as distâncias em milhas entre cada uma das cidades.
    a. Crie um modelo de planilha para determinar onde os centros devem ser localizados para atingir os objetivos da GLMH da maneira mais econômica possível.
    b. Em quais cidades a GLMH deve criar centros e qual é o custo total deste plano?
27. Uma empresa fabrica três produtos: A, B e C. Atualmente, a empresa tem um pedido para 3 unidades do produto A, 7 unidades do produto B e 4 unidades do produto C. Não há estoque de nenhum desses produtos. Todos requerem processamento especial que pode ser feito em uma de duas máquinas. O custo de produção de cada produto em cada máquina está resumido na tabela a seguir:

Custo de produção de uma unidade do produto			
Máquina	**A**	**B**	**C**
1	$ 13	$ 9	$ 10
2	$ 11	$ 12	$ 8

O tempo necessário para produzir cada produto em cada máquina está resumido na tabela a seguir:

Tempo (em horas) necessário para produzir uma unidade do produto			
Máquina	**A**	**B**	**C**
1	0,4	1,1	0,9
2	0,5	1,2	1,3

Suponha que a máquina 1 pode ser usada durante 8 horas e a máquina 2, durante 6 horas. Cada máquina deve passar por uma operação especial de ajuste para prepará-la para a produção de cada produto. Após completar esse ajuste para um produto, qualquer quantidade desse produto pode ser feita. Os custos de ajuste para a produção de cada produto em cada máquina estão resumidos na tabela a seguir:

Custo de ajuste para a produção			
Máquina	**A**	**B**	**C**
1	$ 55	$ 93	$ 60
2	$ 65	$ 58	$ 75

a. Formule um modelo de PLI para determinar quantas unidades de cada produto deverão ser produzidas em cada máquina para atender à demanda a um custo mínimo.
b. Implemente seu modelo em uma planilha e resolva-o.
c. Qual é a solução ótima?

28. A Clampett Oil compra petróleo cru de fornecedores no Texas (TX), em Oklahoma (OK), na Pensilvânia (PA) e no Alabama (AL), a partir do qual ela refina quatro produtos finais: gasolina, querosene, óleo para aquecimento e asfalto. Devido às diferenças na qualidade e nas características químicas do petróleo dos diferentes fornecedores, a quantidade de cada produto final que pode ser refinada a partir de um barril de petróleo cru varia dependendo de sua origem. Além disso, a quantidade de petróleo cru disponível em cada fonte oscila, assim como o custo do barril de petróleo cru de cada fornecedor. Esses valores estão resumidos na tabela a seguir. Por exemplo, a primeira linha dessa tabela indica que um barril de petróleo cru do Texas pode dar origem a 2 barris de gasolina, 2,8 barris de querosene, 1,7 barril de óleo para aquecimento ou 2,4 barris de asfalto. Cada fornecedor requer uma compra mínima de pelo menos 500 barris.

Característica da matéria-prima

		Possível produção por barril					
Óleos brutos	**Barris disponíveis**	**Gasolina**	**Querosene**	**Óleo**	**Asfalto**	**Custo por barril**	**Custo de transporte**
TX	1.500	2,00	2,80	1,70	2,40	$ 22	$ 1.500
OK	2.000	1,80	2,30	1,75	1,90	$ 21	$ 1.700
PA	1.500	2,30	2,20	1,60	2,60	$ 22	$ 1.500
AL	1.800	2,10	2,60	1,90	2,40	$ 23	$ 1.400

A empresa tem um caminhão-tanque que recolhe qualquer quantidade de petróleo cru comprado. Esse caminhão comporta 2.000 barris de petróleo cru. O custo do envio do caminhão para recolher petróleo em várias localidades aparece na coluna "Custo de transporte". Os planos da empresa para o próximo ciclo de produção especificam 750 barris de gasolina, 800 barris de querosene, 1.000 barris de óleo para aquecimento e 300 barris de asfalto.
a. Formule um modelo de PLI que possa ser resolvido para determinar o plano de compra que permitirá à empresa implementar seu plano de produção a um custo mínimo.
b. Implemente esse modelo em uma planilha e resolva-o.
c. Qual é a solução ótima?

29. A Clampett Oil Company tem um caminhão-tanque que é usado para entregar combustível aos clientes. O caminhão-tanque tem cinco compartimentos de armazenagem diferentes com capacidades para armazenar 2.500, 2.000, 1.500, 1.800 e 2.300 galões, respectivamente. A empresa tem um pedido para entregar 2.700 galões de óleo diesel; 3.500 galões de gasolina comum e 4.200 galões de gasolina *premium*. Se cada compartimento pode armazenar apenas um tipo de combustível, como a Clampett Oil deveria carregar o caminhão-tanque? Se for impossível carregar o caminhão com o pedido total, a empresa quer minimizar o número total de galões não atendidos. (*Sugestão*: considere usar variáveis de folga para representar as quantidades não atendidas.)
a. Formule um modelo de PLI para esse problema.
b. Implemente esse modelo em uma planilha e resolva-o.
c. Qual é a solução ótima?

30. Dan Boyd é um consultor financeiro tentando determinar como investir $ 100.000 de um de seus clientes. Os fluxos de caixa para os cinco investimentos em consideração estão resumidos na tabela a seguir:

Resumo de entradas e saídas de caixa (no início do ano)

	A	B	C	D	E
Ano 1	−1,00	0,00	−1,00	0,00	−1,00
Ano 2	+0,45	−1,00	0,00	0,00	0,00
Ano 3	+1,05	0,00	0,00	−1,00	+1,25
Ano 4	0,00	+1,30	+1,65	+1,30	0,00

Por exemplo, se Dan investir $ 1 no investimento A no início do ano 1, ele receberá $ 0,45 no início do ano 2 e mais $ 1,05 no início do ano 3. Como opção, ele pode investir $ 1 no investimento B no início do ano 2 e receber $ 1,30 no início do ano 4. Registros de "0,00" na tabela anterior indicam as vezes que nenhuma entrada ou saída de caixa pode ocorrer. O investimento mínimo exigido para cada um dos possíveis investimentos é de $ 50.000. Além disso, no início de cada ano, Dan também pode colocar uma parte ou todo o dinheiro disponível em uma conta do mercado financeiro, que deve render 5% ao ano. Como Dan deveria planejar os investimentos, se ele quiser maximizar a quantia de dinheiro disponível para seu cliente no fim do ano 4?

a. Formule um modelo de PLI para esse problema.
b. Crie um modelo de planilha para esse problema e resolva-o usando o Solver.
c. Qual é a solução ótima?

31. A Bavarian Motor Company (BMC) fabrica carros e SUVs na Europa e os envia para distribuidores nos Estados Unidos. Atualmente, a BMC tem um estoque de 200 carros e 140 SUVs em Newark, NJ, e 300 carros e 180 SUVs em Jacksonville, FL. Esses veículos precisam ser transportados por trem para atender à demanda de distribuidores da BMC nas cidades listadas na tabela a seguir:

	Veículos necessários	
Cidade	**Carros**	**SUVs**
Boston	100	75
Columbus	60	40
Richmond	80	55
Atlanta	170	95
Mobile	70	50

A BMC aluga vagões para movimentar seu estoque de veículos entre essas cidades. Cada vagão pode acomodar até 12 veículos e está prontamente disponível em qualquer quantidade necessária. O custo de alugar um vagão e movê-lo entre essas cidades está resumido na Figura 6.41.
a. Formule um modelo de PLI para esse problema.
b. Implemente seu modelo em uma planilha e solucione-o.
c. Qual é a solução ótima?

32. A Mega-Bucks Corporation está se planejando para as próximas 4 semanas e prevê a seguinte demanda para o composto X – uma matéria-prima chave usada em seu processo de produção:

	Demanda prevista para o composto X			
Semana	**1**	**2**	**3**	**4**
Demanda (em libras)	400	150	200	350

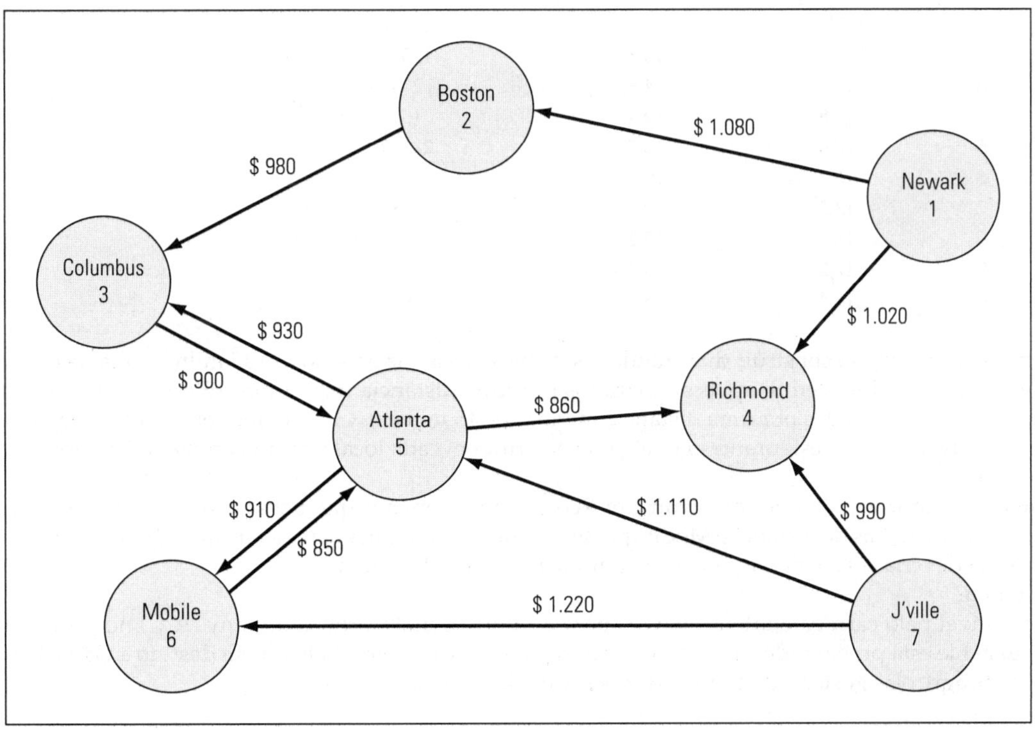

FIGURA 6.41
Custos por locação de vagões para o problema de distribuição de veículos da BMC.

Atualmente a empresa não tem o composto X estocado. O fornecedor desse produto entrega apenas lotes múltiplos de 100 libras (0, 100, 200, 300 etc.). O preço do composto é de $ 125 para cada 100 libras. As entregas podem ser realizadas semanalmente, mas há uma taxa de entrega de $ 50. A Mega-Bucks estima que custe $ 15 para armazenar cada 100 libras do composto X de uma semana para a próxima. Supondo que a Mega-Bucks não quer ter em seu estoque mais de 50 libras do composto X no final da semana 4, quanto ela deve encomendar a cada semana para que a demanda por esse produto seja atendida a um custo mais acessível?

a. Formule um modelo de PLI para esse problema.
b. Crie um modelo de planilha para esse problema e resolva-o usando o Solver.
c. Qual é a solução ótima?

33. Uma montadora de automóveis planeja modificar o *design* mecânico de um de seus carros de maior vendagem, a fim de reduzir o peso do automóvel em pelo menos 400 libras, para melhorar o seu desempenho no consumo de combustível. Os engenheiros projetistas identificaram dez alterações que podem ser feitas no carro para torná-lo mais leve (ou seja, usar materiais compostos na carroceria em vez de metal). O peso perdido em cada alteração de *design* e os custos estimados de implementação de cada alteração estão resumidos na tabela a seguir:

	Alteração no *design*									
	1	**2**	**3**	**4**	**5**	**6**	**7**	**8**	**9**	**10**
Peso diminuído (em libras)	50	75	25	150	60	95	200	40	80	30
Custo (em $ 1.000)	$ 150	$ 350	$ 50	$ 450	$ 90	$ 35	$ 650	$ 75	$ 110	$ 30

As alterações 4 e 7 representam formas alternativas de modificar o bloco do motor e, portanto, apenas uma delas poderia ser selecionada. A empresa deseja determinar quais alterações devem ser feitas para reduzir o peso total do carro em pelo menos 400 libras com o menor custo possível.

a. Formule um modelo de PLI para esse problema.
b. Crie um modelo de planilha para esse problema e resolva-o.
c. Qual é a solução ótima?

34. A Darten Restaurantes possui e opera várias cadeias distintas de restaurantes, incluindo o Red Snapper e o Olive Grove. A empresa planeja abrir novas unidades em Ohio. Há 10 locais diferentes disponíveis para a empresa construir novos restaurantes, onde pode construir qualquer um dos dois tipos de restaurante. A tabela a seguir resume o valor presente líquido estimado (VPL) dos fluxos de caixa (em milhões de dólares), resultante da localização de cada tipo de restaurante em cada local. A tabela indica também quais locais se encontram a menos de 15 milhas um do outro.

Local	**VPL Red Snapper**	**VPL Olive Grove**	**Outros locais a menos de 15 milhas**
1	$ 11,8	$ 16,2	2, 3, 4
2	13,3	13,8	1, 3, 5
3	19,0	14,6	1, 2, 4, 5
4	17,8	12,4	1, 3
5	10,0	13,7	2, 3, 9
6	16,1	19,0	7
7	13,3	10,8	6, 8
8	18,8	15,2	7
9	17,2	15,9	5, 10
10	14,4	16,8	9

a. Suponha que a empresa não queira construir duas unidades da mesma cadeia a menos de 15 milhas uma da outra (ou seja, não deseja construir dois Red Snappers separados por uma distância menor que 15 milhas, nem quer construir dois Olive Groves separados por uma distância menor que 15 milhas). Crie um modelo de planilha para determinar qual (se houver algum) restaurante ela deveria construir em cada local para maximizar o VPL total.
b. Qual é a solução ótima?
c. Suponha também que a empresa não quer construir um Red Snapper a menos que possa construir também um Olive Grove a menos de 15 milhas de distância. Modifique seu modelo de planilha para determinar qual (se houver algum) restaurante ela deveria construir em cada local para maximizar o VPL total.
d. Qual é a solução ótima?

35. Paul Bergey é o responsável pelo carregamento de navios para a International Cargo Company (ICC) no porto de Newport News, Virgínia. Ele está preparando um plano de carga para um cargueiro da ICC com destino a Gana. Um vendedor de mercadorias agrícolas gostaria de transportar nesse navio os seguintes produtos:

Mercadoria	Quantidade disponível (toneladas)	Volume por ton. (pés cúbicos)	Lucro por toneladas ($)
1	4.800	40	70
2	2.500	25	50
3	1.200	60	60
4	1.700	55	80

Paul pode escolher carregar parte ou toda a carga de mercadorias disponível. Entretanto, o navio possui três porões de carga com as seguintes restrições de capacidade:

Porão de carga	Capacidade de carga (toneladas)	Capacidade de volume (pés cúbicos)
Proa	3.000	145.000
Centro	6.000	180.000
Popa	4.000	155.000

Somente um tipo de mercadoria pode ser colocado em cada porão de carga. Entretanto, para o equilíbrio do navio, o peso no porão de carga da proa deve ficar na margem de 10% do peso do porão de carga da popa e o porão de carga central deve conter entre 40% e 60% do peso total a bordo.

a. Formule um modelo de PLI para esse problema.
b. Crie um modelo de planilha para esse problema e resolva-o usando o Solver.
c. Qual é a solução ótima?

36. A KPS Communications planeja trazer a internet sem fio para a cidade de Ames, Iowa. Usando um sistema de informação geográfica, a KPS dividiu a cidade com a seguinte grade 5 por 5. Os valores em cada bloco da grade indicam a renda anual esperada (em $ 1.000) que a KPS receberá se o serviço de internet sem fio for fornecido para a área geográfica representada por cada bloco.

Renda anual esperada por área (em $ 1.000)				
$ 34	$ 43	$ 62	$ 42	$ 34
$ 64	$ 43	$ 71	$ 48	$ 65
$ 57	$ 57	$ 51	$ 61	$ 30
$ 32	$ 38	$ 70	$ 56	$ 40
$ 68	$ 73	$ 30	$ 56	$ 44

A KPS pode construir torres sem fios em qualquer bloco da grade a um custo de $ 150.000 por torre. Cada uma delas pode fornecer serviço sem fio para o bloco em que está localizada e a todos os blocos adjacentes. (Os blocos são considerados adjacentes se compartilham um lado. Os blocos que se tocam apenas nos pontos de canto não são considerados adjacentes.) A KPS gostaria de determinar quantas torres deve construir e onde as construir para maximizar os lucros no primeiro ano de operação. (Observação: se um bloco pode receber o serviço de duas torres diferentes, a renda para aquele bloco deve ser considerada apenas uma vez.)

a. Crie um modelo de planilha para esse problema e resolva-o.
b. Qual é a solução ótima e quanto a KPS vai ganhar no primeiro ano?
c. Suponha que a KPS tenha de fornecer serviço sem fio a todos os blocos. Qual é a solução ótima e quanto a KPS vai ganhar no primeiro ano?

37. Tallys DeCampinas, coordenador de serviços de emergência do Condado de Dade, está interessado em posicionar as duas ambulâncias do condado a fim de maximizar o número de habitantes que podem ser alcançados em 4 minutos em situações de emergência. O condado está dividido em seis regiões, e o tempo médio necessário para o deslocamento de uma região até a outra está resumido na tabela a seguir:

	Para a região					
Da região	1	2	3	4	5	6
1	0	4	3	6	6	5
2	4	0	7	5	5	6
3	3	7	0	4	3	5
4	6	5	4	0	7	5
5	6	5	3	7	0	2
6	5	6	5	5	2	0

A população (em milhares) nas regiões 1 a 6 é estimada, respectivamente, em 21, 35, 15, 60, 20 e 37. Em quais regiões deverão ser colocadas as ambulâncias?

a. Formule um modelo de PLI para esse problema.
b. Implemente seu modelo em uma planilha e resolva-o.
c. Qual é a solução ótima?
d. Quantas ambulâncias serão necessárias para fornecer a cobertura da área em 4 minutos para todos os habitantes?
e. Suponha que o condado queira posicionar três ambulâncias, de modo que forneça cobertura para todos os moradores em 4 minutos e maximizar a redundância do sistema. (Assuma que redundância significa que uma ou mais ambulâncias podem fornecer o serviço em 4 minutos.) Onde deverão ser colocadas as ambulâncias?

38. Ken Stark é um analista de operações de uma empresa de seguros em Muncie, Indiana. Nas próximas seis semanas, a empresa precisa enviar 2.028.415 unidades de material publicitário para clientes nos seguintes 16 estados:

Estado	Unidades enviadas pelo correio
AZ	82.380
CA	212.954
CT	63.796
GA	136.562
IL	296.479
MA	99.070
ME	38.848
MN	86.207
MT	33.309
NC	170.997
NJ	104.974
NV	29.608
OH	260.858
OR	63.605
TX	214.076
VA	134.692
TOTAL	**2.028.415**

Para coordenar os outros esforços de marketing, todos os materiais destinados a determinado estado devem ser enviados na mesma semana (ou seja, se Ken decidir esquematizar os envios para Geórgia na semana 2, então todas as 136.562 unidades destinadas à Geórgia devem ser enviadas nessa semana). Ken gostaria de equilibrar a carga de trabalho em cada semana o máximo possível e, em particular, ele gostaria de minimizar a quantidade máxima de envio a ser processado em qualquer semana durante o período de seis semanas.

a. Crie um modelo de planilha para determinar quais estados deverão ser processados em cada semana para atingir o objetivo de Ken.
b. Qual é a solução ótima?

39. A CoolAire Company fabrica condicionadores de ar que são vendidos para cinco diferentes varejistas espalhados pelos Estados Unidos. A empresa está avaliando a sua estratégia de fabricação e logística para garantir sua operação da maneira mais eficiente possível. A empresa pode produzir aparelhos em seis montadoras distribuídas pelo país e estocar essas unidades em quatro diferentes depósitos. O custo de fabricação e embarque de uma unidade entre cada montadora e depósito está resumido na tabela a seguir com a capacidade mensal e o custo fixo de operação de cada montadora.

	Depósito 1	Depósito 2	Depósito 3	Depósito 4	Custo fixo	Capacidade
Montadora 1	$ 700	$ 1.000	$ 900	$ 1.200	$ 55.000	300
Montadora 2	$ 800	$ 500	$ 600	$ 700	$ 40.000	200
Montadora 3	$ 850	$ 600	$ 700	$ 500	$ 45.000	300
Montadora 4	$ 600	$ 800	$ 500	$ 600	$ 50.000	250
Montadora 5	$ 500	$ 600	$ 450	$ 700	$ 42.000	350
Montadora 6	$ 700	$ 600	$ 750	$ 500	$ 40.000	400

Da mesma forma, o custo unitário de unidades embarcadas de cada depósito para cada cliente é dado a seguir com o custo mensal fixo de operação de cada depósito.

	Cliente 1	Cliente 2	Cliente 3	Cliente 4	Cliente 5	Custo fixo
Depósito 1	$ 40	$ 80	$ 60	$ 90	$ 50	$ 40.000
Depósito 2	$ 60	$ 50	$ 75	$ 40	$ 35	$ 50.000
Depósito 3	$ 55	$ 40	$ 65	$ 60	$ 80	$ 35.000
Depósito 4	$ 80	$ 30	$ 80	$ 50	$ 60	$ 60.000

A demanda mensal de cada cliente está resumida a seguir:

	Cliente 1	Cliente 2	Cliente 3	Cliente 4	Cliente 5
Demanda	200	300	200	150	250

A CoolAire gostaria de determinar que montadoras e depósitos ela deve operar para atender à demanda da forma menos custosa.

a. Crie um modelo de planilha para esse problema e resolva-o.
b. Que montadoras e depósitos a CoolAire deveria operar?
c. Qual é o plano ótimo de embarque?

40. Um banco de sangue quer determinar a forma menos dispendiosa de transportar as doações de sangue disponíveis em Pittsburgh e Staunton para hospitais em Charleston, Roanoke, Richmond, Norfolk e Suffolk. A Figura 6.42 mostra as possíveis rotas de transporte entre as cidades com o custo unitário de transporte de acordo com cada arco. Além disso, o serviço de entrega usado pelo banco de sangue cobra uma taxa única de $ 125 todas as vezes que faz uma viagem por qualquer um desses arcos, independentemente de quantas unidades de sangue são transportadas. Suponha também que cada arco pode ser percorrido apenas uma vez. A van usada pelo serviço de entrega pode transportar um máximo de 800 unidades de sangue.
Suponha que Pittsburgh tenha disponíveis 600 unidades de sangue do tipo O positivo (O+) e 800 unidades de sangue do tipo AB. Suponha que Staunton tem disponíveis 500 unidades de sangue O+ e 600 unidades de AB. A tabela abaixo resume o número de unidades de cada tipo de sangue necessário nos hospitais citados.

	Unidades necessárias	
Hospital	**O+**	**AB**
Charleston	100	200
Roanoke	100	100
Richmond	500	300
Norfolk	200	500
Suffolk	150	250

a. Crie um modelo de planilha para esse problema.
b. Qual é a solução ótima?
c. Suponha que o serviço de entrega comece a usar um novo tipo de van que pode transportar até 1.000 unidades entre duas cidades. Qual é a solução ótima para esse problema revisado?

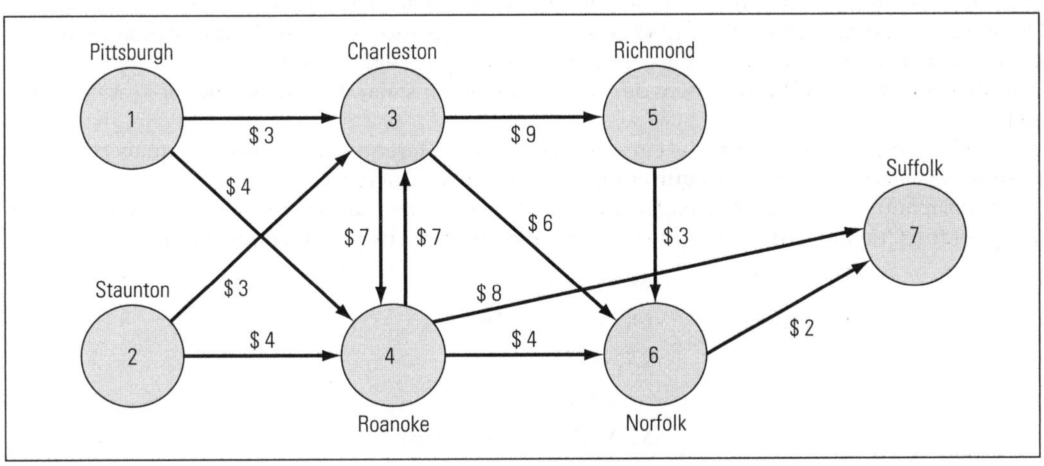

FIGURA 6.42
Possíveis rotas de transporte para as unidades de sangue.

FIGURA 6.43
Possíveis linhas ferroviárias para a Alaskan Railroad.

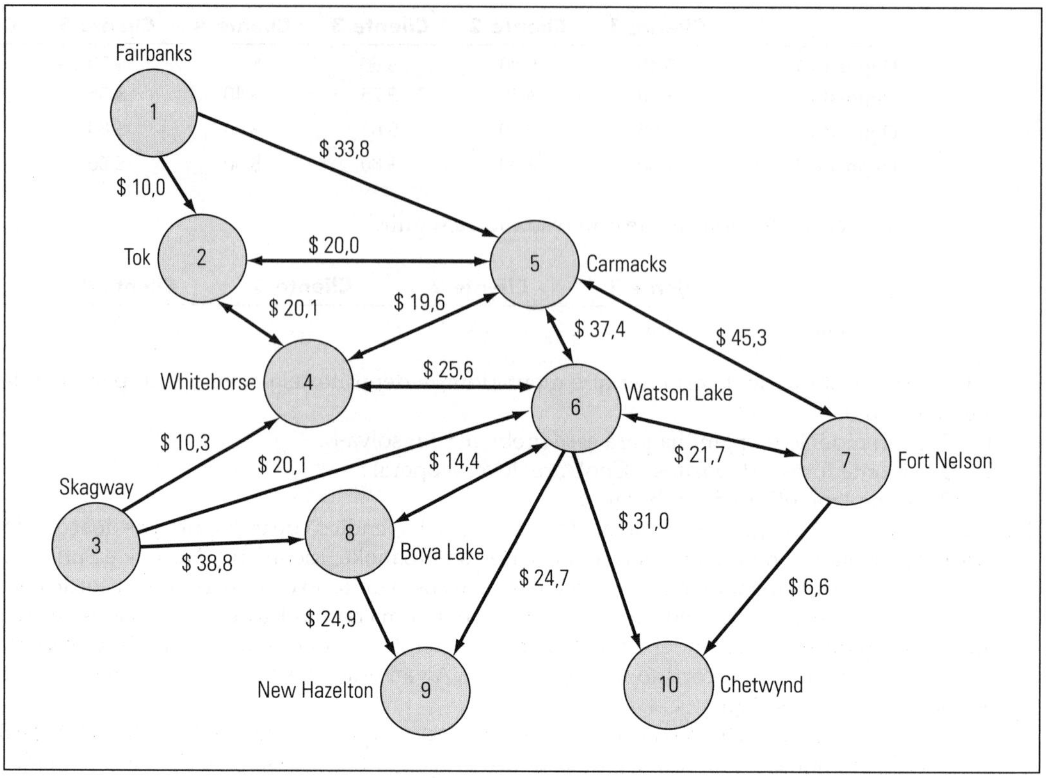

41. A Alaskan Railroad é uma operadora ferroviária independente e autônoma que não está conectada a nenhum outro serviço ferroviário na América do Norte. Por esse motivo, os embarques entre o Alasca e o restante da América do Norte devem ser enviados por caminhão por milhares de milhas, ou carregados em navios cargueiros e transportados por via marítima. Recentemente, a Alaskan Railroad iniciou negociações com o Canadá para a expansão de suas linhas ferroviárias a fim de se conectar com o sistema ferroviário norte-americano. A Figura 6.43 resume os diversos segmentos ferroviários (e os custos associados em milhões de dólares norte-americanos) que poderiam ser construídos. O sistema ferroviário norte-americano atualmente fornece serviço para New Hazelton e Chetwynd. A Alaskan Railroad gostaria de expandir sua ferrovia a fim de poder alcançar essas cidades a partir de Skagway e Fairbanks.
    a. Implemente um modelo de otimização para determinar a forma menos dispendiosa de conectar a cidade de Skagway a Nova Hazelton e Chetwynd, e também conectar Fairbanks a essas mesmas cidades.
    b. Qual é a solução ótima?
42. A CaroliNet é um provedor de serviço de TV por satélite para clientes residenciais no estado da Carolina do Norte. A empresa planeja expandir e oferecer o mesmo serviço na Carolina do Sul. A CaroliNet deseja estabelecer um conjunto de centros de serviço por todo o estado, de modo que garanta que todos os habitantes tenham acesso a um centro de serviços em seu próprio condado ou em um condado adjacente. A Figura 6.44 (e o arquivo CaroliNet.xlsm, disponível na página deste livro no site da editora) mostra uma planilha Excel com uma matriz que indica os condados adjacentes por todo o estado. Os valores 1 na matriz indicam condados adjacentes, enquanto os valores 0 indicam condados que não são adjacentes entre si. (Observe que um condado é considerado adjacente a ele mesmo.)
    a. Suponha que a CaroliNet queira minimizar o número de centros que deve instalar. Em quais condados esses centros devem ser instalados?
    b. Considere que a CaroliNet queira instalar centros em exatamente dez diferentes condados. Em quais condados esses centros devem ser instalados se a empresa quiser maximizar a cobertura de serviço?
43. Resolva o problema a seguir manualmente, usando o algoritmo B&B. Você pode usar o computador para resolver os problemas individuais gerados. Crie uma árvore *branch-and-bound* para mostrar os passos completados.

$$\begin{aligned}
\text{MAX:} \quad & 6X_1 + 8X_2 \\
\text{Sujeito a:} \quad & 6X_1 + 3X_2 \leq 18 \\
& 2X_1 + 3X_2 \leq 9 \\
& X_1, X_2 \geq 0 \\
& X_1, X_2 \text{ devem ser inteiros}
\end{aligned}$$

FIGURA 6.44 *Matriz de adjacência de condados para o problema de localização da CaroliNet.*

Matriz de Adjacência de Condados (1=condados adjacentes)

	Abbeville	Aiken	Allendale	Anderson	Bamberg	Barnwell	Beaufort	Berkeley	Calhoun	Charleston	Cherokee	Chester	Chesterfield
Abbeville	1	0	0	1	0	0	0	0	0	0	0	0	0
Aiken	0	1	0	0	0	1	0	0	0	0	0	0	0
Allendale	0	0	1	0	1	1	0	0	0	0	0	0	0
Anderson	1	0	0	1	0	0	0	0	0	0	0	0	0
Bamberg	0	0	1	0	1	1	0	0	0	0	0	0	0
Barnwell	0	1	1	0	1	1	0	0	0	0	0	0	0
Beaufort	0	0	0	0	0	0	1	0	0	0	0	0	0
Berkeley	0	0	0	0	0	0	0	1	0	1	0	0	0
Calhoun	0	0	0	0	0	0	0	0	1	0	0	0	0
Charleston	0	0	0	0	0	0	0	1	0	1	0	0	0
Cherokee	0	0	0	0	0	0	0	0	0	0	1	0	0
Chester	0	0	0	0	0	0	0	0	0	0	0	1	0
Chesterfield	0	0	0	0	0	0	0	0	0	0	0	0	1
Claredon	0	0	0	0	0	0	0	1	1	0	0	0	0
Colleton	0	0	1	0	1	0	1	0	0	1	0	0	0
Darlington	0	0	0	0	0	0	0	0	0	0	0	0	1
Dillon	0	0	0	0	0	0	0	0	0	0	0	0	0
Dorchester	0	0	0	0	1	0	0	1	0	1	0	0	0
Edgefield	0	1	0	0	0	0	0	0	0	0	0	0	0
Fairfield	0	0	0	0	0	0	0	0	0	0	0	1	0
Florence	0	0	0	0	0	0	0	0	0	0	0	0	0
Georgetown	0	0	0	0	0	0	0	1	0	0	0	0	0
Greenville	1	0	0	1	0	0	0	0	0	0	0	0	0
Greenwood	1	0	0	0	0	0	0	0	0	0	0	0	0
Hampton	0	0	1	0	1	0	1	0	0	0	0	0	0
Horry	0	0	0	0	0	0	0	0	0	0	0	0	0
Jasper	0	0	0	0	0	0	1	0	0	0	0	0	0
Kershaw	0	0	0	0	0	0	0	0	0	0	0	0	1
Lancaster	0	0	0	0	0	0	0	0	0	0	0	1	1
Laurens	1	0	0	1	0	0	0	0	0	0	0	0	0

44. Durante a execução do algoritmo B&B, muitos problemas candidatos provavelmente serão gerados e aguardarão análise mais detalhada. No exemplo B&B neste capítulo, escolhemos o problema candidato para analisar de forma bem arbitrária. Que outras maneiras mais estruturadas podemos usar para selecionar o próximo problema candidato? Quais são os prós e os contras dessas técnicas?

Otimização de corte de madeira **CASO 6.1**

O estado da Virgínia é um dos maiores produtores de móveis de madeira dos Estados Unidos, com a indústria moveleira responsável por acrescentar 50% de valor à madeira. Nos últimos 40 anos o volume de estoque de madeira nas florestas da Virgínia aumentou em 81%. Hoje, 15,4 milhões de acres, que correspondem a mais da metade do estado, estão cobertos por florestas. Proprietários particulares possuem 77% dessa área. Quando se tomam decisões sobre quais árvores deverão ser abatidas, os profissionais florestais consideram muitos fatores e precisam seguir várias leis e regulamentos.

A Figura 6.45 mostra uma parte da área coberta por florestas, que foi dividida em 12 áreas onde é permitido o corte de árvores, marcadas por linhas tracejadas. A área 2 possui o único acesso à floresta, feito por uma estrada pavimentada, de modo que qualquer corte de madeira deve ser transportado para fora da floresta através dessa área. Atualmente, não há estradas nessa floresta, portanto, elas devem ser construídas para o corte de madeira. As rotas permitidas para essas estradas também são mostradas na Figura 6.45 e são determinadas com base na geografia da área e na localização de rios e hábitats da vida silvestre.

Nem todas as áreas da floresta devem ser derrubadas. Entretanto, para cortar em qualquer área, deve-se abrir uma estrada até essa área. O custo de abertura de cada trecho de estrada é indicado na Figura 6.45 (em $ 1.000). Finalmente, o valor líquido da madeira que pode ser cortada em cada área é estimado da seguinte maneira:

FIGURA 6.45
Diagrama da floresta para o problema de corte de madeira.

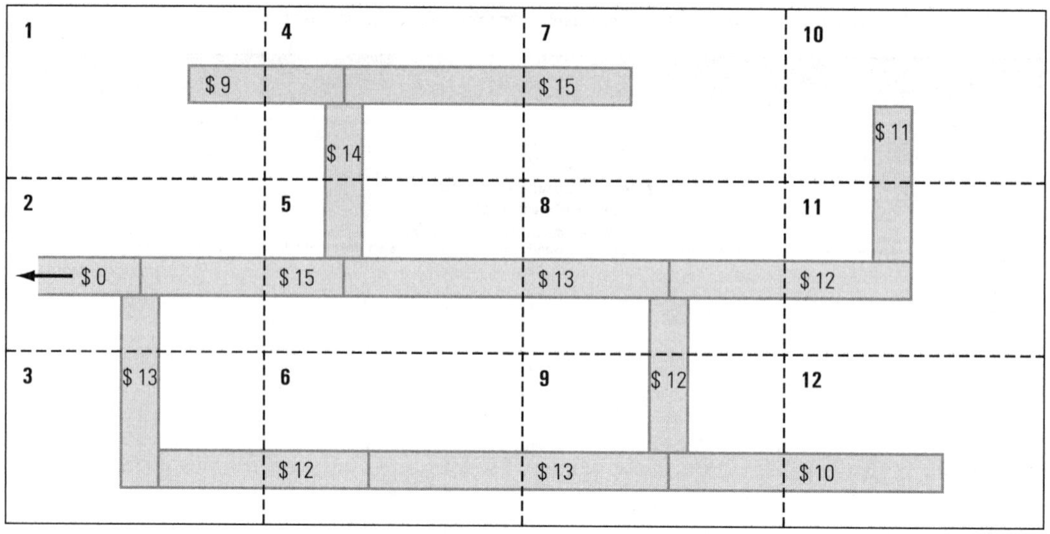

	Valor do volume cortado (em $ 1.000)											
Área	**1**	**2**	**3**	**4**	**5**	**6**	**7**	**8**	**9**	**10**	**11**	**12**
Valor	$ 15	$ 7	$ 10	$ 12	$ 8	$ 17	$ 14	$ 18	$ 13	$ 12	$ 10	$ 11

Quais áreas deverão ser cortadas e que estradas deverão ser abertas para tornar o uso da floresta o mais rentável possível?

1. Crie um modelo de planilha para o problema.
2. Qual é a solução ótima?
3. Suponha que o custo de construção da estrada que conecta as áreas 4 e 5 se reduza para $ 12.000. Que impacto isso terá na solução ótima?

CASO 6.2 Distribuição de energia em Old Dominion

A demanda de eletricidade varia muito durante o dia. Devido ao fato de que grandes quantidades de energia não podem ser armazenadas de forma econômica, as empresas de energia não podem gerar eletricidade e armazená-la até o momento em que seja necessária. Em vez disso, essas empresas devem equilibrar a produção e a demanda de energia em tempo real. Um dos elementos que geram grandes incertezas quando se prevê a demanda de eletricidade é o tempo. A maioria das empresas distribuidoras de energia contrata meteorologistas que monitoram constantemente os padrões de tempo e atualizam os modelos de computador que fazem a previsão da demanda de energia para um período de sete dias. Essa previsão é chamada perfil de carga da empresa e é normalmente atualizada a cada hora.

Todas as empresas de energia têm uma demanda básica de energia que é relativamente constante. Para satisfazer a essa demanda básica, uma empresa geradora de energia usa seus equipamentos mais econômicos, que geram energia a um custo baixo, e os mantêm funcionando continuamente. Para atender às demandas adicionais de energia, a empresa deve ligar outros geradores. Esses outros geradores às vezes são chamados de geradores de "pico", porque ajudam a empresa de energia a atender às demandas mais elevadas ou às cargas de pico. O custo de colocar em funcionamento diferentes geradores de pico difere de um gerador para outro. E, pelo fato de diferentes geradores de pico usarem tipos diversos de combustível (ou seja, carvão, gasolina, biomassa), os custos operacionais por megawatt (MW) gerado também diferem. Assim, os operadores de uma empresa de energia devem decidir continuamente qual gerador deve ser colocado em funcionamento ou ser desativado para atender ao perfil de carga ao menor custo.

A Old Dominion Power (ODP) Company fornece energia elétrica para todo estado da Virgínia e para as Carolinas. Suponha que o perfil de pico de carga da ODP (ou seja, a carga estimada acima da carga básica) em megawatts (MW) está estimado da seguinte maneira:

	Dia						
	1	**2**	**3**	**4**	**5**	**6**	**7**
Carga (em MWs)	4.300	3.700	3.900	4.000	4.700	4.800	3.600

A ODP atualmente tem três geradores de pico desligados, mas disponíveis para atender à demanda. Os geradores têm as seguintes características de operação:

Local do gerador	Custo de acionamento	Custo por dia	Capacidade máxima em MW por dia
New River	$ 800	$ 200 + $ 5 por MW	2.100
Galax	$ 1.000	$ 300 + $ 4 por MW	1.900
James River	$ 700	$ 250 + $ 7 por MW	3.000

Quando um gerador que está desativado é colocado em funcionamento, há um custo de acionamento. Depois de o gerador ser ativado, ele pode continuar funcionando indefinidamente sem que seja necessário pagar esse custo de acionamento novamente. Entretanto, se o gerador for desligado, o custo de acionamento deve ser pago novamente quando se ativa o gerador. A cada dia de funcionamento do gerador, há um custo fixo e um custo variável que devem ser pagos. Por exemplo, para cada dia em que o gerador de New River permanece ligado, incorre um custo fixo de $ 200 mais $ 5 por MW gerado. Portanto, mesmo que um gerador não produza nenhum MW, seu funcionamento ainda custa $ 200 por dia (para evitar um novo acionamento). Quando estão funcionando, os geradores podem fornecer até o máximo de MW diariamente, listado na coluna final da tabela.

1. Formule um modelo de programação matemática para o problema de distribuição de energia da ODP.
2. Implemente seu modelo em uma planilha e resolva-o.
3. Qual é a solução ótima?
4. Suponha que a ODP possa, às vezes, comprar energia de um concorrente. Quanto a empresa deverá pagar para adquirir 300 MW de energia no dia 1? Explique sua resposta.
5. Que preocupações, caso existam, você teria ao implementar esse plano?

O problema de cofre da MasterDebt — CASO 6.3

A MasterDebt é uma empresa nacional de cartões de crédito com milhares de clientes nos Estados Unidos. Todo dia, a MasterDebt envia relatórios a diferentes clientes resumindo seus gastos relativos ao mês anterior. Os clientes têm, então, 30 dias para fazer o pagamento de suas contas. A MasterDebt inclui um envelope pré-endereçado em cada relatório enviado para que os clientes usem para fazer seus pagamentos.

Um dos grandes problemas enfrentados pela MasterDebt é decidir qual endereço colocar nos envelopes pré-endereçados enviados a diversas partes do país. A quantidade de tempo perdido entre o momento em que o cliente preenche o cheque e o momento em que a MasterDebt recebe o dinheiro pela compensação do cheque é chamado ***flutuação***. Os cheques podem passar vários dias flutuando pelo correio e no processamento antes de serem compensados. Esse tempo de flutuação representa rendimento perdido para a MasterDebt. Se a empresa pudesse receber e descontar esses cheques imediatamente, ganharia juros adicionais nesses fundos.

Para reduzir os juros perdidos com a flutuação dos cheques, a MasterDebt gostaria de implementar um sistema de "cofres" para acelerar o processamento dos cheques. Nesse sistema, todos os clientes da MasterDebt na Costa Oeste enviariam os cheques a um banco em Sacramento, o qual, mediante uma taxa, processaria os cheques e depositaria o dinheiro em uma conta da MasterDebt. A MasterDebt poderia fazer um acordo semelhante com um banco na Costa Leste para atender seus clientes dessa região. Esses sistemas são comumente utilizados pelas empresas para melhorar seus fluxos de caixa.

A MasterDebt identificou seis cidades como possíveis localizações de "cofres". O custo fixo anual de operação do sistema em cada possível localização é dado na tabela a seguir:

Custos anuais de operação de "cofres" (em $ 1.000)

Sacramento	Denver	Chicago	Dallas	Nova York	Atlanta
$ 25	$ 30	$ 35	$ 35	$ 30	$ 35

Foi feita uma análise para determinar o número médio de dias em que um cheque flutua quando é enviado de sete diferentes regiões do país para cada uma dessas seis cidades. Os resultados dessa análise estão resumidos na tabela a seguir. Essa tabela indica, por exemplo, que um cheque enviado de uma região central do país até Nova York leva em média três dias, desde o envio e o processamento, até entrar na conta da MasterDebt.

Flutuação média entre regiões e possíveis localizações de "cofres" (em dias)

	Sacramento	Denver	Chicago	Dallas	Nova York	Atlanta
Central	4	2	2	2	3	3
Meio-Atlântico	6	4	3	4	2	2
Meio-Oeste	3	2	3	2	5	4
Nordeste	6	4	2	5	2	3
Noroeste	2	3	5	4	6	7
Sudeste	7	4	3	2	4	2
Sudoeste	2	3	6	2	7	6

Uma análise mais detalhada foi feita para determinar a quantidade média de pagamentos enviados de cada região do país. Os resultados dessa análise são dados a seguir:

Pagamentos médios diários por região (em $ 1.000)

	Pagamentos
Central	$ 45
Meio-Atlântico	$ 65
Meio-Oeste	$ 50
Nordeste	$ 90
Noroeste	$ 70
Sudeste	$ 80
Sudoeste	$ 60

Assim, se os pagamentos da região central forem enviados a Nova York, em determinado dia, haverá uma média de $ 135.000 em cheques não depositados provenientes da região central. Pelo fato de a MasterDebt poder ganhar 15% sobre depósitos em dinheiro, ela perderia $ 20.250 por ano em juros potenciais somente nesses cheques.

1. Quais das seis potenciais localizações de "cofres" a MasterDebt deveria usar e para qual localização cada região deveria ser vinculada?
2. Como sua solução mudaria se um máximo de quatro regiões pudesse ser vinculado a determinado "cofre"?

CASO 6.4 Remoção de neve em Montreal

Baseado em: CAMPBELL, J.; LANGEVIN, A. The Snow Disposal Assignment Problem. *Journal of the Operational Research Society*, p. 919-929, 1995.

A remoção e o despejo da neve são atividades importantes e caras em Montreal e em muitas cidades do norte. Ainda que a neve possa ser retirada de ruas e calçadas rapidamente, sob temperaturas negativas prolongadas, os montes de neve resultantes podem impedir o tráfego de pedestres e veículos e devem ser removidos.

Para permitir a remoção e o despejo de neve em tempo hábil, uma cidade é dividida em vários setores e as operações de remoção de neve são realizadas simultaneamente em cada setor. Em Montreal, a neve acumulada é carregada em caminhões e levada para locais de despejo (ou seja, rios, portos, esgotos e áreas de acumulação). Por razões contratuais, cada setor pode ser atribuído a ***apenas um*** local de despejo. (No entanto, cada local de despejo pode receber a neve de vários setores.) Os diferentes tipos de locais de despejo podem acomodar quantidades diversas de neve, seja por causa do tamanho físico do local de despejo, seja por restrições ambientais quanto ao volume de neve (muitas vezes contaminada por sal e produtos químicos usados para o degelo) que pode ser jogado nos rios. As capacidades anuais (em 1.000 metros cúbicos) para cinco diferentes locais de despejo de neve são dadas na tabela a seguir.

	Local de despejo				
	1	2	3	4	5
Capacidade	350	250	500	400	200

O custo da remoção e do despejo da neve depende principalmente da distância que deverá ser percorrida. Para fins de planejamento, a cidade de Montreal usa a distância em linha reta entre o centro de cada setor e os vários locais de despejo, como uma aproximação do custo de transportar a neve entre esses locais. A tabela a seguir resume essas distâncias (em quilômetros) para 10 setores na cidade.

	Local de despejo				
Setor	**1**	**2**	**3**	**4**	**5**
1	3,4	1,4	4,9	7,4	9,3
2	2,4	2,1	8,3	9,1	8,8
3	1,4	2,9	3,7	9,4	8,6
4	2,6	3,6	4,5	8,2	8,9
5	1,5	3,1	2,1	7,9	8,8
6	4,2	4,9	6,5	7,7	6,1
7	4,8	6,2	9,9	6,2	5,7
8	5,4	6,0	5,2	7,6	4,9
9	3,1	4,1	6,6	7,5	7,2
10	3,2	6,5	7,1	6,0	8,3

Com o uso de dados históricos de nevascas, a cidade pode estimar o volume anual de neve que precisa ser removida em cada setor como equivalente a quatro vezes o comprimento em metros das ruas nos setores (ou seja, assume-se que cada metro linear de rua gere anualmente 4 metros cúbicos de neve a ser removida). A tabela abaixo traz o volume de neve estimado (em 1.000 metros cúbicos) que deve ser removido de cada setor no ano seguinte.

Volume de neve anual a ser removido									
1	**2**	**3**	**4**	**5**	**6**	**7**	**8**	**9**	**10**
153	152	154	138	127	129	111	110	130	135

1. Crie uma planilha que a cidade de Montreal possa usar para determinar o plano de remoção de neve mais eficiente para o ano que vem. Suponha que custe $ 0,10 para transportar um metro cúbico de neve por quilômetro.
2. Qual é a solução ótima?
3. Quanto custará para a cidade de Montreal implementar o seu plano de despejo de neve?
4. Ignorando as restrições de capacidade nos locais de despejo, quantas distintas atribuições de setores para locais de despejo são possíveis?
5. Suponha que Montreal possa aumentar a capacidade de um único local de despejo em 100.000 metros cúbicos. Qual local de despejo (se houver algum) deveria ter sua capacidade aumentada e que quantia a cidade deveria estar preparada para pagar a fim de obter essa capacidade extra de despejo?

Capítulo 7

Programação de meta e otimização multiobjetivo

7.0 Introdução

O Capítulo 6 discutiu as técnicas de modelagem que se aplicam aos problemas de otimização que requerem soluções inteiras. Este capítulo apresenta duas outras técnicas de modelagem que às vezes são úteis na solução de problemas de otimização. A primeira técnica – programação de meta – envolve a solução de problemas que contenham não uma função objetivo específica, mas um conjunto de metas que gostaríamos de atingir. Como veremos, uma meta pode ser considerada uma restrição com o valor do RHS flexível.

A segunda técnica – otimização multiobjetivo – é bem semelhante à programação de meta e se aplica a problemas que contenham mais de uma função objetivo. Na área de negócios e na área governamental, diferentes grupos frequentemente perseguem objetivos diversos. Portanto, é bem possível que uma variedade de funções objetivo possa ser proposta para o mesmo problema de otimização.

Ambas as técnicas requerem um *procedimento de solução iterativa* no qual o tomador de decisão investiga uma série de soluções para encontrar a mais satisfatória. Assim, diferentemente dos procedimentos de PL e de PLI apresentados anteriormente, não podemos formular um problema multiobjetivo ou de programação de meta e resolver um problema de otimização para identificar a solução ótima. Nesses problemas, precisamos resolver diversas variações do problema antes de encontrarmos uma solução aceitável.

Começaremos pelo tópico de programação de meta. Então, investigaremos a otimização multiobjetivo e veremos como os conceitos e as técnicas de programação de meta podem também ser aplicados a esses problemas.

7.1 Programação de meta

As técnicas de otimização apresentadas nos capítulos anteriores sempre assumiram que as restrições no modelo são **rígidas** ou que *não podem* ser violadas. Por exemplo, as restrições de trabalho indicaram que a quantidade de horas de trabalho usadas para produzir uma variedade de produtos não poderia exceder certa quantidade fixa (tal como 1.566 horas). Em outro exemplo, as restrições monetárias indicaram que a quantidade de dinheiro investida em determinado número de projetos não poderia exceder uma quantidade orçada (tal como $ 850.000).

Restrições rígidas são adequadas em muitas situações, entretanto, essas restrições podem ser restritivas demais em outras situações. Por exemplo, quando se compra um carro novo, costuma-se ter em mente o preço máximo que se deseja pagar. Poderíamos definir como meta. Entretanto, provavelmente se encontrará um modo de pagar mais do que essa quantia se for impossível adquirir o carro que se deseja realmente pela quantia fixada como meta. Então, a quantia que se tem em mente *não* é uma restrição rígida que não possa ser violada. Poderíamos vê-la mais precisamente como uma **restrição flexível** – representando uma meta que se gostaria de atingir.

Vários problemas que envolvem tomada de decisão em nível gerencial podem ser mais precisamente modelados usando-se metas em vez de restrições rígidas. Muitas vezes, tais problemas não têm uma função objetivo explícita a ser maximizada ou minimizada que satisfaz a um conjunto de restrições, mas, em vez disso, podem ser expressos como um conjunto de metas que também poderia incluir restrições rígidas. Esses problemas são conhecidos como problemas de **programação de meta** (PM).

Equilibrando objetivos de autointeresse esclarecido

Quando estava de pé em uma colina coberta de vegetação, observando a queda d'água sobre o que fora uma mina de carvão, Roger Holnback, diretor executivo do Western Virginia Land Trust, descreveu o que aquela porção de terra poderia ter sido caso um loteamento típico tivesse sido feito na área. "Eles descobririam uma forma de usar essa terra baixa para construção", ele disse, destacando quão graciosa seria uma fileira de casas ao pé da colina. "Eles maximizam os lotes passíveis de construção de acordo com as normas de zoneamento."

Mas, devido a um acordo entre os empreiteiros Bill Ellenbogen e Steve Bodtke, e o Western Virginia Land Trust e o New River Land Trust, quase metade da área de um loteamento de 225 acres em Coal Bank Ridge será preservada através de um acordo de conservação. "Nossa meta era fazer um belo loteamento e, ao mesmo tempo, proteger as áreas circundantes", disse Ellenbogen. Acordos de conservação são acordos entre proprietários de terras e autoridades para restringir construções enquanto permitem aos donos manter a propriedade e continuar a usá-la. As autoridades monitoram o uso da terra para garantir que ele está sendo feito de acordo com as regras pactuadas.

Ellenbogen não tenta esconder o fato de que é um homem de negócios e, como um empreiteiro, precisa ter lucro. Mas ter lucro e preservar a natureza e o caráter rural da área não são metas mutuamente excludentes. "Achamos que isso agrega um tremendo valor", disse. "As pessoas vivem nessa comunidade por causa da beleza da paisagem. Se você destruir essa beleza, elas não vão querer viver aqui. Eu classifico como autointeresse esclarecido."

"A questão é 'como posso ganhar dinheiro e ainda ter uma comunidade habitável?'", disse Holnback. "É um conceito simples."

Adaptado de: Developers see conservation as smart business. *The Roanoke Times*, 20 dez. 2003.

7.2 Um exemplo de programação de meta

A técnica de programação linear pode ajudar um tomador de decisão a analisar e resolver um problema de PM. O exemplo a seguir ilustra os conceitos e as técnicas de modelagem usados em problemas de PM.

Davis McKeown é o proprietário de um hotel de veraneio e centro de convenções em Myrtle Beach, na Carolina do Sul. Embora seu negócio seja lucrativo, também é altamente sazonal: os meses de verão são os mais lucrativos do ano. Para aumentar os lucros durante o restante do ano, Davis quer expandir o seu negócio na área de convenções, mas, para fazê-lo, ele precisa expandir as salas de conferência. Davis contratou uma firma de pesquisa de mercado para determinar o número e o tamanho das salas de conferência que serão necessárias para atrair mais convenções. Os resultados do estudo indicaram que o conjunto de salas de conferência deveria incluir, pelo menos, cinco salas de conferência pequenas (400 pés quadrados), 10 salas de conferência médias (750 pés quadrados) e 15 salas de conferência grandes (1.050 pés quadrados). Além disso, a firma de pesquisa de mercado indicou que, se a expansão consistisse de um total de 25.000 pés quadrados, Davis teria o maior centro de convenções em comparação a seus competidores – o que seria desejável para fins de propaganda. Enquanto discutia seus planos de expansão com um arquiteto, Davis descobriu que poderia pagar $ 18.000 para construir cada sala de conferência pequena, $ 33.000 para cada sala de conferência de tamanho médio e $ 45.150 para cada sala de conferência grande. Davis quer limitar seus gastos na expansão do centro de convenção a aproximadamente $ 1.000.000.

7.2.1 DEFININDO AS VARIÁVEIS DE DECISÃO

Nesse problema, a decisão fundamental que o proprietário do hotel enfrenta é quantas salas de conferência pequenas, médias e grandes deve incluir na expansão do centro de convenções. Essas quantidades são representadas por X_1, X_2 e X_3, respectivamente.

7.2.2 DEFININDO AS METAS

Esse problema é um pouco diferente dos apresentados anteriormente neste livro. Em vez de um objetivo específico, envolve várias metas, que estão expressas (sem nenhuma ordem especial) como:

Meta 1: a expansão deveria incluir aproximadamente 5 salas de conferência pequenas.
Meta 2: a expansão deveria incluir aproximadamente 10 salas de conferência médias.
Meta 3: a expansão deveria incluir aproximadamente 15 salas de conferência grandes.
Meta 4: a expansão deveria ter aproximadamente 25.000 pés quadrados.
Meta 5: a expansão deveria custar aproximadamente $ 1.000.000.

Observe que o vocábulo "aproximadamente" aparece em cada meta. Essa palavra reforça que há metas flexíveis em vez de restrições rígidas. Por exemplo, se as quatro primeiras metas puderem ser atingidas a um custo de \$ 1.001.000, é bem provável que o proprietário do hotel não se importe em pagar \$ 1.000 a mais para conseguir uma solução dessas. Entretanto, devemos determinar se podemos encontrar uma solução que atenda exatamente a todas as metas desse problema e, caso contrário, quais compensações poderão ser feitas entre as metas para determinar uma solução aceitável. Podemos formular um modelo de PL para esse problema de PM para nos ajudar a determinar isso.

7.2.3 DEFININDO AS RESTRIÇÕES DE META

O primeiro passo na formulação de um modelo de PL para um problema de PM é criar uma restrição para cada meta do problema. Uma **restrição de meta** permite-nos determinar o quanto dada solução se aproxima da meta. Para entender como essas restrições deveriam ser formuladas, comecemos pelas três restrições de metas associadas, na expansão, ao número de salas de conferência pequenas, médias e grandes.

Se quisermos ter certeza de que exatamente 5 pequenas, 10 médias e 15 grandes salas de conferência serão incluídas na expansão planejada, devemos incluir as seguintes restrições rígidas a nosso modelo de PM:

$$X_1 = 5$$
$$X_2 = 10$$
$$X_3 = 15$$

Entretanto, as metas expressaram que a expansão deve incluir *aproximadamente* 5 salas de conferência pequenas, *aproximadamente* 10 salas de conferência médias e *aproximadamente* 15 salas de conferência grandes. Se for impossível atingir todas as metas, o proprietário do hotel poderia considerar uma solução envolvendo apenas 14 salas de conferência grandes. As restrições rígidas não permitiriam tal solução; elas são restritivas demais. Entretanto, podemos modificá-las facilmente para permitir desvios das metas expressas, da seguinte maneira:

$$X_1 + d_1^- - d_1^+ = 5 \quad \} \text{ salas pequenas}$$
$$X_2 + d_2^- - d_2^+ = 10 \quad \} \text{ salas médias}$$
$$X_3 + d_3^- - d_3^+ = 15 \quad \} \text{ salas grandes}$$
$$\text{em que } d_i^-, d_i^+ \geq 0 \text{ para todo } i$$

O valor RHS de cada restrição de meta (os valores 5, 10 e 15 nas restrições anteriores) é o **valor alvo** para a meta porque representa o nível de alcance que o tomador de decisão deseja obter para a meta. As variáveis d_i^- e d_i^+ são chamadas **variáveis de desvio** porque representam a quantidade pela qual cada meta se desvia de seu valor alvo. O d_i^- representa a quantidade *faltante* para atingir cada valor alvo de uma meta e o d_1^+ representa a quantidade de acordo com a qual cada valor alvo de uma meta é *excedido*.

Para ilustrar o funcionamento das variáveis de desvio, suponha que tenhamos uma solução em que $X_1 = 3$, $X_2 = 13$ e $X_3 = 15$. Para satisfazer a primeira restrição de meta listada anteriormente, suas variáveis de desvio assumiriam os valores de $d_1^- = 2$ e $d_1^+ = 0$ para refletir que a meta de ter 5 salas de conferência pequenas é quase atingida, *faltando* 2 unidades. Da mesma forma, para satisfazer a segunda restrição de meta, suas variáveis de desvio assumiriam os valores de $d_2^- = 0$ e $d_2^+ = 3$ para refletir que a meta de ter 10 salas de conferência médias é *excedida* por 3 unidades. Finalmente, para satisfazer a terceira restrição de meta, suas variáveis de desvio assumiriam os valores de $d_3^- = 0$ e $d_3^+ = 0$ para refletir que a meta de ter 15 salas de conferência grandes é atingida de modo *exato*.

Podemos formular de uma maneira semelhante as restrições para as metas remanescentes no problema. Devido ao fato de as salas de conferência pequenas, médias e grandes exigirem 400, 750 e 1.050 pés quadrados, respectivamente, e o desejo do proprietário do hotel de que a área total da expansão seja de 25.000, a restrição representando essa meta é:

$$400X_1 + 750X_2 + 1.050X_3 + d_4^- - d_4^+ = 25.000 \quad \} \text{ área em pés quadrados}$$

Devido ao fato de as salas de conferência pequenas, médias e grandes resultarem em custos de construção de \$ 18.000, \$ 33.000 e \$ 45.150, respectivamente, e ao desejo do proprietário do hotel de manter o custo da expansão em aproximadamente \$ 1.000.000, a restrição representando essa meta é:

$$18.000X_1 + 33.000X_2 + 45.150X_3 + d_5^- - d_5^+ = 1.000.000 \quad \} \text{ custo de construção}$$

As variáveis de desvio em cada restrição de meta representam as quantidades de acordo com as quais os valores reais obtidos para as metas se desviam de seus respectivos valores alvo.

7.2.4 DEFININDO AS RESTRIÇÕES RÍGIDAS

Como foi observado antes, nem todas as restrições em um problema de PM devem ser restrições de meta. Um problema de PM também pode incluir uma ou mais restrições rígidas normalmente encontradas em problemas de PL. Em nosso exemplo, se $ 1.000.000 fosse a quantia máxima absoluta que o proprietário do hotel quisesse pagar pela expansão, esta poderia ser incluída no modelo como uma restrição rígida. (Conforme veremos, também é possível mudar uma restrição flexível para rígida durante a análise do problema de PM.)

7.2.5 FUNÇÕES OBJETIVO EM PM

Embora seja relativamente fácil formular as restrições para um problema de PM, a identificação de uma função objetivo apropriada pode ser bem enganosa e frequentemente requer um pouco de esforço mental. Antes de formular a função objetivo para o problema exemplo, consideremos alguns aspectos e opções envolvidas nesse processo.

O objetivo em um problema de PM é determinar uma solução que atinja todas as metas da maneira mais aproximada possível. A solução *ideal* para qualquer problema de PM é aquela na qual todas as metas sejam atingidas exatamente no nível especificado pelo seu valor alvo. (Em uma solução ideal assim, todas as variáveis de desvio em todas as restrições de metas seriam iguais a 0.) Muitas vezes, não é possível atingir a solução ideal, porque algumas metas poderiam ser conflitantes com outras. Nesse caso, devemos encontrar uma solução que se desvie o mínimo possível da solução ideal. Um objetivo possível para o nosso problema exemplo de PM é:

$$\text{Minimizar a soma dos desvios:} \qquad \text{MIN:} \quad \sum_i (d_i^- + d_i^+)$$

Com esse objetivo, tentamos encontrar uma solução para o problema em que todas as variáveis de desvio sejam iguais a 0 – ou em que todas as metas sejam atingidas de modo exato. Mas, se tal solução não for possível, esse objetivo sempre produzirá uma solução desejável? A resposta é: "provavelmente não".

O objetivo anterior tem várias desvantagens. Primeiro, as variáveis de desvio quantificam coisas inteiramente diferentes. Em nosso problema exemplo, as variáveis d_1^-, d_1^+, d_2^-, d_2^+, d_3^- e d_3^+determinam salas de um tamanho ou outro, ao passo que d_4^- e d_4^+ são medidas de área em pés quadrados, e d_5^- e d_5^+ são medidas financeiras de custos de construção. Uma crítica óbvia ao objetivo anterior é que não está claro como interpretar um valor numérico que o objetivo assume (7 salas + 1.500 dólares = 1.507 unidades de quê?).

Uma solução para esse problema é modificar a função objetivo, de modo que ela determine a soma dos *desvios percentuais* das várias metas. Isso é conseguido da seguinte maneira, em que t_i representa o valor alvo para a meta i:

$$\text{Minimizar a soma dos desvios percentuais:} \qquad \text{MIN:} \quad \sum_i \frac{1}{t_i}(d_i^- + d_i^+)$$

Em nosso problema exemplo, suponha que chegamos a uma solução na qual a primeira meta é quase atingida por uma sala ($d_1^- = 1$), a quinta meta é excedida em $ 20.000 ($d_5^+ = 20.000$) e todas as outras metas são atingidas de modo exato (todas as outras variáveis d_i^- e d_i^+ são iguais a 0). Usando-se a soma de desvios percentuais, o valor ótimo da função objetivo é:

$$\frac{1}{t_i} d_1^- + \frac{1}{t_5} d_5^+ = \frac{1}{5} \times 1 + \frac{1}{1.000.000} \times 20.000 = 20\% + 2\% = 22\%$$

Observe que o objetivo de desvio percentual pode ser usado apenas se todos os valores alvo para todas as metas não tiverem valor igual a 0; caso contrário, ocorrerá uma divisão por zero.

Outra crítica potencial às funções objetivo anteriores se refere ao modo como são avaliados os desvios. No exemplo anterior, em que o valor da função objetivo é de 22%, a função objetivo implicitamente assume que ter 4 salas de conferência pequenas (em vez de 5) é 10 vezes pior que ultrapassar em $ 20.000 o orçamento desejado para o custo da construção. Ou seja, a quantia excedente de $ 20.000 teria de aumentar 10 vezes e chegar a $ 200.000 antes que o desvio percentual dessa meta igualasse os 20% do desvio causado por ter uma sala a menos da meta de 5 salas de conferência pequenas. Será que ter uma sala de conferência a menos é realmente tão indesejável como ter de pagar $ 200.000 a mais do que foi orçado? Somente o tomador de decisão nesse problema pode responder a essa pergunta. Seria bom fornecer ao tomador de decisão uma forma de avaliar e mudar as compensações implícitas entre as metas.

Ambas as funções objetivo anteriores veem um desvio de qualquer meta em qualquer direção como igualmente indesejável. Por exemplo, de acordo com ambas as funções objetivo anteriores, uma solução resultante de um custo de construção de $ 900.000 (se $X_5 = 900.000$ e $d_5^- = 100.000$) é tão indesejável quanto uma solução com o custo de construção de $ 1.100.000 (se $X_5 = 1.100.000$ e $d_5^+ = 100.000$). Porém o proprietário do hotel provavelmente prefere pagar \$ 900.000 para a expansão, em vez de \$ 1.100.000. Assim, ainda que exceder a meta de custo de construção seja uma ocorrência indesejável, não atingir essa meta é provavelmente desejável ou pelo menos neutro. Por outro lado, embora não atingir a meta relacionada ao número de pequenas salas de conferência possa ser visto como algo indesejável, exceder essa meta poderia ser visto como desejável ou possivelmente neutro. Novamente, seria bom dar ao tomador de decisão uma forma de representar quais são os desvios desejáveis e indesejáveis na função objetivo.

Uma solução para as críticas anteriores é permitir que o tomador de decisão atribua pesos às variáveis de desvios na função objetivo de um problema de PM para refletir melhor a importância e a qualidade dos desvios das várias metas. Então, um tipo mais útil de função objetivo para um problema de PM é:

$$\text{Minimizar a soma ponderada dos desvios:} \quad \text{MIN:} \quad \sum_i (w_i^- d_i^- + w_i^+ d_i^+)$$

ou

$$\text{Minimizar a soma ponderada dos desvios percentuais:} \quad \text{MIN:} \quad \sum_i \frac{1}{t_i}(w_i^- d_i^- + w_i^+ d_i^+)$$

Nessas funções objetivo ponderadas, w_i^- e w_i^+ representam constantes numéricas que podem receber valores para ponderar as diversas variáveis de desvio no problema. Uma variável que representa um desvio altamente indesejável de uma meta específica recebe um peso relativamente grande, fazendo com que seja altamente indesejável para essa variável assumir um valor maior que 0. Uma variável que representa um desvio neutro ou desejável de uma meta específica recebe um peso 0 ou um valor menor que 0, de modo que reflita que é aceitável ou mesmo desejável que essa variável assuma um valor maior que 0.

Infelizmente, nenhum procedimento padrão está disponível para receber valores de w_i^- e w_i^+ de forma que garanta que se vai encontrar a solução mais desejável para um problema de PM. Ao contrário, é necessário seguir um procedimento iterativo no qual se tenta um conjunto específico de pesos, resolve-se o problema, analisa-se a solução e depois refinam-se os pesos e resolve-se o problema novamente. Pode ser necessário repetir esse processo muitas vezes para achar uma solução que seja a mais desejável para o tomador de decisão.

7.2.6 DEFININDO O OBJETIVO

Em nosso problema exemplo, assuma que o tomador de decisão considere indesejável não atingir quaisquer das três metas relacionadas ao número de salas de conferência pequenas, médias e grandes, mas que seja indiferente quanto a exceder essas metas. Assuma também que o tomador de decisão considere indesejável não atingir a meta de acrescentar 25.000 pés quadrados tanto quanto exceder essa meta. Finalmente, assuma que o tomador de decisão ache indesejável gastar mais de \$ 1.000.000, mas seja indiferente quanto a gastar menos do que essa quantia. Nesse caso, se quisermos minimizar o desvio percentual ponderado para o nosso problema exemplo, usamos o seguinte objetivo:

$$\text{MIN:} \quad \frac{w_1^-}{5} d_1^- + \frac{w_2^-}{10} d_2^- + \frac{w_3^-}{15} d_3^- + \frac{w_4^-}{25.000} d_4^- + \frac{w_4^+}{25.000} d_4^+ + \frac{w_5^+}{1.000.000} d_5^+$$

Observe que esse objetivo omite (ou atribui peso 0 para) as variáveis de desvio para as quais o tomador de decisão é indiferente. Assim, esse objetivo não penalizaria uma solução que resultasse, por exemplo, em 7 salas de conferência pequenas (e, portanto, $d_1^+ = 2$) porque assumimos que o tomador de decisão não verá isso como um desvio indesejável da meta de ter 5 salas de conferência pequenas. Por outro lado, esse objetivo penalizaria uma solução que resultasse em 3 salas de conferência pequenas (e, portanto, $d_1^- = 2$), porque isso representa um desvio indesejável da meta de ter 5 salas de conferência pequenas. Para começarmos nossa análise, assumiremos que $w_1^- = w_2^- = w_3^- = w_4^- = w_4^+ = w_5^+ = 1$ e que todos os outros pesos são 0.

7.2.7 IMPLEMENTANDO O MODELO

Para resumir, o modelo de PLI para nosso problema exemplo de PM é:

$$\text{MIN:} \quad \frac{w_1^-}{5} d_1^- + \frac{w_2^-}{10} d_2^- + \frac{w_3^-}{15} d_3^- + \frac{w_4^-}{25.000} d_4^- + \frac{w_4^+}{25.000} d_4^+ + \frac{w_5^+}{1.000.000} d_5^+$$

Sujeito a:

$$X_1 + d_1^- - d_1^+ = 5 \quad \text{\} salas pequenas}$$
$$X_2 + d_2^- - d_2^+ = 10 \quad \text{\} salas médias}$$
$$X_3 + d_3^- - d_3^+ = 15 \quad \text{\} salas grandes}$$

$$400X_1 + 750X_3 + 1.050\,X_3 + d_4^- - d_4^+ = 25.000 \quad \} \text{ área em pés quadrados}$$
$$18.000X_1 + 33.000X_2 + 45{,}150X_3 + d_5^- - d_5^+ = 1.000.000 \quad \} \text{ custo de construção}$$
$$d_i^-, d_i^+ \geq 0 \text{ para todo } i \quad \} \text{ condições de não negatividade}$$
$$X_i \geq 0 \text{ para todo } i \quad \} \text{ condições de não negatividade}$$
$$X_i \text{ devem ser inteiros}$$

Devido ao fato de esse ser um modelo de PLI, ele pode ser implementado em uma planilha da forma costumeira. Uma abordagem de como fazer está exposta na Figura 7.1 (e no arquivo Fig7-1.xlsm, disponível na página deste livro no site da editora).

A primeira seção da planilha lista os dados básicos quanto à área em pés quadrados e aos custos das diferentes salas de conferência. A próxima seção representa as variáveis de decisão, as variáveis de desvio e as restrições de meta para o problema. Especificamente, as células B9 a D9 correspondem a X_1, X_2 e X_3 – o número de salas de conferência pequenas, médias e grandes a ser incluídas na expansão. As células E9 e F9 contêm as fórmulas abaixo, que calculam a área total em pés quadrados e o custo total da construção para qualquer combinação de salas de conferência pequenas, médias e grandes:

Fórmula para a célula E9: =SOMARPRODUTO(B9:D9;B5:D5)
Fórmula para a célula F9 =SOMARPRODUTO(B9:D9;B6:D6)

FIGURA 7.1 *Implementação de planilha do modelo de PM.*

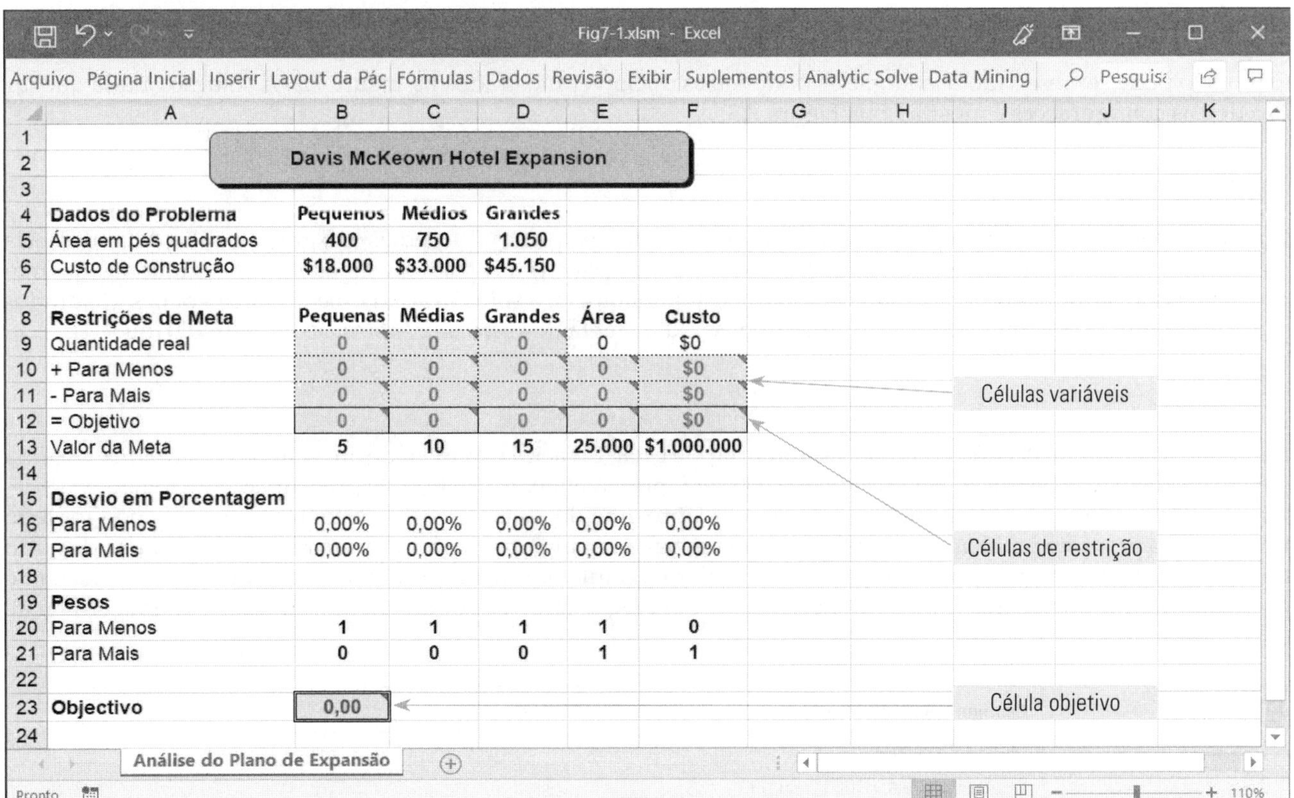

Fórmulas das principais células		
Célula	**Fórmula**	**Copiado para**
B12	=B9+B10–B11	C12:F12
B16	=B10/B$13	B16:F17
E9	=SOMARPRODUTO(B9:D9;B5:D5)	--
F9	=SOMARPRODUTO(B9:D9;B6:D6)	--
B23	=SOMARPRODUTO(B16:F17;B20:F21)	--

As células B10 a F11 correspondem às variáveis de desvio em nosso modelo algébrico. Essas células indicam a quantidade de acordo com a qual cada meta fica em falta ou é excedida. As fórmulas LHS para as restrições de metas são implementadas nas células B12 a F12. De modo específico, na célula B12 lançamos a seguinte fórmula e depois a copiamos para as células C12 a F12:

Fórmula para a célula B12: =B9+B10−B11
(Copiar para C12 a F12.)

Os valores alvo (ou RHS) para as restrições de meta estão listados nas células B13 a F13. Para implementar a função objetivo, primeiro implementamos fórmulas para converter os valores das variáveis de desvio em formato de porcentagem, dividindo cada variável de desvio representada nas células B10 a F11 pelo valor alvo apropriado. Isso é feito da seguinte forma:

Fórmula para a célula B16: =B10/B$13
(Copiar para B16 a F17.)

Depois, os pesos de cada variável de desvio são lançados nas células B20 a F20. Uma vez que resolver um problema de PM é um processo iterativo no qual provavelmente será necessário mudar os pesos para o objetivo, é melhor colocar os pesos em um lugar separado da planilha.

Finalmente, a célula B23 contém a seguinte fórmula, que implementa a função objetivo para o problema:

Fórmula para a célula B23: =SOMARPRODUTO(B16:F17;B20:F21)

7.2.8 RESOLVENDO O MODELO

O modelo pode ser resolvido usando-se os parâmetros do Solver mostrados na Figura 7.2. A solução obtida que faz uso dessas configurações é mostrada na Figura 7.3.

7.2.9 ANALISANDO A SOLUÇÃO

Como mostrado na Figura 7.3, essa solução inclui exatamente 5 pequenas, 10 médias e 15 grandes salas de conferência na expansão. Assim, não há nenhum desvio dos valores alvo para as três primeiras metas, o que agradaria ao tomador de decisão. Entretanto, considerando a quarta e a quinta meta, a solução atual excede a área em pés quadrados pretendida, em 250 pés quadrados (ou 1%), e está acima da meta de custo de construção em $ 97.250 (ou 9,73%).

7.2.10 REVISANDO O MODELO

Embora o tomador de decisão possa não se importar de estar 1% acima da meta de área em pés quadrados, exceder a meta de custo de construção em quase $ 100.000 será, provavelmente, motivo de preocupação. O tomador de decisão poderia querer encontrar outra solução que se aproxime da meta de custo de construção. Isso pode ser feito ajustando os pesos no problema, de modo que uma penalidade maior seja atribuída ao excedente da meta de custo de construção. Ou seja, nós podemos aumentar o valor na célula F21 que representa w_5^+. Novamente, não há como dizer exatamente quanto maior esse valor deve ser. Como regra geral, podemos alterar seu valor por uma ordem de

FIGURA 7.2
Parâmetros e opções do Solver para o modelo de PM.

Configurações do Solver:
Objetivo: B23 (Min) Células variáveis: B10:F11, B9:D9 Restrições: B12:F12 = B13:F13 B9:D9 = integer B9:D9 >= 0 B10:F11 >= 0
Opções do Solver:
Standard LP/Quadratic Engine (LP Simplex) Integer Tolerance = 0

FIGURA 7.3 *Primeira solução para o modelo de PM.*

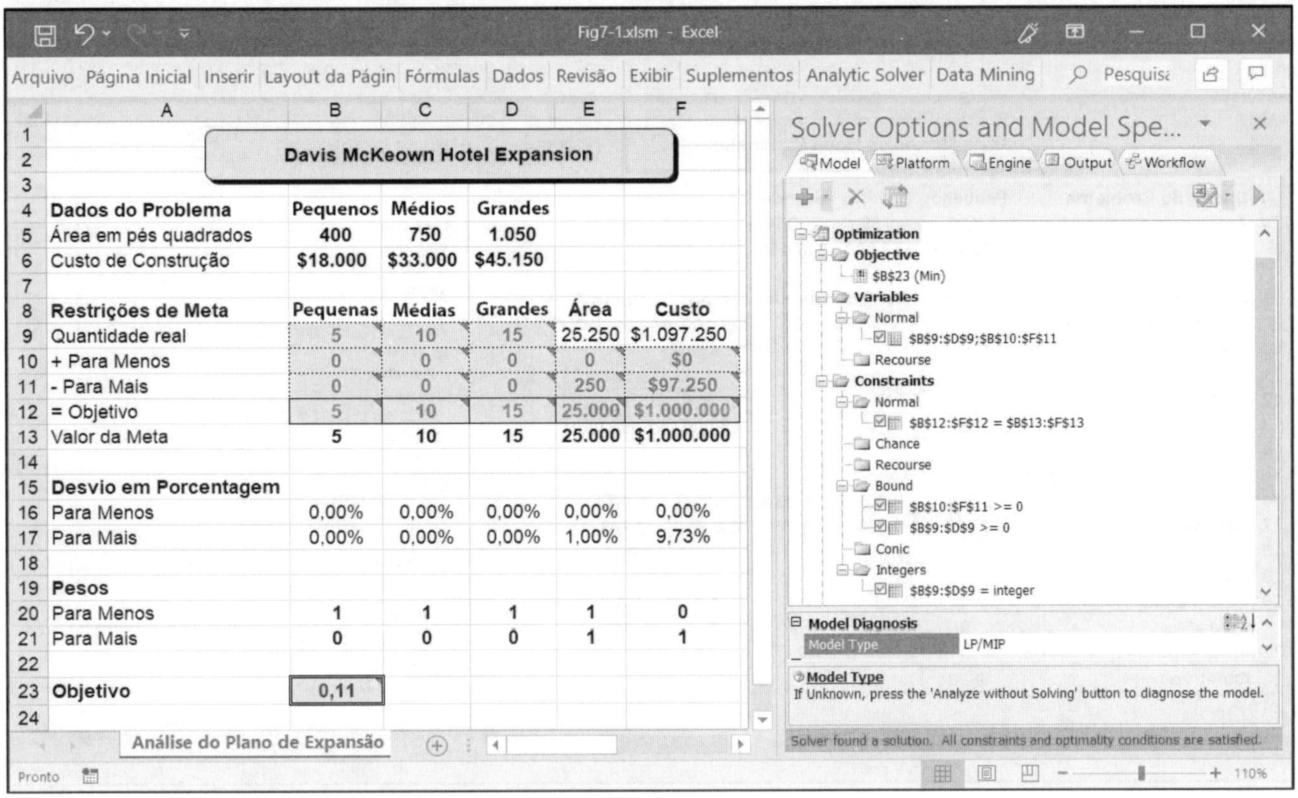

grandeza, ou de 1 a 10. Se fizermos assim na planilha e resolvermos o problema novamente, obteremos a solução mostrada na Figura 7.4.

Na Figura 7.4, observe que o aumento de 1 para 10 da penalidade por exceder a meta de custo de construção reduziu o excedente dessa meta de $ 97.250 para $ 6.950. Estamos agora a menos de 1% do valor alvo para a meta de custo de construção. Entretanto, para obter esse nível melhorado a fim de atingir a meta de custo de construção, tivemos de abandonar duas salas de conferência grandes, o que resulta em uma deficiência de realização de 13,33% para essa meta. Se o tomador de decisão considerar esse fato inaceitável, podemos aumentar de 1 para 10 a penalidade sobre essa variável de desvio e tornar a resolver o problema. A Figura 7.5 mostra a solução resultante dessa alteração.

7.2.11 COMPENSAÇÕES: A NATUREZA DA PM

Na Figura 7.5, o número alvo de salas de conferência grandes é atingido de modo exato, mas o número desejado de salas médias é deficitário em 3 unidades. Dependendo das preferências do tomador de decisão, poderíamos continuar a ajustar os pesos no problema até alcançarmos uma solução que lhe seja mais satisfatória. A natureza da PM envolve compensações entre as várias metas até que seja encontrada uma solução que dê ao tomador de decisão o mais alto nível de satisfação. Assim, diferentemente de outras aplicações de PL apresentadas antes, o uso de PL em PM não indica imediatamente a melhor solução possível para o problema (a menos que o tomador de decisão inicialmente especifique uma função objetivo ponderada apropriadamente). Em vez disso, esse uso leva a um método pelo qual o tomador de decisão pode explorar várias soluções possíveis e tentar encontrar a solução que melhor satisfaça as metas em consideração. A Figura 7.6 traz um resumo dos passos envolvidos na solução de um problema de PM.

7.3 Comentários sobre programação de meta

Alguns comentários adicionais devem ser feitos antes de deixarmos o tópico de PM. Primeiro, é importante observar que as diferentes soluções de PM não podem ser comparadas simplesmente com base em seus valores ótimos de função objetivo. O usuário muda os pesos nas funções objetivo de iteração para iteração; portanto, comparar seus valores não é apropriado porque eles medem coisas diferentes. A função objetivo em um problema de PM serve

FIGURA 7.4 *Segunda solução para o modelo de PM.*

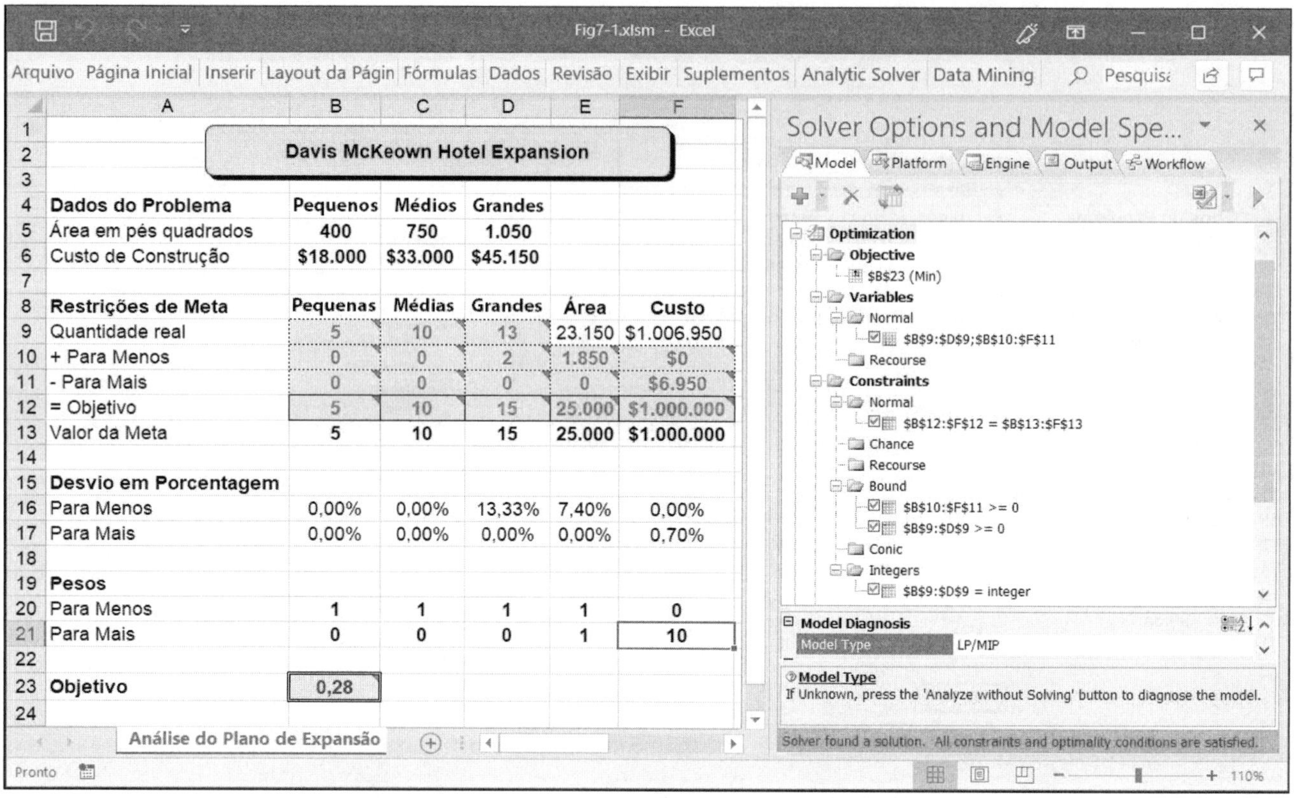

FIGURA 7.5 *Terceira solução para o modelo de PM.*

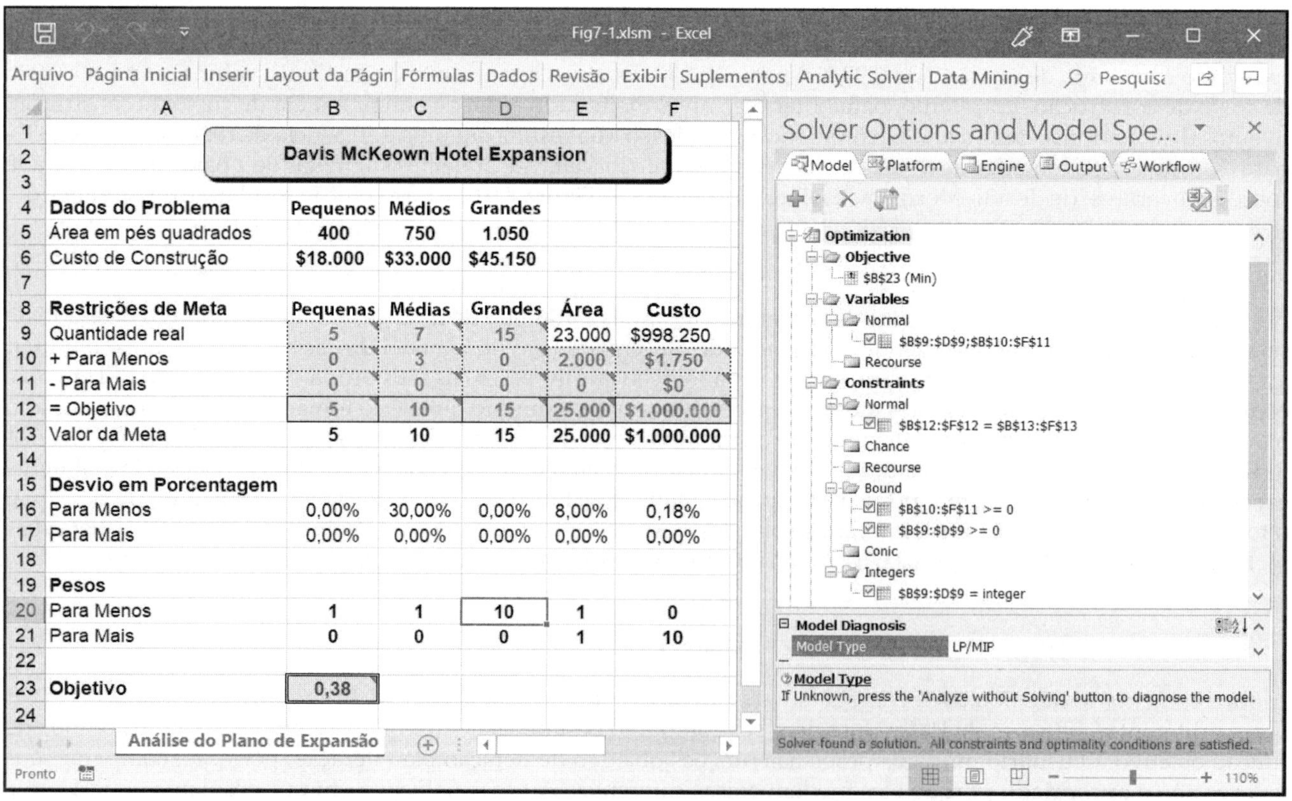

Resumo da programação de meta

1. Identificar as variáveis de decisão no problema.
2. Identificar as restrições rígidas no problema e formulá-las da forma costumeira.
3. Expressar as metas do problema juntamente com os seus valores alvo.
4. Criar restrições usando as variáveis de decisão que atingem as metas de modo exato.
5. Transformar as restrições anteriores em restrições de meta que incluam variáveis de desvio.
6. Determinar quais variáveis de desvio representam desvios indesejáveis das metas.
7. Formular um objetivo que penalize os desvios indesejáveis.
8. Identificar os pesos apropriados para o objetivo.
9. Resolver o problema.
10. Verificar a solução para o problema. Se a solução for inaceitável, retornar ao passo 8 e revisar os pesos conforme necessário.

FIGURA 7.6
Resumo dos passos envolvidos na formulação e resolução de um problema de PM.

mais a um propósito mecânico, permitindo-nos explorar possíveis soluções. Assim, deveríamos comparar as soluções produzidas – não os valores da função objetivo.

Segundo, em alguns problemas de PM, uma ou outra meta poderia ser vista como infinitamente mais importante que as demais. Nesse caso, poderíamos atribuir pesos arbitrariamente grandes aos desvios dessas metas para evitar que ocorram desvios indesejáveis nelas. Tal procedimento é chamado PM *preventivo* porque certas metas barram outras em ordem de importância. Se os valores objetivo para essas metas puderem ser atingidos, o uso de pesos preventivos efetivamente torna essas metas restrições rígidas que nunca deveriam ser violadas.

Terceiro, podemos impor restrições rígidas à quantidade pela qual se pode desviar de uma meta. Por exemplo, suponha que o proprietário do hotel em nosso problema exemplo quisesse eliminar qualquer solução que excedesse o custo de construção alvo em mais de $ 50.000. Poderíamos facilmente embutir essa demanda em nosso modelo com a seguinte restrição rígida:

$$d_5^+ \leq 50.000$$

Quarto, o conceito de variáveis de desvio não é limitado à PM. Esses tipos de variáveis podem ser usados em outros problemas bem diferentes dos problemas de PM. Portanto, compreender as variáveis de desvio pode ser útil em outros tipos de situações de programação matemática.

Finalmente, outro tipo de função objetivo, chamada objetivo MINIMAX, é algumas vezes útil para a PM quando se quer minimizar o desvio máximo de qualquer meta. Para implementar o objetivo MINIMAX, devemos criar uma restrição adicional para cada variável de desvio da seguinte forma, em que Q é a variável MINIMAX:

$$d_1^- \leq Q$$
$$d_1^+ \leq Q$$
$$d_2^- \leq Q$$

e assim por diante.

O objetivo é minimizar o valor de Q, expresso como:

$$\text{MIN: } Q$$

Devido ao fato de a variável Q ter de ser maior ou igual aos valores de todas as variáveis de desvio, e uma vez que estamos tentando minimizá-la, Q será sempre ajustada ao valor máximo das variáveis de desvio. Ao mesmo tempo, essa função objetivo tenta encontrar uma solução em que a variável de desvio máximo (e o valor de Q) seja a menor possível. Portanto, essa técnica permite minimizar o desvio máximo de todas as metas. Como veremos brevemente, esse tipo de objetivo é especialmente valioso se um problema de PM envolver restrições rígidas.

7.4 Otimização multiobjetivo

Consideremos agora como resolver os problemas de PL que envolvem funções multiobjetivas. Esses problemas são chamados problemas de **programação linear multiobjetivo (PLMO)**.

A maioria dos problemas de PL e PLI discutidos nos capítulos anteriores envolvia uma função objetivo. Normalmente, essas funções objetivo procuravam maximizar lucros ou minimizar custos. Entretanto, outra função objetivo poderia ser formulada para a maioria desses problemas. Por exemplo, se um processo de produção gera um poluente tóxico perigoso ao ambiente, uma empresa poderia querer minimizar esse produto derivado. Mas esse

FIGURA 7.7
Ilustração de compensações entre objetivos e alternativas de solução de decisão dominadas.

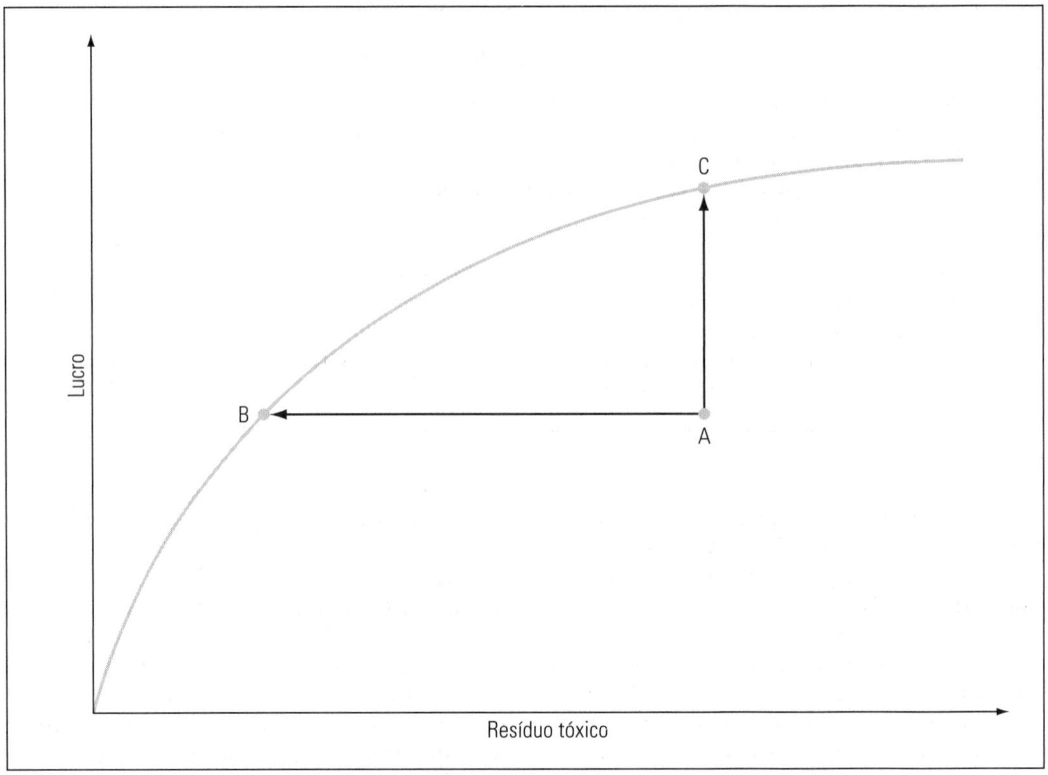

objetivo provavelmente estará em conflito direto com o objetivo da empresa de maximizar os lucros. Aumentar o lucro provavelmente sempre resultará na produção adicional de resíduo tóxico. A Figura 7.7 mostra um exemplo hipotético das compensações potenciais entre lucro e produção de resíduo tóxico. Cada ponto da curva nesse gráfico corresponde a um possível nível de lucro e a quantidade mínima de resíduo tóxico que deve ser produzida para atingir esse nível de lucro. Claramente, o alcance de níveis mais altos de lucro (que é desejável) está associado à ocorrência de produção de níveis mais altos de resíduo tóxico (que é indesejável). Então, o tomador de decisão deve decidir qual é o nível de compensação mais desejável entre lucro e resíduo tóxico.

Outra questão importante de PLMO a observar na Figura 7.7 é o conceito de soluções dominadas e não dominadas. A aceitação de uma solução que ofereça uma combinação de lucro e resíduo tóxico, indicada pelo ponto A, é claramente indesejável. Há uma alternativa (ou seja, o ponto B no gráfico) que oferece menos produção de resíduo tóxico para o mesmo nível de lucro. Também há outra alternativa (ou seja, o ponto C no gráfico) que oferece mais lucro para o mesmo nível de resíduo tóxico. Portanto, os pontos B e C seriam preferíveis ao (ou dominam o) ponto A. De fato, todos os pontos na curva que conectam o ponto B ao ponto C dominam o ponto A. Em PLMO, uma decisão alternativa é **dominada** se houver outra alternativa que produza um valor melhor para pelo menos um objetivo sem piorar o valor de outros objetivos. Claramente, os tomadores de decisão racionais devem querer considerar apenas alternativas de decisão que sejam não dominadas. A técnica para PLMO apresentada neste capítulo garante que as soluções apresentadas para o tomador de decisão serão não dominadas.

Felizmente, os problemas de PLMO podem ser vistos como tipos especiais de PM em que, como parte da solução do problema, podemos também determinar valores alvo para cada meta. A análise efetiva desses problemas também exige que usemos o objetivo MINIMAX descrito antes.

3BL: Tripé da sustentabilidade

O tripé da sustentabilidade (ou 3BL, *Tripple Bottom Line*) é um conceito criado em 1994 por John Elkington, fundador da agência de consultoria britânica SustainAbility. A ideia por trás do 3BL é a de que empresas devem tomar decisões considerando três diferentes pontos essenciais: lucro, pessoas e planeta. "Lucro" refere-se às medidas financeiras tradicionais, "pessoas", às questões de responsabilidade social e "planeta", às implicações ambientais associadas a diversas alternativas de decisão. Decisões tomadas a partir de uma perspectiva de 3BL envolvem a consideração simultânea de múltiplos objetivos e, muitas vezes, beneficiam-se da análise feita com técnicas de otimização linear.

7.5 Um exemplo de PLMO

O exemplo a seguir ilustra os aspectos envolvidos em um problema de PLMO. Embora esse exemplo envolva apenas três objetivos, os conceitos e as técnicas apresentados se aplicam aos problemas que envolvem qualquer número de objetivos.

Lee Blackstone é a dona da Blackstone Mining Company, que explora duas diferentes minas de carvão nos condados de Wythe e de Giles no sudoeste da Virgínia. Devido ao aumento de construções residenciais e comerciais nas áreas primárias servidas por essas minas, Lee prevê um aumento na demanda de carvão para o próximo ano. Especificamente, suas projeções indicam um aumento de 48 toneladas na demanda de carvão de graduação elevada, 28 toneladas na demanda de carvão de graduação média e 100 toneladas na demanda de carvão de baixa graduação. Para dar conta desse aumento na demanda, Lee deve organizar turnos extras de trabalhadores nas minas. Custa \$ 40.000 ao mês para fazer funcionar um turno extra de trabalhadores na mina do condado de Wythe e \$ 32.000 por mês na mina de Giles. Somente um turno adicional pode ser organizado a cada mês em cada mina. A quantidade de carvão que pode ser produzida no período de um mês em cada mina, por turno de trabalhadores, está resumida na seguinte tabela:

Tipo de carvão	Mina de Wythe	Mina de Giles
Graduação elevada	12 toneladas	4 toneladas
Graduação média	4 toneladas	4 toneladas
Graduação baixa	10 toneladas	20 toneladas

Infelizmente os métodos usados na extração do carvão dessas minas produz resíduo tóxico que contamina os aquíferos do lençol freático local. Na mina de Wythe, aproximadamente 800 galões de resíduo tóxico por mês serão gerados fazendo funcionar um turno extra, ao passo que a mina do condado de Giles gerará cerca de 1.250 galões de resíduo tóxico. Embora essas quantidades estejam dentro das orientações da EPA, Lee está preocupada com a preservação do meio ambiente e não quer gerar mais poluição do que o absolutamente necessário. Além disso, embora a empresa siga todas as normas de segurança da OSHA, os seus registros indicam que aproximadamente 0,20 acidente com risco de morte ocorre mensalmente em cada turno na mina de Wythe, ao passo que 0,45 acidente ocorre mensalmente por turno na mina de Giles. Lee sabe que a mineração é uma atividade perigosa, mas ela se preocupa com a saúde e o bem-estar de seus trabalhadores e deseja manter o número de acidentes com risco de morte em um nível mínimo.

7.5.1 DEFININDO AS VARIÁVEIS DE DECISÃO

Nesse problema, Lee deve determinar o número de meses em que organizará um turno extra em cada uma das minas da empresa. Assim, podemos definir as variáveis de decisão como:

X_1 = número de meses com um turno extra na mina do condado de Wythe

X_2 = número de meses com um turno extra na mina do condado de Giles

7.5.2 DEFININDO OS OBJETIVOS

Esse problema é diferente dos outros tipos de problemas de PL que temos considerado, no qual três diferentes funções objetivo são possíveis. Lee poderia estar interessada em minimizar custos, minimizar a produção de água com resíduo tóxico ou minimizar o número previsto de acidentes com risco de morte. Esses três objetivos seriam formulados da seguinte maneira:

$$\begin{array}{lll} \text{Minimizar:} & \$40X_1 + \$32X_2 & \} \text{ custos de produção (em \$ 1.000)} \\ \text{Minimizar:} & 800X_1 + 1.250X_2 & \} \text{ resíduo tóxico produzido (em galões)} \\ \text{Minimizar:} & 0{,}20X_1 + 0{,}45X_2 & \} \text{ acidentes com risco de morte} \end{array}$$

Em um modelo de PL, Lee seria forçada a decidir qual desses três objetivos é o mais importante ou o mais apropriado e usar esse único objetivo no modelo. Entretanto, em um modelo de PLMO, Lee pode considerar como todos esses objetivos (e quaisquer outros que ela queira formular) podem ser incorporados na análise e na solução do problema.

7.5.3 DEFININDO AS RESTRIÇÕES

As restrições para esse problema são formuladas da mesma forma como para qualquer problema de PL. As três seguintes restrições garantem que sejam produzidas as quantidades exigidas de carvão de graduação elevada, graduação média e graduação baixa.

$$
\begin{aligned}
12X_1 + 4X_2 &\geq 48 && \text{\} carvão de graduação elevada exigido} \\
4X_1 + 4X_2 &\geq 28 && \text{\} carvão de graduação média exigido} \\
10X_1 + 20X_2 &\geq 100 && \text{\} carvão de graduação baixa exigido}
\end{aligned}
$$

7.5.4 IMPLEMENTANDO O MODELO

Para resumir, a formulação de PLMO desse problema é representada da seguinte maneira:

$$
\begin{aligned}
&\text{Minimizar:} && \$\,40X_1 + \$\,32X_2 && \text{\} custos de produção (em \$ 1.000)} \\
&\text{Minimizar:} && 800X_1 + 1.250X_2 && \text{\} resíduo tóxico produzido (em galões)} \\
&\text{Minimizar:} && 0{,}20X_1 + 0{,}45X_2 && \text{\} acidentes com risco de morte} \\
&\text{Sujeito a:} && 12X_1 + 4X_2 \geq 48 && \text{\} carvão de graduação elevada exigido} \\
& && 4X_1 + 4X_2 \geq 28 && \text{\} carvão de graduação média exigido} \\
& && 10X_1 + 20X_2 \geq 100 && \text{\} carvão de graduação baixa exigido} \\
& && X_1, X_2 \geq 0 && \text{\} condições de não negatividade}
\end{aligned}
$$

Esse modelo é implementado em uma planilha da forma costumeira, com a exceção de que três diferentes células representam as três funções objetivo. Um modo de implementar esse modelo é mostrado na Figura 7.8 (e no arquivo Fig7-8.xlsm, disponível na página deste livro no site da editora).

Na Figura 7.8, as células B5 e C5 representam as variáveis de decisão X_1 e X_2, respectivamente. Os coeficientes para as várias funções objetivo são lançados nas células B8 a C10. Depois, os coeficientes para as restrições são lançados nas células B13 a C15. Os objetivos são então implementados nas células D8 a D10 da seguinte maneira:

Fórmula para a célula D8: =SOMARPRODUTO(B8:C8;\$B\$5:\$C\$5)
(Copiar para D9 a D10.)

Depois, os coeficientes para as restrições são lançados nas células B13 a C15. As fórmulas LHS para as restrições são lançadas nas células D13 a D15.

FIGURA 7.8 *Implementação de planilha do problema de PLMO.*

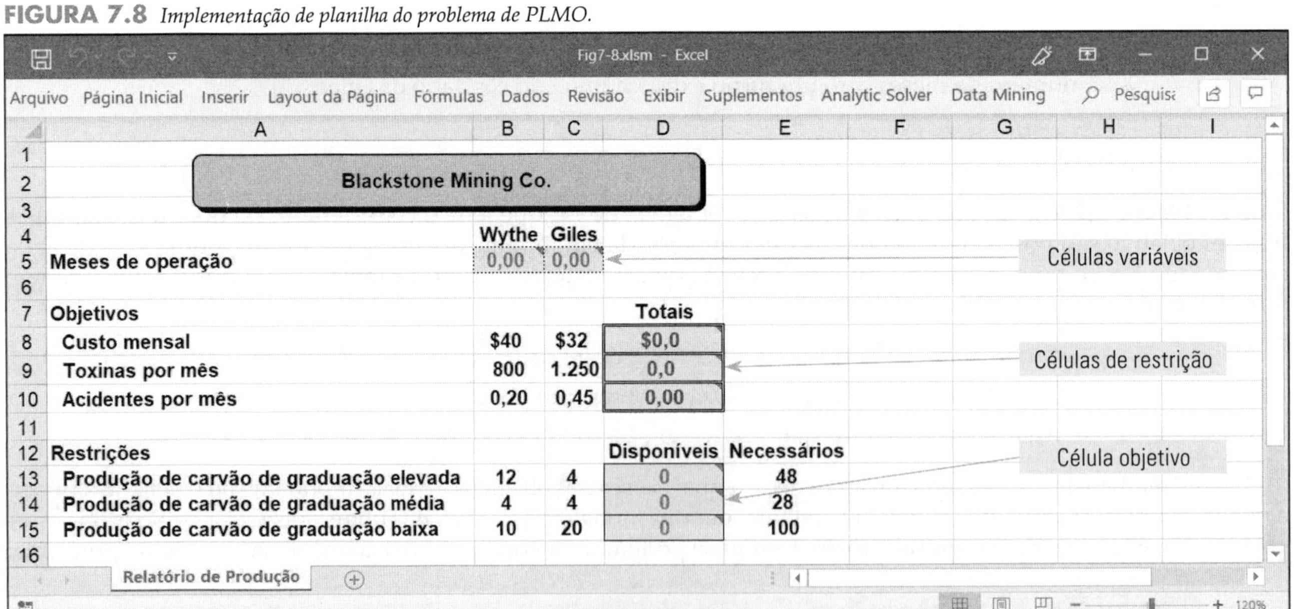

Fórmulas das principais células		
Célula	**Fórmula**	**Copiado para**
D8	=SOMARPRODUTO(B8:C8;\$B\$5:\$C\$5)	D9:D10 e D13:D15

Fórmula para célula D13: =SOMARPRODUTO(B13:C13;$B$5:$C$5)
(Copiar para D14 a D15.)

Os valores RHS para essas restrições são dados pelas células E13 a E15.

7.5.5 DETERMINANDO VALORES ALVO PARA OS OBJETIVOS

Um problema de PL pode ter apenas uma função objetivo. Então, como é possível incluir três objetivos em nosso modelo de planilha? Se esses objetivos tiverem valores alvo, poderíamos tratá-los da mesma forma que fizemos com as metas em nosso exemplo anterior. Ou seja, os objetivos nesse problema podem ser expressos como as seguintes metas, se tivermos valores apropriados para t_1, t_2, e t_3:

Meta 1: o custo de produção total deve ser aproximadamente t_1.
Meta 2: os galões de resíduo tóxico produzido devem ser aproximadamente t_2.
Meta 3: o número de acidentes com risco de morte deve ser aproximadamente t_3.

Infelizmente o problema não forneceu valores explícitos para t_1, t_2 e t_3. Entretanto, se resolvermos nosso modelo com o intuito de encontrar a solução que minimize o primeiro objetivo (custo total de produção), o valor ótimo dessa função objetivo seria um valor razoável para ser usado como t_1 na primeira meta. Da mesma forma, se resolvermos o problema mais duas vezes minimizando o segundo e o terceiro objetivo, respectivamente, os valores ótimos da função objetivo para essas soluções proporcionariam valores razoáveis para serem usados como t_2 e t_3 na segunda e terceira metas. Podemos, então, ver nosso problema de PLMO no formato de um problema de PM.

A Figura 7.9 mostra os parâmetros e opções do Solver exigidos para determinar o custo de produção mínimo que poderia ser conseguido nesse problema. Observe que isso envolve minimizar o valor da célula D8. A Figura 7.10 mostra a solução ótima obtida após a resolução desse problema de PL. Observe que o melhor custo de produção (mínimo) possível para esse problema é 244 (em $ 1.000) e essa solução pode ser obtida fazendo-se funcionar um turno extra durante 2,5 meses na mina do condado de Wythe e outro durante 4,5 meses na mina do condado de Giles. Assim, o valor razoável para t_1 é $ 244.000. É impossível obter uma solução para esse problema com um custo de produção mais baixo.

A Figura 7.11 mostra a solução obtida se minimizarmos a geração de resíduos tóxicos (obtida pela minimização do valor na célula D9). Esse esquema de produção exige que façamos um turno extra na mina do condado de Wythe por 4 meses e na mina do condado de Giles por 3 meses, o que gerará um total de 6.950 galões de resíduo tóxico. Assim, um valor razoável para t_2 é 6.950. É impossível obter uma solução para esse problema que produza menos resíduo tóxico.

Finalmente, a Figura 7.12 mostra a solução obtida se minimizarmos o número previsto de acidentes com risco de morte (conseguido pela minimização do valor na célula D10). Esse esquema de produção exige que façamos um turno extra na mina do condado de Wythe por 10 meses e que não façamos turno extra na mina de Giles. Um total de 2 acidentes com risco de morte é esperado com esse esquema. Assim, um valor razoável para t_3 é 2. É impossível obter uma solução para esse problema com um número menor de acidentes com risco de morte esperados.

7.5.6 RESUMINDO AS SOLUÇÕES ALVO

A Figura 7.13 resume as soluções apresentadas nas Figuras 7.10, 7.11 e 7.12 e mostra onde cada uma das soluções ocorre em termos de região viável para esse problema.

Dois importantes pontos devem ser observados aqui. Primeiro, a Figura 7.13 mostra claramente que os objetivos nesse problema são conflitantes entre si. A solução 1 tem o custo de produção mais baixo ($ 244.000), mas também

Configurações do Solver:
Objetivo: D8 (Min) Células variáveis: B5:C5 Restrições: D13:D15 >= E13:E15 B5:C5 >= 0
Opções do Solver: Standard LP/Quadratic Engine (LP Simplex)

FIGURA 7.9
Parâmetros e opções do Solver para minimizar os custos de produção.

FIGURA 7.10 *Solução ótima quando se minimiza o custo de produção.*

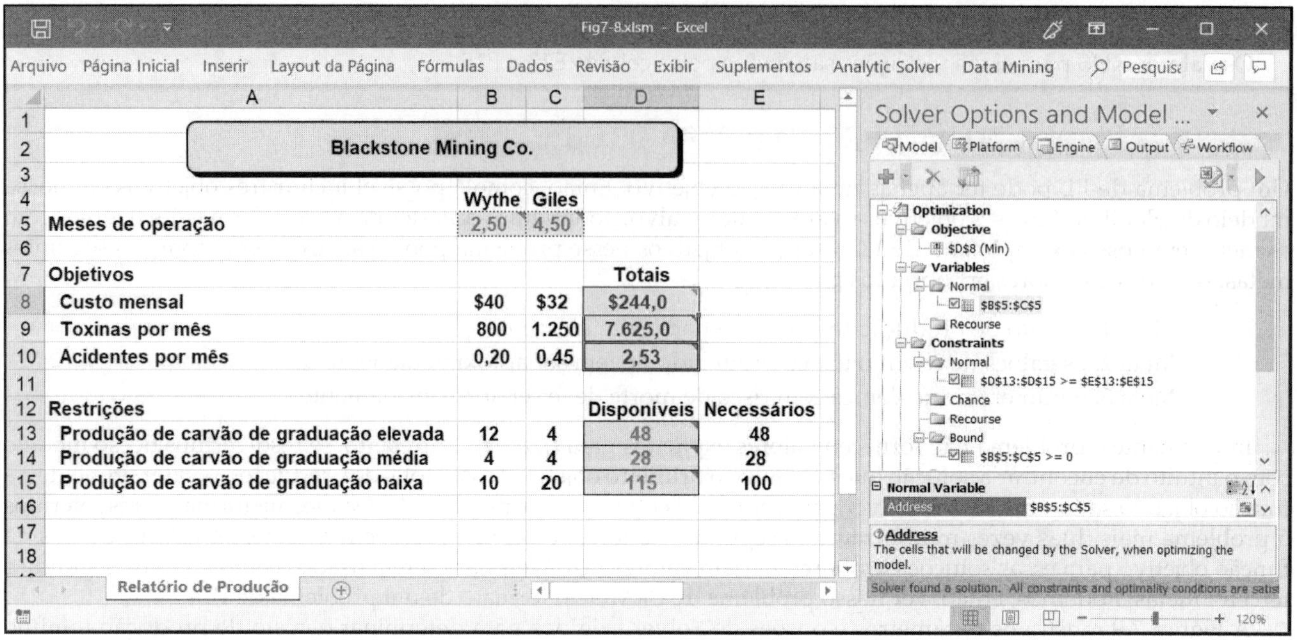

FIGURA 7.11 *Solução ótima quando se minimiza a quantidade de resíduo tóxico gerado.*

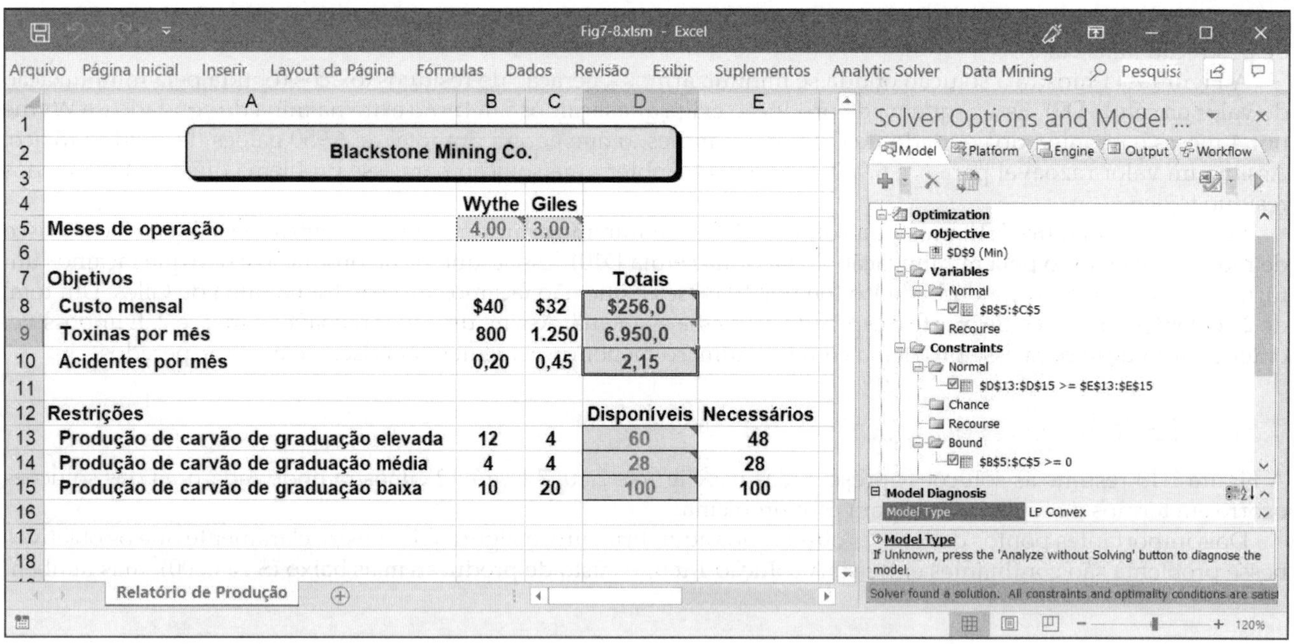

tem o mais elevado número esperado de acidentes (2,53). De modo inverso, a solução 3 tem o menor número esperado de acidentes (2), mas gera os mais elevados custos de produção ($ 400.000) e também a mais elevada produção de resíduo tóxico (8.000 galões). Isso não surpreende, mas reforça a ideia de que esse problema envolve compensações entre os três objetivos. Nenhum ponto isolado viável otimiza simultaneamente todas as funções objetivo. Para melhorar o valor de um objetivo, devemos sacrificar o valor dos demais. Essa característica é comum à maioria dos problemas de PLMO. Assim, a finalidade da PLMO (e da PM) é estudar as compensações entre os objetivos para encontrar uma solução que seja mais desejável para o tomador de decisões.

FIGURA 7.12 *Solução ótima quando se minimiza o número esperado de acidentes com risco de morte.*

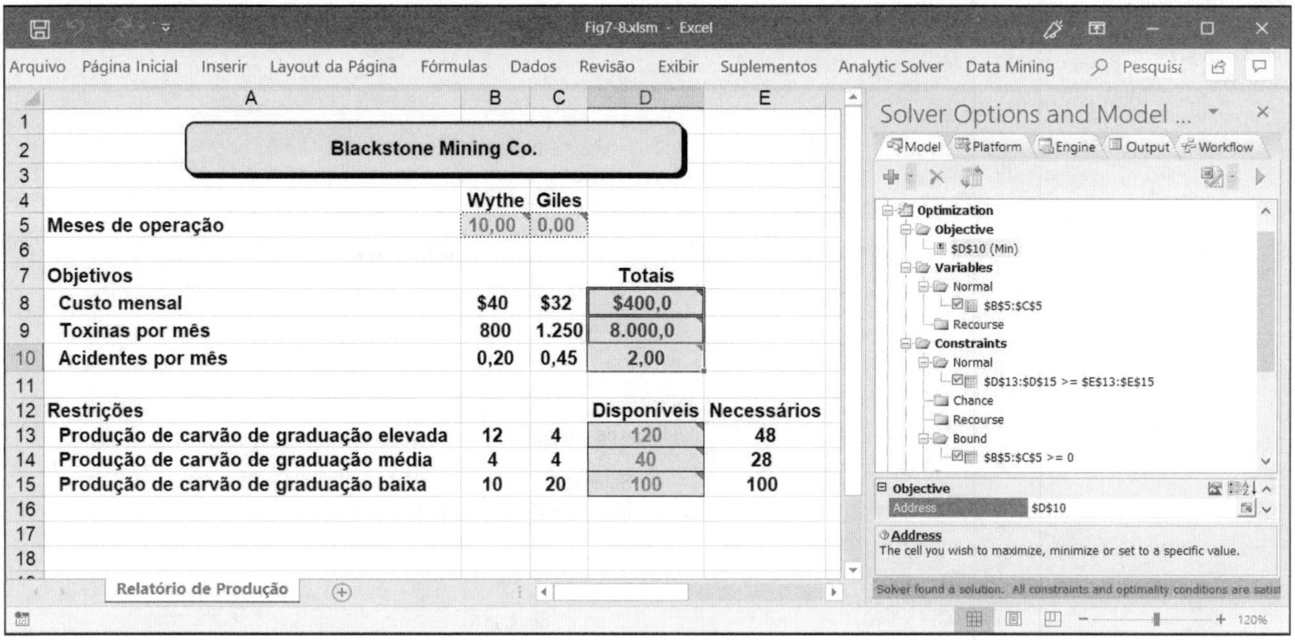

Segundo, o gráfico na Figura 7.13 mostra as soluções somente nos três pontos de canto da região viável para esse problema. Devido ao fato de já termos determinado os níveis de custo, produção de resíduo tóxico e taxas esperadas de acidentes dessas três soluções, se nenhuma dessas soluções for aceitável, o tomador de decisão poderá querer explorar algumas outras soluções viáveis em pontos que *não sejam de canto* mostrados na Figura 7.13. Como veremos, isso causa um problema complicado.

7.5.7 DETERMINANDO UM OBJETIVO PM

Agora que temos valores alvo para os três objetivos em nosso problema, podemos formular um objetivo PM ponderado para permitir ao tomador de decisão explorar possíveis soluções. No começo deste capítulo, discutimos vários objetivos PM e ilustramos o uso de um objetivo que minimiza o desvio percentual ponderado dos valores alvo das metas. Consideremos como formular esse mesmo tipo de objetivo para o problema corrente.

Podemos reafirmar os objetivos desse problema como as seguintes metas:

Meta 1: o custo total de produção deveria ser de aproximadamente 244 mil dólares.
Meta 2: os galões de resíduo tóxico produzido deveriam ser de aproximadamente 6.950.
Meta 3: o número de acidentes com risco de morte deveria ser de aproximadamente 2.

Sabemos agora que o custo de produção total real nunca poderá ser menor que seu valor alvo (ótimo) de 244 mil dólares, então o desvio percentual dessa meta pode ser computado como:

$$\frac{\text{valor real} - \text{valor alvo}}{\text{valor alvo}} = \frac{(40X_1 + 32X_2) - 244}{244}$$

De maneira semelhante, a quantidade real de resíduo tóxico gerada nunca pode ser menor que seu valor alvo (ótimo) de 6.950; então, o desvio percentual dessa meta é calculado da seguinte forma:

$$\frac{\text{valor real} - \text{valor alvo}}{\text{valor alvo}} = \frac{(800X_1 + 1.250X_2) - 6.950}{6.950}$$

Finalmente, o número previsto de acidentes com risco de morte nunca pode ser menor que seu valor alvo (ótimo) de 2; então, o desvio percentual dessa meta é calculado da seguinte forma:

FIGURA 7.13
Resumo das soluções que minimizam cada um dos três objetivos possíveis.

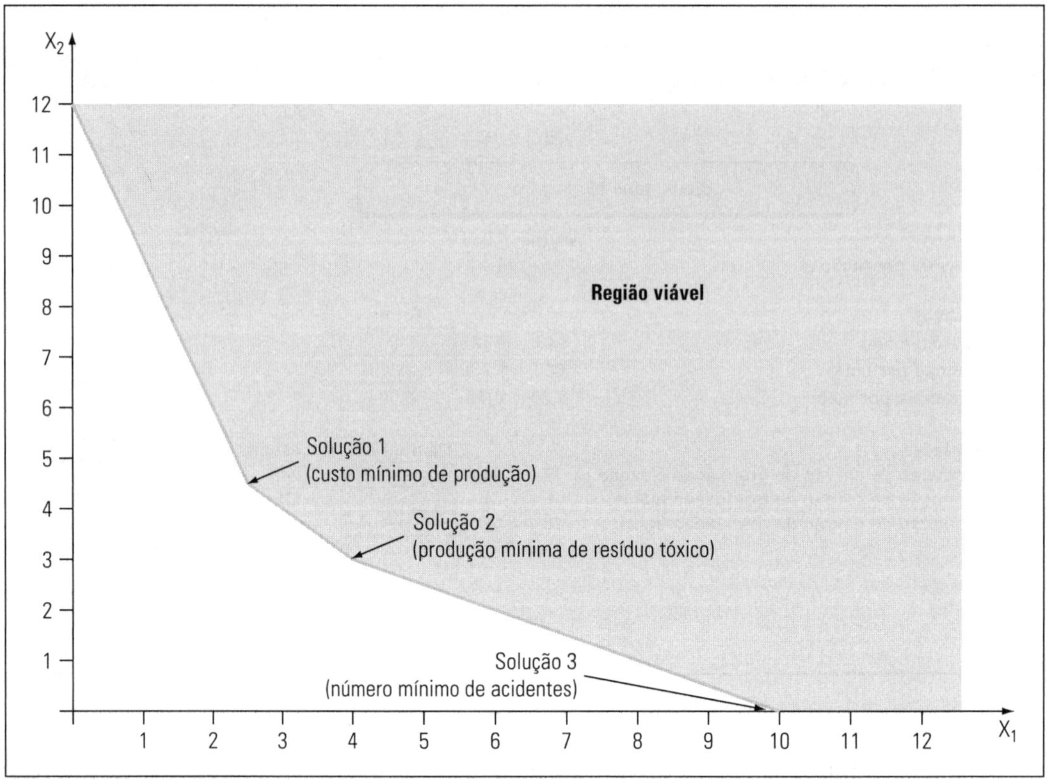

Solução	Meses de operação na mina de Wythe (X_1)	Meses de operação na mina de Giles (X_2)	Custo de produção	Galões de resíduo tóxico produzido	Número esperado de acidentes com risco de morte
1	2,5	4,5	$ 244.000	7.625	2,53
2	4,0	3,0	$ 256.000	6.950	2,15
3	10,0	0,0	$ 400.000	8.000	2,00

$$\frac{\text{valor real} - \text{valor alvo}}{\text{valor alvo}} = \frac{(0{,}20X_1 + 0{,}45X_2) - 2}{2}$$

Esses cálculos de desvios percentuais são funções lineares das variáveis de decisão. Assim, se formarmos uma função objetivo como uma combinação ponderada dessas funções de desvio percentual, obteremos a seguinte função objetivo linear:

$$\text{MIN:} \quad w_1\left(\frac{(40X_1 + 32X_2) - 244}{244}\right) + w_2\left(\frac{(800X_1 + 1.250X_2) - 6.950}{6.950}\right) + w_3\left(\frac{(0{,}20X_1 + 0{,}45X_2) - 2}{2}\right)$$

Recordando o que foi visto no Capítulo 2, em que a solução ótima para um problema de PL (ou seja, um problema de otimização com restrições lineares e uma função objetivo linear) *sempre* ocorre em um ponto extremo (de canto) da região viável. Portanto, se usarmos o objetivo anterior para resolver nosso problema exemplo como um problema de PM, *sempre* obteremos um dos quatro pontos extremos mostrados na Figura 7.13 como solução ótima para o problema, independentemente da ponderação atribuída a w_1, w_2 e w_3. Assim, para explorarmos as soluções não extremas viáveis para esse problema de PM (ou qualquer outro problema de PM com restrições rígidas), precisamos usar um tipo diferente de função objetivo.

7.5.8 O OBJETIVO MINIMAX

O objetivo MINIMAX, descrito antes, pode ser usado para explorar os pontos nas arestas da região viável – além dos pontos de canto. Para ilustrar isso, vamos tentar minimizar o desvio percentual máximo ponderado dos valores alvo para as metas em nosso problema exemplo usando o objetivo:

$$\text{MIN: o máximo de } w_1\left(\frac{(40X_1 + 32X_2) - 244}{244}\right),\ w_2\left(\frac{(800X_1 + 1.250X_2) - 6.950}{6.950}\right),$$
$$\text{e } w_3\left(\frac{(0,20X_1 + 0,45X_2) - 2}{2}\right)$$

Implementamos esse objetivo estabelecendo uma variável MINIMAX Q, que minimizamos com o seguinte objetivo:

$$\text{MIN: Q}$$

sujeito às restrições adicionais:

$$w_1\left(\frac{(40X_1 + 32X_2) - 244}{244}\right) \leq Q$$
$$w_2\left(\frac{(800X_1 + 1.250X_2) - 6.950}{6.950}\right) \leq Q$$
$$w_3\left(\frac{(0,20X_1 + 0,45X_2) - 2}{2}\right) \leq Q$$

A primeira restrição indica que o desvio percentual ponderado do custo alvo de produção deve ser menor ou igual a Q. A segunda restrição indica que o desvio percentual ponderado do nível alvo de produção de resíduo tóxico também deve ser menor ou igual a Q. A terceira restrição indica que o desvio percentual ponderado do número alvo previsto de acidentes com risco de morte também deve ser menor ou igual a Q. Assim, quando minimizamos Q, também minimizamos os desvios percentuais ponderados dos valores alvo de cada uma das metas. Dessa forma, o desvio máximo ponderado de qualquer uma das metas é minimizado – nós MINImizamos o desvio MÁXimo (daí o termo MINIMAX).

7.5.9 IMPLEMENTANDO O MODELO REVISADO

O modelo de PM revisado de nosso problema de investimento é resumido da seguinte forma:

MIN: Q		
Sujeito a:	$12X_1 + 4X_2 \geq 48$	} carvão de graduação elevada exigido
	$4X_1 + 4X_2 \geq 28$	} carvão de graduação média exigido
	$10X_1 + 20X_2 \geq 100$	} carvão de graduação baixa exigido
	$w_1(40X_1 + 32X_2 - 244)/244 \leq Q$	} meta 1 restrição MINIMAX
	$w_2(800X_1 + 1.250X_2 - 6.950)/6.950 \leq Q$	} meta 2 restrição MINIMAX
	$w_3(0,20X_1 + 0,45X_2 - 2)/2 \leq Q$	} meta 3 restrição MINIMAX
	$X_1, X_2 \geq 0$	} condições de não negatividade
	w_1, w_2, w_3 são constantes positivas	

A planilha mostrada na Figura 7.8 pode ser facilmente modificada para implementar esse novo modelo. A planilha revisada é mostrada na Figura 7.14 (e no arquivo Fig7-14.xlsm, disponível na página deste livro no site da editora).

Na Figura 7.14, as células E8 a E10 contêm os valores alvo para as metas. Os desvios percentuais de cada meta são calculados nas células F8 a F10 da seguinte forma:

Fórmula para a célula F8: =(D8-E8)/E8
(Copiar para F9 a F10.)

FIGURA 7.14 *Implementação de planilha do modelo de PM para analisar o problema de PLMO.*

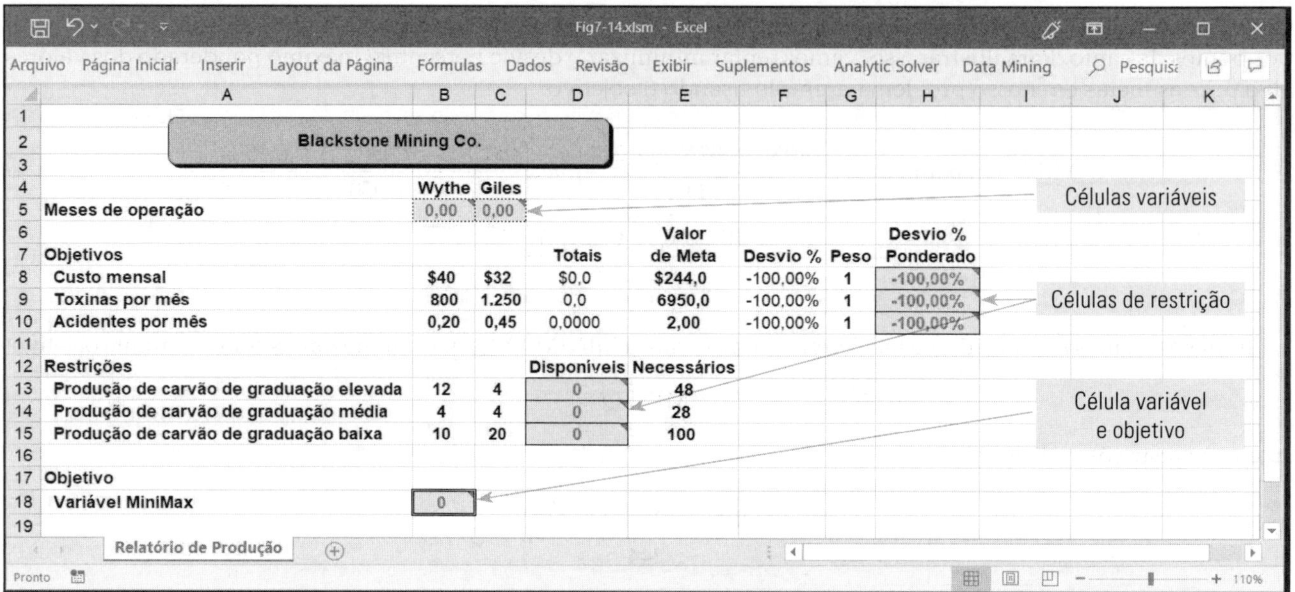

Fórmulas das principais células

Célula	Fórmula	Copiado para
D8	=SOMARPRODUTO(B8:C8;\$B\$5:\$C\$5)	D9:D10 e D13:D15
F8	=(D8–E8)/E8	F9:F10
H8	=F8*G8	H9:H10

A ponderação arbitrária para os desvios das metas foi lançada nas células G8 a G10. As células H8 a H10 contêm as seguintes fórmulas, que calculam o desvio percentual ponderado das metas:

Fórmula para a célula H8: =F8*G8
(Copiar para H9 a H10.)

As fórmulas nas células H8 a H10 são equivalentes às fórmulas LHS das restrições MINIMAX para cada uma das metas em nosso modelo. Finalmente, a célula B18 é reservada para representar a variável MINIMAX Q. Observe que essa célula é uma célula variável e também representa o objetivo a ser minimizado.

7.5.10 RESOLVENDO O MODELO

Os parâmetros e opções do Solver mostrados na Figura 7.15 foram usados para resolver o modelo mostrado na Figura 7.14. A solução obtida para esse modelo é mostrada na Figura 7.16.

Observe que a solução mostrada na Figura 7.16 ($X_1 = 4,23$, $X_2 = 2,88$) *não* ocorre em um ponto extremo da região viável mostrada antes na Figura 7.13. Observe também que essa solução está a aproximadamente 7,2% de atingir a solução alvo para as metas 1 e 3, e a menos de 1% em relação ao valor alvo da meta 2. Assim, o tomador de decisão nesse problema pode achar que essa solução é mais atraente que as outras que ocorrem nos pontos extremos da região viável. O uso de outros pesos produziria diferentes soluções. A Figura 7.17 mostra várias soluções representativas para esse problema indicadas na região viável original.

A Figura 7.17 ilustra que, conforme o peso relativo na primeira meta (w_1) aumenta, a solução se aproxima do valor alvo para essa meta (que ocorre no ponto $X_1 = 2,5$, $X_2 = 4,5$, como mostrado na Figura 7.13). À medida que o peso relativo da segunda meta (w_2) aumenta, a solução se aproxima do valor alvo para essa meta (que ocorre no ponto $X_1 = 4,0$, $X_2 = 3,0$). Finalmente, à medida que o peso relativo na terceira meta (w_3) aumenta, a solução se aproxima do valor alvo para essa meta (que ocorre no ponto $X_1 = 10,0$, $X_2 = 0,0$). Assim, ajustando-se os pesos, o tomador

Configurações do Solver:
Objetivo: B18 (Min) Células variáveis: B18, B5:C5 Restrições: H8:H10 <= B18 D13:D15 >= E13:E15 B5:C5 >= 0
Opções do Solver:
Standard LP/Quadratic Engine (LP Simplex)

FIGURA 7.15 *Parâmetros e opções do Solver para a implementação de PM do problema de PLMO.*

FIGURA 7.16 *Solução obtida através de PM para o problema de PLMO.*

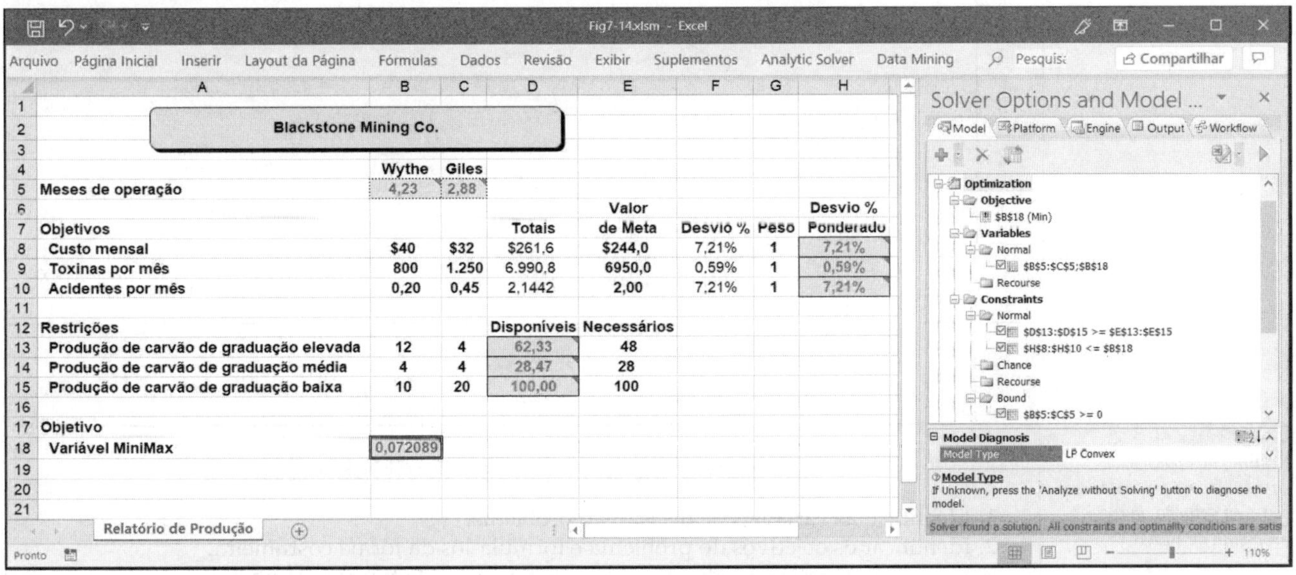

de decisão pode explorar várias soluções que não ocorrem necessariamente nos pontos de canto da região viável original para o problema.

7.6 Comentários sobre a PLMO

A Figura 7.18 traz um resumo dos passos envolvidos na solução de um problema de PLMO. Embora o exemplo de PLMO neste capítulo tenha sido simples, o mesmo processo básico se aplica virtualmente a qualquer problema de PLMO, não importa o número de objetivos ou a complexidade do problema.

Uma vantagem de usar o objetivo MINIMAX para analisar os problemas de PLMO é que as soluções geradas são sempre *Pareto ótimas*. Ou seja, para qualquer solução gerada com o uso dessa abordagem, podemos ter certeza de que nenhuma outra solução viável permite um aumento em qualquer objetivo sem diminuição de pelo menos outro objetivo. (Há uma ou duas exceções a essa afirmativa, mas elas escapam ao escopo deste texto.)

Embora o objetivo MINIMAX seja útil na análise de PLMOs, sua utilidade não se limita a esses problemas. Assim como as variáveis de desvio, a técnica MINIMAX pode ser útil em outros tipos de situações de programação matemática.

No exemplo de problema de PLMO apresentado aqui, todas as metas foram derivadas dos objetivos de minimização. Por isso, sabíamos que o valor real para qualquer meta nunca poderá ser menor que o seu valor alvo derivado, e nós usamos a seguinte fórmula para calcular o desvio percentual de cada restrição de meta:

$$\frac{\text{valor real} - \text{valor alvo}}{\text{valor alvo}}$$

FIGURA 7.17
Gráfico de outras soluções obtidas com o uso do objetivo MINIMAX.

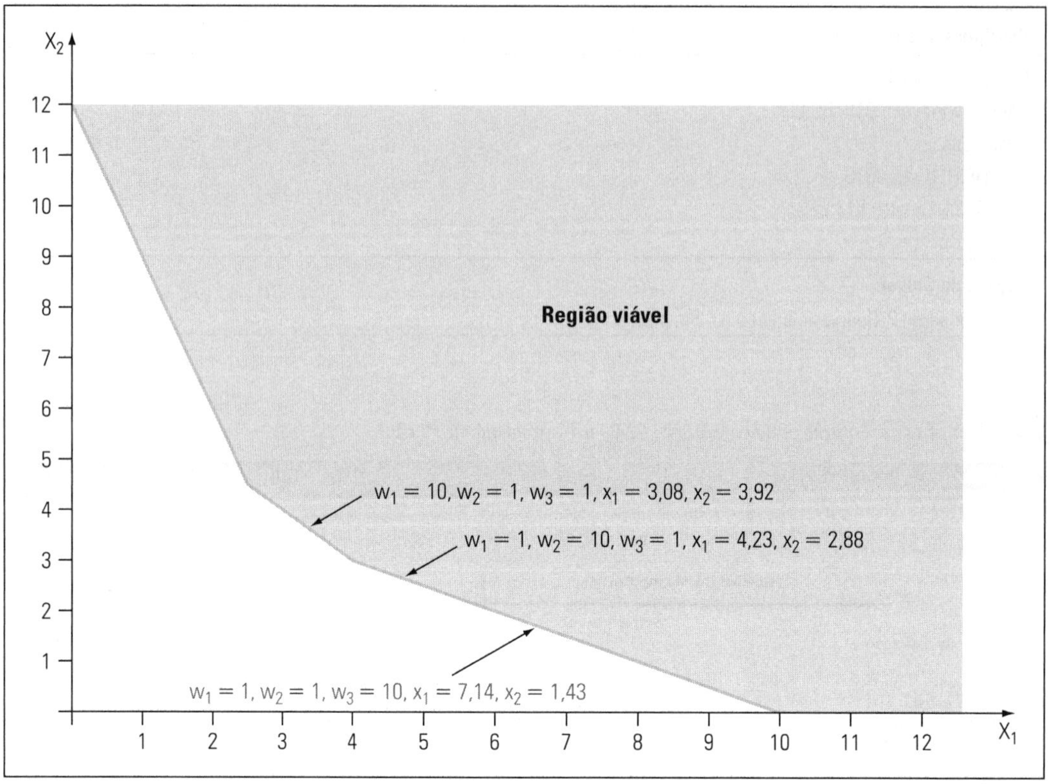

FIGURA 7.18
Resumo dos passos envolvidos na formulação e na solução de um problema de PLMO.

Resumo da otimização multiobjetivo

1. Identificar as variáveis de decisão do problema.
2. Identificar os objetivos do problema e formulá-los da forma costumeira.
3. Identificar as restrições do problema e formulá-las da forma costumeira.
4. Resolver o problema uma vez para cada um dos objetivos identificados no passo 2 a fim de determinar o valor ótimo de cada objetivo.
5. Declarar novamente esses objetivos como metas usando os valores objetivo ótimos identificados no passo 4 como valores alvo.
6. Para cada meta, criar uma função de desvio que meça a quantidade pela qual dada solução deixe de atender à meta (seja como valor absoluto ou porcentagem).
7. Para cada uma das funções de desvio identificadas no passo 6, atribuir um peso e criar uma restrição que demande que o valor da função de desvio ponderada seja menor ou igual à variável MINIMAX Q.
8. Resolver o problema resultante com o objetivo de minimizar Q.
9. Verificar a solução para o problema. Se for inaceitável, ajustar os pesos no passo 7 e retornar ao passo 8.

Para metas derivadas de objetivos de maximização, sabemos que o valor real da meta nunca pode ser maior que o seu valor alvo derivado, e o desvio percentual para tais metas deve ser calculado como:

$$\frac{\text{valor alvo} - \text{valor real}}{\text{valor alvo}}$$

Se o valor objetivo de uma meta for zero, não é possível usar os desvios percentuais na solução de PLMO porque a divisão por zero não é permissível. Nesse caso, pode-se simplesmente usar desvios ponderados.

7.7 Resumo

Este capítulo apresentou dois assuntos distintos, mas intimamente ligados em otimização – PM e PLMO. A PM oferece uma forma de analisar soluções potenciais para um problema de decisão que envolva restrições flexíveis. As restrições flexíveis podem ser declaradas como metas com valores alvo. Essas metas podem ser traduzidas como restrições por meio do uso de variáveis de desvio que determinam em que medida uma solução se desvia de uma meta em particular. O objetivo nos problemas de PM é minimizar uma função ponderada das variáveis de desvio. Ajustando os pesos nas variáveis de desvio, diversas soluções potenciais podem ser analisadas.

A PLMO oferece uma forma de analisar problemas de PL que envolvam multiobjetivos conflitantes entre si. Embora um problema de PLMO seja diferente de um problema de PM padrão, os objetivos podem ser declarados novamente como metas após a identificação apropriada de valores alvo para os objetivos propostos. O objetivo MINIMAX é útil na análise das possíveis soluções para um problema de PLMO.

A solução de um problema de PM ou de PLMO não é tão simples quanto resolver um problema de PL isolado. Pelo contrário, uma sequência de problemas deve ser resolvida para permitir ao tomador de decisão analisar as compensações entre as várias metas e os objetivos em possíveis soluções diferentes. Assim, ambos os procedimentos são altamente iterativos e interativos.

7.8 Referências

GASS, S. A process for determining priorities and weights for large-scale linear goal programs. *Journal of the Operational Research Society*, v. 37, ago. 1986.

IGNIZIO, J. A review of goal programming: a tool for multiobjective analysis. *Journal of the Operational Research Society*, v. 29, n. 11, 1978.

STEUER, R. *Multiple criteria optimization*: Theory, computation, and application. Nova York: Wiley, 1986.

TAYLOR, B.; KEOWN, A. A goal programming application of capital project selection in the production area. *AIIE Transactions*, v. 10, n. 1, 1978.

O MUNDO DA *BUSINESS ANALYTICS*

A Truck Transport Corporation controla custos e interrupções ao relocalizar um terminal

Após decidir mudar o seu terminal de East St. Louis, a Truck Transport Corporation sabia que as relações com clientes e fornecedores (caminhoneiros independentes) eram fatores críticos para operações lucrativas continuadas. Portanto, ao avaliar cinco novos locais potenciais, a administração levou em conta as preferências de motoristas e clientes, além dos custos, ao fazer a escolha final.

Na Truck Transport Corporation, a abordagem tradicional para avaliar um novo local é incluí-lo em um modelo de PL de transporte com os outros quatro terminais e doze importantes clientes e encontrar a solução que minimize os custos totais com transporte. Essa solução de custo mínimo é, então, comparada às de outros locais candidatos para a escolha do mais eficiente. Um problema de alocação é resolvido para vincular os caminhoneiros independentes aos terminais a fim de minimizar custos de viagem a partir dos locais de residência dos caminhoneiros.

Alguns motoristas, entretanto, não querem ser transferidos para determinados terminais, geralmente devido a relacionamentos pessoais que possuem com os gerentes de terminais. Alguns clientes também têm preferências semelhantes. Em um mercado competitivo, a não consideração dessas preferências pode ser motivo para motoristas ou clientes deixarem de negociar com a companhia.

O modelo de PM linear usado para avaliar os locais candidatos combinou o problema de transporte e o de alocação de caminhoneiros. As restrições definiram as seguintes variáveis de desvio, em ordem decrescente de prioridade: redução no número de viagens até os clientes mais importantes, redução no número de viagens determinadas a cada motorista, número de preferências dos motoristas violadas, número de preferências dos clientes violadas, aumento dos custos de transporte desde a casa do motorista e aumento dos custos de transporte até os clientes.

(continua)

O modelo foi validado avaliando-se o local de East St. Louis e comparando-se os resultados com os custos históricos. O local escolhido satisfazia plenamente as exigências quanto ao número de embarques e preferências. Os custos totais de transporte para todos os motoristas foram projetados para aumentar apenas \$ 3.200, e os custos de transporte dos clientes foram projetados para aumentar em \$ 1.400. O terminal de East St. Louis foi movido sem mudanças nos padrões habituais de rotatividade de motoristas ou de negócios com clientes e sem queixas de motoristas sobre rentabilidade reduzida por causa do novo local.

Fonte: SCHNEIDERJANS, M. J.; KWAK, N. K.; HELMER, M. C. An application of goal programming to resolve a site location problem. *Interfaces*, v. 12, n. 3, p. 65-70, jun. 1982.

Questões e problemas

1. Qual é a diferença entre uma função objetivo e uma meta?
2. Há alguma solução ótima para um problema de PM ou de PLMO? Justifique sua resposta.
3. Leia a apresentação no fim da Seção 7.1 deste capítulo, intitulada: "Equilibrando objetivos de autointeresse esclarecido". Quais objetivos os empreiteiros estavam considerando em seus planos para a construção em Coal Bank Ridge? Descreva como os objetivos que você identifica poderiam ser conflitantes ou apoiar-se mutuamente.
4. Em 2005, o furacão Katrina dizimou a costa do golfo dos Estados Unidos entre Mobile, Alabama e New Orleans, Louisiana. Essa tempestade deixou a cidade de New Orleans inundada e resultou em diversas vítimas. Enfrentar esse desastre foi um pesadelo logístico que apresentou aos tomadores de decisão do governo um desafio extremamente difícil.
   a. Identifique vários objetivos-chave que os tomadores de decisão que cuidaram desse problema devem ter considerado simultaneamente.
   b. Identifique os recursos-chave que os tomadores de decisão necessitaram alocar.
   c. Como objetivos e recursos se relacionam entre si?
   d. Os objetivos identificados são conflitantes ou competem entre si em termos de uso de recursos?
   e. Como as técnicas apresentadas neste capítulo ajudaram os tomadores de decisão a determinar como alocar recursos para alcançar os objetivos?
5. Consulte o exemplo de PLMO apresentado neste capítulo.
   a. Que pesos poderiam ser usados para gerar a solução $X_1 = 2{,}5$, $X_2 = 4{,}5$?
   b. Que pesos poderiam ser usados para gerar a solução $X_1 = 4{,}0$, $X_2 = 3{,}0$?
   c. Que pesos poderiam ser usados para gerar a solução $X_1 = 10{,}0$, $X_2 = 0{,}0$?
   d. Que pesos poderiam ser usados para gerar soluções ao longo da aresta da região viável que se estende desde o ponto $X_1 = 0$, $X_2 = 12{,}0$ até o ponto $X_1 = 2{,}5$, $X_2 = 4{,}5$?
6. Suponha que a primeira meta em um problema de PM é fazer $2X_1 + 5X_2$ ser aproximadamente igual a 25.
   a. Usando-se as variáveis de desvio d_1^- e d_1^+, que restrição poderia ser usada para expressar essa meta?
   b. Se obtivermos uma solução em que $X_1 = 4$ e $X_2 = 3$, que valores as variáveis de desvio assumem?
   c. Considere uma solução em que $X_1 = 4$, $X_2 = 3$, $d_1^- = 6$, e $d_1^+ = 4$. Essa solução pode ser ótima? Justifique sua resposta.
7. Considere a seguinte PLMO.

$$\begin{array}{ll} \text{MAX:} & 4X_1 + 2X_2 \\ \text{MIN:} & X_1 + 3X_2 \\ \text{Sujeito a:} & 2X_1 + X_2 \leq 18 \\ & X_1 + 4X_2 \leq 12 \\ & X_1 + X_2 \geq 4 \\ & X_1, X_2 \geq 0 \end{array}$$

   a. Faça um gráfico para a região viável desse problema.
   b. Calcule o valor de cada objetivo em cada ponto extremo.
   c. Quais pontos viáveis nesse problema são Pareto ótimos?
8. Foi sugerido que uma forma de resolver os problemas de PLMO é criar uma função objetivo composta como combinação linear de todos os objetivos. Por exemplo, no problema anterior, poderíamos ponderar o primeiro objetivo por 0,75 e o segundo por 0,25 para obter o objetivo composto, MAX: $2{,}75X_1 + 0{,}75X_2$. (Observe que o segundo objetivo no problema anterior é equivalente a MAX: $-X_1 - 3X_2$.) Nós, então, usamos isso como o objetivo em um modelo de PL para gerar possíveis soluções. Qual é o problema, caso haja algum, com essa abordagem?
9. Consulte o problema de PLMO apresentado neste capítulo. As soluções mostradas nas Figuras 7.9, 7.10 e 7.11 resultam em mais do que a quantidade exigida de um ou mais tipos de carvão, conforme está resumido na tabela a seguir.

Solução mostrada na:	Carvão de graduação elevada	Produção excedente de carvão de graduação média	Carvão de graduação baixa
Figura 7.9	0 tonelada	0 tonelada	15 toneladas
Figura 7.10	12 toneladas	0 tonelada	0 tonelada
Figura 7.11	72 toneladas	12 toneladas	0 tonelada

a. Formule o modelo de PL que poderia ser resolvido para encontrar a solução que minimizaria a quantidade máxima de carvão excedente produzido. (*Sugestão*: use um objetivo MINIMAX em vez de uma função MAX( ).)
b. Implemente seu modelo em uma planilha e resolva-o.
c. Qual é a solução ótima?
d. Reveja seu modelo para encontrar uma solução que minimize a porcentagem máxima de carvão excedente produzido. Qual é a solução ótima?

10. O diretor financeiro da Shelton Corporation tem $ 1.200.000 para alocar nas seguintes necessidades de orçamento de cinco departamentos:

Departamento 1	Departamento 2	Departamento 3	Departamento 4	Departamento 5
$ 450.000	$ 310.000	$ 275.000	$ 187.500	$ 135.000

Uma vez que o orçamento total ultrapassa a disponibilidade de $ 1.200.000, nem todas as demandas poderão ser satisfeitas. Suponha que o diretor financeiro considere as demandas para os departamentos 2 e 3 como duas vezes mais importantes que as dos departamentos 4 e 5, e a demanda do departamento 1 como duas vezes mais importante que as dos departamentos 2 e 3. Além disso, suponha que o diretor financeiro queira ter certeza de que cada departamento receberá pelo menos 70% da quantia pedida.
a. Formule um modelo de PM para esse problema.
b. Implemente seu modelo e resolva-o. Qual é a solução ótima?
c. Suponha que o diretor financeiro queira alocar mais de $ 1.200.000 para o orçamento, mas considera ultrapassar a marca de $ 1.200.000 como duas vezes mais indesejável do que não atender o pedido de orçamento do departamento 1. Qual é a solução ótima?
d. Suponha que o diretor financeiro considere todos os desvios das quantias originalmente orçadas (incluindo o $ 1.200.000 disponível) como igualmente indesejáveis. Qual é a solução que minimiza o máximo desvio percentual das quantias orçadas?

11. A Reeves Corporation quer atribuir cada um de seus 13 clientes corporativos a exatamente um de seus três vendedores. O potencial de vendas anual estimado (em $ 1.000.000) para cada um dos clientes é resumido na seguinte tabela:

Cliente	A	B	C	D	E	F	G	H	I	J	K	L	M
Vendas estimadas	$ 67	$ 84	$ 52	$ 70	$ 74	$ 62	$ 94	$ 63	$ 73	$109	$ 77	$ 36	$114

A Reeves quer que cada vendedor receba pelo menos três clientes, mas não mais que seis deles. A empresa deseja atrair clientes para o departamento de vendas de tal forma que o potencial de vendas anuais estimado para a carteira de clientes de cada vendedor seja o mais equilibrado possível.
a. Formule um modelo de PM para esse problema. (*Sugestão*: para cada vendedor, deverá haver uma meta para o potencial de vendas anuais estimado.)
b. Assuma que a empresa queira minimizar a soma dos desvios absolutos de cada meta. Implemente seu modelo em uma planilha e resolva-o.

12. A Blue Ridge Hot Tubes fabrica e vende dois modelos de banheiras: a Aqua-Spa e a Hydro-Lux. Howie Jones, proprietário e gerente da empresa, precisa decidir quanto de cada tipo de banheira produzir em seu próximo ciclo de produção. Howie compra cubas pré-fabricadas de fibra de vidro de um fornecedor local e acrescenta a bomba e a tubulação para criar suas banheiras. (Esse fornecedor pode entregar tantas cubas para banheiras quantas Howie precisar.) Howie instala o mesmo tipo de bomba nos dois modelos de banheiras. Ele terá somente 200 bombas disponíveis durante o próximo ciclo de produção. Do ponto de vista da fabricação, a principal diferença entre os dois modelos de banheira é a quantidade de tubulação e de trabalho necessários. Cada Aqua-Spa requer 9 horas de trabalho e 12 pés de tubulação. Cada Hydro-Lux requer 6 horas de trabalho e 16 pés de tubulação. Howie espera ter 1.566 horas de trabalho de produção e 2.880 pés de tubulação disponíveis durante o próximo ciclo de produção. Howie tem lucro de $ 350 em cada Aqua-Spa que vende e $ 300 em cada Hydro-Lux que comercializa. Ele está confiante de que poderá vender todas as banheiras que produzir. A fabricação de cada Aqua-Spa gera 15 libras de uma resina tóxica, ao passo que cada Hydro-Lux produzida gera 10 libras de resina tóxica. Howie identificou dois diferentes objetivos que poderiam ser aplicados a seu problema. Ele pode maximizar o lucro ou minimizar a produção de resina tóxica. Suponha que Howie considere a maximização do lucro com a metade da importância do que a minimização da produção da resina tóxica.

a. Formule um modelo de PLMO para o problema de decisão de Howie.
b. Implemente seu modelo em uma planilha e resolva-o.
c. Qual é a solução para o problema de PLMO de Howie?
d. A região viável para esse problema foi mostrada na Figura 2.7. Identifique nesse gráfico a solução Pareto ótima para o problema de PLMO de Howie.

13. O proprietário da Weiner-Meyer – uma empresa processadora de carne – quer determinar a melhor mistura de carnes a ser usada na próxima série de produção de hambúrgueres. Podem ser usados três tipos de carne. A tabela a seguir resume as características relevantes dessas carnes:

	Carne 1	Carne 2	Carne 3
Custo por libra	$ 0,75	$ 0,87	$ 0,98
% Gordura	15%	10%	5%
% Proteína	70%	75%	80%
% Água	12%	10%	8%
% Aditivo	3%	5%	7%

Uma escola de ensino fundamental local encomendou 500 libras de carne a $ 1,10 a libra. A única exigência é que a carne contenha pelo menos 75% de proteína e, no máximo, 10% tanto de água como de aditivo. Normalmente, o proprietário da Weiner-Meyer produziria a mistura de carnes que atingisse esse objetivo da maneira menos dispendiosa. Entretanto, preocupado com o excesso de gordura nas merendas escolares, ele também quer produzir uma mistura que minimize o teor de gordura da carne produzida.
a. Formule uma PLMO para esse problema.
b. Implemente sua formulação em uma planilha e otimize individualmente os dois objetivos considerados.
c. Quanto de lucro será perdido para atender ao pedido que minimize o teor de gordura?
d. Resolva esse problema com o objetivo de minimizar o máximo desvio percentual dos valores alvo das metas. Qual é a solução obtida?
e. Assuma que o proprietário da Weiner-Meyer considere a minimização do teor de gordura duas vezes mais importante que minimizar o lucro. Que solução isso implica?

14. Um novo restaurante italiano, o Olive Grove, está abrindo várias filiais na área de Memphis. O gerente de marketing desses restaurantes tem um orçamento de $ 150.000 para ser usado em propaganda e promoções para os novos restaurantes. O gerente quer publicar anúncios em revistas a um custo unitário de $ 2.000, que resulta em um total de 250.000 exposições da marca. Os comerciais em TV resultam em aproximadamente 1.200.000 exposições da marca, mas custam $ 12.000 cada. O gerente quer veicular pelo menos cinco comerciais na TV e dez comerciais em revistas enquanto maximiza o número de exposições da marca geradas pela campanha publicitária. Mas o gerente também quer gastar no máximo $ 120.000 em publicidade em revistas e na TV, de modo que os $ 30.000 restantes poderiam ser usados para outros fins de promoção. Entretanto, o gerente estaria disposto a gastar mais de $ 120.000 em publicidade se isso resultasse em um aumento substancial em cobertura de publicidade.
a. Formule um modelo de PM para esse problema assumindo que o gerente de marketing tenha as seguintes metas:
Meta 1: a exposição da marca deve ser maximizada
Meta 2: não gastar mais que $ 120.000 em publicidade
(Observe que deverá ser determinado um valor alvo apropriado para a primeira meta.) Assuma que o gerente de marketing queira minimizar o desvio percentual máximo de qualquer meta.
b. Implemente seu modelo em uma planilha e resolva-o.
c. Qual é a solução obtida?
d. Que mudanças você faria em seu modelo se o gerente quisesse gastar menos em publicidade do que a sua solução sugere?

15. A cidade de Abingdon está determinando sua estrutura de alíquota de impostos para o ano que vem. A cidade precisa gerar $ 6.000.000 em receita de impostos através de taxas sobre propriedades, vendas, alimentos processados e serviços públicos. A tabela a seguir resume o quanto de receita tributária será gerada de cada segmento da população pelo aumento em 1% em cada categoria de imposto. (Por exemplo, um imposto de 2% sobre alimentos processados geraria $ 240.000 em receita da população de alta renda.)

	Receita por 1% de alíquota de imposto (em $ 1.000)			
Grupo de população	**Vendas**	**Propriedade**	**Alimento**	**Serviços públicos**
Baixa renda	$ 200	$ 600	$ 50	$ 80
Renda média	$ 250	$ 800	$ 100	$ 100
Renda alta	$ 400	$ 1.200	$ 120	$ 120

Os vereadores especificaram que a alíquota de imposto para cada categoria de renda deve estar entre 1% e 3% e que a alíquota de imposto sobre alimentos processados não pode exceder a metade do imposto sobre vendas. De modo ideal, os vereadores têm como meta atingir $ 6.000.000 em receita tributária com $ 1.500.000 pagos pelos residentes de baixa renda, $ 2.100.000 pagos pelos residentes de renda média e $ 2.400.000 pagos pelos residentes de renda alta. Se isso não for possível, os vereadores gostariam de encontrar uma solução que minimizasse o desvio percentual máximo de suas metas em relação à renda gerada por impostos para cada grupo da população.

a. Crie um modelo de planilha para esse problema.
b. Qual é a solução ótima?

16. A Royal Seas Company organiza um cruzeiro de três noites pelo Caribe, partindo de Porto Canaveral. A empresa quer veicular comerciais na TV promovendo seus cruzeiros para homens e mulheres de alta renda e para aposentados. A empresa planeja veicular anúncios durante o horário nobre, as novelas da tarde e o noticiário vespertino. O número de exposições (em milhões) previsto para ser gerado por cada tipo de anúncio em cada uma das audiências-alvo da empresa está resumido na tabela abaixo:

	Horário nobre	**Novelas da tarde**	**Noticiário vespertino**
Homens de alta renda	6	3	6
Mulheres de alta renda	3	4	4
Aposentados	4	7	3

Os anúncios veiculados durante o horário nobre, as novelas da tarde e o noticiário vespertino custam $ 120.000, $ 85.000 e $ 100.000, respectivamente. A Royal Seas deseja atingir as seguintes metas:

Meta 1: gastar aproximadamente $ 900.000 em anúncios na TV.
Meta 2: gerar aproximadamente 45 milhões de exposições entre os homens de alta renda.
Meta 3: gerar aproximadamente 60 milhões de exposições entre as mulheres de alta renda.
Meta 4: gerar aproximadamente 50 milhões de exposições entre os aposentados.

a. Formule um modelo de PM para esse problema. Assuma que superar a primeira meta seja tão indesejável quanto não superar as demais em uma base de desvio percentual.
b. Implemente seu modelo em uma planilha e resolva-o.
c. Qual é a solução ótima?
d. Qual solução permite que a empresa mais se aproxime da despesa de $ 900.000, sem ultrapassar tal limite?
e. Assuma que a empresa não possa gastar mais de $ 900.000. Qual é a solução que minimiza o déficit percentual máximo de todas as metas?
f. Qual das duas soluções anteriores você preferiria? Por quê?

17. A Virginia Tech opera sua própria usina de energia. A eletricidade gerada pela usina abastece a universidade, o comércio e as residências na área de Blacksburg. A usina queima três tipos de carvão, operação que produz o vapor que aciona as turbinas para a geração de eletricidade. A Agência de Proteção Ambiental (EPA) exige que, para cada tonelada de carvão queimado, as emissões das chaminés da fornalha de carvão tenham até 2.500 partes por milhão (ppm) de enxofre e não mais que 2,8 kg de pó de carvão. Entretanto, os gerentes da usina se preocupam com o meio ambiente e querem manter essas emissões no nível mínimo. A tabela a seguir resume as quantidades de enxofre, pó de carvão e vapor que resultam da queima de uma tonelada de cada tipo de carvão.

Carvão	**Enxofre (em ppm)**	**Pó de carvão (em kg)**	**Libras de vapor produzido**
1	1.100	1,7	24.000
2	3.500	3,2	36.000
3	1.300	2,4	28.000

Os três tipos de carvão podem ser misturados e queimados em qualquer combinação. A emissão de enxofre ou de pó de carvão resultante e as libras de vapor produzidas por qualquer mistura são dadas como média ponderada dos valores mostrados na tabela para cada tipo de carvão. Por exemplo, se os carvões forem misturados para produzir uma mistura que consista de 35% de carvão 1, 40% de carvão 2 e 25% de carvão 3, a emissão de enxofre (em ppm) resultante da queima de uma tonelada dessa mistura é:

$$0{,}35 \times 1.100 + 0{,}40 \times 3.500 + 0{,}25 \times 1.300 = 2.110$$

O gerente da usina deseja selecionar uma mistura de carvão para queimar enquanto considera os seguintes objetivos:

Objetivo 1: maximizar as libras de vapor produzido.
Objetivo 2: minimizar as emissões de enxofre.
Objetivo 3: minimizar as emissões de pó de carvão.

a. Formule um modelo de PLMO para esse problema e implemente-o em uma planilha.
b. Determine o melhor valor possível para cada objetivo do problema.

c. Determine a solução que minimiza o desvio percentual máximo dos valores ótimos da função objetivo. Qual é a solução obtida?

d. Suponha que a gerência considere a maximização da quantidade de vapor produzido cinco vezes mais importante que atingir os melhores valores possíveis para os outros objetivos. Que solução será encontrada?

18. A Waygate Corporation fabrica cinco diferentes tipos de caixas de metal para computadores pessoais. A empresa substituirá seu maquinário por três diferentes novos modelos de máquinas de estampar: Robo-I, Robo-II e Robo-III. Os custos unitários de cada máquina são $ 18.500, $ 25.000 e $ 35.000, respectivamente. Cada máquina pode ser programada para produzir qualquer um dos cinco tipos de caixa. Uma vez que a máquina está programada, produz cada tipo de caixa, nos seguintes ritmos:

	Caixas por hora				
	Tipo 1	**Tipo 2**	**Tipo 3**	**Tipo 4**	**Tipo 5**
Robo-I	100	130	140	210	80
Robo-II	265	235	170	220	120
Robo-III	200	160	260	180	220

A empresa estabeleceu as seguintes metas:

Meta 1: não gastar mais que aproximadamente $ 400.000 na compra de novas máquinas.
Meta 2: ter capacidade de produzir aproximadamente 3.200 unidades de caixas do tipo 1 por hora.
Meta 3: ter capacidade de produzir aproximadamente 2.500 unidades de caixas do tipo 2 por hora.
Meta 4: ter capacidade de produzir aproximadamente 3.500 unidades de caixas do tipo 3 por hora.
Meta 5: ter capacidade de produzir aproximadamente 3.000 unidades de caixas do tipo 4 por hora.
Meta 6: ter capacidade de produzir aproximadamente 2.500 unidades de caixas do tipo 5 por hora.

a. Formule um modelo de PM para esse problema. Assuma que os desvios percentuais de todas as metas são igualmente indesejáveis.

b. Implemente seu modelo em uma planilha e resolva-o.

c. Qual é a solução ótima?

d. Qual é a solução que minimiza o desvio percentual máximo de todas as metas?

e. Assuma que a empresa não possa gastar mais de $ 400.000. Qual é a solução que minimiza o desvio percentual máximo de todas as demais metas?

19. O torneio de basquete entre colégios da Flórida Central seleciona times de quatro diferentes condados, os quais competem entre si. A distância média (em milhas) entre os locais de torneio em cada condado é dada na tabela abaixo.

	Distância média entre condados (em milhas)			
	Orange	**Seminole**	**Osceola**	**Volusia**
Orange	—	30	45	60
Seminole	30	—	50	20
Osceola	45	50	—	75
Volusia	60	20	75	—

Os jogos são apitados por equipes de juízes oficiais de cada condado. Os condados de Orange, Seminole, Osceola e Volusia têm 40, 22, 20 e 26 equipes de juízes oficiais, respectivamente. Durante o torneio, as equipes não podem apitar os jogos realizados em seus condados de residência. Elas recebem $ 0,23 por milha, valor relativo aos custos de viagem (além dos $ 50 por jogo apitado). (Assuma que cada equipe de juízes viaja para os jogos em um único veículo.) Além disso, as equipes de juízes de um condado não podem apitar mais que 50% dos jogos em qualquer outro condado. Prevê-se que os condados de Orange, Seminole, Osceola e Volusia abrigarão 28, 24, 16 e 20 jogos, respectivamente.

a. Crie um modelo de planilha para determinar o plano mais barato para alocação das equipes de juízes dos vários condados.

b. Qual é a solução ótima e o custo de viagem associado para os juízes?

c. Suponha que não se queira gastar mais que $ 700 com viagens de equipes de juízes para esses jogos. Isso é possível? Caso não seja, determine a solução que minimiza o desvio percentual máximo das restrições que impedem que cada equipe de juízes apite mais que 50% e que não se ultrapasse os $ 700 com despesas de viagem.

20. A Alaskan Railroad é uma operadora ferroviária independente e autônoma, que não está conectada a nenhum outro serviço ferroviário na América do Norte. Como resultado, carregamentos entre o Alasca e o restante da América do Norte devem ser enviados por caminhão, por milhares de milhas, ou carregados em navios cargueiros e transportados pelo mar. A Alaskan Railroad começou recentemente a discutir com o Canadá a expansão de suas linhas ferroviárias, visando conectá-las ao sistema ferroviário norte-americano. Esse sistema ferroviário atende atualmente as cidades

de New Hazelton e Chetwynd. A intenção é expandir sua ferrovia de modo que possa ser capaz de alcançar pelo menos uma dessas cidades a partir tanto de Skagway quanto de Fairbanks. A Figura 7.19 resume os diversos trechos ferroviários que podem ser construídos. Naturalmente, existe um custo financeiro associado à construção de cada possível trecho ferroviário e a empresa pretende minimizar esses custos. Entretanto, custos ambientais também estão associados à construção de cada trecho ferroviário. Quantificar financeiramente esses custos é uma tarefa difícil, mas a empresa encomendou um estudo no qual especialistas em ecologia avaliaram o impacto ambiental da construção de cada trecho ferroviário e resumiram suas descobertas em uma escala de 0 a 100 (em que 0 representa o menor impacto negativo e 100 o maior). O custo financeiro e pontuação de impacto ambiental para cada possível trecho ferroviário são mostrados nos arcos presentes na Figura 7.19.

a. Implemente um modelo de fluxo de rede para esse problema e determine a maneira mais barata de conectar as cidades de Skagway e Fairbanks ao sistema ferroviário norte-americano. Qual é o custo financeiro dessa rota? Qual é o seu total na pontuação de impacto ambiental?
b. Agora determine a solução para conectar as cidades de Skagway e Fairbanks ao sistema ferroviário norte--americano de forma que minimize o impacto ambiental total. Qual é o custo financeiro dessa rota? Qual é o seu total na pontuação de impacto ambiental?
c. Suponha que a Alaskan Railroad considere que a minimização do impacto ambiental tenha a mesma importância da minimização do custo financeiro para novas linhas ferroviárias. Qual é a solução que isso sugere? Com base nessa solução, o quão longe (em uma base percentual) está cada objetivo de seu melhor valor possível?

21. A cadeia de lanchonetes Chick'n-Pick'n está pensando em um modo de expandir suas operações. São possíveis três tipos de pontos de venda: balcões de venda de sanduíches projetados para funcionar em prédios nas áreas do centro da cidade, lanchonetes projetadas para funcionar em shoppings e lanchonetes projetadas para funcionar em um prédio próprio, com *drive-thru* e mesas. A tabela abaixo apresenta os números de empregos, custos fixos iniciais e renda anual associados com cada tipo de lanchonete:

	Balcões de venda	Shopping	Prédio próprio
Empregos	9	17	35
Custos	$ 150.000	$ 275.000	$ 450.000
Retorno	$ 85.000	$ 125.000	$ 175.000

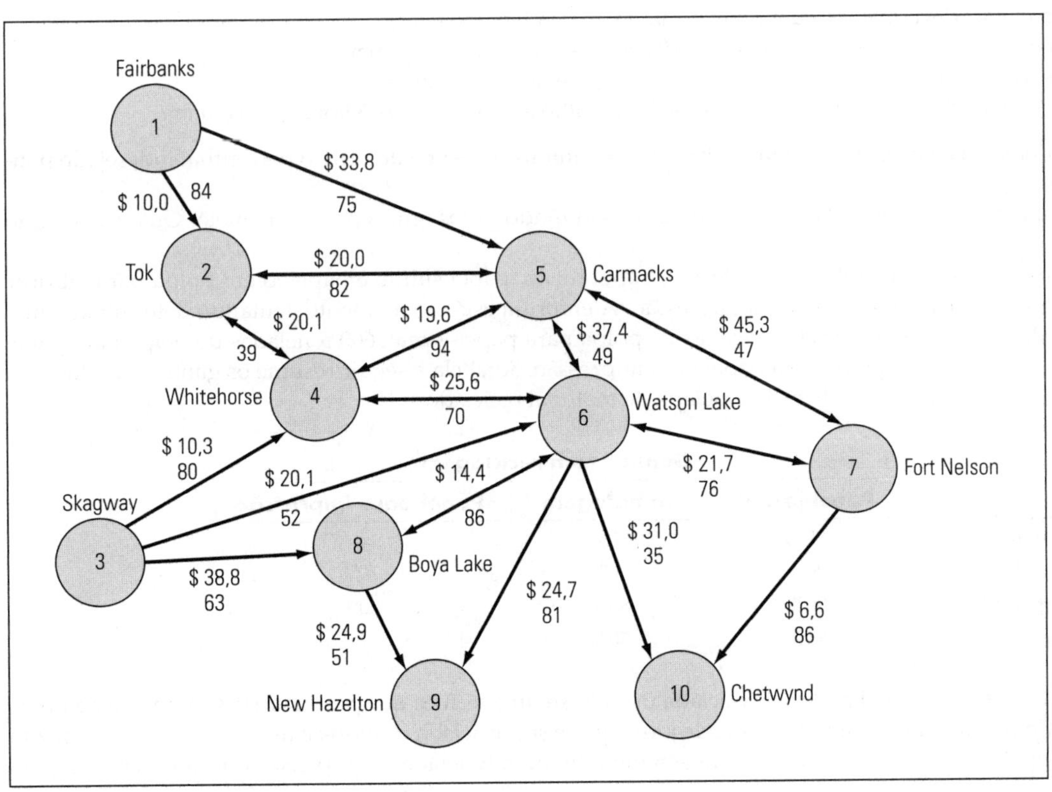

FIGURA 7.19
Dados para o problema da Alaskan Railroad.

A empresa tem $ 2.000.000 disponíveis para arcar com os custos para iniciar novas operações no ano que vem. Além disso, há 5 possíveis locais para instalar balcões para venda de sanduíches, 7 possíveis localizações em shoppings e 3 possíveis localizações para prédios próprios. A empresa deseja planejar sua expansão de forma que maximize a renda anual e o número de empregos criados.

a. Formule uma PLMO para esse problema.
b. Determine o melhor valor possível para cada objetivo do problema.
c. Implemente seu modelo em uma planilha e resolva-o a fim de determinar a solução que minimize o máximo desvio percentual dos valores ótimos da função objetivo. Qual é a solução obtida?
d. Suponha que a gerência considere que maximizar a renda seja três vezes mais importante que maximizar o número de empregos criados. Que solução será encontrada?

22. Uma fundação privada separou $ 3.000.000 para ajudar as cidades a custear programas de auxílio aos sem-teto. Foram recebidas solicitações de verba das cidades A, B e C, nos valores de $ 750.000, $ 1.200.000 e $ 2.500.000, respectivamente. Foi solicitado às cidades que quantificassem o número de unidades de assistência que serão oferecidas usando-se os fundos (uma unidade de assistência equivale a um leito em abrigo para passar a noite ou uma refeição gratuita). As cidades A, B e C relataram que podem proporcionar 485.000, 850.000 e 1,5 milhão de unidades de assistência, respectivamente, com os fundos pedidos, durante o ano que vem. Os diretores da fundação têm dois objetivos. Querem maximizar o número de unidades de assistência obtidas com os $ 3 milhões. Entretanto, eles desejam também ajudar cada uma das cidades repassando o máximo possível da verba solicitada a fim de atender aos seus pedidos individuais (isso pode ser conseguido maximizando a porcentagem mínima de ajuda financeira recebida por cada cidade).
    a. Formule uma PLMO para esse problema.
    b. Determine o melhor valor possível para cada objetivo do problema.
    c. Implemente seu modelo em uma planilha e resolva-o a fim de determinar a solução que minimiza o máximo desvio percentual dos valores ótimos da função objetivo. Qual é a solução obtida?
23. O gerente de marketing da Glissen Paint está elaborando o plano de vendas semanais e de marketing para a equipe de vendas da empresa. Os representantes de vendas da Glissen contatam dois tipos de clientes: os clientes existentes e os novos clientes. Cada contato com um cliente normalmente exige 3 horas do tempo do vendedor (incluindo o tempo de viagem) e resulta em uma média de venda de $ 425. Os contatos com novos clientes geralmente demoram um pouco mais, em média 4 horas, e resultam em uma média de venda de $ 350. Exige-se que os vendedores da empresa trabalhem 40 horas por semana, mas muitas vezes eles trabalham mais para atingir suas cotas de vendas (em que se baseiam seus bônus). A empresa tem uma política de limitar a 50 horas por semana a carga horária de trabalho de um vendedor. O gerente de vendas quer fixar cotas de clientes contatados pelos vendedores a fim de atingir as seguintes metas (listadas por ordem de importância):

    Meta 1: cada vendedor deverá atingir um nível semanal de vendas de $ 6.000.
    Meta 2: cada vendedor deve contatar pelo menos 10 clientes existentes por semana.
    Meta 3: cada vendedor deve contatar pelo menos 5 novos clientes por semana.
    Meta 4: cada vendedor deve limitar as horas extras de trabalho a não mais que 5 horas por semana.

    a. Formule esse problema como uma PM com o objetivo de minimizar a soma do desvio percentual indesejado ponderado das metas.
    b. Implemente seu modelo em uma planilha e resolva-o, assumindo pesos iguais para cada meta. Qual é a solução obtida?
24. Uma empresa de reciclagem de papel converte jornal, papel misto, papel sulfite e papelão em polpa para fabricar papel-jornal, papel de embalagem e papel para impressão. A empresa está, no momento, tentando determinar a melhor forma de atender a um pedido de 500 toneladas de polpa para papel-jornal, 600 toneladas de polpa para papel de embalagem e 300 toneladas de polpa para papel para impressão. A tabela a seguir resume os ganhos obtidos com cada tipo de polpa recuperada a partir de cada tonelada de material reciclado.

	Ganhos com reciclagem		
	Papel-jornal	**Embalagem**	**Papel para impressão**
Jornal	85%	80%	—
Papel misto	90%	80%	70%
Papel sulfite	90%	85%	80%
Papelão	80%	70%	—

Por exemplo, uma tonelada de jornal pode ser reciclada usando-se uma técnica que produzirá 0,85 tonelada de polpa para papel-jornal. Como alternativa, uma tonelada de jornal pode ser reciclada usando-se uma técnica que produzirá 0,80 tonelada de papel de embalagem. De maneira semelhante, uma tonelada de papelão pode ser reciclada para produzir 0,80 tonelada de polpa para papel-jornal ou 0,70 tonelada de polpa para papel de embalagem. Observe que o jornal e o papelão não podem ser convertidos em polpa para papel de impressão usando-se as técnicas disponíveis. A reciclagem do material também produz uma lama tóxica que o reciclador deve descartar. A quantidade de lama tóxica (em libras) produzida pela reciclagem de uma tonelada de cada uma das matérias-primas em cada tipo de polpa está resumida na tabela abaixo. Por exemplo, cada tonelada de jornal que é transformada em polpa para papel-jornal produz 125 libras de lama.

	Lama (em libras)		
	Papel-jornal	**Embalagem**	**Papel para impressão**
Jornal	125	100	0
Papel misto	50	100	150
Papel sulfite	50	75	100
Papelão	100	150	0

O custo de processar cada tonelada de matéria-prima em vários tipos de polpa está resumido na tabela abaixo, juntamente com a quantidade de cada matéria-prima que pode ser comprada e seus custos.

	Custos de processamento por tonelada				
	Papel-jornal	**Embalagem**	**Papel para impressão**	**Custo de compra por tonelada**	**Toneladas disponíveis**
Jornal	\$ 6,50	\$ 11,00	—	\$ 15	600
Mistura de papel	\$ 9,75	\$ 12,25	\$ 9,50	\$ 16	500
Papel sulfite	\$ 4,75	\$ 7,75	\$ 8,50	\$ 19	300
Papelão	\$ 7,50	\$ 8,50	—	\$ 17	400

Esses custos de processamento incluem as despesas com o descarte de lama. Entretanto, os gerentes do serviço de reciclagem preferem minimizar a quantidade de lama produzida e os custos totais para atender a um pedido.

a. Formule um modelo de PLMO para esse problema e implemente-o em uma planilha.
b. Determine o melhor valor possível para cada objetivo do problema.
c. Determine a solução que minimiza o desvio percentual máximo dos valores ótimos da função objetivo. Qual é a solução obtida?
d. Suponha que a gerência considere minimizar os custos duas vezes mais importante que minimizar a quantidade de lama produzida. Que solução será encontrada?

25. Um agente fiduciário do Pond Island Bank precisa determinar a porcentagem de fundos de investimento do banco que deve ser colocada em cada um dos seguintes investimentos:

Investimento	Rendimento	Maturidade	Risco
A	11,0%	8	5
B	8,0%	1	2
C	8,5%	7	1
D	10,0%	6	5
E	9,0%	2	3

A coluna "Rendimento" representa o rendimento anual de cada investimento. A coluna "Maturidade" indica o número de anos em que os fundos devem ser mantidos em cada investimento. A coluna "Risco" indica uma avaliação do risco de cada investimento feita por um analista financeiro independente. O agente fiduciário deseja maximizar o ganho médio ponderado dos fundos colocados nesses investimentos, ao mesmo tempo que minimiza a maturidade média ponderada e o risco médio ponderado.

a. Formule um modelo de PLMO para esse problema e implemente-o em uma planilha.
b. Determine o melhor valor possível para cada objetivo do problema.
c. Determine a solução que minimiza o desvio percentual máximo dos valores ótimos da função objetivo. Qual é a solução obtida?
d. Suponha que a gerência considere minimizar a maturidade média duas vezes mais importante que a minimização do risco médio e que maximizar o ganho médio seja duas vezes mais importante que minimizar a maturidade média. Que solução será encontrada?

26. Uma grande cidade no nordeste quer construir uma estação central de ônibus a partir da qual os turistas pudessem ir de ônibus até quatro pontos históricos. A cidade é organizada em uma estrutura em grade, ou blocos, com ruas uniformemente espaçadas, que cortam a cidade de norte a sul; e avenidas uniformemente espaçadas, que cortam a cidade de leste a oeste. As coordenadas de qualquer esquina de qualquer quarteirão da cidade podem ser identificadas pelos números da rua e da avenida que se cruzam para formá-la. A tabela abaixo traz as coordenadas para os quatro pontos históricos:

Ponto histórico	Rua	Avenida
1	7	3
2	3	1
3	1	6
4	6	9

Os planejadores de transporte desejam construir a estação de ônibus no local que minimize a distância total de viagem (medida retangularmente) para cada ponto histórico. Por exemplo, se a estação for construída na esquina da Rua 6 com a Avenida 2, a distância para cada ponto histórico será:

Ponto histórico	Distância
1	$\|7\text{-}6\| + \|3\text{-}2\| = 1 + 1 = 2$
2	$\|3\text{-}6\| + \|1\text{-}2\| = 3 + 1 = 4$
3	$\|1\text{-}6\| + \|6\text{-}2\| = 5 + 4 = 9$
4	$\|6\text{-}6\| + \|9\text{-}2\| = 0 + 7 = 7$
	Distância total = 22

a. Marque a localização dos vários pontos históricos em um gráfico, no qual o eixo X representa os números de avenidas (começando do 0) e o eixo Y representa os números de ruas (começando do 0).
b. Formule um modelo de PL para determinar a esquina onde a estação central de ônibus deve ser construída. (*Sugestão*: faça as variáveis de decisão representarem a localização da rua (X_1) e a localização da avenida (X_2) da estação de ônibus e use as variáveis de desvio para medir a distância absoluta de rua e a distância absoluta de avenida de cada ponto histórico para X_1 e X_2. Minimize a soma das variáveis de desvio.)

27. A KPS Communications planeja trazer internet sem fio para a cidade de Ames, Iowa. Usando um sistema de informação geográfica, a KPS dividiu Ames em uma grade 5 por 5, conforme mostrado na tabela abaixo. Os valores em cada bloco da grade indicam a renda anual prevista (em $ 1.000) que a KPS receberá se trouxer internet sem fio para a área geográfica representada por cada bloco.

Renda anual esperada por área (em $ 1.000)				
$ 34	$ 43	$ 62	$ 42	$ 34
$ 64	$ 43	$ 71	$ 48	$ 65
$ 57	$ 57	$ 51	$ 61	$ 30
$ 32	$ 38	$ 70	$ 56	$ 40
$ 68	$ 73	$ 30	$ 56	$ 44

A KPS pode construir torres em qualquer bloco da grade a um custo unitário de $ 150.000. Cada torre pode fornecer serviço de internet sem fio para o bloco em que está situada e para todos os blocos adjacentes. (Os blocos são considerados adjacentes se tiverem um lado em comum. Blocos que se tocam somente em um ponto de canto não são considerados adjacentes.) A KPS quer determinar quantas torres precisa construir e onde deve construí-las para maximizar os lucros no primeiro ano de funcionamento. (Observação: se um bloco puder receber serviço de internet sem fio de duas torres diferentes, a renda para esse bloco deve ser contada apenas uma vez.)

a. Crie um modelo de planilha para esse problema e resolva-o.
b. Qual é a solução ótima e quanto a KPS vai ganhar no primeiro ano?
c. Para ter a maior fatia desse mercado, a KPS pretende fornecer internet sem fio para a cidade toda – mesmo se tiver menos lucro a curto prazo. Modifique seu modelo para determinar o plano de localização de torres que maximize a cobertura do serviço de internet sem fio em Ames. Qual é a solução ótima e quanto lucro ela trará?
d. Claramente, há uma compensação entre o objetivo do item b (de maximizar o lucro) e o objetivo do item c (de maximizar a cobertura do serviço de internet sem fio). Determine a solução que minimiza o desvio percentual máximo dos valores ótimos da função objetivo dos itens b e c.

e. Suponha que a KPS considere maximizar o lucro duas vezes mais importante do que maximizar a cobertura. Que solução será encontrada?

28. Um revendedor de carros especializado em automóveis seminovos coletou, em um leilão de carros, os seguintes dados quanto ao preço de venda e à milhagem de cinco automóveis da mesma marca, modelo e ano:

Milhagem	Preço
43.890	$ 12.500
35.750	$ 13.350
27.300	$ 14.600
15.500	$ 15.750
8.900	$ 17.500

Uma vez que parece haver uma relação significativa entre milhagem e preço, o revendedor deseja usar essa informação para prever o valor de mercado desse tipo de carro. O revendedor acha que o preço de venda do carro pode ser previsto da seguinte maneira:

$$\text{Preço estimado} = A + B \times \text{milhagem}$$

A e B representam constantes numéricas (que podem ser positivas ou negativas). Usando os dados coletados no leilão de carros, o revendedor deseja determinar valores para A e B que minimizem a seguinte relação:

$$\begin{aligned} \text{MIN:} \quad & |A + B \times 43.890 - 12.500| + |A + B \times 35.750 - 13.350| + \\ & |A + B \times 27.300 - 14.600| + |A + B \times 15.500 - 15.750| + \\ & |A + B \times 8.900 - 17.500| \end{aligned}$$

Observe que esse objetivo visa encontrar valores de A e B que minimizem a soma do valor absoluto dos desvios entre os preços reais dos carros e os preços estimados.

a. Crie um modelo de PL usando variáveis de desvio cuja solução resulte nos melhores valores para A e B, utilizando os critérios enumerados. Ou seja, quais valores de A e B minimizam a soma dos desvios absolutos entre o preço real e o preço estimado de venda?
b. Implemente seu modelo em uma planilha e resolva-o.
c. Usando os valores de A e B determinados por sua solução, qual deveria ser o preço de venda estimado para cada carro?

29. Utilizando os dados do exercício anterior, suponha que o revendedor de carros queira encontrar valores para A e B que minimizem o desvio absoluto máximo entre o preço real e o preço estimado de venda para cada carro. Quais valores de A e B atingem esse objetivo?

30. Um trabalho em uma oficina deve passar por cinco operações – A, B, C, D e E. Cada operação pode ser realizada em qualquer uma de duas máquinas. A tabela a seguir traz o tempo necessário para cada máquina realizar cada operação.

	A	B	C	D	E
Máquina 1	7	8	4	4	9
Máquina 2	5	3	9	6	8

Formule um modelo que possa determinar a sequência de trabalho que minimiza a quantidade máxima de tempo usada em qualquer uma das máquinas. Ou seja, se t_i é o tempo total usado na máquina i, encontre a solução que minimize o máximo de t_1 e t_2.

Removendo neve em Montreal — CASO 7.1

Baseado em: CAMPBELL, J.; LANGEVIN, A. The snow disposal assignment problem. *Journal of the Operational Research Society*, p. 919-929, 1995.

A remoção e o despejo da neve são atividades importantes e caras em Montreal e em muitas cidades do norte. Ainda que a neve possa ser retirada de ruas e calçadas rapidamente, sob temperaturas negativas prolongadas, os montes de neve resultantes podem impedir o tráfego de pedestres e veículos e devem ser removidos.

Para permitir a remoção e o despejo de neve em tempo hábil, uma cidade é dividida em vários setores e as operações de remoção de neve são realizadas simultaneamente em cada setor. Em Montreal, a neve acumulada é carregada em caminhões e levada para locais de despejo (por exemplo, rios, portos, esgotos e áreas de acumulação). Os diferentes tipos de locais de despejo podem acomodar quantidades diversas de neve, por causa do tamanho físico do local de despejo. As capacidades anuais (em 1.000 metros cúbicos) de cinco diferentes locais de despejo de neve são dadas na tabela a seguir.

	Local de despejo				
	1	**2**	**3**	**4**	**5**
Capacidade	350	250	500	400	200

A neve transportada para os locais de despejo é frequentemente contaminada por sal e produtos químicos usados no degelo. Quando a neve derrete, esses elementos contaminantes acabam emergindo em lagos, rios e na água distribuída localmente. Os diferentes locais de despejo são equipados para remover diferentes quantidades de contaminantes da neve que recebem. A porcentagem de contaminantes que pode ser removida é dada na tabela abaixo. A quantidade de contaminantes existente na neve removida é relativamente constante nos diversos locais de despejo.

	Local de despejo				
	1	**2**	**3**	**4**	**5**
Contaminante removido	30%	40%	20%	70%	50%

O custo da remoção e do despejo da neve depende principalmente da distância que deve ser percorrida. Para finalidades de planejamento, a cidade de Montreal usa a distância em linha reta entre o centro de cada setor para cada local de despejo como uma aproximação do custo de transporte da neve entre esses lugares. A tabela a seguir resume essas distâncias (em quilômetros) para os dez setores da cidade.

	Local de despejo				
Setor	**1**	**2**	**3**	**4**	**5**
1	3,4	1,4	4,9	7,4	9,3
2	2,4	2,1	8,3	9,1	8,8
3	1,4	2,9	3,7	9,4	8,6
4	2,6	3,6	4,5	8,2	8,9
5	1,5	3,1	2,1	7,9	8,8
6	4,2	4,9	6,5	7,7	6,1
7	4,8	6,2	9,9	6,2	5,7
8	5,4	6	5,2	7,6	4,9
9	3,1	4,1	6,6	7,5	7,2
10	3,2	6,5	7,1	6	8,3

Usando dados históricos de nevascas, a cidade pode estimar o volume anual de neve que precisa ser removida em cada setor como equivalente a quatro vezes o comprimento em metros das ruas nos setores (ou seja, assume-se que cada metro linear de rua gere anualmente 4 metros cúbicos de neve a ser removida). A tabela abaixo traz o volume de neve estimado (em 1.000 metros cúbicos) que deve ser removido de cada setor no ano seguinte.

Necessidade anual estimada de remoção de neve									
1	**2**	**3**	**4**	**5**	**6**	**7**	**8**	**9**	**10**
153	152	154	138	127	129	111	110	130	135

1. Se Montreal pretende atingir o objetivo de minimizar a distância que a neve deve ser transportada (e, portanto, o custo de remoção), que quantidade prevista de neve deve ser transportada de cada setor para cada local de despejo?
2. Se custa $ 35 para transportar 1.000 metros cúbicos de neve por um quilômetro, quanto Montreal deveria planejar gastar no transporte da neve removida?
3. Se Montreal pretende alcançar o objetivo de maximizar a quantidade de contaminante removida da neve transportada, que quantidade de neve deveria ser removida de cada setor para cada local de despejo e qual seria o custo de transporte associado a essa solução?
4. Suponha que Montreal queira minimizar o máximo desvio percentual do valor ótimo para cada um dos dois objetivos mencionados anteriormente. Qual é a solução ótima e quão distante cada função objetivo está de seu valor ótimo?
5. Suponha que a remoção de contaminantes seja considerada cinco vezes mais importante que a minimização dos custos de transporte. Que solução minimiza o desvio percentual máximo ponderado para cada objetivo? Quão distante cada função objetivo está de seu valor ótimo?

6. Que outras sugestões você poderia ter para Montreal, uma vez que a cidade está tentando lidar com esses dois objetivos conflitantes?

Planejando dietas para o programa de distribuição de alimentos

CASO 7.2

Baseado em: TAJ, S. A mathematical model for planning policies for food stamps. *Applications of Management Science*, v. 7, p. 25-48, 1993.

O Departamento de Agricultura dos Estados Unidos (USDA) é responsável por gerir e administrar o programa nacional de distribuição de alimentos para famílias de baixa renda. Esse programa distribui cartões para famílias de baixa renda, os quais podem ser usados em lugar de dinheiro para a compra de alimentos em mercearias. Ao determinar os valores dos cartões emitidos, o USDA deve considerar o custo para obter uma dieta nutritiva e bem equilibrada para homens e mulheres de várias faixas etárias. Como um primeiro passo nesse processo, o USDA identificou e analisou 31 diferentes grupos de alimentos e determinou as contribuições que uma porção de cada grupo dá para 24 diferentes categorias nutricionais. Uma lista parcial com essa informação é dada na Figura 7.20 (e no arquivo DietData.xlsm, disponível na página deste livro no site da editora).

As duas últimas linhas nessa planilha indicam o mínimo e o máximo de nutrientes necessários por semana para homens entre as idades de 20 e 50 anos. (Valores máximos de 9999 indicam que nenhum valor máximo se aplica a essa exigência nutricional específica.)

O USDA usa essa informação para criar uma dieta (ou plano de consumo semanal) que atenda às exigências nutricionais indicadas. As duas últimas colunas na Figura 7.20 representam dois diferentes objetivos que podem ser atingidos ao criar uma dieta. Primeiro, poderíamos querer identificar a dieta que atenda às exigências nutricionais a um custo mínimo.

FIGURA 7.20 *Dados para o problema de planejamento da dieta do Departamento de Agricultura dos Estados Unidos.*

Alimento	Unidades por Semana	Carboidratos	Gordura Total	Gordura Saturada	Gordura Monoinsaturada	Gordura Poliinsaturada	Colesterol	Açúcar	Custo Unitário	Escore de Preferência
1 Batatas	0	93,80	2,60	1,10	0,80	0,40	2,00	0,00	$0,391	6,68
2 Vegetais altamente nutritivos	0	30,80	1,00	0,10	0,10	0,40	0,00	4,00	$1,014	17,81
3 Outros vegetais	0	37,10	2,00	0,40	0,50	0,80	0,00	16,00	$0,958	13,31
4 Misturas, com maioria de vegetais	0	174,40	101,00	26,10	21,10	10,80	0,00	256,00	$1,897	24,5
5 Frutas ricas em vitamina C	0	81,90	0,70	0,00	0,10	0,10	0,00	4,00	$0,721	15,9
6 Outras frutas	0	71,40	1,60	0,30	0,30	0,40	0,00	32,00	$0,961	14,88
7 Cereais integrais para o café da manhã, ricos em fibras	0	323,60	21,90	4,60	6,90	8,90	0,00	140,00	$2,770	8,22
8 Outros cereais	0	382,30	6,20	2,50	1,10	1,80	0,00	392,00	$3,327	9,43
9 Arroz e farinhas integrais, ricos em fibras	0	328,50	17,90	2,70	4,30	8,80	0,00	8,00	$0,966	4,4
10 Outras farinhas, arroz, massas	0	346,00	6,20	1,20	2,30	11,00	52,00	52,00	$0,720	0,28
11 Pão integral, rico em fibras	0	217,10	14,90	2,60	3,70	6,40	1,00	4,00	$1,553	5,52
12 Outros pães	0	225,10	18,60	4,30	7,10	5,20	7,00	16,00	$1,111	4,9
13 Produtos de padaria	0	300,40	69,10	21,50	27,20	14,30	112,00	392,00	$2,460	9,03
14 Mistruras granuladas	0	196,80	25,10	9,50	8,60	4,80	61,00	24,00	$1,556	25,67
15 Leite, iogurte	0	32,00	14,80	9,30	4,10	0,60	60,00	4,00	$0,362	17,34
16 Queijo	0	10,50	134,40	85,15	38,30	4,00	413,00	0,00	$2,811	22,72
17 Cremes e misturas, com maioria láctea	0	107,30	60,50	41,80	13,50	2,00	137,00	256,00	$1,223	17,1
18 Carne vermelha de baixo custo, carnes variadas	0	1,30	84,90	33,60	37,10	4,50	284,00	0,00	$1,918	44,58
19 Carne vermelha de alto custo, carnes variadas	0	0,60	74,00	28,30	32,50	5,90	278,00	0,00	$2,801	89,24
20 Frangos, aves	0	0,40	42,10	12,00	16,90	9,20	271,00	0,00	$1,281	57,53
21 Peixes, crustáceos	0	2,40	12,70	2,70	4,30	3,80	172,00	4,00	$3,471	78,18
22 Bacon, salsichas, embutidos	0	7,60	170,40	63,00	79,10	18,40	287,00	16,00	$2,481	17,83
23 Ovos	0	4,90	40,10	12,40	15,24	5,50	1698,00	0,00	$0,838	9,35
24 Feijões secos, lentilhas, ervilhas	0	235,60	5,00	1,30	1,00	1,80	5,00	44,00	$1,309	13,08
25 Misturas, com maioiria de carne, frango, ovos e peixes	0	58,40	37,70	11,70	14,70	8,00	101,00	20,00	$1,967	46,2
26 Menteiga de amendoim, nozes	0	88,60	221,70	37,80	102,00	71,10	0,00	56,00	$2,504	21,26
27 Gorduras, óleos	0	14,80	370,00	90,40	137,20	125,80	152,00	24,00	$1,198	3,17
28 Açúcar, doces	0	406,90	7,30	4,00	2,33	0,50	3,00	1576,00	$1,111	2,39
29 Temperos	0	36,30	5,50	1,80	1,70	1,20	0,00	4,00	$2,077	5,8
30 Refrigerantes, suco de caixa, Ades	0	58,40	0,00	0,00	0,00	0,00	0,00	116,00	$0,249	47,42
31 Café, chá	0	87,70	1,70	0,60	0,10	0,50	0,00	4,00	$6,018	7,7
	Total Semanal	0	0	0	0	0	0	0	$0,000	0
	Limite Inferior Semanal	0,00	0,00	0,00	0,00	0,00	0,00	0,00		
	Limite Superior Semanal	9999	676,67	225,56	9999	9999	2100	2436		

Embora uma dieta assim seja econômica, também pode ser muito insatisfatória ao gosto das pessoas que devem consumi--la. Para ajudar a entender esse problema, o Departamento conduziu um estudo para verificar as preferências das pessoas quanto a diferentes grupos de alimentos. A última coluna da Figura 7.20 resume os índices de preferência, com a pontuação mais elevada indicando os alimentos preferidos e a pontuação mais baixa indicando os alimentos menos aceitos. Assim, outro objetivo que poderia ser perseguido é determinar a dieta que atenda às necessidades nutricionais e seja mais aceita. Entretanto, essa solução provavelmente será muito dispendiosa. Assuma que o USDA tenha pedido a você para analisar essa situação usando a PLMO.

1. Encontre a dieta semanal que atenda às necessidades nutricionais da maneira menos dispendiosa. Qual é o menor custo possível? Qual é o índice de preferência que essa solução apresenta?
2. Encontre a dieta semanal que atenda às necessidades nutricionais com o maior índice de preferência. Qual é o índice de preferência que essa solução apresenta? Qual é o custo associado a essa solução?
3. Encontre a solução que minimiza o desvio percentual máximo dos valores ótimos para cada objetivo individual. Que custo e índice de preferência estão associados a essa solução?
4. Suponha que os desvios do valor do custo ótimo tenham peso duas vezes maior que os desvios do valor de preferência ótima. Encontre a solução que minimiza os desvios percentuais ponderados máximos. Que custo e índice de preferência estão associados a essa solução?
5. Que outros fatores ou restrições você pode querer incluir nessa análise se tivesse de consumir a dieta resultante?

CASO 7.3 Planejamento de território de vendas da Caro-Life

A Caro-Life é uma empresa de serviços financeiros especializada em venda de seguro de vida, automóveis e residencial a clientes residentes na Carolina do Norte. A empresa está pensando em expandir e oferecer seus serviços na Carolina do Sul. A empresa quer abrir dez escritórios por todo o estado para garantir que todos os residentes do estado tenham acesso a pelo menos um escritório em seu condado residencial ou em um condado adjacente. O conjunto de condados adjacentes ao condado que cada escritório atende será considerado território de vendas para aquele escritório. (Observe que um condado é considerado adjacente a si mesmo.) A Figura 7.21 (e o arquivo Caro-Life.xlsm, disponível na página deste livro no site da editora) mostra uma parte de uma planilha Excel com uma matriz indicando as adjacências entre condados, a população estimada e o tamanho geográfico (em milhas quadradas) para cada território potencial de vendas. (Valores iguais a 1 na matriz indicam condados que são adjacentes entre si.)

As vendas de seguros em uma determinada área tendem a ser altamente correlacionadas com o número de pessoas que vivem na área. Como resultado, os agentes alocados nos diversos escritórios querem que seus territórios de venda tenham o máximo de habitantes possível (para maximizar o potencial de vendas). Por outro lado, os territórios com grande quantidade de pessoas também podem ter grandes áreas geográficas, as quais podem exigir que os agentes viajem muito. Então, a meta de ter um território com muitos habitantes às vezes é conflitante com a meta de ter um território que seja de tamanho compacto. É importante para a Caro-Life planejar seus territórios de venda da maneira mais equilibrada possível (ou seja, em que os territórios sejam similares em termos de tamanho geográfico e potencial de vendas).

1. Assuma que a Caro-Life queira maximizar o potencial médio de vendas de seus dez escritórios. Onde ela deveria instalar escritórios e quais são a população e a área geográfica associadas a cada escritório?
2. Assuma que a Caro-Life queira minimizar a área geográfica média coberta por cada um dos dez escritórios. Onde ela deveria instalar escritórios e quais são a população e a área geográfica associadas a cada escritório?
3. Determine a solução que minimiza o desvio percentual máximo dos valores ótimos de função objetivo identificados nos itens 1 e 2. De acordo com essa solução, onde a Caro-Life deveria instalar seus escritórios e quais seriam a população e a área geográfica associadas a cada escritório?
4. Suponha que a Caro-Life considere maximizar o potencial médio de vendas de seus territórios duas vezes mais importante que minimizar o tamanho geográfico médio de seus territórios. Encontre a solução que minimiza os desvios percentuais ponderados máximos. De acordo com essa solução, onde a Caro-Life deveria instalar seus escritórios e quais seriam a população e a área geográfica associadas a cada escritório?
5. Que outros aspectos você sugeriria que a Caro-Life levasse em conta ao modelar esse problema de decisão?

FIGURA 7.21 *Dados para o problema de planejamento de território de vendas da Caro-Life.*

Caro-Life.xlsm - Excel

Matriz de Adjacência de Condados da Caro-Life (1=condados adjacentes)

	Abbeville	Aiken	Allendale	Anderson	Bamberg	Barnwell	Beaufort	Berkeley	Calhoun	Charleston	Cherokee	Chester
Georgetown	0	0	0	0	0	0	0	1	0	0	0	0
Greenville	1	0	0	1	0	0	0	0	0	0	0	0
Greenwood	1	0	0	0	0	0	0	0	0	0	0	0
Hampton	0	0	1	0	1	0	1	0	0	0	0	0
Horry	0	0	0	0	0	0	0	0	0	0	0	0
Jasper	0	0	0	0	0	0	1	0	0	0	0	0
Kershaw	0	0	0	0	0	0	0	0	0	0	0	0
Lancaster	0	0	0	0	0	0	0	0	0	0	0	1
Laurens	1	0	0	1	0	0	0	0	0	0	0	0
Lee	0	0	0	0	0	0	0	0	0	0	0	0
Lexington	0	1	0	0	0	0	0	0	1	0	0	0
Marion	0	0	0	0	0	0	0	0	0	0	0	0
Marlboro	0	0	0	0	0	0	0	0	0	0	0	0
McCormick	1	0	0	0	0	0	0	0	0	0	0	0
Newberry	0	0	0	0	0	0	0	0	0	0	0	0
Oconee	0	0	0	1	1	0	0	0	0	0	0	0
Orangeburg	0	1	0	0	1	1	0	1	1	0	0	0
Pickens	0	0	0	1	0	0	0	0	0	0	0	0
Richland	0	0	0	0	0	0	0	0	1	0	0	0
Saluda	0	1	0	0	0	0	0	0	0	0	0	0
Spartanburg	0	0	0	0	0	0	0	0	0	0	1	0
Sumter	0	0	0	0	0	0	0	0	1	0	0	0
Union	0	0	0	0	0	0	0	0	0	0	1	1
Williamsburg	0	0	0	0	0	0	0	1	0	0	0	0
York	0	0	0	0	0	0	0	0	0	0	1	1
População	732400	533200	112300	830100	368900	289500	208700	812600	809400	635400	529300	335800
Milhas Quadradas	3666,59	4381,67	2966,42	3853,36	5272,3	3529,08	2857,77	6053,86	4216,38	3648,24	2400,47	3012,91

Planejamento Territorial

Capítulo 8

Programação não linear e otimização evolutiva

8.0 Introdução

Até este ponto em nosso estudo de otimização, consideramos apenas modelos de programação matemática nos quais a função objetivo e as restrições são funções *lineares* das variáveis de decisão. Em muitos problemas de decisão, o uso dessas funções lineares é adequado. Porém outros tipos de problemas de otimização envolvem funções objetivo e restrições que *não podem* ser adequadamente modeladas com o uso de funções lineares das variáveis de decisão. Estes são conhecidos como problemas de programação não linear (PNL).

O processo de formulação de um problema de PNL é virtualmente o mesmo de um problema de PL. Em cada caso, devem-se identificar as variáveis de decisão certas e formular uma função objetivo apropriada e restrições usando-se essas variáveis. Como se verá, o processo de implementação e solução de problemas de PNL em uma planilha também é semelhante ao de problemas de PL. Entretanto, a mecânica (ou seja, o procedimento matemático) envolvida na solução de problemas de PNL é muito diferente. Embora softwares de otimização, tal como o Solver, tornem essa diferença de alguma forma transparente para o usuário de tais programas, é importante compreender essas diferenças, de modo que seja possível entender as dificuldades que encontraremos na solução de um problema de PNL. Este capítulo discute alguns dos aspectos e desafios únicos envolvidos na solução dos problemas de PNL e apresenta vários exemplos de problemas de tomada de decisão gerencial que podem ser modelados como problemas de PNL.

8.1 A natureza dos problemas de PNL

As principais diferenças entre um problema de PL e um de PNL é que este último pode ter uma função objetivo não linear ou uma ou mais restrições não lineares. Para entender as diferenças e dificuldades que as não linearidades introduzem em um problema de otimização, considere os diversos problemas de PNL hipotéticos mostrados na Figura 8.1.

O primeiro gráfico da Figura 8.1, assinalado com a letra (a), ilustra um problema com uma função objetivo linear e uma região viável *não linear*. Observe que as linhas de contorno da região viável para esse problema não são todas linhas retas. Pelo menos uma das restrições nesse problema deve ser não linear para gerar a curva na linha de contorno da região viável. Essa curva faz com que a única solução viável para esse problema não seja um ponto de canto de uma região viável.

O segundo gráfico na Figura 8.1, assinalado com a letra (b), mostra um problema com função objetivo *não linear* e um conjunto de restrições lineares. Conforme indicado nesse gráfico, se um problema de PNL tiver uma função objetivo não linear, as curvas de nível associadas ao objetivo também serão não lineares. Então, a partir desse gráfico, observamos que um objetivo não linear pode fazer com que a solução ótima de um problema de PNL ocorra em uma solução que não está em um ponto de canto da região viável – mesmo que todas as restrições sejam lineares.

O terceiro gráfico da Figura 8.1, assinalado com a letra (c), mostra um problema com objetivo *não linear* e um conjunto de restrições *não lineares*. Aqui, novamente, vemos que a solução ótima para esse problema de PNL não ocorre em um ponto de canto da região viável.

Finalmente, o quarto gráfico da Figura 8.1, assinalado com a letra (d), mostra outro problema com um objetivo *não linear* e um conjunto de restrições *lineares*. A solução ótima para esse problema ocorre em um ponto no interior da região viável.

Esses gráficos ilustram a principal diferença entre os problemas de PL e de PNL – a solução ótima para um problema de PL sempre ocorre em um ponto de canto de sua região viável, mas isso não acontece nos problemas de

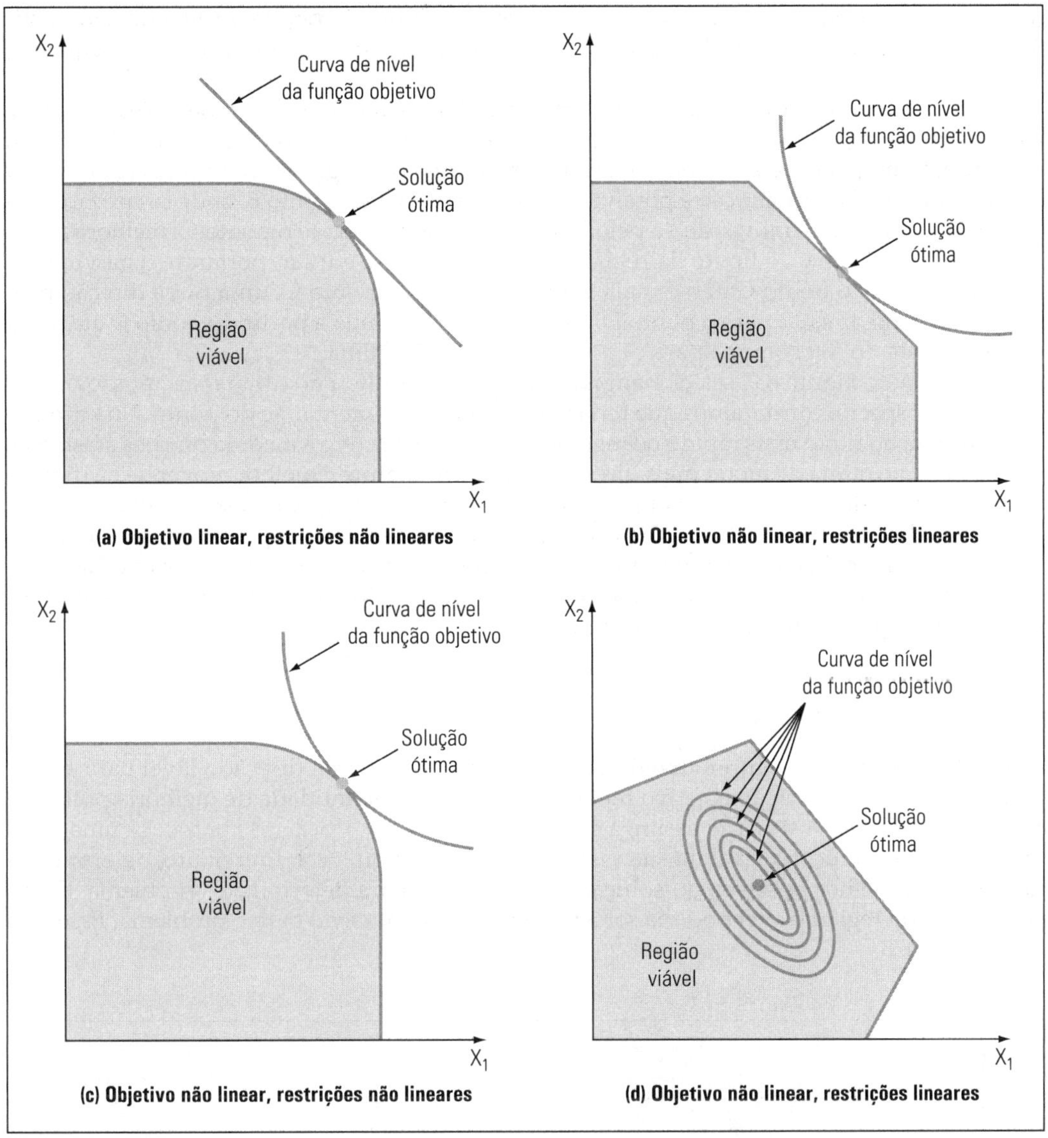

FIGURA 8.1
Exemplos de problemas de PNL com soluções ótimas não localizadas em um ponto de canto da região viável.

PNL. A solução ótima para alguns problemas de PNL pode não ocorrer nos limites da região viável, mas em algum ponto do interior da região viável. Portanto, a estratégia de procurar pontos de canto da região viável empregada pelo método Simplex a fim de resolver problemas de PL não funcionará com os problemas de PNL. Será necessária outra estratégia para resolver os problemas de PNL.

8.2 Estratégias de solução para problemas de PNL

O procedimento do Solver para a resolução de problemas de PNL é chamado algoritmo de gradiente reduzido generalizado (GRG). A matemática envolvida nesse procedimento é bastante complexa e vai além do escopo e finalidade deste texto. Entretanto, a seguinte discussão nos dá uma compreensão muito básica (e um tanto imprecisa) das ideias por trás do GRG e de outros algoritmos de solução de PNL.

Os algoritmos de PNL começam em qualquer solução viável do problema de PNL. Essa solução viável inicial é chamada ponto de partida. O algoritmo, então, tenta se deslocar de um ponto de partida em uma direção na região viável que faz com que o valor da função objetivo melhore. Um pouco de movimento (ou um tamanho de passo) na direção viável selecionada é, então, feito, resultando em uma nova solução, melhor e viável para o problema. Depois, o algoritmo tenta identificar outra direção viável na qual possa se deslocar para obter melhorias adicionais no valor da função objetivo. Se existir essa direção, o algoritmo determina um novo tamanho de passo e move-se nessa direção para uma nova e melhor solução viável. Esse processo continua até que o algoritmo alcance um ponto em que não haja direção viável na qual se deslocar que resulte em uma melhora na função objetivo. Quando não existir mais nenhuma possibilidade de melhoria (ou quando o potencial de melhoria se tornar arbitrariamente pequeno), o algoritmo termina.

A Figura 8.2 mostra um exemplo gráfico de como um algoritmo de PNL "cru" pode funcionar. Nesse gráfico, ocorre uma solução viável inicial na origem (ponto A). A mais rápida melhoria no valor da função objetivo ocorre partindo-se do ponto A na direção perpendicular às (ou que forma um ângulo de 90 graus com as) curvas de nível da função objetivo. O movimento viável nessa direção é possível desde o ponto A até o ponto B, onde se encontra um limite da região viável. Partindo do ponto B, movendo-se pelo limite da região viável até o ponto C, melhora ainda mais o valor da função objetivo. No ponto C, o limite da região viável começa a se curvar; portanto, o movimento contínuo desde o ponto B na direção do ponto C não é mais viável. A partir do ponto C, uma nova direção pelo interior da região viável permite o movimento para o ponto D. Esse processo continua a partir do ponto D até que a solução se aproxime arbitrariamente do (ou convirja para o) ponto E – a solução ótima.

Ao se mover a partir do ponto A na Figura 8.2, selecionamos a direção que resultou no ritmo mais rápido de melhoria da função objetivo. Em retrospecto, constatamos que teria sido melhor movimentar-se do ponto A na direção do ponto E. Essa direção não resulta no ritmo mais rápido de melhoria da função objetivo à medida que nos afastamos do ponto A, mas nos levaria à solução ótima de modo mais direto. Assim, nem sempre é melhor mover-se na direção que produz o ritmo mais rápido de melhoria da função objetivo, assim como nem sempre é melhor movimentar-se para o mais longe possível nessa direção. O algoritmo GRG usado pelo Solver leva esses aspectos em consideração quando determina a direção e o tamanho do passo nos movimentos a ser feitos. Assim, embora o algoritmo GRG, via de regra, não possa se mover diretamente de um ponto de partida para uma solução ótima, ele escolhe o caminho a seguir de uma forma mais refinada que a delineada na Figura 8.2.

8.3 Soluções ótimas locais *versus* globais

Os algoritmos de solução de PNL terminam sempre que detectam que não existe uma direção viável para a qual pode se mover para produzir um valor de função objetivo melhor (ou quando a quantidade de melhoria potencial se torna arbitrariamente pequena). Em uma situação assim, a solução atual é uma **solução ótima local** – uma solução que é melhor que qualquer outra solução viável na sua vizinhança imediata ou local. Entretanto, determinada solução ótima local pode não ser a melhor possível, ou solução **ótima global**, para determinado problema. Outra solução ótima local em outra área da região viável poderia ser a melhor solução possível para o problema. Esse tipo de anomalia é ilustrado na Figura 8.3.

FIGURA 8.2
Exemplo de uma estratégia de solução de PNL.

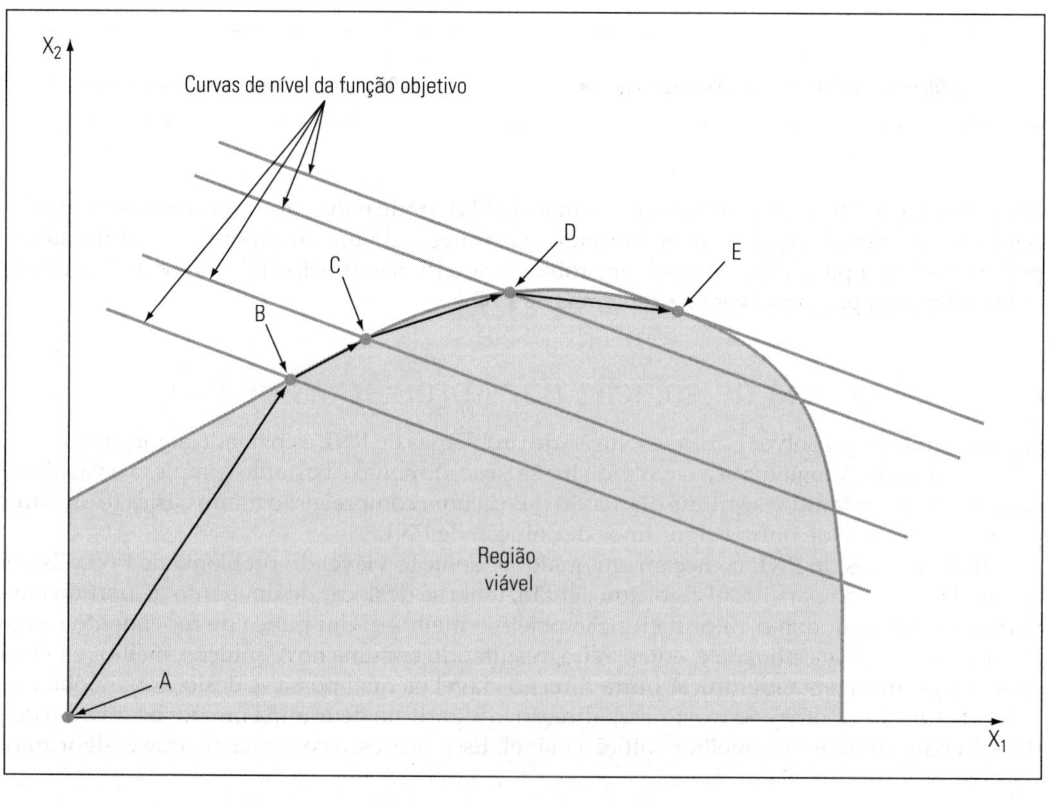

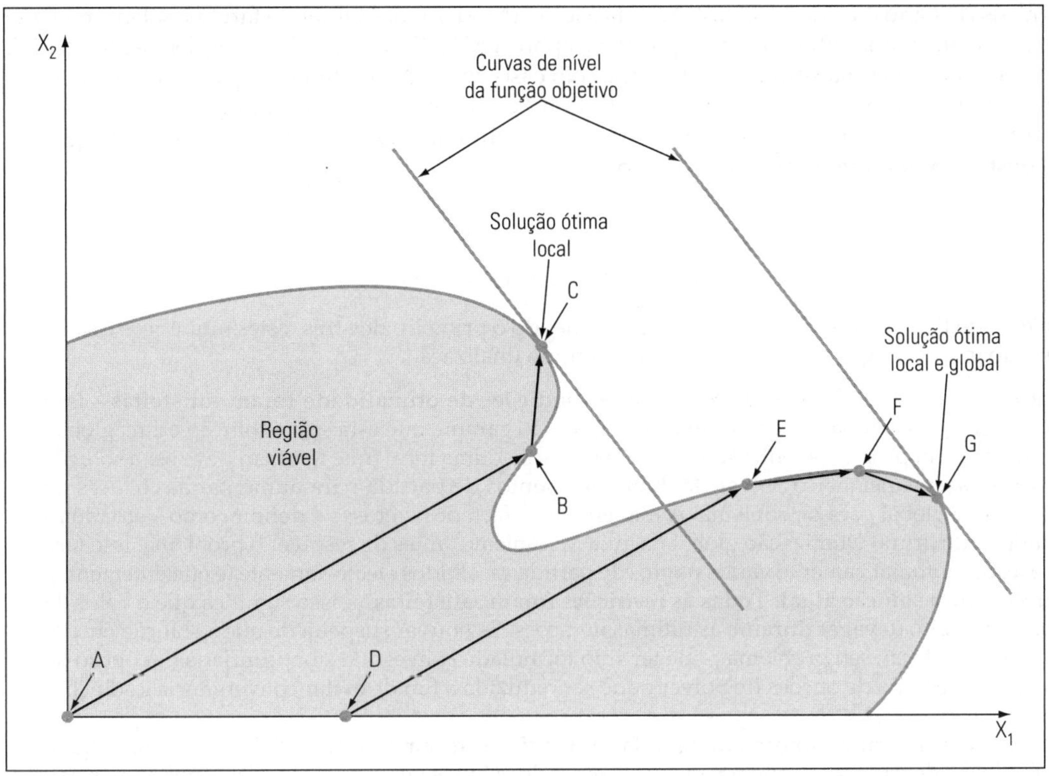

FIGURA 8.3
Soluções ótimas locais versus *globais.*

Se um algoritmo de PNL começar no ponto A da Figura 8.3, ele poderia mover-se imediatamente para o ponto B, e, então, na direção viável de B para C. Devido ao fato de nenhum ponto viável na vizinhança de C produzir um valor de função objetivo melhor, o ponto C é a solução ótima local e o algoritmo termina nesse ponto. Entretanto, essa, claramente, *não* é a melhor solução possível para o problema. Se um algoritmo de PNL começar no ponto D da Figura 8.3, ele poderia mover-se imediatamente para o ponto E e depois seguir a direção viável de E a F e de F a G. Observe que o ponto G é tanto uma solução ótima global como uma solução ótima local para esse problema.

É importante observar que a região viável do problema na Figura 8.3 é não convexa, enquanto as regiões nas Figuras 8.1 e 8.2 são convexas. Um conjunto de pontos X é chamado conjunto convexo se a linha reta que conecta *quaisquer* dois pontos do conjunto cair totalmente no interior de X. (Uma linha conectando os pontos B e E na Figura 8.3 não cairia no interior da região viável. Portanto, a região viável na Figura 8.3 é não convexa.) Uma função é convexa (ou côncava) se a linha que conecta quaisquer dois pontos na função cair totalmente acima (ou abaixo) da função. Problemas de otimização com regiões viáveis convexas e funções objetivo convexas (ou côncavas) são consideravelmente mais fáceis de resolver para otimalidade global que aqueles que não apresentam essas propriedades.

A Figura 8.3 destaca dois pontos importantes sobre o GRG e todos os outros algoritmos de PNL:

- Algoritmos de PNL podem terminar em uma solução ótima local que pode não ser a solução ótima global do problema.
- A solução ótima local na qual um algoritmo de PNL termina depende do ponto de partida inicial.

A possibilidade de terminar em uma solução ótima local é indesejável – mas encontramos esse tipo de dificuldade antes. Em nosso estudo de programação inteira, notamos que as soluções subótimas para as PLIs poderiam ser aceitáveis se elas estivessem dentro de alguma tolerância permitida da solução ótima global. Infelizmente, com os problemas de PNL, é difícil determinar quanto pior é uma solução ótima local em relação à solução ótima global, porque a maioria dos pacotes de otimização não fornece uma maneira de obter limites para os valores ótimos da função objetivo desses problemas. Entretanto, muitos problemas de PNL têm uma solução ótima local única que, por definição, deve também ser a solução ótima global. Assim, em muitos problemas, os algoritmos de PNL localizarão a solução ótima global, mas, como regra geral, não saberemos se a solução obtida é uma solução ótima global. No entanto, na Analytic Solver Platform, algumas informações sobre essa questão podem ser obtidas executando o teste de convexidade (escolha as opções Optimize (Otimizar) e Analyze Without Solving (Analisar Sem Resolver), ou clique no ícone X da caixa de seleção na guia Model (Modelo) no painel de tarefas). O resultado do teste de convexidade pode ser Proven Convex (Convexa Comprovada), Proven Non-Convex (Não Convexa Comprovada), ou Nothing Proven (Nada Comprovado). Se em Model Type (Tipo de Modelo) aparecer NLP Convex (PNL Convexa) na área de Model Diagnosis (Diagnóstico de Modelo) da guia Model (Modelo) no painel de tarefas, saberemos que uma solução ótima local também é uma solução ótima global. Se aparecer "NPL NonCvx" ou simplesmente "NPL", é preciso assumir que se tem apenas uma solução ótima local. No caso de ser NLP Non Cvx (Não Convexa), é geralmente uma boa ideia tentar começar os algoritmos de NLP (PNL) de diferentes pontos a fim de determinar se o problema possui diferentes soluções ótimas locais. Esse procedimento muitas vezes revela a solução ótima global. (Duas questões no fim deste capítulo ilustram esse processo.)

Uma observação sobre soluções "ótimas"

Ao resolver um problema de PNL, o Solver normalmente para quando o primeiro dos três testes numéricos é satisfeito, fazendo com que apareça uma das seguintes três mensagens de finalização:

1. **"O Solver encontrou uma solução. Todas as restrições e condições de otimalidade foram satisfeitas"**. Isso significa que o Solver encontrou uma solução ótima local, mas não garante que esta seja a solução ótima global. A menos que se saiba que um problema tenha somente uma solução ótima local (que também deve ser a solução ótima global), deve-se fazer funcionar o Solver de diferentes pontos de partida para aumentar as chances de encontrar a solução ótima global para o problema. A maneira mais fácil de fazer isso é definir como Verdadeiro a opção Início Múltiplo, do grupo Otimização global na guia Mecanismo, antes de resolver o problema. Isso fará com que o Solver execute automaticamente vários pontos de partida escolhidos aleatoriamente (e eficientemente).
2. **"O Solver convergiu para a solução atual. Todas as restrições foram satisfeitas"** – isso significa que o valor da função objetivo mudou muito devagar durante as últimas iterações. Se houver suspeita de que a solução encontrada não é a solução ótima local, seu problema pode ter sido formulado com escalas inapropriadas. A opção de convergência na caixa de diálogo de opções do Solver pode ser reduzida a fim de evitar convergência a soluções subótimas.
3. **"O Solver não consegue melhorar a solução atual. Todas as restrições foram satisfeitas"**. Essa rara mensagem significa que seu modelo é degenerado e que o Solver está em ciclo. Muitas vezes a degeneração pode ser eliminada pela remoção de restrições redundantes em um modelo.

Uma observação sobre pontos de partida

O Solver tem, às vezes, dificuldade em resolver um problema de PNL se ele começa do ponto de partida nulo, em que todas as variáveis de decisão são tomadas como 0 – mesmo que essa solução seja viável. Portanto, ao resolver um problema de PNL, é melhor especificar um ponto de partida não nulo sempre que possível.

Consideraremos agora vários exemplos de problemas de PNL. Esses exemplos ilustram algumas das diferenças entre problemas de PL e de PNL e dão uma visão da grande variedade de problemas que não podem ser modelados adequadamente com o uso de PL.

8.4 Modelos de lote econômico

O problema de Lote Econômico (LE) é um dos problemas de negócios mais comuns em que a otimização não linear pode ser usada. Esse problema é encontrado quando um gerente deve determinar o número ótimo de unidades de um produto a ser comprado sempre que se faz um pedido. O modelo básico para um problema de LE faz as seguintes suposições:

1. A demanda para (ou o uso do) produto é razoavelmente constante durante o ano.
2. Cada novo pedido é entregue completo quando o nível do estoque atinge 0.

A Figura 8.4 ilustra os tipos de padrões de estoque observados para um produto quando as condições antecedentes são satisfeitas. Em cada gráfico, os níveis de estoque são esgotados a um ritmo constante, representando demanda constante. E os níveis do estoque são preenchidos instantaneamente sempre que chegam a 0.

O aspecto-chave em um problema de LE é determinar a quantidade ótima a ser encomendada sempre que é feito um pedido para determinado produto. As compensações nessa decisão são evidentes na Figura 8.4. Os gráficos indicam duas maneiras de obter 150 unidades de um produto durante o ano. No primeiro gráfico, um pedido de 50 unidades é recebido sempre que o nível de estoque cai para 0. Isso exige que três pedidos de compra sejam emitidos

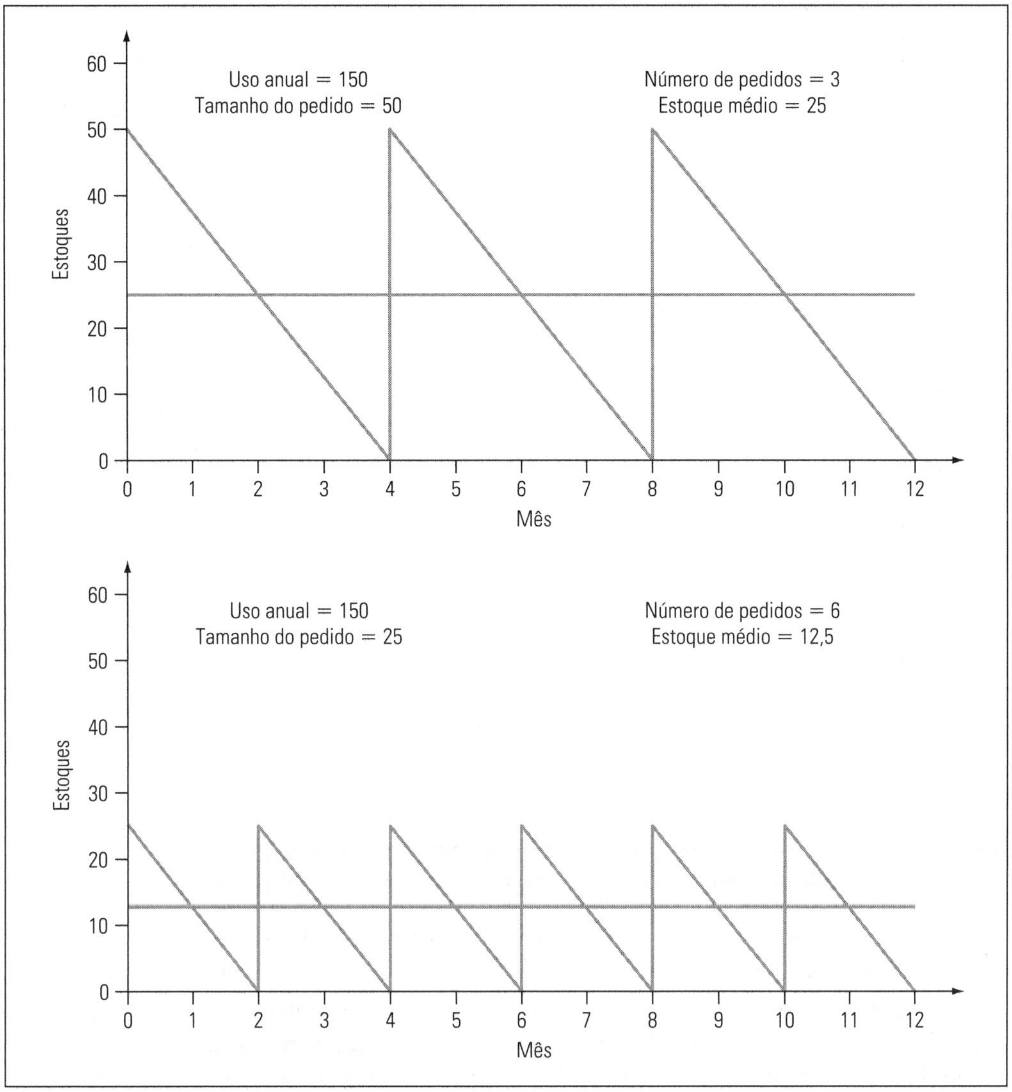

FIGURA 8.4
Padrões de estoque de produtos para os quais as suposições de LE são satisfeitas.

durante o ano e resultem em um nível médio de estoque de 25 unidades. No segundo gráfico, um pedido de 25 unidades é recebido sempre que o nível de estoque cai para 0. Isso exige que seis pedidos de compra sejam emitidos durante o ano e resultem em um nível médio de estoque de 12,5 unidades. Assim, a primeira estratégia de pedido resulta em menos pedidos de compra (e custos mais baixos de pedido), mas níveis mais elevados de estoque (e custos mais elevados de armazenagem). A segunda estratégia de pedido resulta em mais pedidos de compra (e custos mais elevados de pedido), mas níveis mais baixos de estoque (e custos mais baixos de armazenagem).

No modelo básico de LE, o custo total anual de estocagem de um produto é computado como a soma do custo real de compra do produto mais o custo fixo de fazer pedidos, mais o custo de armazenagem ou de manutenção do produto em estoque. A Figura 8.5 mostra a relação entre a quantidade de pedidos, o custo de armazenagem, o custo de pedido e o custo total. Observe que, à medida que a quantidade de pedidos aumenta, os custos de pedido baixam e os custos de armazenagem crescem. A meta nesse tipo de problema é encontrar a LE que minimize o custo total.

O custo total anual da aquisição de produtos que atendem às hipóteses expressas é representado por:

$$\text{Custo anual total} = DC + \frac{D}{Q}S + \frac{Q}{2}Ci$$

em que:

D = demanda anual do artigo
C = custo unitário do pedido para o artigo
S = custo fixo de fazer pedidos

FIGURA 8.5
Relação entre a quantidade de pedidos, o custo de armazenagem, o custo de pedido e o custo total.

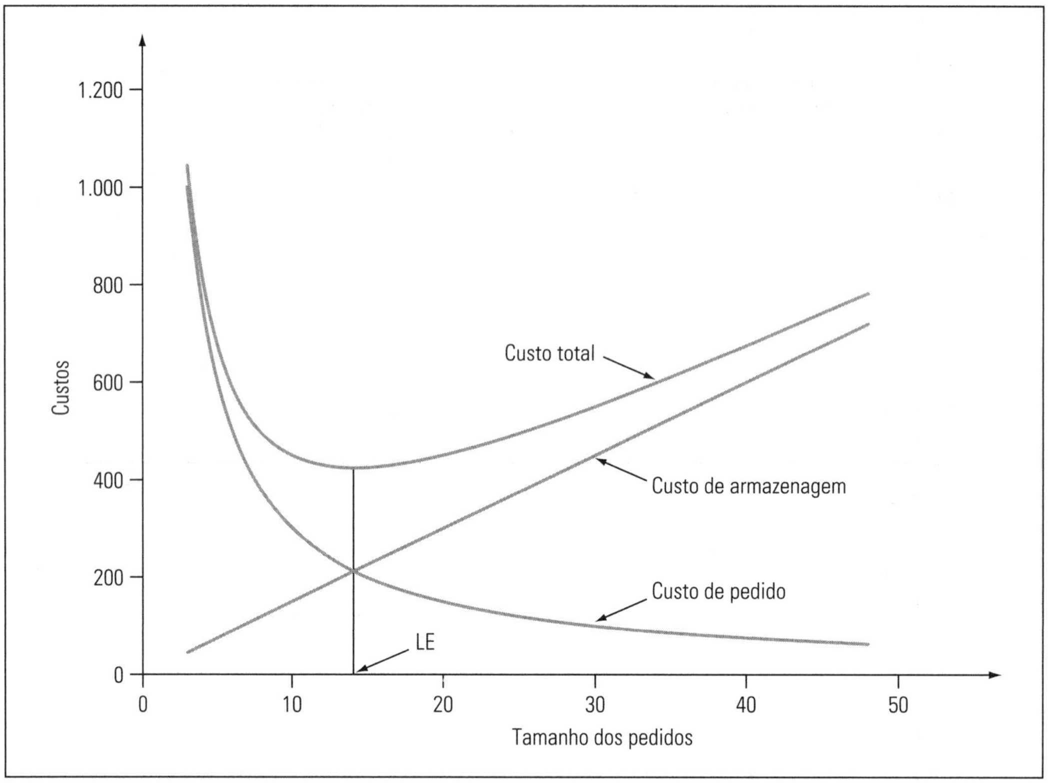

i = custo de armazenagem de um artigo em estoque por um ano (expresso em porcentagem de C)
Q = quantidade de pedidos, ou a quantidade encomendada cada vez que se faz um pedido.

O primeiro termo nessa fórmula (DC) representa o custo anual de compra de um produto. O segundo termo ($\frac{D}{Q}S$) representa os custos anuais de pedido. Especificamente, $\frac{D}{Q}$ representa o número de pedidos feitos durante um ano. Multiplicando-se essa quantidade por S obtém-se o custo de fazer esses pedidos. O terceiro termo ($\frac{Q}{2}Ci$) representa o custo anual de armazenagem do estoque. Em média, $\frac{Q}{2}$ unidades são armazenadas em estoque durante todo o ano (consultar a Figura 8.4). Multiplicando-se esse termo por C*i* obtemos o custo de armazenagem dessas unidades. O exemplo seguinte ilustra o uso do modelo de LE.

Alan Wang é responsável pela compra de papel usado em todas as copiadoras e impressoras a *laser* na matriz do MetroBank. Ele prevê que no ano que vem precisará comprar um total de 24.000 caixas de papel, que serão usadas em uma velocidade bem constante durante o ano. Cada caixa de papel custa $ 35. Alan calcula que custa $ 50 cada vez que se faz um pedido (isso inclui o custo de fazer o pedido mais os custos relativos a embarque e recepção). O MetroBank atribui um custo de 18% aos fundos destinados a abastecimento e estoques porque esses fundos são os salva-vidas do banco e podem ser emprestados aos clientes com cartão de crédito que queiram pagar essa taxa sobre o dinheiro tomado em empréstimo do banco. Alan tem feito pedidos uma vez a cada três meses, mas ele quer ver se outro padrão de pedidos seria melhor. Ele deseja determinar a quantidade de pedidos mais econômica para usar na compra do papel.

8.4.1 IMPLEMENTANDO O MODELO

Para resolver esse problema, primeiro precisamos criar um modelo de planilha da fórmula do custo total descrita antes, substituindo os parâmetros D, C, S e *i* pelos dados do problema de Alan. Essa implementação da planilha é mostrada na Figura 8.6 (e no arquivo Fig8-6.xlsm, disponível na página deste livro no site da editora).

Na Figura 8.6, a célula D4 representa a demanda anual (D), a célula D5 representa o custo de compra por unidade (C), a célula D6 representa o custo de fazer um pedido (S), a célula D7 representa o custo de armazenagem do estoque (*i*), expresso como uma porcentagem do valor de um artigo, e a célula D9 representa a quantidade de pedidos (Q). Os dados correspondentes ao problema de decisão de Alan foram lançados nas células apropriadas nesse modelo. Devido ao fato de Alan fazer pedidos uma vez a cada três meses (ou quatro vezes ao ano), a quantidade de pedidos na célula D9 é estabelecida em 24.000 ÷ 4 = 6.000.

FIGURA 8.6 *Implementação da planilha do problema de compra de papel do MetroBank.*

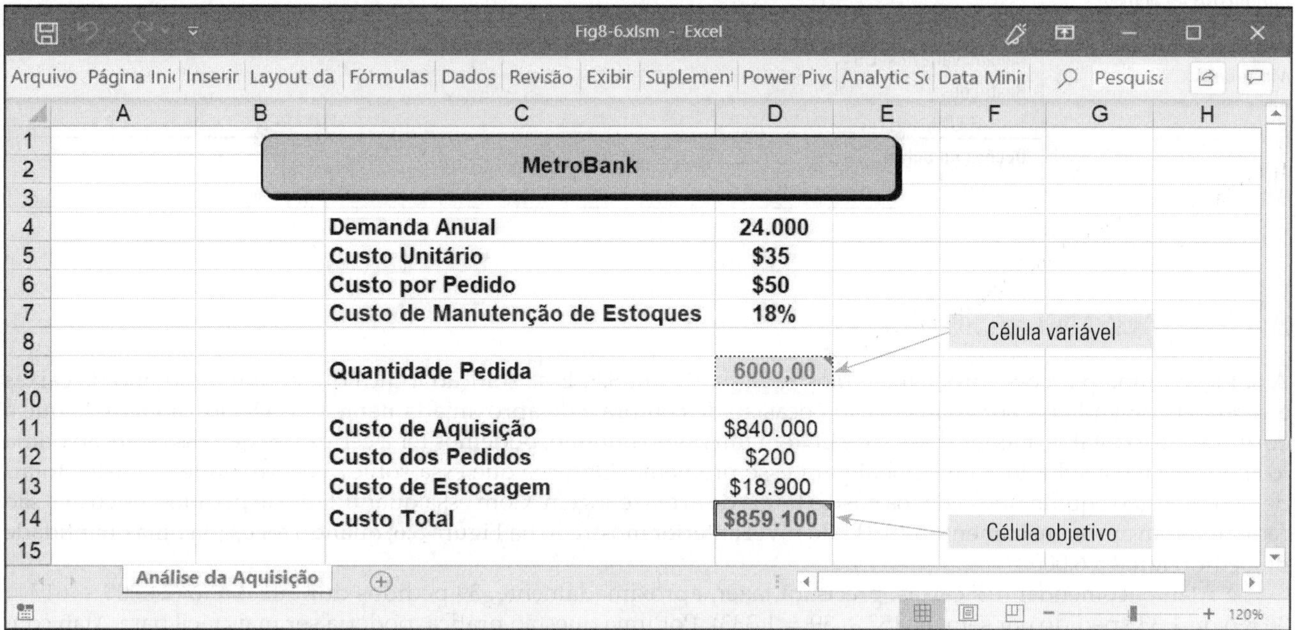

Fórmulas das principais células		
Célula	**Fórmula**	**Copiado para**
D11	=D5*D4	--
D12	=D4/D9*D6	--
D13	=D9/2*D5*D7	--
D14	=SOMA(D11:D13)	--

Calculamos cada uma dessas três partes de nossa função de custo total nas células D11, D12 e D13. A célula D11 contém o custo de compra do volume anual de papel, a célula D12 representa o custo associado aos pedidos e a célula D13 é o custo de armazenagem. A soma desses custos é calculada na célula D14.

Fórmula para a célula D11: =D5*D4
Fórmula para a célula D12: =D4/D9*D6
Fórmula para a célula D13: =D9/2*D7*D5
Fórmula para a célula D14: =SOMA(D11:D13)

8.4.2 RESOLVENDO O MODELO

A finalidade nesse problema é determinar a quantidade de pedidos (o valor de Q) que minimize o custo total. Ou seja, queremos que o Solver determine o valor para a célula D9 que minimize o valor na célula D14. A Figura 8.7 mostra os parâmetros e as opções do Solver necessários para resolver esse problema. Observe que foi feita uma restrição na célula D9 para evitar que a quantidade de pedidos seja 0 ou negativa. Essa restrição exige que pelo menos um pedido seja feito por ano.

Uma observação sobre opções de mecanismo

Ao resolver um problema de PNL, é importante *não* ativar a opção "PL Padrão" do mecanismo. Quando essa opção é ativada, o Analytic Solver Platform conduz vários testes internos para verificar se o modelo é verdadeiramente linear no objetivo e nas restrições. Se essa opção for ativada e os testes do Solver indicarem que o modelo *não* é linear, aparecerá uma mensagem indicando que as condições para linearidade não foram satisfeitas.

FIGURA 8.7 *Parâmetros do Solver para o problema de compra de papel do MetroBank.*

Configurações do Solver:

Objetivo: D14 (Min)
Células variáveis: D9
Restrições:
    B9:D9 >=1

Opções do Solver:
    GRG Não Linear

8.4.3 ANALISANDO A SOLUÇÃO

A solução ótima para esse problema é mostrada na Figura 8.8. Essa solução indica que o número ótimo de caixas a serem encomendadas por Alan em cada ocasião de compra é de aproximadamente 617. Devido ao fato de que a curva de custo total do modelo básico de LE tem um ponto mínimo, podemos ter a certeza de que essa solução ótima local também é a solução ótima global para esse problema. Observe que essa solução ocorre onde os custos totais de pedido estão equilibrados com os custos totais de armazenagem. Com essa quantidade de pedidos, os custos são reduzidos em aproximadamente \$ 15.211 do nível anterior mostrado na Figura 8.6, quando foi usada uma quantidade de pedido igual a 6.000.

Se Alan encomendar 617 caixas, precisará fazer, aproximadamente, 39 pedidos durante o ano (24.000 ÷ 617 = 38,89) ou 1,333 pedido por semana (52 ÷ 39 = 1,333). Por uma questão prática, poderia ser mais fácil para Alan conseguir entregas semanais de aproximadamente 461 caixas. Isso aumentaria o custo total em apenas \$ 167 totalizando \$ 844.055, ainda economizando mais de \$ 15.000 ao ano.

8.4.4 COMENTÁRIOS SOBRE O MODELO DE LE

Há outra forma de determinar o lote ótimo utilizando-se o modelo de LE simples. Usando-se o cálculo, pode ser demonstrado que o valor ótimo de Q é representado por:

$$Q^* = \sqrt{\frac{2DS}{Ci}}$$

FIGURA 8.8 *Solução ótima para o problema de compra de papel do MetroBank.*

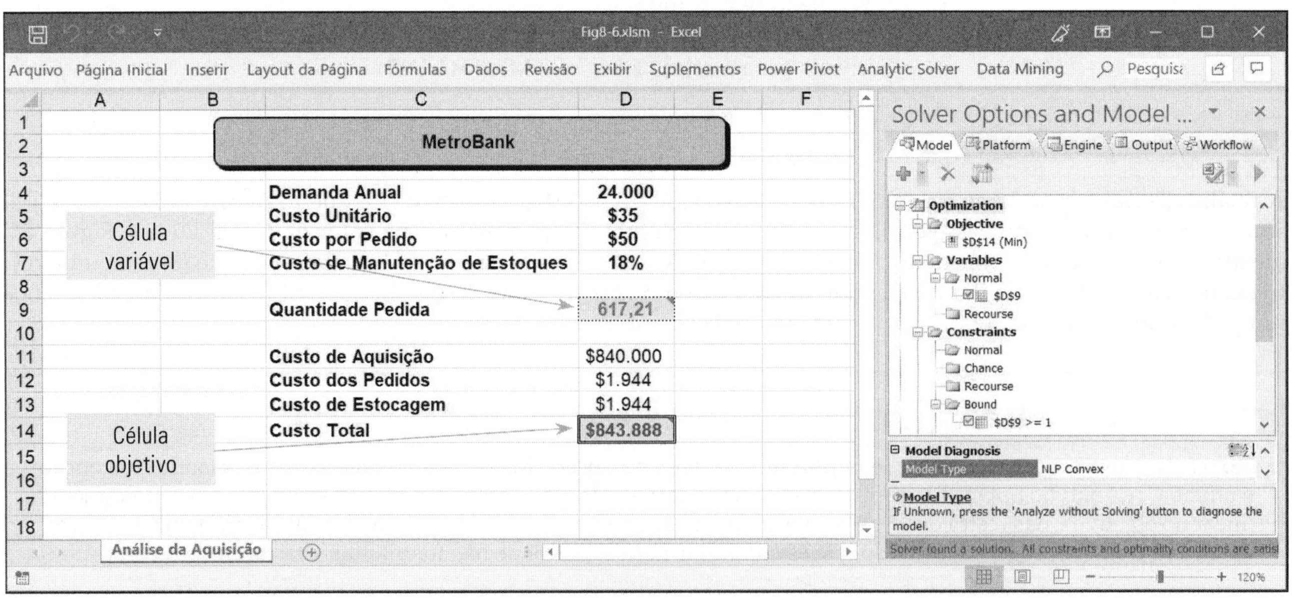

Se aplicarmos essa fórmula ao nosso problema exemplo, obteremos:

$$Q^* = \sqrt{\frac{2 \times 24.000 \times 50}{35 \times 0{,}18}} = \sqrt{\frac{2.400.000}{6{,}3}} = 617{,}214$$

O valor obtido com o uso do cálculo é quase o mesmo obtido usando o Solver (consultar célula D9 na Figura 8.8). A pequena diferença nos resultados pode ser devido ao arredondamento ou ao critério de parada do Solver em seu processo de convergência para a solução exata.

Embora a fórmula de LE anterior tenha sua utilidade, muitas vezes temos de impor restrições financeiras ou de espaço de armazenagem quando determinamos as quantidades ótimas de pedidos. A fórmula anterior não permite explicitamente tais restrições, mas é fácil impor esses tipos de restrição usando o Solver. Em alguns problemas no fim deste capítulo, consideraremos como o modelo de LE pode ser ajustado para acomodar esses tipos de restrição assim como descontos por quantidade. Uma discussão completa quanto ao uso adequado e ao papel dos modelos de LE no controle de estoque está fora do escopo deste texto, mas pode ser encontrada em outros textos que abordam o gerenciamento de produção e operações.

8.5 Problemas de localização

Vários problemas de decisão envolvem determinar a localização de instalações ou centros de serviços. Exemplos podem incluir determinar a localização ótima de fábricas, armazéns, quartéis do corpo de bombeiros ou centros de ambulâncias. Muitas vezes o objetivo nesses tipos de problema é determinar uma localização que minimize a distância entre dois ou mais pontos de serviço. Recorde a regra básica de álgebra de que a distância em linha reta (ou euclidiana) entre dois pontos (X_1, Y_1) e (X_2, Y_2) em um gráfico padrão X-Y é definida da seguinte forma:

$$\text{Distância} = \sqrt{(X_1 - X_2)^2 + (Y_1 - Y_2)^2}$$

Esse tipo de cálculo possivelmente será usado em qualquer problema no qual as variáveis de decisão representem possíveis localizações. A medição de distância pode ocorrer na função objetivo (por exemplo, poderíamos querer minimizar a distância entre dois ou mais pontos) ou pode acontecer em uma restrição (por exemplo, poderíamos querer garantir que exista uma distância mínima entre duas ou mais localizações). Problemas envolvendo esse tipo de medida de distância são não lineares. O exemplo a seguir ilustra o uso de medidas de distância em um problema de localização.

> A Rappaport Communications Company oferece serviço de telefonia celular em vários estados do Centro-Oeste norte-americano. A empresa planeja expandir sua base de clientes oferecendo serviços de telefonia celular no nordeste de Ohio, para as cidades de Cleveland, Akron, Canton e Youngstown. Para atender seus clientes, a empresa instalará o hardware necessário em torres de comunicação já existentes em cada cidade. As localizações dessas torres estão resumidas na Figura 8.9.
>
> Entretanto, a empresa também precisa construir uma nova torre de comunicação em algum lugar entre essas cidades para processar chamadas intermunicipais. Essa torre também permitirá que as chamadas de telefones celulares sejam encaminhadas para o sistema de satélite para chamadas internacionais. A torre que a empresa planeja construir pode cobrir áreas em um raio de 40 milhas. Assim, a torre precisa estar localizada em um lugar a menos de 40 milhas de distância de cada uma dessas cidades.

É importante observar que poderíamos ter desenhado os eixos X e Y no mapa da Figura 8.9 em mais de uma forma. A origem na Figura 8.9 poderia estar localizada em qualquer lugar no mapa sem que isso afetasse a análise. Para estabelecer as coordenadas X e Y, precisamos de um ponto de referência absoluta para a origem, mas virtualmente qualquer ponto no mapa poderia ser selecionado como origem. Também podemos expressar a escala dos eixos X e Y de várias formas: metros, milhas, polegadas, pés e assim por diante. Para nossos propósitos, assumiremos que cada unidade ao longo dos eixos X e Y representa uma milha.

8.5.1 DEFININDO AS VARIÁVEIS DE DECISÃO

Na Figura 8.9 foram estabelecidas coordenadas definitivas X-Y para descrever as localizações das cidades. Esses pontos são fixos e não estão sob o controle do tomador de decisão. Entretanto, as coordenadas da nova torre de comunicação não foram estabelecidas. Assumiremos que a Rappaport queira determinar a localização da torre que minimize a distância total entre esta e cada uma das quatro cidades. (Observe que isso também equivale a minimizar

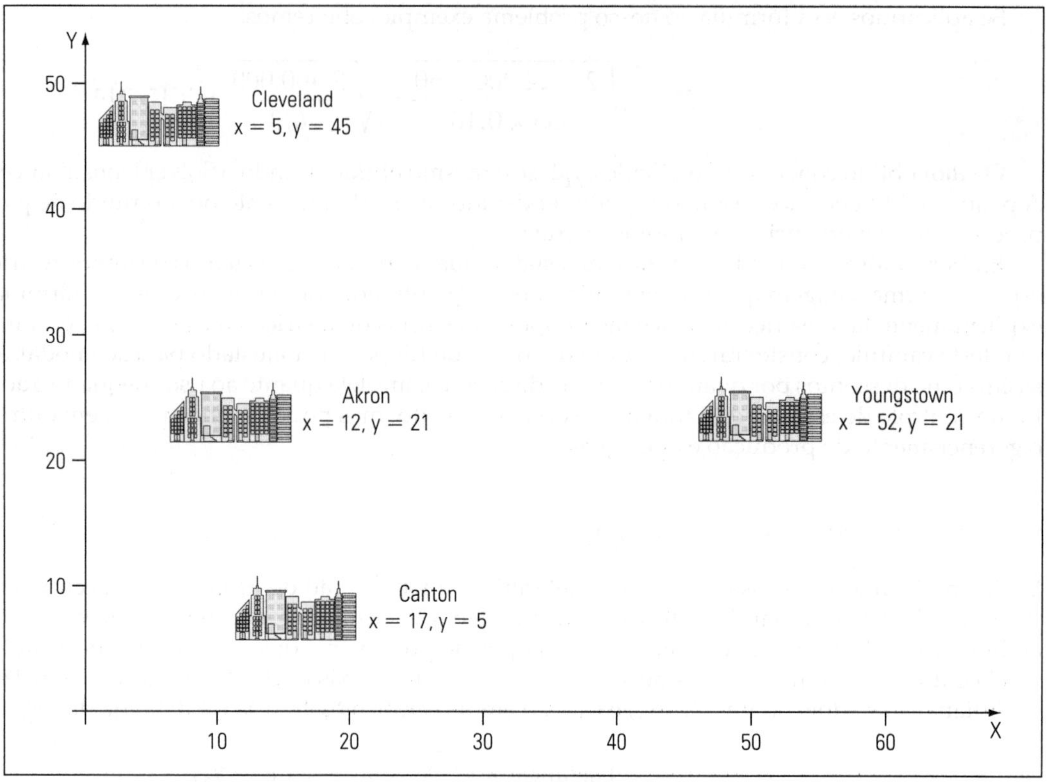

FIGURA 8.9
Mapa do problema de localização de torres da Rappaport Communications.

a distância média.) Assim, as coordenadas da nova torre representam as variáveis de decisão desse problema, que são definidas da seguinte forma:

X_1 = localização da nova torre com referência ao eixo X

Y_1 = localização da nova torre com referência ao eixo Y

8.5.2 DEFININDO O OBJETIVO

O objetivo desse problema é minimizar a distância total da nova torre em relação a cada uma das torres existentes, definida como:

$$\text{MIN: } \sqrt{(5 - X_1)^2 + (45 - Y_1)^2} + \sqrt{(12 - X_1)^2 + (21 - Y_1)^2} + \sqrt{(17 - X_1)^2 + (5 - Y_1)^2} + \sqrt{(52 - X_1)^2 + (21 - Y_1)^2}$$

O primeiro termo no objetivo calcula a distância da torre em Cleveland, nas coordenadas X-Y (5, 45), até a localização da nova torre, que é definida pelos valores X_1 e Y_1. Os termos restantes realizam cálculos semelhantes para as torres em Akron, Canton e Youngstown.

8.5.3 DEFININDO AS RESTRIÇÕES

A exposição do problema explicitou que a nova torre tem um raio de transmissão de 40 milhas e, portanto, deve ficar localizada dentro de uma distância de 40 milhas em relação a cada uma das torres existentes. As restrições seguintes garantem que a distância entre cada uma das torres existentes até a nova torre não ultrapassará 40 milhas.

$$\sqrt{(5 - X_1)^2 + (45 - Y_1)^2} \leq 40 \quad \}\text{restrição de distância de Cleveland}$$

$$\sqrt{(12 - X_1)^2 + (21 - Y_1)^2} \leq 40 \quad \}\text{restrição de distância de Akron}$$

$$\sqrt{(17 - X_1)^2 + (5 - Y_1)^2} \leq 40 \quad \}\text{restrição de distância de Canton}$$

$$\sqrt{(52 - X_1)^2 + (21 - Y_1)^2} \leq 40 \quad \}\text{restrição de distância de Youngstown}$$

Graficamente, essas restrições seriam desenhadas como quatro círculos, cada um com um raio de 40 milhas e centrado em uma das quatro localizações de torre existentes. A intersecção desses círculos representaria a região viável para o problema.

8.5.4 IMPLEMENTANDO O MODELO

Resumindo, o problema que a Rappaport Communications deseja resolver é:

$$\text{MIN:}\quad \sqrt{(5 - X_1)^2 + (45 - Y_1)^2} + \sqrt{(12 - X_1)^2 + (21 - Y_1)^2}$$
$$+ \sqrt{(17 - X_1)^2 + (5 - Y_1)^2} + \sqrt{(52 - X_1)^2 + (21 - Y_1)^2}$$

Sujeito a:

$$\sqrt{(5 - X_1)^2 + (45 - Y_1)^2} \leq 40 \quad \}\text{restrição de distância de Cleveland}$$
$$\sqrt{(12 - X_1)^2 + (21 - Y_1)^2} \leq 40 \quad \}\text{restrição de distância de Akron}$$
$$\sqrt{(17 - X_1)^2 + (5 - Y_1)^2} \leq 40 \quad \}\text{restrição de distância de Canton}$$
$$\sqrt{(52 - X_1)^2 + (21 - Y_1)^2} \leq 40 \quad \}\text{restrição de distância de Youngstown}$$

Observe que tanto o objetivo como as restrições para esse problema são não lineares. Uma abordagem para a implementação do modelo para esse problema em uma planilha aparece na Figura 8.10 (e no arquivo Fig8-10.xlsm, disponível na página deste livro no site da editora).

Nessa planilha, as células C6 e D6 são usadas para representar as variáveis de decisão X_1 e Y_1, que correspondem às coordenadas X-Y da localização da nova torre. As localizações das torres existentes são listadas em termos de suas coordenadas X-Y, nas linhas de 7 a 10 das colunas C e D. Os valores de partida razoáveis para X_1 e Y_1 nesse

FIGURA 8.10 *Implementação de planilha do problema de localização da torre.*

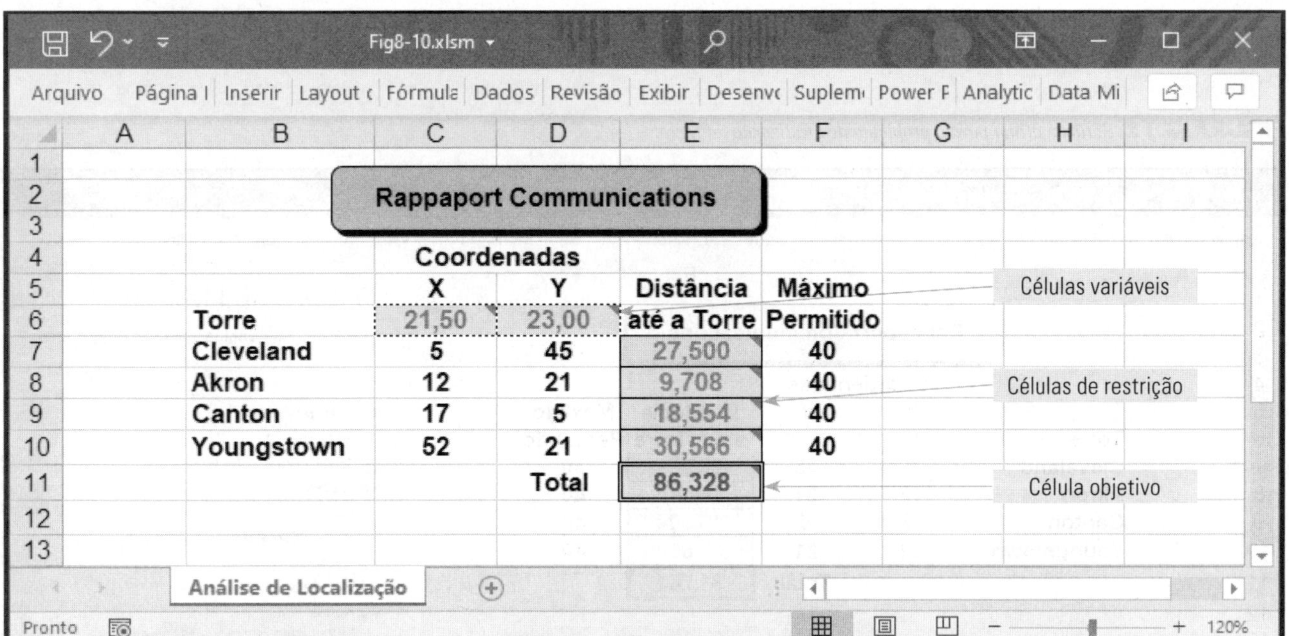

Fórmulas das principais células		
Célula	**Fórmula**	**Copiado para**
E7	=RAIZ((C7−$C$6)^2+(D7−$D$6)^2)	E8:E10
E11	=SOMA(E7:E10)	--

problema seriam os valores médios das coordenadas X e Y das localizações de torre existentes. Essas médias foram computadas e lançadas nas células C6 e D6.

A coluna E calcula a distância de cada torre existente até o local selecionado para a nova torre. Especificamente, a célula E7 contém a seguinte fórmula, que é copiada para as células E8 a E10:

Fórmula para a célula E7: =RAIZ((C7-$C$6)^2+(D7-$D$6)^2)
(Copiar para E8 a E10.)

Essas células representam as fórmulas LHS para o problema. Os valores RHS para essas restrições são dados nas células F7 a F10. A função objetivo para o problema é, então, implementada facilmente na célula E11, com a seguinte fórmula:

Fórmula para a célula E11: =SOMA(E7:E10)

8.5.5 RESOLVENDO O MODELO E ANALISANDO A SOLUÇÃO

A Figura 8.11 mostra as configurações e opções do Solver usadas para resolver esse problema, e a Figura 8.12 mostra a solução ótima.

A solução na Figura 8.12 indica que, se a nova torre estiver localizada nas coordenadas $X_1 = 12{,}2$ e $Y_1 = 21{,}0$, a distância total entre as torres será 81,761 milhas (então a distância média será 20,4 milhas). Se tentarmos resolver novamente esse problema, partindo de uma variedade de pontos de partida, pode-se verificar que essa é a solução

FIGURA 8.11 *Parâmetros do Solver para o problema de localização da torre.*

Configurações do Solver:

Objetivo: E11 (Min)
Células variáveis: C6:D6
Restrições:
E7:E10 <= F7:F10

Opções do Solver:
GRG Não Linear

FIGURA 8.12 *Solução ótima para o problema de localização da torre.*

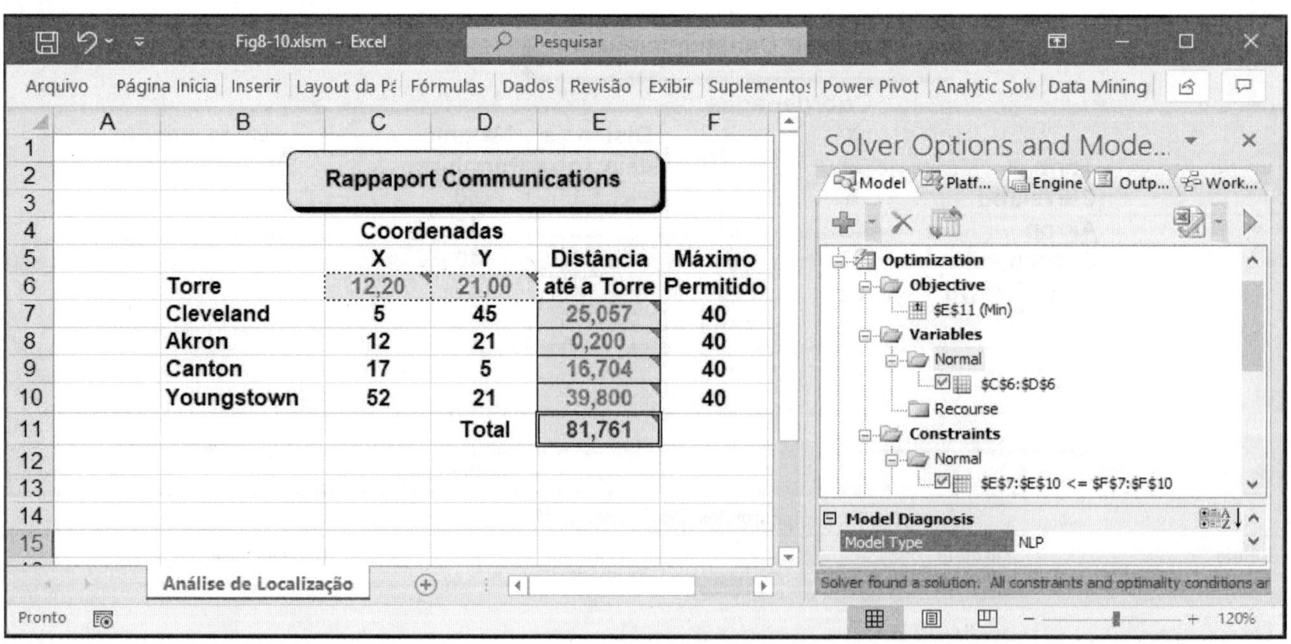

ótima global para o problema. É interessante observar que as coordenadas da localização para a nova torre são praticamente idênticas às coordenadas da torre existente em Akron. Assim, a solução para esse problema pode não envolver a construção de uma nova torre, mas, em vez disso, a Rappaport pode querer analisar a viabilidade de melhorar ou ajustar a torre existente em Akron para que esta desempenhe o papel de torre "nova".

8.5.6 OUTRA SOLUÇÃO PARA O PROBLEMA

A solução mostrada na Figura 8.12 posiciona a nova torre essencialmente na mesma localização que a torre existente em Akron. Então, em vez de erguer uma nova torre, talvez a empresa pudesse melhorar a torre em Akron com o equipamento necessário para realizar as ligações intermunicipais. Por outro lado, a distância de Akron até a torre em Youngstown é de quase 40 milhas – o limite para o raio de transmissão do novo equipamento. Assim, a Rappaport pode preferir uma solução que dê maior margem de segurança em sua área de transmissão a fim de ajudar a garantir a qualidade e a confiabilidade do serviço durante tempo rigoroso.

Outro objetivo que poderia ser aplicado a esse problema seria o de tentar minimizar a distância máxima da torre nova em relação a cada uma das torres existentes. A Figura 8.13 (e o arquivo Fig8-13.xlsm, disponível na página deste livro no site da editora) mostra a solução para esse novo problema.

Para obtermos essa solução, implementamos uma nova função objetivo na célula E12 a fim de computar o máximo das distâncias na coluna E, conforme se segue:

Fórmula para a célula E12: =MÁXIMO(E7:E10)

Nós, então, instruímos o Solver a minimizar E12 para obtermos a solução mostrada. Essa solução posiciona a nova torre nas coordenadas X-Y (26,84, 29,75). Embora a distância total associada a essa solução tenha aumentado para 97,142 (ou uma média de 24,28 milhas), a distância máxima foi reduzida para cerca de 26,6 milhas. Assim, a Rappaport poderia preferir essa solução à alternativa mostrada na Figura 8.12.

FIGURA 8.13 *Outra solução para o problema de localização de torre minimizando-se a distância máxima*

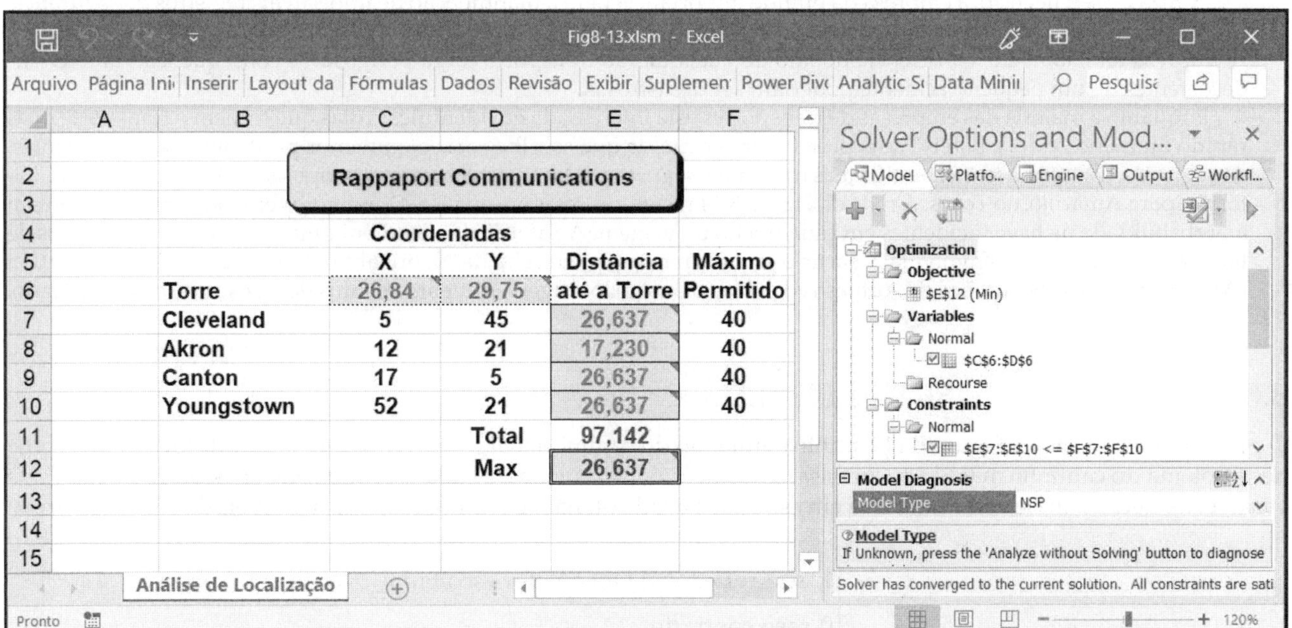

Fórmulas das principais células		
Célula	**Fórmula**	**Copiado para**
E7	=RAIZ((C7 –$C$6)^2+(D7 –$D$6)^2)	E8:E10
E11	=SOMA(E7:E10)	--
E12	=MÁXIMO(E7:E10)	

Uma observação sobre problemas de otimização não suaves

Na Figura 8.13, observe que o modelo revisado contendo a fórmula MÁXIMO(E7:E10) é diagnosticado como um problema de otimização não suave (SP). Geralmente, problemas de otimização não suaves contêm funções do Excel, como SE( ), MÁXIMO( ), MÍNIMO( ), ESCOLHER( ) ou PROC( ). Problemas que contêm essas funções (e similares) são não suaves no sentido de que suas derivadas são não contínuas. De modo geral, com problemas não suaves, pode-se confiar que as soluções são "boas", mas não há garantias de que sejam ótimas globais ou mesmo locais.

8.5.7 ALGUNS COMENTÁRIOS SOBRE A SOLUÇÃO PARA OS PROBLEMAS DE LOCALIZAÇÃO

Ao resolvermos os problemas de localização, é possível que a localização indicada pela solução ótima simplesmente não funcione. Por exemplo, o terreno na localização ótima pode não estar à venda, o "terreno" nesse local pode ser um lago, o terreno pode ser delimitado apenas para fins residenciais e assim por diante. No entanto, as soluções para problemas de localização muitas vezes dão aos tomadores de decisão uma boa ideia sobre onde começar a procurar pela propriedade adequada para o problema em questão. Também pode ser possível acrescentar restrições aos problemas de localização que eliminem certas áreas, se elas forem inadequadas ou não estiverem disponíveis.

8.6 Problema de fluxo de rede não linear

No Capítulo 5, examinamos vários tipos de problemas de fluxo de rede com funções objetivo lineares e conjuntos de restrições lineares. Notamos que as restrições nos modelos de fluxo de rede têm uma estrutura especial na qual o fluxo para um nó deve estar equilibrado com o fluxo de saída do mesmo nó. Existem muitos problemas de decisão nos quais as restrições de equilíbrio de fluxo devem ser mantidas enquanto se otimiza uma função objetivo não linear. A seguir, apresentamos um exemplo:

A SafetyTrans é uma empresa especializada no transporte rodoviário de carga extremamente valiosa e perigosa. Devido à natureza de seu negócio, a empresa dá grande importância para a manutenção de impecáveis registros de segurança. Isso não somente ajuda a empresa a manter uma boa reputação, mas também ajuda a manter baixo o custo de seu seguro. A empresa tem, também, consciência do fato de que, quando transporta carga perigosa, as consequências ambientais decorrentes de um pequeno acidente poderiam ser desastrosas.

Enquanto a maioria das empresas de transportes está interessada em identificar rotas que tornem o transporte mais rápido ou menos caro, a SafetyTrans prefere ter certeza de que escolhe rotas com menor probabilidade de acidentes. Atualmente, a empresa tenta identificar as rotas mais seguras para transportar cargas perigosas de Los Angeles, na Califórnia, para Amarillo, no Texas. A rede da Figura 8.14 resume as rotas em análise. Os números em cada arco representam a probabilidade de haver acidentes em cada trecho da viagem. A SafetyTrans mantém uma base nacional de dados de tais probabilidades, desenvolvida a partir das informações que recebe da National Highway Safety Administration (Administração de Segurança de Autoestradas Nacionais) e dos diversos departamentos de transporte de cada estado.

8.6.1 DEFININDO AS VARIÁVEIS DE DECISÃO

O problema resumido na Figura 8.14 é muito similar ao do caminho mais curto, descrito no Capítulo 5. Assim como no problema do caminho mais curto, precisaremos de uma variável para cada arco (ou rotas) nesse problema. Cada variável de decisão indicará se uma rota em especial é usada ou não. Definiremos essas variáveis da seguinte forma:

$$Y_{ij} = \begin{cases} 1, \text{ se a rota do nó } i \text{ ao nó } j \text{ for escolhida} \\ 0, \text{ caso contrário} \end{cases}$$

8.6.2 DEFININDO O OBJETIVO

O objetivo nesse problema é encontrar a rota que minimize a probabilidade de haver acidentes ou a que maximize a probabilidade de não haver acidente. Faça P_{ij} = a probabilidade de haver acidentes durante o percurso do nó i para o nó j. Então, a probabilidade de ***não*** haver acidentes durante o percurso do nó i ao nó j é $1 - P_{ij}$. Por exemplo, a pro-

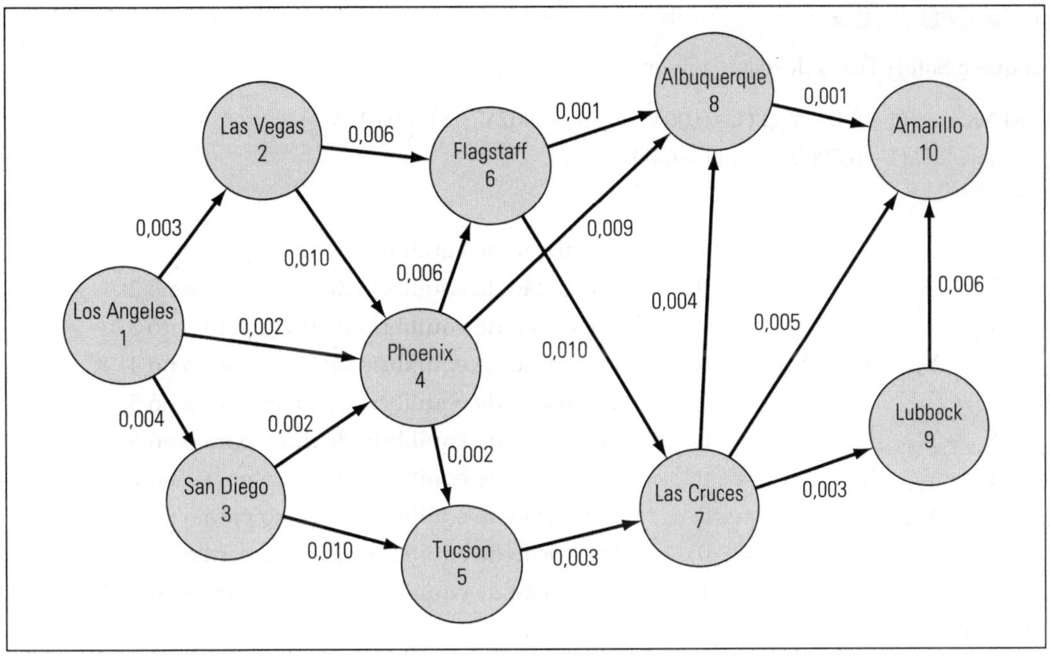

FIGURA 8.14
Representação de rede do problema de rota da SafetyTrans.

babilidade de não haver acidentes no percurso de Los Angeles a Las Vegas é $1 - P_{12} = 1 - 0{,}003 = 0{,}997$. O objetivo de maximizar a probabilidade de não haver acidentes é dado por:

$$\text{MAX: } (1 - P_{12}Y_{12})\,(1 - P_{13}Y_{13})\,(1 - P_{14}Y_{14})\,(1 - P_{24}Y_{24})\,(1 - P_{26}Y_{26}) \ldots (1 - P_{9,10}\,Y_{9,10})$$

O primeiro termo neste objetivo é igual a 1 se $Y_{12} = 0$ e igual a $1 - P_{12}$ se $Y_{12} = 1$. Assim, se utilizarmos a rota de Los Angeles a Las Vegas ($Y_{12} = 1$), o valor 0,997 é multiplicado pelos termos restantes da função objetivo. Se não utilizarmos essa rota ($Y_{12} = 0$), o valor 1 é multiplicado pelos termos restantes da função objetivo. (É claro que multiplicar qualquer termo por 1 não tem efeito nenhum.) Os termos restantes no objetivo têm interpretações semelhantes. Então, a função objetivo calcula as probabilidades de não haver acidentes em nenhuma das rotas escolhidas, e depois calcula os produtos desses valores. O resultado é a probabilidade de não haver acidente em nenhum conjunto de rotas escolhidas. Esse é o valor que a SafetyTrans deseja maximizar.

8.6.3 DEFININDO AS RESTRIÇÕES

Para resolver um problema de fluxo de rede de caminho mais curto, atribuímos ao nó de partida um valor de fornecimento igual a –1 e ao nó final um valor de demanda igual a +1 e aplicamos a regra de equilíbrio de fluxo discutida no Capítulo 5. Isso resulta no seguinte conjunto de restrições para nosso problema exemplo:

$$\begin{array}{lcll}
-Y_{12} - Y_{13} - Y_{14} & = & -1 & \} \text{ restrição de equilíbrio de fluxo para o nó 1} \\
+Y_{12} - Y_{24} - Y_{26} & = & 0 & \} \text{ restrição de equilíbrio de fluxo para o nó 2} \\
+Y_{13} - Y_{34} - Y_{35} & = & 0 & \} \text{ restrição de equilíbrio de fluxo para o nó 3} \\
+Y_{14} + Y_{24} + Y_{34} - Y_{45} - Y_{46} - Y_{48} & = & 0 & \} \text{ restrição de equilíbrio de fluxo para o nó 4} \\
+Y_{35} + Y_{45} - Y_{57} & = & 0 & \} \text{ restrição de equilíbrio de fluxo para o nó 5} \\
+Y_{26} + Y_{46} - Y_{67} - Y_{68} & = & 0 & \} \text{ restrição de equilíbrio de fluxo para o nó 6} \\
+Y_{57} + Y_{67} - Y_{78} - Y_{79} - Y_{7,10} & = & 0 & \} \text{ restrição de equilíbrio de fluxo para o nó 7} \\
+Y_{48} + Y_{68} + Y_{78} - Y_{8,10} & = & 0 & \} \text{ restrição de equilíbrio de fluxo para o nó 8} \\
+Y_{79} - Y_{9,10} & = & 0 & \} \text{ restrição de equilíbrio de fluxo para o nó 9} \\
+Y_{7,10} + Y_{8,10} + Y_{9,10} & = & 1 & \} \text{ restrição de equilíbrio de fluxo para o nó 10}
\end{array}$$

A primeira restrição garante que uma unidade flua do nó 1 para os nós 2, 3 ou 4. A última restrição garante que uma unidade flua dos nós 7, 8 ou 9 para o nó 10. As demais restrições garantem que qualquer fluxo de entrada nos nós 2 a 9 esteja equilibrado por uma quantidade igual de fluxo de saída desses nós.

8.6.4 IMPLEMENTANDO O MODELO

Resumindo, o problema que a SafetyTrans deseja resolver é:

$$\text{MAX:} \quad (1 - 0{,}003Y_{12})\,(1 - 0{,}004Y_{13})\,(1 - 0{,}002Y_{14})\,(1 - 0{,}010Y_{24})\,(1 - 0{,}006Y_{26}) \ldots (1 - 0{,}006Y_{9,10})$$

Sujeito a:

$$-Y_{12} - Y_{13} - Y_{14} = -1 \quad \} \text{ restrição de equilíbrio de fluxo para o nó 1}$$
$$+Y_{12} - Y_{24} - Y_{26} = 0 \quad \} \text{ restrição de equilíbrio de fluxo para o nó 2}$$
$$+Y_{13} - Y_{34} - Y_{35} = 0 \quad \} \text{ restrição de equilíbrio de fluxo para o nó 3}$$
$$+Y_{14} + Y_{24} + Y_{34} - Y_{45} - Y_{46} - Y_{48} = 0 \quad \} \text{ restrição de equilíbrio de fluxo para o nó 4}$$
$$+Y_{35} + Y_{45} - Y_{57} = 0 \quad \} \text{ restrição de equilíbrio de fluxo para o nó 5}$$
$$+Y_{26} + Y_{46} - Y_{67} - Y_{68} = 0 \quad \} \text{ restrição de equilíbrio de fluxo para o nó 6}$$
$$+Y_{57} + Y_{67} - Y_{78} - Y_{79} - Y_{7,10} = 0 \quad \} \text{ restrição de equilíbrio de fluxo para o nó 7}$$
$$+Y_{48} + Y_{68} + Y_{78} - Y_{8,10} = 0 \quad \} \text{ restrição de equilíbrio de fluxo para o nó 8}$$
$$+Y_{79} - Y_{9,10} = 0 \quad \} \text{ restrição de equilíbrio de fluxo para o nó 9}$$
$$+Y_{7,10} + Y_{8,10} + Y_{9,10} = 1 \quad \} \text{ restrição de equilíbrio de fluxo para o nó 10}$$

Todos Y_{ij} são binários

FIGURA 8.15 *Implementação de planilha do problema de rota da SafetyTrans.*

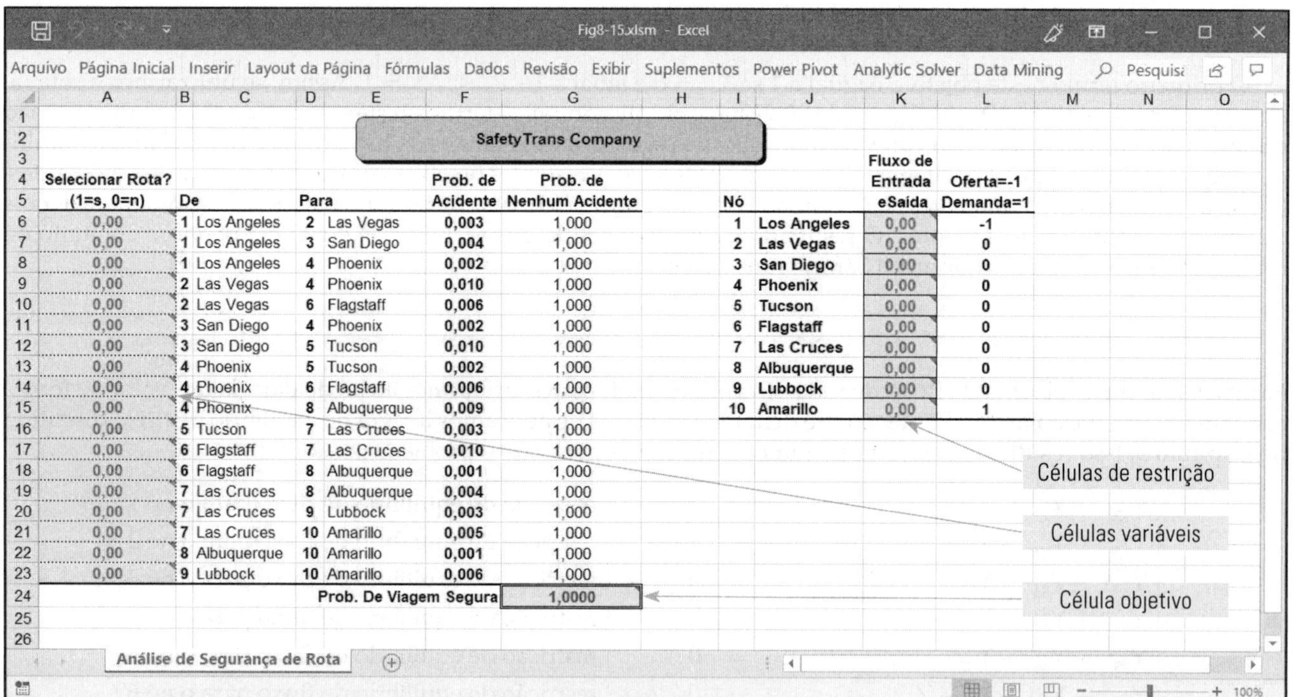

SafetyTrans Company

Selecionar Rota? (1=s, 0=n)	De		Para		Prob. de Acidente	Prob. de Nenhum Acidente
0,00	1	Los Angeles	2	Las Vegas	0,003	1,000
0,00	1	Los Angeles	3	San Diego	0,004	1,000
0,00	1	Los Angeles	4	Phoenix	0,002	1,000
0,00	2	Las Vegas	4	Phoenix	0,010	1,000
0,00	2	Las Vegas	6	Flagstaff	0,006	1,000
0,00	3	San Diego	4	Phoenix	0,002	1,000
0,00	3	San Diego	5	Tucson	0,010	1,000
0,00	4	Phoenix	5	Tucson	0,002	1,000
0,00	4	Phoenix	6	Flagstaff	0,006	1,000
0,00	4	Phoenix	8	Albuquerque	0,009	1,000
0,00	5	Tucson	7	Las Cruces	0,003	1,000
0,00	6	Flagstaff	7	Las Cruces	0,010	1,000
0,00	6	Flagstaff	8	Albuquerque	0,001	1,000
0,00	7	Las Cruces	8	Albuquerque	0,004	1,000
0,00	7	Las Cruces	9	Lubbock	0,003	1,000
0,00	7	Las Cruces	10	Amarillo	0,005	1,000
0,00	8	Albuquerque	10	Amarillo	0,001	1,000
0,00	9	Lubbock	10	Amarillo	0,006	1,000
					Prob. De Viagem Segura	1,0000

Nó		Fluxo de Entrada eSaída	Oferta=-1 Demanda=1
1	Los Angeles	0,00	-1
2	Las Vegas	0,00	0
3	San Diego	0,00	0
4	Phoenix	0,00	0
5	Tucson	0,00	0
6	Flagstaff	0,00	0
7	Las Cruces	0,00	0
8	Albuquerque	0,00	0
9	Lubbock	0,00	0
10	Amarillo	0,00	1

Fórmulas das principais células

Célula	Fórmula	Copiado para
C6	=PROCV(B6;$I$6:$J$15;2)	C7:C23 e E6:E23
G6	=1−A6*F6	G7:G23
G24	=PRODUTO(G6:G23)	--
K6	=SOMASE($D$6:$D$23;I6;$A$6:$A$23) −SOMASE($B$6:$B$23;I6;$A$6:$A$23)	K7:K15

Uma abordagem para a implementação desse modelo é mostrada na Figura 8.15. Nessa planilha, as células A6 a A23 representam nossas variáveis de decisão.

As fórmulas LHS para as restrições nesse problema são implementadas nas células K6 a K15 usando-se a mesma técnica descrita no Capítulo 5. Os valores RHS para as restrições são dadas nas células L6 a L15. Especificamente, lançamos a seguinte fórmula na célula K6 e copiamos para o restante da coluna:

Fórmula para a célula K6: =SOMASE($D$6:$D$23;I6;$A$6:$A$23)
(Copiar para K7 a K15.) –SOMASE($B$6:$B$23;I6;$A$6:$A$23)

As probabilidades de haver um acidente em cada uma das rotas estão listadas nas células F6 a F23. Cada um dos termos para a função objetivo foi implementado nas células G6 a G23 da seguinte forma:

Fórmula para a célula G6: = 1–A6*F6
(Copiar para G7 a G41.)

Observe que a fórmula em G6 corresponde exatamente ao primeiro termo no objetivo $(1 - Y_{12}P_{12})$, conforme foi descrito antes. Depois, o produto dos valores nas células G6 a G23 é calculado na célula G24, assim:

Fórmula para a célula G24: =MULT(G6:G23)

A Figura 8.16 mostra as configurações e opções do Solver usadas para resolver esse problema. A solução ótima é mostrada na Figura 8.17.

Configurações do Solver:
Objetivo: G24 (Max)
Células variáveis: A6:A23
Restrições:
K6:K15 = L6:L15
A6:A23 = binário
Opções do Solver:
GRG Não Linear
Integer Tolerance = 0

FIGURA 8.16 *Parâmetros do Solver para o problema da SafetyTrans.*

FIGURA 8.17 *Solução ótima para o problema da SafetyTrans.*

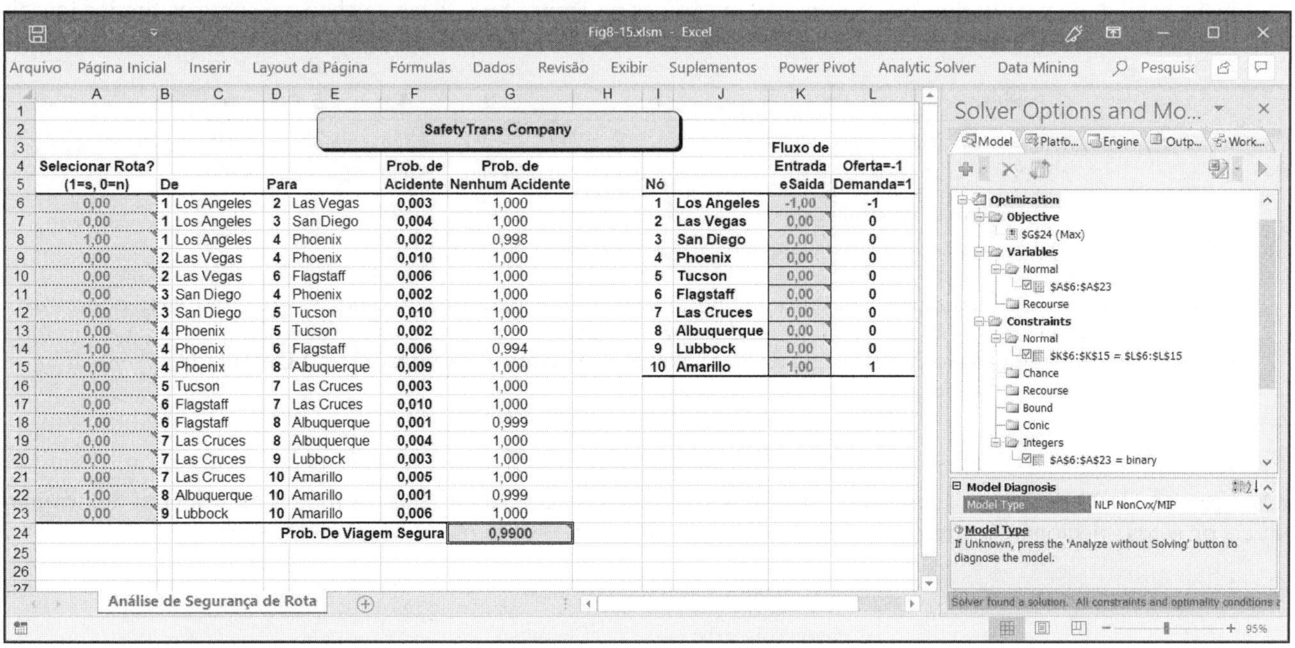

8.6.5 RESOLVENDO O MODELO E ANALISANDO A SOLUÇÃO

A solução para esse problema indica que $Y_{14} = Y_{46} = Y_{68} = Y_{8,10} = 1$, e todas as restantes $Y_{ij} = 0$. Assim, a rota ótima (mais segura) é ir de Los Angeles a Phoenix, a Flagstaff, a Albuquerque e a Amarillo. Seguindo essa rota, há 0,99 de probabilidade de não haver acidentes. A resolução desse problema a partir de vários pontos de partida indica que essa é a solução ótima global.

Se resolver esse modelo novamente minimizando o objetivo, você descobrirá que a rota menos segura tem 0,9626 de probabilidade de não haver acidentes. Isso pode levar algumas pessoas a concluir que não faz muita diferença qual rota é utilizada, porque as diferenças entre as probabilidades no melhor e no pior caso parecem mínimas. No entanto, se custa \$ 30.000.000 para limpar um acidente que envolve resíduos perigosos, o custo esperado do uso da rota mais segura é (1 – 0,99) × \$ 30.000.000 = \$ 300.000, e o custo esperado do uso da rota menos segura é (1 – 0,9626) × \$ 30.000.000 = \$ 1.122.000. Assim, embora as diferenças entre as probabilidades pareçam pequenas, as diferenças entre os possíveis resultados podem ser bastante significativas. É claro, essa análise nem leva em conta a potencial perda de vidas e danos ambientais que nenhum dinheiro pode compensar.

Há várias outras áreas nas quais este tipo de modelo de fluxo de rede pode ser aplicado. Os analistas se interessam, muitas vezes, na determinação da "ligação mais fraca" em uma rede de telecomunicações ou sistema de produção. O mesmo tipo de problema descrito aqui poderia ser resolvido para determinar o caminho menos confiável presente nesse tipo de rede.

8.7 Problemas de seleção de projeto

No Capítulo 6, vimos um exemplo de seleção de projeto no qual quisemos escolher a combinação de projetos que produzisse o maior valor presente líquido (VPL), sujeito a várias restrições de recurso. Nesses tipos de problema, frequentemente há incerteza se um projeto escolhido pode ser realmente completado com sucesso, e o sucesso poderia ser influenciado pela quantidade de recursos usados para o projeto. O exemplo a seguir ilustra como as técnicas de PNL podem ser usadas para ajudar a modelar essa incerteza sobre o potencial de sucesso de um projeto selecionado.

Os diretores da TMC Corporation desejam determinar como alocar o seu orçamento para P&D (Pesquisa e Desenvolvimento) para o ano que vem. Seis diferentes projetos estão em consideração. Os diretores acreditam que o sucesso de cada projeto depende, em parte, do número de engenheiros envolvidos. Cada proposta de projeto inclui uma estimativa da probabilidade de sucesso como uma função do número de engenheiros envolvidos. Cada função de probabilidade é expressa da seguinte forma:

$$P_i = \text{probabilidade de sucesso do projeto } i \text{ se envolver } X_i \text{ engenheiros} = \frac{X_i}{X_i + \varepsilon_i}$$

em que ε_i é uma constante positiva para o projeto i que determina a forma de sua função de probabilidade. As funções de probabilidade para vários dos projetos são mostradas na Figura 8.18. A tabela abaixo resume os fundos iniciais exigidos para cada projeto e o VPL estimado que o projeto geraria se fosse bem-sucedido:

Projeto	**1**	**2**	**3**	**4**	**5**	**6**
Custos iniciais	\$ 325	\$ 200	\$ 490	\$ 125	\$ 710	\$ 240
VPL	\$ 750	\$ 120	\$ 900	\$ 400	\$ 1.110	\$ 800
Parâmetro de probabilidade ε_i	3,1	2,5	4,5	5,6	8,2	8,5

(Observação: Todos os valores monetários estão em \$ 1.000.)

Os diretores da TMC concordaram em contratar até 25 engenheiros para trabalhar nesses projetos e pretendem destinar \$ 1,7 milhão do orçamento para P&D a fim de cobrir os custos iniciais para os projetos selecionados. Os diretores desejam determinar o projeto e a estratégia de alocação de recurso que maximizarão o VPL esperado.

8.7.1 DEFININDO AS VARIÁVEIS DE DECISÃO

Os diretores da TMC devem tomar duas decisões separadas, mas relacionadas. Primeiro, eles devem determinar quais projetos selecionar. Usaremos as seguintes variáveis binárias para modelar essas decisões:

$$Y_i = \begin{cases} 1, \text{ se o projeto } i \text{ for selecionado} \\ 0, \text{ caso contrário} \end{cases}, i = 1, 2, 3, \ldots, 6$$

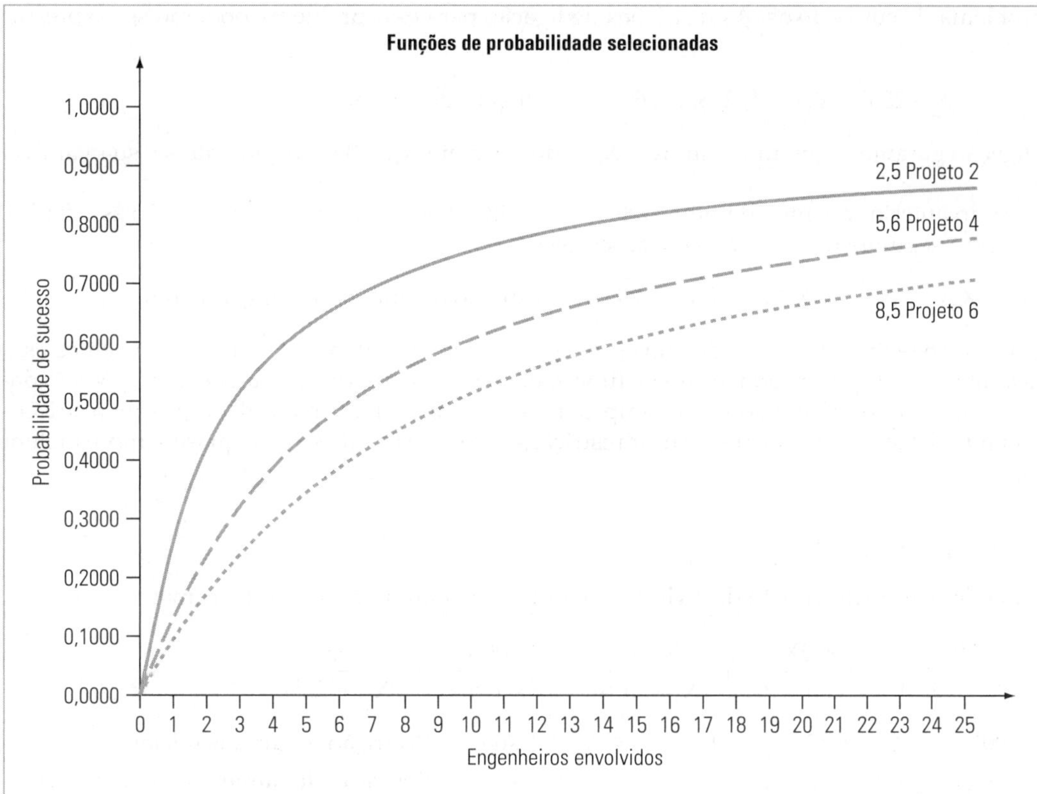

FIGURA 8.18
Gráfico mostrando a probabilidade de sucesso para alguns projetos no problema da TMC.

Segundo, os diretores devem determinar o número de engenheiros que trabalharao em cada projeto. Modelaremos essa decisão com as seguintes variáveis:

$$X_i = \text{o número de engenheiros envolvidos no projeto } i,\ i = 1, 2, 3, \ldots, 6$$

8.7.2 DEFININDO A FUNÇÃO OBJETIVO

Os diretores da TMC querem maximizar o VPL esperado de sua decisão, então nossa função objetivo deve corresponder a essa quantidade. Isso exige que multipliquemos o retorno esperado de cada projeto pela probabilidade de o projeto ser bem-sucedido. Isso é conseguido da seguinte forma:

$$\text{MAX: } \frac{750X_1}{(X_1 + 3{,}1)} + \frac{120X_2}{(X_2 + 2{,}5)} + \frac{900X_3}{(X_3 + 4{,}5)} + \frac{400X_4}{(X_4 + 5{,}6)} + \frac{1.100X_5}{(X_5 + 8{,}2)} + \frac{800X_6}{(X_6 + 8{,}5)}$$

8.7.3 DEFININDO AS RESTRIÇÕES

Várias restrições se aplicam a esse problema. Devemos ter certeza de que os projetos selecionados não exijam mais que $ 1.700.000 de fundos iniciais. Isso é conseguido da seguinte forma:

$$325Y_1 + 200Y_2 + 490Y_3 + 125Y_4 + 710Y_5 + 240Y_6 \leq 1.700 \text{ \} Restrição de fundos iniciais}$$

Em seguida, deve-se garantir que não mais que 25 engenheiros estejam envolvidos nos projetos selecionados. Isso se consegue com a seguinte restrição:

$$X_1 + X_2 + X_3 + X_4 + X_5 + X_6 \leq 25 \quad \text{\} Restrição de número de engenheiros}$$

Finalmente, precisamos ter certeza de que os engenheiros estarão envolvidos apenas nos projetos que foram selecionados. Isso exige o uso das restrições de ligação que foram apresentadas primeiramente no Capítulo 6, quando se discutiu o problema de custos fixos. As restrições de ligação para esse problema poderão ser expressas da seguinte forma:

$$X_i - 25Y_i \leq 0, i = 1, 2, 3, \ldots, 6 \quad \} \text{ restrições de ligação}$$

Essas restrições de ligação garantem que uma variável X_i pode ser maior que 0 se, e somente se, sua variável associada Y_i for igual a 1.

Em vez de usar a restrição anterior quanto ao número de engenheiros e as seis restrições de ligação associadas, nós poderíamos ter utilizado a seguinte restrição não linear simples:

$$X_1Y_1 + X_2Y_2 + X_3Y_3 + X_4Y_4 + X_5Y_5 + X_6Y_6 \leq 25 \quad \} \text{ restrição de número de engenheiros}$$

Isso somaria o número de engenheiros envolvidos nos projetos selecionados. (Observe que, se usássemos essa restrição, precisaríamos também multiplicar cada termo na função objetivo por sua variável associada Y_i. Você consegue perceber por quê?) Usar essa restrição não linear simples parece ser mais fácil que utilizar as sete restrições anteriores. Entretanto, quando se tem de escolher entre usar restrições lineares e não lineares, é quase sempre melhor usar as restrições lineares.

8.7.4 IMPLEMENTANDO O MODELO

O modelo para o problema de seleção de projeto da TMC Corporation é resumido da seguinte forma:

$$\text{MAX:} \quad \frac{750X_1}{(X_1 + 3{,}1)} + \frac{120X_2}{(X_2 + 2{,}5)} + \frac{900X_3}{(X_3 + 4{,}5)} + \frac{400X_4}{(X_4 + 5{,}6)} + \frac{1.100X_5}{(X_5 + 8{,}2)} + \frac{800X_6}{(X_6 + 8{,}5)}$$

$$\begin{aligned}
\text{Sujeito a:} \quad & 325Y_1 + 200Y_2 + 490Y_3 + 125Y_4 + 710Y_5 + 240Y_6 \leq 1.700 && \} \text{ Restrição de fundos iniciais} \\
& X_1 + X_2 + X_3 + X_4 + X_5 + X_6 \leq 25 && \} \text{ Restrição de número de engenheiros} \\
& X_i - 25Y_i \leq 0, i = 1, 2, 3, \ldots, 6 && \} \text{ Restrições de ligação} \\
& X_i \geq 0 \text{ e inteiro} \\
& Y_i \text{ binário}
\end{aligned}$$

Observe que esse problema tem uma função objetivo não linear e restrições lineares. Uma abordagem para implementar esse modelo é mostrada na Figura 8.19 (e no arquivo Fig8-19.xlsm, disponível na página deste livro no site da editora). Nessa planilha, as células B7 a B12 são usadas para representar nossas variáveis binárias Y_i indicando se cada projeto será ou não selecionado. As células C7 a C12 representam as variáveis X_i indicando o número de engenheiros envolvidos em cada projeto.

Implementamos as restrições de ligação para esse problema lançando as fórmulas LHS nas células D7 a D12, da seguinte forma:

Fórmula para a célula D7: =C7–B7*$C$14
(Copiar para D8 a D12.)

Esses valores serão restritos para serem menores ou iguais a zero. O LHS para a restrição de número de engenheiros envolvidos nos projetos é implementada na célula C13 da seguinte forma:

Fórmula para a célula C13: =SOMA(C7:C12)

O valor RHS para essa restrição é dado na célula C14. De maneira semelhante, o LHS para a restrição de fundos iniciais é implementado na célula I13 com o valor RHS listado em I14.

Fórmula para a célula I13: =SOMARPRODUTO(B7:B12;I7:I12)

Para implementar a função objetivo, primeiro calculamos a probabilidade de sucesso para cada projeto. Isso é feito na coluna F, da seguinte forma:

Fórmula para a célula F7: =C7/(C7+E7)
(Copiar para F8 a F12.)

Em seguida, o VPL esperado para cada projeto é computado multiplicando-se a probabilidade de sucesso de cada projeto pelo VPL gerado se o projeto for bem-sucedido. Isso é feito na coluna H, da seguinte forma:

Fórmula para a célula H7: =F7*G7
(Copiar para H8 a H12.)

FIGURA 8.19 *Implementação de planilha do problema de seleção de projeto da TMC.*

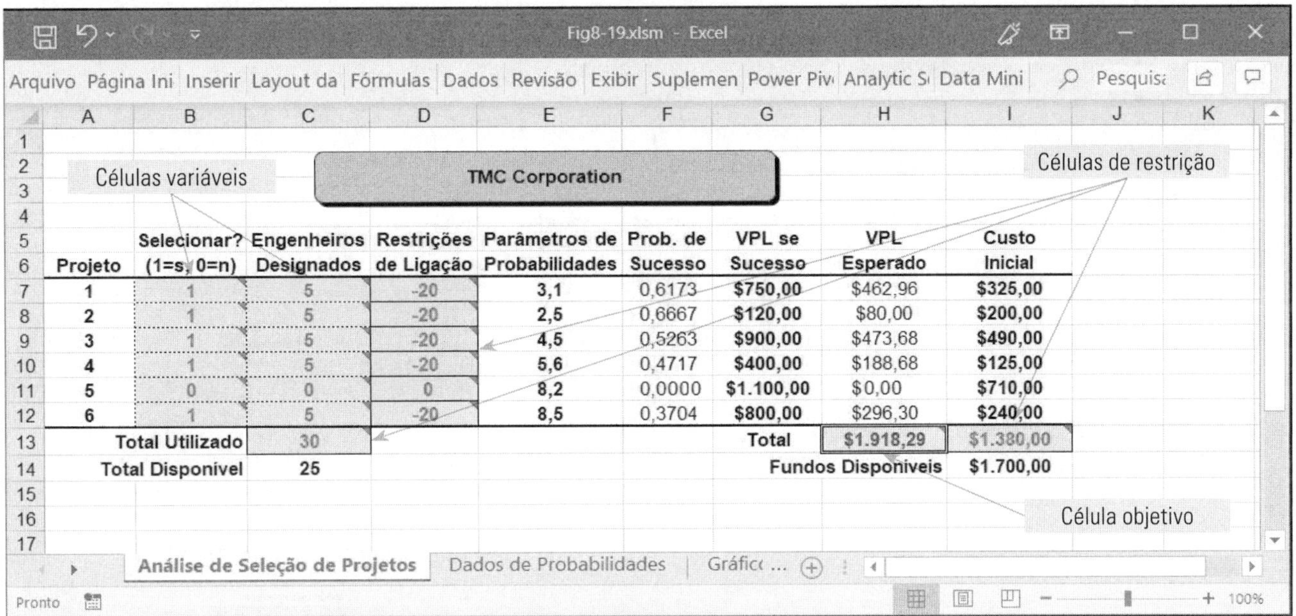

Fórmulas das principais células		
Célula	**Fórmula**	**Copiado para**
C13	=SOMA(C7:C12)	H13
D7	=C7−B7*$C$14	D8:D12
F7	=C7/(C7+E7)	F8:F12
H7	=F7*G7	H8:H12
I13	=SOMARPRODUTO(B7:B12;I7:I12)	--

Finalmente, calculamos a soma dos VPLs esperados para os projetos selecionados na célula H13:

Fórmula para a célula H13: =SOMA(H7:H12)

As configurações e as opções do Solver usadas para resolver esse problema são mostradas na Figura 8.20.

8.7.5 RESOLVENDO O MODELO

Um ponto de partida arbitrário para esse problema foi selecionado, como mostrado na Figura 8.19. A partir desse ponto de partida arbitrário, o Solver localizou a solução mostrada na Figura 8.21, que tem um VPL esperado de

FIGURA 8.20 *Parâmetros do Solver para o problema de seleção de projeto da TMC.*

Configurações do Solver:

Objetivo: H13 (Max)
Células variáveis: B7:C12
Restrições:
- C13 <= C14
- I13 <= I14
- D7:D12 <= 0
- C7:C12 >= 0
- B7:B12 = binário
- C7:C12 = número inteiro

Opções do Solver:
- GRG Não Linear
- Integer Tolerance = 0

FIGURA 8.21 *Solução para o problema de seleção de projeto da TMC.*

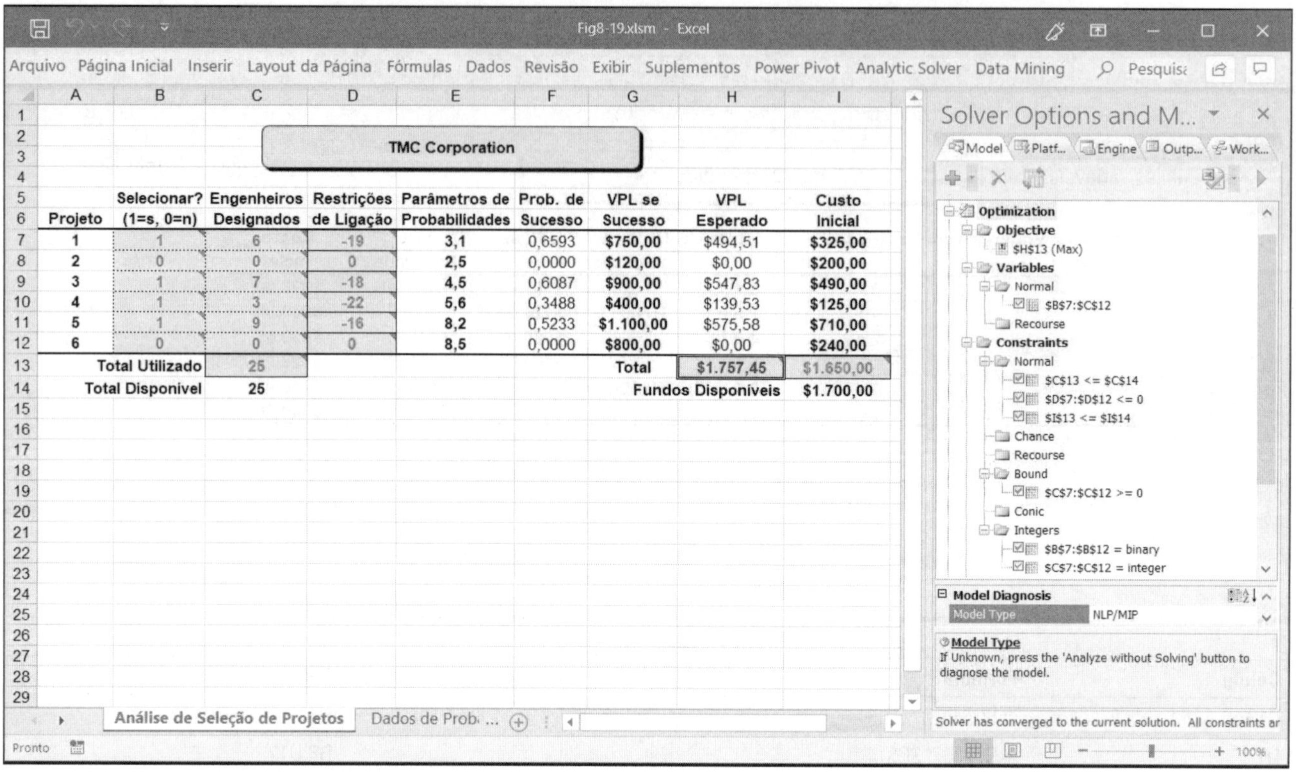

aproximadamente $ 1,757 milhão. Nessa solução, observe que a probabilidade de sucesso do projeto 4 é de apenas 0,3488. Portanto, o projeto 4 tem muito mais probabilidade de ser malsucedido que bem-sucedido se tiver apenas três engenheiros envolvidos. Como resultado, poderíamos querer acrescentar uma restrição a esse problema para garantir que, se um projeto for selecionado, deve ter pelo menos 50% de chance de ser bem-sucedido. Há um exercício no fim deste capítulo que pede que se faça essa restrição.

8.8 Otimização dos modelos existentes de planilha financeira

Até esse ponto de nossa discussão a respeito de otimização, sempre construímos um modelo algébrico de um problema de decisão e depois implementamos esse modelo em uma planilha para solução e análise. Entretanto, podemos aplicar técnicas de otimização a virtualmente qualquer modelo de planilha existente. Muitas planilhas existentes envolvem cálculos financeiros que são inerentemente não lineares. A seguir, veremos um exemplo de como a otimização pode ser aplicada a uma planilha existente.

A vida de Thom Pearman está mudando drasticamente. Ele e sua esposa recentemente compraram uma casa nova e estão esperando seu segundo filho para daqui a alguns meses. Essas novas responsabilidades levaram Thom a pensar em alguns assuntos sérios, incluindo um seguro de vida. Há dez anos, Thom comprou uma apólice de seguro que oferecia um benefício por morte de $ 40.000. Essa apólice está plenamente quitada e permanecerá em vigor pelo restante de sua vida. Ele também pode cancelar essa apólice e receber da empresa seguradora um resgate imediato de aproximadamente $ 6.000.

Há dez anos, o benefício de $ 40.000 concedido pela apólice de seguro parecia mais que adequado. Entretanto, agora Thom acha necessário ter mais cobertura para beneficiar sua esposa e filhos adequadamente no caso de morte súbita. Ele está considerando um tipo diferente de seguro que proporcione um benefício por morte de $ 350.000, mas que também exigiria pagamentos anuais continuados para manter a cobertura em vigor. Ele recebeu os seguintes cálculos dos prêmios anuais para essa nova apólice nos próximos dez anos:

Ano	1	2	3	4	5	6	7	8	9	10
Prêmio	$ 423	$ 457	$ 489	$ 516	$ 530	$ 558	$ 595	$ 618	$ 660	$ 716

Para pagar os prêmios dessa nova apólice, Thom está considerando uma alternativa que envolve o cancelamento da apólice atual e o investimento dos $ 6.000 que ele receberia a fim de gerar a renda pós-tributação necessária para pagar os prêmios de sua nova apólice. Entretanto, para ver se isso é possível, ele deseja determinar a taxa mínima de retorno que ele deveria ganhar sobre seu investimento a fim de gerar os rendimentos de investimento pós-tributação que cobririam os pagamentos dos prêmios para a nova apólice. Thom gosta da ideia de guardar os $ 6.000 para alguma emergência e não deseja usar esse dinheiro para pagar prêmios. A renda marginal de Thom é taxada com a alíquota de 28%.

8.8.1 IMPLEMENTANDO O MODELO

Um modelo de planilha para o problema de decisão de Thom é mostrado na Figura 8.22 (e no arquivo Fig8-22.xlsm, disponível na página deste livro no site da editora). A estratégia nessa planilha é determinar a quantia investida no início de cada ano, a quantia que seria ganha durante o ano após o pagamento dos impostos e quanto sobraria no fim do ano após o pagamento dos impostos e do prêmio anual do seguro.

Como é mostrado na Figura 8.22, as células D4 e D5 contêm as hipóteses sobre a quantia inicial investida e a alíquota marginal de imposto de Thom. A célula D6 representa o retorno anual esperado (que é composto a cada trimestre). O retorno anual de 15% foi lançado nessa célula simplesmente para fins de planejamento. Esse é o valor que tentaremos minimizar quando otimizarmos a planilha.

O balanço inicial para o primeiro ano (célula B10) é igual à quantia inicial de dinheiro investido. O balanço inicial para cada um dos anos seguintes é o balanço final do ano anterior. A fórmula na célula C10 calcula a quantia ganha no ano, com a taxa de juros na célula D6. Essa mesma fórmula se aplica às células C11 a C19.

Fórmula para a célula C10: =B10*(1+$D$6/4)^4-B10
(Copiar para C11 a C19.)

FIGURA 8.22 *Implementação de planilha do problema de financiamento de seguro de Thom.*

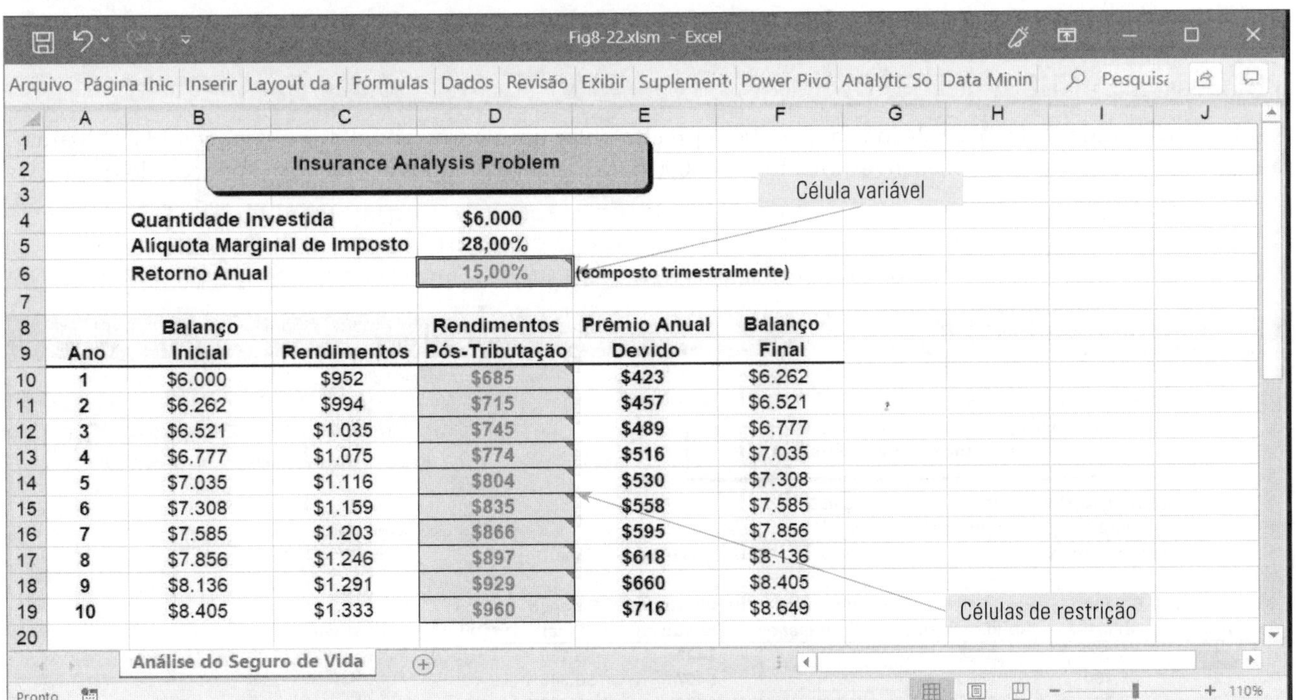

Insurance Analysis Problem

Quantidade Investida	$6.000
Alíquota Marginal de Imposto	28,00%
Retorno Anual	15,00% (composto trimestralmente)

Ano	Balanço Inicial	Rendimentos	Rendimentos Pós-Tributação	Prêmio Anual Devido	Balanço Final
1	$6.000	$952	$685	$423	$6.262
2	$6.262	$994	$715	$457	$6.521
3	$6.521	$1.035	$745	$489	$6.777
4	$6.777	$1.075	$774	$516	$7.035
5	$7.035	$1.116	$804	$530	$7.308
6	$7.308	$1.159	$835	$558	$7.585
7	$7.585	$1.203	$866	$595	$7.856
8	$7.856	$1.246	$897	$618	$8.136
9	$8.136	$1.291	$929	$660	$8.405
10	$8.405	$1.333	$960	$716	$8.649

Fórmulas das principais células

Célula	Fórmula	Copiado para
B10	=D4	--
B11	=F10	B12:B19
C10	=B10*(1+$D$6/4)^4–B10	C11:C19
D10	=(1–$D$5)*C10	D11:D19
F10	=B10+D10–E10	F11:F19

Devido ao fato de Thom pagar 28% de impostos, os valores na coluna Rendimentos Pós-Tributação são de 72% dos rendimentos em investimentos listados na coluna C (100% – 28% = 72%). Os valores na coluna Balanço Final são os balanços iniciais mais os rendimentos pós-tributação menos o prêmio anual devido.

8.8.2 OTIMIZANDO O MODELO DE PLANILHA

Três elementos estão envolvidos em qualquer problema de otimização: uma ou mais variáveis de decisão, uma função objetivo e restrições. O objetivo no problema atual é determinar o retorno mínimo anual que gerará os rendimentos pós-tributação para pagar os prêmios anuais. Assim, a variável de decisão nesse modelo é a taxa de juros na célula D6. O valor na célula D6 também representa o objetivo no problema porque queremos minimizar seu valor. Para as restrições, os rendimentos pós-tributação anuais devem ser maiores ou iguais ao prêmio devido para cada ano. Assim, exigimos que os valores nas células D10 a D19 sejam maiores ou iguais aos valores nas células E10 a E19. A Figura 8.23 mostra as configurações e as opções do Solver exigidas para resolver esse problema e a Figura 8.24 mostra a solução ótima.

FIGURA 8.23 *Parâmetros do Solver para o problema de financiamento de seguro.*

Configurações do Solver:

Objetivo: D6 (Min)
Células variáveis: D6
Restrições:
D10:D19 >= E10:E19

Opções do Solver:
GRG Não Linear

8.8.3 ANALISANDO A SOLUÇÃO

A solução mostrada na Figura 8.24 indica que Thom precisa obter um retorno anual de pelo menos 13,29% para os rendimentos pós-tributação de seu investimento de $ 6.000 para pagar os prêmios de sua nova apólice pelos próximos

FIGURA 8.24 *Solução ótima para o problema de financiamento de seguro.*

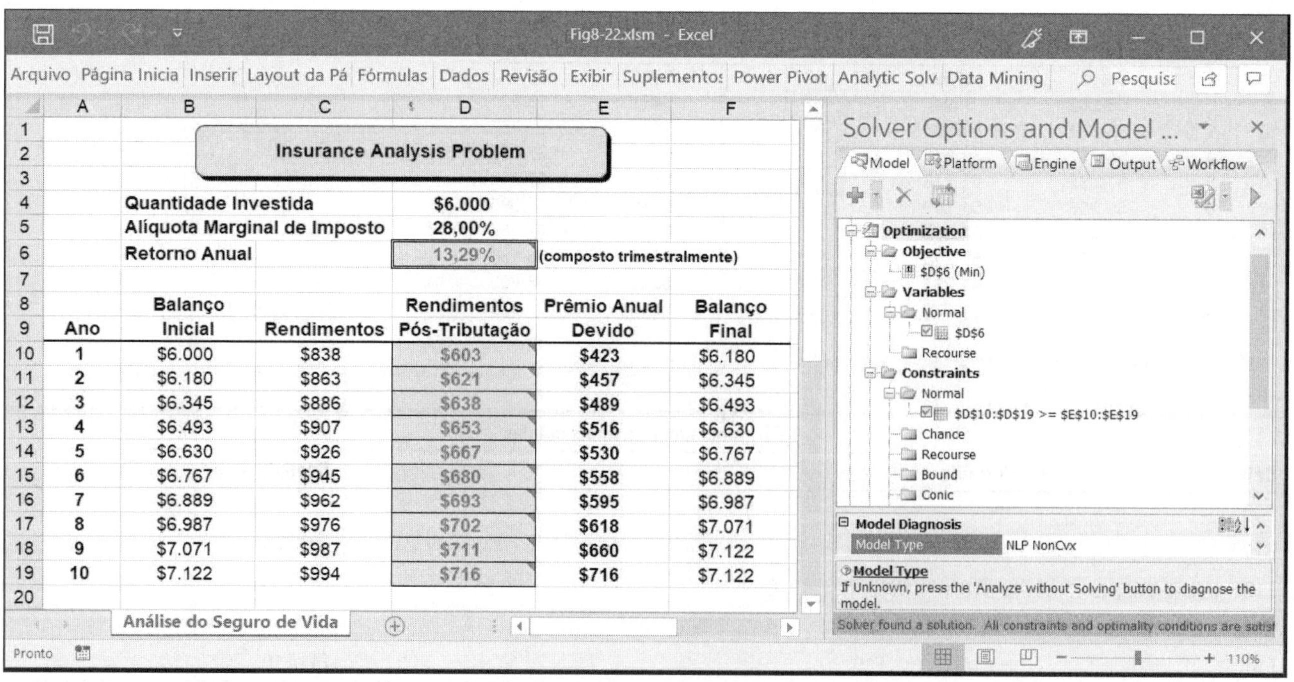

	A	B	C	D	E	F
4		Quantidade Investida		$6.000		
5		Alíquota Marginal de Imposto		28,00%		
6		Retorno Anual		13,29%	(composto trimestralmente)	
8		Balanço		Rendimentos	Prêmio Anual	Balanço
9	Ano	Inicial	Rendimentos	Pós-Tributação	Devido	Final
10	1	$6.000	$838	$603	$423	$6.180
11	2	$6.180	$863	$621	$457	$6.345
12	3	$6.345	$886	$638	$489	$6.493
13	4	$6.493	$907	$653	$516	$6.630
14	5	$6.630	$926	$667	$530	$6.767
15	6	$6.767	$945	$680	$558	$6.889
16	7	$6.889	$962	$693	$595	$6.987
17	8	$6.987	$976	$702	$618	$7.071
18	9	$7.071	$987	$711	$660	$7.122
19	10	$7.122	$994	$716	$716	$7.122

dez anos. Essa taxa de retorno faz com que seus rendimentos pós-tributação no ano 10 se igualem exatamente ao pagamento de $ 716 de prêmio devido nesse ano. Assim, para que o plano de Thom tenha sucesso, ele precisa identificar um investimento que produza pelo menos um retorno anual de 13,29% pelos próximos dez anos. Thom poderia querer usar a técnica que será descrita na Seção 8.9 para ajudá-lo a projetar tal investimento.

8.8.4 COMENTÁRIOS SOBRE A OTIMIZAÇÃO DE PLANILHAS EXISTENTES

Uma dificuldade na otimização de modelos de planilhas existentes é determinar se o modelo algébrico subjacente é linear ou não linear. Isso é importante para determinar se foi obtida uma solução ótima global para o problema. Conforme foi mencionado antes, se nós instruirmos o Solver a assumir que o modelo é linear, ele realiza uma série de testes numéricos para determinar se a hipótese é apropriada. Se o Solver detectar que o modelo não é linear, surge uma mensagem que informa a respeito e se será necessário voltar e resolver o modelo como PNL. Então, quando se aplicam as técnicas de otimização em um modelo de planilha existente, é uma boa ideia instruir o Solver a assumir que o modelo é linear. Se o Solver puder encontrar uma solução com base essa hipótese, podemos nos assegurar de que é a solução ótima global. Se o Solver detecta que o modelo é não linear, devemos estar cientes de que qualquer solução obtida pode representar uma solução ótima local em oposição à solução ótima global. Nesse caso, podemos resolver o modelo várias vezes, de diferentes pontos de partida, para ver se existe uma melhor solução ótima local para o problema. (Observe que, se a escala do problema é mal especificada, os testes de linearidade do Solver indicarão, às vezes, que o modelo não é linear quando, de fato, ele é.)

À medida que se desenvolvem habilidades e intuição quanto à otimização da planilha, pode-se querer pular o passo de escrever as formulações algébricas dos modelos. Para problemas simples, isso poderia ser apropriado. Entretanto, em problemas mais complexos, isso pode levar a resultados indesejáveis. Por exemplo, no Capítulo 6 notamos como pode ser tentador implementar as variáveis binárias em um problema de custo fixo usando uma função SE( ) em uma planilha. Infelizmente, isso faz com que o Solver veja o problema como PNL em vez de um problema de PL inteira misto. Assim, a maneira como se implementa o modelo para um problema pode afetar como o Solver encontra a solução ótima global. Como construtores do modelo, devemos entender que tipo de modelo se tem e implementá-lo da maneira mais apropriada. Escrever a formulação algébrica do modelo que se está tentando resolver muitas vezes ajuda a garantir que ele foi totalmente compreendido.

8.9 O problema de seleção de carteira

Uma das aplicações de PNL mais conhecidas envolve determinar o *mix* ótimo de investimentos para ter em uma carteira a fim de minimizar o risco e alcançar um nível desejável de retorno. Um modo de medir o risco inerente em um investimento individual é a variância (ou, alternativamente, o desvio padrão) dos retornos que ele tenha gerado durante um período de tempo. Um dos objetivos-chave na seleção de carteira é reduzir a variação no retorno, escolhendo investimentos cujos retornos tendem a variar em direções opostas. Ou seja, queremos escolher investimentos que tenham uma covariância negativa, ou correlação negativa, de modo que, quando um investimento gerar um retorno inferior à média, outro investimento em nossa carteira compensará isso com um retorno superior à média. Isso tende a tornar a variância do retorno da carteira menor que o de qualquer investimento individual. O exemplo a seguir ilustra um problema de seleção de carteira.

Ray Dodson é consultor financeiro independente. Recentemente ele conheceu uma nova cliente, Paula Ribben, que o procurou para se informar sobre a melhor maneira de diversificar uma parte de seus investimentos. Paula investiu uma boa parte de suas economias para a aposentadoria em ações da International Business Corporation (IBC). Nos últimos 12 anos, essas ações produziram um retorno anual médio de 7,64% com variância de aproximadamente 0,0026. Paula deseja ganhar mais em seus investimentos, mas é muito cautelosa e não gosta de correr riscos. Por isso, pediu a Ray que recomende uma carteira de investimentos que tenha um retorno médio de pelo menos 12%, com o mínimo risco adicional possível. Após pesquisar, Ray identificou duas empresas, a National Motor Corporation (NMC) e a National Broadcasting System (NBS), cujas ações ele acha que poderiam atender aos objetivos de investimento de Paula. A pesquisa inicial de Ray está resumida na Figura 8.25.

Conforme mostrado na Figura 8.25, as ações da NMC produziram uma taxa média de retorno de 13,43% nos últimos 12 anos, enquanto as ações da NBS geraram um retorno médio de 14,93%. Ray usou a função COVARIAÇÃO.P no Excel para criar a matriz de covariância na planilha. Os números ao longo da diagonal principal dessa matriz correspondem às variâncias dos retornos para cada empresa. Por exemplo, a matriz de covariância indica que as variâncias nos retornos anuais para a IBC, a NMC e a NBS são de 0,00258, 0,00276 e 0,03677, respectivamente. Os valores fora da diagonal principal

FIGURA 8.25
Dados para o problema de seleção de carteira.

Dados para a Carteira

	A	B	C	D	E	F	G	H	I
4		Retorno Anual				Matriz de Covariância			
5	Ano	IBC	NMC	NBS			IBC	NMC	NBS
6	1	11,2%	8,0%	10,9%		IBC	0,00258	-0,00025	0,00440
7	2	10,8%	9,2%	22,0%		NMC	-0,00025	0,00276	-0,00542
8	3	11,6%	6,6%	37,9%		NBS	0,00440	-0,00542	0,03677
9	4	-1,6%	18,5%	-11,8%					
10	5	-4,1%	7,4%	12,9%					
11	6	8,6%	13,0%	-7,5%					
12	7	6,8%	22,0%	9,3%					
13	8	11,9%	14,0%	48,7%					
14	9	12,0%	20,5%	-1,9%					
15	10	8,3%	14,0%	19,1%					
16	11	6,0%	19,0%	-3,4%					
17	12	10,2%	9,0%	43,0%					
18	Média	7,64%	13,43%	14,93%					

Dados para a Carteira

Fórmulas das principais células

Célula	Fórmula	Copiado para
B18	=MÉDIA(B6:B17)	C18:D18
G6	=COVARIAÇÃO.P(B6:B17;$B$6:$B$17)	H6:I6
G7	=COVARIAÇÃO.P(B6:B17;$C$6:$C$17)	H7:I7
G8	=COVARIAÇÃO.P(B6:B17;$D$6:$D$17)	H8:I8

representam covariâncias entre diferentes pares de empresas. Por exemplo, a covariância entre a IBC e a NMC é de aproximadamente −0,00025, a covariância entre a IBC e a NBS é de aproximadamente 0,00440 e a covariância entre a NMC e a NBS é de aproximadamente −0,00542.

Ray deseja determinar qual porcentagem dos fundos de Paula deverá ser alocada em cada uma das empresas a fim de alcançar um retorno esperado de 12%, ao mesmo tempo que minimiza a variância do retorno total da carteira.

8.9.1 DEFININDO AS VARIÁVEIS DE DECISÃO

Nesse problema, devemos determinar qual porcentagem dos fundos totais investidos deverá ser alocada para a compra das ações de cada uma das três empresas. Assim, para formular o modelo para esse problema, precisamos das três seguintes variáveis de decisão:

p_1 = proporção dos fundos totais investida na IBC

p_2 = proporção dos fundos totais investida na NMC

p_3 = proporção dos fundos totais investida na NBS

Uma vez que essas variáveis representam proporções, também precisamos garantir que elas assumam valores não inferiores a 0 e que sua soma seja igual a 1 (ou 100%). Lidaremos com essas condições quando identificarmos as restrições para o problema.

8.9.2 DEFININDO O OBJETIVO

O objetivo nesse problema é minimizar o risco da carteira, medido pela sua variância. Em geral, a variância de uma carteira que consiste de n investimentos é definida em muitos textos de finanças como:

$$\text{Variância da carteira} = \sum_{i=1}^{n} \sigma_i^2 p_i^2 + 2\sum_{i=1}^{n-1} \sum_{j=i+1}^{n} \sigma_{ij} p_i p_j$$

em que

$p_i =$ porcentagem da carteira alocada para o investimento i

$\sigma_i^2 =$ variância do investimento i

$\sigma_{ij} = \sigma_{ji} =$ covariância entre os investimentos i e j

Se estivermos familiarizados com operações com matrizes, podemos concluir que a variância da carteira também poderá ser expressa em termos matriciais como:

$$\text{Variância de carteira} = \mathbf{p}^{\mathrm{T}}\mathbf{C}\mathbf{p}$$

em que

$$\mathbf{p}^{\mathrm{T}} = (p_1, p_2, \ldots, p_n)$$

$$\mathbf{C} = \text{matriz de covariância } n \times n = \begin{pmatrix} \sigma_1^2 & \sigma_{12} & \cdots & \sigma_{1n} \\ \sigma_{21} & \sigma_2^2 & \cdots & \sigma_{2n} \\ \vdots & \vdots & \ddots & \vdots \\ \sigma_{n1} & \sigma_{n2} & \cdots & \sigma_n^2 \end{pmatrix}$$

Observe que, se 100% dos fundos disponíveis forem colocados em um único investimento i, então a variância da carteira se reduz a σ_i^2 – a variância para esse único investimento.

Em nosso exemplo problema, temos:

$$\sigma_1^2 = 0{,}00258, \quad \sigma_2^2 = 0{,}00276, \quad \sigma_3^2 = 0{,}03677$$
$$\sigma_{12} = -0{,}00025, \quad \sigma_{13} = 0{,}00440, \quad \sigma_{23} = -0{,}00542$$

Então, usando a fórmula anterior, o objetivo para nosso problema é expresso como:

$$\text{MIN:} \quad 0{,}00258\, p_1^2 + 0{,}00276\, p_2^2 + 0{,}03677\, p_3^2 + 2(-0{,}00025\, p_1p_2 + 0{,}0044\, p_1p_3 - 0{,}00542\, p_2p_3)$$

Essa função objetivo não é uma combinação linear das variáveis de decisão, então devemos resolver esse problema como PNL. Entretanto, é possível demonstrar que a solução produzida quando se usa esse objetivo para escolha de uma carteira é uma solução ótima global. (Esse problema é, na verdade, um exemplo de um problema de programação quadrática [PQ].)

8.9.3 DEFININDO AS RESTRIÇÕES

Somente duas restrições se aplicam a esse problema. Conforme foi mencionado antes, uma vez que somente três investimentos são considerados para essa carteira, e nossas variáveis de decisão representam a porcentagem de fundos aplicados em cada um desses investimentos, devemos garantir que nossas variáveis de decisão somem 100%. Isso pode ser facilmente conseguido da seguinte forma:

$$p_1 + p_2 + p_3 = 1$$

Também precisamos de uma restrição para garantir que o retorno esperado de toda a carteira atinja ou exceda o retorno desejado de 12%. Essa condição é expressa da seguinte forma:

$$0{,}0764\, p_1 + 0{,}1343\, p_2 + 0{,}1493\, p_3 \geq 0{,}12$$

O LHS dessa restrição representa uma média ponderada dos retornos esperados dos investimentos individuais. Essa restrição indica que o retorno médio ponderado esperado na carteira deve ser de pelo menos 12%.

Finalmente, devido ao fato de as variáveis de decisão terem de representar proporções, nós também devemos incluir os seguintes limites superiores e inferiores:

$$p_1, p_2, p_3 \geq 0$$
$$p_1, p_2, p_3 \leq 1$$

A última condição, que exige que cada um dos p_i seja inferior ou igual a 1, é matematicamente redundante, porque o p_i também deve ser não negativo e a soma deve ser igual a 1. Entretanto, incluiremos essa restrição por completeza.

8.9.4 IMPLEMENTANDO O MODELO

Em resumo, o modelo algébrico para esse problema é dado da seguinte forma:

$$\text{MIN:} \quad 0{,}00258\, p_1^2 + 0{,}00276\, p_2^2 + 0{,}03677\, p_3^2 + 2(-0{,}00025\, p_1 p_2 + 0{,}0044\, p_1 p_3 - 0{,}00542\, p_2 p_3)$$

$$\text{Sujeito a:} \quad p_1 + p_2 + p_3 = 1$$

$$0{,}0764\, p_1 + 0{,}1343\, p_2 + 0{,}1493\, p_3 \geq 0{,}12$$

$$p_1, p_2, p_3 \geq 0$$

$$p_1, p_2, p_3 \leq 1$$

Uma abordagem para a implementação desse modelo em uma planilha é mostrada na Figura 8.26 (e no arquivo Fig8-26.xlsm, disponível na página deste livro no site da editora). Nessa planilha, as células G11, H11 e I11 representam as variáveis de decisão p_1, p_2 e p_3, respectivamente. Os valores iniciais nessas células refletem a carteira atual da investidora, que consiste inteiramente em ações da IBC.

Podemos implementar de diversas maneiras a função objetivo para esse problema. A abordagem padrão é implementar a fórmula que corresponde exatamente à forma algébrica da função objetivo. Isso é representado por:

Fórmula para a célula H16: =G6*G11^2+H7*H11^2+I8*I11^2+2*(H6*G11*H11+I6*G11*I11+H8*H11*I11)

Lançar essa fórmula é cansativo e pode conduzir a erro, ainda mais se o exemplo envolvesse mais de três empresas. A seguir, vemos uma forma alternativa, e mais fácil, de expressar esse objetivo:

Fórmula alternativa para a célula H16: =SOMARPRODUTO(MATRIZ.MULT(G11:I11;G6:I8);G11:I11)

FIGURA 8.26 *Implementação de planilha para o problema de seleção de carteira.*

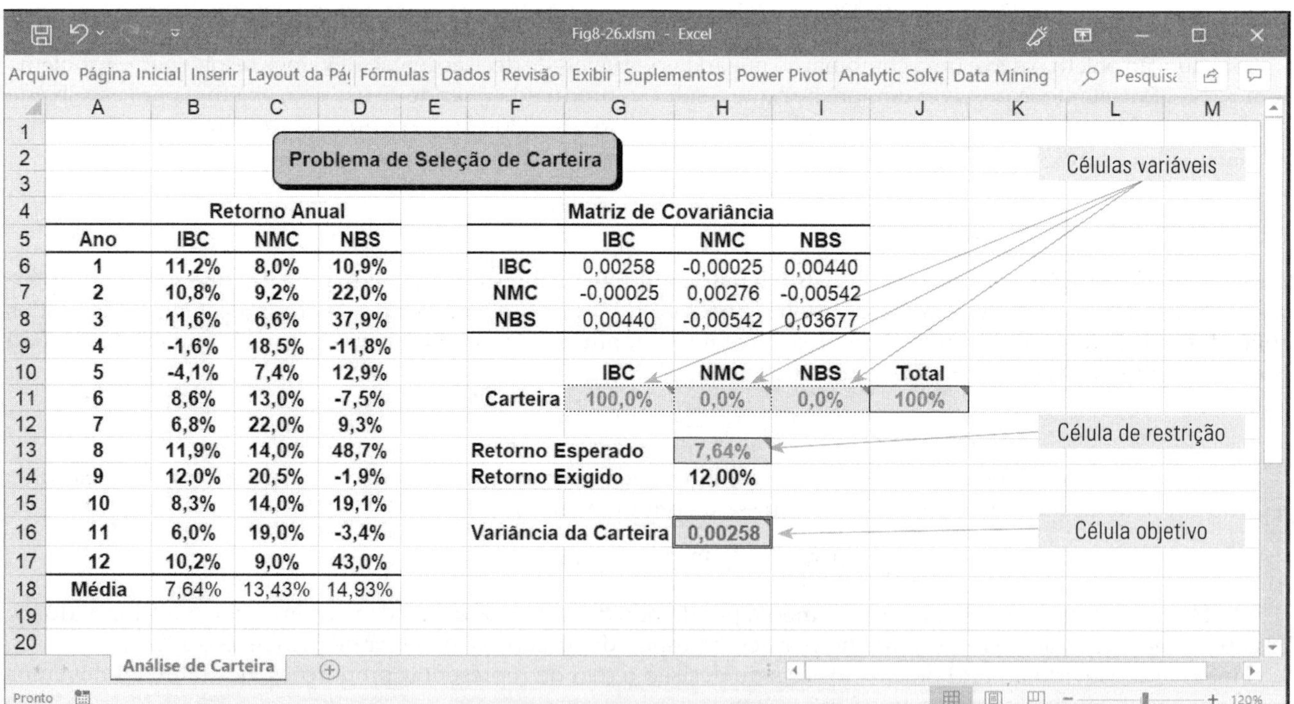

Ano	IBC	NMC	NBS
1	11,2%	8,0%	10,9%
2	10,8%	9,2%	22,0%
3	11,6%	6,6%	37,9%
4	-1,6%	18,5%	-11,8%
5	-4,1%	7,4%	12,9%
6	8,6%	13,0%	-7,5%
7	6,8%	22,0%	9,3%
8	11,9%	14,0%	48,7%
9	12,0%	20,5%	-1,9%
10	8,3%	14,0%	19,1%
11	6,0%	19,0%	-3,4%
12	10,2%	9,0%	43,0%
Média	7,64%	13,43%	14,93%

Matriz de Covariância	IBC	NMC	NBS
IBC	0,00258	-0,00025	0,00440
NMC	-0,00025	0,00276	-0,00542
NBS	0,00440	-0,00542	0,03677

	IBC	NMC	NBS	Total
Carteira	100,0%	0,0%	0,0%	100%

Retorno Esperado: 7,64%
Retorno Exigido: 12,00%
Variância da Carteira: 0,00258

Fórmulas das principais células		
Célula	**Fórmula**	**Copiado para**
J11	=SOMA(G11:I11)	--
H13	=SOMARPRODUTO(B18:D18;G11:I11)	--
H16	=SOMARPRODUTO(MATRIZMULT(G11:I11;G6:I8),G11:I11)	--

Essa fórmula alternativa usa a multiplicação de matrizes (a função MATRIZ.MULT( )) para computar a variância da carteira. Embora ambas as fórmulas gerem o mesmo resultado, a segunda fórmula é mais fácil de lançar e pode acomodar qualquer número de investimentos. Observe que o valor 0,00258 na célula H16 da Figura 8.26 indica que, quando 100% dos fundos são investidos em ações da IBC, a variância da carteira é a mesma que a das ações da IBC.

As fórmulas LHS das duas principais restrições são implementadas nas células J11 e H13 da seguinte forma:

Fórmula para a célula J11: =SOMA(G11:I11)

Fórmula para a célula H13: =SOMARPRODUTO(B18:D18;G11:I11)

A Figura 8.27 mostra as configurações e opções do Solver usadas para resolver esse problema e a Figura 8.28 mostra a solução ótima.

8.9.5 ANALISANDO A SOLUÇÃO

Diferentemente da solução original mostrada na Figura 8.26, a solução ótima mostrada na Figura 8.28 indica que resultaria uma solução melhor ao colocar 27,2% do dinheiro da investidora em ações da IBC, 63,4% em ações da NMC e 9,4% em ações da NBS. A célula H13 indica que esse *mix* de investimentos atingiria a desejada taxa de retorno esperada de 12%, e a célula H16 indica que a variância para essa carteira seria de apenas 0,00112.

Configurações do Solver:
Objetivo: H16 (Min)
Células variáveis: G11:I11
Restrições:
G11:I11 <= 1
G11:I11 >= 0
H13 >= H14
J11 = 1
Opções do Solver:
GRG Não Linear

FIGURA 8.27 *Parâmetros do Solver para o problema de seleção de carteira.*

FIGURA 8.28 *Solução ótima para o problema de seleção de carteira.*

A solução para esse problema indica que existe uma carteira que produz um retorno esperado mais *alto* para Paula e com *menos* risco que o investimento original de sua carteira. O investimento original de Paula seria qualificado de ineficiente em termos da teoria de carteira. A teoria de carteira estipula que, para cada nível de retorno de investimento, há uma carteira que minimiza o risco, e é ineficiente aceitar qualquer nível maior de risco com esse nível de retorno. Por outro lado, para cada nível de risco de investimento, há uma carteira que maximiza o retorno, e também é ineficiente aceitar qualquer nível menor de retorno com esse nível de risco.

A compensação ótima entre risco e retorno para determinado problema de carteira pode ser resumido por um gráfico da **fronteira eficiente**, que delineia o risco mínimo da carteira associado com cada nível possível de retorno. A Figura 8.29 (e o arquivo Fig8-29.xlsm, disponível na página deste livro no site da editora) mostra a fronteira eficiente para nosso problema exemplo. Esse gráfico plota o nível mínimo de risco associado com 15 carteiras diferentes, em que a taxa exigida varia em passos iguais entre 7,64% e 14,93% (que representam, respectivamente, as taxas mínimas e máximas possíveis de retorno). Para criar esse gráfico, primeiramente inserimos a seguinte fórmula na célula H14:

Fórmula para a célula H14: =PsiOptParam(B18;D18)

Isso faz com que o valor exigido de retorno na célula H14 varie de 7,64% (célula B18) a 14,93% (célula D18) em passos iguais conforme o Solver executa o número de otimizações indicado pela configuração "Otimizações a Serem Executadas" (que foi definido como 15 para esse exemplo), na guia Plataforma do painel de tarefas do Solver. Após o Solver realizar essas otimizações, você pode facilmente construir um gráfico como o mostrado na Figura 8.29 seguindo estes passos:

1. Clique no ícone Charts na guia do Analytic Solver Platform.
2. Selecione Multiple Optimizations e Monitored Cells.
3. Amplie a opção Objective, selecione $H$16 e clique no botão ">".
4. Clique em OK.

FIGURA 8.29 *Fronteira eficiente para o problema de seleção de carteira.*

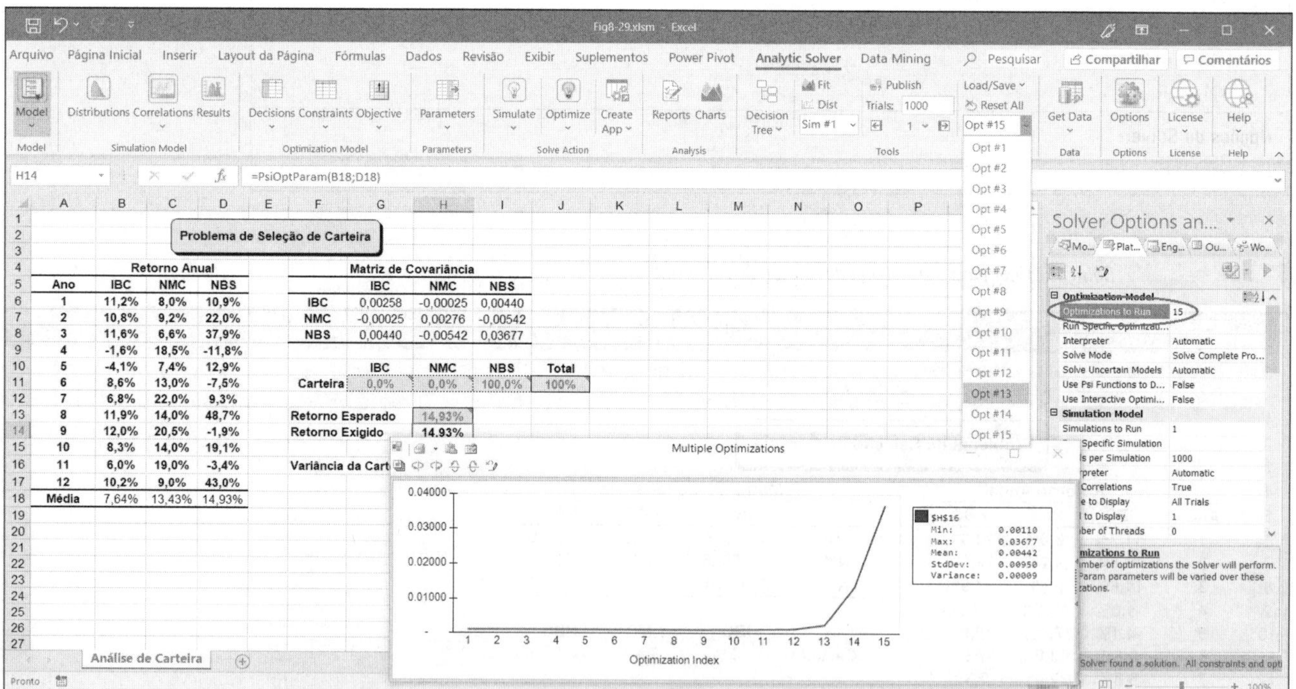

Fórmulas das principais células		
Célula	**Fórmula**	**Copiado para**
J11	=SOMA(G11:I11)	--
H13	=SOMARPRODUTO(B18:D18;G11:I11)	--
H14	=PsiOptParam(B18; D18)	--
H16	=SOMARPRODUTO(MATRIZMULT(G11:I11;G6:I8);G11:I11)	--

O gráfico resultante na Figura 8.29 mostra como a variância da carteira ótima aumenta para cada uma das 15 otimizações, enquanto o retorno exigido esperado aumenta em incrementos iguais de 7,64% para 14,93%. Esse gráfico é útil não somente na identificação do nível máximo de risco que deveria ser aceito para cada nível possível de retorno, mas também na identificação dos pontos em que aumentos adicionais no retorno esperado incorrem em volumes de risco muito maiores. Nesse caso, há um aumento bastante significativo da variância da carteira (risco) entre a execução da 13ª e 14ª otimização. A lista sobreposta na Figura 8.29 nos permite selecionar e examinar os detalhes de cada execução da otimização.

Se tentarmos minimizar o risco sujeito a determinada taxa de retorno, ou maximizar o retorno sujeito a dado nível de risco, as soluções obtidas ainda poderiam ser ineficientes. Na solução para o nosso problema exemplo, poderia haver uma carteira diferente que produziria um retorno mais elevado para o mesmo nível de risco. Poderíamos verificar esse dado resolvendo o problema novamente, maximizando o retorno esperado e mantendo constante o nível mínimo de risco.

8.9.6 TRATANDO OBJETIVOS CONFLITANTES EM PROBLEMAS DE CARTEIRA

Como visto anteriormente, dois objetivos conflitantes diferentes podem ser aplicados a problemas de seleção de carteira: minimizar o risco (variância da carteira) e maximizar os retornos esperados. Uma forma de lidar com esses objetivos conflitantes é resolver o seguinte problema:

MAX: $(1 - \mathbf{r}) \times$ (Retorno Esperado da Carteira) $- \mathbf{r} \times$ (Variância da Carteira)

Sujeito a: $\sum p_i = 1$

$p_i \geq 0$ para todo i

Aqui, o p_i novamente representa as porcentagens de dinheiro que devemos investir em ações na carteira e **r** é uma constante entre 0 e 1 que representa a aversão do investidor ao risco (ou **valor de aversão ao risco**). Quando $\mathbf{r} = 1$ (indicando aversão máxima ao risco), a função objetivo tenta minimizar a variância da carteira. Tal solução é mostrada na Figura 8.30 (e no arquivo Fig8-30.xlsm, disponível na página deste livro no site da editora), em que implementamos o retorno esperado na célula H13, a variância da carteira na célula H14, o fator de aversão ao risco na célula H15 e a função objetivo na célula H16. Essa solução coloca 36% do dinheiro do investidor em ações da IBC, 57% em ações da NMC e 7,1% em ações da NBS. Isso resulta em uma carteira com variância igual a 0,0011. Essa é a menor variância possível de carteiras para esse conjunto de ações.

De outro modo, quando $\mathbf{r} = 0$ (indicando um desprezo total pelo risco), o objetivo tenta maximizar o retorno esperado da carteira. Essa solução é mostrada na Figura 8.31. Essa solução coloca 100% do dinheiro da investidora em ações da NBS, porque isso resultará em maior retorno para a carteira.

Para valores de **r** entre 0 e 1, o Solver sempre tentará manter maior possível o retorno esperado e menor possível a variância de carteira (porque a função objetivo nesse problema está sendo maximizada). À medida que o parâmetro **r** aumenta, é cada vez mais importante tornar a variância da carteira a menor possível (ou minimizar o risco). Assim, um investidor avesso ao risco deveria preferir soluções com valores de **r** relativamente elevados. Resolvendo uma série de problemas, cada vez ajustando o valor de **r**, um investidor pode selecionar uma carteira que resulte na maior utilidade esperada, ou no equilíbrio ótimo entre risco e retorno para sua particular atitude em relação a risco e retorno. Ou, se um investidor achar que a minimização do risco é duas vezes mais importante que a maximização de retornos, pode-se resolver o problema com $\mathbf{r} = 0{,}667$ (e $(1 - \mathbf{r}) = 0{,}333$) para refletir a atitude do investidor quanto a risco e retorno. Um valor de **r** igual a 0,99275 produzirá a mesma solução mostrada anteriormente na Figura 8.28.

8.10 Análise de sensibilidade

No Capítulo 4, analisamos como a solução ótima para um modelo de PL é sensível a mudanças em diversos coeficientes no modelo. Notamos que uma vantagem de usar o método Simplex para resolver problemas de PL é que esse método oferece informações expandidas sobre sensibilidade. Também é possível obter determinada quantidade de informação quanto à sensibilidade quando se usam métodos de otimização não linear para resolver problemas lineares ou não lineares.

Para entender a informação disponível quanto à sensibilidade a partir da otimização não linear, faremos uma comparação com o que aprendemos no Capítulo 4 a respeito da informação quanto à sensibilidade que resulta do uso do método Simplex. No Capítulo 4, resolvemos a seguinte versão modificada do problema da Blue Ridge Hot Tubs, na qual um terceiro tipo de banheira – a Typhoon-Lagoon – foi incluído no modelo:

FIGURA 8.30 *Solução com a carteira de investimentos menos arriscada.*

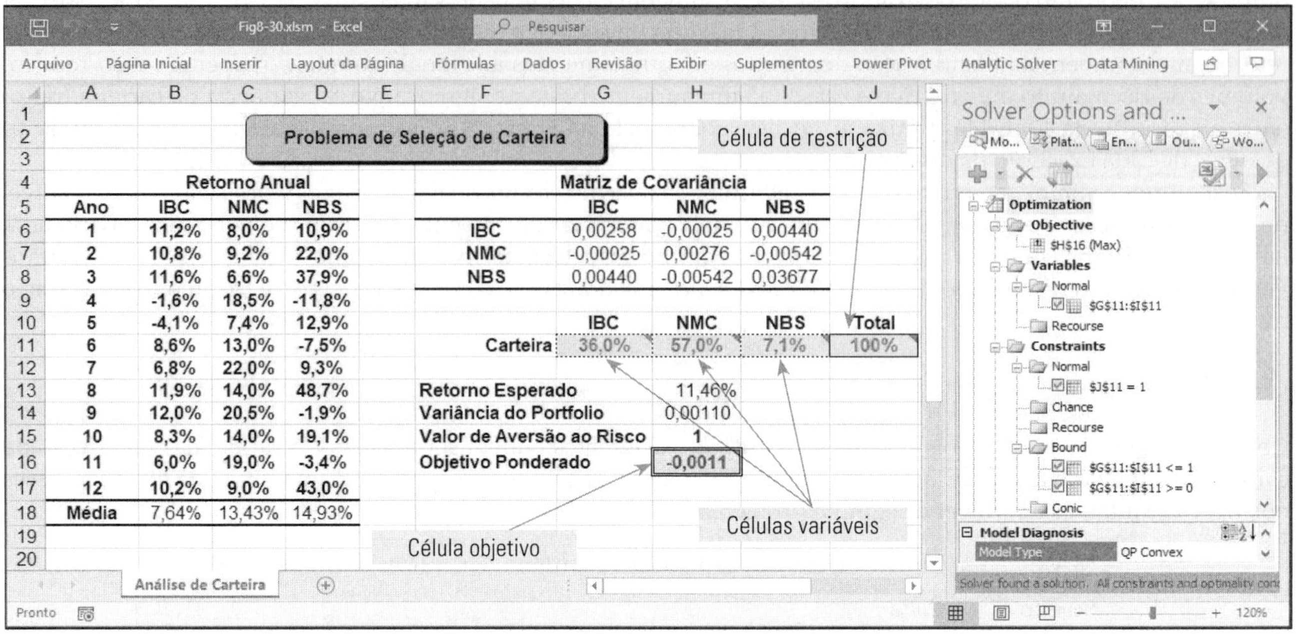

Fórmulas das principais células		
Célula	**Fórmula**	**Copiado para**
J11	=SOMA(G11:I11)	--
H13	=SOMARPRODUTO(B18:D18;G11:I11)	--
H14	=SOMARPRODUTO(MATRIZMULT(G11:I11;G6:I8);G11:I11)	--
H16	=(1−H15)*H13−H15*H14	--

$$
\begin{array}{llr}
\text{MAX:} & 350X_1 + 300X_2 + 320X_3 & \} \text{ lucro} \\
\text{Sujeito a:} & 1X_1 + 1X_2 + 1X_3 \leq 200 & \} \text{ restrição de bomba} \\
 & 9X_1 + 6X_2 + 8X_3 \leq 1.566 & \} \text{ restrição de trabalho} \\
 & 12X_1 + 16X_2 + 13X_3 \leq 2.880 & \} \text{ restrição de tubulação} \\
 & X_1, X_2, X_3 \geq 0 & \} \text{ condições de não negatividade}
\end{array}
$$

A implementação de planilha desse problema é mostrada na Figura 8.32 (e no arquivo Fig8-32.xlsm, disponível na página deste livro no site da editora). A Figura 8.33 mostra o Relatório de Sensibilidade gerado para esse problema após resolvê-lo usando-se o método Simplex. A Figura 8.34 mostra o Relatório de Sensibilidade para esse problema após resolvê-lo com o uso do otimizador não linear do Solver.

Ao compararmos as Figuras 8.33 e 8.34, notamos que é obtida a mesma solução ótima se o problema é resolvido com o uso do método Simplex ou do otimizador não linear. Ambos os relatórios indicam que 122 Aqua-Spas, 78 Hydro-Luxes e nenhuma Typhoon-Lagoon deveriam ser produzidas. Ambos os relatórios indicam também que essa solução requer 200 bombas, 1.566 horas de trabalho e 2.712 pés de tubulação. Não é surpresa o fato de que as duas técnicas de otimização encontraram a mesma solução ótima, porque esse problema é conhecido por ter uma solução ótima única. Entretanto, se um problema de PL tem múltiplas soluções ótimas, o método Simplex e o otimizador não linear não identificarão necessariamente a mesma solução ótima.

Outra semelhança entre os dois Relatórios de Sensibilidade aparecerá se compararmos os valores nas colunas "Custo Reduzido" e "Preço Sombra" da Figura 8.33 com os valores nas colunas "Gradiente Reduzido" (Reduced Gradient) e "Multiplicador de Lagrange" (Lagrange Multiplier) da Figura 8.34. O custo reduzido para cada variável da Figura 8.33 é o mesmo que o gradiente reduzido para cada variável da Figura 8.34. De modo semelhante, o preço sombra para restrição na Figura 8.33 é o mesmo que o multiplicador de Lagrange para cada restrição na Figura 8.34. Isso não é simplesmente uma coincidência.

FIGURA 8.31 *Solução mostrando a carteira de retorno máximo.*

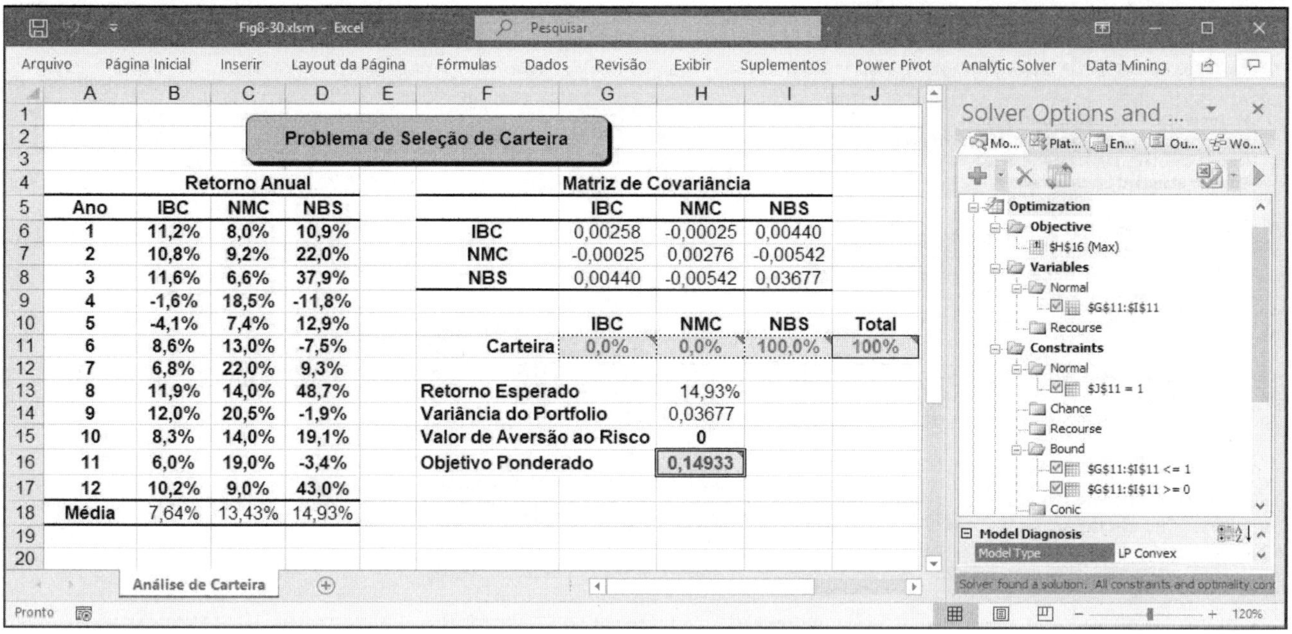

FIGURA 8.32 *Modelo de planilha para o problema revisado da Blue Ridge Hot Tubs.*

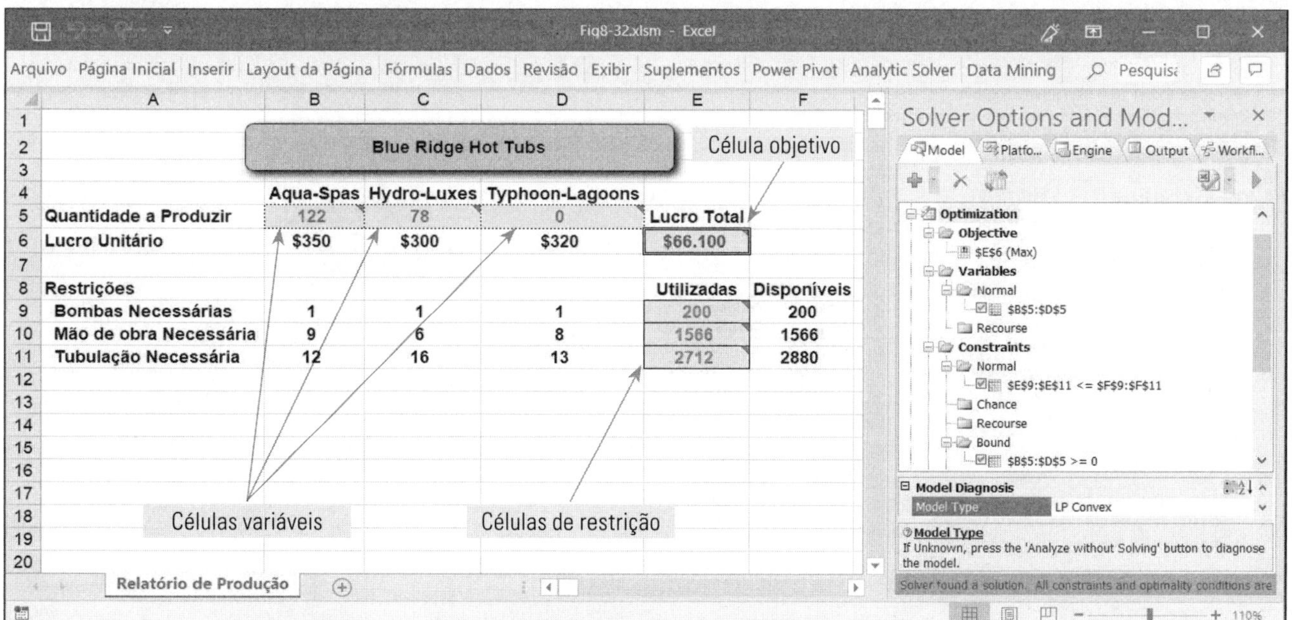

Fórmulas das principais células		
Célula	**Fórmula**	**Copiado para**
E6	=SOMARPRODUTO(B6:D6;$B$5:$D$5)	E9:E11

FIGURA 8.33 *Relatório de Sensibilidade após a solução do modelo usando o método Simplex.*

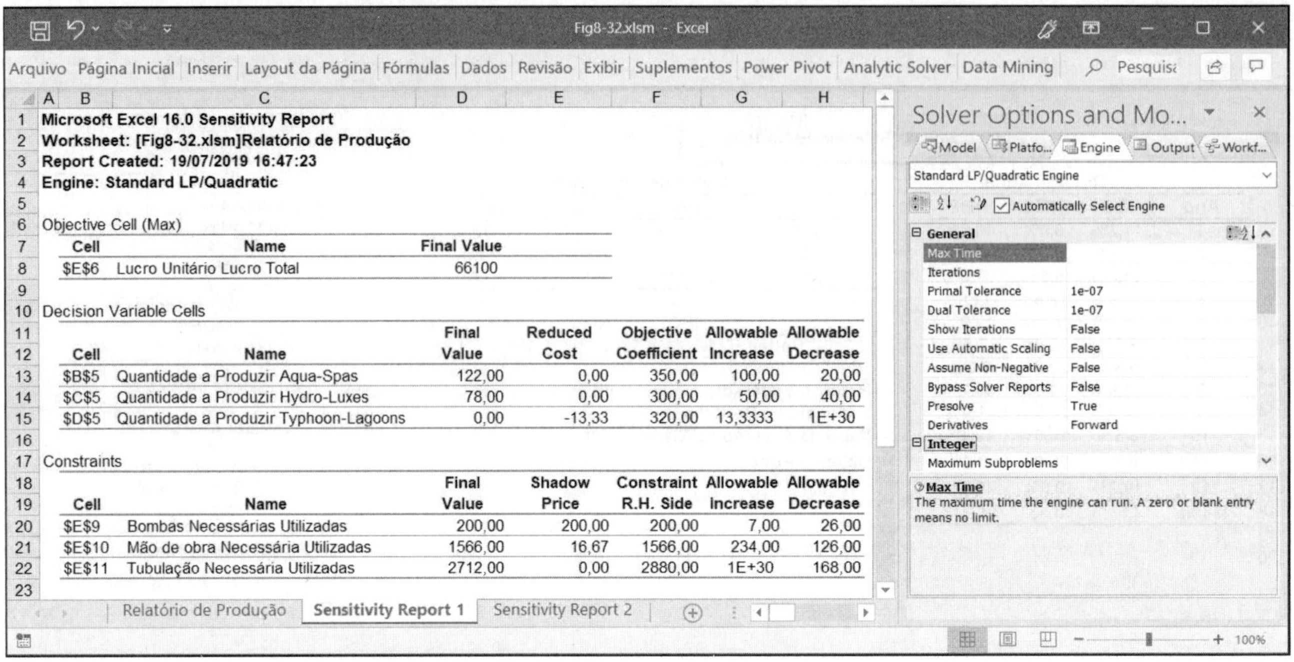

Microsoft Excel 16.0 Sensitivity Report
Worksheet: [Fig8-32.xlsm]Relatório de Produção
Report Created: 19/07/2019 16:47:23
Engine: Standard LP/Quadratic

Objective Cell (Max)

Cell	Name	Final Value
$E$6	Lucro Unitário Lucro Total	66100

Decision Variable Cells

Cell	Name	Final Value	Reduced Cost	Objective Coefficient	Allowable Increase	Allowable Decrease
$B$5	Quantidade a Produzir Aqua-Spas	122,00	0,00	350,00	100,00	20,00
$C$5	Quantidade a Produzir Hydro-Luxes	78,00	0,00	300,00	50,00	40,00
$D$5	Quantidade a Produzir Typhoon-Lagoons	0,00	-13,33	320,00	13,3333	1E+30

Constraints

Cell	Name	Final Value	Shadow Price	Constraint R.H. Side	Allowable Increase	Allowable Decrease
$E$9	Bombas Necessárias Utilizadas	200,00	200,00	200,00	7,00	26,00
$E$10	Mão de obra Necessária Utilizadas	1566,00	16,67	1566,00	234,00	126,00
$E$11	Tubulação Necessária Utilizadas	2712,00	0,00	2880,00	1E+30	168,00

FIGURA 8.34 *Relatório de Sensibilidade obtido após a solução do modelo usando o otimizador GRG não linear do Solver.*

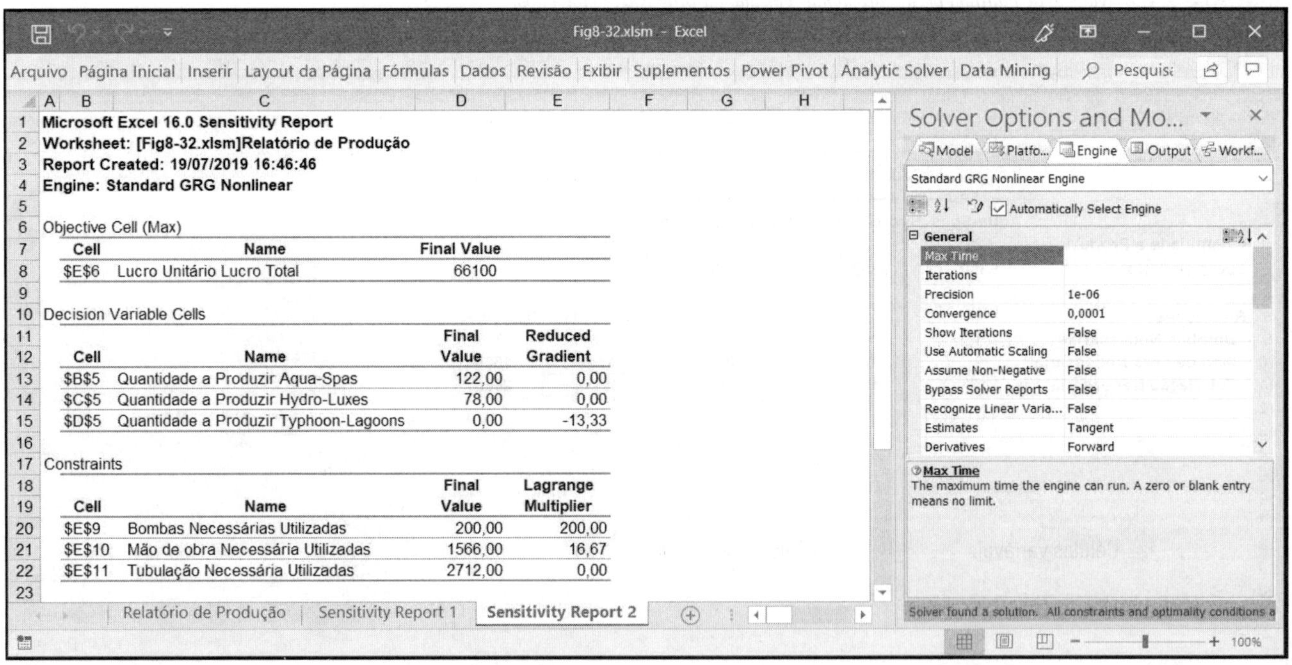

Microsoft Excel 16.0 Sensitivity Report
Worksheet: [Fig8-32.xlsm]Relatório de Produção
Report Created: 19/07/2019 16:46:46
Engine: Standard GRG Nonlinear

Objective Cell (Max)

Cell	Name	Final Value
$E$6	Lucro Unitário Lucro Total	66100

Decision Variable Cells

Cell	Name	Final Value	Reduced Gradient
$B$5	Quantidade a Produzir Aqua-Spas	122,00	0,00
$C$5	Quantidade a Produzir Hydro-Luxes	78,00	0,00
$D$5	Quantidade a Produzir Typhoon-Lagoons	0,00	-13,33

Constraints

Cell	Name	Final Value	Lagrange Multiplier
$E$9	Bombas Necessárias Utilizadas	200,00	200,00
$E$10	Mão de obra Necessária Utilizadas	1566,00	16,67
$E$11	Tubulação Necessária Utilizadas	2712,00	0,00

8.10.1 MULTIPLICADORES DE LAGRANGE

No Capítulo 4, vimos que o preço sombra de uma restrição representa o valor marginal de uma unidade adicional do recurso representado pela restrição – ou a quantidade pela qual a função objetivo melhoraria se o RHS da restrição for relaxado em uma unidade. Essa mesma interpretação se aplica aproximadamente aos multiplicadores de Lagrange. A principal diferença entre os preços sombra e os multiplicadores de Lagrange envolve a faixa de valores RHS sobre os quais o preço sombra ou o multiplicador de Lagrange continua válido.

Como discutido no Capítulo 4 (e mostrado anteriormente na Figura 8.33), após resolver um problema de PL usando o método Simplex, podemos identificar o aumento ou a redução permissível em um valor RHS de restrição, sobre o qual o preço sombra da restrição permanece válido. Podemos fazer isso porque a função objetivo e as restrições em um problema de PL são todas lineares, fazendo com que o impacto de mudanças em um valor RHS de restrição no valor da função objetivo seja relativamente fácil de calcular. Entretanto, nos problemas de PNL, não temos uma forma geral de determinar tais faixas para os valores RHS das restrições. Então, quando se usa o otimizador não linear do Solver para resolver um problema de otimização, não podemos facilmente determinar a faixa de valores RHS sobre os quais o multiplicador de Lagrange de uma restrição continuará válido. Os multiplicadores de Lagrange podem ser usados apenas para calcular o impacto aproximado sobre a função objetivo de uma pequena mudança do valor RHS de restrição.

8.10.2 GRADIENTES REDUZIDOS

No Capítulo 4, vimos que o custo reduzido de uma variável que assume seu limite inferior (ou superior) simples na solução ótima representa, geralmente, a quantidade na qual a função objetivo seria reduzida (ou aumentada) se essa variável pudesse ser aumentada em uma unidade. Novamente, essa mesma interpretação se aplica, aproximadamente, aos valores de gradiente reduzido. Em particular, valores de gradiente reduzido diferentes de zero indicam o impacto aproximado sobre o valor da função objetivo de mudanças muito pequenas no valor de dada variável. Por exemplo, no Capítulo 4, vimos que forçar a produção de uma Typhoon-Lagoon resultou em uma redução de $ 13,33 no lucro total para o problema mostrado na Figura 8.32. Isso é refletido pelo valor do custo reduzido para a Typhoon-Lagoon, mostrado na Figura 8.33, e pelo valor de gradiente reduzido para o mesmo modelo de banheira, mostrado na Figura 8.34.

Embora tenhamos usado um modelo de PL para discutir o significado de gradientes reduzidos e multiplicadores de Lagrange, a interpretação deles é a mesma para os problemas não lineares. Conforme foi dito antes, um problema de PL pode ser visto como um tipo especial de problema de PNL, em que a função objetivo e as restrições são lineares.

8.11 Opções do Solver para a solução de PNLs

Embora possamos representar um problema de PL com uma função objetivo e um conjunto de restrições altamente estruturado e relativamente simples, a função objetivo e as restrições em um problema de PNL podem ser virtualmente *qualquer* função matemática. Assim, não é raro encontrar dificuldades enquanto se tenta resolver problemas de PNL.

O Solver dá várias opções para controlar o modo como resolve PNLs. Essas opções – Estimativas, Derivadas e Pesquisa – estão localizadas na guia Mecanismo no painel de tarefas do Analytic Solver, como é mostrado na Figura 8.35. As configurações padrão para essas opções funcionam bem para muitos problemas. Entretanto, se houver dificuldade em resolver um problema de PNL, pode-se tentar mudar essas opções para forçar o uso de uma estratégia de pesquisa diferente. Uma descrição completa dessas opções exigiria uma compreensão profunda de cálculo, o que foge ao escopo deste livro. As descrições a seguir dão uma visão não técnica geral dessas opções.

À medida que o Solver procura uma solução ótima para um problema de PNL, ele para se a mudança relativa no valor da função objetivo para várias iterações for menor que o fator de convergência. Se acharmos que o Solver está parando rápido demais quando ele converge para uma solução ótima, devemos reduzir a configuração de convergência, como mostrado na Figura 8.35.

A opção Estimativas determina como o Solver estima os valores das variáveis de decisão enquanto procura por soluções melhoradas. A configuração padrão, Tangente, estima valores usando uma técnica de extrapolação linear, ao passo que a configuração alternativa, Quadrático, usa uma técnica de extrapolação não linear.

A opção Derivadas determina como o Solver estima derivadas. Quando se usa a configuração padrão, Adiante, o Solver obtém estimativas das primeiras derivadas de uma função em um ponto, tomando outro ponto levemente deslocado à frente do ponto de referência e computando a elevação obtida na função. Com a configuração Central, o Solver obtém estimativas das primeiras derivadas tomando dois pontos levemente deslocados em relação ao ponto de referência, tanto para trás como para a frente, e computando a elevação obtida na função entre esses dois pontos. A configuração Central requer duas vezes mais cálculos que os utilizados na opção Adiante, mas pode melhorar as estimativas das derivadas, conseguindo melhores direções de busca e frequentemente menos iterações. Entretanto, a diferença em precisão, normalmente, não compensa o esforço extra. Por isso, a configuração padrão é Adiante.

A opção Busca determina como o Solver escolhe a direção de busca ao longo da qual procura um ponto viável com um valor objetivo melhorado. A configuração padrão "Newton" faz com que o Solver use o método Broyden-Fletcher-Goldfarb-Shanno Quasi-Newton para identificar direções de busca. A configuração "Conjugado" instrui o Solver a usar o método do gradiente conjugado. Os detalhes dessas técnicas escapam ao escopo deste texto, mas podem ser encontrados na maioria dos textos que tratam de PNL.

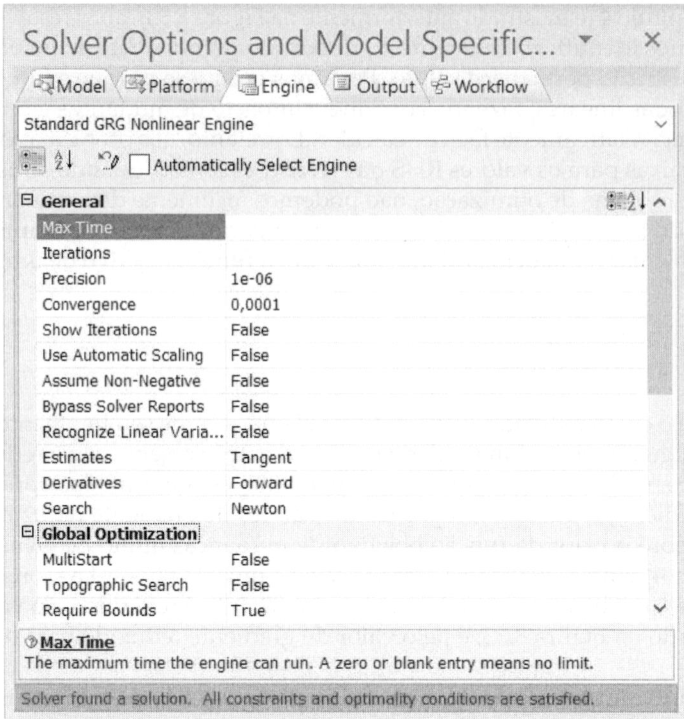

FIGURA 8.35
Opções do Solver para problemas de PNL.

Como mencionado anteriormente, a solução ótima local na qual um algoritmo de PNL termina muitas vezes depende do ponto de partida inicial. Observe que, se a opção Início Múltiplo (Multistart) na Figura 8.35 for definida como Verdadeiro, o Solver aplica métodos para tentar encontrar uma solução ótima global, em vez de local. Além disso, os problemas de escala muitas vezes afetam o modo com o qual o Solver pode resolver um problema. Assim, selecionar a opção Usar Escala Automática é também uma possível saída a tentar se o Solver encontra dificuldade para solucionar um problema de PNL.

8.12 Algoritmos evolutivos

Em anos recentes, um dos desenvolvimentos mais interessantes e animadores no campo da otimização concentrou--se na pesquisa na área de algoritmos evolutivos (ou genéticos). Inspirados pela teoria da evolução de Darwin, os pesquisadores interessados na otimização matemática conceberam técnicas heurísticas de busca que imitam processos na reprodução biológica e aplicam o princípio da "sobrevivência do mais capaz" a fim de criar mecanismos de otimização de finalidade geral.

Resumidamente, os algoritmos genéticos (AGs) começam com um conjunto de cromossomos (vetores numéricos) representando possíveis soluções para um problema de otimização. Os componentes individuais (valores numéricos) dentro de um cromossomo são chamados genes. Novos cromossomos são criados pela recombinação e pela mutação. **Recombinação** é a troca probabilística de valores entre vetores de solução. **Mutação** é a substituição aleatória de valores em um vetor de solução. Os cromossomos são então avaliados de acordo com uma função de capacidade (ou objetivo), com o mais capaz sobrevivendo na geração seguinte. O resultado é um conjunto de genes que evoluiu com o tempo a fim de produzir soluções cada vez melhores para um problema.

A Figura 8.36 mostra um exemplo de como uma iteração por meio do processo evolutivo pode funcionar em um problema simples envolvendo quatro variáveis de decisão. Nesse caso, arbitrariamente começamos com uma população de sete possíveis vetores de solução (cromossomos). (Na realidade, a maioria dos AGs usa uma população de 50 a 100 cromossomos.) Cada cromossomo é avaliado de acordo com alguma função de capacidade (objetivo) para o problema.

Depois aplicamos os operadores de recombinação e mutação para gerar possíveis novas soluções para o problema. A segunda tabela da Figura 8.36 mostra os resultados desse processo. Observe que os valores para X_3 e X_4 nos cromossomos 1 e 2 foram trocados, bem como foram trocados os valores para X_1 e X_2 nos cromossomos 5 e 6. Isso representa a operação de recombinação. Observe também que os valores de X_2, X_3 e X_4 nos cromossomos 3, 4 e 7, respectivamente, foram modificados aleatoriamente – representando a mutação. A capacidade de cada novo

População Inicial

Cromossomo	X_1	X_2	X_3	X_4	Capacidade
1	7,84	24,39	28,95	6,62	282,08
2	10,26	16,36	31,26	3,55	293,38
3	3,88	23,03	25,92	6,76	223,31
4	9,51	19,51	26,23	2,64	331,28
5	5,96	19,52	33,83	6,89	453,57
6	4,77	18,31	26,21	5,59	229,49
7	8,72	22,12	29,85	2,30	409,68

Recombinação & Mutação

Recombinação

Cromossomo	X_1	X_2	X_3	X_4	Capacidade
1	7,84	24,39	31,26	3,55	334,28
2	10,26	16,36	28,95	6,62	227,04
3	3,88	19,75	25,92	6,76	301,44
4	9,51	19,51	32,23	2,64	495,52
5	4,77	18,31	33,83	6,89	332,38
6	5,96	19,52	26,21	5,59	444,21
7	8,72	22,12	29,85	4,60	478,93

Mutaçao

Recombinação

População Nova

Cromossomo	X_1	X_2	X_3	X_4	Capacidade
1	7,84	24,39	31,26	3,55	334,28
2	10,26	16,36	31,26	3,55	293,38
3	3,88	19,75	25,92	6,76	301,44
4	9,51	19,51	32,23	2,64	495,52
5	5,96	19,52	33,83	6,89	453,57
6	5,96	19,52	26,21	5,59	444,21
7	8,72	22,12	29,85	4,60	478,93

FIGURA 8.36
Exemplo de uma iteração através de um algoritmo evolutivo.

cromossomo é, então, calculada e comparada com a capacidade do cromossomo correspondente na população original, com o cromossomo mais capaz sobrevivendo na população seguinte. Vários procedimentos podem ser usados para melhorar a recombinação, mutação e sobrevivência do mais capaz. Esse simples exemplo destina-se a oferecer uma compreensão básica de como um AG pode funcionar.

Até certo ponto, o algoritmo evolutivo do Solver recomeça onde seu algoritmo GRG não linear para. Conforme vimos, para problemas não lineares, a solução gerada pelo Solver depende do ponto de partida e pode ser uma solução ótima local em vez de ótima global. Além disso, o Solver tende a ter dificuldade em resolver problemas com descontinuidades e ambiências não suaves, típicas de modelos de planilha que empregam funções lógicas SE( ) ou tabelas de consulta. Embora o algoritmo evolutivo não possa evitar completamente a possibilidade de ficar preso a uma solução ótima local, o uso de um conjunto inicial aleatório de genes e de operadores de recombinação probabilística e de mutação faz com que essa ocorrência seja menos provável. Além disso, o algoritmo evolutivo pode operar em virtualmente qualquer modelo de planilha – mesmo naquelas que têm funções SE( ), tabelas de consulta e funções macro customizadas. Consideraremos agora alguns exemplos de problemas em que o algoritmo evolutivo do Solver pode ser aplicado.

8.13 Formando equipes justas

Há uma variedade de problemas cuja meta é formar equipes justas ou equilibradas dentre um grupo de pessoas. Isso pode acontecer em torneios amadores de golfe, em que a meta é formar times com *handicaps* semelhantes, e em organizações cívicas que patrocinam eventos sociais, em que há um desejo de garantir diversidade na distribuição de lugares nas mesas. Outro problema desse tipo é ilustrado aqui:

> Steve Sorensen é o diretor do programa de MBA na Claytor College. Todos os anos, ele forma equipes de projeto para a classe de novos alunos de MBA em tempo integral. Durante o primeiro semestre, os alunos trabalham com a mesma equipe em todas as suas aulas a fim de se conhecerem e aprenderem a lidar com as pessoas que, de outro modo, poderiam não ter escolhido para trabalhar. Há 34 alunos na próxima classe, e Steve gostaria de organizá-los em sete equipes. Ele também gostaria de designar os alunos às equipes para que a pontuação média dos escores do GMAT de cada equipe seja a mais semelhante possível.

8.13.1 UM MODELO DE PLANILHA PARA O PROBLEMA

A Figura 8.37 mostra uma planilha que contém as pontuações dos escores do GMAT para os 34 novos alunos de MBA da Claytor College. (Observe que as linhas 17 a 26 da tabela foram escondidas para economizar espaço.) As células D5 a D38 representam as variáveis de decisão, indicando para qual das sete equipes cada aluno foi designado. Neste momento, valores arbitrários foram atribuídos a essas células. O Solver será instruído a atribuir valores inteiros de 1 a 7 para cada uma dessas células. As células G5 a G11 calculam a pontuação média dos escores do GMAT para os alunos designados a cada equipe da seguinte forma:

Fórmula para a célula G5: =MÉDIASE($D$5:$D$38;F5;$C$5:$C$38)
(Copiar para G6 a G11.)

A função MÉDIASE( ) funciona da mesma forma que a função SOMASE( ), discutida anteriormente neste capítulo (e no Capítulo 5). Na célula G5, a função MÉDIASE($D$5:$D$38;F5;$C$5:$C$38) para a equipe 1 compara os valores de designação de equipe nas células D5 a D38 com o valor de 1 na célula F5 e, quando ocorrem combinações, calcula a média dos valores dos escores do GMAT correspondentes nas células C5 a C38.

A célula G12 calcula a variância das pontuações médias dos escores do GMAT e servirá como nossa função objetivo a ser minimizada para esse problema.

Fórmula para a célula G12: =SEERRO(VAR(G5:G11);999999999)

A função SEERRO( ) retorna um valor arbitrariamente grande de 999999999, se alguma vez for encontrado um erro no cálculo da variância de G5 a G11. Assim, se o Solver atribuir valores às células de decisão que produzem um valor de erro em outros cálculos, o valor objetivo para essa solução será um valor muito grande (ineficiente), em vez de ser um valor de erro. (Por exemplo, se o Solver não atribuir nenhum aluno a um grupo específico, a função MÉDIASE( ) para esse grupo retornará um erro de divisão por zero. [Somente o Chuck Norris pode dividir por zero.])

Para manter um número aproximadamente igual de alunos designados para cada equipe, permitiremos um máximo de cinco alunos por equipe. O número de alunos designados para cada equipe é calculado nas células H5 a H11 da seguinte forma:

Fórmula para a célula H5: =CONT.SE($D$5:$D$38;F5)
(Copiar para H6 a H11.)

8.13.2 RESOLVENDO O MODELO

Nesse problema, queremos usar o Solver para determinar valores de designação de equipe nas células D5 a D38 que minimizam a variância das pontuações dos escores do GMAT da equipe na célula G12, ao mesmo tempo que designa não mais que cinco alunos para cada equipe.

Infelizmente, as funções MÉDIASE( ) e CONT.SE( ), usadas nesse modelo, criam descontinuidades que fazem com que o algoritmo GRG do Solver seja um pouco ineficiente nesse problema. De fato, se tentarmos usar o algoritmo GRG do Solver nesse problema, ele não irá além da solução inicial mostrada na Figura 8.37. Entretanto, se resolvermos o problema usando o algoritmo evolutivo do Solver, usando as configurações mostradas na Figura 8.38, obteremos a solução da Figura 8.39. É possível que seja necessário resolver o problema várias vezes para obter essa solução, e uma solução diferente (ou melhor) até pode ser encontrada. Pelo fato de este ser um problema de otimização não suave, o Solver normalmente encontrará uma solução "boa", mas não necessariamente uma solução ótima global ou local.

FIGURA 8.37 *Modelo de planilha para o problema de designação de equipe de MBA.*

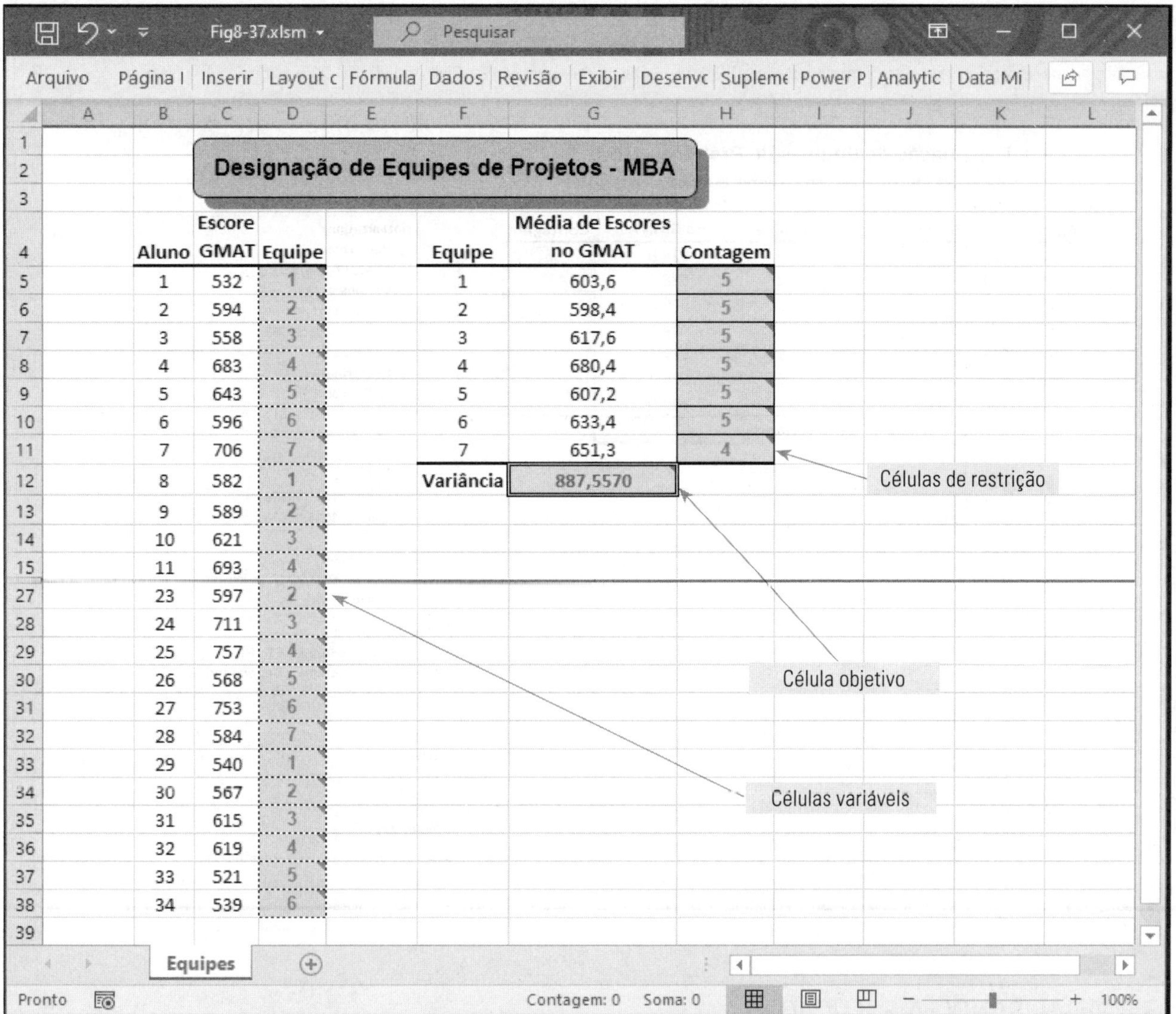

Fórmulas das principais células		
Célula	**Fórmula**	**Copiado para**
G5	=MEDIASE($D$5:$D$38;F5;$C$5:$C$38)	G6:G11
H5	=CONTASE($D$5:$D$38;F5)	H6:H11
G12	=SEERRO(VAR(G5:G11);999999999)	--

Configurações do Solver:

Objetivo: G12 (Min)
Células variáveis: D5:D38
Restrições:
- H5:H11 <= 5
- D5:D38 <= 7
- D5:D38 >= 1
- D5:D38 = número inteiro

Opções do Solver:
Evolutionary

FIGURA 8.38 *Configurações e opções do Solver para o problema de designação de equipe de MBA.*

FIGURA 8.39 *Possível solução para o problema de designação de equipe de MBA.*

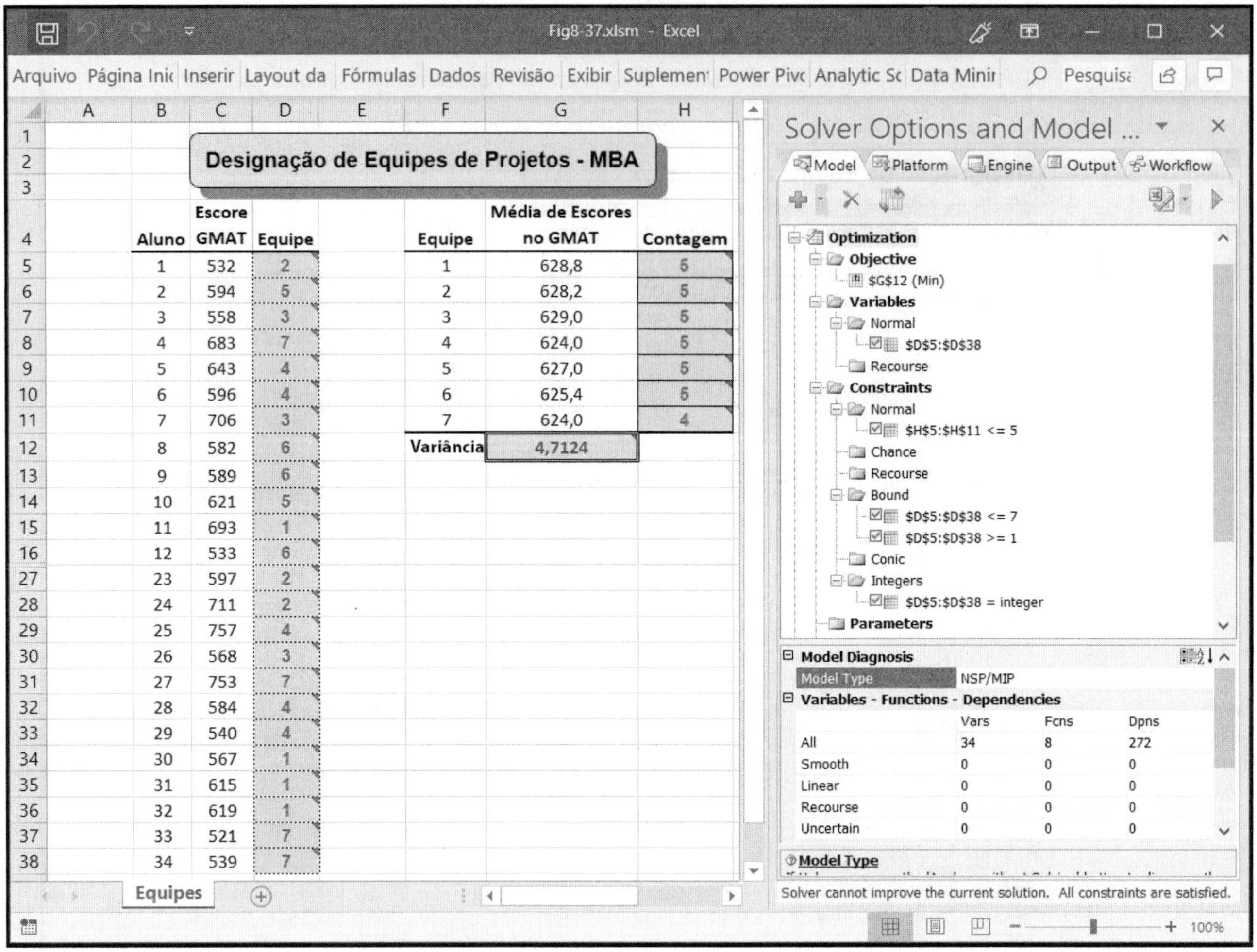

8.13.3 ANALISANDO A SOLUÇÃO

As designações de equipe mostradas na Figura 8.39 reduziram significativamente a variância das pontuações médias dos escores do GMAT, de 887,5 para 4,7124. É importante lembrar que o algoritmo evolutivo do Solver é uma heurística que pode ou não encontrar a solução ótima global. Muitas vezes, quando o Solver para e informa que não pode melhorar a solução atual, reiniciar o Solver de um ponto de partida diferente resultará em uma solução diferente (e potencialmente melhor).

8.14 O problema do caixeiro-viajante

O Problema do Caixeiro-Viajante (PCV) é um dos problemas mais conhecidos no campo da otimização. Pode ser descrito sucintamente da seguinte forma:

> Um vendedor quer achar a rota menos dispendiosa (ou mais curta) para visitar clientes em n cidades diferentes, passando por cada cidade exatamente uma vez antes de voltar para casa.

Embora esse problema seja muito simples de ser enunciado, torna-se extremamente difícil de resolver quando o número de cidades aumenta. Em geral, para um PCV com n cidades há $(n-1)!$ rotas (ou percursos) possíveis que o vendedor pode utilizar (em que $(n-1)! = (n-1) \times (n-2) \times (n-3) \times \ldots \times 2 \times 1$). A tabela a seguir mostra o valor de $(n-1)!$ para vários valores de n:

n	(*n* – 1)!
3	2
5	24
9	40.320
13	479.001.600
17	20.922.789.888.000
20	121.645.100.408.832.000

Assim, para um PCV com 3 cidades, existem apenas duas rotas distintas para o vendedor (ou seja, 1 → 2 → 3 →1 e 1 → 3 → 2 → 1, assumindo que o vendedor inicia na cidade 1). Entretanto, com apenas 17 cidades, o número de rotas possíveis aumenta para quase 21 *trilhões*. Devido ao fato de PCVs serem tão difíceis de resolver, as técnicas de solução heurística (como algoritmos genéticos) são muitas vezes usadas para solucionar esses problemas.

Embora seja improvável que muitos caixeiros-viajantes realmente se importem com a solução desse tipo de problema, há diversos outros exemplos de problemas práticos de negócios que podem ser descritos na forma geral de um PCV. Um exemplo disso será descrito a seguir.

> A Wolverine Manufacturing Company possui e opera várias máquinas controladas por computadores que podem ser programadas para realizar operações precisas de perfuração e de usinagem. Atualmente, a empresa está programando sua máquina perfuratriz para um trabalho que exige que sejam feitos nove furos em locais precisos em um painel plano de fibra de vidro, que é usado na produção de um carro popular. Após fazer cada furo, a máquina retrai a broca automaticamente e a move para o próximo local a ser perfurado até que sejam feitos todos os furos. Pelo fato de a máquina precisar repetir o processo em milhões de painéis, a Wolverine está interessada em garantir que a máquina seja programada para fazer a série de furos da maneira mais eficiente. A empresa, em especial, deseja minimizar a distância total em que a broca tem de ser movida para completar as nove operações de perfuração.

Se imaginarmos que a broca nesse problema representa o vendedor e que cada uma das localizações dos furos representa as cidades que a furadeira deve visitar, é fácil ver que este é um PCV.

8.14.1 UM MODELO DE PLANILHA PARA O PROBLEMA

Para resolver o PCV da Wolverine, primeiro a empresa deve determinar a distância em linha reta entre cada par de localizações onde serão feitos os furos necessários. Uma matriz com a distância (em polegadas) entre cada par de localizações dos furos necessários é mostrada na Figura 8.40 (e no arquivo Fig8-40.xlsm, disponível na página deste livro no site da editora). Observe que estamos usando números inteiros de 0 a 8 para identificar os nove furos nesse problema. A razão para a numeração dos furos começar do 0 (em vez de 1) logo ficará clara.

Um percurso arbitrário para a broca (0 → 1 → 2 → 3 → 4 → 5 → 6 → 7 → 8 → 0) é mostrado nas células E18 a F26. A distância entre cada uma das localizações dos furos necessários nesse percurso é mostrada nas células G18 a G26, por meio da seguinte fórmula:

Fórmula para a célula G18: =ÍNDICE($C$6:$K$14;E18+1;F18+1)
(Copiar para G19 a G26.)

Em geral, a função ÍNDICE(***faixa; número de linha; número de coluna***) retorna o valor na célula correspondente ao ***número da linha*** e ***número da coluna*** da ***faixa*** especificada. Pelo fato de a célula E18 conter o número 0, e F18 conter o número 1, a fórmula anterior retorna o valor na primeira linha (E18 + 1) e segunda coluna (F18 + 1) da faixa C6:K14 – ou o valor na célula D6.

É claro que qualquer localização *para* a qual a furadeira se move torna-se a próxima *da* qual ela se moverá. Assim, a fórmula a seguir foi lançada nas células E19 a E26 para garantir que isso ocorra:

Fórmula para a célula E19: =F18
(Copiar para E20 a E26.)

O número zero foi lançado na célula F26 para garantir que a última movimentação da broca seja sempre de volta para a posição de partida. Pelo fato de a solução para um PCV exigir *n* cidades a serem visitadas exatamente uma vez, a extensão do percurso ótimo não mudará, não importa qual cidade seja escolhida como ponto de partida. (Pode haver múltiplos percursos ótimos, mas todos terão o mesmo valor de função objetivo.) Então, selecionando um ponto de partida para o PCV, reduzimos o número de soluções possíveis de *n!* a (*n* – 1)!, que, como visto antes, torna-se bem significativo à medida que *n* aumenta.

O objetivo nesse problema é minimizar a distância total que a broca tem de percorrer. Assim, nossa função objetivo (ou de capacidade) deve calcular a distância total associada com o percurso atual. Isso é feito na célula G27 da seguinte forma:

Fórmula para a célula G27: =SOMA(G18:G26)

FIGURA 8.40 *Modelo de planilha para o PCV da Wolverine.*

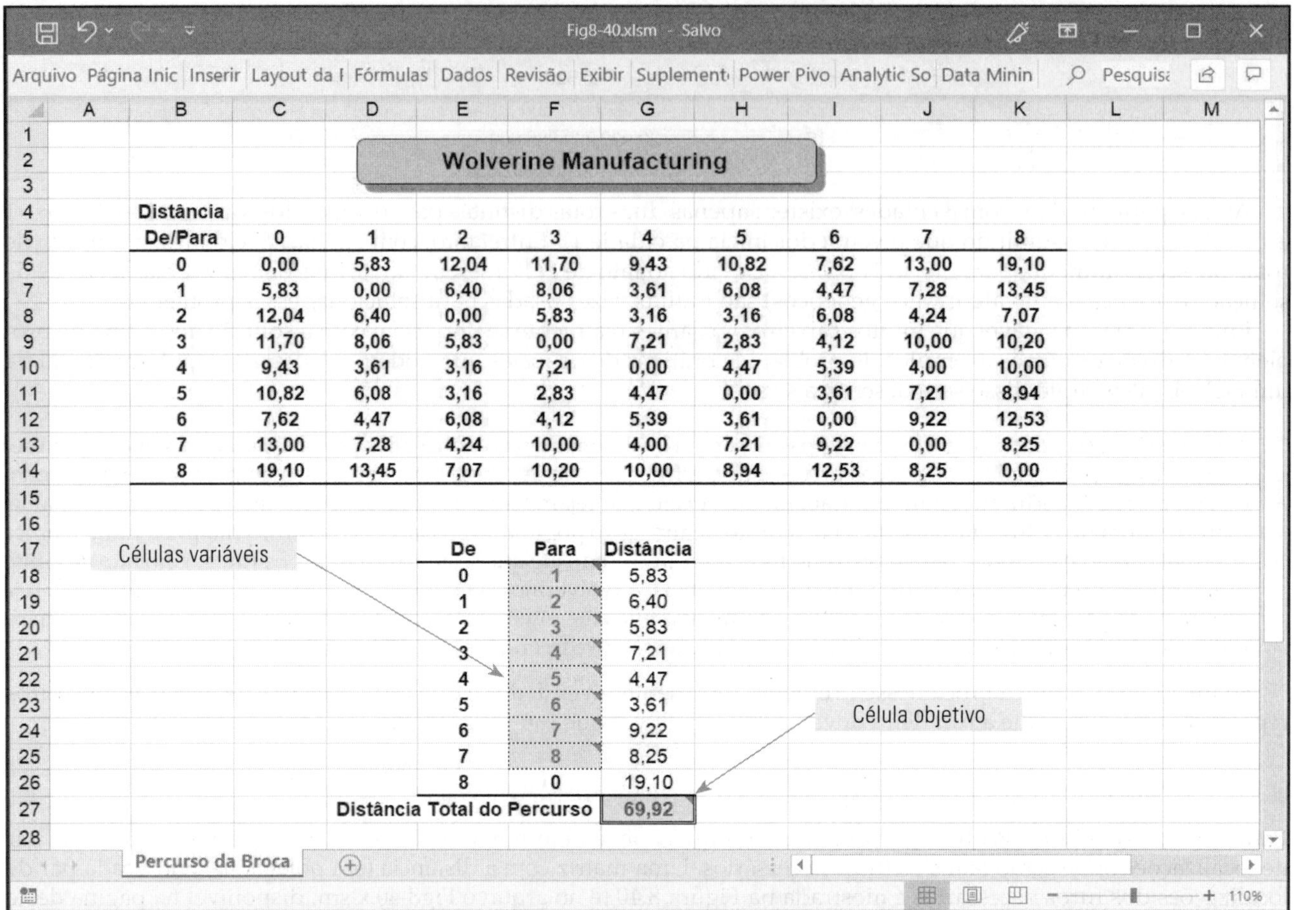

Distância De/Para	0	1	2	3	4	5	6	7	8
0	0,00	5,83	12,04	11,70	9,43	10,82	7,62	13,00	19,10
1	5,83	0,00	6,40	8,06	3,61	6,08	4,47	7,28	13,45
2	12,04	6,40	0,00	5,83	3,16	3,16	6,08	4,24	7,07
3	11,70	8,06	5,83	0,00	7,21	2,83	4,12	10,00	10,20
4	9,43	3,61	3,16	7,21	0,00	4,47	5,39	4,00	10,00
5	10,82	6,08	3,16	2,83	4,47	0,00	3,61	7,21	8,94
6	7,62	4,47	6,08	4,12	5,39	3,61	0,00	9,22	12,53
7	13,00	7,28	4,24	10,00	4,00	7,21	9,22	0,00	8,25
8	19,10	13,45	7,07	10,20	10,00	8,94	12,53	8,25	0,00

De	Para	Distância
0	1	5,83
1	2	6,40
2	3	5,83
3	4	7,21
4	5	4,47
5	6	3,61
6	7	9,22
7	8	8,25
8	0	19,10
Distância Total do Percurso		69,92

Fórmulas das principais células

Célula	Fórmula	Copiado para
E19	=F18	E20:F26
G18	=INDICE($C$6:$K$14;E18+1;F18+1)	G19:G26
G27	=SOMA(G18:G26)	--

Se começarmos na posição do furo 0, qualquer permutação do conjunto de números inteiros de 1 a 8 nas células F18 a F25 representa um percurso viável para a broca. (Uma **permutação** é simplesmente um rearranjo dos elementos de um conjunto.) Felizmente, o Solver permite um tipo especial de restrição para células mutantes, conhecida como a restrição "tudodiferente". A restrição **tudodiferente** pode ser aplicada a uma fileira contígua de *n* células mutantes e instrui o Solver a somente usar uma permutação do conjunto de inteiros de 1 a *n* nessas células. A restrição "tudodiferente" usada em combinação com o otimizador evolutivo do Solver permite modelar e resolver vários problemas práticos de negócios muito desafiadores envolvendo o sequenciamento ótimo de trabalhos ou atividades. Muitos desses problemas são encontrados nos exercícios e casos no fim deste capítulo.

A restrição "tudodiferente" do Solver

A restrição "tudodiferente" do Solver (selecionada por meio da opção dif na caixa de diálogo Adicionar Restrição do Solver) pode ser aplicada a uma fileira contígua de *n* células mutantes e instrui o Solver a somente usar uma permutação do conjunto de inteiros de 1 a *n* nessas células. Não se pode colocar nenhum limite ou restrição sobre as células cobertas por uma restrição "tudodiferente". Assim, se precisarmos determinar a permutação ótima de um conjunto de inteiros de, por exemplo, 21 a 28, podemos:

1. Aplicar a restrição "tudodiferente" a um conjunto de oito células mutantes (de modo que o Solver gere permutações de 1 a 8 nessas células).
2. Colocar fórmulas em outro conjunto de oito células somando o valor 20 aos valores que o Solver gera para as células mutantes "tudodiferente".

8.14.2 RESOLVENDO O MODELO

A Figura 8.41 mostra os parâmetros do Solver usados para resolver esse problema. A restrição "tudodiferente" é ativada ao selecionarmos a opção dif quando adicionamos restrições às células variáveis. A solução obtida é mostrada na Figura 8.42.

8.14.3 ANALISANDO A SOLUÇÃO

A solução mostrada na Figura 8.42 representa uma redução de 33,5% na distância total que a broca necessita percorrer. Se essa operação de perfuração se repetirá em milhões de partes, a redução no tempo de processamento, no desgaste e nos danos à máquina associados à implementação do percurso ótimo seriam, provavelmente, bem significativos para a empresa.

Configurações do Solver:

Objetivo: G27 (Min)
Células variáveis: F18:F25
Restrições:
F18:F25 = alldiferent

Opções do Solver:

Evolutionary

FIGURA 8.41 *Parâmetros do Solver para o PCV da Wolverine.*

FIGURA 8.42 *Uma solução para o PCV da Wolverine.*

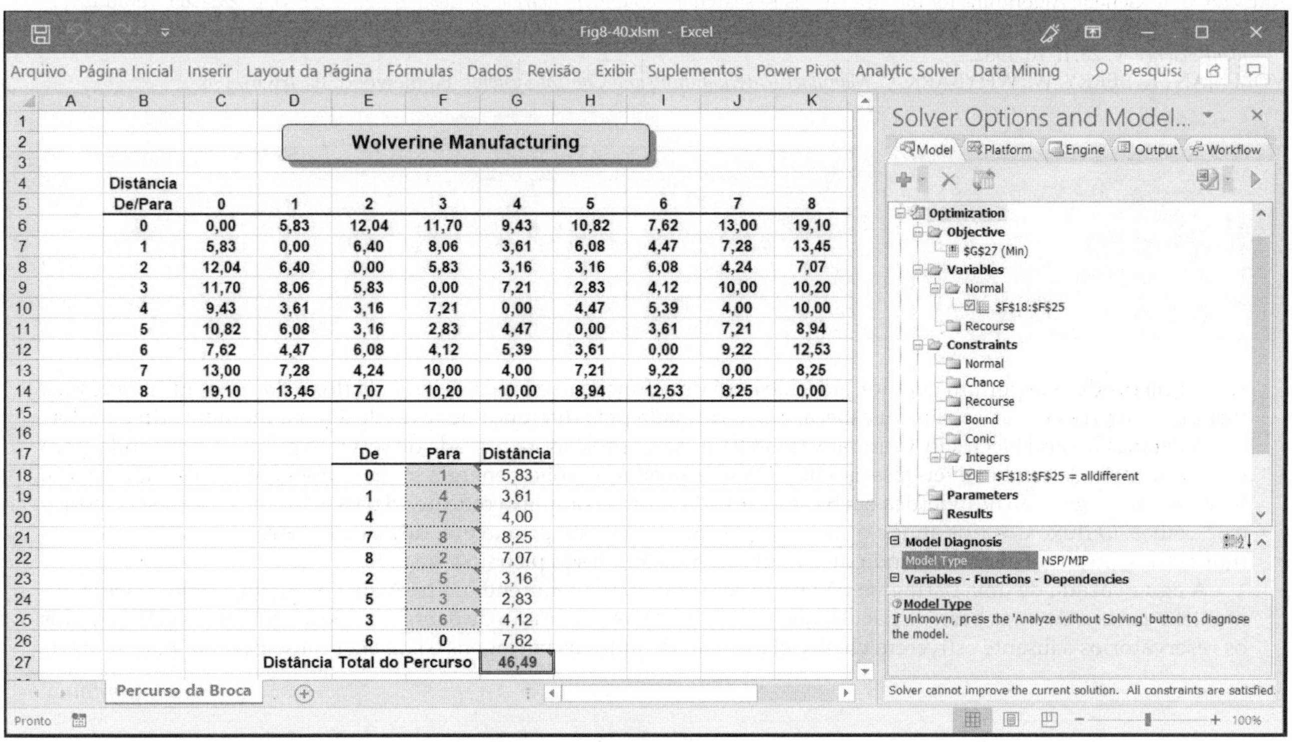

É importante lembrar que o algoritmo evolutivo do Solver gera aleatoriamente a população inicial de soluções e usa operações de reconfiguração probabilística e de mutação. Então, se resolvermos esse problema novamente, poderemos não obter a mesma solução mostrada na Figura 8.42 (ou poderemos obter uma solução ótima alternativa). De fato, com problemas grandes do tipo PCV, se quisermos executar o otimizador evolutivo do Solver várias vezes, ele provavelmente localizará soluções sempre melhores para o problema, até que uma solução ótima global seja encontrada. Assim é a natureza das técnicas de otimização heurística! Como dito anteriormente, o algoritmo evolutivo é considerado um dos desenvolvimentos mais animadores no campo da otimização em anos recentes. A capacidade de busca evolutiva do Solver, sem dúvida, continuará a ser refinada e melhorada nas próximas versões do software.

8.15 Resumo

Este capítulo introduziu alguns conceitos básicos de programação não linear e discutiu várias aplicações. Os passos envolvidos na formulação e na solução de um problema de PNL não são muito diferentes daqueles exigidos para resolver um problema de PL – as variáveis de decisão são identificadas e uma função objetivo e restrições são expressas em termos das variáveis de decisão. Pelo fato de a função objetivo e as restrições em um problema de PNL poderem não ser lineares, os cálculos envolvidos na solução de problemas de PNL são diferentes daqueles utilizados no método Simplex, que é usado mais frequentemente para resolver problemas de PL. Os modelos de PNL às vezes têm várias soluções ótimas locais. Assim, para encontrar a solução ótima global para um modelo de PNL difícil, é necessário resolver repetidamente o modelo usando-se diferentes pontos de partida iniciais.

Os algoritmos evolutivos (ou genéticos) utilizam técnicas de busca aleatória e o princípio de sobrevivência do mais capaz para resolver problemas de otimização difíceis, para os quais as técnicas de otimização lineares e não lineares não são adequadas. As pesquisas sobre algoritmos genéticos prosseguem, e estes prometem tornar-se uma ferramenta de otimização muito útil e poderosa na área de negócios.

8.16 Referências

BAZARAA, M.; SHETTY, C. *Nonlinear Programming: Theory and Algorithms*. Nova York: Wiley, 1993.
DEWITT, C. et al. OMEGA: An Improved Gasoline Blending System for Texaco. *Interfaces*, v. 19, n. 1, 1985.
FYLSTRA, D. et al. The Design, Use, and Impact of Microsoft's Excel Solver. *Interfaces*, v. 28, n. 5, 1998.
HOLLAND, J. H. Genetic Algorithms. *Scientific American*, v. 67, n. 1, p. 66-72, 1992.
KOLESAR, P.; BLUM, E. Square Roots Law for Fire Engine Response Distances. *Management Science*, v. 19, 1973.
LASDON, L.; SMITH, S. Solving Sparse Nonlinear Programs Using GRG. *ORSA Journal on Computing*, v. 4, n. 1, 1992.
MARKOWITZ, H. *Portfolio Selection, Efficient Diversification of Investments*. Nova York: Wiley, 1959.
REEVES, C. R. Genetic Algorithms for the Operations Researcher. *INFORMS Journal on Computing*, v. 9, n. 3, p. 231-265, verão 1997.
TAYLOR, B.; MOORE, L.; CLAYTON, E. R&D Project Selection and Manpower Allocation with Integer Nonlinear Programming. *Management Science*, v. 28, n. 10, 1982.
VOLLMAN, T.; BERRY, W.; WHYBARK, C. *Manufacturing Planning and Control Systems*. Homewood, IL: Irwin, 1987.

O MUNDO DA *BUSINESS ANALYTICS*

Água derramada é energia perdida: Pacific Gas and Electric utiliza otimização não linear para gerenciar a geração de energia

A energia produzida por um gerador hidrelétrico é uma função não linear da taxa de fluxo da água que atravessa a turbina e da pressão. A pressão, ou cabeça, é determinada pela diferença de nível de água a montante do gerador.

A Pacific Gas and Electricity Company (PG&E), a maior prestadora privada de serviços públicos do mundo, gera energia a partir de combustíveis fósseis, energia nuclear, energia eólica, energia solar, vapor geotermal e hidrelétrica. Seu sistema de geração hidrelétrica em Sierra, Nevada, é uma complexa rede de 15 bacias fluviais, 143 reservatórios e 67 usinas. O fluxo dos rios atinge o seu pico principalmente na primavera, devido ao derretimento da neve das montanhas, ao passo que a demanda de energia elétrica tem o seu pico no verão.

A água vazada de uma barragem não pode ser usada para gerar energia naquela barragem, embora possa aumentar a cabeça em uma barragem a jusante e contribuir para a geração de energia lá. Se a água vaza quando todos os reservatórios a jusante estiverem cheios, ela vazará de todas as barragens e sua energia se perderá para sempre.

(continua)

Os hidrólogos da PG&E tentam maximizar a geração útil de eletricidade, controlando estrategicamente o tempo dos vazamentos para gerenciar os níveis de todos os reservatórios do sistema e minimizar o fluxo desperdiçado. Se isso for bem feito, reduz-se a dependência da empresa em relação aos combustíveis fósseis e reduz-se o custo do fornecimento de eletricidade para seus clientes.

Esse problema foi modelado como um programa não linear com uma função objetivo não linear e restrições lineares. Devido ao fato de muitas das restrições serem de fluxo de rede, o uso do algoritmo de fluxo de rede com os termos lineares da função objetivo produziram um bom ponto de partida para o algoritmo de PNL. Um bom ponto de partida pode ser fator crítico no uso bem-sucedido de PNL.

A diretoria da PG&E confirma que o sistema de otimização economiza entre $ 10 e $ 45 milhões anualmente, em comparação com os sistemas manuais, e a Comissão de Serviços Públicos da Califórnia recomendou seu uso às outras empresas de distribuição de energia.

Fonte: IKURA, Y.; GROSS, G.; HALL, G. S. PG&E's State-of-the-Art Scheduling Tool for Hydro Systems. *Interfaces*, v. 16, n. 1, p. 65-82, jan.-fev. 1986.

Questões e problemas

1. O algoritmo GRG pode ser usado na solução dos problemas de PL? Em caso afirmativo, ele sempre identificará um ponto de canto da região viável como solução ótima (assim como faz o método Simplex)?
2. Na descrição da estratégia da solução de PNL resumida na Figura 8.2, notamos que a melhoria ***mais rápida*** na função objetivo é obtida partindo do ponto A em uma direção que é perpendicular à curva de nível da função objetivo. Entretanto, há outras direções que também resultam em melhoria do objetivo.
   a. Como você descreveria ou definiria o conjunto de todas as direções que resultam em melhoria do objetivo?
   b. Como sua resposta mudaria se a curva de nível da função objetivo no ponto A fosse não linear?
3. Considere um problema de otimização com duas variáveis e as restrições $X_1 \leq 5$, $X_2 \leq 5$, em que tanto X_1 como X_2 são não negativos.
   a. Desenhe a região viável para esse problema.
   b. Desenhe as curvas de nível de um objetivo não linear para esse problema que teria exatamente uma solução ótima local que seria também a solução ótima global.
   c. Redesenhe a região viável e trace as curvas de nível de um objetivo não linear para esse problema, que teria uma solução ótima local que não seria a solução ótima global.
4. Considere a seguinte função:

$$Y = -0{,}865 + 8{,}454X - 1{,}696X^2 + 0{,}132X^3 - 0{,}00331X^4$$

   a. Plote essa função em um gráfico X-Y para valores positivos de X de 1 a 20.
   b. Quantas soluções máximas locais existem?
   c. Quantas soluções mínimas locais existem?
   d. Use o Solver para encontrar o valor máximo de Y, utilizando um valor de partida de X = 2. Que valor de Y você obterá?
   e. Use o Solver para encontrar o valor máximo de Y, utilizando um valor de partida de X = 14. Que valor de Y você obterá?
5. Considere a seguinte função:

$$Y = 37{,}684 - 15{,}315X + 3{,}095X^2 - 0{,}218X^3 + 0{,}005X^4$$

   a. Plote essa função em um gráfico X-Y para valores positivos de X de 1 a 20.
   b. Quantas soluções máximas locais existem?
   c. Quantas soluções mínimas locais existem?
   d. Use o Solver para encontrar o valor mínimo de Y, utilizando um valor de partida de X = 3. Que valor de Y você obterá?
   e. Use o Solver para encontrar o valor mínimo de Y, utilizando um valor de partida de X = 18. Que valor de Y você obterá?
6. Consulte o problema de seleção de projeto da TMC apresentado neste capítulo. Na solução mostrada na Figura 8.21, observe que a probabilidade de sucesso do projeto 4 é de apenas 0,3488. Portanto, o projeto 4 tem quase duas vezes mais chances de ser malsucedido do que bem-sucedido se tiver apenas três engenheiros envolvidos. Como resultado, a gerência poderia querer acrescentar uma restrição a esse problema para garantir que, se um projeto for escolhido, ele deve ter, pelo menos, uma chance de 50% de ser bem-sucedido.
   a. Reformule o problema da TMC de modo que, se um projeto for escolhido, ele deve ter, pelo menos, uma chance de 50% de ter sucesso.

b. Implemente seu modelo em uma planilha.
c. Qual é a solução ótima?

7. A PENTEL Corporation fabrica três diferentes chips de computador. Cada chip demanda diferentes quantidades de tempo de processamento em três diferentes departamentos, conforme resumido na tabela a seguir:

	Horas de processamento exigidas por 100 chips			
	Chip A	**Chip B**	**Chip C**	**Horas disponíveis**
Departamento 1	3	2	4	10.000
Departamento 2	2	4	3	9.000
Departamento 3	3	4	2	11.000

O lucro total para cada tipo de chip pode ser descrito da seguinte forma:

Lucro do chip $A = -0{,}35A^2 + 8{,}3A + 540$
Lucro do chip $B = -0{,}60B^2 + 9{,}45B + 1.108$
Lucro do chip $C = -0{,}47C^2 + 11{,}0C + 850$

em que A, B e C representam o número de chips produzidos (em centenas).

a. Formule um modelo de PNL para esse problema.
b. Implemente seu modelo em uma planilha e resolva-o.
c. Qual é a solução ótima?

8. Uma revendedora de carros precisa determinar como alocar seu orçamento de $ 20.000 destinado à propaganda. A empresa calculou o lucro esperado de cada dólar (X) gasto em quatro diferentes meios de propaganda da seguinte forma:

Meio	**Lucro esperado**
Jornal	$100X^{0,7}$
Rádio	$125X^{0,65}$
Televisão	$180X^{0,6}$
Mala direta	$250X^{0,5}$

Se a revendedora quiser gastar pelo menos $ 500 em cada meio de comunicação, como ela deveria alocar seu orçamento para propaganda a fim de maximizar o lucro?

9. A XYZ Company fabrica dois produtos. O lucro total obtido com esses produtos é descrito pela seguinte equação:

$$\begin{aligned} \text{Lucro total } &= -0{,}2X_1^2 - 0{,}4X_2^2 + 8X_1 + 12X_2 + 1.500 \\ \text{em que } X_1 &= \text{milhares de unidades do produto 1} \\ X_2 &= \text{milhares de unidades do produto 2} \end{aligned}$$

Cada 1.000 unidades de X_1 exige uma hora de tempo no departamento de expedição e cada 1.000 unidades de X_2 requer 30 minutos nesse mesmo departamento. Cada unidade de cada produto requer duas libras de um ingrediente especial, do qual 64.000 libras estão disponíveis. Além disso, 80 horas de trabalho no departamento de expedição estão disponíveis. A demanda para X_1 e X_2 é ilimitada.

a. Formule um modelo de PNL para esse problema.
b. Implemente seu modelo em uma planilha e resolva-o.
c. Qual é a solução ótima?

10. Recentemente, uma viajante ficou com o carro atolado durante uma nevasca em Wyoming. Sem poder continuar a viagem, ela usou o telefone celular para ligar para a emergência e chamar por socorro. Como a motorista não sabia exatamente a sua localização, foi impossível para o operador de emergência mandar uma equipe de resgate imediatamente. A equipe de resgate contatou especialistas em telecomunicação, os quais determinaram que a chamada do telefone celular da motorista podia ser detectada por três diferentes torres de comunicação na área. Com base na força do sinal recebido em cada torre, puderam calcular a distância de cada torre até a localização da motorista. A tabela a seguir resume a localização (coordenadas X-Y) de cada torre e a distância ***estimada*** em linha reta (ou euclidiana) da torre até a motorista.

Torre	**Posição X**	**Posição Y**	**Distância estimada**
1	17	34	29,5
2	12	5	4,0
3	3	23	17,5

A bateria do celular da viajante descarrega rapidamente e ela provavelmente não vai sobreviver por muito tempo em temperaturas abaixo de zero. O operador de socorro tem uma cópia do Excel em seu computador e acha que seria possível, com a sua ajuda, usar o Solver para determinar a localização aproximada da motorista cujo carro ficou atolado.

a. Formule um modelo de PNL para esse problema.
b. Implemente seu modelo em uma planilha e resolva-o.
c. Para qual localização aproximada a equipe de resgate deveria ser enviada para procurar pela motorista?

11. Consulte o problema enfrentado por Thom Pearman discutido na Seção 8.8 deste capítulo. Faça com que b_i represente o balanço em seu investimento no começo do ano *i* e faça *r* representar a taxa de juros anual.
    a. Qual é a função objetivo para esse problema? É linear ou não linear?
    b. Escreva, por extenso, as duas primeiras restrições para esse problema, algebricamente. São lineares ou não lineares?
12. No problema de seguros discutido na Seção 8.8 deste capítulo, suponha que Thom esteja confiante de que poderá investir seu dinheiro para obter uma taxa de 15% de retorno, composta trimestralmente. Assumindo um retorno fixo de 15%, suponha que Thom agora queira determinar a quantia mínima de dinheiro que ele deve investir para que seus rendimentos pós-tributação cubram os pagamentos dos prêmios planejados.
    a. Faça quaisquer alterações necessárias na planilha e responda à pergunta de Thom.
    b. O modelo que você resolveu é linear ou não linear? Justifique sua resposta.
13. O rendimento de um título corresponde à taxa de juros que torna o valor presente de seus fluxos de caixa igual ao seu preço de venda. Assuma que um título possa ser comprado por $ 975 e gere os seguintes fluxos de caixa:

Anos futuros	1	2	3	4	5
Fluxo de caixa	$ 100	$ 120	$ 90	$ 100	$ 1.200

    Use o Solver para determinar o rendimento desse título. (*Sugestão*: no Excel, use a função VPL( ) para calcular o valor presente dos fluxos de caixa.) Qual é o rendimento desse título?
14. Suponha que uma loja de presentes em Myrtle Beach tenha uma demanda anual de 15.000 unidades de ímãs de geladeira que ela compra por $ 0,50 a unidade. Assuma que custa $ 10 para fazer um pedido, e os custos de armazenagem do estoque sejam 25% do preço unitário do artigo. Use o Solver para determinar o lote ótimo de pedidos que a empresa deve fazer se quiser minimizar o custo total de conseguir esse artigo.
    a. Qual é o lote ótimo de pedidos?
    b. Qual é o custo total associado à quantidade de imãs encomendados?
    c. Quais são os custos anuais de pedido e armazenagem para essa solução?
15. Vijay Bashwani está organizando um torneio de golfe beneficente, no qual times de quatro jogadores jogarão em uma formatação escolhida pelo capitão. Os *handicaps* dos 40 jogadores que se inscreveram para o torneio estão resumidos na tabela a seguir. Vijay precisa criar 10 times de quatro jogadores cada, de modo que o *handicap* total de cada time seja tão igual quanto possível. Ele gostaria de fazer isso minimizando a variância do *handicap* total de todos os times.

***Handicaps* dos jogadores**			
0	3	6	9
0	3	6	9
0	3	6	10
0	4	6	10
0	4	7	11
1	4	7	11
1	4	7	11
1	5	8	12
2	5	8	13
2	5	8	13

    a. Crie um modelo de planilha para esse problema e resolva-o.
    b. Quais são as designações ótimas de equipe?
16. Lex Rex é uma banda de rock aspirante composta por amigos de faculdade, situada em Raleigh, Carolina do Norte. Eles estão planejando fazer uma pequena turnê que os levará para outras cinco cidades universitárias em toda a região do Médio Atlântico por um período de dez dias. As distâncias entre cada uma das cidades planejadas para a turnê estão dadas a seguir:

Distâncias entre cidades em milhas

	Residência	A	B	C	D	E
Residência	0	210	353	457	65	125
A	210	0	530	797	176	173
B	353	530	0	571	755	771
C	457	797	571	0	477	395
D	65	176	755	477	0	792
E	125	173	771	395	792	0

Os locais onde a banda vai se apresentar têm outros shows em algumas datas nas quais a banda estará em turnê. A tabela a seguir indica (com entradas de 1) as datas em que os locais estão disponíveis em cada uma das cidades.

Datas disponíveis para concertos (1 = disponível;0 = não disponível)

Cidade	1	2	3	4	5	6	7	8	9	10
A	1	0	1	0	1	0	1	1	0	1
B	0	1	0	1	0	1	0	0	1	1
C	0	0	0	0	1	1	0	0	1	0
D	1	0	0	0	0	1	1	0	0	0
E	1	1	1	0	0	0	0	0	1	1

a. Crie um modelo de planilha que pode ser otimizado para determinar a turnê que minimiza o número de milhas percorridas. Que turnê é essa?
b. Agora use seu modelo para determinar a turnê que minimiza o número de dias na estrada. Que turnê é essa?
c. Agora use seu modelo para determinar a turnê que minimiza a distância percorrida em uma turnê com duração de 8 dias. (Suponha que leve um dia para viajar de qualquer uma das cidades de volta para a cidade natal da banda).

17. O arquivo InvestmentData.xlsx (disponível na página deste livro no site da editora) contém dados sobre os retornos médios e as covariâncias para 15 fundos mútuos diferentes. Use esses dados para responder às seguintes questões:
    a. Crie a fronteira eficiente associada com esse conjunto de investimentos, assumindo que um investidor deseja minimizar o risco para cada nível possível de retorno.
    b. Qual carteira tem o maior retorno esperado? Qual variância de carteira está associada a essa carteira?
    c. Qual carteira tem o menor retorno esperado? Qual variância de carteira está associada a essa carteira?
    d. Suponha que o investidor queira uma carteira com um retorno esperado de 18% usando esse conjunto de investimentos. Qual carteira você recomendaria?
18. SuperCity é um grande varejista de aparelhos eletrônicos e de eletrodomésticos. A loja vende três modelos de TV, os quais são encomendados de diferentes fabricantes. As demandas, os custos e as exigências de armazenagem para cada modelo estão resumidos na tabela a seguir:

	Modelo 1	Modelo 2	Modelo 3
Demanda anual	800	500	1.500
Custo unitário	\$ 300	\$ 1.100	\$ 600
Espaço de armazenagem exigido	9 pés quadrados	25 pés quadrados	16 pés quadrados

Custa \$ 60 para fazer o trabalho administrativo associado ao preparo, processamento e recebimento de pedidos, e a SuperCity assume um custo anual de armazenagem de 25% para todos os artigos que ela tem em estoque. Há 3.000 pés quadrados de espaço total de depósito disponível para armazenar esses artigos, e a loja não deseja ter mais que \$ 45.000 investidos em estoque desses artigos. O gerente da loja quer determinar a quantidade ótima de pedidos para cada modelo de TV.

a. Formule um modelo de PNL para esse problema.
b. Implemente seu modelo em uma planilha e resolva-o.
c. Qual é a quantidade ótima de pedidos?
d. Quantos pedidos de cada tipo de TV serão feitos a cada ano?
e. Assumindo que a demanda seja constante durante o ano, com que frequência os pedidos devem ser feitos?

19. A Radford, uma loja de ferramentas, espera vender 1.500 unidades de triturador elétrico de lixo no ano que vem. A demanda para esse produto é relativamente estável durante o ano. Custa \$ 20 para fazer um pedido desse produto e a empresa assume um custo anual de 20% para armazenagem. A seguinte estrutura de preço se aplica às compras desse produto feitas pela Radford:

	Tamanho do pedido		
	0 a 499	**500 a 999**	**Acima de 1.000**
Preço por unidade	$ 35	$ 33	$ 31

Portanto, se a Radford encomendar 135 unidades do produto, ela pagará $ 35 por unidade; se encomendar 650, pagará $ 33 por unidade; e se encomendar 1.200, pagará $ 31 por unidade.

a. Qual é a quantidade de pedidos mais econômica e o custo total dessa solução? (*Sugestão*: Resolva um problema de LE separado para cada quantidade de pedidos e escolha a solução que forneça o custo total mais baixo.)
b. Suponha que a política de desconto tenha mudado e a Radford teve de pagar $ 35 pelas primeiras 499 unidades encomendadas, $ 33 pelas 500 unidades encomendadas seguintes e $ 31 por qualquer unidade adicional. Qual é a quantidade de pedidos mais econômica e o custo total dessa solução?

20. A família de Andy Parker planejou uma visita a um grande parque temático na Flórida. Como a família quer aproveitar ao máximo o tempo, Andy coletou dados (no arquivo ParkData.xlsx, disponível na página deste livro no site da editora) que incluem as distâncias de caminhada estimadas entre cada atração no parque e a quantidade estimada de tempo que leva para passar por cada atração. Andy também pediu a cada membro de sua família que avaliasse a conveniência de cada atração e desenvolveu um escore composto desses valores. Andy planeja passar 8 horas visitando atrações no parque (excluindo o tempo que eles passarem se alimentando) e gostaria que sua família fizesse o melhor uso do tempo.
    a. Crie um modelo de planilha para ajudar Andy a maximizar a diversão da família no parque. Como ele deve planejar gastar seu tempo no parque?
21. Howie Jones, dono da Blue Ridge Hot Tubs, está enfrentando um novo problema. Embora a venda dos dois modelos de banheira fabricados por essa empresa (Aqua-Spa e Hydro-Lux) tenha sido estimulante, ela não vem alcançando o nível de lucros que Howie deseja atingir. Tendo estabelecido uma reputaçao de elevada qualidade e confiança, Howie acha que pode aumentar os lucros subindo o preço das banheiras. Entretanto, ele está preocupado com o efeito negativo que o aumento de preço pode ter na demanda; por isso, Howie contratou uma empresa de pesquisa de mercado para calcular o nível de demanda para Aqua-Spas e Hydro-Luxes em diferentes faixas de preço. A empresa de pesquisa de mercado usou a técnica de análise de regressão (que será discutida no Capítulo 9) para criar um modelo da relação entre preços e demanda para as banheiras. Após analisar a situação, a empresa concluiu que uma faixa de preços razoável para as banheiras seria de $ 1.000 a $ 1.500 e que, dentro dessa faixa, Howie pode esperar que a demanda por suas banheiras, para o próximo trimestre, varie com o preço da seguinte forma:

    Demanda por Aqua-Spas = 300 – 0,175 × preço de Aqua-Spas
    Demanda por Hydro-Luxes = 325 – 0,15 × preço de Hydro-Luxes

    Howie determinou que os custos de fabricação de Aqua-Spas e Hydro-Luxes são de $ 850 e $ 700 por unidade, respectivamente. De modo ideal, ele deseja produzir banheiras suficientes para atender à demanda de forma exata e não formar estoque. Para ser fabricada, cada Aqua-Spa requer 1 bomba, 9 horas de trabalho e 12 pés de tubulação; cada Hydro-Lux requer 1 bomba, 6 horas de trabalho e 16 pés de tubulação. Os fornecedores de Howie comprometeram-se a entregar-lhe 200 bombas e 2.800 pés de tubulação. Além disso, 1.566 horas de trabalho estão disponíveis para a produção. Howie deseja determinar quanto cobrar por cada modelo de banheira e quantas unidades de cada modelo ele deverá produzir.
    a. Formule um modelo de PNL para esse problema.
    b. Implemente seu modelo em uma planilha e resolva-o.
    c. Qual é a solução ótima?
    d. Quais das restrições de recurso são limitantes para a solução ótima?
    e. Que valores você espera que os multiplicadores de Lagrange assumam para essas restrições? (Crie um Relatório de Sensibilidade para esse problema a fim de confirmar sua resposta.)
22. A Carnival Confections, Inc. produz dois salgadinhos populares no sul, torresmo e amendoim frito, que ela vende em uma área de recreação local nos fins de semana. Os proprietários do negócio calcularam sua função de lucro sobre esses produtos da seguinte forma:

    $$0{,}6p - 0{,}002p^2 + 0{,}5f - 0{,}0009f^2 - 0{,}001pf$$

    Note que p representa o número de pacotes de torresmo produzidos e f é o número de pacotes de amendoins fritos fabricados. Os dois produtos exigem fritura com imersão. O fritador da empresa tem a capacidade de produzir um total de 600 pacotes de torresmo ou amendoim frito. É exigido um minuto de trabalho para secar e embalar o torresmo, e 30 segundos para secar e embalar os amendoins. Por semana, a empresa emprega um total de 16 horas de trabalho para produzir esses salgadinhos.
    a. Formule um modelo de PNL para esse problema.
    b. Implemente seu modelo em uma planilha.
    c. Qual é a solução ótima?

23. Uma mãe que teve seu primeiro filho deseja fazer um fundo para custear a faculdade do recém-nascido. Ela quer que esse fundo atinja $ 100.000 em 18 anos.
    a. Se ela investir $ 75 por mês, qual é a taxa de retorno mínima que ela precisará obter com o seu investimento? Assuma composição mensal de juros. (*Sugestão*: considere o uso da função VF( ) de valor futuro em sua planilha.)
    b. Suponha que a mãe saiba de um investimento que garante um retorno anual de 12% composto mensalmente. Qual é a quantia mínima que ela deve investir a cada mês para atingir sua meta?
24. Uma empresa farmacêutica está contratando cinco novos vendedores para expandir suas vendas em um estado no oeste. Os representantes farmacêuticos não vendem diretamente para os médicos, porque eles não compram e distribuem os medicamentos. No entanto, os médicos prescrevem medicamentos, e é essa atividade que os representantes de vendas tentam influenciar. A empresa farmacêutica está concentrando seus esforços em 10 condados no estado e estimou o número de médicos em cada condado da seguinte forma:

Condado	**1**	**2**	**3**	**4**	**5**	**6**	**7**	**8**	**9**	**10**
Médicos	113	106	84	52	155	103	87	91	128	131

Além disso, 10 possíveis regiões de venda (formando conjuntos contíguos de condados) foram identificadas da seguinte forma:

	Possíveis regiões de venda									
Condado	**1**	**2**	**3**	**4**	**5**	**6**	**7**	**8**	**9**	**10**
1	1		1		1					
2		1		1		1		1		
3	1		1				1			1
4		1		1					1	
5	1				1			1		
6		1				1				1
7			1				1		1	
8		1			1			1		
9				1			1		1	
10			1			1				1

Por exemplo, se um representante de vendas é designado para a região 1, ele seria responsável pelos condados 1, 3 e 5. Cada representante de vendas pode ser designado a apenas uma única região de vendas, portanto, nem todas as possíveis regiões serão usadas. A empresa gostaria de designar seus cinco representantes de vendas para essas possíveis regiões, de modo que garanta que pelo menos um representante cubra cada condado. Se as regiões forem designadas de modo que mais de um representante de vendas cubra o mesmo condado, os médicos desse condado seriam divididos igualmente entre os representantes. Além disso, a empresa gostaria de designar as regiões para que o número total de médicos designados para cada representante de vendas seja tão igual quanto possível. (Observe que, se exatamente o mesmo número de médicos for designado para cada representante de vendas, a variância do número de médicos designados para cada representante seria zero.)
    a. Crie um modelo de planilha para esse problema e use o mecanismo evolutivo do Solver para resolvê-lo.
    b. Qual é a solução ótima?
    c. Que outros critérios você acha que possam ser relevantes para os tomadores de decisão ou representantes de vendas neste problema?
25. A Arctic Oil Company recentemente perfurou dois novos poços em uma área remota do Alasca. A empresa planeja instalar um oleoduto para transportar o petróleo dos dois novos poços para um centro de refino e distribuição (R&D). As localizações dos poços de petróleo e o centro de R&D estão resumidos na tabela a seguir. Assuma que ambas coordenadas são expressas em milhas.

	Coordenada X	**Coordenada Y**
Poço de petróleo 1	50	150
Poço de petróleo 2	30	40
Centro de R&D	230	70

A instalação de um oleoduto é um projeto muito caro, e a empresa quer minimizar a quantidade de tubos necessária. Uma vez que a distância mais curta entre dois pontos é uma linha reta, um dos analistas designado para o projeto acredita que um oleoduto separado deve ser instalado em cada poço de petróleo ligando-os diretamente ao centro de R&D. Uma alternativa é instalar oleodutos separados a partir de cada poço até uma subestação intermediária, onde as duas linhas se uniriam em um único duto até o centro de R&D. A gerência da Arctic Oil deseja determinar qual alternativa é ideal. Além disso, se for melhor usar a subestação intermediária, a gerência quer determinar onde deveria construí-la.

a. Crie um modelo de planilha para determinar quantas milhas de dutos a Arctic Oil deve instalar se ela decidir instalar duas tubulações separadas de cada poço de petróleo até o centro de R&D. Quanto de tubulação será necessário?
b. Se a Arctic Oil quiser construir uma subestação, onde ela deverá ser construída? Quanto de tubulação será necessário nessa solução?
c. Qual é a melhor alternativa?
d. Suponha que a subestação não pode ser construída dentro de um raio de 10 milhas das coordenadas X = 80, Y = 95. (Assuma que a tubulação pode ser instalada nessa área, mas a subestação não pode ser construída na área.) Qual é a localização ótima da subestação agora e quanto de tubulação será necessário?

26. A Rugger Corporation é uma empresa de pesquisa e desenvolvimento (P&D), com sede em Seattle, que recentemente criou um novo tipo de substrato de fibra impermeável e resistente à sujeira. Vários fabricantes de carpetes no nordeste da Geórgia querem tornar a Rugger sua única fornecedora dessa nova fibra. As localizações dos fabricantes de carpetes constam da seguinte tabela:

Localizações	Coordenada X	Coordenada Y
Dalton	9	43
Rome	2	28
Canton	51	36
Kennesaw	19	4

A Rugger espera fazer 130, 75, 90 e 80 entregas aos fabricantes de carpetes em Dalton, Rome, Canton e Kennesaw, respectivamente. A empresa quer construir sua nova fábrica em um local que minimizaria as milhas anuais percorridas no processo de distribuição do produto. Entretanto, a Rugger também quer instalar a nova fábrica em um lugar distante a menos de 50 milhas de cada um dos novos clientes, de modo que seja fácil dar suporte técnico no local, para quaisquer problemas de produção que possam ocorrer.

a. Formule um modelo de PNL para esse problema.
b. Implemente seu modelo em uma planilha e resolva-o.
c. Qual é a localização ótima para a nova fábrica? Quantas milhas anuais percorridas no processo de distribuição do produto estão associadas a essa solução?
d. Suponha que a empresa queira determinar a localização que minimize a distância média em relação a cada um dos seus clientes. Qual é essa localização e quantas milhas anuais percorridas no processo de distribuição do produto a Rugger incorreria a partir da nova localização?
e. Suponha que a empresa queira determinar a localização que minimize a distância máxima em relação a qualquer um de seus clientes. Qual é essa localização e quantas milhas anuais percorridas no processo de distribuição do produto a Rugger incorreria a partir da nova localização?

27. Um serviço de ambulância aérea no Colorado está interessado em manter seus helicópteros em uma localização central que minimize a distância de voo até quatro importantes estações de esqui. Uma grade X-Y foi sobreposta ao mapa da área para determinar as seguintes coordenadas de latitude e longitude para os quatro locais:

Estação de esqui	Longitude	Latitude
Bumpyride	35	57
Keyrock	46	48
Asprin	37	93
Goldenrod	22	67

a. Formule um modelo de PNL para determinar onde o serviço de ambulância deveria ser instalado a fim de minimizar a distância total até as estações de esqui.
b. Implemente seu modelo em uma planilha e resolva-o. Onde o serviço de ambulância deve ser instalado?
c. Que outros fatores podem afetar a decisão e como você poderia incorporá-los em seu modelo? (Considere, por exemplo, diferenças no número médio de esquiadores e acidentes nas diferentes estações e a topografia da área).

28. A Heat-Aire Company tem duas fábricas que produzem o mesmo modelo de bombas de aquecimento. Entretanto, os custos de produção nas duas diferem devido à tecnologia e ao trabalho utilizado em cada fábrica. Os custos totais de produção nas fábricas dependem da quantidade de bombas produzidas e são descritos da seguinte forma:

Custo total na fábrica 1: $2X_1^2 - 1X_1 + 15$

Custo total na fábrica 2: $X_2^2 + 0{,}3X_2 + 10$

Observe que X_1 representa o número de bombas de aquecimento produzidas na fábrica 1 e X_2 representa o número de bombas de aquecimento produzidas na fábrica 2. Nenhuma fábrica pode produzir mais que 600 bombas de aquecimento.

Estas podem ser despachadas de qualquer fábrica para satisfazer à demanda de quatro diferentes clientes. Os custos unitários de expedição e as demandas para cada cliente são resumidos na tabela a seguir:

	Cliente 1	Cliente 2	Cliente 3	Cliente 4
Fábrica 1	$ 23	$ 30	$ 32	$ 26
Fábrica 2	$ 33	$ 27	$ 25	$ 24
Demanda	300	250	150	400

Qual é o plano ótimo de produção e expedição se a diretoria quiser atender à demanda dos clientes ao custo total mínimo?

a. Formule um modelo de PNL para esse problema.
b. Implemente seu modelo em uma planilha e resolva-o.
c. Qual é a solução ótima?

29. Beth Dale é diretora de desenvolvimento de uma organização sem fins lucrativos que depende, em grande medida, de doações para seu funcionamento. Beth precisa mandar quatro pessoas de sua equipe para viajar e visitar quatro possíveis doadores. Uma única pessoa da equipe pode visitar cada doador e cada pessoa da equipe pode fazer apenas uma visita. Beth estima a probabilidade de cada pessoa da equipe ter sucesso em obter a doação de cada doador em potencial da seguinte maneira:

	Doador			
Pessoa da equipe	**1**	**2**	**3**	**4**
Sam	0,95	0,91	0,90	0,88
Billie	0,92	0,95	0,95	0,82
Sally	0,95	0,93	0,93	0,85
Fred	0,94	0,87	0,92	0,86

a. Formule um modelo de PNL para determinar a designação das pessoas da equipe aos doadores, de modo que maximize a probabilidade de receber doações.
b. Implemente seu modelo em uma planilha e resolva-o. Qual a solução ótima?
c. Suponha que os valores previstos a ser recebidos dos doadores 1, 2, 3 e 4 sejam de $ 1.000.000, $ 2.000.000, $ 500.000 e $ 750.000, respectivamente. Como Beth deveria designar as pessoas de sua equipe se ela quisesse maximizar o valor esperado das doações?
d. Todos os membros da equipe sabem que terão mais dificuldade para solicitar fundos do doador número 4, por isso ninguém quer ser designado para esse doador. De fato, cada membro da equipe ficará decepcionado se não for designado para o doador junto ao qual eles teriam a maior probabilidade de sucesso. Suponha que definamos o nível de decepção de cada pessoa da equipe pela diferença entre sua máxima probabilidade de obter sucesso e a probabilidade de sucesso para realizar a tarefa que lhe foi efetivamente designada a ela. Que designação de pessoas para cada doador minimizará a decepção máxima dos membros da equipe?

30. A água é distribuída pela cidade de Nova York através de oito condutos principais que estão conectados a seis estações de bombeamento, como mostrado na Figura 8.43. Os números em cada um dos arcos indicam o fluxo máximo de água permitido através de cada duto (em 1.000 galões por minuto).
Como os dutos são velhos, rupturas têm ocorrido de maneira mais frequente, as quais estão relacionadas às demandas crescentes ao sistema. Os engenheiros civis estimaram a seguinte probabilidade de ruptura de algum duto:

$$\text{Probabilidade de falha no duto da estação } i \text{ para a estação } j = 1 - \text{EXP}(-\boldsymbol{a}_{ij}F_{ij}/1.000)$$

em que F_{ij} é o fluxo de água (em 1.000 galões por minuto) no duto da estação i para a estação j, e os valores para os parâmetros $\boldsymbol{a}_{ij}$ são dados da seguinte forma:

Da estação	Para a estação	a_{ij}
1	2	0,10
1	3	0,17
2	4	0,19
2	5	0,15
3	4	0,14
3	5	0,16
4	6	0,11
5	6	0,09

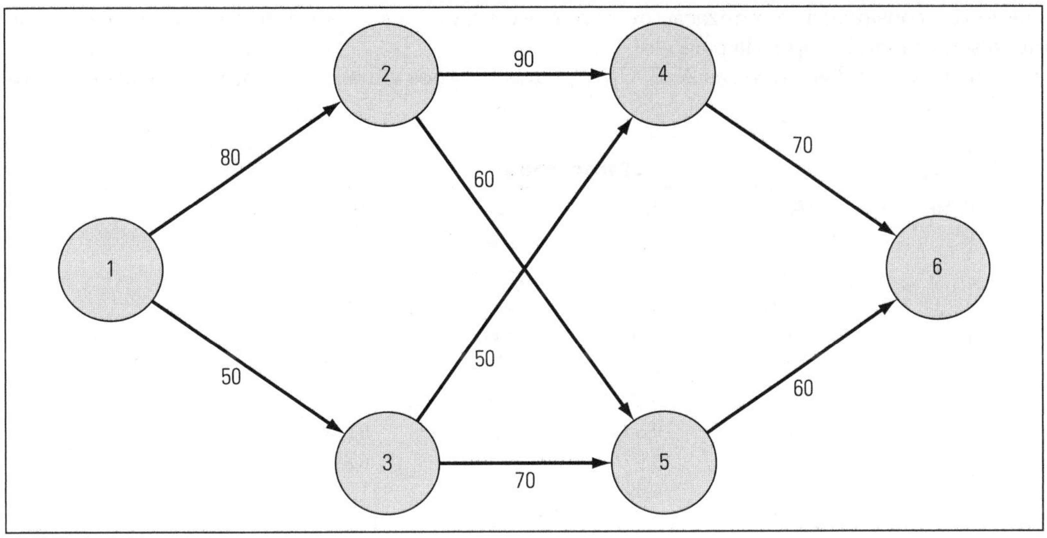

FIGURA 8.43
Principais dutos e estações de bombeamento de água em Nova York.

Os engenheiros podem usar válvulas de controle para limitar o volume de água que flui através de cada duto. Durante os períodos de pico de demanda, um total de 110.000 galões de água por minuto precisa fluir por esse sistema.

a. Crie um modelo de planilha para determinar o padrão de fluxo que atenda à demanda de água da maneira mais confiável.
b. Que volume de água deveria fluir através de cada duto?
c. Qual é a probabilidade de que nenhum duto falhe enquanto transporta esse volume de água?

31. A Wiggly Piggly Grocery Company possui e opera várias mercearias em todo o estado da Flórida. A empresa está desenvolvendo planos para consolidar suas operações de armazenagem, de modo que haverá 3 diferentes depósitos para atender às mercearias em 10 diferentes regiões do estado. A empresa planeja vender todos os seus depósitos atuais e construir novos prédios de última geração. Cada depósito pode atender múltiplas regiões; entretanto, todas as mercearias em uma área particular serão atendidas por apenas um depósito. As localizações das diferentes regiões estão resumidas na seguinte tabela:

Região	Localização X	Localização Y
1 Panamá City	1,0	14,0
2 Tallahassee	6,1	15,0
3 Jacksonville	13,0	15,0
4 Ocala	12,0	11,0
5 Orlando	13,5	9,0
6 Tampa	11,0	7,5
7 Fort Pierce	17,0	6,0
8 Fort Myers	12,5	3,5
9 West Palm	17,5	4,0
10 Miami	17,0	1,0

a. Crie um modelo de planilha para determinar aproximadamente onde a Wiggly Piggly deveria construir seus novos depósitos e quais regiões deveriam ser atendidas por cada um deles. Assuma que a empresa queira construir seus depósitos em lugares que minimizem as distâncias para cada região que eles atenderão.
b. Qual é a solução ótima?

32. Um investidor quer determinar a forma mais segura de estruturar uma carteira com vários investimentos. O investimento A produz um retorno médio anual de 14% com variância de 0,025. O investimento B produz um retorno médio anual de 9% com variância de 0,015. O investimento C produz um retorno médio anual de 8% com variância de 0,010. Os investimentos A e B têm uma covariância de 0,00028, e os investimentos A e C têm uma covariância de –0,006. Os investimentos B e C têm uma covariância de 0,00125.

a. Suponha que o investidor queira obter pelo menos um retorno de 12%. Qual é o modo menos arriscado de alcançar essa meta?

b. Suponha que o investidor considere a minimização de risco cinco vezes mais importante que a maximização do retorno. Que carteira seria a mais apropriada para ele?

33. Betsy Moore quer investir nas ações das empresas A, B, C e D, cujos retornos anuais nos últimos 13 anos foram os seguintes:

	Retorno anual			
Ano	**A**	**B**	**C**	**D**
1	8,0%	12,0%	10,9%	11,2%
2	9,2%	8,5%	22,0%	10,8%
3	7,7%	13,0%	19,0%	9,7%
4	6,6%	–2,6%	37,9%	11,6%
5	18,5%	7,8%	–11,8%	–1,6%
6	7,4%	3,2%	12,9%	–4,1%
7	13,0%	9,8%	–7,5%	8,6%
8	22,0%	13,5%	9,3%	6,8%
9	14,0%	6,5%	48,7%	11,9%
10	20,5%	–3,5%	–1,9%	12,0%
11	14,0%	17,5%	19,1%	8,3%
12	19,0%	14,5%	–3,4%	6,0%
13	9,0%	18,9%	43,0%	10,2%

a. Suponha que Betsy seja totalmente avessa ao risco. Que porcentagem de sua carteira deveria ser investida em ações de cada empresa e quais seriam o risco e o retorno esperados da carteira resultante?
b. Suponha que Betsy seja totalmente insensível ao risco e queira obter o retorno máximo possível. Que porcentagem de sua carteira deveria ser investida em ações de cada empresa e quais seriam o risco e o retorno esperados da carteira resultante?
c. Suponha que Betsy tenha determinado que o valor de sua aversão ao risco seja **r** = 0,95. Que porcentagem de sua carteira deveria ser investida em ações de cada empresa e quais seriam o risco e o retorno esperados da carteira resultante?

34. Às vezes os dados históricos de retornos e variâncias podem ser maus preditores do comportamento dos investimentos no futuro. Nesse caso, a ***abordagem de cenário*** para a otimização da carteira pode ser usada. Com essa técnica, identificamos vários cenários diferentes, descrevendo os retornos que poderiam ocorrer para cada investimento durante o ano seguinte e estimamos a probabilidade associada a cada cenário. Um conjunto comum de proporções (ou pesos) é usado para calcular o retorno da carteira r_i para cada cenário. O retorno esperado e a variância da carteira são, então, estimados da seguinte forma:

$$\text{Retorno Esperado da Carteira} = EPR = \sum_i r_i s_i$$

$$\text{Variância do Retorno da Carteira} = VPR = \sum_i (r_i - EPR)^2 s_i$$

em que r_i representa o retorno da carteira para dado conjunto de proporções de investimento sob o cenário i e s_i representa a probabilidade de o cenário i ocorrer. Podemos usar o Solver para encontrar o conjunto de proporções de investimento que geram um *EPR* desejável enquanto minimizam o *VPR*. Dados os seguintes cenários, encontre as proporções de investimentos que gerem um *EPR* de 12% ao mesmo tempo que minimizem o *VPR*.

	Retornos				
Cenário	**Windsor**	**Flagship**	**Templeman**	**T-Bills**	**Probabilidade**
1	0,14	–0,09	0,10	0,07	0,10
2	–0,11	0,12	0,14	0,06	0,10
3	0,09	0,15	–0,11	0,08	0,10
4	0,25	0,18	0,33	0,07	0,30
5	0,18	0,16	0,15	0,06	0,40

35. Bárbara Roberts recebeu, recentemente, $ 30.000 como herança de um parente distante. Ela deseja investir o dinheiro, de modo que obtenha um retorno de $ 900 para comprar um notebook no ano que vem, quando ela entrar na pós-graduação. (Bárbara planeja usar essa herança para pagar seus estudos de pós-graduação.) Ela quer criar uma carteira com ações de três empresas, cujos retornos percentuais anuais estão resumidos na tabela a seguir:

Ano	Amalgamated Industries	Babbage Computers	Consolidated Foods
1	−3,3	5,92	−2,4
2	−4,7	−3,8	28,1
3	11,9	−7	−7,2
4	9,7	6,6	−2,3
5	8,6	−4,2	20,4
6	9,4	11,2	17,4
7	5,3	3,2	−11,8
8	−4,9	16,1	−6,6
9	8,5	10,8	−13,4
10	−8,3	−8,3	10,9

Bárbara deseja diversificar seu ganho potencial investindo pelo menos $ 500, mas não mais que $ 20.000 em ações de qualquer uma das empresas. Ela quer minimizar a variância total (que também envolve a covariância entre os diversos pares de empresas) da carteira.

a. Formule e resolva um modelo de programação não linear para determinar quanto Bárbara deveria investir em ações de cada empresa para atingir as suas metas financeiras. Qual é a solução ótima?
b. Será que Bárbara terá dinheiro suficiente para comprar um notebook no ano que vem?

36. A World Delivery Service (WDS) é especialista na coleta e na entrega de pacotes em residências e empresas nos Estados Unidos e ao redor do mundo. As frotas de caminhões da WDS partem de depósitos locais e fazem várias paradas de coleta e entrega antes de retornar para o depósito. Cada parada exige uma média de três minutos de tempo, que não inclui o tempo de percurso entre os locais. Além disso, muitos dos clientes da WDS definem uma janela de tempo específica, dentro da qual podem ser feitas as coletas e as entregas. Se um caminhão da WDS chegar a um local antes do começo de sua janela de tempo, o caminhão e o motorista simplesmente devem esperar até a janela de tempo especificada começar para completar o serviço nesse local. Se o caminhão chegar após o encerramento da janela de tempo especificada, o cliente muitas vezes permite a coleta e a entrega de qualquer maneira, mas às vezes a WDS deve retornar no dia seguinte. Seja como for, chegar atrasado cria problemas para a WDS e seus clientes, e é uma prática que deve ser evitada se possível. O arquivo WDSData.xlsx (disponível na página deste livro no site da editora) contém dados que descrevem o tempo de percurso (em minutos) entre 29 locais de cliente, nos quais determinado motorista da WDS deve fazer as coletas e as entregas. O arquivo também lista as janelas de tempo para cada cliente, dentro das quais essas coletas e entregas devem ser feitas. A prioridade máxima da WDS é prestar o serviço dentro das janelas de tempo especificadas pelo cliente e, em segundo lugar, minimizar o tempo de percurso de seus caminhões, uma vez que o consumo de combustível é uma importante despesa para a empresa. Assuma que o caminhão parte de seu depósito às 15 horas. Em que ordem o caminhão da WDS deve prestar o serviço a esses clientes?
   a. Crie um modelo de planilha para esse problema e resolva-o usando o mecanismo evolutivo do Solver.
   b. Em que ordem o caminhão da WDS deve prestar o serviço a esses clientes?
   c. Quantas janelas de tempo são violadas na solução identificada?
   d. Qual é o tempo total de percurso associado com essa solução?
37. Uma empresa tem as dez seguintes hipotecas. Os investidores comprarão pacotes de hipoteca que valem pelo menos $ 1 milhão. Qual é o número máximo de pacotes que podem ser criados a partir desse conjunto de hipotecas?

	Hipoteca									
	1	**2**	**3**	**4**	**5**	**6**	**7**	**8**	**9**	**10**
Quantia (em $ 1.000)	$ 900	$ 860	$ 780	$ 525	$ 240	$ 185	$ 165	$ 164	$ 135	$ 125

   a. Crie um modelo de planilha para esse problema e use o algoritmo evolutivo do Solver para resolvê-lo.
   b. Qual é a solução ótima?
38. Uma pequena loja de serviços de impressão tem 10 trabalhos que precisa programar. O tempo de processamento e os prazos de entrega para cada trabalho estão resumidos na tabela a seguir:

Trabalho	Tempo de processamento (dias)	Prazo de entrega
1	10	12
2	11	35
3	7	20
4	5	27
5	3	23
6	7	36
7	5	40
8	5	40
9	12	55
10	11	47

a. Suponha que os trabalhos sejam programados em ordem ascendente por tempo de processamento. Quantos trabalhos ficarão atrasados? Qual o total de dias em que os trabalhos ficarão atrasados? Qual é o número máximo de dias que um trabalho ficará atrasado?
b. Suponha que os trabalhos sejam programados em ordem ascendente por prazo de entrega. Quantos trabalhos ficarão atrasados? Qual o total de dias em que os trabalhos ficarão atrasados? Qual é o número máximo de dias que um trabalho ficará atrasado?
c. Use o algoritmo evolutivo do Solver para determinar a programação que minimiza o número de trabalhos atrasados. Qual é a solução? (Observe que você pode executar o Solver diversas vezes.)
d. Use o algoritmo evolutivo do Solver para determinar a programação que minimiza o número total de dias em que os trabalhos ficarão atrasados. Qual é a solução?
e. Use o algoritmo evolutivo do Solver para determinar a programação que minimiza o número máximo de dias em que qualquer trabalho ficará atrasado. Qual é a solução?

39. A Major Motors Corporation fabrica caminhões pesados em uma fábrica em Dublin, Virgínia. O estoque da fábrica de peças de reposição e de venda a clientes está armazenado em um enorme sistema de prateleiras que tem diversos andares e o tamanho de vários campos de futebol. Um veículo automatizado para coleta de peças se move para a frente e para trás em uma unidade de prateleiras também conseguindo elevar-se e baixar-se a qualquer altura para apanhar itens estocados nos vários compartimentos da unidade de prateleiras. Cada compartimento da unidade de prateleiras tem o mesmo tamanho, sendo identificado por dois números que especificam sua fileira e sua coluna. De maneira típica, cada percurso que o veículo faz envolve visitar vários compartimentos distintos para apanhar diversas peças. A fim de ajudar a minimizar os custos operacionais, a empresa quer desenvolver um sistema para determinar a forma mais eficiente para o veículo visitar cada compartimento necessário antes de retornar à sua posição inicial. Como exemplo, suponha que o veículo precise apanhar dez peças estocadas em compartimentos nas seguintes localizações:

Peça	Fileira	Coluna
1	3	27
2	14	22
3	1	13
4	20	3
5	20	16
6	28	12
7	30	31
8	11	19
9	7	3
10	10	25

Assuma que o veículo deva começar e terminar o serviço na fileira zero e na coluna zero.
a. Use uma planilha para calcular a distância em linha reta entre cada par de compartimentos.
b. Use o algoritmo evolutivo do Solver para determinar o percurso mais curto para o veículo seguir.
c. Qual é o melhor percurso?

40. Uma inspetora regional de qualidade, que trabalha para a Green Roofs Inns, deve visitar 16 propriedades no próximo mês. O tempo de viagem de carro de uma propriedade até outra é proporcional à distância em linha reta entre as propriedades. As coordenadas X-Y para cada propriedade são dadas na tabela a seguir:

	Propriedade															
	1	2	3	4	5	6	7	8	9	10	11	12	13	14	15	16
X	190	179	170	463	153	968	648	702	811	305	512	481	763	858	517	439
Y	158	797	290	394	853	12	64	592	550	538	66	131	289	529	910	460

Assuma que a casa da inspetora esteja localizada na coordenada X = 509 e na coordenada Y = 414.
a. Crie uma matriz de distância em linha reta entre cada par de propriedades (incluindo a casa da inspetora). Arredonde essas distâncias em duas casas decimais.
b. Suponha que a inspetora saia de casa e visite cada propriedade em ordem numérica antes de retornar. Que distância ela terá percorrido?
c. Suponha que a inspetora queira partir de sua casa e visitar cada propriedade antes de retornar para casa e ela queira fazer isso percorrendo a distância mais curta possível. Que percurso ela deverá utilizar e que distância ela irá percorrer?

d. Suponha que a inspetora queira ir a todas as 16 propriedades em um período de 4 semanas visitando exatamente 4 propriedades por semana. A cada semana ela sairá de sua casa na segunda-feira de manhã e retornará na sexta-feira à noite. Que propriedades a inspetora deve visitar a cada semana e em que ordem deve fazer isso se ela quiser minimizar a distância total percorrida?

41. As empresas estão, muitas vezes, interessadas em segmentar seus clientes para melhor direcionar ofertas específicas de produtos a fim de atender às necessidades específicas dos clientes. O arquivo CustomerData.xlsx (disponível na página deste livro no site da editora) contém dados de 198 clientes para um varejista *on-line*. De maneira específica, esse arquivo traz dados demográficos de cada cliente, como nível de renda (X_1) e número de dependentes (X_2), assim como dados sobre o comportamento de compras, incluindo o número de compras feitas no ano anterior (X_3) e o valor médio de cada compra (X_4). Suponha que tenham lhe pedido para classificar cada um desses clientes em um de três grupos. Depois de feita a classificação, você pode computar os valores médios de cada uma das quatro variáveis dentro de cada grupo. Esses quatro valores médios para cada grupo representam o cliente típico (ou médio) encontrado em cada grupo. Obviamente, você deseja agrupar clientes semelhantes. Para fazer isso, você poderia generalizar a distância em linha reta para quatro dimensões a fim de calcular a distância de cada cliente até o grupo para o qual ele foi designado.
   a. Use o Solver para classificar os clientes em grupos, de modo que minimize a soma das distâncias de cada cliente até o seu grupo.
   b. Como você descreveria as diferenças entre esses três grupos que você identificou?

42. Max Gooding está cansado de perder dinheiro no bolão do futebol organizado em seu escritório e decidiu fazer algo a respeito. A Figura 8.44 (e o arquivo Football.xlsx, disponível na página deste livro no site da editora) traz uma lista de times na Liga Imaginária de Futebol (LIF), junto com os resultados de todos os jogos da liga na temporada passada.

FIGURA 8.44 *Planilha para a Liga Imaginária de Futebol (LIF).*

Football.xlsx - Salvo

Liga Imaginária de Futebol

Equipe No.	Nome da Equipe	Equipe Visitante	Equipe de Casa	Margem de Vitória (ou Perda) da Equipe de Casa
1	Atlanta Eagles	16	1	-2
2	Buffalo Wings	13	1	3
3	Chicago Grizzlies	18	1	-22
4	Cincinnati Tigers	14	1	16
5	Cleveland Reds	25	1	2
6	Dallas Cowpokes	15	2	3
7	Denver Bravos	23	2	17
8	Detroit Leopards	3	2	14
9	Green Bay Pickers	11	2	35
10	Houston Greasers	4	2	11
11	Indianapolis Ponies	17	2	4
12	Kansas City Indians	16	3	3
13	Los Angeles Pirates	19	3	2
14	Los Angeles Goats	20	3	5
15	Miami Tarpons	28	3	-14
16	Minnesota Raiders	9	3	9
17	New England Volunteers	8	3	9
18	New Orleans Sinners	10	4	-24
19	New York Midgets	28	4	-8
20	New York Rockets	26	4	-7
21	Philadelphia Hawks	6	5	-13
22	Phoenix Sparrows	4	5	1
23	Pittsburgh Robbers	20	5	-4
24	San Diego Checkers	23	5	2
25	San Francisco 39ers	28	6	-3
26	Seattle Sea Lions	21	6	-25
27	Tampa Bay Raiders	19	6	4
28	Washington Pigskins	4	6	11

Estatísticas da LIF

Por exemplo, a célula F5 indica que o Minnesota Raiders venceu o Atlanta Eagles por dois pontos no ano passado, ao passo que a célula F6 indica que o Atlanta venceu o Los Angeles Pirates por três pontos. Max acha ser possível usar o algoritmo evolutivo do Solver para calcular a margem de vitória em um jogo entre qualquer par de times. Usando os dados da temporada passada, Max quer identificar as pontuações ou os pesos para cada time, de modo que a margem estimada de vitória para qualquer jogo seja:

$$\begin{matrix}\text{Margem estimada} \\ \text{de vitória}\end{matrix} = \begin{pmatrix}\text{Pontuação} \\ \text{time da casa}\end{pmatrix} + \begin{pmatrix}\text{Vantagem do} \\ \text{mando de campo}\end{pmatrix} - \begin{pmatrix}\text{Pontuação do} \\ \text{time visitante}\end{pmatrix}$$

Com essa informação, Max pode estimar a margem de vitória no jogo entre qualquer par de times. Ele quer agir de forma que minimize a soma dos quadrados das diferenças entre as margens reais e as estimadas de vitória para cada um dos jogos do ano passado. (Assuma que a pontuação de cada time deva estar entre 0 e 100 e que a vantagem do mando de campo deva estar entre 0 e 20.)

a. Crie um modelo no Solver que atinja o objetivo de Max.
b. Se Max usasse esse modelo para prever o vencedor de cada um dos jogos do ano passado, quantas vezes ele teria apostado corretamente no time vencedor?
c. Suponha que Max queira maximizar a probabilidade de acertar os times vencedores. Resolva o problema de modo que atinja esse objetivo.
d. Se Max usasse o modelo do item c para prever o vencedor em cada um dos jogos do ano passado, quantas vezes ele teria apostado corretamente no time vencedor?

CASO 8.1 Viagem à Europa

No verão, antes de completar seu MBA, Noah Franklin finalmente decidiu fazer a viagem à Europa com a qual ele sempre sonhara. Entretanto, dada a sua limitada poupança, ele sabe que terá de planejar e orçar sua viagem de modo inteligente para poder ir a todos os lugares e ver tudo que deseja. Com uma rápida pesquisa na internet, Noah facilmente encontrou alojamentos baratos em cada uma das 10 cidades que ele está interessado em visitar. Ele também descobriu que há várias empresas aéreas que oferecem passagens baratas entre diversas cidades europeias. A Figura 8.45 resume os possíveis voos entre 10 cidades europeias, com os custos indicados nos arcos.

Noah gostaria muito de visitar as 10 cidades de sua lista. Uma vez que seu voo de ida e volta partindo dos Estados Unidos chega e, depois de suas férias, parte da cidade 1, seu percurso pela Europa deve começar e terminar na cidade 1.

1. Desenvolva um modelo de planilha que Noah possa usar para determinar a maneira mais barata de visitar exatamente uma vez todas as 10 cidades europeias de sua lista. Qual é o itinerário ótimo para esse problema e quanto Noah terá de pagar pelas passagens aéreas?

FIGURA 8.45
Possíveis voos para o problema da viagem à Europa.

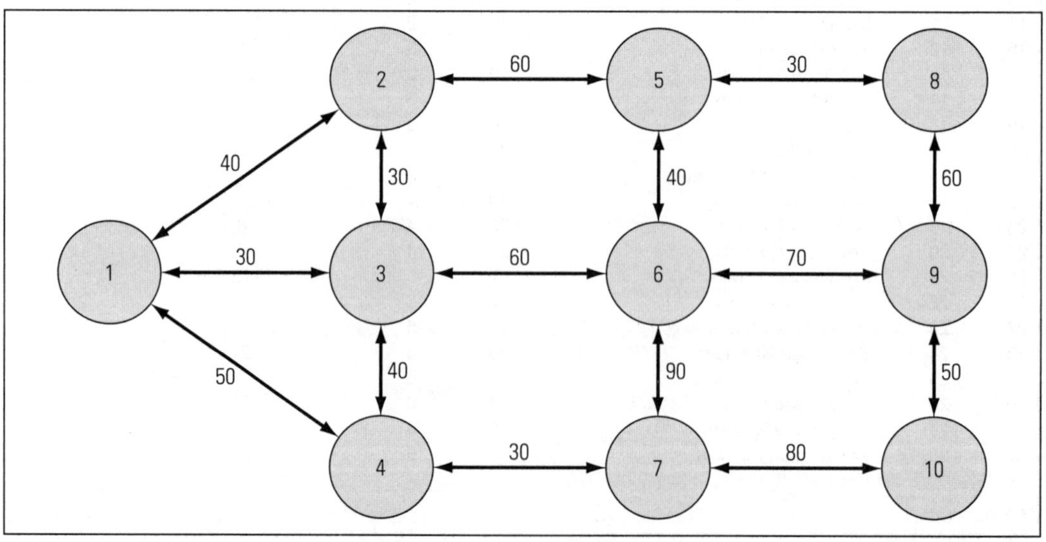

2. Suponha que a solução para o problema anterior exija mais dinheiro para passagens aéreas do que Noah possa gastar. Desenvolva um modelo de planilha que Noah possa usar para determinar a maneira mais barata de visitar as cidades 6, 8 e 10, começando e terminando sua viagem na cidade 1. Qual é o itinerário ótimo para esse problema e quanto Noah terá de pagar pelas passagens aéreas?

Elegendo o próximo presidente

CASO 8.2

"Então deu nisso", pensou Roger Mellichamp, enquanto olhava para os copinhos de café e papéis jogados em seu escritório. Quando ele aceitou o trabalho de gerente de campanha de seu amigo de longa data para a Casa Branca, sabia que haveria longas horas de trabalho, muitas viagens e pressão constante da mídia. Mas o que ele mais queria era evitar uma competição acirrada com uma revelação bombástica justamente antes da eleição. Roger sabia que tomar decisões em tais circunstâncias seria difícil, porque o sucesso da campanha e, de muitas formas, o futuro do país dependeriam dessas decisões. Infelizmente, essa é a situação que ele tem de enfrentar.

Faltando apenas duas semanas para a eleição presidencial nos EUA, o amigo de Roger e o atual presidente estão disputando "cabeça a cabeça" segundo as pesquisas. Então, os planos de Roger para as duas semanas finais da campanha serão críticos e ele quer ter certeza de que usará da forma mais efetiva o tempo de seu candidato e o dinheiro que ainda resta para a campanha. Embora o resultado da eleição já esteja praticamente decidido na maioria dos estados, os votos eleitorais dos estados da Flórida, Geórgia, Califórnia, Texas, Illinois, Nova York, Virgínia e Michigan ainda podem ser abocanhados por qualquer um dos candidatos. Roger sabe que eles precisam vencer na maioria desses estados para que seu amigo se torne o próximo presidente dos Estados Unidos.

Há várias semanas, ficou evidente que a disputa seria acirrada. Por isso, Roger contratou um consultor de estatística para estimar a porcentagem de votos que a campanha receberá em cada um dos estados, com base na quantia de dinheiro gasto na campanha e no número de vezes que o candidato visita cada estado durante as duas últimas semanas antes da eleição. Os resultados da análise do consultor deram origem à seguinte função:

$$\text{Porcentagem de votos do estado } k = 1 - \text{EXP}(-a\text{V}_k - b\text{D}_k)$$

em que:

V_k = o número de vezes que o candidato visita o estado k nas duas últimas semanas de campanha

D_k = os dólares (em $ 1.000.000) que a campanha gasta em propaganda no estado k nas duas últimas semanas de campanha

A tabela a seguir resume as estimativas do consultor dos parâmetros a e b, junto ao número de votos eleitorais em jogo em cada estado:

Estado	a	b	Votos eleitorais
Flórida	0,085	0,31	25
Geórgia	0,117	0,27	13
Califórnia	0,098	0,21	54
Texas	0,125	0,28	32
Illinois	0,128	0,26	22
Nova York	0,105	0,22	33
Virgínia	0,134	0,24	13
Michigan	0,095	0,38	18

Roger acha que seu candidato pode fazer 21 comícios nas próximas duas semanas e que há $ 15.000.000 do orçamento de campanha disponíveis para propaganda. Nas próximas duas semanas, ele quer gastar pelo menos $ 500.000 em cada um desses estados. Ele também quer que o candidato faça pelo menos um, mas não mais que cinco comícios em cada um desses estados. Dentro dessas restrições, Roger deseja alocar esses recursos para maximizar o número de votos eleitorais que seu candidato pode receber. Assuma que um candidato precise de 51% dos votos para vencer em cada estado.

1. Formule um modelo de PNL para esse problema.
2. Implemente seu modelo em uma planilha e resolva-o.
3. Que quantia Roger deveria gastar em cada estado?

4. Quantos comícios o candidato deveria fazer em cada estado?
5. Qual é o número espwwerado de votos eleitorais obtidos por essa solução?

CASO 8.3 Fazendo janelas na Wella

A Wella Corporation fabrica portas e janelas, cujas vendas ultrapassam $ 900 milhões por ano. Alguns dos produtos da empresa são fabricados no "tamanho padrão" e vendidos por atacado e varejo em lojas de materiais de construção. Entretanto, a maior parte de seus negócios envolve fabricar janelas sob encomenda, com tamanhos que podem variar desde 12 polegadas até 84 polegadas, em incrementos de um quarto de polegada.

A empresa tem duas fábricas, uma em Iowa e outra na Pennsylvania. Cada fábrica tem 5 linhas de produção destinadas à fabricação de janelas sob encomenda. Cada uma dessas linhas de produção opera 8 horas por dia, 5 dias por semana e produz 50 janelas por hora.

As peças de caixilhos e de moldura das janelas são cortadas de peças de madeira de tamanho padrão mantidas em estoque, com 16 pés de comprimento. Essas peças para estoque são compradas de um fornecedor que processa vários pedaços de madeira de diversos comprimentos, corta fora os defeitos (nós, rachaduras etc.) e as emenda com encaixes tipo "*finger joint*" para criar peças maiores, com 16 pés de comprimento, que basicamente não têm defeitos.

A Wella corta todas as peças para os caixilhos e as molduras para uma janela e imediatamente encaminha esse conjunto de peças para a próxima operação no processo de produção para posterior montagem (ou seja, a fábrica não estoca peças de comprimentos variados). Entretanto, as peças para uma janela feita sob encomenda podem ser cortadas em qualquer ordem.

A demanda de janelas feitas sob encomenda varia tanto que dois dias ou mesmo algumas horas de produção nunca são iguais. Atualmente, os trabalhadores da linha de produção pegam uma peça de 16 pés do estoque e começam a cortar as peças para montar uma janela na mesma ordem em que essas peças descritas na lista de materiais (LM) até restar um pedaço menor do que a próxima peça necessária para a montagem da janela.

Como um exemplo simplificado, suponha que a primeira janela a ser produzida tem uma LM formada por duas peças de 3 pés e duas peças de 4 pés (nessa ordem). (A maior parte das janelas da Wella é produzida com 8 ou 9 peças.) Essas peças poderiam ser cortadas de uma peça de 16 pés do estoque, deixando um pedaço de 2 pés como refugo.

Agora suponha que a próxima janela a ser produzida tenha uma LM formada por duas peças de 3 pés e duas peças de 1 pé (nessa ordem). Devido ao fato de as peças de 3 pés não poderem ser cortadas a partir do refugo de 2 pés que sobrou da primeira peça de 16 pés, a Wella começaria cortando uma nova peça de 16 pés do estoque. Parece fazer mais sentido usar o refugo de 2 pés que sobrou da primeira peça do estoque e cortar as duas peças de 1 pé necessárias para fabricar a segunda janela. Entretanto, reordenar o corte das peças para a segunda janela visando eliminar o refugo de 2 pés poderia acabar criando um refugo de 3 pés de comprimento mais tarde no processo produtivo. (Quaisquer refugos criados ao final do corte de uma peça de 16 pés do estoque que não podem ser usados no trabalho seguinte são efetivamente descartados, porque transportar esses refugos para dentro e para fora do depósito torna-se um pesadelo de logística.)

Ser capaz de "ver adiante" para perceber os impactos de reordenar decisões está além da capacidade da maioria dos humanos – especialmente quando isso deve ser repetido várias vezes em continuidade. Como resultado, a Wella deseja desenvolver um sistema para otimizar a produção em cada linha de hora em hora.

O arquivo WellaData.xlsm (disponível na página deste livro no site da editora) contém dados para meia hora de produção em uma das linhas da Wella. (Essa linha produz janelas que exigem 8 peças de caixilhos/moldura.) Assuma que a Wella queira produzir as janelas na ordem indicada, mas as peças para cada janela podem ser produzidas em qualquer ordem. A Wella quer determinar a sequência de corte de peças ótima que lhe permitiria minimizar a quantidade de refugo (e o número de peças de 16 pés do estoque necessárias para atender a todos os pedidos).

1. Quantas soluções possíveis há para esse problema?
2. Desenhe um modelo de planilha para esse problema. Quantas peças do estoque teriam que ser cortadas para produzir as janelas nessa meia hora de produção se a Wella processar as janelas e as peças na ordem dada (no arquivo WellaData.xlsm)? Quanto de refugo é gerado por essa solução?
3. Use o Solver para otimizar o problema. Quantas peças do estoque teriam que ser cortadas para produzir as janelas nessa meia hora de produção se a Wella processar as janelas e as peças na ordem que o Solver determinar? Quanto de refugo é gerado por essa solução?
4. Assuma que a Wella pague $ 4 para cada peça de 16 pés do estoque. Se os resultados identificados na pergunta anterior forem representativos dos resultados que poderiam ser obtidos em todas as linhas de produção da Wella, quanto a Wella poderia economizar no decorrer de um ano?
5. Que outras sugestões/questões (se houver) você acha que a Wella deve considerar antes de implementar sua solução no chão de fábrica?

Programando a inserção de propaganda em jornal

CASO 8.4

A propaganda é a primeira fonte de renda para as editoras de jornais. Nos últimos dez a quinze anos, a indústria de jornais tem se ajustado a mudanças no *mix* de serviços que produz essa renda. As duas principais categorias de serviços são: impressão de anúncios (IA) e inserção de anúncios pré-impressos. A propaganda do tipo IA é impressa no jornal a cada noite, enquanto os anúncios pré-impressos são produzidos (frequentemente em uma tipografia comercial) antes da produção noturna do jornal e nele inseridos ou com ele distribuídos. Os anúncios pré-impressos oferecem várias vantagens para os anunciantes. Diferentes tamanhos e qualidades de papel podem ser usados para fazer anúncios exclusivos e mais coloridos do que seria possível com a impressão no jornal. Além disso, os anunciantes também podem controlar melhor a qualidade dos anúncios pré-impressos, diferentemente do que ocorre na qualidade dos jornais, que varia muito.

Embora o rendimento tenha crescido em ambas as categorias de propaganda, o rendimento de anúncios pré-impressos tem crescido mais que o da propaganda do tipo IA. Para muitas editoras de jornais, essa mudança no *mix* de rendimento criou desafios de programação na área de produção. Com as inserções, os anunciantes podem escolher as zonas para as quais conjuntos específicos de anúncios serão distribuídos. Uma ***zona*** é uma área geográfica distinta onde todos os jornais distribuídos na área recebem o mesmo conjunto de anúncios inseridos. O desafio para as editoras de jornais é programar a operação de produção a fim de processar a combinação correta de inserções para todas as diferentes zonas e completar a operação em tempo hábil, de modo que não atrase a entrega dos jornais. Para muitas editoras, o problema se torna complicado por causa do desejo dos anunciantes de dividir as zonas em "microzonas", ou de ter mais zonas de tamanhos menores, aumentando a especificidade dos diferentes grupos de consumidores que serão atingidos.

Art Carter é o gerente de produção de uma editora de jornal de porte médio. Todas as noites, ele e seus empregados devem montar um esquema para combinar as inserções de propaganda no jornal para as 36 diferentes zonas de entrega. A empresa tem quatro máquinas de inserção e cada uma pode ser abastecida com as inserções para uma zona específica. Duas das máquinas de inserção operam a uma velocidade de 12.000 jornais por hora, enquanto as duas outras máquinas operam a uma velocidade de 11.000 jornais por hora. O equipamento insere o conjunto de anúncios pré-impressos nos jornais até que todos os jornais para determinada zona sejam completados.

Quando as inserções para determinada zona são completadas, a máquina de inserção é parada e é recarregada com os anúncios para a próxima zona. Esse processo de recarga tem duração variada, dependendo de quanto trabalho é necessário para carregar a máquina com o conjunto de anúncios para a próxima zona. As zonas podem ser processadas em qualquer ordem e em qualquer uma das máquinas de inserção. Entretanto, todos os anúncios para determinada zona devem ser processados na mesma máquina (isto é, os anúncios para uma única zona não são processados em máquinas de inserção distintas).

O arquivo NewspaperData.xlsx (disponível na página deste livro no site da editora) contém dados amostrais para uma carga típica de trabalho noturno nessa editora. Em especial, esse arquivo contém a quantidade de jornais produzidos para cada uma das 36 zonas de entrega e as estimativas de tempo para recarregar as máquinas de inserção ao mudar de um conjunto de inserções de uma zona para outro. Art pediu a você que criasse um modelo para projetar um esquema ótimo de produção para as máquinas de inserção. Em especial, ele deseja determinar quais zonas deveriam ser atribuídas a cada uma das quatro máquinas e a ordem ótima de processamento dos trabalhos destinados a cada máquina. Seu objetivo é minimizar a quantidade de tempo que leva (do início ao fim) para inserir os anúncios em todos os jornais.

Capítulo 9

Análise de regressão

9.0 Introdução

Análise de regressão é uma técnica de modelagem para análise da relação entre uma variável dependente *contínua* (com valor real) Y e uma ou mais variáveis independentes $X_1, X_2, \ldots, X_k$. O objetivo na análise de regressão é identificar uma função que descreva, o mais aproximado possível, a relação entre essas variáveis, de modo que seja possível prever qual valor a variável dependente assumirá, dados os valores específicos para as variáveis independentes. Este capítulo mostra como estimar essas funções e de que forma usá-las para fazer previsões em um ambiente de negócios.

9.1 Um exemplo

Como exemplo simples de como a análise de regressão pode ser usada, consideremos a relação entre as vendas para uma companhia e a verba que ela gasta em propaganda. Poucos questionariam o fato de que o nível de vendas para uma companhia dependerá de ou será influenciado pela propaganda. Assim, poderíamos considerar as vendas uma variável dependente Y e os gastos em propaganda uma variável independente X_1. Embora exista uma relação entre vendas e propaganda, poderíamos não conhecer exatamente a forma funcional dessa relação. De fato, é provável que não haja uma relação funcional exata entre essas variáveis.

Esperamos que as vendas de uma companhia dependam, até certo grau, da verba que esta companhia investe em propaganda. Mas diversos outros fatores também poderiam afetar as vendas de uma companhia, tais como condições econômicas gerais, o nível de competição no mercado, qualidade do produto e assim por diante. Mesmo assim, poderíamos estar interessados em estudar a relação entre as vendas (a variável dependente Y) e a variável independente propaganda (X_1) e prever o nível médio de vendas esperado para determinado nível de propaganda. A análise de regressão fornece a ferramenta para fazer tais previsões.

A fim de identificar uma função que descreva a relação entre propaganda e vendas para uma companhia, precisamos primeiro coletar dados de uma amostra para análise. Vamos supor que obtenhamos os dados mostrados na Figura 9.1 (e no arquivo Fig9-1.xlsm, disponível na página deste livro no site da editora) para uma companhia, sobre o volume de vendas observado, para vários níveis de investimento em propaganda em dez diferentes mercados-teste no país. Assumiremos que os diferentes mercados-teste são semelhantes quanto ao tamanho e a outras características demográficas e econômicas. A principal diferença em cada mercado é o nível de investimento em propaganda.

Os dados da Figura 9.1 são mostrados graficamente na Figura 9.2. Esse gráfico sugere uma forte relação linear entre investimentos em propaganda e vendas. Note que, à medida que os investimentos em propaganda aumentam, as vendas aumentam proporcionalmente. Entretanto, a relação entre os investimentos em propaganda e as vendas não é perfeita. Por exemplo, investimentos em propaganda de $ 70.000 foram usados em três mercados-teste diferentes e resultaram em três níveis de vendas diferentes. Desse modo, o volume de vendas que ocorre para determinado nível de propaganda está sujeito a flutuações aleatórias.

A flutuação aleatória, ou dispersão, dos pontos na Figura 9.2 sugere que um pouco da variação em vendas não é explicado por investimentos em propaganda. Por causa da dispersão dos pontos, esse tipo de gráfico é chamado **diagrama de dispersão** ou **gráfico de dispersão**. Por isso, embora não haja uma relação *funcional* perfeita entre vendas e investimentos em propaganda (em que cada nível de investimento atinge um único patamar de vendas), parece haver uma relação *estatística* entre essas variáveis (em que cada nível de vendas está associado a um intervalo ou distribuição de possíveis valores de vendas).

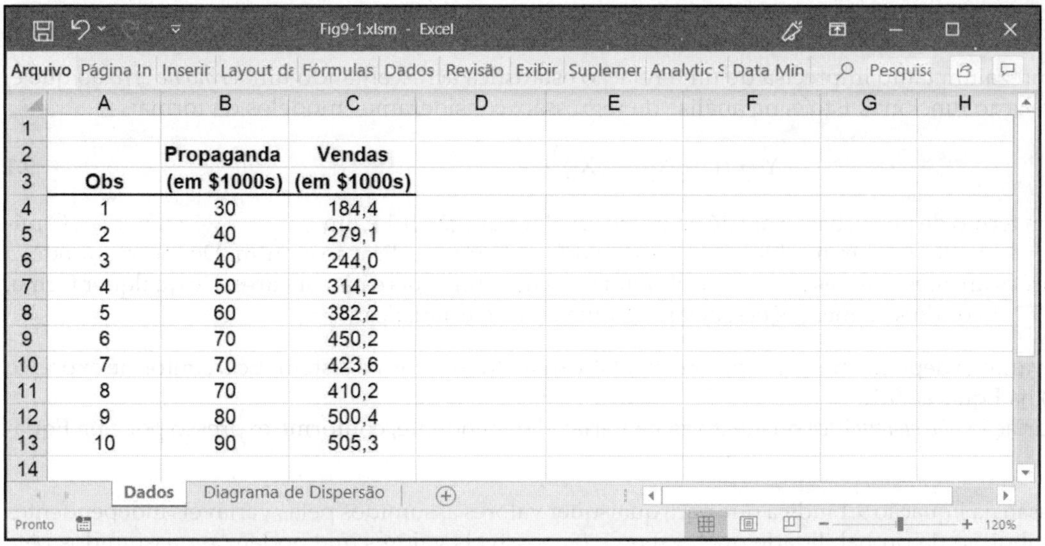

Obs	Propaganda (em $1000s)	Vendas (em $1000s)
1	30	184,4
2	40	279,1
3	40	244,0
4	50	314,2
5	60	382,2
6	70	450,2
7	70	423,6
8	70	410,2
9	80	500,4
10	90	505,3

FIGURA 9.1
Dados de uma amostra para gastos com propaganda e vendas observadas.

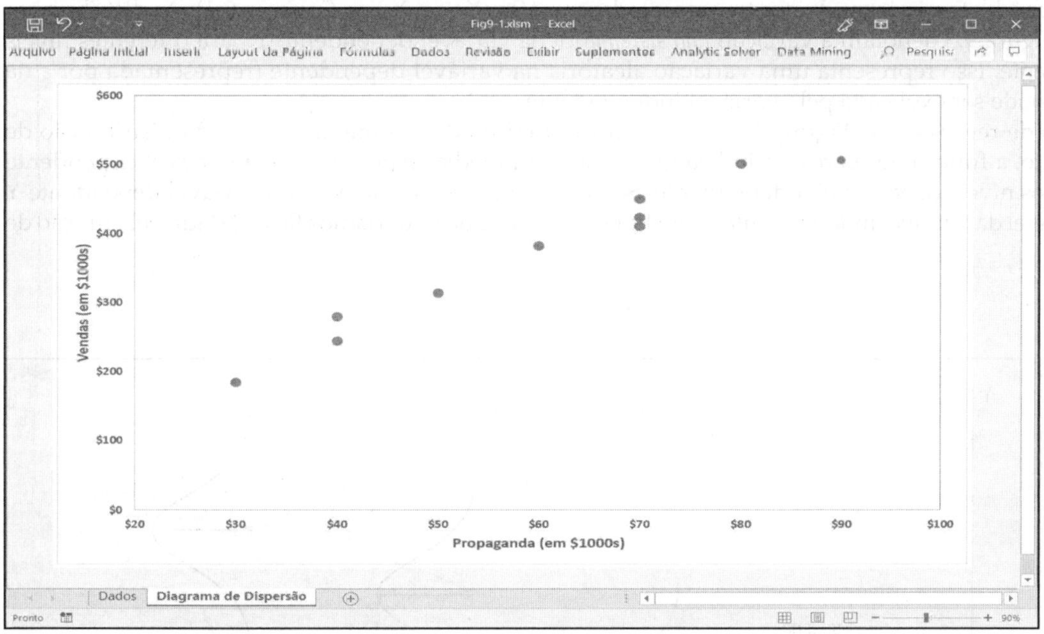

FIGURA 9.2
Diagrama de dispersão para dados de vendas e propaganda.

Criando um gráfico de dispersão

Para criar um gráfico de dispersão como o mostrado na Figura 9.2, é necessário:

1. Selecionar as células B4 a C13 mostradas na Figura 9.1.
2. Clicar na aba Inserir.
3. Clicar em Dispersão no menu Gráficos.
4. Clicar em Dispersão só com os Marcadores.

Em seguida, aparecerá o comando Ferramentas de Gráfico do Excel na parte superior da tela. Será possível fazer várias escolhas relacionadas ao tipo de gráfico que se quer criar e o modo como ele deverá ser rotulado e formatado. Depois que o Excel cria um gráfico básico, pode-se customizá-lo de várias maneiras. Clique duas vezes em um elemento do gráfico para que apareça uma caixa de diálogo com opções para modificar a aparência do elemento.

9.2 Modelos de regressão

Formalizaremos a natureza um tanto imprecisa de uma relação estatística acrescentando um *termo de erro* ao que é, de outra forma, uma relação funcional. Isto é, na análise de regressão, consideramos modelos da forma:

$$Y = f(X_1, X_2, \ldots, X_k) + \varepsilon \qquad \textbf{9.1}$$

em que ε representa um termo de perturbação aleatória ou de erro. A Equação 9.1 é um **modelo de regressão**. O número de variáveis independentes em um modelo de regressão difere de uma aplicação a outra. Do mesmo modo, a forma $f(\bullet)$ varia de funções lineares simples a formas polinomiais mais complexas e não lineares. De qualquer forma, o modelo na Equação 9.1 dá os dois elementos essenciais de uma relação estatística:

- Uma tendência da variável dependente Y de variar com a(s) variável(is) de forma sistemática, conforme expresso por $f(X_1, X_2, \ldots, X_k)$ na Equação 9.1.
- Um elemento de variação *não sistemática* ou aleatória na variável dependente, conforme expresso por ε na Equação 9.1.

O modelo de regressão na Equação 9.1 indica que para quaisquer valores assumidos pelas variáveis independentes $X_1, \ldots, X_k$ há uma distribuição de probabilidade que descreve os possíveis valores que podem ser assumidos pela variável dependente Y. Isto é mostrado graficamente na Figura 9.3 para o caso de uma única variável independente. A curva traçada na Figura 9.3 representa a linha de regressão (ou função de regressão). Ela denota a variação *sistemática* entre variáveis dependente e independentes (representadas por $f(X_1, X_2, \ldots, X_k)$ na Equação 9.1). As distribuições de probabilidade na Figura 9.3 denotam a variação *não sistemática* na variável dependente Y para diferentes níveis da variável independente. Isso representa uma variação aleatória na variável dependente (representada por ε na Equação 9.1) que não pode ser explicada pela variável independente.

Note que a função de regressão na Figura 9.3 passa pelo valor esperado, ou média, para cada distribuição de probabilidade. Portanto, a função de regressão indica qual valor, em média, espera-se que a variável dependente irá assumir em diversos níveis da variável independente. Se quisermos prever qual valor a variável dependente Y assumiria em algum nível da variável independente, a melhor estimativa que poderíamos fazer é dada pela função de

FIGURA 9.3
Diagrama da distribuição de valores Y para vários níveis de X.

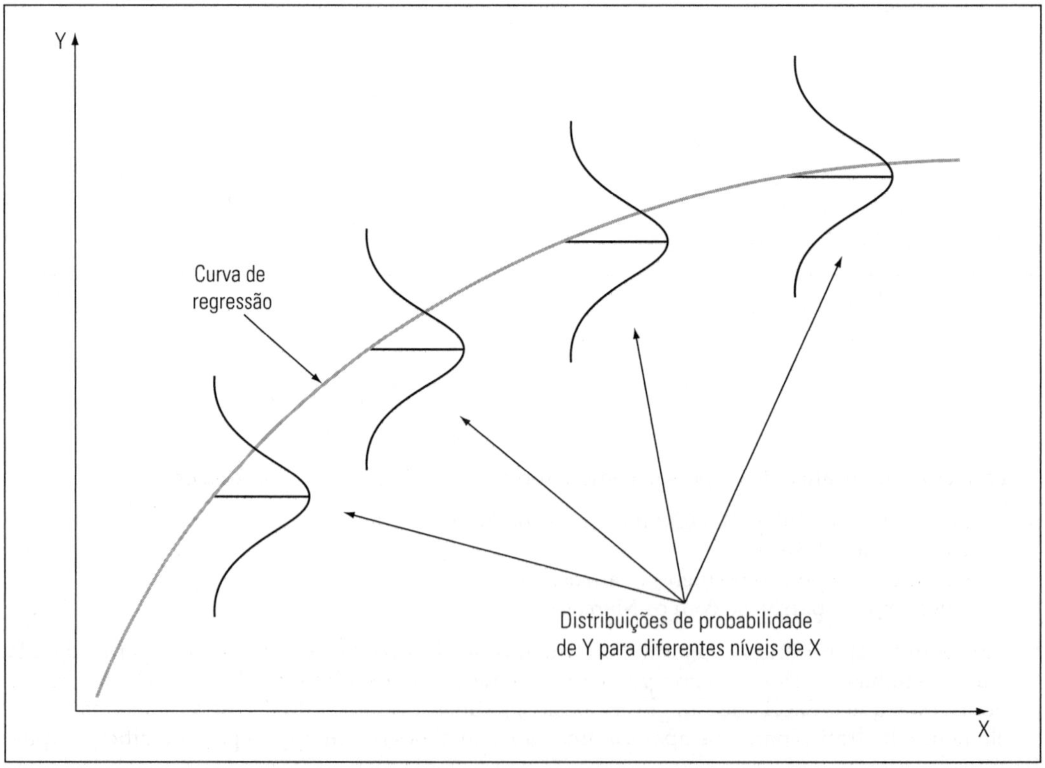

regressão. Isto é, nossa melhor estimativa do valor que Y assumirá em determinado nível da variável independente X_1 é o valor esperado (ou média) da distribuição de valores para Y no nível de X_1.

O valor real assumido pela variável dependente possivelmente será diferente do de nossa estimativa, porque há uma variação aleatória, não sistemática, na variável dependente que não pode ser explicada por nossa função de regressão. Se pudéssemos colher amostras repetidamente e observar os reais valores de Y em determinado nível de X_1, às vezes o valor real de Y seria mais elevado que o nosso valor estimado (médio), e outras vezes ele seria inferior. Assim, a diferença entre o valor real de Y e o nosso valor previsto de Y tenderia, em média, a 0. Por esse motivo, podemos assumir que o termo de erro ε na Equação 9.1 possui um valor médio, ou esperado, igual a 0, se as distribuições de probabilidade para a variável dependente Y nos diversos níveis da variável independente forem normalmente distribuídas (em forma de sino), conforme aparece na Figura 9.3.

9.3 Análise de regressão linear simples

Conforme foi mencionado antes, a função $f(\bullet)$ na Equação 9.1 pode assumir muitas formas. Entretanto, o gráfico de dispersão na Figura 9.2 sugere que existe uma forte relação linear entre a variável independente em nosso exemplo (investimentos em propaganda) e a variável dependente (vendas). Isto é, poderíamos traçar uma linha reta passando pelos dados na Figura 9.2 que se ajustaria aos dados razoavelmente bem. Então, a fórmula de uma linha reta poderia explicar a variação sistemática entre investimentos em propaganda e vendas. Portanto, o seguinte modelo de regressão linear simples poderia ser uma escolha apropriada para descrever a relação entre propaganda e vendas.

$$Y_i = \beta_0 + \beta_1 X_{1_i} + \varepsilon_i \qquad 9.2$$

Na Equação 9.2, Y_i denota o valor *real* de venda para a *i*-ésima observação, X_{1_i} denota os investimentos em propaganda associados a Y_i, e ε_i é um termo de erro indicando que, quando X_{1_i} dólares são investidos em propaganda, nem sempre as vendas serão iguais a $\beta_0 + \beta_1 X_{1_i}$. O parâmetro β_0 representa um valor constante (às vezes chamado intercepto Y, porque representa o ponto onde a linha passa pelo eixo Y), e β_1 representa a inclinação da linha (isto é, o quanto a linha sobe ou desce por aumento unitário em X_1). Assumindo que uma linha reta explique a variação sistemática entre Y e X_1, os termos de erro ε_i representam as quantidades nas quais os níveis reais de vendas estão dispersos em torno da linha de regressão. Novamente, se os erros estão dispersos aleatoriamente em torno da linha de regressão, eles deveriam ser, em média, igual a 0, ou ter um valor esperado igual a 0.

O modelo na Equação 9.2 é um modelo simples porque contém apenas uma variável independente. É linear porque nenhum dos parâmetros (β_0 e β_1) aparece como expoente no modelo ou são multiplicados ou divididos entre si.

Como conceito, é importante entender que estamos assumindo que uma grande população de valores Y ocorre para cada nível de X_1. Os parâmetros β_0 e β_1 representam, respectivamente, o intercepto e a inclinação da *verdadeira* linha de regressão relacionando essas populações. Por esse motivo, β_0 e β_1 às vezes são chamados **parâmetros populacionais**. Via de regra, nunca conhecemos os valores numéricos exatos para os parâmetros populacionais em determinado problema de regressão (sabemos que esses valores existem, mas não sabemos quais são). Para determinar os valores numéricos dos parâmetros na população, teríamos que olhar para toda a população de Y em cada nível de X_1 – geralmente uma tarefa impossível. Entretanto, tomando uma amostra de valores Y em níveis selecionados de X_1, podemos estimar os valores dos parâmetros populacionais. Identificaremos os valores estimados de β_0 e β_1 como b_0 e b_1, respectivamente. Resta determinar os melhores valores de b_0 e b_1 a partir de nossos dados amostrais.

9.4 Definindo "melhor ajuste"

Um número infinito de valores poderia ser atribuído a b_0 e b_1. Por isso, a busca dos valores exatos para b_0 e b_1, a fim de produzir a linha que melhor se ajuste a nossos dados amostrais, poderia parecer-se com a procura de uma agulha no palheiro – e, certamente, não é algo que queiramos fazer manualmente. Para fazer o computador estimar os valores para b_0 e b_1 que produzam a linha que melhor se ajuste a nossos dados, temos que lhe dar alguma direção e definir o que queremos dizer por melhor ajuste.

Usaremos o símbolo $\hat{Y}_i$ para denotar nosso valor estimado ou ajustado de Y_i, que é definido como:

$$\hat{Y}_i = b_0 + b_1 X_{1_i} \qquad 9.3$$

Queremos encontrar valores para b_0 e b_1 que tornam todos os valores de vendas *estimados* ($\hat{Y}_i$) o mais próximo possível dos valores *reais* de vendas (Y_i). Por exemplo, os dados na Figura 9.1 indicam que investimos \$ 30.000 em propaganda ($X_{1_1} = 30$) e observamos vendas de \$ 184.400 ($Y_1 = 184{,}4$). Então, na Equação 9.3, se deixarmos $X_{1_i} = 30$, queremos que $\hat{Y}_i$ assuma um valor o mais próximo possível de 184,4. De maneira similar, nas três instâncias na Figura 9.1 em que foram gastos \$ 70.000 em propaganda ($X_{1_6} = X_{1_7} = X_{1_8} = 70$), observamos vendas de \$ 450.200, \$ 423.600 e \$ 410.200 ($Y_6 = 450{,}2$, $Y_7 = 423{,}6$, $Y_8 = 410{,}2$). Então, na Equação 9.3, se deixarmos $X_{1_i} = 70$, queremos que $\hat{Y}_i$ assuma um valor o mais próximo possível de 450,2, 423,6 e 410,2.

Se pudéssemos encontrar valores para b_0 e b_1, de modo que todos os valores estimados de vendas fossem exatamente os mesmos que todos os valores reais de vendas ($\hat{Y}_i = Y_i$, para todas as observações *i*), teríamos a equação da linha reta, que passa em cada ponto dos dados – em outras palavras, a linha se ajustaria perfeitamente a nossos dados. Isso é impossível para os dados na Figura 9.2, porque uma linha reta não poderia ser traçada, de modo que passasse em cada ponto no gráfico. Na maioria dos problemas de regressão, é impossível encontrar uma função que se ajuste perfeitamente aos dados, porque grande parte dos conjuntos de dados contém alguma quantidade de variação não sistemática.

Embora seja improvável que encontremos valores para b_0 e b_1 que nos permitam ajustar nossos dados perfeitamente, tentaremos encontrar valores que façam as diferenças entre os valores estimados para a variável dependente e os valores reais correspondentes para a variável dependente ($Y_i - \hat{Y}_i$) as menores possíveis. Referimo-nos à diferença $Y_i - \hat{Y}_i$ como **erro de estimativa** para a observação *i*, porque ela mede quão distante o valor estimado $\hat{Y}_i$ está do valor real Y_i. Os erros de estimativa em um problema de regressão também são chamados **resíduos**.

Embora critérios diferentes possam ser usados para determinar os melhores valores para b_0 e b_1, o método mais usado determina os valores que minimizam a soma dos quadrados dos erros de estimativa – ou **soma dos quadrados dos erros** (SQE). Isto é, tentaremos encontrar valores para b_0 e b_1 que minimizem:

$$\text{SQE} = \sum_{i=1}^{n}(Y_i - \hat{Y}_i)^2 = \sum_{i=1}^{n}(Y_i - (b_0 + b_1X_{1_i}))^2 \qquad \textbf{9.4}$$

Diversas observações devem ser feitas com respeito à SQE. Pelo motivo de que cada erro de estimativa é elevado ao quadrado, o valor da SQE sempre será não negativo, e, portanto, o menor valor que a SQE pode assumir é 0. A única maneira de a SQE ser igual a 0 é se todos os erros de estimativa individuais forem iguais a 0 ($Y_i - \hat{Y}_i = 0$ para todas as observações), caso no qual a linha de regressão estimada se ajustaria perfeitamente a nossos dados. Assim, a minimização da SQE parece ser um bom objetivo para utilizar na procura dos melhores valores para b_0 e b_1. Pelo fato de a análise de regressão encontrar os valores das estimativas de parâmetro que minimizam a soma dos quadrados dos erros de estimativa, às vezes ela é chamada **método dos mínimos quadrados**.

9.5 Resolvendo o problema usando o Solver

Podemos calcular de diversas formas as estimativas ótimas dos parâmetros para um modelo de regressão linear. Como nos capítulos anteriores, podemos usar o Solver para encontrar os valores para b_0 e b_1 que minimizem a quantidade SQE na Equação 9.4.

Encontrar os valores ótimos para b_0 e b_1 na Equação 9.4 é um problema de otimização não linear sem restrição. Considere a planilha na Figura 9.4 (e no arquivo Fig9-4.xlsm, disponível na página deste livro no site da editora).

Na Figura 9.4, as células C15 e C16 representam os valores para b_0 e b_1, respectivamente. Essas células são chamadas intercepto e inclinação, porque b_0 representa o intercepto na Equação 9.3, e b_1 representa a inclinação. Valores de 70 e de 5 foram lançados nessas células como palpites aproximados de seus valores ótimos.

Para usar o Solver a fim de calcular os valores ótimos de b_0 e b_1, precisamos implementar uma fórmula na planilha que corresponda ao cálculo da SQE na Equação 9.4. Essa fórmula representa a função objetivo a ser minimizada. A fim de calcular a SQE, primeiro precisamos calcular os valores de venda estimados pela função de regressão na Equação 9.3 para cada observação em nossa amostra. Esses valores estimados de venda ($\hat{Y}_i$) foram criados na coluna D da seguinte forma:

Fórmula para a célula D4: =\$C\$15+\$C\$16*B4
(Copiar para as células D5 a D13.)

Os erros de estimativa ($Y_i - \hat{Y}_i$) foram calculados na coluna E da seguinte forma:

Fórmula para a célula E4: =C4-D4
(Copiar para as células E5 a E13.)

Os quadrados dos erros de estimativa ($(Y_i - \hat{Y}_i)^2$) foram calculados na coluna F da seguinte forma:

Fórmula para a célula F4: =E4^2
(Copiar para as células F5 a F13.)

FIGURA 9.4 *Usando o Solver para resolver o problema de regressão.*

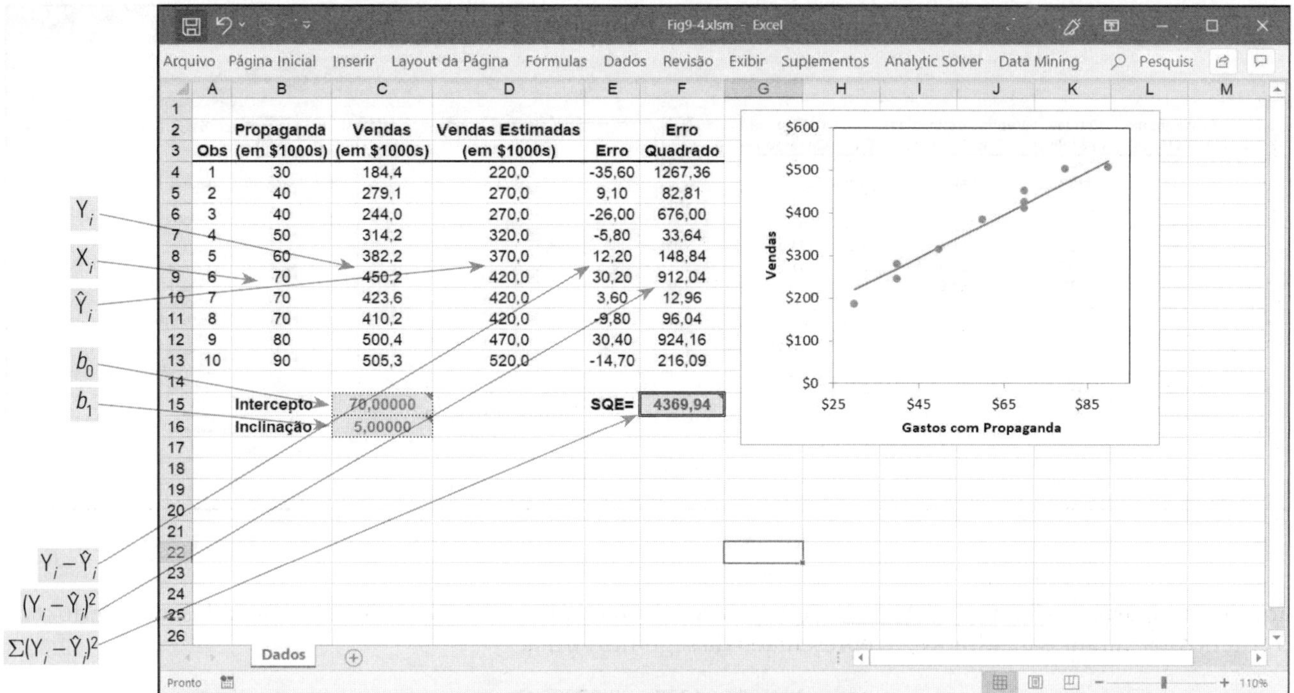

Obs	Propaganda (em $1000s)	Vendas (em $1000s)	Vendas Estimadas (em $1000s)	Erro	Erro Quadrado
1	30	184,4	220,0	-35,60	1267,36
2	40	279,1	270,0	9,10	82,81
3	40	244,0	270,0	-26,00	676,00
4	50	314,2	320,0	-5,80	33,64
5	60	382,2	370,0	12,20	148,84
6	70	450,2	420,0	30,20	912,04
7	70	423,6	420,0	3,60	12,96
8	70	410,2	420,0	-9,80	96,04
9	80	500,4	470,0	30,40	924,16
10	90	505,3	520,0	-14,70	216,09
	Intercepto	70,00000		SQE=	4369,94
	Inclinação	5,00000			

Fórmulas das principais células		
Célula	**Fórmula**	**Copiado para**
D4	=$C$15+$C$16*B4	D5:D13
E4	=C4−D4	E5:E13
F4	=E4^2	F5:F13
F15	=SOMA(F4:F13)	--

Finalmente, a soma dos quadrados dos erros de estimativa (SQE) foi calculada na célula F15 da seguinte forma:

Fórmula para a célula F15: =SOMA(F4:F13)

Note que a fórmula na célula F15 corresponde exatamente à Equação 9.4.

O gráfico na Figura 9.4 mostra a linha que conecta os valores estimados de venda contra os valores reais de venda. O intercepto e a inclinação dessa linha são determinados pelos valores em C15 e C16. Embora essa linha pareça se ajustar razoavelmente bem a nossos dados, não sabemos se ela é a linha que minimiza o valor da SQE. Entretanto, podemos usar os parâmetros e as opções do Solver mostrados na Figura 9.5 para determinar os valores de C15 e de C16 que minimizam o valor da SQE em F15.

A Figura 9.6 mostra a solução ótima para esse problema. Nessa planilha, o intercepto e a inclinação da linha que melhor se ajusta a nossos dados são $b_0 = 36{,}34235$ e $b_1 = 5{,}550294$, respectivamente. O valor da SQE de 3336,244, associado a essas estimativas de parâmetro ótimo, é melhor (ou menor) que o valor da SQE para as estimativas de parâmetro mostradas na Figura 9.4. Nenhum outro valor para b_0 e b_1 resultaria em um valor da SQE menor que

Configurações do Solver:
Objetivo: F15 (Min) Células variáveis: C15:C16 Restrições: Nenhuma
Opções do Solver:
GRG Não Linear

FIGURA 9.5 *Parâmetros e opções do Solver para o problema de regressão.*

FIGURA 9.6 *Solução ótima para o problema de regressão.*

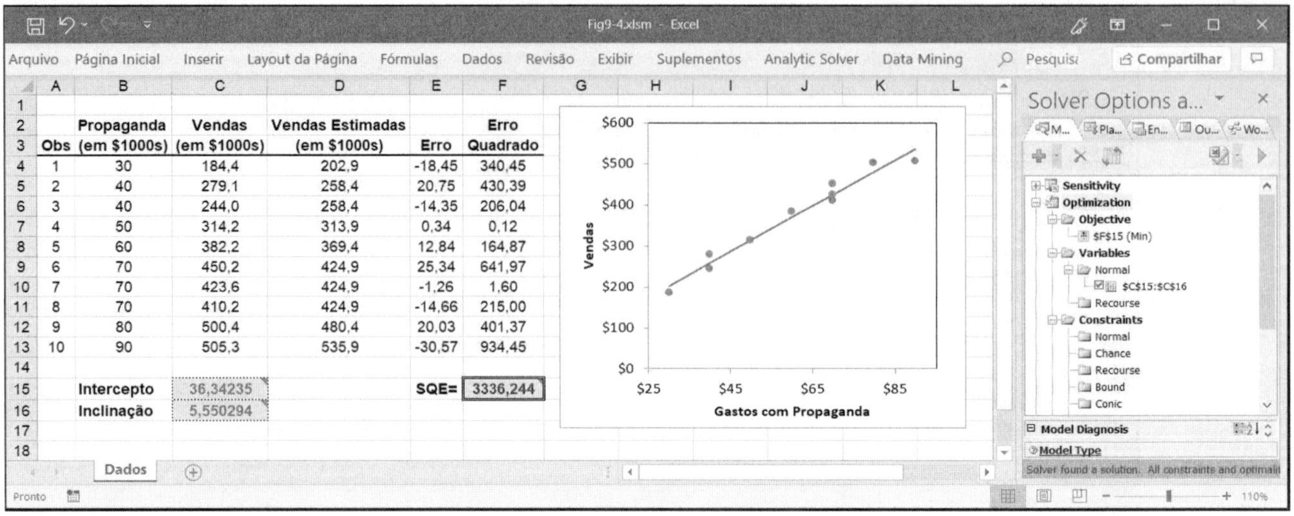

aquele que aparece na Figura 9.6. Assim, a equação da linha reta que melhor se ajusta a nossos dados, de acordo com o critério dos mínimos quadrados, é representada da seguinte forma:

$$\hat{Y}_i = 36{,}34235 + 5{,}550294X_{1_i} \tag{9.5}$$

9.6 Resolvendo o problema usando a ferramenta de regressão

Além do Solver, o Excel possui outra ferramenta para a solução de problemas de regressão que é mais fácil de usar e fornece mais informação sobre tais problemas. Demonstraremos o uso dessa ferramenta consultando de novo os dados originais para o problema atual, mostrados na Figura 9.1 (repetidos no arquivo Fig9-7.xlsm, disponível na página deste livro no site da editora). Antes de usar a ferramenta de regressão no Excel, é necessário certificar-se de que o suplemento Ferramentas de Análise está disponível. Isso pode ser feito seguindo os passos abaixo:

1. Clique em Arquivo, Opções, Suplementos.
2. Localize e ative o suplemento Ferramentas de Análise. (Se o suplemento Ferramentas de Análise não estiver listado entre os seus utilitários disponíveis, será necessário instalá-lo a partir do CD do Microsoft Office.)

Após certificar-se de que o suplemento Ferramentas de Análise está disponível, acesse a ferramenta de regressão completando os seguintes passos:

1. Clique no botão Dados.
2. Clique em Análise de Dados no menu Análise.
3. Escolha Regressão e clique em OK.

Depois de realizar o último passo, aparecerá a caixa de diálogo Regressão, conforme mostrado na Figura 9.7. Essa caixa de diálogo apresenta várias opções e seleções; neste ponto, focaremos em apenas três opções: Intervalo Y de Entrada, Intervalo X de Entrada e Opções de Saída. O Intervalo Y de Entrada corresponde ao intervalo na planilha que contém a amostra de observações para a variável *dependente* (de C4 a C13 para o exemplo na Figura 9.1). O Intervalo X de Entrada corresponde ao intervalo na planilha que contém as observações amostrais para a variável *independente* (de B4 a B13 para o exemplo atual). Também precisamos especificar a opção de saída dos resultados de regressão. Na Figura 9.7, selecionamos a opção Nova Planilha para indicar que queremos os resultados de regressão lançados em uma nova planilha chamada "Resultados". Com as opções da caixa de diálogo selecionadas, podemos clicar no botão OK e o Excel calculará os valores dos mínimos quadrados para b_0 e b_1 (junto com outros resumos estatísticos).

A Figura 9.8 mostra a planilha "Resultados" para nosso exemplo. Por ora, focaremos em apenas alguns valores na Figura 9.8. Note que o valor rotulado "Intersecção" na célula B17 representa o valor ótimo para b_0 ($b_0 = 36{,}34235$). O valor representando o coeficiente para "Variável X 1" na célula B18 representa o valor ótimo para b_1 ($b_1 = 5{,}550294$). Assim, a função de regressão estimada é representada por:

$$\hat{Y}_i = b_0 + b_1X_{1_i} = 36{,}34235 + 5{,}550294X_{1_i} \tag{9.6}$$

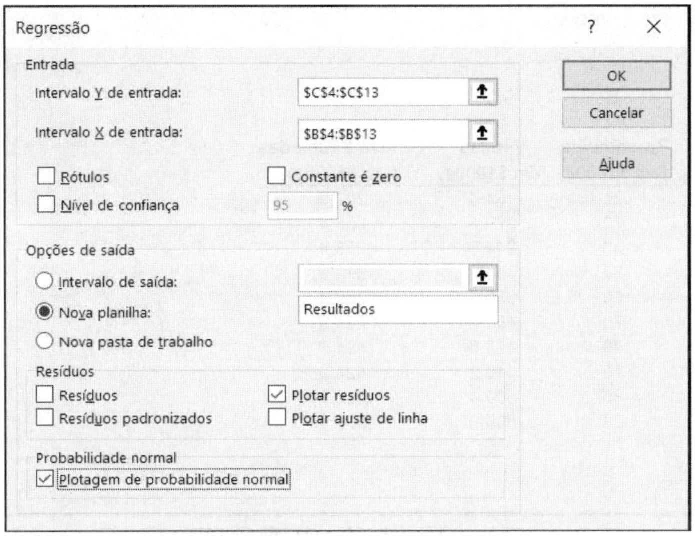

FIGURA 9.7
Caixa de diálogo de regressão.

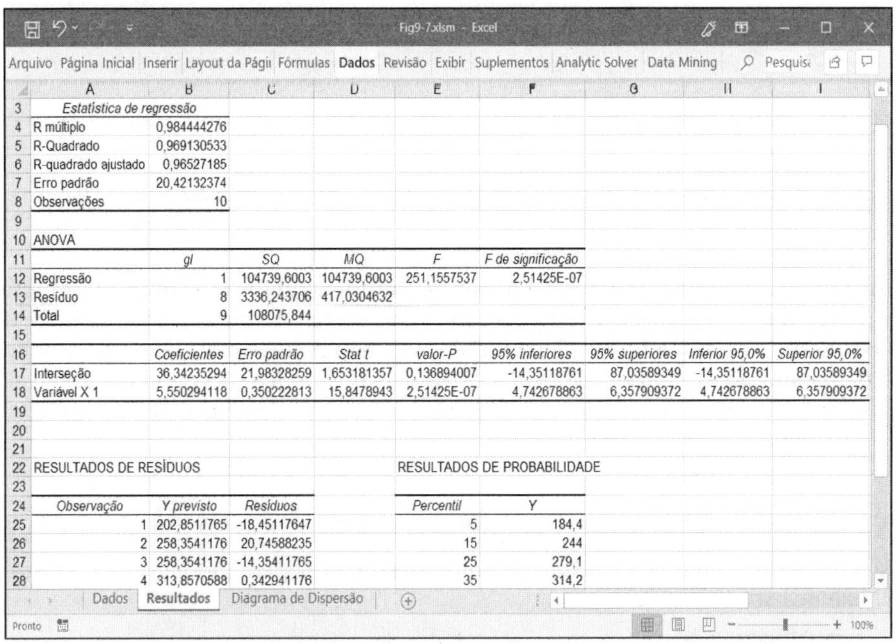

	A	B	C	D	E	F	G	H	I
3	*Estatística de regressão*								
4	R múltiplo	0,984444276							
5	R-Quadrado	0,969130533							
6	R-quadrado ajustado	0,96527185							
7	Erro padrão	20,42132374							
8	Observações	10							
9									
10	ANOVA								
11		*gl*	*SQ*	*MQ*	*F*	*F de significação*			
12	Regressão	1	104739,6003	104739,6003	251,1557537	2,51425E-07			
13	Resíduo	8	3336,243706	417,0304632					
14	Total	9	108075,844						
15									
16		*Coeficientes*	*Erro padrão*	*Stat t*	*valor-P*	*95% inferiores*	*95% superiores*	*Inferior 95,0%*	*Superior 95,0%*
17	Interseção	36,34235294	21,98328259	1,653181357	0,136894007	-14,35118761	87,03589349	-14,35118761	87,03589349
18	Variável X 1	5,550294118	0,350222813	15,8478943	2,51425E-07	4,742678863	6,357909372	4,742678863	6,357909372
19									
20									
21									
22	RESULTADOS DE RESÍDUOS				RESULTADOS DE PROBABILIDADE				
23									
24	*Observação*	*Y previsto*	*Resíduos*		*Percentil*	*Y*			
25	1	202,8511765	-18,45117647		5	184,4			
26	2	258,3541176	20,74588235		15	244			
27	3	258,3541176	-14,35411765		25	279,1			
28	4	313,8570588	0,342941176		35	314,2			

FIGURA 9.8
Resultados para os cálculos de regressão.

A Equação 9.6 é, essencialmente, o mesmo resultado que obtivemos antes usando o Solver (veja a Equação 9.5). Assim, podemos calcular as estimativas de parâmetros para uma função de regressão usando o Solver ou a ferramenta de regressão mostrada na Figura 9.7. A vantagem da ferramenta de regressão é que ela não exige que montemos quaisquer fórmulas especiais ou células na planilha e produz resultados estatísticos adicionais sobre o problema em estudo.

9.7 Avaliando o ajuste

Nosso objetivo no problema exemplo é identificar a equação de uma linha reta que se ajuste bem a nossos dados. Tendo calculado a linha de regressão estimada (usando o Solver ou a ferramenta de regressão), poderíamos querer determinar quão bem a linha se ajusta a nossos dados. Usando a Equação 9.6, podemos calcular o nível estimado ou esperado de vendas ($\hat{Y}_i$) para cada observação em nossa amostra. Os valores $\hat{Y}_i$ poderiam ser calculados na coluna D da Figura 9.9, como segue:

Fórmula para a célula D4:	=36,34235 + 5,550294*B4
(Copiar para as células D5 a D13.)	

FIGURA 9.9
Valores estimados de venda para cada nível de propaganda.

Obs	Propaganda (em $1000s)	Vendas (em $1000s)	Vendas Estimadas (em $1000s)
1	30	184,4	202,9
2	40	279,1	258,4
3	40	244,0	258,4
4	50	314,2	313,9
5	60	382,2	369,4
6	70	450,2	424,9
7	70	423,6	424,9
8	70	410,2	424,9
9	80	500,4	480,4
10	90	505,3	535,9

Fórmulas das principais células

Célula	Fórmula	Copiado para
D4	=TENDÊNCIA($C$4:$C$13;$B$4:$B$13;B4)	D5:D13

Entretanto, podemos também usar a função TENDÊNCIA( ) no Excel para calcular os valores $\hat{Y}_i$ na coluna D da seguinte forma:

Fórmula alternativa para a célula D4: =TENDÊNCIA($C$4:$C$13;$B$4:$B$13;B4)
(Copiar para as células D5 a D13.)

A função TENDÊNCIA( ) calcula a linha de regressão linear de mínimos quadrados usando um intervalo Y de C4 a C13 e um intervalo X de B4 a B13. Depois, ela usa essa função de regressão para estimar o valor de Y, com o valor de X dado na célula B4. Assim, usando a função TENDÊNCIA( ), não precisamos nos preocupar com erros de digitação do intercepto ou da inclinação estimados. Note que os valores estimados de venda resultantes, mostrados na coluna D na Figura 9.9, são iguais aos valores Y previstos mostrados no fim da coluna B na Figura 9.8.

Uma observação sobre a função TENDÊNCIA( )

A função TENDÊNCIA( ) pode ser usada para calcular os valores estimados para modelos de regressão linear. O formato da função TENDÊNCIA( ) é o seguinte:

TENDÊNCIA(Intervalo Y;Intervalo X;valor de X para previsão)

em que o intervalo Y é o intervalo na planilha contendo a variável dependente Y, o intervalo X é o intervalo na planilha que contém a(s) variável(is) independente(s) X e o valor X para previsão é uma célula (ou células) contendo os valores para a(s) variável(is) independente(s) X, para as quais queremos um valor estimado de Y. A função TENDÊNCIA( ) tem uma vantagem em relação à ferramenta de regressão, pois é atualizada dinamicamente sempre que haja mudanças em quaisquer argumentos da função. Entretanto, não fornece a informação estatística dada pela ferramenta de regressão. É melhor usar essas duas diferentes abordagens conjuntamente para fazer a regressão.

A Figura 9.10 mostra um gráfico da função de regressão estimada junto com os dados reais de vendas. Essa função representa a quantidade esperada de vendas que ocorreria para cada valor da variável independente (isto é, cada valor na coluna D da Figura 9.9 cai nessa linha). Para inserir essa linha de tendência estimada no gráfico de dispersão existente, é preciso acompanhar os passos a seguir:

1. Clique com o botão direito sobre qualquer um dos pontos de dados no gráfico de dispersão para selecionar a série de dados.
2. Selecione Adicionar Linha de Tendência.
3. Clique em Linear.

FIGURA 9.10 *Gráfico da linha de regressão no meio dos dados reais de vendas.*

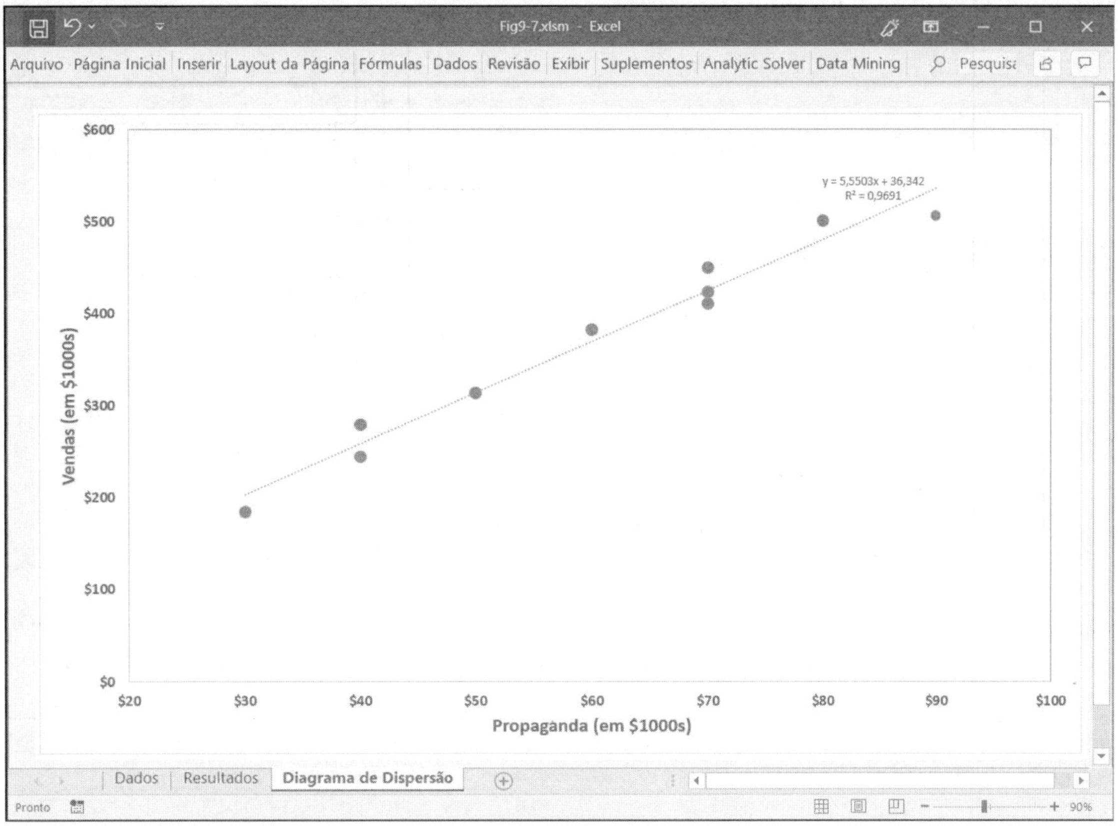

4. Selecione Exibir Equação e Exibir Valor de R-quadrado no gráfico.
5. Clique em Fechar.

A partir desse gráfico, vemos que a função de regressão parece ajustar os dados razoavelmente bem nesse exemplo. De maneira particular, os valores reais de vendas parecem flutuar em torno dessa linha em um padrão bastante não sistemático ou aleatório. Assim, parece que atingimos nosso objetivo de identificar uma função que explica grande parte, se não toda, da variação sistemática entre as variáveis dependente e independentes.

9.8 A estatística R^2

Na Figura 9.8, o valor rotulado de "R-Quadrado" na célula B5 (ou "R^2" na Figura 9.10) oferece uma medida da qualidade do ajuste. Esse valor representa a **estatística R^2** (também chamado **coeficiente de determinação**). O valor dessa estatística varia de 0 a 1 ($0 \leq R^2 \leq 1$) e indica a proporção da variação total na variável dependente Y em torno de sua média, que é explicada pela(s) variável(is) independente(s) na função de regressão estimada.

A variação total na variável dependente Y em torno de sua média é descrita por uma medida conhecida como **soma de quadrados total** (SQT), que é definida da seguinte forma:

$$\text{SQT} = \sum_{i=1}^{n}(Y_i - \overline{Y})^2 \qquad \textbf{9.7}$$

A SQT é igual à soma dos quadrados das diferenças entre cada observação Y_i na amostra e o valor médio de Y, denotado na Equação 9.7 por $\overline{Y}$. (Observe que a variância da amostra de Y é $S_Y^2 = \text{SQT}/(n-1)$.) A diferença entre cada valor observado de Y_i e o valor médio $\overline{Y}$ pode ser decomposta em duas partes da seguinte forma:

$$Y_i - \overline{Y}_i = (Y_i - \hat{Y}_i) + (\hat{Y}_i - \overline{Y}) \qquad \textbf{9.8}$$

A Figura 9.11 ilustra essa decomposição para um ponto hipotético. O valor $Y_i - \hat{Y}_i$ na Equação 9.8 representa o erro de estimativa, ou a quantidade de desvio total entre Y_i e $\overline{Y}$ que não é explicado pela função de regressão. O valor

FIGURA 9.11
Decomposição do desvio total em componentes de erro e regressão.

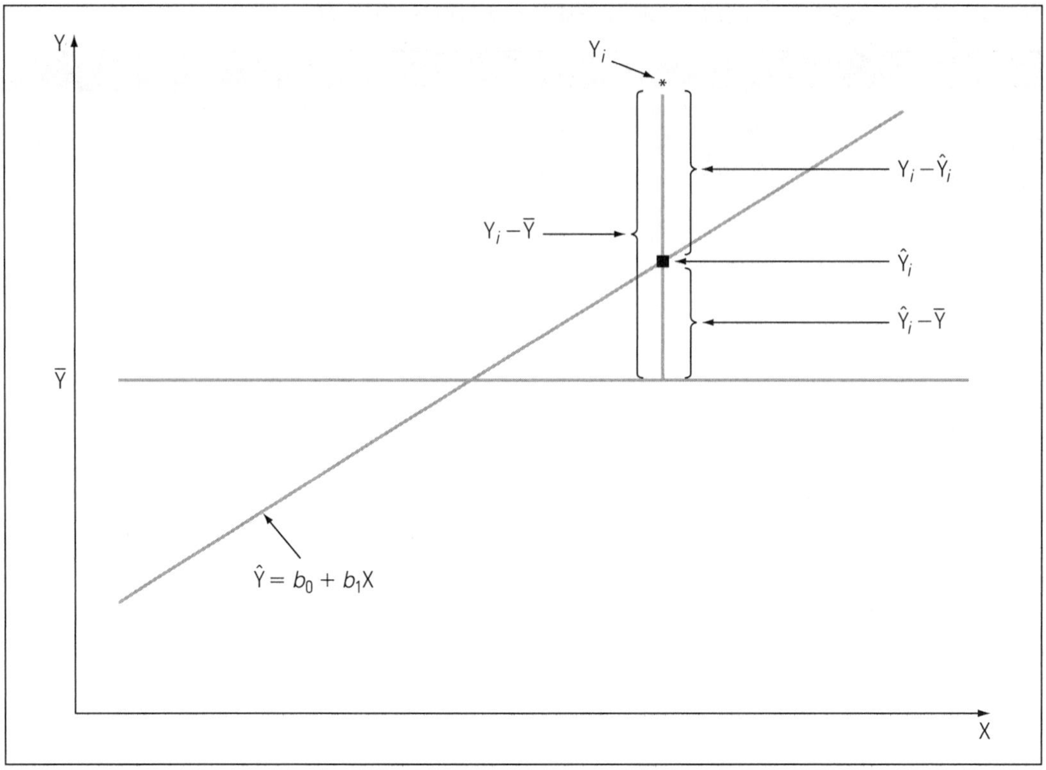

$\hat{Y}_i - \overline{Y}$ na Equação 9.8 representa a quantidade do desvio total em Y_i em relação a $\overline{Y}$, que é explicada pela função de regressão.

A decomposição do desvio individual na Equação 9.8 também se aplica à SQT na Equação 9.7. Isto é, a SQT pode ser decomposta nas duas partes abaixo:

$$\sum_{i=1}^{n}(Y_i - \overline{Y})^2 = \sum_{i=1}^{n}(Y_i - \hat{Y}_i)^2 + \sum_{i=1}^{n}(\hat{Y}_i - \overline{Y})^2 \qquad \textbf{9.9}$$

$$SQT = SQE + SQR$$

A SQE é a quantidade minimizada na regressão dos mínimos quadrados. A SQE representa a quantidade de variação em Y em torno de sua média que a função de regressão não pode explicar, ou a quantidade de variação na variável dependente não explicada pela função de regressão. Portanto, a **soma dos quadrados da regressão** (SQR) representa a quantidade de variação em Y em torno de sua média que a função de regressão pode explicar, ou a quantidade de variação na variável dependente explicada pela função de regressão. Na Figura 9.8, as células C12, C13 e C14 contêm os valores para SQR, SQE e SQT, respectivamente.

Consideremos, agora, a seguinte definição da estatística R^2:

$$R^2 = \frac{SQR}{SQT} = 1 - \frac{SQE}{SQT} \qquad \textbf{9.10}$$

A partir da definição anterior de SQT na Equação 9.9, podemos ver que, se SQE = 0 (o que pode ocorrer apenas se a função de regressão se ajusta perfeitamente aos dados), então SQT = SQR, e, portanto, $R^2 = 1$. Por outro lado, se SQR = 0 (o que significa que a função de regressão não pôde explicar nenhuma variação no comportamento da variável dependente Y ou, de modo equivalente, $\hat{Y}_i = \overline{Y}$ para todo *i*), então SQT = SQE, e $R^2 = 0$. Então, quanto mais perto a estatística R^2 estiver do valor 1, melhor a função de regressão estimada se ajustará aos dados.

Tomando como base a célula B5 na Figura 9.8, observamos que o valor da estatística R^2 é aproximadamente 0,969. Isso indica que aproximadamente 96,9% da variação total na nossa variável dependente em torno de sua média foi explicada pela variável independente na nossa função de regressão estimada. Uma vez que esse valor é bastante próximo do valor máximo possível para R^2 (1), essa estatística indica que a função de regressão que estimamos se ajusta bem a nossos dados. Isso é confirmado pelo gráfico na Figura 9.10.

A estatística **R múltiplo**, mostrada na célula B4 do resultado de regressão na Figura 9.8, representa a força da relação linear entre os valores reais e os estimados para a variável dependente. Como a estatística R^2, a estatística R múltiplo varia entre 0 e 1, com valores próximos a 1 indicando um bom ajuste. Quando um modelo de regressão inclui apenas uma variável independente, a estatística R múltiplo é equivalente à raiz quadrada da estatística R^2. Nosso foco estará na estatística R^2, porque sua interpretação é mais clara que a da estatística R múltiplo.

9.9 Fazendo previsões

Usando-se a regressão estimada na Equação 9.6, podemos fazer previsões sobre o nível de vendas esperado para diferentes níveis de investimentos em propaganda. Por exemplo, suponhamos que a companhia queira estimar o nível de vendas que ocorreria se fossem investidos \$ 65.000 em propaganda em determinado mercado. Assumindo que o mercado em questão seja semelhante aos usados na estimativa da função de regressão, o nível esperado de vendas é estimado da seguinte forma:

$$\underset{\text{(em \$ 1.000)}}{\text{Vendas Estimadas}} = b_0 + b_1 \times 65 = 36{,}342 + 5{,}550 \times 65 = 397{,}092$$

Então, se a empresa gastasse \$ 65.000 em propaganda (em um mercado similar àqueles usados para estimar a função de regressão), esperaríamos (em média) observar vendas de aproximadamente \$ 397.092. O nível *real* de vendas provavelmente vai diferir desse valor devido a outros fatores aleatórios influenciando as vendas.

9.9.1 O ERRO PADRÃO

Uma medida da precisão da previsão obtida a partir de um modelo de regressão é dada pelo desvio padrão dos erros de estimativa – também conhecido como erro padrão, S_e. Se fizermos n denotar o número de observações no conjunto de dados, e k denotar o número de variáveis independentes no modelo de regressão, a fórmula para o erro padrão é representada por:

$$S_e = \sqrt{\frac{\sum_{i=1}^{n}(Y_i - \hat{Y}_i)^2}{n-k-1}} \qquad \textbf{9.11}$$

O **erro padrão** mede a quantidade de dispersão ou variação nos dados verdadeiros em torno da função de regressão ajustada. A célula B7 na Figura 9.8 indica que o erro padrão para o nosso problema exemplo é $S_e = 20{,}421$.

O erro padrão é útil na avaliação do nível de incerteza nas previsões que fazemos com um modelo de regressão. Como regra *bem* geral, há aproximadamente uma chance de 68% de que o nível real de vendas se situe a menos de ± 1 erro padrão do valor previsto $\hat{Y}_i$. E a chance de que o nível real de vendas se situe a menos de ± 2 erros padrão do valor previsto $\hat{Y}_i$ é de aproximadamente 95%. Em nosso exemplo, se a companhia investir \$ 65.000 em propaganda, podemos ter mais ou menos 95% de certeza de que o real nível de vendas observado cairia em algum ponto no intervalo de \$ 356.250 a \$ 437.934 ($\hat{Y}_i \pm 2S_e$).

9.9.2 INTERVALOS DE PREVISÃO PARA NOVOS VALORES DE Y

Para calcular um intervalo de confiança mais preciso para uma previsão, ou **intervalo de previsão**, de um novo valor de Y, quando $X_1 = X_{1_h}$, primeiro calculamos o valor estimado $\hat{Y}_h$, da seguinte forma:

$$\hat{Y}_h = b_0 + b_1 X_{1_h} \qquad \textbf{9.12}$$

Um intervalo de previsão com $(1 - \alpha)\%$ de confiança para um novo valor de Y, quando $X_1 = X_{1_h}$, é representado por:

$$\hat{Y}_h \pm t_{(1-\alpha/2;\, n-2)} S_p \qquad \textbf{9.13}$$

em que $t_{(1-\alpha/2;\, n-2)}$ representa o percentil $1 - \alpha/2$ de uma distribuição t com $n - 2$ graus de liberdade e S_p representa o erro padrão de previsão definido por:

$$S_p = S_e \sqrt{1 + \frac{1}{n} + \frac{(X_{1_h} - \bar{X})^2}{\sum_{i=1}^{n}(X_{1_i} - \bar{X})^2}} \qquad \textbf{9.14}$$

A regra prática apresentada antes é uma generalização da Equação 9.13. Note que S_p é sempre maior que S_e porque o termo sob o símbolo de raiz quadrada é sempre maior que 1. Note também que a magnitude da diferença entre S_p e S_e aumenta na medida em que a diferença entre X_{1_h} e $\bar{X}$ aumenta. Assim, os intervalos de previsão gerados pela regra anteriormente apresentada tendem a subestimar a verdadeira magnitude da incerteza envolvida ao fazer previsões. Isso está ilustrado na Figura 9.12.

Conforme mostrado na Figura 9.12, para esse problema exemplo, não há muita diferença entre os intervalos de previsão criados usando-se a regra prática e o intervalo de previsão mais preciso dado na Equação 9.13. Em uma situação que exija um intervalo de previsão preciso, as diversas quantidades necessárias para construir o intervalo de previsão na Equação 9.13 podem ser facilmente calculadas no Excel. A Figura 9.13 oferece um exemplo de intervalo de previsão com confiança de 95% para um novo valor de vendas quando $ 65.000 são investidos em propaganda.

A fim de criar esse intervalo de previsão, primeiro usamos a função TENDÊNCIA( ) para calcular o nível estimado de vendas ($\hat{Y}_h$) quando a propaganda é igual a $ 65.000 ($X_{1_h} = 65$). O valor 65 é lançado na célula B17 para representar X_{1_h}, e o nível estimado de vendas ($\hat{Y}_h$) é calculado na célula D17 da seguinte forma:

Fórmula para a célula D17: =TENDÊNCIA($C$4:$C$13;$B$4:$B$13;B17)

O nível esperado de vendas quando $ 65.000 são gastos em propaganda é de aproximadamente $ 397.100. O erro padrão (S_e) mostrado na célula B19 é extraído da planilha Resultados mostrada na Figura 9.8 como:

Fórmula para a célula B19: =Resultados!B7

O erro padrão de previsão (S_p) é calculado na célula B20 da seguinte forma:

Fórmula para célula B20: =B19*RAIZ(1 + 1/10 +
(B17–MÉDIA(B4:B13))^2/(10*VAR.P(B4:B13)))

O valor 10 que aparece na fórmula precedente corresponde ao tamanho de amostra *n* na Equação 9.14. O valor *t* apropriado para um intervalo de confiança (ou previsão) de 95% é calculado na célula B21 da seguinte forma:

Fórmula para a célula B21: =INV.T(1–0,95;8)

FIGURA 9.12
Comparação entre intervalos de previsão usando a regra prática e o cálculo estatístico mais acurado.

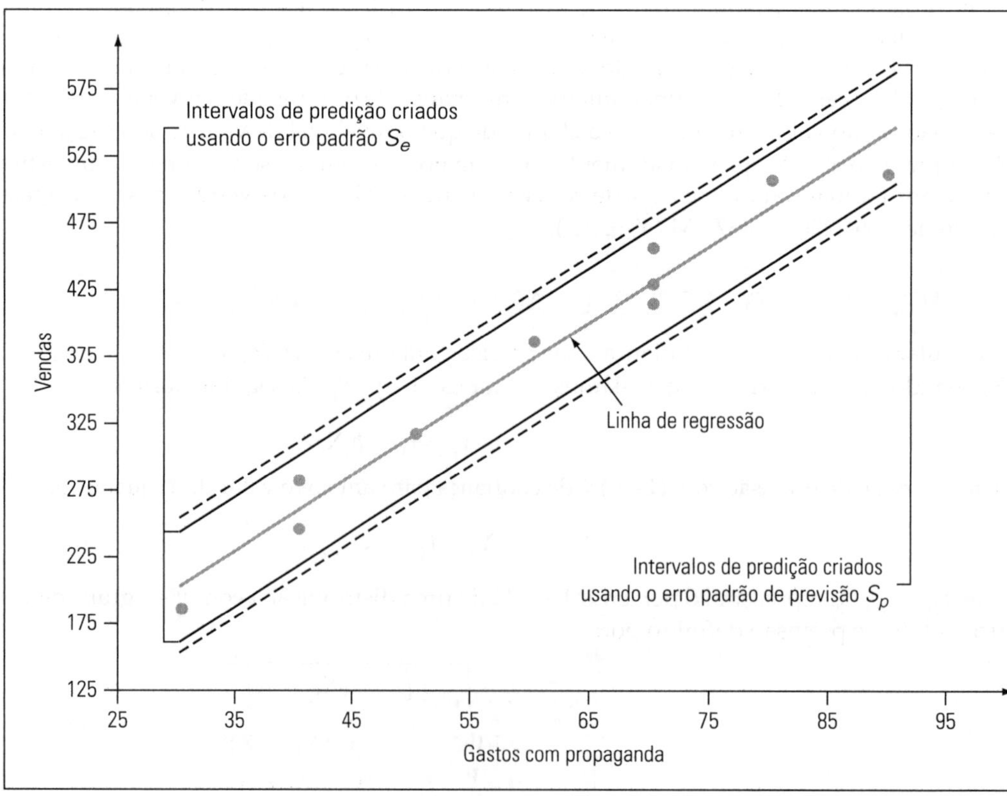

FIGURA 9.13 *Exemplo de cálculo de um intervalo de previsão.*

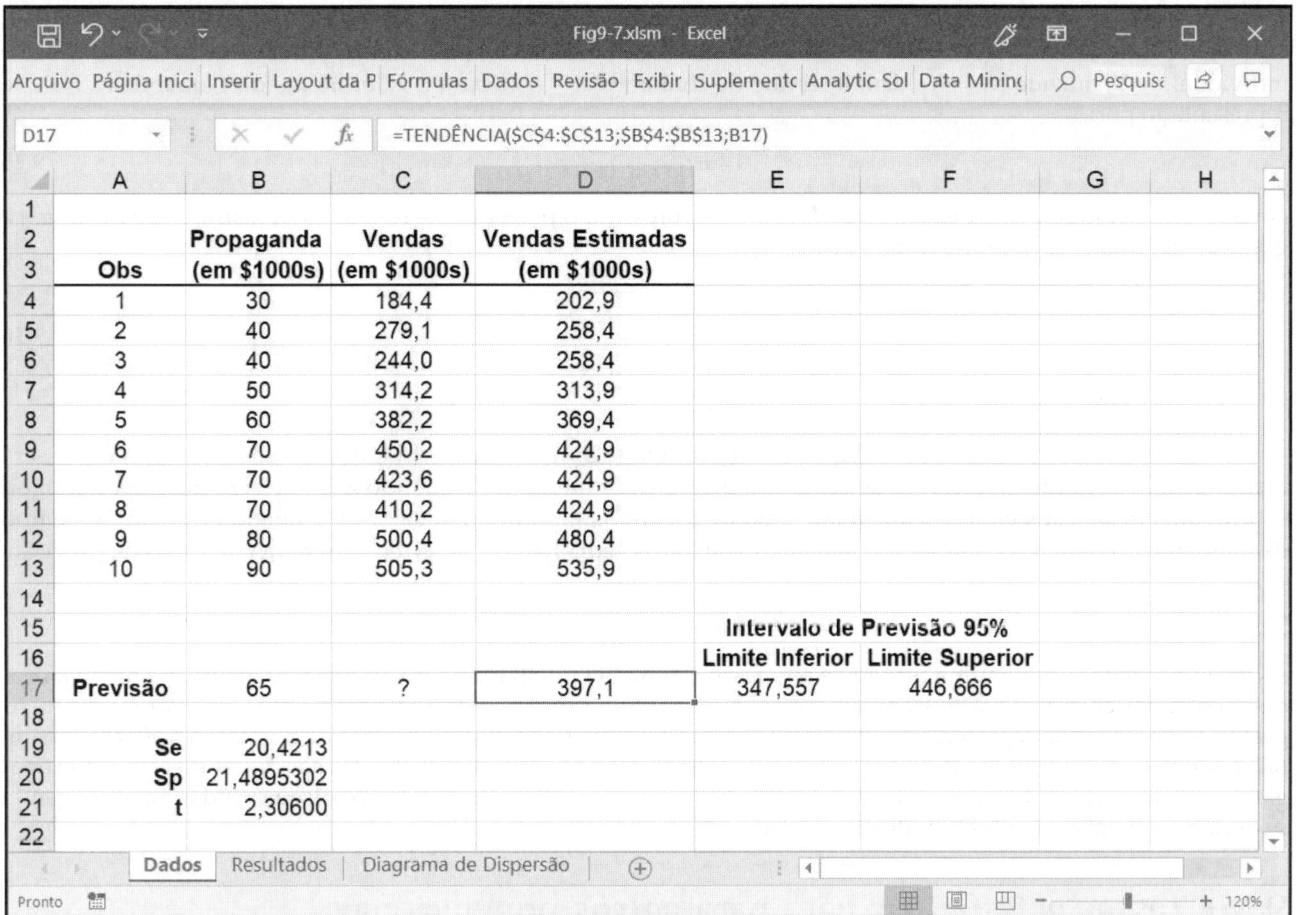

D17: =TENDÊNCIA($C$4:$C$13;$B$4:$B$13;B17)

	A	B	C	D	E	F
1						
2		Propaganda	Vendas	Vendas Estimadas		
3	Obs	(em $1000s)	(em $1000s)	(em $1000s)		
4	1	30	184,4	202,9		
5	2	40	279,1	258,4		
6	3	40	244,0	258,4		
7	4	50	314,2	313,9		
8	5	60	382,2	369,4		
9	6	70	450,2	424,9		
10	7	70	423,6	424,9		
11	8	70	410,2	424,9		
12	9	80	500,4	480,4		
13	10	90	505,3	535,9		
14						
15					Intervalo de Previsão 95%	
16					Limite Inferior	Limite Superior
17	Previsão	65	?	397,1	347,557	446,666
18						
19	Se	20,4213				
20	Sp	21,4895302				
21	t	2,30600				
22						

Dados | Resultados | Diagrama de Dispersão

Fórmulas das principais células		
Célula	**Fórmula**	**Copiado para**
D17	=TENDENCIA($C$4:$C$13;$B$4:$B$13;B17)	--
B19	=Resultados!B7	--
B20	=B19*RAIZ(1+1/10+(B17−MEDIA(B4:B13))^2/(10*VAR.P(B4:B13)))	--
B21	=INV.T(1−0.95;8)	--
E17	=D17−B21*B20	--
F17	=D17+B21*B20	--

O primeiro argumento na fórmula precedente corresponde a 1 menos o nível desejado de confiança (ou $\alpha = 0{,}05$). O segundo argumento corresponde a $n - 2$ ($10 - 2 = 8$). As células E17 e F17 calculam da seguinte maneira os limites inferior e superior do intervalo de previsão:

Fórmula para a célula E17:	=D17 – B21*B20
Fórmula para a célula F17:	=D17 + B21*B20

Os resultados indicam que, quando são investidos $ 65.000 em propaganda, esperamos observar vendas de aproximadamente $ 397.100, mas concluímos que o nível real de vendas provavelmente vai se desviar desse valor. No entanto, podemos ter 95% de confiança de que o valor real de vendas observado cairá em algum lugar no intervalo de $ 347.556 a $ 446.666. (Note que esse intervalo de previsão é um tanto maior que o intervalo de $ 356.250 a $ 437.934 gerado anteriormente usando a regra empírica.)

9.9.3 INTERVALOS DE CONFIANÇA PARA VALORES MÉDIOS DE Y

Às vezes, pode-se querer construir um intervalo de confiança para o valor médio de Y, quando $X_1 = X_{1_h}$. Isso envolve um procedimento ligeiramente diferente do da construção de um intervalo de previsão para um novo valor individual de Y, quando $X_1 = X_{1_h}$. Um intervalo de confiança $(1 - \alpha)\%$ para o valor médio de Y quando $X_1 = X_{1_h}$ é representado por:

$$\hat{Y}_h \pm t_{(1-\alpha/2;\, n-2)} S_a \qquad \mathbf{9.15}$$

em que $\hat{Y}_h$ é definido pela Equação 9.12, $t_{(1-\alpha/2;\, n-2)}$ representa o percentil $1 - \alpha/2$ de uma distribuição t com $n - 2$ graus de liberdade e S_a é representado por:

$$S_a = S_e \sqrt{\frac{1}{n} + \frac{(X_{1_h} - \bar{X})^2}{\sum_{i=1}^{n}(X_{1_i} - \bar{X})^2}} \qquad \mathbf{9.16}$$

Comparando a definição de S_a na Equação 9.16 com a de S_p na Equação 9.14, descobrimos que S_a sempre será menor que S_p. Portanto, o intervalo de confiança para o valor médio de Y quando $X_1 = X_{1_h}$ será mais apertado (ou cobrirá uma distância menor) do que o intervalo de previsão para um novo valor de Y quando $X_1 = X_{1_h}$. Esse tipo de intervalo de confiança pode ser implementado de forma semelhante à descrita antes para intervalos de previsão.

9.9.4 EXTRAPOLAÇÃO

As previsões feitas usando uma função de regressão estimada podem ter pouca ou nenhuma validade para valores da variável independente que sejam substancialmente diferentes dos representados na amostra. Por exemplo, os gastos de propaganda representados anteriormente na amostra na Figura 9.1 variam de $ 30.000 a $ 90.000. Assim, não podemos assumir que nosso modelo dará estimativas precisas de níveis de vendas aos investimentos em propaganda significativamente acima ou abaixo dessa variação de valores, porque a relação entre as vendas e a propaganda poderiam ser bem diferentes fora dessa variação.

9.10 Testes estatísticos para parâmetros populacionais

Lembre-se de que o parâmetro β_1 na Equação 9.2 representa a inclinação da *verdadeira* linha de regressão (ou quanto se espera que a variável dependente Y mude devido a uma mudança de uma unidade em X_1). Se nenhuma relação linear existir entre as variáveis dependente e independente, o valor verdadeiro de β_1 para o modelo na Equação 9.2 deveria ser 0. Conforme mencionado anteriormente, não podemos calcular ou observar o valor verdadeiro de β_1, mas em vez disso devemos estimar seu valor usando a estatística amostral b_1. No entanto, devido ao valor de b_1 ser baseado em uma amostra em vez de na população inteira de valores possíveis, o valor dele é provavelmente não exatamente igual ao valor verdadeiro (mas desconhecido) de β_1. Assim, podemos querer determinar o quão diferente o valor verdadeiro de β_1 é de sua estimativa b_1. Os resultados de regressão na Figura 9.8 fornecem uma série de informações com relação a esse assunto.

A célula B18 na Figura 9.8 mostrada anteriormente indica que o valor estimado de β_1 é $b_1 = 5{,}550$. As células F18 e G18 dão os limites inferior e superior de um intervalo de 95% de confiança para o valor verdadeiro de β_1. Ou seja, podemos ter 95% de confiança que $4{,}74 \leq \beta_1 \leq 6{,}35$. Isso indica que, para cada aumento de $ 1.000 em propaganda, esperaríamos ver um aumento de vendas de aproximadamente $ 4.740 a $ 6.350. Perceba que esse intervalo de confiança não inclui o valor 0. Assim, podemos ter ao menos 95% de confiança de que existe uma relação linear entre publicidade e vendas ($\beta_1 \neq 0$). (Se quisermos obter um intervalo diferente do intervalo de confiança de 95%, podemos usar a opção Nível de Confiança na caixa de diálogo Regressão, mostrada na Figura 9.7 para especificar um intervalo diferente.)

A estatística t e o valor p listados nas células D18 e E18 na Figura 9.8 fornecem um outro modo de testar se $\beta_1 = 0$. De acordo com a teoria estatística, se $\beta_1 = 0$, então a razão entre b_1 e o seu erro padrão deve seguir uma distribuição t com $n - 2$ graus de liberdade. Assim, a estatística t para testar se $\beta_1 = 0$ na célula D18 é:

$$\text{Estatística } t \text{ na célula D18} = \frac{b_1}{\text{erro padrão de } b_1} = \frac{5{,}550}{0{,}35022} = 15{,}848$$

O valor p na célula E18 indica a probabilidade de obter um resultado que é mais extremo que o valor estatístico de teste observado se $\beta_1 = 0$. Nesse caso, o valor p é 0, indicando que não há praticamente nenhuma chance de obtermos um resultado tão grande quanto o valor observado para b_1 se o valor verdadeiro de β_1 é 0. Portanto, concluímos que o valor verdadeiro de β_1 não é igual a 0. Esta é a mesma conclusão sugerida anteriormente pelo intervalo de confiança para β_1.

A estatística *t*, o valor *p* e o intervalo de confiança para o intercepto β_0 estão listados na Figura 9.8 na linha 17 e seriam interpretados da mesma maneira como demonstrado para β_1. Perceba que o intervalo de confiança para β_0 inclui o valor 0, assim não podemos ter certeza de que o intercepto é significativamente diferente de 0. O valor *p* para β_0 indica que temos uma chance de 13,7% de obter um resultado mais extremo que o valor observado de b_0 se o valor verdadeiro de β_0 é 0. Ambos os resultados indicam uma chance razoável de que $\beta_0 = 0$.

9.10.1 ANÁLISE DE VARIÂNCIA

Os resultados da **análise de variância** (ANOVA), mostrados na Figura 9.8, fornecem outro modo de testar se $\beta_1 = 0$ ou não. Os valores na coluna MQ (MS) na tabela ANOVA representam valores conhecidos como a **média de quadrados da regressão** (MQR) e a **média de quadrados de erro** (MQE), respectivamente. Esses valores são calculados pela divisão de valores SQR e SQE, em C12 e C13, pelos correspondentes graus de liberdade nas células B12 e B13.

Se $\beta_1 = 0$, então a razão entre MQR e MQE segue uma distribuição F. A estatística rotulada "F" na célula E12 é:

$$\text{Estatística F na célula E12} = \frac{\text{MQR}}{\text{MQE}} = \frac{104.739,6}{417,03} = 251,156$$

O valor em F12 rotulado "F de significação" é similar ao valor *p* descrito anteriormente e indica a probabilidade de obtenção de um valor maior do que o observado para a estatística F se $\beta_1 = 0$. Nesse caso, a significância de F é 0, indicando que não há praticamente nenhuma chance de obter o valor observado para b_1 se o valor verdadeiro de β_1 é 0. Portanto, concluímos que o valor verdadeiro de β_1 não é igual a 0. Essa é a mesma conclusão sugerida anteriormente por nossa análise prévia.

A estatística F pode parecer um tanto redundante, dado que podemos usar a estatística *t* para testar se $\beta_1 = 0$ ou não. No entanto, a estatística F serve um propósito diferente, que se torna aparente em modelos de regressão múltipla com mais que uma variável independente. A estatística F testa se *todos* os β_i para *todas* as variáveis independentes em um modelo de regressão são simultaneamente iguais a 0. Um simples modelo de regressão linear contém apenas uma variável independente. Nesse caso, os testes envolvendo a estatística F e a estatística *t* são equivalentes.

9.10.2 SUPOSIÇÕES PARA OS TESTES ESTATÍSTICOS

Os métodos para a construção de intervalos de confiança são baseados em importantes suposições relativas ao modelo de regressão linear simples apresentado na Equação 9.2. Durante toda a discussão, assumimos que os termos de erro ε_i são variáveis aleatórias independentes distribuídas normalmente com valores esperados (ou médias) de 0 e variâncias constantes. Assim, os procedimentos estatísticos para a construção de intervalos e a condução de testes *t* se aplicam apenas quando essas suposições são verdadeiras para determinado conjunto de dados. Contanto que essas suposições não sejam seriamente violadas, os procedimentos descritos oferecem boas aproximações dos intervalos de confiança e testes *t* desejados. Diversas checagens de diagnóstico podem ser realizadas nos resíduos $(Y_i - \hat{Y}_i)$ para ver se nossas suposições relativas às propriedades e termos de erros são válidas ou não. Esses diagnósticos são discutidos em profundidade na maioria dos livros de estatística, mas não serão abordados neste texto. O Excel também fornece diagnósticos básicos que podem ajudar a determinar se as suposições sobre os termos de erro foram violadas.

A caixa de diálogo Regressão (mostrada na Figura 9.7) apresenta duas opções para geração de gráficos que destacam sérias violações das suposições sobre os termos de erro. Essas opções são Plotar resíduos e Plotagem de probabilidade normal. A Figura 9.14 mostra os gráficos produzidos por essas duas opções para o nosso problema exemplo.

O primeiro gráfico da Figura 9.14 resulta da opção de Plotar resíduos. Esse gráfico plota os resíduos (ou erros de estimativa) *versus* cada variável independente no modelo de regressão. Nosso problema exemplo envolve uma variável independente – portanto, temos um gráfico de resíduo. Se as suposições subjacentes ao modelo de regressão são atendidas, os resíduos devem cair dentro de uma faixa horizontal centrada em zero e não devem exibir nenhuma tendência sistemática positiva ou negativa. O gráfico de resíduos na Figura 9.14 indica que os resíduos para o nosso problema exemplo caem aleatoriamente em uma faixa entre –30 a +30. Assim, nenhum problema sério é indicado nesse gráfico.

O segundo gráfico na Figura 9.14 resulta da opção Plotagem de probabilidade normal. Se os termos de erro na Equação 9.2 forem variáveis aleatórias distribuídas normalmente, a variável dependente nessa equação é uma variável aleatória normalmente distribuída antes da amostragem. Assim, uma forma de avaliar se é possível assumir que os

FIGURA 9.14 *Gráfico de resíduo e gráfico de probabilidade normal para o problema exemplo.*

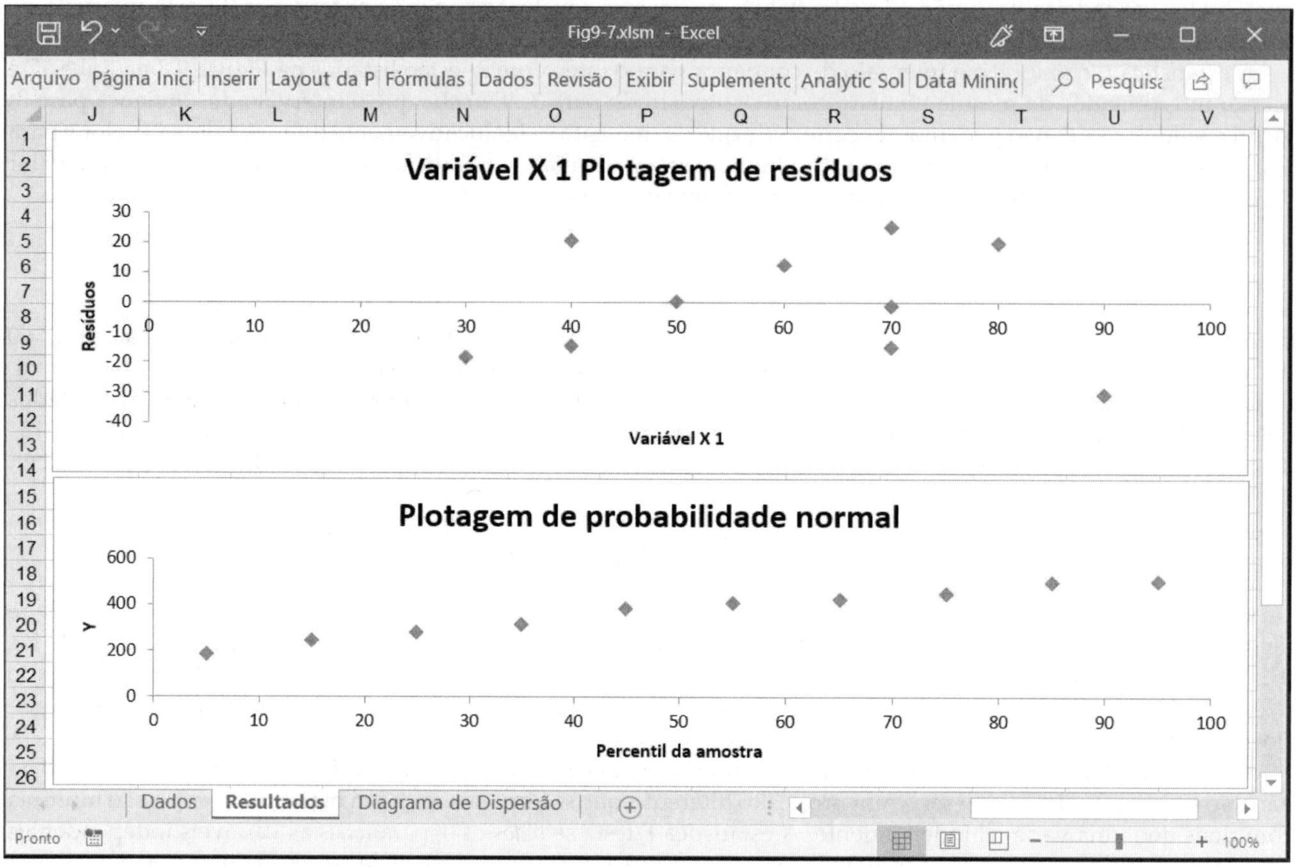

termos de erro são normalmente distribuídos é determinar se podemos assumir que a variável dependente é normalmente distribuída. O gráfico de probabilidade normal fornece uma forma fácil de avaliar se os valores amostrais da variável dependente estão de acordo com a suposição de normalidade. Um gráfico com uma taxa de crescimento aproximadamente linear (como o da Figura 9.14) sustenta a suposição de normalidade.

Se o gráfico de resíduos mostrar uma tendência sistemática de os resíduos serem positivos ou negativos, indicará que a função escolhida para modelar a variação sistemática entre as variáveis dependente e independente é inadequada e que outra forma funcional seria mais apropriada. Um exemplo desse tipo de gráfico de resíduos é dado no primeiro gráfico da Figura 9.15.

Se o gráfico de resíduos indicar que a magnitude dos resíduos está aumentando (ou diminuindo) à medida que o valor da variável independente aumenta, questionaríamos a validade da suposição de variâncias de erro constantes. Um exemplo desse tipo de gráfico de resíduos é dado no segundo gráfico da Figura 9.15. (Observe que a verificação do aumento ou da diminuição da magnitude dos resíduos requer múltiplas observações de Y para um mesmo valor de X e em vários níveis de X.) Em alguns casos, uma simples transformação da variável dependente pode corrigir o problema de variâncias de erro não constantes. Tais transformações são discutidas em textos mais avançados sobre análise de regressão.

9.10.3 TESTES ESTATÍSTICOS

Não importa a forma da distribuição dos termos de erro, a regressão de mínimos quadrados sempre pode ser usada para ajustar curvas de regressão aos dados a fim de prever o valor que a variável dependente assumirá para determinado nível das variáveis independentes. Muitos tomadores de decisão não se dão ao trabalho de olhar os gráficos de resíduos ou de construir intervalos de confiança para parâmetros nos modelos de regressão para as previsões que eles fazem. Entretanto, a precisão das previsões feitas com base em modelos de regressão depende de quão bem a função de regressão se ajusta aos dados. Podemos fazer isso usando gráficos de resíduos, gráficos dos dados reais *versus* valores estimados e a estatística R^2.

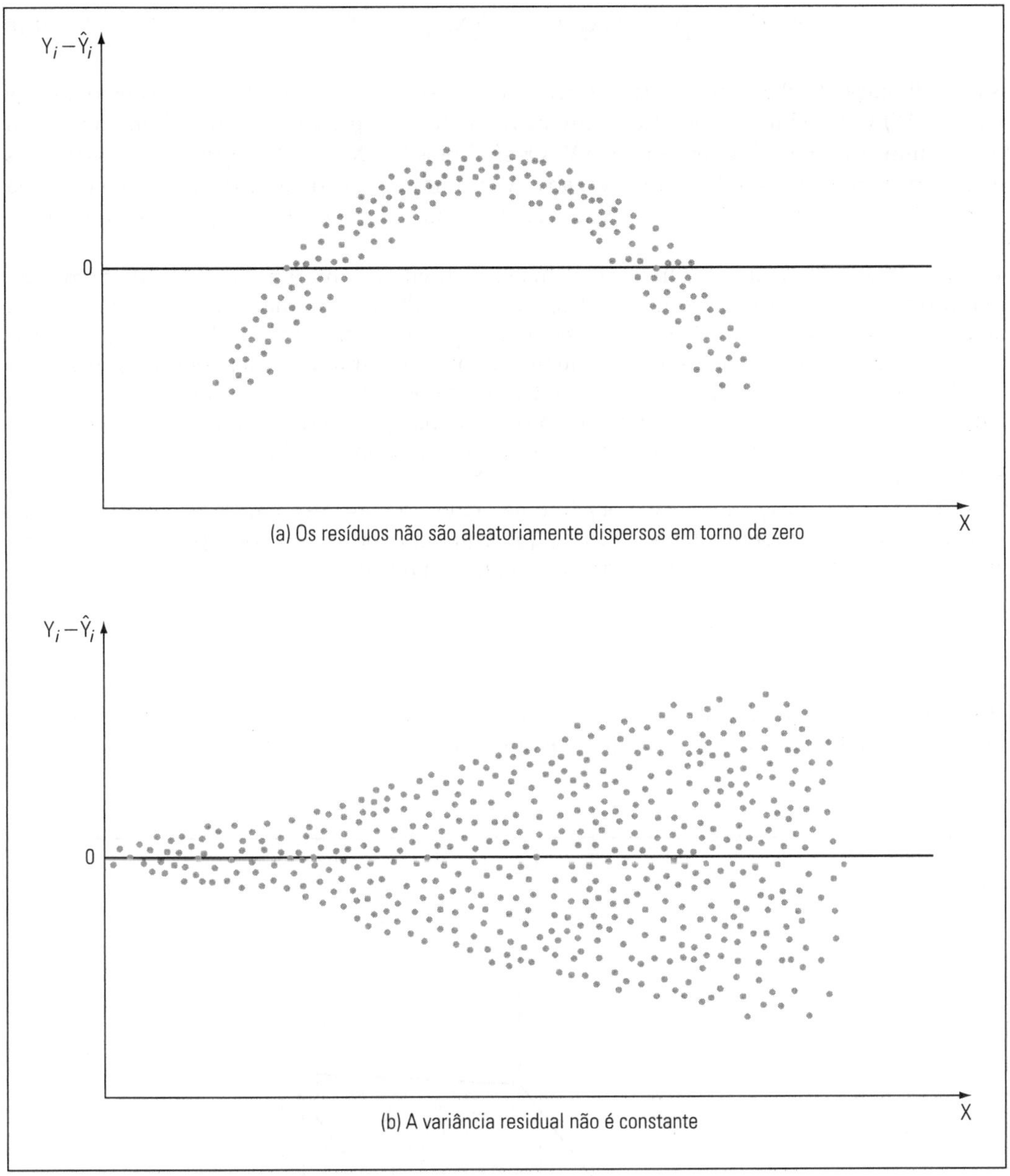

FIGURA 9.15
Gráficos de resíduos indicando que o modelo de regressão ajustado não é adequado.

9.11 Introdução à regressão múltipla

Vimos que a análise de regressão envolve identificar a função que relaciona as mudanças *sistemáticas* em uma variável dependente contínua com os valores de uma ou mais variáveis independentes. Isto é, nosso objetivo na análise de regressão é identificar uma representação apropriada da função $f(\bullet)$ em:

$$Y = f(X_1, X_2, \ldots, X_k) + \varepsilon \quad \textbf{9.17}$$

A seção anterior neste capítulo introduziu alguns conceitos básicos de análise de regressão considerando o caso especial da Equação 9.17, que envolve uma *única* variável independente. Embora esse modelo possa ser apropriado em algumas situações, um administrador provavelmente encontrará muito mais situações envolvendo mais de uma (ou múltiplas) variáveis independentes. Consideraremos agora como a análise de regressão *múltipla* pode ser aplicada a essas situações.

Em grande parte, a análise de regressão múltipla é uma extensão direta da análise de regressão linear simples. Embora existam diversos livros abordando esse tópico, focaremos nossa atenção na função de regressão linear múltipla, representada por:

$$\hat{Y}_i = b_0 + b_1X_{1_i} + b_2X_{2_i} + \ldots + b_kX_{k_i} \quad \textbf{9.18}$$

A função de regressão na Equação 9.18 é semelhante à função de regressão linear simples, exceto pelo fato de ela admitir mais de uma (ou "*k*") variável independente. Aqui, novamente, $\hat{Y}_i$ representa o valor estimado para a *i*-ésima observação em nossa amostra, cujo valor verdadeiro é Y_i. Os símbolos $X_{1_i}, X_{2_i}, \ldots, X_{k_i}$ representam os valores observados das variáveis independentes associadas à observação *i*. Assumindo que cada uma dessas variáveis varia de forma linear com a variável dependente Y, a função na Equação 9.18 pode ser aplicada apropriadamente a uma diversidade de problemas.

Podemos facilmente visualizar a equação de uma linha reta em nossa discussão anterior da análise de regressão. Na análise de regressão múltipla, os conceitos são semelhantes, mas os resultados são mais difíceis de visualizar. A Figura 9.16 mostra um exemplo do tipo de superfície de regressão que podemos ajustar usando a Equação 9.18 se a função de regressão envolver apenas duas variáveis independentes. Com duas variáveis independentes, ajustamos um *plano* a nossos dados. Com três ou mais variáveis independentes, ajustamos um *hiperplano* a nossos dados. É difícil visualizar ou desenhar gráficos em mais de três dimensões, portanto, não podemos realmente ver como é um hiperplano. Entretanto, assim como **plano** é uma generalização de uma linha reta em três dimensões, um **hiperplano** é a generalização de um plano em mais de três dimensões.

Não importa o número de variáveis independentes, o objetivo na análise de regressão múltipla é o mesmo que em um problema com uma única variável independente. Ou seja, queremos encontrar os valores para $b_0, b_1, \ldots, b_k$ na Equação 9.18 que minimizem a soma dos quadrados dos erros de estimativa representados por:

$$SQE = \sum_{i=1}^{n} (Y_i - \hat{Y}_i)^2$$

Podemos usar o método de mínimos quadrados para determinar os valores para $b_0, b_1, \ldots, b_k$ que minimizem a SQE. Isso nos permitiria identificar a função de regressão que melhor se ajusta a nossos dados.

FIGURA 9.16
Exemplo de superfície de regressão para duas variáveis independentes.

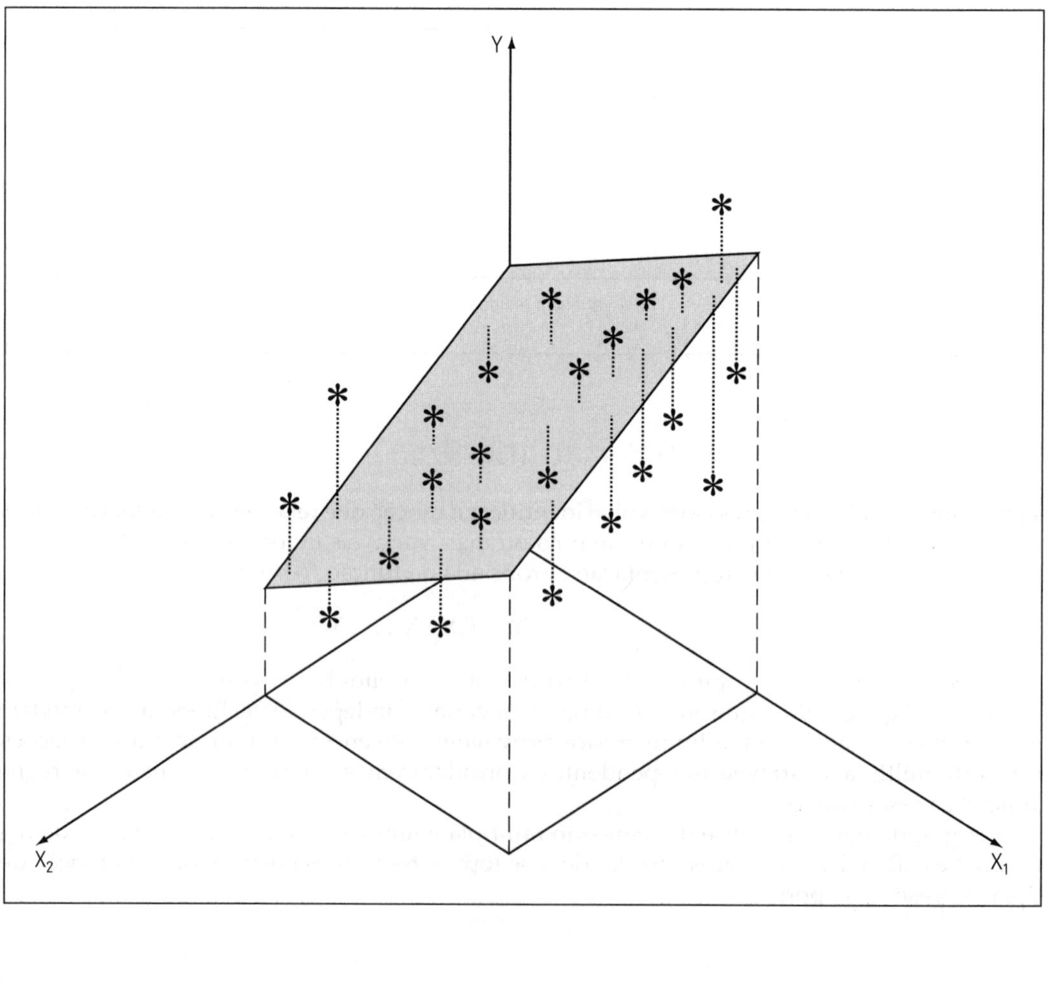

FIGURA 9.17 *Dados para o problema de avaliação de imóveis.*

Obs	Área (em milhares de pés quadrados)	Tamanho da Garagem	Quartos	Preço (em $1000s)
1	1,000	0	2	$165
2	1,100	0	2	$173
3	1,150	1	2	$185
4	1,400	0	3	$187
5	1,700	1	3	$198
6	1,900	0	3	$195
7	2,100	2	4	$225
8	1,800	1	4	$205
9	1,900	1	4	$225
10	2,100	2	4	$237
11	2,300	2	4	$250

9.12 Um exemplo de regressão múltipla

O exemplo a seguir ilustra como realizar a regressão linear múltipla.

> Uma avaliadora de imóveis está interessada em criar um modelo de regressão para ajudar a prever o valor justo de mercado de casas em determinada cidade. Ela visitou o fórum do condado e coletou os dados mostrados na Figura 9.17 (e no arquivo Fig9-17.xlsm, disponível na página deste livro no site da editora). A avaliadora quer saber se o preço de venda das casas pode ser explicado pela área construída, pelo tamanho da garagem (medido pelo número de carros que cabem nela) e pelo número de quartos em cada casa. (Observe que uma garagem com tamanho 0 indica que a casa não tem garagem.)

Nesse exemplo, a variável dependente Y representa o preço de venda de uma casa, e as variáveis independentes X_1, X_2 e X_3 representam a área em pés quadrados totais, o tamanho da garagem e o número de quartos, respectivamente. Para determinar se a função de regressão linear múltipla na Equação 9.18 é apropriada para esses dados, devemos primeiro construir gráficos de dispersão entre a variável dependente (preço de venda) e cada variável independente, conforme mostrado na Figura 9.18. Esses gráficos parecem indicar uma relação linear entre cada variável independente e a variável dependente. Assim, temos motivo para crer que uma função de regressão linear múltipla seria apropriada para esses dados.

9.13 Selecionando o modelo

Em nossa discussão de modelagem e solução de problemas no Capítulo 1, notamos que o melhor modelo é muitas vezes o mais simples, que reflete precisamente as características relevantes do problema em estudo. Isso é especialmente verdadeiro em modelos de regressão múltipla. O fato de que determinado problema possa envolver muitas variáveis independentes não significa necessariamente que todas as variáveis deveriam ser incluídas na função de regressão. Se os dados usados para construir um modelo de regressão representam uma amostra de uma população maior de dados, é possível superanalisar ou **superajustar** os dados na amostra. Ou seja, se olharmos muito de perto uma amostra de dados, provavelmente descobriremos características da amostra que não representam (ou que não generalizam) a população de onde a amostra foi retirada. Isso pode levar a conclusões errôneas sobre a população objeto da amostragem. Para evitar o problema de superajuste quando se constrói um modelo de regressão múltipla, devemos tentar identificar a função de regressão *mais simples*, que explique adequadamente o comportamento da variável dependente que estamos estudando.

FIGURA 9.18 *Gráficos de dispersão para o problema de avaliação de imóveis.*

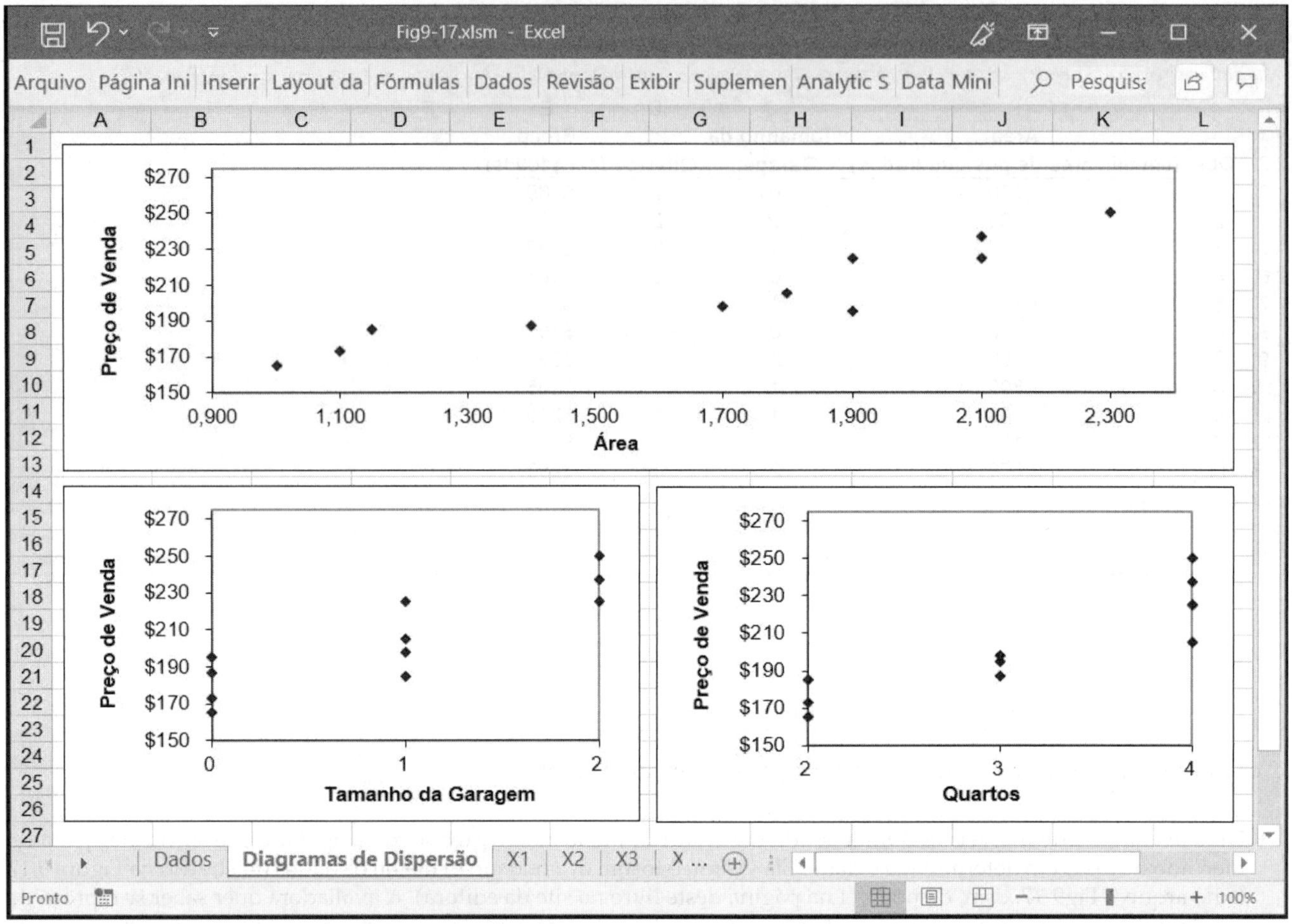

9.13.1 MODELOS COM UMA VARIÁVEL INDEPENDENTE

Com essa ideia de simplicidade em mente, a avaliadora de imóveis em nosso problema exemplo poderia começar sua análise tentando calcular os preços de venda das casas na amostra usando uma função de regressão simples com apenas uma variável dependente. A avaliadora poderia primeiro tentar ajustar aos dados cada uma das três funções de regressão linear simples abaixo:

$$\hat{Y}_i = b_0 + b_1 X_{1_i} \qquad \textbf{9.19}$$

$$\hat{Y}_i = b_0 + b_2 X_{2_i} \qquad \textbf{9.20}$$

$$\hat{Y}_i = b_0 + b_3 X_{3_i} \qquad \textbf{9.21}$$

Nas equações 9.19 a 9.21, $\hat{Y}_i$ representa o preço de venda estimado ou ajustado para a *i*-ésima observação na amostra e X_{1_i}, X_{2_i} e X_{3_i} representam a área total, o tamanho da garagem e o número de quartos para essa mesma observação *i*, respectivamente.

Para obter os valores ótimos para as constantes b_i em cada função de regressão, a avaliadora deve realizar três regressões separadas. Ela o faria da mesma forma como descrito anteriormente, em nosso exemplo envolvendo a previsão de vendas a partir de investimentos em propaganda. A Figura 9.19 resume os resultados dessas três funções de regressão.

Os valores da estatística R^2 na Figura 9.19 indicam a proporção da variação total na variável dependente em torno de sua média explicada por cada uma das três funções de regressão linear simples. (Logo comentaremos os valores R^2 ajustados e S_e.) O modelo usando X_1 (área total) como variável independente explica cerca de 87% da variação em Y (preço de venda); o modelo que usa X_2 (tamanho da garagem) explica cerca de 76% da variação em Y; e o modelo que usa X_3 (número de quartos) como variável independente explica cerca de 79% da variação no preço de venda.

Variável independente no modelo	R^2	R^2 ajustado	S_e	Estimativas dos parâmetros
X_1	0,870	0,855	10,299	$b_0 = 109{,}503,\ b_1 = 56{,}394$
X_2	0,759	0,731	14,030	$b_0 = 178{,}290,\ b_2 = 28{,}382$
X_3	0,793	0,770	12,982	$b_0 = 116{,}250,\ b_3 = 27{,}607$

FIGURA 9.19
Resultados dos três modelos de regressão simples.

Se a avaliadora quiser usar apenas uma das variáveis independentes disponíveis em um modelo de regressão linear simples para prever o preço de venda de uma casa, parece que X_1 seria a melhor opção porque, de acordo com a estatística R^2, explica mais a variação no preço de venda do que qualquer uma das demais variáveis. Em particular, X_1 explica cerca de 87% da variação na variável dependente. Isso deixa aproximadamente 13% da variação em Y sem explicação. Assim, a melhor função de regressão linear com uma variável dependente é representada por:

$$\hat{Y}_i = b_0 + b_1 X_{1_i} = 109{,}503 + 56{,}394\, X_{1_i} \qquad \textbf{9.22}$$

9.13.2 MODELOS COM DUAS VARIÁVEIS INDEPENDENTES

Em seguida, a avaliadora poderia querer determinar se uma das outras duas variáveis poderia ser combinada com X_1 em um modelo de regressão *múltipla* para explicar uma porção significativa dos 13% de variação restante em Y que não foi explicada por X_1. Para fazer isso, a avaliadora poderia ajustar cada uma das seguintes funções de regressão múltipla para os dados:

$$\hat{Y}_i = b_0 + b_1 X_{1_i} + b_2 X_{2_i} \qquad \textbf{9.23}$$

$$\hat{Y}_i = b_0 + b_1 X_{1_i} + b_3 X_{3_i} \qquad \textbf{9.24}$$

A fim de determinar os valores ótimos para b_i no modelo de regressão na Equação 9.23, poderíamos utilizar os ajustes mostrados na caixa de diálogo Regressão apresentada na Figura 9.20. O intervalo X de Entrada nessa caixa de diálogo é o intervalo mostrado na Figura 9.17 e que corresponde aos valores para X_1 (área total) e X_2 (tamanho da garagem). Depois de clicarmos no botão OK, o Excel realiza os cálculos apropriados e exibe os resultados de regressão mostrados na Figura 9.21.

A Figura 9.21 lista *três* números na coluna "Coeficientes". Esses números correspondem aos parâmetros estimados b_0, b_1 e b_2. Observe que o valor listado para a variável X_1 é o coeficiente para a primeira variável no intervalo X (que, em alguns casos, poderia ser X_2 ou X_3, dependendo de como os dados são organizados na planilha). O valor para a variável X_2 corresponde à segunda variável no intervalo X (que poderia ser X_3 ou X_1, dependendo da organização dos dados).

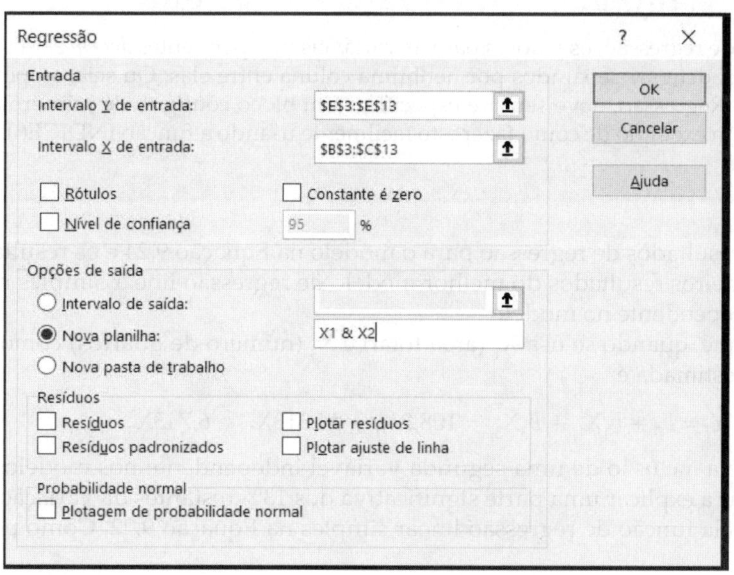

FIGURA 9.20
Ajustes da caixa de diálogo Regressão para o modelo de regressão múltipla usando área total e tamanho da garagem como variáveis independentes.

FIGURA 9.21 *Resultados do modelo de regressão múltipla usando área total e tamanho da garagem como variáveis independentes.*

RESUMO DOS RESULTADOS

Estatística de regressão	
R múltiplo	0,96909608
R-Quadrado	0,93914722
R-quadrado ajustado	0,92393403
Erro padrão	7,47053641
Observações	11

ANOVA

	gl	*SQ*	*MQ*	*F*	*F de significação*
Regressão	2	6890,43778	3445,21889	61,732412	1,37127E-05
Resíduo	8	446,471314	55,8089143		
Total	10	7336,90909			

	Coeficientes	*Erro padrão*	*Stat t*	*valor-P*	*95% inferiores*	*95% superiores*	*Inferior 95,0%*	*Superior 95,0%*
Interseção	127,683549	10,9366882	11,6747911	2,6425E-06	102,4635013	152,9035976	102,4635013	152,9035976
Variável X 1	38,5762311	7,91685102	4,87267362	0,00123578	20,31993992	56,83252231	20,31993992	56,83252231
Variável X 2	12,8749492	4,26673856	3,01751538	0,01662223	3,035832445	22,71406596	3,035832445	22,71406596

A partir dos resultados da regressão na Figura 9.21, sabemos que, quando se usa X_1 (área total) e X_2 (tamanho da garagem) como variáveis independentes, a função de regressão calculada é:

$$\hat{Y}_i = b_0 + b_1X_{1_i} + b_2X_{2_i} = 127{,}684 + 38{,}576X_{1_i} + 12{,}875X_{2_i} \qquad \textbf{9.25}$$

Note que acrescentar a segunda variável independente fez com que b_0 e b_1 mudassem seus valores anteriores mostrados na Equação 9.22. Assim, os valores assumidos pelos parâmetros em um modelo de regressão podem variar dependendo do número (e da combinação) de variáveis no modelo.

Poderíamos obter os valores para os parâmetros no segundo modelo de regressão múltipla (mostrado anteriormente na Equação 9.24) da mesma forma. Note, entretanto, que antes de emitir novamente o comando Regressão, precisaríamos reorganizar os dados na planilha, de modo que os valores para X_1 (área total) e X_3 (número de quartos) fiquem localizados um ao lado do outro em um bloco contínuo. A ferramenta regressão no Excel (e na maioria dos demais pacotes de software para planilha) exige que o intervalo X seja representado por um bloco contínuo de células.

Mantenha o intervalo X contíguo

Quando se usa a ferramenta de regressão, os valores para as variáveis independentes *devem* ser listados em colunas *adjacentes* na planilha e não podem ser separados por nenhuma coluna entre elas. Ou seja, a opção Intervalo X de entrada, na caixa de diálogo Regressão, deve sempre especificar um bloco contíguo de números. (Veja o arquivo X-RangeExample.xlsx para um exemplo de como fazer isto facilmente usando a função ÍNDICE( ). (Acesse a página deste livro no site da editora.)

A Figura 9.22 compara os resultados de regressão para o modelo na Equação 9.24 e os resultados para o modelo na Equação 9.23 *versus* os primeiros resultados do melhor modelo de regressão linear simples na Equação 9.22, em que X_1 foi a única variável independente no modelo.

Esses resultados indicam que, quando se usa X_1 (área total) e X_3 (número de quartos) como variáveis independentes, a função de regressão estimada é:

$$\hat{Y}_i = b_0 + b_1X_{1_i} + b_3X_{3_i} = 108{,}311 + 44{,}313X_{1_i} + 6{,}743X_{3_i} \qquad \textbf{9.26}$$

A avaliadora esperava que a inclusão de uma segunda variável independente nos modelos na Equação 9.23 e na Equação 9.24 poderia ajudar a explicar uma parte significativa dos 13% restantes da variação na variável dependente que não foi explicada pela função de regressão linear simples na Equação 9.22. Como podemos verificar se isso aconteceu?

Variáveis independentes no modelo	R^2	R^2 ajustado	S_e	Estimativas dos parâmetros
X_1	0,870	0,855	10,299	$b_0 = 109{,}503$, $b_1 = 56{,}394$
X_1 e X_2	0,939	0,924	7,471	$b_0 = 127{,}684$, $b_1 = 38{,}576$, $b_2 = 12{,}875$
X_1 e X_3	0,877	0,847	10,609	$b_0 = 108{,}311$, $b_1 = 44{,}313$, $b_3 = 6{,}743$

FIGURA 9.22
Comparação de resultados de regressão para modelos com duas variáveis independentes versus *o melhor modelo com uma variável independente.*

9.13.3 INFLANDO O R^2

A Figura 9.22 indica que acrescentar X_2 ou X_3 ao modelo de regressão linear simples fez com que a estatística R^2 aumentasse. Isso não deveria surpreender. Acontece que o valor de R^2 nunca pode diminuir como resultado da adição de uma variável independente à função de regressão. A razão para isso é fácil de ser verificada. Da Equação 9.10, lembre-se de que $R^2 = 1 - SQE / SQT$. Assim, a única maneira pela qual R^2 poderia diminuir como resultado de adição de uma variável independente (X_n) ao modelo seria se SQE *aumentasse*. Entretanto, devido ao método de mínimos quadrados tentar minimizar a SQE, uma nova variável independente não pode fazer a SQE aumentar porque essa variável poderia simplesmente ser ignorada ao configurar $b_n = 0$. Em outras palavras, se adicionar a nova variável independente não ajuda a reduzir a SQE, a regressão dos quadrados mínimos simplesmente ignoraria a nova variável.

Quando se acrescenta *qualquer* variável independente a uma função de regressão, o valor da estatística R^2 nunca pode diminuir e, via de regra, aumentará pelo menos um pouco. Portanto, podemos tornar a estatística R^2 arbitrariamente grande simplesmente com a inclusão de suficientes variáveis independentes na função de regressão – não importando se as novas variáveis independentes têm alguma relação ou não com a variável dependente. Por exemplo, a avaliadora de imóveis provavelmente poderia aumentar o valor R^2 até determinado grau pela inclusão de outra variável independente no modelo que representa a altura da caixa de correio em cada casa – algo que, provavelmente, tem pouca influência no preço de venda de uma casa. Isso resulta em um modelo que superajusta nossos dados e que poderia não generalizar bem para outros dados não incluídos na amostra sob análise.

9.13.4 A ESTATÍSTICA R^2 AJUSTADO

O valor da estatística R^2 pode ser aumentado artificialmente pela inclusão de variáveis independentes em uma função de regressão que tem pouca ou nenhuma conexão lógica com a variável dependente. Assim, foi sugerida outra boa medida para a qualidade do ajuste, conhecida como **estatística R^2 ajustado** (denotada por R_a^2), que leva em conta o número de variáveis independentes incluídas em um modelo de regressão. A estatística R^2 ajustado é definida da seguinte forma:

$$R_a^2 = 1 - \left(\frac{\text{SQE}}{\text{SQT}}\right)\left(\frac{n-1}{n-k-1}\right) \qquad \textbf{9.27}$$

em que n representa o número de observações na amostra e k representa o número de variáveis independentes no modelo. Quando variáveis são acrescentadas a um modelo de regressão, a razão de SQE para SQT na Equação 9.27 diminuirá (porque SQE diminui e SQT continua constante), mas a razão de $n - 1$ para $n - k - 1$ aumentará (porque $n - 1$ permanece constante e $n - k - 1$ diminui). Assim, se acrescentarmos ao modelo uma variável que não reduz SQE o suficiente para compensar o aumento em k, o valor R^2 ajustado diminuirá.

O valor R^2 ajustado pode ser usado como regra prática para ajudar-nos a decidir se uma variável independente adicional melhora a habilidade preditiva de um modelo ou se ela apenas aumenta artificialmente a estatística R^2. Entretanto, esse uso da estatística R^2 ajustado não é um método infalível e requer uma boa dose de julgamento por parte da pessoa que realiza a análise.

9.13.5 O MELHOR MODELO COM DUAS VARIÁVEIS INDEPENDENTES

Conforme mostrado na Figura 9.22, quando X_2 (tamanho da garagem) é introduzida no modelo, o R^2 ajustado *aumenta* de 0,855 para 0,924. Podemos concluir a partir desse aumento que a adição de X_2 ao modelo de regressão ajuda a explicar uma porção significante da variação restante em Y que não foi explicada por X_1. Por outro lado, quando X_3 é introduzida como uma variável independente no modelo de regressão, a estatística R^2 ajustado na Figura 9.22 *diminui* (de 0,855 para 0,847). Isso indica que o acréscimo dessa variável ao modelo não ajuda a explicar uma porção significante da variação restante em Y se X_1 já estiver no modelo. O melhor modelo com duas variáveis independentes é dado na Equação 9.25, que usa X_1 (área total) e X_2 (tamanho da garagem) como preditores do preço de venda. De acordo com a estatística R^2 na Figura 9.22, esse modelo explica cerca de 94% da variação total de Y em torno de sua média. Esse modelo deixa cerca de 6% da variação em Y sem explicação.

9.13.6 MULTICOLINEARIDADE

Não deveríamos ficar muito surpresos que nenhuma melhora significante tenha sido observada quando X_3 (número de quartos) foi acrescentada ao modelo contendo X_1 (área total), porque ambas as variáveis representam fatores semelhantes. Ou seja, o número de quartos em uma casa está intimamente relacionado (ou correlacionado) com a área total da residência. Assim, se já usamos a área total para explicar variações no preço de venda das casas (como na primeira função de regressão), o acréscimo de informação sobre o número de quartos é, de alguma forma, redundante. Nossa análise confirma isso.

O termo **multicolinearidade** é usado para descrever a situação em que as variáveis independentes em um modelo de regressão são correlacionadas entre si. A multicolinearidade tende a aumentar a incerteza das estimativas de parâmetros (b_i) em um modelo de regressão e deve ser evitada sempre que possível. Procedimentos especializados para detectar e corrigir a multicolinearidade podem ser encontrados em textos avançados sobre análise de regressão.

9.13.7 O MODELO COM TRÊS VARIÁVEIS INDEPENDENTES

Como teste final, a avaliadora poderia querer verificar se X_3 (número de quartos) ajuda a explicar uma porção significativa da variação de 6% restante em Y que não foi explicada pelo modelo usando X_1 e X_2 como variáveis independentes. Isso envolve ajustar a seguinte função de regressão múltipla aos dados:

$$\hat{Y}_i = b_0 + b_1X_{1_i} + b_2X_{2_i} + b_3X_{3_i} \tag{9.28}$$

A Figura 9.23 mostra os resultados de regressão para esse modelo. Os resultados desse modelo são também resumidos para fins de comparação na Figura 9.24, junto com os resultados anteriores para o melhor modelo com uma variável independente e o melhor modelo com duas variáveis independentes.

A Figura 9.24 indica que, quando X_3 é acrescentada ao modelo que contém X_1 e X_2, a estatística R^2 aumenta ligeiramente (de 0,939 para 0,943). Entretanto, o R^2 ajustado cai de 0,924 para 0,918. Assim, não parece que o acréscimo de informação a respeito de X_3 (número de quartos) ajuda a explicar os preços de venda de forma significativa, quando X_1 (área total) e X_2 (tamanho da garagem) já estão no modelo.

É interessante notar que o melhor modelo com duas variáveis independentes também tem o menor erro padrão S_e. Isso significa que os intervalos de confiança em torno de qualquer previsão feita com esse modelo serão mais estreitos (ou mais precisos) que os dos outros modelos. É possível demonstrar que o modelo com a estatística R^2

FIGURA 9.23 *Resultados do modelo de regressão usando as três variáveis independentes.*

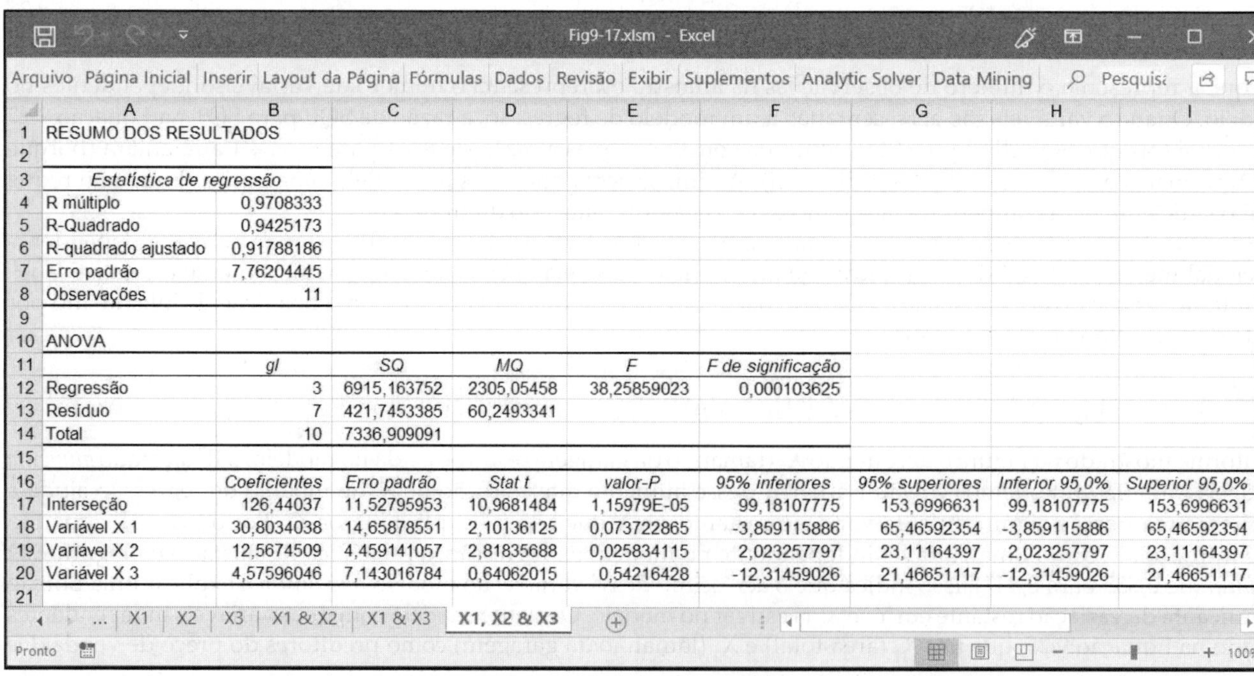

	A	B	C	D	E	F	G	H	I
1	RESUMO DOS RESULTADOS								
2									
3	*Estatística de regressão*								
4	R múltiplo	0,9708333							
5	R-Quadrado	0,9425173							
6	R-quadrado ajustado	0,91788186							
7	Erro padrão	7,76204445							
8	Observações	11							
9									
10	ANOVA								
11		*gl*	*SQ*	*MQ*	*F*	*F de significação*			
12	Regressão	3	6915,163752	2305,05458	38,25859023	0,000103625			
13	Resíduo	7	421,7453385	60,2493341					
14	Total	10	7336,909091						
15									
16		*Coeficientes*	*Erro padrão*	*Stat t*	*valor-P*	*95% inferiores*	*95% superiores*	*Inferior 95,0%*	*Superior 95,0%*
17	Interseção	126,44037	11,52795953	10,9681484	1,15979E-05	99,18107775	153,6996631	99,18107775	153,6996631
18	Variável X 1	30,8034038	14,65878551	2,10136125	0,073722865	-3,859115886	65,46592354	-3,859115886	65,46592354
19	Variável X 2	12,5674509	4,459141057	2,81835688	0,025834115	2,023257797	23,11164397	2,023257797	23,11164397
20	Variável X 3	4,57596046	7,143016784	0,64062015	0,54216428	-12,31459026	21,46651117	-12,31459026	21,46651117
21									

Variáveis independentes no modelo	R^2	R^2 ajustado	S_e	Estimativas dos parâmetros
X_1	0,870	0,855	10,299	$b_0 = 109{,}503$, $b_1 = 56{,}394$
X_1 e X_2	0,939	0,924	7,471	$b_0 = 127{,}684$, $b_1 = 38{,}576$, $b_2 = 12{,}875$
X_1, X_2, e X_3	0,943	0,918	7,762	$b_0 = 126{,}440$, $b_1 = 30{,}803$, $b_2 = 12{,}567$, $b_3 = 4{,}576$

FIGURA 9.24 *Comparação de resultados de regressão para o modelo com três variáveis independentes* versus *os melhores modelos com uma e duas variáveis independentes.*

ajustado mais elevada sempre tem o menor erro padrão. Por esse motivo, às vezes a estatística R^2 ajustado é o único critério utilizado para selecionar qual modelo de regressão múltipla deve ser usado em determinado problema.

Existem outros procedimentos para selecionar o melhor subconjunto de variáveis independentes para um modelo de regressão; eles são discutidos em textos avançados sobre análise de regressão. O pacote de software XLMiner, que será discutido no Capítulo 10, fornece capacidades mais avançadas para conduzir a análise de regressão no Excel, incluindo o acesso a vários desses algoritmos de seleção do melhor subconjunto de variáveis.

9.14 Fazendo previsões

Com base nessa análise, a avaliadora muito provavelmente optaria por usar o modelo de regressão estimada na Equação 9.25, que inclui X_1 (área total) e X_2 (tamanho da garagem) como variáveis independentes. Para uma casa com X_{1_i} de área total em pés quadrados e X_{2_i} de espaço para carros na garagem, o preço estimado de venda $\hat{Y}_i$ é:

$$\hat{Y}_i = 127{,}684 + 38{,}576X_{1_i} + 12{,}875X_{2_i}$$

Por exemplo, o preço esperado de venda (ou valor médio de mercado) de uma casa com 2.100 pés quadrados e uma garagem para dois carros é calculado da seguinte forma:

$$\hat{Y}_i = 127{,}684 + 38{,}576 \times 2{,}1 + 12{,}875 \times 2 = 234{,}444$$

ou aproximadamente \$ 234.444. Note que, ao fazer essa previsão, expressamos a área em pés quadrados da casa nas mesmas unidades em que X_1 (variável da área total em pés quadrados) foi expressa na amostra usada para calcular o modelo. Isso deve ser feito para todas as variáveis independentes quando se fazem previsões.

O erro padrão dos erros de estimativa para esse modelo é 7,471. Portanto, não deveríamos ficar surpresos em ver os preços para casas com área de 2.100 pés quadrados e garagem para dois carros variarem em cerca de ± 2 erros padrão (ou $\pm$ \$ 14.942) de nossa estimativa. Ou seja, esperamos que os preços desse tipo de casa sejam tão baixos quanto \$ 219.502, ou tão altos quanto \$ 249.386, dependendo de outros fatores não incluídos em nossa análise (tais como idade ou condição do telhado, existência de piscina, e assim por diante).

Conforme foi demonstrado antes no caso de modelos de regressão lineares simples, existem técnicas mais precisas para construir intervalos de previsão usando modelos de regressão múltipla. No caso de modelo de regressão múltipla, as técnicas usadas para construir intervalos de previsão requerem um conhecimento básico de álgebra matricial, o que não é assumido neste texto. O leitor interessado deve consultar textos avançados sobre análise de regressão múltipla para uma descrição de como construir intervalos de previsão mais precisos usando modelos de regressão múltipla. Lembre-se de que a simples regra prática descrita antes oferece uma aproximação subestimada (mais estreita) do intervalo de previsão mais preciso.

R^2_a Máximo ou S_e Mínimo?

Na Figura 9.24, observe que o modelo com o maior R^2 ajustado (R^2_a) também tem o menor erro padrão (S_e). Isso ***não*** é uma coincidência e sempre será verdadeiro. Observe que:

$$R^2_a = 1 - \left(\frac{\text{SQE}}{n-k-1}\right)\left(\frac{n-1}{\text{SQT}}\right) = 1 - \frac{S^2_e}{S^2_Y},$$

(continua)

em que S_Y^2 é a variância da amostra de Y. Assim, a estatística R^2 ajustado é uma função de e varia inversamente com o erro padrão (ao quadrado); portanto, quanto menor o erro padrão (S_e), maior o R^2 ajustado (R_a^2), e vice-versa. Naturalmente, o erro padrão determina a largura dos intervalos de previsão para quaisquer estimativas feitas utilizando uma função de regressão. Desse modo, o modelo de regressão com o maior R^2 ajustado também terá os intervalos de previsão mais estreitos (ou mais precisos).

9.15 Variáveis independentes binárias

Conforme acabamos de mencionar, a avaliadora poderia querer incluir outras variáveis independentes em sua análise. Algumas delas, tais como a idade do telhado, poderiam ser medidas numericamente e incluídas como uma variável independente. Mas como poderíamos criar variáveis para representar a existência de piscina ou a condição do telhado?

A existência de uma piscina pode ser incluída na análise com variável independente binária codificada da seguinte maneira:

$$X_{p_i} = \begin{cases} 1, \text{ se a casa } i \text{ tem piscina} \\ 0, \text{ caso contrário} \end{cases}$$

As condições do telhado também poderiam ser modeladas com variáveis binárias. Aqui, entretanto, poderíamos precisar de mais de uma variável binária para modelar todas as condições possíveis. Se uma variável qualitativa pode assumir q valores possíveis, precisamos de $q - 1$ variáveis binárias para modelar os possíveis resultados. Por exemplo, suponhamos que as condições do telhado pudessem ser classificadas como boa, média ou ruim. Há três possíveis valores para a variável que representa as condições do telhado; portanto, precisamos de duas variáveis binárias para modelar esses resultados. Essas variáveis binárias são codificadas da seguinte maneira:

$$X_{r_i} = \begin{cases} 1, \text{ se o telhado da casa } i \text{ estiver em boas condições} \\ 0, \text{ caso contrário} \end{cases}$$

$$X_{r+1_i} = \begin{cases} 1, \text{ se o telhado da casa } i \text{ estiver em condição média} \\ 0, \text{ caso contrário} \end{cases}$$

Pode parecer que deixamos de fora uma codificação para um telhado em má condição. Entretanto, perceba que esta condição é implícita quando $X_{r_i} = 0$ e $X_{r+1_i} = 0$. Ou seja, se o telhado *não* estiver em boa condição (conforme está implícito em $X_{r_i} = 0$), *e não* estiver em condição média (conforme implícito em $X_{r+1_i} = 0$), então ele deve estar em má condição. Assim, precisamos de apenas duas variáveis binárias para representar três possíveis condições de telhado. Por razões que escapam ao escopo deste texto, o computador não poderia executar os cálculos de mínimos quadrados se incluíssemos uma terceira variável binária para indicar casas com telhado em má condição. Também seria inapropriado modelar a condição do telhado com uma variável simples, codificada como 1 para boa, 2 para média e 3 para má, porque isso implica que a condição média é duas vezes tão ruim quanto a condição boa e que a má condição é três vezes tão ruim quanto a condição boa e 1,5 vez tão ruim quanto a condição média.

Conforme esse exemplo ilustra, podemos usar variáveis binárias como variáveis independentes em análise de regressão a fim de modelar uma variedade de condições que provavelmente ocorrerão. Em cada caso, as variáveis binárias seriam colocadas no intervalo X da planilha e valores b_i apropriados seriam calculados pela ferramenta regressão.

9.16 Testes estatísticos para os parâmetros da população

Os testes estatísticos para parâmetros da população em um modelo de regressão múltipla são realizados de uma forma bem semelhante à do modelo de regressão simples. Conforme foi descrito antes, a estatística F testa se *todos* os β_i para *todas* as variáveis independentes são *todos* simultaneamente iguais a 0 (ou seja, $\beta_1 = \beta_2 = \ldots = \beta_k = 0$) ou não. O valor nos resultados de regressão, rotulado por F de significação, indica a probabilidade de essa condição ser verdadeira para os dados em consideração.

No caso de um modelo de regressão múltipla, a estatística t para cada variável independente requer uma interpretação ligeiramente diferente, devido à possível presença de multicolinearidade. Cada estatística t pode ser usada para testar se o parâmetro populacional associado $\beta_i = 0$ ou não, *dadas todas as outras variáveis independentes no modelo*. Por exemplo, considere que as estatísticas t e o valor p associadas com a variável X_1 mostradas anteriormente nas

Figuras 9.21 e 9.23. O valor *p* para X_1 na célula E18 da Figura 9.21 indica uma chance de apenas 0,123% de que $\beta_1 = 0$, quando X_2 é a única outra variável independente no modelo. O valor *p* para X_1, na célula E18 da Figura 9.23, indica uma chance de 7,37% de $\beta_1 = 0$, quando X_2 *e* X_3 também estão no modelo. Isso ilustra um dos problemas potenciais causados por multicolinearidade. Pelo fato de X_1 e X_3 serem altamente correlacionados, é menos certo que X_1 tenha um papel significante (não nulo) na explicação do comportamento da variável dependente Y quando X_3 também está no modelo.

Na Figura 9.23, o valor *p* associado com X_3 indica uma chance de 54,2% de que $\beta_3 = 0$, dadas as outras variáveis no modelo. Assim, se tivéssemos começado nossa análise pela inclusão de todas as três variáveis independentes no modelo, o valor *p* para X_3 na Figura 9.23 sugere que seria bom tirar X_3 do modelo, porque há uma chance relativamente boa de que ele contribua com 0 ($\beta_3 = 0$) para explicar o comportamento da variável dependente, dadas as outras variáveis no modelo. Nesse caso, se tirarmos X_3 do modelo, teremos o mesmo modelo selecionado com o uso do critério da estatística R^2 ajustado.

Os testes estatísticos considerados aqui são válidos somente quando os erros subjacentes em torno da função de regressão são variáveis aleatórias distribuídas normalmente com médias e variâncias constantes. O diagnóstico gráfico descrito antes se aplica igualmente ao caso de regressão múltipla. Entretanto, as várias estatísticas apresentadas oferecem resultados razoavelmente precisos se as suposições sobre a distribuição de termos de erros não forem violadas seriamente. Além do mais, as estatísticas R^2 e R^2 ajustado são de natureza puramente descritiva e não dependem de forma nenhuma das suposições sobre a distribuição dos termos de erro.

9.17 Regressão polinomial

Ao introduzirmos a função de regressão linear múltipla na Equação 9.18, notamos que esse tipo de modelo poderia ser apropriado quando as variáveis independentes variam de forma linear com a variável dependente. Problemas de negócios existem onde *não* há uma relação linear entre as variáveis dependente e independente. Por exemplo, suponha que a avaliadora de imóveis em nosso exemplo anterior tivesse coletado os dados presentes na Figura 9.25 (e no arquivo Fig9-25.xlsm, disponível na página deste livro no site da editora), que mostram a área total em pés quadrados e o preço de venda para várias casas. A Figura 9.26 mostra um gráfico de dispersão desses dados.

A Figura 9.26 indica uma relação muito forte entre a área total e o preço de venda das casas nessa amostra. Entretanto, a relação *não* é linear. Pelo contrário, existe uma relação mais *curvilínea* entre essas variáveis. Será que isso indica que a análise de regressão linear não pode ser usada com esses dados? De jeito nenhum.

Os dados na Figura 9.25 (plotados na Figura 9.26) indicam uma relação *quadrática* entre a área total e o preço de venda. Então, para explicar adequadamente a variação no preço de venda das casas, precisamos usar o seguinte tipo de função de regressão:

$$\hat{Y}_i = b_0 + b_1 X_{1_i} + b_2 X_{1_i}^2 \quad \textbf{9.29}$$

em que $\hat{Y}_i$ representa o preço de venda estimado da *i*-ésima casa em nossa amostra e X_{1_i} representa a área total em pés quadrados da casa. Note que a segunda variável independente na Equação 9.29 é a primeira variável independente ao quadrado (X_1^2).

	A	B	C
1		**Área**	**Preço**
2	**Obs**	**(em 1.000 pés quadrados)**	**(em $1000s)**
3	1	1,000	$169
4	2	1,100	$173
5	3	1,200	$176
6	4	1,400	$178
7	5	1,600	$186
8	6	1,800	$197
9	7	1,900	$203
10	8	1,900	$208
11	9	2,100	$229
12	10	2,100	$237
13	11	2,200	$260
14			

FIGURA 9.25
Dados para o exemplo de regressão não linear.

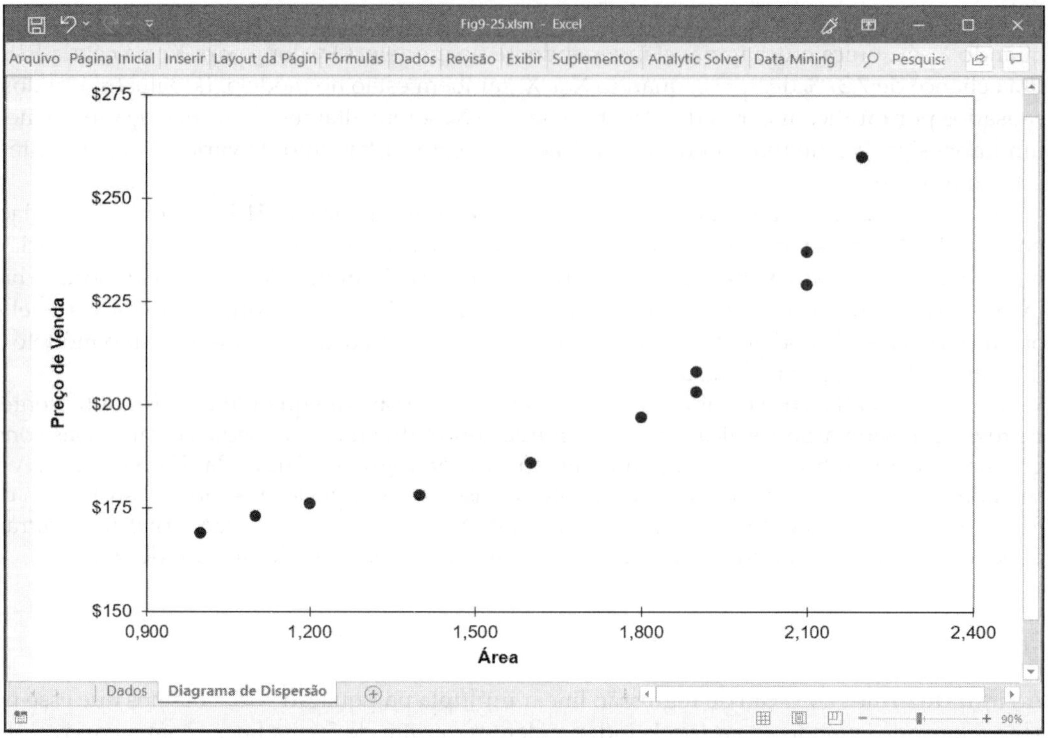

FIGURA 9.26 *Gráfico de dispersão de dados mostrando a relação entre a área total em pés quadrados e o preço de venda.*

9.17.1 EXPRESSANDO RELAÇÕES NÃO LINEARES USANDO MODELOS LINEARES

A Equação 9.29 não é uma função linear porque contém a variável não linear X_1^2. É linear com relação aos parâmetros que o computador deve calcular – a saber b_0, b_1 e b_2. Ou seja, nenhum parâmetro na função de regressão aparece como um expoente e esses parâmetros também não são multiplicados entre si. Assim, podemos usar a regressão de mínimos quadrados para calcular os valores ótimos para b_0, b_1 e b_2. Note que, se definirmos uma nova variável independente como $X_{2_i} = X_1^2$, então a função de regressão na Equação 9.29 será equivalente a:

$$\hat{Y}_i = b_0 + b_1X_{1_i} + b_2X_{2_i} \qquad \textbf{9.30}$$

A Equação 9.30 é equivalente à função de regressão linear múltipla na Equação 9.29. Enquanto uma função de regressão for linear com relação a seus parâmetros, podemos usar a ferramenta de análise do Excel para encontrar as estimativas de mínimos quadrados para esses parâmetros.

Para ajustar a nossos dados a função de regressão presente na Equação 9.30, devemos criar uma segunda variável independente para representar os valores de X_{2_i}, conforme mostrado na Figura 9.27 (e no arquivo Fig9-27.xlsm, disponível na página deste livro no site da editora).

Devido ao fato de o intervalo X para o comando Regressão ter de ser representado como um bloco contínuo, inserimos uma nova coluna entre as colunas da área em pés quadrados e do preço de venda e colocamos os valores de X_{2_i} nessa coluna. Note que $X_{2_i} = X_{1_i}^2$ na coluna C da Figura 9.27:

Fórmula para a célula C3: =B3^2
(Copiar para as células de C4 a C13.)

Os resultados de regressão são gerados com um intervalo Y de D3:D13 e um intervalo X de B3:C13. A Figura 9.28 mostra os resultados da regressão.

Na Figura 9.28, a função de regressão estimada é representada por:

$$\hat{Y}_i = b_0 + b_1X_{1_i} + b_2X_{2_i} = 294{,}9714 - 203{,}3812X_{1_i} + 83{,}4063X_{2_i} \qquad \textbf{9.31}$$

De acordo com a estatística R^2, essa função explica 97,0% da variação total no preço de venda. Então esperamos que essa função se ajuste bem a nossos dados. Podemos verificar isso plotando os preços que seriam estimados pela função de regressão na Equação 9.31 para cada observação em nossa amostra contra os preços reais de venda.

Para calcular os preços estimados de venda aplicamos a fórmula da Equação 9.31 para cada observação na amostra, conforme mostrado na Figura 9.29, em que a fórmula a seguir foi lançada na célula E3 e copiada para as células E4 a E20:

FIGURA 9.27 *Modificação dos dados para incluir o quadrado da variável independente.*

	A	B	C	D
1		Área	(Área)^2	Preço
2	Obs	(em 1.000 pés quadrados)	(em 1.000.000 pés quadrados)	(em $1000s)
3	1	1,000	1,000	$169
4	2	1,100	1,210	$173
5	3	1,200	1,440	$176
6	4	1,400	1,960	$178
7	5	1,600	2,560	$186
8	6	1,800	3,240	$197
9	7	1,900	3,610	$203
10	8	1,900	3,610	$208
11	9	2,100	4,410	$229
12	10	2,100	4,410	$237
13	11	2,200	4,840	$260

Fórmulas das principais células

Célula	Fórmula	Copiado para
C3	=B3^2	C4:C13

FIGURA 9.28 *Resultados de regressão para o exemplo de problema não linear.*

RESUMO DOS RESULTADOS

Estatística de regressão	
R múltiplo	0,984952458
R-Quadrado	0,970131344
R-quadrado ajustado	0,96266418
Erro padrão	5,736768013
Observações	11

ANOVA

	gl	*SQ*	*MQ*	*F*	*F de significação*
Regressão	2	8551,443215	4275,721607	129,9196508	7,95908E-07
Resíduo	8	263,2840579	32,91050723		
Total	10	8814,727273			

	Coeficientes	*Erro padrão*	*Stat t*	*valor-P*	*95% inferiores*	*95% superiores*	*Inferior 95,0%*	*Superior 95,0%*
Interseção	294,9714091	34,23724921	8,615511351	2,55154E-05	216,0201709	373,9226474	216,0201709	373,9226474
Variável X 1	-203,381237	45,08699888	-4,51086215	0,001973565	-307,3520424	-99,41043069	-307,3520424	-99,41043069
Variável X 2	83,40635268	14,04028535	5,940502675	0,000345639	51,0293966	115,7833088	51,0293966	115,7833088

Fórmula para a célula E3: =TENDÊNCIA($D$3:$D$13;$B$3:$C$13;B3:C3)

(Copiar para as células E4 a E13.)

A Figura 9.30 mostra uma curva representando os preços estimados calculados na coluna E da Figura 9.29. Essa curva foi acrescentada a nosso gráfico de dispersão anterior conforme segue:

1. Clique com o botão direito sobre qualquer um dos pontos de dados no gráfico de dispersão para selecionar a série de dados.
2. Clique em Adicionar Linha de Tendência.
3. Clique em Polinomial e use um valor de Ordem 2.
4. Selecione Exibir Equação e Exibir valor de R-quadrado no gráfico.

FIGURA 9.29 *Preços de venda estimados usando um modelo polinomial de segunda ordem.*

Obs	Área (em 1.000 pés quadrados)	(Área)^2 (em 1.000.000 pés quadrados)	Preço (em $1000s)	Preço Estimado
1	1,000	1,000	$169	$175,0
2	1,100	1,210	$173	$172,2
3	1,200	1,440	$176	$171,0
4	1,400	1,960	$178	$173,7
5	1,600	2,560	$186	$183,1
6	1,800	3,240	$197	$199,1
7	1,900	3,610	$203	$209,6
8	1,900	3,610	$208	$209,6
9	2,100	4,410	$229	$235,7
10	2,100	4,410	$237	$235,7
11	2,200	4,840	$260	$251,2

Fórmulas das principais células

Célula	Fórmula	Copiado para
C3	=B3^2	C4:C13
E3	=TENDÊNCIA($D$3:$D$13;$B$3:$C$13;B3:C3)	E4:E13

FIGURA 9.30 *Gráfico da função de regressão estimada* versus *dados reais.*

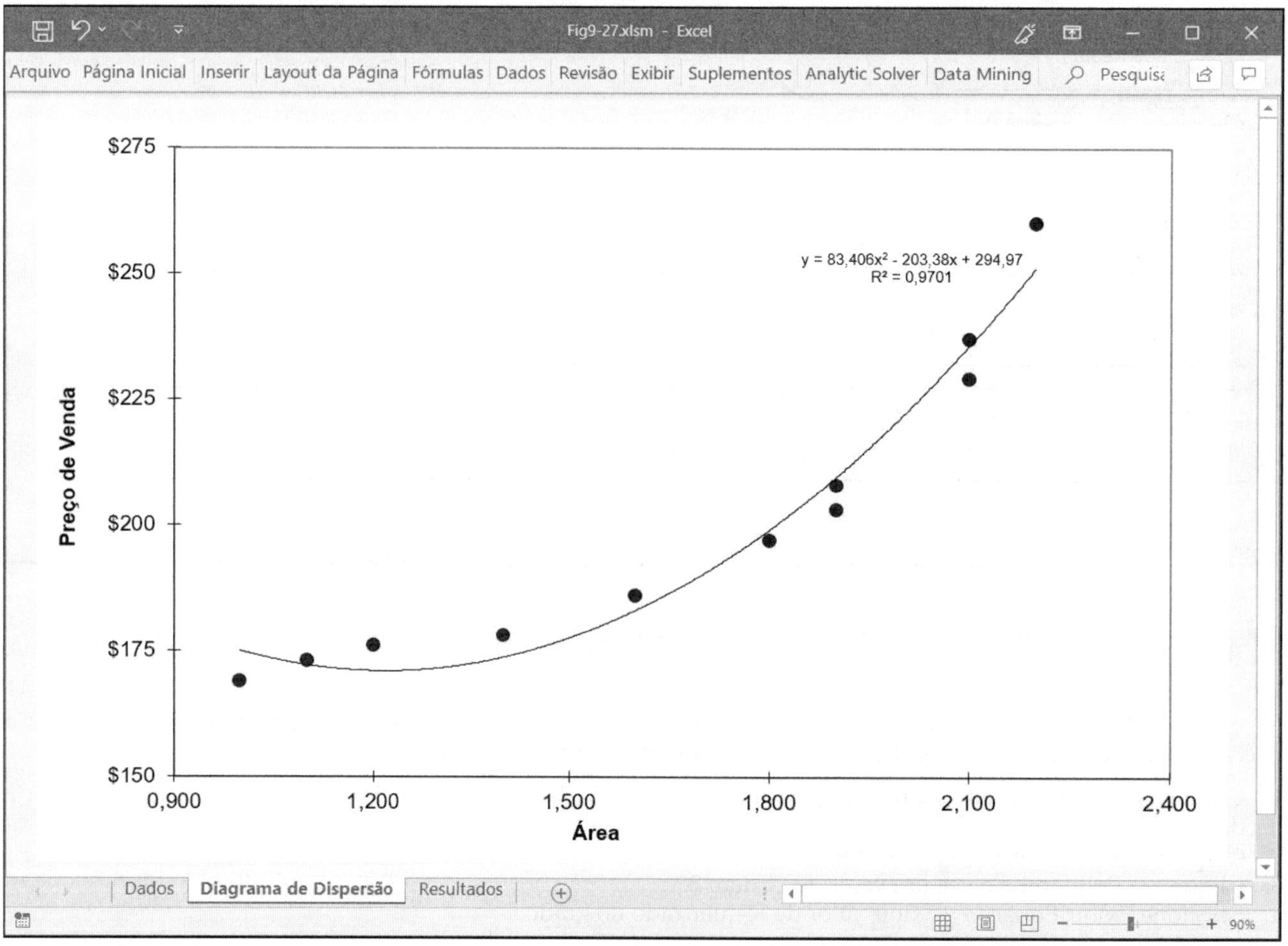

5. Clique em Fechar.

Esse gráfico indica que nosso modelo de regressão explica de maneira razoavelmente acurada a relação não linear, quadrática, entre a área em pés quadrados e o preço de venda de uma casa.

A Figura 9.31 mostra o resultado obtido pelo ajuste de um modelo polinomial de terceira ordem a nossos dados da forma:

$$\hat{Y}_i = b_0 + b_1 X_{1_i} + b_2 X_{1_i}^2 + b_3 X_{1_i}^3 \qquad 9.32$$

Esse modelo parece oferecer um ajuste ainda melhor que o mostrado na Figura 9.30. Como se pode imaginar, poderíamos continuar a acrescentar termos de ordem mais elevada ao modelo e aumentar ainda mais o valor da estatística R^2. Aqui, novamente, a estatística R^2 ajustado poderia ajudar-nos a selecionar um modelo que fornecesse um bom ajuste a nossos dados sem superajustá-los.

9.17.2 RESUMO DA REGRESSÃO NÃO LINEAR

Esse breve exemplo de problema de regressão polinomial destacou o fato de que a análise de regressão pode ser usada não somente no ajuste de linhas retas ou hiperplanos a dados lineares, mas também no ajuste de outros tipos de superfícies curvas a dados não lineares. Uma discussão profunda sobre regressão não linear está além do escopo deste livro, mas há muita informação sobre esse tópico em vários textos que abordam unicamente a análise de regressão.

Esse exemplo deve ajudá-lo a entender a importância de preparar gráficos de dispersão de cada variável independente contra a variável dependente em um problema de regressão para ver se a relação entre as variáveis é ou não linear. Relações não lineares relativamente simples, tais como a descrita no exemplo anterior, podem muitas vezes ser explicadas com a inclusão de termos ao quadrado ou ao cubo no modelo. Em casos mais complicados, transformações sofisticadas das variáveis dependente e independente podem ser necessárias.

FIGURA 9.31 *Gráfico da função de regressão estimada usando um modelo polinomial de terceira ordem.*

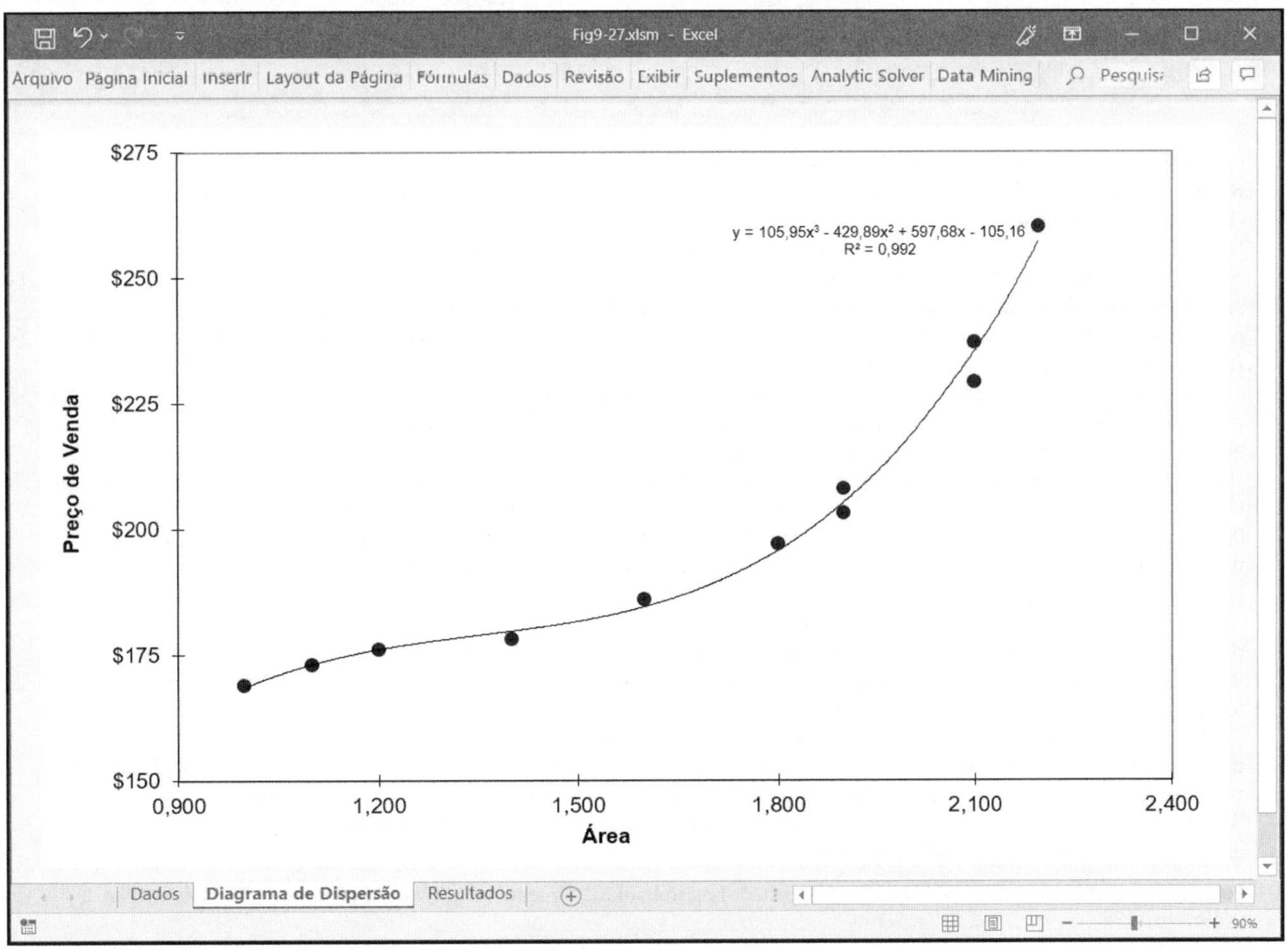

9.18 Resumo

A análise de regressão é uma técnica estatística que pode ser usada para identificar e analisar a relação entre uma ou mais variáveis independentes e uma variável dependente contínua. Este capítulo apresentou uma visão geral de alguns assuntos-chave envolvidos na execução da análise de regressão e demonstrou algumas das ferramentas e métodos disponíveis no Excel para ajudar os gerentes a fazer a análise de regressão.

O objetivo da análise de regressão é identificar uma função das variáveis independentes que adequadamente explicam o comportamento da variável dependente. O método de mínimos quadrados oferece uma forma de determinar os melhores valores para os parâmetros em um modelo de regressão para determinada amostra de dados. Após identificar uma função, ela pode ser usada para prever qual valor a variável dependente assumirá, dados valores específicos para as variáveis independentes. Existem várias técnicas estatísticas para avaliar como uma dada função de regressão se ajusta a um conjunto de dados e para determinar quais variáveis independentes são mais úteis na explicação do comportamento da variável dependente. Embora as funções de regressão possam assumir uma variedade de formas, este capítulo focou modelos de regressão linear nos quais uma combinação linear das variáveis independentes é usada para modelar a variável dependente. Transformações simples das variáveis independentes permitem que esse tipo de modelo se ajuste tanto a conjuntos de dados lineares como a conjuntos de dados não lineares.

9.19 Referências

KUTNER, M.; NACHTSHEIM, C. NETER, J.; LI, W. *Applied Linear Statistical Models*. Columbus, OH: McGraw-Hill, 2013.
MONTGOMERY D.; PECK, E.; VINING, G. *Introduction to Linear Regression Analysis*. Nova York: Wiley, 2012.
YOUNGER, M. *A First Course in Linear Regression*. Boston, MA: Duxbury Press, 1985.

O MUNDO DA *BUSINESS ANALYTICS*

Melhores previsões criam economia de custos para o Banco Nacional de Ohio

O Banco Nacional de Ohio, em Columbus, deve processar cheques para compensação em tempo hábil a fim de minimizar a flutuação. Essa operação tem sido dificultada por causa das grandes e imprevisíveis variações no volume de cheques recebidos.

À medida que os cheques passam pelo centro de processamento, eles são codificados com a quantia em tinta magnética na base do cheque. Essa operação exige uma equipe de funcionários cujos horários de trabalho devem ser planejados, de modo que a formação das equipes seja adequada aos horários de maior movimento. Devido ao fato de o banco não poder prever esses picos de maneira precisa, muitas vezes os prazos não eram cumpridos e os funcionários frequentemente tinham de fazer horas extras.

As variações no volume de cheques pareciam ser causadas por mudanças no ritmo dos negócios ocasionadas pelo calendário – ou seja, o volume era influenciado por certos meses, dias da semana, dias do mês e proximidade de certos feriados. Um modelo de regressão linear foi desenvolvido para prever necessidades de funcionários usando um conjunto de variáveis independentes binárias (*dummy*) representando a influência desses efeitos do calendário. O estudo de regressão foi muito bem-sucedido. O modelo resultante tinha um coeficiente de determinação (R^2) de 0,94 e um erro médio absoluto percentual de 6%. O banco usou essas previsões como dados de entrada para um modelo de PL a fim de determinar turnos que minimizassem o número de funcionários necessários para cobrir o volume de cheques previsto.

O processo de planejamento exigiu dados sobre volume de cheques e estimativas de produtividade por parte dos supervisores de linha no departamento de codificação. A relutância inicial dos supervisores em fornecer essa informação tornou-se um obstáculo para a implementação do sistema. No fim, isso foi superado com paciência e tempo despendido para explicar aos supervisores as razões para a coleta desses dados.

O novo sistema proporciona economias estimadas de $ 700.000 em custos de flutuação e $ 300.000 em custos de trabalho. O horário de fechamento do banco, às 22 horas, agora é respeitado 98% do tempo; anteriormente, isso raramente acontecia. A gerência realizou análise de sensibilidade com o modelo a fim de estudar os efeitos da melhoria de produtividade associados com o uso de funcionários experientes em horário integral para a codificação, em vez de funcionários de meio expediente.

Fonte: KRAJEWSKI, L. J.; RITZMAN, L. P. Shift-Scheduling in Banking Operations: A Case Application. *Interfaces*, v. 10, n. 2, p. 1-6, abril 1980.

Questões e problemas

1. Os membros do Roanoke Health and Fitness Club pagam uma taxa de associação anual de \$ 250 mais \$ 3 cada vez que eles usam as instalações. Considere X o número de vezes que uma pessoa visita a academia durante o ano. Considere Y o custo total anual de associação no clube.
   a. Qual é a relação matemática entre X e Y?
   b. Essa relação é estatística ou funcional? Justifique sua resposta.
2. Ao comparar dois modelos de regressão que foram criados usando os mesmos dados, podemos dizer que o modelo com o valor R^2 mais alto oferecerá as previsões mais precisas. Isso é verdade? Justifique sua resposta.
3. Suponha que a variável X esteja sendo empregada para prever Y utilizando uma função de regressão linear da forma $\hat{Y}_i = b_0 + b_1X_i$. Se não houver nenhuma relação linear entre X e Y, qual é a função de regressão ótima (isto é, quais são os valores ótimos de b_0 e b_1)? Explique.
4. A regressão de mínimos quadrados encontra os valores para os parâmetros em um modelo de regressão para minimizar $SQE = \sum_{i=1}^{n} (Y_i - \hat{Y}_i)^2$. Por que é necessário elevar os erros de estimativa ao quadrado? Que problema seria encontrado se tentássemos minimizar apenas a soma dos erros de estimativa?
5. Suponha que você esteja interessado em criar um intervalo de previsão para Y para dado valor de X_1 (denotado por X_{1_h}) usando um modelo de regressão linear simples e que os dados ainda não tenham sido coletados. Para determinado tamanho de amostra n, como você tentaria coletar os dados amostrais para fazer a previsão mais precisa? (*Sugestão*: considere a Equação 9.14.)
6. Uma empresa de contabilidade especializada em auditoria em empresas de mineração coletou os dados encontrados no arquivo MiningAudit.xlsx (disponível na página deste livro no site da editora), os quais descrevem ativos e dívida a longo prazo de seus 12 clientes.
   a. Prepare um gráfico de dispersão dos dados. Será que existe uma relação linear entre essas variáveis?
   b. Crie um modelo de regressão linear simples que possa ser usado para prever dívidas de longo prazo a partir de ativos de longo prazo. Qual é a equação de regressão estimada?
   c. Interprete o valor de R^2.
   d. Suponha que a firma de contabilidade tenha um cliente com ativos totais de \$ 50.000.000. Construa um intervalo de confiança de aproximadamente 95% para a quantia de débitos de longo prazo que a firma espera que este cliente tenha.
7. O IRS deseja desenvolver um método para detectar se os contribuintes declararam em excesso suas deduções relativas a contribuições para entidades de caridade em suas declarações de imposto de renda. Para isso, o IRS forneceu os dados que podem ser encontrados no arquivo IRS.xlsx (disponível na página deste livro no site da editora), que lista a renda bruta ajustada (RBA) e contribuições de caridade de 11 contribuintes cujas declarações foram auditadas e consideradas corretas.
   a. Prepare um gráfico de dispersão dos dados. Será que existe uma relação linear entre essas variáveis?
   b. Crie um modelo de regressão linear simples que possa ser usado para prever o nível de contribuições de caridade a partir da RBA. Qual é a equação de regressão estimada?
   c. Interprete o valor de R^2.
   d. Como o IRS poderia usar os resultados de regressão para identificar as restituições com contribuições extraordinariamente altas para entidades de caridade?
8. Roger Gallagher tem um lote de carros usados formado apenas por corvettes usadas. Ele quer criar um modelo de regressão para ajudar a prever o preço que espera receber pelos carros que possui. Roger coletou os dados encontrados no arquivo Corvettes.xlsx (disponível na página deste livro no site da editora), que descreve a milhagem, o ano do modelo, presença de teto em T e preço de venda de alguns carros que ele comercializou em meses recentes. Y representa o preço de venda, X_1 a milhagem, X_2 o ano do modelo e X_3 a presença (ou ausência) de teto em T.
   a. Se Roger quiser usar uma função de regressão linear simples para estimar o preço de venda de um carro, que variável X você recomenda que ele use?
   b. Determine as estimativas dos parâmetros para a função de regressão representada por:

   $$\hat{Y}_i = b_0 + b_1X_{1_i} + b_2X_{2_i}$$

   Qual é a função de regressão estimada? X_2 ajuda a explicar o preço de venda dos carros se X_1 também estiver no modelo? Qual poderia ser a razão para isso?
   c. Configure uma variável binária (X_{3_i}) para indicar se cada carro na amostra tem ou não um teto em T. Determine as estimativas dos parâmetros para a função de regressão representada por:

   $$\hat{Y}_i = b_0 + b_1X_{1_i} + b_3X_{3_i}$$

   X_3 ajuda a explicar o preço de venda dos carros se X_1 também estiver no modelo? Explique.
   d. De acordo com o modelo anterior, em média, quanto um teto em T aumenta o valor de um carro?

e. Determine as estimativas dos parâmetros para a função de regressão representada por:

$$\hat{Y}_i = b_0 + b_1X_{1_i} + b_2X_{2_i} + b_3X_{3_i}$$

Qual é a função de regressão estimada?

f. De todas as funções de regressão consideradas aqui, qual você recomenda que Roger use?

9. Consulte a questão 8. Prepare gráficos de dispersão dos valores de X_1 e X_2 contra Y.
   a. Essas relações parecem ser lineares ou não lineares?
   b. Determine as estimativas dos parâmetros para a função de regressão representada por:

$$\hat{Y}_i = b_0 + b_1X_{1_i} + b_2X_{2_i} + b_3X_{3_i} + b_4X_{4_i}$$

   em que $X_{4_i} = X_{2_i}^2$. Qual é a função de regressão estimada?
   c. Considere os valores *p* para cada β_i nesse modelo. Esses valores indicam que alguma das variáveis independentes deve ser retirada do modelo?

10. Um recrutador para as lojas Big Box coletou os dados no arquivo BigBox.xlsx resumindo a quantia de dinheiro que a empresa gastou em publicidade impressa, na Web e na TV na Califórnia nos últimos 22 meses, e o número resultante de inscrições recebidas de candidatos aos cargos durante os mesmos meses. O recrutador gostaria de criar um modelo de regressão para prever o número de inscrições para os diversos cargos que a empresa deve esperar em um determinado mês com base em um determinado *mix* de publicidade.
    a. Prepare gráficos de dispersão mostrando a relação entre o número de inscrições recebidas e cada uma das variáveis independentes. Que tipo de relação cada gráfico sugere?
    b. Se o recrutador quisesse construir um modelo de regressão utilizando apenas uma variável independente para prever o número de inscrições recebidas, qual variável deveria ser utilizada?
    c. Qual conjunto de variáveis independentes resulta no maior valor para a estatística R^2 ajustada?
    d. Suponha que o recrutador opte por usar a função de regressão com todas as variáveis independentes X_1, X_2 e X_3. Qual é a função de regressão estimada?
    e. Suponha que o recrutador queira gerar 800 inscrições de candidatos no próximo mês. De acordo com o modelo estimado na parte d, qual é o caminho menos dispendioso para atingir esse objetivo?
    f. Que problema, se houver algum, você vê com a resposta obtida na parte e *e* o que pode ser feito para evitá-lo?

11. A Golden Years Easy Retirement Homes é proprietária de várias instalações para cuidado de idosos no sudeste dos Estados Unidos. Um analista de orçamento contratado pela Golden Years coletou os dados encontrados no arquivo GoldenYears.xlsx (disponível na página deste livro no site da editora), descrevendo para cada instalação: o número de camas (X_1), o número anual de pacientes-dia de internamento médico (X_2), o número total de pacientes-dia (X_3) e se a instalação se localiza em zona rural ou não (X_4). O analista gostaria de construir um modelo de regressão múltipla para estimar os salários anuais dos enfermeiros (Y), que devem ser previstos para cada unidade.
    a. Prepare gráficos de dispersão mostrando a relação entre os salários dos enfermeiros e cada uma das variáveis independentes. Que tipo de relação cada gráfico sugere?
    b. Se o analista de orçamento quisesse construir um modelo de regressão usando apenas uma variável independente para prever os salários dos enfermeiros, que variável deveria ser usada?
    c. Se o analista de orçamento quisesse construir um modelo de regressão usando apenas duas variáveis independentes para prever os salários dos enfermeiros, que variáveis deveriam ser usadas?
    d. Se o analista de orçamento quisesse construir um modelo de regressão usando três variáveis independentes para prever os salários dos enfermeiros, que variáveis deveriam ser usadas?
    e. Que conjunto de variáveis independentes resulta no valor mais elevado para a estatística R^2 ajustado?
    f. Suponha que o diretor de pessoal opte por usar uma função de regressão com todas as variáveis independentes X_1, X_2 e X_3. Qual é a função de regressão estimada?
    g. Em sua planilha, calcule o salário anual dos enfermeiros estimado para cada unidade, usando a função de regressão identificada no item f. Com base nessa análise, com qual(is) unidade(s), se houver alguma, o analista de orçamento deveria se preocupar? Justifique sua resposta.

12. Os anéis O nos foguetes impulsores do ônibus espacial são projetados para expandirem-se quando aquecidos a fim de lacrar diferentes câmaras do foguete para que o combustível sólido não tenha ignição prematura. De acordo com as especificações de engenharia, os anéis O se expandem, digamos que, em pelo menos em 5%, para garantir um lançamento seguro. Os dados hipotéticos do grau de expansão dos anéis O e a temperatura atmosférica em °Fahrenheit em vários lançamentos diferentes são dados no arquivo O-ring.xls (disponível na página deste livro no site da editora).
    a. Prepare um gráfico de dispersão dos dados. Será que existe uma relação linear entre essas variáveis?
    b. Obtenha um modelo de regressão linear simples para estimar a quantidade de expansão dos anéis O como função da temperatura atmosférica. Qual é a função de regressão estimada?
    c. Interprete a estatística R^2 para o modelo que você obteve.

d. Suponha que os administradores da NASA estejam planejando lançar um ônibus espacial quando a temperatura estiver em 29 °F. De acordo com seu modelo, que grau de expansão dos anéis O deve ser esperado a essa temperatura?
e. Com base na sua análise desses dados, você recomendaria que o ônibus espacial fosse lançado se a temperatura atingisse os 29 °F? Justifique sua resposta.

13. Um analista da Phidelity Investments quer criar um modelo de regressão para prever a taxa anual de retorno de uma ação com base na razão de preços e ganhos (PG) da ação e em uma medida do risco da ação. Os dados encontrados no arquivo Phidelity.xlsx (disponível na página deste livro no site da editora) foram coletados para uma amostra aleatória de ações.
    a. Prepare gráficos de dispersão para cada variável independente *versus* a variável dependente. Que tipo de modelo esses gráficos sugerem ser o mais apropriado para os dados?
    b. Considere Y = Retorno, X_1 = Razão PG e X_2 = Risco. Obtenha os resultados de regressão para o seguinte modelo de regressão:

    $$\hat{Y}_i = b_0 + b_1X_{1_i} + b_2X_{2_i}$$

    Interprete o valor de R^2 para esse modelo.
    c. Obtenha os resultados de regressão para o seguinte modelo de regressão:

    $$\hat{Y}_i = b_0 + b_1X_{1_i} + b_2X_{2_i} + b_3X_{3_i} + b_4X_{4_i}$$

    em que $X_{3_i} = X_{1_i}^2$ e $X_{4_i} = X_{2_i}^2$. Interprete o valor de R^2 para esse modelo.
    d. Qual dos dois modelos anteriores você recomendaria que o analista usasse?

14. O material conhecido por OSB (do inglês "*Oriented Strand Board*") é fabricado a partir da colagem de pedaços de madeira, formando painéis. Vários painéis são então grudados para formar uma tábua. Um dos fatores que influenciam a resistência da tábua final é a quantidade de cola usada nas várias etapas de produção. Um fabricante de OSB fez um teste para determinar o ponto de quebra de uma tábua com base na quantidade de cola usada no processo de produção. Em cada teste, uma tábua foi fabricada usando certa quantidade de cola. Pesos foram então aplicados para determinar o ponto em que a tábua quebraria. Esse teste foi feito 27 vezes, com quantidades variadas de cola. Os dados obtidos dessa testagem podem ser encontrados no arquivo OSB.xlsx (disponível na página deste livro no site da editora).
    a. Prepare um gráfico de dispersão desses dados.
    b. Que tipo de função de regressão você usaria para ajustar esses dados?
    c. Calcule os parâmetros da função de regressão. Qual é a função de regressão estimada?
    d. Interprete o valor da estatística R^2.
    e. Suponha que a companhia queira fabricar tábuas que suportem até 110 libras de pressão por polegada quadrada. Que quantidade de cola eles devem usar?

15. Quando as taxas de juros caem, o Patriot Bank fica inundado de pedidos de refinanciamento de hipotecas de casas. Para planejar melhor as necessidades de funcionários para a área de processamento de hipotecas, o Patriot Bank deseja criar um modelo de regressão para ajudar a prever o número total de pedidos de hipotecas (Y) a cada mês como uma função da taxa básica de juros (X_1). O banco coletou os dados mostrados no arquivo PatriotBank.xls (disponível na página deste livro no site da editora), que apresenta a taxa básica de juros média e o número total de pedidos de hipoteca em vinte diferentes meses.
    a. Prepare um gráfico de dispersão desses dados.
    b. Ajuste aos dados o modelo de regressão abaixo:

    $$\hat{Y}_i = b_0 + b_1X_{1_i}$$

    Plote o número de pedidos mensais de hipoteca que são estimados por esse modelo junto com os valores reais na amostra. Quão bem esse modelo se ajusta aos dados?
    c. Usando o modelo anterior, crie um intervalo de previsão com 95% de confiança para o número de pedidos de hipoteca que o Patriot Bank esperaria receber em um mês no qual a taxa de juros é de 6%. Interprete esse intervalo.
    d. Ajuste aos dados o modelo de regressão abaixo:

    $$\hat{Y}_i = b_0 + b_1X_{1_i} + b_2X_{2_i}$$

    em que $X_{2_i} = X_{1_i}^2$. Plote o número de pedidos mensais de hipoteca que são estimados por esse modelo junto com os valores reais na amostra. Quão bem esse modelo se ajusta aos dados ?
    e. Usando o modelo anterior, crie um intervalo de previsão com 95% de confiança para o número de pedidos de hipoteca que o Patriot Bank esperaria receber em um mês no qual a taxa de juros é de 6%. Interprete esse intervalo.
    f. Qual modelo você recomendaria ao Patriot Bank? Justifique.

16. A Creative Confectioners planeja introduzir um novo *brownie* no mercado. Foi feito um teste de sabor em pequena escala para verificar as preferências dos consumidores (Y) com relação a umidade (X_1) e doçura (X_2) do produto. Os dados do teste de sabor podem ser encontrados no arquivo Confectioners.xlsx (disponível na página deste livro no site da editora).

a. Prepare um gráfico de dispersão de umidade *versus* preferência. Que tipo de relação o seu gráfico sugere?
b. Prepare um gráfico de dispersão de doçura *versus* preferência. Que tipo de relação o seu gráfico sugere?
c. Calcule os parâmetros para a função de regressão abaixo:

$$\hat{Y}_i = b_0 + b_1X_{1_i} + b_2X_{1_i}^2 + b_3X_{2_i} + b_4X_{2_i}^2$$

Qual é a função de regressão estimada?
d. Usando a função de regressão estimada no item c, qual é a preferência esperada de uma receita de *brownie* com um teor de umidade igual a 7 e uma taxa de doçura igual a 9,5?

17. *AutoReports* é uma revista que relata o custo de manutenção de vários tipos de carro. A revista coletou os dados presentes no arquivo AutoReports.xlsx (disponível na página deste livro no site da editora), os quais descrevem o custo anual de manutenção de certo tipo de carro de luxo importado, juntamente com a idade do carro (em anos).
a. Prepare um gráfico de dispersão desses dados.
b. Considere Y= custo de manutenção e X_1 = idade. Ajuste aos dados o modelo de regressão abaixo:

$$\hat{Y}_i = b_0 + b_1X_{1_i}$$

Plote os custos de manutenção que são estimados por esse modelo junto com os custos reais na amostra. Quão bem esse modelo se ajusta aos dados?
c. Ajuste aos dados o modelo de regressão abaixo:

$$\hat{Y}_i = b_0 + b_1X_{1_i} + b_2X_{2_i}$$

em que $X_{2_i} = X_{1_i}^2$. Plote os custos de manutenção estimados por esse modelo junto com os custos reais na amostra. Quão bem esse modelo se ajusta aos dados?
d. Ajuste aos dados o modelo de regressão abaixo:

$$\hat{Y}_i = b_0 + b_1X_{1_i} + b_2X_{2_i} + b_3X_{3_i}$$

em que $X_{2_i} = X_{1_i}^2$ e $X_{3_i} = X_{1_i}^3$. Plote os custos de manutenção estimados por esse modelo junto com os custos reais na amostra. Como esse modelo se ajusta aos dados?

18. A Duque Power Company deseja criar um modelo de regressão para ajudar a prever seu pico diário de demanda de energia. Essa previsão é útil na determinação da capacidade de geração que precisa estar disponível (ou que precisa ser comprada dos concorrentes) diariamente. A demanda diária de energia no momento do pico é influenciada primariamente pelo tempo e dia da semana. O arquivo Duque.xlsx (disponível na página deste livro no site da editora) contém dados que resumem a demanda diária da Duque no momento de pico e a temperatura máxima diária, registradas durante o mês de julho do ano passado.
a. Construa um modelo de regressão linear simples para prever a demanda de energia no momento de pico usando a temperatura máxima diária. Qual é a equação de regressão estimada?
b. Prepare um gráfico de linhas plotando os dados reais de demanda no momento de pico *versus* os valores previstos por essa equação de regressão. Quão bem o modelo se ajusta aos dados?
c. Interprete a estatística R^2 para esse modelo.
d. Construa um modelo de regressão linear múltiplo para prever a demanda de energia no momento de pico usando a temperatura máxima diária e o dia da semana como variáveis independentes. (Observação: esse modelo terá sete variáveis independentes.) Qual é a equação de regressão estimada?
e. Prepare um gráfico de linhas plotando os dados reais de demanda no momento de pico *versus* os valores previstos por essa equação de regressão. Quão bem o modelo se ajusta aos dados?
f. Interprete a estatística R^2 para esse modelo.
g. Usando o modelo que você criou no item d, qual é a demanda de energia no momento de pico que a Duque deveria esperar para uma quarta-feira em julho, quando a temperatura máxima prevista for de 94 °F?
h. Calcule um intervalo de previsão com 95% de confiança para a estimativa da questão anterior. Explique as implicações gerenciais desse intervalo para a Duque.

19. Um avaliador coletou os dados encontrados no arquivo Appraiser.xlsx (disponível na página deste livro no site da editora), os quais descrevem o preço de venda em leilão, diâmetro (em polegadas) e o tipo de utensílio de cozinha fabricado em metal por um famoso artesão no começo do século XX. A variável tipo de utensílio está codificada da seguinte maneira: B = tigela, C = caçarola, D = prato, T = bandeja e P = travessa. O avaliador deseja construir um modelo de regressão múltipla para esses dados a fim de prever o preço médio de venda de utensílios semelhantes.
a. Construa um modelo de regressão múltipla para esse problema. (*Sugestão*: Crie variáveis independentes binárias para representar os dados do tipo de utensílio.) Qual é a função de regressão estimada?
b. Interprete o valor da estatística R^2 para esse modelo.
c. Construa um intervalo de previsão aproximada com 95% de confiança para o preço de venda esperado de uma caçarola de 18 polegadas de diâmetro. Interprete esse intervalo.
d. Que outras variáveis não incluídas no modelo poderiam ajudar a explicar a variação restante nos preços de venda em leilão para esses utensílios?

20. Chris Smith é um entusiasta de carros esportivos com uma predileção em particular por Mini Coopers. Ele baixou dados do eBay sobre leilões finalizados de Mini Coopers e os usou para criar um conjunto de dados no arquivo Mini-

Cooper.xlsx (disponível na página deste livro no site da editora), mostrando os preços de venda, idade, milhagem e localização dos veículos. Ele gostaria de usar esses dados para construir um modelo de regressão para prever o preço estimado de venda dos Mini Coopers.

a. Prepare gráficos de dispersão mostrando a relação entre o preço de venda e cada uma das variáveis independentes. Que tipo de relação cada gráfico sugere?
b. Usando somente as variáveis nesse conjunto de dados, que modelo de regressão tem o valor mais alto de R^2 e qual é o seu valor de R^2?
c. Usando somente as variáveis nesse conjunto de dados, que modelo de regressão tem o valor mais alto de R^2 ajustado e qual é o seu valor de R^2 ajustado?
d. Quais dos carros nesse conjunto de dados parecem ser os melhores negócios em relação aos seus preços estimados usando o modelo identificado no item c?
e. Que outras variáveis, se disponíveis, poderiam ajudar Chris a desenvolver um modelo de regressão mais preciso para esse problema?

21. A hidroxietilcelulose (HEC) é um agente geleificante e espessante criado de uma combinação molecular de celulose, óxido de etileno (ETO) e ácido nítrico. É projetado para se misturar com uma solução à base de água para aumentar a viscosidade da mistura. Essa viscosidade adicionada age como um polímero de suspensão que, por exemplo, permite que as ervas em um molho de salada permaneçam na solução e não se precipitem no fundo da garrafa. Gaston Moat é um engenheiro de produção para a Atlas Corporation, que é uma das maiores produtoras de HEC nos Estados Unidos. Ele coletou os dados no arquivo HEC.xlsx (disponível na página deste livro no site da editora) de vários lotes de produção de HEC. Para cada lote de produção, ele registrou a viscosidade da HEC (Y) produzida juntamente com a viscosidade do material celulósico utilizado (X_1), a raiz quadrada da viscosidade do material celulósico utilizado (X_2), o comprimento das fibras de celulose utilizadas (X_3), a quantidade (em libras) de celulose utilizada (X_4), a quantidade (em libras) de ETO utilizado (X_5) a temperatura do ácido nítrico utilizado (X_6) e a razão de celulose para ETO utilizada (X_7). Os clientes da Atlas geralmente especificam o nível de viscosidade médio necessário para determinada aplicação de HEC. Gaston gostaria de construir uma função de regressão múltipla para entender melhor como os diversos insumos no processo de produção se relacionam com a viscosidade do produto final HEC.

a. Prepare gráficos de dispersão mostrando a relação entre a viscosidade da HEC e cada uma das variáveis independentes. Que tipo de relação cada gráfico sugere?
b. Usando as variáveis nesse conjunto de dados, que modelo de regressão tem o valor mais alto de R^2? Qual é o valor de R^2?
c. Usando as variáveis nesse conjunto de dados, que modelo de regressão tem o valor mais alto de R^2 ajustado? Qual é o valor de R^2 ajustado?
d. Suponha que um cliente queira um lote de HEC com nível de viscosidade média de 7.000. Gaston tem planos de atender esse pedido usando um lote de celulose com nível de viscosidade de 20.300, comprimento médio de fibra de 30 e temperatura de ácido nítrico de 50. Quanto ETO ele deve planejar usar nesse lote para conseguir o nível de viscosidade médio desejado?

22. Um estimador de custos contratado por uma empresa de construção coletou os dados encontrados no arquivo Construction.xlsx (disponível na página deste livro no site da editora), descrevendo o custo total (Y) de 97 projetos diferentes e as 5 seguintes variáveis independentes que se acredita exercerem uma influência relevante no custo total: remunerações normais ou especiais pagas (X_1), total de unidades de trabalho exigidas (X_2), unidades de trabalho contratadas por dia (X_3), nível de equipamento necessário (X_4) e a cidade/localização do trabalho (X_5). O estimador de custos gostaria de desenvolver um modelo de regressão para prever o custo total de um projeto como uma função dessas 5 variáveis independentes.

a. Prepare cinco gráficos de dispersão mostrando a relação entre o custo total dos projetos e cada uma das variáveis independentes. Que tipo de relação cada gráfico sugere?
b. Qual combinação das variáveis independentes você sugeriria que o estimador usasse? Qual é a equação de regressão estimada para esse modelo e qual é o valor de R^2 ajustado?
c. Suponha que o estimador queira usar as unidades totais de trabalho (X_2) e a cidade/localização de trabalho (X_5) como as únicas variáveis independentes para o modelo de regressão para prever o custo total. No entanto, ele agora percebe que a variável cidade/localização de trabalho (X_5) poderia ser modelada mais apropriadamente por uma coleção de variáveis binárias. Modifique o conjunto de dados para incluir as variáveis binárias necessárias. Devido ao fato de haver seis valores distintos de cidade/localização, cinco variáveis binárias seriam necessárias. Assuma que a cidade/localização 6 deve ser representada por valores de zero para todas as variáveis binárias.
d. Que combinação do novo conjunto de seis variáveis independentes (ou seja, X_2 mais as cinco variáveis binárias representando X_5) você sugeriria que o estimador usasse? Qual é a equação de regressão estimada para esse modelo e qual é o valor de R^2 ajustado?
e. Dos modelos de regressão identificados nas partes b e d, qual você recomendaria que o estimador de custos usasse e por quê?

23. O diretor de pessoal de uma pequena fábrica coletou os dados encontrados no arquivo Manufacturing.xlsx (disponível na página deste livro no site da editora), os quais descrevem o salário (Y) recebido por cada operador de máquina

na fábrica, junto com a avaliação de desempenho média (X_1) durante os últimos três anos, os anos de serviço (X_2) e o número de diferentes máquinas que cada empregado está capacitado a operar (X_3).

O diretor de pessoal deseja construir um modelo de regressão para estimar o salário médio que um empregado esperaria receber, com base em seu desempenho, nos anos de trabalho e em suas capacitações.

a. Prepare três gráficos de dispersão mostrando a relação entre os salários e cada uma das variáveis independentes. Que tipo de relação cada gráfico sugere?
b. Se o diretor de pessoal quisesse construir um modelo de regressão usando apenas uma variável independente para prever os salários, que variável deveria ser usada?
c. Se o diretor de pessoal quisesse construir um modelo de regressão usando apenas duas variáveis independentes para prever os salários, quais variáveis deveriam ser usadas?
d. Compare as estatísticas de R^2 ajustado obtidas nos itens b e c com a de um modelo de regressão usando todas as três variáveis independentes. Que modelo você recomendaria ao diretor de pessoal?
e. Suponha que o diretor de pessoal opte por usar a função de regressão com todas as três variáveis independentes. Qual é a função de regressão estimada?
f. Suponha que a companhia considere justo o salário de um empregado se ele for equitativo a 1,5 erro padrão do valor estimado pela função de regressão no item e. Que faixa salarial seria apropriada para um empregado com doze anos de casa que tenha recebido médias de 4,5 em revisões de desempenho e seja capacitado para operar quatro máquinas?

24. A Caveat Emptor, Inc. possui um serviço de inspeção residencial que oferece aos possíveis compradores de casas uma verificação completa dos principais sistemas de uma casa antes da assinatura do contrato de compra. Os possíveis compradores muitas vezes pedem à companhia uma estimativa do custo médio mensal com o aquecimento da casa durante o inverno. Para responder a essa pergunta, a companhia deseja construir um modelo de regressão para prever o custo médio mensal com aquecimento (Y) como uma função da temperatura externa média no inverno (X_1), da quantidade de isolamento no sótão (X_2), da idade da caldeira (X_3) e do tamanho da casa medido em pés quadrados (X_4). Os dados sobre essas variáveis para várias casas foram coletados e podem ser encontrados no arquivo CaveatEmptor.xlsx (disponível na página deste livro no site da editora).
    a. Prepare gráficos de dispersão mostrando a relação entre o custo médio com o aquecimento e cada uma das potenciais variáveis independentes. Que tipo de relação cada gráfico sugere?
    b. Se a companhia quisesse construir um modelo de regressão usando apenas uma variável independente para prever o custo médio de aquecimento dessas casas, que variável deveria ser usada?
    c. Se a companhia quisesse construir um modelo de regressão usando apenas duas variáveis independentes para prever o custo médio de aquecimento dessas casas, que variáveis deveriam ser usadas?
    d. Se a companhia quisesse construir um modelo de regressão usando apenas três variáveis independentes para prever o custo médio de aquecimento dessas casas, que variáveis deveriam ser usadas?
    e. Suponha que a companhia opte por usar a função de regressão com todas as quatro variáveis independentes. Qual é a função de regressão estimada?
    f. Suponha que a companhia decida usar o modelo com a estatística R^2 ajustado mais alta. Crie um intervalo de previsão com 95% de confiança para o custo médio com o aquecimento de uma casa com 4 polegadas de isolamento no sótão, uma caldeira com 5 anos de idade, 2.500 pés quadrados e localizada em uma área cuja temperatura média no inverno é de 40 °F. Interprete esse intervalo.

25. Durante nossa discussão de análise de regressão, usamos o comando Regressão para obter as estimativas dos parâmetros que minimizam a soma dos quadrados dos erros de estimativas. Suponha que queiramos obter as estimativas dos parâmetros que minimizem a soma do valor absoluto dos erros de estimativa ou:

$$\text{MIN:} \quad \sum_{i=1}^{n} \left| Y_i - \hat{Y}_i \right|$$

    a. Use o Solver para obter as estimativas dos parâmetros para uma função de regressão linear simples que minimize a soma do valor absoluto dos erros de estimativa para os dados da questão 12.
    b. Que vantagens, se houver alguma, você vê no uso desse objetivo alternativo para a solução de um problema de regressão?
    c. Que desvantagens, se houver alguma, você vê no uso desse objetivo alternativo para a solução de um problema de regressão?

26. Durante nossa discussão de análise de regressão, usamos o comando Regressão para obter as estimativas dos parâmetros que minimizam a soma dos quadrados dos erros de estimativas. Suponha que você queira obter a estimativa dos parâmetros que minimizem o valor absoluto do erro de estimativa máximo ou:

$$\text{MIN:} \quad \text{MAX}\left(\left| Y_1 - \hat{Y}_1 \right|, \left| Y_2 - \hat{Y}_2 \right|, \ldots, \left| Y_n - \hat{Y}_n \right| \right)$$

    a. Use o Solver para obter as estimativas dos parâmetros para uma função de regressão linear simples que minimize o valor absoluto do erro máximo de estimativa para os dados da questão 12.

b. Que vantagens, se houver alguma, você vê no uso desse objetivo alternativo para a solução de um problema de regressão?
c. Que desvantagens, se houver alguma, você vê no uso desse objetivo alternativo para a solução de um problema de regressão?

Os diamantes são eternos

CASO 9.1

(Inspirado em acontecimentos reais relatados por Brian Ellyson, ex-aluno de MBA na Virginia Tech.)

Com o Natal se aproximando, Ryan Bellison procurava o presente perfeito para a esposa. Após vários anos de casamento, Ryan se recostou na cadeira de seu escritório e tentou pensar na única coisa que sua esposa quis durante os anos em que economizaram o máximo para conseguir terminar suas pós-graduações. Ryan se lembrou do modo como os olhos dela brilharam na semana anterior, quando eles passaram pela vitrine da joalheria de um shopping e ela viu os brincos de diamante. Ryan sabia que gostaria de ver esse mesmo olhar no rosto de sua esposa na manhã de Natal. Então, começou a sua caçada ao par de brincos de diamante perfeito.

A primeira coisa que Ryan fez foi informar-se a respeito do que procurar quando fosse comprar diamantes. Depois de procurar na internet, ele descobriu os "4Cs" dos diamantes: corte, cor, clareza e quilates (*carat*, em inglês) (veja http://www.adiamondisforever.com). Ryan sabia que sua esposa queria brincos arredondados montados em armações de ouro branco, então ele imediatamente focou sua atenção para avaliar cor, clareza e quilates para aquele tipo de brincos.

Após procurar um pouco, Ryan localizou vários pares de brincos que ele consideraria comprar. Mas ele sabia que o preço dos diamantes variava muito e queria ter certeza de que não seria explorado. Para ajudá-lo na tomada de decisão, Ryan decidiu usar a análise de regressão para criar um modelo que previsse o preço de varejo de diferentes pares de brincos arredondados com base em sua cor, clareza e quantidade de quilates. Ele juntou os dados no arquivo Diamonds.xlsx (disponível na página deste livro no site da editora) para essa finalidade. Use esses dados para responder às seguintes perguntas:

1. Prepare gráficos de dispersão mostrando a relação entre os preços dos brincos (Y) e cada uma das variáveis independentes potenciais. Que tipo de relação cada gráfico sugere?
2. As variáveis X_1, X_2 e X_3 representam a cor, a clareza e os quilates dos diamantes, respectivamente. Se Ryan quisesse construir um modelo de regressão linear para calcular os preços dos brincos usando essas variáveis, quais você recomendaria que ele usasse? Por quê?
3. Suponha que Ryan decida usar clareza (X_2) e quilates (X_3) como variáveis independentes em um modelo de regressão para prever o preço dos brincos. Qual é a equação de regressão estimada? Qual é o valor do R^2 e da estatística R^2 ajustado?
4. Use a equação de regressão identificada no item anterior para criar preços estimados para cada um dos pares de brincos na amostra de Ryan. Quais pares de brinco parecem ser caros demais e quais parecem ser pechinchas? Com base nessa análise, qual par de brinco você sugeriria que Ryan comprasse?
5. Ryan agora se lembra de que às vezes é bom fazer uma transformação de raiz quadrada na variável dependente em um problema de regressão. Modifique sua planilha para incluir uma nova variável dependente que seja a raiz quadrada dos preços dos brincos (use a função RAIZ( ) do Excel). Se Ryan quisesse construir um modelo de regressão linear para calcular a raiz quadrada dos preços dos brincos usando as mesmas variáveis independentes de antes, quais você recomendaria que ele usasse? Por quê?
6. Suponha que Ryan decida usar clareza (X_2) e quilates (X_3) como variáveis independentes em um modelo de regressão para prever a raiz quadrada dos preços dos brincos. Qual é a equação de regressão estimada? Qual é o valor do R^2 e da estatística R^2 ajustado?
7. Use a equação de regressão identificada no item anterior para criar preços estimados para cada um dos pares de brincos na amostra de Ryan. (Lembre-se de que seu modelo estima a raiz quadrada dos preços de brincos, então você deve elevar as estimativas do modelo ao quadrado para convertê-las em estimativas de preços reais.) Quais pares de brinco parecem ser caros demais e quais parecem ser pechinchas? Com base nessa análise, qual par de brinco você sugeriria que Ryan comprasse?
8. Ryan agora também se lembra de que às vezes é bom incluir termos de interação em um modelo de regressão, no qual você cria uma nova variável independente como produto de duas das variáveis originais. Modifique a sua planilha para incluir três novas variáveis independentes – X_4, X_5 e X_6 – representando termos de interação em que $X_4 = X_1 \times X_2$, $X_5 = X_1 \times X_3$ e $X_6 = X_2 \times X_3$. Agora há seis variáveis independentes potenciais. Se Ryan quisesse construir um modelo de regressão linear para calcular a raiz quadrada dos preços dos brincos usando uma combinação dessas seis variáveis independentes, quais você recomendaria que ele usasse? Por quê?
9. Suponha que Ryan decida usar clareza (X_1), quilates (X_3) e os termos de interação X_4 e X_5 como variáveis independentes em um modelo de regressão para prever a raiz quadrada dos preços dos brincos. Qual é a equação de regressão estimada? Qual é o valor do R^2 e da estatística R^2 ajustado?
10. Use a equação de regressão identificada no item anterior para criar preços estimados para cada um dos pares de brincos na amostra de Ryan. (Lembre-se de que seu modelo estima a raiz quadrada dos preços dos brincos, então você deve elevar

as estimativas do modelo ao quadrado para convertê-las em estimativas de preços reais.) Quais pares de brinco parecem ser caros demais e quais parecem ser pechinchas? Com base nessa análise, qual par de brinco você sugeriria que Ryan comprasse?

CASO 9.2 Fiasco na Flórida

A eleição presidencial nos EUA em 2000 foi uma das mais controversas na história, com o resultado final decidido no tribunal em vez de na cabine de votação. Foram discutidos os resultados em Palm Beach, na Flórida. O Condado de Palm Beach usou a assim chamada cédula borboleta, em que os nomes dos candidatos foram organizados à esquerda e à direita de uma fileira central de furos. Os eleitores tinham de especificar sua preferência furando o buraco apropriado ao lado do candidato escolhido. De acordo com vários noticiários, muitos eleitores em Palm Beach afirmaram que a estrutura da cédula era confusa e que, por isso, poderiam ter, inadvertidamente, votado em Pat Buchanan quando na verdade queriam votar em Al Gore. Isso em tese contribuiu para que Gore não obtivesse votos suficientes para superar a modesta margem de vitória obtida por George W. Bush na Flórida – o que no final custou a Gore a eleição.

O arquivo Votes.xlsx (disponível na página deste livro no site da editora) contém os totais originais de votos nos condados da Flórida para Gore, Bush e Buchanan na data de 8 de novembro de 2000. (Esses dados refletem os resultados antes da recontagem manual que foi realizada devido a outros problemas com a eleição na Flórida, como por exemplo o problema das perfurações mal efetivadas.) Use os dados desse arquivo para responder às questões abaixo:

1. Qual foi a margem de vitória de George Bush na Flórida?
2. Prepare um gráfico de dispersão mostrando a relação entre o número de votos recebidos por Gore (eixo X) e Buchanan (eixo Y) em cada condado. Parece haver algum ponto discrepante? Em caso afirmativo, em quais condados?
3. Estime os parâmetros para um modelo de regressão linear simples para prever o número de votos para Buchanan em cada condado (excluindo o condado de Palm Beach) como uma função do número de votos para Gore. Qual é a equação de regressão estimada?
4. Interprete o valor de R^2 obtido usando a equação da questão 3.
5. Usando os resultados de regressão da questão 3, crie um intervalo de previsão com 99% de confiança para o número de votos que você espera que Buchanan receba no condado de Palm Beach. Quais são os limites superior e inferior desse intervalo? Como isso se compara com o verdadeiro número de votos contabilizados para Buchanan no condado de Palm Beach?
6. Prepare um gráfico de dispersão mostrando a relação entre o número de votos recebidos por Bush (eixo X) e Buchanan (eixo Y) em cada condado. Parece haver algum ponto discrepante? Em caso afirmativo, em quais condados?
7. Calcule os parâmetros para um modelo de regressão linear simples para prever o número de votos para Buchanan em cada condado (excluindo o condado de Palm Beach) como uma função do número de votos para Bush. Qual é a equação de regressão estimada?
8. Interprete o valor de R^2 obtido usando a equação da questão 7.
9. Usando os resultados de regressão da questão 7, crie um intervalo de previsão com 99% de confiança para o número de votos que você espera que Buchanan receba no condado de Palm Beach. Quais são os limites superior e inferior desse intervalo? Como isso se compara com o verdadeiro número de votos contabilizados para Buchanan no condado de Palm Beach?
10. O que esses resultados sugerem? Que hipóteses estão sendo criadas pelo uso de análise de regressão dessa forma?

CASO 9.3 A Comissão de Serviço Público da Geórgia

(Inspirado por discussões com o Sr. Nolan E. Ragsdale, do Condado de Banks, Geórgia.)

Nolan Banks é um auditor da Comissão de Serviço Público do estado da Geórgia. A Comissão de Serviço Público é um órgão governamental responsável por garantir que as companhias de serviços públicos em todo o estado realizem suas operações eficientemente, de modo que elas ofereçam serviços de qualidade ao povo a preços justos.

Geórgia é o maior estado a leste do rio Mississippi, e várias comunidades e regiões em todo o estado possuem diferentes companhias que fornecem água, energia e telefonia. Essas companhias têm um monopólio nas áreas por elas atendidas e, portanto, poderiam tirar uma vantagem injusta da população. Um dos trabalhos de Nolan é visitar as companhias e auditar seus registros financeiros para verificar se há algum abuso ou não.

Um grande problema que Nolan enfrenta em seu trabalho é determinar se as despesas lançadas pelas companhias de serviço são razoáveis. Por exemplo, quando Nolan analisa o relatório financeiro para uma companhia telefônica local, ele precisa determinar se os custos de manutenção de linha, equivalentes a $ 1.345.948, são razoáveis. Essa determinação é complicada porque as companhias diferem em tamanho – por isso, Nolan não pode comparar os custos de uma companhia diretamente com os de outra. Da mesma forma, ele não pode utilizar uma simples razão para determinar os custos (tal como 2% para a razão entre custos de manutenção de linha e a receita total), porque uma simples razão poderia não ser apropriada para companhias de diferentes tamanhos.

A fim de ajudar na solução do problema, Nolan quer que você construa um modelo de regressão para estimar que nível de despesa de manutenção de linha seria esperado para companhias de diferentes tamanhos. Uma medida do tamanho de uma companhia telefônica é o número de clientes que ela atende. Nolan coletou os dados presentes no arquivo PhoneService.xlsx (disponível na página deste livro no site da editora), os quais representam o número de clientes e as despesas de manutenção de linha de doze companhias que ele auditou no ano passado e determinou que estavam sendo geridas de maneira razoavelmente eficiente.

1. Crie um diagrama de dispersão desses dados.
2. Use regressão para calcular os parâmetros para a seguinte equação linear para os dados.

$$\hat{Y} = b_0 + b_1X_1$$

   Qual é a equação de regressão estimada?
3. Interprete o valor de R^2 obtido usando a equação da questão 2.
4. De acordo com a equação da questão 2, que nível de despesa de manutenção de linha deve ser esperada para uma companhia telefônica com 75.000 clientes? Demonstre como você chegou a esse valor.
5. Suponha que uma empresa de telefonia com 75.000 clientes informe um gasto de manutenção de linha de $ 1.500.000. Baseado nos resultados do modelo linear, Nolan deve considerar essa quantia como razoável ou excessiva?
6. Em sua planilha, calcule a despesa estimada de manutenção de linha que seria prevista pela função de regressão para cada companhia na amostra. Plote os valores previstos que você calculou em seu gráfico (conectado com linhas) junto com os dados originais. Será que um modelo de regressão linear é apropriado?
7. Use regressão para calcular os parâmetros para a seguinte equação quadrática para os dados:

$$\hat{Y} = b_0 + b_1X_1 + b_2X_1^2$$

   Para fazer isso, você deve inserir uma nova coluna em sua planilha ao lado dos valores originais X. Nessa nova coluna, calcule os valores de X_1^2. Qual é a nova equação de regressão estimada para esse modelo?
8. Interprete o valor para o R^2 obtido usando a equação da questão 7.
9. Qual é o valor para a estatística R^2 ajustado? O que essa estatística lhe informa?
10. Que nível de despesa de manutenção de linha seria esperado para uma companhia telefônica com 75.000 clientes de acordo com essa nova função de regressão estimada? Demonstre como você chegou a esse valor.
11. Em sua planilha, calcule a despesa estimada de manutenção de linha que seria prevista pela função de regressão quadrática para cada companhia na amostra. Plote esses valores em seu gráfico (conectados com linhas) junto com os dados originais e a linha de regressão original.
12. Suponha que uma empresa de telefonia com 75.000 clientes informe um gasto de manutenção de linha de $ 1.500.000. Baseado nos resultados do modelo quadrático, Nolan deve considerar essa quantia como razoável ou excessiva?
13. Qual das duas funções de regressão você sugeriria que Nolan usasse para finalidades de previsão?

Capítulo 10

Data mining

10.0 Introdução

Embora muitos dos recursos usados pelas empresas sejam limitados e restrinjam suas capacidades, os dados são a única coisa que a maioria delas produz em quantidades sempre crescentes. Todas as operações ocorridas em uma empresa, todas as transações de vendas ou de retorno, todas as interações com os clientes e todos os cliques em um site geram dados que podem ser capturados e armazenados em um banco de dados. A maioria das empresas coleta quantidades enormes de dados a um ritmo que excede a sua capacidade de analisá-los e interpretá-los. Atualmente, as principais organizações em praticamente todos os setores percebem que esses dados representam um recurso estratégico potencialmente valioso, que podem ajudar a estimular a tomada de decisão baseada em dados. *Data mining* (mineração de dados) é o processo de descoberta e extração de informações e conhecimentos úteis de grandes conjuntos de dados. E assim como na mineração de carvão, diamantes ou metais preciosos, é geralmente um trabalho duro e sujo que requer as ferramentas certas e preparação. Primeiramente, este capítulo descreve os principais passos envolvidos no processo de *data mining* e resume as principais categorias de problemas e oportunidades de negócios que as técnicas de *data mining* normalmente abordam. Em seguida, fornece uma descrição e um exemplo de cada uma das principais técnicas de *data mining* usando um suplemento popular do Excel chamado *Analytic Solver Data Mining*.

10.1 Visão geral de *data mining*

Iniciamos nossa exploração com uma visão geral dos principais passos envolvidos em qualquer projeto de *data mining*. A Figura 10.1 fornece um resumo desses passos, que serão discutidos com mais detalhes a seguir.

As empresas dedicadas à mineração geológica normalmente não começam a escavar a terra de forma aleatória, na expectativa de encontrar algo valioso. Em vez disso, antes de mover a sujeira, geralmente têm alguma ideia do que estão procurando (por exemplo: ouro, prata, cobre, carvão, e assim por diante) e identificam as áreas em que os seus esforços de escavação provavelmente serão rentáveis – e elas usam os tipos certos de ferramentas e equipamentos para o trabalho em questão. *Data mining* é um termo que abrange uma variedade de técnicas analíticas que podem ser usadas para ajudar os gerentes a analisar, compreender e extrair valor de grandes conjuntos de dados. Mas, assim como na mineração geológica, as empresas envolvidas com *data mining* não devem começar procurando aleatoriamente por coisas que parecem interessantes em seus dados. Em vez disso, é importante ter um objetivo em mente. Ou seja, o *data mining* deve começar com a identificação de um problema que a empresa gostaria de resolver ou uma oportunidade que gostaria de aproveitar.

Isso leva à consideração sobre onde cavar – ou, mais especificamente, a identificação dos dados a serem analisados que podem razoavelmente levar a respostas para os problemas de negócios ou possibilitar o aproveitamento que a empresa gostaria de obter. Às vezes, a empresa já terá esses dados em suas bases de dados empresariais ou *data warehouse* (armazém de dados). Outras vezes, será necessária a coleta de novos dados (talvez por meio de experimentos) ou a compra de dados de fontes externas. De qualquer forma, no geral, o desafio atual não é obter os dados, mas receber os dados certos na quantidade certa para o problema em questão. Hoje, não é incomum encontrar conjuntos

FIGURA 10.1 *Passos no processo de* data mining.

Identificar Oportunidade	**Coletar Dados**	**Explorar, Entender e Preparar Dados**	**Identificar Tarefa e Ferramentas**	**Particionar Dados**	**Construir e Avaliar Modelos**	**Implantar Modelos**

de dados (ou bases de dados) com milhões de registros. A execução das técnicas de *data mining* em conjuntos de dados de tal tamanho pode ser muito demorada, às vezes excedendo as limitações do software de *data mining* e a capacidade dos computadores. No entanto, uma amostra estatisticamente representativa de um grande conjunto de dados pode reduzir, de maneira significativa, os recursos de processamento necessários para as rotinas de *data mining*, ao mesmo tempo que identifica padrões e extrai informações de negócios significativas a partir da fonte de dados completa. Como regra *bem* geral, se houver p variáveis em um conjunto de dados, aproximadamente $10 \times p$ a $15 \times p$ registros de dados deverão possibilitar um *data mining* eficaz. O comando Get Data na guia *Data Mining*, mostrado na Figura 10.2, permite selecionar uma amostra de dados a partir de um conjunto maior de dados existentes em uma planilha ou em um banco de dados externo. Detalhes sobre essas facilidades de amostragem podem ser encontrados no guia do usuário do *Analytic Solver Data Mining*, disponível no ícone Help na guia *Data Mining*.

Assim como a mineração física exige uma avaliação das fundações e estruturas geológicas subjacentes à área a ser escavada, o próximo passo em *data mining* é de natureza exploratória: verificar a precisão e a completeza dos dados, obter um entendimento preciso e identificar as relações entre suas variáveis. Ao se preparar para o *data mining*, um analista também deve "limpar" os dados resolvendo as questões de valores omissos e erros, identificar e processar valores discrepantes (*outliers*) e garantir a consistência em períodos, unidades de medida, nomes de variáveis e assim por diante. Algumas variáveis podem ser transformadas a fim de variar de maneira mais consistente e previsível com outras variáveis. Os dados podem ser **normalizados** para que cada variável seja expressa em uma escala comum (por exemplo: com média zero e desvio padrão um, ou uma faixa de zero a um). Dessa maneira, uma variável não dominará as outras em importância meramente por causa de diferenças na escala de mensuração. As variáveis sem importância devem ser identificadas e removidas, e subconjuntos de variáveis altamente correlacionadas são frequentemente substituídos por uma ou duas variáveis que representam os subconjuntos (para poupar os algoritmos de terem de processar múltiplas variáveis que medem essencialmente a mesma coisa). Além disso, as variáveis categóricas (por exemplo: dados que descrevem gênero, estado civil, nível de escolaridade e assim por diante) com q valores possíveis geralmente devem ser convertidas em $q - 1$ variáveis numéricas binárias.

Tendo em conta os objetivos de negócios do projeto de *data mining* e a consideração dos dados disponíveis, o próximo passo no processo de *data mining* é selecionar a tarefa e a ferramenta apropriadas. Geralmente, as tarefas de *data mining* são divididas em três potenciais categorias:

- **Classificação**, em que tentamos usar as informações no conjunto de dados para estimar a que grupo ou classe uma entidade (ou observação) pertence (por exemplo: um solicitante de um empréstimo resgatará sua dívida ou ficará inadimplente? Uma empresa será solvente ou irá à falência daqui a um ano? Uma solicitação de seguro apresenta um risco alto, médio ou baixo?);
- **Previsão**, em que tentamos usar as informações no conjunto de dados para prever o valor (ou faixa de valores razoáveis) de uma variável de resposta em numérica contínua (por exemplo: Qual é o valor justo de mercado de determinada casa? Quanto se pode esperar em deduções discriminadas de determinado contribuinte? Quantas unidades um cliente comprará de nosso produto no próximo trimestre?);
- **Associação/segmentação**, em que tentamos formar agrupamentos lógicos de observações em nossos dados (por exemplo: quais itens são normalmente comprados juntos? Quais de nossos clientes tendem a ser mais semelhantes e definem grupos-alvo lógicos?).

Diferentes ferramentas de *data mining* se aplicam a cada uma das tarefas anteriores. Problemas de classificação podem ser abordados usando análise discriminante (AD), regressão logística, redes neurais e outras técnicas. Problemas de previsões podem ser abordados usando análise de regressão, redes neurais, técnica k-vizinhos mais próximos, análise de séries temporais e outros métodos. Finalmente, problemas de associação podem ser abordados usando

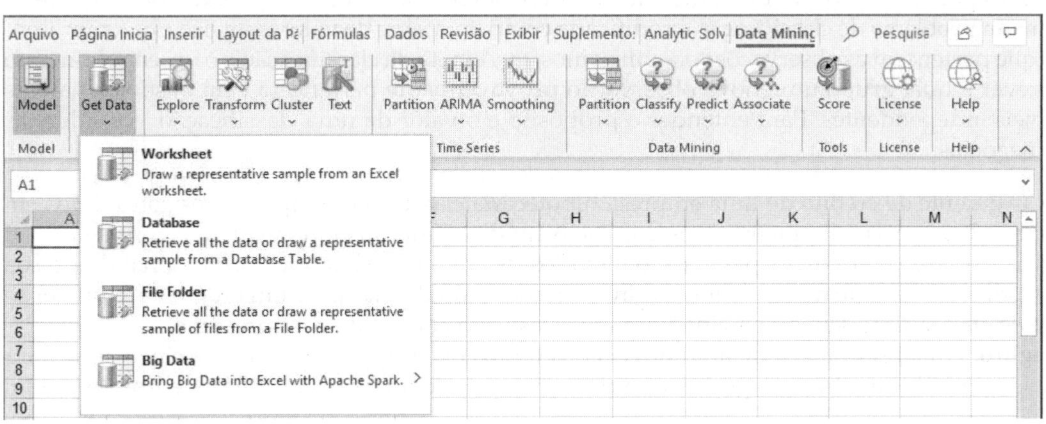

FIGURA 10.2
Comando Get Data do Analytic Solver Data Mining.

análise de afinidade, análise de agrupamento e outras técnicas. Observe que há ícones na guia do *Data Mining* na Figura 10.2 correspondentes a cada uma dessas categorias de *data mining* (isto é, os ícones nomeados Classify, Predict e Associate). Exemplos dessas ferramentas e técnicas de *data mining* serão discutidos mais adiante neste capítulo.

As técnicas de *data mining* para problemas de classificação e de previsão são muitas vezes referidas como algoritmos de aprendizagem **supervisionada**, porque se aplicam a conjuntos de dados em que um resultado ou valor alvo desejado está disponível para cada registro nos dados. Em contraste, as técnicas de segmentação e associação são algoritmos de aprendizagem **não supervisionada**, porque se aplicam a conjuntos de dados que não têm um resultado ou valor alvo predefinido para cada registro.

Muitas vezes, várias ferramentas de *data mining* diferentes são aplicadas ao mesmo conjunto de dados – ou a mesma ferramenta é executada repetidamente com configurações diferentes para os parâmetros que controlam o algoritmo subjacente – em um esforço para encontrar o "melhor" ou mais preciso modelo para o problema em questão. Encontrar o melhor modelo em um contexto de *data mining* pode ser evasivo, pois nossa meta é classificar, prever ou segmentar com precisão dados *futuros* (associados a registros que atualmente não estão em nossos conjuntos de dados). Ou seja, desejamos que as regras e modelos identificados para classificar, prever ou segmentar nossos dados atuais funcionem bem (ou generalizem) com novos dados.

A ideia subjacente é que os dados que se têm são uma amostra de uma população maior de dados possíveis. Qualquer amostra será, em certa medida, representativa da população da qual ela é retirada. No entanto, uma amostra também pode conter ruído – ou anomalias específicas à amostra que não são representativas da população da qual os dados foram retirados. Obviamente, preferiríamos criar modelos de *data mining* que ignorassem o ruído em nossos dados o tanto quanto possível e que, em vez disso, refletissem as características da população que estão presentes na amostra. Dar muita atenção ao ruído específico à amostra em um conjunto de dados resulta em um mal chamado **superajuste** – no qual uma técnica de modelagem pode ser muito precisa em relação aos dados usados para estimar ou criar o modelo, mas é significativamente menos precisa com novos dados.

Uma abordagem comum para detectar e evitar o superajuste é segmentar os registros de dados disponíveis em diferentes grupos, normalmente chamados amostra de treinamento, amostra de validação e (opcionalmente) amostra de teste. A amostra de treinamento (ou dados de treinamento) é usada para calibrar as ferramentas de *data mining* e ajustar os modelos aos dados. A amostra de validação é usada para avaliar e, às vezes, evitar o superajuste aos dados de treinamento. Finalmente, a amostra de teste é, às vezes, usada para realizar uma **avaliação honesta** de como nosso modelo funcionará com novos dados, que não fizeram parte do processo de construção ou seleção do modelo. O *data mining* é um campo extremamente pragmático no qual o que funciona (resultados) tende a ser valorizado em vez do por que isso funciona (teoria). Tal como o ácido pode ser usado para distinguir o ouro de outros metais, o processo de avaliação honesta fornece um teste ácido sobre o bom funcionamento de um modelo.

A análise dos resultados da amostra de validação ou de teste geralmente conduz à decisão sobre quais técnicas de modelagem devem ser implantadas de forma operacional na organização. A implantação operacional envolve a integração dos modelos com outros sistemas e o uso de dados reais para ajudar a tomar decisões ou determinar ações que, se bem-sucedidas, criam um retorno de investimento positivo para os esforços de *data mining*. Geralmente, a implantação do modelo também envolve o treinamento de usuários, a monitoração dos resultados e da precisão dos modelos e a busca por oportunidades para continuar a melhorar os seus desempenhos. Ainda que o foco deste capítulo seja os detalhes das técnicas de modelagem, a tarefa de implantação do modelo é igualmente importante, pois mesmo o melhor modelo tem pouco valor se não estiver prontamente disponível para aqueles que dele precisam.

10.2 Classificação

A **classificação** refere-se a um tipo de problema de *data mining* que usa as informações disponíveis em um conjunto de variáveis independentes para prever o valor de uma variável dependente *discreta* ou *categórica*. Normalmente, a variável dependente em um problema de classificação é codificada como uma série de valores inteiros, que representam os vários grupos a que pertencem as observações em uma amostra. A meta da classificação é o desenvolvimento de um método para prever a qual grupo uma nova observação provavelmente pertencerá com base nos valores assumidos pelas variáveis independentes. Para entender o propósito e o valor de uma classificação, considere as seguintes situações de negócios.

- **Análise de crédito.** O gerente de crédito de uma empresa hipotecária classifica os empréstimos concedidos em dois grupos: os que resultam em inadimplência e os que estão em dia. Para cada empréstimo, o gerente possui dados que descrevem a renda, os ativos, os passivos, o histórico de crédito e o histórico profissional da pessoa que recebeu o empréstimo. O gerente deseja usar essas informações para desenvolver uma regra para prever se um novo solicitante de empréstimo será ou não inadimplente, caso seja concedido o empréstimo.
- **Classificação de seguro.** Uma seguradora de automóveis usa dados de sinistros dos últimos cinco anos para classificar seus atuais segurados em três categorias: alto risco, risco moderado e baixo risco. A empresa possui

dados que descrevem a idade, o estado civil, o número de filhos, o nível de escolaridade, o registro profissional e o número de multas de trânsito recebidas durante os últimos cinco anos de cada um de seus segurados. A empresa deseja analisar como os três grupos diferem em relação a essas características e usar essas informações para prever em qual categoria de risco um novo solicitante de seguro provavelmente será classificado.

As técnicas de classificação são diferentes da maioria dos outros métodos estatísticos preditivos (por exemplo: análise de regressão), porque a variável dependente é *discreta*, ou *categórica*, em vez de *contínua*. Por exemplo, no primeiro exemplo dado anteriormente, o gerente de crédito deseja prever se um solicitante de empréstimo (1) será inadimplente ou (2) pagará pelo empréstimo. Da mesma forma, no segundo exemplo, a empresa deseja prever em qual categoria de risco um novo cliente provavelmente será classificado: (1) alto risco, (2) risco moderado ou (3) baixo risco. Em cada exemplo, podemos atribuir arbitrariamente um número (1, 2, 3, ...) para cada grupo representado no problema, e nossa meta é prever a qual grupo (1, 2, 3, ...) uma nova observação provavelmente pertencerá.

O *Analytic Solver Data Mining* oferece várias técnicas de classificação diferentes, incluindo análise discriminante, regressão logística, árvores de classificação, *k*-vizinhos mais próximos, Bayes ingênuo e redes neurais. Uma breve explicação e um exemplo de cada técnica serão fornecidos a seguir. Durante essa discussão sobre técnicas de classificação, assumiremos que existem n registros a serem classificados em um de m grupos (denotado $G_1, G_2, \ldots, G_m$), em que cada registro i é definido por p variáveis independentes $(x_{i1}, x_{i2}, \ldots, x_{ip})$. Além disso, assumimos que qualquer variável independente categórica com q valores foi convertida em $q - 1$ variáveis binárias. Em muitos problemas de classificação com $m > 2$ grupos, há um grupo de interesse especial em relação aos outros. Não é incomum reduzir esse problema a um problema de $m = 2$ grupos, em que um grupo é o grupo de interesse, e os restantes são combinados em um único "outro" grupo. Assim, esta discussão focará em problemas de classificação de dois grupos.

Ao enfrentar um problema de classificação, deve ser feita uma avaliação cuidadosa sobre a composição da amostra de treinamento. Como dito anteriormente, a amostra de treinamento (ou dados de treinamento) é usada para calibrar as ferramentas de *data mining* e ajustar os modelos aos dados. Em muitos problemas de classificação, os registros de dados associados ao grupo de maior interesse ocorrem com muito menos frequência que em outros grupos na amostra. Por exemplo, suponha que um anúncio de um serviço de segurança residencial seja mostrado a 1.000 clientes potenciais, mas apenas 10 realmente respondem ao anúncio por meio da compra do serviço. Um conjunto de dados representando as 1.000 exposições desse anúncio conteria apenas 10 registros (1% do total), que correspondem aos respondentes (ou chamados "sucessos" ou "positivos"). Assim, uma regra de classificação que estabeleça que todos aqueles que veem o anúncio *não* responderão a ele será 99% acurada no geral, mas 100% não acurada na identificação de registros pertencentes ao grupo que mais nos interessa. Assim, quando há um grande desequilíbrio na frequência com que os grupos são representados em um conjunto de dados de classificação, é normalmente aconselhável criar uma amostra de treinamento, na qual o grupo que aparece com menos frequência seja **superamostrado** – ou apareça com uma frequência maior que o ocorrido nos dados reais. A superamostragem força o método de classificação a se concentrar na discriminação entre os grupos, em vez de apenas classificar a maioria dos registros corretamente. Empregaremos o artifício no exemplo aqui usado para ilustrar as várias técnicas de classificação.

10.2.1 UM EXEMPLO DE CLASSIFICAÇÃO

Muitas tarefas de *data mining* se concentram no problema de prever se um cliente potencial irá ou não responder a um anúncio específico. Inúmeras empresas usam o marketing de mala direta para tentar induzir potenciais clientes a aceitar ofertas de cartão de crédito ou contratar diversos serviços, desde controle de pragas a televisão por satélite. Muitas outras organizações sem fins lucrativos usam métodos similares para pedir fundos para partidos políticos, causas sociais ou trabalho de ajuda humanitária. Usaremos o exemplo a seguir (adaptado do conjunto de dados do Universal Bank distribuído com o *Analytic Solver Data Mining*) para ilustrar como as várias técnicas de classificação funcionam.

> O Universal Bank é um banco regional de médio porte que atende clientes nos estados de Iowa, Illinois e Missouri. Eve Watson é a analista de marketing do banco, e foi solicitado que ela investigue maneiras de melhorar a rentabilidade associada às operações de empréstimo pessoal do banco. Há várias maneiras de isso ser feito, desde o aumento das taxas de juros sobre empréstimos novos até a redução dos custos associados às dívidas incobráveis e aos custos de abertura de crédito. Como as taxas de juros estão em grande parte ligadas às forças de mercado e às ofertas de outros credores, Eve decidiu que há uma melhor oportunidade de aumentar os lucros do banco em empréstimos pessoais mirando com maior precisão os clientes que sejam mais propensos a responder às ofertas de empréstimo pessoal. Eve coletou uma amostra aleatória de 2.500 registros de clientes atuais do banco que receberam uma oferta de empréstimo pessoal. O conjunto de dados inclui variáveis em diversas medidas demográficas e financeiras para cada cliente, junto
>
> *(continua)*

FIGURA 10.3
Dados para o exemplo do Universal Bank.

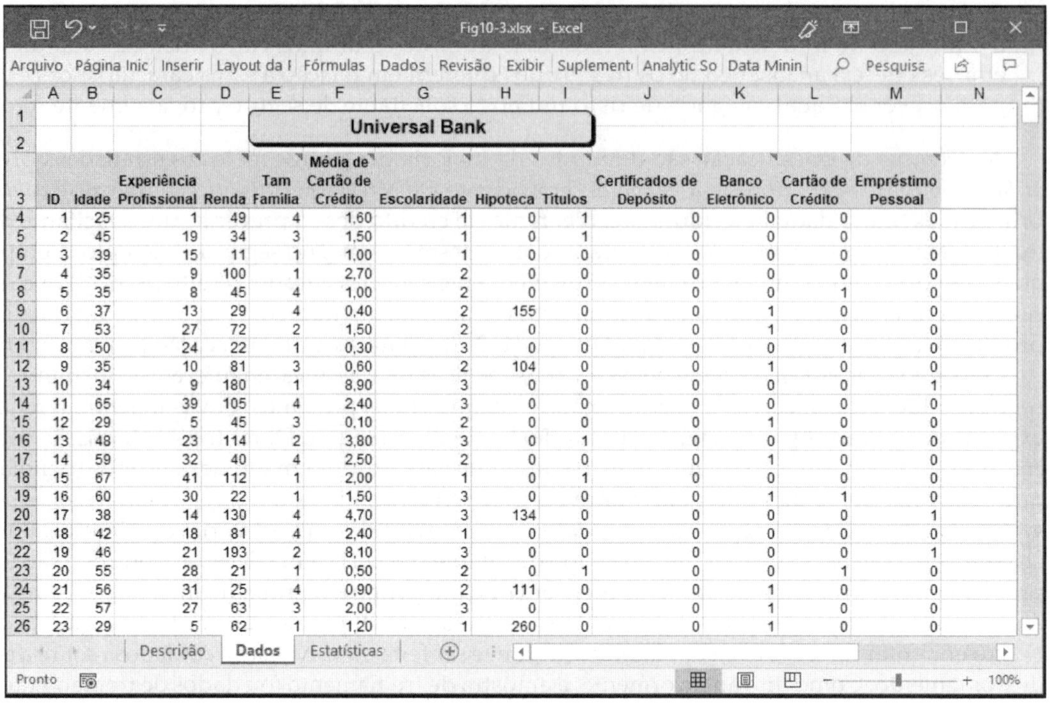

Universal Bank

ID	Idade	Experiência Profissional	Renda	Tam Família	Média de Cartão de Crédito	Escolaridade	Hipoteca	Títulos	Certificados de Depósito	Banco Eletrônico	Cartão de Crédito	Empréstimo Pessoal
1	25	1	49	4	1,60	1	0	1	0	0	0	0
2	45	19	34	3	1,50	1	0	1	0	0	0	0
3	39	15	11	1	1,00	1	0	0	0	0	0	0
4	35	9	100	1	2,70	2	0	0	0	0	0	0
5	35	8	45	4	1,00	2	0	0	0	0	1	0
6	37	13	29	4	0,40	2	155	0	0	1	0	0
7	53	27	72	2	1,50	2	0	0	0	1	0	0
8	50	24	22	1	0,30	3	0	0	0	0	1	0
9	35	10	81	3	0,60	2	104	0	0	1	0	0
10	34	9	180	1	8,90	3	0	0	0	0	0	1
11	65	39	105	4	2,40	3	0	0	0	0	0	0
12	29	5	45	3	0,10	2	0	0	0	1	0	0
13	48	23	114	2	3,80	3	0	1	0	0	0	0
14	59	32	40	4	2,50	2	0	0	0	1	0	0
15	67	41	112	1	2,00	1	0	1	0	0	0	0
16	60	30	22	1	1,50	3	0	0	0	1	1	0
17	38	14	130	4	4,70	3	134	0	0	0	0	1
18	42	18	81	4	2,40	1	0	0	0	0	0	0
19	46	21	193	2	8,10	3	0	0	0	0	0	1
20	55	28	21	1	0,50	2	0	1	0	0	1	0
21	56	31	25	4	0,90	2	111	0	0	1	0	0
22	57	27	63	3	2,00	3	0	0	0	1	0	0
23	29	5	62	1	1,20	1	260	0	0	1	0	0

com o registro da resposta positiva ou negativa do cliente à oferta de empréstimo pessoal. Consultando esses dados, Eve descobriu que, entre os clientes que haviam recebido as ofertas, cerca de 10% fizeram empréstimos pessoais com o banco posteriormente. Embora isso não seja uma taxa de resposta ruim, cada oferta enviada para um cliente custa dinheiro ao banco. Então, Eve gostaria de determinar se há como prever com maior precisão se determinado cliente responderá a uma oferta de empréstimo pessoal, já que isso permitiria que o banco não desperdiçasse dinheiro enviando ofertas para clientes que não são propensos a fazer um empréstimo pessoal. Os dados coletados por Eve estão disponíveis no arquivo Fig10-3.xlsx (disponível na página deste livro no site da editora), uma parte do qual é mostrada na Figura 10.3.

Nesse exemplo, os dois primeiros passos do processo de *data mining* identificados na Figura 10.1 já foram concluídos. A oportunidade de negócio (passo 1) foi identificada, como o aumento potencial de lucro que surgiria caso estimativas mais precisas fossem feitas a partir da resposta à oferta, e uma amostra de dados (passo 2) foi coletada. Desde o início, é importante obter um entendimento preciso do significado, da escala e da codificação de todas as variáveis no conjunto de dados. Idealmente, muitas dessas informações são transmitidas pelos nomes/títulos atribuídos às variáveis. No entanto, é melhor criar um **dicionário formal das variáveis**, que permite definições mais detalhadas que podem ser convenientemente expressas em nomes de variáveis. Essas definições são dadas na Figura 10.4 e também aparecem na planilha "Descrição" no arquivo de dados (Fig10-3.xlsx) para esse problema.

Em seguida, é importante inspecionar os dados por erros, valores discrepantes e omissos e tomar ações apropriadas para resolver esses problemas. Assumiremos que essas tarefas foram concluídas para esses dados, mas observe que o ícone Transform na guia do *Data Mining* mostrado na Figura 10.2 tem um utilitário que auxilia na identificação e no tratamento de valores omissos, excluindo o registro associado ou substituindo os valores omissos de várias maneiras possíveis.

Na fase exploratória de *data mining*, muitas vezes é útil criar uma tabela resumo de estatísticas descritivas para o conjunto de dados, como mostrado na Figura 10.5. Essa tabela pode ajudar a detectar erros, valores discrepantes e dados omissos. Por exemplo, é possível rapidamente verificar os valores mínimos e máximos para cada variável a fim de constatar se eles estão dentro de limites razoáveis. Um valor mínimo negativo para uma variável geralmente indicará um erro. Da mesma forma, um valor máximo de 135 para uma variável que representa a idade de um cliente provavelmente sugere um erro ou um valor discrepante que exige uma maior consideração. Observe que os valores na linha 13 dessa tabela usam a função CONT.SE( ) do Excel para detectar células vazias dentro dos dados que, provavelmente, representariam valores omissos. Observe também que o valor na célula M2 indica que 10,24% (ou 256 dos 2.500 valores nesta amostra) correspondem a clientes que aceitaram as ofertas de crédito, em resposta à última oferta.

FIGURA 10.4 *Dicionário de variáveis para o exemplo do Universal Bank.*

Nome da variável	Descrição
ID	Número sequencial de identificação do cliente
Idade	Idade do cliente em anos
Experiência profissional	Número de anos de experiência profissional
Renda	Renda anual estimada do cliente (em $ 1.000)
Tamanho Família	Tamanho da família do cliente
Média de Cartão de Crédito	Gastos médios em cartões de crédito emitidos pelo banco por mês (em $ 1.000)
Escolaridade	Maior nível de escolaridade obtido (1 = Graduação; 2 = Pós-graduação; 3 = Profissional avançado)
Hipoteca	Valor da hipoteca da residência detida pelo banco (em $ 1.000)
Títulos	O cliente tem uma conta de valores mobiliários no banco? (1 = sim, 0 = não)
Certificado de Depósito	O cliente tem uma conta de certificados de depósito no banco? (1 = sim, 0 = não)
Banco Eletrônico	O cliente usa o *Internet Banking*? (1 = sim, 0 = não)
Cartão de Crédito	O cliente usa um cartão de crédito emitido pelo banco? (1 = sim, 0 = não)
Empréstimo Pessoal	Esse cliente aceitou o crédito pessoal oferecido na última oferta? (1 = sim, 0 = não)

FIGURA 10.5 *Estatísticas descritivas para o exemplo do Universal Bank.*

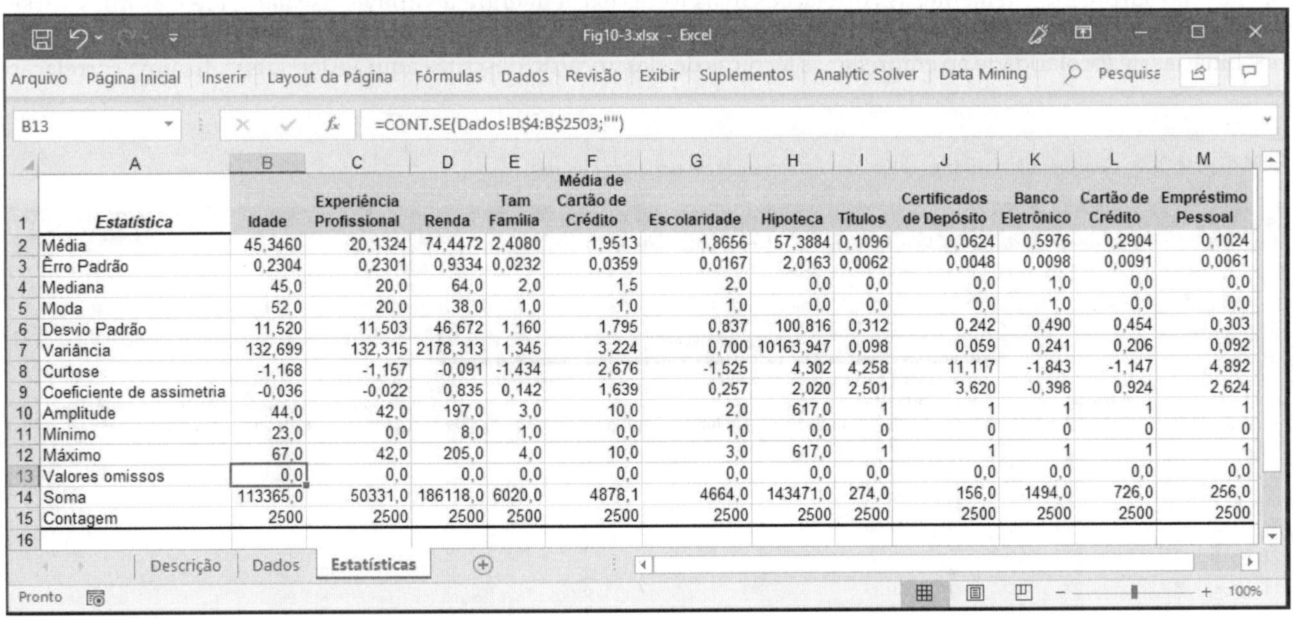

Estatística	Idade	Experiência Profissional	Renda	Tam Família	Média de Cartão de Crédito	Escolaridade	Hipoteca	Títulos	Certificados de Depósito	Banco Eletrônico	Cartão de Crédito	Empréstimo Pessoal
Média	45,3460	20,1324	74,4472	2,4080	1,9513	1,8656	57,3884	0,1096	0,0624	0,5976	0,2904	0,1024
Êrro Padrão	0,2304	0,2301	0,9334	0,0232	0,0359	0,0167	2,0163	0,0062	0,0048	0,0098	0,0091	0,0061
Mediana	45,0	20,0	64,0	2,0	1,5	2,0	0,0	0,0	0,0	1,0	0,0	0,0
Moda	52,0	20,0	38,0	1,0	1,0	1,0	0,0	0,0	0,0	1,0	0,0	0,0
Desvio Padrão	11,520	11,503	46,672	1,160	1,795	0,837	100,816	0,312	0,242	0,490	0,454	0,303
Variância	132,699	132,315	2178,313	1,345	3,224	0,700	10163,947	0,098	0,059	0,241	0,206	0,092
Curtose	-1,168	-1,157	-0,091	-1,434	2,676	-1,525	4,302	4,258	11,117	-1,843	-1,147	4,892
Coeficiente de assimetria	-0,036	-0,022	0,835	0,142	1,639	0,257	2,020	2,501	3,620	-0,398	0,924	2,624
Amplitude	44,0	42,0	197,0	3,0	10,0	2,0	617,0	1	1	1	1	1
Mínimo	23,0	0,0	8,0	1,0	0,0	1,0	0,0	0	0	0	0	0
Máximo	67,0	42,0	205,0	4,0	10,0	3,0	617,0	1	1	1	1	1
Valores omissos	0,0	0,0	0,0	0,0	0,0	0,0	0,0	0,0	0,0	0,0	0,0	0,0
Soma	113365,0	50331,0	186118,0	6020,0	4878,1	4664,0	143471,0	274,0	156,0	1494,0	726,0	256,0
Contagem	2500	2500	2500	2500	2500	2500	2500	2500	2500	2500	2500	2500

Após limpar os dados, a atenção deve voltar-se para considerações de nível mais elevado acerca dos dados. Por exemplo, embora a variável Escolaridade nesse conjunto de dados possa não ter erros, ela provavelmente não deve ser usada em sua forma atual. Observe que essa variável assume três valores que representam diferentes categorias de escolaridade (ou seja, 1 = Graduação, 2 = Pós-graduação, 3 = Profissional avançado). Tais variáveis categóricas (ou nominais) são bastante comuns, mas, como muitas vezes não há um significado intrínseco ou ordenação nos valores utilizados para cada categoria, a manipulação matemática dessas variáveis tende a ser sem sentido ou enganosa.

Por exemplo, se um algoritmo de *data mining* atribuir algum peso ou valor para a variável Escolaridade, fica implícito que uma pós-graduação (codificada como 2) possui duas vezes mais peso ou valor que um curso de graduação (codificado como 1). Obviamente, esse pode não ser o caso. Para evitar esse problema, o melhor é transformar uma variável categórica com q categorias em um conjunto de $q - 1$ variáveis binárias (*dummies*). Como a variável Escolaridade tem três categorias, podemos substituí-la por duas variáveis binárias nomeadas EscNível-1 e EscNível-2, em que EscNível-1 é igual a 1 para os registros em que a variável Escolaridade seja 1 (e igual a 0, em caso contrário), e EscNível-2 é igual a 1 para os registros em que a variável Escolaridade seja 2 (e igual a 0, em caso contrário). Claro, EscNível-1 e EscNível-2 são ambas iguais a 0 para os registros em que a variável Escolaridade seja 3. Assim, os q = 3 valores para a variável Escolaridade podem ser representados usando $q - 1 = 2$ variáveis binárias. O comando Transform do *Analytic Solver Data Mining* (mostrado na Figura 10.2) oferece um utilitário para transformar dados categóricos em variáveis binárias (ou *dummies*). No entanto, também é fácil criar as variáveis binárias necessárias usando as funções SE( ) no Excel, que é a abordagem utilizada aqui para criar as novas variáveis mostradas nas colunas H e I na Figura 10.6 (e no arquivo Fig10-6.xlsm, disponível na página deste livro no site da editora) (O *Analytic Solver Data Mining* também tem a capacidade de lidar diretamente com variáveis categóricas em algumas das caixas de diálogo que você verá mais adiante neste capítulo.).

Outra técnica útil para a análise exploratória de dados é criar uma tabela com as correlações entre os pares de variáveis no conjunto de dados. Para criar uma tabela de correlação para os dados da Figura 10.6, siga estes passos:

1. Clique em Dados, Análise de Dados.
2. Selecione a opção Correlação e clique em OK.
3. Preencha a caixa de diálogo Correlação resultante como mostrado na Figura 10.7.
4. Clique em OK.

A tabela de correlação resultante é mostrada na Figura 10.8 (após algumas pequenas formatações serem aplicadas). A estatística de correlação varia entre −1 e +1 e indica a força da relação *linear* entre duas variáveis. O comando Formatação Condicional na guia Página inicial no Excel foi usado para adicionar escalas de cores (também conhecidas como mapa de calor) na tabela de correlação. Essa formatação ajuda a destacar as correlações mais significativas na tabela. Não surpreendentemente, as correlações mais fortes existem entre a variável Escolaridade e as duas variáveis binárias que foram adicionadas para modelar as três categorias para essa variável. (Usaremos apenas as variáveis binárias de escolaridade ao empregar as técnicas de classificação descritas aqui.) Além disso, há uma correlação

FIGURA 10.6 *Convertendo a variável categórica Escolaridade em variáveis binárias.*

Fig10-6.xlsm - Excel

Universal Bank

ID	Idade	Experiência Profissional	Renda	Tam Família	Média de Cartão de Crédito	Escolaridade	EscNível-1	EscNível-2	Hipoteca	Títulos	Certificados de Depósito	Banco Eletrônico	Cartão de Crédito	Empréstimo Pessoal
1	25	1	49	4	1,60	1	1	0	0	1	0	0	0	0
2	45	19	34	3	1,50	1	1	0	0	1	0	0	0	0
3	39	15	11	1	1,00	1	1	0	0	0	0	0	0	0
4	35	9	100	1	2,70	2	0	1	0	0	0	0	0	0
5	35	8	45	4	1,00	2	0	1	0	0	0	0	1	0
6	37	13	29	4	0,40	2	0	1	155	0	0	1	0	0
7	53	27	72	2	1,50	2	0	1	0	0	0	1	0	0
8	50	24	22	1	0,30	3	0	0	0	0	0	0	1	0
9	35	10	81	3	0,60	2	0	1	104	0	0	1	0	0
10	34	9	180	1	8,90	3	0	0	0	0	0	0	0	1
11	65	39	105	4	2,40	3	0	0	0	0	0	0	0	0
12	29	5	45	3	0,10	2	0	1	0	0	0	1	0	0
13	48	23	114	2	3,80	3	0	0	0	1	0	0	0	0
14	59	32	40	4	2,50	2	0	1	0	0	0	1	0	0
15	67	41	112	1	2,00	1	1	0	0	1	0	0	0	0
16	60	30	22	1	1,50	3	0	0	0	0	0	1	1	0
17	38	14	130	4	4,70	3	0	0	134	0	0	0	0	1
18	42	18	81	4	2,40	1	1	0	0	0	0	0	0	0
19	46	21	193	2	8,10	3	0	0	0	0	0	0	0	1
20	55	28	21	1	0,50	2	0	1	0	1	0	0	1	0
21	56	31	25	4	0,90	2	0	1	111	0	0	1	0	0
22	57	27	63	3	2,00	3	0	0	0	0	0	1	0	0
23	29	5	62	1	1,20	1	1	0	260	0	0	1	0	0

Descrição | Dados | Estatísticas

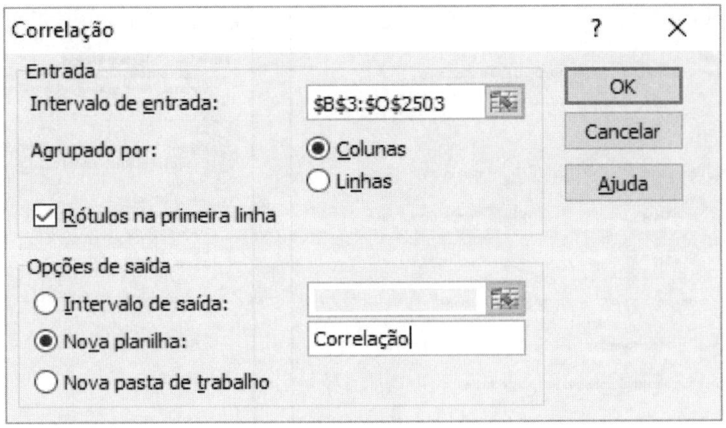

FIGURA 10.7 *Caixa de diálogo Correlação do Excel.*

FIGURA 10.8 *Tabela de correlação para os dados do Universal Bank.*

	Idade	Experiência Profissional	Renda	Tam Família	Média de Cartão de Crédito	Escolaridade	EscNível-1	EscNível-2	Hipoteca	Títulos	Certificados de Depósito	Banco Eletrônico	Cartão de Crédito	Empréstimo Pessoal
Idade	1,000													
Experiência Profissional	0,994	1,000												
Renda	-0,068	-0,059	1,000											
Tam Família	-0,056	-0,063	-0,164	1,000										
Média de Cartão de Crédito	-0,053	-0,051	0,643	-0,115	1,000									
Escolaridade	0,045	0,018	-0,181	0,059	-0,126	1,000								
EscNível-1	-0,028	-0,004	0,206	-0,111	0,144	-0,892	1,000							
EscNível-2	-0,022	-0,024	-0,115	0,136	-0,084	0,101	-0,540	1,000						
Hipoteca	-0,011	-0,007	0,193	-0,007	0,088	-0,039	0,049	-0,034	1,000					
Títulos	0,035	0,035	-0,018	0,033	-0,006	0,001	-0,015	0,030	0,011	1,000				
Certificados de Depósito	0,036	0,039	0,183	0,012	0,136	0,012	-0,015	0,011	0,092	0,307	1,000			
Banco Eletrônico	-0,001	-0,001	-0,003	0,002	-0,027	-0,012	-0,004	0,031	-0,019	0,011	0,185	1,000		
Cartão de Crédito	0,026	0,028	0,009	0,004	-0,013	-0,014	0,030	-0,039	-0,010	-0,035	0,254	0,013	1,000	
Empréstimo Pessoal	-0,003	-0,003	0,517	0,058	0,377	0,135	-0,152	0,084	0,125	0,012	0,338	0,013	-0,001	1,000

bastante forte entre a variável Renda e as variáveis Cartão de Crédito e Empréstimo Pessoal. Mas talvez de modo mais impressionante, há uma correlação de 0,994 entre as variáveis Idade e Experiência Profissional. Isso obviamente faz sentido, porque as pessoas mais velhas tiveram, naturalmente, a oportunidade de trabalhar por mais tempo que as pessoas mais jovens. Porém a magnitude dessa correlação sugere que as variáveis Idade e Experiência Profissional medem uma característica quase idêntica dos clientes do banco. Então, a presença de ambas em nosso conjunto de dados não serve a nenhum propósito de modelagem. Dessa forma, omitiremos a variável Idade ao demonstrar as diversas técnicas de classificação usando esse conjunto de dados.

A visualização gráfica é outra importante maneira de explorar e entender melhor um conjunto de dados. O comando Explore na guia *Data Mining* fornece um utilitário muito poderoso para a representação gráfica de dados em diversas maneiras. Com a planilha de Dados ativada, clicando em Explore, o Chart Wizard inicia a caixa de diálogo Chart Wizard, mostrada na Figura 10.9, que resume as várias opções de gráficos que estão disponíveis via *Analytic Solver Data Mining*.

A seleção da opção Variable na primeira caixa de diálogo na Figura 10.9 e a seleção de todas as variáveis, exceto ID, Idade e Escolaridade, produzem os gráficos de barras e histogramas univariados mostrados na Figura 10.10. Esses tipos de gráficos nos ajudam a entender a distribuição dos valores associados a cada variável individual. Uma característica interessante desse utilitário é que, conforme os filtros são ajustados no painel direito da tela, todos os gráficos são atualizados dinamicamente para mostrar os efeitos sobre os vários gráficos.

A Figura 10.11 apresenta um gráfico de dispersão criado com o Chart Wizard, que mostra a variável Renda plotada contra a variável Média de Cartão de Crédito e quebrada (ou dividida em painéis) pela variável Empréstimo Pessoal. Esse gráfico deixa bem claro que os clientes com renda abaixo de $ 100.000 e gasto médio mensal de

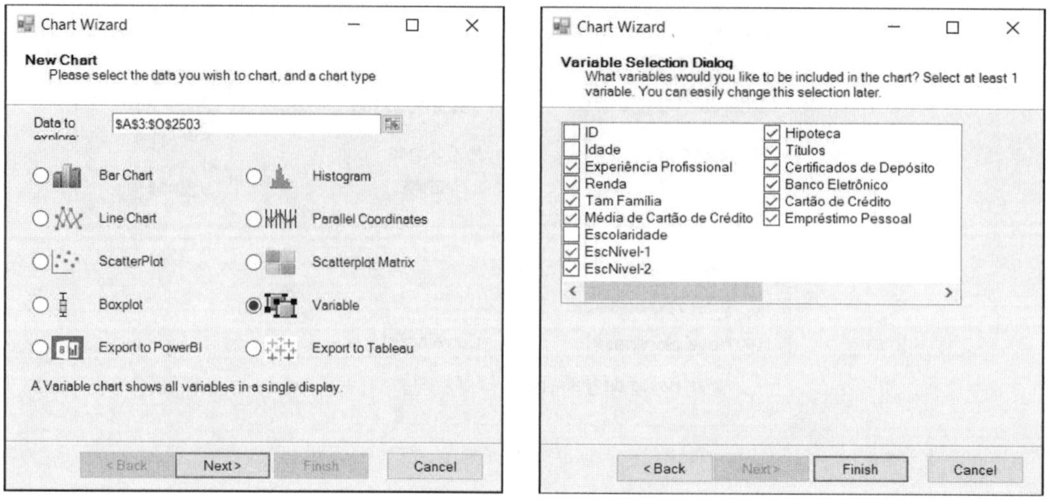

FIGURA 10.9
Diálogo Chart Wizard do Analytic Solver Data Mining.[1]

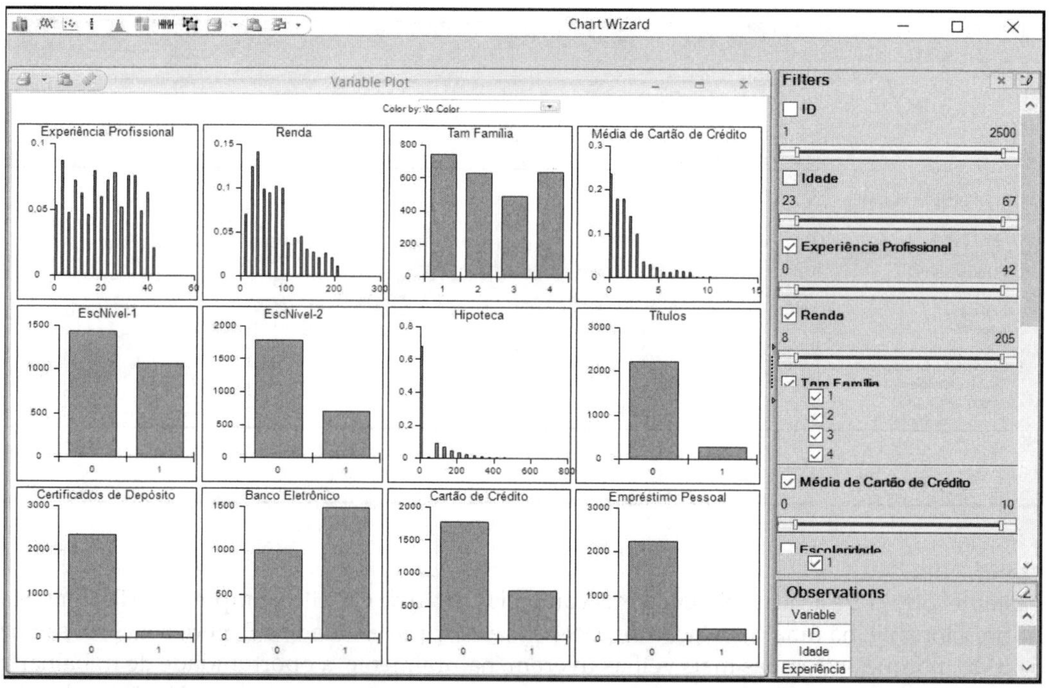

FIGURA 10.10
Gráficos univariados para as variáveis selecionadas no conjunto de dados.

cartão de crédito abaixo de $ 3.000 tenderam a não responder à última oferta de empréstimo pessoal. A identificação de padrões como esse seria muito difícil sem uma ferramenta de visualização de dados dinâmica e flexível, como o Chart Wizard do *Analytic Solver Data Mining*. Mas observe também que relações interessantes, como as mostradas na Figura 10.11, não aparecem magicamente por si só. Assim como na mineração geológica, é necessário fazer algumas escavações, alguma exploração e alguma tentativa e erro para descobrir padrões e informações interessantes em um conjunto de dados que possam resolver problemas e aproveitar oportunidades.

Após ter explorado, processado e obtido um bom entendimento dos dados, nossa próxima tarefa é ver como as várias ferramentas de *data mining* podem ser usadas para resolver problemas de classificação. De modo geral, normalmente não se pode apontar qual das muitas técnicas de *data mining* será a mais eficaz para um problema particular antes de experimentá-las e comparar seus resultados. Então, usaremos o mesmo conjunto de dados do exemplo discutido anteriormente nas muitas técnicas de classificação de *data mining* a fim de contrastar e comparar a sua eficiência e efetividade.

---

[1] A versão mais recente do Analytic Solver Plattform coloca essas informações nas planilhas DA_TrainingScore e DA_ValidationScore, como mostrado na Figura 10.9. (N.R.T.)

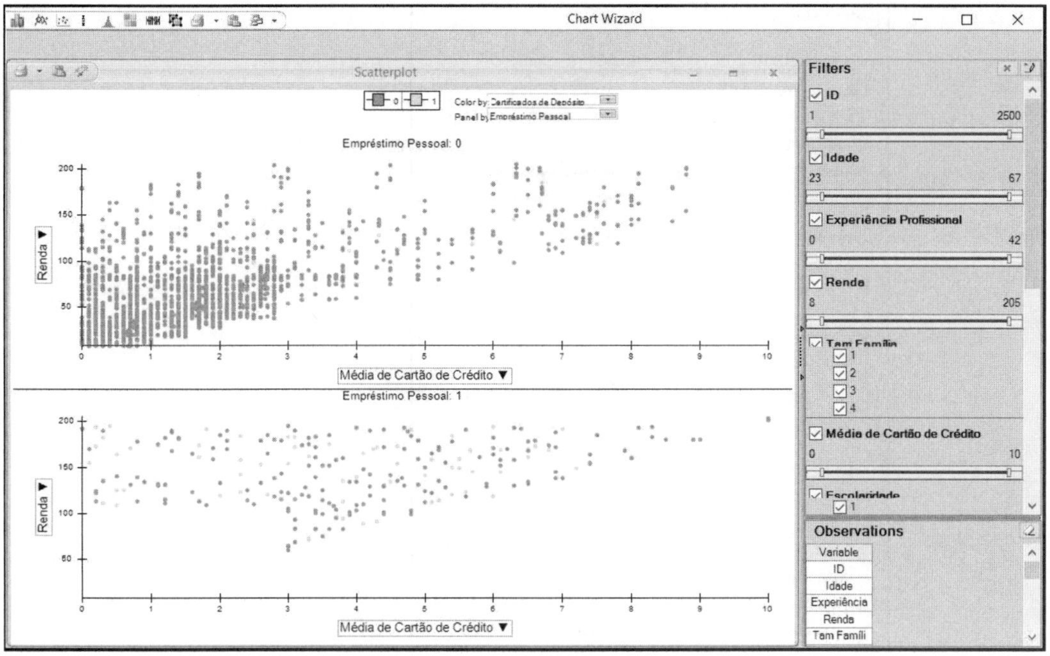

FIGURA 10.11 *Um gráfico de dispersão da variável Renda* versus *Média de Cartão de Crédito, dividido em painéis por Empréstimo Pessoal.*

10.3 Particionando os dados de classificação

Uma variedade de técnicas de *data mining* pode ser usada para resolver problemas de classificação. Nesta seção, abordaremos várias dessas técnicas, fornecendo uma breve descrição conceitual de como elas funcionam e, em seguida, ilustrando seu uso no conjunto de dados do Universal Bank descrito anteriormente. Como o grupo de interesse resultante de nosso conjunto de dados (ou seja, respondentes à oferta de empréstimo pessoal) ocorre com muito menos frequência que o outro grupo (ou seja, não respondentes à oferta), usaremos superamostragem para criar a amostra de treinamento. Como explicado anteriormente, a superamostragem força o método de classificação a se concentrar na discriminação entre os grupos.

Para criar os conjuntos de dados de treinamento e de validação para esse exemplo, siga esses passos:

1. Clique no ícone Partition na seção de *Data Mining* da guia *Data Mining*.
2. Clique em Partition with Oversampling.

Isso inicia a caixa de diálogo Partition with Oversampling, apresentada na Figura 10.12, que mostra as configurações necessárias para esse problema. Observe que, primeiramente, é preciso selecionar as variáveis a serem incluídas nos dados particionados (inclusive a variável Empréstimo Pessoal) e, em seguida, escolher Empréstimo Pessoal como a variável de saída. Observe também que, embora a porcentagem de sucessos (ou seja, de registros em que Empréstimo Pessoal = 1) no conjunto completo de dados seja de 10,24%, aqui é solicitado um conjunto de treinamento com 50% de sucessos. Como havia 256 registros de sucesso nos dados originais, 128 destes serão selecionados para os dados de treinamento e os 128 restantes serão alocados para o conjunto de validação. Para alcançar 50% de registros de sucesso nos dados de treinamento, haverá também 128 registros de fracasso. Como há 128 registros de sucesso no conjunto de validação, 1.122 registros de fracasso serão adicionados a esse conjunto a fim de resultar em uma taxa de sucesso de 10,24% no conjunto de validação. Ao clicar no botão OK na caixa de diálogo Partition with Oversampling na Figura 10.12, o *Analytic Solver Data Mining* seleciona e extrai automaticamente as amostras de treinamento e de validação desejadas a partir do conjunto de dados originais. A planilha OSPartition mostrada na Figura 10.13 é inserida automaticamente na pasta de trabalho e agora servirá como fonte de entrada para os algoritmos de classificação a serem discutidos a seguir.

10.4 Análise discriminante

A análise discriminante (AD) é uma das técnicas mais antigas de resolução de problemas de classificação. Se as variáveis independentes em cada grupo são distribuídas normalmente com matrizes de covariância iguais nos dois grupos, pode-se mostrar que a AD fornece resultados de classificação teoricamente ótimos. Se essas condições não forem atendidas, a AD ainda pode ser usada como uma heurística e, muitas vezes, fornece bons resultados de classificação.

FIGURA 10.12 *Configurações para a caixa de diálogo de particionamento de dados.*

FIGURA 10.13 *Nova planilha contendo os dados de treinamento e de validação.*

Para entender como funciona a AD, considere os dados mostrados na Figura 10.14, em que duas variáveis independentes (que representam escores em testes mecânicos e verbais) são plotadas para dois grupos diferentes (que representam funcionários satisfatórios e insatisfatórios). Os valores médios para cada uma das variáveis independentes foram calculados para cada grupo e são indicados pelos pontos rotulados C_1 e C_2. Esses pontos são chamados **centroides** e representam onde cada grupo está centrado.

Uma abordagem intuitiva para a classificação é calcular a distância entre cada observação na Figura 10.14 e o centroide de cada grupo e atribuir cada observação ao grupo mais próximo com base nessa distância (se ocorrerem, eventuais empates podem ser resolvidos de várias formas). Várias medidas de distância diferentes poderiam ser usadas para esse propósito, incluindo a distância em linha reta ou euclidiana.

Você deve se lembrar das aulas de álgebra do colegial (ou do Capítulo 8) que a distância euclidiana (em linha reta) entre dois pontos (A_1, B_1) e (A_2, B_2) em duas dimensões pode ser medida por:

$$\text{Distância} = \sqrt{(A_1 - A_2)^2 + (B_1 - B_2)^2} \qquad \textbf{10.1}$$

Por exemplo, a distância entre dois pontos arbitrários (3, 7) e (9, 5) é:

$$\sqrt{(3-9)^2 + (7-5)^2} = \sqrt{40} = 6{,}324$$

Essa fórmula de distância se generaliza facilmente para qualquer número de dimensões. Podemos usar essa fórmula para medir a distância de determinada observação até o centroide de cada grupo e, em seguida, atribuir a observação ao grupo que está mais próximo. Contudo, do ponto de vista estatístico, a medida de distância na Equação 10.1 é um pouco fraca, pois ignora as variâncias das variáveis independentes. Para comprovar, suponha que X_1 representa uma das variáveis independentes e X_2 representa a outra. Se X_2 tiver uma variância muito maior que X_1, os efeitos de diferenças *pequenas, mas importantes* em X_1 podem ser mascarados ou subjugados na Equação 10.1 por diferenças *grandes, mas pouco importantes* em X_2. A Figura 10.15 ilustra esse problema, em que as elipses representam as regiões que contêm 99% dos valores pertencentes a cada grupo.

Considere a observação rotulada P_1 na Figura 10.15. Essa observação aparenta estar mais próxima de C_2, e de fato, se a medida de distância da Equação 10.1 for usada, tal observação seria atribuída ao grupo 2, porque a sua distância a partir de C_1 em relação ao eixo X_2 é relativamente grande. No entanto, é extremamente improvável que essa observação pertença ao grupo 2, porque a sua localização em relação ao eixo X_1 excede os valores típicos para o grupo 2. Assim, seria útil refinar nossa medida de distância na Equação 10.1 para levar em conta as possíveis diferenças nas variâncias das variáveis independentes.

Se fizermos D_{ij} representar a distância entre a observação *i* e o centroide do grupo *j*, é possível definir essa distância da seguinte forma:

$$D_{ij} = \sqrt{\sum_k \frac{(x_{ik} - \overline{x}_{jk})^2}{s_{jk}^2}} \qquad \textbf{10.2}$$

em que x_{ik} representa o valor da observação *i* na *k*-ésima variável independente, $\overline{x}_{jk}$ representa o valor médio do grupo *j* na *k*-ésima variável independente e s_{jk}^2 representa a variância da amostra do grupo *j* na *k*-ésima variável

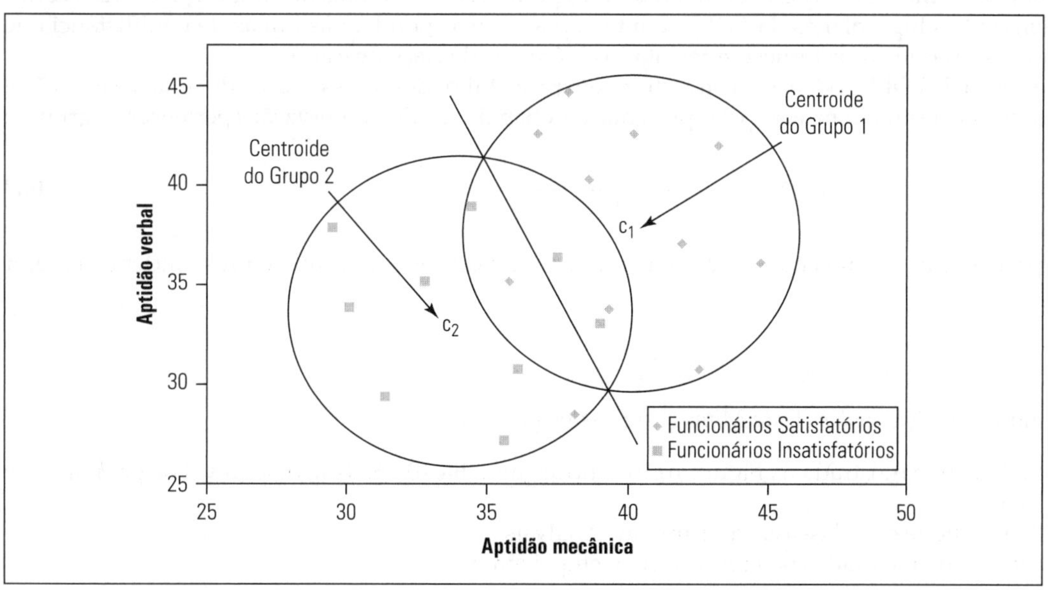

FIGURA 10.14
Dados hipotéticos para um problema de classificação de dois grupos com duas variáveis.

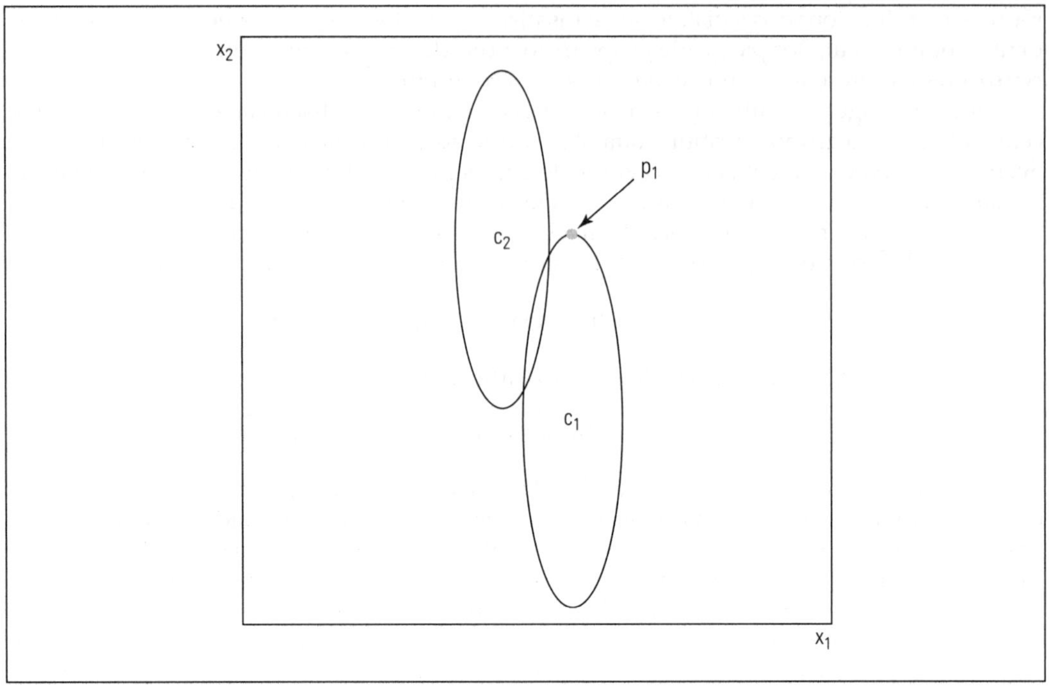

FIGURA 10.15
Linhas de contorno das regiões contendo 99% de observações em cada um de dois grupos.

independente. Existem diversas variações na medida de distância da Equação 10.2. Uma das variações mais populares – conhecida como a **medida de distância de Mahalanobis** – refina o cálculo na Equação 10.2 a fim de levar em conta as diferenças nas covariâncias entre as variáveis independentes.

A linha traçada na Figura 10.14 indica os pontos que estão exatamente na mesma distância dos centroides dos grupos 1 e 2. Essa linha de equidistância divide o espaço amostral em duas regiões, nos quais os pontos em cada região são atribuídos ao grupo correspondente.

Uma técnica relacionada, conhecida como a Função Discriminante Linear de Fisher (FDLF), identifica uma função linear para cada um dos m grupos de um problema de classificação. Geometricamente, cada uma das m funções lineares define um hiperplano de dimensão p que pode ser considerado a medição da força de "associação" de uma observação ao grupo correspondente. Para qualquer observação i com valores $(x_{i1}, x_{i2}, \ldots, x_{ip})$, podemos usar essas funções lineares para calcular m escores de classificação $c_1(i), c_2(i), \ldots, c_m(i)$. Para cada observação, um desses escores de classificação será mais alto (ou maior em valor) que os outros (exceto para pontos em que os hiperplanos se interceptam uns com os outros). Então, uma observação é classificada como pertencente ao grupo associado com o escore máximo de classificação. Mais uma vez, eventuais empates podem ser resolvidos de várias formas. (Em certas condições, os pontos em que os hiperplanos da FDLF se interceptam correspondem às linhas de equidistância de Mahalanobis; nesse caso, as duas técnicas fornecem resultados idênticos de classificação.)

Os escores de classificação da FDLF podem ser convertidos em probabilidades de associação de uma observação a um grupo por meio da seguinte fórmula, em que $P_k(i)$ representa a probabilidade de a observação i pertencer ao grupo k:

$$P_k(i) = \frac{e^{c_k(i)}}{e^{c_1(i)} + e^{c_2(i)} + \cdots + e^{c_m(i)}} \qquad \textbf{10.3}$$

Com o uso dessas probabilidades, uma observação é geralmente classificada no grupo correspondente à maior probabilidade.

10.4.1 EXEMPLO DE ANÁLISE DISCRIMINANTE

Para realizar a AD usando o *Analytic Solver Data Mining*, siga estes passos:

1. Clique na planilha OSPartition mostrada na Figura 10.16 (e no arquivo Fig10-16.xlsm, disponível na página deste livro no site da editora).
2. Na guia do *Data Mining*, clique em Classify, Discriminant Analysis.
3. Faça as seleções da guia Data mostradas na Figura 10.16 e clique em Next.

4. Faça as seleções da guia Parameters mostradas na Figura 10.17 e clique em Next.
5. Faça as seleções da guia Scoring mostradas na Figura 10.17 e clique em Finish.

O *Analytic Solver Data Mining* insere várias novas planilhas na pasta de trabalho com os resultados da AD. A Figura 10.18 mostra a parte da planilha de saída principal (DA_Output) que resume as funções de classificação para cada uma das funções discriminantes lineares para cada grupo em nosso conjunto de dados. Observe que a parte superior dessa planilha contém um "Output Navigator" que fornece *links* para diversos componentes da saída produzida.

As planilhas DA_TrainingScore e DA_ValidationScore revelam os relatórios da Figura 10.19, que resumem a precisão das previsões da AD para os nossos conjuntos de dados de treinamento e de validação. A **matriz de confusão** (*Confusion Matrix*) da classificação para os dados de treinamento indica que 115 das 128 observações pertencentes ao grupo 1 foram corretamente classificadas nesse grupo, e as 13 observações restantes pertencentes ao grupo 1 foram erroneamente classificadas no grupo 0 (dando uma taxa de erro de 13/128 = 10,16% para o grupo 1). Da mesma forma, 116 das 128 observações dos dados de treinamento pertencentes ao grupo 0 foram corretamente classificadas nesse grupo, e as 12 observações restantes foram erroneamente classificadas no grupo 1 (dando uma taxa de erro de 12/128 = 9,38% para o grupo 0). Globalmente, então, 25 das 256 observações em nossos dados de treinamento foram erroneamente classificadas com uma taxa de erro global de 9,77%.

A matriz de confusão (*Confusion Matrix*) da classificação dos dados de validação (exibida na planilha DA_ValidationScore) mostra níveis de precisão bastante similares, o que sugere que esta técnica generaliza bem para novos dados que não foram envolvidos no processo de treinamento. Nesse caso, 106 das 128 observações pertencentes ao grupo 1 foram corretamente classificadas nesse grupo, e as 22 observações restantes pertencentes ao grupo 1 foram erroneamente classificadas no grupo 0 (com uma taxa de erro de 22/128 = 17,19% para o grupo 1). Da mesma forma, 1.025 das 1.122 observações dos dados de validação pertencentes ao grupo 0 foram corretamente classificadas nesse grupo, e as 97 observações restantes foram erroneamente classificadas no grupo 1 (dando uma taxa de erro de 97/1.122 = 8,65% para o grupo 0). Isso resulta em uma taxa de erro global de 9,52% nos dados de validação.

A Figura 10.20 resume quatro medidas adicionais de precisão preditiva frequentemente utilizadas para descrever os resultados de uma técnica de classificação binária: Precisão (*Precision*), Sensibilidade (*Sensitivity* ou *Recall*), Especificidade (*Specificity*) e o Escore F1 (F1 *Score*). A **precisão** é uma medida do quanto o classificador é preciso quando prevê um "sucesso" (ou faz uma previsão de classe 1 em nosso exemplo). Observando a matriz de confusão para os dados de treinamento na Figura 10.19, vemos que, quando o classificador previu "sucesso" (classe 1), estava correto em 115 dos 127 casos, resultando em uma pontuação de precisão de 115/127 = 0,9055 (mostrada em célula D29 da primeira parte da Figura 10.19).

Sensibilidade mede com que eficiência o classificador reconhece "sucessos" (observações do grupo 1) quando eles se apresentam. Olhando novamente para os resultados dos dados de treinamento na Figura 10.19, vemos que, quando o classificador encontrou um "sucesso" (observação do grupo 1), ele classificou corretamente 115 de 128

FIGURA 10.16 *Seleções da guia Data da análise discriminante.*

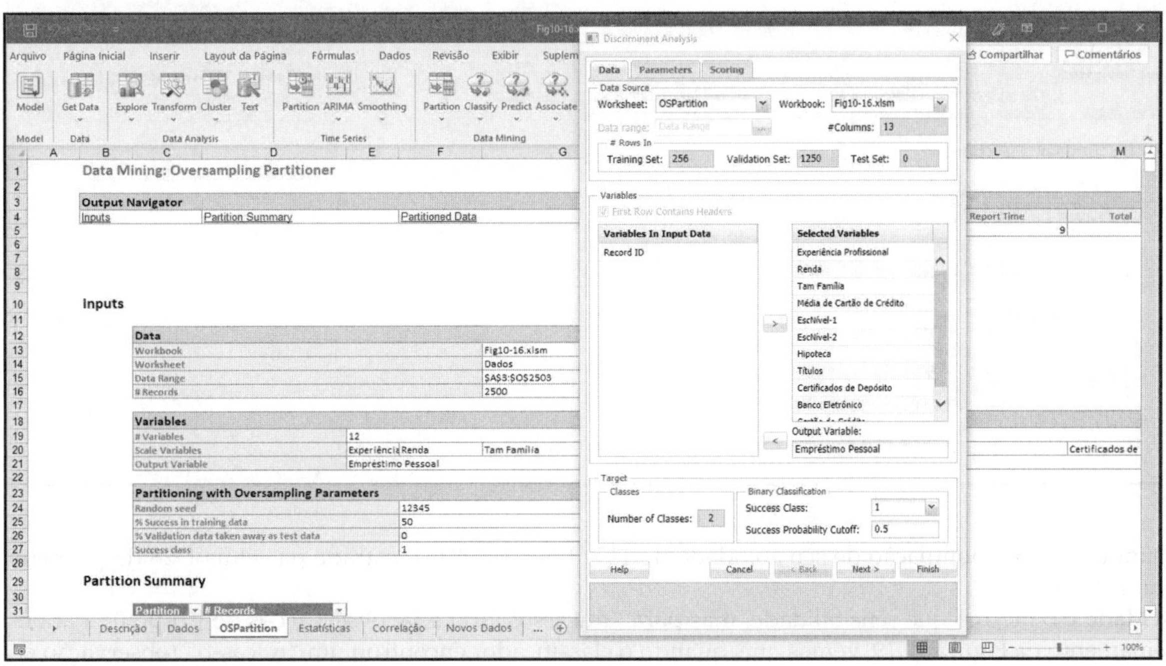

FIGURA 10.17 *Seleções das guias Parameters e Scoring da análise discriminante.*

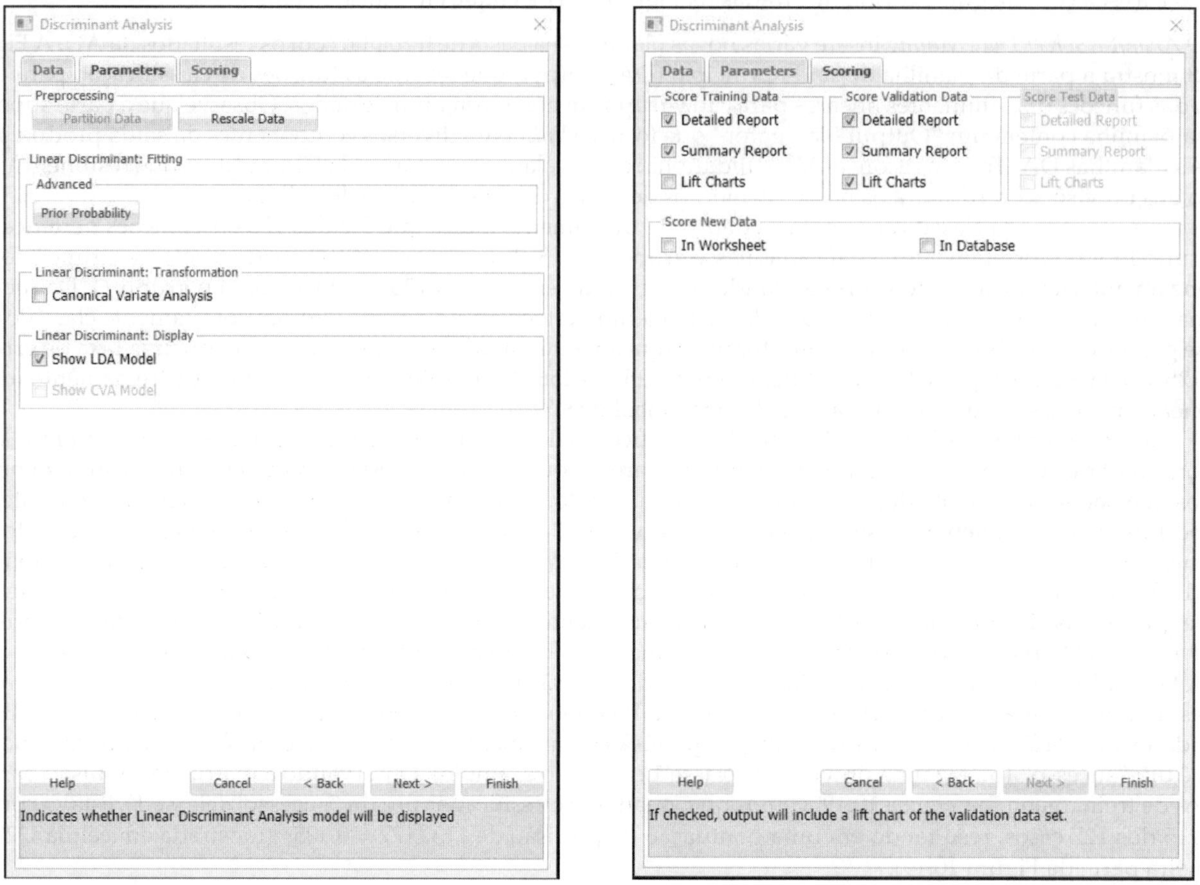

FIGURA 10.18 *Funções de classificação para os dados do Universal Bank.*

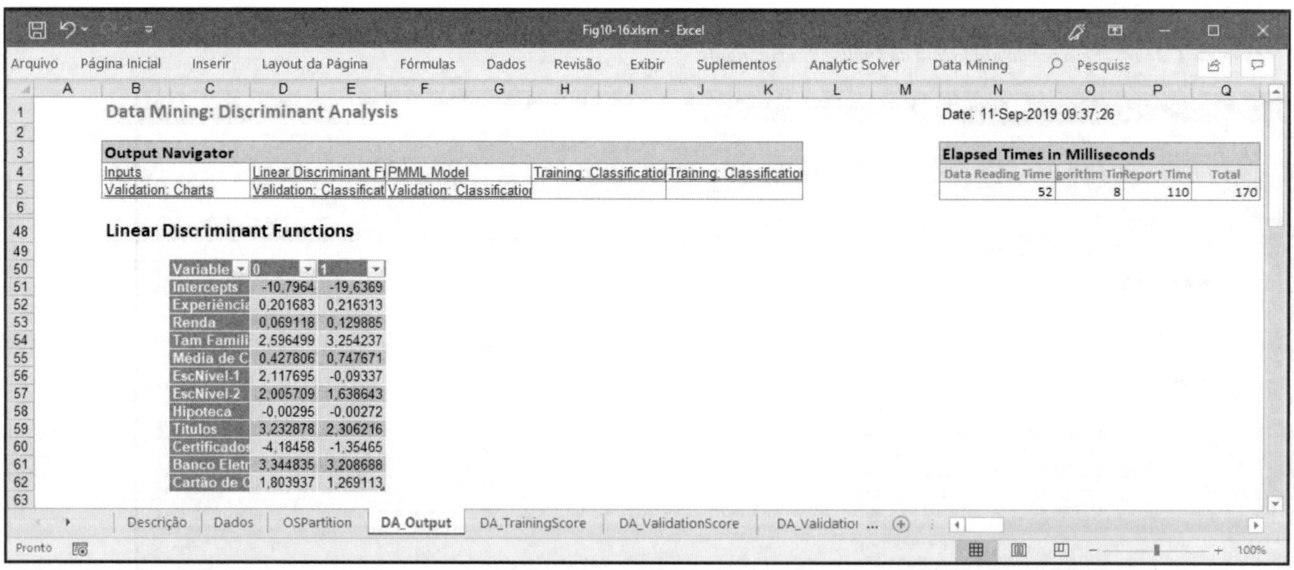

vezes, resultando em uma pontuação de sensibilidade de 115/128 = 0,8984 (mostrada na célula D28 da primeira parte da Figura 10.19).

Especificidade é o mesmo que sensibilidade, mas para "fracassos" (ou seja, observações do grupo 0). Para os dados de treinamento da Figura 10.19, vemos que, quando o classificador encontrou um "fracasso" (observação do

FIGURA 10.19 *Resultados da classificação para as amostras de treinamento e de validação.*

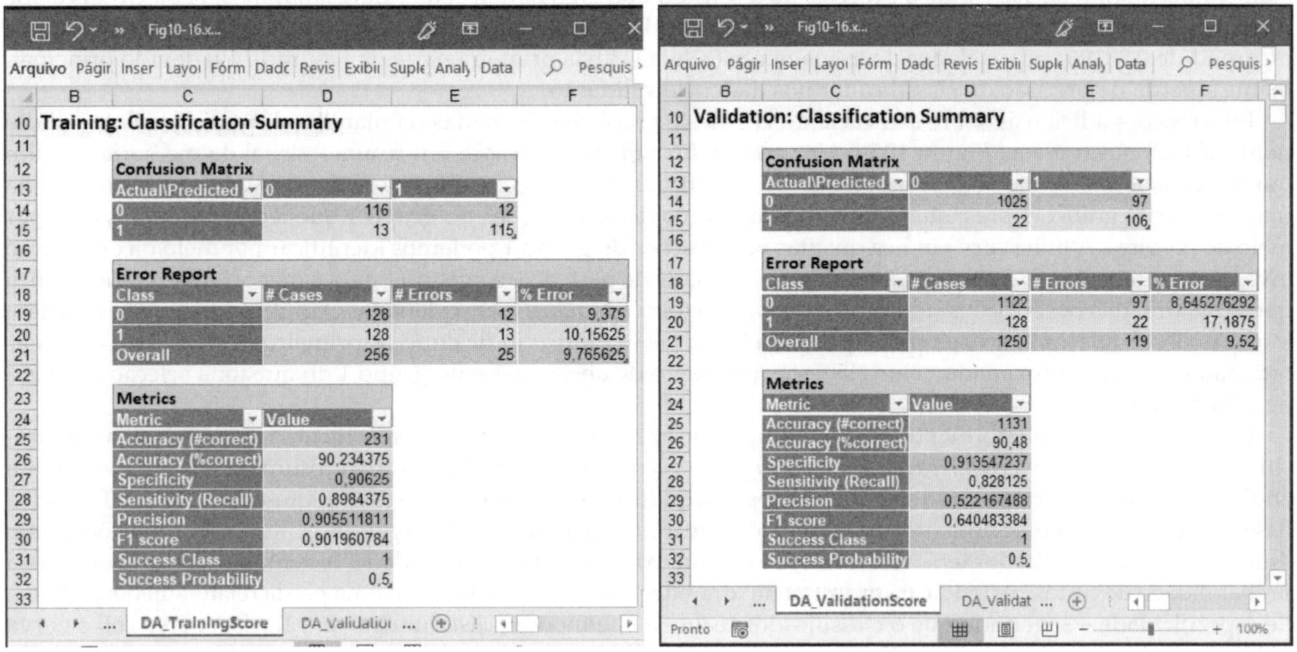

$$\text{Precisão} = \frac{\text{Número de predições de “Sucesso” corretas}}{\text{Número de todas as predições de “Sucesso”}}$$

$$\text{Sensibilidade} = \frac{\text{Número de predições de “Sucesso” corretas}}{\text{Número total de observações de “Sucesso”}}$$

$$\text{Especificidade} = \frac{\text{Número de predições de “Fracasso” corretas}}{\text{Número total de observações de “Fracasso”}}$$

$$\text{Escore F1} = 2\left(\frac{\text{Precisão} \times \text{Sensibilidade}}{\text{Precisão} + \text{Sensibilidade}}\right)$$

FIGURA 10.20 *Resumo da precisão, sensibilidade, especificidade e escore F1.*

grupo 0), classificou-o corretamente 116 de 128 vezes, resultando em uma pontuação de especificidade de 116/128 = 0,9063 (mostrada na célula D27 da primeira parte da Figura 10.19).

Observe que há uma compensação direta entre sensibilidade e especificidade. Isto é, um classificador pode alcançar uma pontuação de 100% perfeita ao classificar cada observação como um "sucesso" – mas, nesse caso, sua pontuação de especificidade cairia para 0%. Por outro lado, se toda observação for classificada como "fracasso", a pontuação de especificidade seria 100%, mas a sensibilidade seria 0%. Na maioria dos problemas de classificação binária existe uma pontuação de corte (ou probabilidade) que determina o limite para classificar observações no grupo 1. Os resultados na Figura 10.19 utilizam uma probabilidade de corte padrão de 0,5, mostrada na célula D32 nas duas partes da Figura 10.19 para os resultados de treinamento e validação. O grupo 1 ou valor de corte de sucesso pode ser especificado na caixa de diálogo mostrada na Figura 10.16 e afetar, por sua vez, as várias estatísticas de precisão na matriz de confusão associada, no relatório de erros e no resumo de desempenho mostrado na Figura 10.19.

O **escore F1** (mostrado na célula D30 da primeira parte da Figura 10.19, para os dados de treinamento) combina as medidas de precisão e sensibilidade para fornecer uma medida geral da precisão de um classificador. Isto é calculado da seguinte maneira:

$$\text{Escore F1} = 2\left(\frac{\text{Precisão} \times \text{Sensibilidade}}{\text{Precisão} + \text{Sensibilidade}}\right)$$

e varia entre um valor máximo de 1 (quando a precisão e a sensibilidade igualarem, ambas, os valores máximos de 1) e um valor mínimo de 0 (quando a precisão ou a sensibilidade igualarem seus valores mínimos de 0). Observe que o escore F1 de 0,64048 para os dados de validação (célula D30 da segunda parte da Figura 10.19) é muito pior que o escore F1 de 0,90196 para os dados de treinamento (célula D30 da primeira parte da Figura 10.19) devido principalmente à perda de precisão do classificador nos dados de validação.

Informações adicionais sobre a eficácia do DA neste problema são dadas na planilha denominada DA_ValidationLiftChart mostrada na Figura 10.21. Um **gráfico *lift*** (*lift chart*) fornece um resumo visual da melhoria que um modelo de *data mining* oferece em problemas de classificação binária em comparação a um palpite aleatório. A linha diagonal nesse gráfico representa o número cumulativo de observações do grupo 1 que teriam sido previstas por meio de palpites. A linha curva indica quantas observações do grupo 1 podemos identificar por meio da ordenação inversa das previsões do modelo (da maior probabilidade de pertencer ao grupo 1 para a menor). Esse gráfico indica que a maioria das observações do grupo 1 "subiu ao topo" daquela lista ordenada. O gráfico *lift* em decis fornece informações similares. Por exemplo, a primeira barra nesse gráfico indica que os primeiros 10% das observações ordenadas contêm aproximadamente 6,5 vezes o número de observações do grupo 1 do que uma seleção aleatória de 10% dos registros.

Como observado anteriormente, há uma compensação entre sensibilidade e especificidade em problemas de classificação binária. A curva ROC (*Receiver Operating Characteristic Curve*) na Figura 10.21 resume essa compensação e a eficácia do classificador associado ao gráfico. (Observe que o eixo x em uma curva ROC representa 1 – especificidade.) Esse gráfico indica que, se uma probabilidade de corte muito alta for utilizada para classificar as observações como "sucessos", esse classificador terá uma sensibilidade muito baixa e alta especificidade. No entanto, à medida que essa probabilidade de corte é reduzida, há um aumento dramático na sensibilidade com uma perda relativamente pequena de especificidade – sugerindo que o classificador realmente tem poder discriminatório valioso. A área sob a curva (AUC) relatada no título do gráfico ROC resume o poder do classificador em questão em relação a um classificador aleatório (que teria uma AUC igual a 0,5). De modo geral, os valores de AUC de 0,8 ou melhores estão associados a classificadores "bons" com uma AUC de 1 representando um classificador perfeito.

As planilhas nomeadas DA_TrainingScore e DA_ValidationScore mostram a probabilidade de cada observação pertencer ao grupo 1 para os dados de treinamento e de validação, respectivamente. A Figura 10.22 mostra alguns dos resultados dos dados de validação. As probabilidades de sucesso (associação ao grupo 1) mostradas na coluna G são calculadas aplicando primeiramente as funções de classificação mostradas na Figura 10.18 aos dados de cada observação e, em seguida, calculando as probabilidades finais usando a Equação 10.3. Observe que a célula D32 assume uma probabilidade de corte mínimo padrão de 0,5 para a associação ao grupo 1. Esse valor pode ser mudado manualmente para "ajustar" os resultados, mas, na maioria dos casos, o valor padrão funciona bem.

FIGURA 10.21 *Gráfico* lift *e curva ROC para a amostra de validação.*

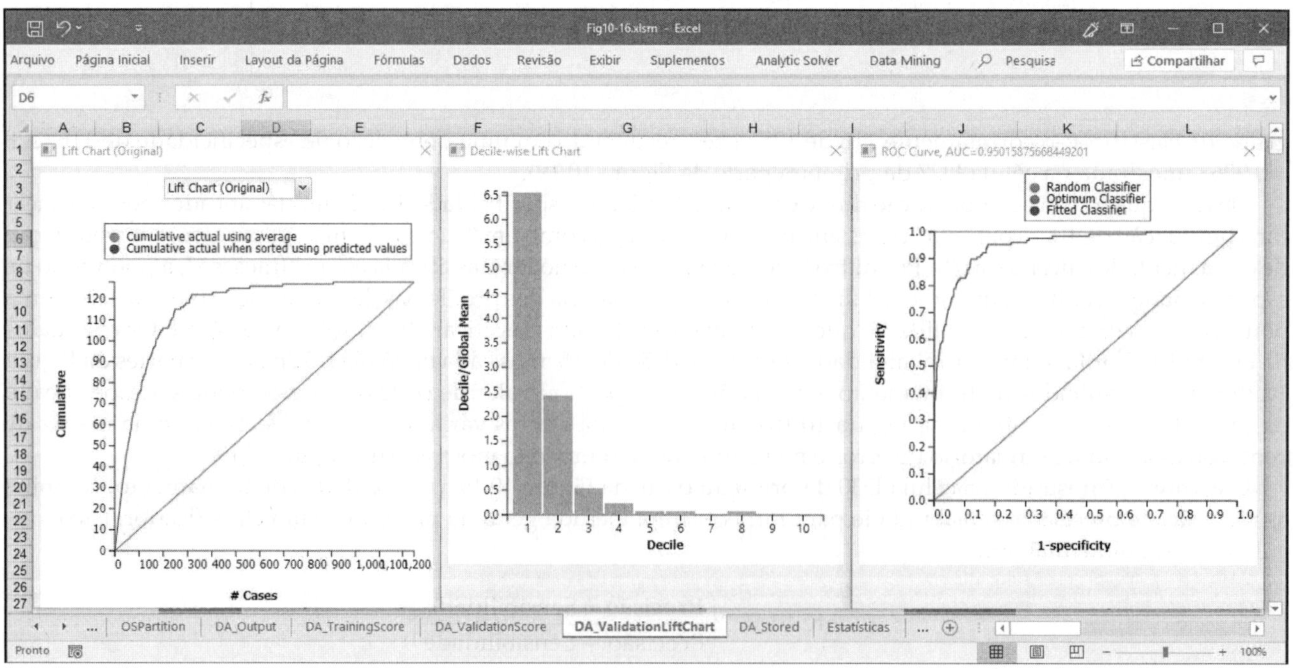

FIGURA 10.22 *Predições para os dados de validação.*

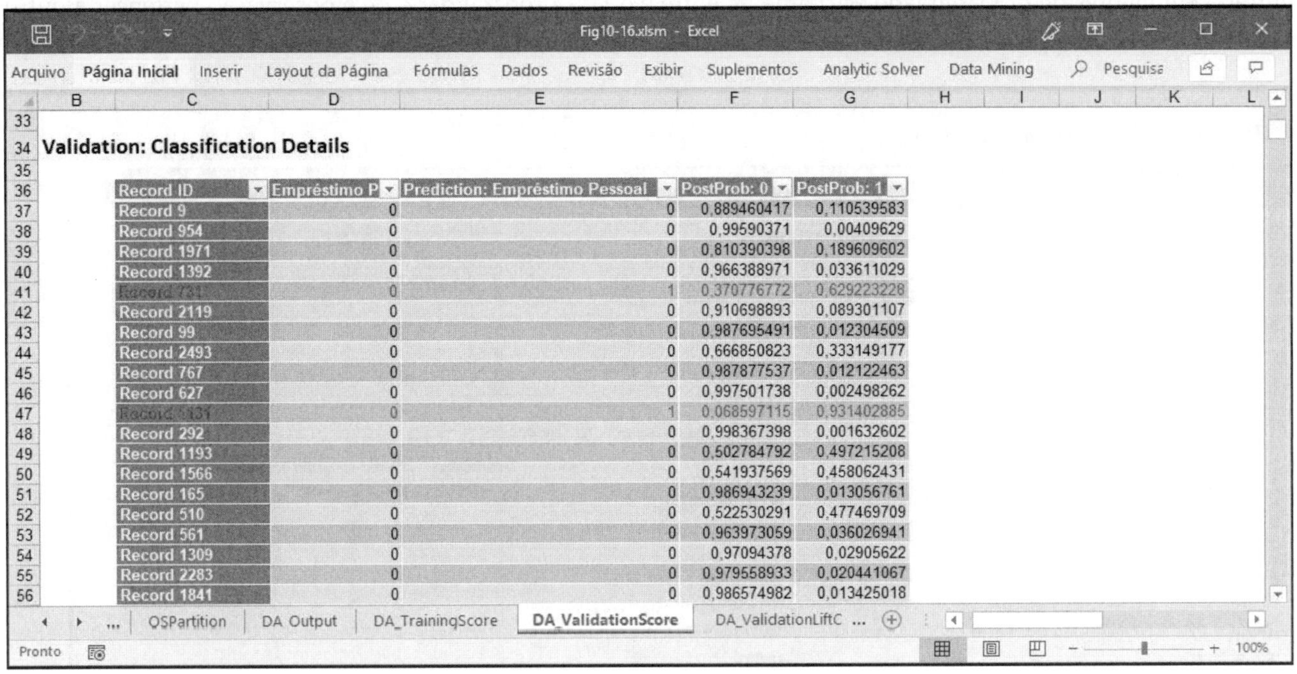

Record ID	Empréstimo P	Prediction: Empréstimo Pessoal	PostProb: 0	PostProb: 1
Record 9	0	0	0,889460417	0,110539583
Record 954	0	0	0,99590371	0,00409629
Record 1971	0	0	0,810390398	0,189609602
Record 1392	0	0	0,966388971	0,033611029
Record 731	0	1	0,370776772	0,629223228
Record 2119	0	0	0,910698893	0,089301107
Record 99	0	0	0,987695491	0,012304509
Record 2493	0	0	0,666850823	0,333149177
Record 767	0	0	0,987877537	0,012122463
Record 627	0	0	0,997501738	0,002498262
Record [illegible]	0	1	0,068597115	0,931402885
Record 292	0	0	0,998367398	0,001632602
Record 1193	0	0	0,502784792	0,497215208
Record 1566	0	0	0,541937569	0,458062431
Record 165	0	0	0,986943239	0,013056761
Record 510	0	0	0,522530291	0,477469709
Record 561	0	0	0,963973059	0,036026941
Record 1309	0	0	0,97094378	0,02905622
Record 2283	0	0	0,979558933	0,020441067
Record 1841	0	0	0,986574982	0,013425018

Por fim, a planilha chamada DA_Stored é o lugar onde o *Analytic Solver Data Mining* armazena as informações, configurações de parâmetros e funções de classificação para o modelo de AD usando *predictive modeling markup language* (PMML), um formato padrão com base em XML (*extensibile markup language*) para resultados de modelos preditivos. Essa planilha pode ser usada junto com o comando Score na guia *Data Mining* para classificar novos dados para os quais a classificação verdadeira não é conhecida. Por exemplo, a planilha chamada New Data mostrada na Figura 10.23 contém registros de 10 novos clientes que não receberam uma oferta de empréstimo pessoal. Para usar o nosso modelo de AD para prever se esses clientes responderiam positivamente a uma oferta de empréstimo pessoal, siga esses passos:

1. Clique em Score na guia *Data Mining*.
2. Complete a caixa de diálogo, como mostrado na Figura 10.23, e clique em Match by Name.
3. Clique em OK.

As previsões de grupo resultantes para essas observações novas são mostrados na Figura 10.24. Com base nesses escores, parece que as observações 1 e 4 são boas perspectivas para as ofertas de empréstimo pessoal.

10.5 Regressão logística

A regressão logística é uma técnica de classificação que estima a probabilidade de uma observação pertencer a um grupo em particular usando um conjunto de variáveis independentes (incluindo as interações e as transformações apropriadas de nossas variáveis originais). Em teoria, a regressão logística pode ser usada para problemas de classificação com qualquer número de grupos ($m \geq 2$). No entanto, ela é usada com mais frequência em problemas de classificação de dois grupos, e na realidade, o *Analytic Solver Data Mining* não permite mais de dois grupos na sua implementação atual da regressão logística. Embora isso seja um pouco limitado, lembre-se de que, em muitos problemas de classificação com mais de dois grupos, há sempre um grupo de interesse principal, e não é incomum converter tal problema em um problema de $m = 2$ grupos. A regressão logística também é uma técnica de classificação muito robusta que, muitas vezes, supera outras técnicas de classificação em várias condições de dados.

Para problemas de classificação de dois grupos (binária), o modelo de regressão logística estima a probabilidade de uma observação (x_{i1}, x_{i2}, ..., x_{ip}) pertencer ao grupo 1 da seguinte forma:

$$P_1(i) = \frac{1}{1 + e^{-(b_0 + b_1 x_{i1} + b_2 x_{i2} + \cdots + b_p x_{ip})}} \qquad \textbf{10.4}$$

Essa função é baseada na função de probabilidade logística acumulada que mapeia os valores da observação de entrada em valores de probabilidade estritamente entre 0 e 1. A probabilidade de a observação pertencer a outro grupo (ou seja, o grupo 0) é de $P_0(i) = 1 - P_1(i)$.

FIGURA 10.23 *Escores de novos dados.*

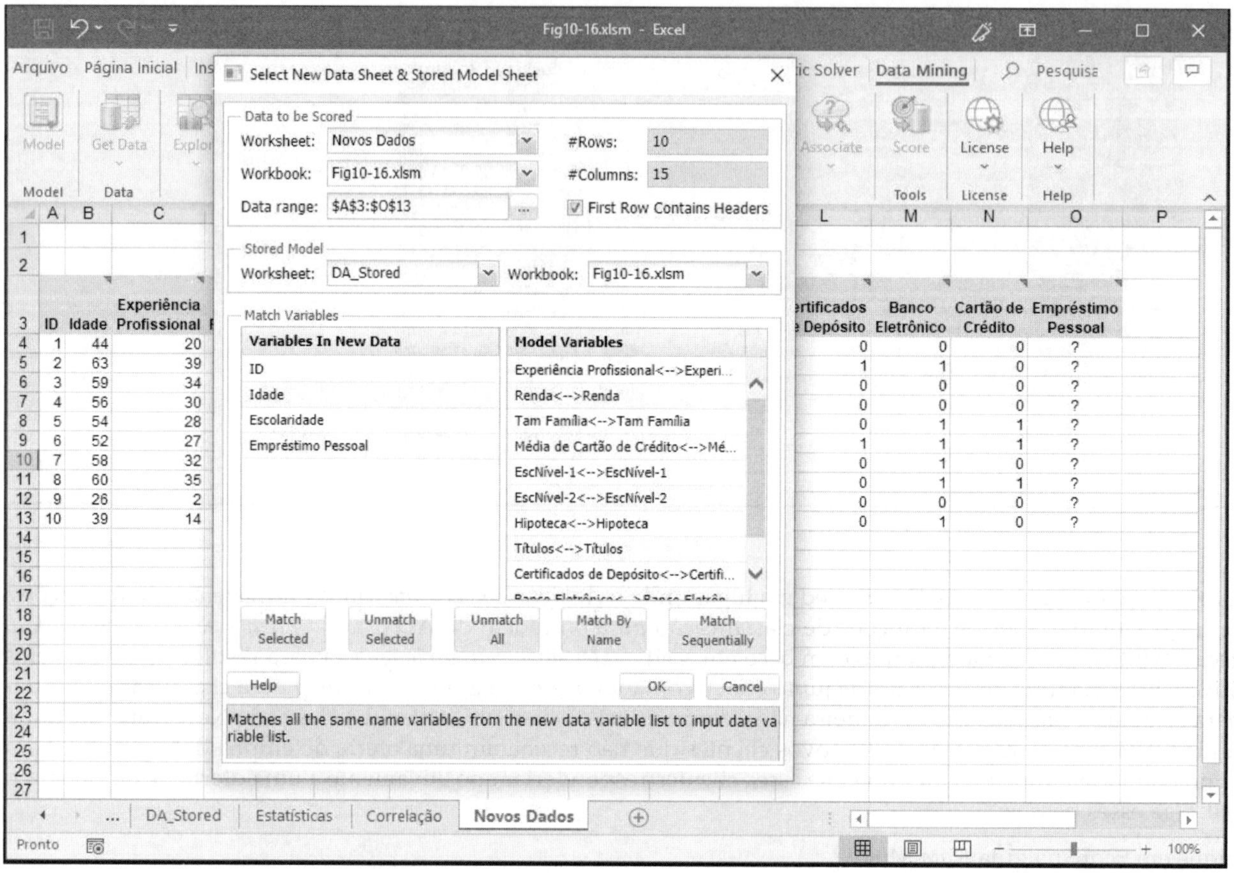

FIGURA 10.24 *Resultados da classificação dos novos dados com análise discriminante.*

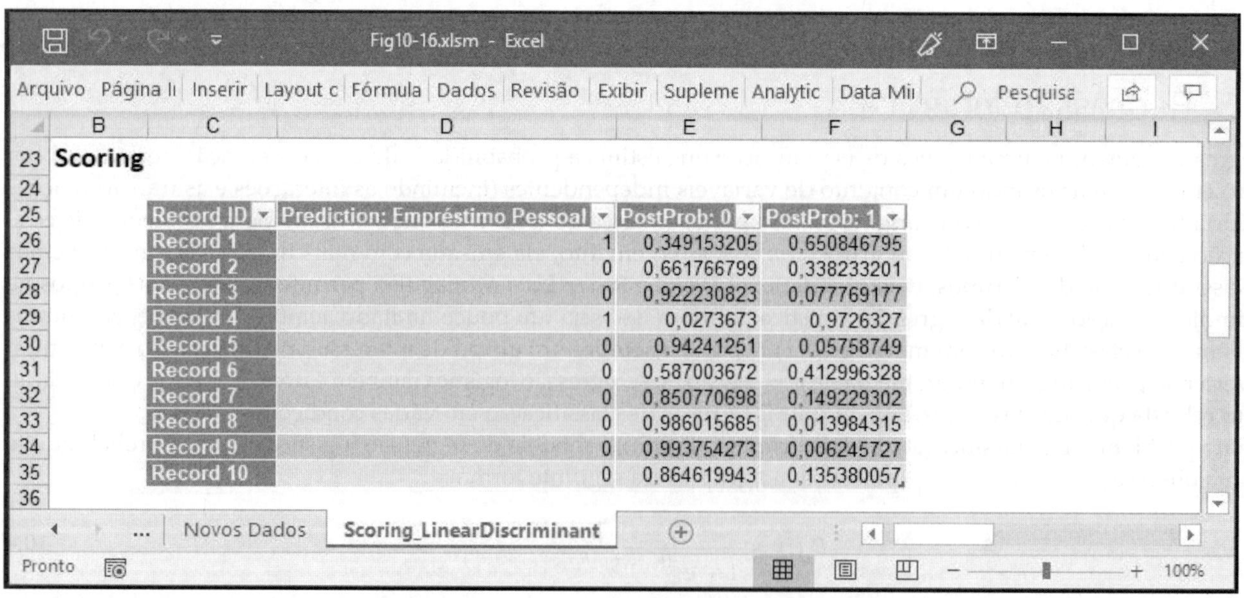

Scoring

Record ID	Prediction: Empréstimo Pessoal	PostProb: 0	PostProb: 1
Record 1	1	0,349153205	0,650846795
Record 2	0	0,661766799	0,338233201
Record 3	0	0,922230823	0,077769177
Record 4	1	0,0273673	0,9726327
Record 5	0	0,94241251	0,05758749
Record 6	0	0,587003672	0,412996328
Record 7	0	0,850770698	0,149229302
Record 8	0	0,986015685	0,013984315
Record 9	0	0,993754273	0,006245727
Record 10	0	0,864619943	0,135380057

A Figura 10.25 ilustra a forma da distribuição logística acumulada de uma única variável independente. A inclinação da distribuição logística acumulada é maior quando $P_1(i) = 0{,}5$. Isso implica que as mudanças nas variáveis independentes têm o seu maior impacto no ponto intermediário da distribuição. Por outro lado, as inclinações relativamente baixas nas pontas da distribuição implicam que grandes mudanças nas variáveis independentes são necessárias para causar mudanças nas probabilidades estimadas nessas regiões.

Pode ser mostrado que a Equação 10.4 é equivalente à equação de regressão mostrada na Equação 10.5. A variável dependente na Equação 10.5 é simplesmente o logaritmo natural da razão entre as chances de uma observação pertencer ao grupo 1.

$$LN\left(\frac{P_1(i)}{1 - P_1(i)}\right) = (b_0 + b_1x_{i1} + b_2x_{i2} + \cdots + b_px_{ip}) \qquad \textbf{10.5}$$

Infelizmente, raramente podemos usar regressão para estimar os parâmetros da Equação 10.5, porque geralmente não conhecemos as probabilidades representadas por $P_1(i)$ para as observações em nossos dados de treinamento. Por exemplo, em um problema de análise de crédito, poderíamos saber (após o fato) quais candidatos a empréstimo foram ou não solventes, mas não saberíamos a *probabilidade* de que seriam solventes antes de aceitar o pedido e conceder-lhes um empréstimo. (Da mesma forma, ao jogar uma moeda e saber que esse lançamento *resultou* "cara" não é o mesmo que saber a *probabilidade* de que sairia "cara" antes de jogá-la.) Além disso, mesmo se soubéssemos os valores de $P_1(i)$, se qualquer um deles acabar por ser igual a 0 ou 1, o logaritmo da razão entre $P_1(i)$ e $1 - P_1(i)$ necessário para as variáveis dependentes na Equação 10.5 será indefinido. Assim, os parâmetros para um modelo de regressão logística são normalmente derivados usando um procedimento não linear de estimativa de máxima verossimilhança (EMV). Em suma, a técnica de EMV deriva valores para os parâmetros do modelo que maximizam a probabilidade de obter os dados observados (ou seja, os valores de $b_0, b_1, \ldots, b_p$ que maximizam o produto $\Pi_{i \in G_1} P_1(i)$ $\Pi_{i \in G_0} P_0(i)$, em que G_j é o conjunto de valores pertencentes ao grupo j).

10.5.1 EXEMPLO DE REGRESSÃO LOGÍSTICA

Para realizar a regressão logística usando o *Analytic Solver Data Mining*, siga estes passos:

1. Clique na planilha OSPartition mostrada na Figura 10.26 (e no arquivo Fig10-26.xlsm, disponível na página deste livro no site da editora).
2. Na guia do *Data Mining*, clique em Classify, Logistic Regression.
3. Faça as seleções da guia Data mostradas na Figura 10.26 e clique em Next.
4. Faça as seleções da guia Parameters mostradas na Figura 10.27 e clique em Next.
5. Faça as seleções da guia Scoring mostradas na Figura 10.27 e clique em Finish.

Mais uma vez, o *Analytic Solver Data Mining* insere várias novas planilhas na pasta de trabalho com os resultados da regressão logística. A planilha nomeada LogReg_Output, exibida na Figura 10.28, mostra, entre outras coisas, os coeficientes estimados para cada uma das variáveis independentes no modelo de regressão logística. Observe que todas as variáveis de entrada selecionadas na Figura 10.26 aparecem no modelo. No entanto, em alguns casos, um subconjunto das variáveis de entrada faz o melhor trabalho de classificação (por exemplo, se o conjunto original de variáveis de entrada resulta em superajuste). Na Figura 10.27, o botão de comando rotulado Feature Selection dá

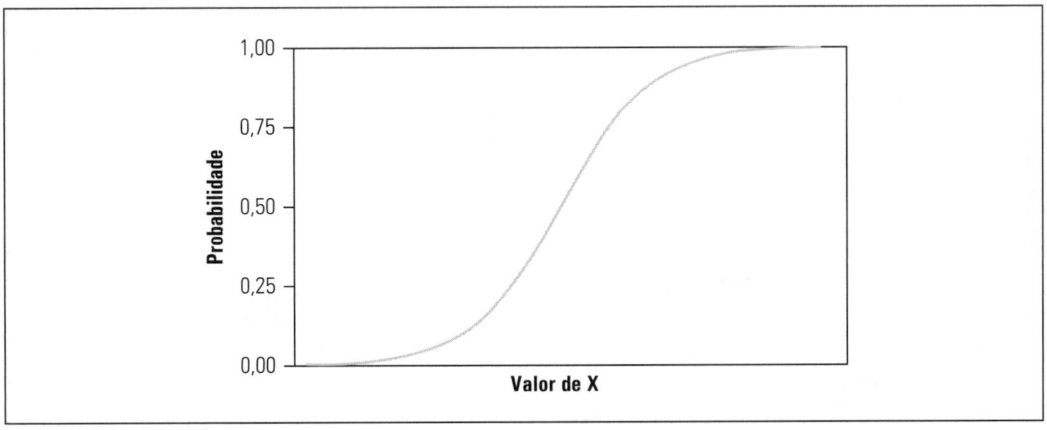

FIGURA 10.25
Exemplo de uma função de distribuição logística acumulada.

acesso a outra caixa de diálogo (não mostrada), com diferentes opções de seleção para determinar quais variáveis de entrada utilizar. Parte do processo de *data mining* com regressão logística envolve a experimentação de diferentes subconjuntos de variáveis, na tentativa de identificar o melhor modelo.

A Figura 10.29 fornece uma matriz de confusão de classificação e um relatório de erro para as amostras de treinamento e de validação. Ao comparar esses resultados com os da Figura 10.19 para AD, parece que a precisão de classificação para a regressão logística é, no geral, melhor nos dados de treinamento e ligeiramente pior nos dados de validação. No entanto, a regressão logística faz um trabalho um pouco mais preciso na classificação de observações da amostra de validação pertencente ao grupo 1.

A Figura 10.30 mostra os gráficos *lift* e a curva ROC dos dados de validação para a regressão logística. Esses gráficos também são muito semelhantes àqueles obtidos com a AD e sugerem que a regressão logística é bastante eficaz na identificação das observações que realmente pertencem ao grupo 1 em nossa amostra de validação.

O comando Score do *Analytic Solver Data Mining* pode ser usado para criar previsões de classificação para novos dados da mesma maneira que foi mostrada anteriormente nas Figuras 10.23 e 10.24 para AD. (Obviamente, aqui usaríamos os resultados de regressão logística armazenados na planilha chamada LogReg_Stored como o modelo armazenado usado para gerar as classificações.) Esses escores resultantes são dados na Figura 10.31. Observe que as previsões de regressão logística para as observações 1 e 4 combinam com aquelas obtidas com o uso da AD (mostrado anteriormente na Figura 10.24). Além disso, enquanto a observação 6 estava classificada no grupo 0 com a AD, a logística para essa observação a coloca mais firmemente no grupo 1.

10.6 *k*-Vizinhos mais próximos

Como o próprio nome sugere, a técnica *k*-vizinhos mais próximos (*k*-VP) identifica as *k* observações nos dados de treinamento que sejam mais similares (ou mais próximas) a uma nova observação que queremos classificar. Então, o novo registro é atribuído ao grupo mais frequente entre os seus *k*-vizinhos mais próximos.

Observe que o algoritmo *k*-VP não faz nenhuma suposição sobre a forma funcional da relação entre a variável dependente do grupo (Y) e as variáveis independentes (x_{i1}, x_{i2}, ..., x_{ip}). Assim, a principal questão na técnica *k*-VP envolve a maneira de quantificar a distância ou a semelhança entre os dois registros com base nos valores das suas variáveis independentes. Embora diversas métricas de distância possam ser usadas, a simplicidade computacional da medida de distância euclidiana faz com que essa seja a escolha mais popular para a técnica *k*-VP, devido ao grande número de medidas de distância exigidas por essa técnica de classificação. Por exemplo, se um conjunto de dados contém 10.000 observações, são necessárias 10.000 medidas de distância para determinar as *k* observações que estão mais próximas a uma única nova observação que está sendo classificada.

FIGURA 10.26
Seleções da guia Data da regressão logística.

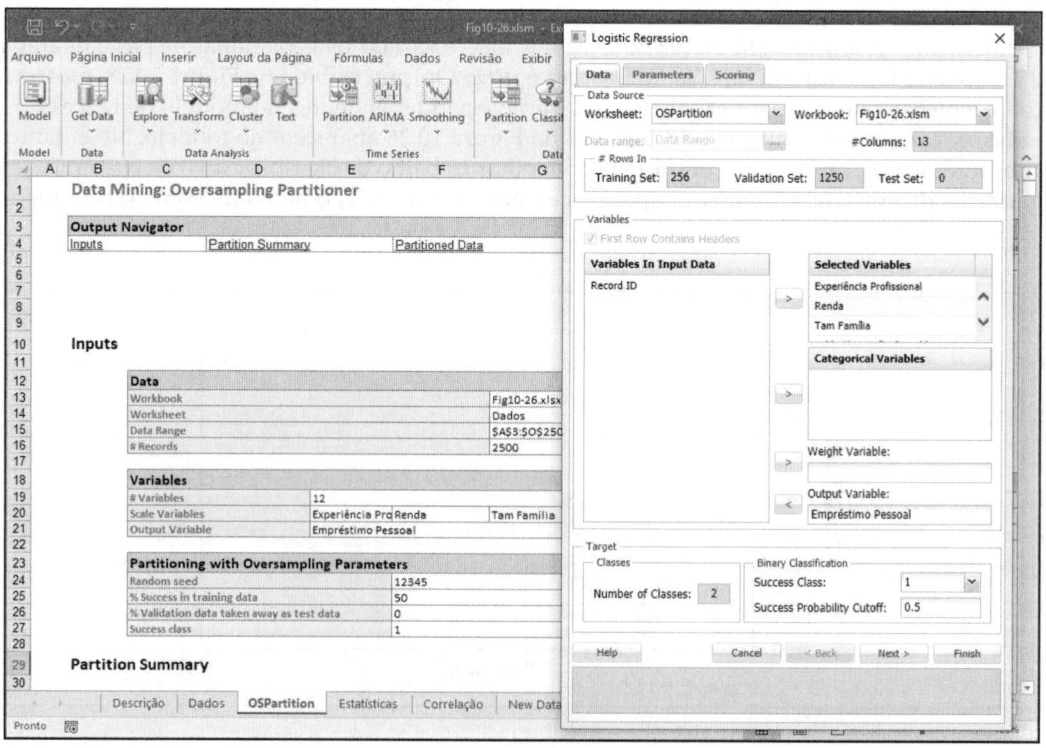

FIGURA 10.27 *Seleções das guias Parameters e Scoring da regressão logística.*

FIGURA 10.28 *Resultados do modelo de regressão logística.*

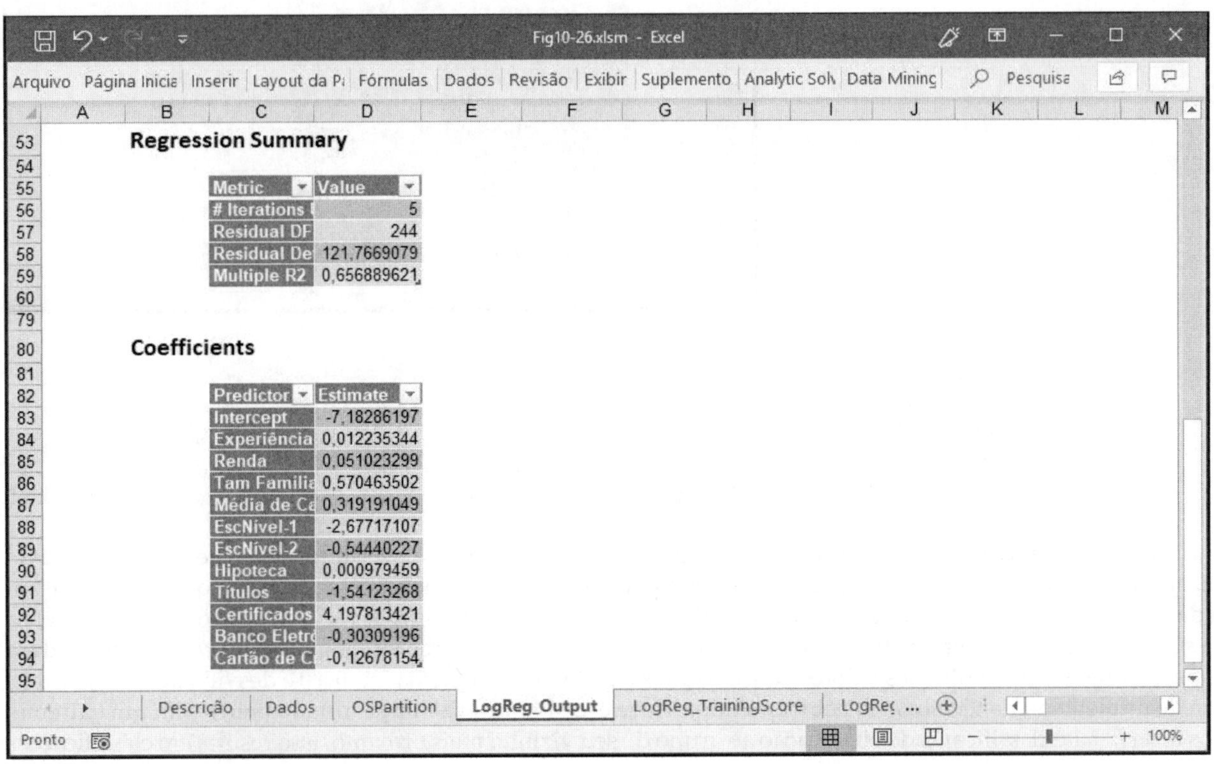

FIGURA 10.29 *Resumo de precisão da regressão logística.*

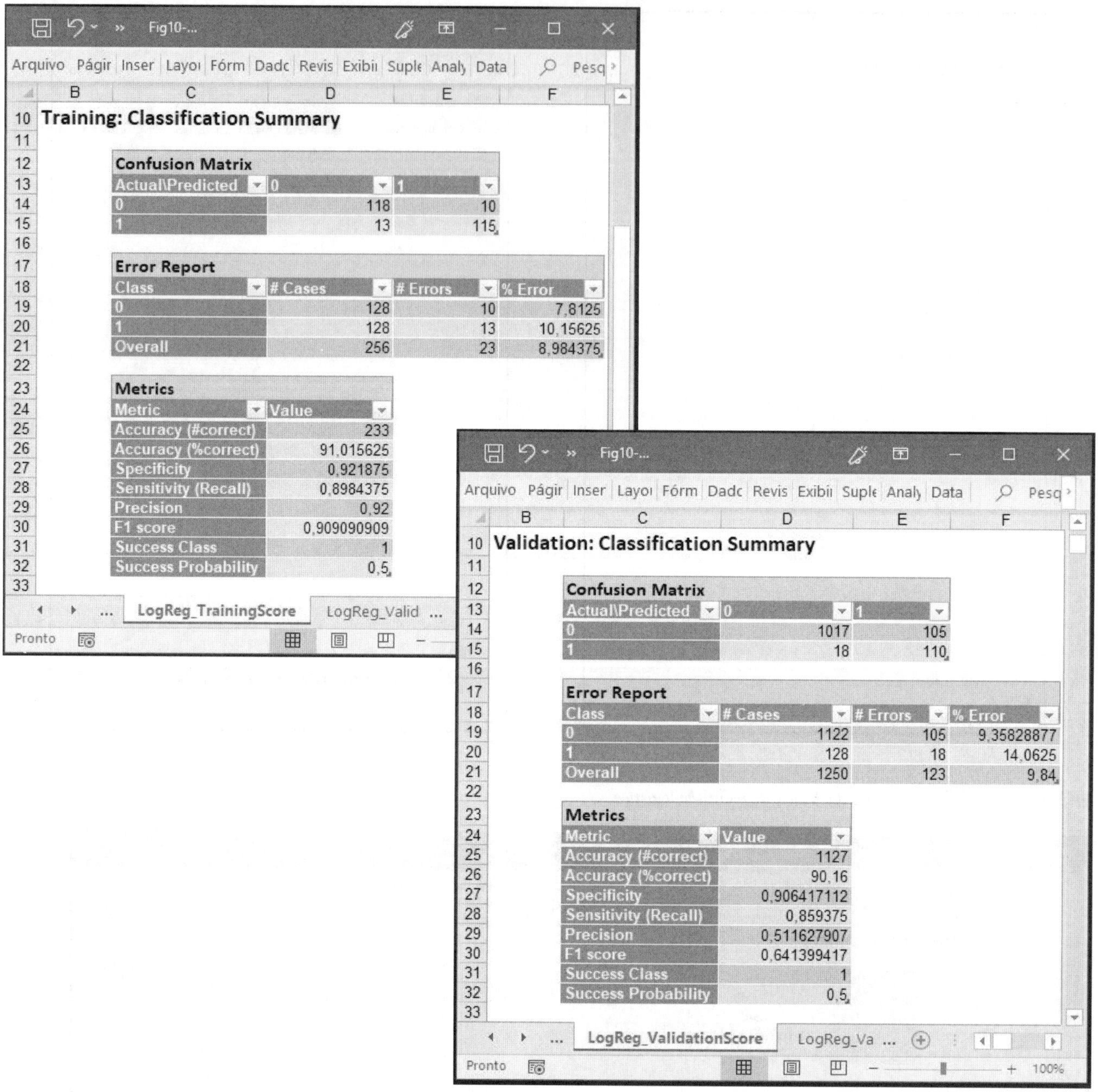

Training: Classification Summary

Confusion Matrix		
Actual\Predicted	0	1
0	118	10
1	13	115

Error Report			
Class	# Cases	# Errors	% Error
0	128	10	7,8125
1	128	13	10,15625
Overall	256	23	8,984375

Metrics	
Metric	Value
Accuracy (#correct)	233
Accuracy (%correct)	91,015625
Specificity	0,921875
Sensitivity (Recall)	0,8984375
Precision	0,92
F1 score	0,909090909
Success Class	1
Success Probability	0,5

Validation: Classification Summary

Confusion Matrix		
Actual\Predicted	0	1
0	1017	105
1	18	110

Error Report			
Class	# Cases	# Errors	% Error
0	1122	105	9,35828877
1	128	18	14,0625
Overall	1250	123	9,84

Metrics	
Metric	Value
Accuracy (#correct)	1127
Accuracy (%correct)	90,16
Specificity	0,906417112
Sensitivity (Recall)	0,859375
Precision	0,511627907
F1 score	0,641399417
Success Class	1
Success Probability	0,5

Lembre-se de que a distância euclidiana entre duas observações $(x_{i1}, x_{i2}, \ldots, x_{ip})$ e $(x_{j1}, x_{j2}, \ldots, x_{jp})$ é dada por:

$$D_{ij} = \sqrt{(x_{i1} - x_{j1})^2 + (x_{i2} - x_{j2})^2 + \cdots + (x_{ip} - x_{jp})^2} \qquad \textbf{10.5}$$

Como as variáveis usadas nessa métrica são geralmente medidas em escalas muito diferentes, é aconselhável padronizar (ou normalizar) todas as variáveis antes de calcular as distâncias euclidianas, de modo que elas não sejam dominadas ou indevidamente influenciadas pela escala ou magnitude das variáveis. (A variável x é padronizada por meio da substituição de cada valor observado x_i por $(x_i - \overline{x})/s_x$, em que $\overline{x}$ e s_x representam a média e o desvio padrão de x, respectivamente. Os resultantes valores padronizados de x terão uma média igual a 0 e desvio padrão igual a 1.)

A fim de implementar a técnica k-VP, obviamente se deve escolher um valor apropriado para k. Em um extremo, podemos fazer $k = 1$ e classificar cada observação ao grupo de seu vizinho mais próximo. Isso resulta em classificações muito sensíveis (e possivelmente superajustadas) às características específicas da amostra de nossos dados de treinamento. No outro extremo, podemos fazer $k = n$ e classificar todas as observações para o grupo mais frequente em nossos dados de treinamento. Claramente, isso inibe a capacidade da técnica de explorar a estrutura e os padrões que possam existir nos dados. A maneira preferida de solução para esse dilema é tentar vários valores de k e escolher aquele que minimiza a taxa de erro em uma amostra de validação. De modo geral, quanto mais complexa e irregular for a estrutura dos dados, menor será o valor ótimo de k. Valores de k normalmente caem na faixa de 1 a 10, e um valor ímpar é frequentemente escolhido na tentativa de evitar empates.

FIGURA 10.30 *Gráficos* lift *e curva ROC para a amostra de validação para a regressão logística.*

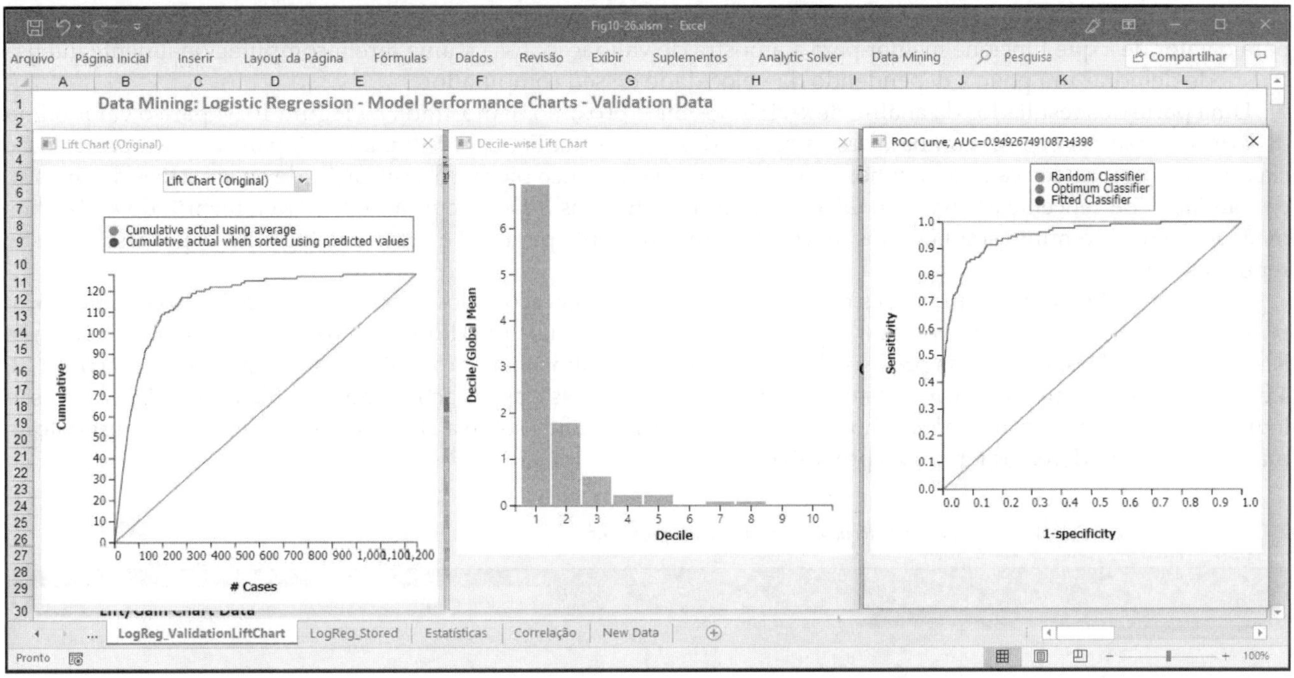

FIGURA 10.31 *Resultados da classificação dos novos dados com regressão logística.*

Scoring

Record ID	Prediction: Empréstimo Pessoal	PostProb: 1	PostProb: 0
Record 1	1	0,704109121	0,295890879
Record 2	0	0,484828654	0,515171346
Record 3	0	0,081823842	0,918176158
Record 4	1	0,94254751	0,05745249
Record 5	0	0,109432794	0,890567206
Record 6	1	0,878969547	0,121030453
Record 7	0	0,144070363	0,855929637
Record 8	0	0,033641548	0,966358452
Record 9	0	0,010494275	0,989505725
Record 10	0	0,099696225	0,900303775

10.6.1 EXEMPLO DE *k*-VIZINHOS MAIS PRÓXIMOS

Para realizar a classificação *k*-vizinhos mais próximos usando o *Analytic Solver Data Mining*, siga estes passos:

1. Clique na planilha OSPartition mostrada na Figura 10.32 (e no arquivo Fig10-32.xlsm, disponível na página deste livro no site da editora).
2. Na guia do *Data Mining*, clique em Classify, *k*-Nearest Neighbors.
3. Faça as seleções da guia Data mostradas na Figura 10.32 e clique em Next.
4. Faça as seleções da guia Parameters mostradas na Figura 10.33 e clique em Next.
5. Faça as seleções da guia Scoring mostradas na Figura 10.33 e clique em Finish.

Observe que as configurações da Figura 10.33 pedem que o *Analytic Solver Data Mining* normalize os dados de entrada. Também se pede que ele tente todos os valores (inteiros) de *k* entre 1 e 10 e forneça classificações (escores) para o valor de *k* que funcione melhor para a amostra de validação. Essa é uma tarefa computacionalmente intensa que pode demorar um pouco, dependendo da velocidade de seu computador.

Uma parte dos resultados da análise de *k*-vizinhos mais próximos é mostrada na Figura 10.34 para o valor ótimo de *k* (nesse caso, $k = 7$). Ao comparar esses resultados com os da Figura 10.19 para AD, parece que a precisão de classificação para a técnica de *k*-vizinhos mais próximos é um pouco pior na classificação de observações da amostra de validação pertencente ao grupo 1. Os resultados dos gráficos *lift* e da curva ROC para a técnica de *k*-vizinhos mais próximos são muito similares aos mostrados anteriormente para AD e regressão logística e, por isso, não são repetidos aqui.

A Figura 10.35 mostra as previsões de grupo para as 10 observações novas obtidas por meio do comando Score do *Analytic Solver Data Mining*, com o modelo de *k*-vizinhos mais próximos armazenado na planilha chamada KNNC_Stored. Observe que as previsões da técnica de *k*-vizinhos mais próximos classificam as observações 1, 2, 4 e 6 como pertencentes ao grupo 1. Isto é um pouco diferente das classificações obtidas utilizando AD e regressão logística. Quanto mais concordância houver entre os classificadores sobre a classificação de uma dada observação, mais confiança poderemos ter nessas previsões.

FIGURA 10.32 *Seleções da guia Data da técnica k-vizinhos mais próximos.*

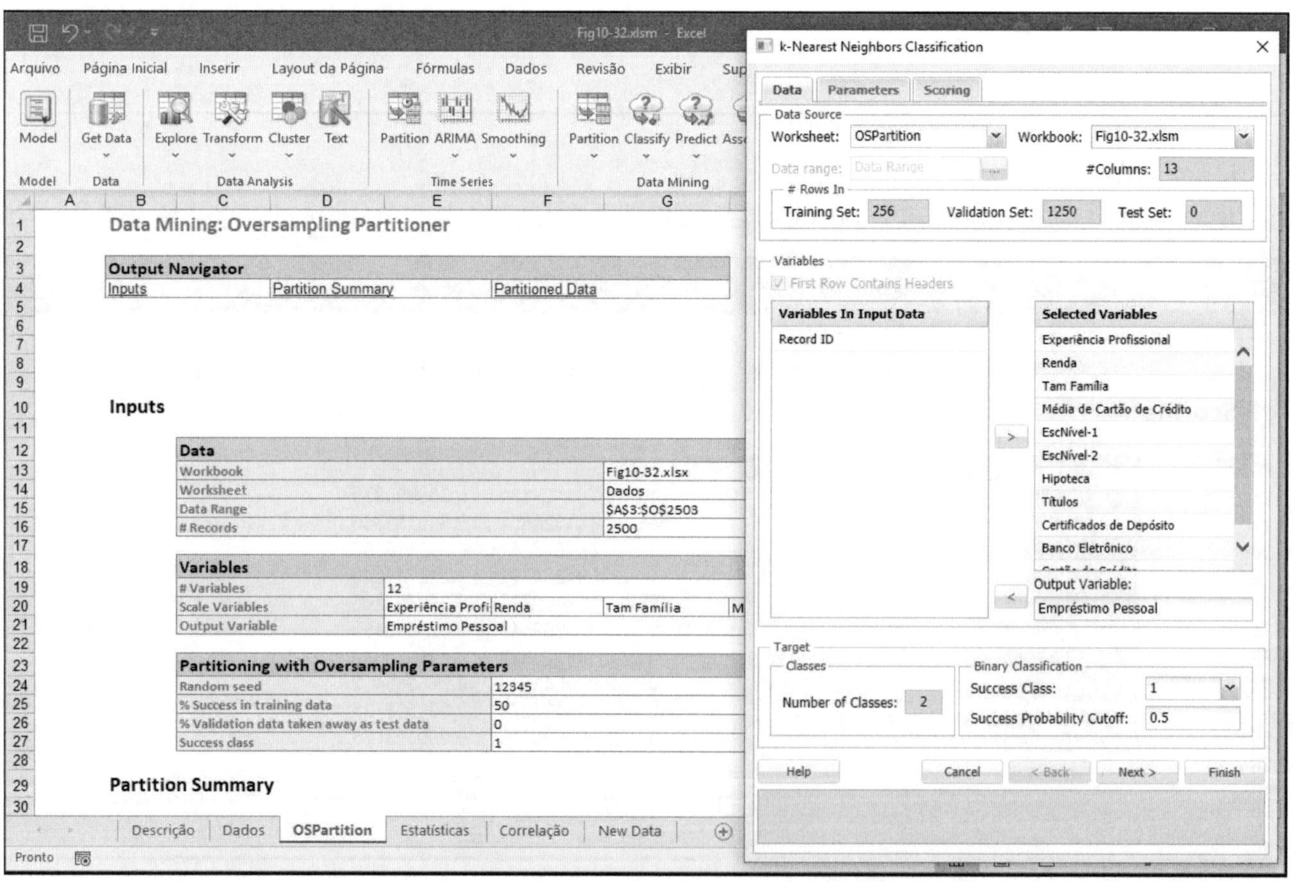

FIGURA 10.33 *Seleções das guias Parameters e Scoring da técnica k-vizinhos mais próximos.*

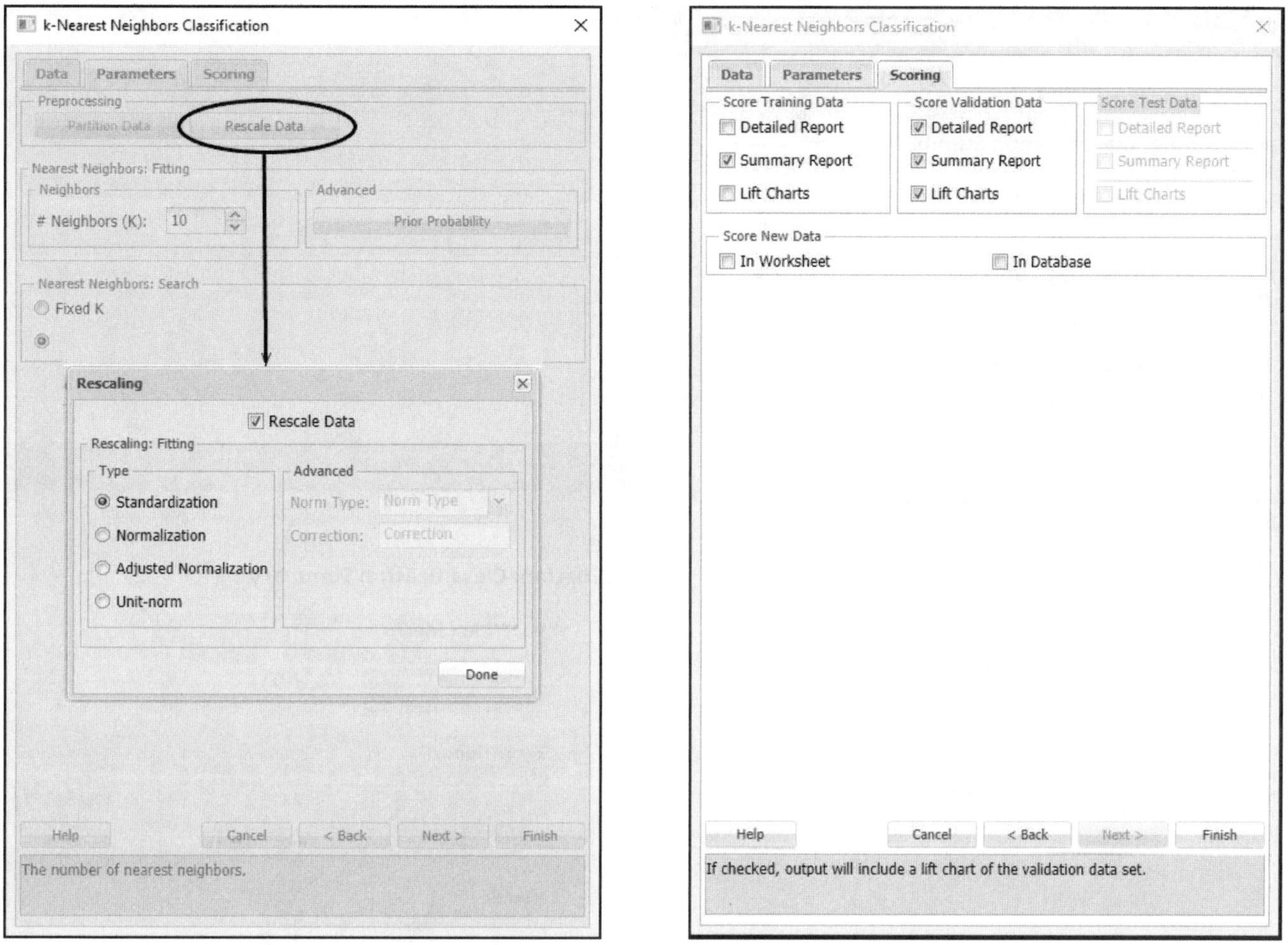

10.7 Árvores de classificação

Uma árvore de classificação é uma representação gráfica de um conjunto de regras para a classificação de observações em dois ou mais grupos. As árvores de classificação usam um processo de classificação hierárquica que consiste em nós divisores e nós terminais para agrupar registros de um conjunto de dados em grupos cada vez mais homogêneos. As árvores de classificação são populares porque as regras de classificação resultantes são muito aparentes e fáceis de interpretar (contanto que as árvores não sejam muito grandes).

A Figura 10.36 mostra uma árvore de classificação hipotética, que classifica 1.400 pessoas que recebem uma oferta de estadia grátis de duas noites em um *resort* de temporada como não aceitantes (0) ou aceitantes (1) com base em informações relacionadas a renda, tamanho da família, anos de escolaridade e escore de crédito. Cada nó circular na árvore representa um nó divisor (ou de decisão), com o número do nó representando o valor de divisão (ou de corte). Cada nó quadrado é um nó terminal, com o número do nó representando o identificador de classe (ou número do grupo) associado a esse nó. As árvores de classificação começam no topo com um nó inicial (ou raiz) e então crescem em uma direção para baixo.

Regras de decisão podem ser extraídas de uma árvore de classificação para descrever como os indivíduos acabam classificados em cada nó terminal. Por exemplo, o ramo mais à esquerda da árvore corresponde à regra de decisão: SE (Renda $\leq$ 65) ENTÃO Classe = 0 (não aceitante). Um total de 1.033 dos 1.400 indivíduos hipotéticos nesse exemplo são enquadrados nesse nó terminal. O restante da árvore mostra como os 367 indivíduos restantes são classificados. Por exemplo, o conjunto de ramos mais à direita da árvore corresponde à regra de decisão: SE (Renda > 65) E (Tamanho da Família > 2,5) E (Renda > 130) ENTÃO Classe = 1 (aceitante). Setenta e oito (78) indivíduos nesse exemplo se enquadram nessa categoria. (Observe que os ramos esquerdos dos nós divisores correspondem aos valores que são menores ou iguais aos valores de divisão nos nós; enquanto os ramos direitos correspondem aos valores que são

FIGURA 10.34 *Resultados da técnica k-vizinhos mais próximos.*

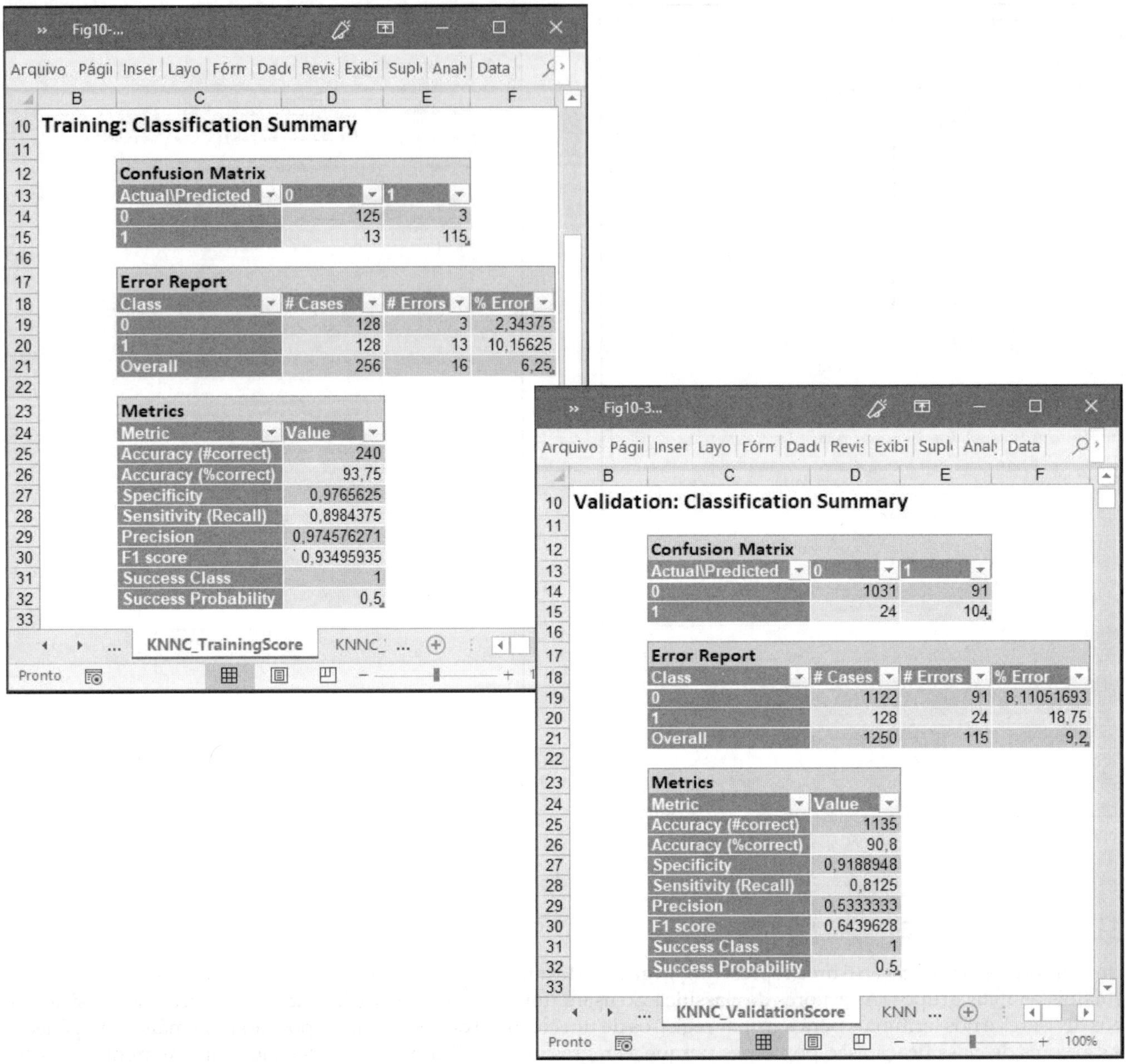

maiores que os valores de divisão nos nós). Após uma árvore de classificação ser construída a partir dos dados de treinamento, novas observações podem ser classificadas seguindo as regras de decisão expressadas na árvore.

O primeiro passo na criação de uma árvore de classificação envolve o particionamento recursivo das variáveis independentes – em que cada partição opera sobre os resultados das partições anteriores. Como ilustrado no exemplo anterior, o particionamento recursivo seleciona primeiramente uma das p variáveis independentes (digamos, x_i) e um valor de x_i (digamos, s_i) para usar como um ponto de divisão. Isso divide o espaço p dimensional em duas partições: uma contendo todas as observações em que $x_i \leq s_i$, e outra com as observações restantes nas quais $x_i > s_i$. Isso resulta em duas partições retangulares p dimensionais. Se qualquer uma das partições resultantes não for homogênea ou "pura" o suficiente, a(s) partição(ões) impura(s) é(são) subdividida(s), novamente escolhendo uma variável independente e um ponto de divisão para essa variável. Esse processo continua, criando partições retangulares p dimensionais cada vez menores até que todo o espaço seja composto de retângulos p dimensionais que sejam puros o suficiente. (Uma partição perfeitamente pura ou homogênea contém um ponto que pertence a um único grupo ou classe. Observe que a pureza ou homogeneidade perfeita não é possível quando as observações pertencentes a grupos diferentes têm exatamente os mesmos valores para todas as variáveis independentes. A pureza perfeita também não é sempre desejável, como será discutido em breve.)

FIGURA 10.35 *Resultados da classificação dos novos dados com a técnica k-vizinhos mais próximos.*

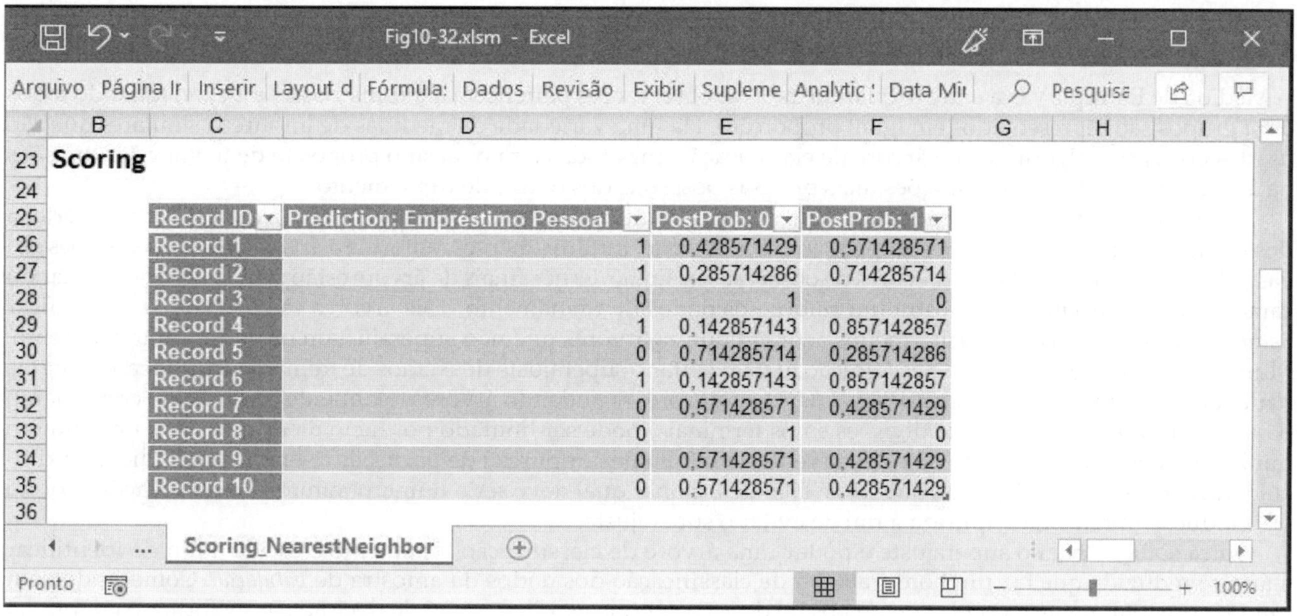

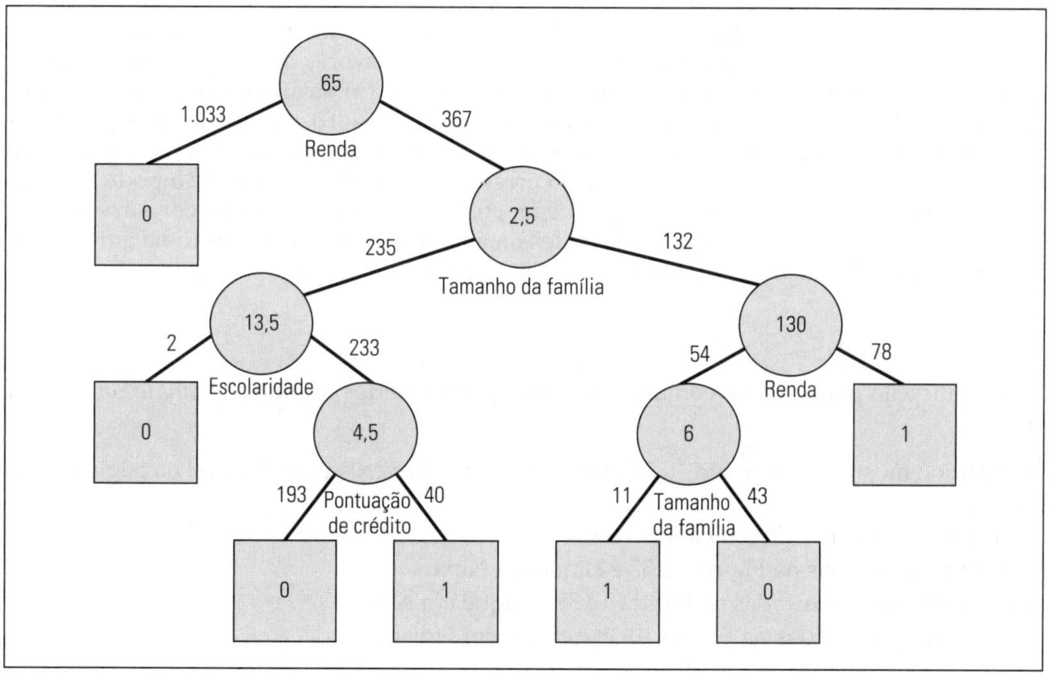

FIGURA 10.36 *Exemplo de uma árvore de classificação.*

Cada vez que uma partição é subdividida, uma variável independente e seu respectivo valor de divisão devem ser escolhidos. Os algoritmos da árvore de classificação normalmente fazem essas escolhas de uma maneira que minimiza a impureza média ponderada das partições resultantes. As maneiras mais comuns de medir a impureza são o Índice Gini e a Medida de Entropia. O Índice Gini para determinada partição j é definido assim:

$$GI_j = 1 - \sum_{k=1}^{m} p_k^2 \qquad \textbf{10.6}$$

em que p_k é a proporção das observações na partição j que pertence ao grupo k. Se todas as observações na partição j pertencerem ao mesmo grupo, o seu Índice Gini será 0 – indicando pureza perfeita. Alternativamente, quando todos os m grupos são representados em igual proporção na partição j, seu Índice Gini atingirá seu valor máximo de $(m-1)/m$.

De maneira similar, a Medida de Entropia para determinada partição j é definida assim:

$$EM_j = -\sum_{k=1}^{m} p_k log_2(p_k) \tag{10.7}$$

A Medida de Entropia varia entre 0 (quando todas as observações pertencem à mesma classe) e $log_2(m)$ (quando todos os m grupos são representados em igual proporção). Há uma variedade de medidas de impureza similares que são usadas por vários algoritmos de árvore de classificação, mas todas têm o mesmo propósito de tentar criar divisões na árvore que resultem nas partições mais precisas possíveis dos dados de treinamento.

As árvores de classificação criadas por meio de um conjunto de dados de treinamento com a meta de pureza perfeita dos nós terminais são obviamente propensas ao superajuste. Intuitivamente, conforme a árvore cresce, as divisões são baseadas em números cada vez menores de observações. Então, os nós finais da árvore estão provavelmente ajustando características específicas à amostra (ou ruído) nos dados de treinamento. Tais árvores são propensas a classificar as novas observações de maneira menos acurada que as árvores que não superajustam os dados de treinamento. Muitos algoritmos de árvore de classificação tentam evitar o superajuste dos dados de treinamento utilizando regras heurísticas de parada para limitar o crescimento da árvore ou podando árvores totalmente crescidas. O crescimento da árvore (ou seja, o número de divisões e nós terminais) pode ser limitado por meio da exigência de um número mínimo de observações por nó ou de uma redução mínima na impureza de partições a serem subdivididas. A dificuldade com essas abordagens é que não é fácil determinar qual deve ser o número mínimo de observações por nó ou a redução mínima na impureza a fim de evitar o superajuste.

Outra solução para o superajuste é podar uma árvore de classificação totalmente crescida a fim de identificar a árvore reduzida que faz um bom trabalho de classificação dos dados da amostra de *validação*. Começando com uma árvore totalmente crescida com D nós de decisão, a poda escolhe um nó de decisão e transforma-o em um nó terminal, resultando em uma árvore com $D - 1$ nós de decisão. O nó de decisão eliminado é escolhido para que a árvore resultante (com $D - 1$ nós de decisão) ajuste ou classifique os dados de treinamento com a maior precisão possível. Esse processo é então repetido, criando uma sequência de árvores sucessivamente menores até que a última árvore consista em apenas um único nó raiz. Com base nessa sequência de árvores de classificação possíveis, podemos identificar aquela que produz a menor taxa de classificação errônea (erro) na amostra de validação. Em teoria, a poda deveria ajudar a identificar uma árvore que captura os verdadeiros padrões generalizáveis presentes nos dados de treinamento, ignorando o ruído (ou anomalias específicas à amostra) nos dados. Claro, a seleção de uma árvore de classificação que minimiza o erro de classificação errônea nos dados de validação pode resultar em uma árvore enviesada para o ruído nesses dados. Para se proteger contra isso, pode-se selecionar a árvore com um número de nós de decisão um "pouco" menor que os presentes na árvore que minimiza o erro na amostra de validação, mas não há uma maneira certa de determinar quão menor esses nós devem ser.

10.7.1 EXEMPLO DE ÁRVORE DE CLASSIFICAÇÃO

Para criar uma árvore de classificação para o nosso conjunto de dados particionados usando o *Analytic Solver Data Mining*, siga estes passos:

1. Clique na planilha OSPartition mostrada na Figura 10.37 (e no arquivo Fig10-37.xlsm, disponível na página deste livro no site da editora).
2. Na guia *Data Mining*, clique em Classify, Classification Tree.
3. Faça as seleções da guia Data mostradas na Figura 10.37 e clique em Next.
4. Faça as seleções da guia Parameters mostradas na Figura 10.38 e clique em Next.
5. Faça as seleções da guia Scoring mostradas na Figura 10.38 e clique em Finish.

Para evitar o superajuste, também especificamos que todos os nós só podem ser divididos se contiverem pelo menos 13 registros. Isso garante que cada nó terminal contenha pelo menos 5% das observações da amostra de treinamento (porque $0{,}05 \times 256 = 12{,}8$). Tal como acontece com muitas técnicas de *data mining*, não há uma única maneira correta de evitar o superajuste, e, normalmente, seriam experimentados vários valores para o número de registros em cada nó terminal a fim de determinar um valor que forneça bons resultados preditivos.

Uma parte dos resultados da árvore de classificação é mostrada na Figura 10.39. Ao comparar esses resultados com os da Figura 10.19 para AD, parece que a precisão de classificação para a técnica da árvore de classificação é consideravelmente melhor nas amostras de treinamento e de validação que a de qualquer uma das técnicas consideradas anteriormente. A técnica da árvore de classificação seleciona corretamente aproximadamente 97% e 89% das observações do grupo 1 nas amostras de treinamento e validação, respectivamente, e classifica incorretamente menos do que 4% das observações do grupo 0 em ambas amostras. Claro, as árvores de classificação nem sempre funcionam tão bem ou são a melhor técnica de classificação a ser usada.

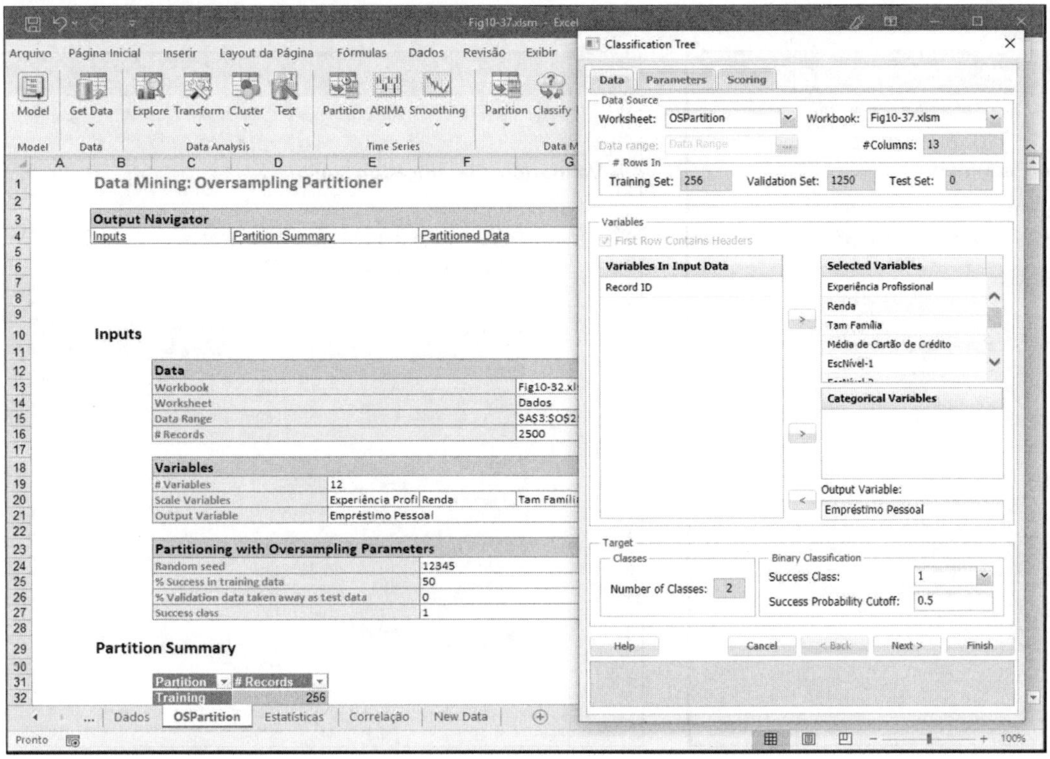

FIGURA 10.37 *Seleções da guia Data de classificação.*

FIGURA 10.38 *Seleções das guias Parameters e Scoring da árvore de classificação.*

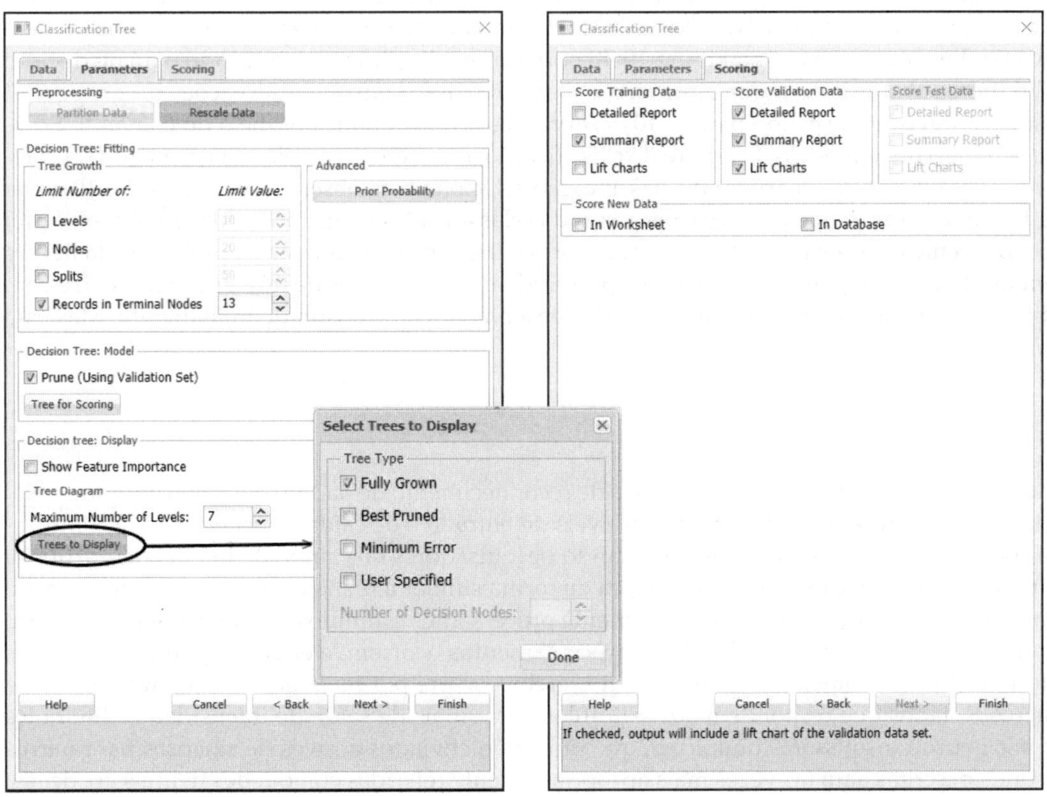

FIGURA 10.39 *Resultados da árvore de classificação.*

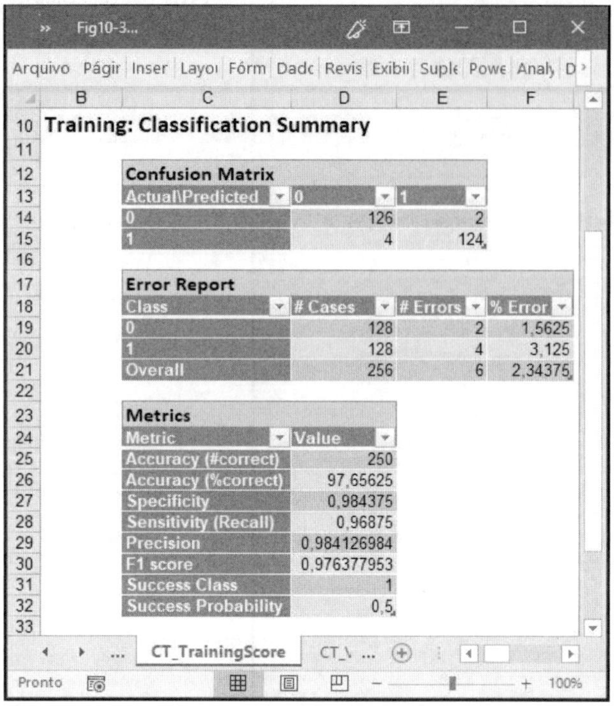

Training: Classification Summary

Confusion Matrix

Actual\Predicted	0	1
0	126	2
1	4	124

Error Report

Class	# Cases	# Errors	% Error
0	128	2	1,5625
1	128	4	3,125
Overall	256	6	2,34375

Metrics

Metric	Value
Accuracy (#correct)	250
Accuracy (%correct)	97,65625
Specificity	0,984375
Sensitivity (Recall)	0,96875
Precision	0,984126984
F1 score	0,976377953
Success Class	1
Success Probability	0,5

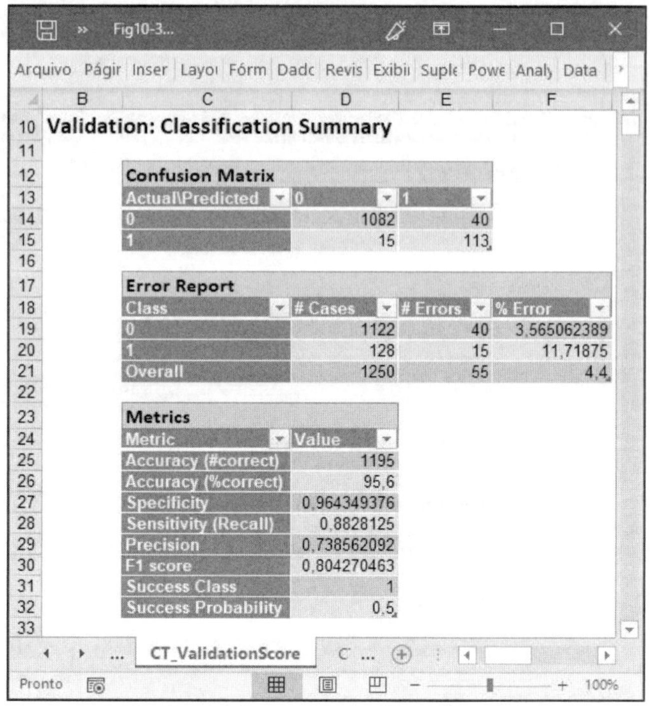

Validation: Classification Summary

Confusion Matrix

Actual\Predicted	0	1
0	1082	40
1	15	113

Error Report

Class	# Cases	# Errors	% Error
0	1122	40	3,565062389
1	128	15	11,71875
Overall	1250	55	4,4

Metrics

Metric	Value
Accuracy (#correct)	1195
Accuracy (%correct)	95,6
Specificity	0,964349376
Sensitivity (Recall)	0,8828125
Precision	0,738562092
F1 score	0,804270463
Success Class	1
Success Probability	0,5

A Figura 10.40 mostra a árvore de classificação construída pelo *Analytic Solver Data Mining* para esse exemplo com o pseudocódigo anotado mostrando as regras de decisão que correspondem à árvore. A árvore de classificação (e pseudocódigo) também mostra o número de observações da amostra de treinamento que são colocadas em cada categoria. Observe também que a árvore na Figura 10.40 poderia ser simplificada, omitindo o nó de decisão Média de Cartão de Crédito e substituindo-o por um único nó terminal associado às observações do grupo 0.

A Figura 10.41 mostra as previsões de grupo para as 10 observações novas obtidas por meio do comando Score do *Analytic Solver Data Mining*, com o modelo de árvore de classificação armazenado na planilha chamada CT_Stored. Observe que as previsões da técnica da árvore de classificação selecionam as observações 1, 2, 3, 4 e 10 como pertencentes ao grupo 1, enquanto as demais observações são todas classificadas no grupo 0. Algumas dessas previsões são notadamente diferentes daquelas das técnicas anteriores. Claro, provavelmente as previsões da árvore de classificação também mudariam um pouco se tivéssemos permitido que as divisões de nós terminais ocorressem utilizando algum crédito diferente de conter pelo menos 5% das observações da amostra de treinamento. Mas essa é a natureza do *data mining*.

10.8 Redes neurais

As redes neurais são muitas vezes descritas como uma técnica de reconhecimento de padrão que tenta aprender qual (se houver alguma) relação existe entre um conjunto de variáveis de entrada e de saída. O aspecto de "aprendizagem" das redes neurais pode ser atribuído à sua origem, quando pesquisadores no campo da inteligência artificial tentavam criar dispositivos de computação que funcionassem de forma similar à maneira como o cérebro humano trabalha ou aprende. Em um nível muito elevado, constantemente processamos estímulos captados por nossos cinco sentidos que são passados a nossos cérebros, onde vários processamentos ocorrem, e então respondemos a esses estímulos de alguma forma. O processamento de estímulos no cérebro ocorre por meio de um conjunto de neurônios massivamente interconectados que respondem aos estímulos com sinais de saída de intensidades diferentes (excitados ou inibidos por neurotransmissores químicos), que são então enviados através de sinapses para outros neurônios. As redes neurais descritas aqui (às vezes mais apropriadamente referidas como redes neurais artificiais) são programas de computador relativamente crus e simplificados modelados de acordo com essa incrivelmente complexa e eficaz arquitetura computacional fisiológica do cérebro.

FIGURA 10.40 *Árvore de classificação.*

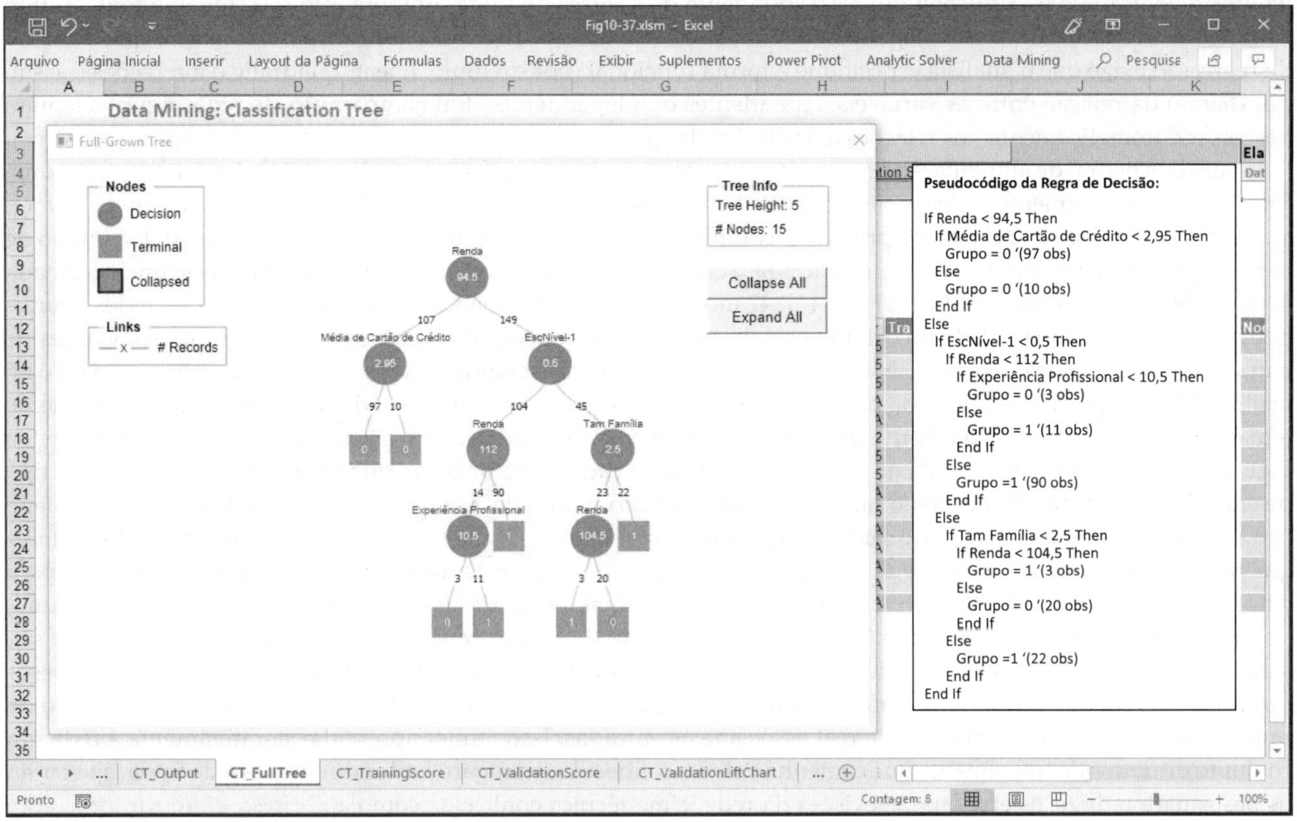

FIGURA 10.41 *Resultados da classificação dos novos dados usando a árvore de classificação.*

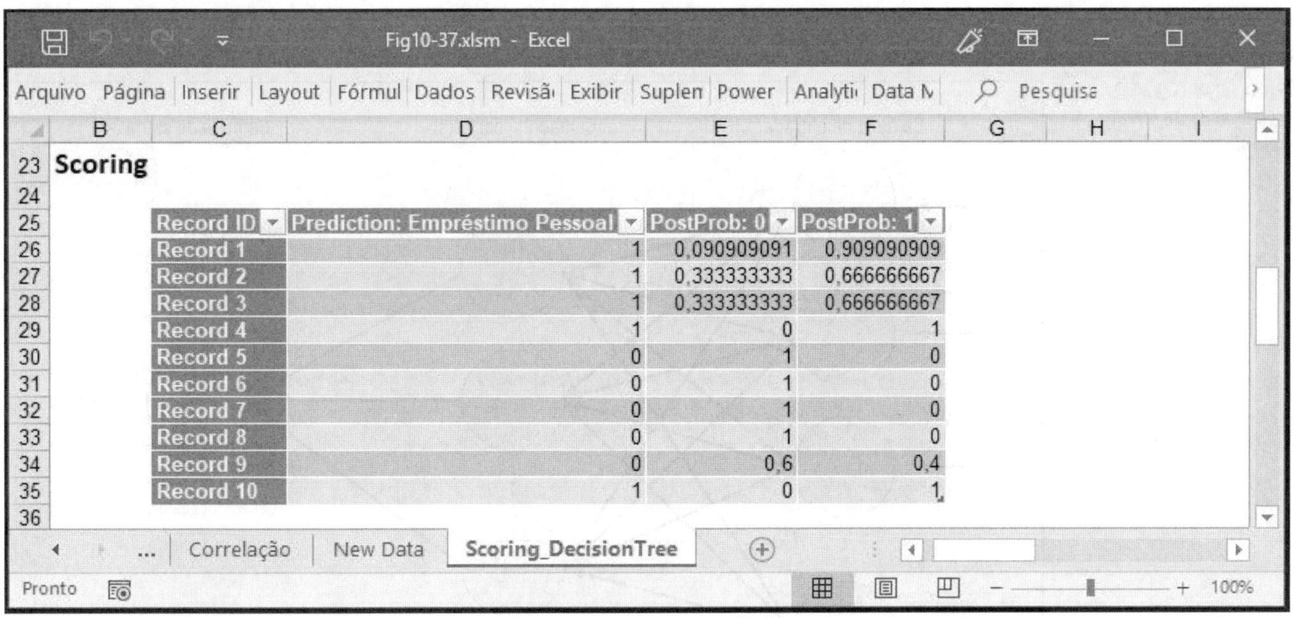

Scoring

Record ID	Prediction: Empréstimo Pessoal	PostProb: 0	PostProb: 1
Record 1	1	0,090909091	0,909090909
Record 2	1	0,333333333	0,666666667
Record 3	1	0,333333333	0,666666667
Record 4	1	0	1
Record 5	0	1	0
Record 6	0	1	0
Record 7	0	1	0
Record 8	0	1	0
Record 9	0	0,6	0,4
Record 10	1	0	1

A ideia básica por trás das redes neurais é identificar uma função que mapeie acuradamente um conjunto de valores de entrada para um conjunto correspondente de valores de saída. Embora isso seja, mentalmente, muito similar a outras técnicas de modelagem estatística, como a análise de regressão, a principal diferença é que a análise de regressão exige que o analista especifique a forma funcional (por exemplo: linear, quadrática, interações e assim por diante) da relação entre as variáveis dependentes e independentes. Em comparação, as redes neurais tentam descobrir automaticamente tais relações a partir dos dados.

Uma rede neural de alimentação progressiva, ou *feedforward* (o único foco desta discussão), é essencialmente uma função $f(\,)$ de mapeamento que associa um registro de entrada $x_{i1}, x_{i2}, \ldots, x_{ip}$ a um valor de saída y_i na forma $y_i = f(x_{i1}, x_{i2}, \ldots, x_{ip})$. A Figura 10.42 ilustra os principais componentes desse tipo de dispositivo computacional. Há um nó de entrada para cada uma das p variáveis de entrada, e cada valor de entrada é enviado para cada nó na primeira camada oculta sobre um arco ponderado. (A Figura 10.42 mostra uma única camada oculta, mas, em geral, as redes neurais podem ter mais de uma.) Cada nó oculto i calcula sua entrada de rede N_i como a soma ponderada dos valores de entrada que fluem para ele via $N_i = b_i + \Sigma_k a_{ik} x_{ik}$, em que b_i é uma constante que representa um valor de viés para o nó oculto i. Uma resposta R_i é calculada para cada nó oculto i. Isso pode ser feito de várias maneiras, mas normalmente tem a forma de $R_i = (1 + \text{EXP}(-N_i))^{-1}$, que assume uma forma sigmoidal, como aquela mostrada anteriormente na Figura 10.25. A resposta R_i de cada nó oculto é enviada para cada nó na próxima camada oculta, onde o mesmo tipo de entrada ponderada e resposta são calculados para cada nó na camada. Esse processo é repetido para cada camada oculta na rede. Finalmente, o nó de saída calcula sua saída y_i como alguma função da soma ponderada dos valores que fluem para ele via $y_i = b_i + \Sigma_k a_{ik} R_k$, em que novamente b_i é uma constante que representa um valor de viés para o nó de saída. (A Figura 10.42 mostra um único nó de saída, mas, em geral, as redes neurais podem ter mais de um.)

O objetivo de uma rede neural é "aprender" e ser capaz de prever com precisão os valores de saída que são associados a determinado conjunto de valores de entrada. Essa aprendizagem ocorre por meio do ajuste dos pesos nos arcos da rede, de forma que, para determinado conjunto de valores de entrada, o valor de saída estimado da rede neural se aproxime bem da saída real associada às entradas. Isso requer apresentar iterativamente à rede um conjunto de dados de treinamento que contenha valores conhecidos e emparelhados de entrada e de saída, ajustando os pesos para reduzir os erros nas previsões da rede. Uma técnica conhecida como **algoritmo de retropropagação** (*backpropagation*) é muitas vezes usada durante esse processo de treinamento para ajustar os pesos em uma rede neural.

Para criar uma rede neural para determinado problema, um analista deve decidir quantas camadas ocultas e quantos nós deve usar em cada uma delas. Infelizmente, não há respostas definitivas para essas questões, então é preciso confiar na tentativa e erro ou nos padrões oferecidos pela maioria dos pacotes de software de redes neurais. Geralmente, uma única camada oculta é apropriada para a captura de relações bem complexas em um conjunto de

FIGURA 10.42
Exemplo de uma rede neural.

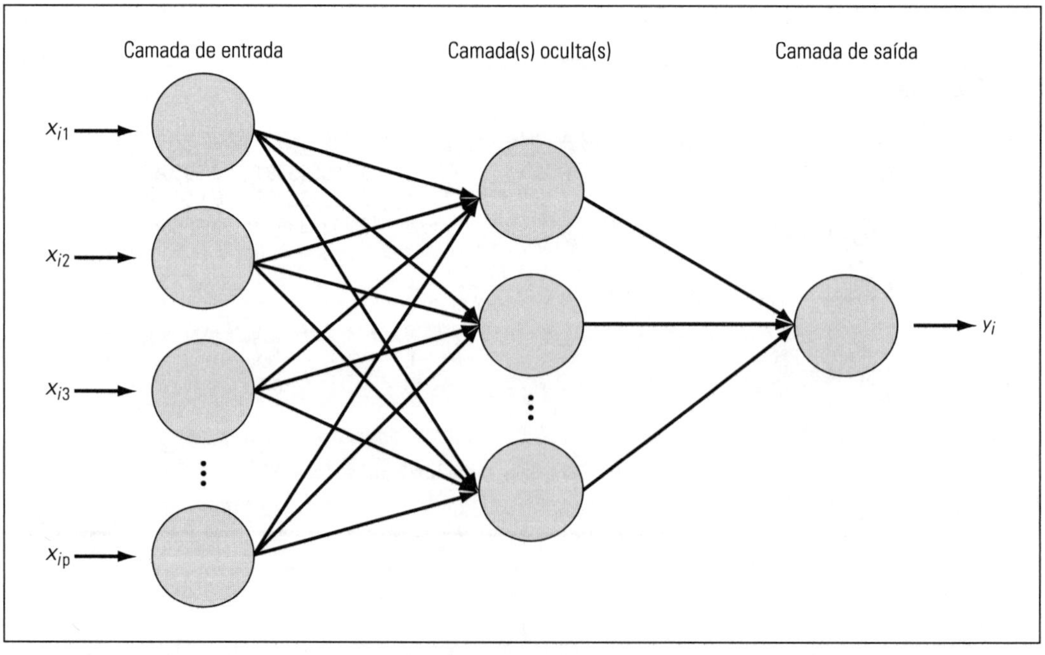

dados. O número de nós nas camadas ocultas também causa um impacto no nível de complexidade captado por uma rede neural. No entanto, como se pode esperar, a presença de muitos nós pode resultar em superajuste dos dados, enquanto poucos nós podem ser inadequados para modelar relações mais complexas. Uma heurística comum é usar p nós ocultos (em que p é o número de variáveis de entrada) e, gradualmente, aumentar e diminuir esse número verificando eventuais superajustes com a amostra de validação (da mesma maneira que a poda pode ser usada nas árvores de classificação).

Muitas vezes, também há escolhas que podem ser feitas em relação ao número de nós de saída em uma rede neural. Para um problema de classificação de dois grupos ($m = 2$), um único nó pode ser usado com um valor de corte para fins de classificação. Para problemas de classificação com mais de dois grupos ($m > 2$), a variável de saída nos dados de treinamento poderia ser convertida em m variáveis binárias, e m nós de saída poderiam ser usados na rede neural com observações sendo classificadas no grupo associado ao nó de saída com o maior valor de resposta.

10.8.1 EXEMPLO DE REDE NEURAL

Para criar uma rede neural para o nosso conjunto de dados particionados usando o *Analytic Solver Data Mining*, siga estes passos:

1. Clique na planilha OSPartition mostrada na Figura 10.43 (e no arquivo Fig10-43.xlsm, disponível na página deste livro no site da editora).
2. Na guia do *Data Mining*, clique em Classify, Neural Network, Manual Network.
3. Faça as seleções da guia Data mostradas na Figura 10.43 e clique em Next.
4. Faça as seleções da guia Parameters mostradas na Figura 10.44 e clique em Next.
5. Faça as seleções da guia Scoring mostradas na Figura 10.44 e clique em Finish.

Observe que a guia Parameters, da caixa de diálogo na Figura 10.44, oferece várias seleções relacionadas à arquitetura da rede, opções de treinamento e regras de interrupção. No exemplo mostrado, especificamos manualmente

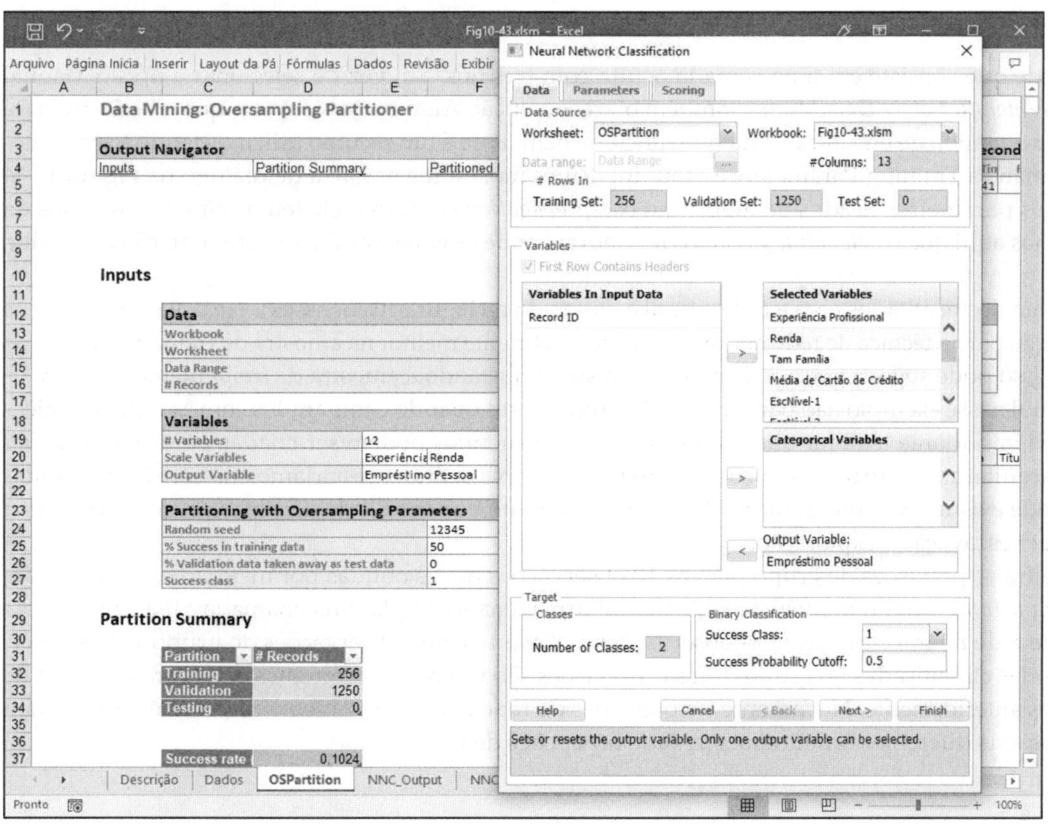

FIGURA 10.43
Seleções da guia Data da rede neural.

FIGURA 10.44 *Seleções das guias Parameters e Scoring da rede neural.*

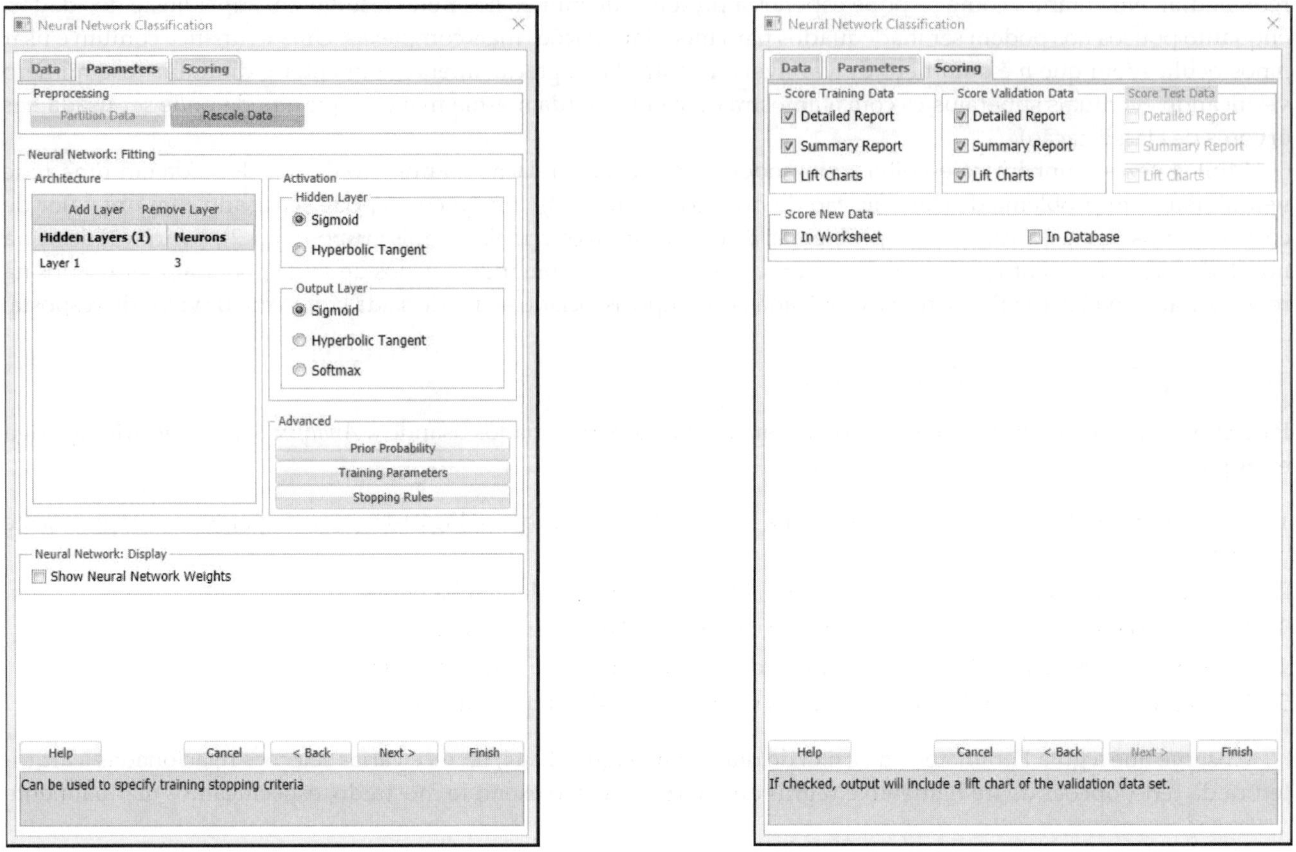

uma arquitetura de rede que consiste em uma camada oculta com três nós. Em vez de selecionar a opção Manual Network no Passo 2, o *Analytic Solver Data Mining* também oferece a opção Automatic Network, que criará e treinará várias redes neurais na tentativa de encontrar uma que funcione bem. Esse é um recurso útil, mas tende a ser demorado. Os botões de comando Training Parameters e Stopping Rules mostrados na caixa de diálogo na Figura 10.44 permitem alterar vários parâmetros usados no algoritmo *backpropagation* conforme ele tenta otimizar os pesos da rede. Novamente, vemos aqui que o *data mining* com redes neurais pode envolver muita experimentação e trabalho por parte do analista.

Uma parte do resumo dos resultados para a rede neural é mostrada na Figura 10.45. Esses resultados sugerem que a precisão de classificação para a técnica de rede neural é consideravelmente melhor na amostra de treinamento que na amostra de validação. Isso pode sugerir que a rede neural está superajustando a amostra de treinamento. Embora os resultados da rede neural nesse exemplo não pareçam muito promissores quando comparados com as outras técnicas que experimentamos, é importante lembrar que muitas outras redes neurais podem ser criadas para esse conjunto de dados variando a arquitetura de rede e as opções de treinamento. Na prática, gostaríamos de considerar muitas dessas redes, já que pode existir uma configuração de rede neural muito boa que ainda não encontramos. Mais uma vez, o *data mining* requer escavação e exploração.

A Figura 10.46 mostra as previsões de grupo para as 10 observações novas obtidas por meio do comando Score do *Analytic Solver Data Mining*, com o modelo de rede neural armazenado na planilha chamada NNC_Stored. As previsões da técnica de rede neural classificam as observações 1, 7, 9 e 10 como observações do grupo 1, e as observações restantes são todas classificadas no grupo 0. Essas previsões são um pouco diferentes das outras técnicas de classificação abordadas anteriormente. Novamente, as previsões da rede neural provavelmente também mudariam um pouco se fossem usadas diferentes arquiteturas de rede ou opções de treinamento.

FIGURA 10.45 *Resultados da rede neural.*

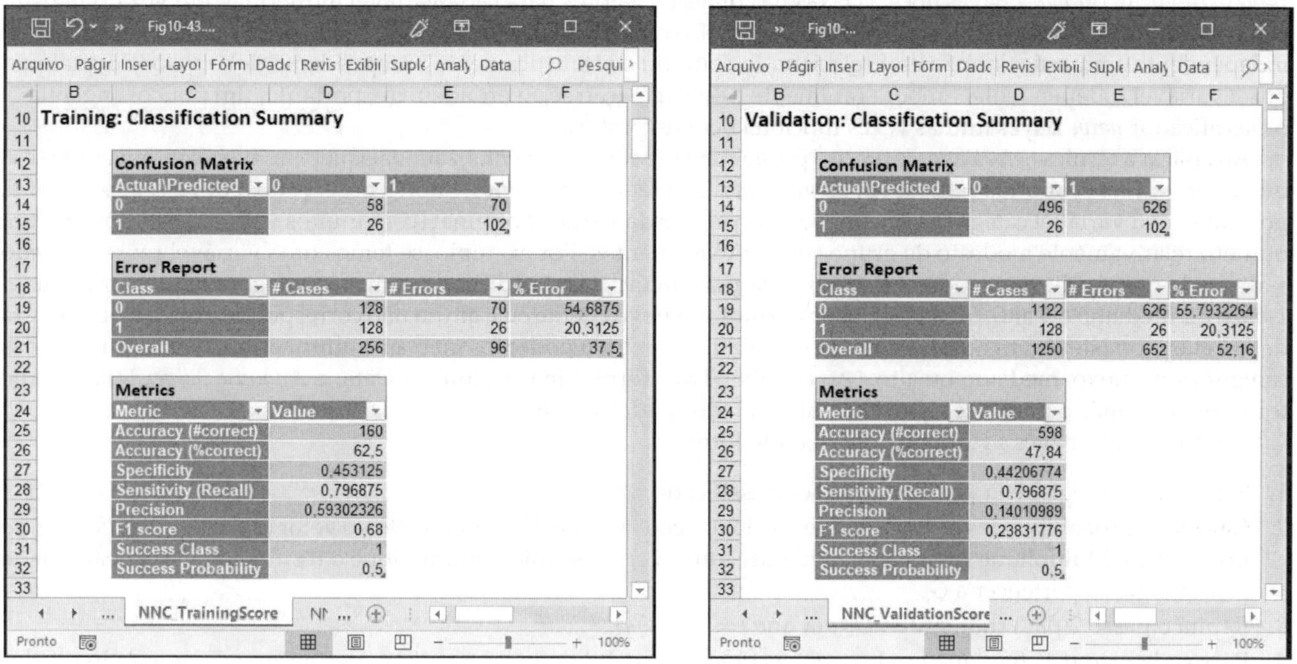

Training: Classification Summary

Confusion Matrix		
Actual\Predicted	0	1
0	58	70
1	26	102

Error Report			
Class	# Cases	# Errors	% Error
0	128	70	54,6875
1	128	26	20,3125
Overall	256	96	37,5

Metrics	
Metric	Value
Accuracy (#correct)	160
Accuracy (%correct)	62,5
Specificity	0,453125
Sensitivity (Recall)	0,796875
Precision	0,59302326
F1 score	0,68
Success Class	1
Success Probability	0,5

Validation: Classification Summary

Confusion Matrix		
Actual\Predicted	0	1
0	496	626
1	26	102

Error Report			
Class	# Cases	# Errors	% Error
0	1122	626	55,7932264
1	128	26	20,3125
Overall	1250	652	52,16

Metrics	
Metric	Value
Accuracy (#correct)	598
Accuracy (%correct)	47,84
Specificity	0,44206774
Sensitivity (Recall)	0,796875
Precision	0,14010989
F1 score	0,23831776
Success Class	1
Success Probability	0,5

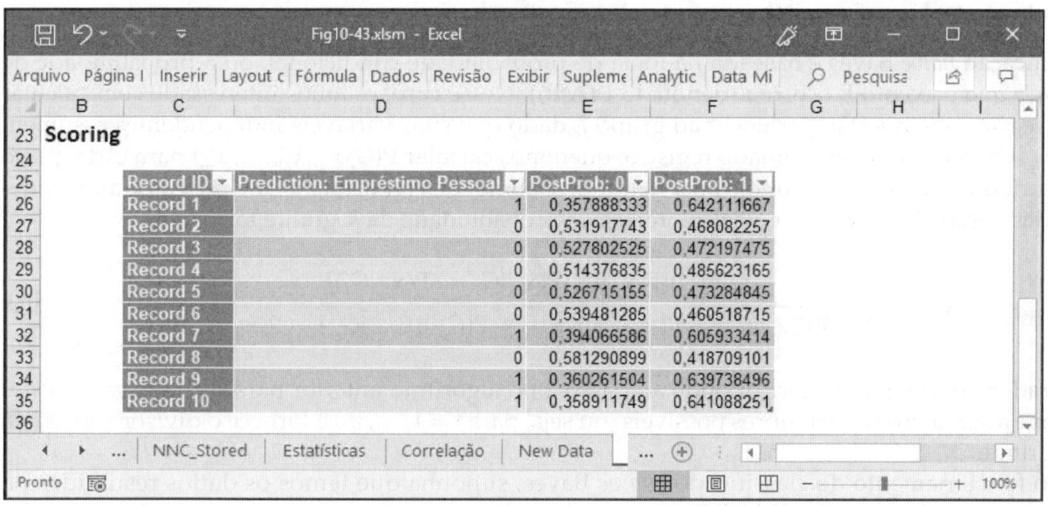

Scoring

Record ID	Prediction: Empréstimo Pessoal	PostProb: 0	PostProb: 1
Record 1	1	0,357888333	0,642111667
Record 2	0	0,531917743	0,468082257
Record 3	0	0,527802525	0,472197475
Record 4	0	0,514376835	0,485623165
Record 5	0	0,526715155	0,473284845
Record 6	0	0,539481285	0,460518715
Record 7	1	0,394066586	0,605933414
Record 8	0	0,581290899	0,418709101
Record 9	1	0,360261504	0,639738496
Record 10	1	0,358911749	0,641088251

FIGURA 10.46 *Resultados da classificação dos novos dados usando a rede neural.*

10.9 Bayes ingênuo (*naïve*)

Outra abordagem para classificar um novo registro de origem desconhecida é encontrar registros idênticos em nossa amostra de treinamento, determinar a qual grupo a maioria desses registros pertence e atribuir o novo registro ao mesmo grupo. Embora essa estratégia simples (conhecida como classificador bayesiano completo ou exato) tenha um considerável apelo intuitivo, ela sofre uma série de problemas práticos. Em primeiro lugar, se qualquer uma das variáveis independentes for contínua, é extremamente improvável que haverá registros idênticos. Em segundo, mesmo com um número relativamente pequeno de variáveis independentes, não há garantia de que cada registro a ser classificado tenha uma correspondência exata. Por exemplo, se há oito variáveis independentes com quatro categorias por variável, há um total de $4^8 = 65.536$ registros distintos possíveis. Uma amostra com menos de 65.536 registros não pode conter todos os registros possíveis; e uma amostra com muito mais que 65.536 registros não necessariamente irá conter todos os registros possíveis.

Por causa das dificuldades que podem surgir na busca de combinações exatas para um novo registro, a técnica **Bayes ingênuo**, ou *naïve* Bayes, foca as taxas nas quais os valores para cada variável individual (em vez do registro como um todo) se enquadram em cada grupo. Ou seja, o classificador *naïve* Bayes assume que o valor de uma variável independente em particular não está relacionado com (ou é estatisticamente independente de) o valor de qualquer outra variável independente. Embora raramente essa suposição seja verdadeira (e, portanto, um pouco "ingênua"), o classificador *naïve* Bayes muitas vezes funciona bem na prática.

Ao aplicar a técnica *naïve* Bayes, é preciso primeiramente compartimentalizar quaisquer variáveis contínuas. Ou seja, qualquer variável contínua (e também as variáveis discretas com *muitos* valores observados) deve ser substituída por uma nova variável categórica que mapeia os valores da variável original (com muitos valores distintos) em um número relativamente modesto de grupos ou compartimentos. Por exemplo, se temos uma variável representando a altura de nossos clientes, podemos substituí-la por uma variável codificada com três categorias que representam 1-baixo, 2-mediano e 3-alto. Se, então, encontrarmos um novo cliente cuja altura não corresponde exatamente à altura de um cliente existente em nossa amostra de treinamento, ainda podemos mapear a altura desse cliente em uma das categorias de baixo, mediano ou alto. (Ao escolher Transform, Bin Continuous Data, o *Analytic Solver Data Mining* fornece um utilitário para a compartimentalização dos dados contínuos.)

A técnica *naïve* Bayes é resumida da seguinte forma:

1. Selecione um registro $(x_{i1}, x_{i2}, \ldots, x_{ip})$ a ser classificado.
2. Calcule as probabilidades individuais de o valor de cada variável independente no vetor $(x_{i1}, x_{i2}, \ldots, x_{ip})$ ocorrer no grupo j (G_j). Multiplique essas probabilidades entre si e, em seguida, multiplique o resultado pela probabilidade de um registro pertencer a G_j.
3. Repita o passo 2 para cada grupo G_j (em que $j = 1, \ldots, m$).
4. Para cada grupo G_j (em que $j = 1, \ldots, m$), estime a probabilidade de o registro pertencer a G_j, tomando o valor calculado para G_j no passo 2 e dividindo-o pela soma desses valores (passo 2) para todos os grupos.
5. Atribua o registro ao grupo G_j com a maior probabilidade do passo 4.
6. Volte para o passo 1 caso tenha mais registros a serem classificados.

A técnica de classificação *naïve* Bayes é baseada na ideia de probabilidade condicional, ou a probabilidade de o evento A ocorrer, *dado* que o evento B ocorreu (denotado P(A|B)). Nesse caso, estamos interessados em calcular a probabilidade de o registro em questão pertencer ao grupo j, dado que suas variáveis independentes assumem os valores $x_{i1}, x_{i2}, \ldots, x_{ip}$. Ou seja, para determinado registro, queremos calcular $P(G_j|x_{i1}, x_{i2}, \ldots, x_{ip})$ para cada grupo possível (G_j), e então atribuir o registro ao grupo com a maior probabilidade condicional. Devido à assumida independência estatística das variáveis $x_{i1}, x_{i2}, \ldots, x_{ip}$, calculamos essa probabilidade da seguinte forma:

$$P(G_j|x_{i1}, x_{i2}, \ldots x_{ip}) = \frac{P(G_j)[P(x_{i1}|G_j)P(x_{i2}|G_j)\cdots P(x_{ip}|G_j)]}{P(G_1)[P(x_{i1}|G_1)\cdots P(x_{ip}|G_1)] + \cdots + P(G_m)[P x_{i1}|G_m)\cdots P(x_{ip}|G_m)]} \quad \textbf{10.8}$$

Observe que o numerador nessa equação corresponde ao passo 2 no algoritmo anterior para o classificador *naïve* Bayes. O denominador é a soma dos numeradores possíveis (ou seja, para $j = 1, \ldots, m$) e fornece o divisor necessário para o passo 4 do algoritmo.

Como exemplo do funcionamento do classificador *naïve* Bayes, suponha que temos os dados resumidos na Figura 10.47, que descrevem os escores do GMAT (baixo, médio e alto), anos de experiência profissional (menos de 2 anos, ou mais de 2 anos) e avaliações de desempenho pelo corpo docente (fraco, mediano, bom) de 10 alunos recém-formados em um programa de MBA. O diretor do programa gostaria de usar esses dados para determinar se um novo candidato ao programa, com um escore de GMAT médio e mais de dois anos de experiência profissional, é mais propenso a ser um aluno fraco, mediano ou bom.

Utilizando os dados fornecidos, podemos facilmente estimar as probabilidades (incondicionais) de algum candidato ser um aluno fraco, mediano ou bom da seguinte forma: P(Fraco) = 3/10 = 0,3, P(Mediano) = 5/10 = 0,5 e P(Bom) = 2/10 = 0,2. Em seguida, aplicando a Equação 10.8, podemos calcular as probabilidades condicionais estimadas de um candidato ser um aluno fraco, mediano ou bom, dado que ele tenha um escore de GMAT médio e mais de dois anos de experiência profissional ("2+").

$$\begin{aligned} P(\text{Fraco}|\text{Médio}, 2+) &= 0{,}3\ (2/3)\ (1/3)/[0{,}3\ (2/3)\ (1/3) + 0{,}5\ (1/5)\ (3/5) + 0{,}2\ (1/2)\ (2/2)] \\ &= 0{,}06667/0{,}226667 = 0{,}2941 \end{aligned}$$

$$\begin{aligned} P(\text{Mediano}|\text{Médio}, 2+) &= 0{,}5\ (1/5)\ (3/5)/[0{,}3\ (2/6)\ (1/3) + 0{,}5\ (1/5)\ (3/5) + 0{,}2\ (1/2)\ (2/2)] \\ &= 0{,}06/0{,}2266667 = 0{,}2647 \end{aligned}$$

Aluno	GMAT	Experiência Profissional	Desempenho
1	Baixo	< 2	Fraco
2	Baixo	2+	Mediano
3	Baixo	2+	Mediano
4	Médio	2+	Fraco
5	Médio	2+	Bom
6	Médio	2+	Mediano
7	Médio	< 2	Fraco
8	Alto	2+	Bom
9	Alto	< 2	Mediano
10	Alto	< 2	Mediano

FIGURA 10.47
Dados de candidatos a MBA para o exemplo simples da técnica naïve *Bayes.*

$$P(\text{Bom}|\text{Médio}, 2+) = 0{,}2\ (1/2)\ (2/2)/[0{,}3\ (2/6)\ (1/3) + 0{,}5\ (1/5)\ (3/5) + 0{,}2\ (1/2)\ (2/2)]$$
$$= 0{,}1/0{,}2266667 = 0{,}4412$$

Assim, vemos que um candidato com uma pontuação média de GMAT e pelo menos dois anos de experiência profissional possui uma probabilidade de 0,4412 de ser um bom aluno de MBA. Claro, isso também implica que a probabilidade de o candidato não ser um bom aluno (ou seja, ser um aluno fraco ou mediano) é de 0,5588 (1 - 0,4412 = 0,5588).

10.9.1 EXEMPLO DE *NAÏVE* BAYES

Para usar a técnica de *naïve* Bayes no conjunto de dados do Universal Bank, devemos primeiramente considerar quais (se houver alguma) variáveis devem ser compartimentalizadas. Nesse caso, as variáveis Experiência Profissional, Renda, Média de Cartão de Crédito e Hipoteca são boas candidatas para a compartimentalização. A Figura 10.48 mostra a caixa de diálogo Bin Continuous Data do *Analytic Solver Data Mining* (acessível por meio do comando Transform, Transform Continuous Data, Bin na guia *Data Mining*) e as opções que podem ser usadas para criar as variáveis compartimentalizadas (veja o arquivo Fig10-48.xlsm, disponível na página deste livro no site da editora). Nesse caso, para cada uma das quatro variáveis, permitimos que o *Analytic Solver Data Mining* selecione o número de compartimentos para cada variável, selecionamos a opção Equal Count e especificamos que os valores utilizados por cada variável compartimentalizada serão as ordenações de cada compartimento (ou, em outras palavras, uma série de números inteiros consecutivos começando com 1 para cada compartimento em cada variável). Essas seleções devem ser feitas para cada variável, uma de cada vez, e, em seguida, deve-se clicar no botão de comando Apply to Selected Variable.

Ao clicar no botão Finish na caixa de diálogo da Figura 10.48, o *Analytic Solver Data Mining* insere uma nova planilha chamada Bin_Output na pasta de trabalho, como mostrado na Figura 10.49. A parte exibida da planilha Bin_Output mostra os intervalos para a variável Experiência Profissional, com intervalos de compartimentalização para as outras três variáveis abaixo. Observe que é importante usar esses mesmos intervalos para criar as variáveis compartimentalizadas apropriadas para qualquer dado novo que queiramos classificar. Embora tenhamos pedido que o *Analytic Solver Data Mining* (na Figura 10.48) crie variáveis compartimentalizadas com contagens iguais (ou um número igual de registros), isso nem sempre é possível. No entanto, na maioria dos casos, o número de registros em cada intervalo é bastante similar.

O próximo passo é particionar o novo conjunto de dados na planilha denominada Bin_Transform com as variáveis compartimentalizadas adicionais. Isso é feito da mesma maneira já descrita na Seção 10.3, exceto que, agora, usamos as variáveis compartimentalizadas recém-criadas para experiência profissional, renda, média de cartão de crédito e hipoteca. Os dados particionados resultantes são mostrados na planilha chamada OSPartition na Figura 10.50 (e no arquivo Fig10-50.xlsm, disponível na página deste livro no site da editora).

FIGURA 10.48 *Compartimentalizando dados contínuos para o conjunto de dados do Universal Bank.*

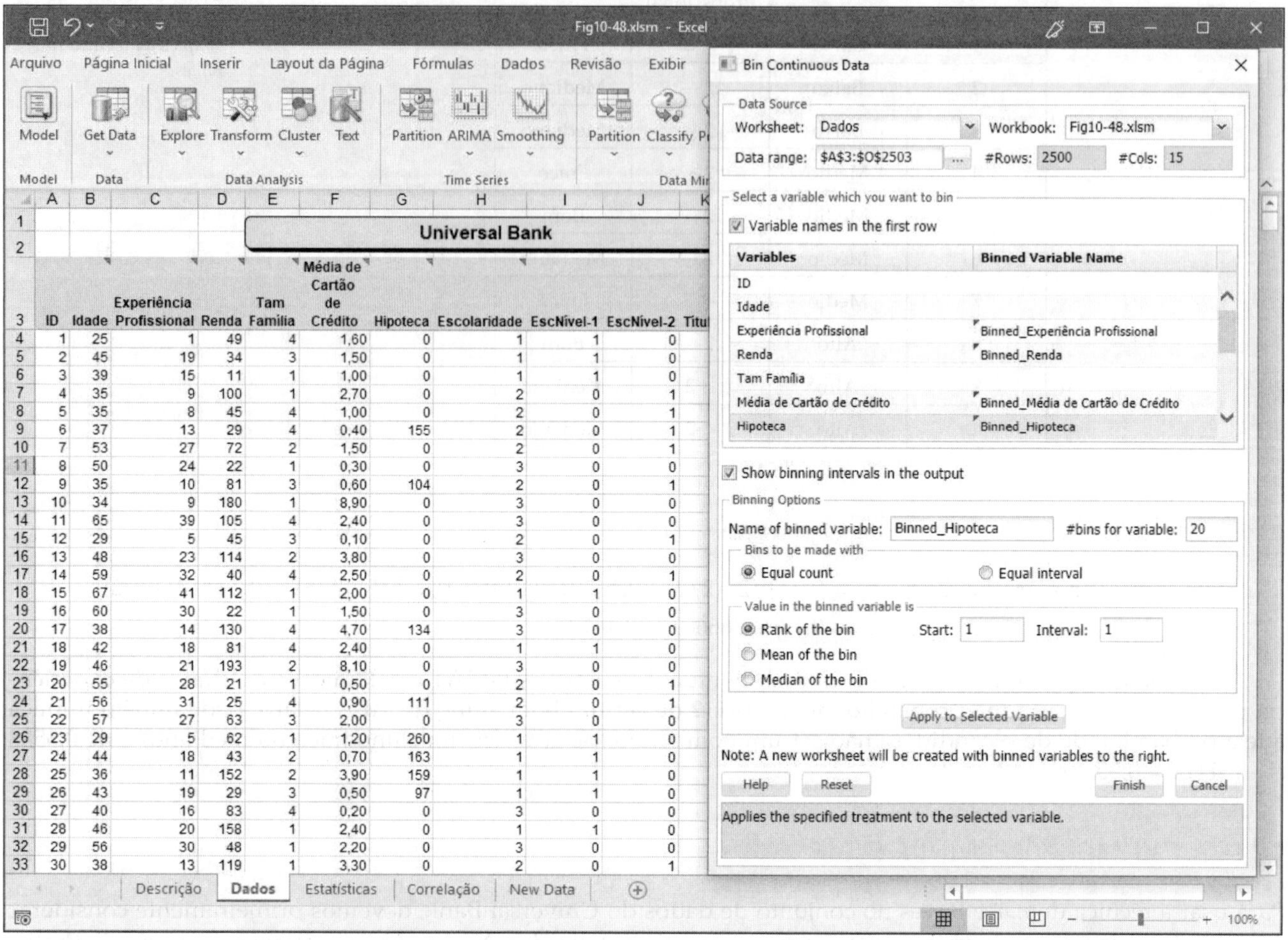

FIGURA 10.49 *Intervalos de compartimentalização para as variáveis contínuas nos dados do Universal Bank.*

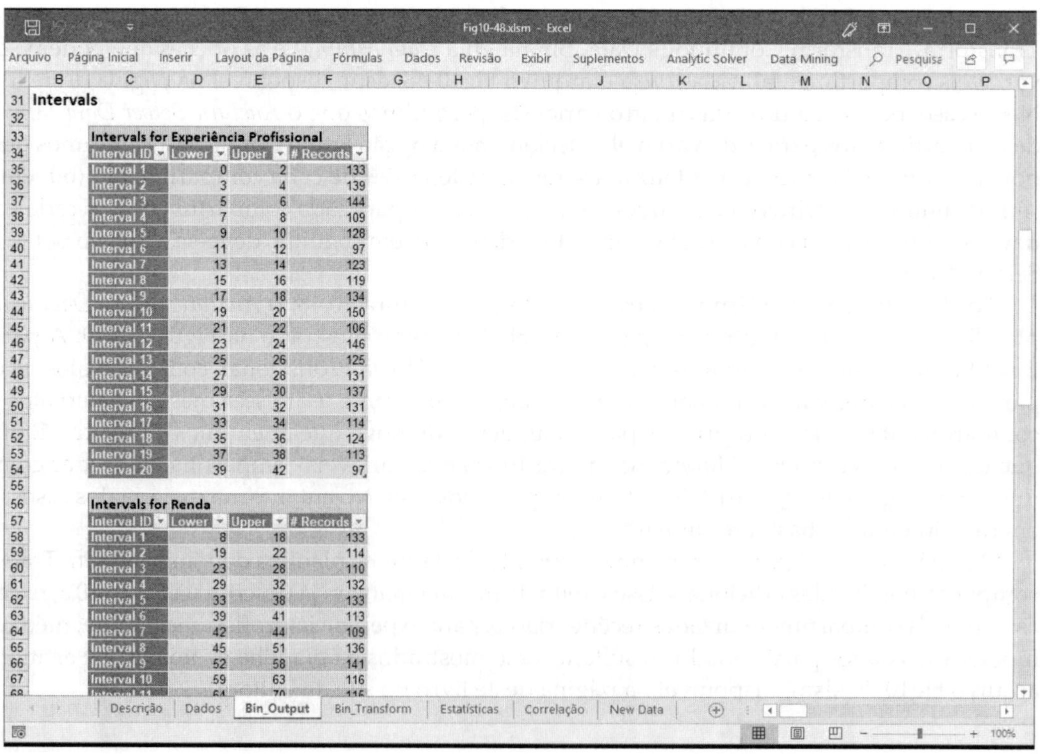

Para usar o *naïve* Bayes para o nosso conjunto de dados particionados usando o *Analytic Solver Data Mining*, siga estes passos:

1. Clique na planilha OSPartition mostrada na Figura 10.50.
2. Na guia do *Data Mining*, clique em Classify, *Naïve* Bayes.
3. Faça as seleções da guia Data mostradas na Figura 10.50 e clique em Next.
4. Faça as seleções da guia Parameters mostradas na Figura 10.51 e clique em Next.
5. Faça as seleções da guia Scoring mostradas na Figura 10.51 e clique em Finish.

Uma parte do resumo dos resultados para a técnica *naïve* Bayes é mostrada na Figura 10.52. Aqui, novamente parece que a precisão de classificação para a técnica *naïve* Bayes é consideravelmente melhor na amostra de treinamento que na amostra de validação, pondo em questão a generalização desta técnica de classificação nesse conjunto de dados. No entanto, deve-se observar que, quando compartimentalizamos as variáveis contínuas (como fizemos nesse exemplo), perdemos algumas das informações contidas nessas variáveis. Dessa forma, é um tanto surpreendente que a técnica *naïve* Bayes apresente aqui um desempenho relativamente bom em comparação com a maioria das outras técnicas que acomodam e aproveitam todas as informações disponíveis nas variáveis contínuas.

A Figura 10.53 mostra as previsões de grupo estimado para as 10 observações novas obtidas por meio do comando Score do *Analytic Solver Data Mining*, com o modelo *naïve* Bayes armazenado na planilha chamada NB_Stored. As previsões da técnica *naïve* Bayes classificam as observações 2, 4 e 7 como observações do grupo 1, e as observações restantes são todas classificadas no grupo 0. Essas previsões diferem de algumas outras técnicas de classificação abordadas anteriormente. No entanto, essas previsões podem mudar um pouco, se usarmos diferentes opções para a compartimentalização das variáveis contínuas nesse exemplo.

10.10 Comentários sobre classificação

As descrições das várias técnicas de classificação, fornecidas anteriormente, devem oferecer uma boa ideia inicial sobre como elas funcionam. Detalhes adicionais sobre essas técnicas podem ser encontrados nos materiais referidos

FIGURA 10.50 *Seleções da guia Data de* naïve *Bayes.*

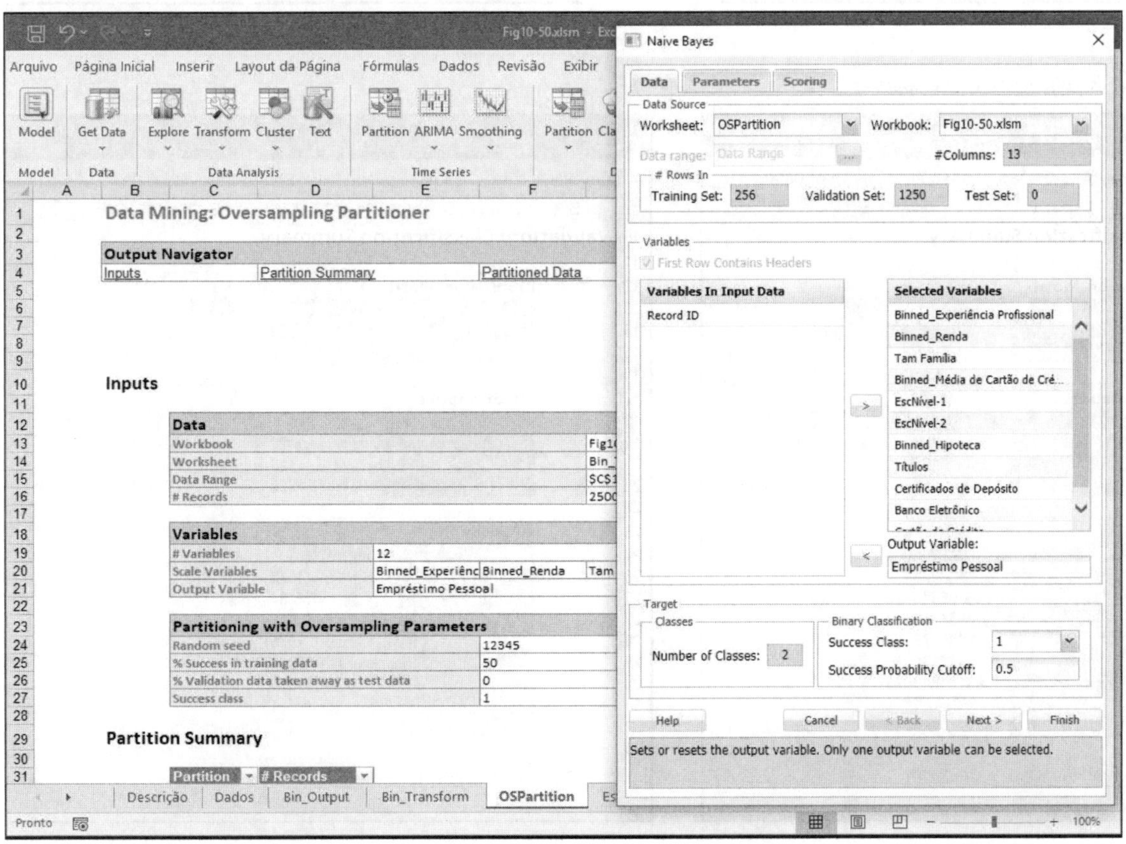

FIGURA 10.51 *Seleções das guias Parameters e Scoring de* naïve *Bayes.*

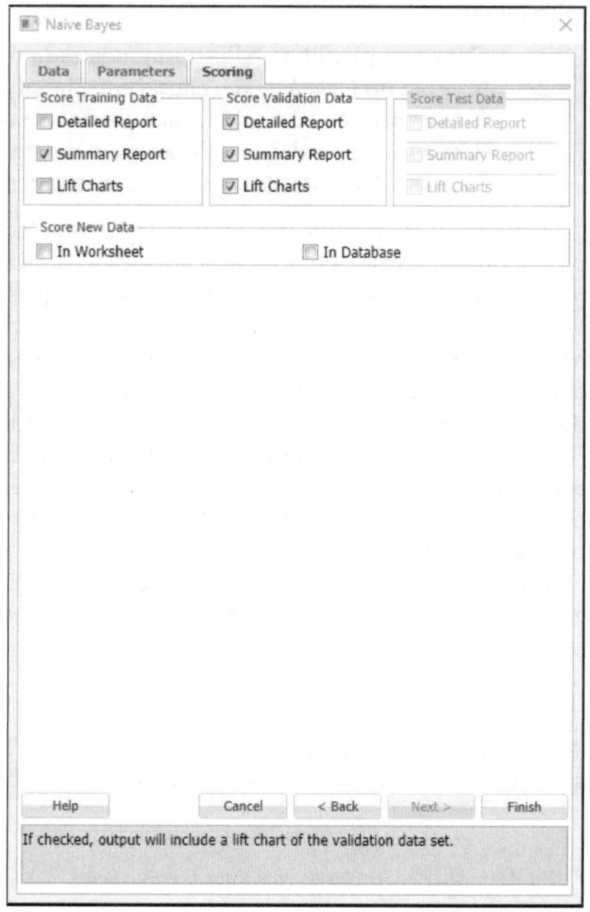

FIGURA 10.52 *Resultados de* naïve *Bayes.*

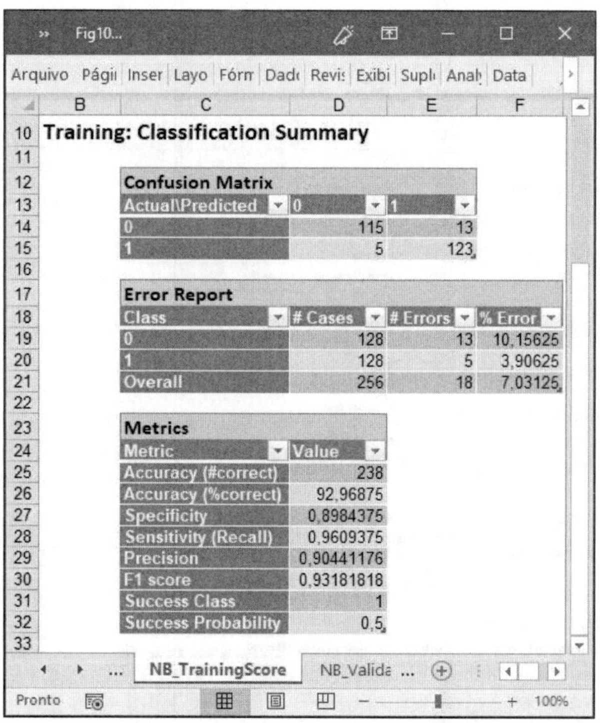

Training: Classification Summary

Confusion Matrix		
Actual\Predicted	0	1
0	115	13
1	5	123

Error Report			
Class	# Cases	# Errors	% Error
0	128	13	10,15625
1	128	5	3,90625
Overall	256	18	7,03125

Metrics	
Metric	Value
Accuracy (#correct)	238
Accuracy (%correct)	92,96875
Specificity	0,8984375
Sensitivity (Recall)	0,9609375
Precision	0,90441176
F1 score	0,93181818
Success Class	1
Success Probability	0,5

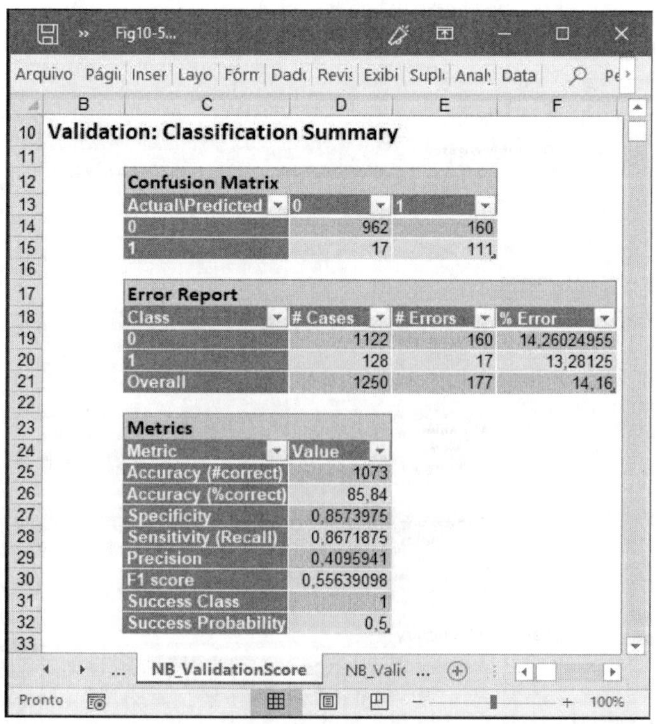

Validation: Classification Summary

Confusion Matrix		
Actual\Predicted	0	1
0	962	160
1	17	111

Error Report			
Class	# Cases	# Errors	% Error
0	1122	160	14,26024955
1	128	17	13,28125
Overall	1250	177	14,16

Metrics	
Metric	Value
Accuracy (#correct)	1073
Accuracy (%correct)	85,84
Specificity	0,8573975
Sensitivity (Recall)	0,8671875
Precision	0,4095941
F1 score	0,55639098
Success Class	1
Success Probability	0,5

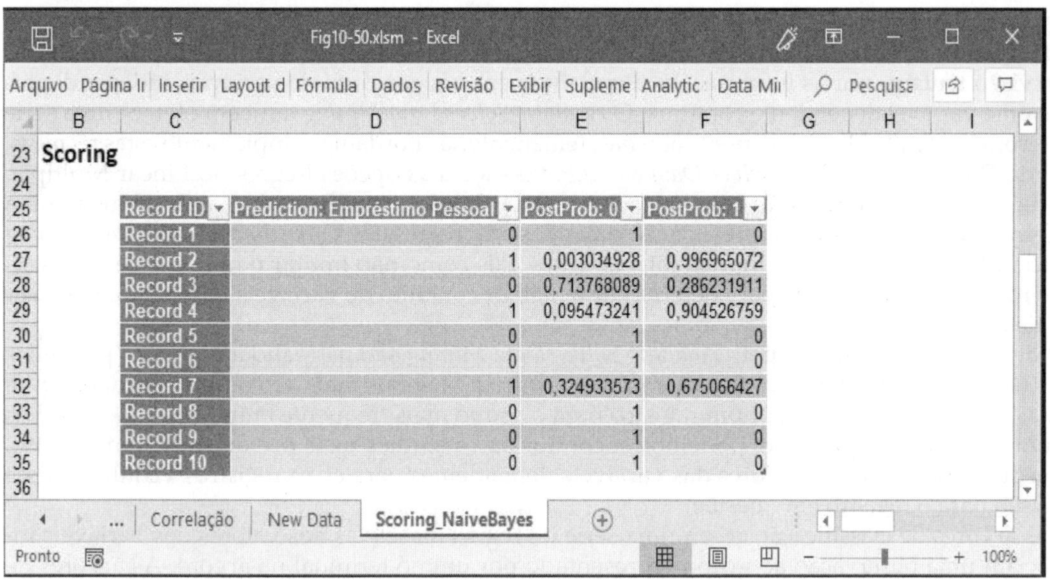

23 Scoring

Record ID	Prediction: Empréstimo Pessoal	PostProb: 0	PostProb: 1
Record 1	0	1	0
Record 2	1	0,003034928	0,996965072
Record 3	0	0,713768089	0,286231911
Record 4	1	0,095473241	0,904526759
Record 5	0	1	0
Record 6	0	1	0
Record 7	1	0,324933573	0,675066427
Record 8	0	1	0
Record 9	0	1	0
Record 10	0	1	0

FIGURA 10.53 *Resultados da classificação dos novos dados usando* naïve *Bayes.*

no final deste capítulo. No entanto, é necessário fazer mais alguns comentários gerais sobre as técnicas de classificação para *data mining*.

10.10.1 COMBINANDO CLASSIFICAÇÕES COM MÉTODOS DE AGREGAÇÃO

Ao longo da nossa discussão sobre as técnicas de classificação para *data mining*, vimos que diferentes técnicas podem produzir diferentes classificações estimadas para novas observações. Assim, uma abordagem para fazer estimativas de classificação de grupo para novas observações é a criação de muitos modelos usando várias técnicas de classificação (ou várias instâncias da mesma técnica), e a utilização de cada um desses modelos para estimar os grupos para as novas observações. Poderíamos, então, atribuir as novas observações a qualquer grupo que receber o maior número de votos (ou os maiores votos ponderados) com base nos modelos em uma forma de agregação. Essa é a ideia básica por trás da opção Ensemble, no comando Classify do *Analytic Solver Data Mining*. A opção Ensemble proporciona três métodos diferentes para combinar vários classificadores (também conhecidos como "aprendizes fracos") e gerar classificações e previsões compostas mais precisas. Essa abordagem combinada tende a evitar ou suavizar distorções que possam estar presentes em um único classificador, além de criar a possibilidade de um classificador aprender o que os outros podem estar fazendo errado. Essas técnicas de agrupamento estão fora do escopo deste livro, mas são descritas no guia do usuário do *Analytic Solver Data Mining*.

10.10.2 O PAPEL DOS DADOS DE TESTE

Na Seção 10.1, foi observado que o *data mining* frequentemente usa três partições diferentes de nossos dados: treinamento, validação e teste. Ao longo de nossa discussão sobre as técnicas de classificação, foi considerado apenas o uso dos dados de treinamento e de validação, e os dados de teste não foram abordados. Na prática, um analista construirá muitos modelos de classificação diferentes, usando diferentes opções, arquiteturas e configurações algorítmicas para encontrar um modelo que funcione melhor para determinado conjunto de dados. A determinação de qual funciona melhor muitas vezes é feita usando a amostra de validação. Ou seja, muitas vezes o analista escolherá um modelo que funciona bem para a validação de dados. Se um modelo for selecionado porque funciona bem para os dados de validação, seu desempenho nos dados de validação é susceptível de ser favoravelmente parcial. Nessa situação, um terceiro conjunto de dados de teste deve ser usado para obter uma avaliação honesta (imparcial) de quão bem o modelo escolhido provavelmente funcionará nos novos dados, que não têm nenhum papel no treinamento, desenvolvimento ou seleção do modelo. Devido a limitações de espaço, não ilustramos esse processo aqui. No entanto, é importante entender o papel desempenhado pelos dados de teste no processo de *data mining*.

10.11 Previsão

Na Seção 10.1, observamos que as tarefas de *data mining* são geralmente divididas em três potenciais categorias: classificação, previsão e associação/segmentação. Como visto, os problemas de classificação envolvem uma tentativa de usar as informações disponíveis em um conjunto de variáveis independentes a fim de estimar o valor de uma variável dependente discreta ou categórica (representando a associação de uma observação a um grupo). Por outro lado, problemas de previsão tentam usar as informações disponíveis em um conjunto de variáveis independentes para estimar o valor de uma variável dependente contínua. O *Analytic Solver Data Mining* também oferece uma série de ferramentas para a resolução de problemas de previsão; mas, felizmente, já abordamos amplamente estas técnicas.

Ao clicar no comando Predict do *Analytic Solver Data Mining*, você verá as opções Regressão Linear Múltipla, *k*-Vizinhos Mais Próximos, Árvore de Regressão e Rede Neural. Como abordado no Capítulo 9, o Excel inclui uma série de comandos e ferramentas nativos para a realização da análise de regressão. O *Analytic Solver Data Mining* oferece a mesma capacidade com algumas melhorias interessantes, tais como não limitar o número de variáveis independentes em 16 e rotinas automatizadas para determinar o melhor conjunto de variáveis independentes a ser usado em um modelo de regressão.

As outras técnicas de previsão oferecidas pelo *Analytic Solver Data Mining* são na realidade apenas pequenas modificações de várias técnicas de classificação. Por exemplo, a técnica *k*-vizinhos mais próximos, abordada anteriormente em problemas de classificação, atribui um registro para o grupo mais frequente entre os seus *k*-vizinhos mais próximos. Para um problema de previsão, podemos encontrar os *k*-vizinhos mais próximos de um registro, tirar uma média (ou média ponderada) dos valores das variáveis dependentes para esses registros vizinhos e usar esse valor como a previsão para o registro em questão.

Da mesma forma, as árvores de classificação criam uma série de regras (baseadas nos valores das variáveis independentes) que associam uma observação ao grupo representado por um nó terminal na árvore. As árvores de regressão usam exatamente a mesma abordagem, mas calculam a média dos valores das variáveis dependentes para as observações em cada nó terminal e usam esse valor como a previsão para quaisquer registros que se enquadrem nesse nó terminal. Assim, os conceitos abordados nas árvores de classificação para o problema de classificação se aplicam facilmente às árvores de regressão e ao problema de previsão.

Finalmente, descrevemos uma rede neural como uma função de mapeamento $f(\,)$ que associa um registro de entrada $x_{i1}, x_{i2}, \ldots, x_{ip}$ a um valor de saída y_i na forma $y_i = f(x_{i1}, x_{i2}, \ldots, x_{ip})$. No caso de um problema de classificação, o valor da variável de saída y_i é discreto (binária ou categórica). Mas as redes neurais (e o algoritmo *backpropagation* usado para treiná-las) funcionam da mesma maneira se a variável de saída y_i for contínua. Assim, os conceitos de redes neurais abordados nos problemas de classificação prontamente se aplicam a problemas de previsão.

Devido à superposição substancial de conceitos entre estas técnicas para problemas de previsão e de classificação e a consistência do *design* da interface do *Analytic Solver Data Mining* em cada domínio, não abordaremos essas técnicas de previsão em mais detalhes. No entanto, você é incentivado a explorar essas ferramentas de previsão e aplicá-las em problemas de *data mining* que envolvam variáveis dependentes contínuas.

10.12 Regras de associação (análise de afinidade)

Regras de associação (ou análise de afinidade) é uma técnica popular de *data mining* destinada a descobrir "o que combina com o quê". Essa técnica é muitas vezes aplicada em estudos de pesquisa de mercado (em que é chamada **análise do carrinho de compras**) que tentam identificar os grupos de produtos que tendem a ser comprados juntos. No entanto, as regras de associação também podem ser aplicadas em outros domínios. Por exemplo, pesquisas médicas podem querer analisar dados para determinar quais sintomas combinam com diagnósticos específicos.

Muitas empresas coletam grandes quantidades de dados sobre quais grupos de produtos são comprados juntos por seus clientes. O exemplo mais óbvio disso é o uso de leitores de código de barras em supermercados e lojas de varejo, que coletam dados de todos os itens comprados por um cliente em determinada compra. Se uma empresa constatou que determinados grupos de itens são frequentemente comprados juntos, ela pode querer oferecer promoções para esses itens ou usar essas informações para otimizar a disposição do produto na loja. Da mesma forma, lojas de varejo *on-line*, como a Amazon, mantêm um histórico do que é comprado pelos clientes – tanto em uma transação como ao longo do tempo. Os varejistas *on-line* garimpam esses dados usando as regras de associação para elaborar sistemas de recomendação. Os **sistemas de recomendação** acompanham o que está sendo visto pelos clientes atuais (ou o que eles têm em seus carrinhos de compras *on-line*) e sugerem outros itens que são muitas vezes comprados junto com esses itens por outros clientes. O uso sensato desses tipos de sistemas pode ser altamente eficaz para o aumento de vendas e lucros de varejistas inteligentes.

A análise de afinidade oferece as suas descobertas de "o que combina com o quê" na forma de regras "se-então", como "se A é comprado, então também é provável que B seja comprado". A parte "se" dessa declaração é chamada de **antecedente**, e a parte "então" é a **consequente**. O antecedente e o consequente representam conjuntos distintos de itens que são disjuntos (ou não têm nenhum item em comum). Por exemplo, considere a regra: "Se são comprados tintas e pincéis, então é provável que rolos sejam comprados". O antecedente consiste no conjunto de itens {tintas, pincéis}, e o consequente é o conjunto {rolos}.

O desafio na análise de afinidade consiste em identificar as regras mais significativas com base em *todas* as regras possíveis que poderiam ser geradas. Se um banco de dados de transações contém p produtos diferentes, há $2p\ (p-1)$ conjuntos de itens a serem considerados antecedentes ou consequentes para as regras possíveis. Assim, o número de regras possíveis é muito grande, mesmo para valores relativamente pequenos de p. No entanto, muitas dessas regras possíveis podem incluir antecedentes e consequentes que raramente ou nunca ocorrem de fato como transações no banco de dados. Então, queremos nos concentrar em regras que são sugeridas ou apoiadas pelos dados. O **suporte** de uma regra é definido como a porcentagem do total de registros no banco de dados, que incluem tanto o antecedente como o consequente. É a probabilidade estimada de que uma transação selecionada aleatoriamente contenha todos os itens do antecedente e consequente:

$$\text{Suporte} = \text{P(antecedente E consequente)}$$

A métrica relacionada, conhecida como confiança, mede a incerteza de uma regra "se-então". A **confiança** de uma regra é a probabilidade condicional estimada de que uma transação selecionada aleatoriamente incluirá todos os itens no consequente, dado que inclui todos os itens do antecedente:

$$\text{Confiança} = \text{P(consequente | antecedente)} = \text{P(antecedente E consequente)/P(antecedente).}$$

Por exemplo, suponha que um banco de dados de vendas de uma loja *on-line* de produtos musicais contenha 100.000 transações. Entre essas transações, suponha que 20.000 incluam cordas e palhetas de guitarra, e 10.500 dessas 20.000 transações também incluam compras de afinadores eletrônicos. A regra "Se cordas e palhetas são compradas, então um afinador eletrônico é comprado" tem um suporte de 20% (20.000/100.000 = 20%) e uma confiança de 52,5% (10.500/20.000 = 52,5%). Embora o escore de confiança de 52,5% dessa regra possa não parecer muito alto, é importante avaliar esse escore considerando a taxa subjacente na qual os clientes compram afinadores eletrônicos.

Por exemplo, suponha que um total de 18.500 das transações no banco de dados inclua a venda de afinadores eletrônicos. Então, a probabilidade de um registro selecionado aleatoriamente incluir a compra de um afinador eletrônico é 0,185 (18.500/100.000 = 0,185). Então, se não houve uma maior tendência de compra de afinadores pelos 20.000 clientes que também compraram cordas e palhetas, seria esperado que esses clientes tivessem comprado apenas cerca de 3.700 afinadores (0,185 × 20.000 = 3.700); mas, de fato, eles compraram 10.500 afinadores. Portanto, o antecedente na regra "Se cordas e palhetas são compradas, então um afinador eletrônico é comprado" aumenta (ou "levanta") a precisão de nossa capacidade de identificar os compradores de afinadores eletrônicos de 18,5% para 52,5% – ou por uma razão de 2,838 (0,525/0,185 = 2,838). Ou seja, a força da associação entre o antecedente e o consequente é maior que o esperado se fossem independentes um do outro. Assim, a **razão de *lift*** (levantamento) de uma regra é definida como a confiança de uma regra dividida pela probabilidade estimada de seu consequente:

$$\text{Razão de } \textit{Lift} = \text{Confiança/P(consequente)}$$

A razão de *lift* é uma medida da utilidade de uma regra. Uma razão de *lift* maior que 1,0 sugere que existe alguma utilidade para a regra – e quanto maior for a razão de *lift*, maior será a utilidade da regra.

Os algoritmos usados para identificar as regras de associação primeiramente identificam os conjuntos de itens que excedem um nível de suporte mínimo especificado pelo usuário. Usando esses conjuntos qualificados de itens, os algoritmos geram as regras "se-então", mantendo aquelas que excedem um nível de confiança mínimo fornecido pelo usuário.

10.12.1 EXEMPLO DE REGRAS DE ASSOCIAÇÃO

Usaremos o exemplo a seguir (derivado do exemplo do Charles Book Club que acompanha o *Analytic Solver Data Mining*) para ilustrar a criação e o uso de regras de associação.

> A University Bookstore é uma livraria localizada fora do *campus* de uma grande cidade universitária. A empresa coletou os dados mostrados na Figura 10.54 (e no arquivo Fig10-54.xlsm, disponível na página deste livro no site da editora), que resumem 2.000 transações de vendas de tipos diferentes de livros em uma livraria. Cada linha corresponde a uma transação individual e contém valores binários que indicam que tipos de livros foram comprados. Por exemplo, a terceira transação (na linha 7) incluiu um livro de culinária e um de bricolagem. A empresa gostaria de identificar quais, se houver algum, grupos de livros tendem a ser comprados juntos.

Para criar regras de associação para o conjunto de dados do exemplo da University Bookstore usando o *Analytic Solver Data Mining*, siga estes passos:

1. Na guia *Data Mining*, clique em Associate, Association Rules.
2. Faça as seleções mostradas na Figura 10.55 e clique em OK.

FIGURA 10.54 *Dados para o exemplo de análise de afinidade para a transação de livros.*

University Books

Infantil	Juventude	Culinária	Bricolagem	Religião	Artes	História	Culinária Francesa	Mapas Franceses	Arte Francesa	Paris
1	1	0	0	1	1	1	1	0	1	0
0	0	1	1	0	0	1	0	0	0	0
0	0	1	1	0	0	0	0	0	0	0
0	0	0	1	0	0	0	0	0	0	0
1	1	0	0	1	1	1	0	0	0	0
0	0	0	0	0	0	0	0	0	0	0
0	0	1	1	1	0	1	0	0	0	0
0	0	0	0	1	0	0	0	0	0	0
1	0	0	0	0	0	1	0	0	0	0
1	1	0	0	1	1	1	0	0	0	0
1	0	1	0	0	0	0	0	0	0	0
1	0	0	0	1	0	1	1	0	0	0
0	0	0	0	0	0	0	0	0	0	0
1	0	0	0	1	1	1	0	1	1	0
0	1	0	0	0	0	1	0	0	0	0
1	0	0	1	1	1	0	1	1	1	0
0	0	0	1	0	0	0	0	0	0	0
0	0	0	0	0	0	0	1	0	0	0
0	0	0	0	0	1	0	0	0	0	1

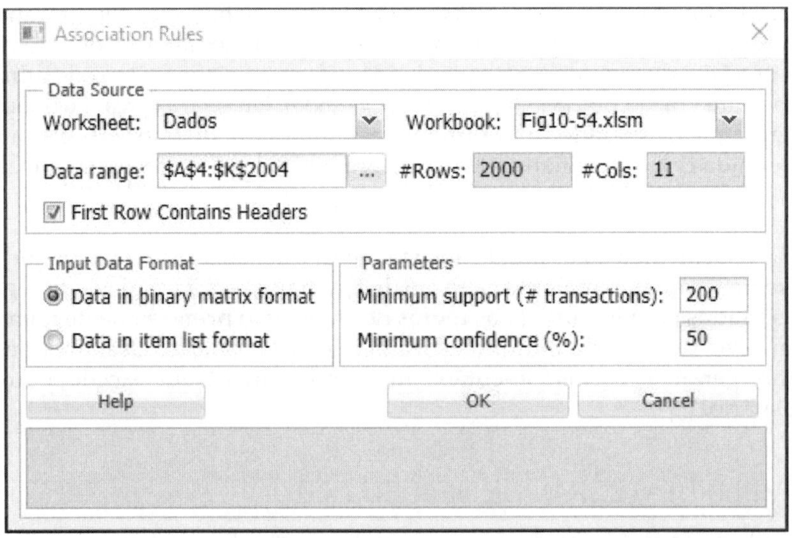

FIGURA 10.55 *Caixa de diálogo das regras de associação do Analytic Solver Data Mining.*

A Figura 10.56 mostra as regras de associação resultantes para esse exemplo. Foi identificado um total de 18 regras que atendem aos requisitos de suporte e confiança mínimos indicados na Figura 10.55. Um analista deve examinar essas regras para identificar aquelas que parecem ter valor e eliminar as que não têm, já que muitas regras de associação tendem a ser um pouco redundantes ou circulares. Por exemplo, a primeira regra indica que, se um cliente compra livros de arte e livros infantis, então ele tende a comprar também livros de história. A segunda regra indica que, se um cliente compra livros infantis e livros de história, então ele tende a comprar também livros de arte. A sétima regra da tabela é uma variação similar desse tema de compra. Então, essas regras são um pouco redundantes, e não é totalmente claro como essas compras podem ser relacionadas.

Por outro lado, a terceira regra da tabela indica que, se um cliente compra livros infantis e livros de culinária, então ele tende a comprar também livros de bricolagem. Isso pode indicar que aqueles que têm filhos e cozinham para si próprios têm um orçamento limitado e também tendem a fazer projetos de bricolagem. Em qualquer caso, as regras de associação podem "descobrir" padrões de compra interessantes em um banco de dados de transações; no

FIGURA 10.56 *Resultados das regras de associação.*

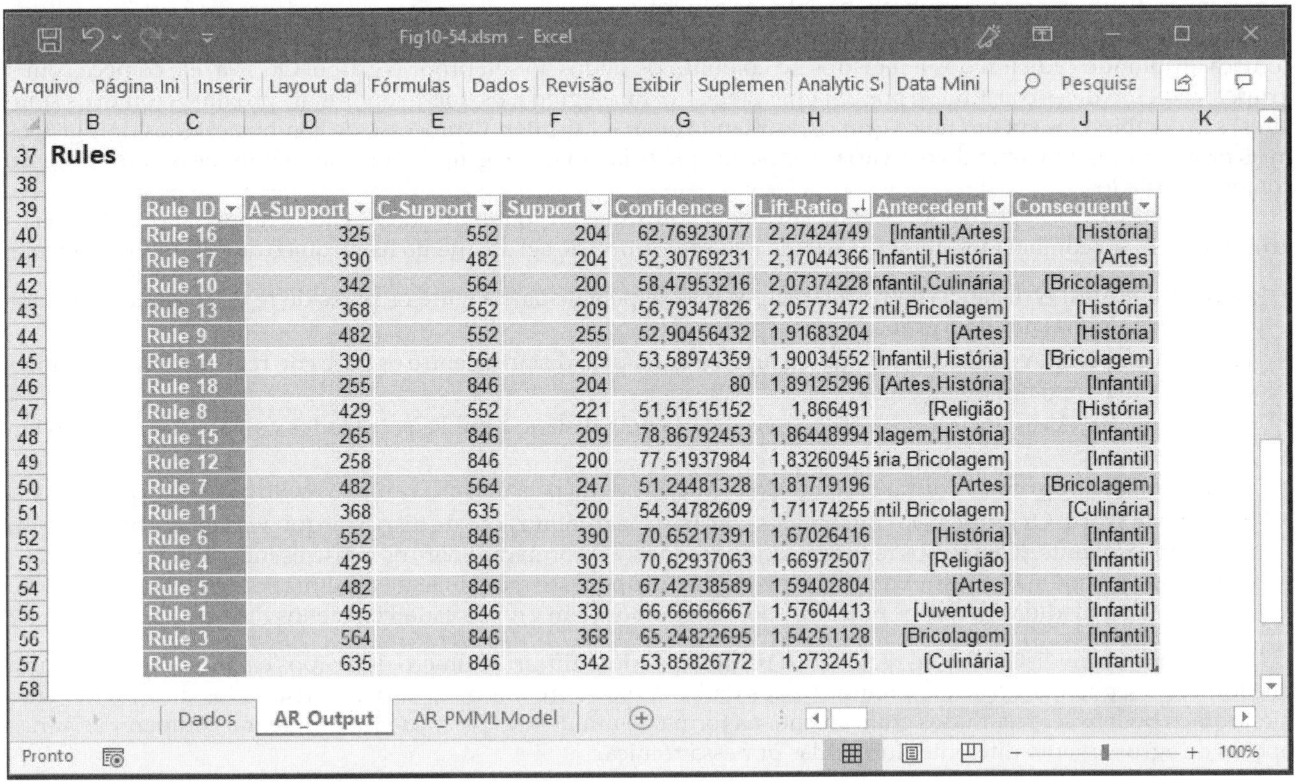

Rule ID	A-Support	C-Support	Support	Confidence	Lift-Ratio	Antecedent	Consequent
Rule 16	325	552	204	62,76923077	2,27424749	[Infantil,Artes]	[História]
Rule 17	390	482	204	52,30769231	2,17044366	Infantil,História]	[Artes]
Rule 10	342	564	200	58,47953216	2,07374228	nfantil,Culinária]	[Bricolagem]
Rule 13	368	552	209	56,79347826	2,05773472	ntil,Bricolagem]	[História]
Rule 9	482	552	255	52,90456432	1,91683204	[Artes]	[História]
Rule 14	390	564	209	53,58974359	1,90034552	Infantil,História]	[Bricolagem]
Rule 18	255	846	204	80	1,89125296	[Artes,História]	[Infantil]
Rule 8	429	552	221	51,51515152	1,866491	[Religião]	[História]
Rule 15	265	846	209	78,86792453	1,86448994	ılagem,História]	[Infantil]
Rule 12	258	846	200	77,51937984	1,83260945	ária,Bricolagem]	[Infantil]
Rule 7	482	564	247	51,24481328	1,81719196	[Artes]	[Bricolagem]
Rule 11	368	635	200	54,34782609	1,71174255	ntil,Bricolagem]	[Culinária]
Rule 6	552	846	390	70,65217391	1,67026416	[História]	[Infantil]
Rule 4	429	846	303	70,62937063	1,66972507	[Religião]	[Infantil]
Rule 5	482	846	325	67,42738589	1,59402804	[Artes]	[Infantil]
Rule 1	495	846	330	66,66666667	1,57604413	[Juventude]	[Infantil]
Rule 3	564	846	368	65,24822695	1,54251128	[Bricolagem]	[Infantil]
Rule 2	635	846	342	53,85826772	1,2732451	[Culinária]	[Infantil]

entanto, mais uma vez, cabe ao analista examinar as regras sugeridas e encontrar algum conhecimento que pode ter sido descoberto no processo de *data mining*.

10.13 Análise de conglomerados

A análise de conglomerados é uma técnica de *data mining* utilizada para identificar agrupamentos ou segmentações significativos de registros em um conjunto de dados. Muitas vezes, analistas de marketing desejam identificar grupos ou segmentos de clientes baseados em dados demográficos ou histórico de compras e criar uma estratégia de marketing específica para cada segmento. Alternativamente, uma empresa pode querer segmentar todas as ofertas de produtos em sua indústria a fim de avaliar o posicionamento de suas próprias ofertas em relação à concorrência. Empresas de investimento podem usar a análise de conglomerados para identificar diferentes grupos de ações e criar um portfólio diversificado, investindo em ações representativas de cada grupo. A análise de conglomerados tem sido aplicada em uma ampla variedade de áreas, incluindo Astronomia, Biologia, Medicina e Linguística.

Há basicamente duas abordagens para a análise de conglomerados: o agrupamento de *k*-médias (*k-means*) e o agrupamento hierárquico. No **agrupamento *k-means***, o analista pré-especifica o número desejado de grupos (*k*) e o algoritmo de agrupamento atribui cada registro a um dos *k* grupos com o objetivo de minimizar a soma da dispersão total dentro dos grupos. A dispersão total dentro de cada grupo é tipicamente medida pela soma dos quadrados das distâncias euclidianas de cada registro no grupo ao seu centroide. Esse problema pode ser formulado como um problema de programação inteira, mas o número de variáveis de decisão e o tempo de solução se tornam proibitivos na medida em que o número de registros no banco de dados aumenta. Dessa forma, um algoritmo heurístico guloso é geralmente usado para o agrupamento *k-means*.

O algoritmo *k-means* começa atribuindo aleatoriamente cada registro a um dos *k* grupos. Os centroides de cada grupo são então calculados. Em seguida, as distâncias de cada registro até cada um dos *k* centroides são calculadas, e cada registro é atribuído a seu grupo mais próximo. Os centroides dos *k* grupos são então recalculados, e o processo de atribuição é repetido. Isso continua até não ser mais possível realizar uma melhoria, ou até ocorrer um número especificado de iterações.

Os resultados obtidos com esse algoritmo variam de acordo com a escolha de *k* e a atribuição inicial de registros aos grupos. Por isso, é uma prática comum executar o algoritmo várias vezes com diferentes valores de *k* e diferentes atribuições iniciais de grupos. Cabe ao analista inspecionar os resultados e identificar os grupos de registros que fornecem as distinções mais significativas entre os grupos.

A outra abordagem para a análise de conglomerados é o agrupamento hierárquico. O **agrupamento hierárquico** começa atribuindo cada um dos *n* registros no conjunto de dados ao seu próprio grupo. Ou seja, ele começa com *n* grupos, cada um deles constituído por um único registro. Em seguida, os dois grupos mais próximos (ou mais similares) são combinados em um único grupo, resultando em $n - 1$ grupos. O processo de combinação dos dois grupos mais próximos é então repetido por várias vezes, até que haja um único grupo composto por todos os *n* registros no conjunto de dados.

As seguintes métricas podem ser usadas para medir a proximidade (ou similaridade) entre grupos para escolher quais grupos devem ser combinados durante a execução do algoritmo de agrupamento hierárquico descrito anteriormente:

- **Ligação simples.** A distância entre dois grupos é dada pela distância entre os pares de registros mais próximos (distância mínima) nos dois grupos.
- **Ligação completa.** A distância entre dois grupos é dada pela distância entre os pares de registros mais distantes (distância máxima) nos dois grupos.
- **Ligação média.** A distância entre dois grupos é dada pela distância média entre todos os pares de registros em ambos os grupos.
- **Ligação média de grupo.** A distância entre dois grupos é dada pela distância entre os centroides dos dois grupos.
- **Método de Ward.** Os grupos são combinados com base na minimização da dispersão (ou variância multivariada) no grupo resultante. (Quando os registros são agrupados, a informação sobre os registros individuais é "perdida", na medida em que ela é substituída pelo centroide do grupo. Esse método tenta minimizar a perda de informação que ocorre na medida em que os registros são incorporados em grupos cada vez menos numerosos.)

Novamente, o analista deve inspecionar os resultados e identificar o número de grupos e a métrica de distância que fornece a segmentação mais significativa dos dados. Como veremos mais tarde, os resultados do agrupamento hierárquico podem ser resumidos graficamente na forma de um **dendrograma** a fim de ajudar a comparar as várias opções de agrupamento diferentes fornecidas por essa técnica.

10.13.1 EXEMPLO DE ANÁLISE DE CONGLOMERADOS

Usaremos o seguinte exemplo para ilustrar a aplicação dos agrupamentos *k-means* e hierárquico.

> A Hampton Farms é uma empresa pequena, mas em crescimento, na indústria alimentícia. A empresa está se preparando para entrar no mercado de alimentos para o café da manhã e tenta determinar os dois segmentos de produtos mais importantes na indústria de cereais matutinos. A empresa coletou os dados mostrados na Figura 10.57 (e no arquivo Fig10-57.xlsm, disponível na página deste livro no site da editora) que resume os perfis nutricionais por porção de 74 cereais matutinos diferentes.

10.13.2 EXEMPLO DE AGRUPAMENTO *K-MEANS*

Para realizar o agrupamento *k-means* para o conjunto de dados do exemplo da Hampton Foods usando o *Analytic Solver Data Mining*, siga estes passos:

1. Na guia do *Data Mining* clique em Cluster, *k*-Means Clustering.
2. Faça as seleções da guia Data mostradas na Figura 10.58 e clique em Next.
3. Faça as seleções da guia Parameters mostradas na Figura 10.59 e clique em Next.
4. Faça as seleções da guia Scoring mostradas na Figura 10.59 e clique em Finish.

Uma parte dos resultados do agrupamento *k-means* para o conjunto de dados da Hampton Farms é mostrada na Figura 10.60. Como pedido, foram identificados dois grupos: um contendo 17 observações e o outro, 57 observações. Os centróides de cada grupo são mostrados nas células D43 a L44. O gráfico de linha na Figura 10.60 foi criado manualmente usando os dados dos centroides dos grupos para ajudar a visualizar as diferenças entre os centroides. Com base nesse gráfico, é fácil ver que as ofertas de produtos que compõem o grupo 2 são significativamente menores em todos os elementos nutricionais que aquelas no grupo 1. Portanto, essa análise pode sugerir que a oferta de produtos no mercado de cereais matutinos consiste em (pelo menos) um segmento de consciência em relação à saúde e um segmento de sabores. Os detalhes sobre quais cereais específicos estão no grupo 1 e no grupo 2 são encontrados na planilha chamada KMC_Cluster (não mostrada aqui). Normalmente, executaríamos a técnica de agrupamento *k-means* várias vezes, usando diferentes valores de *k* para ver se um número diferente de segmentos captaria melhor as diferenças entre esses produtos.

FIGURA 10.57 *Dados para o exemplo de análise de conglomerados da Hampton Farms.*

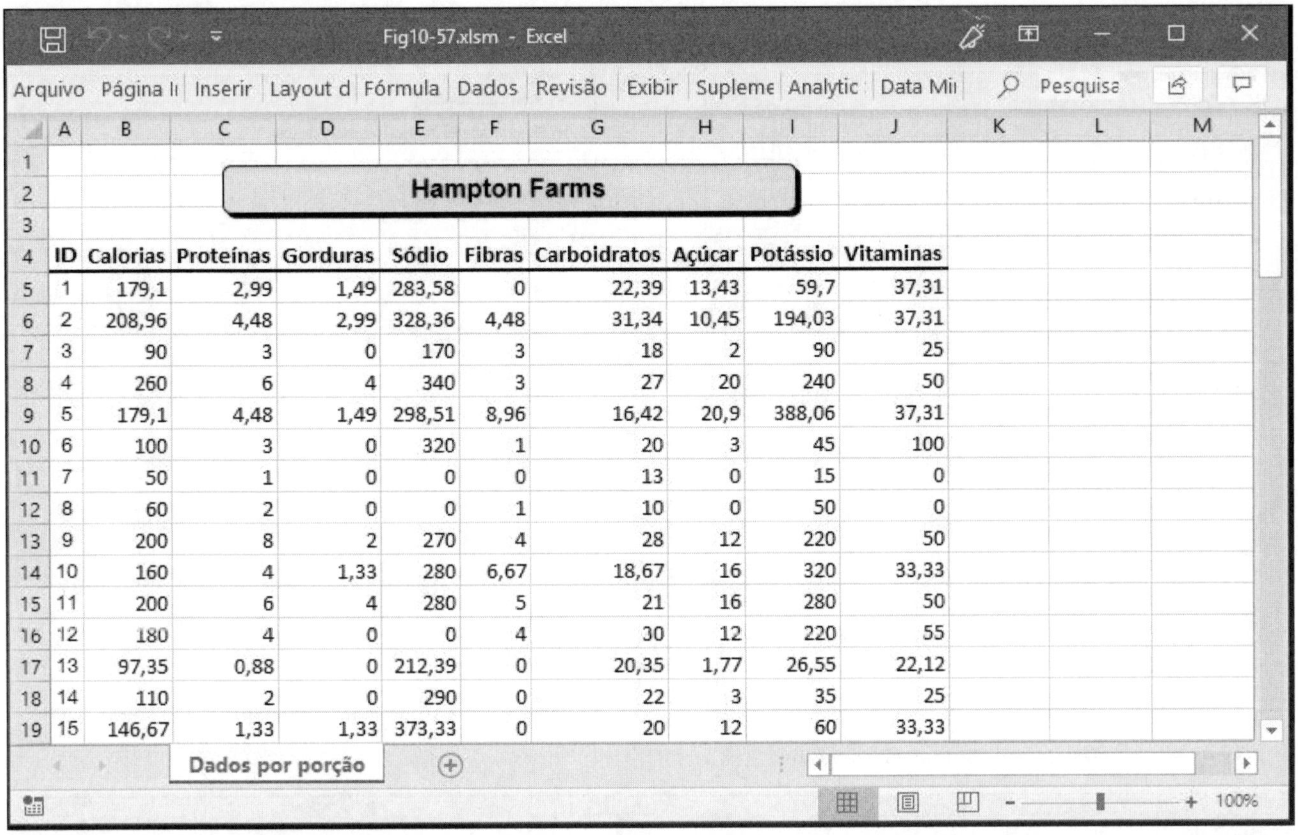

Hampton Farms

ID	Calorias	Proteínas	Gorduras	Sódio	Fibras	Carboidratos	Açúcar	Potássio	Vitaminas
1	179,1	2,99	1,49	283,58	0	22,39	13,43	59,7	37,31
2	208,96	4,48	2,99	328,36	4,48	31,34	10,45	194,03	37,31
3	90	3	0	170	3	18	2	90	25
4	260	6	4	340	3	27	20	240	50
5	179,1	4,48	1,49	298,51	8,96	16,42	20,9	388,06	37,31
6	100	3	0	320	1	20	3	45	100
7	50	1	0	0	0	13	0	15	0
8	60	2	0	0	1	10	0	50	0
9	200	8	2	270	4	28	12	220	50
10	160	4	1,33	280	6,67	18,67	16	320	33,33
11	200	6	4	280	5	21	16	280	50
12	180	4	0	0	4	30	12	220	55
13	97,35	0,88	0	212,39	0	20,35	1,77	26,55	22,12
14	110	2	0	290	0	22	3	35	25
15	146,67	1,33	1,33	373,33	0	20	12	60	33,33

FIGURA 10.58 *Seleções do passo 1 do agrupamento* k-means.

FIGURA 10.59 *Seleções dos passos 2 e 3 do agrupamento* k-means.

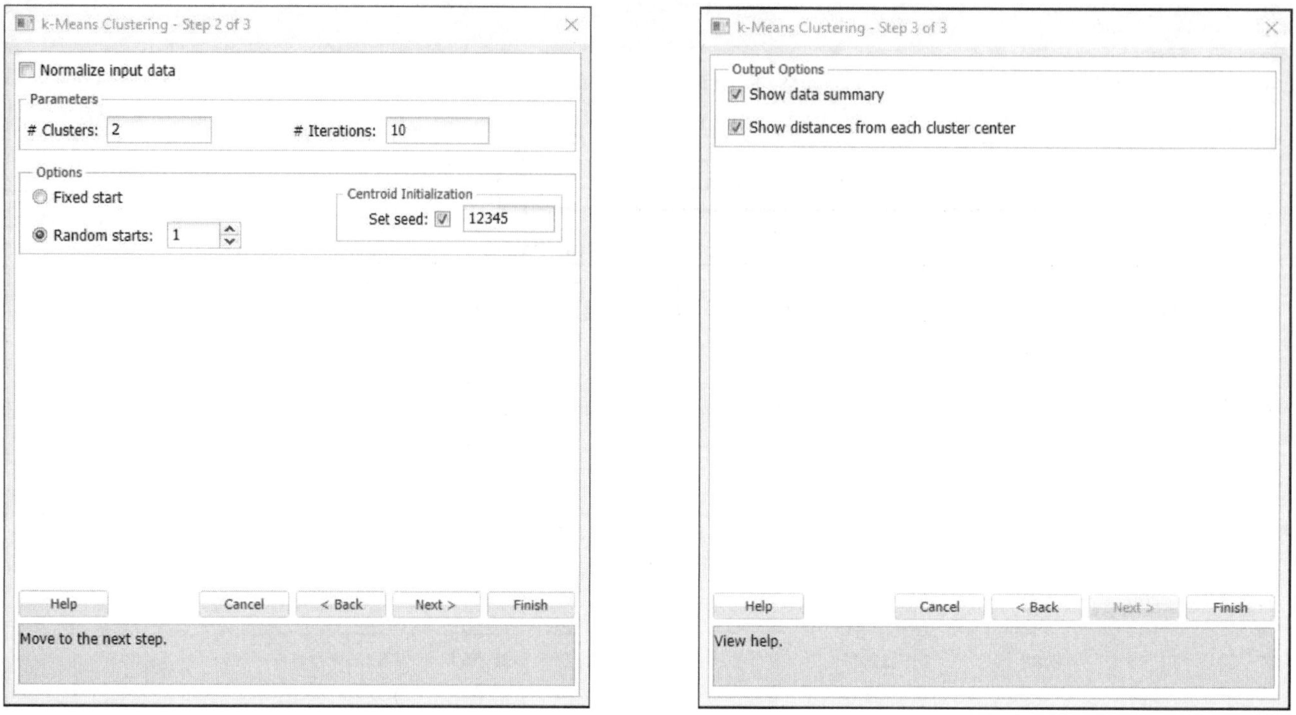

FIGURA 10.60 *Resultados do agrupamento* k-means.

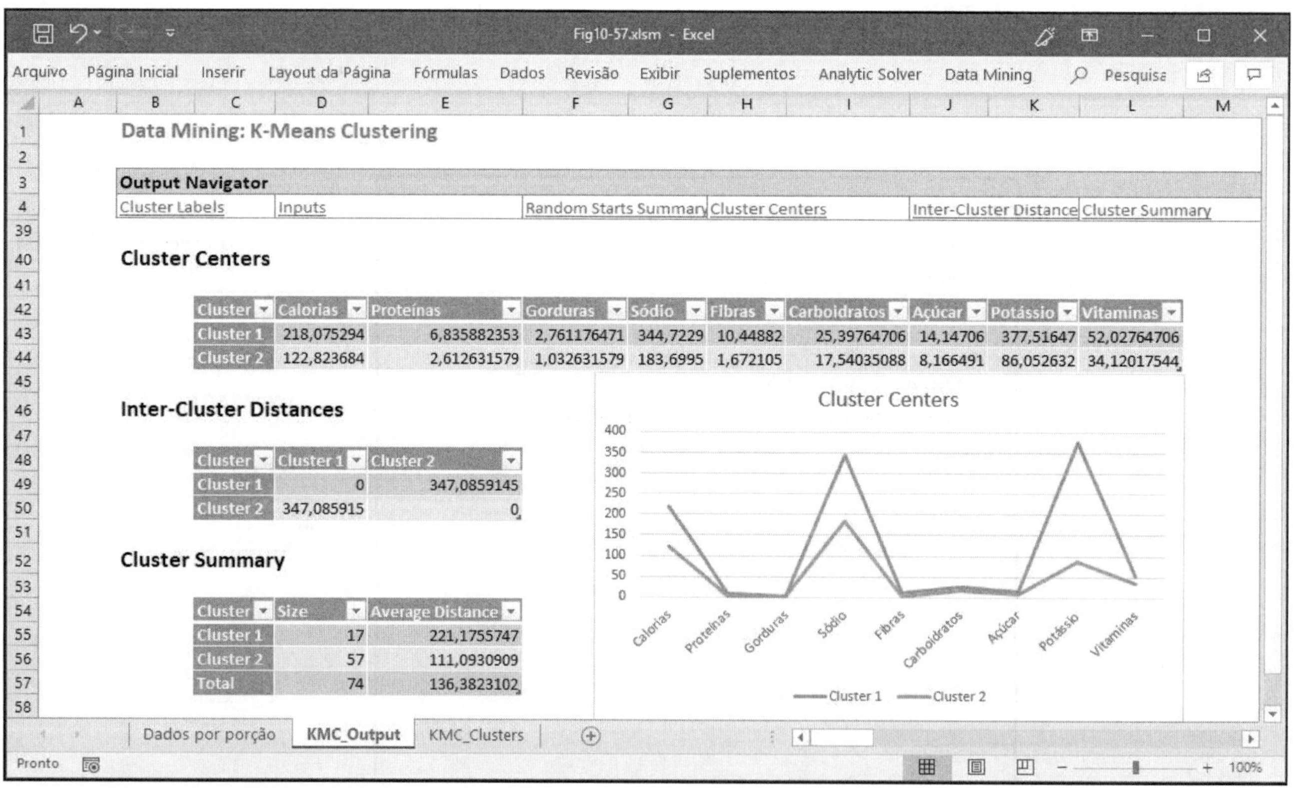

10.13.3 EXEMPLO DE AGRUPAMENTO HIERÁRQUICO

Para realizar o agrupamento hierárquico para o conjunto de dados do exemplo da Hampton Foods usando o *Analytic Solver Data Mining*, siga estes passos:

1. Na guia do *Data Mining*, clique em Cluster, Hierarchical Clustering.
2. Faça as seleções do Passo 1 mostradas na Figura 10.61 (usando o arquivo Fig10-61.xlsm, disponível na página deste livro no site da editora) e clique em next.
3. Faça as seleções do Passo 2 mostradas na Figura 10.62 e clique em next.
4. Faça as seleções do Passo 3 mostradas na Figura 10.62 e clique em Finish.

Um dendrograma dos resultados do agrupamento hierárquico para o conjunto de dados da Hampton Farms é dado na planilha HC_Dendrogram como é mostrado na Figura 10.63. Um **dendrograma** é um diagrama que resume o processo de agrupamento hierárquico em vários níveis de granularidade. As linhas verticais no dendrograma refletem a distância entre os registros ou os grupos que estão sendo juntados. É possível determinar o número de grupos deslizando uma linha horizontal para cima ou para baixo pelo dendrograma, até que o número de linhas verticais que se interceptam com a linha horizontal seja igual ao número de grupos desejados. Imaginando uma linha horizontal posicionada no nível 35 do eixo-y no dendrograma, essa linha se interceptaria com duas das linhas verticais. Seguindo essas linhas no sentido para baixo encontram-se os subgrupos componentes que formam os dois grupos. Nesse exemplo, o grupo mais à esquerda é composto pelos subgrupos 3, 9, 5, 1 e 8. Os outros grupos são formados pelas observações restantes.

As observações que constituem cada subgrupo estão listadas (parcialmente) mais abaixo na aba chamada HC_Dendrogram e na Figura 10.64. Por exemplo, o subgrupo 5 é composto pelas observações 7, 8, 31, 32 e 33 e o subgrupo 10 é composto pelas observações 45, 47 e 48. Aqui, novamente, executaríamos a técnica de agrupamento hierárquico várias vezes, usando diferentes métodos de agrupamento (por exemplo: ligação média, ligação completa e assim por diante) e inspecionaríamos os resultados para ver qual dendrograma e qual número de grupos melhor capta as diferenças entre esses produtos.

10.14 Séries temporais

O *Analytic Solver Data Mining* também oferece várias ferramentas para a mineração de séries temporais – ou dados coletados em intervalos iguais ao longo do tempo. O Capítulo 11 discute em detalhes várias técnicas de análise de séries temporais e mostra como podem ser implementadas usando os recursos inerentes do Excel. Após abordar esse material, você deve entender a maioria das técnicas e apreciar as interfaces amigáveis que o *Analytic Solver Data Mining* fornece para essas ferramentas de análise de séries temporais.

FIGURA 10.61 *Seleções do passo 1 do agrupamento hierárquico.*

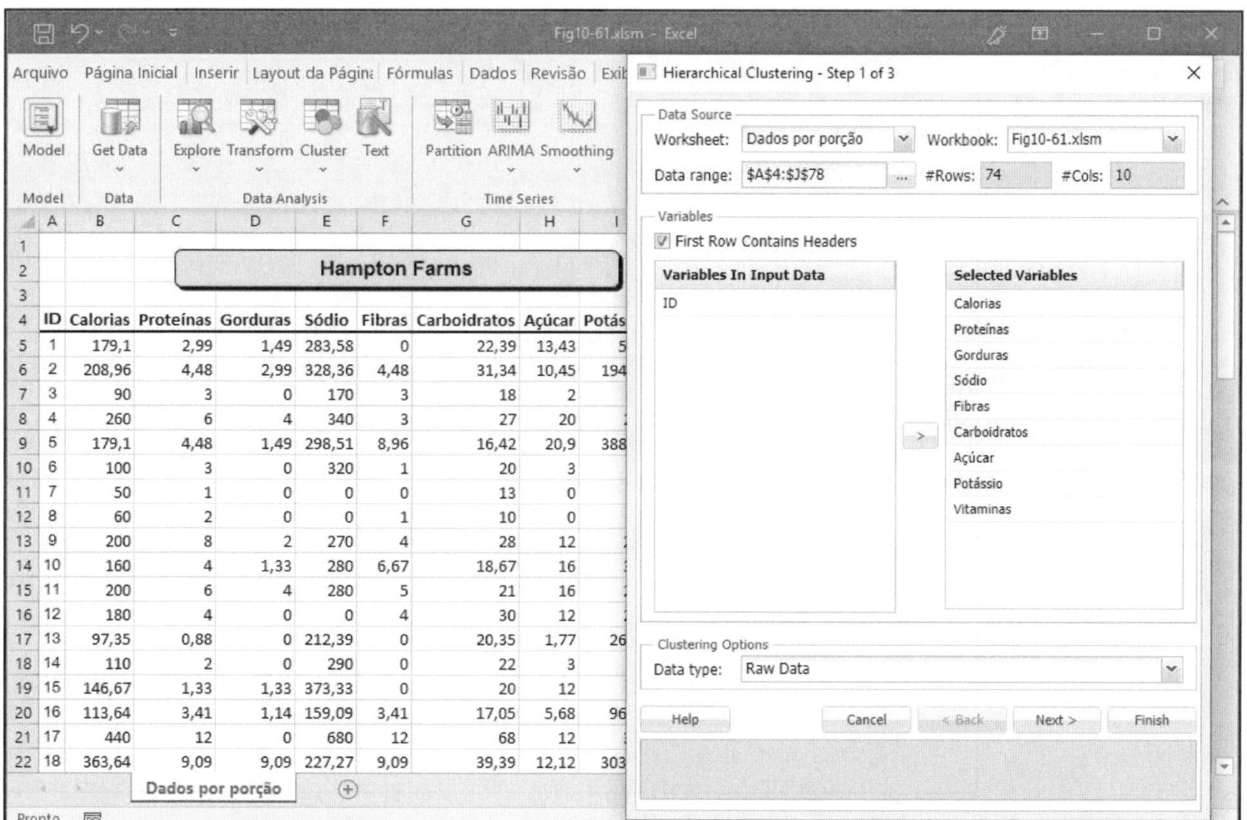

FIGURA 10.62 *Seleções dos passos 2 e 3 do agrupamento hierárquico.*

FIGURA 10.63
Dendrograma do agrupamento hierárquico.

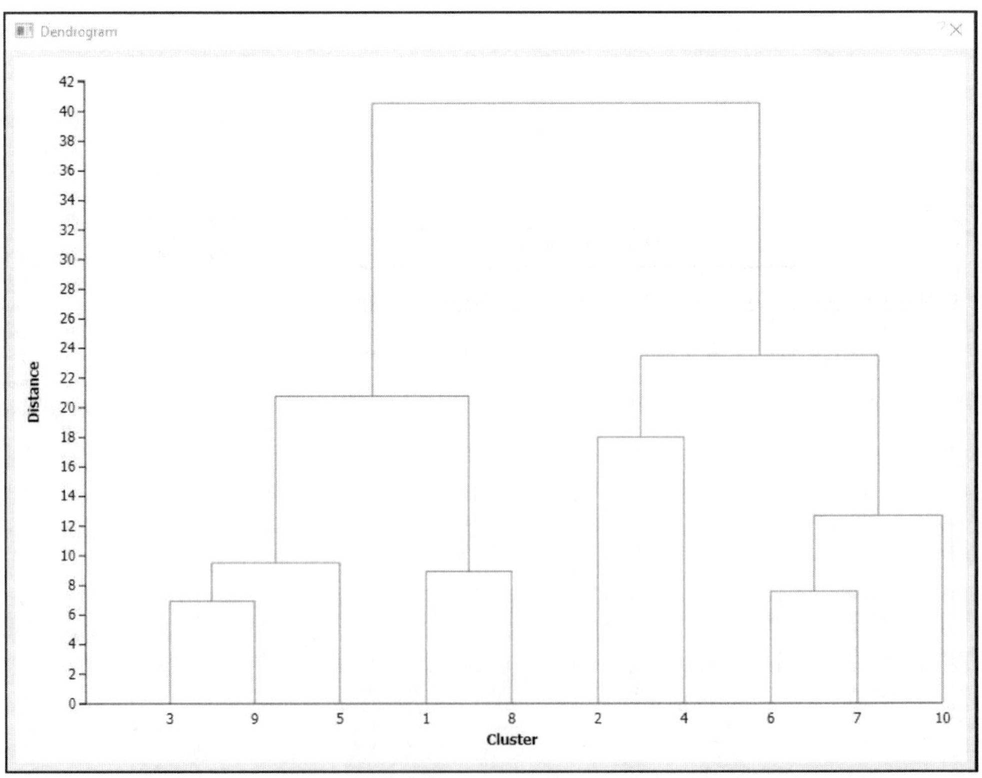

FIGURA 10.64 *Composição do subagrupamento.*

Cluster Legend (Numbers show the record sequence relative to the original data)

Sub-Cluster 1	Sub-Cluster 2	Sub-Cluster 3	Sub-Cluster 4	Sub-Cluster 5	Sub-Cluster 6	Sub-Cluster 7	Sub-Cluster 8	Sub-Cluster 9	Sub-Cluster 10
1	2	3	6	7	17	18	19	40	45
15	4	13	12	8			26	42	47
20	5	14	22	31			34	44	48
25	9	16	23	32			41	53	
27	10	21	37	33			51	54	
28	11	24	38				59	67	
46	29	30	39				62		
49	52	35					63		
50	58	36					68		
55	64	43					74		
57	71	56							
66	72	60							
69		61							
73		65							
		70							

10.15 Resumo

Este capítulo apresentou uma introdução ao tema de *data mining*. Os diversos passos envolvidos nesse processo foram cobertos e as três principais categorias de problemas tipicamente associados ao *data mining* foram descritas. O capítulo apresentou um levantamento das várias técnicas normalmente usadas para classificação, incluindo: análise discriminante, regressão logística, árvores de classificação, *k*-vizinhos mais próximos, *naïve* Bayes e redes neurais. Em seguida, descreveu como muitas dessas técnicas também podem ser aplicadas a problemas de previsão em *data mining*, em que tentamos estimar o valor de uma variável dependente contínua usando as informações disponíveis em um conjunto de variáveis independentes. A técnica de análise de afinidade foi introduzida para determinar "o que combina com o quê", e um exemplo de análise de carrinho de compras foi dado para ilustrar as regras "se-então" produzidas por essa técnica. Finalmente, o capítulo discutiu as técnicas para a identificação de agrupamentos lógicos de registros em um conjunto de dados por meio de análise de agrupamento.

10.16 Referências

ALTMAN, E. I. et al. *Application of Classification Techniques in Business, Banking and Finance*. Greenwich, CT: JAI Press, 1981.

CAMPBELL, T. S.; DIETRICH, J. K. The Determinants of Default on Insured Conventional Residential Mortgage Loans. *Journal of Finance*, v. 38, p. 1569-1581, 1983.

FLURY, B.; RIEDWYL, H. *Multivariate Statistics*: A *Practical Approach*. Nova York: Chapman and Hall, 1988.

HAND, D. J. *Discrimination and Classification*. Nova York: Wiley, 1981.

LABE, R. Database Marketing Increases Prospecting Effectiveness at Merrill Lynch. *Interfaces*, v. 24, n. 5, p. 1-12, 1994.

LINOFF, G.; BERRY, M. *Data mining Techniques*. 3. ed. Nova York: Wiley, 2011.

MORRISON, D. F. *Multivariate Statistical Methods*. 3. ed. Nova York: McGraw-Hill, 1990.

SHMUELI, G.; PATEL, N.; BRUCE, P. *Data mining for Business Intelligence*. 2. ed. Nova York: Wiley, 2010.

WELKER, R. B. Discriminant and Classification Analysis as an Aid to Employee Selection. *Accounting Review*, v. 49, p. 514-523, 1974.

O MUNDO DA *BUSINESS ANALYTICS*

La Quinta Motor Inns prevê locais de sucesso com a análise discriminante

A gerência da La Quinta Motor Inns queria um método rápido e confiável para prever se os potenciais locais para as novas pousadas seriam bem-sucedidos. Ao projetar um modelo de regressão, um dos primeiros problemas a ser

(continua)

resolvido foi definir uma medida de sucesso que fosse útil para fazer previsões. Após considerar várias alternativas, foi escolhida a margem operacional – definida como lucro mais depreciação e despesas de juros como uma porcentagem de receita total. A receita total e o lucro total eram medidas inapropriadas, pois são altamente correlacionadas com o tamanho da pousada. A ocupação também foi considerada inapropriada por ser muito sensível ao ciclo econômico.

Dados foram coletados em todas as 151 pousadas existentes operadas pela La Quinta à época do estudo. O modelo de regressão foi desenvolvido usando 57 pousadas, e as 94 restantes foram separadas para validação. Durante a seleção das variáveis independentes, tomou-se o cuidado de medir a colinearidade e mantê-la sob controle. Foi obtido um coeficiente de determinação (R^2) de 0,51 para o modelo, mostrando que a margem operacional é positivamente influenciada pelo preço da pousada (uma medida das tarifas das acomodações na área de mercado da pousada) e pela localização de universidades nas proximidades. As influências negativas foram a distância ao La Quinta Inn mais próximo (uma medida inversa de penetração de mercado) e a renda mediana na área de mercado da pousada (sugerindo uma base econômica industrial). Após uma análise cuidadosa, um valor discrepante foi excluído dos dados, melhorando substancialmente o modelo.

No entanto, o modelo de regressão em si não era a ferramenta que a gerência tinha em mente. A gerência precisava de um critério para ser usado na aceitação ou na recusa de potenciais locais. Após especificar um risco aceitável de escolha de um mau local, foram usadas tabelas de classificação para desenvolver uma regra de decisão a fim de discriminar entre "bons" e "maus" locais. O valor de corte foi uma margem operacional prevista de 35%.

Então, o modelo foi testado nas 94 pousadas separadas para validação, e as taxas de erro foram as esperadas. Criado como uma planilha, o modelo é usado agora para fazer a triagem dos potenciais locais para o possível empreendimento, com o presidente da empresa sendo o responsável pela decisão final.

Fonte: KIMES, Sheryl E.; FITZSIMMONS, James A. Selecting Profitable Hotel Sites at La Quinta Motor Inns. *Interfaces*, v. 20, n. 2, p. 12-20, mar.-abr. 1990.

Questões e problemas

1. Explique o propósito dos conjuntos de dados de treinamento, de validação e de teste em *data mining*.
2. O que é um centroide?
3. Pode-se argumentar que tanto a análise de regressão quanto a análise discriminante usam um conjunto de variáveis independentes para prever o valor de uma variável dependente. Então, qual é a diferença entre a análise de regressão e a análise discriminante?
4. Como seria um gráfico *lift* para uma técnica de classificação com 100% de precisão?
5. Considere o arquivo chamado EmployeeData.xlsx (disponível na página deste livro no site da editora.) Quais erros (ou erros potenciais) você consegue encontrar nesse conjunto de dados?
6. Consulte o exemplo do Universal Bank usado para demonstrar as diversas técnicas de classificação neste capítulo. Suponha que os dados do Universal Bank tivessem incluído o CEP residencial de cada cliente. Quais questões podem surgir com o uso do CEP do cliente como uma variável independente nesse problema e qual seria a melhor maneira de usar essa informação?
7. O diretor do programa de MBA na Salterdine University quer usar e desenvolver um procedimento para determinar quais candidatos ele deve aceitar para o programa de MBA. O diretor acredita que o índice geral de avaliação (*grade point average* – GPA) do candidato em seu curso de graduação e o escore no exame GMAT sejam úteis na previsão de quais candidatos serão bons alunos. Para auxiliar nesse esforço, o diretor pediu que um comitê de membros do corpo docente classifique 70 alunos recentemente admitidos no programa de MBA em dois grupos: (1) bons alunos e (2) alunos fracos. O arquivo MBAStudents.xlsm (disponível na página deste livro no site da editora) resume essas classificações, juntamente com os escores no GPA e no GMAT dos 70 alunos.
    a. Quais são as coordenadas dos centroides para os bons alunos e para os alunos fracos?
    b. Use o comando padrão "data partition" do *Analytic Solver Data Mining* para particionar os dados em um conjunto de treinamento (com 60% das observações) e um conjunto de validação (com 40% das observações), usando a semente padrão 12345.
    c. Use a análise discriminante para criar um classificador para esses dados. Qual é a precisão desse procedimento nos conjuntos de dados de treinamento e de validação?
    d. Use a regressão logística para criar um classificador para esses dados. Qual é a precisão desse procedimento nos conjuntos de dados de treinamento e de validação?
    e. Use a técnica de *k*-vizinhos mais próximos para criar um classificador para esses dados (com entradas normalizadas). Qual valor de *k* parece funcionar melhor? Qual é a precisão desse procedimento nos conjuntos de dados de treinamento e de validação?
    f. Use uma árvore de classificação única para criar um classificador para esses dados (com entradas normalizadas e pelo menos 4 observações por nó terminal). Crie uma representação gráfica da melhor árvore podada usando os dados de validação. Qual é a precisão desse procedimento nos conjuntos de dados de treinamento e de validação?

g. Use uma rede neural manual para criar um classificador para esses dados (use entradas normalizadas e uma única camada oculta com 3 nós). Qual é a precisão desse procedimento nos conjuntos de dados de treinamento e de validação?
h. Volte para a planilha de dados e use o comando Transform, Bin Continuous Data para criar variáveis compartimentalizadas para GPA e GMAT. Use o comando padrão "data partition" do *Analytic Solver Data Mining* para particionar os dados em um conjunto de treinamento (com 60% das observações) e um conjunto de validação (com 40% das observações), usando a semente padrão 12345. Agora use a técnica *naïve* Bayes para criar um classificador para os dados, usando as novas variáveis compartimentalizadas para GPA e GMAT. Qual é a precisão desse procedimento nos conjuntos de dados de treinamento e de validação?
i. Qual técnica de classificação você recomendaria que fosse realmente usada pelo programa de MBA?
j. Suponha que o diretor de MBA receba pedidos de admissão para o programa de MBA dos seguintes indivíduos. De acordo com o seu classificador recomendado, quais desses indivíduos você espera que sejam bons alunos e quais sejam fracos?

Nome	GPA	GMAT
Mike Dimoupolous	3,02	450
Scott Frazier	2,97	587
Paula Curry	3,95	551
Terry Freeman	2,45	484
Dana Simmons	3,26	524

8. A Royalty Gold Corporation prospecta depósitos de ouro ainda não descobertos ao redor do mundo. A empresa está atualmente investigando um possível local na ilha de Milos, na costa da Grécia no mar Mediterrâneo. Durante a prospecção, a empresa perfura para coletar amostras de solo e rocha e analisa as propriedades químicas dessas amostras a fim de ajudar a determinar se é provável que o local tenha ou não depósitos significativos de ouro. O minério de ouro é composto de vários minerais, incluindo calaverita, silvanita e petzita. Locais com maiores concentrações desses elementos são mais propensos a conter depósitos significativos de ouro. A empresa coletou os dados encontrados no arquivo RoyalGold.xlsm (disponível na página deste livro no site da editora), que representam os níveis médios de calaverita, silvanita e petzita nas amostras coletadas de vários locais anteriormente examinados em expedições de exploração. Esses dados são agrupados de acordo com a descoberta ou não de depósitos significativos de ouro no local (1 = significativo, 2 = não significativo).
a. Quais são as coordenadas dos centroides para os locais significativos e não significativos?
b. Use o comando padrão "data partition" do *Analytic Solver Data Mining* para particionar os dados em um conjunto de treinamento (com 60% das observações) e um conjunto de validação (com 40% das observações), usando a semente padrão 12345.
c. Use a análise discriminante para criar um classificador para esses dados. Qual é a precisão desse procedimento nos conjuntos de dados de treinamento e de validação?
d. Use a regressão logística para criar um classificador para esses dados. Qual é a precisão desse procedimento nos conjuntos de dados de treinamento e de validação?
e. Use a técnica de *k*-vizinhos mais próximos para criar um classificador para esses dados (com entradas normalizadas). Qual valor de *k* parece funcionar melhor? Qual é a precisão desse procedimento nos conjuntos de dados de treinamento e de validação?
f. Use uma árvore de classificação única para criar um classificador para esses dados (com entradas normalizadas e pelo menos 4 observações por nó terminal). Crie uma representação gráfica da melhor árvore podada usando os dados de validação. Qual é a precisão desse procedimento nos conjuntos de dados de treinamento e de validação?
g. Use uma rede neural manual para criar um classificador para esses dados (use entradas normalizadas e uma única camada oculta com 2 nós). Qual é a precisão desse procedimento nos conjuntos de dados de treinamento e de validação?
h. Volte para a planilha de dados e use o comando Transform, Bin Continuous Data para criar variáveis compartimentalizadas para calaverita, silvanita e petzita. Use o comando padrão "data partition" do *Analytic Solver Data Mining* para particionar os dados em um conjunto de treinamento (com 60% das observações) e um conjunto de validação (com 40% das observações), usando a semente padrão 12345. Agora use a técnica de *naïve* Bayes para criar um classificador para os dados, usando as novas variáveis compartimentalizadas para calaverita, silvanita e petzita. Qual é a precisão desse procedimento nos conjuntos de dados de treinamento e de validação?
i. Qual técnica de classificação você recomendaria que fosse realmente usada pela empresa?
j. Suponha que a empresa analise cinco locais em Milos que produzem os seguintes níveis médios de calaverita, silvanita e petzita. De acordo com o seu classificador recomendado, qual desses locais, se houver algum, deve ser considerado para uma análise mais aprofundada?

Local	Calaverita	Silvanita	Petzita
1	0,058	0,041	0,037
2	0,045	0,023	0,039
3	0,052	0,023	0,044
4	0,043	0,042	0,056
5	0,050	0,032	0,038

9. O gerente do departamento de empréstimo comercial de um banco quer desenvolver uma regra para determinar se deve ou não aprovar vários pedidos de empréstimos. Ele acredita que três características fundamentais de desempenho de uma empresa sejam importantes na tomada desta decisão: liquidez, rentabilidade e atividade. O gerente mede a liquidez como a razão do ativo circulante sobre o passivo circulante. A rentabilidade é medida como a razão do lucro líquido sobre as vendas. A atividade é medida como a razão das vendas sobre os ativos imobilizados. O gerente coletou os dados encontrados no arquivo Loans.xlsm (disponível na página deste livro no site da editora), que contêm uma amostra de 98 empréstimos feitos pelo banco nos últimos cinco anos. Esses empréstimos foram classificados em dois grupos: (1) aqueles que eram aceitáveis e (2) aqueles que deveriam ter sido recusados.
   a. Quais são as coordenadas dos centroides para os empréstimos aceitáveis e para aqueles que deveriam ter sido recusados?
   b. Use o comando padrão "data partition" do *Analytic Solver Data Mining* para particionar os dados em um conjunto de treinamento (com 60% das observações) e um conjunto de validação (com 40% das observações), usando a semente padrão 12345.
   c. Use a análise discriminante para criar um classificador para esses dados. Qual é a precisão desse procedimento nos conjuntos de dados de treinamento e de validação?
   d. Use a regressão logística para criar um classificador para esses dados. Qual é a precisão desse procedimento nos conjuntos de dados de treinamento e de validação?
   e. Use a técnica de *k*-vizinhos mais próximos para criar um classificador para esses dados (com entradas normalizadas). Qual valor de *k* parece funcionar melhor? Qual é a precisão desse procedimento nos conjuntos de dados de treinamento e de validação?
   f. Use uma árvore de classificação para criar um classificador para esses dados (com entradas normalizadas e pelo menos 4 observações por nó terminal). Crie uma representação gráfica da melhor árvore podada usando os dados de validação. Qual é a precisão desse procedimento nos conjuntos de dados de treinamento e de validação?
   g. Use uma rede neural para criar um classificador para esses dados (use entradas normalizadas e uma única camada oculta com 2 nós). Qual é a precisão desse procedimento nos conjuntos de dados de treinamento e de validação?
   h. Volte para a planilha de dados e use o comando Transform, Bin Continuous Data para criar variáveis compartimentalizadas para liquidez, rentabilidade e atividade. Use o comando padrão "data partition" do *Analytic Solver Data Mining* para particionar os dados em um conjunto de treinamento (com 60% das observações) e um conjunto de validação (com 40% das observações), usando a semente padrão 12345. Agora use a técnica *naïve* Bayes para criar um classificador para os dados, usando as novas variáveis compartimentalizadas para liquidez, rentabilidade e atividade. Qual é a precisão desse procedimento nos conjuntos de dados de treinamento e de validação?
   i. Qual técnica de classificação você recomendaria que fosse realmente usada pela empresa?
   j. Suponha que o gerente receba pedidos de empréstimo de empresas com as seguintes informações financeiras. De acordo com o seu classificador recomendado, quais dessas empresas você espera que apresentem riscos de crédito aceitáveis?

Empresa	Liquidez	Rentabilidade	Atividade
A	0,78	0,27	1,58
B	0,91	0,23	1,67
C	0,68	0,33	1,43
D	0,78	0,23	1,23
E	0,67	0,26	1,78

10. Home Basics é uma loja de construção e decoração a varejo que vende todos os tipos de produtos necessários para reparar, remodelar e redecorar casas. A gerência da Home Basics está analisando os padrões de compra de seus clientes, a fim de avaliar a disposição de suas lojas. Os produtos em uma loja da Home Basics são organizados nas seguintes categorias: Pintura, Papel de Parede, Jardinagem, Piso, Equipamentos, Encanamento, Ferramentas, Elétrica, Materiais de Construção, Limpeza, Eletrodomésticos. O arquivo chamado HomeBasics.xlsm (disponível na página deste livro no site da editora) contém uma amostra de 1.500 transações recentes em uma loja da Home Basics. A gerência gostaria de determinar quais (se houver) categorias de produtos tendem a ser compradas juntas.
   a. Crie regras de associação para os dados usando um suporte mínimo de 150 registros e uma porcentagem de 50% de confiança mínima.
   b. Que implicações gerenciais podem ser sugeridas por uma regra com uma razão de *lift* mínima de 2?

11. Faculdades e universidades estão frequentemente interessadas em identificar instituições de mesmo nível. O arquivo chamado Colleges.xlsm (disponível na página deste livro no site da editora) contém várias métricas (artificiais) para 307 instituições de ensino superior nos Estados Unidos.
    a. Use o agrupamento *k-means* para criar 4 grupos para esses dados (use dados de entrada normalizados e 100 iterações).
    b. Há quantas escolas em cada grupo?
    c. Como você caracterizaria cada um dos grupos?
    d. Agora use o agrupamento hierárquico (com o método de Ward) para esses dados e produza um dendrograma.
    e. Se quatro grupos são desejados, haveria quantas escolas em cada grupo?
    f. Você recomendaria o uso de qual técnica de agrupamento e por quê?

Detectando fraudes gerenciais **CASO 10.1**

Na sequência do escândalo da Enron em 2002, duas empresas de contabilidade, a Oscar Anderson (OA) e a Trice-Milkhouse-Loopers (TML), se uniram e formaram a OATML. Agora, elas estão revisando seus métodos de detecção de fraudes gerenciais durante as auditorias. Cada uma tinha desenvolvido seu próprio conjunto de perguntas que os auditores poderiam usar na avaliação de fraudes gerenciais.

Para evitar uma repetição dos problemas enfrentados pelos auditores da Enron, a OATML deseja desenvolver uma ferramenta automatizada de decisão para auxiliar os auditores a prever se seus clientes estão ou não envolvidos em práticas de gestão fraudulenta. Essa ferramenta basicamente faria ao auditor todas as perguntas de detecção de fraude da OA ou da TML, e em seguida, apresentaria automaticamente uma decisão quanto à empresa cliente estar ou não envolvida em atividades fraudulentas. O problema de decisão enfrentado pela OATML apresenta duas vertentes: 1) Qual dos dois conjuntos de perguntas é o melhor para detectar fraudes? 2) Qual é a melhor maneira de traduzir as respostas a essas perguntas em uma previsão ou classificação sobre fraudes gerenciais?

Para ajudar a responder essas questões, a empresa elaborou uma planilha de Excel (o arquivo Fraud.xlsm, disponível na página deste livro no site da editora) que contém as perguntas de detecção de fraude da OA e da TML e as respostas a ambos os conjuntos de perguntas, baseando-se em 382 auditorias realizadas anteriormente pelas duas empresas (veja as planilhas OA e TML, respectivamente). (Observação: para todos os dados, 1 = sim, 0 = não). Para cada auditoria, a última variável na planilha indica se as respectivas empresas estavam ou não envolvidas em atividades fraudulentas (por exemplo, 77 auditorias encontraram atividades fraudulentas, 305 não encontraram).

Foi solicitado que você realize a seguinte análise e ofereça uma recomendação sobre qual combinação de perguntas de fraude deve ser adotada pela OATML.

1. Para as perguntas de fraude da OA, crie uma matriz de correlação para todas as variáveis. Alguma das correlações motiva preocupação?
2. Usando as 8 perguntas que se correlacionam mais fortemente com a variável dependente de fraude, particione os dados da OA com superamostragem para criar conjuntos de dados de treinamento e de validação com uma taxa de sucesso de 50% nos dados de treinamento. (Use a semente padrão de 12345.)
3. Use cada uma das técnicas de classificação do *Analytic Solver Data Mining* para criar classificadores para o conjunto de dados particionados da OA. Resuma a precisão da classificação de cada técnica nos conjuntos de treinamento e de validação. Interprete esses resultados e indique qual técnica você recomendaria que fosse usada pela OATML.
4. Para as perguntas de fraude da TML, crie uma matriz de correlação para todas as variáveis. Alguma das correlações motiva preocupação?
5. Usando as 8 perguntas que se correlacionam mais fortemente com a variável dependente de fraude, particione os dados da TML com superamostragem para criar conjuntos de dados de treinamento e de validação com uma taxa de sucesso de 50% nos dados de treinamento. (Use a semente padrão de 12345.)
6. Use cada uma das técnicas de classificação do *Analytic Solver Data Mining* para criar classificadores para o conjunto de dados particionados da TML. Resuma a precisão da classificação de cada técnica nos conjuntos de treinamento e de validação. Interprete esses resultados e indique qual técnica você recomendaria que fosse usada pela OATML.
7. Suponha que a OATML queira usar ambos os instrumentos de detecção de fraude e combinar seus resultados individuais para criar uma previsão composta. Faça LR1 representar a estimativa de probabilidade de regressão logística para uma determinada empresa, usando o instrumento de detecção de fraude da OA; e LR2 representar a estimativa de probabilidade de regressão logística da mesma empresa usando o instrumento da TML. A pontuação composta para a empresa pode então ser definida como $C = w_1 LR_1 + (1 - w_1)LR_2$, em que $0 \leq w_1 \leq 1$. Uma regra de decisão poderia então ser criada, na qual classificamos a empresa como não fraudulenta se C for menor ou igual a algum valor de corte; caso contrário, seria considerada fraudulenta. Use o otimizador evolutivo do Solver para encontrar o valor ótimo de w_1 e o valor de corte que minimiza o número de erros de classificação para os dados de treinamento. O que você obtém para w_1 e o valor de corte? Resuma a precisão desta técnica para os conjuntos de dados de treinamento e de validação. Como esses resultados se comparam com os resultados da regressão logística nas questões 3 e 6?
8. Você consegue pensar em quais outras técnicas para a combinação dos questionários da OA e da TML que podem ser benéficas para a OATML?

Capítulo 11

Previsão de séries temporais

11.0 Introdução

Uma série temporal é um conjunto de observações em uma variável quantitativa coletada no decorrer do tempo. Por exemplo, todas as noites os noticiários vespertinos relatam o valor de fechamento do índice Dow Jones Industrial Médio. Esses valores de fechamento representam uma série de valores para uma variável quantitativa no decorrer do tempo – ou uma série temporal. A maioria das empresas controla várias séries temporais. Exemplos do tipo são os números diários, semanais, mensais ou trimestrais de vendas, custos, lucros, estoque, pedidos em carteira, contagens de clientes e assim por diante.

Muitas vezes, as empresas estão interessadas em prever valores futuros de uma série temporal. Por exemplo, se pudéssemos prever acuradamente os valores futuros de fechamento do índice Dow Jones Industrial Médio, poderíamos enriquecer investindo no mercado de ações, "comprando por um valor baixo e vendendo por um valor alto". Ao construir seus planos de negócios, a maioria das companhias tenta prever os níveis esperados de vendas, custos, lucros, estoque, pedidos em carteira, contagens de clientes e assim por diante. Muitas vezes, esses tipos de previsão constituem dados de entrada para os outros tipos de técnicas de modelagem discutidos neste livro.

No Capítulo 9, investigamos como construir e usar modelos de regressão para prever o comportamento de uma variável dependente usando uma ou mais variáveis independentes que, acredita-se, estejam relacionadas de maneira *causal* com a variável dependente. Ou seja, quando se constrói um modelo de regressão, muitas vezes selecionamos variáveis independentes que podem ser causadoras do comportamento observado na variável dependente. Embora às vezes possamos usar essa mesma abordagem na construção de um modelo de regressão para uma série temporal, nem sempre podemos proceder assim.

Por exemplo, se não soubermos quais variáveis independentes causais estão influenciando uma série temporal determinada, não podemos construir um modelo de regressão. E, mesmo que tenhamos alguma ideia de quais variáveis causais afetam uma série temporal, poderia não haver nenhum dado disponível para essas variáveis. Se os dados nas variáveis causais estiverem disponíveis, a melhor função de regressão estimada desses dados poderia não se ajustar bem a eles. Finalmente, mesmo se a função de regressão estimada se ajuste bem aos dados, poderíamos ter de prever os valores das variáveis independentes causais para calcular os futuros valores da variável dependente (séries temporais). Fazer a previsão de variáveis independentes causais pode ser mais difícil que prever a série temporal original.

> **Sobre a importância da previsão**
>
> "Não se planeja transportar mercadorias pelos oceanos, ou montar mercadoria para venda, ou tomar emprestado dinheiro sem primeiro tentar determinar o que o futuro nos reserva. Garantir que a mercadoria encomendada seja entregue em tempo, cuidando para que os artigos que se planeja vender sejam produzidos de acordo com o cronograma, e ter suas instalações para venda prontas, tudo deve ser planejado antes de os clientes aparecerem e colocarem seu dinheiro no balcão. O executivo de sucesso é primeiro um previsor: depois vem comprar, produzir, comercializar, precificar e organizar." – Peter Bernstein. *Against the Gods: The Remarkable Story of Risk*. Nova York: John Wiley & Sons, 1996, p. 21-22.

11.1 Métodos de séries temporais

Em muitas situações de planejamento de negócios, é difícil, indesejável ou mesmo impossível prever dados de séries temporais usando um modelo de regressão causal. Entretanto, se conseguimos descobrir alguma espécie de variação sistemática no comportamento passado da série temporal, podemos tentar construir um modelo desse comportamento para nos ajudar a prever seu comportamento futuro. Por exemplo, poderíamos encontrar na série temporal uma tendência de longo prazo para cima (ou para baixo) que esperaríamos que continuasse no futuro. Ou poderíamos descobrir alguma flutuação sazonal previsível nos dados que poderia ajudar-nos a fazer estimativas sobre o futuro. Como você pode ter presumido, a previsão de série temporal é baseada, em grande parte, na máxima de que a história tende a se repetir.

As técnicas que analisam o comportamento passado de uma série temporal para prever o futuro são, às vezes, chamadas modelos de extrapolação. A forma geral de um modelo de extrapolação é

$$\hat{Y}_{t+1} = f(Y_t, Y_{t-1}, Y_{t-2}, \ldots) \qquad \textbf{11.1}$$

em que $\hat{Y}_{t+1}$ representa o valor *previsto* para a variável Y no período de tempo $t + 1$, Y_t representa o valor *real* da variável Y no período de tempo t, Y_{t-1} representa o real valor da variável Y no período de tempo $t - 1$ e assim por diante. O objetivo de um modelo de extrapolação é identificar uma função $f(\ )$ para a Equação 11.1 que resulte em previsões acuradas de valores futuros da variável Y.

Este capítulo apresenta uma variedade de métodos para análise de dados de séries temporais. Primeiro, discutiremos diversas técnicas apropriadas para séries temporais estacionárias, em que não há tendência para cima ou para baixo nos dados ao longo do tempo. Em seguida, discutiremos as técnicas para lidar com séries temporais não estacionárias, em que há uma tendência para cima ou para baixo nos dados ao longo do tempo. Também discutiremos técnicas para modelar padrões sazonais, tanto nos dados de séries temporais estacionárias como nos de séries temporais não estacionárias.

11.2 Medindo acurácia

Muitos métodos estão à disposição para a modelagem de séries temporais. Em muitos casos, é impossível saber de antemão qual método será o mais efetivo para determinado conjunto de dados. Assim, uma abordagem comum para a análise de séries temporais envolve tentar várias técnicas de modelagem em dado conjunto de dados e avaliar como explicam o comportamento passado da série temporal. Podemos avaliar essas técnicas construindo gráficos em linha que mostram os dados reais *versus* os valores previstos pelas diversas técnicas de modelagem. Existem também medidas quantitativas mais formais de acurácia (ou "da qualidade do ajuste") de técnicas de modelagem de séries temporais. Quatro medidas de precisão comuns são o desvio absoluto médio (DAM), o erro percentual absoluto médio (EPAM), o erro quadrado médio (EQM) e a raiz do erro quadrado médio (REQM). Essas quantidades são definidas da seguinte maneira:

$$\text{DAM} = \frac{1}{n} \sum_i \left| Y_i - \hat{Y}_i \right|$$

$$\text{EPAM} = \frac{100}{n} \sum_i \left| \frac{Y_i - \hat{Y}_i}{Y_i} \right|$$

$$\text{EQM} = \frac{1}{n} \sum_i (Y_i - \hat{Y}_i)^2$$

$$\text{REQM} = \sqrt{\text{EQM}}$$

Em cada uma dessas fórmulas, Y_i representa o valor *real* para a *i*-ésima observação na série temporal e $\hat{Y}_i$ representa o valor *previsto* ou esperado para essa observação. Essas quantidades medem as diferenças entre os valores reais na série temporal e os valores previstos, ou ajustados, gerados pela técnica de previsão. As medidas EQM e REQM são intimamente relacionadas com o critério da soma de quadrados dos erros de estimativas introduzidos em nossa discussão de análise de regressão. Embora todas essas medidas sejam comumente usadas em modelagem de séries temporais, focaremos a atenção na medida EQM, porque é um pouco mais fácil de calcular.

11.3 Modelos estacionários

O exemplo a seguir será usado para demonstrar diversas das técnicas mais comuns de séries temporais para dados estacionários.

A Electra-City é uma loja de venda a varejo que comercializa equipamento de áudio e vídeo para residências e carros. Mensalmente, o gerente da loja deve encomendar mercadorias de um depósito distante. Atualmente, o gerente tenta calcular quantos gravadores de vídeo digital (DVRs) a loja venderá no mês seguinte. Para ajudar nessa previsão, ele coletou os dados mostrados na Figura 11.1 (e no arquivo Fig11-1.xlsm, disponível na página deste livro no site da editora) sobre o número de DVRs vendidos em cada um dos 24 meses anteriores. O gerente deseja usar esses dados para fazer sua previsão.

Após colher os dados de uma série temporal, o passo seguinte na construção de um modelo de séries temporais é inspecionar os dados plotados ao longo do tempo. A Figura 11.1 inclui um gráfico dos dados de venda de DVRs. Note que esse gráfico não sugere uma forte tendência para cima ou para baixo nos dados. Esse gráfico sugere que o número de DVRs vendidos a cada mês foi igual a algum valor entre 30 e 40 unidades durante os últimos 2 anos, sem padrão de continuidade ou regularidade mês a mês. Assim, esperamos que uma das técnicas de extrapolação discutida nas seções a seguir seja um método apropriado para a modelagem desses dados.

Criando um gráfico em linha

Para criar um gráfico de dispersão como o da Figura 11.1:

1. Selecione as células A1 a B26.
2. Clique em Inserir.
3. Clique na opção Gráfico de Dispersão.
4. Clique em Dispersão com Linhas Retas e Marcadores.

Depois que o Excel criar um gráfico básico, é possível customizá-lo de diversas formas. Ao clicar com o botão direito do *mouse* sobre um elemento do gráfico, surgirá uma caixa de diálogo com opções para modificar a aparência do elemento.

FIGURA 11.1 *Dados históricos de vendas de DVRs para o problema de previsão da Electra-City.*

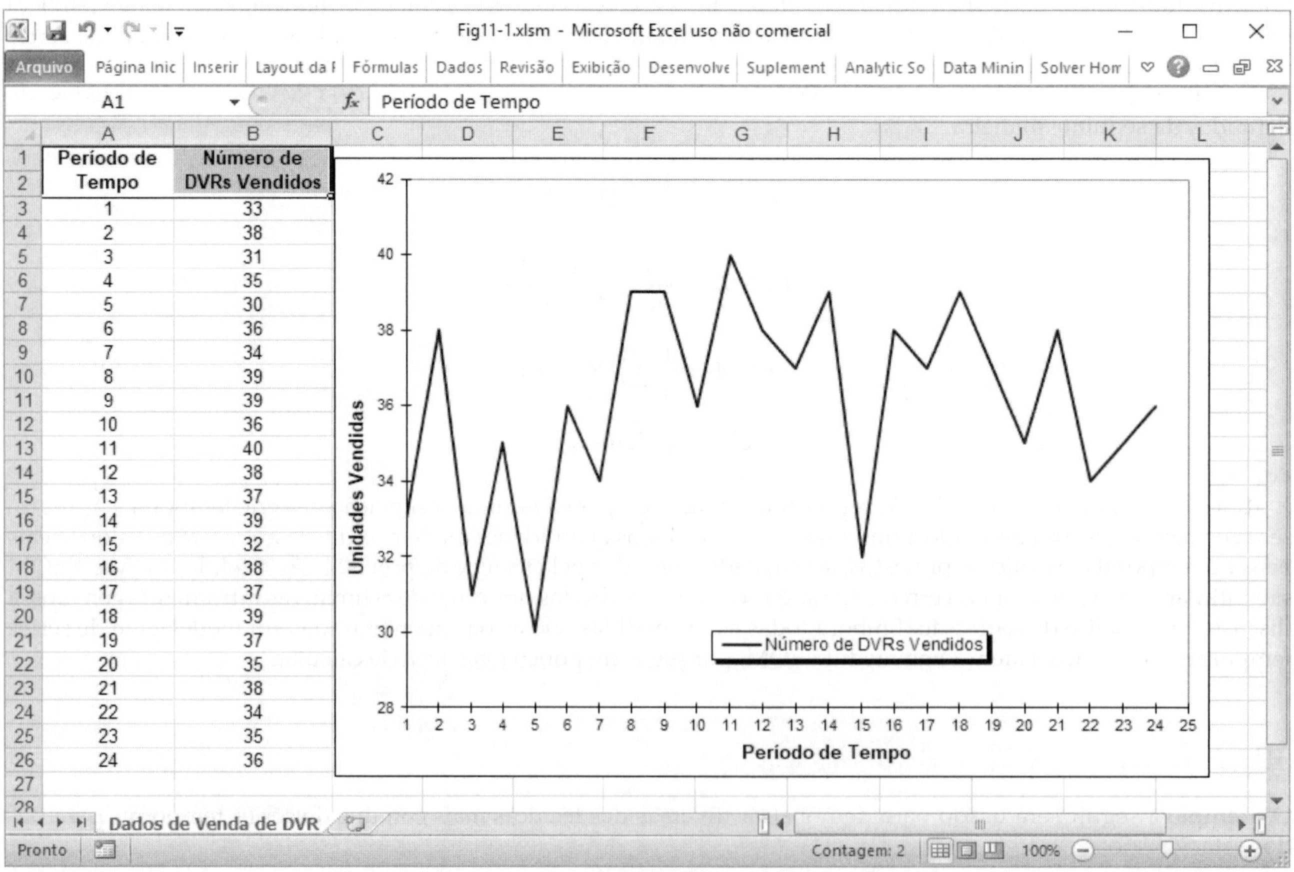

Período de Tempo	Número de DVRs Vendidos
1	33
2	38
3	31
4	35
5	30
6	36
7	34
8	39
9	39
10	36
11	40
12	38
13	37
14	39
15	32
16	38
17	37
18	39
19	37
20	35
21	38
22	34
23	35
24	36

11.4 Médias móveis

A técnica de **médias móveis** é provavelmente o método de extrapolação de dados estacionários mais fácil de usar e entender. Com essa técnica, o valor previsto da série temporal no período $t + 1$ (denotado por $\hat{Y}_{t+1}$) é simplesmente a média das k observações mais recentes na série, ou seja:

$$\hat{Y}_{t+1} = \frac{Y_t + Y_{t-1} + \cdots + Y_{t-k+1}}{k} \tag{11.2}$$

O valor k na Equação 11.2 determina quantas observações prévias serão incluídas nas médias móveis. Não existe método geral para determinar qual valor de k será melhor para determinada série temporal. Portanto, devemos tentar vários valores de k para ver qual dará os melhores resultados. Isso é ilustrado na Figura 11.2 (e no arquivo Fig11-2.xlsm, disponível na página deste livro no site da editora), em que o número mensal de DVRs vendidos pela Electra-City é ajustado usando modelos de médias móveis com valores k de 2 e 4.

Geramos as previsões de médias móveis na Figura 11.2 usando a função MÉDIA( ). Por exemplo, as previsões de médias móveis para dois meses são geradas pela implementação da seguinte fórmula na célula C5 e copiando-a para as células C6 a C26:

Fórmula para a célula C5 =MÉDIA(B3:B4)
(Copiar para as células C6 a C26.)

As previsões de médias móveis para 4 meses são geradas pela implementação da seguinte fórmula na célula D7 e copiando-a para as células D8 a D26:

Fórmula para a célula D7: =MÉDIA(B3:B6)
(Copiar para as células D8 a D26.)

Os dados reais de vendas de DVRs estão marcados na Figura 11.2, junto com os valores previstos pelos dois modelos de médias móveis. Esse gráfico mostra que os valores previstos tendem a ser menos voláteis, ou mais suaves,

FIGURA 11.2 *Previsões de médias móveis para os dados de venda de DVRs.*

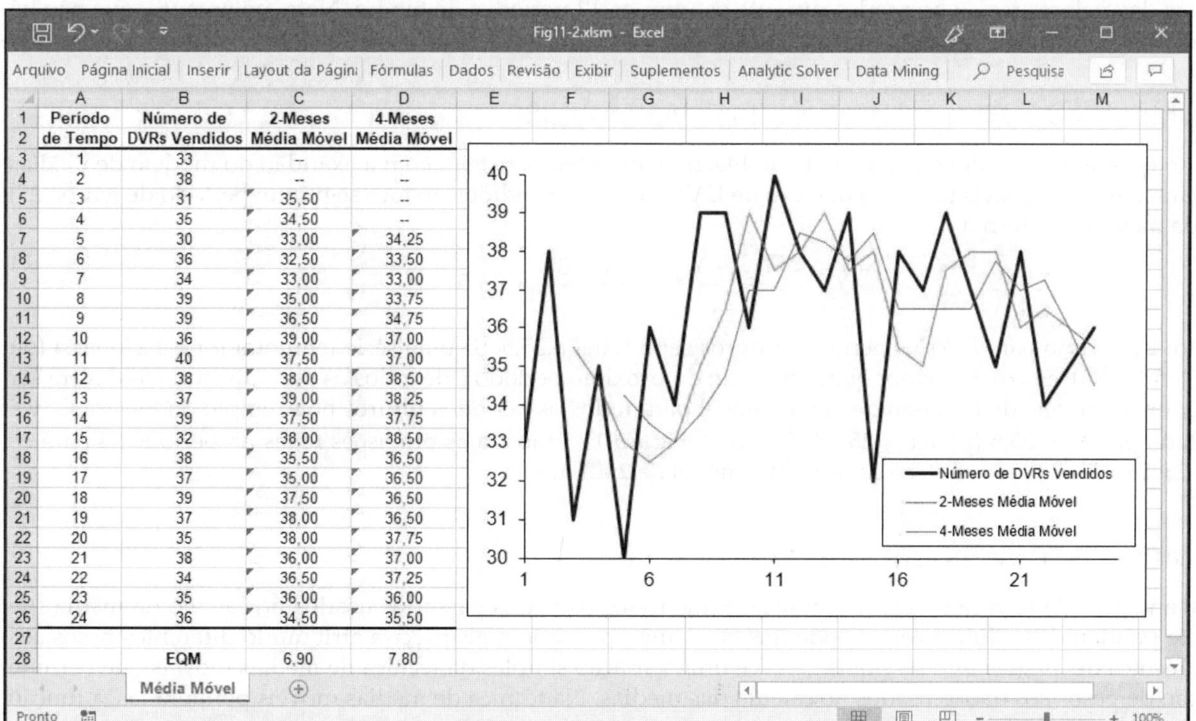

Período de Tempo	Número de DVRs Vendidos	2-Meses Média Móvel	4-Meses Média Móvel
1	33	--	--
2	38	--	--
3	31	35,50	--
4	35	34,50	--
5	30	33,00	34,25
6	36	32,50	33,50
7	34	33,00	33,00
8	39	35,00	33,75
9	39	36,50	34,75
10	36	39,00	37,00
11	40	37,50	37,00
12	38	38,00	38,50
13	37	39,00	38,25
14	39	37,50	37,75
15	32	38,00	38,50
16	38	35,50	36,50
17	37	35,00	36,50
18	39	37,50	36,50
19	37	38,00	36,50
20	35	38,00	37,75
21	38	36,00	37,00
22	34	36,50	37,25
23	35	36,00	36,00
24	36	34,50	35,50
	EQM	6,90	7,80

Fórmulas das principais células		
Célula	**Fórmula**	**Copiado para**
C5	=MÉDIA(B3:B4)	C6:C26
D7	=MÉDIA(B3:B6)	D8:D26
C28	=SOMAXMY2($B$7:$B$26;C7:C26)/CONT.NUM(C7:C26)	D28

que os dados reais. Isso não deveria surpreender porque a técnica de médias móveis tende a compensar os picos e vales que ocorrem nos dados originais. Assim, a técnica de médias móveis é, às vezes, chamada de método de *suavização*. Quanto maior o valor de k (quanto mais pontos de dados passados são tomados para calcular a média), mais suave será a previsão de médias móveis.

Podemos avaliar a precisão relativa das duas funções de previsão de médias móveis ao comparar os valores do EQM para estas duas técnicas mostradas nas células C28 e D28 na Figura 11.2. A fórmula abaixo calcula esses valores de EQM:

Fórmula para a célula C28: =SOMAXMY2($B$7:$B$26;C7:C26)/CONT.NUM(C7:C26)
(Copiar para a célula D28.)

Note que a função SOMAXMY2( ) calcula a soma dos quadrados das diferenças entre os valores correspondentes em duas fileiras diferentes. A função CONT.NUM( ) devolve o número de valores em uma fileira. Note também que as previsões usando médias móveis de dois meses começam no período de tempo 3 (célula C5) e as previsões com médias móveis de quatro meses começam no período de tempo 5 (célula D7). Estamos calculando os valores do EQM, começando no período de tempo 5, para as duas técnicas de previsão, de modo que se faça uma comparação justa entre elas.

O EQM descreve o ajuste geral da técnica de previsão aos dados históricos. Comparando os EQM para as duas médias móveis, poderíamos concluir que as médias móveis de 2 meses (com um EQM de 6,90) dá previsões mais exatas que as médias móveis de 4 meses (com um EQM de 7,80). No entanto, note que o EQM inclui e pondera dados relativamente antigos com a mesma importância que os dados mais recentes. Assim, a seleção de uma previsão baseada no EQM total das funções de previsão poderia não ser aconselhável, porque uma função de previsão poderia ter alcançado um EQM total mais baixo pela adaptação muito bem feita a dados mais antigos, enquanto é relativamente imprecisa em dados mais recentes.

Pelo fato de querermos prever observações *futuras*, poderíamos estar interessados no modo como a função de previsão agiu nos dados mais recentes. Podemos determinar calculando outros EQM, usando apenas os dados mais recentes. Por exemplo, se calcularmos os EQM usando apenas os últimos 12 períodos de tempo (períodos 13 a 24), as médias móveis para 4 meses produzirão um EQM de 6,23 e as médias móveis para 2 meses produzirão um EQM de 6,52. Esses resultados são mostrados na tabela abaixo do gráfico na Figura 11.3. Então, seria possível argumentar que o modelo de médias móveis para 4 meses deve ser usado para prever o futuro porque produziu as previsões mais exatas dos valores reais observados durante os últimos 12 períodos de tempo. Note, no entanto, que não há garantia de que a técnica de previsão que tem sido mais exata recentemente continuará a ser a mais exata no futuro.

11.4.1 PREVISÃO COM O MODELO DE MÉDIAS MÓVEIS

Assumindo (por simplicidade) que o gerente da Electra-City esteja satisfeito com a exatidão do modelo de médias móveis para 2 meses, a previsão para o número de DVRs a serem vendidos no mês seguinte (período de tempo 25) é calculada da seguinte forma:

$$\hat{Y}_{25} = \frac{Y_{24} + Y_{23}}{2} = \frac{36 + 35}{2} = 35{,}5$$

De fato, a previsão para *todos* os períodos futuros seria igual a 35,5. Se uma série temporal for estacionária (ou não tiver tendência), é razoável supor que a previsão do próximo período e de todos os períodos futuros devem ser iguais. Assim, o modelo de previsão de média móvel para todos os períodos futuros no exemplo da Electra-City é representado por $\hat{Y}_t = 35{,}5$ (para $t = 25, 26, 27, ...$). A Figura 11.3 mostra as previsões feitas no período 24 para os períodos 25, 26, 27 e 28 para as técnicas de média móvel de 2 e 4 meses.

11.5 Médias móveis ponderadas

Uma desvantagem da técnica de médias móveis é que todos os dados passados usados no cálculo da média são igualmente ponderados. Muitas vezes, podemos obter uma previsão mais precisa atribuindo diferentes pesos aos dados. A técnica de **médias móveis ponderadas** é uma variação simples da técnica de médias móveis que permite a atribuição de pesos aos dados usados no cálculo das médias. Na técnica de médias móveis ponderadas, a função de previsão é representada por:

$$\hat{Y}_{t+1} = w_1 Y_t + w_2 Y_{t-1} + \ldots + w_k Y_{t-k+1} \qquad \textbf{11.3}$$

em que $0 \leq w_i \leq 1$ e $\sum_{i=1}^{k} w_i = 1$. Note que a previsão de médias móveis simples na Equação 11.2 é um caso especial da Equação 11.3 em que $w_1 = w_2 = \ldots = w_k = \frac{1}{k}$.

FIGURA 11.3 *Previsões dos dados de venda de DVRs.*

Fig11-3.xlsm - Excel

Arquivo | Página Inicial | Inserir | Layout da Pági | Fórmulas | Dados | Revisão | Exibir | Suplementos | Analytic Solver | Data Mining | Pesquisa

	A	B	C	D
1	Período	Número de	2-Meses	4-Meses
2	de Tempo	DVRs Vendidos	Média Móvel	Média Móvel
3	1	33	--	--
4	2	38	--	--
5	3	31	35,50	--
6	4	35	34,50	--
7	5	30	33,00	34,25
8	6	36	32,50	33,50
9	7	34	33,00	33,00
10	8	39	35,00	33,75
11	9	39	36,50	34,75
12	10	36	39,00	37,00
13	11	40	37,50	37,00
14	12	38	38,00	38,50
15	13	37	39,00	38,25
16	14	39	37,50	37,75
17	15	32	38,00	38,50
18	16	38	35,50	36,50
19	17	37	35,00	36,50
20	18	39	37,50	36,50
21	19	37	38,00	36,50
22	20	35	38,00	37,75
23	21	38	36,00	37,00
24	22	34	36,50	37,25
25	23	35	36,00	36,00
26	24	36	34,50	35,50
27	25	--	35,50	35,75
28	26	--	35,50	35,75
29	27	--	35,50	35,75
30	28	--	35,50	35,75
31				

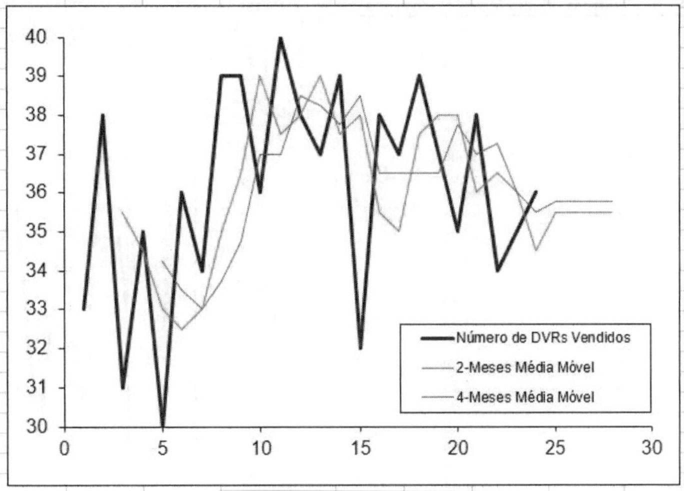

Períodos Considerados	EQM 2-Meses	EQM 4-Meses
Últimos 12	6,52	6,23
Últimos 20	6,90	7,80

Média Móvel

Fórmulas das principais células

Célula	Fórmula	Copiado para
C27	=MÉDIA(B25:B26)	--
C28	=C27	C29:C30
D27	=MÉDIA(B23:B26)	D29:D30
D28	=D27	J29
I30	=SOMAXMY2($B$7:$B$26;C7:C26)/CONT.NUM(C7:C26)	J30

Embora a técnica de médias móveis ponderadas ofereça flexibilidade maior que a de médias móveis, é também um pouco mais complicada. Além de determinar um valor para *k*, também devemos determinar valores para os pesos w_i na Equação 11.3. Entretanto, para determinado valor de *k*, podemos usar o Solver para determinar os valores para w_i que minimizem o EQM. A implementação da planilha do modelo de médias móveis ponderadas para 2 meses para o exemplo da Electra-City aparece na Figura 11.4 (e no arquivo Fig11-4.xlsm, disponível na página deste livro no site da editora).

As células F3 e F4 representam os pesos w_1 e w_2, respectivamente. A célula F5 contém a soma das células F3 e F4. A função de previsão de médias ponderadas é implementada na célula C5 com a fórmula a seguir, que é copiada para as células C6 a C26:

Fórmula para a célula C5 =$F$3*B4 + $F$4*B3

(Copiar para as células C6 a C26.)

Note que com $w_1 = w_2 = 0{,}5$ as previsões de médias ponderadas são idênticas às do método de médias móveis simples mostrado na Figura 11.2. A fórmula para o EQM é implementada na célula F7 da seguinte maneira:

Fórmula para a célula F7: =SOMAXMY2(B5:B26;C5:C26)/CONT.NUM(C5:C26)

Podemos usar os parâmetros e as opções do Solver mostrados na Figura 11.5 para identificar os valores para os pesos nas células F3 e F4 que minimizem o EQM. Note que esse é um problema de otimização não linear, porque o EQM representa uma função objetiva não linear. A Figura 11.6 mostra a solução para esse problema.

Note que os pesos ótimos de $w_1 = 0{,}29$ e $w_2 = 0{,}71$ reduzem apenas um pouco o EQM, de 7,20 para 6,53.

FIGURA 11.4 *Implementação de planilha do modelo de médias móveis ponderadas.*

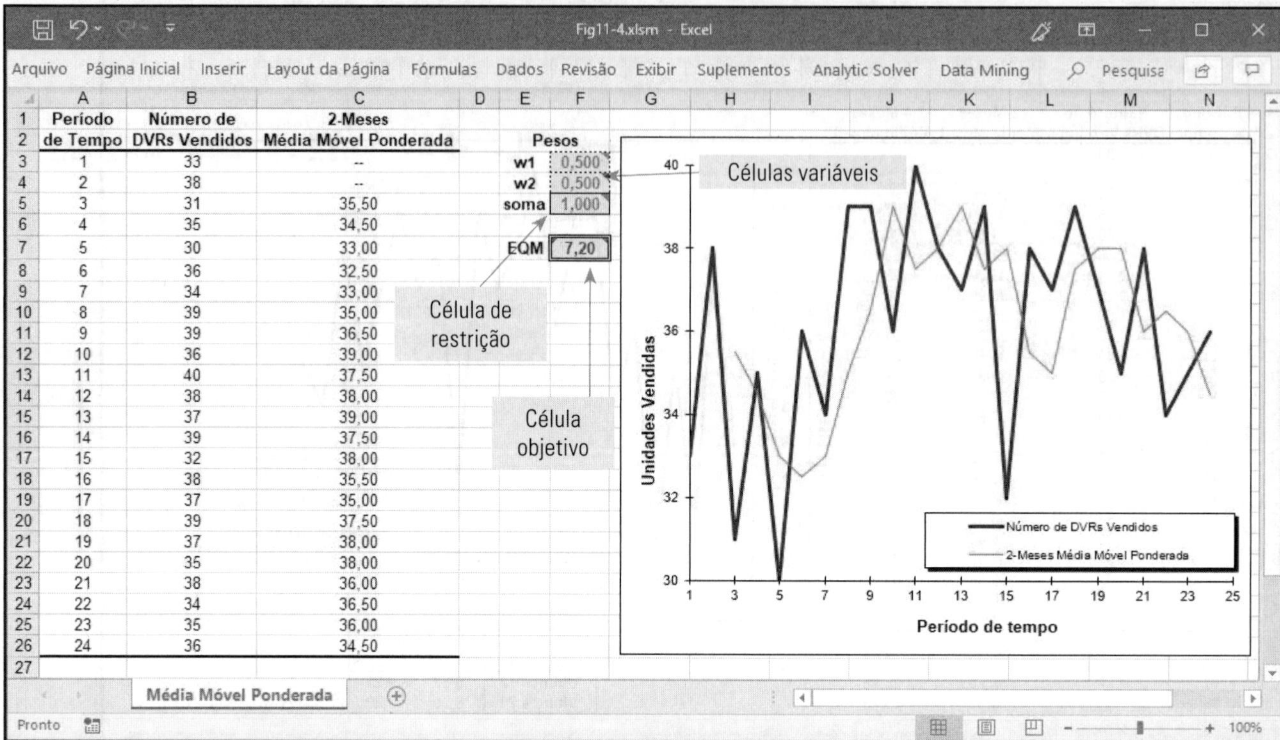

Período de Tempo	Número de DVRs Vendidos	2-Meses Média Móvel Ponderada
1	33	--
2	38	--
3	31	35,50
4	35	34,50
5	30	33,00
6	36	32,50
7	34	33,00
8	39	35,00
9	39	36,50
10	36	39,00
11	40	37,50
12	38	38,00
13	37	39,00
14	39	37,50
15	32	38,00
16	38	35,50
17	37	35,00
18	39	37,50
19	37	38,00
20	35	38,00
21	38	36,00
22	34	36,50
23	35	36,00
24	36	34,50

Fórmulas das principais células

Célula	Fórmula	Copiado para
C5	=$F$3*B4+$F$4*B3	C6:C26
F5	=SOMA(F3:F4)	--
F7	=SOMAXMY2(B5:B26;C5:C26)/CONT.NUM(C5:C26)	--

11.5.1 PREVISÃO COM O MODELO DE MÉDIAS MÓVEIS PONDERADAS

Usando a técnica de médias móveis ponderadas, o número previsto de DVRs a serem vendidos na Electra-City no mês seguinte (período de tempo 25) é calculado da seguinte maneira:

$$\hat{Y}_{25} = w_1Y_{24} + w_2Y_{23} = 0{,}29 \times 36 + 0{,}71 \times 35 = 35{,}29$$

Novamente, se uma série temporal é estacionária (ou não tem tendência), é razoável supor que a previsão do próximo período e de todos os períodos futuros devem ser iguais. Assim, o modelo de previsão de média móvel ponderada para todos os períodos futuros no exemplo da Electra-City é representado por $\hat{Y}_t = 35{,}5$ (para $t = 25, 26, 27, \ldots$). A Figura 11.6 mostra as previsões feitas no período 24 para os períodos 25, 26, 27 e 28 para a técnica de média móvel ponderada de 2 meses.

11.6 Suavização exponencial

A **suavização exponencial** é outra técnica de médias para dados estacionários que permite que pesos sejam atribuídos aos dados passados. Os modelos de suavização exponencial assumem a seguinte forma:

$$\hat{Y}_{t+1} = \hat{Y}_t + \alpha(Y_t - \hat{Y}_t) \qquad \textbf{11.4}$$

A Equação 11.4 indica que o valor previsto para o período de tempo $t + 1$ ($\hat{Y}_{t+1}$) é igual ao valor previsto para o período anterior ($\hat{Y}_t$) mais um ajuste para o erro feito na previsão do valor do período anterior ($\alpha(Y_t - \hat{Y}_t)$). O parâmetro α na Equação 11.4 pode assumir qualquer valor entre 0 e 1 ($0 \leq \alpha \leq 1$).

Configurações do Solver:
Objetivo: F7 (Min) Células variáveis: F3:F4 Restrições: F3:F4 <= 1 F3:F4 >= 0 F5 = 1
Opções do Solver:
GRG Não Linear

FIGURA 11.5 *Parâmetros e opções do Solver para o modelo de médias móveis ponderadas.*

FIGURA 11.6 *Solução ótima e previsões para o modelo de médias móveis ponderadas.*

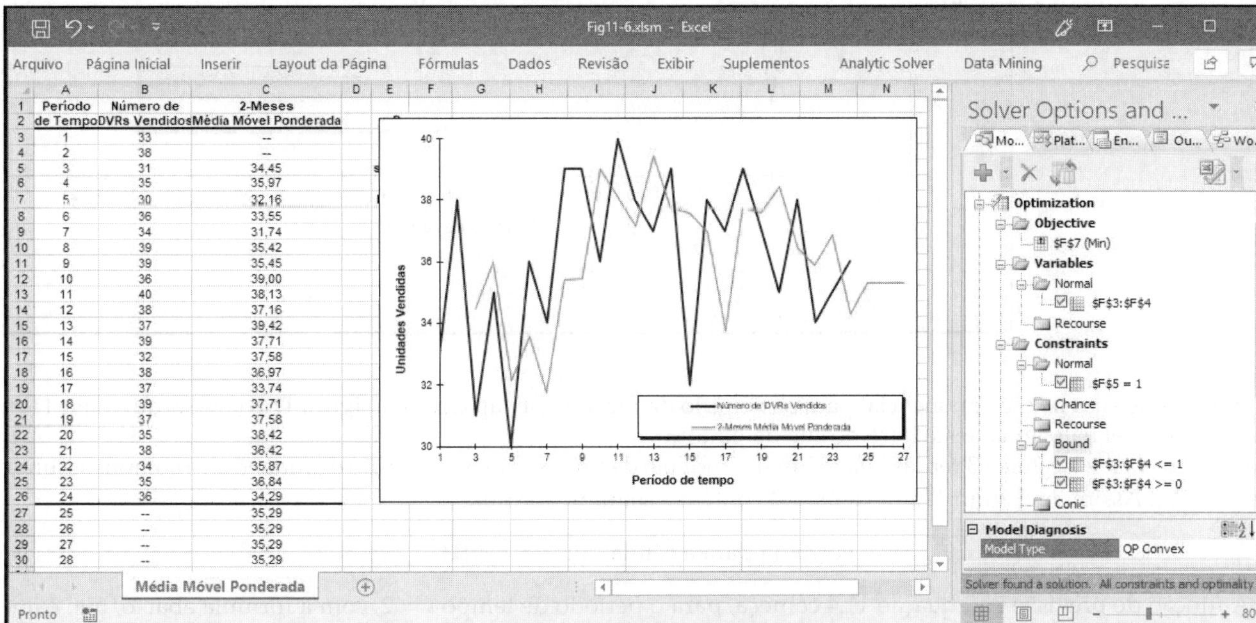

	A	B	C
1	Período	Número de	2-Meses
2	de Tempo	DVRs Vendidos	Média Móvel Ponderada
3	1	33	--
4	2	38	--
5	3	31	34,45
6	4	35	35,97
7	5	30	32,16
8	6	36	33,55
9	7	34	31,74
10	8	39	35,42
11	9	39	35,45
12	10	36	39,00
13	11	40	38,13
14	12	38	37,16
15	13	37	39,42
16	14	39	37,71
17	15	32	37,58
18	16	38	36,97
19	17	37	33,74
20	18	39	37,71
21	19	37	37,58
22	20	35	38,42
23	21	38	36,42
24	22	34	35,87
25	23	35	36,84
26	24	36	34,29
27	25	--	35,29
28	26	--	35,29
29	27	--	35,29
30	28	--	35,29

Fórmulas das principais células

Célula	Fórmula	Copiado para
C27	=F3*B26+F4* B25	--
C28	=C27	C29:C30

É possível demonstrar que a fórmula de suavização exponencial na Equação 11.4 é equivalente a:

$$\hat{Y}_{t+1} = \alpha Y_t + \alpha(1-\alpha)Y_{t-1} + \alpha(1-\alpha)^2 Y_{t-2} + \ldots + \alpha(1-\alpha)^n Y_{t-n} + \ldots$$

Conforme aparece na equação acima, a previsão $\hat{Y}_{t+1}$ na suavização exponencial é uma combinação ponderada de todos os valores anteriores na série temporal, em que a observação mais recente Y_t recebe o maior peso (α), a observação mais recente seguinte Y_{t-1} recebe o segundo maior peso ($\alpha(1-\alpha)$) e assim por diante.

Em um modelo de suavização exponencial, pequenos valores de α tendem a produzir previsões lentas, que não reagem rapidamente a mudanças nos dados. Um valor de α próximo a 1 produz uma previsão que reage mais rapidamente a mudanças nos dados. A Figura 11.7 (e o arquivo Fig11-7.xlsm, disponível na página deste livro no site da editora) ilustra essas relações, mostrando os resultados de dois modelos de suavização exponencial para os dados de vendas de DVRs com valores α de 0,1 e 0,9.

Podemos usar o Solver para determinar o valor ótimo para α, quando estivermos construindo um modelo de previsão de suavização exponencial para determinado conjunto de dados. A implementação de planilha do modelo

FIGURA 11.7
Dois modelos de suavização exponencial dos dados de vendas de DVRs.

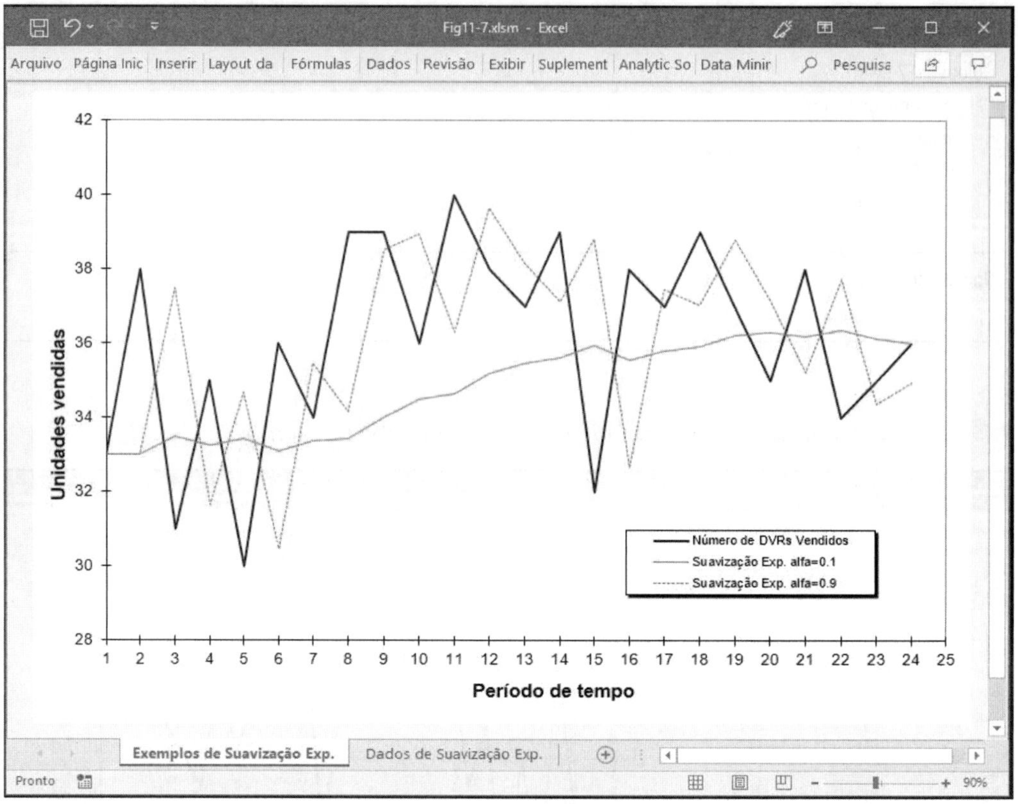

de previsão de suavização exponencial para o exemplo da Electra-City aparece na Figura 11.8 (e no arquivo Fig11-8.xlsm, disponível na página deste livro no site da editora).

Na Figura 11.8, a célula F3 representa α. Em um modelo de previsão de suavização exponencial, é comum assumir que $\hat{Y}_1 = Y_1$. Assim, na Figura 11.8, a célula C3 contém a seguinte fórmula:

Fórmula para a célula C3: =B3

A função de previsão na Equação 11.4 começa, para o período de tempo $t = 2$, com a fórmula abaixo, que é implementada na célula C4 e copiada para as células C5 a C26.

Fórmula para a célula C4: =C3 + $F$3*(B3 – C3)
(Copiar para as células C5 a C26.)

A fórmula na célula F5 calcula o EQM da seguinte maneira:

Fórmula para a célula F5 =SOMAXMY2(B4:B26;C4:C26)/CONT.NUM(C4:C26)

Podemos usar os parâmetros e as opções do Solver mostrados na Figura 11.9 para identificar o valor para α que minimiza o EQM. Novamente, esse é um problema de otimização não linear porque o EQM representa uma função objetiva não linear. A Figura 11.10 mostra a solução para esse problema. Note que o valor ótimo para α é dado na célula F3 e equivale a 0,26.

11.6.1 PREVISÃO COM O MODELO DE SUAVIZAÇÃO EXPONENCIAL

Usando o modelo de suavização exponencial, o número previsto de DVRs a serem vendidos na Electra-City no mês seguinte (período de tempo 25) é calculado como a seguir:

$$\hat{Y}_{25} = \hat{Y}_{24} + \alpha(Y_{24} - \hat{Y}_{24}) = 35{,}91 + 0{,}26*(36 - 35{,}91) = 35{,}93$$

A propriedade estacionária inerente da técnica de suavização exponencial torna-se evidente quando tentamos usá-la para prever mais de um período de tempo no futuro. Por exemplo, suponhamos que no fim do período de

FIGURA 11.8 *Implementação de planilha do modelo de suavização exponencial.*

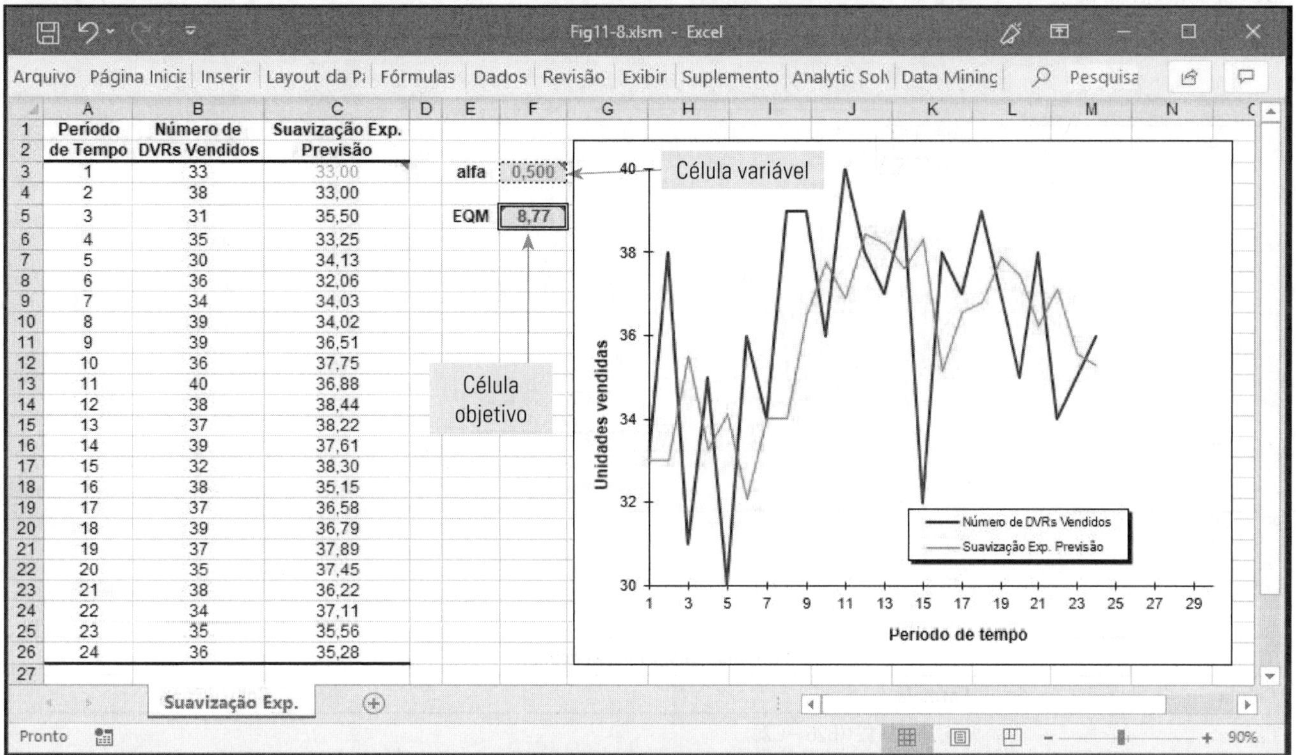

Fórmulas das principais células		
Célula	**Fórmula**	**Copiado para**
C3	=B3	--
C4	=C3+$F$3*(B3−C3)	C5:C26
F5	=SOMAXMY2(B4:B26;C4:C26)/CONT.NUM(C4:C26)	--

Configurações do Solver:

Objetivo: F5 (Min)
Células variáveis: F3
Restrições:
F3 <= 1
F3 >= 0

Opções do Solver:

GRG Não Linear

FIGURA 11.9 *Parâmetros e opções do Solver para o modelo de suavização exponencial.*

tempo 24 quiséssemos prever o número de DVRs a serem vendidos nos períodos de tempo 25 *e* 26. A previsão para o período de tempo 26 é representada por:

$$\hat{Y}_{26} = \hat{Y}_{25} + \alpha(Y_{25} - \hat{Y}_{25})$$

Pelo fato de Y_{25} ser desconhecido no período de tempo 24, devemos substituir $\hat{Y}_{25}$ por Y_{25} na equação anterior. No entanto, nesse caso, obtemos $\hat{Y}_{26} = \hat{Y}_{25}$. Na verdade, a previsão para todos os períodos futuros seria igual a $\hat{Y}_{25}$. Assim, o modelo de previsão de suavização exponencial para todos os períodos de tempo futuros no exemplo da Electra-City é representado por $\hat{Y}_t = 35{,}93$ (para $t = 25, 26, 27, \ldots$).

FIGURA 11.10 *Solução ótima e previsões para o modelo de suavização exponencial.*

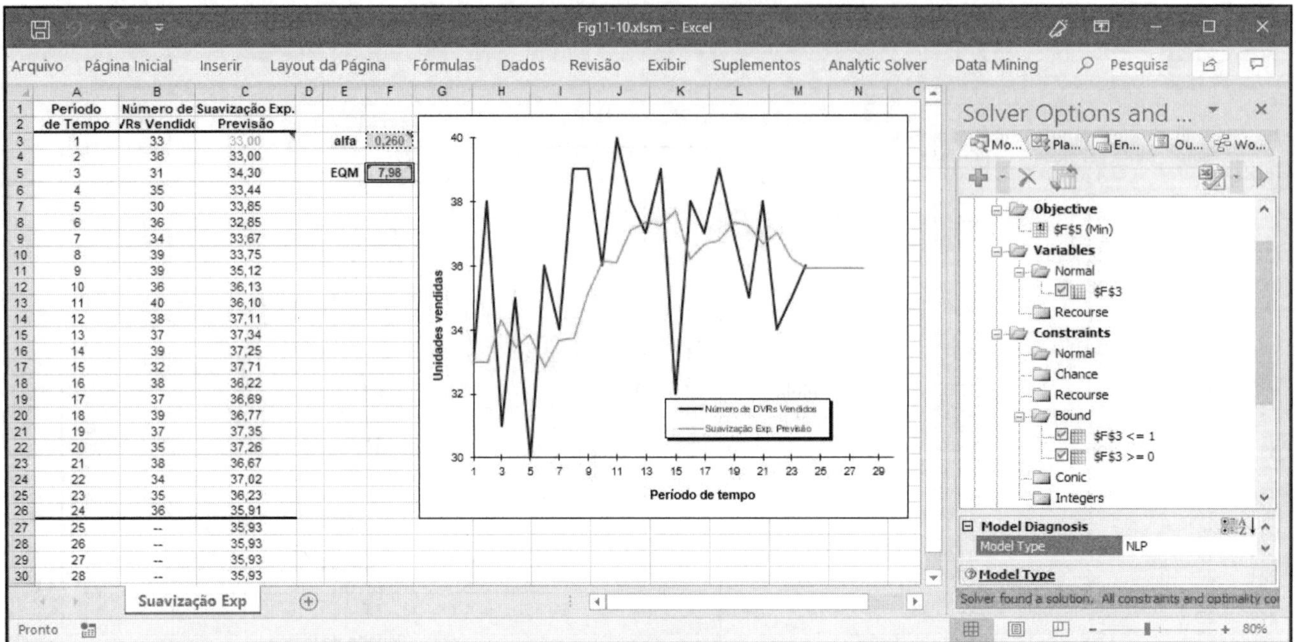

Fórmulas das principais células		
Célula	**Fórmula**	**Copiado para**
C27	=C26+$F$2*(B26−C26)	--
C28	=C27	C29:C30

> **Uma palavra de cautela sobre previsões**
>
> À medida que fazemos previsões mais adiante no futuro, nossa confiança na acurácia da previsão diminui, porque não há garantia de que os padrões históricos nos quais o modelo se baseia continuarão indefinidamente.

11.7 Sazonalidade

Muitas séries temporais apresentam **sazonalidade**, ou um padrão regular, repetitivo, nos dados. Por exemplo, nos dados de série temporal de vendas mensais de óleo combustível, esperaríamos ver saltos regulares nos dados durante os meses de inverno de cada ano. Da mesma forma, os dados mensais ou trimestrais de vendas de loção bronzeadora provavelmente mostrariam picos consistentes durante o verão e vales durante o inverno.

Dois diferentes tipos de efeitos sazonais são comuns em séries temporais: efeitos aditivos e efeitos multiplicativos. Os efeitos sazonais aditivos tendem a manter a mesma ordem de magnitude cada vez que determinado efeito é encontrado. Os efeitos sazonais multiplicativos tendem a ter um efeito crescente cada vez que determinado efeito é encontrado. A Figura 11.11 (e o arquivo Fig11-11.xlsm, disponível na página deste livro no site da editora) ilustra a diferença entre esses dois tipos de efeitos sazonais para dados estacionários.

Usaremos o exemplo seguinte para ilustrar duas técnicas para modelar sazonalidade aditiva e multiplicativa, em séries temporais estacionárias.

> A Savannah Climate Control (SCC) vende bombas de aquecimento residencial e presta assistência técnica. As vendas de bombas de aquecimento tendem a ser mais altas que a média nos meses de inverno e verão, quando as temperaturas são mais extremas. Da mesma forma, as vendas tendem a ser mais baixas que a média nos meses de primavera e outono, quando as temperaturas são mais amenas e os proprietários de residências podem adiar a substituição de unidades de bombas que não funcionam. O dono da SCC, Bill Cooter, coletou dados de venda de unidades a cada trimestre durante os últimos anos, conforme mostrado na Figura 11.12 (e no arquivo Fig11-12.xlsm, disponível na página deste livro no site da editora). Ele deseja analisar esses dados a fim de criar um modelo para calcular o número de unidades que a empresa venderá em cada um dos próximos quatro trimestres.

FIGURA 11.11 *Exemplos de efeitos sazonais aditivos e multiplicativos em dados estacionários.*

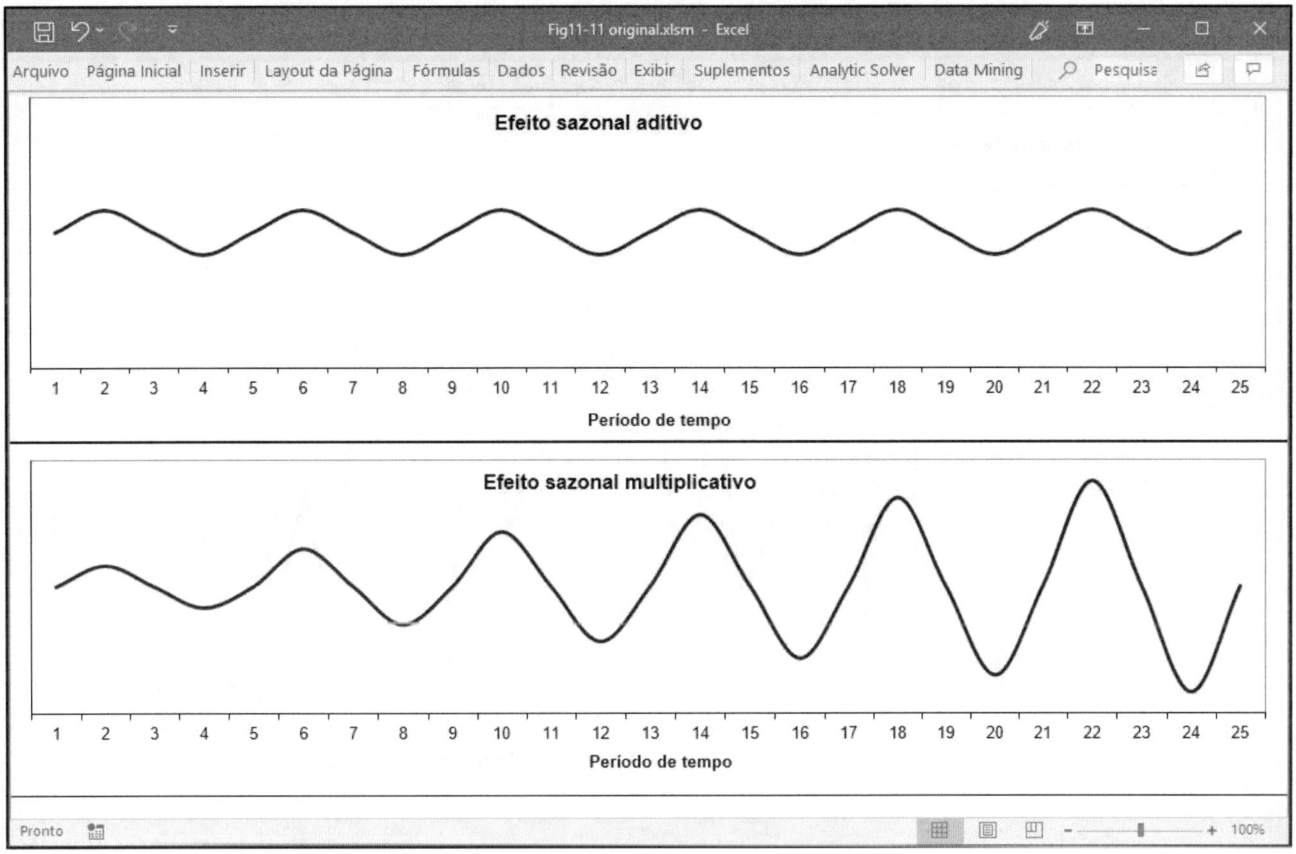

11.8 Dados estacionários com efeitos sazonais aditivos

Os dados mostrados na Figura 11.12 indicam que as vendas de bombas de aquecimento tendem a ser altas nos trimestres um e três (correspondentes aos meses de inverno e verão) e baixas nos trimestres dois e quatro (correspondentes aos meses de primavera e outono). Assim, esses dados mostram efeitos sazonais trimestrais que podem ser modelados, de modo a tornar as previsões mais exatas.

O modelo abaixo é útil para modelagem de dados de séries temporais com efeitos sazonais aditivos:

$$\hat{Y}_{t+n} = E_t + S_{t+n-p} \qquad \textbf{11.5}$$

em que

$$E_t = \alpha(Y_t - S_{t-p}) + (1 - \alpha)\, E_{t-1} \qquad \textbf{11.6}$$

$$S_t = \beta(Y_t - E_t) + (1 - \beta)S_{t-p} \qquad \textbf{11.7}$$

$$0 \le \alpha \le 1 \text{ e } 0 \le \beta \le 1$$

Nesse modelo, E_t representa o nível esperado da série temporal no período t, e S_t representa o fator sazonal para o período t. A constante p representa o número de períodos sazonais nos dados. Ou seja, para dados trimestrais, $p = 4$, e para dados mensais, $p = 12$.

Na Equação 11.5, a previsão para o período $t + n$ é simplesmente o nível esperado da série de tempo no período t ajustado para cima ou para baixo pelo fator sazonal S_{t+n-p}. A Equação 11.6 estima o nível esperado para o período t como uma média ponderada dos dados dessazonalizados para o período t $(Y_t - S_{t-p})$ e o nível do período anterior (E_{t-1}). A Equação 11.7 estima o fator sazonal para o período t como uma média ponderada do efeito sazonal estimado no período t $(Y_t - E_t)$ e o fator sazonal no correspondente período anterior (S_{t-p}).

FIGURA 11.12 *Dados históricos de vendas de bombas de aquecimento para o exemplo da Savannah Climate Control.*

Ano	Trimestre	Bombas de Calor Vendidas
2011	1	330
	2	310
	3	370
	4	300
2012	1	378
	2	352
	3	408
	4	341
2013	1	354
	2	329
	3	402
	4	303
2014	1	358
	2	317
	3	402
	4	299
2015	1	340
	2	303
	3	387
	4	305
2016	1	360
	2	346
	3	396
	4	324

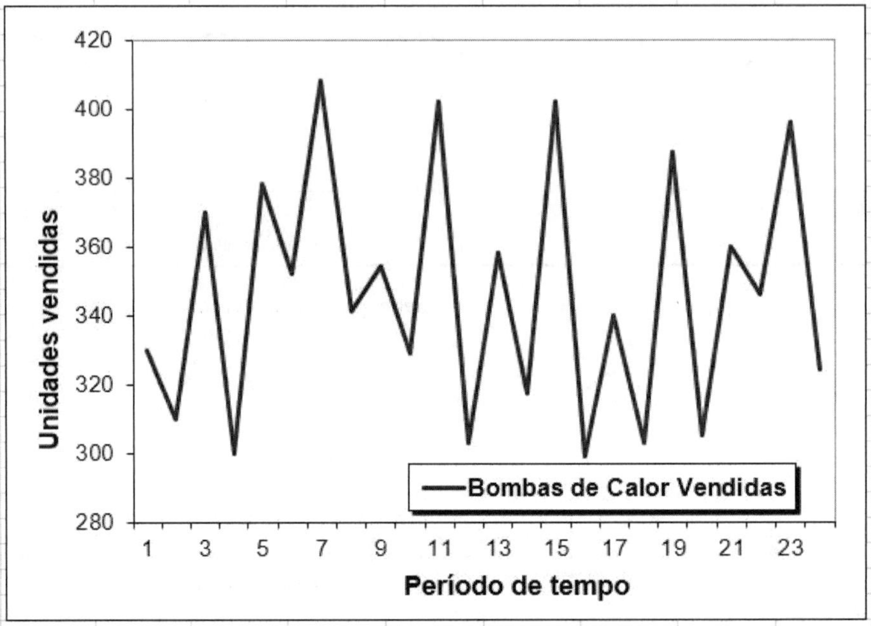

Para usar as Equações 11.5 a 11.7, devemos inicializar os níveis estimados e os fatores sazonais para os primeiros p períodos de tempo. Há várias maneiras de fazer isso. Entretanto, por conveniência, faremos do seguinte modo:

$$E_t = \sum_{i=1}^{p} \frac{Y_i}{p}, \quad t = 1, 2, \ldots, p$$

$$S_t = Y_t - E_t, \; t = 1, 2, \ldots, p$$

Ou seja, usaremos o valor médio dos primeiros p períodos como os níveis iniciais esperados para cada um desses períodos de tempo. Utilizaremos, então, a diferença entre os valores reais e os níveis esperados como fatores sazonais iniciais para os primeiros p períodos de tempo.

A implementação da planilha dessa técnica é mostrada na Figura 11.13 (e no arquivo Fig11-13.xlsm, disponível na página deste livro no site da editora).

Os valores iniciais esperados para os primeiros quatro períodos de tempo foram lançados nas células E3 a E6 da seguinte maneira:

Fórmula para a célula E3: =MÉDIA($D$3:$D$6)
(Copiar para as células E4 a E6.)

Depois, os fatores sazonais para os primeiros quatro períodos foram lançados nas células F3 a F6 da seguinte maneira:

Fórmula para a célula F3: =D3 – E3
(Copiar para as células F4 a F6.)

As células J3 e J4 representam os valores de α e β, respectivamente. Os níveis restantes esperados e os fatores sazonais definidos pelas Equações 11.6 e 11.7 foram, então, lançados nas colunas E e F, respectivamente, da seguinte forma:

FIGURA 11.13 *Implementação de planilha do modelo com controle de efeitos sazonais aditivos.*

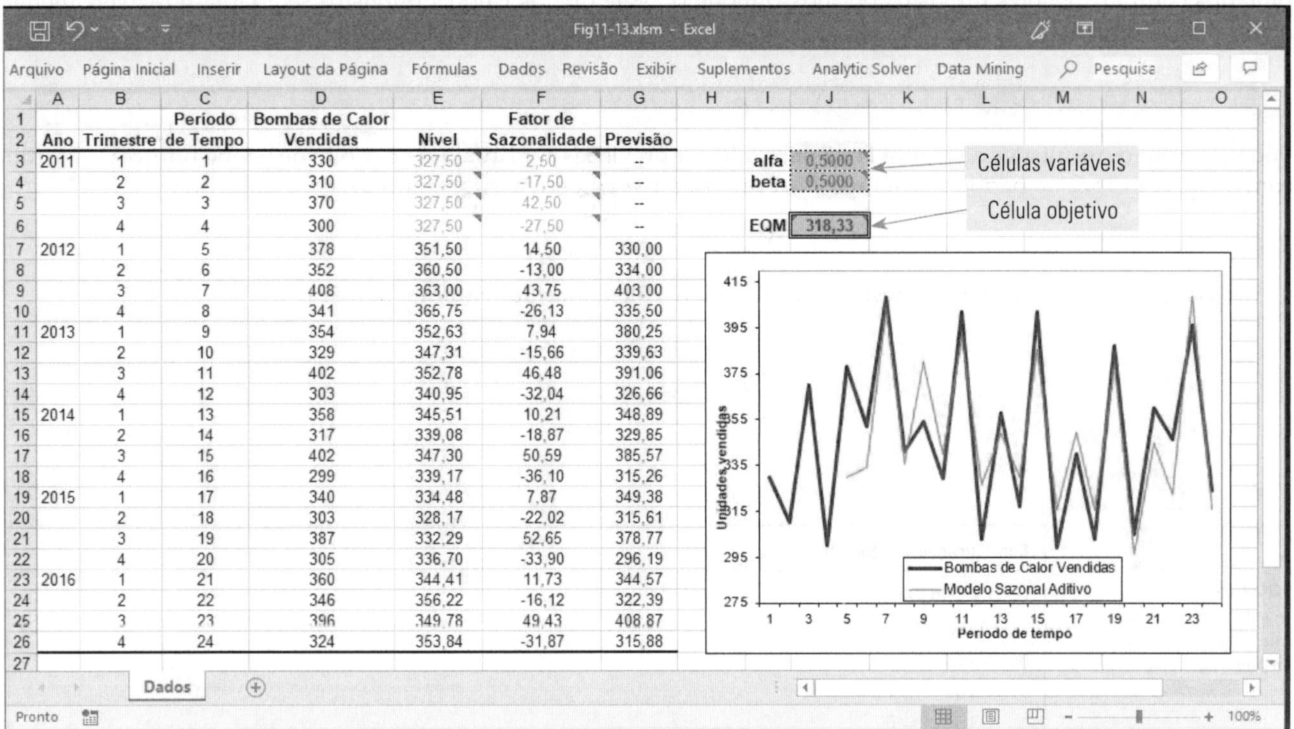

Ano	Trimestre	Período de Tempo	Bombas de Calor Vendidas	Nível	Fator de Sazonalidade	Previsão
2011	1	1	330	327,50	2,50	--
	2	2	310	327,50	-17,50	--
	3	3	370	327,50	42,50	--
	4	4	300	327,50	-27,50	--
2012	1	5	378	351,50	14,50	330,00
	2	6	352	360,50	-13,00	334,00
	3	7	408	363,00	43,75	403,00
	4	8	341	365,75	-26,13	335,50
2013	1	9	354	352,63	7,94	380,25
	2	10	329	347,31	-15,66	339,63
	3	11	402	352,78	46,48	391,06
	4	12	303	340,95	-32,04	326,66
2014	1	13	358	345,51	10,21	348,89
	2	14	317	339,08	-18,87	329,85
	3	15	402	347,30	50,59	385,57
	4	16	299	339,17	-36,10	315,26
2015	1	17	340	334,48	7,87	349,38
	2	18	303	328,17	-22,02	315,61
	3	19	387	332,29	52,65	378,77
	4	20	305	336,70	-33,90	296,19
2016	1	21	360	344,41	11,73	344,57
	2	22	346	356,22	-16,12	322,39
	3	23	396	349,78	49,43	408,87
	4	24	324	353,84	-31,87	315,88

Fórmulas das principais células

Célula	Fórmula	Copiado para
E3	=MÉDIA($D$3:$D$6)	E4:E6
E7	=$J$3*(D7−F3)+(1−$J$3)*E6	E8:E26
F3	=D3−E3	F4:F6
F7	=$J$4*(D7−E7)+(1−$J$4)*F3	F8:F26
G7	=E6+F3	G8:G26
J6	=SOMAXMY2(G7:G26;D7:D26)/CONT.NUM(G7:G26)	--

Fórmula para a célula E7: =$J$3*(D7 – F3) + (1 – $J$3)*E6
(Copiar para as células E8 a E26.)

Fórmula para a célula F7: =$J$4*(D7 – E7) + (1 – $J$4)*F3
(Copiar para as células F8 a F26.)

Agora, de acordo com a Equação 11.5, em qualquer período de tempo t, a previsão para o período de tempo $t+1$ é dada por:

$$\hat{Y}_{t+1} = E_t + S_{t+1-p}$$

Assim, no período de tempo 4, podemos calcular a previsão para o período de tempo 5 da seguinte maneira:

Fórmula para a célula G7: =E6 + F3
(Copiar para as células G8 a G26.)

Essa fórmula é depois copiada para as células G8 a G26 a fim de completar previsões de um período à frente para as observações remanescentes.

Podemos usar os parâmetros e as opções do Solver mostrados na Figura 11.14 para determinar os valores de α e β que minimizam o EQM para esse problema, calculado na célula J6 da seguinte maneira:

Fórmula para a célula J6: =SOMAXMY2(G7:G26;D7:D26)/CONT.NUM(G7:G26)

A Figura 11.15 traz a solução ótima para esse problema junto com um gráfico que mostra os dados reais de vendas, plotados contra os valores previstos por nosso modelo. Note que os valores previstos se adaptam razoavelmente bem aos dados reais.

11.8.1 PREVISÃO COM O MODELO

Podemos usar os resultados da Figura 11.15 para calcular previsões para qualquer período de tempo futuro. De acordo com a Equação 11.5, no período de tempo 24, a previsão para o período de tempo 24 + n é dada por:

$$\hat{Y}_{24+n} = E_{24} + S_{24+n-4}$$

Nossas previsões para cada trimestre de 2017 seriam calculadas da seguinte maneira:

$$\hat{Y}_{25} = E_{24} + S_{21} = 354{,}55 + 8{,}45 = 363{,}00$$
$$\hat{Y}_{26} = E_{24} + S_{22} = 354{,}55 - 17{,}82 = 336{,}73$$

FIGURA 11.14 *Parâmetros e opções do Solver para o problema de vendas de bombas de aquecimento com efeitos sazonais aditivos.*

Configurações do Solver:
Objetivo: J6 (Min) Células variáveis: J3:J4 Restrições: J3:J4 <= 1 J3:J4 >= 0
Opções do Solver:
GRG Não Linear

FIGURA 11.15 *Solução ótima e previsões para o problema de vendas de bomba de aquecimento com efeitos sazonais aditivos.*

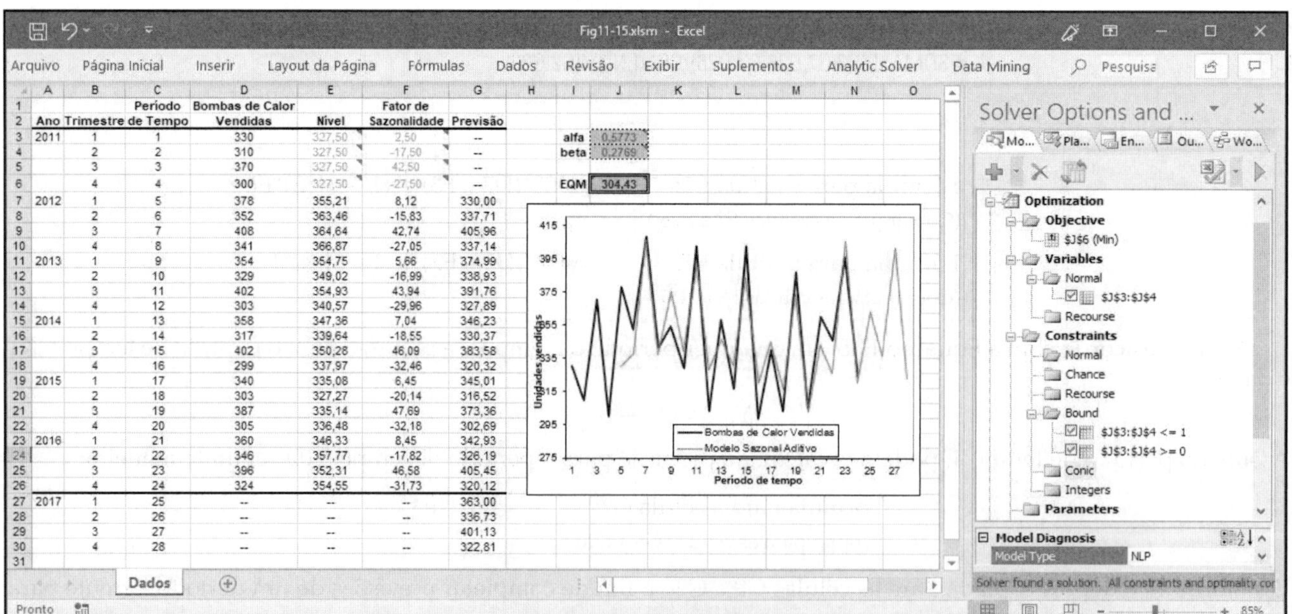

	A	B	C	D	E	F	G
1			Período	Bombas de Calor		Fator de	
2	Ano	Trimestre	de Tempo	Vendidas	Nível	Sazonalidade	Previsão
3	2011	1	1	330	327,50	2,50	--
4		2	2	310	327,50	-17,50	--
5		3	3	370	327,50	42,50	--
6		4	4	300	327,50	-27,50	--
7	2012	1	5	378	355,21	8,12	330,00
8		2	6	352	363,46	-15,83	337,71
9		3	7	408	364,64	42,74	405,96
10		4	8	341	366,87	-27,05	337,14
11	2013	1	9	354	354,75	5,66	374,99
12		2	10	329	349,02	-16,99	338,93
13		3	11	402	354,93	43,94	391,76
14		4	12	303	340,57	-29,96	327,89
15	2014	1	13	358	347,36	7,04	346,23
16		2	14	317	339,64	-18,55	330,37
17		3	15	402	350,28	46,09	383,58
18		4	16	299	337,97	-32,46	320,32
19	2015	1	17	340	335,08	6,45	345,01
20		2	18	303	327,27	-20,14	316,52
21		3	19	387	335,14	47,69	373,36
22		4	20	305	336,48	-32,18	302,69
23	2016	1	21	360	346,33	8,45	342,93
24		2	22	346	357,77	-17,82	326,19
25		3	23	396	352,31	46,58	405,45
26		4	24	324	354,55	-31,73	320,12
27	2017	1	25	--	--	--	363,00
28		2	26	--	--	--	336,73
29		3	27	--	--	--	401,13
30		4	28	--	--	--	322,81

Fórmulas das principais células		
Célula	**Fórmula**	**Copiado para**
G27	=$E$26+F23	G28:G30

$$\hat{Y}_{27} = E_{24} + S_{23} = 354{,}55 + 46{,}58 = 401{,}13$$
$$\hat{Y}_{28} = E_{24} + S_{24} = 354{,}55 - 31{,}73 = 322{,}81$$

Assim, cada previsão é simplesmente o nível esperado da série temporal no período 24 ajustado pelo fator sazonal relevante. Os cálculos para essas previsões foram implementados na Figura 11.15 da seguinte maneira:

Fórmula para a célula G27: =$E$26 + F23
(Copiar para as células G28 a G30.)

Inicializando modelos de previsão

É importante notar que outros métodos podem ser usados para inicializar os valores de nível básico (E_t) e da sazonalidade (S_t) utilizados no modelo anterior e os apresentados mais adiante neste capítulo. Por exemplo, poderíamos ter usado o Solver para determinar os valores ótimos (EQM mínimo) para o nível e os parâmetros de sazonalidade, junto com as constantes de ajuste α e β. Entretanto, mesmo se o Solver for usado para determinar valores iniciais "ótimos", não há garantia de que as previsões resultantes serão mais acuradas do que se os valores iniciais fossem determinados pelo uso de uma técnica alternativa. Quando o conjunto de dados que está sendo modelado é grande, pequenas diferenças nos valores iniciais provavelmente terão pouco impacto sobre suas previsões. Mas, à medida que o conjunto de dados diminui, o impacto da diferença nos valores iniciais torna-se mais evidente.

11.9 Dados estacionários com efeitos sazonais multiplicativos

Uma leve modificação no modelo anterior torna-o apropriado para modelar séries temporais estacionárias com efeitos sazonais multiplicativos. Em particular, a função de previsão torna-se:

$$\hat{Y}_{t+n} = E_t \times S_{t+n-p} \quad \textbf{11.8}$$

em que

$$E_t = \alpha(Y_t/S_{t-p}) + (1-\alpha)\,E_{t-1} \quad \textbf{11.9}$$
$$S_t = \beta(Y_t/E_t) + (1-\beta)S_{t-p} \quad \textbf{11.10}$$
$$0 \le \alpha \le 1 \text{ e } 0 \le \beta \le 1$$

Nesse modelo, E_t novamente representa o nível esperado da série temporal no período t, e S_t representa o fator sazonal para o período t. A constante p representa o número de períodos sazonais nos dados.

Na Equação 11.8, a previsão para o período $t + n$ é simplesmente o nível esperado da série temporal no período t ajustado para cima ou para baixo pelo fator sazonal S_{t+n-p}. A Equação 11.9 estima o nível esperado para o período t como uma média ponderada dos dados dessazonalizados para o período t (dado por Y_t/S_{t-p}) e o nível do período anterior (E_{t-1}). A Equação 11.10 estima o fator sazonal para o período t como uma média ponderada do efeito sazonal estimado no período t (Y_t/E_t) e o fator sazonal no correspondente período anterior (S_{t-p}).

Para usar as Equações 11.8 a 11.10, devemos inicializar os níveis estimados e os fatores sazonais para os primeiros p períodos de tempo. Uma forma simples de fazer isso é:

$$E_t = \sum_{i=1}^{p} \frac{Y_i}{p}, \quad t = 1, 2, \ldots, p$$
$$S_t = Y_t/E_t, \quad t = 1, 2, \ldots, p$$

Ou seja, usaremos o valor médio dos primeiros p períodos como os níveis iniciais esperados para cada um desses períodos de tempo. Nós então utilizaremos a razão dos valores reais para os níveis esperados como fatores sazonais iniciais para os primeiros p períodos de tempo.

A implementação de planilha para esta técnica é mostrada na Figura 11.16 (e no arquivo Fig11-16.xlsm, disponível na página deste livro no site da editora).

Os valores iniciais de nível esperado para os primeiros quatro períodos de tempo foram lançados nas células E3 a E6 da seguinte maneira:

Fórmula para a célula E3: =MÉDIA($D$3:$D$6)
(Copiar para as células E4 a E6.)

Depois, os fatores sazonais para os primeiros quatro períodos foram lançados nas células F3 a F6 da seguinte maneira:

Fórmula para a célula F3: =D3/E3
(Copiar para as células F4 a F6.)

As células J3 e J4 representam os valores de α e β, respectivamente. Os níveis restantes esperados e os fatores sazonais definidos pelas Equações 11.9 e 11.10 foram, então, lançados nas colunas E e F, respectivamente, da seguinte forma:

Fórmula para a célula E7: =$J$3*(D7/F3) + (1 – $J$3)*E6
(Copiar para as células E8 a E26.)

FIGURA 11.16 *Implementação de planilha do modelo com efeitos sazonais multiplicativos.*

Ano	Trimestre	Período de Tempo	Bombas de Calor Vendidas	Nível	Fator de Sazonalidade	Previsão
2011	1	1	330	327,50	1,008	--
	2	2	310	327,50	0,947	--
	3	3	370	327,50	1,130	--
	4	4	300	327,50	0,916	--
2012	1	5	378	351,32	1,042	330,00
	2	6	352	361,59	0,960	332,55
	3	7	408	361,36	1,129	408,52
	4	8	341	366,81	0,923	331,02
2013	1	9	354	353,31	1,022	382,14
	2	10	329	348,00	0,953	339,18
	3	11	402	351,97	1,136	393,04
	4	12	303	340,15	0,907	324,81
2014	1	13	358	345,24	1,029	347,60
	2	14	317	338,99	0,944	328,92
	3	15	402	346,47	1,148	385,02
	4	16	299	338,10	0,896	314,18
2015	1	17	340	334,19	1,023	348,04
	2	18	303	327,60	0,934	315,45
	3	19	387	332,35	1,156	376,09
	4	20	305	336,45	0,901	297,64
2016	1	21	360	344,11	1,035	344,33
	2	22	346	357,20	0,952	321,54
	3	23	396	349,84	1,144	413,01
	4	24	324	354,71	0,907	315,23

alfa	0,5000
beta	0,5000
EQM	330,272

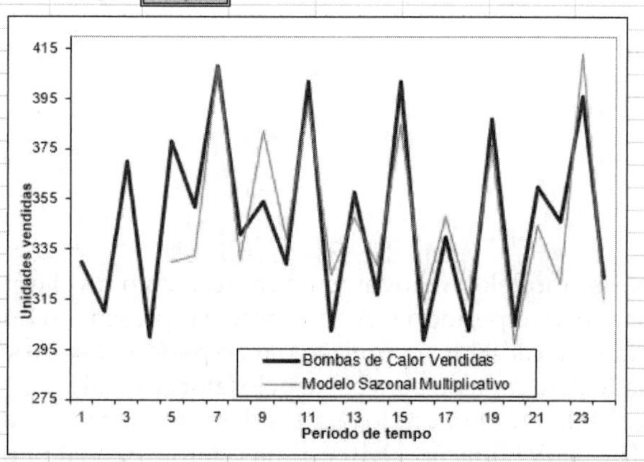

Fórmulas das principais células		
Célula	**Fórmula**	**Copiado para**
E3	=MÉDIA($D$3:$D$6)	E4:E6
E7	=$J$3*(D7/F3)+(1–$J$3)*E6	E8:E26
F3	=D3/E3	F4:F6
F7	=$J$4*(D7/E7)+(1–$J$4)*F3	F8:F26
G7	=E6*F3	G8:G26
J6	=SOMAXMY2(G7:G26;D7:D26)/CONT.NUM(G7:G26)	--

Fórmula para a célula F7: =$J$4*(D7/E7) + (1 – $J$4)*F3
(Copiar para as células F8 a F26.)

Agora, de acordo com a Equação 11.8, em qualquer período de tempo t, a previsão para o período de tempo $t + 1$ é dada por:

$$\hat{Y}_{t+1} = E_t \times S_{t+1-p}$$

Assim, no período de tempo 4, podemos calcular a previsão para o período de tempo 5 da seguinte maneira:

Fórmula para a célula G7: =E6*F3
(Copiar para as células G8 a G26.)

Essa fórmula é depois copiada para as células G8 a G26 a fim de completar previsões de um período à frente para as observações remanescentes.

Podemos usar os parâmetros e opções do Solver mostrados na Figura 11.17 para determinar os valores de α e β que minimizem o EQM para esse problema, calculado na célula J6 da seguinte maneira:

Fórmula para a célula J6: =SOMAXMY2(G7:G26;D7:D26)/CONT.NUM(G7:G26)

A Figura 11.18 traz a solução ótima para esse problema junto com um gráfico que mostra os dados reais de venda, plotados contra os valores previstos por nosso modelo. Note que os valores previstos se adaptam razoavelmente bem aos dados reais.

11.9.1 PREVISÃO COM O MODELO

Podemos usar os resultados da Figura 11.18 para calcular previsões para qualquer período de tempo futuro. De acordo com a Equação 11.8, no período de tempo 24, a previsão para o período de tempo $24 + n$ é dada por:

$$\hat{Y}_{24+n} = E_{24} \times S_{24+n-4}$$

Nossas previsões para cada trimestre de 2017 seriam então calculadas da seguinte maneira:

$$\hat{Y}_{25} = E_{24} \times S_{21} = 353{,}95 \times 1{,}015 = 359{,}13$$
$$\hat{Y}_{26} = E_{24} \times S_{22} = 353{,}95 \times 0{,}946 = 334{,}94$$
$$\hat{Y}_{27} = E_{24} \times S_{23} = 353{,}95 \times 1{,}133 = 400{,}99$$
$$\hat{Y}_{28} = E_{24} \times S_{24} = 353{,}95 \times 0{,}912 = 322{,}95$$

Assim, cada previsão é simplesmente o nível esperado de série temporal no período 24 multiplicado pelo fator sazonal relevante. Os cálculos para essas previsões foram implementados na Figura 11.18 da seguinte maneira:

Fórmula para a célula G27: =$E$26*F23
(Copiar para as células G28 a G30.)

Configurações do Solver:

Objetivo: J6 (Min)
Células variáveis: J3:J4
Restrições:
J3:J4 <= 1
J3:J4 >= 0

Opções do Solver:

GRG Não Linear

FIGURA 11.17
Parâmetros e opções do Solver para o problema de vendas de bombas de aquecimento com efeitos sazonais multiplicativos.

FIGURA 11.18 *Solução ótima para o problema de vendas de bombas de aquecimento com efeitos sazonais multiplicativos.*

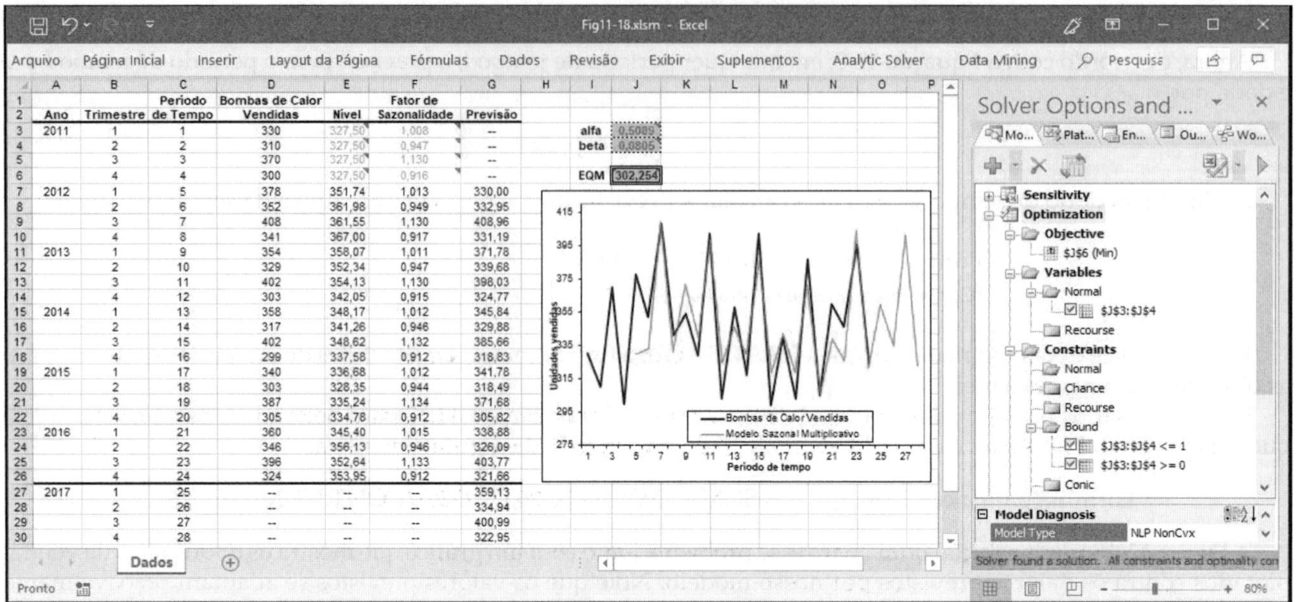

Fórmulas das principais células		
Célula	**Fórmula**	**Copiado para**
G27	=$E$26*F23	G28:G30

11.10 Modelos de tendências

As técnicas de previsão apresentadas até aqui são apropriadas para séries temporais estacionárias, nas quais não há tendência significativa no decorrer do tempo. Entretanto, não é incomum as séries temporais exibirem algum tipo de tendência para cima ou para baixo no decorrer do tempo. **Tendência** é a força de longo prazo ou direção geral de movimento em uma série temporal. Ela reflete a influência líquida de fatores de longo prazo que afetam a série temporal de modo consistente e gradual no decorrer do tempo. Em outras palavras, a tendência reflete mudanças nos dados que ocorrem com o passar do tempo.

Devido ao fato de as médias móveis, as médias móveis ponderadas e as técnicas de suavização exponencial usarem alguma média dos valores anteriores para prever os valores futuros, sistematicamente *subestimam* os valores reais se os dados exibirem alguma tendência para cima. Por exemplo, considere a série temporal dada por 2, 4, 6, 8, 10, 12, 14, 16 e 18. Esses dados mostram uma clara tendência para cima que nos leva a esperar que o próximo valor na série temporal deve ser 20. No entanto, as técnicas de previsão discutidas até esse ponto preveriam que o próximo valor na série é menor ou igual a 18 porque nenhuma média ponderada desses dados poderia exceder 18. De maneira similar, se houvesse uma tendência para baixo nos dados com o tempo, todos os métodos discutidos até agora produziriam previsões que *superestimam* os valores reais nas séries temporais. Nas seções que seguem, consideraremos várias técnicas que são apropriadas para séries temporais não estacionárias, envolvendo uma tendência para cima ou para baixo nos dados com o decorrer do tempo.

11.10.1 UM EXEMPLO

O exemplo a seguir será usado para ilustrar uma variedade de técnicas para modelar tendências em séries temporais.

> A WaterCraft, Inc. é uma fabricante de *jet skis*. Durante os seus cinco primeiros anos de operação, a companhia teve um crescimento bem consistente nas vendas de seus produtos. Os funcionários da companhia preparam planos de vendas e fabricação para o próximo ano. Um dado crítico para esses planos envolve uma previsão do nível de vendas que a companhia espera conseguir. Os dados de vendas trimestrais para a companhia, registrados nesses cinco anos, são mostrados na Figura 11.19 (e no arquivo Fig11-19.xlsm, disponível na página deste livro no site da editora).

O gráfico na Figura 11.19 sugere uma forte tendência para cima nos dados ao longo do tempo. Assim, para prever o valor dessa série temporal, podemos usar uma das técnicas de previsão discutidas nas seções seguintes. Essas técnicas explicam a tendência nos dados.

11.11 Médias móveis duplas

Como o nome diz, a técnica de médias móveis duplas envolve tirar a média das médias. Considere M_t a média móvel para os k períodos de tempo passados (incluindo t):

$$M_t = (Y_t + Y_{t-1} + \dots + Y_{t-k+1})/k$$

A média móvel dupla D_t para os últimos k períodos de tempo (incluindo o período t) é a média das médias móveis:

$$D_t = (M_t + M_{t-1} + \dots + M_{t-k+1})/k$$

A função de previsão de médias móveis duplas é, então, dada por:

$$\hat{Y}_{t+n} = E_t + nT_t \qquad \textbf{11.11}$$

em que

$$E_t = 2M_t - D_t$$

$$T_t = 2(M_t - D_t)/(k - 1)$$

Os valores de E_t e T_t são basicamente derivados da minimização da soma dos quadrados dos erros usando os últimos k períodos de dados. Note que E_t representa o nível estimado da série temporal no período t e T_t representa a tendência estimada. Assim, no período t, as previsões para n períodos no futuro seriam $E_t + nT_t$, conforme indicado na Equação 11.11.

A Figura 11.20 (e o arquivo Fig11-20.xlsm, disponível na página deste livro no site da editora) mostra como a técnica de médias móveis duplas com $k = 4$ pode ser aplicada aos dados de vendas da WaterCraft, Inc.

FIGURA 11.19 *Dados históricos de vendas para o problema de previsão de vendas da WaterCraft.*

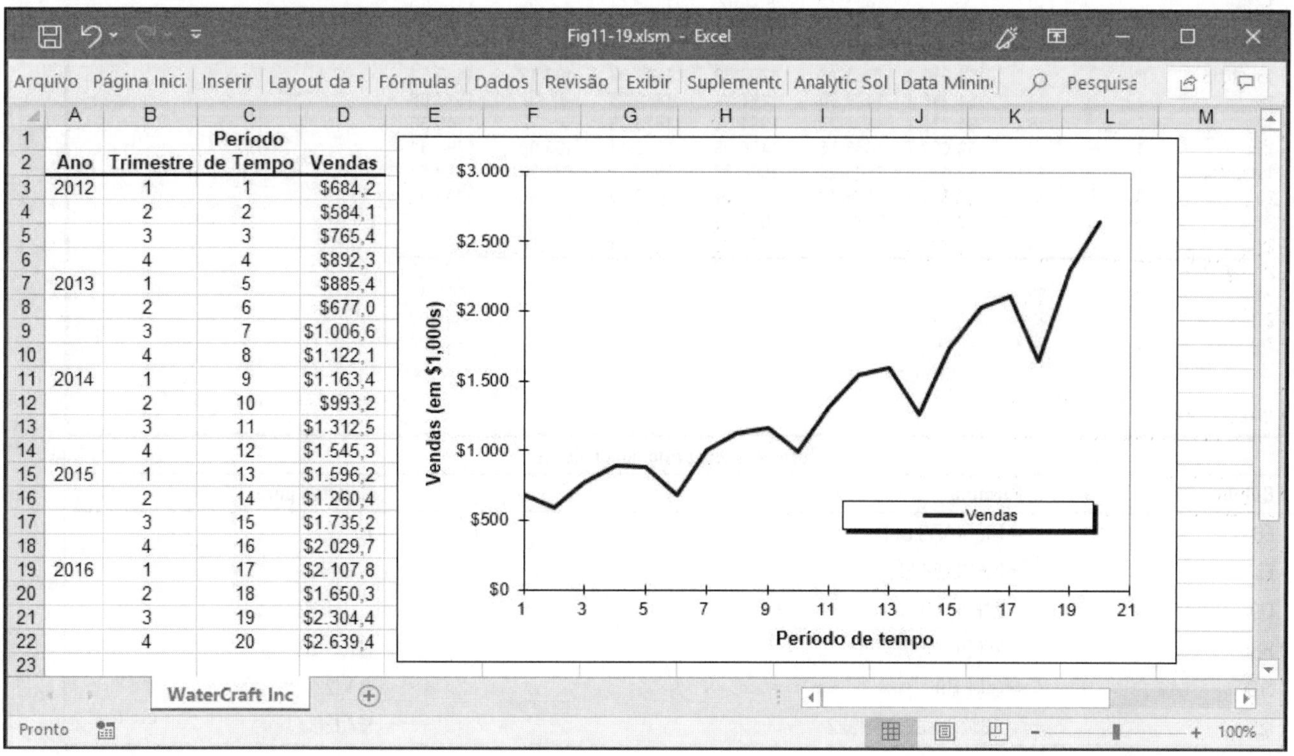

Primeiro, as médias móveis de quatro períodos (M_t) e as médias móveis duplas (D_t) são calculadas nas colunas E e F, respectivamente, da seguinte maneira:

Fórmula para a célula E6: =MÉDIA(D3:D6)
(Copiar para as células E7 a E22.)

Fórmula para a célula F9: =MÉDIA(E6:E9)
(Copiar para as células F10 a F22.)

Os valores do nível estimado (E_t) e da tendência (T_t) para cada período são calculados nas colunas G e H, respectivamente, da seguinte forma:

Fórmula para a célula G9: =2*E9 – F9
(Copiar para as células G10 a G22.)

Fórmula para a célula H9: =2*(E9 – F9)/(4 – 1)
(Copiar para as células H10 a H22.)

FIGURA 11.20 *Implementação de planilha da técnica de médias móveis duplas.*

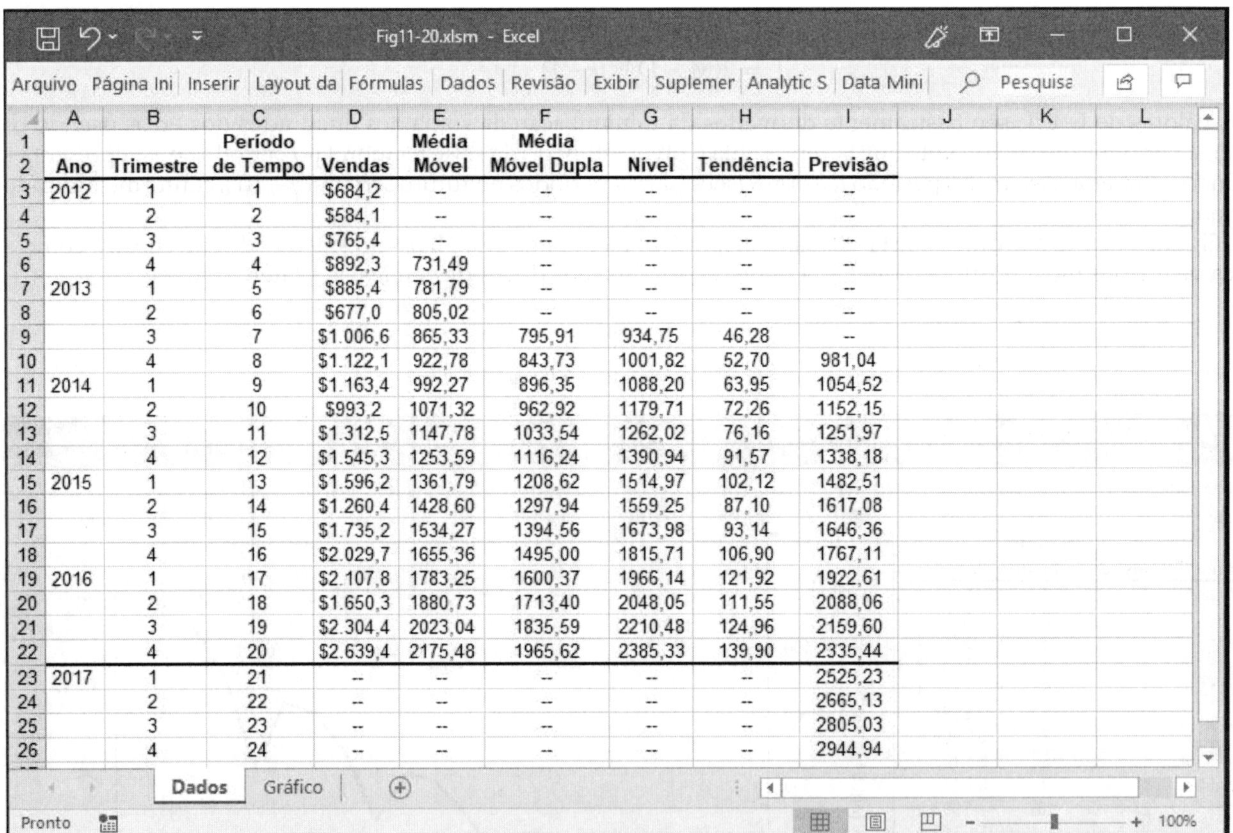

	A	B	C	D	E	F	G	H	I
1			Período		Média	Média			
2	Ano	Trimestre	de Tempo	Vendas	Móvel	Móvel Dupla	Nível	Tendência	Previsão
3	2012	1	1	$684,2	--	--	--	--	--
4		2	2	$584,1	--	--	--	--	--
5		3	3	$765,4	--	--	--	--	--
6		4	4	$892,3	731,49	--	--	--	--
7	2013	1	5	$885,4	781,79	--	--	--	--
8		2	6	$677,0	805,02	--	--	--	--
9		3	7	$1.006,6	865,33	795,91	934,75	46,28	--
10		4	8	$1.122,1	922,78	843,73	1001,82	52,70	981,04
11	2014	1	9	$1.163,4	992,27	896,35	1088,20	63,95	1054,52
12		2	10	$993,2	1071,32	962,92	1179,71	72,26	1152,15
13		3	11	$1.312,5	1147,78	1033,54	1262,02	76,16	1251,97
14		4	12	$1.545,3	1253,59	1116,24	1390,94	91,57	1338,18
15	2015	1	13	$1.596,2	1361,79	1208,62	1514,97	102,12	1482,51
16		2	14	$1.260,4	1428,60	1297,94	1559,25	87,10	1617,08
17		3	15	$1.735,2	1534,27	1394,56	1673,98	93,14	1646,36
18		4	16	$2.029,7	1655,36	1495,00	1815,71	106,90	1767,11
19	2016	1	17	$2.107,8	1783,25	1600,37	1966,14	121,92	1922,61
20		2	18	$1.650,3	1880,73	1713,40	2048,05	111,55	2088,06
21		3	19	$2.304,4	2023,04	1835,59	2210,48	124,96	2159,60
22		4	20	$2.639,4	2175,48	1965,62	2385,33	139,90	2335,44
23	2017	1	21	--	--	--	--	--	2525,23
24		2	22	--	--	--	--	--	2665,13
25		3	23	--	--	--	--	--	2805,03
26		4	24	--	--	--	--	--	2944,94

Fórmulas das principais células

Célula	Fórmula	Copiado para
E6	=MÉDIAD3:D6)	E7:E22
F9	=MÉDIAE6:E9)	F10:F22
G9	=2*E9–F9	G10:G22
H9	=2*(E9–F9)/(4–1)	H10:H22
I10	=G9+H9	I11:I22
I23	=$G$22+B23*$H$22	I24:I26

Os valores previstos para os períodos de tempo 8 a 20 são então calculados na coluna I da seguinte maneira:

Fórmula para a célula I10: =G9 + H9
(Copiar para as células I11 a I22.)

Os gráficos da Figura 11.21 mostram os dados reais de vendas *versus* os valores previstos em nosso modelo. Note que os valores previstos parecem seguir muito bem a tendência para cima nos dados reais.

11.11.1 PREVISÃO COM O MODELO

Podemos usar os resultados da Figura 11.20 para calcular a previsão de tendência para qualquer período de tempo futuro. De acordo com a Equação 11.11, no período de tempo 20, a previsão para o período de tempo 20 + n é dada por:

$$\hat{Y}_{20+n} = E_{20} + nT_{20}$$

Os valores de E_{20} e T_{20} são dados na Figura 11.20, nas células G22 e H22, respectivamente (E_{20} = 2.385,33 e T_{20} = 139,9). Então, no período 20, as previsões de tendência para o período de tempo 21, 22, 23 e 24 são computadas assim:

$$\hat{Y}_{21} = E_{20} + 1 \times T_{20} = 2.385{,}33 + 1 \times 139{,}9 = 2.525{,}23$$
$$\hat{Y}_{22} = E_{20} + 2 \times T_{20} = 2.385{,}33 + 2 \times 139{,}9 = 2.665{,}13$$
$$\hat{Y}_{23} = E_{20} + 3 \times T_{20} = 2.385{,}33 + 3 \times 139{,}9 = 2.805{,}03$$
$$\hat{Y}_{24} = E_{20} + 4 \times T_{20} = 2.385{,}33 + 4 \times 139{,}9 = 2.944{,}94$$

Os cálculos para essas previsões foram implementados na Figura 11.20 da seguinte maneira:

Fórmula para a célula I23: =\$G\$22 + B23*\$H\$22
(Copiar para as células I24 a I26.)

FIGURA 11.21 *Gráfico de previsões da técnica de médias móveis duplas* versus *os dados reais de vendas da WaterCraft.*

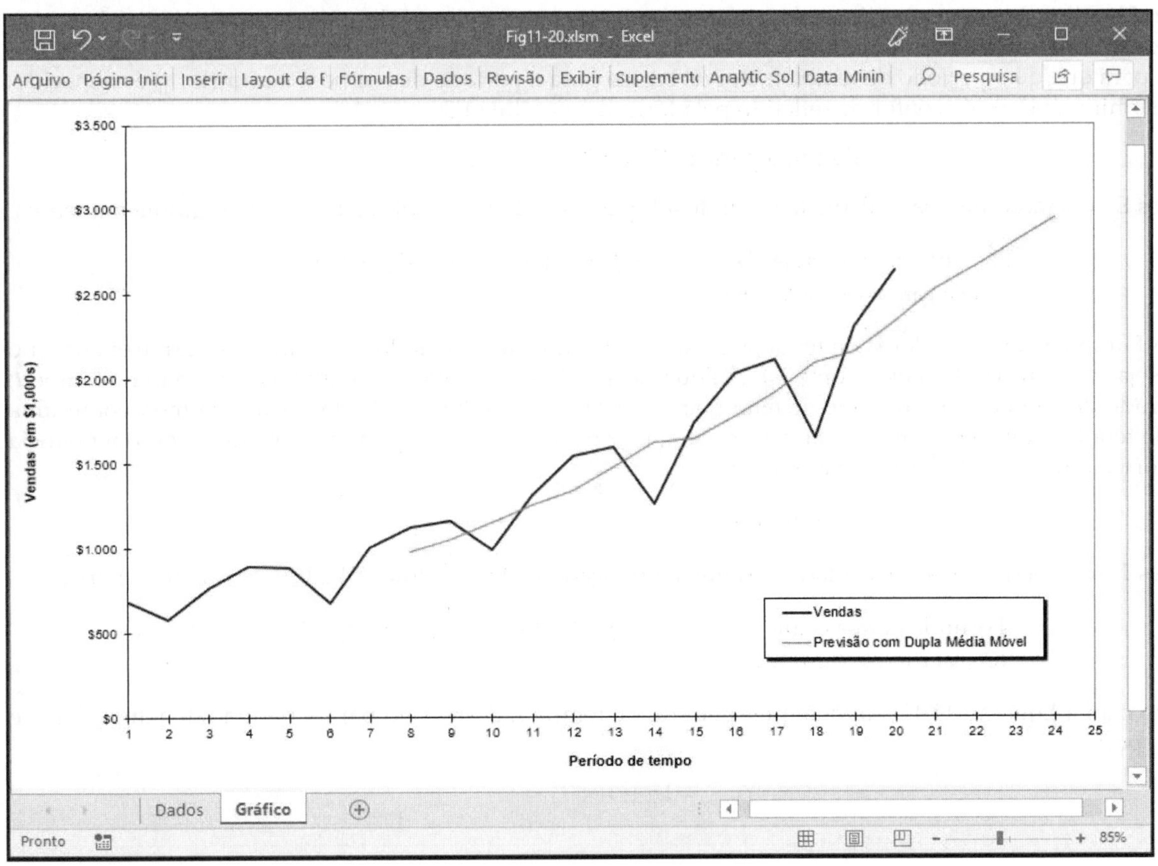

11.12 Suavização exponencial dupla (método de Holt)

A **suavização exponencial dupla** (também conhecida como método de Holt) é muitas vezes uma ferramenta eficaz de previsão para séries temporais que exibem uma tendência linear. Após observar o valor da série temporal no período t (Y_t), o método de Holt computa uma estimativa do nível básico ou esperado da série temporal (E_t) e a taxa esperada de aumento ou diminuição (tendência) por período (T_t). A função de previsão no método de Holt é representada por:

$$\hat{Y}_{t+n} = E_t + nT_t \qquad \textbf{11.12}$$

em que

$$E_t = \alpha Y_t + (1-\alpha)(E_{t-1} + T_{t-1}) \qquad \textbf{11.13}$$

$$T_t = \beta(E_t - E_{t-1}) + (1-\beta)T_{t-1} \qquad \textbf{11.14}$$

Podemos usar a função de previsão na Equação 11.12 para obter previsões para n períodos de tempo no futuro, em que $n = 1, 2, 3$, e assim por diante. A previsão para o período de tempo $t + n$ (ou $\hat{Y}_{t+n}$) é o nível básico no período de tempo t (dado por E_t) mais a influência esperada da tendência durante os próximos períodos n (dados por nT_t).

Os parâmetros de suavização α e β nas Equações 11.13 e 11.14 podem assumir qualquer valor entre 0 e 1 ($0 \le \alpha \le 1$, $0 \le \beta \le 1$). Se houver uma tendência nos dados para cima, E_t tende a ser maior do que E_{t-1}, tornando positiva a quantidade $E_t - E_{t-1}$ na Equação 11.14. Isso tende a aumentar o valor do fator de ajuste da tendência T_t. Ou, se houver uma tendência para baixo nos dados, E_t tende a ser menor que E_{t-1}, tornando negativa a quantidade $E_t - E_{t-1}$ na Equação 11.14. Isso tende a diminuir o valor do fator de ajuste de tendência T_t.

Embora o método de Holt pareça mais complicado que as técnicas discutidas antes, é um simples processo constituído de três passos:

1. Calcule o nível básico E_t para o período de tempo t, usando a Equação 11.13.
2. Calcule o valor de tendência esperada T_t para o período de tempo t, usando a Equação 11.14.
3. Calcule a previsão final $\hat{Y}_{t+n}$ para o período de tempo $t + n$, usando a Equação 11.12.

A implementação de planilha do método de Holt para o problema da WaterCraft aparece na Figura 11.22 (e no arquivo Fig11-22.xlsm, disponível na página deste livro no site da editora).

As células J3 e J4 representam os valores de α e β, respectivamente. A coluna E implementa os níveis básicos para cada período de tempo, conforme exigido no passo 1 (ou seja, essa coluna contém os valores E_t). A Equação 11.6 assume que, para qualquer período de tempo t, o nível básico para o período de tempo anterior (E_{t-1}) é conhecido. É comum assumir que $E_1 = Y_1$, conforme refletido pela fórmula na célula E3:

Fórmula para a célula E3: =D3

Os valores E_t remanescentes são calculados usando a Equação 11.13 nas células E4 a E22 da seguinte maneira:

Fórmula para a célula E4: =\$J\$3*D4 + (1 – \$J\$3)*(E3 + F3)
(Copiar para as células E5 a E22.)

A coluna F implementa os valores de tendência esperados para cada período de tempo, conforme exigido no passo 2 (ou seja, a coluna contém os valores T_t). A Equação 11.14 assume que, para qualquer período de tempo t, o valor esperado de tendência no período de tempo anterior (T_{t-1}) é conhecido. Portanto, assumimos, como uma estimativa de tendência inicial, que $T_t = 0$ (embora qualquer outra estimativa pudesse ser usada como tendência inicial), conforme refletido pela fórmula na célula F3:

Fórmula para a célula F3: =0

Os valores T_t remanescentes são calculados usando a Equação 11.14 nas células F4 a F22 da seguinte maneira:

Fórmula para a célula F4: =\$J\$4*(E4 – E3) + (1 – \$J\$4)*F3
(Copiar para as células F5 a F22.)

De acordo com a Equação 11.12, em qualquer período de tempo t, a previsão para o período de tempo $t + 1$ é representada por:

$$\hat{Y}_{t+1} = E_t + 1 \times T_t$$

FIGURA 11.22 *Implementação de planilha do método de Holt.*

	A	B	C	D	E	F	G
1			Período		Nível		
2	Ano	Trimestre	de Tempo	Vendas	Base	Tendência	Previsão
3	2012	1	1	\$684,2	684,2	0,0	--
4		2	2	\$584,1	634,2	-25,0	\$684,2
5		3	3	\$765,4	687,3	14,0	\$609,1
6		4	4	\$892,3	796,8	61,8	\$701,3
7	2013	1	5	\$885,4	872,0	68,5	\$858,6
8		2	6	\$677,0	808,7	2,6	\$940,5
9		3	7	\$1.006,6	909,0	51,4	\$811,4
10		4	8	\$1.122,1	1041,2	91,8	\$960,4
11	2014	1	9	\$1.163,4	1148,2	99,4	\$1.133,1
12		2	10	\$993,2	1120,4	35,8	\$1.247,7
13		3	11	\$1.312,5	1234,3	74,9	\$1.156,2
14		4	12	\$1.545,3	1427,3	133,9	\$1.309,2
15	2015	1	13	\$1.596,2	1578,7	142,6	\$1.561,1
16		2	14	\$1.260,4	1490,9	27,4	\$1.721,3
17		3	15	\$1.735,2	1626,7	81,6	\$1.518,3
18		4	16	\$2.029,7	1869,0	162,0	\$1.708,4
19	2016	1	17	\$2.107,8	2069,4	181,2	\$2.031,0
20		2	18	\$1.650,3	1950,4	31,1	\$2.250,5
21		3	19	\$2.304,4	2143,0	111,8	\$1.981,5
22		4	20	\$2.639,4	2447,1	208,0	\$2.264,8

I	J
alfa	0,500
beta	0,500
EQM	70179,3

Células variáveis

Célula objetivo

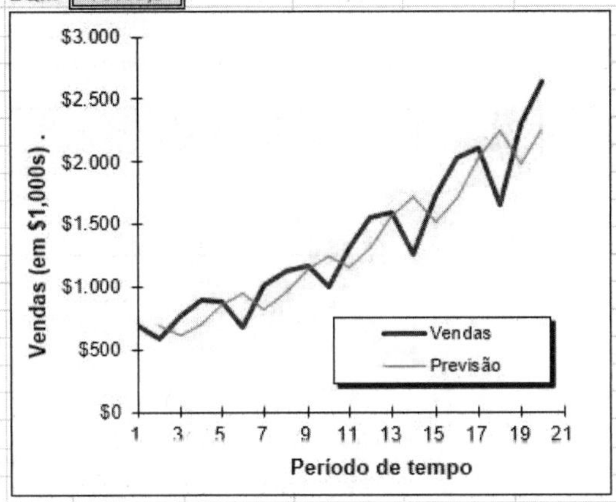

Fórmulas das principais células		
Célula	**Fórmula**	**Copiado para**
E3	=D3	--
E4	=\$J\$3*D4+(1−\$J\$3)*(E3+F3)	E5:E22
F3	=0	--
F4	=\$J\$4*(E4−E3)+(1−\$J\$4)*F3	F5:F22
G4	=SOMA(E3:F3)	G5:G22
J6	=SOMAXMY2(D4:D22;G4:G22)/CONT.NUM(G4:G22)	--

No período de tempo $t = 1$, mostrado na Figura 11.22, a previsão para o período de tempo $t = 2$ (mostrado na célula G4) é obtida pela soma dos valores nas células E3 e F3, que correspondem a E_1 e T_1, respectivamente. Assim, a previsão para o período de tempo $t = 2$ é implementada na célula G4 da seguinte maneira:

Fórmula para a célula G4: =SOMA(E3:F3)
(Copiar para as células G5 a G22.)

Essa fórmula é copiada para as células G5 a G22 a fim de calcular as previsões feitas usando o método de Holt para os períodos de tempo remanescentes.

Podemos de novo usar o Solver para determinar os valores de α e β que minimizam o EQM. O EQM para os valores previstos é calculado na célula J6 da seguinte maneira:

Fórmula para a célula J6: =SOMAXMY2(D4:D22;G4:G22)/CONT.NUM(G4:G22)

Podemos usar os parâmetros e opções do Solver mostrados na Figura 11.23 para identificar os valores de α e β que minimizam o objetivo não linear EQM. A Figura 11.24 mostra a solução para esse problema. O gráfico da Figura 11.24 indica que as previsões obtidas pelo método de Holt seguem muito bem a tendência dos dados.

FIGURA 11.23 *Parâmetros e opções do Solver para o método de Holt.*

Configurações do Solver:
Objetivo: J6 (Min) Células variáveis: J3:J4 Restrições: J3:J4 <= 1 J3:J4 >= 0
Opções do Solver:
GRG Não Linear

FIGURA 11.24 *Solução ótima e previsões usando o método de Holt.*

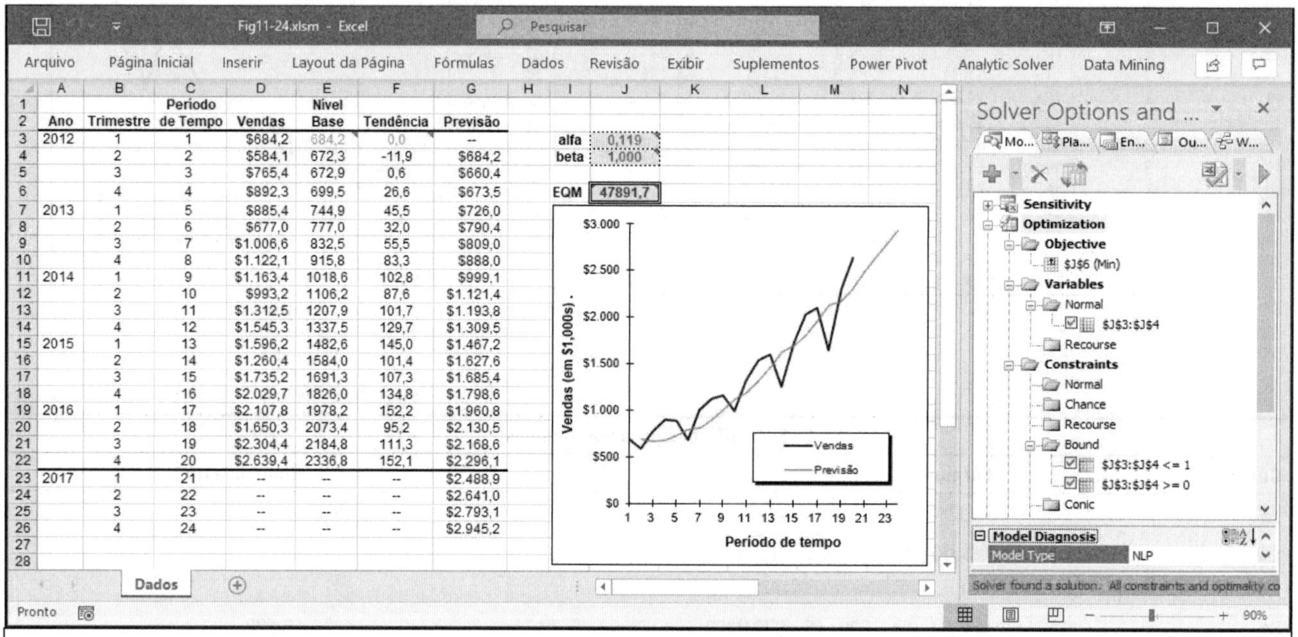

Ano	Trimestre	Período de Tempo	Vendas	Nível Base	Tendência	Previsão
2012	1	1	$684,2	684,2	0,0	--
	2	2	$584,1	672,3	-11,9	$684,2
	3	3	$765,4	672,9	0,6	$660,4
	4	4	$892,3	699,5	26,6	$673,5
2013	1	5	$885,4	744,9	45,5	$726,0
	2	6	$677,0	777,0	32,0	$790,4
	3	7	$1.006,6	832,5	55,5	$809,0
	4	8	$1.122,1	915,8	83,3	$888,0
2014	1	9	$1.163,4	1018,6	102,8	$999,1
	2	10	$993,2	1106,2	87,6	$1.121,4
	3	11	$1.312,5	1207,9	101,7	$1.193,8
	4	12	$1.545,3	1337,5	129,7	$1.309,5
2015	1	13	$1.596,2	1482,6	145,0	$1.467,2
	2	14	$1.260,4	1584,0	101,4	$1.627,6
	3	15	$1.735,2	1691,3	107,3	$1.685,4
	4	16	$2.029,7	1826,0	134,8	$1.798,6
2016	1	17	$2.107,8	1978,2	152,2	$1.960,8
	2	18	$1.650,3	2073,4	95,2	$2.130,5
	3	19	$2.304,4	2184,8	111,3	$2.168,6
	4	20	$2.639,4	2336,8	152,1	$2.296,1
2017	1	21	--	--	--	$2.488,9
	2	22	--	--	--	$2.641,0
	3	23	--	--	--	$2.793,1
	4	24	--	--	--	$2.945,2

alfa 0,119
beta 1,000
EQM 47891,7

Fórmulas das principais células		
Célula	**Fórmula**	**Copiado para**
G23	=$E$22+B23*$F$22	G24:G26

11.12.1 PREVISÃO COM O MÉTODO DE HOLT

Podemos usar os resultados da Figura 11.24 para calcular previsões para qualquer período de tempo futuro. De acordo com a Equação 11.12, no período de tempo 20, a previsão para o período de tempo 20 + *n* é dada por:

$$\hat{Y}_{20+n} = E_{20} + nT_{20}$$

Os valores de E_{20} e T_{20} são dados na Figura 11.24 e nas células E22 e F22, respectivamente (E_{20} = 2.336,8 e T_{20} = 152,1). Então, no período de tempo 20, as previsões para os períodos de tempo 21, 22, 23 e 24 são calculadas da seguinte maneira:

$$\hat{Y}_{21} = E_{20} + 1 \times T_{20} = 2.336{,}8 + 1 \times 152{,}1 = 2.488{,}9$$
$$\hat{Y}_{22} = E_{20} + 2 \times T_{20} = 2.336{,}8 + 2 \times 152{,}1 = 2.641{,}0$$
$$\hat{Y}_{23} = E_{20} + 3 \times T_{20} = 2.336{,}8 + 3 \times 152{,}1 = 2.793{,}1$$
$$\hat{Y}_{24} = E_{20} + 4 \times T_{20} = 2.336{,}8 + 4 \times 152{,}1 = 2.945{,}2$$

Os cálculos para essas previsões foram implementados na Figura 11.24 da seguinte maneira:

Fórmula para a célula G23: =$E$22 + B23*$F$22
(Copiar para as células G24 a G26.)

11.13 Método de Holt-Winter para efeitos sazonais aditivos

Além de ter uma tendência para cima ou para baixo, dados não estacionários também podem exibir efeitos sazonais. Aqui, novamente, os efeitos sazonais podem ser aditivos ou multiplicativos por natureza. O método de Holt-Winter é outra técnica de previsão que podemos aplicar às séries temporais que exibem tendência e sazonalidade. Discutiremos o método de Holt-Winter para efeitos sazonais *aditivos* nesta seção.

Para demonstrar o método de Holt-Winter para efeitos sazonais aditivos, façamos p representar o número de períodos sazonais na série temporal (para dados trimestrais, $p = 4$; para dados mensais, $p = 12$). A função de previsão é, então, dada por:

$$\hat{Y}_{t+n} = E_t + nT_t + S_{t+n-p} \quad \textbf{11.15}$$

em que

$$E_t = \alpha(Y_t - S_{t-p}) + (1 - \alpha)(E_{t-1} + T_{t-1}) \quad \textbf{11.16}$$

$$T_t = \beta(E_t - E_{t-1}) + (1 - \beta)T_{t-1} \quad \textbf{11.17}$$

$$S_t = \gamma(Y_t - E_t) + (1 - \gamma)S_{t-p} \quad \textbf{11.18}$$

Podemos usar a função de previsão na Equação 11.15 para obter previsões para n períodos de tempo no futuro, em que $n = 1, 2, \ldots, p$. A previsão para o período de tempo $t + n$ ($\hat{Y}_{t+n}$) é obtida por meio da Equação 11.15, ajustando o nível básico esperado no período de tempo $t + n$ (dado por $E_t + nT_t$) pela estimativa mais recente da sazonalidade associada a esse período de tempo (dado por S_{t+n-p}). Os parâmetros de ajuste α, β e γ (gama) nas Equações 11.16, 11.17 e 11.18, respectivamente, podem assumir qualquer valor entre 0 e 1 ($0 < \alpha < 1$, $0 < \beta < 1$, $0 \leq \gamma \leq 1$).

O nível básico esperado da série temporal no período de tempo t (E_t) está atualizado na Equação 11.16, que toma uma média ponderada dos dois seguintes valores:

- $E_{t-1} + T_{t-1}$, que representa o nível básico esperado da série temporal no período de tempo t, antes de observar o valor real no período de tempo t (dado por Y_t).
- $Y_t - S_{t-p}$, que representa a estimativa dessazonalizada do nível básico da série temporal no período de tempo t, após observar Y_t.

A estimativa do fator de tendência por período T_t é atualizada com o uso da Equação 11.17, que é idêntica ao procedimento na Equação 11.14 usada no método de Holt. O fator estimado de ajuste sazonal para cada período de tempo é calculado por meio da Equação 11.18, que toma uma média ponderada das duas seguintes quantidades:

- S_{t-p}, que representa o índice sazonal mais recente para o período sazonal correspondente a t.
- $Y_t - E_t$, que representa uma estimativa da sazonalidade associada ao período de tempo t, após observar Y_t.

O método de Holt-Winter é composto, basicamente, de quatro passos:

1. Calcule o nível básico E_t para o período de tempo t, usando a Equação 11.16.
2. Calcule o valor de tendência estimada T_t, para o período de tempo t, usando a Equação 11.17.
3. Calcule o fator sazonal estimado S_t, para o período de tempo t, usando a Equação 11.18.
4. Calcule a previsão final ⊠$_{t+n}$, para o período de tempo $t + n$, usando a Equação 11.15.

A implementação de planilha do método de Holt-Winter para os dados da WaterCraft é mostrada na Figura 11.25 (e no arquivo Fig11-25.xlsm, disponível na página deste livro no site da editora). As células K3, K4 e K5 representam os valores de α, β e γ, respectivamente.

As Equações 11.16 e 11.18 assumem que no período de tempo t existe uma estimativa do fator sazonal do período de tempo $t - p$, ou que há um valor para S_{t-p}. Assim, nossa primeira tarefa ao implementar esse método é estimar os valores para $S_1, S_2, \ldots, S_p$ (ou, nesse caso, S_1, S_2, S_3 e S_4). Uma maneira simples de fazer essas estimativas iniciais é:

$$S_t = Y_t - \sum_{i=1}^{p} \frac{Y_i}{p}, \ t = 1, 2, \ldots, p \quad \textbf{11.19}$$

A Equação 11.19 indica que a estimativa sazonal inicial S_t para cada um dos primeiros p períodos de tempo é a diferença entre o valor observado no período de tempo Y_t e o valor médio observado durante os primeiros p períodos de tempo. Em nosso exemplo, os primeiros fatores sazonais mostrados na coluna G na Figura 11.25 são calculados usando a Equação 11.19 como:

FIGURA 11.25 *Implementação de planilha do método de Holt-Winter para efeitos sazonais aditivos.*

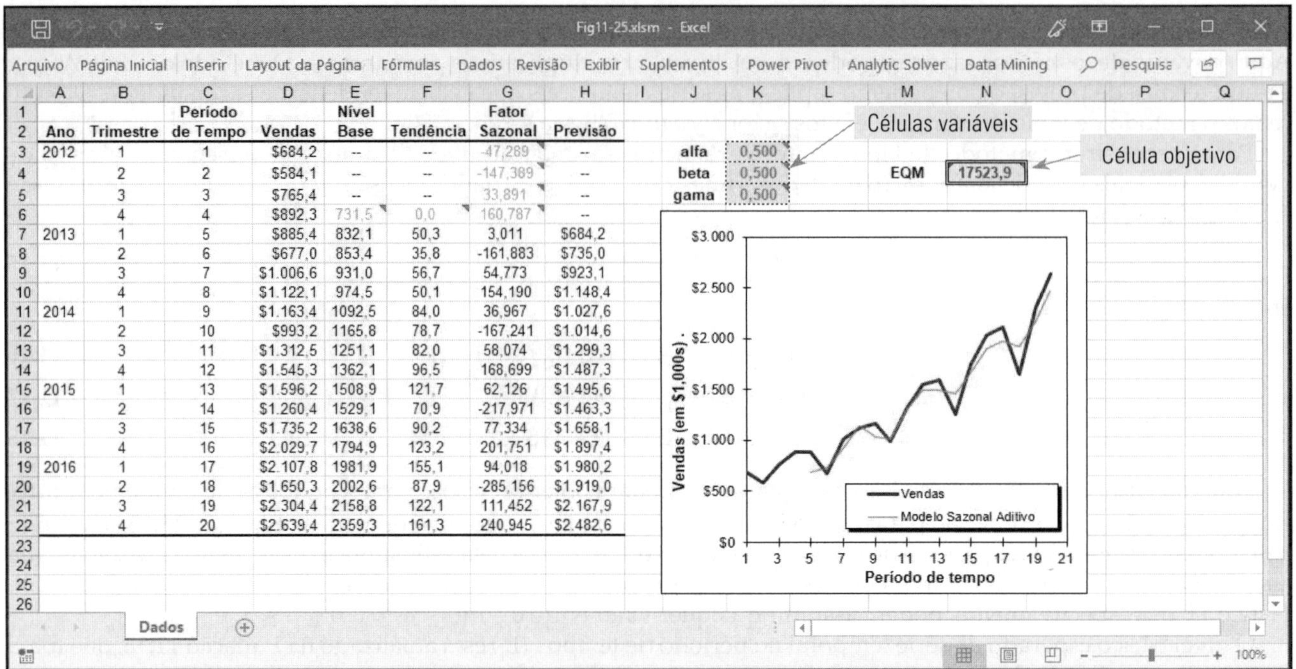

Ano	Trimestre	Período de Tempo	Vendas	Nível Base	Tendência	Fator Sazonal	Previsão
2012	1	1	$684,2	--	--	-47,289	--
	2	2	$584,1	--	--	-147,389	--
	3	3	$765,4	--	--	33,891	--
	4	4	$892,3	731,5	0,0	160,787	--
2013	1	5	$885,4	832,1	50,3	3,011	$684,2
	2	6	$677,0	853,4	35,8	-161,883	$735,0
	3	7	$1.006,6	931,0	56,7	54,773	$923,1
	4	8	$1.122,1	974,5	50,1	154,190	$1.148,4
2014	1	9	$1.163,4	1092,5	84,0	36,967	$1.027,6
	2	10	$993,2	1165,8	78,7	-167,241	$1.014,6
	3	11	$1.312,5	1251,1	82,0	58,074	$1.299,3
	4	12	$1.545,3	1362,1	96,5	168,699	$1.487,3
2015	1	13	$1.596,2	1508,9	121,7	62,126	$1.495,6
	2	14	$1.260,4	1529,1	70,9	-217,971	$1.463,3
	3	15	$1.735,2	1638,6	90,2	77,334	$1.658,1
	4	16	$2.029,7	1794,9	123,2	201,751	$1.897,4
2016	1	17	$2.107,8	1981,9	155,1	94,018	$1.980,2
	2	18	$1.650,3	2002,6	87,9	-285,156	$1.919,0
	3	19	$2.304,4	2158,8	122,1	111,452	$2.167,9
	4	20	$2.639,4	2359,3	161,3	240,945	$2.482,6

Fórmulas das principais células

Célula	Fórmula	Copiado para
G3	=D3−MÉDIA($D$3:$D$6)	G4:G6
E6	=D6−G6	--
E7	=$K$3*(D7−G3)+(1−$K$3)*(E6+F6)	E8:E22
F6	=0	--
F7	=$K$4*(E7−E6)+(1−$K$4)*F6	F8:F22
G7	=$K$5*(D7−E7)+(1−$K$5)*G3	G8:G22
H7	=E6+F6+G3	H8:H22
N4	=SOMAXMY2(H7:H22;D7:D22)/CONT.NUM(H7:H22)	--

Fórmula para a célula G3: =D3-MÉDIA($D$3:$D$6)
(Copiar para as células G4 a G6.)

O primeiro valor E_t que pode ser calculado usando a Equação 11.16 ocorre no período de tempo $p + 1$ (em nosso exemplo, período de tempo 5), porque esse é o primeiro período de tempo para o qual S_{t-p} é conhecido. Entretanto, para calcular E_5 usando a Equação 11.16, também precisamos conhecer E_4 (que não pode ser calculado por meio da Equação 11.16 porque S_0 é indefinido) e T_4 (que não pode ser calculado por meio da Equação 11.17 porque E_4 e E_3 são indefinidos). Assim, assumimos que $E_4 = Y_4 - S_4$ (de modo que $E_4 + S_4 = Y_4$) e $T_4 = 0$, como mostram as seguintes fórmulas inseridas nas células E6 e F6:

Fórmula para a célula E6: = D6 – G6
Fórmula para a célula F6: =0

Geramos os valores remanescentes E_t usando a Equação 11.16, que é implementada na Figura 11.25 da seguinte maneira:

Fórmula para a célula E7: =$K$3*(D7 – G3) + (1 – $K$3)*(E6 + F6)
(Copiar para as células E8 a E22.)

Geramos os valores remanescentes T_t usando a Equação 11.17, que é implementada na Figura 11.25 da seguinte maneira:

Fórmula para a célula F7: =$K$4*(E7 – E6) + (1 – $K$4)*F6

(Copiar para as células F8 a F22.)

Usamos a Equação 11.18 para gerar os valores S_t remanescentes na Figura 11.25 da seguinte maneira:

Fórmula para a célula G7: =$K$5*(D7 – E7) + (1 – $K$5)*G3

(Copiar para as células G8 a G22.)

Finalmente, no período de tempo 4, podemos usar a função de previsão na Equação 11.15 a fim de prever um período à frente para o período de tempo 5. Isso está implementado na Figura 11.25 assim:

Fórmula para a célula H7: =E6 + F6 + G3

(Copiar para as células H8 a H22.)

Antes de fazermos previsões usando o método, queremos identificar os valores ótimos para α, β e γ. Podemos usar o Solver para determinar os valores de α, β e γ que minimizam o EQM. O EQM para os valores previstos é calculado na célula N4 da seguinte maneira:

Fórmula para a célula N4: =SOMAXMY2(H7:H22;D7:D22)/CONT.NUM(H7:H22)

Podemos usar os parâmetros e as opções do Solver mostrados na Figura 11.26 para identificar os valores de α, β e γ que minimizam o objetivo não linear EQM. A Figura 11.27 mostra a solução para esse problema.

A Figura 11.27 exibe um gráfico das previsões obtidas usando o método Holt-Winter e os dados reais. Esse gráfico indica que a função de previsão se adapta razoavelmente bem aos dados. Entretanto, parece que os efeitos sazonais nos dados poderiam estar se tornando mais pronunciados com o passar do tempo, sugerindo que um modelo com efeitos sazonais multiplicativos poderia ser mais apropriado nesse caso.

11.13.1 PREVISÃO COM O MÉTODO ADITIVO DE HOLT-WINTER

Podemos usar os resultados da Figura 11.27 para calcular previsões para qualquer período de tempo futuro. De acordo com a Equação 11.15, no período de tempo 20, a previsão para o período de tempo 20 + n é dada por:

$$\hat{Y}_{20+n} = E_{20} + nT_{20} + S_{20+n-p}$$

A Figura 11.27 mostra os valores de E_{20} e T_{20} nas células E22 e F22, respectivamente (E_{20} = 2.253,3 e T_{20} = 154,3). No período de tempo 20, as previsões para os períodos de tempo 21, 22, 23 e 24 são computadas da seguinte maneira:

$$\hat{Y}_{21} = E_{20} + 1 \times T_{20} + S_{17} = 2.253{,}3 + 1 \times 154{,}3 + 262{,}662 = 2.670{,}3$$
$$\hat{Y}_{22} = E_{20} + 2 \times T_{20} + S_{18} = 2.253{,}3 + 2 \times 154{,}3 - 312{,}593 = 2.249{,}3$$
$$\hat{Y}_{23} = E_{20} + 3 \times T_{20} + S_{19} = 2.253{,}3 + 3 \times 154{,}3 + 205{,}401 = 2.921{,}6$$
$$\hat{Y}_{24} = E_{20} + 4 \times T_{20} + S_{20} = 2.253{,}3 + 4 \times 154{,}3 + 386{,}116 = 3.256{,}6$$

Os cálculos para essas previsões foram implementados na Figura 11.27 da seguinte maneira:

Configurações do Solver:

Objetivo: N4 (Min)
Células variáveis: K3:K5
Restrições:
K3:K5 <=1
K3:K5 >= 0

Opções do Solver:

GRG Não Linear

FIGURA 11.26 *Parâmetros e opções do Solver para o método de Holt-Winter.*

FIGURA 11.27 *Solução ótima para o método de Holt-Winter para efeitos sazonais aditivos.*

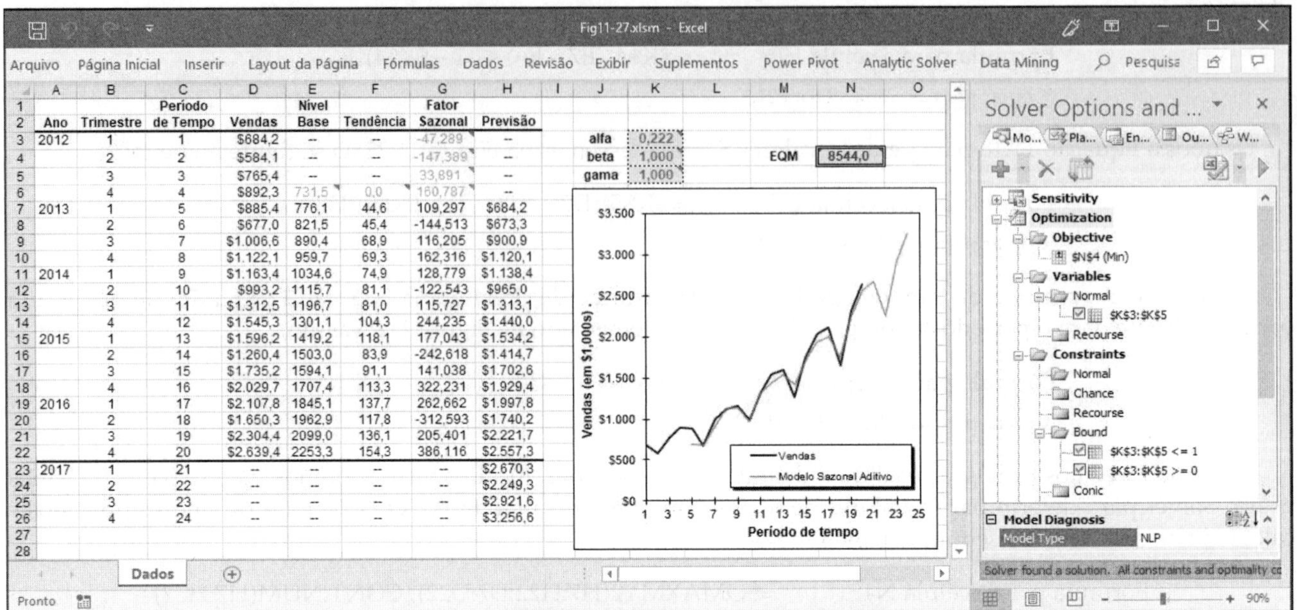

Fórmulas das principais células		
Célula	**Fórmula**	**Copiado para**
H23	=\$E\$22+B23*\$F\$22+G19	H24:H26

Fórmula para a célula H23: =\$E\$22 + B23*\$F\$22 + G19
(Copiar para as células H24 a H26.)

11.14 Método de Holt-Winter para efeitos sazonais multiplicativos

Conforme foi notado antes, o gráfico da Figura 11.27 indica que os efeitos sazonais nos dados poderiam estar se tornando mais pronunciados com o decorrer do tempo. Como resultado, talvez fosse mais apropriado modelar esses dados com o método de Holt-Winter para efeitos sazonais *multiplicativos*. Felizmente, essa técnica é muito semelhante ao método de Holt-Winter para efeitos sazonais aditivos.

A fim de demonstrar o método de Holt-Winter para efeitos sazonais multiplicativos, novamente façamos p representar o número de períodos sazonais na série temporal (para dados trimestrais, $p = 4$; para dados mensais, $p = 12$). A função de previsão é, então, dada por:

$$\hat{Y}_{t+n} = (E_t + nT_t)\, S_{t+n-p} \qquad \textbf{11.20}$$

em que

$$E_t = \alpha \frac{Y_t}{S_{t-p}} + (1-\alpha)(E_{t-1} + T_{t-1}) \qquad \textbf{11.21}$$

$$T_t = \beta(E_t - E_{t-1}) + (1-\beta)T_{t-1} \qquad \textbf{11.22}$$

$$S_t = \gamma \frac{Y_t}{E_t} + (1-\gamma)S_{t-p} \qquad \textbf{11.23}$$

Aqui, a previsão para o período de tempo $t + n$ ($\hat{Y}_{t+n}$) é obtida por meio da Equação 11.20, a partir da *multiplicação* do nível básico esperado no período de tempo $t + n$ (dado por $E_t + nT_t$) pela estimativa mais recente da sazonalidade associada a esse período de tempo (dado por S_{t+n-p}). Os parâmetros de suavização α, β e γ (gama) nas Equações 11.21, 11.22 e 11.23, respectivamente, podem assumir qualquer valor entre 0 e 1 ($0 \le \alpha \le 1$, $0 \le \beta \le 1$, $0 \le \gamma \le 1$).

O nível básico esperado da série temporal no período de tempo t (E_t) é atualizado na Equação 11.21, que toma uma média ponderada dos dois seguintes valores:

- $E_{t-1} + T_{t-1}$, que representa o nível base esperado da série temporal no período de tempo t antes de observar o valor verdadeiro no período de tempo t (dado por Y_t)
- Y_t/S_{t-p}, que representa a estimativa dessazonalizada do nível básico da série temporal no período de tempo t, após observar Y_t.

O fator estimado de ajuste sazonal para cada período de tempo é calculado por meio da Equação 11.23, que toma uma média ponderada das duas seguintes quantidades:

- S_{t-p}, que representa o índice sazonal mais recente para o período sazonal correspondente a t.
- $\frac{Y_t}{E_t}$, que representa uma estimativa da sazonalidade associada ao período de tempo t, após observar Y_t.

A implementação de planilha do método de Holt-Winter para os dados da WaterCraft são mostrados na Figura 11.28 (e no arquivo Fig11-28.xlsm, disponível na página deste livro no site da editora). As células K3, K4 e K5 representam os valores de α, β e γ, respectivamente.

As Equações 11.21 e 11.23 assumem que no período de tempo t existe uma estimativa do índice sazonal do período de tempo $t - p$, ou que há um valor para S_{t-p}. Assim, precisamos estimar os valores para $S_1, S_2, \ldots, S_p$. Uma forma fácil de fazer isso é:

$$S_t = \frac{Y_t}{\sum_{i=1}^{p} \frac{Y_i}{p}}, \quad t = 1, 2, \ldots, p \qquad \textbf{11.24}$$

A Equação 11.24 indica que a estimativa sazonal inicial S_t para cada um dos primeiros p períodos de tempo é a razão entre o valor observado no período de tempo Y_t dividida pelo valor médio observado durante os primeiros p períodos de tempo. Em nosso exemplo, os primeiros fatores sazonais mostrados na coluna G na Figura 11.28 são calculados usando a Equação 11.19 da seguinte forma:

Fórmula para a célula G3: =D3/MÉDIA($D$3.$D$6)
(Copiar para as células G4 a G6.)

O primeiro valor E_t que pode ser calculado usando a Equação 11.21 ocorre no período de tempo $p + 1$ (em nosso exemplo, período de tempo 5), porque esse é o primeiro período de tempo para o qual S_{t-p} é conhecido. Entretanto, para calcular E_5 usando a Equação 11.21, também precisamos conhecer E_4 (que não pode ser calculado por meio da Equação 11.16 porque S_0 é indefinido) e T_4 (que não pode ser calculado por meio da Equação 11.22 porque E_4 e E_3 são indefinidos). Assim, assumimos que $E_4 = Y_4/S_4$ (de modo que $E_4 \times S_4 = Y_4$) e $T_4 = 0$, da maneira refletida ao inserir as seguintes fórmulas nas células E6 e F6:

Fórmula para a célula E6: =D6/G6
Fórmula para a célula F6: =0

Geramos os valores remanescentes E_t usando a Equação 11.21, que é implementada na Figura 11.28 da seguinte maneira:

Fórmula para a célula E7: =$K$3*D7/G3 + (1 – $K$3)*(E6 + F6)
(Copiar para as células E8 a E22.)

Geramos os valores remanescentes T_t usando a Equação 11.22, que é implementada da seguinte maneira:

Fórmula para a célula F7: =$K$4*(E7 – E6) + (1 – $K$4)*F6
(Copiar para as células F8 a F22.)

Usamos a Equação 11.23 para gerar os valores remanescentes S_t da seguinte maneira:

Fórmula para a célula G7: =$K$5*D7/E7 + (1 – $K$5)*G3
(Copiar para as células G8 a G22.)

Finalmente, no período de tempo 4, podemos usar a função de previsão na Equação 11.20 a fim de prever um período à frente para o período de tempo 5. Isso é implementado da seguinte maneira:

FIGURA 11.28 *Implementação de planilha do método de Holt-Winter para efeitos sazonais multiplicativos.*

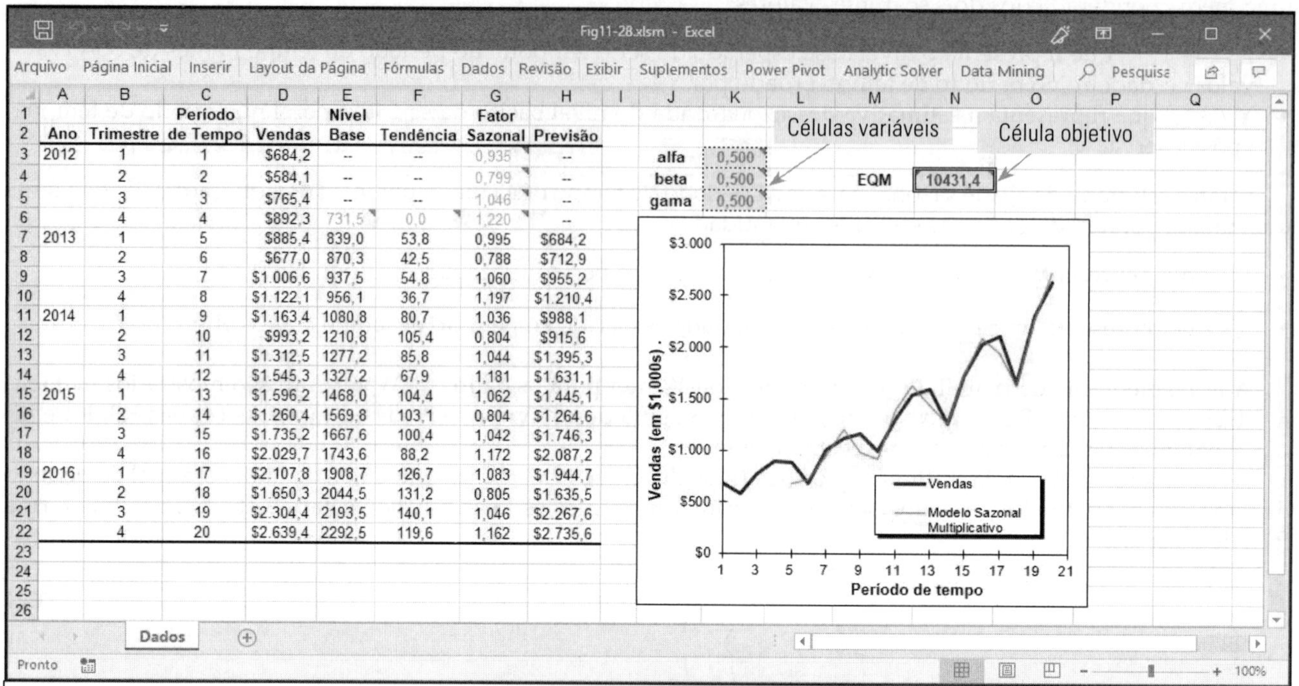

Ano	Trimestre	Período de Tempo	Vendas	Nível Base	Tendência	Fator Sazonal	Previsão
2012	1	1	$684,2	--	--	0,935	--
	2	2	$584,1	--	--	0,799	--
	3	3	$765,4	--	--	1,046	--
	4	4	$892,3	731,5	0,0	1,220	--
2013	1	5	$885,4	839,0	53,8	0,995	$684,2
	2	6	$677,0	870,3	42,5	0,788	$712,9
	3	7	$1.006,6	937,5	54,8	1,060	$955,2
	4	8	$1.122,1	956,1	36,7	1,197	$1.210,4
2014	1	9	$1.163,4	1080,8	80,7	1,036	$988,1
	2	10	$993,2	1210,8	105,4	0,804	$915,6
	3	11	$1.312,5	1277,2	85,8	1,044	$1.395,3
	4	12	$1.545,3	1327,2	67,9	1,181	$1.631,1
2015	1	13	$1.596,2	1468,0	104,4	1,062	$1.445,1
	2	14	$1.260,4	1569,8	103,1	0,804	$1.264,6
	3	15	$1.735,2	1667,6	100,4	1,042	$1.746,3
	4	16	$2.029,7	1743,6	88,2	1,172	$2.087,2
2016	1	17	$2.107,8	1908,7	126,7	1,083	$1.944,7
	2	18	$1.650,3	2044,5	131,2	0,805	$1.635,5
	3	19	$2.304,4	2193,5	140,1	1,046	$2.267,6
	4	20	$2.639,4	2292,5	119,6	1,162	$2.735,6

Fórmulas das principais células		
Célula	**Fórmula**	**Copiado para**
G3	=D3/MÉDIA($D$3:$D$6)	G4:G6
E6	=D6/G6	--
E7	=$K$3*(D7/G3)+(1−$K$3)*(E6+F6)	E8:E22
F6	=0	--
F7	=$K$4*(E7−E6)+(1−$K$4)*F6	F8:F22
G7	=$K$5*(D7/E7)+(1−$K$5)*G3	G8:G22
H7	=SOMA(E6:F6)*G3	H8:H22
N4	=SOMAXMY2(H7:H22;D7:D22)/CONT.NUM(H7:H22)	--

Fórmula para a célula H7: =SOMA(E6:F6)*G3
(Copiar para as células H8 a H22.)

Antes de fazermos previsões usando o método, queremos identificar os valores ótimos para α, β e γ. Podemos usar o Solver para determinar os valores de α, β e γ que minimizam o EQM. O EQM para os valores previstos é calculado na célula N4 da seguinte maneira:

Fórmula para a célula N4: =SOMAXMY2(H7:H22;D7:D22)/CONT.NUM(H7:H22)

Podemos usar os parâmetros e as opções do Solver mostrados na Figura 11.29 para identificar os valores de α, β e γ que minimizam o objetivo não linear EQM. A Figura 11.30 mostra a solução para esse problema.

A Figura 11.30 mostra um gráfico das previsões obtidas usando o método multiplicativo de Holt-Winter e os dados reais. Comparando esse gráfico com o da Figura 11.27, parece que o modelo multiplicativo produz uma função de previsão que se adapta melhor aos dados.

11.14.1 PREVISÃO COM O MÉTODO MULTIPLICATIVO DE HOLT-WINTER

Configurações do Solver:
Objetivo: N4 (Min)
Células variáveis: K3:K5
Restrições:
K3:K5 <= 1
K3:K5 >= 0
Opções do Solver:
GRG Não Linear

FIGURA 11.29 *Parâmetros e opções do Solver para o método multiplicativo de Holt-Winter.*

Podemos usar os resultados da Figura 11.30 para calcular previsões para qualquer período de tempo futuro. De acordo com a Equação 11.15, no período de tempo 20, a previsão para o período de tempo 20 + n é dada por:

$$\hat{Y}_{20+n} = (E_{20} + nT_{20})\, S_{20+n-p}$$

A Figura 11.30 mostra os valores de E_{20} e T_{20} nas células E22 e F22, respectivamente (E_{20} = 2.217,6 e T_{20} = 137,3). No período de tempo 20, as previsões para os períodos de tempo 21, 22, 23 e 24 são computadas da seguinte maneira:

$$\hat{Y}_{21} = (E_{20} + 1 \times T_{20})\, S_{17} = (2.217{,}6 + 1 \times 137{,}3)\; 1{,}152 = 2.713{,}7$$
$$\hat{Y}_{22} = (E_{20} + 2 \times T_{20})\, S_{18} = (2.217{,}6 + 2 \times 137{,}3)\; 0{,}849 = 2.114{,}9$$
$$\hat{Y}_{23} = (E_{20} + 3 \times T_{20})\, S_{19} = (2.217{,}6 + 3 \times 137{,}3)\; 1{,}103 = 2.900{,}5$$
$$\hat{Y}_{24} = (E_{20} + 4 \times T_{20})\, S_{20} = (2.217{,}6 + 4 \times 137{,}3)\; 1{,}190 = 3.293{,}9$$

FIGURA 11.30 *Solução ótima para o método de Holt-Winter para efeitos sazonais multiplicativos.*

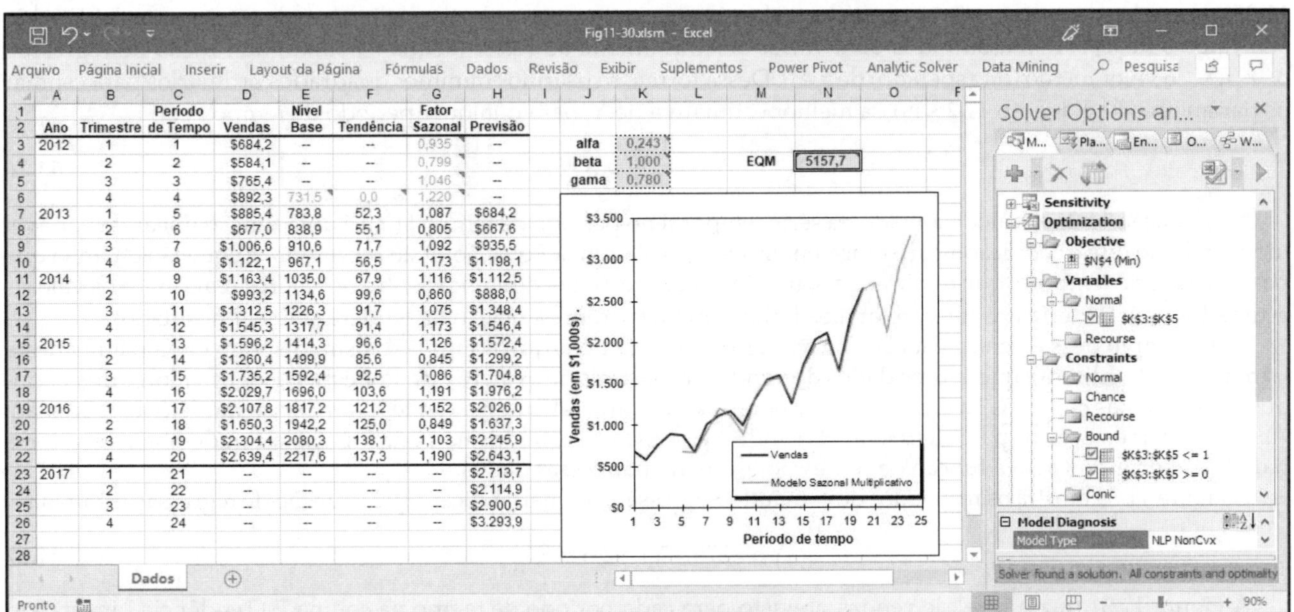

Fórmulas das principais células		
Célula	**Fórmula**	**Copiado para**
H23	=($E$22+B23*$F$22)*G19	H24:H26

Os cálculos para essas previsões foram implementados na Figura 11.30 da seguinte maneira:

Fórmula para a célula H23: =($E$22 + B23*$F$22)*G19
(Copiar para as células H24 a H26.)

11.15 Modelagem de tendências de séries temporais usando regressão

Conforme foi mencionado na introdução, podemos construir um modelo de regressão de uma série temporal se os dados estiverem disponíveis para uma ou mais variáveis independentes que expliquem os movimentos sistemáticos na série temporal. Entretanto, mesmo que nenhuma variável independente tenha uma relação *causal* com a série temporal, algumas variáveis independentes poderiam ter uma relação de *previsão* com a série temporal. Uma variável de previsão não tem relação de causa e efeito com a série temporal. Mesmo assim, o comportamento de uma variável de previsão poderia ser correlacionado com o da série temporal de uma forma que nos ajude a prever valores futuros da série temporal. Nas seções seguintes, consideraremos o modo de usar as variáveis de previsão como variáveis independentes em modelos de regressão para séries temporais.

Conforme já mencionado, tendência é a força de longo prazo ou a direção geral do movimento numa série temporal que reflete mudanças nos dados no decorrer do tempo. A mera passagem do tempo não provoca a tendência na série temporal. Mas, como a consistente passagem do tempo, a tendência de uma série temporal reflete o movimento firme para cima ou para baixo na direção geral da série. Assim, o tempo em si poderia representar uma variável de previsão que poderia ser útil na explicação da tendência em uma série temporal.

11.16 Modelo de tendência linear

Para ver de que modo podemos usar o tempo como uma variável independente, considere o seguinte modelo de regressão linear:

$$Y_t = \beta_0 + \beta_1 X_{1_t} + \varepsilon_t \qquad \textbf{11.25}$$

em que $X_{1_t} = t$. Ou seja, a variável independente X_{1_t} representa o período de tempo t ($X_{1_1} = 1, X_{1_2} = 2, X_{1_3} = 3$, e assim por diante). O modelo de regressão na Equação 11.25 assume que a variação *sistemática* na série temporal (Y_t) pode ser descrita pela função de regressão $\beta_0 + \beta_1 X_{1_t}$ (que é uma função linear do tempo). O termo de erro ε_t na Equação 11.25 representa a variação *não sistemática* ou aleatória na série temporal não explicada pelo nosso modelo. Devido aos valores de Y_t serem assumidos para variar aleatoriamente ao redor (acima e abaixo) da função de regressão $\beta_0 + \beta_1 X_{1_t}$, o valor médio (ou esperado) de ε_t é 0. Dessa forma, se usarmos mínimos quadrados ordinários para estimar os parâmetros na Equação 11.25, nossa melhor estimativa de Y_t para qualquer período de tempo t é:

$$\hat{Y}_t = b_0 + b_1 X_{1_t} \qquad \textbf{11.26}$$

Na Equação 11.26, o valor estimado da série temporal no período de tempo t ($\hat{Y}_t$) é uma função linear da variável independente que é codificada para representar o tempo. Assim, a Equação 11.26 representa a equação da linha que passa pela série temporal que minimiza a soma dos quadrados das diferenças entre os valores reais (Y_t) e os valores estimados ($\hat{Y}_t$). Poderíamos interpretar essa linha como uma representação da tendência linear nos dados.

Um exemplo dessa técnica é mostrado na Figura 11.31 (e no arquivo Fig11-31.xlsm, disponível na página deste livro no site da editora), que traz os dados de vendas trimestrais da WaterCraft. Podemos usar os valores dos períodos de tempo nas células C3 a C22 como os valores para a variável independente X_1 em nosso modelo de regressão. Assim, podemos usar os parâmetros do comando Regressão, mostrados na Figura 11.32, a fim de obter os valores para b_0 e b_1 exigidos para a função de regressão estimada para esses dados.

A Figura 11.33 mostra os resultados do comando Regressão, os quais indicam que a função de regressão estimada é:

$$\hat{Y}_t = 375{,}17 + 92{,}6255 X_{1_t} \qquad \textbf{11.27}$$

A Figura 11.31 traz o nível de vendas previsto para cada período de tempo na coluna E (Tendência Linear), em que a fórmula abaixo é lançada na célula E3 e copiada para as células E4 a E26:

Fórmula para a célula E3: =TENDÊNCIA($D$3:$D$22;$C$3:$C$22;C3)
(Copiar para as células E4 a E26.)

FIGURA 11.31 *Implementação de planilha para o modelo de tendência linear.*

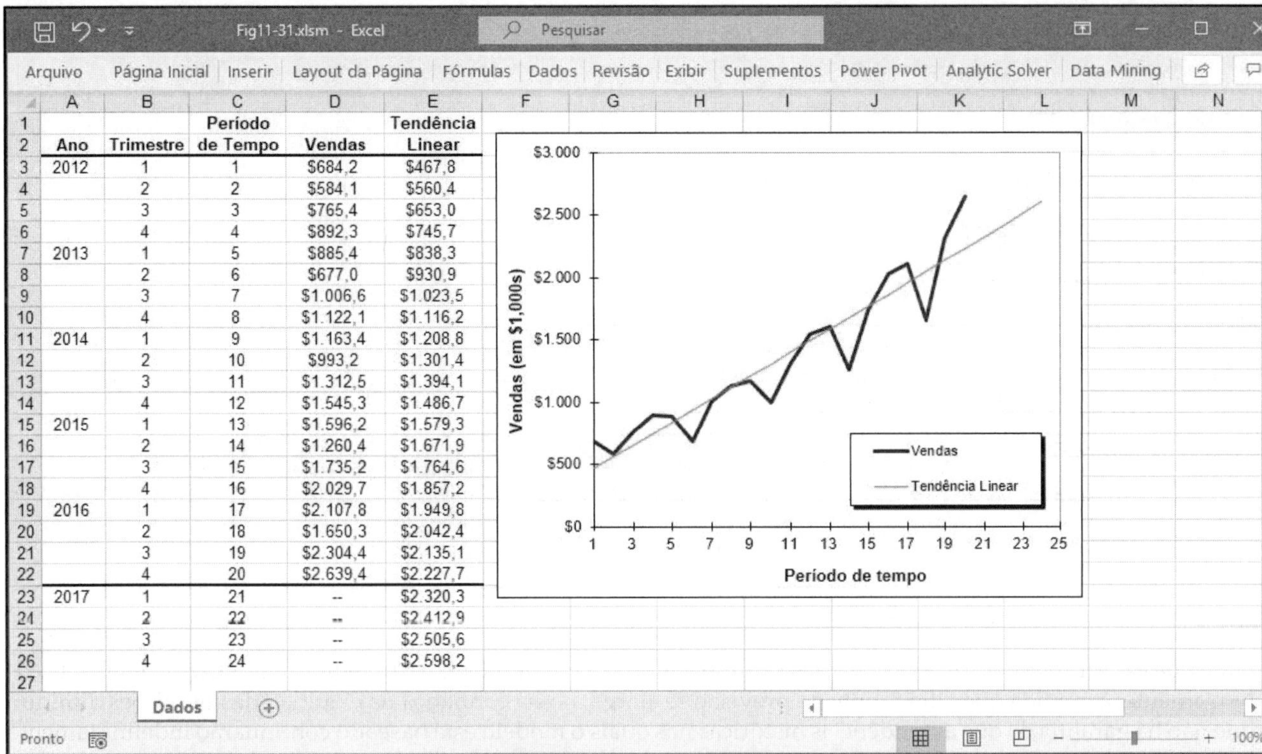

Ano	Trimestre	Período de Tempo	Vendas	Tendência Linear
2012	1	1	$684,2	$467,8
	2	2	$584,1	$560,4
	3	3	$765,4	$653,0
	4	4	$892,3	$745,7
2013	1	5	$885,4	$838,3
	2	6	$677,0	$930,9
	3	7	$1.006,6	$1.023,5
	4	8	$1.122,1	$1.116,2
2014	1	9	$1.163,4	$1.208,8
	2	10	$993,2	$1.301,4
	3	11	$1.312,5	$1.394,1
	4	12	$1.545,3	$1.486,7
2015	1	13	$1.596,2	$1.579,3
	2	14	$1.260,4	$1.671,9
	3	15	$1.735,2	$1.764,6
	4	16	$2.029,7	$1.857,2
2016	1	17	$2.107,8	$1.949,8
	2	18	$1.650,3	$2.042,4
	3	19	$2.304,4	$2.135,1
	4	20	$2.639,4	$2.227,7
2017	1	21	--	$2.320,3
	2	22	--	$2.412,9
	3	23	--	$2.505,6
	4	24	--	$2.598,2

Fórmulas das principais células		
Célula	**Fórmula**	**Copiado para**
E3	=TENDÊNCIA($D$3:$D$22;$C$3:$C$22;C3)	E4:E26

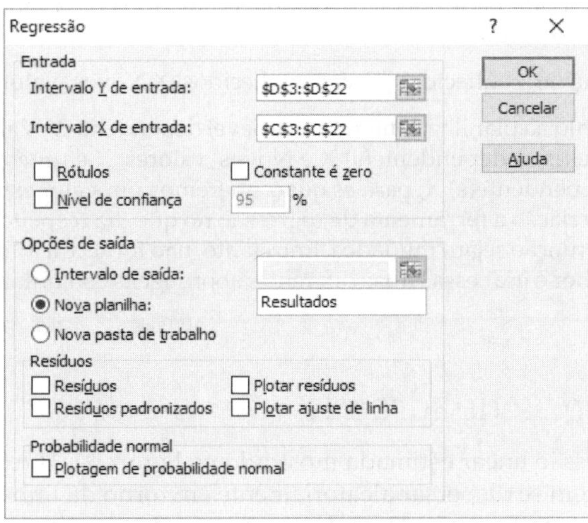

FIGURA 11.32 *Parâmetros do comando de regressão para o modelo de tendência linear.*

11.16.1 PREVISÃO COM O MODELO DE TENDÊNCIA LINEAR

Podemos usar a Equação 11.27 para gerar previsões de vendas para qualquer período futuro t, ajustando $X_{1_t} = t$. Por exemplo, as previsões para os períodos de tempo 21, 22, 23 e 24 são calculadas da seguinte maneira:

$$\hat{Y}_{21} = 375{,}17 + 92{,}6255 \times 21 = 2.320{,}3$$
$$\hat{Y}_{22} = 375{,}17 + 92{,}6255 \times 22 = 2.412{,}9$$
$$\hat{Y}_{23} = 375{,}17 + 92{,}6255 \times 23 = 2.505{,}6$$
$$\hat{Y}_{24} = 375{,}17 + 92{,}6255 \times 24 = 2.598{,}2$$

FIGURA 11.33 *Resultados de regressão para o modelo de tendência linear.*

	A	B	C	D	E	F	G	H	I
1	RESUMO DOS RESULTADOS								
2									
3	*Estatística de regressão*								
4	R múltiplo	0,93414115							
5	R-Quadrado	0,87261969							
6	R-quadrado ajustado	0,865543							
7	Erro padrão	215,101659							
8	Observações	20							
9									
10	ANOVA								
11		*gl*	*SQ*	*MQ*	*F*	*F de significação*			
12	Regressão	1	5705355,63	5705355,63	123,309121	1,74046E-09			
13	Resíduo	18	832837,025	46268,7236					
14	Total	19	6538192,65						
15									
16		*Coeficientes*	*Erro padrão*	*Stat t*	*valor-P*	*95% inferiores*	*95% superiores*	*Inferior 95,0%*	*Superior 95,0%*
17	Interseção	375,17	99,9214868	3,75464789	0,00145084	165,242746	585,0972537	165,242746	585,0972537
18	Variável X 1	92,625494	8,34128455	11,104464	1,7405E-09	75,10110549	110,1498826	75,10110549	110,1498826
19									

Note que essas previsões foram calculadas usando a função TENDÊNCIA( ) nas células E23 a E26 da Figura 11.31. Novamente, à medida que o horizonte de previsão se alarga, nossa confiança na exatidão das previsões diminui, porque não há garantia de que as tendências históricas nas quais o modelo está baseado continuarão indefinidamente no futuro.

Uma observação sobre a função TENDÊNCIA( )

A função TENDÊNCIA( ) pode ser usada para calcular os valores estimados para modelos de regressão linear. O formato da função TENDÊNCIA( ) é o seguinte:

TENDÊNCIA(Val_conhecidos_Y;Val_conhecidos_X;Novos_valores_X)

em que Val_conhecidos_Y é o intervalo na planilha contendo a variável dependente Y, Val_conhecidos_X é o intervalo na planilha que contém a(s) variável(is) independente(s) X e Novos_valores_X é uma célula (ou células) contendo os valores para a(s) variável(is) independente(s) X, para as quais queremos um valor estimado de Y. A função TENDÊNCIA( ) tem uma vantagem em relação à ferramenta de regressão no que diz respeito à sua atualização dinâmica sempre que os dados que entram na função sejam mudados. Entretanto, não fornece a informação estatística oferecida pela ferramenta de regressão. O melhor é usar essas duas diferentes abordagens conjuntamente para fazer a regressão.

11.17 Modelo de tendência quadrática

Embora o gráfico da função de regressão linear estimada mostrado na Figura 11.31 explique a tendência nos dados para cima, os valores reais não parecem se dispersar aleatoriamente em torno da linha da tendência, como foi assumido pelo nosso modelo de regressão na Equação 11.25. Uma observação mais provavelmente estará substancialmente abaixo da linha ou apenas um pouco acima dela. Isso sugere que o modelo de tendência linear poderia não ser apropriado para esses dados.

Como alternativa, poderíamos tentar ajustar uma linha de tendência curva aos dados, usando o seguinte modelo de tendência quadrática:

$$Y_t = \beta_0 + \beta_1 X_{1_t} + \beta_2 X_{2_t} + \varepsilon_t \tag{11.28}$$

em que $X_{1_t} = t$ e $X_{2_t} = t^2$. A função de regressão *estimada* resultante para esse modelo é:

$$\hat{Y}_t = b_0 + b_1 X_{1_t} + b_2 X_{2_t} \tag{11.29}$$

Para calcular a função de tendência quadrática, devemos acrescentar uma coluna à planilha para representar a variável independente adicional $X_{2_t} = t^2$. Isso pode ser feito como mostrado na Figura 11.34 (e no arquivo Fig11-34.xlsm, disponível na página deste livro no site da editora), inserindo uma nova coluna D e colocando os valores t^2 nessa coluna. Assim, a fórmula abaixo é lançada na célula D3 e copiada para as células D4 a D26:

Fórmula para a célula D3: =C3^2

(Copiar para as células D4 a D26.)

Podemos obter os valores de b_0, b_1 e b_2, necessários para a função de regressão estimada para esses dados, usando os parâmetros do comando Regressão mostrado na Figura 11.35.

A Figura 11.36 mostra os resultados do comando Regressão, os quais indicam que a função de regressão estimada é:

$$\hat{Y}_t = 653{,}67 + 16{,}671\, X_{1_t} + 3{,}617\, X_{2_t} \quad \textbf{11.30}$$

A Figura 11.34 mostra o nível de vendas estimado para cada período de tempo na coluna F (Tendência Quadrática), em que a fórmula abaixo é lançada na célula F3 e copiada para as células F4 a F26:

Fórmula para a célula F3: =TENDÊNCIA($E$3:$E$22;$C$3:$D$22;C3:D3)

(Copiar para as células F4 a F26.)

A Figura 11.34 também mostra um gráfico dos níveis de vendas previstos pelo modelo de tendência quadrática *versus* os dados reais. Note que a curva de tendência quadrática se adapta melhor aos dados que a linha de tendência reta mostrada na Figura 11.31. De modo especial, o desvio dos valores reais acima e abaixo dessa curva agora é mais equilibrado.

FIGURA 11.34 *Implementação de planilha para o modelo de tendência quadrática.*

Ano	Trimestre	Período de Tempo	Tempo^2	Vendas	Tendência Quadrática
2012	1	1	1	$684,2	$674,0
	2	2	4	$584,1	$701,5
	3	3	9	$765,4	$736,2
	4	4	16	$892,3	$778,2
2013	1	5	25	$885,4	$827,4
	2	6	36	$677,0	$883,9
	3	7	49	$1.006,6	$947,6
	4	8	64	$1.122,1	$1.018,5
2014	1	9	81	$1.163,4	$1.096,7
	2	10	100	$993,2	$1.182,1
	3	11	121	$1.312,5	$1.274,7
	4	12	144	$1.545,3	$1.374,6
2015	1	13	169	$1.596,2	$1.481,6
	2	14	196	$1.260,4	$1.596,0
	3	15	225	$1.735,2	$1.717,5
	4	16	256	$2.029,7	$1.846,3
2016	1	17	289	$2.107,8	$1.982,4
	2	18	324	$1.650,3	$2.125,6
	3	19	361	$2.304,4	$2.276,1
	4	20	400	$2.639,4	$2.433,8
2017	1	21	441	--	$2.598,8
	2	22	484	--	$2.771,0
	3	23	529	--	$2.950,4
	4	24	576	--	$3.137,1

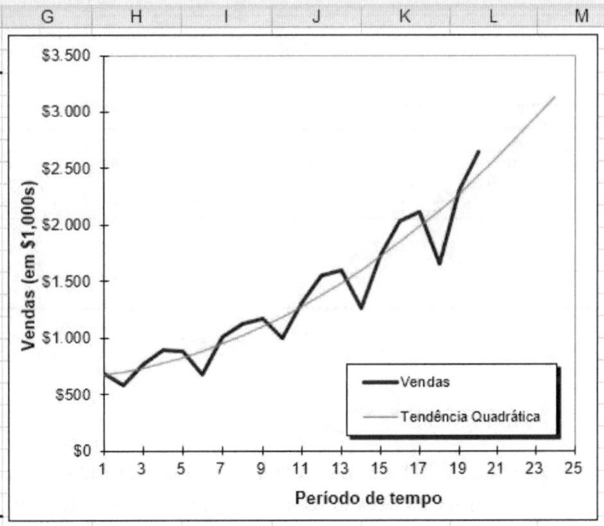

Fórmulas das principais células		
Célula	**Fórmula**	**Copiado para**
D3	C3^2	D4:D22
F3	=TENDÊNCIA($E$3:$E$22;$C$3:$D$22;C3:D3)	F4:F26

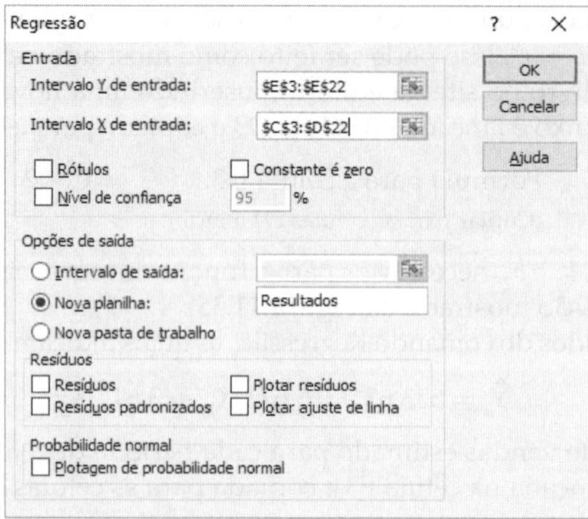

FIGURA 11.35 *Parâmetros do comando de regressão para o modelo de tendência quadrática.*

FIGURA 11.36 *Resultados de regressão para o modelo de tendência quadrática.*

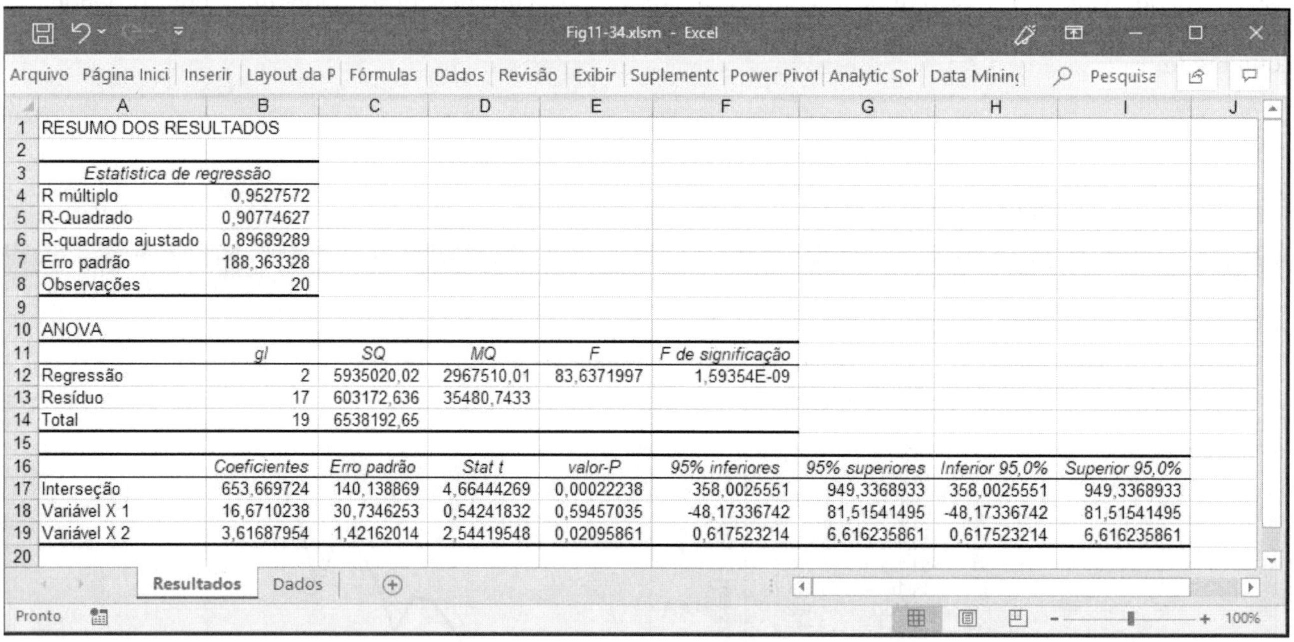

	A	B	C	D	E	F	G	H	I
1	RESUMO DOS RESULTADOS								
2									
3	*Estatística de regressão*								
4	R múltiplo	0,9527572							
5	R-Quadrado	0,90774627							
6	R-quadrado ajustado	0,89689289							
7	Erro padrão	188,363328							
8	Observações	20							
9									
10	ANOVA								
11		*gl*	*SQ*	*MQ*	*F*	*F de significação*			
12	Regressão	2	5935020,02	2967510,01	83,6371997	1,59354E-09			
13	Resíduo	17	603172,636	35480,7433					
14	Total	19	6538192,65						
15									
16		*Coeficientes*	*Erro padrão*	*Stat t*	*valor-P*	*95% inferiores*	*95% superiores*	*Inferior 95,0%*	*Superior 95,0%*
17	Interseção	653,669724	140,138869	4,66444269	0,00022238	358,0025551	949,3368933	358,0025551	949,3368933
18	Variável X 1	16,6710238	30,7346253	0,54241832	0,59457035	-48,17336742	81,51541495	-48,17336742	81,51541495
19	Variável X 2	3,61687954	1,42162014	2,54419548	0,02095861	0,617523214	6,616235861	0,617523214	6,616235861
20									

11.17.1 PREVISÃO COM O MODELO DE TENDÊNCIA QUADRÁTICA

Podemos usar a Equação 11.30 para gerar previsões de vendas para quaisquer períodos de tempo futuro t, ajustando $X_{1_t} = t$ e $X_{2_t} = t^2$. Por exemplo, as previsões para os períodos de tempo 21, 22, 23 e 24 são calculadas da seguinte maneira:

$$\hat{Y}_{21} = 653{,}67 + 16{,}671 \times 21 + 3{,}617 \times (21)^2 = 2.598{,}8$$

$$\hat{Y}_{22} = 653{,}67 + 16{,}671 \times 22 + 3{,}617 \times (22)^2 = 2.771{,}0$$

$$\hat{Y}_{23} = 653{,}67 + 16{,}671 \times 23 + 3{,}617 \times (23)^2 = 2.950{,}4$$

$$\hat{Y}_{24} = 653{,}67 + 16{,}671 \times 24 + 3{,}617 \times (24)^2 = 3.137{,}1$$

Note que essas previsões foram obtidas usando a função TENDÊNCIA( ) nas células F23 a F26 da Figura 11.34.

Como ocorre com qualquer um dos modelos anteriores, à medida que o horizonte de previsão alarga, nossa confiança na exatidão das previsões diminui, porque não há garantia de que as tendências históricas nas quais o modelo é baseado continuarão indefinidamente no futuro.

11.18 Modelagem de sazonalidade com modelos de regressão

A meta de qualquer procedimento de previsão é desenvolver um modelo que explique o máximo possível da variação sistemática no comportamento passado de uma série temporal. A suposição é que um modelo que explique acuradamente o que aconteceu no passado será útil na previsão do que acontecerá no futuro. Será que os modelos de tendência mostrados nas Figuras 11.31 e 11.34 explicam adequadamente toda a variação sistemática nos dados da série temporal?

Todos esses gráficos mostram um padrão bem regular de flutuação em torno da linha de tendência. Note que cada ponto abaixo da linha de tendência é seguido por três pontos na linha de tendência ou acima dela. Isso sugere que existe uma variação *sistemática* (ou previsível) adicional na série temporal, que não é explicada por esses modelos.

As Figuras 11.31 e 11.34 sugerem que os dados nos gráficos incluem efeitos sazonais. No segundo trimestre de cada ano, as vendas caem para bem abaixo das linhas de tendência, ao passo que as vendas nos outros trimestres estão situadas na linha de tendência ou acima dela. A previsão de valores futuros para essa série temporal seria mais precisa se refletisse esses efeitos sazonais sistemáticos. As seções a seguir discutem várias técnicas para modelagem de efeitos sazonais nos dados de série temporal.

11.19 Ajustando previsões de tendência com índices sazonais

Uma forma simples e eficiente de modelar efeitos sazonais multiplicativos em uma série temporal é criar índices sazonais que reflitam a porcentagem média pelas quais as observações em cada estação difiram de seus valores de tendência projetados. No exemplo da WaterCraft, as observações que ocorrem no segundo trimestre caem abaixo dos valores previstos por meio de um modelo de tendência. Da mesma forma, as observações no primeiro, no terceiro e no quarto trimestre situam-se no entorno dos valores previstos ou acima deles por meio de um modelo de tendência. Assim, se pudermos determinar índices sazonais que representem a quantidade média segundo a qual as observações em um dado trimestre fiquem acima ou abaixo da linha de tendência, poderíamos multiplicar nossas projeções de tendência por essas quantidades e aumentar a precisão de nossas previsões.

Demonstraremos o cálculo de índices sazonais multiplicativos para o modelo de tendência quadrática criado antes. Entretanto, poderíamos usar essa técnica com qualquer outra técnica ou modelos de suavização discutidos neste capítulo. Na Figura 11.37 (e no arquivo Fig11-37.xlsm, disponível na página deste livro no site da editora), as colunas de A a F repetem os cálculos para o modelo de tendência quadrática discutido antes.

11.19.1 CALCULANDO ÍNDICES SAZONAIS

A meta para a criação de índices sazonais é determinar a porcentagem média segundo a qual as observações em cada estação diferem dos valores projetados pelo modelo de tendência. Para obter essa porcentagem, na coluna G da Figura 11.37, calculamos a razão de cada valor real na coluna E para seu valor de tendência projetada correspondente na coluna F da seguinte maneira:

Fórmula para a célula G3: =E3/F3
(Copiar para as células G4 a G22.)

O valor na célula G3 indica que o valor real no período de tempo 1 era 102% do (ou aproximadamente 2% maior) seu valor de tendência estimado. O valor na célula G4 indica que o valor real no período de tempo 2 era 83% do (ou aproximadamente 17% menor) seu valor de tendência estimado. Os valores restantes na coluna G têm interpretações semelhantes.

Obtemos o índice sazonal para cada trimestre computando a média dos valores na coluna G trimestre a trimestre. Por exemplo, o índice sazonal para o trimestre 1 é igual à média dos valores nas células G3, G7, G11, G15 e G19. O índice sazonal para o trimestre 2 é igual à média dos valores nas células G4, G8, G12, G16 e G20. Cálculos similares são exigidos para calcular índices sazonais para os trimestres 3 e 4. Podemos usar funções MÉDIA( ) separadas para cada trimestre para calcular essas médias. Entretanto, para conjuntos de dados maiores, uma abordagem assim seria tediosa e sujeita a erro. Portanto, as médias mostradas nas células K3 a K6 são calculadas da seguinte maneira:

Fórmula para a célula K3: =MÉDIASE($B$3:$B$22;J3;$G$3:$G$22)
(Copiar para as células K4 a K6.)

A função MÉDIASE( ) na célula K3 compara os valores da faixa B3 a B22 com o valor em J3 e, caso ocorra uma coincidência, calcula a média dos valores correspondentes no intervalo G3 a G22. Assim, o número mostrado pela fórmula na célula K3 representa o valor do índice sazonal para as observações no trimestre 1. Os valores calculados nas células K4, K5 e K6 têm interpretações semelhantes para os índices sazonais para os trimestres 2, 3 e 4, respectivamente.

FIGURA 11.37 *Implementação de planilha para calcular índices e previsões sazonais para o modelo de tendência quadrática.*

	A	B	C	D	E	F	G	H	I	J	K
1			Período			Tendência	Vendas como	Previsão			Índice
2	Ano	Trimestre	de Tempo	Tempo^2	Vendas	Quadrática	% da Tendência	Sazonal		Trimestre	Sazonal
3	2012	1	1	1	$684,2	$674,0	102%	$712,6		1	105,7%
4		2	2	4	$584,1	$701,5	83%	$561,9		2	80,1%
5		3	3	9	$765,4	$736,2	104%	$758,9		3	103,1%
6		4	4	16	$892,3	$778,2	115%	$864,8		4	111,1%
7	2013	1	5	25	$885,4	$827,4	107%	$874,9			
8		2	6	36	$677,0	$883,9	77%	$708,0			
9		3	7	49	$1.006,6	$947,6	106%	$976,8			
10		4	8	64	$1.122,1	$1.018,5	110%	$1.131,8			
11	2014	1	9	81	$1.163,4	$1.096,7	106%	$1.159,6			
12		2	10	100	$993,2	$1.182,1	84%	$946,8			
13		3	11	121	$1.312,5	$1.274,7	103%	$1.314,0			
14		4	12	144	$1.545,3	$1.374,6	112%	$1.527,5			
15	2015	1	13	169	$1.596,2	$1.481,6	108%	$1.566,6			
16		2	14	196	$1.260,4	$1.596,0	79%	$1.278,4			
17		3	15	225	$1.735,2	$1.717,5	101%	$1.770,5			
18		4	16	256	$2.029,7	$1.846,3	110%	$2.051,7			
19	2016	1	17	289	$2.107,8	$1.982,4	106%	$2.096,0			
20		2	18	324	$1.650,3	$2.125,6	78%	$1.702,6			
21		3	19	361	$2.304,4	$2.276,1	101%	$2.346,3			
22		4	20	400	$2.639,4	$2.433,8	108%	$2.704,6			
23	2017	1	21	441	--	$2.598,8	--	$2.747,8			
24		2	22	484	--	$2.771,0	--	$2.219,6			
25		3	23	529	--	$2.950,4	--	$3.041,4			
26		4	24	576	--	$3.137,1	--	$3.486,1			
27											

Fórmulas das principais células

Célula	Fórmula	Copiado para
D3	C3^2	D4:D26
F3	=TENDÊNCIA($E$3:$E$22;$C$3:$D$22;C3:D3)	F4:F26
G3	=E3/F3	G4:G22
K3	=MÉDIASE($B$3:$B$22;J3;$G$3:$G$22)	K4:K6
H3	=F3*PROCV(B3;$J$3:$K$6;2)	H4:H26

O índice sazonal para o trimestre 1 mostrado na célula K3 indica que, em média, o valor real de vendas no primeiro trimestre de qualquer ano determinado será 105,7% do (ou 5,7% maior) valor de tendência estimado para o mesmo período de tempo. Da mesma forma, o índice sazonal para o trimestre 2 mostrado na célula K4 indica que, em média, o valor real de vendas no segundo trimestre de qualquer ano será 80,1% do (ou aproximadamente 20% menor) valor de tendência estimado para o mesmo período de tempo. Os índices sazonais para o terceiro e o quarto trimestres apresentam interpretações semelhantes.

Podemos usar os índices sazonais para refinar ou ajustar as estimativas de tendências. Isso é conseguido na coluna H da Figura 11.37 da seguinte maneira:

Fórmula para a célula H3: =F3*PROCV(B3;$J$3:$K$6;2)
(Copiar para as células H4 a H26.)

Essa fórmula toma o valor de tendência estimado para cada período de tempo e multiplica-o pelo índice sazonal adequado para o trimestre no qual ocorre o período de tempo. A tendência estima que as observações para o trimestre 1 são multiplicadas por 105,7%, que as observações para o trimestre 2 são multiplicadas por 80,1% e assim por diante para as observações dos trimestres 3 e 4.

A Figura 11.38 mostra um gráfico dos dados das vendas reais *versus* a previsão sazonal calculada na coluna H da Figura 11.37. Como esse gráfico ilustra, o uso de índices sazonais é muito eficiente nesse particular conjunto de dados.

FIGURA 11.38 *Gráficos das previsões obtidas usando índices sazonais* versus *dados reais de vendas da WaterCraft.*

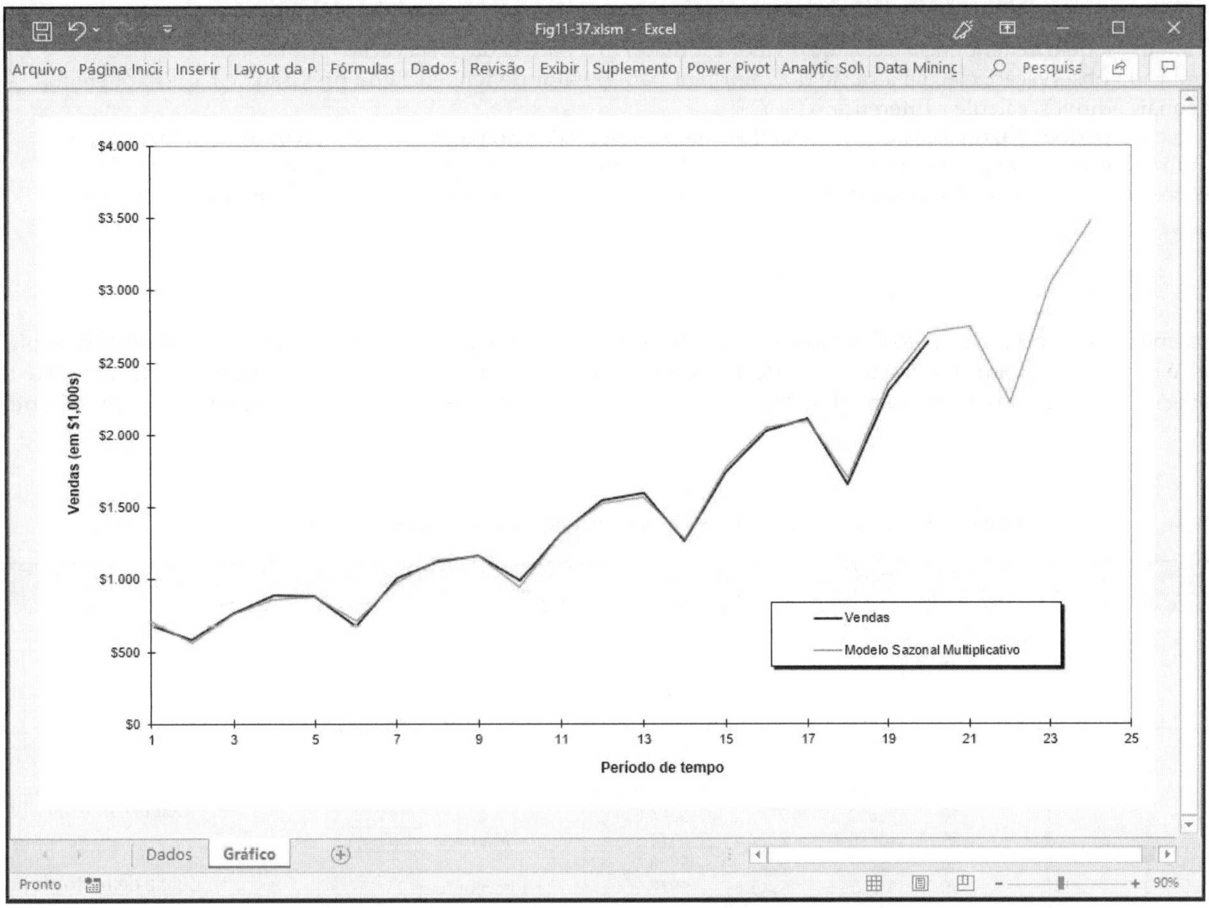

11.19.2 PREVISÃO COM ÍNDICES SAZONAIS

Podemos usar os índices sazonais para ajustar as projeções de tendências de períodos de tempo futuros aos efeitos esperados de sazonalidade. Antes, usamos o modelo de tendência quadrático para obter as seguintes previsões do nível de vendas esperado nos períodos de tempo 21, 22, 23 e 24:

$$\hat{Y}_{21} = 653{,}67 + 16{,}671 \times 21 + 3{,}617 \times (21)^2 = 2.598{,}8$$
$$\hat{Y}_{22} = 653{,}67 + 16{,}671 \times 22 + 3{,}617 \times (22)^2 = 2.771{,}0$$
$$\hat{Y}_{23} = 653{,}67 + 16{,}671 \times 23 + 3{,}617 \times (23)^2 = 2.950{,}4$$
$$\hat{Y}_{24} = 653{,}67 + 16{,}671 \times 24 + 3{,}617 \times (24)^2 = 3.137{,}1$$

Para ajustar essas previsões de tendências aos efeitos esperados de sazonalidade, multiplicamos cada uma delas pelo índice de sazonalidade apropriado. Uma vez que os períodos de tempo 21, 22, 23 e 24 ocorrem nos trimestres 1, 2, 3 e 4, respectivamente, as previsões sazonais são computadas da seguinte maneira:

Previsão sazonal para período de tempo 21 = 2.598,9 × 105,7% = 2.747,8
Previsão sazonal para período de tempo 22 = 2.771,1 × 80,1% = 2.219,6
Previsão sazonal para período de tempo 23 = 2.950,5 × 103,1% = 3.041,4
Previsão sazonal para período de tempo 24 = 3.137,2 × 111,1% = 3.486,1

Essas previsões também são calculadas na Figura 11.37. Note que, embora tenhamos demonstrado o cálculo de índices sazonais multiplicativos, índices sazonais aditivos podem ser facilmente obtidos de forma muito semelhante.

> **Resumo do cálculo e uso de índices sazonais**
>
> 1. Crie um modelo de tendência e calcule o valor estimado ($\hat{Y}_t$) para cada observação na amostra.
> 2. Para cada observação, calcule a razão do valor real para o valor de tendência de previsão: $Y_t/\hat{Y}_t$. (Para efeitos sazonais aditivos, calcule a diferença: $Y_t - \hat{Y}_t$.)
> 3. Para cada período sazonal calcule a média dos valores calculados no passo 2. Esses são os índices sazonais.
> 4. Multiplique qualquer previsão produzida pelo modelo de tendência pelo índice sazonal apropriado calculado no passo 3. (Para efeitos sazonais aditivos, adicione o índice sazonal apropriado à previsão do modelo da tendência.)

11.19.3 REFINANDO OS ÍNDICES SAZONAIS

Embora a abordagem para o cálculo dos índices sazonais ilustrados na Figura 11.37 tenha um atrativo intuitivo considerável, é importante notar que esses fatores de ajuste sazonais não são necessariamente ótimos. A Figura 11.39 (e o arquivo Fig11-39.xlsm, disponível na página deste livro no site da editora) mostra uma abordagem muito semelhante

FIGURA 11.39 *Implementação de planilha para o cálculo de índices sazonais refinados e estimativas de parâmetro de tendência quadrática.*

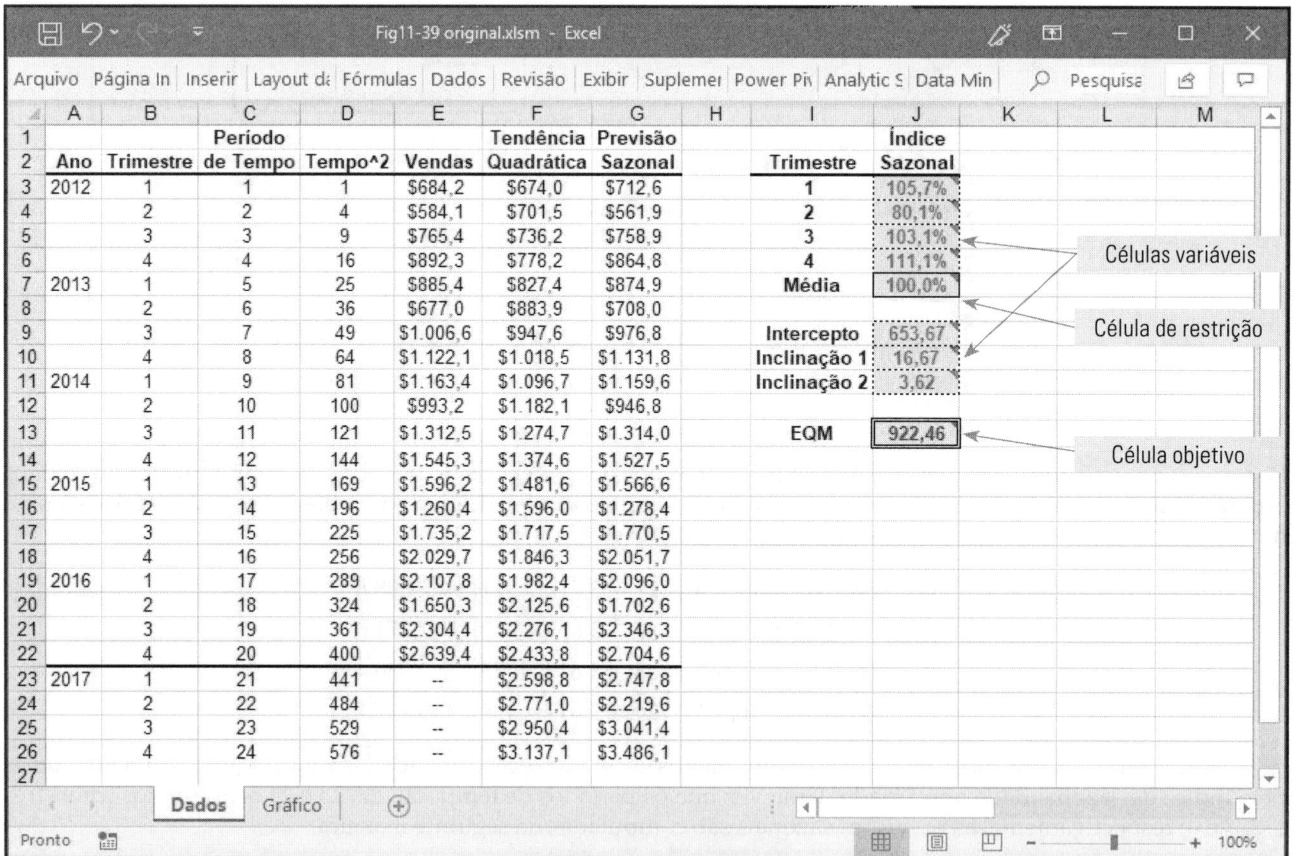

	A	B	C	D	E	F	G	H	I	J
1			Período			Tendência	Previsão			Índice
2	Ano	Trimestre	de Tempo	Tempo^2	Vendas	Quadrática	Sazonal		Trimestre	Sazonal
3	2012	1	1	1	$684,2	$674,0	$712,6		1	105,7%
4		2	2	4	$584,1	$701,5	$561,9		2	80,1%
5		3	3	9	$765,4	$736,2	$758,9		3	103,1%
6		4	4	16	$892,3	$778,2	$864,8		4	111,1%
7	2013	1	5	25	$885,4	$827,4	$874,9		Média	100,0%
8		2	6	36	$677,0	$883,9	$708,0			
9		3	7	49	$1.006,6	$947,6	$976,8		Intercepto	653,67
10		4	8	64	$1.122,1	$1.018,5	$1.131,8		Inclinação 1	16,67
11	2014	1	9	81	$1.163,4	$1.096,7	$1.159,6		Inclinação 2	3,62
12		2	10	100	$993,2	$1.182,1	$946,8			
13		3	11	121	$1.312,5	$1.274,7	$1.314,0		EQM	922,46
14		4	12	144	$1.545,3	$1.374,6	$1.527,5			
15	2015	1	13	169	$1.596,2	$1.481,6	$1.566,6			
16		2	14	196	$1.260,4	$1.596,0	$1.278,4			
17		3	15	225	$1.735,2	$1.717,5	$1.770,5			
18		4	16	256	$2.029,7	$1.846,3	$2.051,7			
19	2016	1	17	289	$2.107,8	$1.982,4	$2.096,0			
20		2	18	324	$1.650,3	$2.125,6	$1.702,6			
21		3	19	361	$2.304,4	$2.276,1	$2.346,3			
22		4	20	400	$2.639,4	$2.433,8	$2.704,6			
23	2017	1	21	441	--	$2.598,8	$2.747,8			
24		2	22	484	--	$2.771,0	$2.219,6			
25		3	23	529	--	$2.950,4	$3.041,4			
26		4	24	576	--	$3.137,1	$3.486,1			
27										

Fórmulas das principais células

Célula	Fórmula	Copiado para
D3	=C3^2	D4:D26
F3	=$J$9+$J$10*C3+$J$11*D3	F4:F26
G3	=F3*PROCV(B3;$I$3:$J$6;2)	G4:G26
J13	=SOMAXMY2(G3:G22;E3:E22)/CONT.NUM(G3:G22)	--
J7	=MÉDIA(J3:J6)	--

para o cálculo de índices sazonais que usa o Solver para simultaneamente determinar os valores ótimos dos índices sazonais e os parâmetros do modelo de tendência quadrática.

Na Figura 11.39, as células J9, J10 e J11 são usadas para representar, respectivamente, os valores estimados de b_0, b_1 e b_2 no seguinte modelo de tendência quadrática (em que $X_{1_t} = t$ e $X_{2_t} = t^2$):

$$\hat{Y}_t = b_0 + b_1 X_{1_t} + b_2 X_{2_t}$$

Note que as variáveis mostradas nas células J9, J10 e J11 correspondem às estimativas de mínimos quadrados mostradas na Figura 11.36.

As estimativas de tendência quadrática são, então, calculadas na coluna F da seguinte maneira:

Fórmula para a célula F3: =$J$9 + $J$10*C3 + $J$11*D3
(Copiar para as células F4 a F22.)

As células J3 a J6 representam os fatores de ajuste sazonal para cada trimestre. Note que os valores mostrados nessas células correspondem aos valores de ajuste sazonal médio mostrado na Figura 11.37. Assim, as previsões sazonais mostradas na coluna G da Figura 11.39 são computadas da seguinte maneira:

Fórmula para a célula G3: = F3*PROCV(B3;$I$3:$J$6;2)
(Copiar para as células G4 a G22.)

Configurações do Solver:

Objetivo: J13 (Min)
Células variáveis: J3:J6, J9:J11
Restrições:
J7 = 1

Opções do Solver:
GRG Não Linear

FIGURA 11.40 *Parâmetros e opções do Solver para o cálculo de índices sazonais refinados e estimativas de parâmetros de tendência quadrática.*

FIGURA 11.41 *Solução ótima para o cálculo de índices sazonais refinados e estimativas de parâmetros de tendência quadrática.*

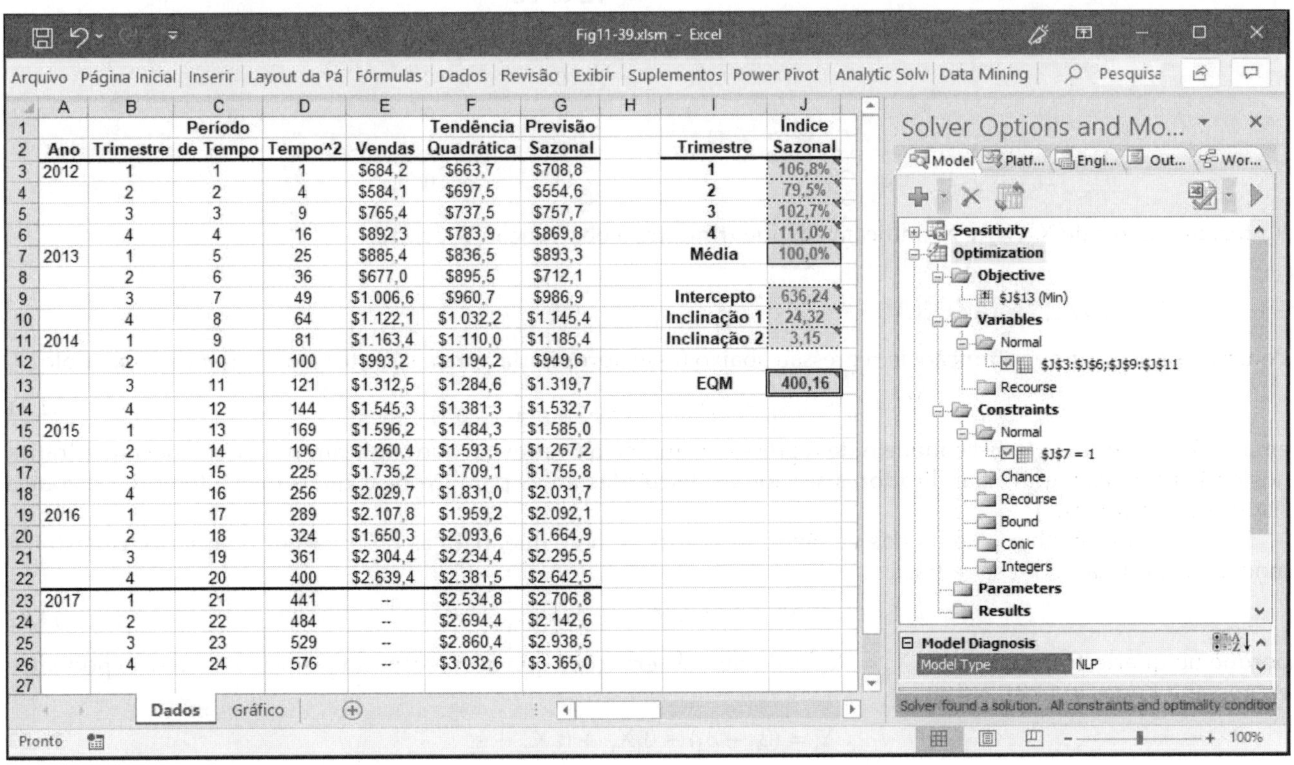

	A	B	C	D	E	F	G	H	I	J
1			Período			Tendência	Previsão			Índice
2	Ano	Trimestre	de Tempo	Tempo^2	Vendas	Quadrática	Sazonal		Trimestre	Sazonal
3	2012	1	1	1	$684,2	$663,7	$708,8		1	106,8%
4		2	2	4	$584,1	$697,5	$554,6		2	79,5%
5		3	3	9	$765,4	$737,5	$757,7		3	102,7%
6		4	4	16	$892,3	$783,9	$869,8		4	111,0%
7	2013	1	5	25	$885,4	$836,5	$893,3		Média	100,0%
8		2	6	36	$677,0	$895,5	$712,1			
9		3	7	49	$1.006,6	$960,7	$986,9		Intercepto	636,24
10		4	8	64	$1.122,1	$1.032,2	$1.145,4		Inclinação 1	24,32
11	2014	1	9	81	$1.163,4	$1.110,0	$1.185,4		Inclinação 2	3,15
12		2	10	100	$993,2	$1.194,2	$949,6			
13		3	11	121	$1.312,5	$1.284,6	$1.319,7		EQM	400,16
14		4	12	144	$1.545,3	$1.381,3	$1.532,7			
15	2015	1	13	169	$1.596,2	$1.484,3	$1.585,0			
16		2	14	196	$1.260,4	$1.593,5	$1.267,2			
17		3	15	225	$1.735,2	$1.709,1	$1.755,8			
18		4	16	256	$2.029,7	$1.831,0	$2.031,7			
19	2016	1	17	289	$2.107,8	$1.959,2	$2.092,1			
20		2	18	324	$1.650,3	$2.093,6	$1.664,9			
21		3	19	361	$2.304,4	$2.234,4	$2.295,5			
22		4	20	400	$2.639,4	$2.381,5	$2.642,5			
23	2017	1	21	441	--	$2.534,8	$2.706,8			
24		2	22	484	--	$2.694,4	$2.142,6			
25		3	23	529	--	$2.860,4	$2.938,5			
26		4	24	576	--	$3.032,6	$3.365,0			
27										

As previsões mostradas na Figura 11.39 são exatamente as mesmas da Figura 11.37 e resultam em um EQM de 922,46, conforme aparece na célula J13. Entretanto, podemos usar os parâmetros e as opções do Solver mostrados na Figura 11.40 para determinar valores para os parâmetros de tendência e sazonais que minimizem o EQM.

A Figura 11.41 mostra a solução ótima para esse problema. Assim, usando o Solver para a "sintonia fina" dos parâmetros para o modelo, podemos reduzir o EQM para aproximadamente 400.

Note que os parâmetros do Solver usados para solucionar esse problema incluem uma restrição que exige que a média dos índices sazonais na célula J7 seja igual a 1 (ou 100%). A fim de entender a razão disso, suponhamos que os índices sazonais sejam, em média, algo diferente de 1, por exemplo, 105%. Isso sugere que a estimativa de tendência está, em média, cerca de 5% mais baixa. Assim, se os índices sazonais não chegarem a 100%, há um viés para cima ou para baixo na componente de tendência. (Da mesma forma, se o modelo incluísse efeitos sazonais aditivos, estes deveriam ser restritos a ser igual a zero.)

11.20 Modelos de regressão sazonal

Conforme foi discutido no Capítulo 9, uma variável indicadora é uma variável binária que assume um valor igual a 0 ou 1 para indicar se determinada condição é verdadeira ou não. Para modelar efeitos sazonais aditivos em uma série temporal, poderíamos ajustar diversas variáveis indicadoras para indicar qual elemento sazonal cada observação representa. Em geral, se houver p elementos, precisamos de $p - 1$ variáveis indicadoras em nosso modelo. Por exemplo, os dados de venda da WaterCraft foram coletados em uma base trimestral. Por termos quatro trimestres a modelar ($p = 4$), precisamos de três variáveis indicadoras, que definimos da seguinte maneira:

$$X_{3_t} = \begin{cases} 1, \text{ se } Y_t \text{ for do trimestre 1} \\ 0, \text{ caso contrário} \end{cases}$$

$$X_{4_t} = \begin{cases} 1, \text{ se } Y_t \text{ for do trimestre 2} \\ 0, \text{ caso contrário} \end{cases}$$

$$X_{5_t} = \begin{cases} 1, \text{ se } Y_t \text{ for do trimestre 3} \\ 0, \text{ caso contrário} \end{cases}$$

Note que as definições de X_{3_t}, X_{4_t} e X_{5_t} atribuem uma codificação única para as variáveis para cada trimestre em nossos dados. Esses códigos estão resumidos na tabela a seguir:

	Valor de		
Trimestre	X_{3_t}	X_{4_t}	X_{5_t}
1	1	0	0
2	0	1	0
3	0	0	1
4	0	0	0

Juntos, os valores de X_{3_t}, X_{4_t} e X_{5_t} indicam em que trimestre a observação Y_t ocorre.

11.20.1 O MODELO SAZONAL

Poderíamos esperar que a função de regressão abaixo fosse apropriada para a série temporal em nosso exemplo:

$$Y_t = \beta_0 + \beta_1 X_{1_t} + \beta_2 X_{2_t} + \beta_3 X_{3_t} + \beta_4 X_{4_t} + \beta_5 X_{5_t} + \varepsilon_t \qquad \textbf{11.31}$$

em que $X_{1_t} = t$ e $X_{2_t} = t^2$. Esse modelo de regressão combina as variáveis que explicam uma tendência quadrática nos dados com as variáveis indicadoras adicionais discutidas antes para explicar quaisquer diferenças sazonais sistemáticas aditivas.

Para entender melhor o efeito das variáveis indicadoras, note que, para as observações no quarto trimestre, o modelo na Equação 11.31 se reduz a:

$$Y_t = \beta_0 + \beta_1 X_{1_t} + \beta_2 X_{2_t} + \varepsilon_t \qquad \textbf{11.32}$$

porque no quarto trimestre $X_{3_t} = X_{4_t} = X_{5_t} = 0$. Para observações que acontecem no primeiro trimestre, podemos expressar a Equação 11.31 assim:

$$Y_t = (\beta_0 + \beta_3) + \beta_1 X_{1_t} + \beta_2 X_{2_t} + \varepsilon_t \qquad \textbf{11.33}$$

porque, por definição, no primeiro trimestre, $X_{3_t} = 1$ e $X_{4_t} = X_{5_t} = 0$. De maneira similar, para observações no segundo e terceiro trimestres, o modelo na Equação 11.31 se reduz da maneira a seguir:

$$\text{Para o segundo trimestre:} \quad Y_t = (\beta_0 + \beta_4) + \beta_1 X_{1_t} + \beta_2 X_{2_t} + \varepsilon_t \tag{11.34}$$

$$\text{Para o terceiro trimestre:} \quad Y_t = (\beta_0 + \beta_5) + \beta_1 X_{1_t} + \beta_2 X_{2_t} + \varepsilon_t \tag{11.35}$$

As Equações 11.32 a 11.35 mostram que os valores β_3, β_4 e β_5 na Equação 11.31 indicam as quantidades médias pelas quais os valores das observações no primeiro, no segundo e no terceiro trimestre previsivelmente diferirão das observações no quarto trimestre. Ou seja, β_3, β_4 e β_5 indicam os efeitos esperados de sazonalidade no primeiro, no segundo e no terceiro trimestre, respectivamente, relativos ao quarto trimestre.

Um exemplo da função de regressão sazonal na Equação 11.31 é dado na Figura 11.42 (e no arquivo Fig11-42.xlsm, disponível na página deste livro no site da editora).

A principal diferença entre as Figuras 11.37 e 11.42 é a adição dos dados nas colunas E, F e G da Figura 11.42. Essas colunas representam os valores indicadores para as variáveis independentes X_{3_t}, X_{4_t} e X_{5_t}, respectivamente. Criamos esses valores lançando a fórmula abaixo na célula E3 e copiando-a para as células E4 a G26:

Fórmula para a célula E3: =SE($B3=E$2;1;0)
(Copiar para as células E4 a G26.)

Na Figura 11.42, a coluna I mostra o nível de vendas previsto para cada período de tempo, em que a fórmula abaixo é lançada na célula I3 e copiada para as células I4 a I26:

Fórmula para a célula I3: =TENDÊNCIA($H$3:$H$22;$C$3:$G$22;C3:G3)
(Copiar para as células I4 a I26.)

Podemos obter os valores de b_0, b_1, b_2, b_3, b_4 e b_5 exigidos para a função de regressão estimada usando as configurações do comando Regressão mostrados na Figura 11.43. A Figura 11.44 apresenta os resultados desse comando, os quais indicam que a função de regressão estimada é:

$$\hat{Y}_t = 824{,}472 + 17{,}319X_{1_t} + 3{,}485X_{2_t} - 86{,}805X_{3_t} - 424{,}736X_{4_t} - 123{,}453X_{5_t} \tag{11.36}$$

FIGURA 11.42 *Implementação de planilha do modelo de regressão sazonal.*

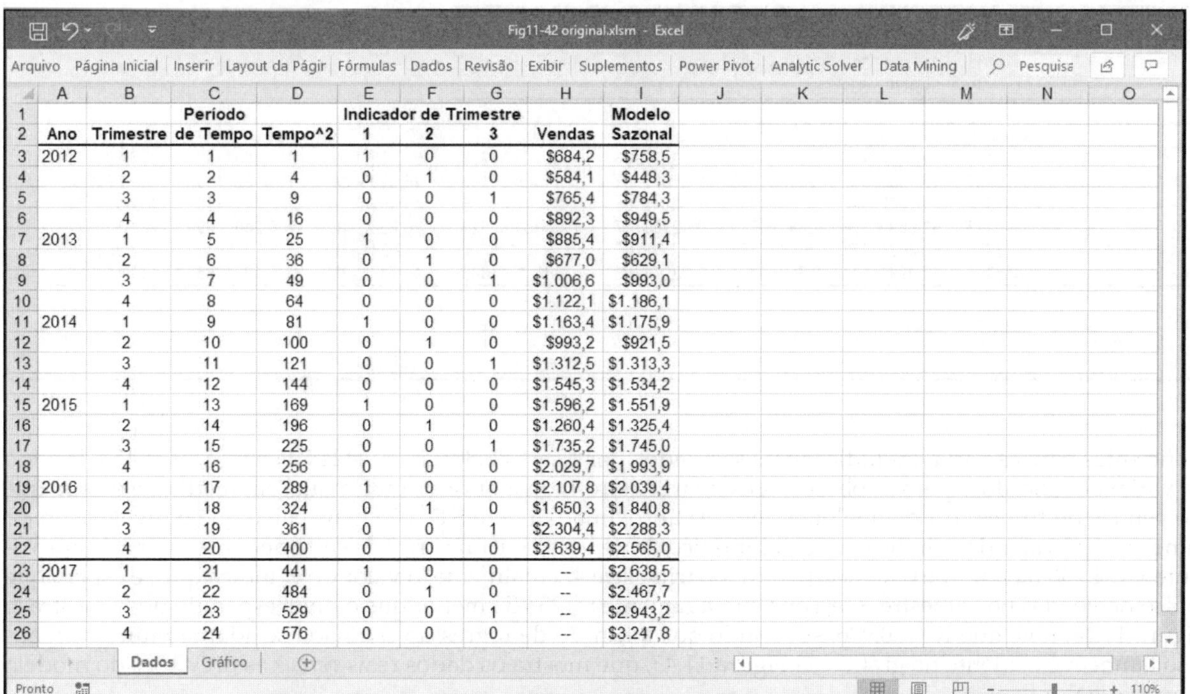

	A	B	C	D	E	F	G	H	I
1			Período		Indicador de Trimestre				Modelo
2	Ano	Trimestre	de Tempo	Tempo^2	1	2	3	Vendas	Sazonal
3	2012	1	1	1	1	0	0	$684,2	$758,5
4		2	2	4	0	1	0	$584,1	$448,3
5		3	3	9	0	0	1	$765,4	$784,3
6		4	4	16	0	0	0	$892,3	$949,5
7	2013	1	5	25	1	0	0	$885,4	$911,4
8		2	6	36	0	1	0	$677,0	$629,1
9		3	7	49	0	0	1	$1.006,6	$993,0
10		4	8	64	0	0	0	$1.122,1	$1.186,1
11	2014	1	9	81	1	0	0	$1.163,4	$1.175,9
12		2	10	100	0	1	0	$993,2	$921,5
13		3	11	121	0	0	1	$1.312,5	$1.313,3
14		4	12	144	0	0	0	$1.545,3	$1.534,2
15	2015	1	13	169	1	0	0	$1.596,2	$1.551,9
16		2	14	196	0	1	0	$1.260,4	$1.325,4
17		3	15	225	0	0	1	$1.735,2	$1.745,0
18		4	16	256	0	0	0	$2.029,7	$1.993,9
19	2016	1	17	289	1	0	0	$2.107,8	$2.039,4
20		2	18	324	0	1	0	$1.650,3	$1.840,8
21		3	19	361	0	0	1	$2.304,4	$2.288,3
22		4	20	400	0	0	0	$2.639,4	$2.565,0
23	2017	1	21	441	1	0	0	--	$2.638,5
24		2	22	484	0	1	0	--	$2.467,7
25		3	23	529	0	0	1	--	$2.943,2
26		4	24	576	0	0	0	--	$3.247,8

Fórmulas das principais células

Célula	Fórmula	Copiado para
D3	=C3^2	D4:D26
E3	=SE($B3=E$2;1;0)	E4:G26
I3	=TENDÊNCIA($H$3:$H$22;$C$3:$G$22;C3:G3)	I4:I26

FIGURA 11.43 *Configurações do comando Regressão para o modelo de regressão sazonal.*

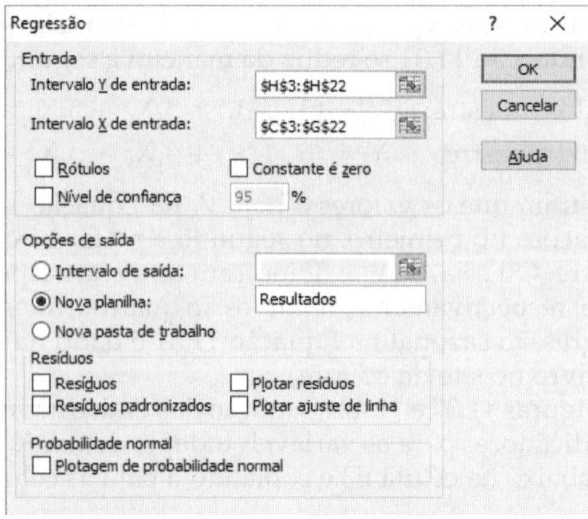

FIGURA 11.44 *Resultados de regressão para o modelo de regressão sazonal.*

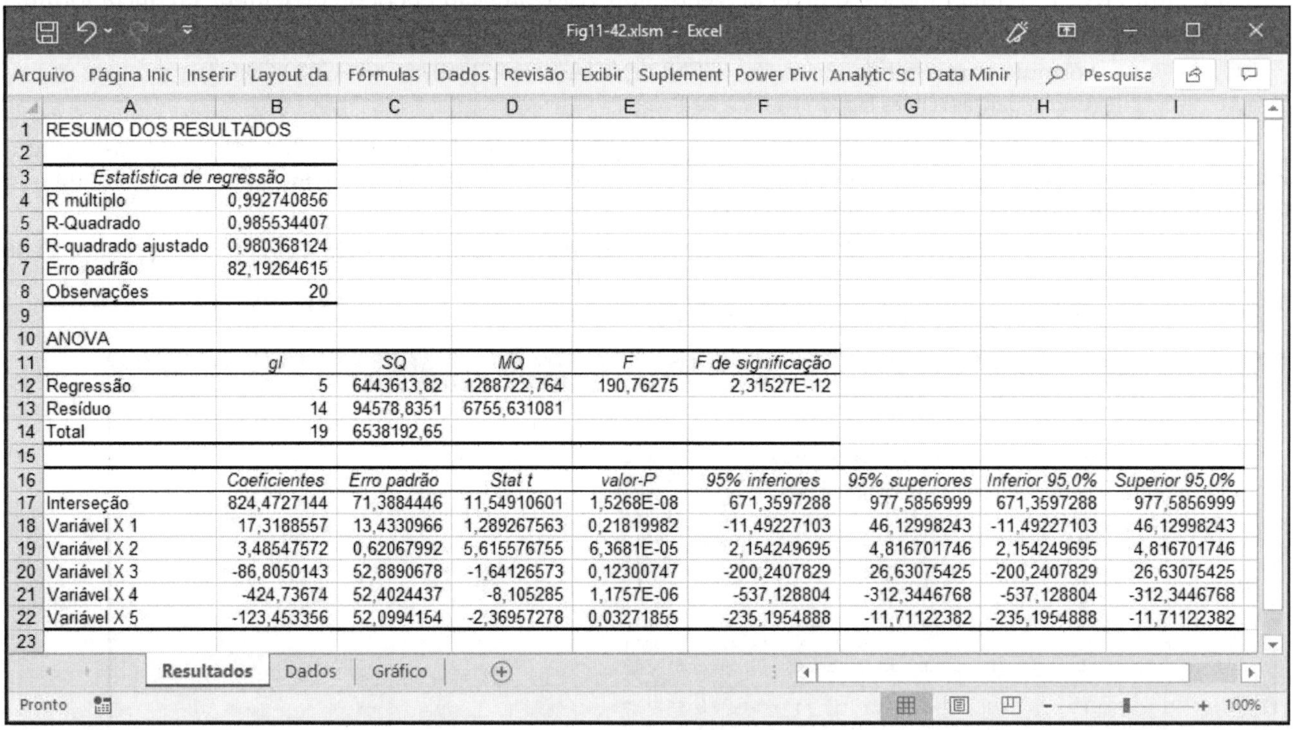

	A	B	C	D	E	F	G	H	I
1	RESUMO DOS RESULTADOS								
2									
3	*Estatística de regressão*								
4	R múltiplo	0,992740856							
5	R-Quadrado	0,985534407							
6	R-quadrado ajustado	0,980368124							
7	Erro padrão	82,19264615							
8	Observações	20							
9									
10	ANOVA								
11		*gl*	*SQ*	*MQ*	*F*	*F de significação*			
12	Regressão	5	6443613,82	1288722,764	190,76275	2,31527E-12			
13	Resíduo	14	94578,8351	6755,631081					
14	Total	19	6538192,65						
15									
16		*Coeficientes*	*Erro padrão*	*Stat t*	*valor-P*	*95% inferiores*	*95% superiores*	*Inferior 95,0%*	*Superior 95,0%*
17	Interseção	824,4727144	71,3884446	11,54910601	1,5268E-08	671,3597288	977,5856999	671,3597288	977,5856999
18	Variável X 1	17,3188557	13,4330966	1,289267563	0,21819982	-11,49227103	46,12998243	-11,49227103	46,12998243
19	Variável X 2	3,48547572	0,62067992	5,615576755	6,3681E-05	2,154249695	4,816701746	2,154249695	4,816701746
20	Variável X 3	-86,8050143	52,8890678	-1,64126573	0,12300747	-200,2407829	26,63075425	-200,2407829	26,63075425
21	Variável X 4	-424,73674	52,4024437	-8,105285	1,1757E-06	-537,128804	-312,3446768	-537,128804	-312,3446768
22	Variável X 5	-123,453356	52,0994154	-2,36957278	0,03271855	-235,1954888	-11,71122382	-235,1954888	-11,71122382
23									

Os coeficientes para as variáveis indicadoras são dados por $b_3 = -86{,}805$, $b_4 = -424{,}736$ e $b_5 = -123{,}453$. Devido a X_{3_t} ser a variável indicadora para as observações do trimestre 1, o valor de b_3 indica que, em média, se espera que o nível de vendas no trimestre 1 de qualquer ano seja aproximadamente \$ 86.085 mais baixo que o nível esperado para o trimestre 4. O valor de b_4 indica que o valor típico de vendas no trimestre 2 de certo ano qualquer seja aproximadamente \$ 424.736 menor que o nível esperado no trimestre 4. Finalmente, o valor de b_5 indica que se espera que o valor típico de vendas no trimestre 3 seja aproximadamente \$ 123.453 menor que o nível esperado no trimestre 4.

Na Figura 11.44, note que $R^2 = 0{,}986$, sugerindo que a função de regressão estimada se adapta muito bem aos dados. Isso também é evidente no gráfico da Figura 11.45, que mostra os dados reais *versus* as previsões do modelo de previsão sazonal.

11.20.2 PREVISÃO COM O MODELO DE REGRESSÃO SAZONAL

Podemos usar a função de regressão estimada na Equação 11.36 para prever um nível de vendas esperado para qualquer período de tempo futuro atribuindo valores apropriados às variáveis independentes. Por exemplo, as previsões para as vendas da WaterCraft nos próximos quatro trimestres são representadas por:

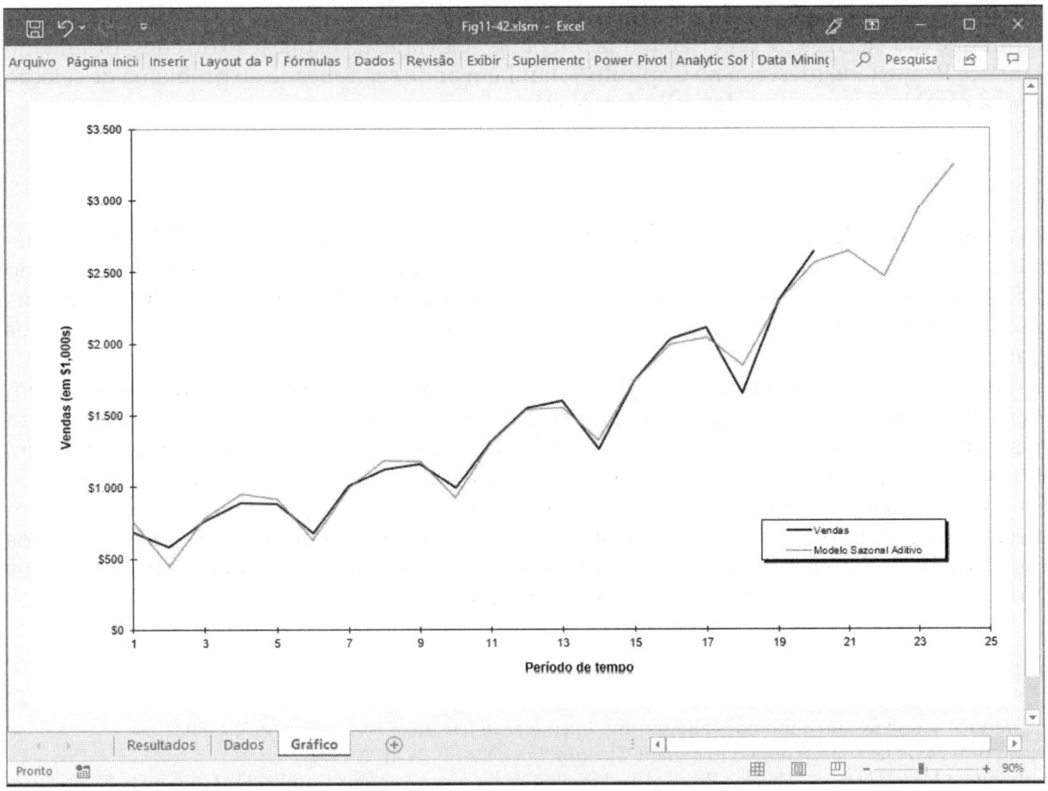

FIGURA 11.45
Gráfico de previsões para o modelo de regressão sazonal versus *dados reais de vendas da WaterCraft.*

$$\hat{Y}_{21} = 824{,}472 + 17{,}319(21) + 3{,}485(21^2) - 86{,}805(1) - 424{,}736(0) - 123{,}453(0) = 2.638{,}5$$
$$\hat{Y}_{22} = 824{,}472 + 17{,}319(22) + 3{,}485(22^2) - 86{,}805(0) - 424{,}736(1) - 123{,}453(0) = 2.467{,}7$$
$$\hat{Y}_{23} = 824{,}472 + 17{,}319(23) + 3{,}485(23^2) - 86{,}805(0) - 424{,}736(0) - 123{,}453(1) = 2.943{,}2$$
$$\hat{Y}_{24} = 824{,}472 + 17{,}319(24) + 3{,}485(24^2) - 86{,}805(0) - 424{,}736(0) - 123{,}453(0) = 3.247{,}8$$

Note que essas previsões foram calculadas usando a função TENDÊNCIA( ) na Figura 11.42.

11.21 Combinando previsões

Dados o número e a variedade de técnicas de previsão disponíveis, pode ser um desafio escolher um *único* método para usar ao prever valores futuros de uma série temporal. De fato, a pesquisa avançada em previsão de séries temporais sugere que *não* devemos usar um método de previsão único. Em vez disso, podemos obter previsões mais exatas combinando a previsão de vários métodos em uma previsão composta.

Por exemplo, suponha que usamos três métodos para construir modelos de previsão da mesma série temporal. Denotamos o valor previsto para o período de tempo t usando cada um desses métodos como F_{1_t}, F_{2_t} e F_{3_t}, respectivamente. Uma simples abordagem para combinar essas previsões em uma previsão composta $\hat{Y}_t$ poderia ser tomar uma combinação linear das previsões individuais da seguinte maneira:

$$\hat{Y}_t = b_0 + b_1F_{1_t} + b_2F_{2_t} + b_3F_{3_t} \qquad \textbf{11.37}$$

Poderíamos determinar os valores para b_i usando o Solver ou a regressão de mínimos quadrados para minimizar o EQM entre a previsão combinada $\hat{Y}_t$ e os dados reais. A previsão combinada $\hat{Y}_t$ na Equação 11.37 será pelo menos tão acurada quanto qualquer uma das técnicas de previsão individual. Para comprovar, suponhamos que F_{1_t} seja a mais precisa das técnicas de previsão individual. Se $b_1 = 1$ e $b_0 = b_2 = b_3 = 0$, então nossa previsão combinada seria $\hat{Y}_t = F_{1_t}$. Assim, b_0, b_2 e b_3 receberiam valores diferentes de zero apenas se isso ajudasse a reduzir o EQM e a produzir previsões mais precisas.

No Capítulo 9, vimos que acrescentar variáveis independentes a um modelo de regressão nunca diminui o valor da estatística R^2. Portanto, é importante garantir que cada variável independente em um modelo de regressão múltipla explique uma porção significativa da variação da variável dependente, e não simplesmente infle o valor de R^2.

Da mesma forma, a combinação de previsões nunca pode aumentar o valor de EQM. Assim, quando combinamos previsões, devemos garantir que cada técnica de previsão tenha um papel relevante na explicação do comportamento da série temporal. A estatística R^2 ajustado (descrita no Capítulo 9) também pode ser aplicada ao problema de seleção de técnicas de previsão para combinar na análise de séries temporais.

11.22 Resumo

Este capítulo apresentou diversos métodos para previsão de valores futuros de uma série temporal. Discutiu os métodos de séries temporais para dados estacionários (sem uma forte tendência para cima ou para baixo), dados não estacionários (com uma forte tendência linear ou não linear para cima ou para baixo) e dados com padrões sazonais repetitivos. Em cada caso, a meta é ajustar modelos ao comportamento passado de uma série temporal e usá-los para projetar valores futuros.

Devido ao fato de as séries temporais variarem em natureza (por exemplo, com e sem tendência, com e sem sazonalidade), é bom ficar atento às diferentes técnicas de previsão e aos tipos de problema para os quais foram criadas. Há muitas outras técnicas de modelagem de séries temporais além das que foram discutidas neste capítulo. As descrições dessas outras técnicas podem ser encontradas em livros que tratam de análise de séries temporais.

Na modelagem de dados de séries temporais, muitas vezes é útil usar várias técnicas e então compará-las com base nas medidas de precisão de previsão, incluindo uma inspeção gráfica de como o modelo se ajusta aos dados históricos. Se nenhum procedimento for claramente melhor que os demais, seria bom combinar as previsões dos diferentes procedimentos usando uma média ponderada ou outro método.

11.23 Referências

CLEMEN, R. T. Combining forecasts: a review and annoted bibliography. *International Journal of Forecasting*, v. 5, 1989.
CLEMENTS, D.; REID, R. Analytical MS/OR Tools Applied to a Plant Closure. *Interfaces*, v. 24, n. 2, 1994.
FRANSES, P. H. *Expert Adjustments of Model Forecasts*: Theory, Practice and Strategies for Improvement. Cambridge University Press, 2014.
GARDNER, E. Exponential Smoothing: the state of the art. *Journal of Forecasting*, v. 4, n. 1, 1985.
GEORGOFF, D.; MURDICK, R. Manager's Guide to Forecasting. *Harvard Business Review*, v. 64, n. 1, 1986.
MAKRIDAKIS, S.; WHEELWRIGHT, S. *Forecasting:* Methods and applications. 3. ed. Nova York: Wiley, 2008.
ORD, K.; FILDES, R. *Principles of Business Forecasting*. Mason, OH: South-Western, 2012.
PINDYCK, R.; RUBINFELD, D. *Econometric Models and Economic Forecasts*. 4. ed. Nova York: McGraw-Hill, 1997.

O MUNDO DA *BUSINESS ANALYTICS*

Processamento de cheques revisitado: a experiência do Chemical Bank

O Chemical Bank de Nova York emprega mais de 500 pessoas para processar os cheques que somam, em média, \$ 2 bilhões por dia. A organização de turnos de trabalho desses empregados exige previsões acuradas de fluxos de cheques. Isso é feito com um modelo de regressão que prevê o volume diário de cheques usando variáveis independentes que representam efeitos de calendário. O modelo de regressão utilizado pelo Banco Nacional de Ohio (veja "Melhores previsões criam economia de custos para o Banco Nacional de Ohio" no Capítulo 9) é baseado nesse modelo do Chemical Bank.

As variáveis independentes binárias no modelo de regressão representam meses, dias do mês, dias da semana e feriados. Das 54 possíveis variáveis, 29 foram usadas no modelo para atingir um coeficiente de determinação (R^2) de 0,83 e um desvio padrão de 142,6.

Os erros de previsão, ou resíduos, foram analisados buscando padrões que sugeririam a possibilidade de melhoria do modelo. Os analistas notaram uma tendência de previsões a maior em sequência, assim como previsões a menor em sequência, evidenciando que o volume de cheques poderia ser previsto não somente por efeitos de calendário, mas também pelo histórico recente de erros de previsão.

Um modelo de suavização exponencial foi usado para prever os resíduos. O modelo de regressão combinado com o modelo de suavização exponencial tornou-se então o modelo completo para prever o volume de cheques. A sintonia fina foi conseguida ao investigar valores diferentes da constante de suavização (α) de 0,05 a 0,50. Uma constante de suavização de 0,2 produziu os melhores resultados, reduzindo o desvio padrão de 142,6 para 131,8. O exame dos resíduos para o modelo completo não mostrou nada além de variáveis aleatórias, indicando que o procedimento de suavização exponencial estava funcionando tão bem quanto se poderia esperar.

(continua)

Embora em média o modelo completo proporcione melhores previsões, às vezes, exagera e aumenta o erro por alguns períodos. Mesmo assim, o modelo completo é preferível ao de regressão sozinho.

Fonte: BOYD, Kevin; MABERT, Vincent A. A two stage forecasting approach at Chemical Bank of New York for check processing. *Journal of Bank Research*, v. 8, n. 2, p. 101-107, 1977.

Questões e problemas

1. Qual é o resultado de usar análise de regressão para estimar um modelo de tendência linear para uma série temporal estacionária?
2. Uma companhia manufatureira usa determinado tipo de barra de aço em um de seus produtos. As especificações de projeto para essa barra indicam que deve ter entre 0,353 a 0,357 polegada de diâmetro. A máquina que fabrica essas barras é ajustada para produzi-las com 0,355 polegada de diâmetro, mas há uma variação em sua produção. Desde que a máquina fabrique barras com diâmetro entre 0,353 e 0,357 polegada, a produção é considerada aceitável ou dentro dos limites de controle. A gerência usa uma ficha de controle para verificar o diâmetro das barras produzidas pela máquina no decorrer do tempo, de modo que medidas remediadoras possam ser tomadas se a máquina começar a produzir barras com diâmetro inaceitável. A Figura 11.46 mostra um exemplo desse tipo de ficha.

   Barras inaceitáveis representam refugo. Assim, a gerência deseja criar um procedimento para prever quando a máquina vai começar a produzir barras que estejam fora dos limites de controle, de modo que possa evitar a produção de barras que serão descartadas. Dos modelos de séries temporais discutidos neste capítulo, qual é a ferramenta mais apropriada para a solução deste problema? Justifique sua resposta.
3. Mensalmente, a Joe's Auto Parts usa suavização exponencial (com $\alpha = 0{,}25$) para prever o número de latas de fluido de freio que serão vendidas durante o próximo mês. Em junho Joe previu que venderia 37 latas de fluido de freio no mês de julho. Na verdade, ele acabou vendendo 43 latas.
   a. Qual é a previsão de Joe para as vendas de fluido de freio nos meses de agosto e setembro?
   b. Suponhamos que Joe venda 32 latas de fluido de freio em agosto. Qual é a previsão revisada para setembro?

As questões 4 a 10 referem-se aos dados encontrados no arquivo **SmallBusiness.xlsx** (disponível na página deste livro no site da editora) representando vendas anuais (em $ 1.000) para um pequeno negócio.

4. Prepare um gráfico de linha desses dados. Os dados parecem ser estacionários ou não estacionários?

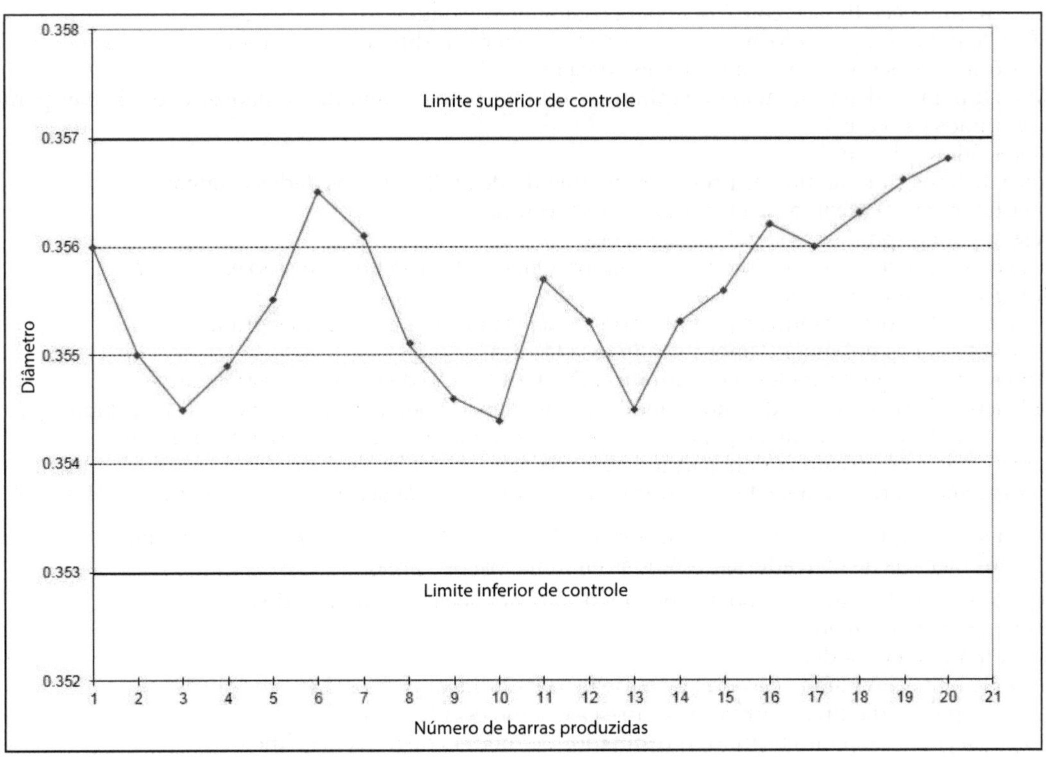

FIGURA 11.46
Gráfico para o problema de fabricação de barras.

5. Calcule as previsões usando médias móveis de dois e de quatro períodos para o conjunto de dados.
   a. Prepare um gráfico de linha comparando as previsões de médias móveis com os dados originais.
   b. As médias móveis tendem a superestimar ou a subestimar os dados reais? Por quê?
   c. Compute as previsões para os próximos 2 anos usando as técnicas de médias móveis de dois e de quatro períodos.
6. Use o Solver para determinar os pesos para uma média móvel ponderada de três períodos que minimize o EQM para o conjunto de dados.
   a. Quais são os valores ótimos para os pesos?
   b. Prepare um gráfico de linha comparando as previsões de média móvel ponderada com os dados originais.
   c. Quais são as previsões para os próximos 2 anos usando essa técnica?
7. Crie um modelo de médias móveis duplas (com $k = 4$) para o conjunto de dados.
   a. Prepare um gráfico de linha comparando as previsões de médias móveis duplas com os dados originais.
   b. Quais são as previsões para os próximos 2 anos usando essa técnica?
8. Crie um modelo de suavização exponencial que minimize o EQM para o conjunto de dados. Use o Solver para determinar o valor ótimo de α.
   a. Qual é o valor ótimo de α?
   b. Prepare um gráfico de linha comparando as previsões de suavização exponencial com os dados originais.
   c. Quais são as previsões para os próximos dois anos usando essa técnica?
9. Utilize o método de Holt para criar um modelo que minimize o EQM para o conjunto de dados. Use o Solver para determinar os valores ótimos para α e β.
   a. Quais são os valores ótimos de α e β?
   b. Prepare um gráfico de linha comparando as previsões do método de Holt *versus* os dados originais.
   c. Quais são as previsões para os próximos 2 anos usando essa técnica?
10. Utilize análise de regressão para ajustar um modelo de tendência linear ao conjunto de dados.
    a. Qual é a função de regressão estimada?
    b. Interprete o valor de R^2 para o seu modelo.
    c. Prepare um gráfico de linha comparando as previsões de tendência linear com os dados originais.
    d. Quais são as previsões para os próximos 2 anos usando essa técnica?
    e. Ajuste a esses dados um modelo de tendência quadrática. Qual é a função de regressão estimada?
    f. Compare o valor R^2 ajustado para esse modelo ao do modelo de tendência linear. O que se conclui dessa comparação?
    g. Prepare um gráfico de linha comparando as previsões de tendência quadrática com os dados originais.
    h. Quais são as previsões para os próximos 2 anos usando essa técnica?
    i. Se você tivesse que escolher entre o modelo de tendência quadrática e o de tendência linear, qual você usaria? Por quê?

As questões 11 a 14 referem-se aos dados encontrados no arquivo **FamilyHomePrices.xlsx** (disponível na página deste livro no site da editora) representando preços reais de venda de residências unifamiliares, nos EUA, em vários anos.

11. Prepare um gráfico de linha desses dados. Os dados parecem ser estacionários ou não estacionários?
12. Crie um modelo de médias móveis duplas (com $k = 2$) para o conjunto de dados.
    a. Prepare um gráfico de linha comparando as previsões de médias móveis duplas com os dados originais.
    b. Quais são as previsões para os próximos 2 anos usando essa técnica?
13. Utilize o método de Holt para criar um modelo que minimize o EQM para o conjunto de dados. Use o Solver para determinar os valores ótimos para α e β.
    a. Quais são os valores ótimos de α e β?
    b. Prepare um gráfico de linha comparando as previsões do método de Holt *versus* os dados originais.
    c. Quais são as previsões para os próximos 2 anos usando essa técnica?
14. Use análise de regressão para responder às seguintes questões.
    a. Ajuste um modelo de tendência linear ao conjunto de dados. Qual é a função de regressão estimada?
    b. Interprete o valor R^2 para o seu modelo.
    c. Prepare um gráfico de linha comparando as previsões de tendência linear com os dados originais.
    d. Quais são as previsões para os próximos 2 anos usando essa técnica?
    e. Ajuste a esses dados um modelo de tendência quadrática. Qual é a função de regressão estimada?
    f. Compare o valor R^2 ajustado para esse modelo ao do modelo de tendência linear. O que se conclui dessa comparação?
    g. Prepare um gráfico de linha comparando as previsões de tendência quadrática com os dados originais.
    h. Quais são as previsões para os próximos 2 anos usando essa técnica?
    i. Se você tivesse que escolher entre o modelo de tendência quadrática e o de tendência linear, qual você usaria? Por quê?

As questões 15 a 21 referem-se aos dados encontrados no arquivo **COGS.xlsx** (disponível na página deste livro no site da editora) representando custos mensais de mercadorias vendidas em uma loja de varejo.

15. Utilize análise de regressão para ajustar um modelo de tendência linear ao conjunto de dados.
    a. Qual é a função de regressão estimada?
    b. Interprete o valor R^2 para o seu modelo.
    c. Prepare um gráfico de linha comparando as previsões de tendência linear com os dados originais.
    d. Quais são as previsões para cada um dos próximos 6 meses usando essa técnica?
    e. Calcule índices sazonais para cada mês usando os resultados do modelo de tendência linear.

f. Use esses índices sazonais para calcular as previsões sazonais para cada um dos próximos seis meses.

16. Use análise de regressão para ajustar um modelo de tendência quadrática ao conjunto de dados.
 a. Qual é a função de regressão estimada?
 b. Compare o valor ajustado R^2 para esse modelo com o do modelo de tendência linear. O que se conclui dessa comparação?
 c. Prepare um gráfico de linha comparando as previsões de tendência quadrática com os dados originais.
 d. Quais são as previsões para cada um dos próximos seis meses usando essa técnica?
 e. Calcule índices sazonais para cada mês usando os resultados do modelo de tendência quadrática.
 f. Use esses índices sazonais para calcular as previsões sazonais para cada um dos próximos 6 meses.
17. Use a técnica sazonal aditiva para dados estacionários a fim de modelar os dados. Use o Solver para determinar os valores ótimos para α e β.
 a. Quais são os valores ótimos de α e β?
 b. Prepare um gráfico de linha comparando as previsões desse método com os dados originais.
 c. Quais são as previsões para cada um dos próximos seis meses usando essa técnica?
18. Use a técnica sazonal multiplicativa para dados estacionários a fim de modelar os dados. Use o Solver para determinar os valores ótimos para α e β.
 a. Quais são os valores ótimos de α e β?
 b. Prepare um gráfico de linha comparando as previsões desse método com os dados originais.
 c. Quais são as previsões para cada um dos próximos seis meses usando essa técnica?
19. Utilize o método aditivo de Holt-Winter para criar um modelo sazonal que minimize o EQM para o conjunto de dados. Use o Solver para determinar os valores ótimos para α, β e γ.
 a. Quais são os valores ótimos de α, β e γ?
 b. Prepare um gráfico de linha comparando as previsões desse método com os dados originais.
 c. Quais são as previsões para cada um dos próximos seis meses usando essa técnica?
20. Utilize o método multiplicativo de Holt-Winter para criar um modelo sazonal que minimize o EQM para o conjunto de dados. Use o Solver para determinar os valores ótimos para α, β e γ.
 a. Quais são os valores ótimos de α, β e γ?
 b. Prepare um gráfico de linha comparando as previsões desse método com os dados originais.
 c. Quais são as previsões para cada um dos próximos 6 meses usando essa técnica?
21. Use análise de regressão para ajustar um modelo sazonal aditivo com tendência linear ao conjunto de dados.
 a. Qual é a função de regressão estimada?
 b. Interprete o valor R^2 para o seu modelo.
 c. Interprete as estimativas de parâmetro correspondentes às variáveis indicadoras em seu modelo.
 d. Prepare um gráfico de linha comparando as previsões de tendência linear com os dados originais.
 e. Quais são as previsões para cada um dos próximos seis meses usando essa técnica?

As questões 22 a 29 referem-se aos dados encontrados no arquivo **SUVSales.xlsx** (disponível na página deste livro no site da editora) representando dados trimestrais do número de veículos esportivos com tração nas quatro rodas comercializados por um revendedor de carros local durante os últimos 3 anos.

22. Utilize análise de regressão para ajustar um modelo de tendência linear ao conjunto de dados.
 a. Qual é a função de regressão estimada?
 b. Interprete o valor R^2 para o seu modelo.
 c. Prepare um gráfico de linha comparando as previsões de tendência linear com os dados originais.
 d. Quais são as previsões para cada trimestre de 2017 usando essa técnica?
 e. Calcule índices sazonais para cada trimestre usando os resultados do modelo de tendência linear.
 f. Use esses índices sazonais para calcular as previsões sazonais para cada trimestre de 2017.
23. Use análise de regressão para ajustar um modelo de tendência quadrática ao conjunto de dados.
 a. Qual é a função de regressão estimada?
 b. Compare o valor R^2 ajustado para esse modelo com o do modelo de tendência linear. O que se conclui dessa comparação?
 c. Prepare um gráfico de linha comparando as previsões de tendência quadrática com os dados originais.
 d. Quais são as previsões para cada trimestre de 2017 usando essa técnica?
 e. Calcule índices sazonais para cada trimestre usando os resultados do modelo de tendência quadrática.
 f. Use esses índices sazonais para calcular as previsões sazonais para cada trimestre de 2017.
24. Use a técnica sazonal aditiva para dados estacionários a fim de modelar os dados. Use o Solver para determinar os valores ótimos para α e β.
 a. Quais são os valores ótimos de α e β?
 b. Prepare um gráfico de linha comparando as previsões desse método com os dados originais.
 c. Quais são as previsões para cada trimestre de 2017 usando essa técnica?
25. Use a técnica sazonal multiplicativa para dados estacionários a fim de modelar os dados. Use o Solver para determinar os valores ótimos para α e β.
 a. Quais são os valores ótimos de α e β?

b. Prepare um gráfico de linha comparando as previsões desse método com os dados originais.
c. Quais são as previsões para cada trimestre de 2017 usando essa técnica?

26. Utilize o método de Holt para criar um modelo que minimize o EQM para o conjunto de dados. Use o Solver para determinar os valores ótimos para α e β.
    a. Quais são os valores ótimos de α e β?
    b. Prepare um gráfico de linha comparando as previsões do método de Holt com os dados originais.
    c. Quais são as previsões para cada trimestre de 2017 usando essa técnica?
    d. Calcule os índices sazonais multiplicativos para cada trimestre usando os resultados do método de Holt.
    e. Use esses índices sazonais para calcular as previsões sazonais para cada trimestre de 2017.
27. Utilize o método aditivo de Holt-Winter para criar um modelo sazonal que minimize o EQM para o conjunto de dados. Use o Solver para determinar os valores ótimos para α, β e γ.
    a. Quais são os valores ótimos de α, β e γ?
    b. Prepare um gráfico de linha comparando as previsões desse método com os dados originais.
    c. Quais são as previsões para cada trimestre de 2017 usando essa técnica?
28. Utilize o método multiplicativo de Holt-Winter para criar um modelo sazonal que minimize o EQM para o conjunto de dados. Use o Solver para determinar os valores ótimos para α, β e γ.
    a. Quais são os valores ótimos de α, β e γ?
    b. Prepare um gráfico de linha comparando as previsões desse método com os dados originais.
    c. Quais são as previsões para cada trimestre em 2017 usando essa técnica?
29. Use análise de regressão para ajustar um modelo sazonal aditivo com tendência linear ao conjunto de dados.
    a. Qual é a função de regressão estimada?
    b. Interprete o valor R^2 para o seu modelo.
    c. Interprete as estimativas de parâmetro correspondentes às variáveis indicadoras em seu modelo.
    d. Prepare um gráfico de linha comparando as previsões de tendência linear com os dados originais.
    e. Quais são as previsões para cada trimestre em 2017 usando essa técnica?

As questões 30 a 34 referem-se aos dados encontrados no arquivo **CalfPrices.xlsx** (disponível na página deste livro no site da editora) representando o preço de venda de bezerros de 3 meses de idade em um leilão de gado durante as últimas 22 semanas.

30. Prepare um gráfico de linha desses dados. Os dados parecem ser estacionários ou não estacionários?
31. Calcule as previsões de médias móveis de dois e de quatro períodos para o conjunto de dados.
    a. Prepare um gráfico de linha comparando as previsões de médias móveis com os dados originais.
    b. Compute o EQM para cada uma das duas médias móveis. Qual delas parece oferecer o melhor ajuste para esse conjunto de dados?
    c. Compute as previsões para as próximas 2 semanas usando as técnicas de médias móveis de dois e de quatro períodos.
32. Use o Solver para determinar os pesos para ajustar médias móveis ponderadas para quatro períodos, no conjunto de dados, que minimize o EQM.
    a. Quais são os valores ótimos para os pesos?
    b. Prepare um gráfico de linha comparando as previsões de média móvel ponderada com os dados originais.
    c. Quais são as previsões para as semanas 23 e 24 usando essa técnica?
33. Crie um modelo de suavização exponencial que minimize o EQM para o conjunto de dados. Use o Solver para determinar o valor ótimo de α.
    a. Qual é o valor ótimo de α?
    b. Prepare um gráfico de linha comparando as previsões de suavização exponencial com os dados originais.
    c. Quais são as previsões para as semanas 23 e 24 usando essa técnica?
34. Utilize o método de Holt para criar um modelo que minimize o EQM para o conjunto de dados. Use o Solver para determinar os valores ótimos para α e β.
    a. Quais são os valores ótimos de α e β?
    b. Esses valores são surpreendentes? Justifique sua resposta.

As questões 35 a 39 referem-se aos dados encontrados no arquivo **HealthClaims.xlsx** (disponível na página deste livro no site da editora) representando 2 anos de reivindicações mensais de seguro-saúde para uma companhia autossegurada.

35. Utilize análise de regressão para ajustar um modelo de tendência linear ao conjunto de dados.
    a. Qual é a função de regressão estimada?
    b. Interprete o valor R^2 para o seu modelo.
    c. Prepare um gráfico de linha comparando as previsões de tendência linear com os dados originais.
    d. Quais são as previsões para cada um dos primeiros seis meses de 2017 usando essa técnica?
    e. Calcule índices sazonais multiplicativos para cada mês usando os resultados do modelo de tendência linear.
    f. Use esses índices sazonais para calcular previsões sazonais para os primeiros seis meses de 2017.
    g. Calcule índices sazonais aditivos para cada mês usando os resultados do modelo de tendência linear.
    h. Use esses índices sazonais para calcular previsões sazonais para os primeiros 6 meses de 2017.

36. Use análise de regressão para ajustar um modelo de tendência quadrática ao conjunto de dados.
   a. Qual é a função de regressão estimada?
   b. Compare o valor R^2 ajustado para esse modelo com o do modelo de tendência linear. O que se conclui dessa comparação?
   c. Prepare um gráfico de linha comparando as previsões de tendência quadrática com os dados originais.
   d. Quais são as previsões para cada um dos primeiros 6 meses de 2017 usando essa técnica?
   e. Calcule índices sazonais multiplicativos para cada mês usando os resultados do modelo de tendência quadrática.
   f. Use esses índices sazonais para calcular as previsões sazonais para cada um dos primeiros seis meses de 2017.
   g. Calcule índices sazonais aditivos para cada mês usando os resultados do modelo de tendência quadrática.
   h. Use esses índices sazonais para calcular as previsões sazonais para cada um dos primeiros 6 meses de 2017.
37. Utilize o método de Holt para criar um modelo que minimize o EQM para o conjunto de dados. Use o Solver para determinar os valores ótimos para α e β.
   a. Quais são os valores ótimos de α e β?
   b. Prepare um gráfico de linha comparando as previsões do método de Holt com os dados originais.
   c. Quais são as previsões para cada um dos primeiros seis meses de 2017 usando essa técnica?
   d. Calcule índices sazonais multiplicativos para cada mês usando os resultados do método de Holt.
   e. Use esses índices sazonais para calcular as previsões sazonais para cada um dos primeiros seis meses de 2017.
   f. Calcule índices sazonais aditivos para cada mês usando os resultados do método de Holt.
   g. Use esses índices sazonais para calcular as previsões sazonais para cada um dos primeiros 6 meses de 2017.
38. Utilize o método aditivo de Holt-Winter para criar um modelo sazonal que minimize o EQM para o conjunto de dados. Use o Solver para determinar os valores ótimos para α, β e γ.
   a. Quais são os valores ótimos de α, β e γ?
   b. Prepare um gráfico de linha comparando as previsões desse método com os dados originais.
   c. Quais são as previsões para cada um dos primeiros 6 meses de 2017 usando essa técnica?
39. Utilize o método multiplicativo de Holt-Winter para criar um modelo sazonal que minimize o EQM para o conjunto de dados. Use o Solver para determinar os valores ótimos para α, β e γ.
   a. Quais são os valores ótimos de α, β e γ?
   b. Prepare um gráfico de linha comparando as previsões desse método com os dados originais.
   c. Quais são as previsões para cada um dos primeiros 6 meses de 2017 usando essa técnica?

As questões 40 a 43 referem-se aos dados encontrados no arquivo **LaborForce.xlsx** (disponível na página deste livro no site da editora), que contém dados mensais sobre o número de trabalhadores civis nos EUA (em milhares) em 94 meses consecutivos.

40. Prepare um gráfico de linha desses dados. Os dados parecem ser estacionários ou não estacionários?
41. Crie um modelo de médias móveis duplas (com $k = 4$) para o conjunto de dados.
   a. Prepare um gráfico de linha comparando as previsões de médias móveis duplas com os dados originais.
   b. Quais são as previsões para os próximos 4 meses usando essa técnica?
42. Utilize o método de Holt para criar um modelo que minimize o EQM para o conjunto de dados. Use o Solver para determinar os valores ótimos para α e β.
   a. Quais são os valores ótimos de α e β?
   b. Prepare um gráfico de linha comparando as previsões do método de Holt com os dados originais.
   c. Quais são as previsões para os próximos 4 meses usando essa técnica?
43. Use análise de regressão para responder às seguintes questões.
   a. Ajuste um modelo de tendência linear ao conjunto de dados. Qual é a função de regressão estimada?
   b. Interprete o valor R^2 para o seu modelo.
   c. Prepare um gráfico de linha comparando as previsões de tendência linear com os dados originais.
   d. Quais são as previsões para os próximos 2 anos usando essa técnica?
   e. Ajuste um modelo de tendência quadrática a esses dados. Qual é a função de regressão estimada?
   f. Compare o valor R^2 ajustado para esse modelo com o do modelo de tendência linear. O que se conclui dessa comparação?
   g. Prepare um gráfico de linha comparando as previsões de tendência quadrática com os dados originais.
   h. Quais são as previsões para os próximos 2 anos usando essa técnica?
   i. Se você tivesse que escolher entre o modelo de tendência quadrática e o de tendência linear, qual você usaria? Por quê?

As questões 44 a 50 referem-se aos dados encontrados no arquivo **MortgageRates.xlsx** (disponível na página deste livro no site da editora) contendo taxas médias mensais de hipotecas de 30 anos, por 82 meses consecutivos.

44. Prepare um gráfico de linha desses dados. Os dados parecem ser estacionários ou não estacionários?
45. Calcule as previsões de médias móveis de dois e de quatro períodos para o conjunto de dados.
   a. Prepare um gráfico de linha comparando as previsões de médias móveis com os dados originais.
   b. Compute o EQM para cada uma das duas médias móveis. Qual delas oferece o melhor ajuste para esse conjunto de dados?
   c. Calcule as previsões para os próximos 2 meses usando as técnicas de médias móveis de dois e de quatro períodos.
46. Use o Solver para determinar os pesos para ajustar médias móveis ponderadas para quatro períodos, no conjunto de dados, que minimize o EQM.

a. Quais são os valores ótimos para os pesos?
b. Prepare um gráfico de linha comparando as previsões de média móvel ponderada com os dados originais.
c. Quais são as previsões para os próximos 2 meses usando essa técnica?

47. Crie um modelo de suavização exponencial que minimize o EQM para o conjunto de dados. Use o Solver para determinar o valor ótimo de α.
a. Qual é o valor ótimo de α?
b. Prepare um gráfico de linha comparando as previsões de suavização exponencial com os dados originais.
c. Quais são as previsões para os próximos 2 meses usando essa técnica?

48. Crie um modelo de médias móveis duplas (com $k = 4$) para o conjunto de dados.
a. Prepare um gráfico de linha comparando as previsões de médias móveis duplas com os dados originais.
b. Quais são as previsões para os próximos 2 meses usando essa técnica?

49. Utilize o método de Holt para criar um modelo que minimize o EQM para o conjunto de dados. Use o Solver para determinar os valores ótimos para α e β.
a. Quais são os valores ótimos de α e β?
b. Prepare um gráfico de linha comparando as previsões do método de Holt com os dados originais.
c. Quais são as previsões para os próximos 2 meses usando essa técnica?

50. Use regressão para calcular os parâmetros de um modelo polinomial de sexta ordem para esses dados. Isto é, calcule as estimativas de mínimos quadrados para os parâmetros na seguinte equação regressiva:

$$\hat{Y}_t = b_0 + b_1t + b_2t^2 + b_3t^3 + b_4t^4 + b_5t^5 + b_6t^6$$

a. Quais são os valores ótimos de $b_0, b_1, \ldots, b_6$?
b. Quais são as previsões para os próximos 2 meses usando essa técnica?
c. Comente a respeito do quão apropriada é essa técnica.

As questões 51 a 55 referem-se aos dados encontrados no arquivo **ChemicalDemand.xlsx** (disponível na página deste livro no site da editora) contendo dados mensais sobre a demanda de um produto químico por um período de 2 anos.

51. Prepare um gráfico de linha desses dados. Os dados parecem ser estacionários ou não estacionários?

52. Use a técnica sazonal aditiva para dados estacionários a fim de modelar os dados. Use o Solver para determinar os valores ótimos para α e β.
a. Quais são os valores ótimos de α e β?
b. Prepare um gráfico de linha comparando as previsões desse método com os dados originais.
c. Quais são as previsões para os próximos 4 meses usando essa técnica?

53. Use a técnica sazonal multiplicativa para dados estacionários a fim de modelar os dados. Use o Solver para determinar os valores ótimos para α e β.
a. Quais são os valores ótimos de α e β?
b. Prepare um gráfico de linha comparando as previsões desse método com os dados originais.
c. Quais são as previsões para os próximos 4 meses usando essa técnica?

54. Utilize o método aditivo de Holt-Winter para criar um modelo sazonal que minimize o EQM para o conjunto de dados. Use o Solver para determinar os valores ótimos para α, β e γ.
a. Quais são os valores ótimos de α, β e γ?
b. Prepare um gráfico de linha comparando as previsões desse método com os dados originais.
c. Quais são as previsões para os próximos 4 meses usando essa técnica?

55. Utilize o método multiplicativo de Holt-Winter para criar um modelo sazonal que minimize o EQM para o conjunto de dados. Use o Solver para determinar os valores ótimos para α, β e γ.
a. Quais são os valores ótimos de α, β e γ?
b. Prepare um gráfico de linha comparando as previsões desse método com os dados originais.
c. Quais são as previsões para os próximos 4 meses usando essa técnica?

As questões 56 a 60 referem-se aos dados encontrados no arquivo **ProductionHours.xlsx** (disponível na página deste livro no site da editora) contendo dados mensais sobre o número médio de horas trabalhadas semanalmente por operários norte-americanos, por 94 meses consecutivos.

56. Prepare um gráfico de linha desses dados. Os dados parecem ser estacionários ou não estacionários?

57. Use a técnica sazonal aditiva para os dados estacionários a fim de modelar os dados. Use o Solver para determinar os valores ótimos para α e β.
a. Quais são os valores ótimos de α e β?
b. Prepare um gráfico de linha comparando as previsões desse método com os dados originais.
c. Quais são as previsões para os próximos 4 meses usando essa técnica?

58. Use a técnica sazonal multiplicativa para dados estacionários a fim de modelar os dados. Use o Solver para determinar os valores ótimos para α e β.
a. Quais são os valores ótimos de α e β?
b. Prepare um gráfico de linha comparando as previsões desse método com os dados originais.
c. Quais são as previsões para os próximos 4 meses usando essa técnica?

59. Utilize o método aditivo de Holt-Winter para criar um modelo sazonal que minimize o EQM para o conjunto de dados. Use o Solver para determinar os valores ótimos para α, β e γ.
    a. Quais são os valores ótimos de α, β e γ?
    b. Prepare um gráfico de linha comparando as previsões desse método com os dados originais.
    c. Quais são as previsões para os próximos 4 meses usando essa técnica?
60. Utilize o método multiplicativo de Holt-Winter para criar um modelo sazonal que minimize o EQM para o conjunto de dados. Use o Solver para determinar os valores ótimos para α, β e γ.
    a. Quais são os valores ótimos de α, β e γ?
    b. Prepare um gráfico de linha comparando as previsões desse método com os dados originais.
    c. Quais são as previsões para os próximos 4 meses usando essa técnica?

As questões 61 a 65 referem-se aos dados encontrados no arquivo **QtrlySales.xlsx** (disponível na página deste livro no site da editora) contendo dados de vendas trimestrais de uma companhia de exportação norueguesa por 13 anos consecutivos.

61. Prepare um gráfico de linha desses dados. Os dados parecem ser estacionários ou não estacionários?
62. Use a técnica sazonal aditiva para dados estacionários a fim de modelar os dados. Use o Solver para determinar os valores ótimos para α e β.
    a. Quais são os valores ótimos de α e β?
    b. Prepare um gráfico de linha comparando as previsões desse método com os dados originais.
    c. Quais são as previsões para os próximos quatro trimestres usando essa técnica?
63. Use a técnica sazonal multiplicativa para dados estacionários a fim de modelar os dados. Use o Solver para determinar os valores ótimos para α e β.
    a. Quais são os valores ótimos de α e β?
    b. Prepare um gráfico de linha comparando as previsões desse método com os dados originais.
    c. Quais são as previsões para os próximos quatro trimestres usando essa técnica?
64. Utilize o método aditivo de Holt-Winter para criar um modelo sazonal que minimize o EQM para o conjunto de dados. Use o Solver para determinar os valores ótimos para α, β e γ.
    a. Quais são os valores ótimos de α, β e γ?
    b. Prepare um gráfico de linha comparando as previsões desse método com os dados originais.
    c. Quais são as previsões para os próximos quatro trimestres usando essa técnica?
65. Utilize o método multiplicativo de Holt-Winter para criar um modelo sazonal que minimize o EQM para o conjunto de dados. Use o Solver para determinar os valores ótimos para α, β e γ.
    a. Quais são os valores ótimos de α, β e γ?
    b. Prepare um gráfico de linha comparando as previsões desse método com os dados originais.
    c. Quais são as previsões para os próximos quatro trimestres usando essa técnica?

PB Chemical Corporation

CASO 11.1

Mac Brown sabia que algo tinha que mudar. Como novo vice-presidente de vendas e marketing da PB Chemical Corporation, Mac entendeu que, quando se vende um produto de *commodity* no qual há mínimas diferenças entre qualidade e preço, entre distrito e fornecedores, o atendimento ao consumidor e o esforço proativo de venda são geralmente a diferença entre o sucesso e o fracasso. Infelizmente, a equipe de vendas da PB estava usando um método bem aleatório para promover as vendas, no qual eles trabalhavam com uma lista alfabética de clientes, fazendo contatos telefônicos com os que não tinham feito nenhum pedido no mês. Muitas vezes, a diferença entre a PB ou um concorrente receber um pedido se resumia simplesmente a quem ligou na hora em que o cliente precisava dos produtos. Se os vendedores da PB ligassem cedo demais, eles não recebiam encomendas. E, se eles esperassem demais até que um cliente ligasse, muitas vezes perdiam negócios para um concorrente.

Mac decidiu que era hora de a PB ser um pouco mais proativa e sofisticada em seus esforços de vendas. Primeiro ele convenceu suas contrapartes dentre os maiores clientes da PB que seria possível criar uma cadeia de fornecimento mais eficiente se eles compartilhassem com a PB seus dados mensais de consumo de vários produtos químicos. Com isso, a PB poderia melhor antecipar as necessidades de seus clientes em relação a vários produtos. Isso, por sua vez, reduziria a necessidade da PB de manter um estoque de segurança e permitiria à empresa operar mais eficientemente e repassar algumas dessas economias de custos para seus clientes.

Os cinco maiores clientes da PB (que juntos correspondem a 85% das vendas da empresa) concordaram em compartilhar seus dados mensais de consumo. Agora Mac deve decidir o que fazer com os dados. Faz um bom tempo desde que Mac fez ele mesmo alguma previsão de demanda e está ocupado demais com o comitê de planejamento estratégico da PB para ser perturbado por tais detalhes. Mac decidiu, então, chamar uma das analistas de negócios mais importantes da empresa, Dee Hamrick, e jogou o problema em seu colo. Especificamente, Mac pediu que Dee criasse um plano para previsão de demanda para os produtos da PB, de modo que essas previsões pudessem ser usadas com o máximo de vantagem.

1. Que questões Dee deve considerar ao criar previsões para os vários produtos da PB? Como você sugeriria que ela criasse previsões para cada produto?

2. Dee deveria prever a demanda mensal de produto agregada para todos os clientes ou a demanda mensal de produto individual para cada cliente? Qual dessas previsões seria mais precisa? Qual dessas previsões seria mais útil (e para quem)?
3. Com os dados disponíveis, como Dee e Mac poderiam julgar ou medir a acurácia de cada previsão de produto?
4. Suponha que a equipe técnica de Dee pudesse criar uma forma de prever acuradamente a demanda mensal para os produtos da PB. Como a PB deveria usar essa informação para conseguir vantagens estratégicas?
5. Que outra informação Dee deve sugerir que Mac tente conseguir dos clientes da PB?

CASO 11.2 Previsão de COLAs

Tarrows, Pearson, Foster e Zuligar (TPF&Z) é uma das maiores empresas de consultoria atuarial nos EUA. Além de fornecer aos clientes conselhos de especialistas sobre programas de compensação de executivos e programas de benefícios aos empregados, a TPF&Z também ajuda seus clientes a determinar a quantia de dinheiro com que eles devem contribuir anualmente para programas de aposentadoria com benefícios definidos.

A maioria das empresas oferece dois tipos diferentes de programas de aposentadoria a seus funcionários: planos de contribuição definida e planos de benefícios definidos. Num **plano de contribuição definida**, a companhia contribui com uma porcentagem fixa dos ganhos de um empregado para financiar sua aposentadoria. Os empregados cobertos por esse tipo de plano determinam como seu dinheiro será investido (por exemplo: em ações, obrigações ou fundos de renda fixa), e tudo o que o empregado for capaz de acumular ao longo dos anos constitui seu fundo de aposentadoria. Em um **plano de benefício definido** a companhia oferece aos empregados benefícios de aposentadoria que são, via de regra, calculados como uma porcentagem do salário final do empregado (ou, às vezes, uma média dos ganhos do empregado nos 5 anos de maiores ganhos). Assim, sob um plano de benefício definido, a companhia é obrigada a fazer pagamentos para empregados aposentados, mas ela deve determinar quanto de seus ganhos deve ser separado a cada ano para cobrir essas obrigações futuras. Empresas atuariais como a TPF&Z ajudam as companhias a tomar essas decisões.

Vários dos clientes da TPF&Z oferecem aos empregados planos de aposentadoria de benefício definido que permitem ajustes de acordo com o custo de vida (COLAs em inglês). Aqui, os benefícios de aposentadoria dos empregados ainda são baseados, de certo modo, em seus ganhos finais, mas esses benefícios são reajustados com o tempo, à medida que o custo de vida sobe. Esses COLAs são muitas vezes vinculados ao índice nacional de preços ao consumidor (CPI em inglês), que acompanha o custo de uma cesta básica no decorrer do tempo. Mensalmente, o governo federal calcula e publica o índice nacional de preços ao consumidor. Dados mensais do CPI de janeiro de 1991 a março de 2016 estão no arquivo **CPIData.xlsx**, disponível na página deste livro no site da editora.

Para ajudar seus clientes a determinar o montante de dinheiro a ser aplicado durante um ano para sua contribuição anual para os programas de benefício definido, a TPF&Z deve prever o valor do CPI um ano à frente. Os ativos de pensão representam a maior fonte única de fundos de investimento no mundo. Como resultado, pequenas mudanças ou diferenças em previsões de CPI da TPF&Z traduzem-se em centenas de milhões de dólares em ganhos corporativos desviados para as reservas de pensão. Desnecessário dizer que os sócios da TPF&Z querem que suas previsões de CPI sejam as mais acuradas possíveis.

1. Prepare um gráfico dos dados de CPI. Com base nesse gráfico, qual das técnicas de previsão de séries temporais abordadas neste capítulo **não** seria apropriada para prever essa série temporal?
2. Aplique o método de Holt a esse conjunto de dados e use o Solver para encontrar os valores de α e β que minimizem o EQM entre os valores reais e os valores previstos de CPI. Qual é o EQM usando essa técnica? Qual é o valor de CPI previsto para abril de 2016 e abril de 2017 usando essa técnica?
3. Aplique regressão linear para modelar o CPI como uma função do tempo. Qual é o EQM usando essa técnica? Qual é o valor previsto de CPI para abril de 2016 e abril de 2017 usando essa técnica?
4. Crie um gráfico mostrando os valores reais de CPI junto com os valores previstos usando o método de Holt e o modelo de regressão linear. Qual técnica de previsão parece ajustar melhor os dados reais de CPI?
Com base nesse gráfico, você acha que é conveniente usar regressão linear nesse conjunto de dados? Justifique sua resposta.
5. Uma sócia da empresa deu uma olhada em seu gráfico e pediu que você repetisse sua análise excluindo os dados anteriores a 2009. Que EQM você obtém usando o método de Holt? Que EQM você obtém usando regressão linear? Qual é o valor de CPI previsto para abril de 2016 e abril de 2017 usando essa técnica?
6. Faça um novo gráfico de seus resultados. Qual técnica de previsão parece ajustar melhor os dados reais de CPI? Com base nesse gráfico, você acha que é conveniente usar regressão linear nesse conjunto de dados? Justifique sua resposta.
7. A mesma sócia tem um último pedido. Ela deseja saber se é possível combinar as previsões obtidas usando o método de Holt com a regressão linear a fim de obter uma previsão composta que seja mais acurada do que qualquer uma das duas técnicas isoladamente. A sócia quer que você combine as previsões da seguinte maneira:

$$\text{Previsão Combinada} = \mathbf{w} \times \text{H} + (1 - \mathbf{w}) \times \text{R}$$

em que H representa as previsões com o método de Holt, R representa as previsões obtidas usando o modelo de regressão linear e **w** é um parâmetro de ponderação entre 0 e 1. Use o Solver para determinar o valor de **w** que minimiza o EQM entre os valores reais de CPI e as previsões combinadas. Qual é o valor ótimo de **w** e qual é o EQM associado? Qual é o valor da CPI previsto para abril de 2016 e abril de 2017 usando essa técnica?
8. Que previsão de CPI para abril de 2016 e abril de 2017 você recomendaria que a TPF&Z realmente usasse?

Planejamento estratégico na Fysco Foods

CASO 11.3

A Fysco Foods, Inc. é uma das maiores fornecedoras de produtos alimentícios comerciais e institucionais nos EUA. Felizmente para a Fysco, a demanda por "comida fora de casa" tem crescido regularmente nos últimos 22 anos, conforme mostrado na tabela a seguir (e no arquivo **FyscoFoods.xlsx**, disponível na página deste livro no site da editora). Note que essa tabela detalha as despesas totais com comida fora de casa (mostradas na última coluna) em seis categorias (por exemplo: lugares para comer e beber, hotéis e motéis etc.).

Despesa total com comida fora de casa (em milhões)

Ano	Lugares para comer e beber[1]	Hotéis e motéis[1]	Lojas de varejo, vendas diretas[2]	Lugares de recreação[3]	Escolas e faculdades[4]	Todos os outros[5]	Total[6]
1	75.883	5.906	8.158	3.040	11.115	16.194	120.296
2	83.358	6.639	8.830	2.979	11.357	17.751	130.914
3	90.390	6.888	9.256	2.887	11.692	18.663	139.776
4	98.710	7.660	9.827	3.271	12.338	19.077	150.883
5	105.836	8.409	10.315	3.489	12.950	20.047	161.046
6	111.760	9.168	10.499	3.737	13.534	20.133	168.831
7	121.699	9.665	11.116	4.059	14.401	20.755	181.695
8	146.194	11.117	12.063	4.331	14.300	21.122	209.127
9	160.855	11.905	13.211	5.144	14.929	22.887	228.930
10	171.157	12.179	14.440	6.151	15.728	24.581	244.236
11	183.484	12.508	16.053	7.316	16.767	26.198	262.326
12	188.228	12.460	16.750	8.079	17.959	27.108	270.584
13	183.014	13.204	13.588	8.602	18.983	27.946	265.338
14	195.835	13.362	13.777	9.275	19.844	28.031	280.124
15	205.768	13.880	14.210	9.791	21.086	28.208	292.943
16	214.274	14.195	14.333	10.574	22.093	28.597	304.066
17	221.735	14.504	14.475	11.354	22.993	28.981	314.043
18	235.597	15.469	14.407	8.290	24.071	30.926	328.760
19	248.716	15.800	15.198	9.750	25.141	31.926	346.530
20	260.495	16.623	16.397	10.400	26.256	33.560	363.730
21	275.695	17.440	16.591	11.177	27.016	34.508	382.427
22	290.655	17.899	16.881	11.809	28.012	35.004	400.259

Notas:

[1] Inclui gorjetas.

[2] Inclui operadores de máquinas automáticas de venda, mas não máquinas automáticas operadas por organização.

[3] Cinemas, boliches, piscinas, áreas esportivas, acampamentos, parques de diversão, clubes de golfe e de campo.

[4] Inclui subsídios a refeições em escolas.

[5] Clubes e lugares de passagem de militares; vagões-restaurantes; companhias aéreas; serviço de refeições em fábricas, instituições, hospitais, internatos, repúblicas de estudantes e organizações cívicas e sociais; e suprimento às forças militares.

[6] Calculados com base em dados não arredondados.

Como parte de seu processo de planejamento estratégico, todos os anos a Fysco gera previsões da demanda total do mercado em cada uma das categorias de gastos com comida fora de casa. Isso ajuda a companhia a alocar seus recursos de marketing entre os vários clientes representados em cada categoria.

1. Prepare gráficos de linha para cada uma das seis categorias de despesa. Indique se cada categoria parece ser estacionária ou não estacionária.
2. Utilize o método de Holt para criar modelos para cada categoria de despesa. Use o Solver para calcular os valores de α e β que minimizem o EQM. Quais são os valores ótimos de α e β e qual é o EQM para cada modelo? Qual é a previsão para o próximo ano para cada categoria de despesa?
3. Calcule modelos de regressão linear para cada categoria de despesa. Qual é a equação de regressão estimada e o EQM para cada modelo? Qual é a previsão para o próximo ano para cada categoria de despesa?
4. O vice-presidente de marketing da Fysco teve uma nova ideia para prever a demanda de mercado. Para cada categoria de despesa ele quer que você calcule a taxa de crescimento representada por g na seguinte equação: $\hat{Y}_{t+1} = Y_t(1 + g)$. Ou seja, o valor estimado para o período de tempo $t + 1$ é igual ao valor real no período de tempo anterior (t) multiplicado por 1 mais a taxa de crescimento g. Use o Solver para identificar a taxa de crescimento ótima (EQM mínimo) para cada categoria de despesa. Qual é a taxa de crescimento para cada categoria? Qual é a previsão para o próximo ano para cada categoria de despesa?
5. Qual das três técnicas de previsão consideradas aqui você recomendaria que a Fysco usasse para cada categoria de despesa?

Capítulo 12

Introdução à simulação utilizando o Analytic Solver Platform

12.0 Introdução

No Capítulo 1, discutimos como os cálculos em uma planilha podem ser vistos como um modelo matemático que define uma relação funcional entre diversas variáveis de entrada (ou variáveis independentes) e uma ou mais medidas de desempenho do resultado (ou variáveis dependentes). A equação a seguir expressa essa relação:

$$Y = f(X_1, X_2, \ldots, X_k)$$

Em muitas planilhas, os valores de diversas células de entrada são determinados pela pessoa que a está utilizando. Essas células de entrada correspondem às variáveis independentes $X_1, X_2, \ldots, X_k$ na equação anterior. Várias fórmulas (representadas por $f(\ )$ na equação anterior) são inseridas em outras células da planilha para transformar os valores das células de entrada em algum resultado de saída (denotado por Y na equação anterior). A simulação é uma técnica útil na análise de modelos em que o valor a ser assumido por uma ou mais variáveis independentes é incerto. Este capítulo discute como executar a simulação utilizando o Analytic Solver Platform.

12.1 Variáveis aleatórias e risco

A fim de calcular um valor para a medida de desempenho de um modelo de planilha, um valor específico deve ser atribuído a cada célula de entrada para que todos os cálculos relacionados possam ser realizados. No entanto, geralmente existe alguma incerteza a respeito do valor que deveria ser assumido por uma ou mais variáveis independentes (ou células de entrada) na planilha. Isso é particularmente verdade em modelos de planilhas que representam condições futuras. Uma **variável aleatória** é qualquer variável cujo valor não pode ser previsto ou definido com certeza. Assim, muitas variáveis de entrada em um modelo de planilha representam variáveis aleatórias cujos valores reais não podem ser previstos com certeza.

Por exemplo, projeções do custo de matérias-primas, taxas de juros futuras, números futuros de funcionários e demanda esperada de produtos são variáveis aleatórias porque seus valores verdadeiros são desconhecidos e serão determinados no futuro. Se não podemos dizer com certeza qual é o valor que uma ou mais variáveis de entrada em um modelo assumirá, também não podemos dizer com certeza qual é o valor que a variável dependente assumirá. Essa incerteza associada com o valor da variável dependente introduz um elemento de risco no problema de tomada de decisão. Especificamente, se a variável dependente representa alguma das medidas de desempenho que os gestores utilizam para tomar decisões, e se o seu valor é incerto, quaisquer decisões tomadas com base nesse valor são baseadas em informações incertas (ou incompletas). Quando uma decisão dessas é tomada, existe a chance de a decisão não gerar os resultados pretendidos. Essa chance, ou incerteza, representa um elemento de **risco** no problema de tomada de decisão.

O termo "risco" também implica a *possibilidade* de perda. O fato de que o resultado de uma decisão é incerto, não significa que a decisão é particularmente arriscada. Por exemplo, sempre que colocamos dinheiro em uma máquina de refrigerantes, existe uma chance de a máquina pegar o nosso dinheiro e não entregar o produto. No entanto, a maioria de nós não consideraria esse risco particularmente grande. Com base em experiências passadas, sabemos que a chance de não receber o produto é pequena. Mas, mesmo que a máquina pegue o nosso dinheiro e não entregue o produto, a maioria de nós não consideraria uma tremenda perda. Assim, a quantidade de risco envolvido em determinada situação de tomada de decisão é uma função da incerteza no resultado da decisão e da magnitude da potencial perda. Uma avaliação adequada do risco presente em uma situação de tomada de decisão deveria levar em conta ambas as questões, como será demonstrado nos exemplos deste capítulo.

12.2 Por que analisar o risco?

Muitas planilhas construídas por empresários contêm valores *estimados* para as variáveis de entrada incertas em seus modelos. Se um gestor não pode afirmar com certeza qual valor determinada célula na planilha assumirá, essa célula provavelmente representa uma variável aleatória. Normalmente, o gestor tentará fazer uma estimativa informada sobre os valores que tais células assumirão. O gestor espera que a inserção dos valores esperados, ou mais prováveis, em todas as células incertas de uma planilha fornecerá o valor mais provável para a célula que contém a medida de desempenho (Y). No entanto, existem dois problemas com esse tipo de análise. Primeiro, se a medida de desempenho (Y) varia de forma não linear com as células incertas, a inserção de valores esperados nas células incertas normalmente não fornece o valor esperado da medida de desempenho. Segundo, mesmo que uma estimativa precisa do valor esperado de desempenho (Y) seja obtida, o responsável por tomar a decisão ainda não tem informações sobre a variabilidade potencial na medida de desempenho.

Por exemplo, na análise de uma particular oportunidade de investimento, podemos determinar que o retorno esperado de um investimento de $ 1.000 seja de $ 10.000 em dois anos. Mas quanta variabilidade existe nos possíveis resultados? Se todos os potenciais resultados forem dispersos em torno de $ 10.000 (digamos entre $ 9.000 e $ 11.000), então a oportunidade de investimento ainda pode ser atraente. Se, por outro lado, os potenciais resultados forem muito dispersos em torno de $ 10.000 (digamos de –$ 30.000 até +$ 50.000), então a oportunidade de investimento pode não ser atraente. Embora esses dois cenários possam ter o mesmo valor esperado ou médio, os riscos envolvidos são bastante diferentes. Desse modo, mesmo que possamos determinar o resultado esperado de uma decisão utilizando uma planilha, é igualmente importante, se não mais, considerar o risco envolvido na decisão.

12.3 Métodos de análise de risco

Várias técnicas estão disponíveis para ajudar os gestores a analisar o risco. Três das mais comuns são: análise melhor caso/pior caso, análise o quê-se e simulação. Desses métodos, a simulação é a mais poderosa e, portanto, é a técnica que focaremos neste capítulo. Embora as outras técnicas não sejam completamente efetivas na análise de risco, provavelmente são usadas com mais frequência que a simulação pela maioria de gestores de negócios atualmente. Isso acontece, em grande parte, porque a maioria dos gestores não se dá conta da capacidade da planilha de realizar simulações e dos benefícios proporcionados por essa técnica. Então, antes de entrarmos na simulação, vamos primeiro abordar levemente os outros métodos de análise de risco para entender os seus pontos fortes e fracos.

12.3.1 ANÁLISE MELHOR CASO/PIOR CASO

Se não sabemos qual é o valor que determinada célula em uma planilha assumirá, podemos inserir um número que pensamos ser o valor mais provável para a célula incerta. Se inserirmos tais números em todas as células incertas na planilha, podemos facilmente calcular o valor mais provável da medida de desempenho. Isso também é chamado de cenário do **caso base**. No entanto, esse cenário não nos dá informações sobre o quão longe o resultado real pode estar desse valor esperado, ou mais provável.

Uma solução simples para esse problema é calcular o valor da medida de desempenho utilizando os valores do **melhor caso**, ou mais otimista, e do **pior caso**, ou mais pessimista, para as células de entrada incertas. Esses cenários adicionais mostram a amplitude de valores possíveis que podem ser assumidos pela medida de desempenho. Como indicado no exemplo anterior sobre o investimento de $ 1.000, saber a amplitude de resultados possíveis é muito útil para avaliar o risco envolvido em diferentes alternativas. No entanto, apenas conhecer os resultados do melhor e do pior caso não nos diz nada sobre a distribuição de valores possíveis dentro dessa variação, nem sobre a probabilidade de qualquer um dos dois cenários acontecer.

A Figura 12.1 mostra várias distribuições de probabilidade que podem estar associadas com o valor da medida de desempenho dentro de determinada variação. Cada uma dessas distribuições descreve variáveis que possuem amplitudes idênticas e valores médios semelhantes. Mas cada distribuição é muito diferente em termos do risco que representa para o tomador da decisão. O apelo para a análise melhor caso/pior caso é que é fácil de fazer. O ponto fraco é que não nos diz nada sobre o formato da distribuição associada com a medida de desempenho. Como veremos mais tarde, saber o formato da distribuição da medida de desempenho pode ser extremamente importante para nos ajudar a responder uma série de perguntas de gestão.

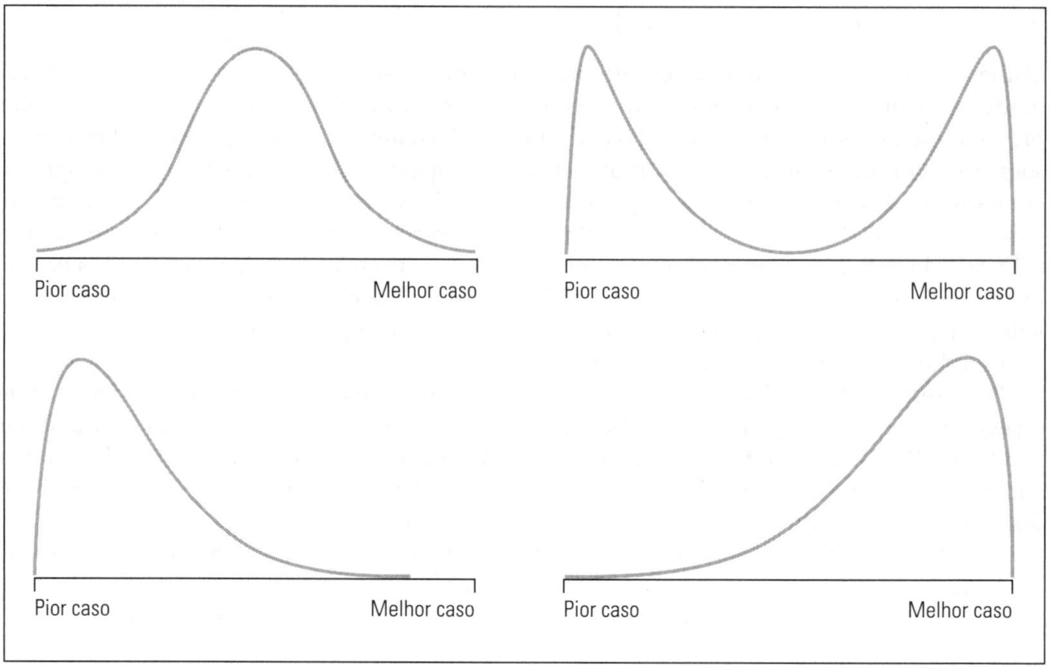

FIGURA 12.1
Possíveis distribuições de valores de medida de desempenho dentro de determinada variação.

12.3.2 ANÁLISE O QUÊ-SE

Antes da introdução de planilhas eletrônicas no início da década de 1980, o uso da análise melhor caso/pior caso normalmente era a única maneira viável para um gestor analisar o risco associado a uma decisão. Esse processo era extremamente demorado, propenso a erros e tedioso e utilizava apenas papel, lápis e calculadora para recalcular a medida de desempenho de um modelo utilizando valores diferentes para entradas incertas. A chegada de computadores pessoais e planilhas eletrônicas fez que a execução de um maior número de cenários se tornasse muito mais fácil para um gestor, além do melhor e do pior caso, que é a essência da análise o quê-se.

Na **análise o quê-se**, um gestor altera os valores das variáveis de entrada incerta para ver o que acontece com a medida de desempenho. Ao fazer uma série de mudanças, o gestor pode conseguir alguma compreensão de como a medida de desempenho é sensível a variações nas variáveis de entrada. Embora muitos gestores realizem esse tipo de análise o quê-se manual, ela tem três grandes falhas.

Primeiro, se os valores selecionados para as variáveis independentes forem baseados apenas no julgamento do gestor, os valores amostrais resultantes da medida de desempenho provavelmente serão tendenciosos. Ou seja, se diversas variáveis incertas podem assumir, cada uma delas, alguma amplitude de valores, seria difícil garantir que o gestor teste uma amostra justa, ou representativa, de todas as combinações possíveis desses valores. Para selecionar os valores de variáveis incertas que reflitam corretamente suas variações aleatórias, os valores devem ser selecionados aleatoriamente em uma distribuição, ou conjunto, de valores que reflitam a variação adequada de valores possíveis, bem como as frequências relativas adequadas dessas variáveis.

Segundo, centenas ou milhares de cenários o quê-se podem ser necessários para criar uma representação válida da variabilidade subjacente na medida de desempenho. Ninguém gostaria de executar esses cenários manualmente nem seria capaz de compreender o fluxo resultante de números que seriam exibidos na tela.

O terceiro problema da análise o quê-se é que a compreensão que o gestor possa ganhar na execução de vários cenários é de pouco valor ao recomendar uma decisão aos seus superiores. A análise o quê-se simplesmente não fornece ao gestor evidências tangíveis (fatos e números) necessárias para justificar a razão de determinada decisão ser tomada ou recomendada. Além disso, a análise o quê-se não aborda o problema identificado na nossa discussão anterior sobre análise melhor caso/pior caso – não nos permite estimar a distribuição da medida de desempenho de maneira suficientemente formal. Assim, a análise o quê-se é um passo na direção certa, mas não é um passo largo o suficiente para permitir que os gestores analisem o risco de forma efetiva nas decisões que enfrentam.

12.3.3 SIMULAÇÃO

A simulação é a técnica que mede e descreve diversas características da medida de desempenho em um modelo em que um ou mais valores para as variáveis independentes são incertos. Se alguma variável independente em um modelo for uma variável aleatória, a variável dependente (Y) também representa uma variável aleatória. O objetivo em uma simulação é descrever a distribuição e as características dos valores possíveis da medida de desempenho Y, dados os valores possíveis e o comportamento das variáveis independentes $X_1, X_2, ..., X_k$.

A ideia por trás da simulação é semelhante à noção de executar muitos cenários o quê-se. A diferença é que o processo de atribuição de valores para as células na planilha que representam variáveis aleatórias é automatizado, de modo que: (1) os valores são atribuídos de forma não tendenciosa e (2) o usuário da planilha é aliviado do fardo de determinar esses valores. Com a simulação, geramos replicadamente e de forma aleatória valores amostrais para cada variável de entrada incerta ($X_1, X_2, ..., X_k$) em nosso modelo e, em seguida, calculamos o valor resultante da nossa medida de desempenho (Y). Podemos, então, usar os valores amostrais de Y para estimar a verdadeira distribuição e outras características da medida de desempenho Y. Por exemplo, podemos usar as observações amostrais para a construção de uma distribuição de frequência da medida de desempenho, para estimar a amplitude de valores sobre os quais a medida do desempenho pode variar, para estimar a sua média e a sua variância e para estimar a probabilidade de que o valor real da medida de desempenho seja superior (ou inferior) a determinado valor. Todas essas medidas proporcionam uma maior compreensão do risco associado a determinada decisão que um único valor calculado com base nos valores esperados para as variáveis independentes incertas.

Incerteza e tomada de decisão

"A incerteza é a coisa mais difícil na tomada de decisão. Em face da incerteza, algumas pessoas reagem com paralisia, outras fazem uma pesquisa exaustiva para evitar a tomada de decisão. A melhor tomada de decisão acontece quando o ambiente mental está focado. Em um ambiente físico, você se concentra em algo físico. No tênis, pode ser a costura ao redor da bola. Em um ambiente mental, você se concentra nos fatos em questão. Esse foco sintonizado não deixa espaço para medos ou dúvidas invadirem. As dúvidas batem à porta da nossa consciência, mas você não precisa recebê-las com chá e bolinhos." – Timothy Gallwey, autor de *O jogo interior de tênis* e *O jogo interior do trabalho*.

12.4 Um exemplo de seguro-saúde corporativo

O exemplo a seguir demonstra a mecânica de preparação de um modelo de planilha para análise de risco utilizando a simulação. O exemplo apresenta um modelo razoavelmente simples para ilustrar o processo e dar uma noção da quantidade de esforço envolvido. No entanto, o processo para a realização da simulação é basicamente o mesmo, independentemente do tamanho do modelo.

Lisa Pon acaba de ser contratada como analista no departamento de planejamento corporativo da Hungry Dawg Restaurants. Sua primeira tarefa é determinar quanto dinheiro a empresa precisa acumular no ano que vem para pagar as despesas de seguro-saúde de seus funcionários. Hungry Dawg é uma cadeia de restaurantes grande, em crescimento, especializada em alimentos tradicionais do sul. A empresa se tornou grande o suficiente para não mais contratar o seguro de uma empresa de seguro externa. Hoje, a empresa tem o próprio seguro, o que significa que ela paga as despesas de seguro-saúde com o próprio dinheiro (embora contrate uma empresa externa para lidar com detalhes administrativos de processamento das despesas e pagamento das contas).

O dinheiro que a empresa usa para pagar essas despesas vem de duas fontes: contribuição dos funcionários (ou prêmios deduzidos em seus contracheques) e dos fundos da empresa (a empresa deve pagar quaisquer despesas não cobertas pelas contribuições dos funcionários). Cada empregado coberto pelo plano de saúde contribui com $ 125 por mês. No entanto, o número de funcionários cobertos pelo plano muda de mês para mês, na medida em que funcionários são contratados e demitidos, demitem-se ou simplesmente decidem incluir ou eliminar a cobertura do seguro-saúde. Um total de 18.533 funcionários estavam cobertos pelo plano no mês passado. A despesa mensal de saúde por funcionário coberto foi de $ 250 no mês passado.

Um exemplo de como a maioria dos analistas poderia modelar esse problema é mostrado na Figura 12.2 (e no arquivo Fig12-2.xlsm, disponível na página deste livro no site da editora). A planilha começa com uma lista de pressupostos e condições iniciais para o problema. Por exemplo, a célula D5 indica que 18.533 funcionários são atualmente cobertos pelo plano de saúde, e a célula D6 indica que a despesa média mensal por funcionário coberto é de $ 250. A contribuição média mensal por funcionário é de $ 125, como mostrado na célula D7. Os valores nas células D5 e D6 provavelmente não permanecerão os mesmos durante o ano inteiro. Assim, precisamos fazer algumas suposições sobre a taxa em que esses valores provavelmente aumentarão durante o ano. Por exemplo, poderíamos supor que o número de funcionários segurados irá aumentar em cerca de 2% ao mês e que a despesa média por funcionário segurado irá aumentar a uma taxa de 1% ao mês. Essas suposições são refletidas nas células F5 e F6. A contribuição média por funcionário é considerada constante ao longo do próximo ano.

FIGURA 12.2 *Modelo de seguro-saúde corporativo original com os valores esperados para as variáveis incertas.*

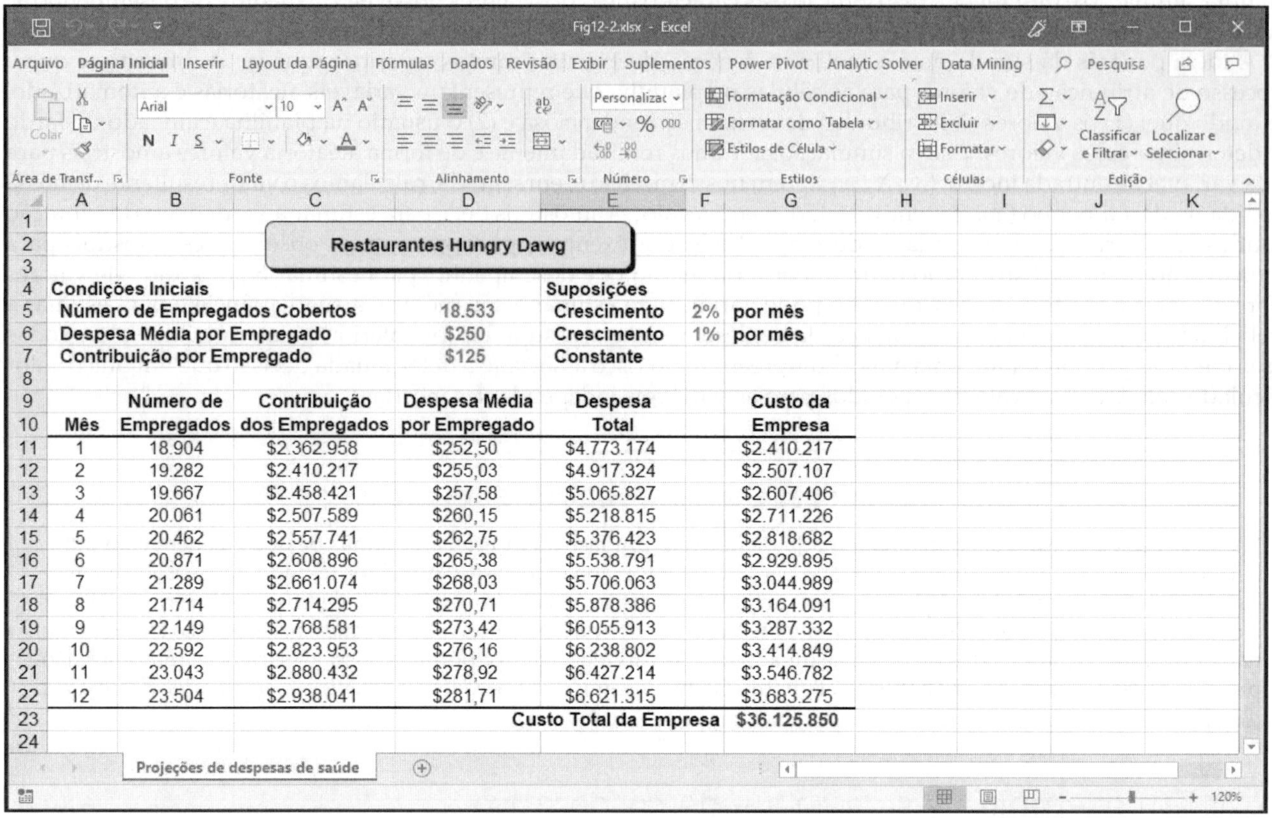

Restaurantes Hungry Dawg

Condições Iniciais		Suposições		
Número de Empregados Cobertos	18.533	Crescimento	2%	por mês
Despesa Média por Empregado	$250	Crescimento	1%	por mês
Contribuição por Empregado	$125	Constante		

Mês	Número de Empregados	Contribuição dos Empregados	Despesa Média por Empregado	Despesa Total	Custo da Empresa
1	18.904	$2.362.958	$252,50	$4.773.174	$2.410.217
2	19.282	$2.410.217	$255,03	$4.917.324	$2.507.107
3	19.667	$2.458.421	$257,58	$5.065.827	$2.607.406
4	20.061	$2.507.589	$260,15	$5.218.815	$2.711.226
5	20.462	$2.557.741	$262,75	$5.376.423	$2.818.682
6	20.871	$2.608.896	$265,38	$5.538.791	$2.929.895
7	21.289	$2.661.074	$268,03	$5.706.063	$3.044.989
8	21.714	$2.714.295	$270,71	$5.878.386	$3.164.091
9	22.149	$2.768.581	$273,42	$6.055.913	$3.287.332
10	22.592	$2.823.953	$276,16	$6.238.802	$3.414.849
11	23.043	$2.880.432	$278,92	$6.427.214	$3.546.782
12	23.504	$2.938.041	$281,71	$6.621.315	$3.683.275
				Custo Total da Empresa	$36.125.850

Usando a taxa presumida de aumento no número de funcionários segurados (célula F5), podemos criar fórmulas nas células B11 a B22 que geram o aumento no número de funcionários segurados pelo valor presumido a cada mês. (Os detalhes dessas fórmulas são cobertos mais tarde.) As contribuições mensais esperadas dos funcionários indicadas na coluna C são calculadas com $ 125 multiplicado pelo número de empregados em cada mês. Podemos usar a taxa presumida de aumento nas despesas médias mensais (célula F6) para criar as fórmulas das células D11 a D22, que geram o aumento da despesa média por funcionário à taxa presumida. As despesas totais de cada mês (mostradas na coluna E) são calculadas como os valores da despesa média, mostradas na coluna D, multiplicados pelo número de funcionários de cada mês, na coluna B. Como a empresa deve pagar por todas as despesas que não são cobertas pelas contribuições dos funcionários, os custos mensais da empresa, na coluna G, são calculados com o total das despesas, subtraídas as contribuições dos funcionários (coluna E menos a coluna C). Por fim, a célula G23 soma os custos mensais da empresa, listados na coluna G, e mostra que a empresa pode esperar contribuir com $ 36.125.850 de seu rendimento para pagar as despesas de seguro-saúde de seus funcionários no ano que vem.

12.4.1 UMA CRÍTICA AO MODELO DO CASO BASE

Agora, vamos considerar o modelo que acabamos de descrever. O modelo usado como exemplo supõe que o número de funcionários segurados irá aumentar *exatamente* 2% ao mês e que a despesa média por funcionário segurado irá aumentar a uma taxa *exata* de 1% ao mês. Embora esses valores possam ser aproximações razoáveis que poderiam acontecer, é improvável que eles reflitam exatamente o que vai acontecer. Na verdade, o número de funcionários cobertos pelo plano de saúde a cada mês é susceptível a variação aleatória em torno do aumento médio por mês – ou seja, o número pode diminuir em alguns meses e aumentar em mais de 2% em outros. Da mesma forma, a despesa média por funcionário segurado pode ser menor que o esperado em determinados meses e maior que o esperado em outros.

Ambos os números são propensos a apresentar alguma incerteza ou comportamento aleatório, mesmo que eles se movam na direção geral ascendente suposta ao longo do ano. Então, não podemos dizer com certeza que o número total do custo de $ 36.125.850 é exatamente o que a empresa terá de contribuir para as despesas de saúde no ano que vem. É simplesmente uma previsão que pode acontecer. O resultado real pode ser menor ou maior que essa estimativa. Usando o modelo original, não temos ideia de quão maior ou menor o resultado real pode ser – nem temos ideia de como os valores reais são distribuídos em torno dessa estimativa. Nós não sabemos se há 10%, 50% ou 90%

de chance de que os custos totais reais ultrapassem essa estimativa. Para determinar a variabilidade ou risco inerente na medida de desempenho dos custos totais da empresa, vamos aplicar a técnica de simulação ao nosso modelo.

12.5 Simulação de planilha utilizando o Analytic Solver Platform

Para executar a simulação em uma planilha, é preciso primeiro colocar uma fórmula **geradora de números aleatórios** (GNA) em cada célula que representa uma variável aleatória, ou incerta, independente. Cada GNA fornece uma observação amostral com base em uma distribuição adequada que representa a amplitude e a frequência de valores possíveis para a variável. Depois que os GNA estiverem em vigor, novos valores amostrais serão fornecidos automaticamente cada vez que a planilha for recalculada. Podemos recalcular a planilha *n* vezes, em que *n* é o número desejado de replicações ou cenários, e o valor da medida de desempenho será armazenado após cada replicação. Podemos analisar essas observações armazenadas para compreender o comportamento e as características da medida de desempenho.

O processo de simulação envolve muito trabalho, mas, felizmente, a planilha pode fazer a maior parte dele para nós com certa facilidade. Em especial, o aplicativo Analytic Solver Platform é projetado especificamente para fazer da simulação de planilha um processo simples. O Analytic Solver Platform fornece os seguintes recursos de simulação (entre outros), que não estão disponíveis no Excel: funções adicionais que são úteis na geração de números aleatórios necessários na simulação; comandos adicionais que são úteis para a criação e o funcionamento da simulação; e resumos gráficos e estatísticos dos dados de simulação. Como veremos, esses recursos fazem da simulação uma técnica relativamente fácil de aplicar em planilhas.

12.5.1 INICIANDO O ANALYTIC SOLVER PLATFORM

Se você estiver utilizando o Analytic Solver Platform em uma rede local (LAN) ou em um laboratório de informática, o seu instrutor ou coordenador da LAN deverá dar-lhe instruções sobre como acessar esse software. Se você o instalou em seu próprio computador, a guia do Analytic Solver Platform aparecerá automaticamente na faixa, como na Figura 12.2. Você também pode carregar (ou descarregar) o Analytic Solver Platform manualmente pelo Excel da seguinte forma:

1. Clique em Arquivo, Opções, Suplementos.
2. Selecione Suplementos do Excel e, em seguida, clique em Ir.
3. Marque (ou desmarque) Analytic Solver Platform e clique em OK.
4. Clique em Arquivo, Opções, Suplementos.
5. Selecione Suplementos COM e, em seguida, clique em Ir.
6. Marque (ou desmarque) o suplemento Analytic Solver Platform e clique em OK.

A guia do Analytic Solver Platform é mostrada na Figura 12.2. Vamos nos referir a vários ícones sobre essa aba ao longo deste capítulo.

12.6 Geradores de números aleatórios

Como mencionado anteriormente, o primeiro passo na simulação de planilha consiste em colocar uma fórmula GNA em cada célula que contém um valor incerto. Cada uma dessas fórmulas irá gerar (ou retornar) um número que representa um valor selecionado aleatoriamente de uma distribuição, ou conjunto, de valores. As distribuições de onde essas amostras são originadas devem representar o conjunto subjacente de valores esperados para ocorrer em cada célula incerta.

O Analytic Solver Platform fornece diversas funções "Psi" que podem ser usadas para criar os GNAs necessários para simular um modelo. (O prefixo "Psi" nessas funções significa Interpretador de Planilha Polimórfica – *Polymorphic Spreadsheet Interpreter* –, que é a tecnologia que a Frontline Systems desenvolveu e utiliza no Analytic Solver Platform para recalcular pastas de trabalho do Excel de forma extremamente rápida.) A Figura 12.3 descreve alguns dos GNAs mais comuns. Essas funções nos permitem gerar facilmente uma variedade de números aleatórios. Por exemplo, se pensarmos que o comportamento de uma célula incerta poderia ser modelado como uma variável aleatória normalmente distribuída com média 125 e desvio padrão 10, então, de acordo com a Figura 12.3, poderíamos inserir a fórmula =PsiNormal(125,10) nessa célula. (Os argumentos nessa função também podem ser fórmulas e poderiam referir-se a outras células na planilha.) Depois que a fórmula for inserida, o Analytic Solver Platform irá gerar aleatoriamente ou selecionar um valor de uma distribuição normal com média 125 e desvio padrão 10 para essa célula sempre que a planilha for recalculada.

Da mesma forma, uma célula em nossa planilha pode ter 30% de chance de assumir o valor 10, 50% de chance de assumir o valor 20 e 20% de chance de assumir o valor 30. Conforme observado na Figura 12.3, podemos usar a

FIGURA 12.3 *GNAs comumente utilizados fornecidos com o Analytic Solver Platform.*

Distribuição	GNA	Descrição
Binomial	PsiBinomial(n, p)	Retorna o número de "sucessos" numa amostra de tamanho n, em que cada tentativa tem uma probabilidade p de "sucesso".
Discreta	PsiDiscrete({x_1, x_2, ... x_n},{p_1,p_2, ... p_n})	Retorna um dos n valores representados pelo x_i. O valor x_i ocorre com probabilidade p_i.
Discreta	PsiDisUniform ({x_1, x_2, ..., x_n})	Retorna um dos n valores representados pelo x_i. Cada valor x_i tem a mesma probabilidade de ocorrer.
Poisson	PsiPoisson(λ)	Retorna um número aleatório de eventos que ocorrem por alguma unidade de medida (por exemplo: chegadas por hora, defeitos por jarda, e assim por diante). O parâmetro λ representa o número médio de eventos que ocorrem por unidade de medida.
Qui-quadrado	PsiChisquare(λ)	Retorna um valor a partir de uma distribuição qui--quadrado com média λ.
Contínua	PsiUniform(*min*, *max*)	Retorna um valor entre um mínimo (*min*) e um máximo (*max*). Cada valor nessa amplitude tem a mesma probabilidade de ocorrer.
Exponencial	PsiExponential(λ)	Retorna um valor a partir de uma distribuição exponencial com média λ. Frequentemente usado para modelar o tempo entre eventos ou a vida útil de um dispositivo com uma probabilidade de falha constante.
Normal	PsiNormal(μ, σ)	Retorna um valor a partir de uma distribuição normal com média μ e desvio padrão σ.
Normal truncada	PsiNormal(μ, σ, PsiTruncate(*min*, *max*))	O mesmo que PsiNormal exceto que a distribuição é truncada para o intervalo especificado por um mínimo (*min*) e um máximo (*max*).
Triangular	PsiTriangular(*min*, *mais provável*, *max*)	Retorna um valor a partir de uma distribuição triangular que cobre o intervalo especificado por um mínimo (*min*) e um máximo (*max*). O formato da distribuição é então determinado pelo tamanho do valor *mais provável* em relação a *min* e *max*.

fórmula =PsiDiscrete({10,20,30},{0.3, 0.5, 0.2}) para modelar o comportamento dessa variável aleatória. Se recalculássemos a planilha muitas vezes, essa fórmula retornaria o valor 10 aproximadamente 30% do tempo, o valor 20 aproximadamente 50% do tempo e o valor 30 aproximadamente 20% do tempo.

Os argumentos, ou parâmetros, exigidos pelas funções GNA nos permitem gerar números aleatórios com base em distribuições com uma grande variedade de formas. As Figuras 12.4 e 12.5 ilustram alguns exemplos de distribuições. Informações adicionais sobre esses e outros GNAs fornecidos pelo Analytic Solver Platform estão disponíveis no manual do usuário e na ferramenta de Ajuda on-line no Analytic Solver Platform.

Funções GNA do Analytic Solver Platform

Uma lista de todas as funções GNA disponíveis no Analytic Solver Platform está disponível no Excel. Para visualizar essa lista, siga os seguintes passos:

1. Selecione uma célula vazia em uma planilha.
2. Clique em Fórmulas, Inserir função.
3. Selecione a categoria da função Psi Distribution.

12.6.1 VARIÁVEIS ALEATÓRIAS DISCRETAS *VERSUS* CONTÍNUAS

Existe uma distinção importante entre os gráficos das Figuras 12.4 e 12.5. Em especial, os GNAs descritos na Figura 12.4 geram resultados *discretos*, ao passo que os que estão representados na Figura 12.5 geram resultados

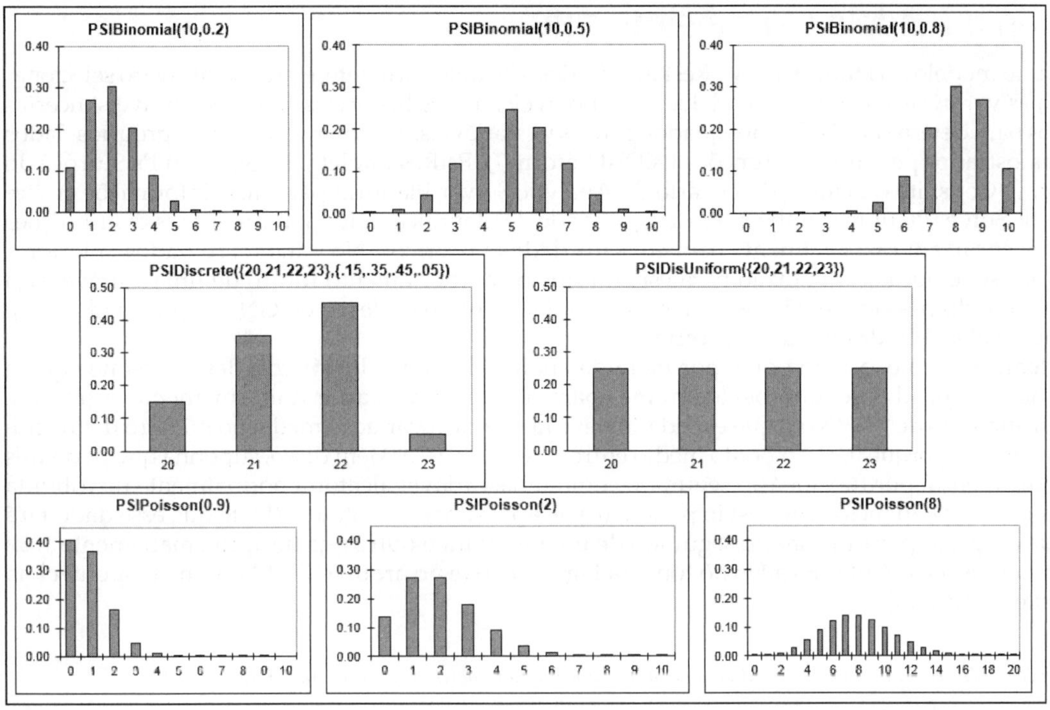

FIGURA 12.4
Exemplos de distribuições associadas com os GNAs discretos selecionados.

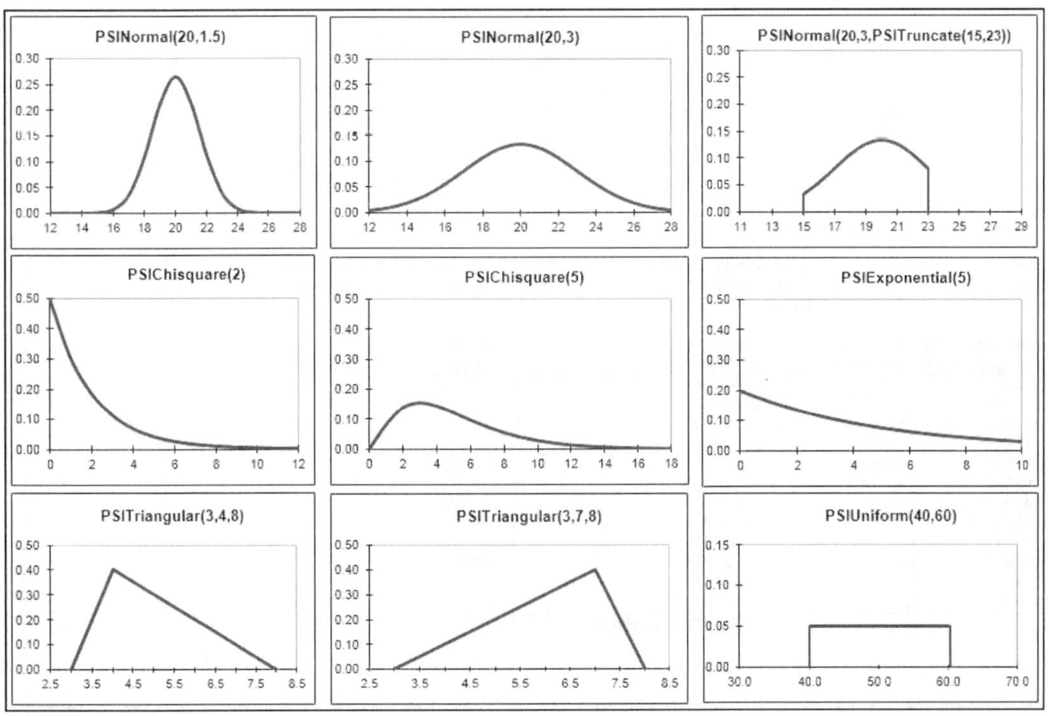

FIGURA 12.5
Exemplos de distribuições associadas com os GNAs contínuos selecionados.

contínuos. Ou seja, alguns dos GNAs listados na Figura 12.3 podem retornar apenas um conjunto distinto de valores individuais, enquanto outros podem retornar qualquer valor de um conjunto infinito de valores. A distinção entre variáveis aleatórias discretas e contínuas é muito importante.

Por exemplo, o número de pneus com defeito em um novo carro é uma variável aleatória discreta porque pode assumir apenas um dos cinco valores distintos: 0, 1, 2, 3 ou 4. Por outro lado, a quantidade de combustível em um carro novo é uma variável aleatória contínua, porque pode assumir qualquer valor entre 0 e a capacidade máxima do tanque de combustível. Assim, ao selecionar um GNA para uma variável incerta em um modelo, é importante considerar se a variável pode assumir valores discretos ou contínuos.

12.7 Preparando o modelo para a simulação

Para aplicar a simulação ao modelo do Hungry Dawg Restaurants descrito anteriormente, é preciso primeiro selecionar GNAs adequados para as variáveis incertas no modelo. Se disponíveis, dados históricos sobre as variáveis incertas poderiam ser analisados para determinar GNAs adequados para essas variáveis. Alternativamente, os próprios dados históricos podem ser amostrados pelo uso das funções PsiDisUniform( ), PsiResample( ), PsiSip( ) ou PsiSlurp( ) do Analytic Solver Platform. (Consulte o manual do usuário do Analytic Solver Platform para mais informações sobre esses tópicos.) O Analytic Solver Platform também tem a capacidade de identificar automaticamente as distribuições de probabilidade que se encaixam razoavelmente bem em seus dados históricos. No entanto, se dados anteriores não estão disponíveis, ou se temos alguma razão para esperar que o comportamento futuro de uma variável seja significativamente diferente do passado, então devemos usar o julgamento na seleção de GNAs apropriados para modelar o comportamento aleatório das variáveis incertas.

Para o nosso problema exemplo, assuma que, por meio da análise de dados históricos, determinamos que a mudança no número de empregados segurados de um mês para o outro deve variar uniformemente entre uma diminuição de 3% e um aumento de 7%. (Note que esse dado deve fazer que a variação média no número de funcionários seja um aumento de 2%, porque 0,02 é o ponto médio entre −0,03 e +0,07.) Além disso, suponha que podemos modelar a despesa média mensal por funcionário segurado como uma variável aleatória normalmente distribuída com a média (μ) aumentando 1% ao mês e um desvio padrão (σ) de aproximadamente $ 3. (Note que esse dado fará que o aumento *médio* de despesas por funcionário segurado de um mês para o outro seja de aproximadamente 1%.) Essas suposições são refletidas nas células F5 a H6 no topo da Figura 12.6 (e no arquivo Fig12-6.xlsm, disponível na página deste livro no site da editora).

FIGURA 12.6 *Modelo modificado de seguro-saúde corporativo com GNAs substituindo valores esperados para variáveis incertas.*

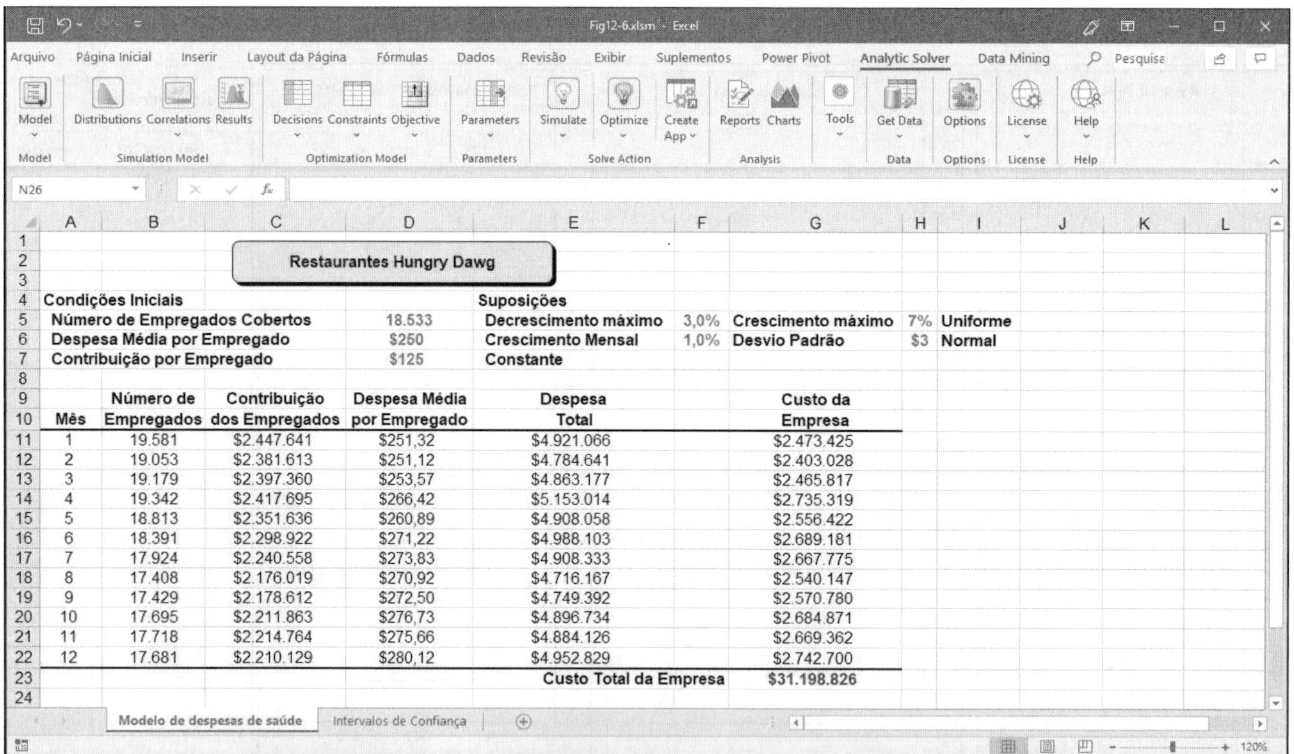

Restaurantes Hungry Dawg

Condições Iniciais		Suposições				
Número de Empregados Cobertos	18.533	Decrescimento máximo	3,0%	Crescimento máximo	7%	Uniforme
Despesa Média por Empregado	$250	Crescimento Mensal	1,0%	Desvio Padrão	$3	Normal
Contribuição por Empregado	$125	Constante				

Mês	Número de Empregados	Contribuição dos Empregados	Despesa Média por Empregado	Despesa Total	Custo da Empresa
1	19.581	$2.447.641	$251,32	$4.921.066	$2.473.425
2	19.053	$2.381.613	$251,12	$4.784.641	$2.403.028
3	19.179	$2.397.360	$253,57	$4.863.177	$2.465.817
4	19.342	$2.417.695	$266,42	$5.153.014	$2.735.319
5	18.813	$2.351.636	$260,89	$4.908.058	$2.556.422
6	18.391	$2.298.922	$271,22	$4.988.103	$2.689.181
7	17.924	$2.240.558	$273,83	$4.908.333	$2.667.775
8	17.408	$2.176.019	$270,92	$4.716.167	$2.540.147
9	17.429	$2.178.612	$272,50	$4.749.392	$2.570.780
10	17.695	$2.211.863	$276,73	$4.896.734	$2.684.871
11	17.718	$2.214.764	$275,66	$4.884.126	$2.669.362
12	17.681	$2.210.129	$280,12	$4.952.829	$2.742.700
				Custo Total da Empresa	$31.198.826

Fórmulas das principais células

Célula	Fórmula	Copiado para
B11	=D5*PsiUniform(1−F5;1+H5)	--
B12	=B11*PsiUniform(1−$F$5;1+$H$5)	B13:B22
C11	=$D$7*B11	C12:C22
D11	=PsiNormal($D$6*(1+$F$6)^A11;$H$6)	D12:D22
E11	=D11*B11	E12:E22
G11	=E11−C11	G12:G22
G23	=SOMA(G11:G22)	--

Para implementar a fórmula a fim de gerar um número aleatório de funcionários cobertos pelo plano de saúde, usaremos a função PsiUniform( ) descrita anteriormente na Figura 12.3. Devido à mudança no número de funcionários de um mês para o outro, que pode variar entre uma diminuição de 3% e um aumento de 7%, em geral, o número de funcionários no mês atual é igual ao número de funcionários no mês anterior multiplicado pela soma de 1, mais a variação porcentual. Aplicando essa lógica, obtemos a seguinte equação para o número de funcionários em determinado mês:

$$\begin{array}{c}\text{Número de funcionários}\\ \text{no mês atual}\end{array} = \begin{array}{c}\text{Número de funcionários}\\ \text{no mês anterior}\end{array} \times \text{PsiUniform(0.97,1,07)}$$

Se a função PsiUniform( ) retorna o valor de 0,97, essa fórmula faz que o número de funcionários no mês atual seja igual a 97% do número no mês anterior (uma diminuição de 3%). Alternativamente, se a função PsiUniform( ) retorna o valor de 1,07, essa fórmula faz que o número de funcionários no mês atual seja igual a 107% do número no mês anterior (um aumento de 7%). Todos os valores entre esses dois extremos (entre 0,97 e 1,07) também são possíveis e igualmente prováveis de ocorrer. As seguintes fórmulas foram utilizadas para criar fórmulas que geram aleatoriamente o número de funcionários em cada mês na Figura 12.6:

Fórmula para a célula B11:	=D5*PsiUniform(1 – F5;1 + H5)
Fórmula para a célula B12:	=B11*PsiUniform(1 – $F$5;1 + $H$5)
(Copiar para as células B13 a B22.)	

Note que os termos "1 – $F$5" e "1 + $H$5" nas fórmulas anteriores geram os valores 0,97 e 1,07, respectivamente.

Para implementar a fórmula para gerar as despesas médias por funcionário segurado em cada mês, vamos usar a função PsiNormal( ) descrita anteriormente na Figura 12.3. Essa fórmula exige que forneçamos o valor da média (μ) e do desvio padrão (σ) da distribuição a partir da qual queremos amostrar. O suposto desvio padrão (σ) de $ 3 para a despesa média mensal, mostrado na célula H6 na Figura 12.6, é constante de mês para mês. Desse modo, o único problema restante é determinar o valor médio (μ) adequado para cada mês.

Nesse caso, a média para qualquer mês deve ser 1% maior que a média no mês anterior. Por exemplo, a média para o mês 1 é

$$\text{Média no mês 1} = (\text{média original}) \times 1{,}01$$

e a média para o mês 2 é

$$\text{Média no mês 2} = (\text{média no mês 1}) \times 1{,}01$$

Se substituirmos a definição anterior da média no mês 1 na equação anterior, obteremos:

$$\text{Média no mês 2} = (\text{média original}) \times (1{,}01)^2$$

Da mesma forma, a média no mês 3 é:

$$\text{Média no mês 3} = (\text{média no mês 2}) \times 1{,}01 = (\text{média original}) \times (1{,}01)^3$$

Então, em geral, a média (μ) para o mês n é:

$$\text{Média no mês } n = (\text{média original}) \times (1{,}01)^n$$

Dessa forma, para gerar a média de despesas por funcionário segurado em cada mês, utilizamos a seguinte fórmula:

Fórmula para a célula D11:	=PsiNormal($D$6*(1 + $F$6)^A11;$H$6)
(Copiar para as células D12 a D22.)	

O termo "$D$6*(1 + $F$6)^A11" nessa fórmula implementa a definição geral da média (μ) no mês n.

Depois de inserir os GNAs apropriados, cada vez que pressionarmos a tecla recalcular (a tecla de função F9), os GNAs selecionam automaticamente novos valores para todas as células na planilha que representam variáveis incertas (ou aleatórias). Da mesma forma, a cada recálculo, um novo valor para a medida de desempenho (custo total da empresa) aparece na célula G23. Assim, pressionando a tecla recalcular diversas vezes, podemos observar valores representativos do custo total da empresa para despesas de saúde. Isso também nos ajuda a verificar que implementamos os GNAs corretamente e que estão gerando valores apropriados para cada célula incerta.

12.7.1 ENTRADA ALTERNATIVA DE GNA

O Analytic Solver Platform oferece também uma forma alternativa de inserir GNAs em modelos de planilha. Para ver como funciona, siga os seguintes passos:

1. Selecione a célula J12 (ou qualquer célula vazia na planilha).
2. Clique no ícone Distributions na faixa do Analytic Solver Platform.
3. Clique no ícone Common e, em seguida, clique no ícone Normal.

A caixa de diálogo na Figura 12.7 aparece mostrando o formato da distribuição selecionada (nesse caso, uma distribuição de probabilidade normal) e também permite variar o valor dos vários parâmetros (nesse caso, os valores para os parâmetros da média e do desvio padrão foram alterados para 250 e 3, respectivamente). A propriedade Fórmula nessa caixa de diálogo mostra a função Psi necessária para implementar o GNA para a distribuição de probabilidade exibida. Se você clicar no botão Save, o Analytic Solver Platform implementará automaticamente na sua planilha a fórmula apropriada para esse GNA. Embora esse seja um recurso muito útil, a fórmula GNA criada pelo Analytic Solver Platform geralmente requer alguma edição manual para fazê-la funcionar corretamente com o resto do modelo que você está construindo; especialmente se você pretende copiar essa fórmula GNA em outras células em sua pasta de trabalho. Dê um duplo clique em qualquer célula que contenha uma função de distribuição Psi e uma caixa de diálogo também será iniciada, semelhante à mostrada na Figura 12.7, correspondendo à distribuição de probabilidade.

Ajustando uma distribuição a dados amostrados

Note que, clicando no ícone Fit encontrado dentro do grupo Tools na guia do Analytic Solver Platform, inicia a caixa de diálogo Fit Options, mostrada na Figura 12.8. Se você tiver dados históricos para qualquer uma das variáveis aleatórias em seu modelo, pode usar essa caixa de diálogo para instruir o Analytic Solver Platform para identificar automaticamente e sugerir distribuições de probabilidade apropriadas para seus dados.

12.8 Rodando a simulação

O próximo passo na execução da simulação envolve recalcular a planilha centenas ou milhares de vezes e gravar os valores resultantes gerados na(s) célula(s) de saída, ou na(s) medida(s) de desempenho. Felizmente, o Analytic Solver Platform pode fazer por nós com muita facilidade, se indicarmos: (1) qual(is) células(s) de saída na planilha queremos que monitore e (2) o número de vezes que queremos que repita o modelo (ou quantos testes queremos que execute).

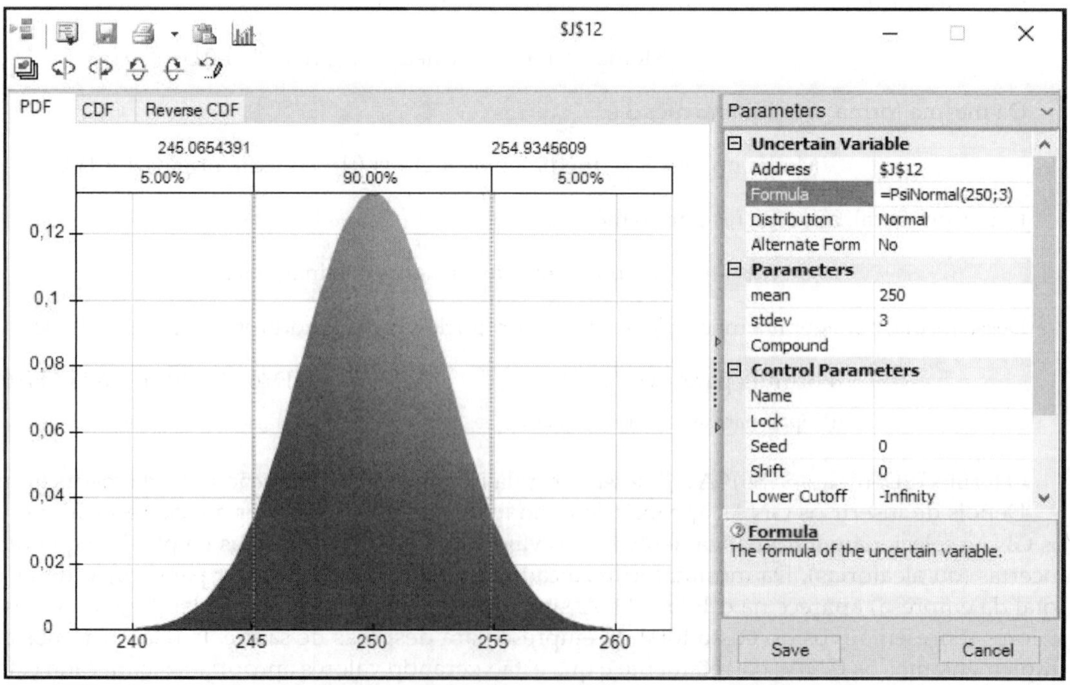

FIGURA 12.7 *Caixa de diálogo Uncertain Variable do Analytic Solver Platform.*

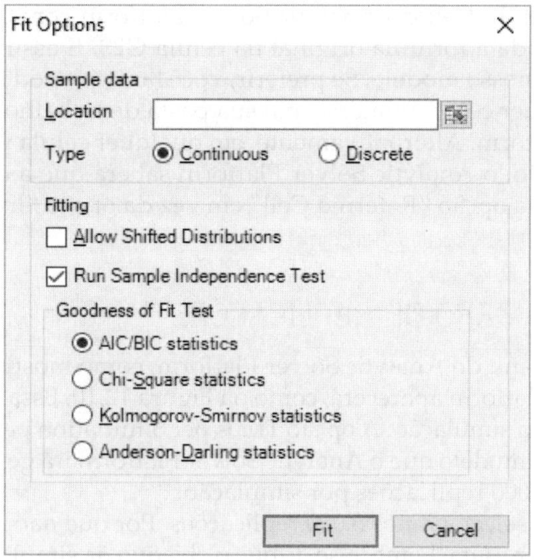

FIGURA 12.8 *Caixa de diálogo Fit Options do Analytic Solver Platform.*

12.8.1 SELECIONANDO AS CÉLULAS DE SAÍDA PARA MONITORAR

Podemos usar o comando Results, Output, In Cell do Analytic Solver Platform para indicar a célula (ou células) de saída que queremos que o Analytic Solver Platform monitore durante a simulação. No exemplo atual, a célula G23 representa a célula de saída que queremos que o Analytic Solver Platform monitore. Para indicá-la, siga os seguintes passos:

1. Clique na célula G23.
2. Clique no ícone Results no menu do Analytic Solver Platform.
3. Clique na opção Output.
4. Clique na opção in Cell.

Agora, se você olhar para a fórmula na célula G23, como mostrado na Figura 12.9, será possível observar que foi alterada para:

Fórmula para a célula G23: =SOMA(G11:G22) + PsiOutput( )

FIGURA 12.9 *Selecionando as células de saída para serem monitoradas.*

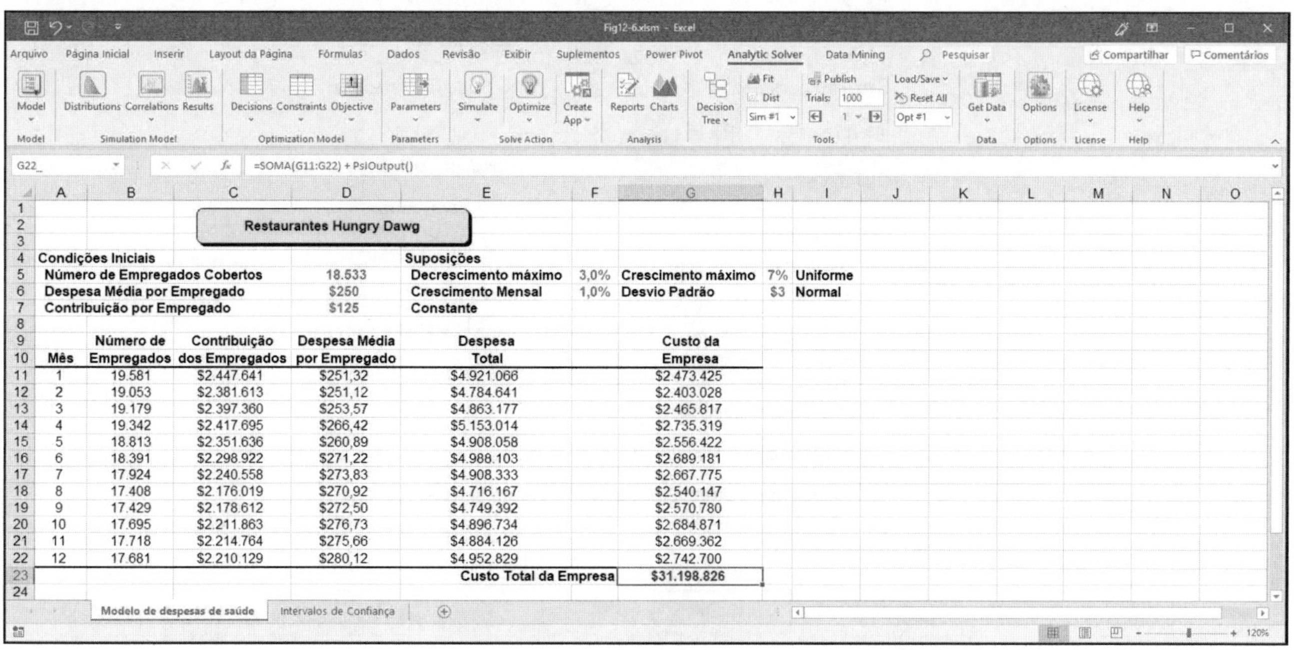

Clicar no comando Results, Output, In Cell do Analytic Solver Platform com a célula G23 selecionada fará que a função PsiOutput( ) seja adicionada à formula original na célula G23. É assim que o Analytic Solver Platform identifica as células de saída para o nosso modelo. Se preferir, você também pode adicionar manualmente a função PsiOutput( ) no conteúdo de qualquer célula numérica em sua pasta de trabalho para designá-la como uma célula de saída para o Analytic Solver Platform. Alternativamente, em qualquer célula vazia na planilha, podemos inserir a fórmula =PsiOutput(G23) e, então, o Analytic Solver Platform saberá que a célula G23 é uma célula de saída. (Também acontece se você escolher a opção "Referred Cell" em vez da opção "In Cell" quando utilizar o comando Results, Output.)

12.8.2 SELECIONANDO O NÚMERO DE REPLICAÇÕES

Se clicarmos no ícone Options no menu do Analytic Solver Platform, como mostrado na Figura 12.9, a caixa de diálogo de opções do Analytic Solver Platform aparecerá, como na Figura 12.10. Essa caixa de diálogo permite que você controle vários aspectos da análise da simulação. A opção Trials per Simulation permite que se especifique o número de tentativas (ou replicações) de seu modelo que o Analytic Solver Platform irá gerar ao executar a simulação. Todos os exemplos neste livro utilizarão 5.000 replicações por simulação.

Você deve se perguntar por que selecionamos 5.000 replicações. Por que não 1.000 ou 10.000? Infelizmente, não existe uma resposta fácil para essa pergunta. Lembre-se de que o objetivo da simulação é estimar várias características sobre a(s) medida(s) de desempenho em questão. Por exemplo, podemos querer estimar o valor médio da medida de desempenho e o formato da sua distribuição de probabilidade. No entanto, um valor diferente da medida de desempenho ocorre cada vez que recalculamos manualmente o modelo da Figura 12.9. Assim, um número infinito de possibilidades – ou uma **população infinita** – do total de custos da empresa é associado a esse modelo.

Não podemos analisar todas essas possibilidades infinitas. Mas, pegando uma amostra suficientemente grande dessa população infinita, podemos fazer estimativas razoavelmente precisas sobre as características da população infinita subjacente de valores. Quanto maior a amostra que pegamos (ou seja, quanto mais replicações fazemos), mais precisos serão os resultados finais. Embora o Analytic Solver Platform seja extremamente rápido, realizar muitas replicações leva tempo (especialmente para modelos grandes); por isso, devemos fazer uma escolha entre a precisão

FIGURA 12.10
Caixa de diálogo Options do Analytic Solver Platform.

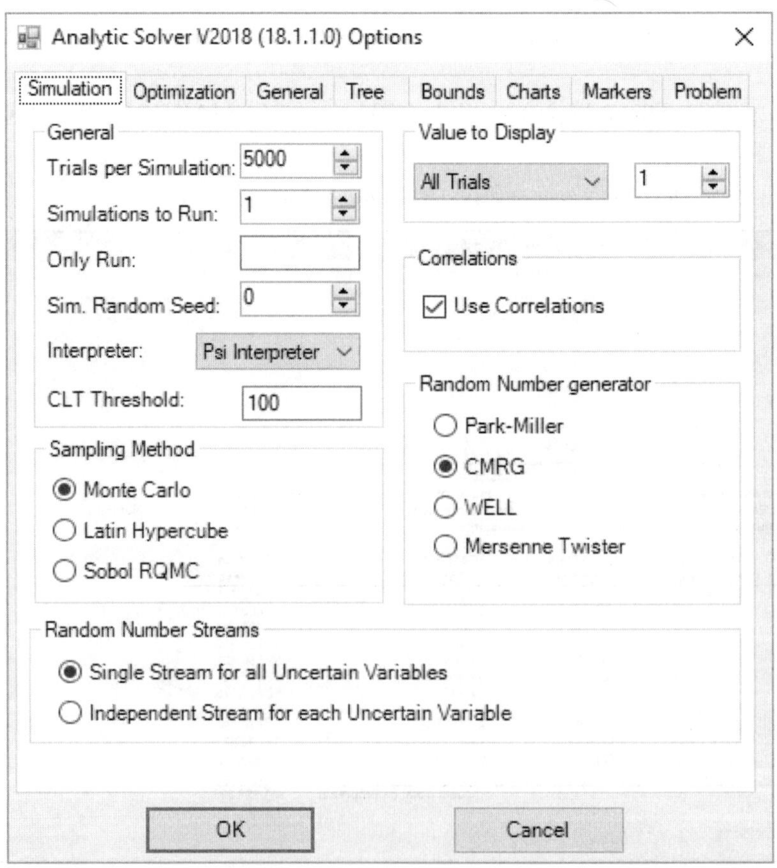

da estimativa e a conveniência. Assim, não há uma resposta simples para a pergunta de quantas replicações devemos realizar, mas, como um mínimo, você deve sempre executar pelo menos 1.000 replicações e aumentar conforme o tempo permitir ou a precisão exigir.

Sobre o número máximo de replicações

A versão educacional do Analytic Solver Platform permite 10.000 replicações por simulação. A versão comercial do produto remove essa restrição e permite quantas replicações você desejar.

12.8.3 SELECIONANDO O QUE É EXIBIDO NA PLANILHA

Quando o Analytic Solver Platform realiza a nossa simulação, gera 5.000 replicações ou testes de nosso modelo. Então, para cada distribuição Psi e célula de saída Psi, o Analytic Solver Platform irá calcular e armazenar 5.000 valores, mas pode exibir apenas um valor em qualquer célula em particular. Então, qual dos 5.000 valores queremos que mostre? Ou talvez possamos preferir que o Analytic Solver Platform mostre a média dos 5.000 valores? Nossas respostas a essas perguntas podem ser comunicadas ao Analytic Solver Platform via configuração do "Value to Display" na caixa de diálogo Options do Analytic Solver Platform, mostrada anteriormente na Figura 12.10 (ou por meio do trial display counter exibido imediatamente abaixo do ícone "Publish", na seção Tools da faixa do Analytic Solver Platform, mostrada anteriormente na Figura 12.9). Utilizando essa opção, podemos fazer o Analytic Solver Platform exibir o valor de uma replicação em particular (a configuração padrão) ou a média da amostra de nossas replicações.

É importante notar que, se você selecionar a opção sample mean, o Analytic Solver Platform retorna a média amostral para cada célula de distribuição Psi e os valores *calculados* resultantes para qualquer célula de saída Psi. Esses valores calculados *podem* ou *não* representar o valor médio das células de saída Psi, dependendo da natureza da relação funcional entre as células de distribuição Psi e as células de saída Psi.

Também é importante notar que, se você pedir que o Analytic Solver Platform exiba os valores associados a uma particular replicação, os números exibidos na planilha representam uma replicação aleatória de seu modelo que não é mais especial ou importante que as outras replicações na simulação. Claro que qualquer uma das replicações aleatórias pode ser bastante não representativa dos valores típicos para as células na planilha. Como mencionado anteriormente, o que realmente nos interessa é a *distribuição* de resultados associados com nossas células de saída. Como veremos, o Analytic Solver Platform oferece uma maneira muito elegante, porém simples, de ver e responder a perguntas sobre a distribuição de resultados associados com as células de saída em um modelo de planilha.

12.8.4 RODANDO A SIMULAÇÃO

Tendo identificado as células de saída para monitorar e o número de replicações para executar, precisamos agora instruir o Analytic Solver Platform para realizar ou rodar a simulação. Isso pode ser feito de três maneiras diferentes. A abordagem mais direta é simplesmente um duplo clique sobre uma célula de saída que contenha uma função PsiOutput( ), tal como a célula G23 no exemplo atual. Isso fará que o Analytic Solver Platform execute uma simulação (se já não tiver sido executada) e exiba uma caixa de diálogo com os resultados da simulação para aquela célula. Alternativamente, a lista suspensa Simulate na faixa do Analytic Solver Platform tem as opções "Interactive" e "Run Once". A opção "Run Once" executa uma simulação que consiste no número especificado de replicações. Finalmente, você pode selecionar a opção "Interactive" ou simplesmente clicar no ícone Simulate (parecido com uma lâmpada) no menu do Analytic Solver Platform. Quando o ícone Simulate estiver ligado (a lâmpada estará acesa), o Analytic Solver Platform está no modo de **simulação interativa**. Nesse modo, sempre que você fizer uma alteração em sua pasta de trabalho que requer que a planilha seja recalculada (ou recalculada manualmente pressionando a tecla F9), o Analytic Solver Platform executará uma simulação completa de seu modelo – gerando tantas quantas replicações por simulação você especificou na caixa de diálogo Options do Analytic Solver Platform, como na Figura 12.10. Assim, enquanto estiver no modo de simulação interativa, recalcular manualmente a pasta de trabalho pode fazer que o seu modelo seja replicado 5.000 vezes. Se esse fator soa como muito trabalho computacional, de fato o é. No entanto, se você utilizar o interpretador de planilha interno do Analytic Solver Platform (escolhendo a opção "PSI Interpreter" na caixa de diálogo Options do Analytic Solver Platform mostrada anteriormente na Figura 12.10), essas replicações geralmente serão executadas *muito* rapidamente. A primeira vez que o Analytic Solver Platform executar uma simulação para determinada pasta de trabalho, deve analisar ou interpretar as fórmulas na planilha, o que às vezes leva alguns segundos. No entanto, uma vez que isso é feito, o Analytic Solver Platform executa futuras simulações com velocidade impressionante.

12.9 Análise de dados

Recorde-se que o objetivo de realizar uma simulação é estimar várias características das saídas ou as medidas de desempenho, que são influenciadas pela incerteza em algumas ou todas as variáveis de entrada. Como mencionado anteriormente, se você simplesmente clicar duas vezes em qualquer uma das células de saída em seu modelo (identificada usando a função PsiOutput( )), o Analytic Solver Platform abre uma caixa de diálogo que permite resumir os dados de saída para aquela célula em uma variedade de maneiras. A Figura 12.11 mostra a caixa de diálogo de resultados da simulação do Analytic Solver Platform, criada por um duplo clique na célula G23 (que representa o custo total da empresa) na Figura 12.9.

12.9.1 O MELHOR CASO E O PIOR CASO

Como mostrado na Figura 12.11, o valor médio (*Mean*) para a célula G23 é de aproximadamente $ 36,1 milhões. (Se estiver trabalhando nesse exemplo em um computador, os resultados que você gerar podem ser um pouco diferentes dos apresentados aqui, porque pode estar trabalhando com uma amostra diferente de 5.000 observações.) No entanto, os tomadores de decisões geralmente querem saber os cenários do melhor e do pior caso para ter uma ideia da amplitude de possíveis resultados que podem ocorrer. Essa informação está disponível pelos resultados da simulação, como mostram os valores *Minimum* e *Maximum* indicados na Figura 12.11.

Embora o valor médio (*Mean*) do custo total observado nas 5.000 replicações seja $ 36,1 milhões, em um caso o custo total é de aproximadamente $ 29,2 milhões (representando o mínimo ou o melhor caso), e em outro caso o custo total é de aproximadamente $ 45 milhões (representando o máximo ou o pior caso). Esses valores devem dar ao tomador de decisões uma boa ideia sobre a amplitude de possíveis valores de custo que possam ocorrer. Note que esses valores podem ser difíceis de determinar manualmente (sem a simulação) em um modelo complexo com muitas variáveis independentes incertas.

12.9.2 A DISTRIBUIÇÃO DE FREQUÊNCIA DAS CÉLULAS DE SAÍDA

Os cenários do melhor e do pior caso são os resultados mais extremos e provavelmente não ocorrerão. Determinar a probabilidade desses resultados requer que saibamos algo sobre o formato da distribuição da nossa medida de desempenho. A Figura 12.11 fornece um gráfico da distribuição de frequência resumindo o formato aproximado da distribuição de probabilidades associada com a célula de saída monitorada pelo Analytic Solver Platform durante a simulação. Nesse caso, o formato da distribuição associada com a variável do custo total é mais ou menos em forma de sino, com um valor máximo em torno de $ 45 milhões e um valor mínimo em torno de $ 29 milhões. Assim, agora temos uma ideia clara do formato da distribuição associada com nossa medida de desempenho – um dos objetivos da simulação.

FIGURA 12.11 *Resumos do histograma e das estatísticas para as replicações simuladas.*

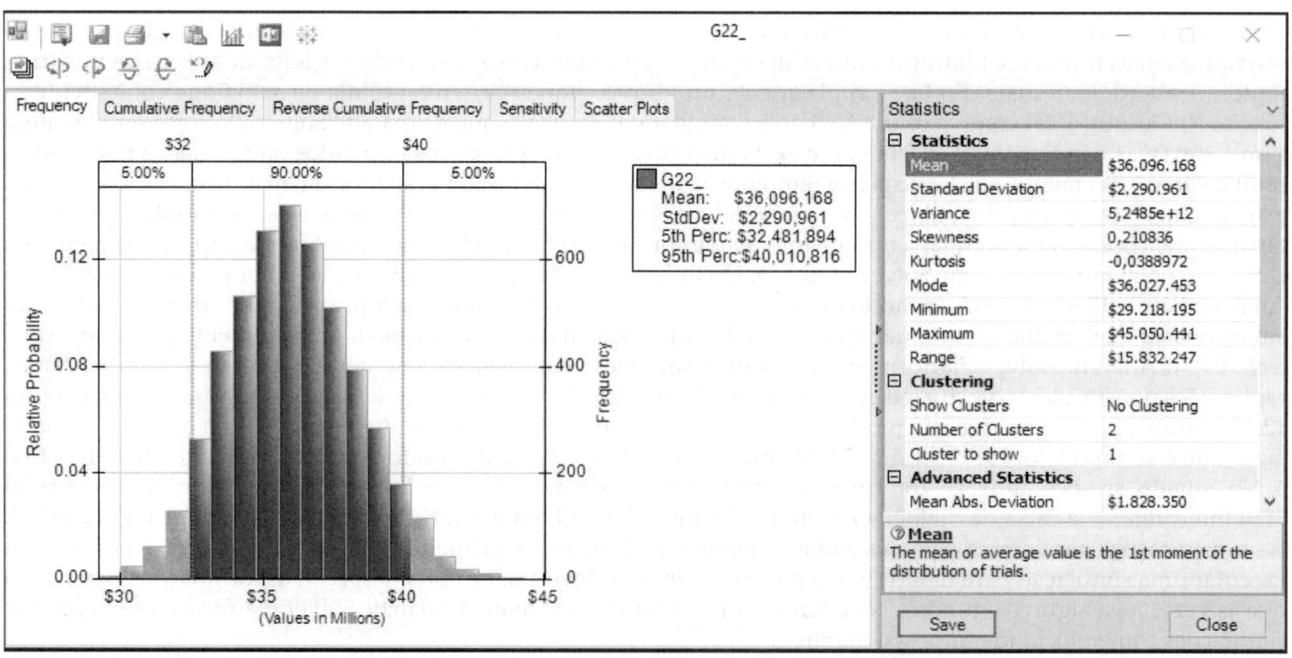

FIGURA 12.12 *Distribuição de frequência dos custos totais amostrados da empresa.*

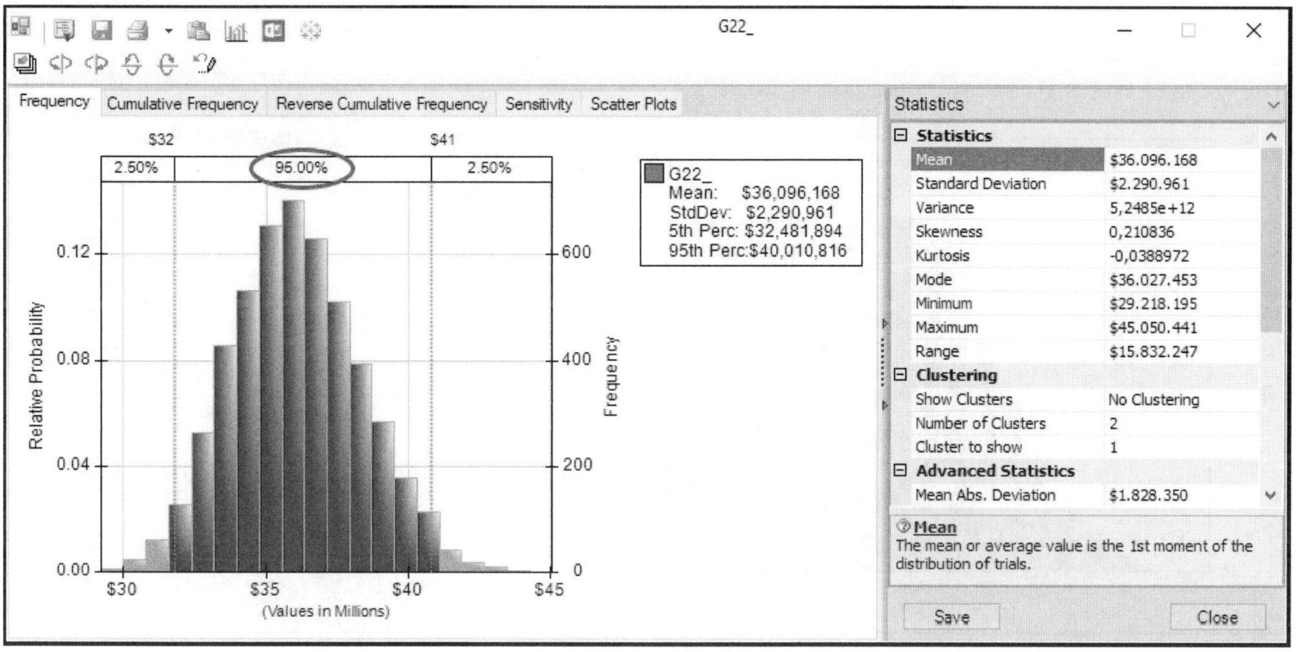

Na Figura 12.12, um valor de probabilidade de 95% (colocado como 95) foi inserido na caixa no topo do gráfico de frequência, fazendo que o Analytic Solver Platform identifique os valores inferior e superior do intervalo que contém 95% dos resultados de nossa simulação. (Você também pode clicar e arrastar as linhas correspondentes verticais no gráfico para ajustá-las se for o caso.) Esses valores indicam que aproximadamente 95% do total dos valores de custo da empresa para a célula G23 caíram entre $ 32 milhões e $ 41 milhões.

Nesse exemplo, a célula G23 (representando o custo total da empresa) é a única célula de saída que identificamos (pela função PsiOutput( ), como discutido na Seção 12.8.1). No entanto, é importante notar que, se monitorarmos mais de uma célula de saída durante a simulação (utilizando múltiplas funções PsiOutput( )), poderemos mostrar resumos estatísticos e histogramas dos valores que ocorrem nessas outras células de saída de maneira semelhante.

12.9.3 A DISTRIBUIÇÃO ACUMULADA DAS CÉLULAS DE SAÍDA

Às vezes, podemos querer ver um gráfico da distribuição de probabilidade acumulada associado a uma das células de saída monitoradas durante uma simulação. Por exemplo, suponha que o diretor financeiro (CFO) da Hungry Dawg prefira acumular uma quantidade a mais de dinheiro para pagar as despesas de saúde a não acumular dinheiro suficiente. O CFO pode querer saber qual é a quantidade que a empresa deve acumular para que haja uma chance de apenas 10% de faltar fundos no final do ano. Então, quanto dinheiro você diria para ele acumular?

A Figura 12.13 mostra um gráfico da distribuição de probabilidade acumulada dos valores que ocorreram na célula G23 durante a simulação. Esse gráfico pode nos ajudar a oferecer e explicar a resposta à questão anterior.

Esse gráfico mostra a probabilidade de a célula de saída selecionada ter um valor menor que cada valor no eixo X. Por exemplo, esse gráfico indica que existe cerca de 20% de chance de a célula de saída assumir um valor menor que cerca de $ 34 milhões. Da mesma forma, esse gráfico indica que existe cerca de 80% de chance de os custos totais serem menores que cerca de $ 38 milhões (ou uma chance de 20% de os custos totais ultrapassarem cerca de $ 38 milhões). Assim, com base nesse gráfico, estimaríamos que existe cerca de 10% de chance de os custos da empresa excederem cerca de $ 39 milhões.

12.9.4 OBTENDO OUTRAS PROBABILIDADES ACUMULADAS

Também podemos responder à pergunta do CFO com base nas informações na guia Percentiles mostrada na Figura 12.14. Essa janela revela uma série de valores percentuais para a célula de saída G23. Por exemplo, o percentil 75 dos valores gerados para célula de saída é $ 37,5 milhões – ou 75% dos 5.000 valores gerados para a célula G23 são menores ou iguais a esse valor. Da mesma forma, o percentil 90 da distribuição dos valores é de $ 39,1 milhões. As-

FIGURA 12.13 *Distribuição de frequência acumulada dos custos totais amostrados da empresa.*

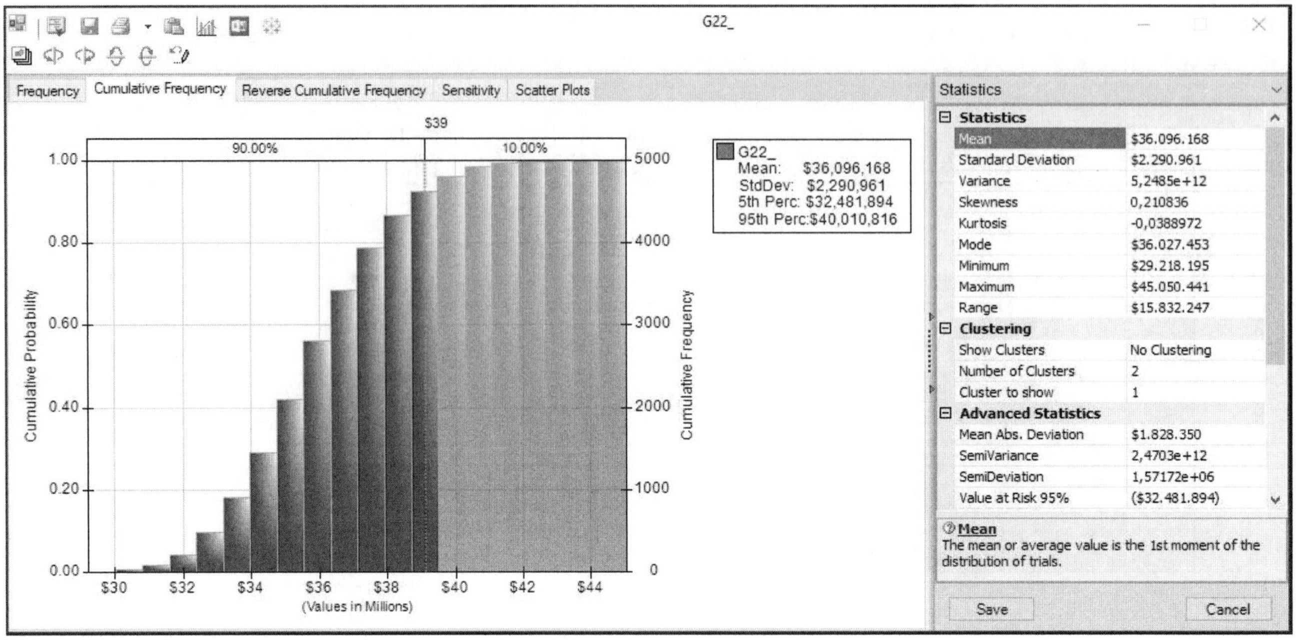

FIGURA 12.14 *Percentis da distribuição de possíveis custos totais da empresa.*

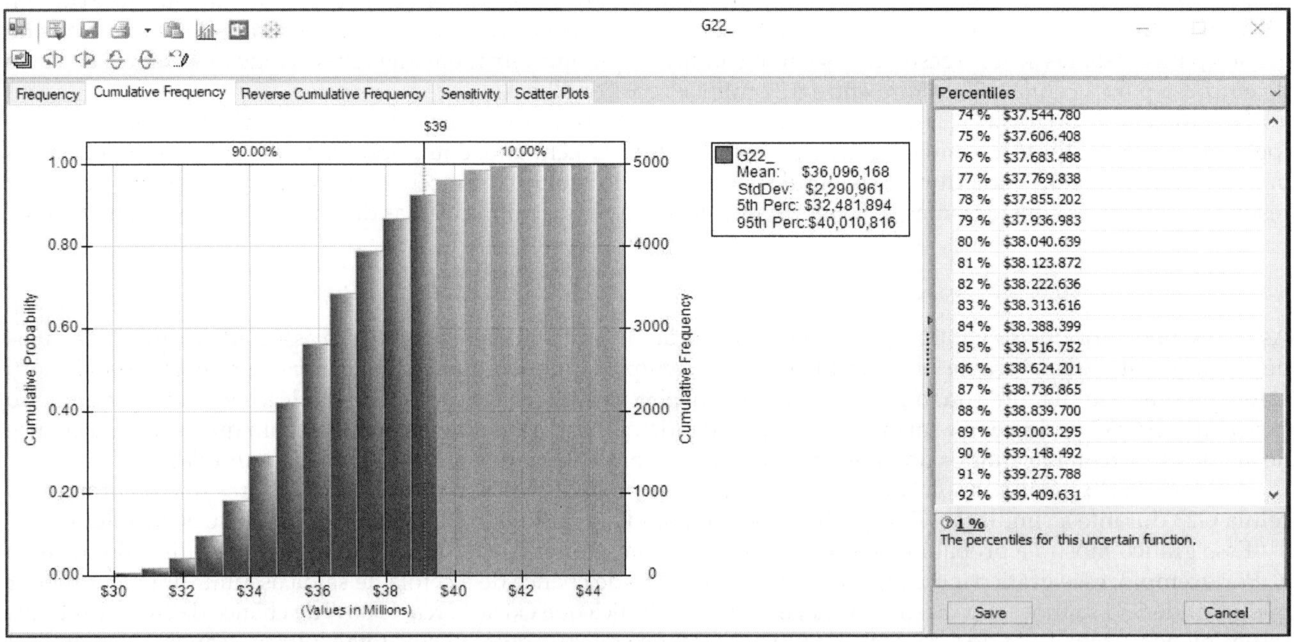

sim, com base nesses resultados, se a empresa acumular $ 39 milhões, esperamos que exista apenas cerca de 10% de chance de os custos reais da empresa excederem esse montante.

A capacidade de realizar esse tipo de análise realça o poder e o valor da simulação e do Analytic Solver Platform. Por exemplo, como poderíamos ter respondido à pergunta do CFO sobre quanto dinheiro acumular usando a análise melhor caso/pior caso ou a análise o quê-se? O fato é que não poderíamos responder à pergunta com algum grau de precisão sem o uso da simulação.

12.9.5 ANÁLISE DE SENSIBILIDADE

Às vezes, você pode estar interessado em examinar quão sensíveis os resultados de saída da simulação são em relação às várias células de entrada incertas no modelo. Isso ajuda a determinar quais células de entrada incertas são mais influentes na realização da medida de desempenho no modelo. Essas informações podem ajudar a direcionar nossos esforços para garantir que as células de entrada mais influentes sejam modeladas acuradamente. Em alguns casos, também pode ajudar os gestores a controlar a (ou reduzir a variabilidade da) variável de saída, tomando medidas para reduzir a variabilidade das variáveis de entrada mais influentes.

A Figura 12.15 mostra como um gráfico de sensibilidade identifica e resume as células de entrada incertas em nosso modelo que são mais significativamente correlacionadas (linearmente) com os valores de custo total da empresa gerados para a célula G23. Como mostra o gráfico, o número de funcionários cobertos em cada mês (na coluna B em nosso modelo de planilha) tende a ter o maior impacto sobre o custo total da empresa.

12.10 A incerteza de amostragem

Até esse ponto, temos utilizado a simulação para gerar 5.000 observações sobre a nossa medida de desempenho e, em seguida, calcular várias estatísticas para descrever suas características e comportamento. Por exemplo, a Figura 12.11 indica que o valor médio do custo da empresa em nossa amostra é de $ 36.096.168, e a Figura 12.14 mostra que existe uma chance de 90% de essa medida de desempenho assumir um valor menor que $ 39.148.492. Mas e se repetirmos esse processo e gerarmos outras 5.000 observações? Será que a média da amostra para as novas 5.000 observações também seria exatamente $ 36.096.168? Ou será que exatamente 90% das observações na nova amostra seriam inferiores a $ 39.148.492?

A resposta a essas duas perguntas é "provavelmente não". A amostra das 5.000 observações utilizadas na nossa análise foi feita com base em uma população de valores que teoricamente é infinita em tamanho. Ou seja, se tivéssemos tempo suficiente e nosso computador tivesse memória suficiente, poderíamos gerar um número infinito de valores para a nossa medida de desempenho. Teoricamente, poderíamos, então, analisar essa população infinita de valores para determinar o seu verdadeiro valor médio, o seu verdadeiro desvio padrão e a verdadeira probabilidade de a medida de desempenho ser inferior a $ 39.148.492. Infelizmente, não temos tempo ou recursos computacionais para

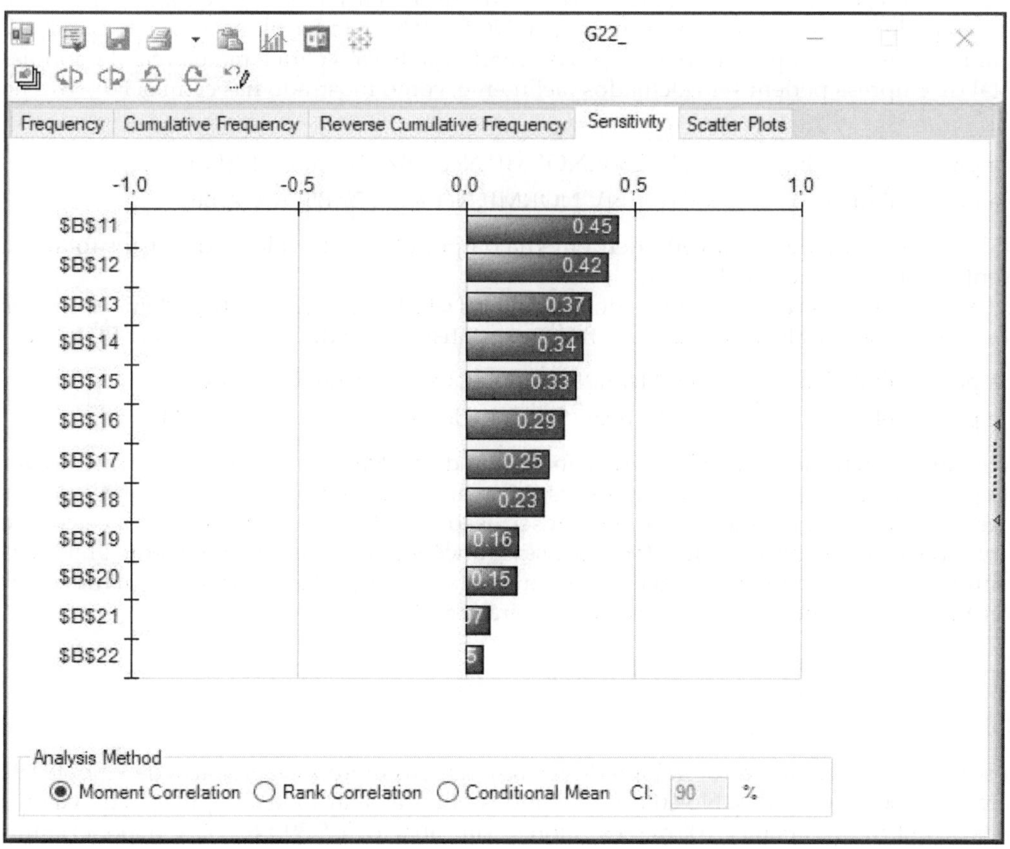

FIGURA 12.15
Gráfico de sensibilidade dos resultados da simulação.

determinar essas características verdadeiras (ou parâmetros) da população. O melhor que podemos fazer é pegar uma amostra dessa população e, com base em nossa amostra, fazer estimativas sobre as verdadeiras características da população subjacente. Nossas estimativas irão variar de acordo com a amostra que escolhemos e o tamanho dela.

Assim, a média da amostra que pegamos provavelmente não é igual à média verdadeira que observaríamos se pudéssemos analisar toda a população de valores para a nossa medida de desempenho. A média da amostra que calculamos é apenas uma estimativa da verdadeira média da população. No nosso exemplo problema, estima-se que exista a chance de 90% de nossa variável de saída assumir um valor menor que $ 39.148.492. No entanto, provavelmente não é igual à verdadeira probabilidade que calcularíamos se pudéssemos analisar toda a população. Assim, existe algum elemento de incerteza em torno das estimativas estatísticas resultantes da simulação, porque estamos usando uma amostra para fazer inferências sobre a população. Felizmente, existem maneiras de medir e descrever o grau de incerteza presente em algumas das estimativas que fazemos sobre a população em estudo. Isso geralmente é feito por meio da construção de intervalos de confiança para os parâmetros populacionais considerados.

12.10.1 CONSTRUINDO UM INTERVALO DE CONFIANÇA PARA A VERDADEIRA MÉDIA DA POPULAÇÃO

Construir um intervalo de confiança para a verdadeira média da população é um processo simples. Se $\overline{y}$ e s representam, respectivamente, a média e o desvio padrão de uma amostra de tamanho n de qualquer população, então, assumindo que n é suficientemente grande ($n \geq 30$), o Teorema do Limite Central nos diz que os limites inferior e superior de um intervalo de confiança (95%) para a média verdadeira da população são representados por:

$$\text{Limite inferior de confiança (95\%)} = \overline{y} - 1{,}96 \times \frac{s}{\sqrt{n}}$$

$$\text{Limite superior de confiança (95\%)} = \overline{y} + 1{,}96 \times \frac{s}{\sqrt{n}}$$

Embora possamos estar certos de que a média da amostra que calculamos com os nossos dados da amostra não é igual à verdadeira média da população, podemos ter 95% de confiança de que a verdadeira média da população se situa entre o limite inferior e o superior dados anteriormente. Se quisermos um intervalo de confiança de 90% ou 99%, temos de mudar o valor 1,96 na equação anterior para 1,645 ou 2,575, respectivamente. Os valores de 1,645, 1,96 e 2,575 representam, respectivamente, os percentis 95, 97,5 e 99,5 da distribuição normal padrão. Qualquer percentil da distribuição normal padrão pode ser obtido usando a função INV.NORMP.N( ) do Excel.

No nosso exemplo, os limites inferior e superior do intervalo de confiança de 95% para a média real da população de valores de custo total da empresa podem ser calculados facilmente, como mostrado nas células B9 e B10 na Figura 12.16.

Fórmula para a célula B9: =B4 – INV.NORMP.N(1 – B7/2)*B5/RAIZ(B6)
Fórmula para a célula B10: =B4 + INV.NORMP.N(1 – B7/2)*B5/RAIZ(B6)

Assim, podemos ter 95% de confiança de que a verdadeira média da população de valores de custos totais da empresa fica no intervalo entre $ 36.032.667 e $ 36.159.669.

Observe que a média e o desvio padrão da amostra mostrados nas células B4 e B5 da Figura 12.16 podem ser obtidos diretamente dos resultados de simulação utilizando duas das funções estatísticas Psi do Analytic Solver Platform.

Fórmula para a célula B4: =PsiMean('Modelo de Despesas de Saúde'!G23)
Fórmula para a célula B5: =PsiStdDev('Modelo de Despesas de Saúde'!G23)

Essas fórmulas, respectivamente, retornam a média e o desvio padrão dos 5.000 números que o Analytic Solver Platform tem armazenado para a célula G23. Os ícones Statistics, Measure e Range no menu do Analytic Solver Platform fornecem listas de várias outras funções Psi que podem ser usadas de forma semelhante para calcular e relatar os resultados da simulação diretamente em uma planilha. Essas funções podem ser extremamente úteis para resumir os resultados da simulação. No entanto, também é importante notar que essas funções só podem funcionar enquanto o Analytic Solver Platform está no modo de simulação interativa.

12.10.2 CONSTRUINDO UM INTERVALO DE CONFIANÇA PARA UMA PROPORÇÃO DA POPULAÇÃO

Em nosso exemplo, estima-se que 90% da população de valores de custos totais da empresa caem abaixo de $ 39.148.492 com base em nossa amostra de 5.000 observações. No entanto, se pudéssemos avaliar toda a população de valores totais de custos, poderíamos descobrir que apenas 80% desses valores estão abaixo de $ 39.148.492. Ou, poderíamos

FIGURA 12.16 *Intervalos de confiança para a média da população e para a proporção populacional.*

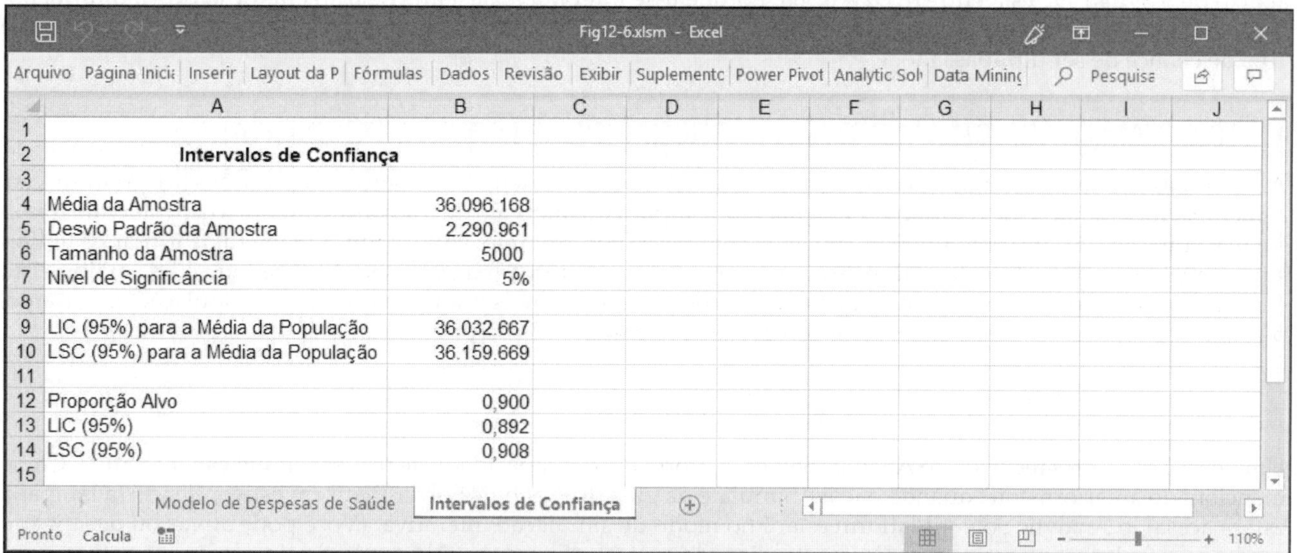

Fórmulas das principais células

Célula	Fórmula	Copiado para
B4	=PsiMean('Modelo de Despesas de Saúde'!G23)	--
B5	=PsiStdDev('Modelo de Despesas de Saúde'!G23)	--
B9	=B4–INV.NORM.N(1–B7/2)*B5/RAIZ(B6)	--
B10	=B4+INV.NORM.N(1–B7/2)*B5/RAIZ(B6)	--
B13	=B12–INV.NORM.N(1–B7/2)*RAIZ(B12*(1–B12)/B6)	--
B14	=B12+INV.NORM.N(1–B7/2)*RAIZ(B12*(1–B12)/B6)	--

descobrir que 99% de toda a população está abaixo dessa marca. Seria útil determinar a acurácia do valor 90%. Então, às vezes, podemos querer construir um intervalo de confiança para a verdadeira proporção de uma população que fica abaixo (ou acima) de algum valor, por exemplo, Y_p.

Para ver como se faz isso, vamos denotar por $\overline{p}$ a proporção de observações em uma amostra de tamanho n que fica abaixo de algum valor Y_p. Assumindo que n é suficientemente grande ($n \geq 30$), o Teorema do Limite Central nos diz que os limites inferior e superior de um intervalo de confiança (95%) para a verdadeira proporção de valores da população abaixo de Y_p são representados por:

$$\text{Limite inferior de confiança (95\%)} = \overline{p} - 1{,}96 \times \sqrt{\frac{\overline{p}(1-\overline{p})}{n}}$$

$$\text{Limite superior de confiança (95\%)} = \overline{p} + 1{,}96 \times \sqrt{\frac{\overline{p}(1-\overline{p})}{n}}$$

Embora possamos estar certos de que a proporção de observações que caem abaixo de Y_p em nossa amostra não é igual à verdadeira proporção da população que cai abaixo de Y_p, podemos ter 95% de confiança de que a verdadeira proporção da população que cai abaixo de Y_p está contida dentro dos limites inferior e superior dados anteriormente. Novamente, se quisermos um intervalo de confiança de 90% ou 99%, temos de mudar o valor 1,96 na equação anterior para 1,645 ou 2,575, respectivamente.

Usando essas fórmulas, podemos calcular o limite inferior e o superior de um intervalo de confiança de 95% para a verdadeira proporção da população que cai abaixo de $ 39.148.492. A partir dos nossos resultados de simulação, sabemos que 90% das observações da nossa amostra são menores que $ 39.148.492. Assim, o nosso valor estimado de $\overline{p}$ é 0,90. Esse valor foi inserido na célula B12 na Figura 12.16. Os limites inferior e superior de um intervalo de confiança de 95% para a verdadeira proporção da população que cai abaixo de $ 39.148.492 são calculados nas células B13 e B14 da Figura 12.16 utilizando as seguintes fórmulas:

Fórmula para a célula B13: =B12 - INV.NORMP.N(1 - B7/2)*RAIZ(B12*(1 - B12)/B6)

Fórmula para a célula B14: =B12 + INV.NORMP.N(1 - B7/2)*RAIZ(B12*(1 - B12)/B6)

Podemos ter 95% de confiança de que a verdadeira proporção da população de valores de custo total que caem abaixo de $ 39.148.492 está entre 0,892 e 0,908. Porque esse intervalo é bastante restrito em torno do valor 0,90, podemos estar razoavelmente certos de que a cifra de $ 39,1 milhões informados para o CFO tem aproximadamente 10% de chance de ser ultrapassado.

12.10.3 TAMANHOS DE AMOSTRA E LARGURAS DO INTERVALO DE CONFIANÇA

As fórmulas para os intervalos de confiança na seção anterior dependem do número de replicações (n) na simulação. À medida que o número de replicações (n) aumenta, a largura do intervalo de confiança diminui (ou o intervalo torna-se mais preciso). Assim, para um dado nível de confiança (por exemplo, 95%), a única maneira de tornar os limites superior e inferior do intervalo mais próximos (ou o intervalo se torna mais apertado) é fazer que n seja maior – isto é, utilizar uma amostra maior. Uma amostra maior deve fornecer mais informações sobre a população e, portanto, permite-nos ser mais acurado em estimar os verdadeiros parâmetros da população.

12.11 Simulação interativa

Um dos interessantes recursos do Analytic Solver Platform é a sua capacidade de realizar simulação interativa. Como mencionado anteriormente, quando o ícone Simulate na guia do Analytic Solver Platform estiver ligado (a lâmpada estará acesa), o Analytic Solver Platform estará no modo de simulação interativa. (Você pode ativar ou desativar o modo de simulação interativa, simplesmente clicando no ícone Simulate.) No modo de simulação interativa, sempre que você fizer uma alteração em sua pasta de trabalho que requer que a planilha seja recalculada (ou recalcular manualmente a planilha pressionando a tecla F9), o Analytic Solver Platform executará uma simulação completa do seu modelo.

Para entender por que isso é útil, lembre-se de que as Figuras 12.13 e 12.14 sugerem que há uma chance de cerca de 90% de o custo total da empresa ser inferior a $ 39 milhões – ou, de forma equivalente, uma chance de aproximadamente 10% do custo total da empresa ser superior a $ 39 milhões. Agora, suponha que os executivos da Hungry Dawg Restaurants achem que essa operação expõe a empresa a um risco muito grande. Particularmente, eles gostariam que houvesse uma chance de apenas 2% de o custo total da empresa ser superior a $ 39 milhões. Uma maneira de reduzir os custos em que a empresa pode incorrer é aumentar a quantidade de dinheiro que os funcionários devem contribuir cada mês, que atualmente está definida em $ 125 por funcionário. Essencialmente, essa operação transfere alguns dos custos no plano de saúde da empresa para seus funcionários. Mas quanto o montante de contribuição por funcionário a cada de mês deve aumentar a fim de existir apenas 2% de chance de a responsabilidade da empresa ser superior a $ 39 milhões?

Podemos responder a essa pergunta facilmente usando o Analytic Solver Platform no modo de simulação interativa, como mostrado na Figura 12.17 (e no arquivo Fig12-17.xlsm, disponível na página deste livro no site da editora). No modo de simulação interativa (isto é, quando o ícone Simulate estiver aceso), se você alterar o montante pago por funcionário a cada mês (na célula D7), o Analytic Solver Platform executa instantaneamente 5.000 replicações do modelo e resume os resultados no gráfico de frequência. Assim, um analista pode ver rapidamente como as alterações no montante que a empresa cobra de seus funcionários para cobertura do seguro-saúde afetam a distribuição dos custos pelos quais a empresa é responsável. Nesse caso, podemos determinar rapidamente que, se os funcionários pagarem $ 132 por mês para cobertura do seguro-saúde, há apenas cerca de 2% de chance de que a responsabilidade da empresa seja superior a $ 39 milhões.

Na Figura 12.17, nota-se também o uso da função PsiTarget( ) na célula G27, que calcula a probabilidade de o custo total da empresa (na célula G23) ser superior a $ 39 milhões (na célula G25).

Fórmula para a célula G27: =1-PsiTarget(G23;G25)

Em geral, PsiTarget(*célula; valor alvo*) retorna a probabilidade acumulada de uma distribuição ou *célula* de saída específica ser inferior ou igual a determinado *valor alvo*. No caso mostrado na Figura 12.17, há uma chance de 97,96% de o custo total da empresa ser inferior a $ 39 milhões. Portanto, há uma probabilidade de 1 – 0,9796 = 0,0204 de o custo total da empresa ser superior a $ 39 milhões.

A função PsiTarget( )

A função PsiTarget (*célula; valor alvo*) retorna a probabilidade acumulada de uma distribuição ou *célula* de saída específica ser inferior ou igual a determinado *valor alvo*. Essa função é muito útil para calcular as várias probabilidades associadas com os resultados da simulação.

FIGURA 12.17 *Utilizando simulação interativa.*

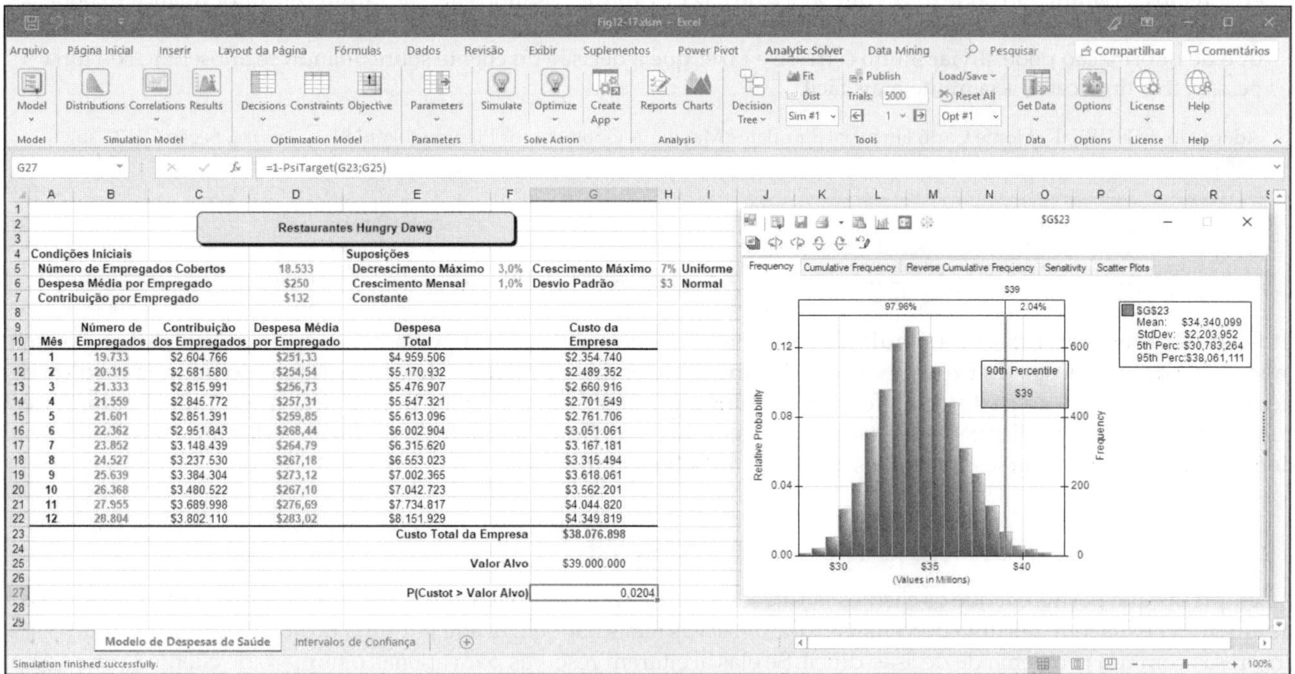

Fórmulas das principais células		
Célula	**Fórmula**	**Copiado para**
G27	=1–PsiTarget(G23;G25)	--

12.12 Os benefícios da simulação

Então, o que realizamos com a simulação? Estamos realmente em melhores condições do que se tivéssemos utilizado apenas os resultados do modelo original proposto na Figura 12.2? O valor estimado para o custo total esperado para a empresa na Figura 12.2 é comparável ao obtido por meio de simulação (embora nem sempre possa ser o caso). Mas lembre-se de que o objetivo da modelagem é nos dar maior compreensão de um problema para nos ajudar a tomar decisões estando mais informados.

Os resultados de nossa simulação efetivamente nos dão maior percepção do problema. Em particular, temos agora uma ideia dos resultados de custos totais para a empresa no melhor e no pior caso. Temos uma ideia melhor da distribuição e variabilidade dos resultados possíveis e uma ideia mais precisa sobre onde a média da distribuição está localizada. Também temos agora uma maneira de determinar quão provavelmente o resultado real ficará acima ou abaixo de um valor. Assim, além da nossa maior percepção e compreensão do problema, também temos uma evidência empírica sólida (os fatos e números) para apoiar as nossas recomendações.

Aplicando simulação em planejamento financeiro pessoal

Um artigo presciente no *Wall Street Journal* destacou a importância da simulação na avaliação de risco em investimentos financeiros pessoais. Apesar de qualquer planejamento ser melhor que nada, o artigo observa que modelos tradicionais de planilhas apresentam respostas que criam a ilusão de que o resultado é uma certeza quando, na verdade, não é. Isso faz com que muitas pessoas assumam, sem saber, muito mais risco que imaginam. Como resultado, a maioria das empresas de planejamento financeiro está, agora, usando simulação para ajudar aposentados a entender o quanto eles podem auferir como renda, sem perder seus ativos ou esgotar os fundos que querem deixar para herdeiros. Em face de resultados de investimento amplamente divergentes que podem surgir, a quantidade de cálculos

(continua)

envolvidos na simulação pode trazer um pouco de paz de espírito. Usando simulação, um consultor financeiro pode determinar que existe uma probabilidade de 95% de que o dinheiro de um cliente dure até 110 anos de idade. Esse tipo de informação pode aliviar muito estresse e fazer que a decisão do cliente sobre quando se aposentar, sob uma perspectiva financeira, seja muito mais fácil.

Adaptado de HUBE, K. Monte Carlo Financial Simulator May Be A Good Bet for Planning. *Wall Street Journal*, Seção C1, 27 abr. 2000.

12.13 Usos adicionais da simulação

Indicamos, anteriormente, que a simulação é uma técnica que *descreve* o comportamento ou as características de uma medida de desempenho. Os próximos exemplos mostram como a descrição do comportamento de uma medida de desempenho fornece ao gestor uma ferramenta útil para determinar o valor ótimo para um ou mais parâmetros controláveis em um problema de decisão. Esses exemplos reforçam a mecânica da utilização da simulação e também demonstram alguns recursos adicionais do Analytic Solver Platform.

12.14 Um exemplo de gestão de reserva

As empresas que permitem que os clientes façam reservas de serviços (tais como companhias aéreas, hotéis e locadoras de automóveis) sabem que uma porcentagem das reservas feitas não será usada por uma razão ou outra, deixando essas empresas com um problema de decisão difícil. Se elas aceitarem reservas para apenas o número de clientes que podem realmente servir, então, uma parte dos ativos da empresa será subutilizada quando alguns clientes com reservas não conseguem chegar. Por outro lado, se elas fizerem *overbooking* (ou aceitarem mais reservas com que podem lidar), então, às vezes, mais clientes que elas podem realmente servir chegarão. Isso normalmente resulta em custos financeiros adicionais para a empresa e, muitas vezes, gera má vontade entre os clientes que não puderam ser atendidos. O exemplo a seguir ilustra como a simulação pode ser usada para ajudar uma empresa a determinar o número ótimo de reservas a aceitar.

Marty Ford é um analista de operações da Piedmont Commuter Airlines (PCA). Recentemente, Marty foi solicitado a fazer uma recomendação de quantas reservas a PCA deveria registrar no Voo 343 – voo de um pequeno aeroporto regional em New England para um importante centro de conexões no aeroporto de Logan, Boston. O avião utilizado no Voo 343 é um pequeno bimotor turboélice para 19 passageiros. A PCA vende bilhetes não reembolsáveis para o Voo 343 por $ 150 por assento.

Estatísticas da indústria mostram que, para cada passagem vendida para um voo regional, existe a probabilidade de 0,10 de que o portador do bilhete não estará no voo. Assim, se a PCA vender 19 bilhetes para esse voo, há uma boa chance de que um ou mais lugares no avião estarão vazios. Claro, lugares vazios representam perda de rendimento potencial para a empresa. Por outro lado, se a PCA tiver *overbooking* nesse voo e mais de 19 passageiros aparecerem, alguns deles terão de ser remanejados para outro voo mais tardio.

Para compensar o inconveniente de ser remanejado, a PCA dá a esses passageiros *vouchers* para uma refeição grátis, um voo gratuito em uma data posterior e, às vezes, também paga para eles passarem a noite em um hotel perto do aeroporto. A PCA paga em média $ 325 (incluindo o custo da imagem perdida) para cada passageiro remanejado. Marty quer determinar se a PCA pode aumentar os lucros com *overbooking* nesse voo e, em caso afirmativo, quantas reservas devem ser aceitas para produzir o lucro médio máximo. Para auxiliar na análise, Marty analisou dados de pesquisa de mercado para esse voo, que revelam a seguinte distribuição de probabilidade da demanda para ele:

Assentos demandados	**14**	**15**	**16**	**17**	**18**	**19**	**20**	**21**	**22**	**23**	**24**	**25**
Probabilidade	0,03	0,05	0,07	0,09	0,11	0,15	0,18	0,14	0,08	0,05	0,03	0,02

12.14.1 IMPLEMENTANDO O MODELO

Um modelo de planilha para esse problema é apresentado na Figura 12.18 (e no arquivo Fig12-18.xlsm, disponível na página deste livro no site da editora). A planilha começa listando os dados relevantes do problema, incluindo o número de assentos disponíveis no avião, o preço que a PCA cobra por cada assento, a probabilidade de um não comparecimento (um passageiro com passagem não chegar a tempo para o voo), o custo de remanejar passageiros e o número de reservas que serão aceitas.

FIGURA 12.18 *Modelo de planilha para o problema de* overbooking.

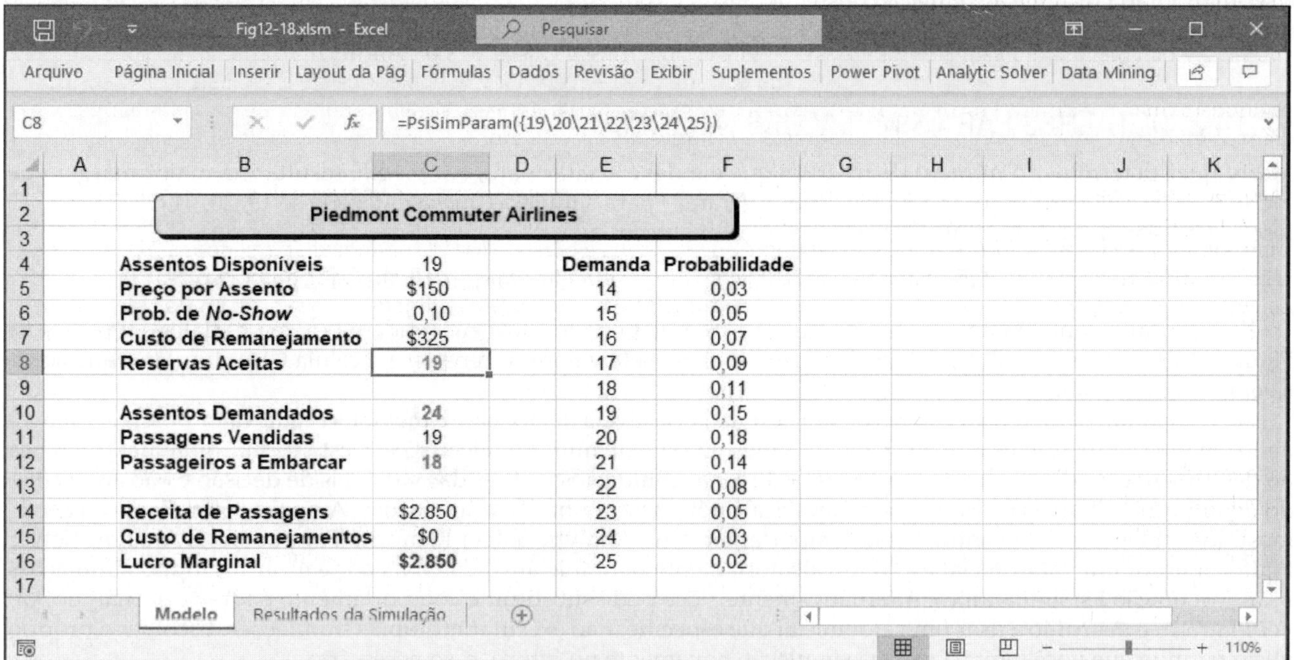

	A	B	C	D	E	F
2		Piedmont Commuter Airlines				
4		**Assentos Disponíveis**	19		**Demanda**	**Probabilidade**
5		**Preço por Assento**	$150		14	0,03
6		**Prob. de *No-Show***	0,10		15	0,05
7		**Custo de Remanejamento**	$325		16	0,07
8		**Reservas Aceitas**	19		17	0,09
9					18	0,11
10		**Assentos Demandados**	24		19	0,15
11		**Passagens Vendidas**	19		20	0,18
12		**Passageiros a Embarcar**	18		21	0,14
13					22	0,08
14		**Receita de Passagens**	$2.850		23	0,05
15		**Custo de Remanejamentos**	$0		24	0,03
16		**Lucro Marginal**	**$2.850**		25	0,02

Fórmulas das principais células		
Célula	**Fórmula**	**Copiado para**
C8	=PsiSimParam({19\20\21\22\23\24\25})	--
C10	=PsiDiscrete(E5:E16;F5:F16)	--
C11	=MÍNIMO(C10;C8)	--
C12	=PsiBinomial(C11;1-C6)	--
C14	=C11*C5	--
C15	=MÁXIMO(C12–C4;0)*C7	--
C16	=C14–C15+PsiOutput( )	--

A distribuição da demanda por assentos no voo é resumida nas colunas E e F. Usando esses dados, o número de assentos demandados para um voo em particular é gerado aleatoriamente na célula C10 da seguinte forma:

Fórmula para a célula C10: =PsiDiscrete(E5:E16;F5:F16)

O número de bilhetes efetivamente vendidos para um voo não pode exceder o número de reservas que a empresa está disposta a aceitar. Assim, o número de bilhetes vendidos é calculado na célula C11 da seguinte forma:

Fórmula para a célula C11: =MÍNIMO(C10;C8)

Porque cada passageiro com bilhete tem uma probabilidade de 0,10 de não comparecer, existe uma probabilidade de 0,9 de que cada passageiro com bilhete chegará a tempo de embarcar no voo. A função PsiBinomial( ) (descrita anteriormente na Figura 12.3) é utilizada na célula C12 para modelar o número de passageiros com bilhete do voo:

Fórmula para a célula C12: =PsiBinomial(C11;1 – C6)

A célula C14 representa o rendimento de bilhetes que a PCA tem com base no número de bilhetes que ela vende para cada voo. A fórmula para essa célula é:

Fórmula para a célula C14: =C11*C5

A célula C15 calcula os custos que a PCA incorre quando os passageiros devem ser remanejados (ou seja, quando o número de passageiros que querem embarcar exceder o número de assentos disponíveis):

Fórmula para a célula C15: =MÁXIMO(C12 – C4;0)*C7

Finalmente, a célula C16 calcula o lucro marginal que a PCA ganha em cada voo. Essa também é a célula de saída a ser monitorada durante a simulação desse modelo.

Fórmula para a célula C16: =C14 – C15 + PsiOutput( )

12.14.2 DETALHES PARA SIMULAÇÕES MÚLTIPLAS

Marty quer determinar o número de reservas que ele deve aceitar para, em média, resultar na maior margem de lucro. Para isso, ele precisa usar a função PsiSimParam( ) para simular o que aconteceria se 19, 20, 21, 22, 23, 24 e 25 reservas fossem aceitas. A célula C8 contém a seguinte fórmula:

Fórmula para a célula C8: =PsiSimParam({19\20\21\22\23\24\25})

Essa fórmula, juntamente com a configuração "Simulations to Run" mostrada na caixa de diálogo Options na Figura 12.19, instrui o Analytic Solver Platform a utilizar sete valores diferentes na célula C8 e simular o que acontecerá com cada valor.

Ao comparar os diferentes valores de uma ou mais variáveis de decisão, é melhor se cada valor possível for avaliado em uma simulação usando exatamente a mesma série de números aleatórios. Dessa forma, qualquer diferença no desempenho de duas soluções possíveis pode ser atribuída aos valores das variáveis de decisão e não ao resultado de um conjunto mais favorável de números aleatórios para uma das simulações. A opção "Sim. Random Seed" mostrada na Figura 12.19 controla esse comportamento no Analytic Solver Platform. Por padrão, o Analytic Solver Platform usará um valor inicial escolhido aleatoriamente para iniciar o seu GNA ao realizar múltiplas simulações usando a função PsiSimParam( ). Alternativamente, você pode substituir o comportamento padrão do Analytic Solver Platform e instruí-lo a usar um valor inicial que especificar ao executar múltiplas simulações. Escolher o próprio início permite que você repita a mesma simulação novamente no futuro, caso necessário.

Vale a pena notar que as opções "Sampling Method" mostradas na Figura 12.19 também têm um impacto sobre a acurácia dos resultados de uma corrida de simulação. Utilizando a opção "Monte Carlo", o Analytic Solver Platform tem a liberdade de escolher qualquer valor para um GNA específico durante cada replicação do modelo. Por exemplo, o Analytic Solver Platform pode gerar repetidamente vários valores muito extremos (e raros!) a partir da

FIGURA 12.19
Opções do Analytic Solver Platform para o problema de overbooking.

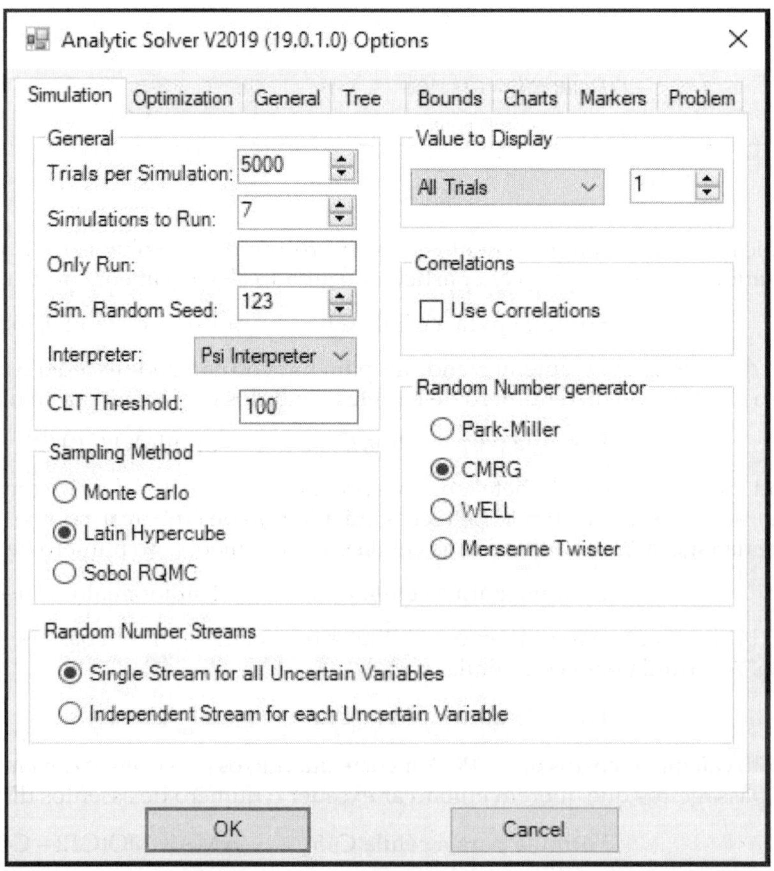

cauda superior de uma distribuição normal. A opção "Latin Hypercube" protege contra isso, garantindo que uma representação justa de valores seja gerada a partir de toda a distribuição para cada GNA. Como você pode imaginar, a opção "Latin Hypercube" requer um pouco mais de trabalho durante cada replicação do modelo, mas tende a gerar resultados de simulação mais acurados em um menor número de replicações. Consulte o manual do usuário do Analytic Solver Platform para obter informações adicionais sobre os métodos de amostragem suportados.

12.14.3 RODANDO AS SIMULAÇÕES

Na Figura 12.18, incluímos a função PsiOutput( ) em nossa fórmula para a célula C16 (que representa o lucro marginal) para indicar que é a célula de saída que o Analytic Solver Platform deve monitorar. Na Figura 12.19, indicamos que o Analytic Solver Platform deve realizar 7 simulações (uma para cada valor de 19 a 25 indicado pela função PsiSimParam( ) na célula C8) e executar uma simulação que consiste em 5.000 replicações para cada valor possível para a C8 (envolvendo 35.000 replicações de nosso modelo).

12.14.4 ANÁLISE DOS DADOS

O Analytic Solver Platform fornece várias maneiras para observarmos os resultados das sete simulações. Se clicarmos duas vezes sobre a célula C16 (que inclui a função PsiOutput( )), podemos verificar os resultados do lucro marginal de cada uma das sete simulações. A Figura 12.20 mostra como o Analytic Solver Platform nos permite visualizar as estatísticas e o gráfico de frequência acumulada associados a qualquer uma das sete simulações.

Ao selecionar a opção Multiple na lista suspensa mostrada na Figura 12.20, também podemos plotar, simultaneamente, as distribuições de frequência acumulada dos valores de lucros marginais associadas a cada uma das sete simulações, como mostrado na Figura 12.21.

Claro, também podemos usar as funções estatísticas Psi para criar um resumo personalizado dos resultados da simulação diretamente em uma planilha (veja a Figura 12.22). Para simulações múltiplas, note que o último argumento de cada função estatística Psi indica a qual conjunto de dados de simulação a função se aplica. Por exemplo, a fórmula =PsiMean(Modelo!C16;1) retornaria a média dos lucros marginais da simulação 1 (em que foram aceitas 19 reservas), enquanto =PsiMean(Modelo!C16;5) retornaria a média dos lucros marginais da simulação 5 (em que foram aceitas 23 reservas). Os dados na Figura 12.22 deixam claro que, se a PCA quer maximizar o lucro marginal esperado (ou médio), deve aceitar 21 reservas por voo. Aceitar mais de 21 reservas faz que seja possível alcançar níveis mais elevados de lucro em alguns voos, mas, em média (em um grande número de voos), aceitar mais de 21 reservas resultaria em menos lucro para a empresa, se os pressupostos do nosso modelo estiverem corretos.

12.15 Um exemplo de controle de estoque

De acordo com o *Wall Street Journal*, as empresas norte-americanas mantiveram recentemente um estoque combinado avaliado em $ 884,77 bilhões. Visto que tanto dinheiro é investido em estoques, as empresas enfrentam muitas decisões importantes relativas à gestão desses ativos. Perguntas frequentes sobre estoques incluem:

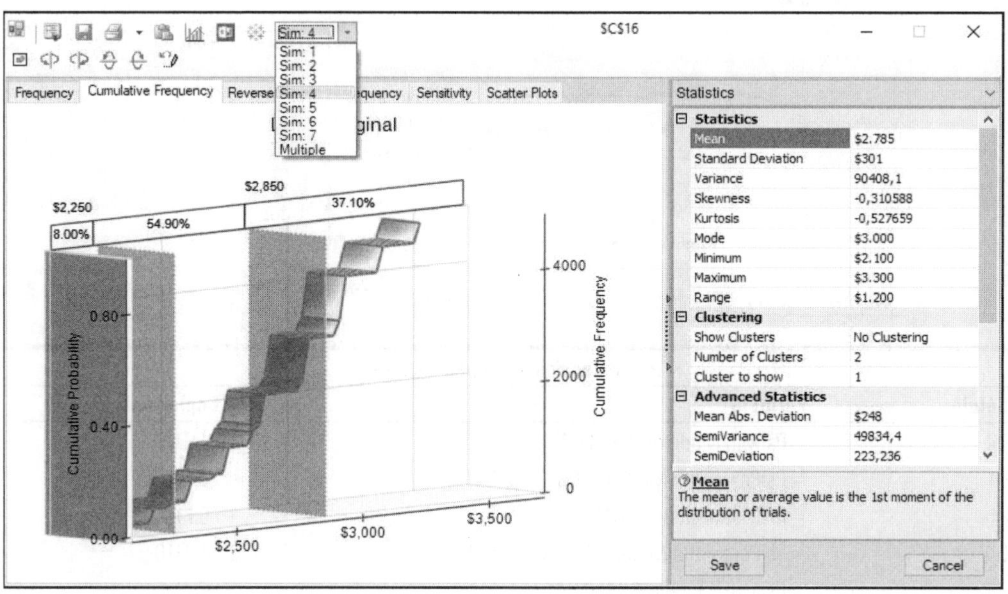

FIGURA 12.20
Visualizando estatísticas de qualquer uma das sete simulações.

FIGURA 12.21
Visualizando a distribuição de frequência acumulada de cada simulação.

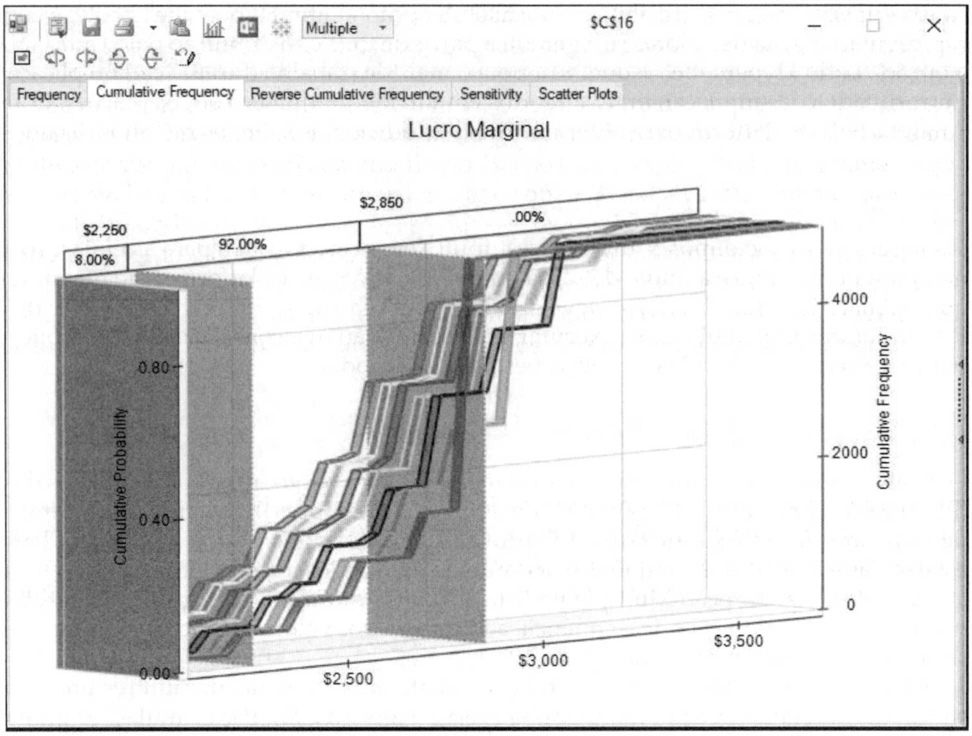

FIGURA 12.22
Resumo dos resultados de todas as sete simulações.

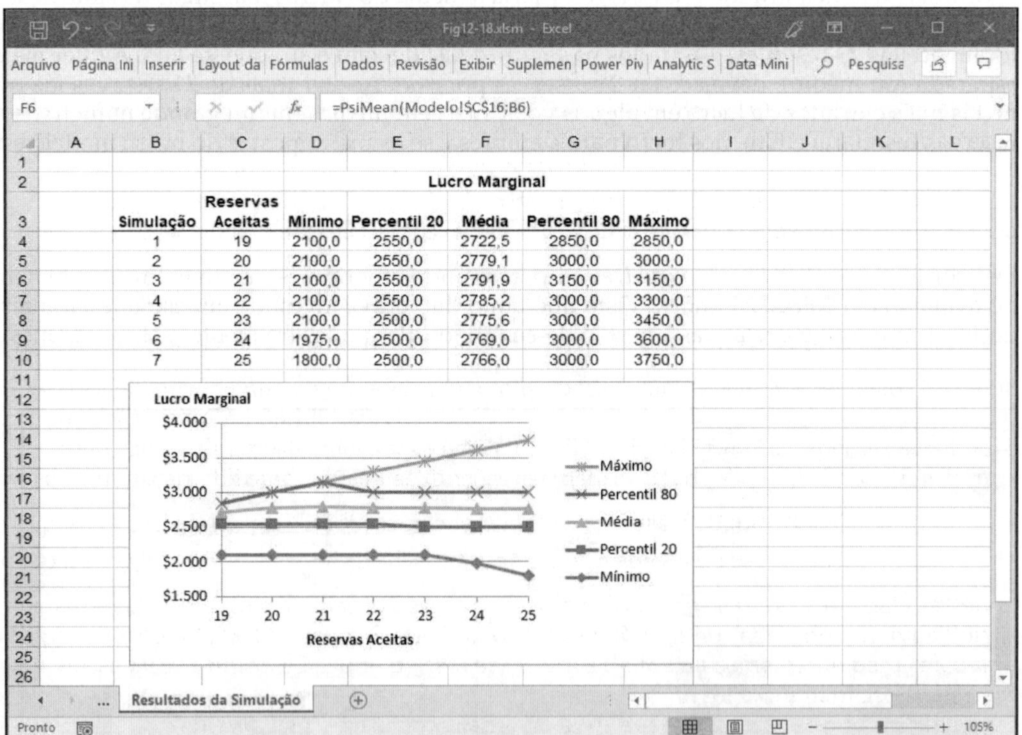

	Lucro Marginal					
Simulação	Reservas Aceitas	Mínimo	Percentil 20	Média	Percentil 80	Máximo
1	19	2100,0	2550,0	2722,5	2850,0	2850,0
2	20	2100,0	2550,0	2779,1	3000,0	3000,0
3	21	2100,0	2550,0	2791,9	3150,0	3150,0
4	22	2100,0	2550,0	2785,2	3000,0	3300,0
5	23	2100,0	2500,0	2775,6	3000,0	3450,0
6	24	1975,0	2500,0	2769,0	3000,0	3600,0
7	25	1800,0	2500,0	2766,0	3000,0	3750,0

Fórmulas das principais células

Célula	Fórmula	Copiado para
D4	=PsiMin(Modelo!$C$16;B4)	D5:D10
E4	=PsiPercentile(Modelo!$C$16;0,2;B4)	E5:E10
F4	=PsiMean(Modelo!$C$16;B4)	F5:F10
G4	=PsiPercentile(Modelo!$C$16;0,8;B4)	G5:G10
H4	=PsiMax(Modelo!$C$16;B4)	H5:H10

- Qual é o melhor nível de estoque para uma empresa manter?
- Quando os bens devem ser reabastecidos (ou fabricados)?
- Qual o nível de estoque de segurança que deve ser mantido?

O estudo dos princípios de controle de estoques é dividido em duas áreas distintas – uma assume que a demanda é conhecida (ou determinista), e a outra, que a demanda é aleatória (ou estocástica). Se a demanda for conhecida, várias fórmulas que fornecem respostas para as perguntas anteriores podem ser derivadas (um exemplo de tal fórmula é dado na discussão do modelo de LE no Capítulo 8). No entanto, quando a demanda por um produto for incerta ou aleatória, as respostas às perguntas anteriores não podem ser expressas em termos de uma fórmula simples. Nessas situações, a técnica de simulação se mostra uma ferramenta útil, conforme ilustrado no exemplo seguinte.

Laura Tanner é proprietária da Millennium Computer Corporation (MCC), uma loja de varejo de informática, em Austin, Texas. A concorrência na venda de computadores no varejo é acirrada – tanto em termos de preço quanto de serviço. Laura está preocupada com a falta de estoque que ocorre em um tipo popular de monitor de computador. Faltas de estoque são muito caras para os negócios, pois, quando os clientes não podem comprar esse item na MCC, eles simplesmente o compram de uma loja concorrente, e a MCC perde a venda (não há pedidos em atraso). Laura mede os efeitos das faltas de estoque em seu negócio em termos do nível de serviço, ou a porcentagem da demanda total que pode ser satisfeita imediatamente com base no estoque.

Laura tem seguido a política de encomendar 50 monitores sempre que a posição diária de estoque final (definida como estoque final disponível, mais encomendas pendentes) cai abaixo do ponto de reabastecimento de 28 unidades. Ela faz o pedido no início do dia seguinte. Por exemplo, se a posição de estoque final no dia 2 é inferior a 28, Laura faz o pedido no início do dia 3. Se o tempo real entre a encomenda e a entrega, ou tempo de espera, acabar sendo de 4 dias, então o pedido chega no início do dia 7. As encomendas são entregues no início do dia e, por conseguinte, podem ser utilizadas para satisfazer a demanda no mesmo dia. O nível atual do estoque disponível é de 50 unidades e não há pedidos pendentes.

A MCC vende uma média de seis monitores por dia. No entanto, o número real vendido em qualquer dia pode variar. Ao analisar seus registros de vendas dos últimos meses, Laura determinou que a demanda diária real para esse monitor é uma variável aleatória que pode ser descrita pela seguinte distribuição de probabilidade:

Unidades demandadas	**0**	**1**	**2**	**3**	**4**	**5**	**6**	**7**	**8**	**9**	**10**
Probabilidade	0,01	0,02	0,04	0,06	0,09	0,14	0,18	0,22	0,16	0,06	0,02

O fabricante desse monitor de computador está localizado na Califórnia. Embora leve uma média de quatro dias para a MCC receber uma encomenda dessa empresa, Laura descobriu que o tempo de entrega de um carregamento de monitores também é uma variável aleatória que pode ser descrita pela seguinte distribuição de probabilidade:

Tempo de entrega (dias)	**3**	**4**	**5**
Probabilidade	0,2	0,6	0,2

Uma forma de se precaver contra as faltas de estoque e melhorar o nível de serviço é aumentar o ponto de reabastecimento para o item de modo que um estoque maior estará à disposição para atender a demanda que ocorre durante o tempo de espera da encomenda. No entanto, custos de manutenção estão associados em manter mais estoque disponível. Laura quer avaliar a sua política de encomenda atual para esse item e determinar se é possível melhorar o nível de serviço sem aumentar a quantidade média de estoque disponível.

12.15.1 CRIANDO OS GNAs

Para resolver esse problema, é preciso construir um modelo para representar o estoque de monitores de computador durante um mês médio de 30 dias. Esse modelo deve levar em conta as demandas aleatórias diárias que podem ocorrer e os tempos de entrega aleatórios encontrados quando os pedidos são feitos. Primeiro, vamos considerar como criar GNAs para modelar as demandas diárias e os tempos de entrega dos pedidos. Os dados referentes a essas variáveis são inseridos na planilha como mostrado na Figura 12.23 (e no arquivo Fig12-23.xlsm, disponível na página deste livro no site da editora).

O tempo de entrega do pedido e as variáveis de demanda diárias são exemplos de variáveis aleatórias *genéricas discretas*, porque os possíveis resultados que assumem consistem apenas em números inteiros, e as probabilidades associadas a cada resultado não são iguais (ou não são uniformes). Assim, usando a função PsiDiscrete( ) descrita na Figura 12.3, os GNAs de cada variável são:

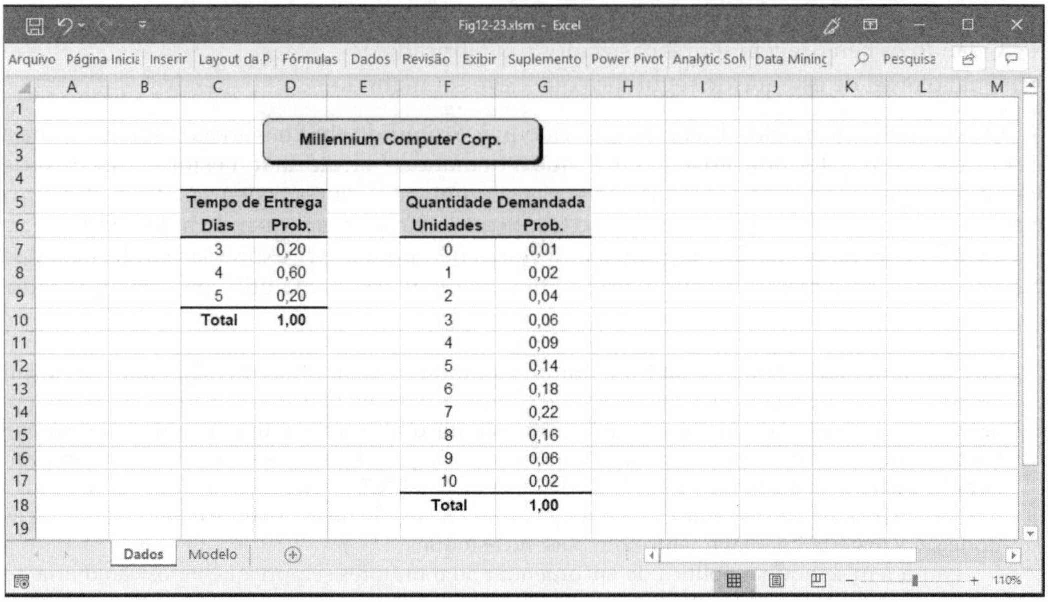

Tempo de Entrega	
Dias	Prob.
3	0,20
4	0,60
5	0,20
Total	1,00

Quantidade Demandada	
Unidades	Prob.
0	0,01
1	0,02
2	0,04
3	0,06
4	0,09
5	0,14
6	0,18
7	0,22
8	0,16
9	0,06
10	0,02
Total	1,00

FIGURA 12.23
Dados dos GNAs para o problema de estoque da MCC.

GNA para o tempo de entrega do pedido: =PsiDiscrete(Dados!$C$7:$C$9;Dados!$D$7:$D$9)

GNA para a demanda diária: =PsiDiscrete(Dados!$F$7:$F$17;Dados!$G$7:$G$17)

12.15.2 IMPLEMENTANDO O MODELO

Agora que temos uma maneira de gerar os números aleatórios necessários nesse problema, podemos considerar como o modelo deve ser construído. A Figura 12.24 mostra o modelo que representa 30 dias de atividade de estoques. Observe que as células M5 e M6 foram reservadas para representar respectivamente o ponto de reabastecimento e a quantidade de pedido para o modelo.

O estoque à disposição no início de cada dia é calculado na coluna B na Figura 12.24. O estoque inicial para cada dia é simplesmente o saldo final do dia anterior. As fórmulas na coluna B são:

Fórmula para a célula B6: =50
Fórmula para a célula B7: =F6
(Copiar para as células B8 a B35.)

A coluna C representa o número de unidades previstas para serem recebidas em cada dia. Discutiremos as fórmulas na coluna C depois de discutirmos as colunas H, I e J, que dizem respeito aos pedidos e a seus prazos de entrega.

Na coluna D, usamos a técnica descrita anteriormente para gerar demandas aleatórias diárias, como:

Fórmula para a célula D6: =PsiDiscrete(Dados!$F$7:$F$17;Dados!$G$7:$G$17)
(Copiar para as células D7 a D35.)

Já que é possível que a demanda exceda a oferta disponível, a coluna E indica o quanto da demanda diária pode ser realizada. Se o estoque inicial (na coluna B) mais as unidades encomendadas recebidas (na coluna C) for superior ou igual à demanda atual, então, toda a demanda pode ser satisfeita; caso contrário, a MCC pode vender apenas o número de unidades que estão disponíveis. Essa condição é modelada por:

Fórmula para a célula E6: =MÍNIMO(D6;B6 + C6)
(Copiar para as células E7 a E35.)

Os valores na coluna F representam o estoque disponível no fim de cada dia, que é calculado por:

Fórmula para a célula F6: =B6 + C6 – E6
(Copiar para as células F7 a F35.)

Para determinar se devemos fazer um pedido, devemos primeiro calcular a posição do estoque, que foi definida anteriormente como o estoque final mais quaisquer pedidos pendentes. Isso é implementado na coluna G como:

FIGURA 12.24 *Planilha para o problema de estoque da MCC.*

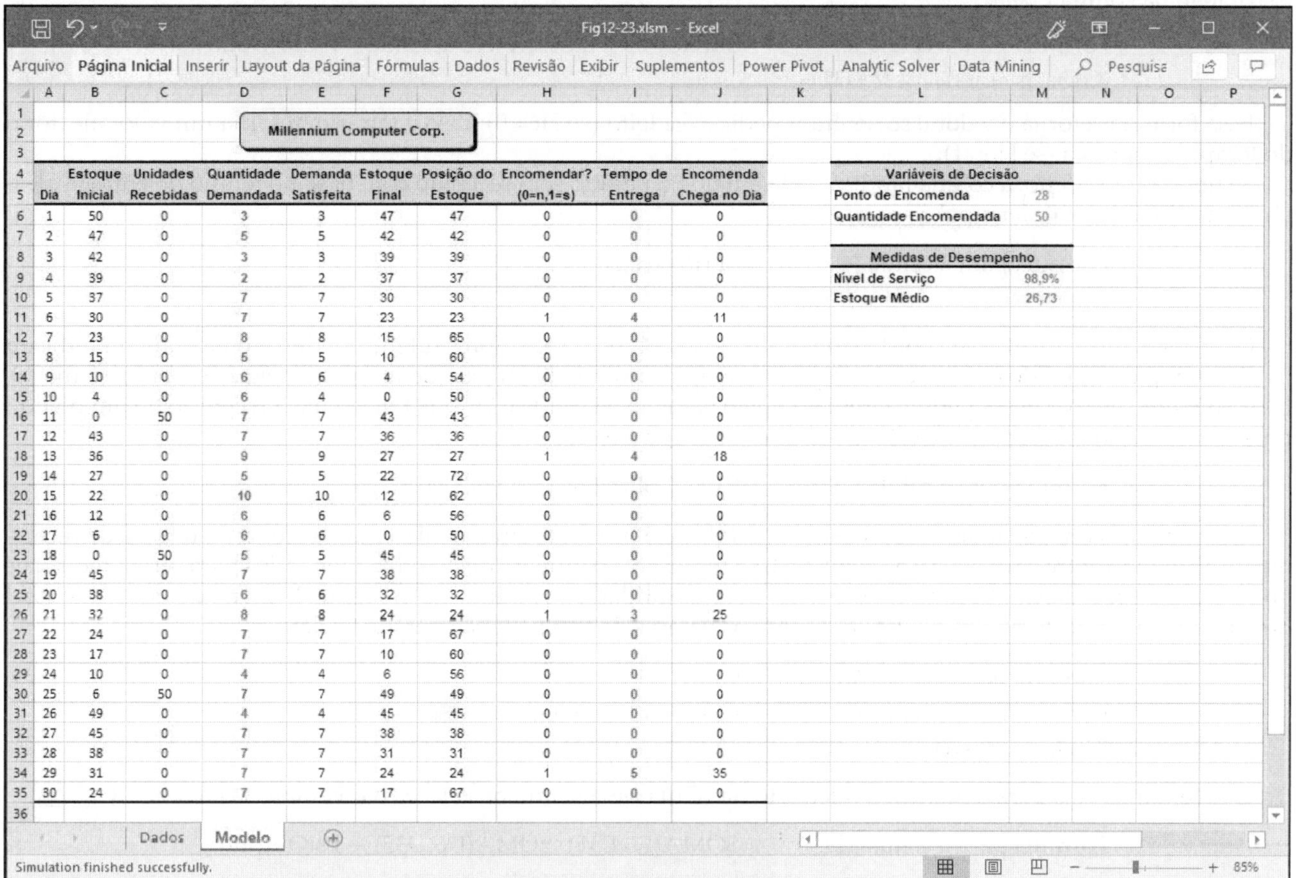

Millennium Computer Corp.

Dia	Estoque Inicial	Unidades Recebidas	Quantidade Demandada	Demanda Satisfeita	Estoque Final	Posição do Estoque	Encomendar? (0=n,1=s)	Tempo de Entrega	Encomenda Chega no Dia
1	50	0	3	3	47	47	0	0	0
2	47	0	5	5	42	42	0	0	0
3	42	0	3	3	39	39	0	0	0
4	39	0	2	2	37	37	0	0	0
5	37	0	7	7	30	30	0	0	0
6	30	0	7	7	23	23	1	4	11
7	23	0	8	8	15	65	0	0	0
8	15	0	5	5	10	60	0	0	0
9	10	0	6	6	4	54	0	0	0
10	4	0	6	4	0	50	0	0	0
11	0	50	7	7	43	43	0	0	0
12	43	0	7	7	36	36	0	0	0
13	36	0	9	9	27	27	1	4	18
14	27	0	5	5	22	72	0	0	0
15	22	0	10	10	12	62	0	0	0
16	12	0	6	6	6	56	0	0	0
17	6	0	6	6	0	50	0	0	0
18	0	50	5	5	45	45	0	0	0
19	45	0	7	7	38	38	0	0	0
20	38	0	6	6	32	32	0	0	0
21	32	0	8	8	24	24	1	3	25
22	24	0	7	7	17	67	0	0	0
23	17	0	7	7	10	60	0	0	0
24	10	0	4	4	6	56	0	0	0
25	6	50	7	7	49	49	0	0	0
26	49	0	4	4	45	45	0	0	0
27	45	0	7	7	38	38	0	0	0
28	38	0	7	7	31	31	0	0	0
29	31	0	7	7	24	24	1	5	35
30	24	0	7	7	17	67	0	0	0

Variáveis de Decisão	
Ponto de Encomenda	28
Quantidade Encomendada	50

Medidas de Desempenho	
Nível de Serviço	98,9%
Estoque Médio	26,73

Fórmulas das principais células

Célula	Fórmula	Copiado para
B6	=50	--
B7	=F6	B8:B35
C7	=CONT.SE($J$6:J6;A7)*$M$6	C8:C35
D6	=PsiDiscrete(Dados!$F$7:$F$17;Dados!$G$7:$G$17)	D7:D35
E6	=MÍNIMO(D6;B6+C6)	E7:E35
F6	=B6+C6−E6	F7:F35
G6	=F6	--
G7	=G6−E7+SE(H6=1;$M$6;0)	G8:G35
H6	=SE(G6<$M$5;1;0)	H7:H35
I6	=SE(H6=0;0;PsiDiscrete(Dados!$C$7:$C$9;Dados!$D$7:$D$9))	I7:I35
J6	=SE(I6=0;0;A6+1+I6)	J7:J35
M9	=SOMA(E6:E35)/SOMA(D6:D35) + PsiOutput( )	--
M10	=MÉDIA(B6:B35) + PsiOutput( )	--

Fórmula para a célula G6: =F6

Fórmula para a célula G7: =G6 – E7 + SE(H6=1;$M$6;0)

(Copiar para as células G8 a G35.)

A coluna H indica se um pedido deve ser feito com base na posição do estoque e no ponto de reabastecimento pela:

Fórmula para a célula H6: =SE(G6<$M$5;1;0)

(Copiar para as células H7 a H35.)

Se um pedido é feito, então temos que gerar o tempo de entrega aleatório necessário para receber a encomenda. Isso é feito na coluna I pela:

Fórmula para a célula I6: =SE(H6=0;0;PsiDiscrete(Dados!$C$7:$C$9;Dados!$D$7:$D$9))
(Copiar para as células I7 a I35.)

Essa fórmula retorna o valor 0 se nenhum pedido foi feito (se H6=0); caso contrário, retorna um valor aleatório do tempo de entrega (se H6=1).

Se um pedido é feito, a coluna J indica o dia em que o pedido será recebido com base no tempo de entrega aleatório na coluna I. Isso é feito pela:

Fórmula para a célula J6: =SE(I6=0;0;A6 + 1 + I6)
(Copiar para as células J7 a J35.)

Os valores na coluna C são coordenados com os da coluna J. Os valores diferentes de zero na coluna J indicam os dias em que os pedidos serão recebidos. Por exemplo, a célula J9 indica que um pedido será recebido no dia 10. O recebimento efetivo desse pedido é refletido pelo valor 50 na célula C15, que representa a recepção de um pedido no início do dia 10. A fórmula na célula C15 que consegue isso é:

Fórmula para a célula C15: =CONT.SE($J$6:J14;A15)*$M$6

Essa fórmula conta quantas vezes o valor na célula A15 (representando o dia 10) aparece como um dia de recebimento agendado entre os dias 1 a 9 na coluna J. Isso representa o número de pedidos agendados para serem recebidos no dia 10. Em seguida, multiplicamos esse valor pela quantidade do pedido (50) na célula M6 para determinar o total de unidades a serem recebidas no dia 10. Assim, os valores da coluna C são gerados pela:

Fórmula para a célula C6: =0
Fórmula para a célula C7: =CONT.SE($J$6:J6;A7)*$M$6
(Copiar para as células C8 a C35.)

O nível de serviço para o modelo é calculado na célula M9 usando os valores nas colunas D e E:

Fórmula para a célula M9: =SOMA(E6:E35)/SOMA(D6:D35) + PsiOutput( )

Mais uma vez, o nível de serviço representa a proporção da demanda total que pode ser atendida com base no estoque e é uma das células de saída que o Analytic Solver Platform irá monitorar enquanto simularmos esse sistema de estoque. O valor na célula M9 indica que, no cenário mostrado, 98,9% da demanda total é atendida.

O nível de estoque médio também é uma saída que queremos que o Analytic Solver Platform monitore. Isso é calculado na célula M10 pela média dos valores na coluna B. O que é realizado da seguinte forma:

Fórmula para a célula M10: =MÉDIA(B6:B35) + PsiOutput( )

12.15.3 REPLICANDO O MODELO

O modelo na Figura 12.24 indica um cenário possível que poderia ocorrer se Laura utilizasse um ponto de reabastecimento de 28 unidades para o monitor do computador. As Figuras 12.25 e 12.26 (geradas pelo duplo clique nas células M9 e M10, respectivamente) mostram os resultados do uso do Analytic Solver Platform para replicar esse modelo 5.000 vezes, monitorando o valor do nível de serviço (célula M9) e o estoque médio (célula M10) como células de saída.

As Figuras 12.25 e 12.26 indicam que o atual ponto de reabastecimento da MCC (28 unidades) e a quantidade do pedido (50 unidades) resultam em um nível médio de serviço de aproximadamente 96% (com um valor mínimo em torno de 81% e um valor máximo de 100%) e um nível médio de estoque de quase 26 monitores (com um valor mínimo em torno de 21 e um valor máximo próximo de 34).

12.15.4 OTIMIZANDO O MODELO

Agora, suponha que Laura quer determinar um ponto de reabastecimento e uma quantidade para o pedido que fornece um nível médio de serviço de 98%, mantendo o nível de estoque médio mais baixo possível. Uma maneira de fazer é executar simulações adicionais de várias combinações de ponto de reabastecimento e de nível de estoque para encontrar a combinação das configurações que produzem o comportamento desejado. No entanto, como você pode imaginar, isso pode ser muito demorado. Felizmente, o Analytic Solver Platform pode resolver esse tipo de problema.

O Analytic Solver Platform nos permite maximizar ou minimizar um valor associado a algum alvo ou célula objetivo em uma planilha, alterando os valores de outras células (representando variáveis de decisão controláveis) e satisfa-

FIGURA 12.25 *Resultados do nível de serviço de 5.000 replicações do modelo MCC.*

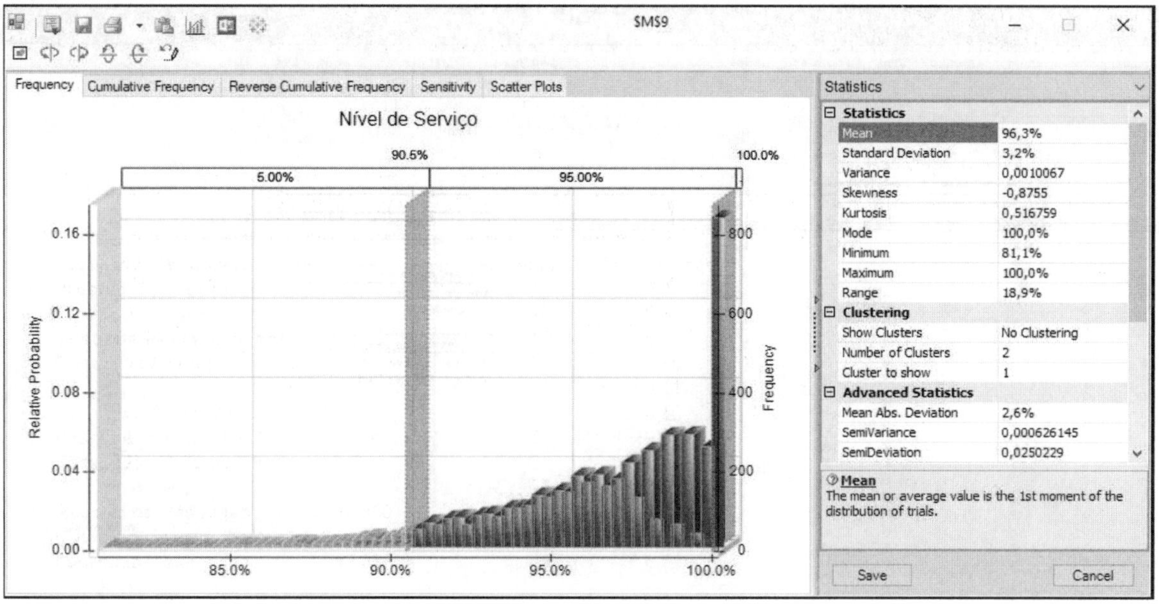

FIGURA 12.26 *Resultados do estoque de 5.000 replicações do modelo MCC.*

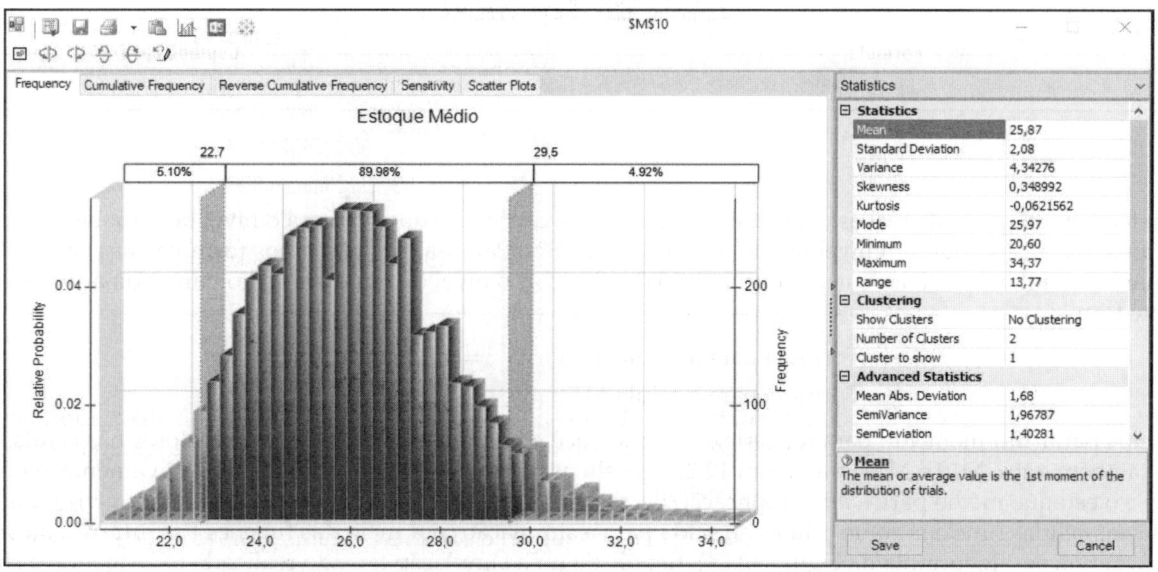

zendo várias restrições. No entanto, visto que a planilha contém GNAs em várias células, o Analytic Solver Platform deve simular (ou executar múltiplas replicações de) o modelo em cada solução que considere para avaliar o comportamento ou a qualidade de uma solução particular. Embora seja computacionalmente muito intensivo, as habilidades de simulação interativa do Analytic Solver Platform permitem que esses cálculos sejam feitos muito rapidamente.

Ao tentar otimizar um modelo de simulação (também conhecido como **otimização da simulação**), normalmente queremos maximizar ou minimizar o valor *médio* da (ou alguma outra estatística descrevendo a) célula que representa o objetivo ou a medida de desempenho. Mais uma vez, acontece porque nenhum resultado único, definido ou determinado está associado com uma solução particular em um modelo de simulação; em vez disso, existe uma distribuição de resultados possíveis. Da mesma forma, as restrições são geralmente expressas como uma medida estatística (por exemplo: média, percentil, desvio padrão) da célula de restrição em questão. Então, na otimização da simulação, o objetivo é identificar automaticamente uma solução (valores para as variáveis de decisão) que faça que um modelo de um processo que contém aleatoriedade (ou incerteza) se comporte da forma mais desejável possível.

A Figura 12.27 (e o arquivo Fig12-27.xlsm, disponível na página deste livro no site da editora) mostra como a planilha foi alterada para encontrar a solução ótima para o problema de estoque da MCC. Lembre-se de que Laura

FIGURA 12.27 *A planilha revisada para o problema de estoque da MCC.*

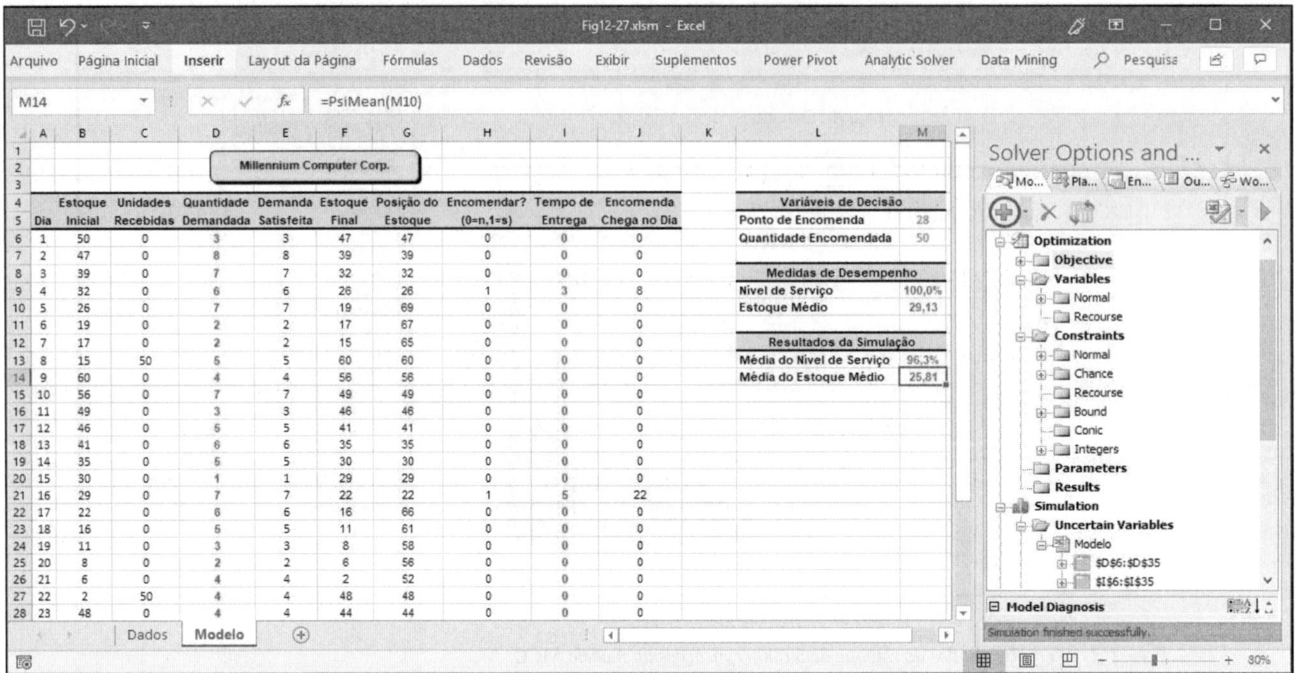

Fórmulas das principais células		
Célula	**Fórmula**	**Copiado para**
M13	=PsiMean(M9)	M14

quer determinar o ponto de reabastecimento e a quantidade de pedido que manterá o nível de estoque médio mais baixo possível, alcançando um nível médio de serviço de 98%. Para isso, adicionamos fórmulas nas células M13 e M14 que calculam, respectivamente, o nível médio de serviço e o nível de estoque médio para toda a simulação da seguinte forma:

Fórmula para a célula M13: =PsiMean(M9)

Fórmula para a célula M14: =PsiMean(M10)

Vamos parar um momento para ter certeza de que você entende a diferença entre os valores nas células M9 e M13 e também entre M10 e M14. Na Figura 12.27, as células M9 e M10 estão exibindo, respectivamente, o nível de serviço e o estoque médio para a *única* replicação do modelo que é exibida na planilha. No entanto, visto que cada uma dessas células funciona como células de saída para a simulação (por meio das funções PsiOutput( ) mostradas em suas definições de fórmula da Figura 12.24), depois de uma simulação ter sido realizada (ou, quando a simulação está em modo interativo), na verdade existem 5.000 valores salvos para as células M9 e M10. Assim, as funções PsiMean( ) nas células M13 e M14 calculam, respectivamente, as médias dos valores das 5.000 replicações associadas com as células M9 e M10. (As funções PsiMean( ) nas células M13 e M14 retornam o valor "#N/A" se uma simulação não foi realizada.) Os valores nas células M13 e M14 são os que interessam, do ponto de vista da otimização, pois Laura está interessada no nível médio de serviço e no nível de estoque médio ao longo de todas as 5.000 replicações da simulação – e não no nível de serviço médio e no nível médio de estoque para alguma replicação em especial. (O ponto em questão neste parágrafo é fundamental para compreender a otimização da simulação, então tenha certeza de que entende isso antes de prosseguir.)

Clicar no ícone Model na faixa do Analytic Solver Platform faz que o painel de tarefas apareça, como mostrado na Figura 12.27. Esse painel fornece uma abordagem integrada para a otimização e a simulação. Note que a seção de simulação desse painel resume tudo o que o Analytic Solver Platform entende sobre o modelo nessa planilha: que as células D6 a D35 e I6 a I35 são variáveis incertas (ou aleatórias), as células M9 e M10 são funções incertas (saídas) e M13 e M14 são funções estatísticas (calculando estatísticas descritivas sobre a simulação). (Note que na Figura 12.27 também identificamos as células de estoque final em F6 a F35 como células PsiOutput( ) para facilitar a criação de gráficos de tendências, que serão cobertos em breve.)

A seção de otimização do painel de tarefas nos permite especificar o objetivo, variáveis e restrições para o nosso modelo. Nesse caso, queremos instruir o Analytic Solver Platform a minimizar o estoque médio na simulação (na célula M14) alterando os valores do ponto de reabastecimento e a quantidade do pedido (variáveis de decisão) nas células M5 e M6, respectivamente, mantendo simultaneamente o nível médio de serviço da simulação (na célula M13) igual ou superior a 98%.

Para especificar o objetivo desse problema, siga os seguintes passos:

1. Selecione a célula M14 (representando o estoque médio para a simulação).
2. Selecione "Objective" no painel de tarefas do Analytic Solver Platform.
3. Clique no símbolo verde mais ("+") (circulado na Figura 12.27).

Os resultados desses passos estão apresentados na Figura 12.28. Note que, após o objetivo ser adicionado, a parte inferior do painel do Analytic Solver Platform exibe várias opções associadas com a nossa ação, e podemos indicar o nosso desejo de minimizar o objetivo.

Em seguida, vamos especificar as células variáveis (ou ajustáveis) que representam as decisões sobre o ponto de reabastecimento e a quantidade do pedido. Para isso, siga os seguintes passos:

1. Selecione as células M5 e M6 (representando o ponto de reabastecimento e a quantidade do pedido, respectivamente).
2. Selecione "Variables" no painel de tarefas do Analytic Solver Platform.
3. Clique no símbolo verde mais ("+").

Os resultados desses passos são mostrados na Figura 12.29. Note que variáveis adicionais (quando necessárias) seriam adicionadas de modo semelhante. E, depois de as variáveis serem adicionadas, a parte inferior do painel de tarefas do Analytic Solver Platform exibe várias opções associadas com as variáveis selecionadas.

Em seguida, precisamos especificar quaisquer restrições que se aplicam ao problema. Uma dessas restrições está relacionada com o desejo de Laura de alcançar um nível médio de serviço de, pelo menos, 98%. Para isso, siga os seguintes passos:

1. Selecione a célula M13 (representando o nível médio de serviço para a simulação).
2. Selecione "Constraints" no painel de tarefas do Analytic Solver Platform.
3. Clique no símbolo verde mais ("+").

FIGURA 12.28 *Definindo o objetivo para o modelo de otimização.*

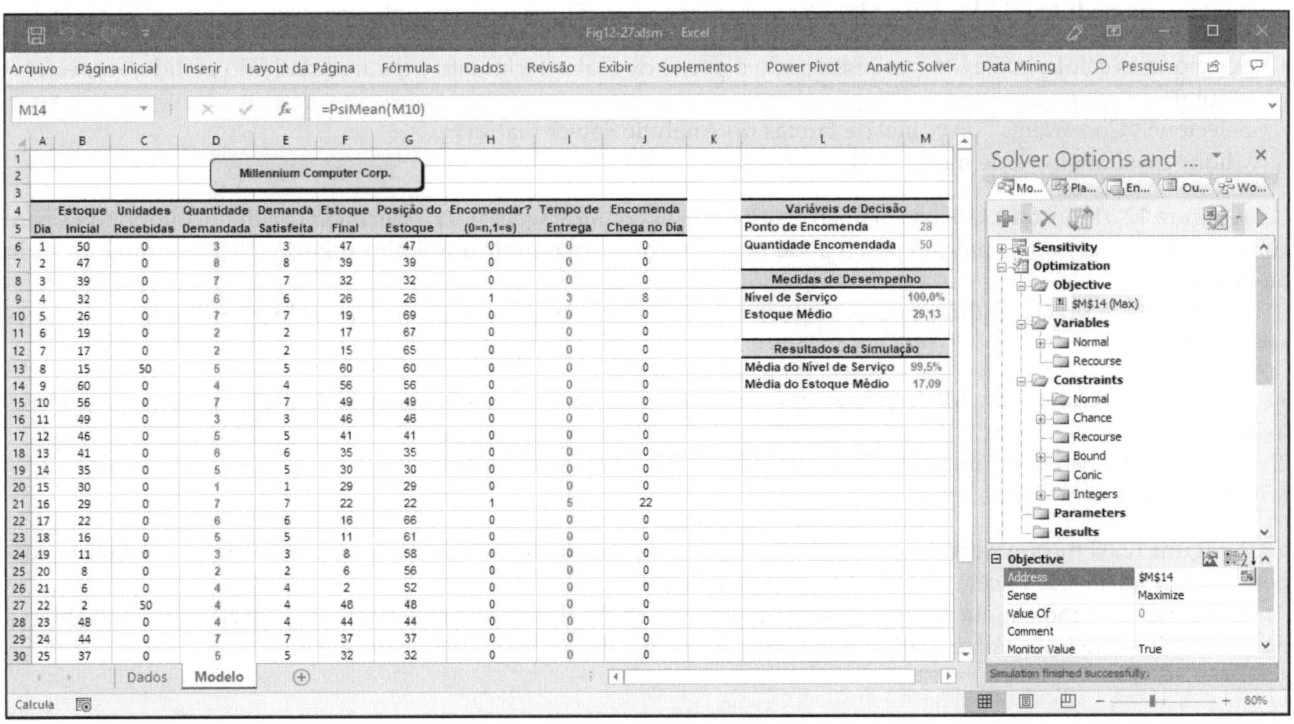

FIGURA 12.29 *Definindo as variáveis de decisão para o modelo de otimização.*

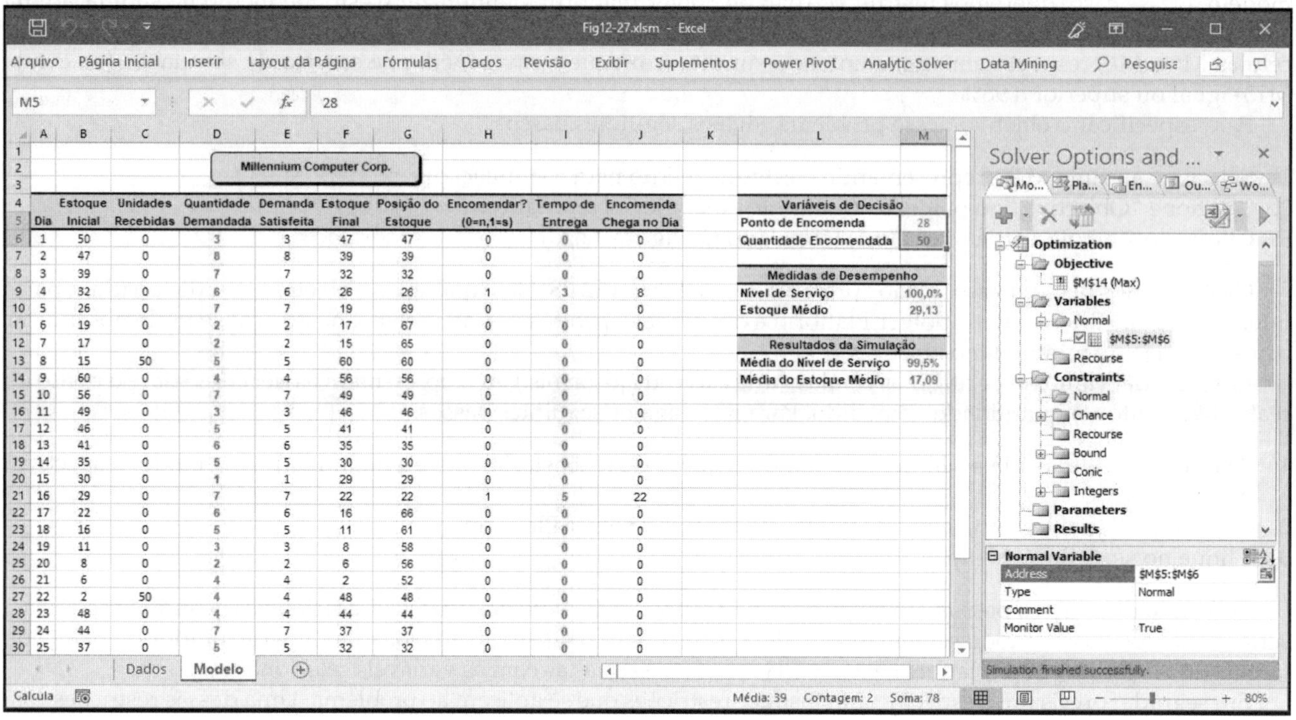

Isso resulta na caixa de diálogo apresentada na Figura 12.30, na qual podemos indicar que a célula M13 deve ser maior ou igual a 98% (ou 0.98).

Após clicar em "OK" na caixa de diálogo Add Constraint mostrada na Figura 12.30, também precisamos adicionar limites superiores e inferiores para as variáveis de decisão para esse problema. Vamos supor que Laura está interessada em considerar valores entre 1 e 70, tanto para a variável ponto de reabastecimento quanto para a variável quantidade do pedido (células M5 e M6). Para criar essa restrição, siga os seguintes passos:

1. Selecione as células M5 e M6 (representando o ponto de reabastecimento e a quantidade do pedido, respectivamente).
2. Selecione "Constraints" no painel de tarefas do Analytic Solver Platform.
3. Clique no símbolo verde mais ("+").

A Figura 12.31 mostra a caixa de diálogo resultante e as configurações para especificar um limite inferior de 1 para as variáveis de decisão. O mesmo passo pode ser utilizado para definir um limite superior de 70, como mostrado na Figura 12.32.

Finalmente, é preciso indicar que as variáveis de decisão só podem assumir valores inteiros. Para isso, siga os seguintes passos:

1. Selecione as células M5 e M6 (representando o ponto de reabastecimento e a quantidade do pedido, respectivamente).
2. Selecione "Constraints" no painel de tarefas do Analytic Solver Platform.
3. Clique no símbolo verde mais ("+").

A Figura 12.33 mostra a caixa de diálogo resultante, na qual vamos selecionar a opção "int" a partir da lista suspensa para indicar que as células M5 e M6 devem ser inteiras.

A Figura 12.34 mostra um resumo das configurações do Analytic Solver Platform necessárias para o problema da MCC. Clicar no ícone Solve (o triângulo verde) no painel de tarefas resolve o problema.

FIGURA 12.30 *Definindo a restrição de nível de serviço para o modelo de otimização.*

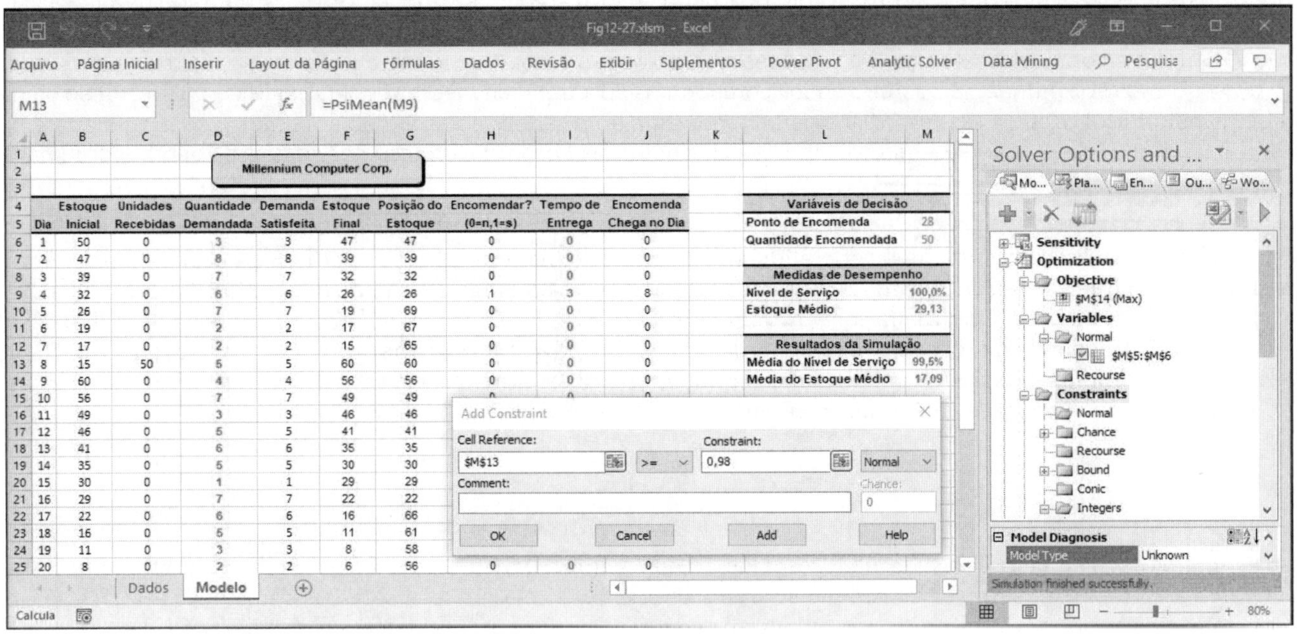

FIGURA 12.31 *Definindo um limite inferior para as variáveis de decisão.*

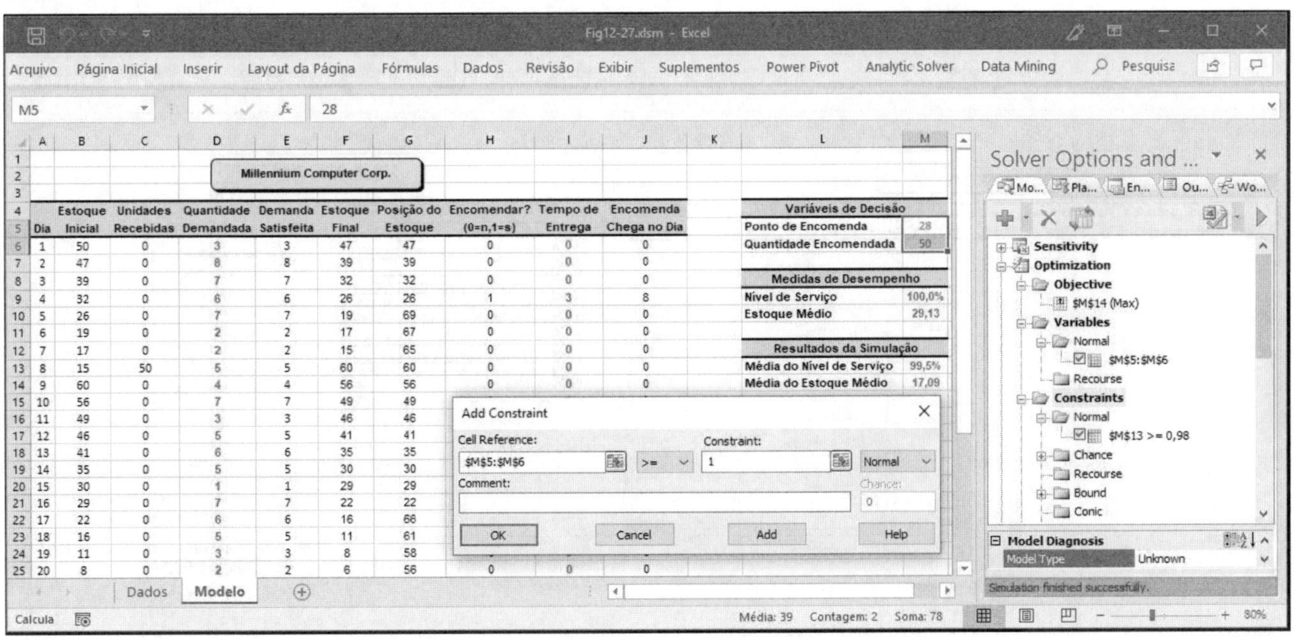

Lembre-se de que uma simulação separada deve ser executada para cada combinação de variáveis de decisão que o Analytic Solver Platform escolher. O Analytic Solver Platform utiliza uma série de heurísticas para pesquisar de forma inteligente a melhor combinação de variáveis de decisão. No entanto, esse fator ainda é inerentemente um processo computacionalmente muito intensivo e demorado, e modelos muito complicados podem levar horas (ou dias) para encontrar uma solução.

Como mostrado na Figura 12.35, o Analytic Solver Platform finalmente encontrou um ponto de reabastecimento de 36 e uma quantidade de pedido de 7. Visto que o Analytic Solver Platform está usando um algoritmo de busca

FIGURA 12.32 *Definindo um limite superior para as variáveis de decisão.*

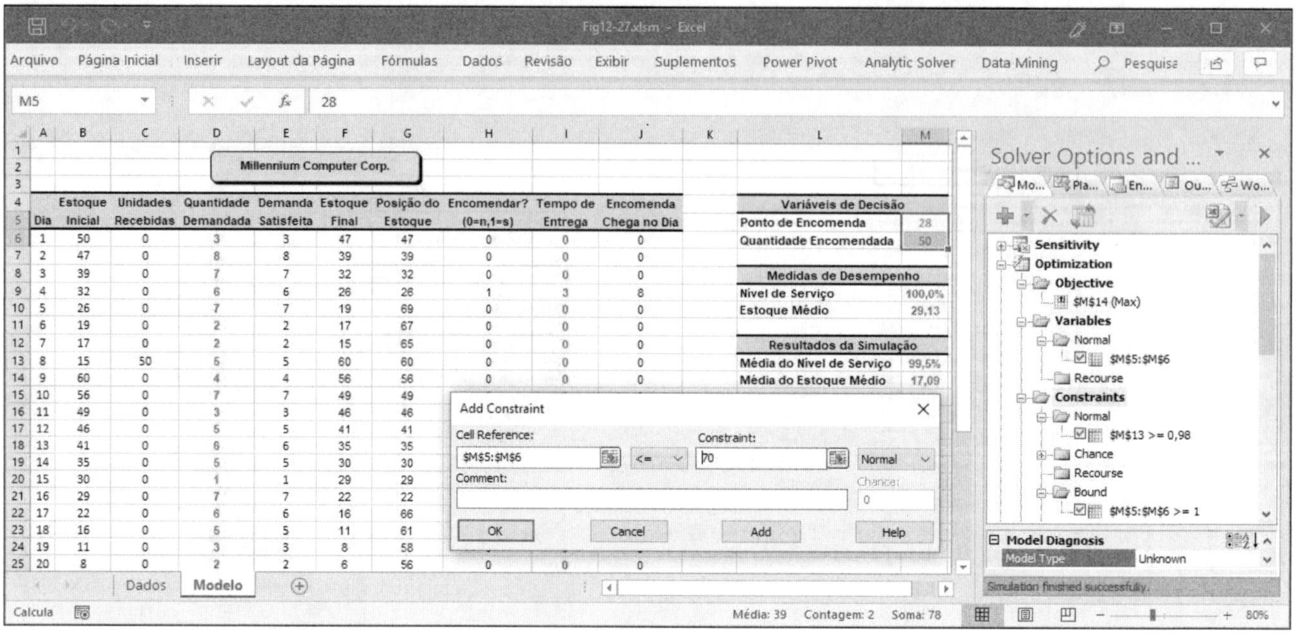

FIGURA 12.33 *Definindo condições de integralidade para as variáveis de decisão.*

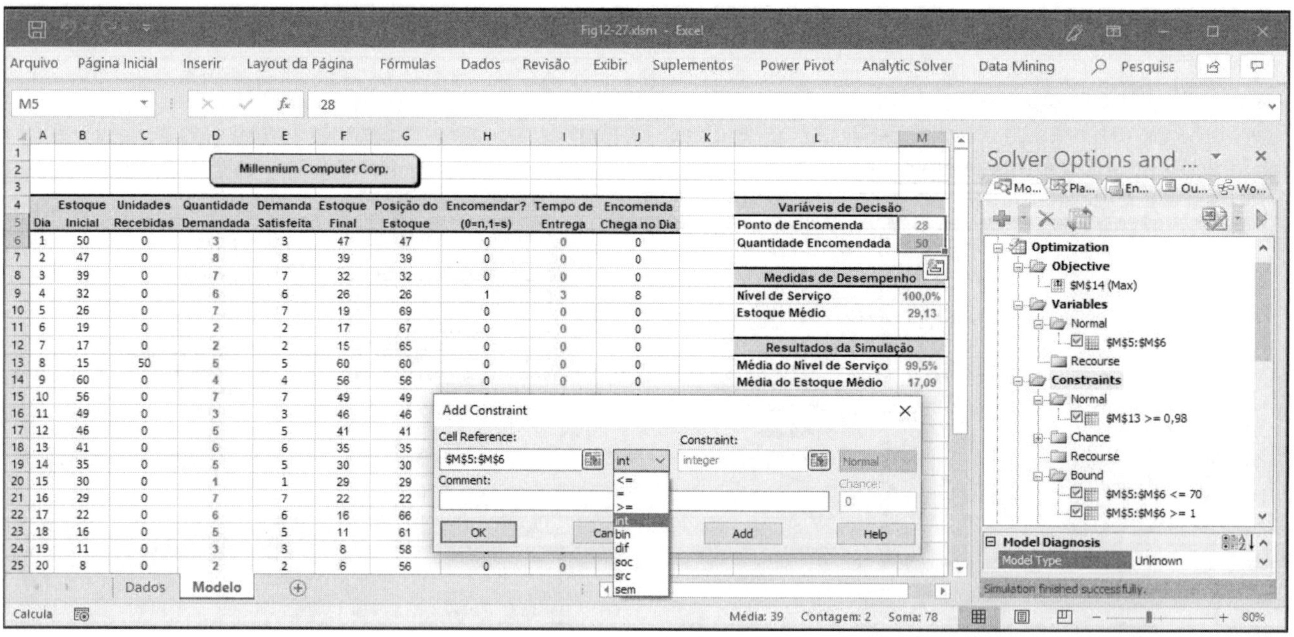

heurístico, ele pode não encontrar a mesma solução cada vez que resolve um problema e pode parar em uma solução ótima local (em vez de global). Assim, em problemas difíceis, é sensato executar o Analytic Solver Platform várias vezes para ver se pode melhorar a solução encontrada. Um ponto de reabastecimento de 36 e uma quantidade de pedido de 7 foram usados para executar 5.000 replicações, resultando em um nível médio de serviço de 98,1% e um estoque médio de cerca de 14,53 unidades por mês.

FIGURA 12.34 *Resumo das configurações do Analytic Solver Platform.*

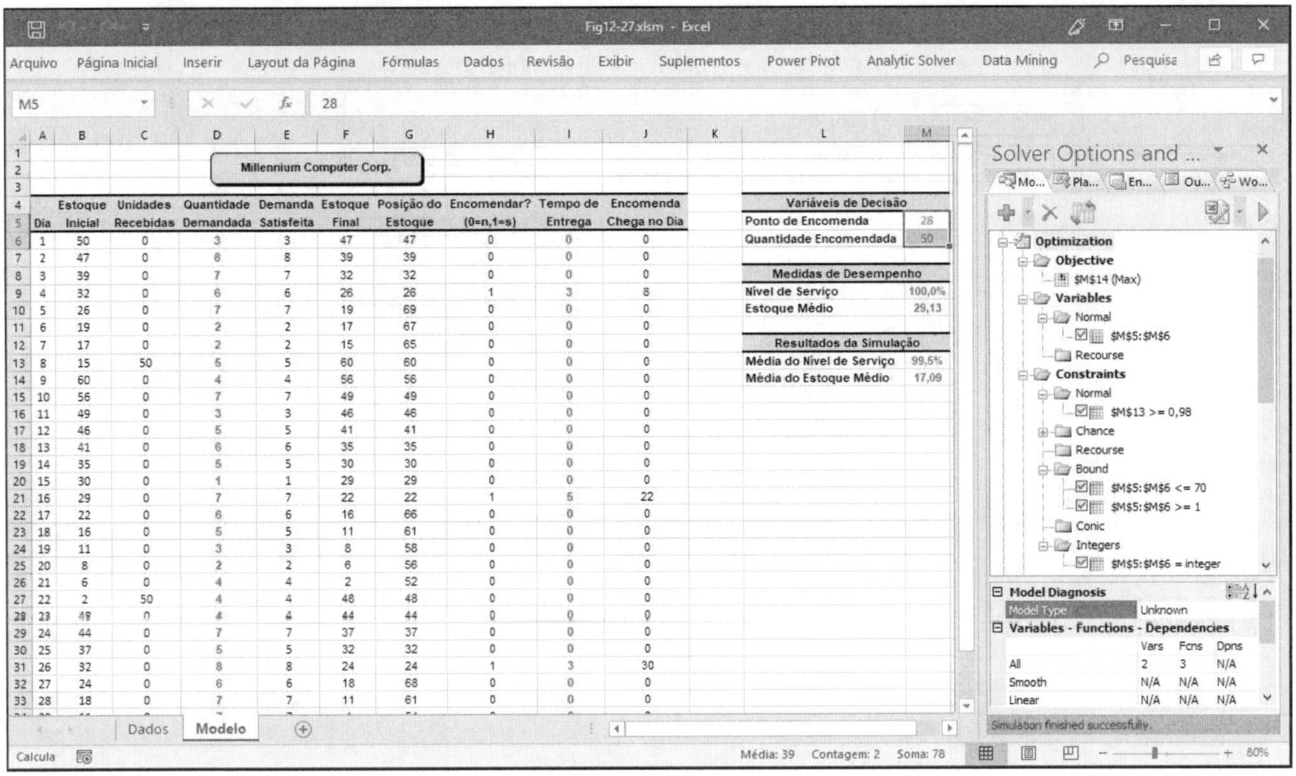

12.15.5 ANALISANDO A SOLUÇÃO

Comparando a solução mostrada na Figura 12.35 com a solução original na Figura 12.27, vemos que, usando um ponto de reabastecimento de 36 e uma quantidade de pedido de 7, a MCC pode, simultaneamente, aumentar o seu nível médio de serviço de 96,3% para 98,1% e reduzir o seu nível de estoque médio de cerca de 26 unidades para cerca de 15 unidades. Outra vantagem da solução ótima se torna evidente se compararmos o comportamento do saldo do estoque final diário sob os cenários original e ótimo como mostrado na Figura 12.36.

Na Figura 12.36, note que sob a política original (ponto de reabastecimento 28, quantidade do pedido 50) existem oscilações razoavelmente grandes no valor do estoque que a MCC estaria mantendo para esse produto. Sob a política ótima (ponto de reabastecimento 36, quantidade do pedido 7), há menos volatilidade no valor do estoque a ser mantido, o que oferece vantagens operacionais de armazenagem e logística.

Criando gráficos de tendência

Para criar um gráfico de tendência como os da Figura 12.36, adicione as funções PsiOutput( ) às células que você deseja incluir no gráfico (F6 a F35 no exemplo da MCC). Na faixa do Analytic Solver Platform, selecione Charts, Multiple Simulation Results, Trend. Na caixa de diálogo resultante, selecione as saídas que você deseja colocar no gráfico e clique em OK.

12.15.6 OUTRAS MEDIDAS DE RISCO

No exemplo da MCC, Laura quis identificar uma política de estoque que fornecesse um nível de serviço de 98%, em média. Embora esse possa ser um objetivo muito razoável, seria prudente considerar mais cuidadosamente o risco negativo associado a tal objetivo. A Figura 12.37 mostra a distribuição do nível médio de serviço associado com a solução "ótima" para o problema de estoque da MCC.

FIGURA 12.35 *Solução ótima para o problema da MCC.*

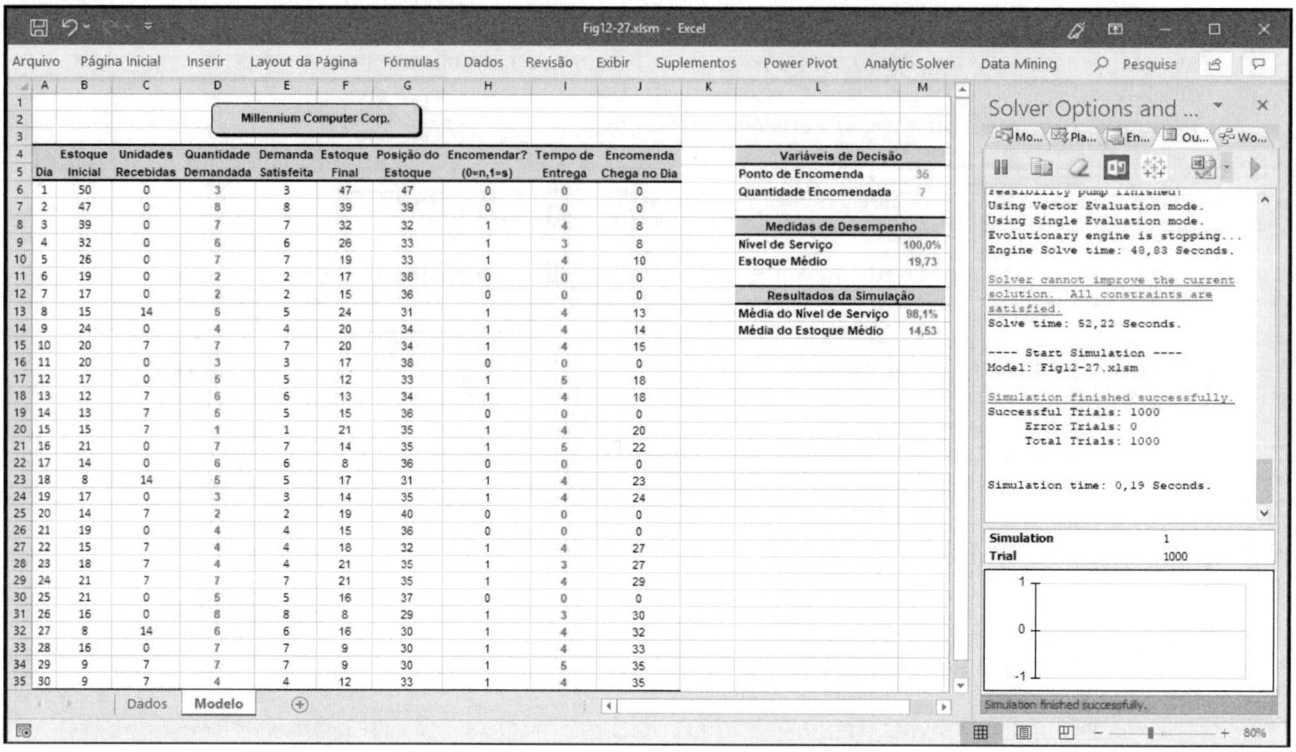

Millennium Computer Corp.

Dia	Estoque Inicial	Unidades Recebidas	Quantidade Demandada	Demanda Satisfeita	Estoque Final	Posição do Estoque	Encomendar? (0=n,1=s)	Tempo de Entrega	Encomenda Chega no Dia
1	50	0	3	3	47	47	0	0	0
2	47	0	8	8	39	39	0	0	0
3	39	0	7	7	32	32	1	4	8
4	32	0	6	6	26	33	1	3	8
5	26	0	7	7	19	33	1	4	10
6	19	0	2	2	17	38	0	0	0
7	17	0	2	2	15	36	0	0	0
8	15	14	5	5	24	31	1	4	13
9	24	0	4	4	20	34	1	4	14
10	20	7	7	7	20	34	1	4	15
11	20	0	3	3	17	38	0	0	0
12	17	0	5	5	12	33	1	5	18
13	12	7	6	6	13	34	1	4	18
14	13	7	5	5	15	36	0	0	0
15	15	7	1	1	21	35	1	4	20
16	21	0	7	7	14	35	1	5	22
17	14	0	6	6	8	36	0	0	0
18	8	14	5	5	17	31	1	4	23
19	17	0	3	3	14	35	1	4	24
20	14	7	2	2	19	40	0	0	0
21	19	0	4	4	15	36	0	0	0
22	15	7	4	4	18	32	1	4	27
23	18	7	4	4	21	35	1	3	27
24	21	7	7	7	21	35	1	4	29
25	21	0	5	5	16	37	0	0	0
26	16	0	8	8	8	29	1	3	30
27	8	14	6	6	16	30	1	4	32
28	16	0	7	7	9	30	1	4	33
29	9	7	7	7	9	30	1	5	35
30	9	7	4	4	12	33	1	4	35

Variáveis de Decisão	
Ponto de Encomenda	36
Quantidade Encomendada	7
Medidas de Desempenho	
Nível de Serviço	100,0%
Estoque Médio	19,73
Resultados da Simulação	
Média do Nível de Serviço	98,1%
Média do Estoque Médio	14,53

FIGURA 12.36 *Gráficos de tendência dos saldos de estoque diários.*

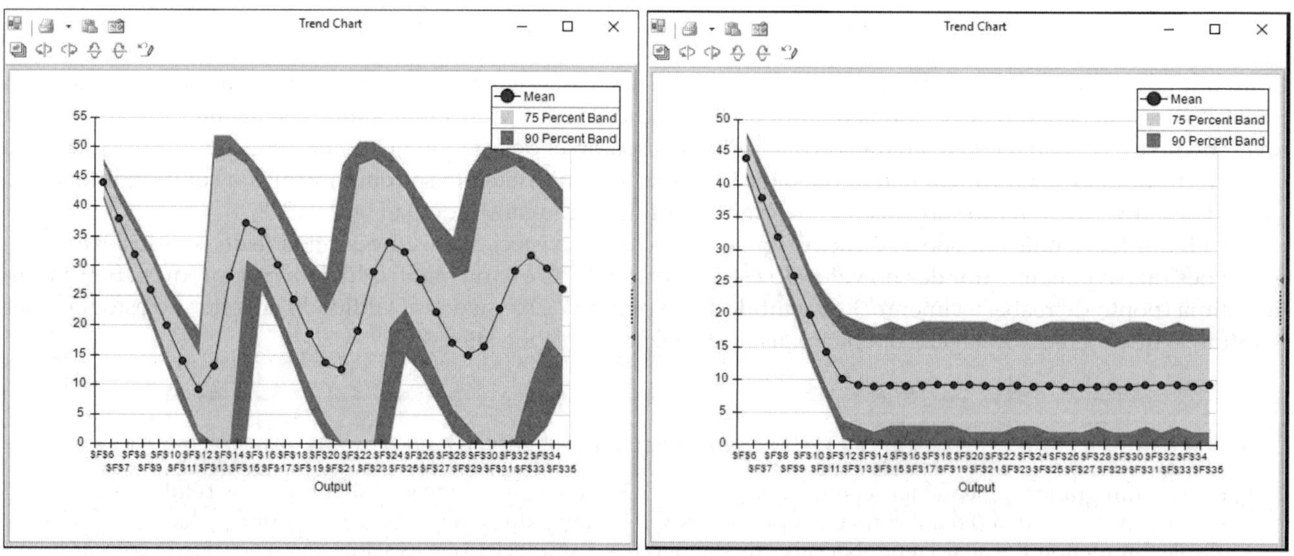

Lembre-se de que Laura queria uma solução que proporcionasse um nível médio de serviço de pelo menos 98%. A média da distribuição mostrada na Figura 12.37 é maior que 98% e, portanto, satisfaz a exigência de Laura. No entanto, aproximadamente 40,3% (ou 2.015 de 5.000) das replicações nessa simulação resultou, na verdade, em níveis de serviço inferiores a 98%, com alguns tão baixos quanto 89,4%. Então, se Laura utilizar um ponto de reabastecimento de 36 e uma quantidade do pedido de 7, em qualquer mês há aproximadamente 40% de chance de que o nível de serviço real seja inferior ao seu nível médio de serviço desejado de 98%.

Essa discussão destaca o propósito de dois outros tipos de restrições disponíveis no Analytic Solver Platform: a **restrição de valor sob risco** e a **restrição de valor sob risco condicional**. Uma restrição de valor sob risco (VaR) permite que você especifique o porcentual de replicações em uma simulação que deve satisfazer uma restrição. Por exemplo, Laura pode querer uma solução em que, pelo menos, 90% das replicações tenha um nível de serviço de pelo menos 98%. (Obviamente, a solução na Figura 12.37 viola tal restrição de VaR.)

Uma restrição de VaR apenas limita o porcentual de replicações que violam a restrição – contando uma pequena violação da mesma forma que uma grande violação. Em contraste, uma restrição de valor sob risco condicional (CVaR) coloca um limite na magnitude média das violações que podem ocorrer. Assim, a restrição de CVaR é uma versão mais conservadora que a restrição de VaR.

Para ilustrar o uso de uma restrição de VaR, suponha que Laura gostaria que a chance de o nível médio de serviço de qualquer replicação em particular cair abaixo de 98% fosse de apenas 10%. Essa restrição adicional e a solução resultante estão resumidas na Figura 12.38. Note que uma restrição Chance foi adicionada ao modelo. Você cria uma restrição Chance da mesma forma que as outras restrições foram criadas e, em seguida, ajusta as suas propriedades, conforme indicado na Figura 12.38. Essa restrição é do tipo VaR e requer uma chance de 0,9 de o nível médio de serviço (na célula M9) seja pelo menos 98%. Essa restrição será atendida se não mais que 10% das replicações em uma simulação tiverem um nível de serviço inferior a 98%.

A reexecução da otimização com essa restrição adicional resultou em uma solução com um ponto de reabastecimento de 40 e uma quantidade do pedido de 7. O gráfico de frequência na parte inferior da Figura 12.38 indica que, como desejado, menos de 10% das replicações da simulação tiveram níveis médios de serviço menores que 98%.

12.16 Um exemplo de seleção de projeto

No Capítulo 6, vimos como o Solver pode ser usado em problemas de seleção de projetos em que o retorno para cada projeto é supostamente conhecido com certeza. Em muitos casos, existe muita incerteza em relação ao retorno final que será recebido se determinado projeto for realizado. Nessas situações, o Analytic Solver Platform é uma ajuda eficaz para decidir qual(is) projeto(s) realizar. Considere o seguinte exemplo.

A TRC Technologies tem $ 2 milhões para investir em novos projetos de P&D. A tabela a seguir resume o custo inicial, a probabilidade de sucesso e o potencial de rendimento para cada um dos projetos.

			Potencial de rendimento ($ 1.000)		
Projeto	**Custo inicial ($ 1.000)**	**Probabilidade de sucesso**	**Mín.**	**Mais provável**	**Máx.**
1	$ 250	90%	$ 600	$ 750	$ 900
2	$ 650	70%	$ 1.250	$ 1.500	$ 1.600
3	$ 250	60%	$ 500	$ 600	$ 750
4	$ 500	40%	$ 1.600	$ 1.800	$ 1.900
5	$ 700	80%	$ 1.150	$ 1.200	$ 1.400
6	$ 30	60%	$ 150	$ 180	$ 250
7	$ 350	70%	$ 750	$ 900	$ 1.000
8	$ 70	90%	$ 220	$ 250	$ 320

A gestão da TRC quer determinar qual conjunto de projetos deve ser selecionado.

12.16.1 UM MODELO DE PLANILHA

Um modelo de planilha para esse problema é apresentado na Figura 12.39 (e no arquivo Fig12-39.xlsm, disponível na página deste livro no site da editora). As células C6 a C13 nessa planilha indicam quais projetos serão selecionados. Utilizando o Analytic Solver Platform, podemos definir essas células como variáveis de decisão que devem ter valores discretos entre zero e um – ou operarem como variáveis binárias. Os valores apresentados nas células C6 a C13 foram atribuídos de forma arbitrária. Usaremos o Analytic Solver Platform para determinar os valores ótimos para essas variáveis.

Na célula D14, calculamos o investimento inicial total exigido pelos projetos selecionados da seguinte forma:

Fórmula para a célula D14: =SOMARPRODUTO(D6:D13;C6:C13)

Na célula D16, calculamos a quantidade de fundos de investimento não utilizados ou excedentes. Utilizando o Analytic Solver Platform, podemos colocar uma restrição de limite inferior igual a zero no valor dessa célula para garantir que os projetos selecionados não exijam mais de $ 2 milhões em fundos de investimento iniciais.

Fórmula para a célula D16: =D15 – D14

FIGURA 12.37 *Distribuição do nível de serviço para a solução "ótima".*

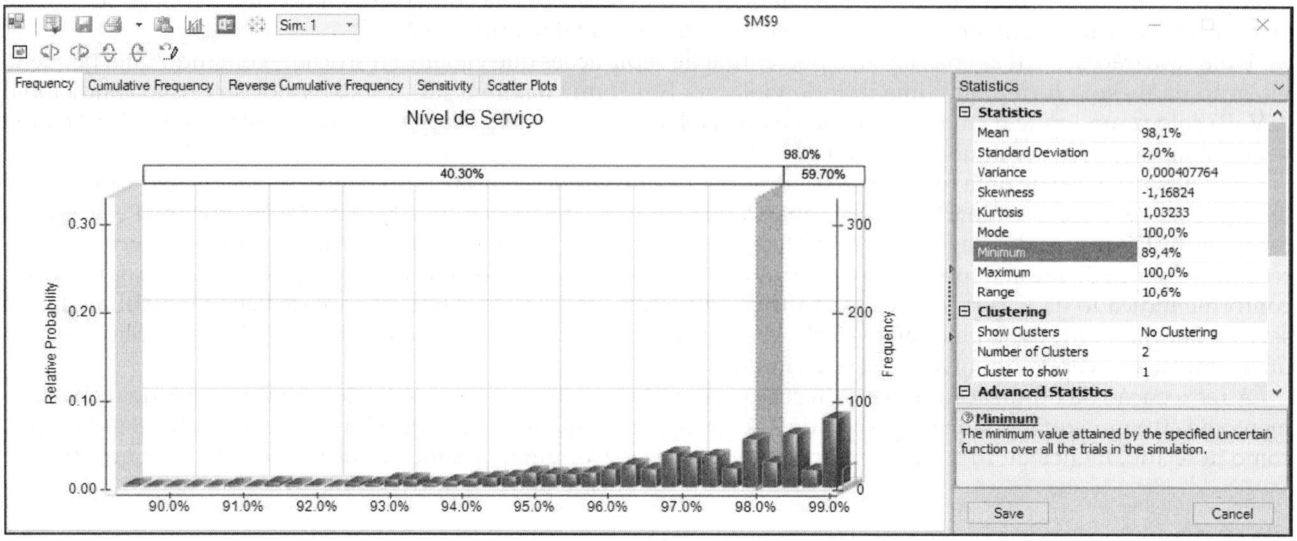

FIGURA 12.38 *Solução do problema revisado da MCC com restrição de VaR.*

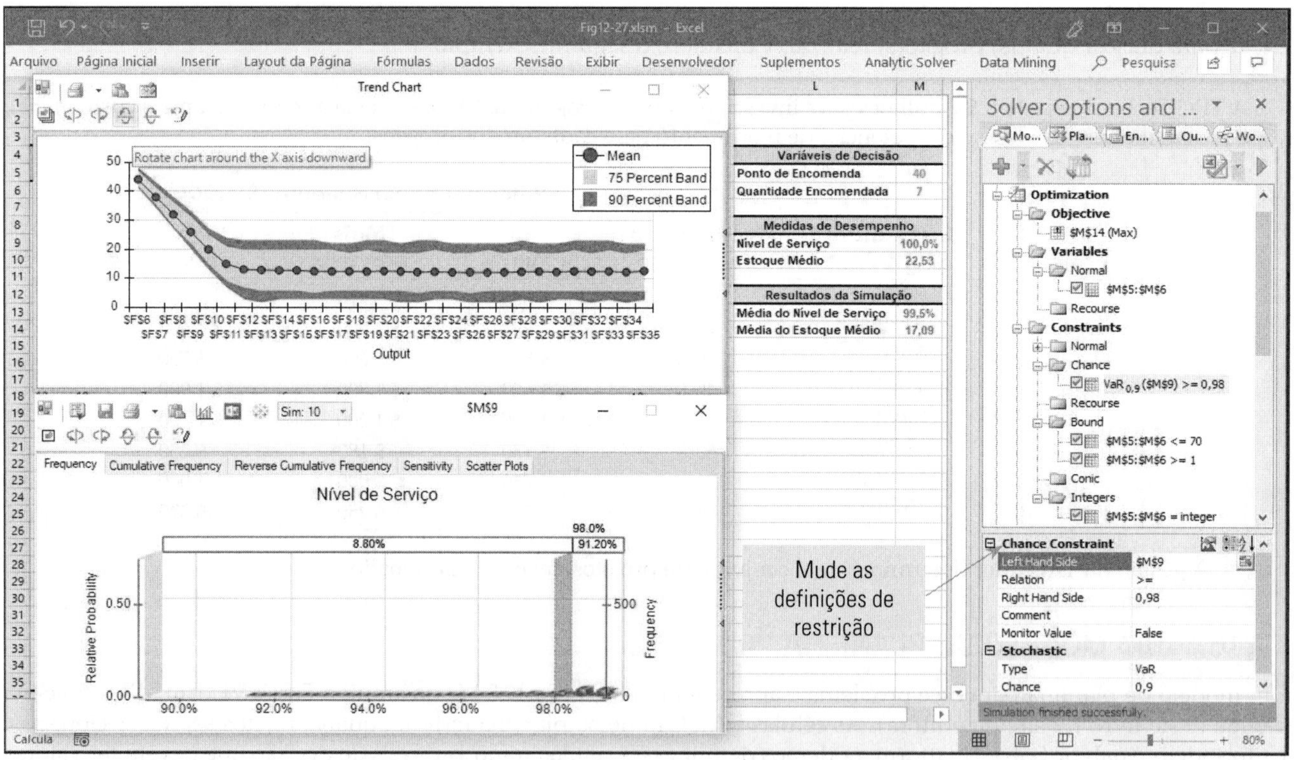

Um projeto tem o potencial de ser bem-sucedido apenas se for selecionado. O sucesso ou fracasso de cada projeto pode ser modelado usando uma variável aleatória binomial com uma única tentativa e a probabilidade de sucesso na coluna E. Assim, modelamos o potencial de sucesso de projetos selecionados na coluna F da seguinte forma:

Fórmula para a célula F6: =SE(C6=1;PsiBinomial(1;E6);0)
(Copiar para as células F7 a F13.)

Se um projeto é selecionado e bem-sucedido, existe uma incerteza sobre o rendimento que irá gerar. Como temos estimativas do mínimo, mais provável e máximo de rendimento possível para cada projeto, vamos modelar os

FIGURA 12.39 *Modelo de planilha para o problema de seleção de projetos da TRC Technologies.*

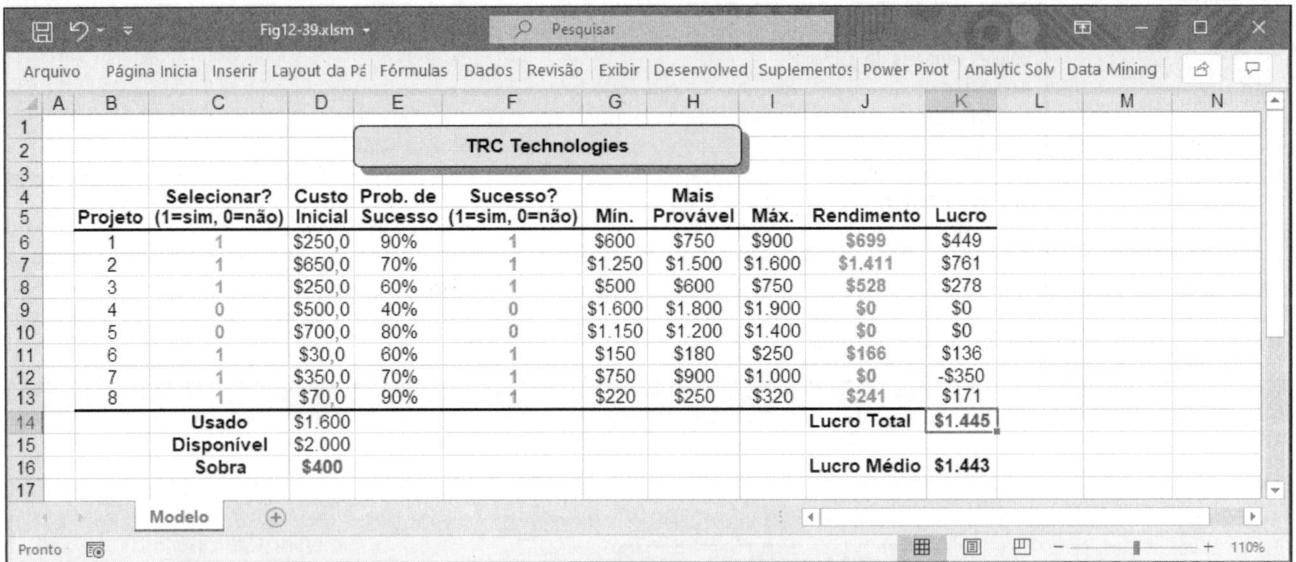

TRC Technologies

Projeto	Selecionar? (1=sim, 0=não)	Custo Inicial	Prob. de Sucesso	Sucesso? (1=sim, 0=não)	Mín.	Mais Provável	Máx.	Rendimento	Lucro
1	1	$250,0	90%	1	$600	$750	$900	$699	$449
2	1	$650,0	70%	1	$1.250	$1.500	$1.600	$1.411	$761
3	1	$250,0	60%	1	$500	$600	$750	$528	$278
4	0	$500,0	40%	0	$1.600	$1.800	$1.900	$0	$0
5	0	$700,0	80%	0	$1.150	$1.200	$1.400	$0	$0
6	1	$30,0	60%	1	$150	$180	$250	$166	$136
7	1	$350,0	70%	1	$750	$900	$1.000	$0	-$350
8	1	$70,0	90%	1	$220	$250	$320	$241	$171
	Usado	$1.600						Lucro Total	$1.445
	Disponível	$2.000							
	Sobra	$400						Lucro Médio	$1.443

Fórmulas das principais células		
Célula	**Fórmula**	**Copiado para**
D14	=SOMARPRODUTO(D6:D13;C6:C13)	--
D16	=D15−D14	--
F6	=SE(C6=1;PsiBinomial(1;E6);0)	F7:F13
J6	=SE(F6=1;PsiTriangular(G6;H6;I6);0)	J7:J13
K6	=J6−C6*D6	K7:K13
K14	=SOMA(K6:K13)+PsiOutput( )	--
K16	=PsiMean(K14)	--

rendimentos para projetos selecionados e bem-sucedidos usando uma distribuição triangular. Isso é realizado na coluna J do seguinte modo:

Fórmula para a célula J6: =SE(F6=1;PsiTriangular(G6;H6;I6);0)
(Copiar para as células J7 a J13.)

O lucro associado a cada projeto é calculado na coluna K da seguinte forma:

Fórmula para a célula K6: =J6 – C6*D6
(Copiar para as células K7 a K13.)

A célula K14 calcula o lucro total para cada replicação do modelo. Vamos defini-la como uma célula de saída usando uma função PsiOutput( ).

Fórmula para a célula K14: =SOMA(K6:K13)+PsiOutput( )

Finalmente, a célula K16 calcula o lucro total médio (ou esperado) simulado associado à célula K14. Tentaremos encontrar o conjunto de projetos que maximize esse valor usando o Analytic Solver Platform. (Note que essa fórmula retornará o valor de erro "#N/A", até uma simulação ter sido executada ou o modo de simulação interativa ter sido ligado.)

Fórmula para a célula K16: =PsiMean(K14)

12.16.2 RESOLVENDO E ANALISANDO O PROBLEMA COM O ANALYTIC SOLVER PLATFORM

As configurações e as opções do Analytic Solver Platform utilizadas para resolver esse problema são mostradas na Figura 12.40. A melhor solução encontrada é mostrada na Figura 12.41, juntamente com alguns dados estatísticos

FIGURA 12.40 *Configurações e opções do Solver para o problema de seleção de projetos da TRC Technologies.*

Configurações do Solver:
Objetivo: K16 (Max) Células variáveis: C6:C13 Restrições: D16 >= 0 C6:C16 = binary
Opções do Solver:
Evolutionary

FIGURA 12.41 *Solução que maximiza o lucro médio.*

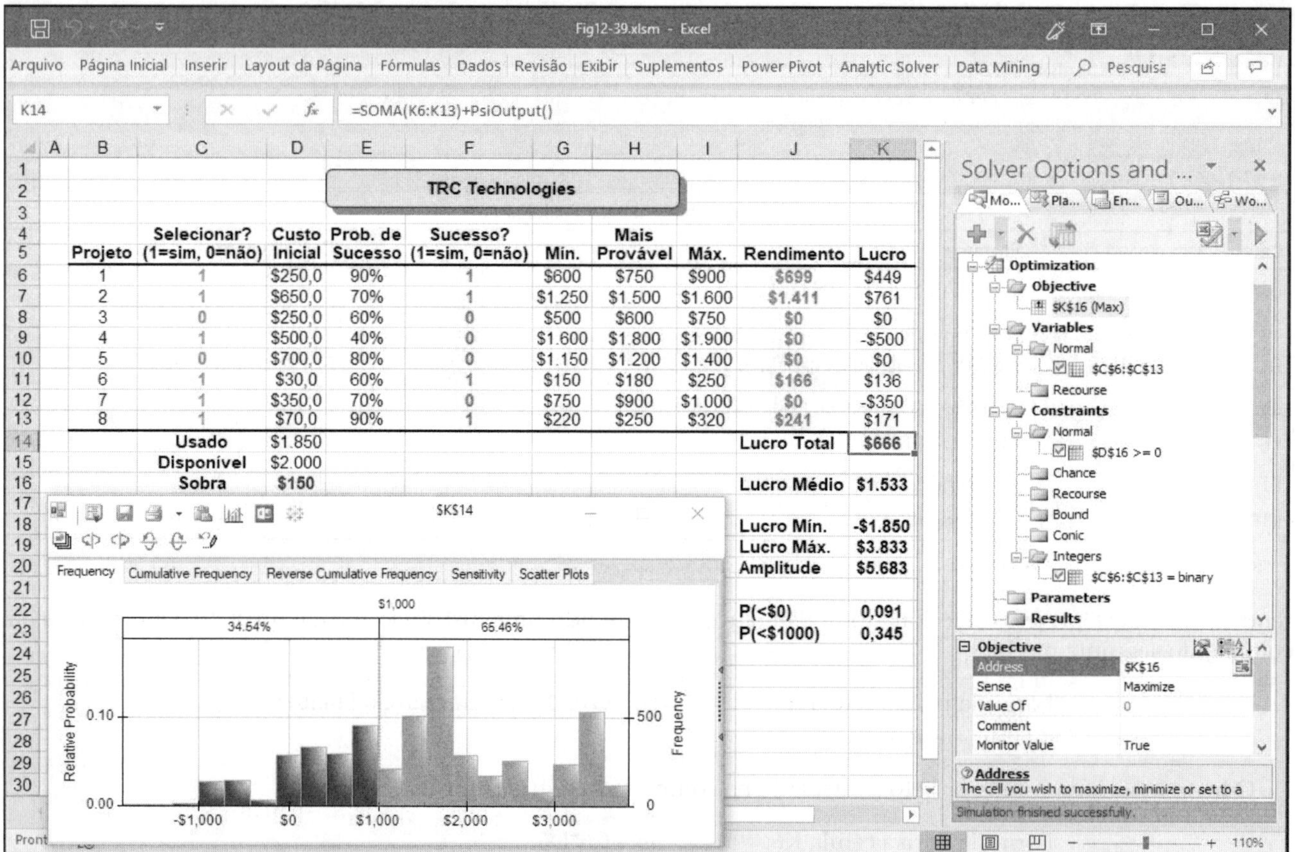

Fórmulas das principais células		
Célula	**Fórmula**	**Copiado para**
K18	=PsiMin(K14)	--
K19	=PsiMax(K14)	--
K20	=PsiRange(K14)	--
K22	=PsiTarget(K14;0)	--
K23	=PsiTarget(K14;1000)	--

adicionais que descrevem essa solução. O Analytic Solver Platform identificou uma solução que envolve a seleção dos projetos 1, 2, 4, 6, 7 e 8, exigindo um investimento inicial de $ 1,85 milhão e resultando em um lucro esperado de aproximadamente $ 1,533 milhão.

O gráfico de frequência na Figura 12.41 mostra a distribuição dos valores possíveis de lucro que podem ocorrer se a TRC adotar essa solução. Embora o lucro esperado (médio) associado a essa solução seja de aproximadamente $ 1,53 milhão, a amplitude de resultados possíveis é razoavelmente ampla em aproximadamente $ 5,683 milhões (calculado na célula K20 por meio da fórmula =PsiRange(K14)). O resultado do pior caso observado com essa solução resultou em uma perda de aproximadamente $ 1,85 milhão (calculada na célula K18 por meio da fórmula =PsiMin(K14)), enquanto o resultado do melhor caso foi um lucro de aproximadamente $ 3,833 milhões (calculado na célula K19 por meio da fórmula =PsiMax(K14)). Também na Figura 12.41, podemos ver na célula K22 (identificada como "P(<$0)") que existe uma probabilidade de perda de dinheiro de aproximadamente 0,091 se essa solução for implementada. Essa probabilidade foi calculada usando a função PsiTarget( ) da seguinte forma:

Fórmula para a célula K22: =PsiTarget(K14;0)

Em geral, a função PsiTarget (*célula; valor alvo*) retorna a probabilidade acumulada de a *célula* de saída especificada apresentar um valor menor ou igual ao *valor alvo* especificado. Assim, a fórmula na célula K22 calcula a probabilidade de a distribuição de lucros na célula K14 apresentar um valor inferior a $ 0.

Da mesma forma, como mostrado na célula K23, existe uma probabilidade de aproximadamente 0,345 de conseguir menos de $ 1 milhão (ou uma chance de aproximadamente 65,5% de ganhar mais de $ 1 milhão). Assim, riscos significativos estão associados a essa solução que não são aparentes se olhamos simplesmente para o seu nível de lucro esperado de $ 1,53 milhão.

12.16.3 CONSIDERANDO OUTRA SOLUÇÃO

Visto que cada um dos projetos é uma ocorrência única que pode tanto ter sucesso quanto falhar, os tomadores de decisões nesse problema não têm o luxo de selecionar esse conjunto de projetos várias vezes e auferir o nível médio de lucro de $ 1,53 milhão ao longo do tempo. Como objetivo alternativo, a gestão da TRC pode querer encontrar uma solução que minimiza a probabilidade de ter resultados com lucros abaixo de $ 1 milhão (ou equivalentemente, maximizar a probabilidade de ter um resultado de $ 1 milhão ou mais).

Para buscar esse novo objetivo, podemos simplesmente otimizar o modelo novamente com o objetivo de minimizar o valor da célula K23. A solução para esse problema é apresentada na Figura 12.42.

FIGURA 12.42 *Solução que minimiza a probabilidade de resultados abaixo de $ 1 milhão.*

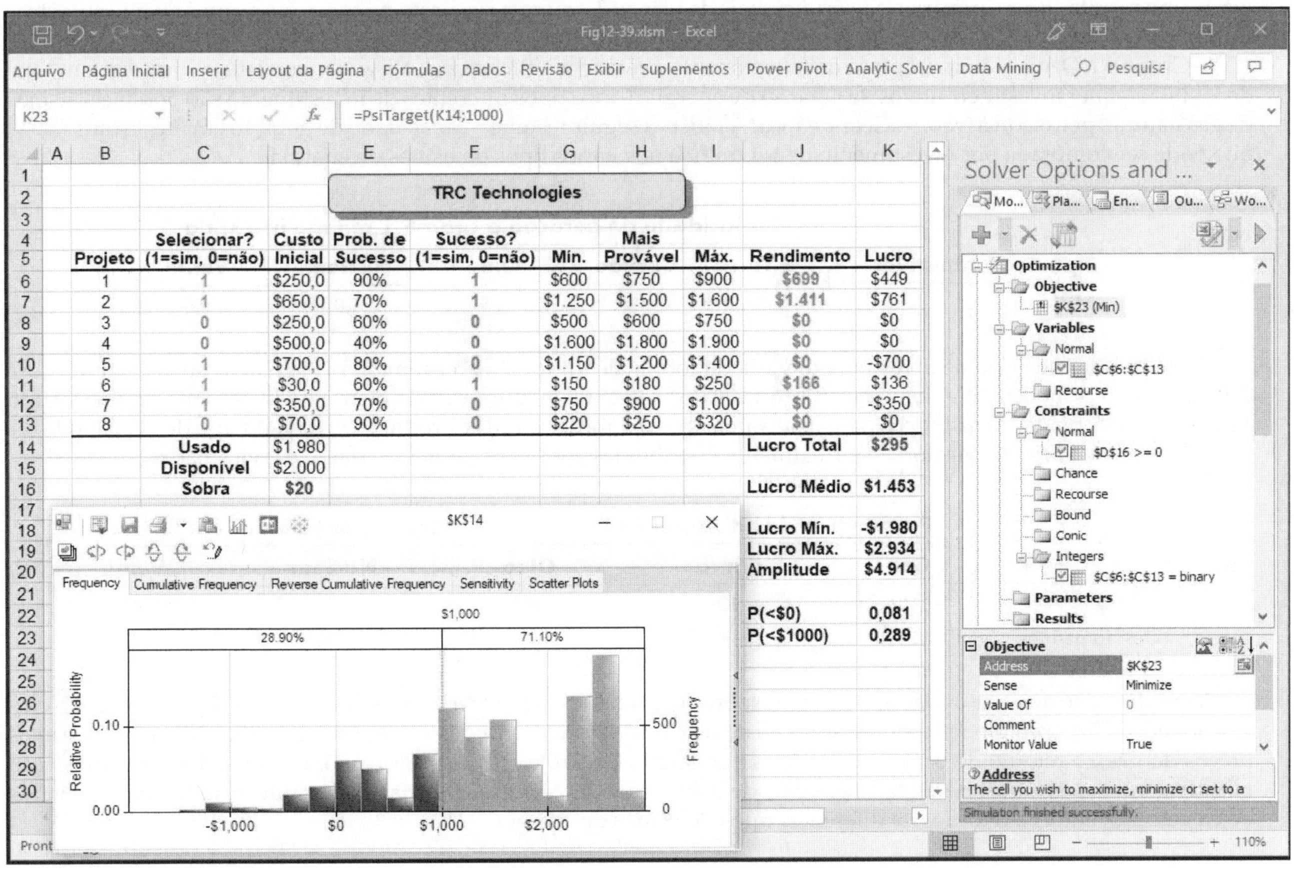

Na Figura 12.42, observe que o lucro esperado (médio) para essa solução é cerca de $ 1,45 milhão, representando uma diminuição de aproximadamente $ 80.000 em relação à solução anterior. A amplitude de resultados possíveis também diminuiu para cerca de $ 4,9 milhões, com uma perda de $ 1,98 milhão no pior caso e um lucro de $ 2,93 milhões no melhor caso. Essa solução *reduz* as chances de ter uma perda para aproximadamente 8,1% e *aumenta* as chances de conseguir pelo menos $ 1 milhão para quase 71%. Assim, embora o melhor resultado possível realizado sob essa solução ($ 2,9 milhões) não seja tão grande quanto o da solução anterior ($ 3,8 milhões), ela reduz o risco negativo do problema e torna mais provável para a empresa ganhar pelo menos $ 1 milhão; no entanto, também requer um maior investimento inicial. Também é interessante notar que a probabilidade de *todos* os projetos selecionados serem bem-sucedidos sob essa solução é de 0,2116 (ou seja, 0,2116 = 0,9 × 0,7 × 0,8 × 0,6 × 0,7), enquanto a probabilidade de todos os projetos selecionados serem bem-sucedidos sob a primeira solução é de apenas 0,0953 (ou seja, 0,0953 = 0,9 × 0,7 × 0,4 × 0,6 × 0,7 × 0,9).

Então, qual é a melhor solução para esse problema? Depende das atitudes de risco e preferências dos tomadores de decisões na TRC. No entanto, as técnicas de simulação que descrevemos claramente fornecem compreensões valiosas sobre os riscos associados a várias soluções.

12.17 Um exemplo de otimização de carteira

No Capítulo 8, vimos como o Solver pode ser usado para analisar potenciais compensações entre risco e retorno para determinado conjunto de ações usando a ideia de uma **fronteira eficiente**. Teoricamente, a fronteira eficiente representa o mais alto nível de retorno que uma carteira pode conseguir para qualquer nível dado de risco. Enquanto a otimização de carteira e a análise da fronteira eficiente são mais comumente associadas a instrumentos financeiros, tais como ações e títulos, também podem ser aplicadas a ativos físicos. Isso será ilustrado utilizando o Analytic Solver Platform com o seguinte exemplo:

Nos últimos anos, uma mudança fundamental ocorreu na propriedade de ativos de geração de energia. Tradicionalmente, uma única empresa regulada possuiria determinada usina de energia. Hoje, mais e mais usinas de energia são de propriedade de geradoras que fornecem energia a um mercado atacadista competitivo. Isso torna possível para um investidor comprar, por exemplo, 10% de 10 ativos de geração diferentes, em vez de 100% de uma única usina de energia. Como resultado, proprietários não tradicionais de usinas de energia surgiram na forma de grupos de investimento, fundos de capital privado e fundos de *hedge* de energia.

O Grupo McDaniel é uma empresa de investimento privado em Richmond, Virgínia, que atualmente tem um total de $ 1 bilhão quer investir em ativos de geração de energia. Cinco tipos diferentes de investimento são possíveis: usinas de gás natural, petróleo, carvão, nuclear e eólica. A tabela a seguir resume a capacidade de geração em megawatts (MW) que pode ser comprada por investimento de $ 1 milhão nos vários tipos de usinas de energia.

	Capacidade de geração a cada $ 1 milhão investido				
Tipo de combustível	**Gás**	**Carvão**	**Óleo**	**Nuclear**	**Vento**
MW	2,0	1,2	3,5	1,0	0,5

O retorno de cada tipo de investimento varia de forma aleatória e é determinado principalmente pelas flutuações dos preços do combustível e do preço *spot* (ou o valor corrente de mercado) da eletricidade. Suponha que o Grupo McDaniel analisou dados históricos para determinar que o retorno por MW produzido por cada tipo de usina pode ser modelado como variáveis aleatórias normalmente distribuídas com as seguintes médias e desvios padrão:

	Parâmetros das distribuições normais de retorno por tipo de combustível				
	Gás	**Carvão**	**Óleo**	**Nuclear**	**Vento**
Média	16%	12%	10%	9%	8%
Desvio padrão	12%	6%	4%	3%	1%

Além disso, ao analisar os dados históricos sobre custos de operação, verificou-se que muitos dos retornos são correlacionados. Por exemplo, quando os retornos de usinas abastecidas por gás natural são elevados (devido aos baixos preços do gás), o retorno de usinas abastecidas por carvão e petróleo tende a ser baixo. Portanto, há uma correlação negativa entre os retornos de usinas a gás e os de usinas a carvão e petróleo. A tabela a seguir resume todos os pares de correlações entre os retornos de diferentes tipos de usinas de energia.

(continua)

	Correlações entre os retornos por tipo de combustível				
	Gás	**Carvão**	**Óleo**	**Nuclear**	**Vento**
Gás	1	−0,49	−0,31	0,16	0,12
Carvão	−0,49	1	−0,41	0,11	0,07
Óleo	−0,31	−0,41	1	0,13	0,09
Nuclear	0,16	0,11	0,13	1	0,04
Vento	0,12	0,07	0,09	0,04	1

O Grupo McDaniel gostaria de construir uma estimativa da fronteira eficiente para suas opções de investimento em ativos de geração de energia.

12.17.1 UM MODELO DE PLANILHA

Um modelo de planilha para esse problema é apresentado na Figura 12.43 (e no arquivo Fig12-43.xlsm, disponível na página deste livro no site da editora). As células D5 a D9 nessa planilha indicam quanto dinheiro (em milhões) será investido em cada tipo de ativo de geração. Os valores apresentados nas células D5 a D9 foram atribuídos de forma arbitrária. Observe no painel de tarefas do Analytic Solver Platform que definimos essas células como variáveis

FIGURA 12.43 *Configurações e solução para maximizar o lucro médio.*

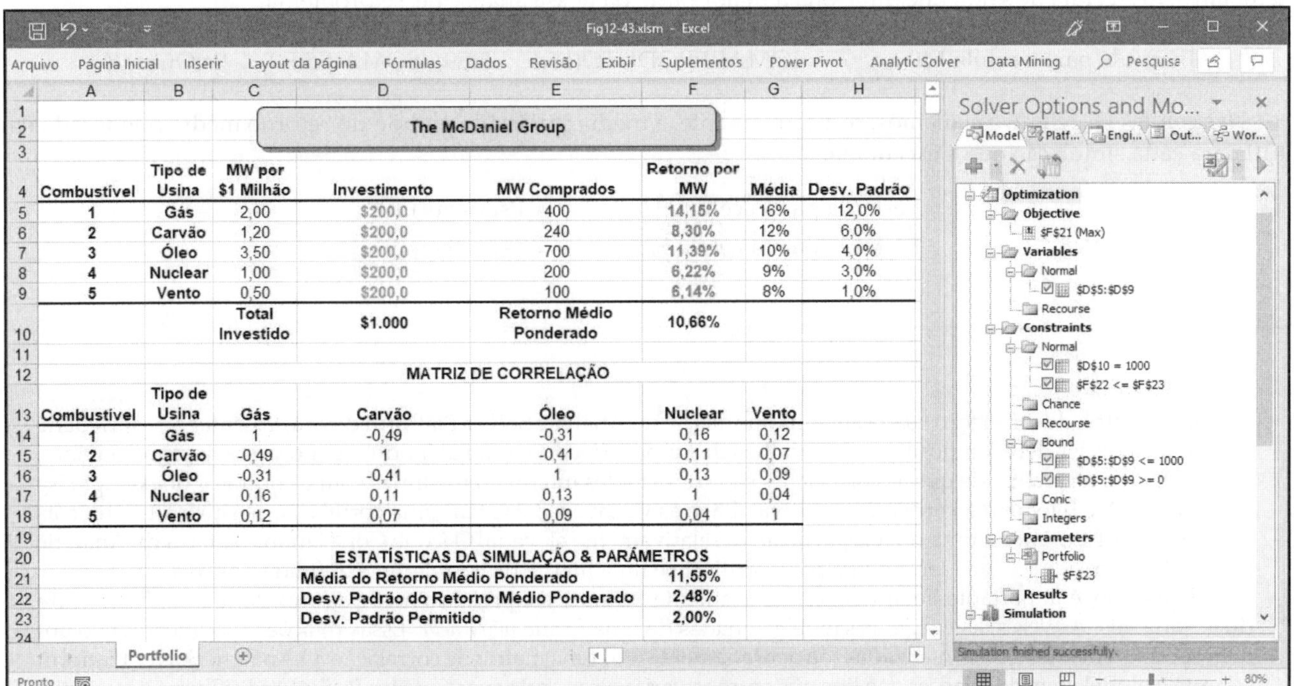

Fórmulas das principais células		
Célula	**Fórmula**	**Copiado para**
D10	=SOMA(D5:D9)	--
E5	=C5*D5	E6:E9
F5	=PsiNormal(G5;H5;PsiCorrMatrix($C$14:$G$18;A5))	F6:F9
F10	=SOMARPRODUTO(F5:F9;E5:E9)/SOMA(E5:E9)+PsiOutput()	--
F21	=PsiMean(F10)	--
F22	=PsiStdDev(F10)	--
F23	=PsiOptParam(0,02;0,12)	--

de decisão que devem ter valores entre $ 0 e $ 1.000. Também criamos uma restrição que requer que a soma desses valores (calculado na célula D10) seja igual a $ 1.000 (ou $ 1 bilhão).

Fórmula para a célula D10: =SOMA(D5:D9)

Na coluna E, calculamos a capacidade de geração adquirida em cada categoria de ativo, como segue:

Fórmula para a célula E5: =C5*D5
(Copiar para as células E6 a E9.)

As células que representam retornos aleatórios para cada categoria de ativo são implementadas na coluna F. Lembre-se de que estamos supondo que existem correlações entre esses retornos. O Analytic Solver Platform oferece uma série de diferentes formas de lidar com correlações entre variáveis. Nesse caso, modelamos as correlações, incluindo uma função PsiCorrMatrix( ) apropriada como um terceiro argumento na função PsiNormal( ) conforme mostrado aqui para investimentos em usinas a gás na célula F5:

Fórmula para a célula F5: =PsiNormal(G5;H5;PsiCorrMatrix($C$14:$G$18;A5))
(Copiar para as células F6 a F9.)

Note que a função PsiCorrMatrix( ) requer uma matriz de correlação (C14 até G18 no nosso exemplo) e um inteiro indicando qual coluna (ou linha) da matriz corresponde à variável aleatória que está sendo amostrada (o valor 1 na célula A5 nesse exemplo).

Na célula F10, calculamos o retorno médio ponderado dos investimentos escolhidos em ativos de geração. Essa também será a célula de saída que direciona a maior parte da nossa análise nesse problema.

Fórmula para a célula F10: =SOMARPRODUTO(F5:F9;E5:E9)/SOMA(E5:E9) + PsiOutput( )

Nas células F21 e F22, calculamos, respectivamente, a média e o desvio padrão do retorno médio ponderado em F10 para cada simulação que é executada.

Fórmula para a célula F21: =PsiMean(F10)
Fórmula para a célula F22: =PsiStdDev(F10)

Correlação

Qualquer matriz de correlação usada em uma simulação no Analytic Solver Platform deve apresentar a propriedade matemática de ser definida positiva. Os detalhes dessa propriedade estão além do escopo deste livro; no entanto, tem a ver com a garantia de que as correlações são consistentes internamente umas com as outras. Por exemplo, se as variáveis A e B têm uma correlação positiva alta, e as variáveis B e C têm uma correlação positiva alta, então as variáveis A e C devem ter uma correlação positiva relativamente elevada. O ícone Correlations na faixa do Analytic Solver Platform oferece uma ferramenta para verificar se uma matriz de correlação é definida positiva.

Além disso, é importante notar que, estatisticamente falando, a correlação mede a força da relação *linear* entre duas variáveis. Às vezes, as variáveis são relacionadas de uma forma *não linear*. Essas relações não lineares não podem ser convenientemente sintetizadas (ou acuradamente) em uma matriz de correlação. O Analytic Solver Platform suporta a modelagem de relações não lineares entre as variáveis usando suas funções PsiSip( ) e PsiSlurp( ), que estão descritas no manual do usuário do Analytic Solver Platform.

12.17.2 RESOLVENDO O PROBLEMA COM O ANALYTIC SOLVER PLATFORM

Lembre-se de que o Grupo McDaniel está interessado em estimar a fronteira eficiente de suas possíveis opções de investimento para esses ativos de geração de energia. Isso requer a determinação das carteiras que oferecem o retorno esperado (ou médio) máximo para vários níveis de risco. Nesse caso, definiremos risco como o desvio padrão do retorno médio ponderado de uma carteira. O painel de tarefas do Analytic Solver Platform na Figura 12.43 indica que o nosso objetivo é maximizar o valor médio do retorno médio ponderado calculado na célula F21 em nossa planilha.

Também especificamos um requisito variável no limite superior permitido do desvio padrão do retorno médio ponderado (na célula F22). Para isso, utilizamos a função PsiOptParam( ) na célula F23 para identificar uma amplitude de níveis de risco que queremos utilizar na construção de uma fronteira eficiente para esse problema:

Fórmula para a célula F23: =PsiOptParam(0.02;0.12)

Na Figura 12.43, note que também definimos uma restrição exigindo que a célula F22 (o desvio padrão do retorno médio ponderado) seja menor ou igual ao valor da célula F23. A função PsiOptParam( ) especifica um parâmetro que será variado conforme várias otimizações são realizadas. O número de otimizações a serem executadas é indicado na caixa de diálogo Options do Analytic Solver Platform mostrada na Figura 12.44. (Essa caixa de diálogo é exibida ao clicar no ícone Options na guia do Analytic Solver Platform.) Quando o ícone Solve no painel de tarefas é clicado, o Analytic Solver Platform executa seis rodadas de otimização, variando automaticamente o valor na célula F23 para seis diferentes valores igualmente espaçados entre 2% e 12%. As configurações e as opções do Solver para esse problema são resumidas na Figura 12.45. Esse é um problema que exige intensos cálculos, e cada uma das seis otimizações pode demorar vários minutos.

A Figura 12.46 apresenta um gráfico resumindo o retorno médio ponderado máximo encontrado para cada uma das seis otimizações. Para criar esse gráfico, siga os seguintes passos:

1. Na guia do Analytic Solver Platform, clique em Charts, Multiple Optimizations, Monitored Cells.
2. Selecione a célula objetivo (F21) e mova-a para o painel do lado direito da caixa de diálogo.
3. Clique em OK.

Esse gráfico corresponde à fronteira de eficiência estimada para a decisão de investimento em ativos do Grupo McDaniel, resumindo as seis carteiras que ele encontrou e suas compensações relativas em termos de risco e retorno.

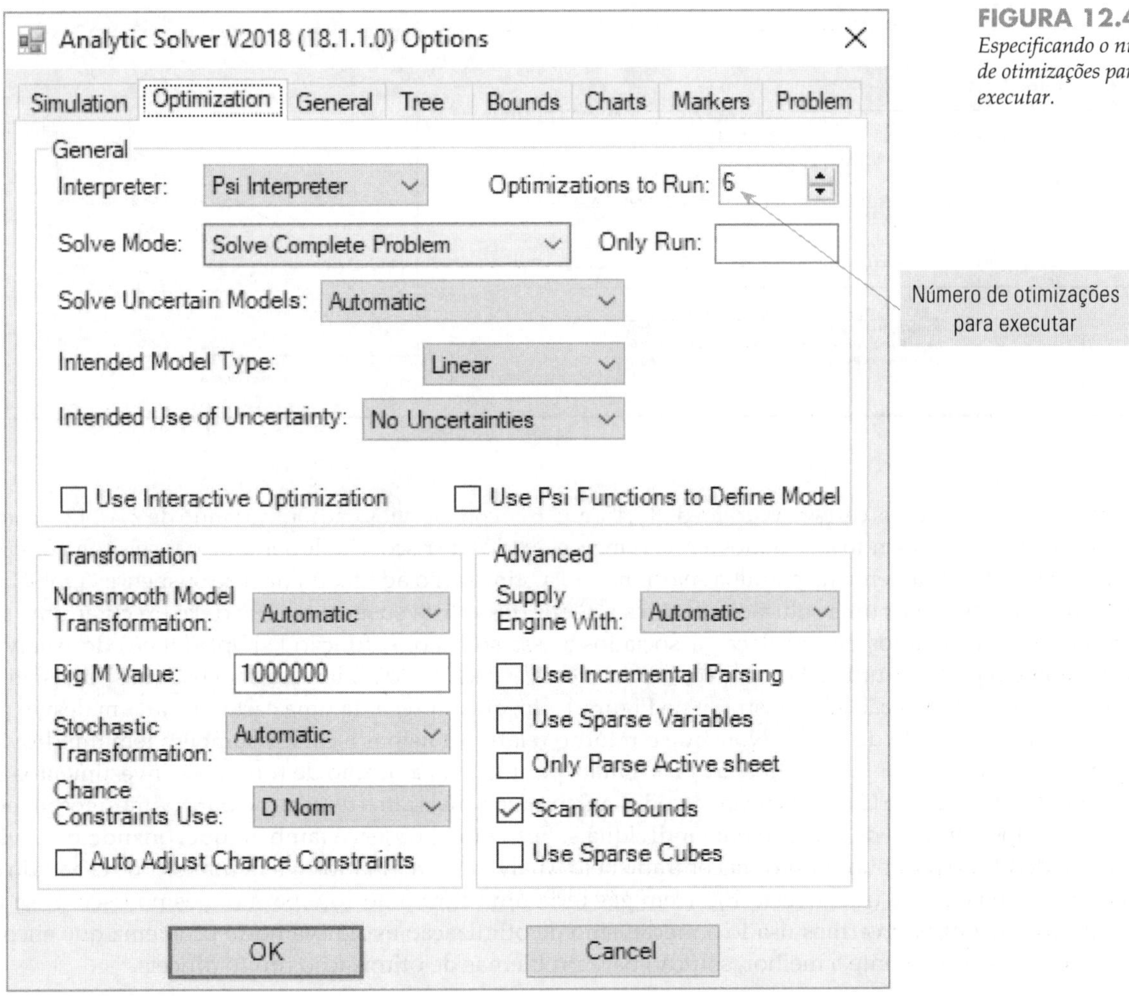

FIGURA 12.44
Especificando o número de otimizações para executar.

FIGURA 12.45 *Configurações e parâmetros do Solver para o Grupo McDaniel.*

Configurações do Solver:

Objetivo: F21 (Max)
Células variáveis: D5:D9
Restrições:
  D5:D9 >= 0
  D5:D9 <=1000
  D10 = 1000
  F22 <= F23

Opções do Solver:

  Evolutionary
  Optimizations to Run = 6

FIGURA 12.46 *Fronteira eficiente para o problema de investimento do Grupo McDaniel.*

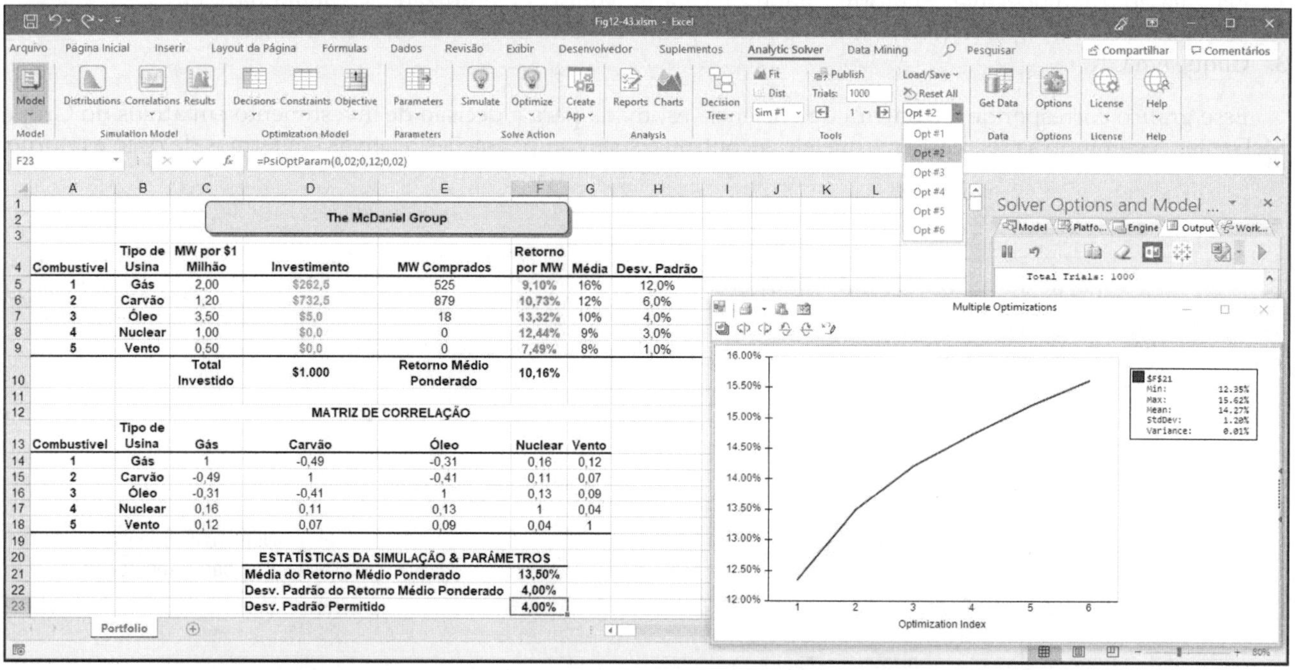

Os retornos esperados dessas carteiras variam de 12,4% a 15,6%, com desvios padrão variando de 2% a 12% com retornos esperados mais elevados sendo associados a níveis mais elevados de risco. Qualquer uma das seis soluções podem ser inspecionadas detalhadamente na planilha selecionando a otimização adequada da lista suspensa "Opt #" na Figura 12.46. Depois de selecionar uma solução específica a partir dessa lista suspensa, você deve executar uma simulação para restaurar os resultados da simulação associados a essa solução. A função PsiOptValue( ) do Analytic Solver Platform também pode ser utilizada para recuperar valores específicos de interesse com base nas várias otimizações.

O resultado da otimização #2 é mostrado na Figura 12.46, que representa uma carteira com um desvio padrão de 4% e um retorno esperado de 13,5%. Note que o retorno relativo a usinas a carvão também tem um desvio padrão de 6%, mas um retorno esperado de apenas 12%. Então, por meio da alocação de fundos de investimentos em vários tipos diferentes de usinas, o Grupo McDaniel pode ganhar níveis mais altos de retorno para os mesmos níveis de risco que os oferecidos por tipos de investimento individuais. Entretanto, observe também que, quando o desvio padrão permitido é de 12%, o portfólio "ótimo" encontrado pelo Analytic Solver Platform tem um retorno esperado de 15,6%, ao passo que uma carteira que investe 100% em gás teria um retorno de 16% para o mesmo risco. Esse resultado contraintuitivo se deve a tivermos usado o mecanismo de otimização evolutiva neste problema que encontra uma boa, mas não necessariamente a melhor, solução para problemas de otimização muito difíceis.

A escolha certa de portfólio para o Grupo McDaniel depende das preferências da empresa em relação a risco *versus* retorno. Mas essa análise deve ajudar a empresa a selecionar um portfólio que ofereça um bom retorno para o nível desejado de risco.

12.18 Resumo

Este capítulo introduziu o conceito de análise de risco e simulação. Muitas das células de entrada em uma planilha representam variáveis aleatórias cujos valores não podem ser determinados com certeza. Qualquer incerteza nas células de entrada flui pelo modelo de planilha para criar uma incerteza induzida no valor da(s) célula(s) de saída. As decisões tomadas com base nesses valores incertos envolvem certo grau de risco.

Vários métodos de análise de risco estão disponíveis, incluindo a análise melhor caso/pior caso, "o quê-se" e simulação. Desses três métodos, a simulação é a única técnica que fornece provas concretas (fatos e números) que podem ser usadas objetivamente na tomada de decisões. Este capítulo introduziu o uso do aplicativo Analytic Solver Platform para realizar simulação e otimização em planilhas. Para simular um modelo, GNAs são usados para selecionar valores representativos para cada variável independente incerta no modelo. Esse processo é replicado várias vezes para gerar uma amostra de valores representativos para a(s) variável(is) dependente(s) no modelo. A variabilidade e distribuição dos valores amostrais para a(s) variável(is) dependente(s) podem ser analisadas para compreender os possíveis resultados que podem ocorrer. Também ilustramos o uso do Analytic Solver Platform para determinar o valor ótimo de parâmetros controláveis ou variáveis de decisão em modelos de simulação.

12.19 Referências

Analytic Solver Platform v16.0 User Manual. Frontline Systems Inc., Incline Village, NV, 2016.

BANKS, J.; CARSON, J. *Discrete-Event Simulation*. 5. ed. Pearson, 2009.

EVANS, J.; OLSON, D. *Introduction to Simulation and Risk Analysis*. 2. ed. Upper Saddle River, NJ: Prentice Hall, 2001.

KHOSHNEVIS, B. *Discrete Systems Simulation*. Nova York: McGraw-Hill, 1994.

LAW, A.; KELTON, W. *Simulation Modeling and Analysis*. Nova York: McGraw-Hill, 2014.

MARCUS, A. The Magellan Fund and Market Efficiency. *Journal of Portfolio Management*, outono 1990.

RUSSELL, R.; HICKLE, R. Simulation of a CD Portfolio. *Interfaces*, v. 16, n. 3, 1986.

SAVAGE, Sam L. The Flaw of Averages. *Harvard Business Review*, nov. 2002.

SAVAGE, S.; SCHOLTES, S.; ZWEIDLER, D. Probability Management. *OR/MS Today*, fev. 2006.

SAVAGE, S.; SCHOLTES, S.; ZWEIDLER, D. Probability Management-Part II. *OR/MS Today*, abr. 2006.

O MUNDO DA *BUSINESS ANALYTICS*

O serviço postal dos EUA muda para a pista rápida

Objetos fluem para o Serviço Postal dos EUA a uma taxa de 500 milhões de peças por dia e vêm em muitos formatos. Há cartas de tamanho padrão com códigos postais de nove dígitos (com ou sem códigos de barras impressos), códigos postais de cinco dígitos, endereços digitados que podem ser lidos por leitores ópticos de caracteres, endereços manuscritos que são quase indecifráveis, cartões de Natal em envelopes vermelhos endereçados em tinta vermelha e assim por diante. A enorme tarefa de classificar todas essas peças na agência postal de envio e de destino fez que a gestão postal considerasse e adotasse muitas novas formas de tecnologia. Estas incluem triagem mecanizada assistida por operador, leitores ópticos de caracteres (última linha e múltiplas linhas) e classificadores de código de barras. A implementação de novas tecnologias traz consigo decisões de política associadas, como descontos de taxas para clientes que usam código de barras, ou que realizam uma classificação mais específica na origem e assim por diante.

Um modelo de simulação chamado META (modelo de avaliação de alternativas tecnológicas) auxilia a gestão na avaliação de novas tecnologias, configurações e planos operacionais. Usando distribuições baseadas na experiência ou projeções dos efeitos das novas políticas, o META simula um fluxo aleatório de correspondência de diferentes tipos; encaminha a correspondência por meio da configuração do sistema que está sendo testado; e imprime relatórios detalhando o total de peças movimentadas, a utilização da capacidade, as horas de trabalho necessárias, os requisitos de espaço e custo.

(continua)

O META tem sido usado em vários projetos associados ao plano de automação corporativo do Serviço Postal. Estes incluem planejamento de instalações, benefícios de planos de classificação alternativos, justificação de esforços para melhorar a legibilidade de endereços, estudos para reduzir o tempo gasto pelas transportadoras na classificação *versus* entrega e identificação dos tipos de correspondência que oferecem o maior potencial para redução de custos.

De acordo com a Associate Postmaster General, "... o META se tornou o veículo para ajudar a orientar a nossa organização em um curso totalmente novo a uma velocidade que nunca antes tínhamos experimentado".

Fonte: CEBRY, M. A. de Silva; DiLISIO, F. Management Science in Automating Postal Operations: Facility and Equipment Planning in the United States Postal Service. *Interfaces*, v. 22, n. 1, 1992, p. 110-130.

Questões e problemas

1. Em que condição(ões) é apropriado usar a simulação para analisar um modelo? Ou seja, que características um modelo deve possuir para que a simulação seja usada?
2. O gráfico de distribuição de probabilidade de uma variável aleatória normalmente distribuída com média de 20 e desvio padrão de 1,5 é mostrado na Figura 12.5. A função do Excel:

   =INV.NORM.N(Aleatório( );20;1,5)

   também retorna observações aleatoriamente geradas dessa distribuição.
   a. Use a função do Excel INV.NORM.N( ) para gerar 100 valores amostrais dessa distribuição.
   b. Produza um histograma dos 100 valores amostrais que você gerou. O seu histograma parece com o gráfico para essa distribuição na Figura 12.5?
   c. Repita esse experimento com 1.000 valores amostrais.
   d. Produza um histograma para os 1.000 valores amostrais que você gerou. O histograma agora está mais semelhante ao gráfico na Figura 12.5 para essa distribuição?
   e. Por que o seu segundo histograma parece mais "normal" que o primeiro?
3. Consulte o exemplo da Hungry Dawg Restaurants apresentado neste capítulo. Os custos das despesas de saúde realmente tendem a ser sazonais, com maiores níveis de despesas ocorrendo durante os meses de verão (quando as crianças estão de férias e mais propensas a se machucarem) e durante o mês de dezembro (quando as pessoas agendam procedimentos eletivos antes da franquia do próximo ano ter de ser paga). A tabela a seguir resume os fatores de ajustes sazonais que se aplicam aos GNAs para despesas médias no problema da Hungry Dawg. Por exemplo, a despesa média para o mês 6 deve ser multiplicada por 115%, e as despesas para o mês 1 devem ser multiplicadas por 80%.

Mês	**1**	**2**	**3**	**4**	**5**	**6**	**7**	**8**	**9**	**10**	**11**	**12**
Fator sazonal	0,80	0,85	0,87	0,92	0,93	1,15	1,20	1,18	1,03	0,95	0,98	1,14

   Suponha que a empresa mantenha uma conta para pagar as despesas de seguro-saúde. Suponha que existam $ 2,5 milhões na conta no início do mês 1. Todos os meses, as contribuições dos funcionários são depositadas nessa conta e as despesas são pagas com ela.
   a. Modifique a planilha mostrada na Figura 12.9 para incluir os fluxos de caixa nessa conta. Se a empresa deposita $ 3 milhões nessa conta todo mês, qual é a probabilidade de a conta não ter fundos suficientes para pagar as despesas em algum momento durante o ano? (*Dica*: Você pode usar a função CONT.SE( ) para contar o número de meses em um ano em que o saldo final da conta é inferior a 0.)
   b. Se a empresa quer depositar uma quantidade igual de dinheiro nessa conta a cada mês, qual deve ser esse montante se quer limitar a chance de ter fundos insuficientes a apenas 5%?
4. Um dos exemplos deste capítulo tratou da determinação do ponto de reabastecimento ótimo para um monitor de computador vendido pela Millennium Computer Corp. Suponha que cada monitor em estoque inicial custe para a MCC $ 0,30 por dia para sua manutenção em estoque e que custe $ 20 para fazer um pedido. Cada monitor vendido gera um lucro de $ 45, e cada venda perdida resulta em um custo de oportunidade de $ 65 (incluindo o lucro perdido de $ 45 e $ 20 em imagem perdida). Modifique a planilha mostrada na Figura 12.23 para determinar o ponto de reabastecimento e a quantidade de pedido para maximizar o lucro médio mensal associado a esse monitor.
5. Um debate apareceu recentemente sobre a estratégia ótima para jogar um jogo em um programa de TV chamado "Vamos fazer um acordo". Em um dos jogos nesse programa, o competidor tem a escolha de prêmios atrás de três portas fechadas. Um prêmio valioso estava atrás de uma das portas e prêmios inúteis estavam atrás das outras duas portas. Depois que o competidor selecionava uma porta, o apresentador abria uma das duas portas restantes para revelar um dos prêmios sem valor. Em seguida, antes de abrir a porta selecionada, o apresentador dava ao competidor a oportunidade de mudar a sua escolha para a outra porta, que não tinha sido aberta. A questão é, o competidor deve trocar?

a. Suponha que um competidor possa jogar esse jogo 500 vezes, escolha sempre a porta número 1 e nunca troque quando for dada a opção. Se é igualmente provável que o prêmio valioso esteja atrás de cada porta no início de cada jogada, quantas vezes o competidor ganharia o prêmio valioso? Use a simulação para responder a essa pergunta.
b. Agora, suponha que o competidor possa jogar esse jogo outras 500 vezes. Dessa vez, o jogador sempre selecionará a porta número 1, inicialmente, e trocará quando for dada a opção. Usando a simulação, quantas vezes o competidor ganharia o prêmio valioso?
c. Se você fosse um competidor nesse programa, o que faria se tivesse a opção de trocar as portas?

6. Meredith Shomers administra a distribuição de bolsas de estudo para uma grande universidade pública. Atualmente, ela está tentando determinar quanto dinheiro pode ser distribuído em bolsas de estudos a partir de uma doação, com um saldo atual de $ 538.000. Os fundos para bolsas são investidos em uma carteira cujo retorno anual varia e pode ser representada como uma variável aleatória normalmente distribuída com uma média de 6% e desvio padrão de 2%. Os termos legais da doação exigem que Meredith determine um montante de pagamento constante para as bolsas de estudo do fundo que, se for feito nos próximos 10 anos, resultará em apenas 5% de chance de o valor final do fundo cair abaixo do seu valor atual. Suponha que os pagamentos das bolsas de estudo sejam retirados do fundo no final de cada ano.
   a. Crie um modelo de planilha para esse problema.
   b. Qual é o pagamento máximo em bolsas de estudos que deve ser feito no ano corrente?
7. A Firebird Packaging Operations fabrica pequenos copos de plástico utilizados para consumir cerveja, café, chá e chocolate quente. Os copos são termoformados com várias resinas de plástico diferentes, incluindo Poliestireno de Alto Impacto (HIPS). Ela armazena esse material a granel em um silo com capacidade de 100.000 kg de material. A Firebird quer determinar o ponto de reabastecimento e a quantidade a ser pedida ideal para o estoque de HIPS. O seu objetivo é sempre ter níveis suficientes de HIPS à mão para atender às necessidades diárias do processo de fabricação. Ao mesmo tempo, a Firebird quer evitar as penalidades cobradas pelo fornecedor decorrentes do fato de não ter espaço suficiente nos silos para descarregar uma entrega programada. O fornecedor de HIPS da Firebird só fornece cargas completas de 21.500 kg. O departamento de compras da Firebird atualmente faz um pedido para uma carga completa de HIPS quando sua posição de estoque cai para 35.000 kg. O prazo para receber um pedido é de 2, 3 ou 4 dias, com probabilidades de 0,45, 0,35 e 0,2, respectivamente. A demanda diária por HIPS varia de 5.000 kg a 11.000 kg, com um valor mais provável de 7.500 kg.
   a. Modifique a planilha para o exemplo da Millennium Computer neste capítulo a fim de resolver o problema de inventário da Firebird. Suponha que o saldo inicial de HIPS seja de 45.400 kg. Qual é a probabilidade de a Firebird não conseguir atender à sua demanda por HIPS?
   b. Assuma que a Firebird quer manter um nível de serviço de 100%, minimizando o nível de estoque médio de HIPS e evitando as penalidades associadas a uma entrega que excede a capacidade disponível no silo de armazenamento. Que ponto de reabastecimento a Firebird deve utilizar?
8. Suponha que um produto deva passar por uma linha de montagem composta por cinco operações sequenciais. O tempo que leva para completar cada operação é normalmente distribuído com média de 180 segundos e desvio padrão de 5 segundos. Faça X indicar o tempo de ciclo para a linha, de forma que após X segundos cada operação deveria ter acabado e estar pronta para passar o produto para a operação seguinte na linha de montagem.
   a. Se o tempo de ciclo for $X = 180$ segundos, qual é a probabilidade de que todas as cinco operações sejam concluídas?
   b. Qual tempo de ciclo assegurará que todas as operações terão terminado 98% das vezes?
   c. Suponha que a empresa quer que todas as operações sejam concluídas dentro de 190 segundos 98% das vezes. Suponhamos ainda que o desvio padrão de uma operação pode ser reduzido a um custo de $ 5.000 por segundo de redução (a partir de 5), e qualquer ou todas as operações podem ser reduzidas como desejado em até 2,5 segundos. Em quanto os desvios padrão devem ser reduzidos para alcançar o nível de desempenho desejado e quanto custaria?
9. Suponha que um produto deva passar por uma linha de montagem composta por cinco operações sequenciais. O tempo que leva para completar cada operação é normalmente distribuído com média de 180 segundos e desvio padrão de 5 segundos. Defina tempo de fluxo como o tempo total necessário para um produto passar pela linha de montagem do início ao fim.
   a. Qual é a média e o desvio padrão do tempo de fluxo? Qual é a probabilidade de que o tempo total será inferior a 920 segundos?
   b. Agora vamos supor que o tempo necessário para completar cada operação tenha uma correlação de 0,40, com o tempo de operação imediatamente anterior. Qual é a média e o desvio padrão do tempo de fluxo? Qual é a probabilidade de que o tempo total será inferior a 920 segundos?
   c. Agora vamos supor que o tempo necessário para completar cada operação tenha uma correlação de −0,40, com o tempo de operação imediatamente anterior. Qual é a média e o desvio padrão do tempo de fluxo? Qual é a probabilidade de que o tempo total será inferior a 920 segundos?
   d. Explique os efeitos de correlações positivas e negativas sobre os resultados anteriores.
10. Redes de agências bancárias devem manter dinheiro suficiente disponível para satisfazer as demandas dos clientes. Suponha que a demanda diária de dinheiro em uma agência do University Bank segue uma distribuição lognormal com média e desvio padrão resumidos da seguinte forma (em $ 1.000):

	Segunda-feira	Terça-feira	Quarta-feira	Quinta-feira	Sexta-feira	Sábado	Domingo
Média	$ 175	$ 120	$ 90	$ 60	$ 120	$ 140	$ 65
Desvio padrão	$ 26	$ 18	$ 13	$ 9	$ 18	$ 21	$ 9

Um veículo blindado entrega dinheiro a esse banco uma vez por semana. O gerente do banco pode pedir a quantidade de dinheiro que desejar para essa entrega. É claro que ficar sem dinheiro em qualquer semana é uma coisa indesejável já que os clientes do banco esperam conseguir retirar seus depósitos imediatamente. Manter reservas de dinheiro em excesso evitaria essa possibilidade. No entanto, o dinheiro é um ativo sem incidência de juros, de modo que há um custo de oportunidade para manter uma reserva de dinheiro em excesso.

a. Suponha que o gerente do banco siga a prática de pedir dinheiro suficiente para iniciar a semana com um saldo de $ 825.000. Crie um modelo de planilha para acompanhar o saldo diário de dinheiro durante a semana.
b. Qual é a probabilidade de o banco ficar sem dinheiro em algum ponto durante a semana?
c. Qual é a quantidade de dinheiro necessária no início de cada semana para garantir que exista, no máximo, uma chance de 0,10% de ficar sem dinheiro?

11. A Hometown Insurance vende anuidades de 10 anos para aposentados que estão à procura de fontes estáveis de renda de investimentos. Investe os fundos de anuidade que recebe em um fundo de índices de ações com retornos anuais que são distribuídos normalmente com média de 9% e desvio padrão de 3%. Ela garante aos investidores um retorno mínimo anual de 6% e um retorno máximo (ou *rate cap*) de 8,5%. Isso limita tanto o risco negativo quanto o potencial de retorno positivo dos aposentados. Claro, a Hometown consegue sua renda nesses contratos quando o retorno real excede a *rate cap*. Suponha que um aposentado invista $ 50.000 nesse contrato de anuidade. Suponha que ganhos de investimento são creditados no final do ano e são reinvestidos.
    a. Construa um modelo de planilha para esse problema que calcule o lucro da Hometown sobre o contrato.
    b. Quanto dinheiro a Hometown espera conseguir, em média, sobre o contrato?
    c. Qual é a probabilidade de a Hometown perder dinheiro com o contrato?
    d. Suponha que a Hometown queira identificar a taxa mínima anual garantida de retorno que oferece 2% de chance de a empresa perder dinheiro com o contrato. Qual deve ser a taxa mínima anual garantida de retorno?
12. A WVTU é uma estação de televisão que tem 20 espaços publicitários de 30 segundos durante a programação agendada regularmente todas as noites. A estação está vendendo agora esse espaço publicitário para os primeiros dias de novembro. Eles poderiam vender todos os espaços imediatamente por $ 4.500 cada, mas, já que 7 de novembro será um dia de eleição, o diretor da estação sabe que pode vender os espaços de última hora para candidatos em eleições apertadas por um preço de $ 8.000 cada. A demanda por esses espaços de última hora é estimada a seguir:

	Demanda											
	8	**9**	**10**	**11**	**12**	**13**	**14**	**15**	**16**	**17**	**18**	**19**
Probabilidade	0,03	0,05	0,10	0,15	0,20	0,15	0,10	0,05	0,05	0,05	0,05	0,02

    Espaços não vendidos com antecedência e não vendidos a candidatos políticos de última hora ainda podem ser vendidos para anunciantes locais a um preço de $ 2.000.
    a. Se o gerente da estação vender todos os espaços publicitários com antecedência, qual será o rendimento da estação?
    b. Quantos espaços publicitários devem ser vendidos com antecedência se o diretor da estação quiser maximizar o rendimento esperado?
    c. Se o gerente da estação vender com antecedência o número de espaços identificados na questão anterior, qual é a probabilidade de o rendimento total recebido exceder o montante identificado na parte em que todos os espaços são vendidos com antecedência?
13. A proprietária de uma loja de roupas de esqui em Winter Park, Colorado, deve tomar uma decisão em julho em relação ao número de jaquetas de esqui a encomendar para a próxima temporada de esqui. Cada jaqueta de esqui custa $ 54 e pode ser vendida durante a temporada por $ 145. As jaquetas não vendidas até o final da temporada são vendidas por $ 45. A demanda por jaquetas segue uma distribuição de Poisson com uma taxa média de 80. A dona da loja pode encomendar jaquetas em lotes de 10 unidades.
    a. Quantas jaquetas a proprietária da loja deveria encomendar se ela quiser maximizar seu lucro esperado?
    b. Quais são os resultados do melhor e do pior caso que a proprietária pode encontrar nesse produto se ela implementar a sua sugestão?
    c. Qual é a probabilidade de a dona da loja lucrar pelo menos $ 7.000 se ela implementar a sua sugestão?
    d. Qual é a probabilidade de a dona da loja lucrar entre $ 6.000 e $ 7.000 se ela implementar a sua sugestão?
14. O proprietário de uma loja de golfe em Myrtle Beach, Carolina do Sul, deve decidir quantos conjuntos de tacos de golfe para iniciantes encomendar para a próxima temporada turística. A demanda por tacos de golfe é aleatória, mas segue uma distribuição de Poisson com taxas médias de demanda indicadas na tabela a seguir para cada mês. O preço de venda esperado dos tacos também é mostrado para cada mês.

	Maio	Junho	Julho	Agosto	Setembro	Outubro
Demanda média	60	90	70	50	30	40
Preço de venda	$ 145	$ 140	$ 130	$ 110	$ 80	$ 60

Em maio, cada conjunto de tacos pode ser encomendado a um custo de $ 75. Esse preço deverá cair 5% ao mês, durante o restante da temporada. A cada mês, o dono da loja também dá um conjunto gratuito de tacos para quem acerta uma tacada de primeira (ou um *hole-in-one*) em uma área de prática próximo à loja. O número de pessoas que acerta uma tacada de primeira nessa área a cada mês segue uma distribuição de Poisson com uma média de 3. Os conjuntos de tacos que sobram no final do mês de outubro são vendidos a $ 45 cada.

a. Quantos conjuntos de tacos o proprietário da loja deve encomendar se ele quiser maximizar o lucro esperado desse produto?
b. Quais são os resultados do melhor e do pior caso que o proprietário pode encontrar nesse produto se ele implementar a sua sugestão?
c. Qual é a probabilidade de o dono da loja lucrar pelo menos $ 17.000 se ele implementar a sua sugestão?
d. Qual é a probabilidade de o dono da loja lucrar entre $ 12.000 e $ 14.000 se ele implementar a sua sugestão?
e. Qual a porcentagem da demanda total desse produto (excluindo os tacos grátis) o proprietário será capaz de atender se ele implementar a sua sugestão?

15. A Large Lots está planejando uma promoção de sete dias de um modelo descontinuado de aparelhos de televisão a cores de 50 polegadas. Com um preço de $ 575 por aparelho, a demanda diária para esse tipo de TV foi estimada como segue:

	Unidades demandadas por dia					
	0	**1**	**2**	**3**	**4**	**5**
Probabilidade	0,15	0,20	0,30	0,20	0,10	0,05

A Large Lots pode encomendar até 50 dessas TVs de um fornecedor a um custo de $ 325 cada. Esse fornecedor se ofereceu para comprar de volta todos os aparelhos não vendidos no final da promoção por $ 250 cada.

a. Quantas TVs a Large Lots deve encomendar se quiser maximizar o lucro esperado sobre essa promoção?
b. Qual é o nível esperado de lucro?
c. Suponha que o fornecedor comprará de volta apenas um máximo de quatro aparelhos no final da promoção. Isso alteraria a sua resposta? Em caso afirmativo, como?

16. A demanda mensal para o computador de última geração na Newland Computers segue uma distribuição normal com uma média de 350 e desvio padrão de 75. A Newland compra esses computadores por $ 1.200 e os vende por $ 2.300. Custa $ 100 para a empresa fazer um pedido e $ 12 para cada computador mantido em estoque no final de cada mês. Atualmente, a empresa faz um pedido para 1.000 computadores sempre que o estoque no fim do mês fica abaixo de 100 unidades. Suponha que o estoque inicial seja de 400 unidades, a demanda não atendida em qualquer mês é perdida para os concorrentes, e as encomendas feitas no final do mês chegam no início do próximo mês.

a. Crie um modelo de planilha para simular o lucro que a empresa ganhará com esse produto ao longo dos próximos dois anos. Qual é o nível médio do lucro que a empresa ganhará?
b. Suponha que a empresa quer determinar o ponto ótimo de reabastecimento e a quantidade do pedido. Qual combinação de ponto de reabastecimento e quantidade do pedido irá fornecer a média mais alta de lucro ao longo dos próximos dois anos?

17. O gerente da Moore's Catalog Showroom está tentando prever qual será o faturamento gerado por cada um dos departamentos da loja durante o ano de 2018. O gerente estimou as possíveis taxas de crescimento mínima e máxima para o faturamento em cada departamento. Ele acredita que quaisquer taxas de crescimento possíveis entre os valores mínimo e máximo sejam igualmente prováveis de ocorrer. Essas estimativas estão resumidas na seguinte tabela:

		Taxa de crescimento	
Departamento	**Faturamento de 2017**	**Mínimo**	**Máximo**
Eletrônicos	$ 6.342.213	2%	10%
Jardinagem	$ 1.203.231	–4%	5%
Joias	$ 4.367.342	–2%	6%
Artigos esportivos	$ 3.543.532	–1%	8%
Brinquedos	$ 4.342.132	4%	15%

Crie uma planilha para simular o total de faturamento que poderia ocorrer no ano seguinte.

a. Construa um intervalo de confiança de 95% para o nível médio de faturamento que o gerente poderia esperar para 2018.
b. De acordo com o seu modelo, quais são as chances de o faturamento total de 2018 ser 5% superior ao de 2017?

18. O Hotel Harriet no centro de Boston tem 100 quartos que são alugados por $ 150 a noite. O hotel tem um custo de $ 30 por quarto em custos variáveis (limpeza, itens de banho etc.) a cada noite que o quarto for ocupado. Para cada reserva aceita, há uma chance de 5% de o hóspede não chegar. Se o hotel tiver *overbooking*, custa $ 200 para compensar clientes cujas reservas não puderem ser honradas.
    a. Quantas reservas o hotel deve aceitar se quiser maximizar o lucro diário médio?
19. Lynn Price completou recentemente o seu MBA e aceitou um emprego em uma empresa de fabricação de produtos eletrônicos. Embora ela goste de seu trabalho, também espera se aposentar um dia. Para garantir que sua aposentadoria seja confortável, Lynn pretende investir $ 3.000 de seu salário em um fundo de aposentadoria protegido de impostos no final de cada ano. Lynn não tem certeza da taxa de retorno que esse investimento receberá a cada ano, mas ela espera que essa taxa possa ser modelada de forma adequada como uma variável aleatória normalmente distribuída com uma média de 12,5% e desvio padrão de 2%.
    a. Se Lynn tem 30 anos, qual é a quantidade de dinheiro que ela esperaria ter em seu fundo de aposentadoria aos 60 anos?
    b. Construa um intervalo de confiança de 95% para o valor médio que Lynn terá aos 60 anos.
    c. Qual é a probabilidade de Lynn ter mais de $ 1 milhão em seu fundo de aposentadoria quando atingir 60 anos de idade?
    d. Quanto Lynn deveria investir a cada ano se ela quer que haja uma chance de 90% de ter pelo menos $ 1 milhão em seu fundo de aposentadoria aos 60 anos?
    e. Suponha que Lynn contribui com $ 3.000 anualmente para o seu fundo de aposentadoria por oito anos e, em seguida, encerra essas contribuições anuais. Quanto do seu salário ela teria contribuído para esse plano de aposentadoria e quanto dinheiro ela esperaria ter acumulado aos 60 anos?
    f. Agora, suponha que Lynn não contribua para seu fundo de aposentadoria por oito anos e, em seguida, comece a contribuir com $ 3.000 anualmente até os 60 anos de idade. Quanto do seu salário ela teria contribuído para esse plano de aposentadoria e quanto dinheiro ela esperaria ter acumulado aos 60 anos?
    g. O que Lynn (e você) deveria aprender com as respostas às perguntas e e f?
20. Os funcionários da Georgia-Atlantic podem contribuir com uma parte de seus ganhos (em incrementos de $ 500) para uma conta flexível de gastos com a qual eles podem pagar despesas médicas não cobertas pelo programa de seguro-saúde da empresa. As contribuições para uma conta "flex" de funcionários não estão sujeitas a impostos sobre a renda. No entanto, o empregado perde qualquer montante contribuído para a conta flex que não for gasto durante o ano. Suponha que Greg Davis ganha $ 60.000 por ano da Georgia-Atlantic e paga uma alíquota marginal de imposto de 33%. Greg e sua esposa estimam que, no ano que vem, suas despesas médicas normais não cobertas pelo programa de seguro-saúde podem ser tão pequenas quanto $ 500, e tão grandes quanto $ 5.000, mas, mais provavelmente, serão cerca de $ 1.300. No entanto, Greg também acredita que há uma chance de 5% de ocorrer um evento médico anormal, o qual poderia acrescentar $ 10.000 às despesas normais pagas com sua conta flex. Se as suas despesas médicas não cobertas pelo seguro excederem a sua contribuição à conta "flex", eles terão de cobrir essas despesas com o dinheiro que Greg recebe depois de pagar seu imposto de renda.
    a. Utilize a simulação para determinar a quantidade de dinheiro que Greg deveria contribuir para a sua conta flexível de gastos no ano que vem se ele quiser maximizar o seu rendimento disponível (após os impostos e todas as despesas médicas serem pagas).
21. A Acme Equipment Company está considerando o desenvolvimento de uma nova máquina que seria comercializada para fabricantes de pneus. Os custos de pesquisa e desenvolvimento para o projeto deverão ser cerca de $ 4 milhões, mas podem variar entre $ 3 e $ 6 milhões. A vida de mercado do produto é estimada entre 3 e 8 anos, com todas as possibilidades de tempo entre esses limites sendo igualmente prováveis. A empresa acha que venderá 250 unidades por ano, mas reconhece que esse número pode ser tão baixo quanto 50 ou tão alto quanto 350. A empresa venderá a máquina por cerca de $ 23.000. Finalmente, o custo de fabricação da máquina deverá ser de $ 14.000, mas pode ser tão baixo quanto $ 12.000 ou tão alto quanto $ 18.000. O custo de capital da empresa é de 15%.
    a. Use os GNAs apropriados para criar uma planilha para calcular os possíveis valores presentes líquidos (VPL) que poderiam resultar ao investir nesse projeto.
    b. Qual é o VPL esperado para esse projeto?
    c. Qual é a probabilidade de o projeto gerar um VPL positivo para a empresa?
22. Representantes da American Heart Association estão planejando ir de porta em porta em uma comunidade, solicitando contribuições. Pela experiência passada, eles sabem que, quando alguém atende a porta, 80% do tempo é uma mulher e 20% do tempo é um homem. Eles também sabem que 70% das mulheres que atendem a porta fazem uma doação, enquanto apenas 40% dos homens que atendem a porta fazem doações. A quantidade de dinheiro com que as mulheres contribuem segue uma distribuição normal com média de $ 20 e desvio padrão de $ 3. A quantidade de dinheiro com que os homens contribuem segue uma distribuição normal com uma média de $ 10 e desvio padrão de $ 2.

a. Crie um modelo de planilha que simule o que poderá acontecer quando um representante da American Heart Association bater em uma porta e alguém atender.
b. Qual é a contribuição média que a American Heart Association espera receber quando alguém atende a porta?
c. Suponha que a American Heart Association planeja visitar 300 casas em determinado sábado. Se ninguém estiver em casa em 25% das residências, qual é o valor total que a American Heart Association esperaria receber em doações?

23. A Techsburg, Inc., utiliza uma máquina estampadora para fabricar corpos de alumínio para aeronaves leves, em miniatura, usadas para reconhecimento militar. Atualmente, as formas na máquina estampadora são trocadas após cada 65 horas de operação ou sempre que uma forma quebrar, o que ocorrer primeiro. A vida útil de cada forma segue uma distribuição de Weibull modelada como PsiWeibull (2, 25) + 50. A máquina é operada 480 horas por mês. Custa $ 800 para substituir cada forma de estampagem. Se uma forma quebrar antes do momento programado de substituição (ou em menos de 65 horas de uso), a loja perde 8 horas de tempo de produção. No entanto, se uma forma durar até o momento programado de substituição, após 65 horas de uso, a loja perde apenas 2 horas de tempo de produção. A empresa estima que cada hora perdida do tempo de produção custe $ 1.000.
a. Em média, quanto a Techsburg gasta mantendo essa máquina estampadora por mais de seis meses?
b. Suponha que a Techsburg queira minimizar o seu custo total de manutenção da máquina estampadora. Com que frequência a empresa deveria planejar mudar as formas de estampagem e quanto dinheiro economizaria?
c. Suponha que seja esperado um aumento do custo para substituir as formas de estampagem. Que impacto deveria ter sobre o tempo ótimo de substituição planejada das formas? Explique.
d. Suponha que o custo da perda de tempo de produção seja aumentado. Que impacto deveria ter sobre o tempo ótimo de substituição planejada das formas? Explique.

24. Depois de passar 10 anos como gerente assistente de uma grande cadeia de restaurantes, Ray Clark decidiu se tornar o próprio patrão. O proprietário de uma lancheria local de sanduíches tipo submarino quer vendê-la para Ray por $ 65.000, pagos em parcelas de $ 13.000 em cada um dos próximos 5 anos. De acordo com o atual proprietário, a lancheria fatura cerca de $ 110.000 por ano e incorre em custos operacionais em torno de 63% das vendas. Assim, quando a lancheria estiver paga, Ray deve conseguir cerca de $ 35.000 – $ 40.000 por ano antes de impostos. Até que a lancheria esteja paga, ele vai conseguir bem menos – mas será seu próprio patrão. Percebendo que alguma incerteza está envolvida nesta decisão, Ray quer simular o nível de renda líquida que esperaria ganhar durante os próximos 5 anos, enquanto trabalha e paga pela lancheria. Em particular, ele quer ver o que poderia acontecer se as vendas variassem de maneira uniforme entre $ 90.000 e $ 120.000, e se os custos operacionais pudessem variar de maneira uniforme entre 60% e 65% das vendas. Suponha que os pagamentos de Ray pela lancheria não sejam dedutíveis para efeitos fiscais e que ele está enquadrado na alíquota de 28% no imposto de renda.
a. Crie um modelo de planilha para simular o lucro líquido anual que Ray receberia durante cada um dos próximos cinco anos, se ele decidir comprar a lancheria.
b. Dado o dinheiro que ele tem na poupança, Ray acha que pode conseguir viver nos próximos cinco anos se conseguir pelo menos $ 12.000 da lancheria a cada ano.
c. Qual é a probabilidade de Ray conseguir pelo menos $ 12.000 em cada um dos próximos cinco anos?
d. Qual é a probabilidade de Ray conseguir pelo menos um total de $ 60.000 nos próximos cinco anos?

25. A Road Racer Sports, Inc., é uma empresa de vendas por correspondência dedicada a corredores. A empresa envia catálogos coloridos várias vezes por ano a centenas de milhares de pessoas em sua lista de destinatários. Os custos de produção e envio são razoavelmente caros para publicidade por mala direta, em média cerca de $ 3,25 por catálogo. Como resultado, a administração não quer continuar a enviar catálogos a pessoas que não compram o suficiente para cobrir os custos dos catálogos que recebem. Atualmente, a empresa remove um cliente da lista de destinatários se receber seis catálogos consecutivos sem realizar nenhum pedido. A tabela a seguir resume a probabilidade de um cliente fazer um pedido.

Último pedido	Prob. de pedido
1 catálogo atrás	0,40
2 catálogos atrás	0,34
3 catálogos atrás	0,25
4 catálogos atrás	0,17
5 catálogos atrás	0,09
6 catálogos atrás	0,03

De acordo com a primeira linha dessa tabela, se um cliente recebe um catálogo e faz um pedido, há uma chance de 40% de fazer outro pedido quando receber seu próximo catálogo. A segunda linha indica que há uma chance de 34% de um cliente receber um catálogo, fazer um pedido e depois não pedir novamente até que receba mais dois catálogos. As linhas seguintes dessa tabela têm interpretações semelhantes.
a. Quanto de lucro a empresa deve alcançar em um pedido médio a fim de cobrir os custos de impressão e distribuição dos catálogos?

b. Aproximadamente, qual a porcentagem de nomes na lista de destinatários que será eliminada antes de cada envio de catálogo?

26. Sammy Slick trabalha para uma empresa que permite contribuir com até 10% de seus ganhos em um plano de poupança com impostos diferidos. A empresa iguala uma parte das contribuições de seus funcionários com base no desempenho financeiro da organização. Embora iguale um mínimo de 25% das contribuições do funcionário, e um máximo de 100%, a empresa iguala cerca de 50% na maioria dos anos. Sammy tem atualmente 30 anos e ganha $ 35.000. Ele quer se aposentar aos 60 anos de idade. Ele espera que o seu salário aumente pelo menos 2% ao ano, no máximo 6% e, mais provavelmente, 3%. Os fundos contribuídos por Sammy e seu empregador são investidos em fundos mútuos. Sammy espera que o retorno anual dos seus investimentos varie de acordo com uma distribuição normal com média de 12,5% e desvio padrão de 2%.
    a. Se Sammy contribuísse com 10% de sua renda para esse plano, quanto dinheiro ele esperaria ter aos 60 anos?
    b. Suponha que Sammy fizesse contribuições de 10% para esse plano por oito anos, a partir dos 30 anos até 37 anos e depois parasse de contribuir. Quanto do seu próprio dinheiro ele teria investido e quanto dinheiro ele esperaria ter aos 60 anos?
    c. Agora, suponha que Sammy não contribuísse para o plano durante os seus primeiros oito anos e, em seguida, contribuísse 10% por 23 anos, dos 38 anos aos 60 anos. Quanto do seu próprio dinheiro ele teria investido e quanto dinheiro ele esperaria ter aos 60 anos?
    d. O que você aprendeu com o exemplo de Sammy?

27. Podcessories fabrica vários acessórios para um leitor de música digital popular. A empresa está tentando decidir se deveria interromper um dos itens dessa linha de produtos. Ao interromper a produção do item, a empresa iria economizar $ 600.000 em custos fixos (compostos por aluguel de espaços e maquinário) durante o próximo ano. No entanto, a empresa está prevendo que poderia receber uma encomenda de 60.000 unidades de um grande varejista de desconto que pode vir a ser muito rentável. Infelizmente, a empresa se vê forçada a tomar uma decisão sobre a renovação dos contratos necessários para continuar a produção desse item antes de saber se receberá o pedido do varejista. O custo variável unitário para esse item é de $ 6. O preço de venda normal do item é de $ 12 por unidade. No entanto, a empresa ofereceu ao varejista de desconto um preço de $ 10,50 por unidade, devido ao tamanho de seu potencial pedido. Podcessories acredita que há uma chance de 60% de receber o pedido do varejista de desconto. Além disso, a empresa acredita que a demanda geral para esse produto (separado do pedido do varejista de desconto) pode variar entre 45.000 e 115.000 unidades, com um resultado mais provável de 75.000 unidades.
    a. Crie um modelo de planilha para esse problema.
    b. Quanto dinheiro a empresa pode perder no próximo ano (pior caso) se continuar essa linha?
    c. Quanto dinheiro a empresa pode ganhar no próximo ano (melhor caso) se continuar essa linha?
    d. Se a empresa perder dinheiro, em média, quanto esperaria perder?
    e. Se a empresa ganhar dinheiro, em média, quanto esperaria ganhar?
    f. Que outras ações você poderia sugerir para a empresa para melhorar a chance de tomar uma decisão com um bom resultado?

28. Bob Davidson é dono de uma banca de jornal em frente ao complexo de edifícios de escritórios Waterstone, em Atlanta, perto do Aeroporto Internacional Hartsfield. Ele compra seus jornais no atacado a $ 0,50 cada e os vende por $ 0,75. Bob quer saber qual é o número ótimo de jornais para pedir a cada dia. Com base no passado, ele descobriu que a demanda (mesmo que seja discreta) pode ser modelada por uma distribuição normal com média de 50 e desvio padrão de 5. Quando ele tem mais jornais que clientes, ele pode reciclar todos os jornais que sobram no dia seguinte e receber $ 0,05 por jornal. Por outro lado, se ele tem mais clientes que jornais, perde um pouco de reputação junto aos clientes, além do lucro perdido de $ 0,25 na venda potencial. Bob calcula que a reputação perdida custa o valor de 5 dias de negócios (ou seja, os clientes insatisfeitos vão para um concorrente na próxima semana, mas voltam para ele na semana seguinte).
    a. Crie um modelo de planilha para determinar o número ótimo de jornais para pedir a cada dia. Arredonde os valores de pedidos gerados pelo GNA normal ao valor inteiro mais próximo.
    b. Construa um intervalo de confiança de 95% para o retorno esperado com base na decisão ótima.

29. A Vinton Seguro Auto está tentando decidir quanto dinheiro manter em ativos líquidos para cobrir sinistros segurados. No passado, a empresa mantinha parte dos prêmios que recebia em contas correntes que rendiam juros e colocava o restante em investimentos que não eram tão líquidos, mas tendiam a gerar um retorno de investimento mais elevado. A empresa quer estudar os fluxos de caixa para determinar a quantidade de dinheiro que deve manter em ativos líquidos para pagar sinistros. Depois de analisar dados históricos, a empresa determinou que a indenização média de reparos por sinistro leve é normalmente distribuída com média de $ 1.700 e desvio padrão de $ 400. Também foi determinado que o número de sinistros leves reportados a cada semana é uma variável aleatória, que segue a distribuição de probabilidades mostrada na tabela seguinte:

Número de sinistros	1	2	3	4	5	6	7	8	9
Probabilidade	0,05	0,06	0,10	0,17	0,28	0,14	0,08	0,07	0,05

Além da indenização de reparos decorrentes de sinistros leves, a empresa também deve indenizar segurados cujos veículos sofreram perda total, não podendo ser reparados. Existe uma chance de 20% de ocorrência desse tipo de sinistro em qualquer semana. Essas indenizações de carros com perda total normalmente custam entre $ 2.000 e $ 35.000, sendo o custo mais comum de $ 13.000.

a. Crie um modelo de planilha do custo total com sinistros incorridos pela empresa em qualquer semana.
b. Crie um histograma da distribuição de valores de custos totais que foram gerados.
c. Qual é o custo médio que a empresa deveria esperar pagar a cada semana?
d. Suponha que a empresa decida manter $ 20.000 em dinheiro disponível para pagar as solicitações de indenizações. Qual é a probabilidade de esse montante não ser suficiente para cobrir os requerimentos de uma semana qualquer?
e. Crie um intervalo de confiança de 95% para a verdadeira probabilidade de indenizações superiores a $ 20.000 em determinada semana.

30. Executivos da Meds-R-Us decidiram construir uma nova instalação de produção dos medicamentos para pressão arterial elevada mais vendidos pela empresa. O problema que a empresa enfrenta agora é a determinação do tamanho da instalação (em termos de capacidade de produção). No ano passado, a empresa vendeu 1.085.000 unidades desse medicamento a um preço de $ 13 por unidade. A empresa espera que a demanda do medicamento seja distribuída normalmente com média crescente em cerca de 59.000 unidades por ano durante os próximos 10 anos, com um desvio padrão de 30.000 unidades. A empresa também espera que o preço do medicamento aumente com a inflação a uma taxa de 3% ao ano. Os custos de produção variáveis são atualmente de $ 9 por unidade e também devem aumentar nos próximos anos, com a taxa de inflação. Outros custos operacionais devem ser de $ 1,50 por unidade de capacidade no primeiro ano de operação, aumentando com a taxa de inflação nos anos seguintes. O custo de construção da planta deverá ser de $ 18 milhões para uma capacidade de produção anual de 1 milhão de unidades. A empresa pode aumentar a capacidade de produção anual acima desse nível a um custo de $ 12 por unidade de capacidade adicional. Suponha que a empresa deva pagar pela fábrica quando ela for concluída e que todos os outros fluxos de caixa ocorrem no final de cada ano. A empresa utiliza uma taxa de desconto de 10% nos fluxos de caixa para decisões financeiras.
    a. Crie um modelo de planilha para calcular o valor presente líquido (VPL) para essa decisão.
    b. Qual é o VPL esperado para uma fábrica com capacidade de produção de 1,2 milhão de unidades por ano?
    c. Qual é o VPL esperado para uma fábrica com capacidade de produção de 1,4 milhão de unidades por ano?
    d. Qual o tamanho da fábrica que a empresa deve construir se quiser ter 90% de confiança de obter um VPL positivo para esse projeto?

31. O proprietário de uma concessionária de carros local acaba de receber um telefonema de um distribuidor regional, afirmando que um bônus de $ 5.000 será concedido se a concessionária vender pelo menos 10 carros novos no próximo sábado. Em um sábado comum, essa concessionária tem 75 potenciais clientes para os carros novos, mas não há nenhuma maneira de determinar exatamente quantos clientes virão nesse sábado em particular. O proprietário está bastante certo de que esse número não seria inferior a 40, mas também acha que seria irrealista esperar mais de 120 (que é o maior número de clientes que já apareceu em 1 dia). O proprietário determinou que, em média, cerca de 1 em cada 10 clientes que procuram carros na concessionária efetivamente compram um carro – ou, existe uma probabilidade de 0,10 (ou 10% de chance) de determinado cliente comprar um carro novo.
    a. Crie um modelo de planilha para o número de carros que a concessionária poderá vender no próximo sábado.
    b. Qual é a probabilidade de a concessionária ganhar o bônus de $ 5.000?
    c. Se você fosse esse vendedor, qual seria a quantidade máxima de dinheiro que você estaria disposto a gastar com incentivos de vendas para tentar ganhar esse bônus?

32. A Dra. Sarah Benson é uma oftalmologista que, além de prescrever óculos e lentes de contato, realiza cirurgias ópticas a laser para corrigir a miopia. Essa cirurgia é bastante fácil de executar e barata. Assim, representa uma potencial mina de ouro para ela. Para informar o público sobre esse procedimento, a Dra. Benson a anuncia num jornal local e mantém sessões de informação em seu consultório uma noite por semana em que ela mostra um DVD sobre o procedimento e responde a quaisquer perguntas que potenciais pacientes possam ter. A sala onde se realizam essas reuniões podem acomodar dez pessoas, e é necessário fazer reserva. O número de pessoas que frequentam cada sessão varia de semana para semana. A Dra. Benson cancela a reunião se duas ou menos pessoas fizeram reservas. Usando os dados do ano anterior, a Dra. Benson determinou que a distribuição de reservas é a seguinte:

Número de reservas	**0**	**1**	**2**	**3**	**4**	**5**	**6**	**7**	**8**	**9**	**10**
Probabilidade	0,02	0,05	0,08	0,16	0,26	0,18	0,11	0,07	0,05	0,01	0,01

Usando os dados do ano passado, a Dra. Benson determinou que cada pessoa que vai a uma sessão de informação tem uma probabilidade de 0,25 de decidir fazer a cirurgia. Daqueles que decidem não fazer, a maioria cita o custo do procedimento – $ 2.000 – como sua principal preocupação.
    a. Em média, qual é o rendimento que a Dra. Benson ganha em cirurgias a laser a cada semana?
    b. Em média, qual é o rendimento que a cirurgia a laser geraria a cada semana se a Dra. Benson não cancelasse as sessões com duas ou menos reservas?

c. A Dra. Benson acredita que 40% das pessoas que vão às sessões de informação fariam a cirurgia se ela reduzisse o preço para $ 1.500. Sob esse cenário, qual o rendimento que a Dra. Benson poderia esperar receber por semana de cirurgias a laser?

33. As ligações para a linha de atendimento ao cliente 24 horas da Richman Financial Services ocorrem aleatoriamente segundo uma distribuição de Poisson, com as seguintes taxas médias durante as diferentes horas do dia:

Período de tempo	Média de ligações por hora	Período de tempo	Média de ligações por hora
Meia-noite – 1 h	2	Meio-dia – 13 h	35
1 h – 2 h	2	13 h – 14 h	20
2 h – 3 h	2	14 h – 15h	20
3 h – 4 h	4	15 h – 16 h	20
4 h – 5 h	4	16 h – 17 h	18
5 h – 6 h	8	17 h – 18 h	18
6 h – 7 h	12	18 h – 19 h	15
7 h – 8 h	18	19 h – 20 h	10
8 h – 9 h	25	20 h – 21 h	6
9 h – 10 h	30	21 h – 22 h	5
10 h – 11 h	25	22 h – 23 h	4
11 h – Meio-dia	20	23 h – Meia-noite	2

Os agentes do serviço ao cliente da Richman gastam cerca de sete minutos em cada chamada e são designados para trabalhar em turnos de oito horas que começam no início de cada hora. A Richman quer garantir que, em média, pode fornecer um nível de serviço de 98%.

a. Determine a programação de atendimento ao cliente que permita a Richman atingir o seu objetivo de nível de serviço com o menor número de funcionários.
b. De acordo com a sua solução, quantos agentes do serviço ao cliente a Richman deve empregar e como deve ser a programação de seus horários?

34. Uma opção de compra europeia dá a uma pessoa o direito de comprar uma ação a determinado preço (o preço de exercício) em uma data específica no futuro (a data de vencimento). Esse tipo de opção de compra normalmente é vendido pelo VPL do valor esperado da opção na data de seu vencimento. Suponha que você possua uma opção de compra com preço de exercício de $ 54. Se a ação vale $ 59 na data de vencimento, você iria exercer a sua opção e comprar a ação, tendo um lucro de $ 5. Por outro lado, se a ação vale $ 47 na data de vencimento, você não exerceria a sua opção e teria $ 0 de lucro. Pesquisadores têm sugerido o seguinte modelo para simular o movimento dos preços das ações:

$$P_{k+1} = P_k(1 + \mu t + z\sigma\sqrt{t})$$

em que

P_k = preço da ação no período de tempo k
μ = $v + 0{,}5\sigma^2$
v = taxa de crescimento anual esperada do valor da ação
σ = o desvio padrão da taxa de crescimento anual da ação
t = intervalo de tempo (expresso em anos)
z = uma observação aleatória de uma distribuição normal com média 0 e desvio padrão de 1.

Suponha que uma ação tem um preço inicial (P_0) de $ 80, uma taxa esperada de crescimento anual (v) de 15% e um desvio padrão (σ) de 25%.

a. Crie um modelo de planilha para simular o comportamento dos preços dessa ação para as próximas 13 semanas (note que $t = 1/52$, porque o período de tempo é semanal).
b. Suponha que você esteja interessado em comprar uma opção de compra com preço de exercício de $ 75 e uma data de vencimento na semana 13. Em média, qual o lucro que você ganharia com essa opção?
c. Suponha que uma taxa de desconto livre de risco seja de 6%. Quanto você estaria disposto a pagar por essa opção hoje? (*Dica*: Utilize a função VPL do Excel.)
d. Se você comprar a opção, qual é a probabilidade de conseguir um lucro?

35. Referente à pergunta anterior. Outro tipo de opção é a opção asiática. Seu retorno não é baseado no preço da ação na data de vencimento, mas no preço médio da ação ao longo da vida da opção.
Suponha que uma ação tem um preço inicial (P_0) de $ 80, uma taxa esperada de crescimento anual (v) de 15% e um desvio padrão (σ) de 25%.

a. Crie um modelo de planilha para simular o comportamento dos preços dessa ação para as próximas 13 semanas (note que $t = 1/52$, porque o período de tempo é semanal).

b. Suponha que você esteja interessado em comprar uma opção de compra com preço de exercício de $ 75 e uma data de vencimento na semana 13. Em média, qual o lucro que você ganharia com essa opção?
c. Suponha que uma taxa de desconto livre de risco seja de 6%. Quanto você estaria disposto a pagar por essa opção hoje? (*Dica*: Utilize a função VPL do Excel.)
d. Se você comprar a opção, qual é a probabilidade de você conseguir lucro?

36. Amanda Green está interessada em investir no seguinte conjunto de fundos mútuos cujos retornos são todos normalmente distribuídos com médias e desvios padrão indicados:

	Windsor	Columbus	Vanguard	Integrity	Nottingham
Média	17,0%	14,0%	11,0%	8,0%	5,0%
Desvio padrão	9,0%	6,5%	5,0%	3,5%	2,0%

As correlações entre os fundos mútuos são as seguintes:

	Windsor	Columbus	Vanguard	Integrity	Nottingham
Windsor	1	0,1	0,05	0,3	0,6
Columbus		1	0,2	0,15	0,1
Vanguard			1	0,1	0,2
Integrity				1	0,4
Nottingham					1

a. Qual é o retorno esperado e o desvio padrão de uma carteira na qual Amanda investe seu dinheiro igualmente em todos os cinco fundos mútuos?
b. Suponha que Amanda está disposta a assumir o risco associado a um desvio padrão de 5% no retorno da sua carteira. Qual carteira lhe dará o maior retorno esperado para esse nível de risco?
c. Construa a fronteira eficiente para essa carteira. Como você explicaria esse gráfico para Amanda?

37. Michael Abrams administra uma loja de roupas especiais que vende roupas esportivas para universitários. Uma de suas principais oportunidades de negócios envolve a venda de moletons com imagens impressas para jogos universitários de futebol norte-americano. Ele está tentando determinar quantos moletons produzir para o próximo jogo no Tangerine Bowl. Durante o mês antes do jogo, Michael planeja vender seus moletons por $ 25 cada. A esse preço, ele acredita que a demanda por moletons será distribuída de forma triangular com uma demanda mínima de 10.000, uma demanda máxima de 30.000 e uma demanda mais provável de 18.000. Durante o mês após o jogo, Michael planeja vender os moletons restantes por $ 12 cada. A esse preço, ele acredita que a demanda por moletons será distribuída de forma triangular com uma demanda mínima de 2.000, uma demanda máxima de 7.000 e uma demanda mais provável de 5.000. Dois meses após o jogo, Michael planeja vender os moletons restantes para uma loja de saldos que concordou em comprar até 2.000 moletons por $ 3 cada. Michael pode encomendar moletons com imagens impressas por $ 8 cada, em lotes de 3.000 unidades.
a. Em média, qual seria o lucro de Michael se ele encomendasse 18.000 moletons?
b. Quantos moletons ele deveria encomendar se quisesse maximizar seu lucro esperado?

38. A Major Motors Corporation está tentando decidir se deve introduzir um novo carro de tamanho médio. Os diretores da empresa só querem produzir o carro se tiverem pelo menos 80% de chance de gerar um valor presente líquido positivo ao longo dos próximos 10 anos. Se a empresa decidir produzir o carro, ela terá de pagar um custo inicial incerto que, segundo estimativas, segue uma distribuição triangular com um valor mínimo de $ 2 bilhões, valor máximo de $ 2,4 bilhões e um valor mais provável de $ 2,1 bilhões. No primeiro ano, a empresa produziria 100.000 unidades. A demanda durante o primeiro ano é incerta, mas deverá ser normalmente distribuída com uma média de 95.000 e desvio padrão de 7.000. Para qualquer ano em que a demanda exceda a produção, a produção será aumentada em 5% no ano seguinte. Para qualquer ano em que a produção exceda a demanda, a produção será reduzida em 5% no próximo ano, e o excesso de carros será vendido a uma empresa de aluguel de automóveis com um desconto de 20%. Após o primeiro ano, a demanda em qualquer ano será modelada como uma variável aleatória normalmente distribuída, com uma média igual à demanda real no ano anterior e desvio padrão de 7.000. No primeiro ano, o preço de venda do carro será $ 13.000, e o custo variável total por carro deverá ser de $ 9.500. Tanto o preço de venda quanto o custo variável deverão aumentar a cada ano com a taxa de inflação, que supostamente deve ser distribuída uniformemente entre 2% e 7%. A empresa utiliza uma taxa de desconto de 9% para descontar os fluxos de caixa futuros.
a. Crie um modelo de planilha para esse problema. Qual é o VPL mínimo, médio e máximo que a Major Motors esperaria se decidisse produzir esse carro? (*Dica*: Considere o uso da função VPL( ) para descontar os lucros que a Major Motors ganharia a cada ano.)
b. Qual é a probabilidade de a Major Motors ganhar um VPL positivo ao longo dos próximos 10 anos?
c. A Major Motors deveria produzir esse carro?

39. A cada ano, a Schriber Corporation deve determinar quanto contribuir com o plano de pensão da empresa. A empresa utiliza um horizonte de planejamento de 10 anos para determinar a contribuição, que, se feita anualmente em cada um dos próximos 10 anos, permitiria apenas uma chance de 10% de o fundo ter falta de dinheiro. A empresa, então, faz a contribuição no ano corrente e repete esse processo em cada ano subsequente para determinar a quantidade específica que deve contribuir a cada ano. (No ano passado, a empresa contribuiu com $ 23 milhões para o plano.) O plano de pensão contempla dois tipos de funcionários: horistas e mensalistas. Neste ano, 6.000 ex-funcionários horistas e 3.000 ex-funcionários mensalistas estão recebendo benefícios do plano. O número de funcionários horistas aposentados de um ano para o outro deve variar de acordo com distribuição normal com média de 4% e desvio padrão de 1%. O número de funcionários mensalistas aposentados de um ano para o outro deve variar entre 1% e 4% de acordo com uma distribuição normal truncada com uma média de 2% e desvio padrão de 1%. Atualmente, os aposentados horistas recebem um benefício médio de $ 15.000 por ano, enquanto os aposentados mensalistas recebem um benefício médio anual de $ 40.000. Ambas as médias devem aumentar anualmente com a taxa de inflação, que deve variar entre 2% e 7%, de acordo com uma distribuição triangular com um valor mais provável de 3,5%. O saldo atual no fundo de pensão da empresa é de $ 1,5 bilhão. Os investimentos nesse fundo ganham um retorno anual que se presume ser normalmente distribuído com uma média de 12% e desvio padrão de 2%. Crie um modelo de planilha para esse problema e utilize a simulação para determinar a contribuição dos fundos de pensão que a empresa deve fazer neste ano. Qual é a sua recomendação?

CASO 12.1 Viva bem, morra falido

(Inspirado por uma apresentação feita pelo Dr. John Charnes.)

Para consultores de investimento, uma consideração importante no planejamento de um cliente aposentado é a determinação da retirada que irá fornecer a ele os recursos necessários para manter o seu padrão de vida desejado por toda vida remanescente. Se um cliente retira demais ou se os retornos de investimento caem abaixo das expectativas, existe o perigo de ficar sem fundos ou de reduzir o padrão de vida desejado. A retirada da aposentadoria sustentável é a quantidade monetária ajustada pela inflação que o cliente pode retirar periodicamente de seus fundos de aposentadoria para um suposto horizonte de planejamento. Esse valor não pode ser determinado com certeza absoluta devido à natureza aleatória dos retornos de investimento. Normalmente, a retirada da aposentadoria sustentável é determinada limitando a probabilidade de ficar sem fundos a um nível especificado, como 5%. A retirada da aposentadoria sustentável geralmente é expressa como uma porcentagem do valor inicial dos ativos na carteira de aposentadoria, mas na verdade é o valor monetário ajustado pela inflação que o cliente gostaria de ter a cada ano para as suas despesas.

Suponha que um consultor de investimentos, Roy Dodson, está ajudando uma cliente viúva a determinar a retirada da aposentadoria sustentável. A cliente é uma mulher de 59 anos de idade, que faz 60 anos daqui a dois meses. Ela tem $ 1.000.000 em uma conta de aposentadoria de impostos diferidos, que será a principal fonte de sua renda de aposentadoria. Roy criou uma carteira para sua cliente com os retornos que ele espera que sejam normalmente distribuídos com média de 8% e desvio padrão de 2%. As retiradas serão feitas no início de cada ano, no aniversário da cliente.

Roy presume que a taxa de inflação será de 3%, com base em dados históricos de longo prazo. Então, se a retirada dela no início do primeiro ano for de $ 40.000, sua retirada ajustada pela inflação no início do segundo ano será de $ 41.200, a retirada no seu terceiro ano será de $ 42.436, e assim por diante.

Para sua análise inicial, Roy quer assumir que sua cliente viverá até os 90 anos. Em consulta com ela, ele também quer limitar a chance de ela ficar sem dinheiro antes de sua morte a um máximo de 5%.

1. Qual é a quantidade máxima que Roy deveria aconselhar a cliente a retirar em seu aniversário de 60 anos? Se ela viver até 90 anos, quanto a cliente esperaria deixar para os herdeiros?
2. Roy está agora preocupado por ter baseado sua análise na suposição de que sua cliente viverá até os 90 anos. Afinal, ela é saudável e pode viver até os 110, ou ela poderia sofrer um acidente de carro e morrer aos 62 anos. Para levar em conta essa incerteza na idade da cliente no momento da morte, Roy gostaria de modelar a expectativa de vida restante da cliente como uma variável aleatória entre 0 e 50 anos que segue uma distribuição lognormal com média de 20 e desvio padrão de 10 (arredondado para o número inteiro mais próximo). Partindo desse pressuposto, qual é a quantidade máxima que Roy deve aconselhar sua cliente a retirar em seu 60º aniversário e quanto ela esperaria deixar para seus herdeiros? (*Dica*: Modifique a sua planilha para acomodar as idades até 110 e use uma função PROCV( ) para retornar o saldo final do cliente em seu ano de morte determinado aleatoriamente.)
3. Roy está satisfeito agora de estar modelando a incerteza da expectativa de vida da sua cliente. Mas agora ele está curioso sobre como limitar a 5% a chance de sua cliente ficar sem dinheiro antes da morte. Em especial, ele está se perguntando o quão sensível a quantidade de retirada sustentável é à mudança nessa suposição de 5%. Para responder a essa questão, crie uma fronteira eficiente, mostrando a quantidade máxima de retirada sustentável, fazendo variar a possibilidade de ficar sem dinheiro de 1% a 10%. Como Roy deveria explicar o significado desse gráfico para sua cliente?

4. Suponha que a cliente de Roy tenha três filhos e quer que exista uma chance de 95% de eles herdarem, cada um, pelo menos $ 250.000 quando ela morrer. Partindo desse pressuposto, qual é a quantidade máxima que Roy deve aconselhar sua cliente a retirar em seu 60° aniversário e quanto a cliente esperaria deixar para seus herdeiros?

Morte e impostos

CASO 12.2

Benjamin Franklin disse uma vez: "Nada nesse mundo é certo, além da morte e dos impostos". Embora esse pensamento possa ser verdade, frequentemente há uma grande incerteza envolvida em quando encontraremos a morte e quanto é preciso pagar em impostos antes de chegar lá. Outro Benjamin fez uma contribuição muito significativa na avaliação da incerteza associada com a morte e os impostos. Benjamin Gompertz (1779-1865) foi um matemático britânico que, por meio do estudo de moscas de frutas do Mediterrâneo, teorizou que as taxas de mortalidade aumentam exponencialmente conforme aumenta a idade (ou seja, conforme um organismo envelhece, sua chance de morrer por unidade de tempo aumenta exponencialmente). Desde então, a lei de mortalidade de Gompertz se tornou a base das atividades de planejamento atuariais e financeiras.

Em um grupo de pessoas de determinada idade (por exemplo, 65), uma proporção dessas pessoas não viverá mais um ano. Faça q_x representar a proporção de pessoas em idade x que irão morrer antes de atingir a idade $x + 1$. O valor q_x muitas vezes é referido como a **taxa de mortalidade** na idade x. A fórmula seguinte, baseada na Lei de Gompertz, às vezes é usada para modelar as taxas de mortalidade:

$$q_x = 1 - \text{EXP}\left(\frac{(LN(1 - q_{x-1}))^2}{LN(1 - q_{x-2})}\right)$$

As taxas de mortalidade têm um papel importante em numerosas decisões de planejamento financeiro e de aposentadoria. Por exemplo, a maioria das pessoas não quer se aposentar, a menos que estejam razoavelmente certas de que têm ativos suficientes para se sustentar financeiramente para o resto da vida. As incertezas associadas a esse tipo de decisão criam uma aplicação perfeita para simulação em planilha.

As perguntas a seguir lhe darão a oportunidade de explorar várias questões que planejadores atuários e financeiros enfrentam diariamente. Suponha que as taxas de mortalidade para o sexo masculino com idades 63 e 64 são $q_{63} = 0{,}0235$ e $q_{64} = 0{,}0262$, respectivamente, e a de mulheres com idades 63 e 64 são $q_{63} = 0{,}0208$ e $q_{64} = 0{,}0225$, respectivamente. (Lembre-se, a versão educacional do Risk Solver Platform limita a 100 células incertas [GNA] por pasta de trabalho, de forma que você pode precisar construir modelos para as perguntas 8, 9 e 10 em pastas separadas.)

1. Em média, até que idade um homem de 65 anos espera viver?
2. Qual é a probabilidade de um homem de 65 anos viver, pelo menos, até os 80 anos?
3. Qual é a probabilidade de um homem de 65 anos viver exatamente até os 80 anos?
4. Em média, até que idade um homem de 70 anos espera viver?
5. Qual é a probabilidade de um homem de 70 anos viver, pelo menos, até os 80 anos?
6. Qual é a probabilidade de um homem de 70 anos viver exatamente até os 80 anos?
7. Suponha que um homem de 65 anos tenha $ 1.200.000 em investimentos de aposentadoria que recebem uma taxa de juros de 8%. Suponha que ele pretende retirar $ 100.000 em seu primeiro ano de aposentadoria e mais 3% nos anos seguintes para ajustar com a inflação. Os lucros de juros anuais são creditados sobre o saldo inicial menos metade do montante retirado. Por exemplo, no primeiro ano, os ganhos com juros seriam 0,08 x ($ 1.200.000 – $ 100.000 / 2) = $ 92.000. Qual é a probabilidade de essa pessoa viver mais que seus ativos de aposentadoria (supondo que ela gaste tudo o que retira a cada ano)?
8. Consulte a pergunta anterior. Suponha que a taxa de juros de cada ano pode ser modelada como uma variável aleatória com distribuição normal com média de 8% e desvio padrão de 1,5%. Suponha ainda que a taxa de inflação de cada ano pode ser descrita como uma variável aleatória seguindo uma distribuição triangular com valores mínimo, mais provável, e máximo de 2%, 3% e 5%, respectivamente. Sob essas condições, qual é a probabilidade de essa pessoa viver mais que seus ativos de aposentadoria (supondo que ela gaste tudo o que retira a cada ano)?
9. Suponha que a pessoa descrita na pergunta anterior tenha uma esposa de 65 anos de idade, que é coproprietária dos ativos de aposentadoria descritos anteriormente. Qual é a probabilidade de os ativos de aposentadoria estarem esgotados antes de ambos os cônjuges morrerem (assumindo que eles gastem tudo o que retiram a cada ano)?
10. Consulte a pergunta anterior. Quanto dinheiro esse casal deveria planejar retirar no primeiro ano, se eles quiserem que a chance de esgotar seus ativos de aposentadoria antes que ambos morram seja no máximo 5%?

CASO 12.3 A empresa Sound's Alive

(Contribuição do Dr. Jack Yurkiewicz, Lubin School of Business, Universidade Pace.)

Marissa Jones é a presidente e a CEO da Sound's Alive, uma empresa que fabrica e vende uma linha de alto-falantes, CD *players*, receptores, televisores de alta definição e outros itens voltados para o mercado de entretenimento doméstico. Respeitada em toda a indústria por trazer muitos produtos inovadores de alta qualidade para o mercado, Marissa está considerando a adição de um sistema de alto-falante para a sua linha de produtos.

O mercado de alto-falantes tem mudado dramaticamente durante os últimos anos. Originalmente, os aficionados de alta fidelidade sabiam que para reproduzir o som cobrindo a amplitude completa de frequências – do timbale mais baixo para o mais alto violino – um sistema de alto-falante tinha de ser grande e pesado. O alto-falante tinha vários *drivers*: um *woofer* para reproduzir as notas baixas, um *tweeter* para as notas altas e um *driver* de média amplitude para o amplo espectro de frequências entre elas. Muitos sistemas de alto-falantes tinham um mínimo de três *drivers*, mas alguns tinham até mais. O problema era que tais sistemas eram muito grandes, a não ser para salas enormes, e os consumidores relutavam em gastar milhares de dólares e abrir mão de valiosos espaços de parede para desfrutar do excelente som que esses alto-falantes poderiam reproduzir.

A tendência mudou durante os últimos anos. Os consumidores ainda querem um bom som, mas o querem com caixas menores. Portanto, o sistema satélite se tornou popular. Composto por duas caixas pequenas que abrigam tanto um *driver* (para cobrir as médias e as altas frequências) como dois (um *driver* de média amplitude e um *tweeter*), um sistema satélite pode ser facilmente montado em paredes ou prateleiras. Para reproduzir as notas baixas, um *subwoofer* separado de tamanho aproximado de um cubo de 18 polegadas também é necessário. Esse *subwoofer* pode ser colocado em qualquer lugar na sala. Ocupando menos espaço que um sistema típico de alto-falantes grandes e soando quase tão bem, mas custando centenas de dólares menos, esses sistemas satélite são itens muito procurados no mercado de alta fidelidade.

Recentemente, as alas separadas de entretenimento doméstico – a alta fidelidade (receptores, alto-falantes, CD *players*, DVD *players* e assim por diante), televisão (monitores de tela grande, gravadores digitais de vídeo, leitores de *laser*) e computadores (jogos com sons, software de realidade virtual e assim por diante) – fundiram-se no conceito de *home theater*. Para simular o ambiente de filme, um sistema de *home theater* exige o sistema tradicional de alto-falantes estéreos acrescido de alto-falantes adicionais colocados na parte traseira da sala para que os espectadores estejam literalmente cercados com som. Embora os alto-falantes traseiros não tenham de ter a alta qualidade das caixas acústicas frontais e, portanto, podem ser mais baratos, a maioria dos consumidores escolhe um sistema em que os alto-falantes dianteiros e traseiros são de igual qualidade, reproduzindo toda a amplitude de frequências com igual fidelidade.

É nesse mercado de alto-falantes que Marissa quer entrar. Ela está pensando em fabricar e vender um sistema de *home theater* composto por sete alto-falantes. Três alto-falantes pequenos – cada um com um *tweeter* de cúpula que pode reproduzir uma faixa de frequência de 200 Hertz a 20.000 Hertz (frequências médias altas até as frequências mais elevadas) – seriam colocados na frente e três alto-falantes semelhantes seriam colocados estrategicamente nos lados e fundo da sala. Para reproduzir as frequências mais baixas (de 35 Hertz a 200 Hertz), um único *subwoofer* também seria parte do sistema. Esse *subwoofer* é revolucionário porque é menor que o *subwoofer* comum, apenas 10 polegadas de cada lado, e tem um amplificador embutido para melhorá-lo. Os consumidores e os críticos estão entusiasmados com a música reproduzida nos sistemas protótipos, afirmando que esses alto-falantes têm o melhor equilíbrio de som e tamanho. Marissa está extremamente encorajada por esses comentários iniciais, e, apesar de sua empresa nunca ter produzido um produto com a etiqueta da Sound's Alive (tendo vendido sempre sistemas de empresas de alta fidelidade estabelecidas), ela acredita que a empresa deve entrar no mercado de *home theater* com esse produto.

Fase um: projetando lucros

Marissa decide criar uma planilha que vai projetar lucros ao longo dos próximos anos. Após consulta com economistas, analistas de mercado, funcionários de sua empresa e de outras empresas que vendem componentes da sua marca, Marissa está confiante de que o rendimento bruto para esses alto-falantes em 2018 será cerca de $ 6 milhões. Ela também deve entender que uma pequena porcentagem de alto-falantes será danificada em trânsito, ou alguns serão devolvidos por clientes insatisfeitos logo após as vendas. Essas devoluções e abatimentos (D&A) são normalmente calculados como 2% do rendimento bruto. Assim, os rendimentos líquidos são simplesmente os rendimentos brutos menos as D&A. Marissa acredita que os custos de mão de obra para esses alto-falantes serão de $ 995.100 em 2018. O custo dos materiais (incluindo caixas para enviar os alto-falantes) deverão ser de $ 915.350 para 2018. Finalmente, os custos indiretos (aluguel, iluminação, aquecimento no inverno, ar condicionado no verão, segurança e assim por diante) para 2018 deverão ser de $ 1.536.120. Assim, o custo dos produtos vendidos é a soma dos custos de mão de obra, materiais e despesas gerais. Marissa determina o lucro bruto como a diferença entre o rendimento líquido e o custo das mercadorias vendidas. Além disso, ela deve considerar as despesas de vendas, gerais e administrativas (VG&A). Essas despesas são mais difíceis de estimar, mas a prática padrão da indústria é usar 18% dos rendimentos líquidos como o valor porcentual nominal para essas despesas. Portanto, o lucro *antes* de impostos de Marissa é o lucro bruto menos o valor da VG&A. Para calcular os impostos, Marissa multiplica seus lucros antes dos impostos pela taxa de imposto, atualmente de 30%. Se sua empresa estiver operando com prejuízo, no entanto, nenhum imposto teria de ser pago. Finalmente, o lucro líquido de Marissa (ou após impostos) é simplesmente a diferença entre o lucro antes dos impostos e os impostos reais pagos.

Para determinar os números de 2019 até 2021, Marissa supõe que o rendimento bruto, os custos trabalhistas, os custos de material e os custos gerais aumentarão ao longo dos anos. Apesar de as taxas de crescimento para esses itens serem difíceis de estimar, Marissa acha que o rendimento bruto vai aumentar em 9% ao ano, os custos de mão de obra, em 4% ao ano, os custos de material, em 6% ao ano e os custos gerais, em 3% ao ano. Ela acha que a taxa de imposto não vai mudar a partir da marca de 30%, e ela supõe que o valor VG&A permanecerá em 18%.

O esquema básico da planilha que Marissa criou é mostrado na Figura 12.47 (e no arquivo Fig12-47.xlsm, disponível na página deste livro no site da editora). (Ignore a seção Pressupostos Competitivos por agora, vamos considerá-la mais tarde.) Construa a planilha, determine os valores para os anos de 2018 a 2021 e então determine os totais para os quatro anos.

Marissa não quer só determinar os lucros líquidos para 2018 até 2021, mas também deve justificar suas decisões para o Conselho de Administração da empresa. Ela deveria considerar entrar nesse mercado a partir de um ponto de vista financeiro? Uma maneira de responder a essa questão é encontrar o valor presente líquido (VPL) dos lucros líquidos para 2018 até 2021. Utilize a capacidade do Excel para encontrar o VPL, à taxa de juros atual de 5%, do lucro para 2018 até 2021.

Para evitar grandes valores na planilha, digite todos os cálculos em milhares de dólares. Por exemplo, digite os custos trabalhistas como 995,10 e os custos indiretos como 1.536,12.

Fase dois: trazendo concorrência ao modelo

Com a sua planilha completa, Marissa está confiante que a entrada no mercado de alto-falantes para *home theater* será lucrativa para Sound's Alive. No entanto, ela não considerou um fator em seus cálculos – a competição. O atual líder de mercado e empresa com a qual ela está mais preocupada é a Bose Corporation. A Bose foi pioneira no conceito de um sistema satélite de alto-falantes, e sua série AMT é muito bem-sucedida. Marissa está preocupada com a entrada da Bose no mercado doméstico, cortando seus rendimentos brutos. Se a Bose entrar no mercado, Marissa acredita que a Sound's Alive ainda ganhará dinheiro; no entanto, ela teria de revisar sua estimativa de rendimentos brutos de $ 6 milhões para $ 4 milhões em 2018.

Para levar em conta o fator de concorrência, Marissa revisa sua planilha, adicionando uma seção Pressupostos Competitivos. A célula F4 terá ou um 0 (sem competição) ou um 1 (se a Bose entrar no mercado). As células F5 e F6 fornecem as estimativas de rendimento bruto (em milhares de dólares) para as duas possibilidades. Modifique a sua planilha para levar essas opções em consideração. Use a função SE( ) para os rendimentos brutos de 2018 (célula B12). Se a Bose entrar no mercado, não só o rendimento bruto de Marissa seria menor, como também os custos de mão de obra, materiais e indiretos, porque a Sound's Alive estaria fabricando e vendendo menos alto-falantes. Marissa acha que, se a Bose entrar no mercado,

FIGURA 12.47 *Modelo de planilha para o caso da Sound's Alive.*

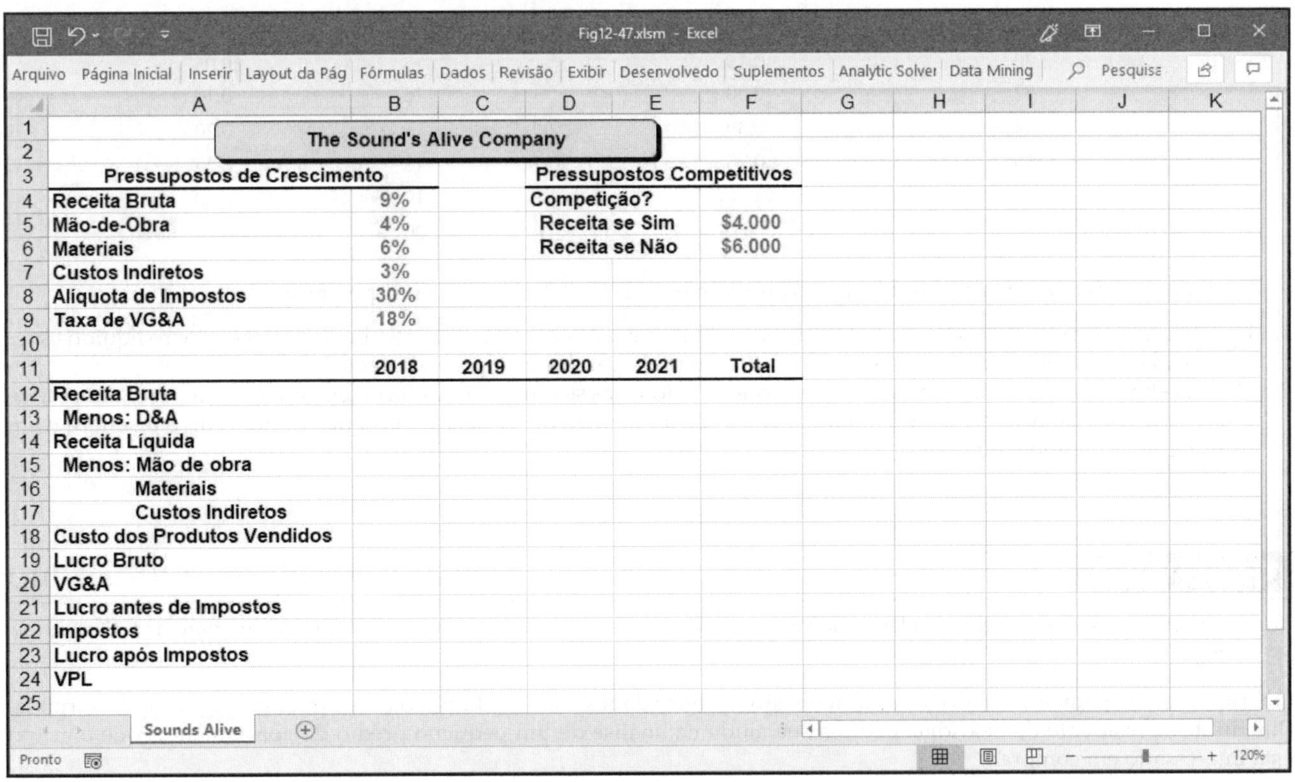

	A	B	C	D	E	F
1–2	The Sound's Alive Company					
3	Pressupostos de Crescimento			Pressupostos Competitivos		
4	Receita Bruta	9%		Competição?		
5	Mão-de-Obra	4%		Receita se Sim		$4.000
6	Materiais	6%		Receita se Não		$6.000
7	Custos Indiretos	3%				
8	Alíquota de Impostos	30%				
9	Taxa de VG&A	18%				
10						
11		2018	2019	2020	2021	Total
12	Receita Bruta					
13	Menos: D&A					
14	Receita Líquida					
15	Menos: Mão de obra					
16	Materiais					
17	Custos Indiretos					
18	Custo dos Produtos Vendidos					
19	Lucro Bruto					
20	VG&A					
21	Lucro antes de Impostos					
22	Impostos					
23	Lucro após Impostos					
24	VPL					
25						

seus custos trabalhistas em 2018 seriam $ 859.170; os custos de material em 2018 seriam $ 702.950; e os custos indiretos em 2018 seriam $ 1.288.750. Ela acredita que suas suposições de taxa de crescimento permaneceriam as mesmas se a Bose entrar ou não no mercado. Adicione esses valores possíveis a sua planilha usando a função SE( ) nas células apropriadas.

Olhe os lucros líquidos de 2018 até 2021. Em particular, analise o VPL para os dois cenários: a Bose entrar ou não no mercado de *home theater*.

Fase três: trazendo incerteza ao modelo

Jim Allison, chefe de operações da Sound's Alive e especialista em métodos quantitativos, desempenha um papel fundamental para Marissa no fornecimento de estimativas para os diversos rendimentos e custos. Ele está preocupado com as estimativas básicas das taxas de crescimento. Por exemplo, embora a pesquisa de mercado indique que um aumento de rendimento bruto de 9% ao ano é razoável, Jim sabe que, se esse valor for de 7%, por exemplo, os valores de lucro e o VPL seriam bem diferentes. Ainda mais problemático é um potencial aumento de impostos, que atingiria a Sound's Alive de forma pesada. Jim acredita que a taxa de imposto pode variar em torno do valor esperado de 30%. Finalmente, ele se sente desconfortável com a estimativa padrão da indústria de 18% para a taxa VG&A. Jim acha que esse valor poderia ser maior ou mesmo menor.

O problema da Sound's Alive é muito complicado para resolver com a análise "o quê-se" porque sete valores supostos poderiam mudar: as taxas de crescimento do rendimento bruto, os custos de mão de obra e com materiais, os custos indiretos, a taxa de imposto, a porcentagem VG&A e se a Bose entra ou não no mercado. Jim acredita que uma simulação Monte Carlo seria uma abordagem melhor. Ele acha que o comportamento dessas variáveis pode ser modelado da seguinte forma:

Rendimento bruto (%): normalmente distribuído, com média = 9,9 e desvio padrão = 1,4

Crescimento dos custos de mão de obra (%): normalmente distribuído, com média = 3,45 e desvio padrão = 1,0

Materiais (%)	Probabilidade
4	0,10
5	0,15
6	0,15
7	0,25
8	0,25
9	0,10

Indireto (%)	Probabilidade
2	0,20
3	0,35
4	0,25
5	0,20

Alíquota de imposto (%)	Probabilidade
30	0,15
32	0,30
34	0,30
36	0,25

VG&A (%)	Probabilidade
15	0,05
16	0,10
17	0,20
18	0,25
19	0,20
20	0,20

Finalmente, Jim e Marissa concordam que há uma chance de 50/50 de a Bose entrar no mercado.

1. Use a simulação para analisar o problema da Sound's Alive. Com base em seus resultados, qual é o lucro líquido esperado para os anos de 2018 até 2021 e qual é o VPL esperado para esse empreendimento?
2. O Conselho de Administração disse a Marissa que os acionistas se sentiriam confortáveis com esse empreendimento se o seu VPL fosse de pelo menos $ 5 milhões. Quais são as chances de os *home theaters* da Sound's Alive resultarem em um VPL de $ 5 milhões ou mais?

CASO 12.4 O Foxridge Investment Group

(Inspirado em um caso escrito pelos estudantes de MBA Fred Hirsch e Ray Rogers para o professor Larry Weatherford da Universidade de Wyoming.)

O Grupo de Investimento Foxridge compra e vende propriedades com rendimento de aluguel no sudoeste da Virgínia. Bill Hunter, presidente do Foxridge, pediu a sua ajuda na análise de um pequeno prédio de apartamentos que o grupo está interessado em comprar.

O imóvel em questão é uma estrutura pequena de dois andares com três unidades para alugar em cada andar. O preço de compra do imóvel é $ 170.000, representando $ 30.000 em valor do terreno e $ 140.000 em edificações e benfeitorias. Foxridge vai depreciar o valor das edificações e benfeitorias em uma base linear durante 27,5 anos. O Grupo Foxridge fará um pagamento inicial de $ 40.000 para adquirir o imóvel e financiará o restante do preço de compra ao longo de 20 anos, com um empréstimo de taxa fixa de 11%, com pagamentos anuais. A Figura 12.48 (e o arquivo Fig12-48.xlsm, disponível na página deste livro no site da editora) resume essa e outras informações pertinentes.

Se todas as unidades estiverem totalmente ocupadas, o Sr. Hunter espera que a propriedade gere uma renda de $ 35.000 no primeiro ano e espera aumentar a renda com uma taxa de inflação (atualmente 4%). Visto que vacâncias ocorrem e alguns moradores nem sempre são capazes de pagar seus aluguéis, o Sr. Hunter deduz uma taxa de 3% (V&I – vacâncias e inadimplência) da renda bruta estimada para levar em conta essas quebras de renda. As despesas operacionais deverão ser de aproximadamente 45% da renda de aluguel. A taxa marginal de imposto do Grupo é de 28%.

Se o grupo decidir comprar essa propriedade, o seu plano é mantê-la por cinco anos e, em seguida, vendê-la para outro investidor. Atualmente, o valor das propriedades nessa área está aumentando a uma taxa de aproximadamente 2,5% ao ano. O grupo terá de pagar uma comissão de vendas de 5% do preço bruto de venda quando vender o imóvel.

A Figura 12.49 mostra um modelo de planilha que o Sr. Hunter desenvolveu para analisar esse problema. Esse modelo primeiro utiliza os dados e premissas indicados na Figura 12.48 para gerar o fluxo líquido de dinheiro esperado em cada um dos próximos cinco anos. Em seguida, ela fornece um resumo final das receitas esperadas da venda do imóvel ao fim de cinco anos. O valor presente líquido (VPL) total do projeto é então calculado na célula I18, usando a taxa de desconto de 12% na célula C24 da Figura 12.47. Assim, depois de descontar todos os fluxos de caixa futuros associados com esse investimento a 12% ao ano, o investimento ainda gera um VPL de $ 2.007.

Embora o grupo tenha utilizado esse tipo de análise por muitos anos para tomar decisões de investimento, um dos parceiros de investimento do Sr. Hunter leu recentemente um artigo no *Wall Street Journal* sobre análise de risco e simulação usando planilhas. Como resultado, o parceiro percebe que há um pouco de incerteza associada a muitas das premissas econômicas mostradas na Figura 12.48. Depois de explicar o problema em potencial para o Sr. Hunter, os dois decidiram aplicar a simulação nesse modelo antes de tomar uma decisão. Já que nenhum dos dois sabia como fazer a simulação, eles pediram sua ajuda.

Para modelar a incerteza desse problema de decisão, o Sr. Hunter e seu parceiro decidiram que o crescimento da renda de aluguel de um ano para o outro pode variar uniformemente de 2% a 6% nos anos de 2 a 5. Da mesma forma, eles acreditam que a provisão V&I em qualquer ano pode ser tão baixa quanto 1% e tão alta quanto 5%, sendo 3% o resultado mais

FIGURA 12.48 *Suposições para o caso do Grupo de Investimento Foxridge.*

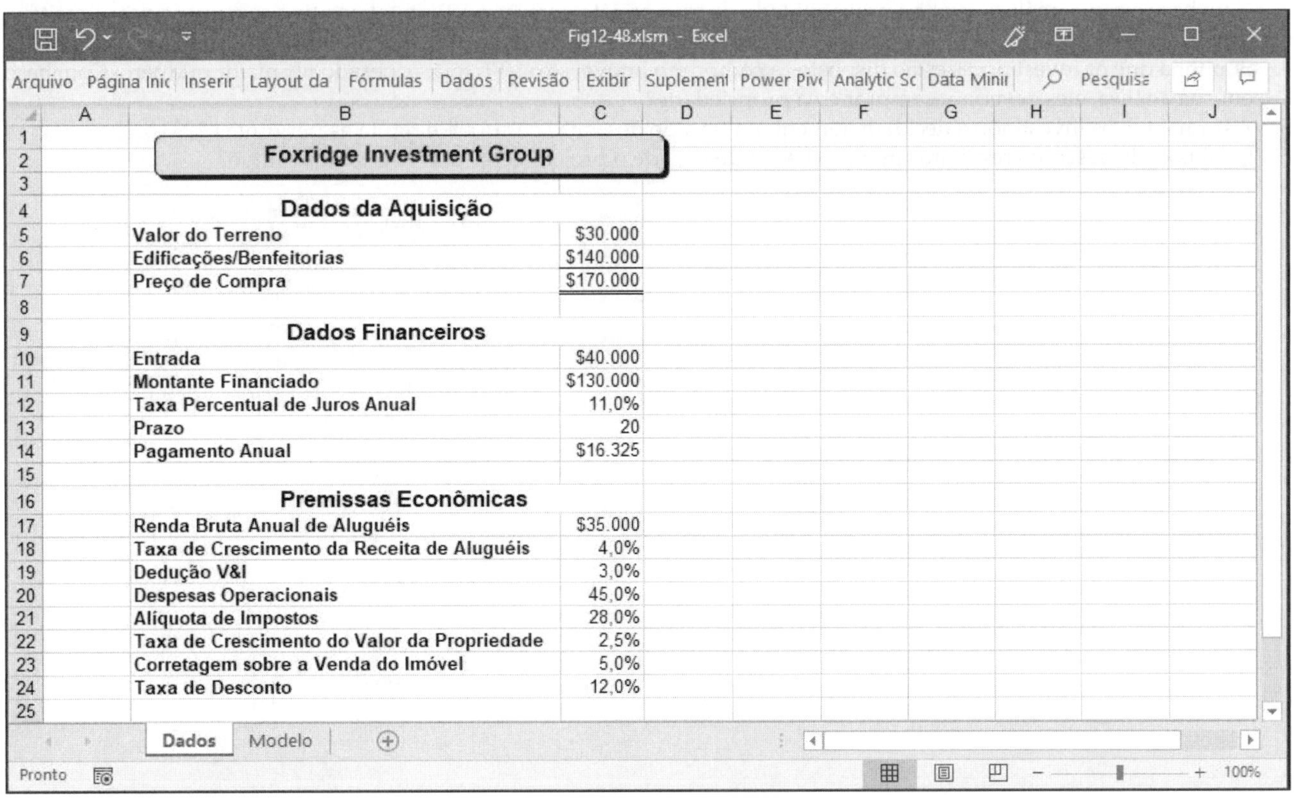

	A	B	C
2		**Foxridge Investment Group**	
4		**Dados da Aquisição**	
5		Valor do Terreno	$30.000
6		Edificações/Benfeitorias	$140.000
7		Preço de Compra	$170.000
9		**Dados Financeiros**	
10		Entrada	$40.000
11		Montante Financiado	$130.000
12		Taxa Percentual de Juros Anual	11,0%
13		Prazo	20
14		Pagamento Anual	$16.325
16		**Premissas Econômicas**	
17		Renda Bruta Anual de Aluguéis	$35.000
18		Taxa de Crescimento da Receita de Aluguéis	4,0%
19		Dedução V&I	3,0%
20		Despesas Operacionais	45,0%
21		Alíquota de Impostos	28,0%
22		Taxa de Crescimento do Valor da Propriedade	2,5%
23		Corretagem sobre a Venda do Imóvel	5,0%
24		Taxa de Desconto	12,0%

FIGURA 12.49 *Fluxo de caixa e resumo financeiro para o caso do Grupo de Investimento Foxridge.*

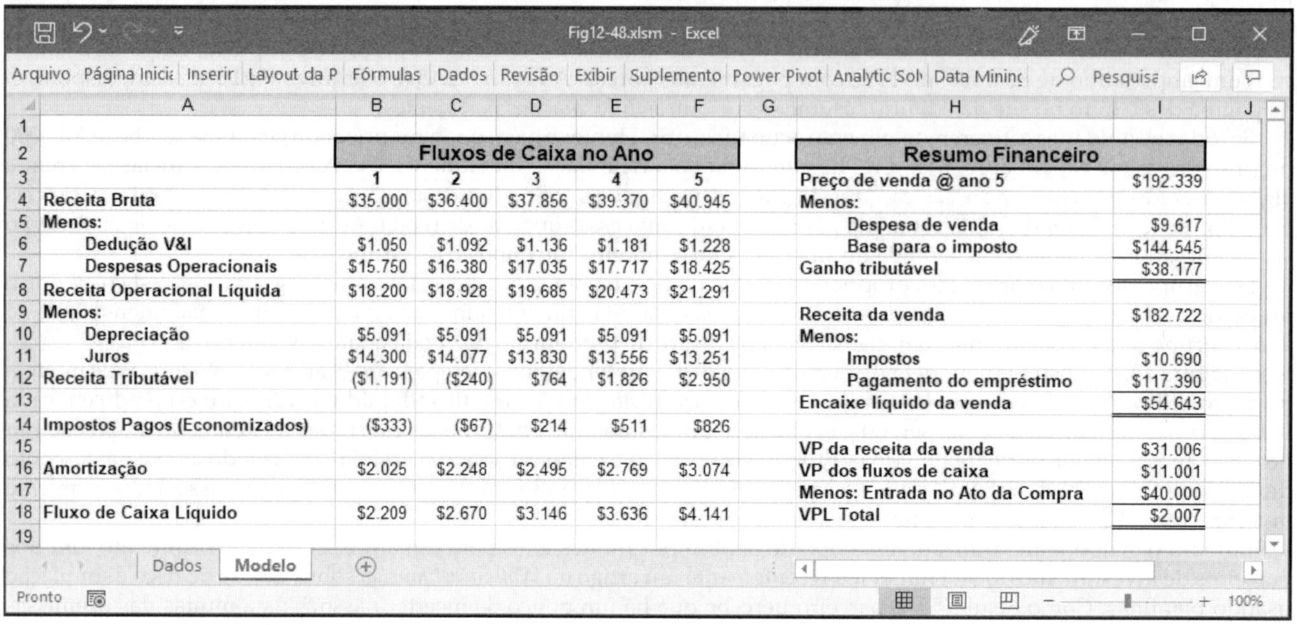

	A	B	C	D	E	F	G	H	I
1									
2		**Fluxos de Caixa no Ano**						**Resumo Financeiro**	
3		1	2	3	4	5		Preço de venda @ ano 5	$192.339
4	Receita Bruta	$35.000	$36.400	$37.856	$39.370	$40.945		Menos:	
5	Menos:							Despesa de venda	$9.617
6	Dedução V&I	$1.050	$1.092	$1.136	$1.181	$1.228		Base para o imposto	$144.545
7	Despesas Operacionais	$15.750	$16.380	$17.035	$17.717	$18.425		Ganho tributável	$38.177
8	Receita Operacional Líquida	$18.200	$18.928	$19.685	$20.473	$21.291			
9	Menos:							Receita da venda	$182.722
10	Depreciação	$5.091	$5.091	$5.091	$5.091	$5.091		Menos:	
11	Juros	$14.300	$14.077	$13.830	$13.556	$13.251		Impostos	$10.690
12	Receita Tributável	($1.191)	($240)	$764	$1.826	$2.950		Pagamento do empréstimo	$117.390
13								Encaixe líquido da venda	$54.643
14	Impostos Pagos (Economizados)	($333)	($67)	$214	$511	$826			
15								VP da receita da venda	$31.006
16	Amortização	$2.025	$2.248	$2.495	$2.769	$3.074		VP dos fluxos de caixa	$11.001
17								Menos: Entrada no Ato da Compra	$40.000
18	Fluxo de Caixa Líquido	$2.209	$2.670	$3.146	$3.636	$4.141		VPL Total	$2.007
19									

provável. Eles acham que as despesas operacionais em cada ano devem ser normalmente distribuídas com média de 45% e desvio padrão de 2%, mas nunca devem ser inferiores a 40% nem superiores a 50% do rendimento bruto. Finalmente, eles acreditam que a taxa de crescimento do valor da propriedade pode ser tão pequena quanto 1% ou tão grande quanto 5%, sendo 2,5% o resultado mais provável.

1. Revise as planilhas apresentadas nas Figuras 12.48 e 12.49 para refletir as incertezas descritas.
2. Construa um intervalo de confiança de 95% para o VPL total médio que o Grupo de Investimento Foxridge pode esperar se realizarem esse projeto. Interprete esse intervalo de confiança.
3. Com base em sua análise, qual é a probabilidade de esse projeto gerar um VPL total positivo se o grupo usar uma taxa de desconto de 12%?
4. Suponha que os investidores estão dispostos a comprar o imóvel se o VPL total esperado for maior que zero. Com base em sua análise, eles deveriam comprar essa propriedade?
5. Assuma que os investidores decidam aumentar a taxa de desconto para 14% e repita as perguntas 2, 3 e 4.
6. Qual taxa de desconto resultará em uma chance de 90% de o projeto gerar um VPL total positivo?

Capítulo 13

Teoria das filas

13.0 Introdução

Às vezes parece que passamos a maior parte das nossas vidas esperando nas filas. Esperamos em filas de supermercados, bancos, aeroportos, hotéis, restaurantes, teatros, parques temáticos, correios e semáforos. Em casa, provavelmente gastamos tempo esperando em uma "fila eletrônica" se utilizarmos o telefone para encomendar mercadorias de empresas de venda por catálogo ou ligar para o número de serviço de atendimento da maioria das empresas de hardware ou software.

Alguns relatórios indicam que os norte-americanos gastam 37 *bilhões* de horas por ano esperando em filas. Grande parte desse tempo representa uma perda de um recurso limitado (tempo) que pode nunca ser recuperado. Adicione a frustração e a irritação que muitas pessoas experimentam enquanto esperam em filas e é fácil ver por que as empresas deveriam estar interessadas em reduzir ou eliminar a quantidade de tempo que os clientes gastam esperando em filas.

As filas de espera nem sempre contêm pessoas. Em uma empresa de fabricação, submontagens muitas vezes esperam em uma fila em centros de usinagem para ter a próxima operação realizada neles. Em uma loja de aluguel de filmes, os DVDs devolvidos muitas vezes esperam ser colocados nas prateleiras para que possam ser alugados novamente. As mensagens eletrônicas na internet, por vezes, esperam em centros de computação intermediários antes de serem enviadas para seus destinos finais. Custos poderiam ser reduzidos, ou serviços aos clientes melhorados, por meio da redução da quantidade de tempo que as submontagens, DVDs ou mensagens eletrônicas passam esperando na fila.

O termo **teoria das filas** refere-se ao conjunto de conhecimento que lida com as filas de espera. A teoria das filas foi concebida no início de 1900, quando um engenheiro de telefone dinamarquês chamado A. K. Erlang começou a estudar o congestionamento e os tempos de espera que ocorrem na realização de chamadas telefônicas. Desde então, uma série de modelos quantitativos foram desenvolvidos para ajudar pessoas de negócios a entender as filas de espera e tomar melhores decisões sobre como gerenciá-las. Este capítulo introduz alguns desses modelos e discute outras questões envolvidas na teoria das filas.

13.1 O propósito dos modelos de filas

A maioria dos problemas de filas se concentra em determinar o nível de serviço que uma empresa deve fornecer. Por exemplo, os supermercados devem determinar quantas caixas registradoras operam em determinado momento do dia para que os clientes não tenham de esperar muito tempo para serem atendidos. Os bancos devem determinar quantos caixas devem ter em vários momentos do dia para manter um nível aceitável de serviço. Empresas que alugam máquinas copiadoras devem determinar o número de técnicos a empregar para que os reparos possam ser feitos em um tempo hábil.

Em muitos problemas de filas, a gestão tem algum controle sobre o nível de serviço prestado. Nos exemplos que acabamos de mencionar, os tempos de espera dos clientes poderiam ser reduzidos para um mínimo, empregando um grande número de servidores (na forma de caixas, caixas de banco e técnicos). No entanto, pode ser caro, ou, na verdade, um desperdício, se um número excessivo de servidores ociosos for mantido. Por outro lado, utilizar um pequeno número de servidores mantém o custo da prestação de serviço baixo, mas é provável que resulte em tempos mais longos de espera e maior insatisfação dos clientes. Assim, existe uma compensação entre o custo da prestação de serviço e o custo de ter clientes insatisfeitos se o serviço estiver faltando. A natureza dessa compensação é ilustrada na Figura 13.1.

A Figura 13.1 indica que, conforme os níveis de serviço aumentam, o custo da prestação do serviço também aumenta, mas o custo de insatisfação do cliente diminui (assim como o tempo que os clientes devem esperar pelo serviço). Conforme os níveis de serviço diminuem, o custo da prestação do serviço também diminui, mas o custo de

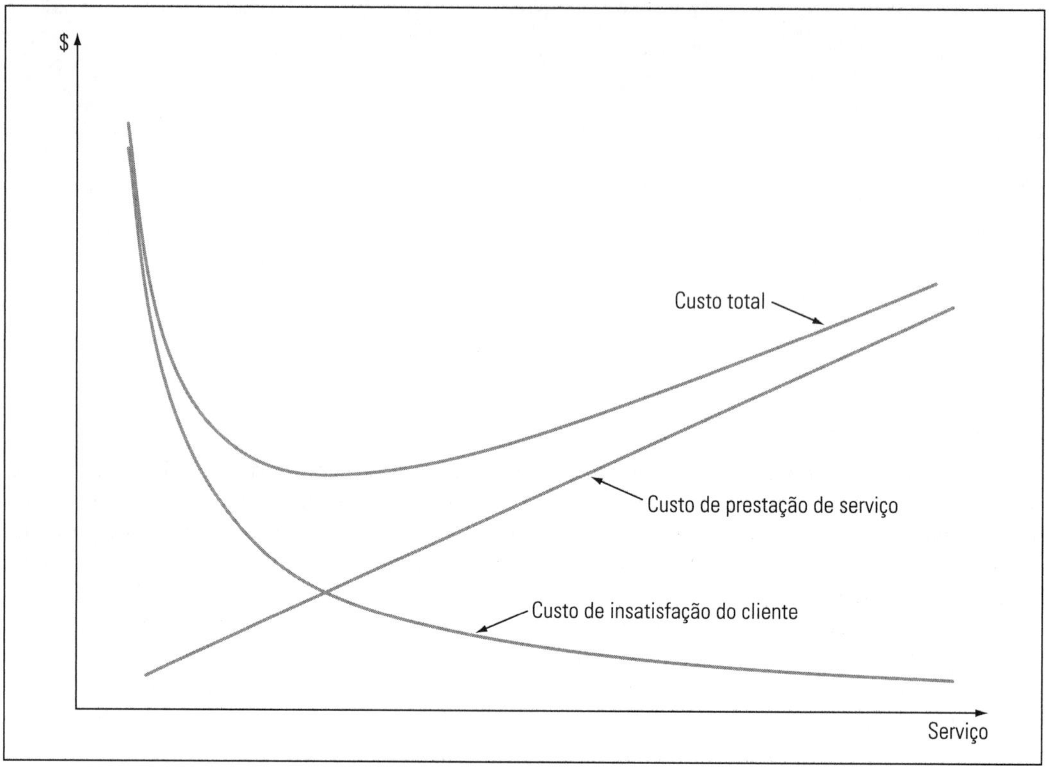

FIGURA 13.1
Compensação entre custos de prestação de serviço e satisfação do cliente.

insatisfação dos clientes aumenta. O objetivo em muitos problemas de filas é encontrar o nível de serviço ótimo que atinja um equilíbrio aceitável entre o custo de prestação do serviço e a satisfação do cliente.

13.2 Configurações do sistema de filas

Os sistemas de filas que encontramos na vida cotidiana são configurados em uma variedade de formas. Três configurações típicas são ilustradas na Figura 13.2.

A primeira configuração na Figura 13.2 representa uma fila única, sistema de servidor único. Nessa configuração, os clientes entram no sistema e esperam na fila em uma sistemática de primeiras entradas, primeiras saídas (FIFO) até que recebam o serviço; em seguida, eles saem do sistema. Esse tipo de sistema de filas é empregado na maioria dos restaurantes da Wendy e Taco Bell. Você também pode encontrar esse tipo de sistema de filas em alguns caixas eletrônicos (ATMs).

A segunda configuração na Figura 13.2 representa uma fila única, sistema de multiservidores. Aqui, novamente, os clientes entram no sistema e juntam-se a uma fila FIFO. Ao atingir a frente da fila, um cliente é atendido pelo próximo servidor disponível. O exemplo mostra três servidores, mas pode haver mais ou menos servidores, dependendo do problema em análise. Esse tipo de sistema de filas é encontrado na maioria dos balcões de *check-in* de aeroportos, correios e bancos.

A terceira configuração na Figura 13.2 representa uma coleção de sistemas de servidor único em fila única. Nesse tipo de disposição, quando os clientes chegam, eles devem escolher uma das filas e esperar nessa fila para receber o serviço. Esse tipo de sistema é encontrado na maioria dos supermercados e dos restaurantes do Burger King e McDonald's.

Este capítulo discute modelos de filas que podem ser utilizados para analisar os dois primeiros tipos de configurações mostrados na Figura 13.2. Em alguns casos, as filas individuais na terceira configuração na Figura 13.2 podem ser analisadas como sistemas de servidores únicos de fila única, independentes. Assim, os resultados apresentados para o primeiro tipo de configuração podem algumas vezes ser generalizados para analisar a terceira configuração também.

13.3 Características dos sistemas de filas

Para criar e analisar modelos matemáticos das configurações de filas mostradas na Figura 13.2, devemos fazer algumas suposições sobre a maneira pela qual os clientes chegam ao sistema e a quantidade de tempo que leva para que eles recebam o serviço.

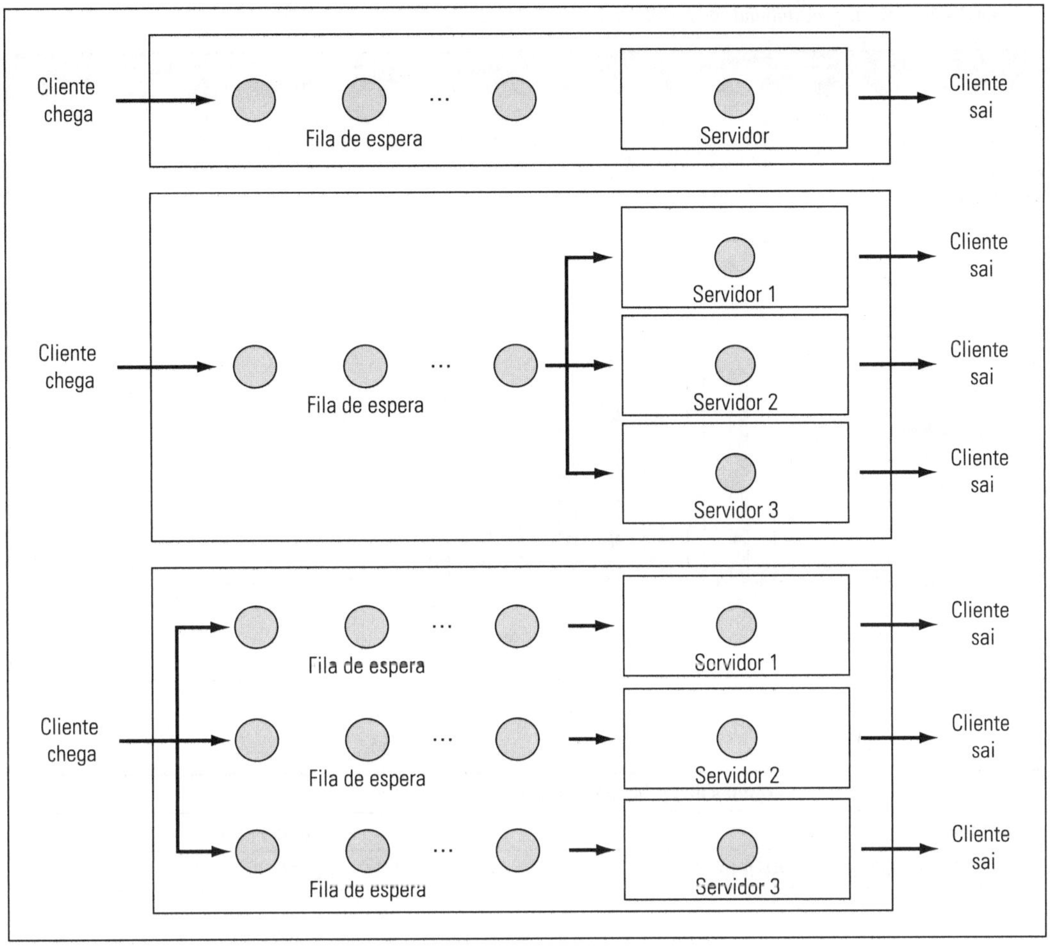

FIGURA 13.2
Exemplos de diferentes configurações do sistema de filas.

13.3.1 TAXA DE CHEGADA

Na maioria dos sistemas de filas, os clientes (ou trabalhos em um ambiente de produção) chegam de uma forma um tanto aleatória. Ou seja, o número de entradas que ocorre em determinado período de tempo representa uma variável aleatória. Muitas vezes, é apropriado modelar o processo de chegada em um sistema de filas como uma variável aleatória de Poisson. Para utilizar a distribuição de probabilidade de Poisson, devemos especificar um valor para a **taxa de chegada**, denotado como λ, que representa o número médio de entradas por período de tempo. (Para uma variável aleatória de Poisson, a variância do número de chegadas por período de tempo também é λ.) A probabilidade de x chegadas em um período de tempo específico é representada por

$$P(x) = \frac{\lambda^x e^{-\lambda}}{x!} \quad \text{para } x = 0, 1, 2, \ldots \qquad \mathbf{13.1}$$

em que e representa a base do logaritmo natural ($e = 2{,}71828$) e $x! = (x)(x-1)(x-2)\ldots(2)(1)$. ($x!$ é referido como fatorial de x e pode ser calculado utilizando a função FATORIAL( ) no Excel.)

Por exemplo, suponha que as chamadas para a linha de serviço de atendimento de uma loja de informática ocorram a uma taxa de cinco por hora e sigam uma distribuição de probabilidade de Poisson ($\lambda = 5$). A distribuição de probabilidade associada com o número de chamadas que chegam a um dado período é ilustrada na Figura 13.3 (e no arquivo Fig13.3.xlsm, disponível na página deste livro no site da editora).

Na Figura 13.3, os valores da coluna B representam as probabilidades associadas com cada valor na coluna A. Por exemplo, o valor na célula B5 indica que há uma probabilidade de 0,0067 de 0 chamadas chegarem em determinada hora; a célula B6 indica que há uma probabilidade de 0,0337 de 1 chamada chegar; e assim por diante. O histograma da distribuição de probabilidades indica que, em média, esperamos cerca de 5 chamadas chegarem em 1 hora. No entanto, porque a distribuição de Poisson é assimétrica para a direita, um número significativamente maior de chamadas (nesse caso, 13 ou mais) poderia chegar em alguns períodos de uma hora.

A Figura 13.3 indica que a probabilidade de seis chamadas ocorrerem em dada hora é 0,1462. No entanto, as seis chamadas provavelmente não ocorrem ao mesmo tempo. Algum período de tempo aleatório é provável transcorrer

FIGURA 13.3 *Exemplo de uma distribuição de probabilidade de Poisson com média* $\lambda = 5$.

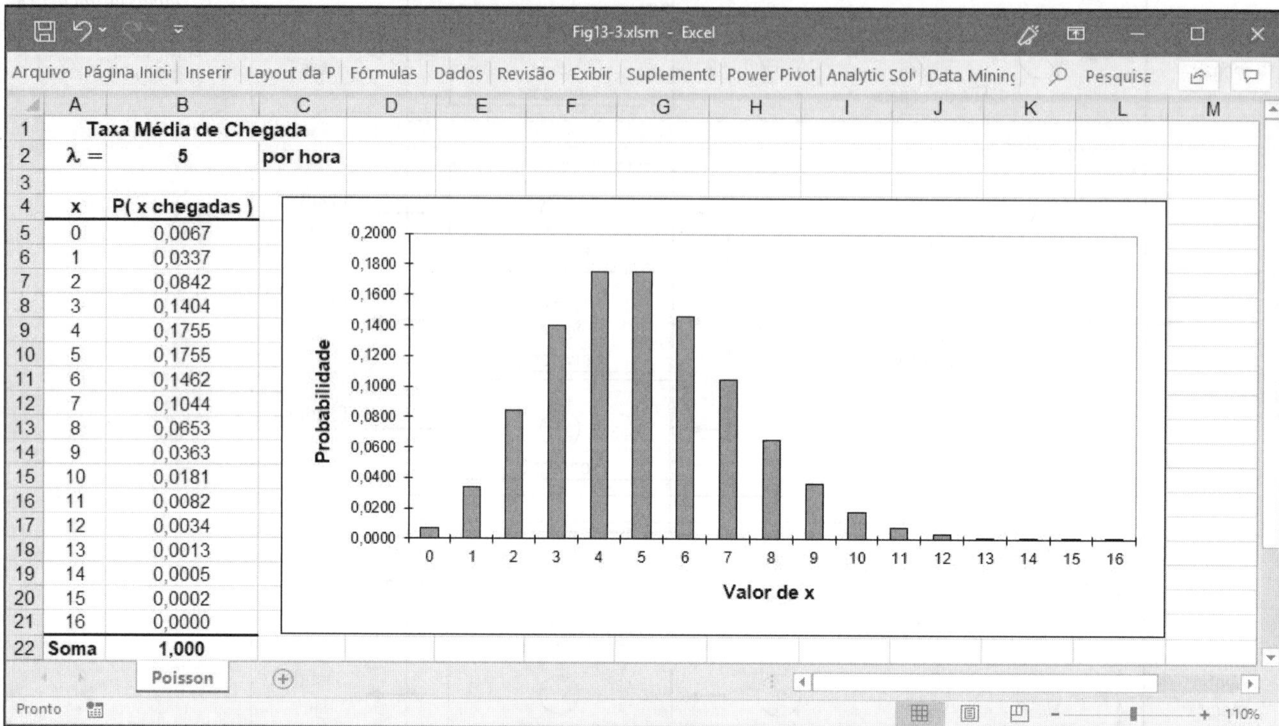

Fórmulas das principais células		
Célula	**Fórmula**	**Copiado para**
B5	=($B$2^A5*EXP(–$B$2))/FATORIAL(A5)	B6:B21

entre as chamadas que chegam. Esse tempo entre as chegadas é conhecido como o tempo entre chegadas. Se o número de chegadas em determinado período de tempo resulta em uma distribuição de Poisson, com média λ, pode ser mostrado que os tempos entre chegadas seguem uma distribuição de probabilidade exponencial com média $1/\lambda$.

Por exemplo, se as chamadas para a linha de atendimento da loja de informática seguem uma distribuição de Poisson e ocorrem a uma taxa média de $\lambda = 5$ por hora, os tempos entre chegadas seguem uma distribuição exponencial com um tempo médio entre chegadas de $1/5 = 0{,}2$ horas. Ou seja, as chamadas ocorrem uma vez a cada 12 minutos em média (porque há 60 minutos em uma hora e $0{,}2 \times 60$ minutos $= 12$ minutos).

A distribuição exponencial desempenha um papel-chave em modelos de filas. É uma das poucas distribuições de probabilidade que apresentam a propriedade de ser sem memória (ou ausência de memória). Um processo de chegada é sem memória se o tempo até a próxima chegada não depende de quanto tempo se passou desde a última chegada. O matemático russo Markov foi o primeiro a reconhecer a propriedade sem memória de certas variáveis aleatórias. Portanto, a propriedade sem memória também é algumas vezes referida como propriedade de Markov ou Markoviana.

Todos os modelos de filas apresentados neste capítulo assumem que as chegadas seguem uma distribuição de Poisson (ou, de forma equivalente, que os tempos entre chegadas seguem uma distribuição exponencial). Para utilizar esses modelos, é importante verificar que esse pressuposto é válido para o sistema de filas que está sendo modelado. Uma maneira de verificar que as chegadas podem ser aproximadas com a distribuição de Poisson é coletar dados sobre o número de chegadas que ocorrem por período de tempo por várias horas, dias ou semanas. O número médio de chegadas por período de tempo pode ser calculado com base nesses dados e utilizado como uma estimativa de λ. Um histograma dos dados reais pode ser construído e comparado com um histograma das probabilidades reais esperadas de uma variável aleatória de Poisson com média λ. Se os histogramas são semelhantes, é razoável supor que o processo de chegada é aproximadamente Poisson. (Testes adicionais de ajustamento podem ser encontrados na maioria dos textos sobre filas e simulação.)

13.3.2 TAXA DE SERVIÇO

Um cliente que chega a uma instalação de serviço passa algum tempo (possivelmente 0) esperando na fila para o serviço começar. Nós nos referimos a esse tempo como o tempo de fila. O tempo de serviço é a quantidade de tempo que um cliente gasta em uma instalação de serviço após começar o desempenho real do serviço. (Então, o tempo de serviço *não inclui* o tempo de fila.)

Muitas vezes, é apropriado modelar os tempos de serviço em um sistema de filas como uma variável aleatória exponencial. Para utilizar a distribuição de probabilidade exponencial para esse fim, devemos especificar um valor para a **taxa de serviço**, denotado por μ, que representa o número médio de clientes (ou trabalhos) que pode ser atendido por um período de tempo. O tempo médio de serviço por cliente é o período de tempo de $1/\mu$ (e a variância do tempo de serviço por cliente é $(1/\mu)^2$ períodos de tempo ao quadrado). Como a distribuição exponencial é contínua, a probabilidade de uma variável aleatória exponencial ser igual a qualquer valor específico é zero. Desse modo, as probabilidades associadas a uma variável aleatória exponencial devem ser definidas em termos de intervalos. Se a distribuição dos tempos de serviço segue uma distribuição exponencial, a probabilidade de que o tempo de serviço T de determinado cliente estará entre os períodos de tempo t_1 e t_2 é definida por:

$$P(t_1 \leq T \leq t_2) = \int_{t_1}^{t_2} \mu e^{-\mu x} dx = e^{-\mu t_1} - e^{-\mu t_2}, \quad \text{para } t_1 \leq t_2 \qquad \textbf{13.2}$$

Por exemplo, suponha que o operador na linha de atendimento ao cliente possa atender chamadas a uma taxa de sete por hora, em média, e que os tempos de serviço seguem uma distribuição exponencial ($\mu = 7$). A Figura 13.4 (e o arquivo Fig13-4.xlsm, disponível na página deste livro no site da editora) mostra a probabilidade de tempo de serviço dentro de vários intervalos de tempo.

Na Figura 13.4, o valor na célula D5 indica que há uma probabilidade igual a 0,295 de que vai demorar entre 0 a 0,05 hora (ou 3 minutos) para atender qualquer chamada. Da mesma forma, o valor na célula D9 indica que há uma probabilidade igual a 0,073 de que vai demorar entre 0,2 e 0,25 hora (ou de 12 a 15 minutos) para atender qualquer chamada.

Os dados e gráfico na Figura 13.4 indicam que, para as distribuições exponenciais, os tempos de serviço mais curtos têm maior probabilidade relativa de ocorrer. Na realidade, uma quantidade mínima de tempo é geralmente necessária para fornecer a maior parte dos serviços. Isso pode nos levar a crer que a distribuição exponencial tenderia

FIGURA 13.4 *Exemplo de uma distribuição exponencial com $\mu = 7$.*

Fig13-4.xlsm - Excel

	A	B	C	D
1		Taxa Média de Serviço		
2		μ =	7	por hora
3				
4	Tempo de Serviço			Probabilidade
5	0,00	a	0,05	0,295
6	0,05	a	0,10	0,208
7	0,10	a	0,15	0,147
8	0,15	a	0,20	0,103
9	0,20	a	0,25	0,073
10	0,25	a	0,30	0,051
11	0,30	a	0,35	0,036
12	0,35	a	0,40	0,025
13	0,40	a	0,45	0,018
14	0,45	a	0,50	0,013
15	0,50	a	0,55	0,009
16	0,55	a	0,60	0,006
17	0,60	a	0,65	0,004
18	0,65	a	0,70	0,003
19	0,70	a	0,75	0,002
20	0,75	a	0,80	0,002
21	0,80	a	0,85	0,001
22	0,85	a	0,90	0,001
23	0,90	a	0,95	0,001
24			Soma	1,00

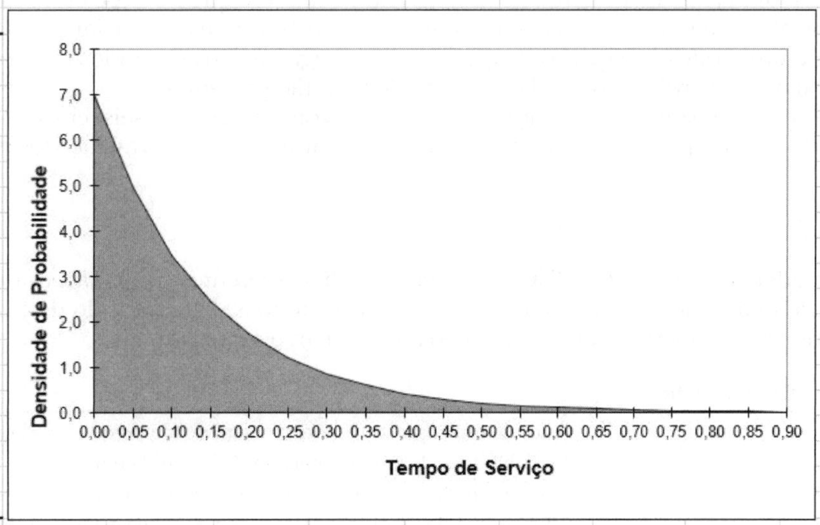

Exponencial

Fórmulas das principais células

Célula	Fórmula	Copiado para
D5	=EXP(–$C$2*A5)–EXP(–$C$2*C5)	D6:D23

a subestimar o tempo de serviço efetivo exigido pela maioria dos clientes. No entanto, a distribuição exponencial também assume que algumas vezes um tempo de serviço muito longo vai ocorrer (embora muito raramente). A possibilidade desses tempos de serviço muito longos (mas raros) proporciona um equilíbrio para os tempos de serviço muito curtos (mas frequentes), de modo que, em média, a distribuição exponencial fornece uma descrição razoavelmente acurada do comportamento dos tempos de serviço em muitos problemas do mundo real. Mas tenha em mente que a distribuição exponencial não é um modelo adequado de tempos de serviço em todas as aplicações.

Uma maneira de verificar se a taxa de serviço pode ser modelada utilizando a distribuição exponencial é coletar dados sobre os tempos de serviço que ocorrem por período de tempo por várias horas, dias ou semanas. O número médio de clientes atendidos por um período de tempo pode ser calculado com base nesses dados e utilizado como uma estimativa da taxa de serviço μ. Utilizando os dados reais, uma distribuição de frequência relativa dos tempos de serviço que ficam dentro dos vários intervalos pode ser construída e comparada com a distribuição das probabilidades esperadas para cada intervalo para uma variável aleatória exponencial com uma taxa de serviço de μ (como a mostrada na Figura 13.4). Se as distribuições são semelhantes, é razoável supor que a distribuição dos tempos de serviço é aproximadamente exponencial. (Mais uma vez, testes de ajustamento podem ser encontrados na maioria dos textos sobre filas e simulação.)

13.4 Notação de Kendall

Dada a variedade de modelos de filas que existem, um sistema conhecido como **notação de Kendall** foi desenvolvido para permitir que as principais características de um modelo de filas específico sejam descritas de uma maneira eficiente. Com a notação de Kendall, os modelos de filas simples podem ser descritos por três características no seguinte formato geral:

1/2/3

A primeira característica identifica a natureza do processo de chegada utilizando as seguintes abreviaturas padrão:

M = Tempos entre as chegadas Markovianos (seguindo uma distribuição exponencial)
D = Tempos entre as chegadas determinísticos (não aleatórios)

A segunda característica identifica a natureza dos tempos de serviço utilizando as seguintes abreviaturas padrão:

M = Tempos de serviço Markovianos (seguindo uma distribuição exponencial)
G = Tempos de serviço geral (seguindo uma distribuição não exponencial)
D = Tempos de serviço determinísticos (não aleatórios)

Finalmente, a terceira característica indica o número de servidores disponíveis. Assim, utilizando a notação de Kendall, uma fila M/M/1 refere-se a um modelo de filas em que o tempo entre as chegadas segue uma distribuição exponencial, os tempos de serviço seguem uma distribuição exponencial e existe um servidor. Uma fila M/G/3 refere-se a um modelo em que os tempos entre as chegadas são assumidos como exponencial, os tempos de serviço seguem alguma distribuição geral e três servidores estão presentes.

Uma versão expandida da notação de Kendall envolve especificar seis (em vez de três) características da fila. Uma descrição mais completa dessa notação pode ser encontrada em textos avançados de pesquisa operacional ou de filas.

13.5 Modelos de filas

Vários modelos de filas estão disponíveis para avaliar diferentes combinações de distribuições de chegada, distribuições de tempo de serviço e outras características de filas. Este capítulo discute apenas alguns desses modelos. Características de operação típicas de interesse incluem o seguinte:

Característica	Descrição
U	Fator de utilização, ou a porcentagem de tempo que todos os servidores estão ocupados
P_0	Probabilidade de que não haja unidades no sistema
L_q	Número médio de unidades na fila de espera para serviço
L	Número médio de unidades no sistema (na fila e em atendimento)
W_q	Tempo médio que uma unidade gasta na fila esperando pelo serviço
W	Tempo médio que uma unidade gasta no sistema (na fila e em atendimento)
P_w	Probabilidade de que uma unidade de chegada tenha que esperar pelo serviço
P_n	Probabilidade de haver n unidades no sistema

As informações sobre essas características operacionais podem ser úteis para os gestores que precisam tomar decisões sobre o equilíbrio entre os custos da prestação de diferentes níveis de serviço e o impacto associado às experiências dos clientes no sistema de filas. Sempre que possível, os pesquisadores derivaram equações de forma fechada para calcular várias características operacionais de um modelo de filas particular. Por exemplo, para o modelo de filas M/M/1, pode ser mostrado que:

$$W = \frac{1}{\mu - \lambda}$$

$$L = \lambda W$$

$$W_q = W - \frac{1}{\mu}$$

$$L_q = \lambda W_q$$

Este capítulo não mostra a derivação das equações usadas para calcular as características de operação. Em vez disso, simplesmente enuncia as equações para vários modelos comuns de filas e mostra como podem ser usadas. As equações para os modelos de filas que vamos considerar são implementadas em modelos de planilhas no arquivo Q.xlsx, disponível na página deste livro no site da editora. A Figura 13.5 mostra a tela de introdução para esses modelos.

Como a Figura 13.5 indica, os modelos nesse arquivo podem ser usados para analisar quatro tipos de modelos de filas: o modelo M/M/s, o modelo M/M/s com comprimento de fila finito, o modelo M/M/s com população de chegada finita e o modelo M/G/1.

13.6 O modelo M/M/s

O modelo M/M/s é apropriado para analisar os problemas de filas em que as seguintes suposições são atendidas:

- Há *s* servidores, em que *s* é um inteiro positivo.
- Chegadas seguem uma distribuição de Poisson (então tempos entre chegadas seguem uma distribuição exponencial) e ocorrem à taxa média de λ por período de tempo.
- Cada servidor fornece o serviço à taxa média de μ por período de tempo e os tempos de serviço reais seguem uma distribuição exponencial.
- Chegadas esperam em uma única fila FIFO e são atendidas pelo primeiro servidor disponível.
- $\lambda < s\mu$

A última suposição indica que a capacidade total de serviço do sistema, $s\mu$, deve ser estritamente maior que a taxa em que as chegadas ocorrem, λ. Se a taxa de chegada exceder a capacidade total de serviço do sistema, o sistema vai lotar com o tempo, e a fila se tornaria infinitamente longa. Na verdade, a fila se torna infinitamente longa, mesmo se

FIGURA 13.5 *Tela introdutória do arquivo de modelos de filas Q.xlsx.*

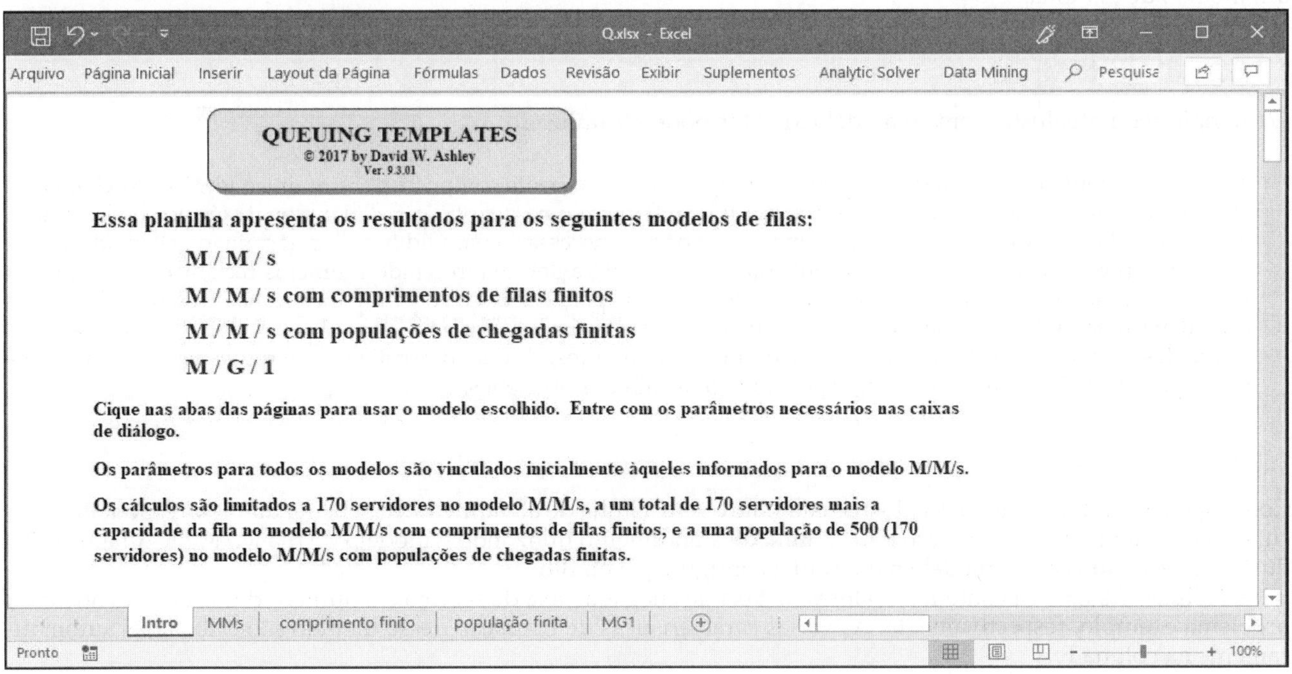

FIGURA 13.6
Fórmulas que descrevem as características de operação de uma fila M/M/s.

$$U = \lambda/(s\mu)$$

$$P_0 = \left(\sum_{n=0}^{s-1} \frac{(\lambda/\mu)^n}{n!} + \frac{(\lambda/\mu)^s}{s!}\left(\frac{s\mu}{s\mu - \lambda}\right)\right)^{-1}$$

$$L_q = \frac{P_0(\lambda/\mu)^{s+1}}{(s-1)!(s-\lambda/\mu)^2}$$

$$L = L_q + \frac{\lambda}{\mu}$$

$$W_q = L_q/\lambda$$

$$W = W_q + \frac{1}{\mu}$$

$$P_w = \frac{1}{s!}\left(\frac{\lambda}{\mu}\right)^s \left(\frac{s\mu}{s\mu - \lambda}\right) P_0$$

$$P_n = \begin{cases} \dfrac{(\lambda/\mu)^n}{n!} P_0, \text{ para } n \le s \\ \dfrac{(\lambda/\mu)^n}{s!s^{(n-s)}} P_0, \text{ para } n > s \end{cases}$$

a taxa média de chegada λ for igual à taxa média de serviço $s\mu$. Para ver por que, observe que os tempos de chegada individuais e tempos de serviço variam de forma imprevisível (mesmo que suas médias possam ser constantes), então haverá momentos em que os servidores ficarão ociosos. Esse tempo ocioso é perdido para sempre, e os servidores não serão capazes de compensar isso em outras ocasiões, quando a demanda de serviço é pesada. (Observe que a demanda nunca é perdida para sempre, pois se presume que espere pacientemente na fila.) Isso faz que os servidores fiquem irremediavelmente em atraso, se $\lambda \ge s\mu$.

As fórmulas que descrevem as características de operação do modelo M/M/s são apresentadas na Figura 13.6. Embora essas fórmulas possam parecer um pouco assustadoras, são fáceis de utilizar quando implementadas em um modelo de planilha.

13.6.1 UM EXEMPLO

O exemplo seguinte ilustra como o modelo M/M/s pode ser utilizado.

> A linha de atendimento ao cliente da Bitway Computers é atualmente composta por um único técnico. As chamadas chegam aleatoriamente a uma taxa de cinco por hora e seguem uma distribuição de Poisson. O técnico pode atender chamadas à taxa média de sete por hora, mas o tempo real necessário para lidar com determinada chamada é uma variável exponencial aleatória. O presidente da Bitway, Rod Taylor, tem recebido inúmeras reclamações de clientes sobre a duração do tempo que eles devem ficar "em espera" para o serviço ao ligar para a linha de atendimento. Rod quer determinar a duração média de tempo que os clientes realmente esperam antes de o técnico responder às suas chamadas. Se o tempo médio de espera é maior que cinco minutos, ele quer determinar quantos técnicos seriam necessários para reduzir o tempo médio de espera para dois minutos ou menos.

13.6.2 A SITUAÇÃO ATUAL

Como apenas um técnico (ou servidor) atualmente opera a linha de atendimento ao cliente da Bitway, podemos calcular as características de operação para a linha de atendimento utilizando o modelo de fila M/M/1. A Figura 13.7 ilustra os resultados desse modelo para a atual configuração da Bitway.

As células E2, E3 e E4 contêm os valores de taxa de chegada, taxa de serviço e o número de servidores no nosso problema exemplo, respectivamente. As várias características de operação desse modelo são calculadas automaticamente na coluna F.

FIGURA 13.7 *Resultados do modelo M/M/1 para o modelo de atendimento ao cliente da Bitway.*

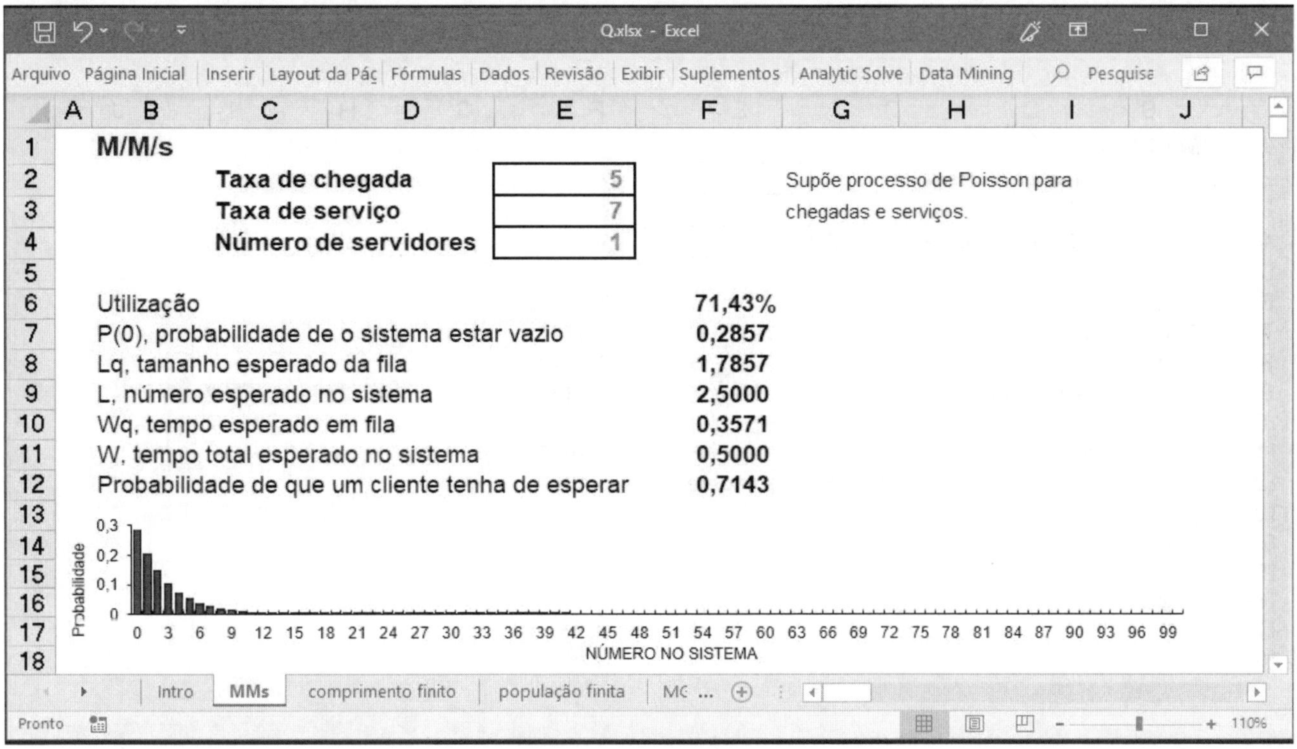

O valor na célula F12 indica que há uma probabilidade de 0,7143 de que uma chamada para a linha de atendimento ao cliente da Bitway deva ficar em espera antes de receber o serviço do técnico. O valor na célula F10 indica que o tempo médio dessa espera é 0,3571 hora (ou cerca de 21,42 minutos). O valor na célula F11 indica que, em média, uma chamada permanece 0,5 hora (ou 30 minutos) no sistema esperando pelo serviço e sendo atendido na configuração atual da linha de atendimento da Bitway. Assim, parece que as reclamações do cliente para o presidente da Bitway são justificáveis.

13.6.3 ADICIONANDO UM SERVIDOR

Para melhorar o nível de serviço na linha de atendimento, a Bitway poderia investigar como as características de operação do sistema mudariam se dois técnicos fossem designados para atender as chamadas. Isto é, as chamadas recebidas podem ser tratadas por um dos dois técnicos igualmente capazes. Podemos calcular as características de operação para essa configuração utilizando um modelo de filas M/M/2, como mostrado na Figura 13.8.

O valor na célula F12 indica que, com dois servidores, a probabilidade de que uma chamada deva esperar antes de receber o serviço cai significativamente de 0,7143 para 0,1880. Da mesma forma, a célula F10 indica que a quantidade média de tempo que uma chamada deva esperar antes de o serviço começar cai para 0,0209 hora (ou aproximadamente 1,25 minuto). Assim, parece que a adição de um segundo técnico à linha de atendimento ao cliente atingiria o objetivo de tempo de espera médio de dois minutos que Rod deseja.

Embora a adição de um segundo servidor reduza consideravelmente o tempo médio que as chamadas ficam esperando o serviço começar, não reduz a expectativa de *tempo de serviço*. Para o modelo M/M/1 na Figura 13.7, que inclui apenas um servidor, a expectativa de tempo total no sistema é de 0,5 hora e a expectativa de tempo de espera na fila é de 0,3571 hora. Isto implica que a expectativa de tempo de serviço é de 0,5 – 0,3571 = 0,1429 hora. Para o modelo M/M/2 na Figura 13.8, que inclui dois servidores, a expectativa de tempo total no sistema é de 0,1637 hora, e a expectativa de tempo de espera na fila é de 0,0209 hora. Isto implica uma expectativa de tempo de serviço de 0,1637 – 0,0209 = 0,1429 hora (permitindo um ligeiro erro de arredondamento). O modelo M/M/2 assume que ambos os servidores podem fornecer o serviço com a mesma taxa – nesse caso, uma média de sete chamadas por hora. Portanto, o tempo médio de serviço por chamada deve ser de 1/7 = 0,1429 hora, o que é consistente com os resultados observados.

FIGURA 13.8 *Resultados do modelo M/M/2 para a linha de atendimento ao cliente da Bitway.*

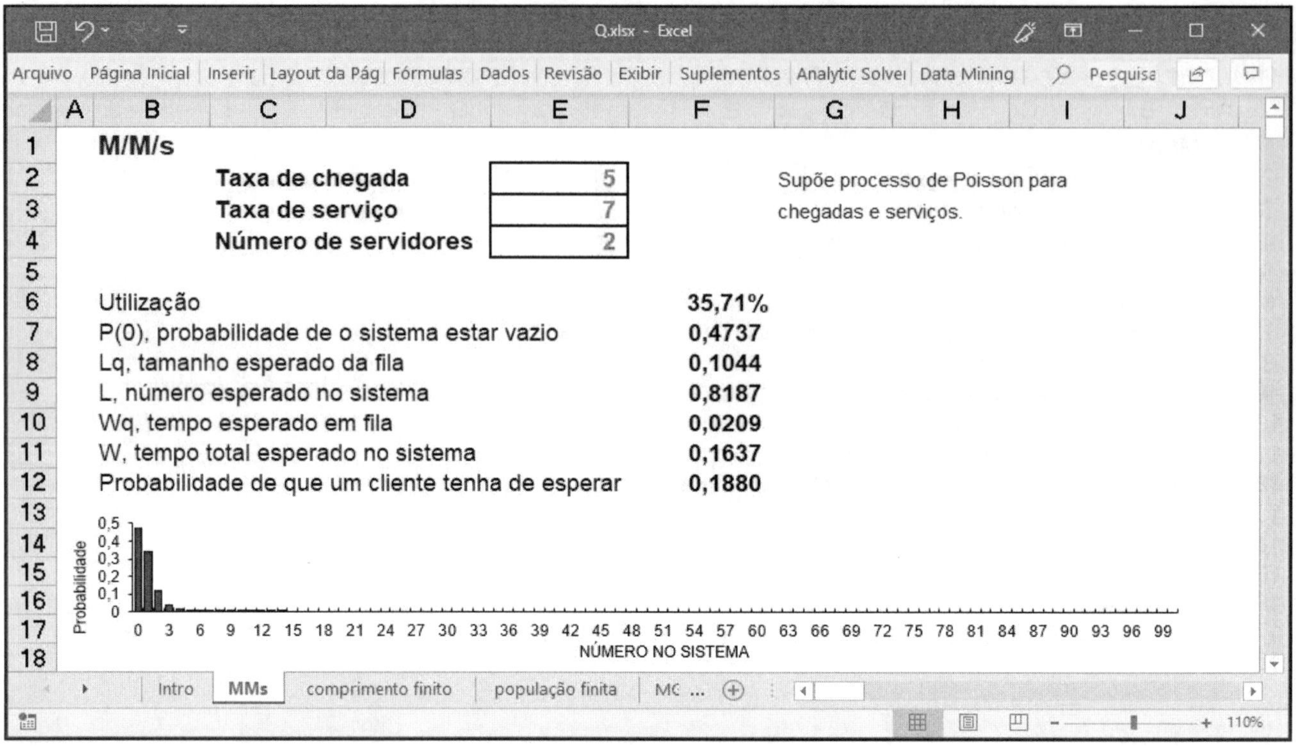

13.6.4 ANÁLISE ECONÔMICA

A Bitway, sem dúvida, vai incorrer em alguns custos adicionais em passar de um para dois técnicos de suporte ao cliente. Isso pode incluir o custo de salário e benefícios para o técnico adicional e, talvez, uma linha telefônica adicional. No entanto, o nível de serviço melhorado fornecido pelo sistema com dois servidores deve reduzir o número de reclamações dos clientes e, talvez, levar a uma publicidade boca a boca favorável e aumento do negócio para a empresa. Rod poderia tentar quantificar esses benefícios e compará-los com o custo da adição de um técnico de suporte ao cliente. Alternativamente, Rod pode simplesmente ver a adição do técnico de suporte ao cliente como uma necessidade competitiva.

13.7 O modelo M/M/s com comprimento de fila finito

Os resultados para os modelos M/M/s nas Figuras 13.7 e 13.8 assumem que o tamanho ou a capacidade da área de espera é infinita, de modo que todas as chegadas ao sistema entram na fila e esperam pelo serviço. Em algumas situações, no entanto, o tamanho e a capacidade da área de espera podem ser restritas – em outras palavras, pode haver um comprimento de fila finito. As fórmulas que descrevem as características de operação de uma fila M/M/s com um comprimento de fila finito de *K* estão resumidas na Figura 13.9.

Para ver como esse modelo de filas pode ser usado, suponha que o sistema de telefone da Bitway pode manter um máximo de cinco chamadas em espera em qualquer ponto no tempo. Se uma nova chamada é feita para a linha de atendimento quando cinco chamadas já estão na fila, a nova chamada recebe um sinal de ocupado. Uma maneira de reduzir o número de chamadas que encontram sinais de ocupado é aumentar o número de chamadas que podem ser colocadas em espera. No entanto, se uma chamada é atendida apenas para ser colocada em espera por um longo tempo, o interlocutor pode achar mais irritante do que receber um sinal de ocupado. Assim, Rod pode querer investigar qual efeito de adicionar um segundo técnico para atender as chamadas da linha de atendimento teria sobre o número de chamadas que recebem sinal de ocupado e o tempo médio que as chamadas devem esperar antes de receber o serviço.

13.7.1 A SITUAÇÃO ATUAL

Porque apenas um técnico (ou servidor) atualmente faz parte da equipe da linha de atendimento ao cliente da Bitway, podemos calcular as características operacionais atuais para a linha de atendimento, utilizando um modelo

$$U = (L - L_q)/s$$

$$P_0 = \left(1 + \sum_{n=1}^{s} \frac{(\lambda/\mu)^n}{n!} + \frac{(\lambda/\mu)^s}{s!} \sum_{n=s+1}^{K} \left(\frac{\lambda}{s\mu}\right)^{n-s}\right)^{-1}$$

$$P_n = \frac{(\lambda/\mu)^n}{n!} P_0, \text{ para } n = 1, 2, \ldots, s$$

$$P_n = \frac{(\lambda/\mu)^n}{s!s^{n-s}} P_0, \text{ para } n = s+1, s+2, \ldots, K+s$$

$$P_n = 0, \text{ para } n > K + s$$

$$L_q = \frac{P_0(\lambda/\mu)^s \rho}{s!(1-\rho)^2}(1 - \rho^{K-s} - (K-s)\rho^{K-s}(1-\rho)), \text{ em que } \rho = \lambda/(s\mu)$$

$$L = \sum_{n=0}^{s-1} nP_n + L_q + s\left(1 - \sum_{n=0}^{s-1} P_n\right)$$

$$W_q = \frac{L_q}{\lambda(1 - P_K)}$$

$$W = \frac{L}{\lambda(1 - P_K)}$$

FIGURA 13.9 *Fórmulas que descrevem as características de operação de uma fila M/M/s com um comprimento de fila finito de K.*

FIGURA 13.10 *Resultados do modelo M/M/1 com um comprimento de fila finito de cinco para a linha de atendimento ao cliente da Bitway.*

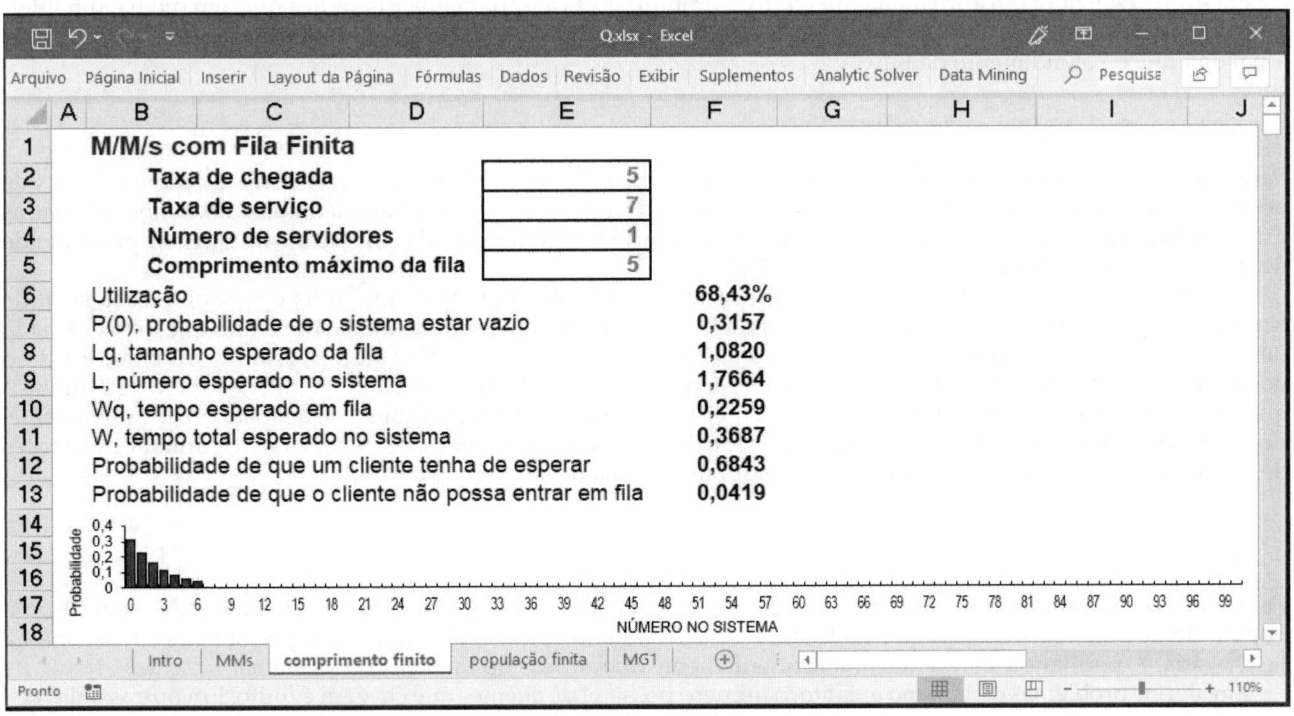

de filas M/M/1 com um comprimento de fila finito de 5. A Figura 13.10 mostra os resultados desse modelo para a atual configuração da Bitway.

As células E2, E3 e E4 contêm os valores para a taxa de chegada, taxa de serviço e o número de servidores no nosso problema de exemplo, respectivamente. A célula E5 contém o comprimento máximo de fila de cinco.

FIGURA 13.11 *Resultados do modelo M/M/2 com um comprimento de fila finito de cinco para a linha de atendimento ao cliente da Bitway.*

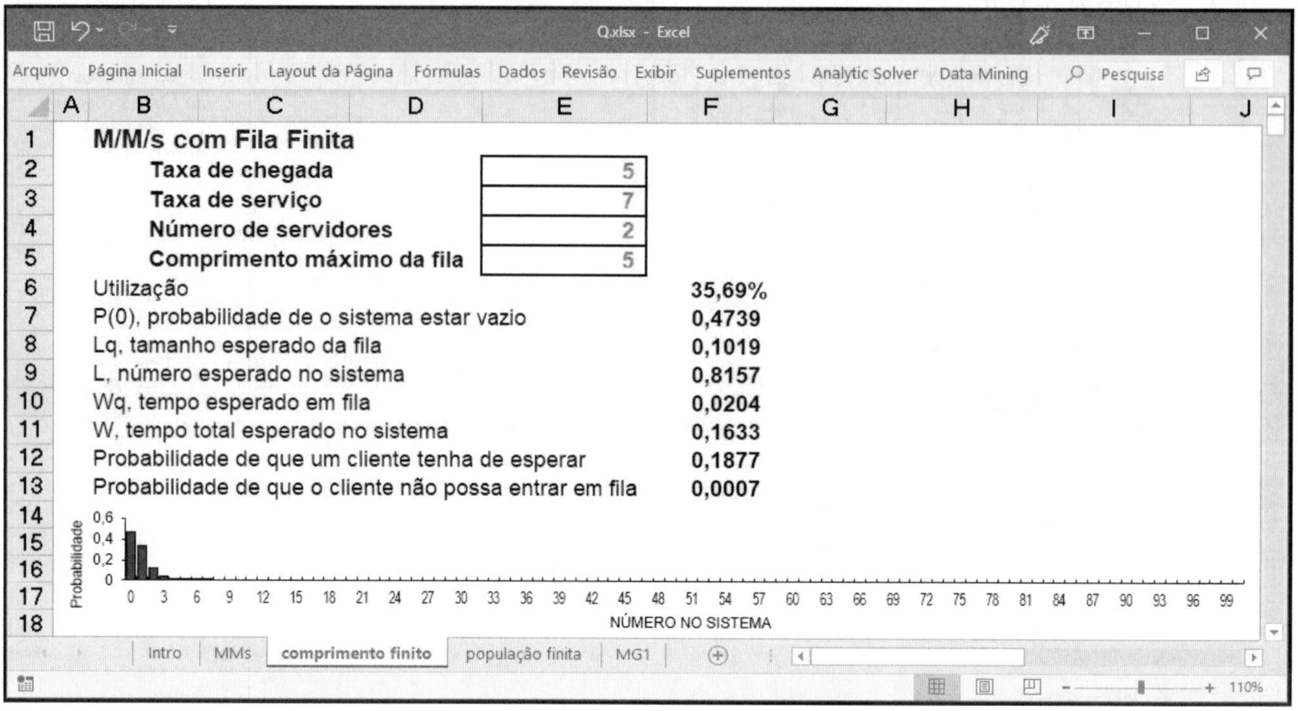

O valor na célula F13 indica que há uma probabilidade de 0,0419 de uma chamada para a linha de atendimento ao cliente da Bitway ser refugada (ou, nesse caso, receber um sinal de ocupado). Um refugo refere-se a uma chegada que não entra na fila, porque a fila está cheia ou muito longa. O valor na célula F10 indica que o tempo médio dessa espera é de 0,2259 hora (ou aproximadamente 13,55 minutos). O valor na célula F11 indica que, em média, um interlocutor gasta um total de 0,3687 hora (ou 22,12 minutos) esperando pelo serviço ou sendo atendido na configuração atual da linha de atendimento da Bitway.

13.7.2 ADICIONANDO UM SERVIDOR

Para melhorar o nível de serviço na linha de atendimento, a Bitway poderia investigar como as características de operação do sistema mudariam se dois técnicos fossem designados para atender chamadas. Podemos calcular as características de operação para essa configuração, utilizando o modelo de filas M/M/2 com um comprimento de fila finito de cinco, como mostrado na Figura 13.11.

O valor na célula F13 indica que, com dois servidores, a probabilidade de que uma chamada receba sinal de ocupado cai para 0,0007. Da mesma forma, a célula F10 indica que a quantidade média de tempo que uma chamada deve esperar antes de o serviço começar cai para 0,0204 hora (ou cerca de 1,22 minuto). Assim, parece que a adição de um segundo técnico à linha de atendimento ao cliente atingiria o objetivo de tempo médio de espera de 2 minutos que Rod deseja e praticamente eliminaria qualquer chance de um cliente receber sinal de ocupado. Aqui, novamente, Rod deve considerar os custos de adicionar o suporte técnico adicional contra os benefícios de eliminar as chances de os clientes receberem sinal de ocupado ao ligar para a linha de suporte ao cliente.

13.8 O modelo M/M/s com população finita

Os modelos de filas anteriores assumem que os clientes (ou chamadas) que chegam ao sistema de filas vêm de uma população de potenciais clientes que é infinita, ou extremamente grande. Partindo desse pressuposto, a taxa média de chegada, λ, permanece constante, independentemente do número de chamadas do sistema.

Em alguns problemas de filas, no entanto, o número possível de clientes que chegam é finito. Em outras palavras, esses modelos de filas têm uma população de chegadas (ou chamadas) finita. Em tal modelo, a taxa média de chegada para o sistema muda dependendo do número de clientes na fila. O modelo M/M/s com população de chegada finita é apropriado para analisar os problemas de filas em que as seguintes suposições são atendidas:

- Há s servidores, em que s é um inteiro positivo.
- Há N clientes potenciais na população de chegada.

$$P_0 = \left(\sum_{n=0}^{s-1} \frac{N!}{(N-n)!n!} \left(\frac{\lambda}{\mu}\right)^n + \sum_{n=s}^{N} \frac{N!}{(N-n)!s!s^{n-s}} \left(\frac{\lambda}{\mu}\right)^n \right)^{-1}$$

$$P_n = \frac{N!}{(N-n)!n!} \left(\frac{\lambda}{\mu}\right)^n P_0, \text{ se } 0 \le n \le s$$

$$P_n = \frac{N!}{(N-n)!s!s^{n-s}} \left(\frac{\lambda}{\mu}\right)^n P_0, \text{ se } s < n \le N$$

$$P_n = 0, \text{ se } n > N$$

$$L_q = \sum_{n=s}^{N} (n-s)P_n$$

$$L = \sum_{n=0}^{s-1} nP_n + L_q + s\left(1 - \sum_{n=0}^{s-1} P_n\right)$$

$$W_q = \frac{L_q}{\lambda(N-L)}$$

$$W = \frac{L}{\lambda(N-L)}$$

FIGURA 13.12
Fórmulas que descrevem as características de operação de uma fila M/M/s com uma população de chegada finita de tamanho N.

- O padrão de chegada de *cada cliente* segue uma distribuição de Poisson à taxa média de chegada de λ por período de tempo.
- Cada servidor fornece serviços à taxa média de μ por período de tempo e os tempos de serviço reais seguem uma distribuição exponencial.
- Chegadas esperam uma fila FIFO única e são atendidas pelo primeiro servidor disponível.

Observe que a taxa média de chegada para esse modelo (λ) é definida em termos da taxa em que *cada cliente* chega. As fórmulas que descrevem as características de operação para uma fila M/M/s com população de chegada finita de tamanho N estão resumidas na Figura 13.12.

13.8.1 UM EXEMPLO

Uma das aplicações mais comuns para o modelo M/M/s com população de chegada finita é o problema de reparo de máquinas, conforme ilustrado no exemplo a seguir.

> A Miller Manufacturing Company possui 10 máquinas idênticas que utiliza na produção de fio de náilon colorido para a indústria têxtil. As quebras das máquinas ocorrem segundo uma distribuição de Poisson com uma média de 0,01 quebra por hora de operação por máquina. A empresa perde $ 100 cada hora que uma máquina está inoperante. A empresa emprega um técnico para consertar essas máquinas quando quebram. Os tempos de serviço para consertar as máquinas são exponencialmente distribuídos com média de 8 horas por conserto. Assim, o serviço é realizado à taxa de 1/8 máquinas por hora. A gestão quer analisar o impacto que a adição de outro técnico de serviço teria sobre a duração média de tempo necessária para consertar uma máquina quando quebra. Os técnicos de serviço recebem $ 20 por hora.

13.8.2 A SITUAÇÃO ATUAL

As 10 máquinas nesse problema representam um conjunto finito de objetos que podem quebrar. Portanto, o modelo M/M/s com população de chamada finita é de utilização adequada para analisar esse problema. As características atuais de operação para o problema de reparo da máquina da Miller Manufacturing estão resumidas na Figura 13.13.

Porque as máquinas individuais quebram à taxa de 0,01 por hora, essa é a taxa em que as máquinas individuais "chegam" para o conserto. Assim, a célula E2 contém o valor de 0,01 para representar a taxa de chegada por cliente (máquina). O técnico pode consertar as máquinas quebradas à taxa média de 1/8 = 0,125 máquina por hora, conforme

FIGURA 13.13 *Resultados de um modelo M/M/1 com uma população finita de 10 máquinas para o problema de reparo de máquinas da Miller Manufacturing.*

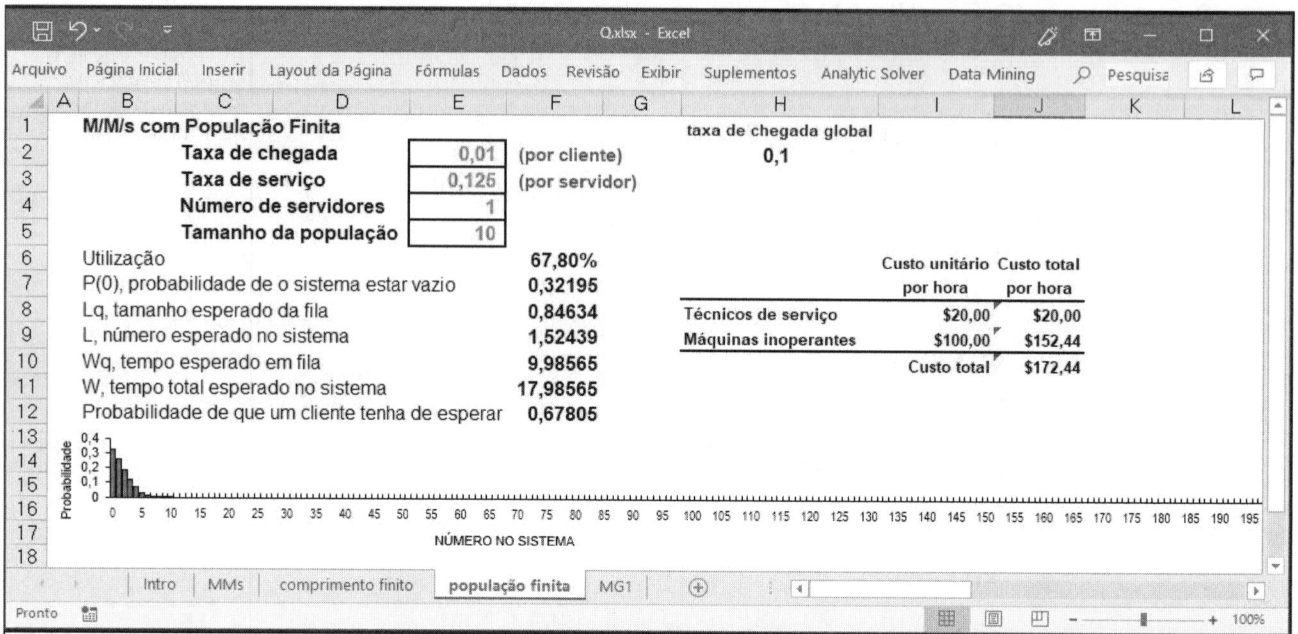

Fórmulas das principais células

Célula	Fórmula	Copiado para
J8	=I8*E4	–
J9	=F9*I9	–
J10	=SOMA(J8:J9)	–

indicado na célula E3. O número de servidores (ou técnicos) é mostrado na célula E4. Porque existem 10 máquinas que podem quebrar, a célula E5 contém o tamanho de população de 10. A planilha calcula a taxa de chegada total mostrada na célula H2. Porque existem 10 máquinas, cada uma com probabilidade de 0,01 de quebrar a cada hora, a taxa geral de chegada de máquinas quebradas é de 10 x 0,01 = 0,1, como indicado na célula H2.

As características de operação desse sistema são calculadas nas células F6 a F12. De acordo com a célula F11, sempre que uma máquina quebra, está fora de operação em média 17,98 horas. Desse tempo total de paralisação, a célula F10 indica que a máquina espera cerca de 10 horas para o serviço começar. A célula F9 indica que aproximadamente 1,524 máquinas estão fora de operação em qualquer ponto no tempo.

Utilizamos as colunas H a J da planilha para calcular as consequências econômicas da situação atual. Há um servidor (ou técnico de serviço) nesse problema que recebe $ 20 por hora. De acordo com a célula F9, uma média de aproximadamente 1,524 máquina está quebrada em qualquer hora dada. Como a empresa perde $ 100 cada hora que uma máquina está inoperante, a célula J9 indica que a empresa está atualmente perdendo cerca de $ 152,44 por hora devido ao tempo de paralisação de máquinas. Assim, com um único técnico de serviço, a empresa está incorrendo custos a uma taxa de $ 172,44 por hora.

Nota sobre o software

O arquivo Q.xlsx vem "protegido" de modo que você não vai escrever sobre as células que contêm fórmulas importantes nesse modelo ou excluí-las inadvertidamente. Às vezes, você pode querer desativar essa proteção em uma planilha para que possa fazer seus próprios cálculos por fora ou formatar os seus resultados (como mostrado na Figura 13.13). Para isso, siga estes passos:

1. Clique em Revisão.
2. Clique em Desproteger Planilha.

Se você desproteger uma planilha, deve ter cuidado especial para não alterar nenhuma das suas fórmulas.

13.8.3 ADICIONANDO SERVIDORES

A Figura 13.14 mostra a operação esperada desse sistema se a Miller Manufacturing adiciona outro técnico de serviço. A célula F10 indica que, quando uma máquina quebra, o conserto inicia, em média, em apenas 0,82 hora (ou cerca de 49 minutos), em comparação com o tempo de espera de 10 horas com somente um único técnico. Do mesmo modo, a célula F9 indica que, com dois técnicos, uma média de apenas 0,81 máquina está fora de operação em qualquer ponto no tempo. Assim, ao adicionar outro técnico de manutenção, a Miller Manufacturing pode manter aproximadamente uma máquina a mais em operação em todos os momentos. Enquanto o técnico de serviço adicional aumenta o custo horário total para $ 40, a diminuição no número médio de máquinas no sistema economiza $ 71,32 por hora para a empresa (ou seja, 152,44 – 81,12 = 71,32). O efeito líquido é uma economia de $ 51,32, pois o custo horário total na célula J10 cai para $ 121,12.

A Figura 13.15 mostra os resultados da adição de um terceiro técnico de serviço para esse problema. Observe que tem o efeito de aumentar os custos de trabalho em $ 20 por hora sobre a solução mostrada na Figura 13.14, reduzindo

FIGURA 13.14 *Resultados de um modelo M/M/2 com população finita de 10 máquinas para o problema de reparo de máquinas da Miller Manufacturing.*

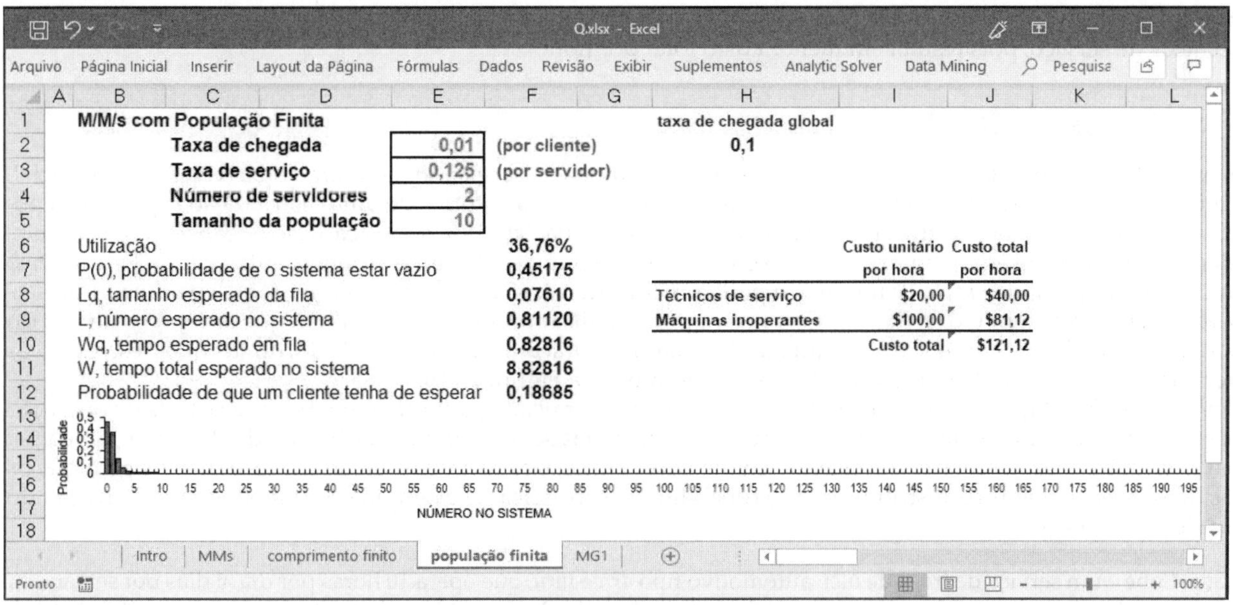

FIGURA 13.15 *Resultados de um modelo M/M/3 com população finita de 10 máquinas para o problema de reparo de máquinas da Miller Manufacturing.*

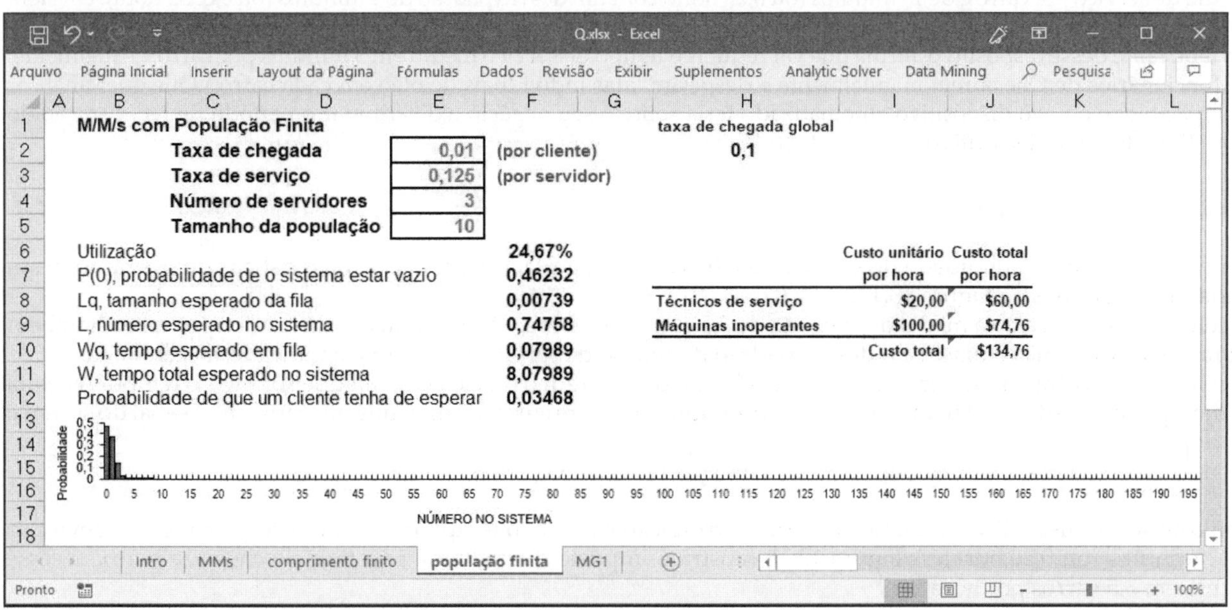

FIGURA 13.16
Fórmulas que descrevem as características de operação de uma fila M/G/1.

$$P_0 = 1 - \lambda/\mu$$

$$L_q = \frac{\lambda^2\sigma^2 + (\lambda/\mu)^2}{2(1 - \lambda/\mu)}$$

$$L = L_q + \lambda/\mu$$

$$W_q = L_q/\lambda$$

$$W = W_q + 1/\mu$$

$$P_w = \lambda/\mu$$

as perdas por causa das máquinas ociosas em apenas $ 6,36. Então, se passarmos de dois para três técnicos de serviço, o custo total por hora aumenta de $ 121,12 para $ 134,76. Assim, a melhor solução é a Miller Manufacturing empregar dois técnicos de serviço, pois resulta em menor custo total por hora.

13.9 O modelo M/G/1

Todos os modelos apresentados até agora supõem que os tempos de serviço seguem uma distribuição exponencial. Como observado anteriormente na Figura 13.4, os tempos de serviço aleatórios de uma distribuição exponencial podem assumir *qualquer* valor positivo. No entanto, em algumas situações, essa suposição não é realista. Por exemplo, considere o tempo necessário para trocar o óleo em um carro em um centro de assistência automotivo. Esse serviço provavelmente requer *pelo menos* 10 minutos e pode precisar de 30, 45 ou mesmo 60 minutos, dependendo do serviço a ser executado. O modelo de filas M/G/1 nos permite analisar problemas de filas em que os tempos de serviço não podem ser modelados com acurácia utilizando uma distribuição exponencial. As fórmulas que descrevem as características de operação de uma fila M/G/1 são resumidas na Figura 13.16.

O modelo de filas M/G/1 é bastante notável, porque pode ser usado para calcular as características de operação de *qualquer* sistema de filas com um servidor em que as chegadas seguem uma distribuição de Poisson e a média μ e o desvio padrão σ dos tempos de serviço são conhecidos. Ou seja, as fórmulas na Figura 13.16 não exigem que os tempos de serviço sigam uma distribuição de probabilidade específica. O exemplo seguinte ilustra a utilização do modelo de fila M/G/1.

> Zippy-Lube é um serviço de troca de óleo automotivo tipo *drive-thru*, que opera 10 horas por dia, 6 dias por semana. A margem de lucro em uma troca de óleo na Zippy-Lube é de $ 15. Os carros chegam aleatoriamente no centro de troca de óleo da Zippy-Lube seguindo uma distribuição de Poisson à taxa média de 3,5 carros por hora. Depois de analisar os dados históricos sobre as operações nesse negócio, o proprietário da Zippy-Lube, Olie Boe, determinou que o tempo médio de serviço por carro é de 15 minutos (ou 0,25 hora) com um desvio padrão de 2 minutos (ou 0,0333 hora). Olie tem a oportunidade de comprar um novo dispositivo automatizado de colocação de óleo que custa $ 5.000. O representante do fabricante desse dispositivo afirma que vai reduzir o tempo de serviço médio em 3 minutos por carro. (Atualmente, os funcionários de Olie abrem manualmente e despejam latas individuais de óleo em cada carro.) Olie quer analisar o impacto que o novo dispositivo automatizado teria sobre o seu negócio e determinar o período de recuperação do investimento nesse dispositivo.

13.9.1 A SITUAÇÃO ATUAL

Podemos modelar a atual unidade de serviço de Olie como uma fila M/G/1. As características de operação dessa unidade são mostradas na Figura 13.17.

A célula E3 contém a taxa média de chegada de 3,5 carros por hora. O tempo médio de serviço por carro (também em horas) é indicado na célula E4 e o desvio padrão do tempo de serviço (em horas) é indicado na célula E5.

A célula F11 mostra que, em média, cerca de 3,12 carros esperam o serviço em qualquer ponto no tempo. A célula F14 indica que, em média, 1,14 hora (ou cerca de 68 minutos) decorre entre o tempo que um carro chega e sai do sistema.

13.9.2 ADICIONANDO O DISPOSITIVO DE DISTRIBUIÇÃO AUTOMATIZADO

Se Olie comprar o dispositivo automatizado de distribuição de óleo, o tempo médio de serviço por carro deve cair para 12 minutos (ou 0,20 hora). A Figura 13.18 mostra o impacto que haveria se a taxa de chegada permanecesse constante em 3,5 carros por hora.

FIGURA 13.17 *Resultados de um modelo M/G/1 para o problema original da Zippy-Lube.*

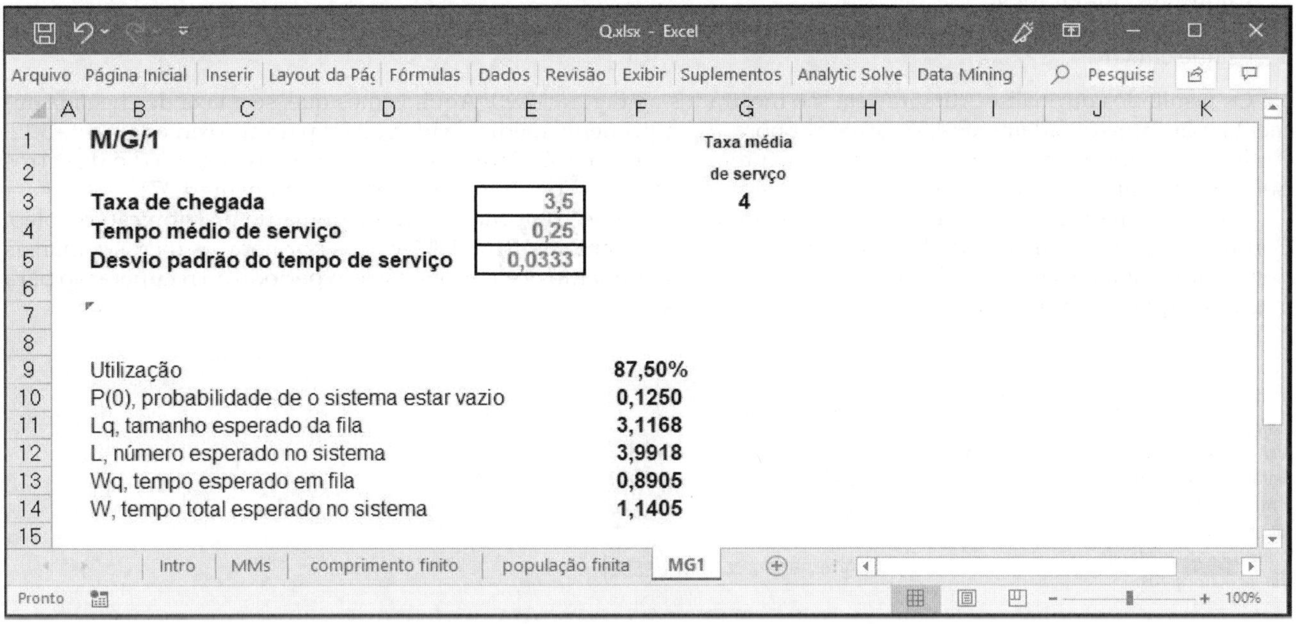

FIGURA 13.18 *Resultados de um modelo M/G/1 para o problema da Zippy-Lube após a compra do dispositivo automático de distribuição de óleo.*

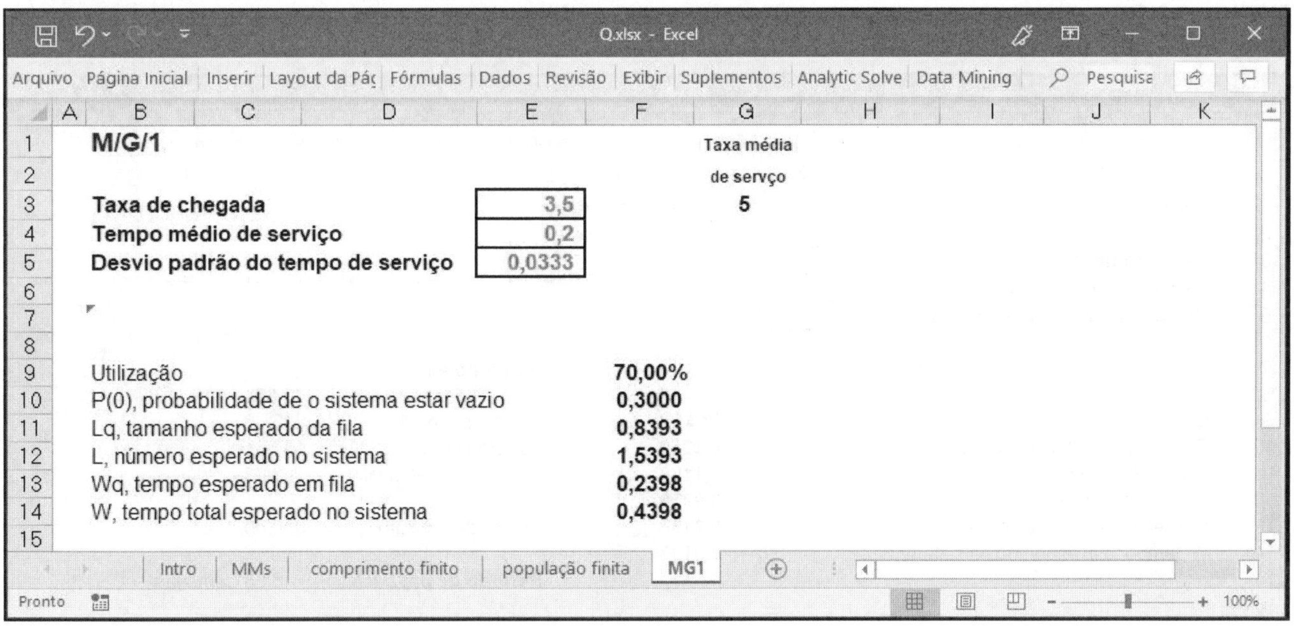

O valor na célula F14 indica que o dispositivo automatizado de distribuição de óleo reduz a quantidade de tempo que um carro permanece no sistema de 1,14 hora para 0,4398 hora (ou cerca de 26 minutos). A célula F11 indica que a fila de espera na frente do *box* de serviço é constituída por apenas 0,8393 carro, em média. Assim, a adição de um novo dispositivo de distribuição de óleo vai melhorar significativamente o serviço de atendimento ao cliente.

A fila mais curta na Zippy-Lube resultante da aquisição do dispositivo automatizado de distribuição provavelmente resultaria em um aumento na taxa de chegada porque os clientes que anteriormente se frustravam quando confrontados com uma fila muito longa podem agora considerar parar para o serviço. Assim, Olie talvez possa estar interessado em determinar o quanto a taxa de chegada pode aumentar antes que o comprimento médio da fila volte ao seu nível original de cerca de 3,12 carros mostrado na Figura 13.17. Podemos utilizar a ferramenta Atingir Meta para responder essa questão, seguindo estas etapas:

1. Clique em Dados, Teste de Hipóteses.
2. Clique em Atingir Meta.
3. Preencha a caixa de diálogo Atingir Meta como mostrado na Figura 13.19.
4. Clique em OK.

Os resultados da análise Atingir Meta são mostrados na Figura 13.20. Aqui, vemos que, se a taxa de chegada aumentar para aproximadamente 4,37 carros por hora, o comprimento médio da fila voltará para aproximadamente 3,12. Assim, ao comprar a máquina de distribuição automática de óleo, é razoável esperar que o número médio de carros que chegam para o serviço na Zippy-Lube possa aumentar de 3,5 por hora para aproximadamente 4,371.

A coluna I na Figura 13.20 resume o impacto financeiro de comprar a nova máquina de distribuição de óleo. Porque se espera que a taxa de chegada aumente aproximadamente para 0,871 carros por hora, os lucros semanais devem aumentar em cerca de $ 783,63 por semana. Se esse aumento nos lucros ocorre, o período de recuperação para a nova máquina será de aproximadamente 6,38 semanas.

FIGURA 13.19 *Configurações da ferramenta Atingir Meta para determinar a taxa de chegada que produz um comprimento médio da fila de 3,12 carros.*

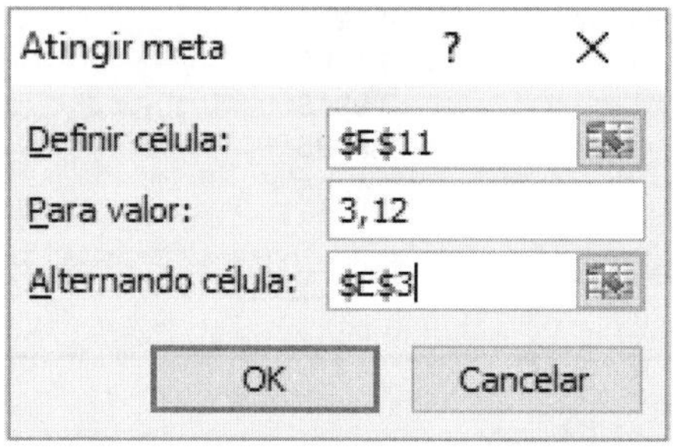

FIGURA 13.20 *Resultados de um modelo M/G/1 para o problema da Zippy-Lube após comprar o dispositivo automático de distribuição de óleo e assumir que a taxa de chegada vai aumentar.*

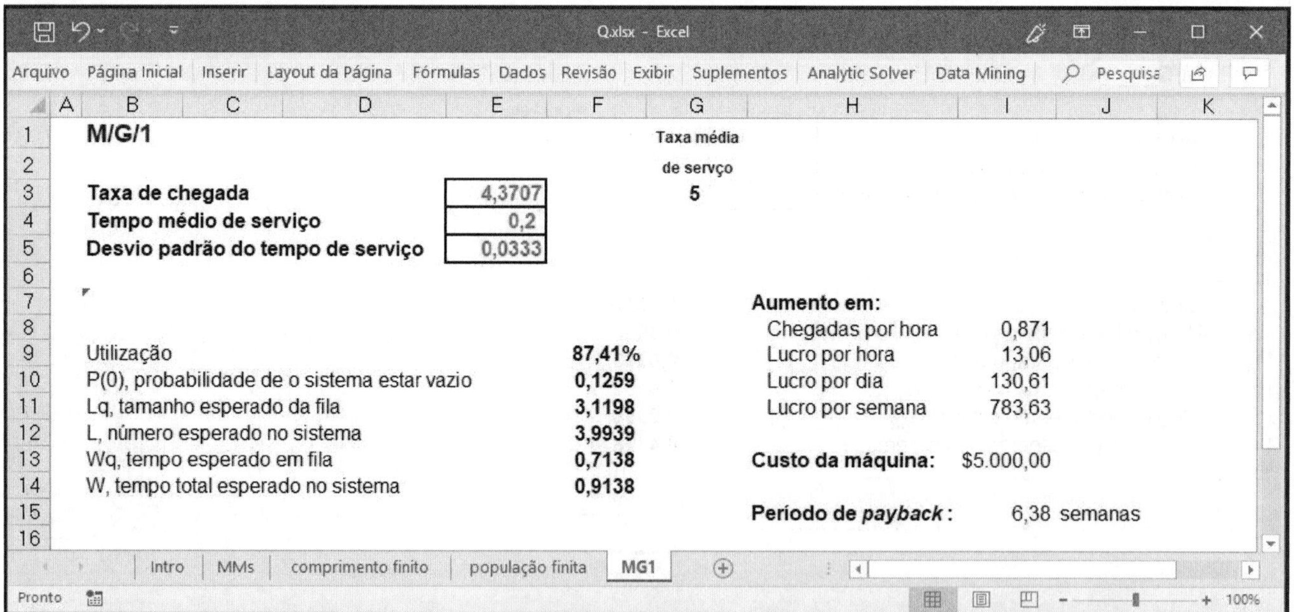

Fórmulas das principais células		
Célula	**Fórmula**	**Copiado para**
I8	=E3–3,5	–
I9	=I8*15	–
I10	=I9*10	–
I11	=I10*6	–
I13	=5000	–
I15	=I13/I11	–

13.10 O modelo M/D/1

O modelo M/G/1 pode ser usado quando os tempos de serviço são aleatórios com média e desvio padrão conhecidos. No entanto, os tempos de serviço podem não ser aleatórios em alguns sistemas de filas. Por exemplo, em um ambiente de produção, não é incomum ter uma fila de material ou submontagens esperando a próxima operação realizada neles por determinada máquina. O tempo de máquina necessário para realizar o serviço pode ser muito previsível – tais como exatamente 10 segundos de tempo de máquina por peça. Da mesma forma, um serviço de lavagem automática de carros pode usar exatamente a mesma quantidade de tempo em cada carro. O modelo M/D/1 pode ser usado nesses tipos de situações em que os tempos de serviço são determinísticos (não aleatórios).

Os resultados de um modelo M/D/1 podem ser obtidos utilizando o modelo M/G/1 configurando o desvio padrão do tempo de serviço para 0 ($\sigma = 0$). Definir $\sigma = 0$ indica que não existe variabilidade nos tempos de serviço e, portanto, o tempo de serviço para cada unidade é igual ao tempo médio de serviço μ.

13.11 Simulando filas e a suposição de estado estacionário

A teoria das filas é uma das áreas de *business analytics* mais antigas e mais bem pesquisadas. As discussões de outros tipos de modelos de filas podem ser encontradas em textos avançados dedicados exclusivamente a teoria das filas. No entanto, tenha em mente que a técnica de simulação também pode ser usada para analisar praticamente qualquer problema de filas que você possa encontrar. Na verdade, nem todos os modelos de filas têm equações de forma fechada para descrever as suas características de operação. Assim, a simulação é muitas vezes o único meio disponível para analisar sistemas de filas complexos, em que os clientes **refugam** (não participam da fila na chegada), **desistem** (saem da fila antes de ser atendidos) ou **mudam de posição** (passam de uma fila para outra).

As fórmulas utilizadas neste capítulo descrevem as operações em *estado estacionário* dos vários sistemas de filas apresentados. No início de cada dia, a maioria dos sistemas de filas começa em uma condição de "vazia e ociosa" e passa por um período **transiente** conforme a atividade empresarial aumenta gradualmente até atingir o nível de operação normal, ou **estado estacionário**. Os modelos de filas apresentados descrevem apenas o comportamento do sistema em seu estado estacionário. Um sistema de filas pode ter diferentes estados estacionários em diferentes momentos ao longo do dia. Por exemplo, um restaurante pode ter um estado estacionário para o café da manhã, e diferentes estados estacionários no almoço e no jantar. Portanto, antes de utilizar os modelos deste capítulo, é importante identificar a taxa de chegada e a taxa de serviço para o estado estacionário específico que você quer estudar. Se uma análise da fase transiente é necessária ou se você deseja modelar a operação do sistema em diferentes estados estacionários, deve utilizar a simulação.

A Figura 13.21 (e o arquivo Fig13-21.xlsm, disponível na página deste livro no site da editora) contém um modelo de planilha que simula a operação de uma fila com um único servidor (M/M/1) e esboça vários gráficos associados

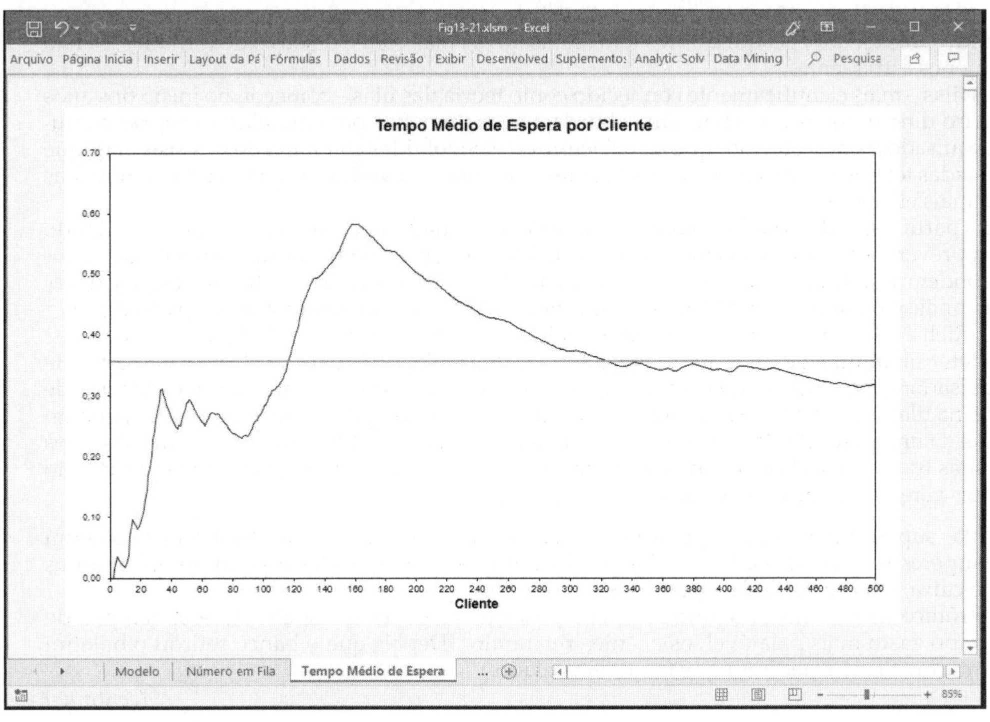

FIGURA 13.21
Gráfico do tempo médio de espera na simulação de um sistema de filas de único servidor.

com diferentes características de operação do sistema. (Se você abrir esse arquivo, o seu gráfico pode não coincidir com o da Figura 13.21, porque os números aleatórios utilizados na simulação vão mudar.) O gráfico na Figura 13.21 mostra o tempo médio de espera por cliente (W_q) para 500 clientes. A linha horizontal indica o valor do estado estacionário de W_q. Observe que várias centenas de clientes são processadas no sistema nesse período transitório antes de o tempo médio de espera observado começar a convergir para o seu valor em estado estacionário.

13.12 Resumo

Filas de espera são uma ocorrência comum em muitos tipos de negócios. O estudo das características de operação de filas de espera é conhecido como teoria das filas. Vários modelos matemáticos estão disponíveis para representar e estudar o comportamento de diferentes tipos de filas. Esses modelos têm diferentes pressupostos sobre a natureza do processo de chegada ao sistema de filas, o tamanho permitido e a natureza da disciplina da fila e o processo de serviço dentro do sistema. Para muitos modelos, equações em forma fechada têm sido desenvolvidas para descrever várias características de operação do sistema. Quando as soluções em forma fechada não são possíveis, a técnica de simulação deve ser utilizada para analisar o comportamento do sistema.

13.13 Referências

GILLIAM, R. An Application of Queueing Theory to Airport Passenger Security Screening. *Interfaces*, v. 9, 1979.

GROSS, D.; HARRIS, C. *Fundamentals of Queueing Theory*. Nova York: Wiley, 1985.

HALL, R. *Queueing Methods for Service and Manufacturing*. Englewood Cliffs, NJ: Prentice Hall, 1991.

KOLESAR, P. A Quick and Dirty Response to the Quick and Dirty Crowd: Particularly to Jack Byrd's "The Value of Queueing Theory". *Interfaces*, v. 9, 1979.

MANN, L. Queue Culture: The Waiting Line as a Social System. *American Journal of Sociology*, v. 75, 1969.

QUINN, P. et al. Allocating Telecommunications Resources at LL Bean, Inc. *Interfaces*, v. 21, 1991.

O MUNDO DA *BUSINESS ANALYTICS*

"Observadores de espera" tentam eliminar o estresse de ficar em fila

Ficar em fila – no banco, no mercado, no cinema – é a perda de tempo que todos amam odiar. Fique apenas 15 minutos por dia em uma fila, todos os dias, e dê adeus a quatro dias de tempo ocioso no final do ano.

Enquanto temos esperado e reclamado, pesquisadores têm analisado as filas com o objetivo de torná-las, se não mais curtas, pelo menos, menos estressantes.

O campo de análise das filas – mais cientificamente conhecido como teoria das filas – começou no início dos anos 1900, quando um engenheiro dinamarquês concebeu uma abordagem matemática para auxiliar a projetar comutadores de telefone. Os pesquisadores descobriram que os princípios desenvolvidos por meio desses sistemas, que ajudaram a processar chamadas telefônicas de forma mais eficiente, poderiam ser aplicados para ajudar a mover as pessoas nas filas de forma mais eficiente.

O conceito se espalhou a partir das indústrias de comunicações e de computadores para outros campos, ajudando pesquisadores modernos a prever coisas como quanto tempo os clientes podem esperar por um almoço no restaurante ou quantos clientes podem visitar um caixa eletrônico ao meio-dia no sábado. Agora, alguns pesquisadores têm ido além de uma mera análise matemática de filas, concentrando-se também em nossas reações psicológicas.

Em um estudo recente, Richard Larson, um professor de engenharia elétrica no Instituto de Tecnologia de Massachusetts (MIT), buscou determinar qual de duas abordagens seriam mais toleráveis para os clientes do Banco de Boston. Enquanto os pesquisadores de Larson filmavam os clientes, um grupo assistiu a um boletim eletrônico de notícias enquanto esperava na fila; o outro grupo foi avisado por um relógio elétrico, antes de entrar na fila, quanto tempo duraria a espera de cada um. Cerca de 300 clientes, quase um terço das pessoas filmadas, foram entrevistados após terem terminado as suas transações. Os resultados, publicados na *Sloan Management Review*, uma publicação do MIT com circulação entre gerentes corporativos, mostrou o seguinte:

- Clientes em ambas as filas superestimam suas esperas por quase um minuto; aqueles que assistiram ao boletim eletrônico de notícias superestimaram mais. Em média, os clientes pensaram que eles esperaram 5,1 minutos para ser atendidos pelo caixa, mas na verdade esperaram 4,2 minutos.
- Assistir ao boletim eletrônico de notícias não muda as percepções dos clientes a respeito de seus tempos de espera, mas torna o tempo gasto mais palatável, os clientes relataram. (Depois que o banco retirou o boletim eletrônico de notícias, muitos clientes pediram que fosse reinstalado.)

(continua)

- O boletim eletrônico de notícias também parecia deixar os clientes menos inquietos. Sem ele, tocavam rostos e brincavam com seus cabelos. Com o boletim eletrônico de notícias em vista, eles ficavam de pé com os braços ao lado do corpo.
- Os clientes que foram avisados da extensão da fila pelo uso de um relógio eletrônico na entrada não acharam a experiência menos estressante do que aqueles que não foram avisados da expectativa de tempo de espera para grande surpresa de Larson. Também não estavam mais satisfeitos com o serviço do que o outro grupo. Mostrar o tempo de espera com um relógio eletrônico pode ser um tiro pela culatra, segundo Larson, tornando os entrevistados ainda mais conscientes do tempo desperdiçado na fila.
- Os clientes nas filas com o relógio tenderam a brincar de "vencer o relógio." Eles manifestaram o sentimento de "vitória" quando passaram menos tempo na fila do que o previsto. O relógio também pareceu fazer mais clientes refugarem fazendo que não entrassem na fila, se o atraso previsto fosse longo.
- Em ambas as filas, os clientes alteraram a sua definição de uma espera "razoável" dependendo da sua hora de chegada. Eles estavam dispostos a esperar mais tempo durante o almoço do que durante outros momentos do dia.

As recentes descobertas de Larson confirmam uma fórmula publicada em 1984 por David Maister, ex-membro do corpo docente da Harvard Business School e agora consultor de negócios. Quando se trata de filas, segundo Maister, satisfação está ligada tanto com percepção como com expectativa.

"Em nenhum lugar naquela [equação] aparece a realidade", afirmou Maister com um riso durante uma entrevista por telefone. Dando um exemplo pessoal de como a percepção influencia a reação, ele disse que esperaria "40 minutos para uma apresentação de um músico de classe mundial, mas menos de 30 segundos por um hambúrguer".

Larson, um "observador de esperas" profissional por 20 anos, coloca esse aspecto um pouco diferentemente: "Quando se trata de satisfação do cliente, percepção é realidade".

Se esses conceitos são verdadeiros, domar a agitação do cliente não significa necessariamente que uma empresa deve reforçar a sua equipe para eliminar filas, afirmam Larson e Maister. É muito mais uma questão de "gestão da percepção", dizem eles. "As pessoas nas indústrias de serviços que pensam que têm um problema de fila podem ser capazes de virtualmente apagar a insatisfação e as reclamações do cliente não alterando a estatística de espera, mas mudando o seu ambiente", declarou Larson.

Ele aponta para uma série de empresas já cortejando ativamente os que têm de esperar. Algumas empresas utilizam uma "garantia de atraso na fila", oferecendo aos clientes sobremesa grátis ou dinheiro, se a espera for superior a um período de tempo predefinido.

Larson prevê que os clientes podem esperar filas segmentadas por tipo de personalidade. As almas impacientes podem ter a opção de pagar mais para se juntar a uma fila expressa automatizada; "observadores de pessoas" podem optar pela espera, em um serviço mais barato, mais amigável e humano.

Questões e problemas

1. Considere as três configurações de filas mostradas na Figura 13.2. Para cada configuração, descreva uma situação (além dos exemplos mencionados no capítulo) em que você encontrou ou observou o mesmo tipo de sistema de filas.
2. Das configurações de filas mostradas na Figura 13.2, em qual você preferiria esperar? Explique sua resposta.
3. Este capítulo assume que os clientes acham que esperar em fila é uma experiência desagradável. Além de reduzir a duração da espera em si, quais outras medidas uma empresa poderia tomar para reduzir a frustração que os clientes experimentam enquanto esperam? Dê exemplos específicos.
4. Descreva uma situação em que uma empresa pode querer que os clientes esperem por algum tempo antes de receber o serviço.
5. No dia depois de uma tempestade de neve, carros chegam no Mel's Auto-Wash à taxa média de 10 por hora de acordo com um processo de Poisson. O processo automatizado de lavagem dos carros leva exatamente cinco minutos do início ao fim.
   a. Qual é a probabilidade de um carro que chega encontrar o lava-rápido vazio?
   b. Em média, quantos carros estão esperando o serviço?
   c. Em média, qual é a duração total de tempo (desde a chegada até a partida) que os carros vão gastar na sua lavagem?
6. O Banco Tri-Cities tem um único guichê de caixa tipo *drive-in*. Nas manhãs de sexta-feira, os clientes chegam na janela do *drive-in* aleatoriamente, seguindo uma distribuição de Poisson à taxa média de 30 por hora.
   a. Quantos clientes chegam por minuto, em média?
   b. Quantos clientes você esperaria que chegassem em um intervalo de 10 minutos?
   c. Utilize a Equação 13.1 para determinar a probabilidade de exatamente 0, 1, 2 e 3 chegadas em um intervalo de 10 minutos. (Você pode verificar as suas respostas utilizando a função DIST.POISSON( ) no Excel.)
   d. Qual é a probabilidade de mais de três chegadas ocorrem em um intervalo de 10 minutos?
7. Consulte a questão 6. Suponha que o serviço na janela do *drive-in* é fornecido a uma taxa de 40 clientes por hora e segue uma distribuição exponencial.
   a. Qual é a expectativa de tempo de serviço por cliente?
   b. Utilize a Equação 13.2 para determinar a probabilidade de que o tempo de serviço de um cliente seja de 1 minuto ou menos. (Verifique a sua resposta utilizando a função DIST.EXPON( ) no Excel.)

c. Calcule as probabilidades de que o tempo de serviço de um cliente esteja entre 2 e 5 minutos; seja menor do que 4 minutos; seja maior do que 3 minutos.

8. Consulte as questões 6 e 7 e responda às seguintes perguntas:
   a. Qual é a probabilidade de a janela do *drive-in* estar vazia?
   b. Qual é a probabilidade de que um cliente deva esperar para ser servido?
   c. Em média, quantos carros esperam pelo serviço?
   d. Em média, qual é a duração total de tempo que um cliente gasta no sistema?
   e. Em média, qual é a duração total de tempo que um cliente gasta na fila?
   f. Qual taxa de serviço seria necessária para reduzir o tempo total médio no sistema para 2 minutos? (*Dica*: Você pode utilizar o Solver ou uma simples análise "o quê-se" para responder a essa pergunta.)
9. Cuts-R-Us oferece cortes de cabelo de baixo custo em um *shopping center* em Boise, Idaho. Durante o dia, clientes chegam à taxa média de nove por hora segundo uma distribuição exponencial. Depois que um cliente está em uma cadeira de esteticista, leva uma média de 18 minutos para que o corte de cabelo seja concluído, com o tempo de serviço real seguindo uma distribuição de Poisson.
   a. Se houver três esteticistas de plantão, quanto tempo os clientes precisam esperar, em média, antes de receber o serviço e quantos clientes estão normalmente esperando o serviço?
   b. Se houver quatro esteticistas de plantão, quanto tempo os clientes precisam esperar, em média, antes de receber o serviço e quantos clientes estão normalmente esperando pelo serviço?
   c. Se houver cinco esteticistas de plantão, quanto tempo os clientes precisam esperar, em média, antes de receber o serviço e quantos clientes estão normalmente esperando pelo serviço?
   d. Se você gerenciasse essa loja, quantos esteticistas você empregaria e por quê?
10. Nas noites de sexta-feira, pacientes chegam à emergência do Hospital Mercy seguindo uma distribuição de Poisson à taxa média de sete por hora. Suponha que um médico emergencista pode tratar em média três pacientes por hora e que os tempos de tratamento seguem uma distribuição exponencial. O conselho de administração do Hospital Mercy quer que os pacientes que chegam à emergência não esperem mais de 5 minutos antes de ver um médico.
    a. Quantos médicos emergencistas devem ser programados nas noites de sexta para atingir o objetivo do hospital?
11. A Seabreeze Furniture em Orlando mantém um grande armazém central onde armazena itens até que sejam vendidos ou necessários pelas muitas lojas da empresa na área central da Flórida. Uma equipe de quatro pessoas trabalha no armazém para carregar ou descarregar caminhões que chegam ao armazém à taxa de um por hora (com tempos entre chegadas distribuídos exponencialmente). O tempo que a equipe leva para descarregar cada caminhão segue uma distribuição exponencial com uma taxa média de quatro caminhões por hora de serviço. Cada trabalhador custa à empresa $ 21 por hora em salários e benefícios. A administração da Seabreeze está tentando cortar custos e considerando reduzir o número de trabalhadores nessa equipe. Eles acreditam que três trabalhadores seriam capazes de oferecer o serviço a uma taxa de três caminhões por hora, dois trabalhadores a uma taxa de serviço de dois caminhões por hora e um trabalhador a uma taxa de serviço de um caminhão por hora. A empresa estima que custa $ 35 para cada hora que um caminhão gasta na doca de carregamento (se estiver esperando pelo serviço ou sendo carregado ou descarregado).
    a. A Seabreeze deveria considerar ter apenas um trabalhador na equipe? Justifique a sua resposta.
    b. Para cada possível tamanho de equipe, determine a expectativa de comprimento de fila, a expectativa de tempo total no sistema, a probabilidade de que um cliente tenha de esperar e o custo total por hora.
    c. Qual é o tamanho de equipe que você recomendaria?
12. A loja de *outlet* Madrid Mist em Chiswell Mills vende malas com desconto e a maior parte dos seus negócios diários ocorrem à noite entre as 18 e 21 horas. Durante esse período, clientes chegam ao sistema de caixas à taxa de um a cada dois minutos seguindo uma distribuição de Poisson. A operação de checagem e pagamento leva em média três minutos por cliente e pode ser bem aproximada por uma distribuição exponencial. A política corporativa da Madrid Mist é que os clientes não devem ter de esperar mais de 1 minuto para iniciar essa operação.
    a. Qual é a taxa média de serviço por minuto?
    b. Qual é a taxa média de chegada por minuto?
    c. O que aconteceria se a loja operasse um único posto de checagem e pagamento durante o período de tempo em questão?
    d. Quantos postos de checagem e pagamento a loja deve planejar operar durante esse período de tempo para ficar dentro da política corporativa nessas operações?
13. Os clientes da Food Tiger chegam em uma fila única atendida por duas caixas à taxa de oito por hora de acordo com uma distribuição de Poisson. Cada caixa processa os clientes à taxa de oito por hora de acordo com uma distribuição exponencial.
    a. Se, em média, os clientes gastam 30 minutos de compras antes de entrar na fila dos caixas, qual é o tempo médio que um cliente passa na loja?
    b. Qual é o número médio de clientes esperando pelo serviço na fila do caixa?
    c. Qual é a probabilidade de que um cliente necessite esperar?
    d. Qual suposição você fez para responder a essa pergunta?
14. O gerente da Radford Credit Union (RCU) quer determinar quantos caixas em tempo parcial deve empregar para cobrir o período de pico de demanda em seu saguão de atendimento das 11h às 14h. A RCU tem atualmente três caixas

de tempo integral que atendem a demanda durante o resto do dia, mas durante esse período de pico de demanda, os clientes têm se queixado de que o tempo de espera pelo serviço é muito longo. O gerente da RCU determinou que os clientes chegam de acordo com uma distribuição de Poisson com média de 60 chegadas por hora durante o período de pico. Cada caixa atende clientes à taxa de 24 por hora, com tempos de serviço seguindo uma distribuição exponencial.

a. Em média, quanto tempo os clientes devem esperar na fila antes do início do serviço?
b. Assim que o serviço começa para um cliente, quanto tempo ele leva para completar a transação, em média?
c. Se um caixa de tempo parcial for contratado para trabalhar durante o período de pico, que efeito teria sobre a quantidade média de tempo que um cliente gasta esperando na fila?
d. Se um caixa de tempo parcial for contratado para trabalhar durante o período de pico, que efeito teria sobre a quantidade média de tempo necessária para atender um cliente?

15. A Westland Title Insurance Company aluga uma máquina copiadora por $ 45 por dia, que é utilizada por todos os indivíduos em seu escritório. Em média cinco pessoas por hora chegam para utilizar essa máquina, com cada pessoa utilizando-a em média por 8 minutos. Suponha que os tempos entre chegadas e os tempos de execução das cópias sejam exponencialmente distribuídos.
    a. Qual é a probabilidade de uma pessoa que chega para utilizar a máquina a encontre desocupada?
    b. Em média, quanto tempo uma pessoa precisa esperar antes de começar a utilizar a máquina?
    c. Em média, quantas pessoas estarão utilizando ou esperando para utilizar a máquina copiadora?
    d. Suponha que as pessoas que utilizam a máquina copiadora ganham, em média, $ 9 por hora. Em média, quanto a empresa gasta em salários durante cada dia de 8 horas pagando as pessoas que estão utilizando ou esperando para utilizar a máquina copiadora?
    e. Se a empresa pode alugar outra máquina copiadora por $ 45 por dia, deve alugá-la?
16. A Orange Blossom Marathon acontece em Orlando, Flórida, todo mês de dezembro. Os organizadores dessa corrida estão tentando resolver um problema que ocorre na linha de chegada a cada ano. Milhares de corredores participam dessa corrida. Os corredores mais rápidos terminam o trajeto de 26 milhas em pouco mais de duas horas, mas a maioria dos corredores termina cerca de 1 1/2 hora mais tarde. Depois que os corredores entram na área de chegada, eles passam por uma das quatro rampas de chegada, onde os seus tempos e lugares são registrados. (Cada rampa tem sua própria fila.) Durante o tempo em que a maioria dos corredores termina a corrida, as rampas se tornam congestionadas e ocorrem atrasos significativos. Os organizadores da corrida querem determinar quantas rampas devem ser adicionadas para eliminar esse problema. Na época em questão, os corredores chegam na área de chegada à taxa de 50 por minuto, de acordo com uma distribuição de Poisson, e selecionam aleatoriamente uma das quatro rampas. O tempo necessário para gravar as informações necessárias para cada corredor na chegada em qualquer rampa é uma variável aleatória distribuída exponencialmente com média de quatro segundos.
    a. Em média, quantos corredores chegam a cada rampa por minuto?
    b. Sob a disposição atual com quatro rampas, qual é a expectativa de tamanho da fila em cada rampa?
    c. Sob a disposição atual, qual é o tempo médio que um corredor necessita esperar antes de ser processado?
    d. Quantas rampas devem ser adicionadas se os organizadores da corrida quiserem reduzir o tempo de fila em cada rampa para cinco segundos em média?
17. A Universidade Estadual permite que os alunos e professores acessem seu supercomputador por meio de servidores *proxy* de alta velocidade. A universidade tem 15 conexões para servidores *proxy* que podem ser utilizadas. Quando todas as conexões estão em uso, o sistema pode manter até 10 usuários em uma fila de espera até que uma conexão se torne disponível. Se todas as 15 conexões estão em uso e 10 usuários já estão em fila, quaisquer novos usuários são rejeitados. As solicitações para o conjunto de servidores *proxy* seguem uma distribuição de Poisson e ocorrem à taxa média de 60 por hora. A duração de cada sessão com o supercomputador é uma variável aleatória exponencial com média de 15 minutos – portanto, cada servidor *proxy* atende, em média, quatro usuários por hora.
    a. Em média, quantos usuários estão na fila esperando por uma conexão?
    b. Em média, quanto tempo um usuário é mantido na fila antes de receber uma conexão?
    c. Qual é a probabilidade de um usuário ser rejeitado?
    d. Quantas conexões a universidade precisaria adicionar ao seu conjunto de servidores *proxy* a fim de que não haja mais do que 1% de chance de um usuário ser rejeitado?
18. Durante a época do pagamento de impostos, o IRS contrata trabalhadores temporários para ajudar a responder perguntas dos contribuintes que ligam para um número de telefone especial 800 para informações. Suponha que as chamadas para essa linha ocorram à taxa de 60 por hora e sigam uma distribuição de Poisson. Os trabalhadores do IRS que atendem as linhas de telefone podem responder em média cinco chamadas por hora com os tempos reais de serviço seguindo uma distribuição exponencial. Suponha que 10 trabalhadores do IRS estejam disponíveis e, quando eles estão todos ocupados, o sistema de telefone pode manter cinco interlocutores adicionais em espera.
    a. Qual é a probabilidade de um interlocutor receber um sinal de ocupado?
    b. Qual é a probabilidade de um interlocutor ser colocado em espera antes de receber o serviço?
    c. Em média, quanto tempo um interlocutor deve esperar antes de falar com um agente do IRS?
    d. Quantos trabalhadores adicionais seriam necessários se o IRS não deseja mais do que uma chance de 5% de um interlocutor receber sinal de ocupado?

19. A Road Rambler vende tênis e roupas especializadas por meio de catálogos e pela Web. Os clientes podem telefonar para pedidos a qualquer hora do dia ou da noite, sete dias por semana. Durante o turno das 4 h às 8 h, um único representante de vendas lida com todas as chamadas. Durante esse tempo, as chamadas chegam à taxa de 14 por hora seguindo uma distribuição de Poisson. O representante de vendas leva em média quatro minutos para processar cada chamada. A variabilidade nos tempos de serviço é aproximadamente distribuída exponencialmente. Todas as chamadas recebidas enquanto o representante de vendas está ocupado são colocadas em uma fila.
    a. Em média, quanto tempo (em minutos) os clientes devem esperar antes de falar com o representante de vendas?
    b. Em média, quantos clientes ficam em espera?
    c. Qual é a probabilidade de que um cliente seja colocado em espera?
    d. Qual é a taxa de utilização do representante de vendas?
    e. Supondo que a Road Rambler quer que não haja mais do que 10% de chance de que um cliente seja colocado em espera, quantos representantes de vendas a empresa deve empregar?
20. Consulte a questão anterior. Suponha que o sistema de telefonia da Road Rambler só possa manter quatro chamadas em espera a qualquer momento, que a margem média de lucro de cada chamada é de $ 55 e que os representantes de vendas custam para a empresa $ 12 por hora.
    a. Se os clientes que recebem sinal de ocupado acabam comprando em outro lugar, quanto dinheiro a empresa perderia por hora (em média) se empregasse um único representante de vendas?
    b. Qual é o efeito líquido sobre os lucros médios por hora se a empresa empregasse dois representantes de vendas, em vez de um?
    c. Qual é o efeito líquido sobre os lucros médios por hora se a empresa empregasse três representantes de vendas, em vez de um?
    d. Quantos representantes de vendas a empresa deve empregar se quiser maximizar o lucro?
21. Várias centenas de PCs estão em uso na sede corporativa da National Insurance Corporation. O padrão de falhas para esses PCs segue uma distribuição de Poisson com uma taxa média de 4,5 falhas por semana de trabalho de cinco dias. A empresa tem um técnico de reparo no *staff* para consertar os computadores. O tempo médio necessário para consertar um PC varia um pouco, mas leva em média um dia com um desvio padrão de 0,5 dia.
    a. Qual é o tempo médio de serviço em termos de uma semana de trabalho de cinco dias?
    b. Qual é o desvio padrão dos tempos de serviço em termos de uma semana de trabalho de cinco dias?
    c. Em média, quantos PCs estão sendo consertados ou esperando ser consertados?
    d. Em média, quanto tempo transcorre a partir do momento em que um PC falha até o instante em que é consertado?
    e. Suponha que a National Insurance estima que perde $ 40 por dia em produtividade e eficiência para cada PC que está fora de serviço. Quanto a empresa deveria estar disposta a pagar para aumentar a capacidade de atendimento até o ponto em que uma média de sete PCs por semana possam ser consertados?
22. O trecho da rodovia interestadual 81 que passa pelo sudoeste de Virgínia é bastante utilizado por caminhões de longa distância. Para reduzir acidentes, a Patrulha Estadual da Virgínia realiza inspeções aleatórias no peso de caminhões e na condição de seus freios. Às sextas-feiras, os caminhões se aproximam do posto de inspeção à taxa de um a cada 45 segundos seguindo um processo de Poisson. O tempo necessário para verificar o peso de um caminhão e seus freios segue uma distribuição exponencial, com tempo médio de inspeção de cinco minutos. Os patrulheiros do estado só abordam os caminhões quando pelo menos uma de suas três unidades portáteis de inspeção está disponível.
    a. Qual é a probabilidade de que todas as três unidades de inspeção estejam desocupadas ao mesmo tempo?
    b. Qual proporção de caminhões que viajam nesse trecho da interestadual 81 será inspecionada?
    c. Em média, quantos caminhões serão abordados para inspeção a cada hora?
23. A janela de *drive-thru* na Hokie Burger requer 2,5 minutos em média para processar um pedido com desvio padrão de três minutos. Os carros chegam na janela à taxa de 20 por hora.
    a. Em média, quantos carros estão esperando para ser atendidos?
    b. Em média, quanto tempo um carro gasta no processo de serviço?
    c. Suponha que a Hokie Burger possa instalar um dispositivo automatizado de distribuição de bebida que reduziria o desvio padrão do tempo de serviço para um minuto. Quais seriam as suas respostas para as perguntas anteriores?
24. Um fabricante de correias de motor utiliza equipamentos de fabricação multiuso para produzir uma variedade de produtos. Um técnico é utilizado para executar as operações de mudanças nas máquinas, necessárias quando se troca a produção de um produto por outro. A quantidade de tempo necessária para configurar as máquinas é uma variável aleatória que segue uma distribuição exponencial, com média de 20 minutos. O número de máquinas que exige uma nova configuração é uma variável aleatória de Poisson com uma média de duas máquinas por hora. O técnico é responsável pelas configurações em cinco máquinas.
    a. Qual é a porcentagem de tempo que o técnico fica desocupado ou não envolvido na configuração das máquinas?
    b. O que o técnico deveria fazer durante esse tempo desocupado?
    c. Em média, quanto tempo uma máquina fica fora de operação enquanto espera pela próxima configuração ser concluída?
    d. Se a empresa contrata outro técnico igualmente capaz de realizar as configurações nessas máquinas, por quanto tempo, em média, uma máquina precisaria ficar fora de operação enquanto espera pela próxima configuração a ser concluída?

25. A DeColores Paint Company possui 10 caminhões que utiliza para entregar suprimentos de pintura e decoração para construtores. Em média, cada caminhão retorna para a única doca de carregamento da empresa à taxa de três vezes por dia de 8 horas (ou à taxa de $3/8 = 0{,}375$ vez por hora). Os tempos entre as chegadas na doca seguem uma distribuição exponencial. A doca de carregamento pode atender em média quatro caminhões por hora, com tempos de serviço reais seguindo uma distribuição exponencial.
    a. Qual é a probabilidade de um caminhão ter de esperar para o serviço começar?
    b. Em média, quantos caminhões esperam pelo serviço começar em qualquer ponto no tempo?
    c. Em média, quanto tempo um caminhão deve esperar antes de começar o serviço?
    d. Se a empresa constrói e equipa outra doca de carga, como seriam as suas respostas para as partes a, b e c?
    e. O custo capitalizado de adicionar uma doca de carregamento é \$ 5,40 por hora. O custo por hora de ter um caminhão ocioso é de \$ 50. Qual é o número ótimo de docas de carga que minimiza a soma do custo da doca e custo do caminhão ocioso?
26. Suponha que as chegadas em um sistema de filas com um servidor seguem uma distribuição de Poisson com média $\lambda = 5$ por período de tempo e que os tempos de serviço seguem uma distribuição exponencial com taxa média de serviço $\mu = 6$ por período de tempo.
    a. Calcule as características de operação para esse sistema utilizando o modelo M/M/s com $s = 1$.
    b. Calcule as características de operação para esse sistema utilizando o modelo M/G/1. (Observe que o tempo de serviço médio da variável aleatória exponencial é $1/\mu$, e o desvio padrão do tempo de serviço é também $1/\mu$.)
    c. Compare os resultados obtidos dos modelos M/M/1 e M/G/1. (Eles devem ser iguais.) Explique por que eles são iguais.
27. Chamadas chegam à taxa de 150 por hora para o número 800 da empresa de vendas por catálogo Land Beginning. A empresa emprega atualmente 20 operadores que são pagos \$ 10 por hora em salários e benefícios e cada um pode lidar em média com seis chamadas por hora. Suponha que os tempos entre chegadas e os tempos de serviço seguem a distribuição exponencial. Um máximo de 20 chamadas pode ser colocado em espera quando todos os operadores estão ocupados. A empresa estima que custa \$ 25 em vendas perdidas sempre que um cliente liga e recebe sinal de ocupado.
    a. Em média, quantos clientes estão esperando em qualquer ponto no tempo?
    b. Qual é a probabilidade de que um cliente receberá um sinal de ocupado?
    c. Se o número de operadores mais o número de chamadas colocados em espera não puder exceder 40, quantos operadores a empresa deve empregar?
    d. Se a empresa implementa a sua resposta para a parte c, em média, quantos clientes estarão esperando em qualquer ponto no tempo e qual é a probabilidade de que um cliente receberá um sinal de ocupado?

Que a força (policial) esteja com você

CASO 13.1

"Eu espero que isto seja melhor do que da última vez ", pensou Craig Rooney enquanto pensava sobre sua ida à Câmara de Vereadores na próxima semana. Craig é o chefe assistente de polícia em Newport, Virgínia, e, a cada mês de setembro, precisa fornecer à Câmara de Vereadores um relatório sobre a efetividade da força policial da cidade. Esse relatório dispara a discussão na Câmara sobre o orçamento do departamento de polícia. Então, Craig muitas vezes se sente como um artista na corda bamba tentando encontrar o equilíbrio certo em sua apresentação tanto para convencer os vereadores de que o departamento está sendo bem dirigido como também persuadi-los a aumentar o orçamento do departamento para contratação de novos policiais.

A cidade de Newport tem um total de 19 policiais distribuídos em cinco distritos. Atualmente, a delegacia A tem três policiais designados, enquanto as outras quatro têm cada uma quatro policiais. Uma das principais preocupações dos vereadores da cidade a cada ano é a quantidade de tempo que leva para um policial começar a responder quando uma chamada de emergência 911 é recebida. Infelizmente, o sistema de informação da cidade não controla esses dados de forma exata, mas mantém o controle do número de chamadas recebidas em cada delegacia de hora em hora e a quantidade de tempo que decorre entre o momento em que um policial começa a responder a um chamado e o tempo que relata estar novamente disponível para responder a outras chamadas (isso também é conhecido como o tempo de serviço para cada chamada).

Um estagiário de uma universidade local trabalhou para Craig no verão passado e coletou dados mostrados no arquivo CallData.xlsm, disponível na página deste livro no site da editora. Uma das planilhas desse arquivo (Chamadas por hora) mostra o número de chamadas 911 recebidas durante 500 horas de operação escolhidas aleatoriamente em cada delegacia. Outra planilha (Tempos de serviço) mostra o tempo de serviço necessário para cada uma dessas chamadas.

O estagiário também criou uma planilha (com base nas fórmulas na Figura 13.6) para calcular as características operacionais de uma fila M/M/s para cada um dos cinco distritos de Newport. Infelizmente, o estagiário teve de voltar para a escola antes de terminar esse projeto. Mas Craig acredita que, com um pouco de trabalho, pode utilizar os dados coletados para descobrir as taxas de chegada e de serviço apropriadas para cada delegacia e completar a análise. Mais importante, ele sente que o modelo de filas lhe permitirá responder rapidamente muitas das perguntas que espera que os vereadores da cidade façam.

1. Quais são as taxas de chegada de chamadas 911 e as taxas de serviço para cada delegacia?
2. As chamadas para cada delegacia parecem seguir uma distribuição de Poisson?

3. Os tempos de serviço para cada delegacia parecem seguir uma distribuição exponencial?
4. Utilizando uma fila M/M/s, em média, quantos minutos um interlocutor 911 espera antes que um policial comece a responder em cada delegacia?
5. Suponha que Craig deseja redistribuir policiais entre as delegacias para reduzir a quantidade máxima de tempo de espera dos interlocutores por uma resposta da polícia, em qualquer delegacia. O que ele deveria fazer e qual o impacto que isso teria?
6. Quantos policiais adicionais Newport teria de contratar para que o tempo médio de resposta em cada delegacia seja menor que dois minutos?

CASO 13.2 Equipe de *call center* na Vacations Inc.

A Vacations Inc. (VI) comercializa condomínios tipo *time-share* em toda a América do Norte. Uma forma de a empresa gerar oportunidades de vendas é por meio da oferta de uma chance de ganhar pequenas férias gratuitas para quem preenche um cartão de informações e o coloca em caixas coletoras da VI distribuídas em vários restaurantes e *shopping centers*. Todos aqueles que preenchem o cartão e indicam um nível de rendimento adequado, posteriormente recebem uma carta da VI indicando que eles realmente ganharam as pequenas férias. Para reivindicar o prêmio, tudo que o "vencedor" precisa fazer é uma chamada para o número gratuito da VI. Quando o "vencedor" liga para o número, ele descobre que suas pequenas férias consistem de um jantar gratuito, entretenimento e estadia de duas noites em uma das propriedades *time-share* da VI, mas eles devem concordar em participar de um passeio pela propriedade e apresentação de vendas de 2 horas.

Cerca de metade das pessoas que ligam para o número gratuito da VI para reivindicar o prêmio acabam rejeitando a oferta depois de descobrir sobre o passeio de 2 horas pela propriedade. Cerca de 40% das pessoas que ligam aceitam as pequenas férias e fazem o passeio pela propriedade, mas não compram nada. Os restantes 10% das pessoas que ligam para o número gratuito aceitam as pequenas férias e, finalmente, compram um *time-share*. Cada pequenas férias que a VI oferece custa para a empresa cerca de $ 250. Cada venda de um *time-share* gera um lucro líquido de $ 7.000 para a VI depois que todas as comissões e outros custos (incluindo os $ 250 para as pequenas férias do comprador) foram pagos.

O *call center* da VI opera das 10 h às 22 h diariamente, com quatro representantes de vendas e recebe chamadas à taxa de 50 por hora seguindo uma distribuição de Poisson. Quatro minutos em média são usados para lidar com cada chamada, com tempos reais sendo distribuídos de forma exponencial. O sistema de telefonia da VI pode manter até 10 interlocutores em espera a qualquer momento. Suponha que aqueles que recebem o sinal de ocupado não ligam de volta.

1. Em média, quantos clientes por hora cada representante de vendas processa?
2. Qual é o valor esperado de cada chamada para a linha gratuita da VI?
3. Supondo que a VI paga para os seus representantes de vendas $ 12 por hora, quantos representantes de vendas ela deveria empregar se desejasse maximizar o lucro?

CASO 13.3 Loja de departamentos Bullseye

A loja de departamentos Bullseye é uma varejista de desconto que comercializa mercadorias em geral no sudeste dos Estados Unidos. A empresa possui mais de 50 lojas na Flórida, Geórgia, Carolina do Sul e Tennessee, que são atendidas pelo depósito principal da empresa perto de Statesboro, Geórgia. A maior parte da mercadoria recebida no depósito chega em caminhões vindos de portos em Jacksonville, Flórida e Savannah, Geórgia.

Caminhões chegam ao depósito segundo um processo de Poisson com taxa de um a cada sete minutos. Oito docas de carga estão disponíveis no depósito. Um único trabalhador maneja cada doca, sendo capaz de descarregar um caminhão em aproximadamente 30 minutos, em média. Quando todas as docas estão ocupadas, os caminhões que chegam esperam em fila até que uma doca se torne disponível.

A Bullseye tem recebido reclamações de algumas das empresas de caminhões de que as entregas estão demorando muito no depósito. Em resposta, a Bullseye está considerando uma série de opções para tentar reduzir o tempo que os caminhões necessitam passar no depósito. Uma opção é contratar um trabalhador extra para cada uma das docas de carregamento. Espera-se que essa contratação reduza o tempo médio que leva para descarregar um caminhão para 18 minutos. Custa cerca de $ 17 por hora em salários e benefícios para empregar cada trabalhador adicional.

De modo alternativo, a empresa pode continuar a utilizar um único trabalhador em cada doca de carregamento, mas aprimorar as empilhadeiras que os trabalhadores utilizam para descarregar os caminhões. A empresa pode substituir as empilhadeiras existentes por um novo modelo que pode ser alugado por $ 6 por hora, esperando reduzir o tempo médio necessário para descarregar um caminhão para 23 minutos.

Finalmente, a empresa pode construir duas novas docas de carregamento a um custo capitalizado de $ 6 por hora e contratar dois trabalhadores adicionais a uma taxa de $ 17 por hora para trabalhar nesses locais. A Bullseye estima que custa $ 60 em perda de imagem para cada hora que um caminhão gasta no depósito. Qual, se for o caso, das três alternativas você recomendaria à Bullseye implementar?

Capítulo 14

Análise de decisão

14.0 Introdução

Os capítulos anteriores deste livro descrevem uma variedade de técnicas de modelagem que podem ajudar os gerentes a ganhar conhecimento e entendimento sobre os problemas de decisão que enfrentam. Mas os modelos não tomam decisões – pessoas o fazem. Embora o conhecimento e o entendimento adquiridos por meio da modelagem de problemas possam ser úteis, muitas vezes a tomada de decisão continua a ser uma tarefa difícil. As duas principais causas para essa dificuldade são a incerteza sobre o futuro e os valores ou objetivos conflitantes.

Por exemplo, suponha que, ao se formar na faculdade, você receba propostas de emprego de duas empresas. Uma empresa (empresa A) é uma indústria relativamente nova que oferece o potencial de um crescimento espetacular – ou de uma rápida falência. O salário oferecido é um pouco menor que o desejado, mas aumentará rapidamente se a empresa crescer. Essa empresa está localizada na cidade que abriga seu time esportivo preferido e é próxima a sua família e amigos.

A outra proposta de emprego é de uma empresa estabelecida (empresa B), conhecida por sua solidez financeira e compromisso a longo prazo com os seus funcionários. O salário inicial oferecido é 10% maior do que você esperava, mas você presume que levará mais tempo para ser promovido nessa organização. Além disso, se trabalhar nessa empresa, você teria de se mudar para uma parte distante do país que oferece poucas das atividades culturais e desportivas que você aprecia.

Qual proposta você aceitaria? Ou você recusaria as duas propostas e continuaria a procurar um emprego em outras empresas? Para muitas pessoas, essa pode ser uma decisão difícil. Se aceitar o emprego na empresa A, você pode ser promovido duas vezes em um ano – ou ficar desempregado em seis meses. Na empresa B, você pode sentir-se razoavelmente seguro de ter um emprego garantido no futuro próximo. Mas se aceitar o emprego na empresa B, e então a empresa A crescer rapidamente, você pode se arrepender de ter recusado a posição na empresa A. Assim, a incerteza associada ao futuro da empresa A torna essa decisão difícil.

Para complicar ainda mais a decisão, a empresa A oferece uma localização mais desejável que a empresa B, mas o salário inicial na empresa A é menor. Como é possível balancear vantagens e desvantagens entre salário inicial, localização, segurança de emprego e potencial para promoção a fim de tomar uma boa decisão? Não há uma resposta fácil para essa questão, mas este capítulo descreve várias técnicas que podem ajudá-lo a estruturar e analisar problemas de decisão difíceis de maneira lógica.

14.1 Boas decisões *versus* bons resultados

O objetivo da análise de decisão é ajudar os indivíduos a tomar boas decisões. Mas boas decisões nem sempre resultam em bons resultados. Por exemplo, suponha que, após considerar cuidadosamente todos os fatores envolvidos nas duas propostas de emprego, você decida aceitar a posição na empresa B. Nove meses depois, a empresa inesperadamente anuncia que, em um esforço para reduzir custos, o escritório no qual você trabalha está sendo fechado e você será demitido. Você tomou uma má decisão? Provavelmente, não. Circunstâncias imprevisíveis além de seu controle fizeram que você se prejudicasse, mas seria injusto dizer que você tomou uma decisão ruim. Uma boa decisão é aquela que está em harmonia com o que você sabe, o que você quer, o que você pode fazer, e para a qual você está comprometido. Mas boas decisões, às vezes, resultam em maus resultados.

As técnicas de análise de decisão apresentadas neste capítulo podem ajudar a tomar boas decisões, mas não garantem que bons resultados sempre ocorrerão com essas decisões. Mesmo quando uma boa decisão é tomada, a sorte geralmente desempenha um papel na determinação de um bom ou mau resultado. No entanto, o uso de uma abordagem estruturada para a tomada de decisões deve nos dar um maior conhecimento e uma intuição mais aguçada sobre os problemas de decisão que enfrentamos. Dessa forma, é razoável esperar que bons resultados ocorram com mais frequência quando se utiliza uma abordagem estruturada para a tomada de decisão do que se tomarmos decisões deixando a sorte nos guiar.

14.2 Características de problemas de decisão

Embora todos os problemas de decisão sejam um pouco diferentes, compartilham certas características. Por exemplo, uma decisão deve envolver pelo menos duas alternativas para entender ou resolver um problema. Uma **alternativa** é um curso de ação destinado a resolver um problema. O exemplo de seleção de emprego descrito anteriormente envolve três alternativas: você pode aceitar a proposta da empresa A, aceitar a proposta da empresa B ou recusar ambas as propostas e continuar procurando por uma melhor.

As alternativas são avaliadas com base no valor que adicionam a um ou mais critérios de decisão. Os **critérios** em um problema de decisão representam vários fatores que são importantes para o tomador de decisão e influenciados pelas alternativas. Por exemplo, os critérios utilizados para avaliar as alternativas de proposta de emprego podem incluir o salário inicial, o crescimento de salário esperado, a conveniência da localização do emprego, a oportunidade de promoção e crescimento profissional e assim por diante. O impacto das alternativas nos critérios é de fundamental importância para o tomador de decisão. Observe que nem todos os critérios podem ser expressos em termos de valor monetário, tornando mais difícil a comparação das alternativas.

Finalmente, os valores assumidos pelos diferentes critérios de decisão em cada alternativa dependem dos diferentes estados da natureza que podem ocorrer. Os **estados da natureza** em um problema de decisão correspondem a eventos futuros que não estão sob o controle do tomador de decisão. Por exemplo, a empresa A pode ter um crescimento espetacular ou ir à falência. Cada uma dessas contingências representa um possível estado da natureza para o problema. Muitos outros estados da natureza são possíveis para a empresa; por exemplo, pode crescer lentamente ou não crescer de maneira alguma. Assim, um número infinito de possíveis estados da natureza pode existir nesse e em muitos outros problemas de decisão. No entanto, na análise de decisão, muitas vezes usamos um conjunto relativamente pequeno e discreto de estados da natureza representativos a fim de resumir os eventos futuros que possam ocorrer.

14.3 Um exemplo

O exemplo a seguir ilustra algumas das questões e dificuldades que surgem em problemas de decisão.

> O Aeroporto Internacional de Hartsfield, em Atlanta, Geórgia, é um dos aeroportos mais movimentados do mundo. Nos últimos trinta anos, o aeroporto se expandiu diversas vezes para acomodar o número crescente de voos com rotas por Atlanta. Analistas estimam que esse aumento continuará a ocorrer no futuro. No entanto, o desenvolvimento comercial em torno do aeroporto impede a construção de pistas adicionais para atender à futura demanda de tráfego aéreo. Para resolver esse problema, planos para a construção de outro aeroporto fora dos limites da cidade estão sendo desenvolvidos. Foram identificados dois possíveis locais para o novo aeroporto, mas uma decisão final sobre a nova localização só deve ser tomada no próximo ano.
>
> A cadeia de hotéis Magnolia Inns pretende construir uma nova instalação perto do novo aeroporto após seu local ser determinado. Barbara Monroe é responsável pela aquisição de imóveis da empresa e enfrenta uma difícil decisão sobre onde comprar o terreno. Atualmente, o valor da terra em torno dos dois possíveis locais está aumentando na medida em que investidores especulam que os valores de propriedades nas proximidades do novo aeroporto aumentarão consideravelmente. A planilha na Figura 14.1 (e no arquivo Fig14-1.xlsm, disponível na página deste livro no site da editora) resume o preço atual de cada terreno, o valor presente estimado dos fluxos de caixa futuros se o hotel e o aeroporto forem construídos naquele local e o valor presente da quantia pela qual a empresa acredita que pode revender cada terreno se o aeroporto não for construído no local.
>
> A empresa pode comprar um dos terrenos, ambos os terrenos ou nenhum deles. Barbara deve decidir quais terrenos, se for o caso, a empresa deve comprar.

14.4 A matriz de resultados

Uma maneira comum de analisar esse tipo de problema de decisão é construir uma matriz de resultados. Uma **matriz de resultados** é uma tabela que resume o resultado final de cada alternativa de decisão sob cada estado da natureza possível. Para construir uma matriz de resultados, é necessário identificar cada alternativa de decisão e cada estado de natureza possível.

14.4.1 ALTERNATIVAS DE DECISÃO

As quatro alternativas de decisão a seguir estão disponíveis para o tomador de decisão em nosso problema exemplo:

1. Comprar o terreno no local A.
2. Comprar o terreno no local B.
3. Comprar os terrenos nos locais A e B.
4. Não comprar nada.

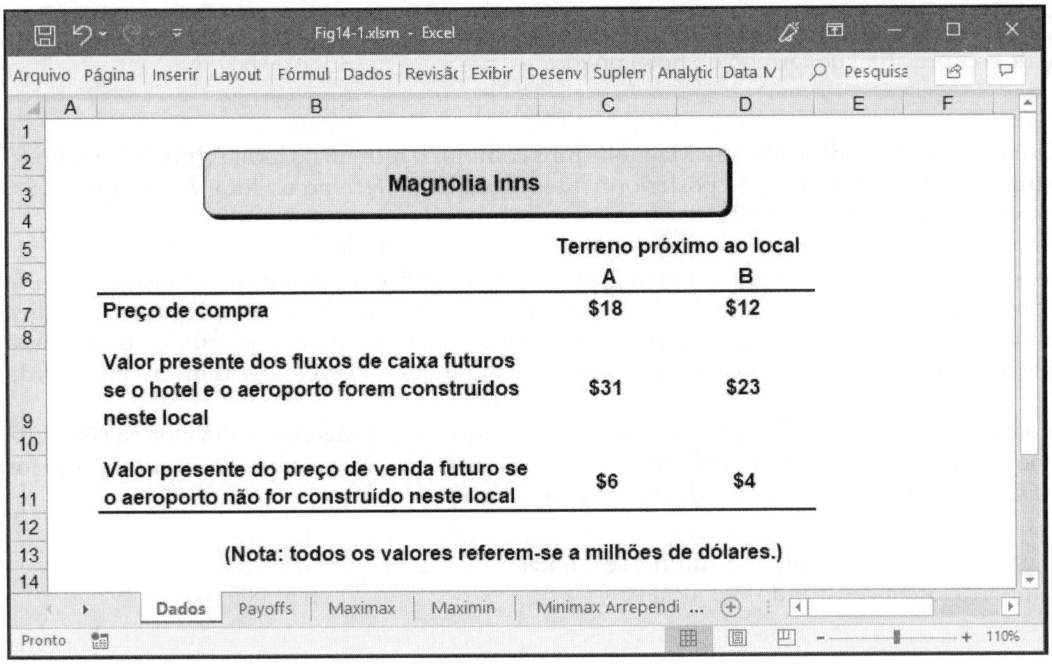

Magnolia Inns

	Terreno próximo ao local	
	A	B
Preço de compra	$18	$12
Valor presente dos fluxos de caixa futuros se o hotel e o aeroporto forem construídos neste local	$31	$23
Valor presente do preço de venda futuro se o aeroporto não for construído neste local	$6	$4

(Nota: todos os valores referem-se a milhões de dólares.)

FIGURA 14.1
Dados para o problema da Magnolia Inns.

14.4.2 ESTADOS DA NATUREZA

Independentemente de qual terreno ou terrenos a Magnolia Inns decidir comprar, podem ocorrer dois possíveis estados da natureza. Os dois estados da natureza são os seguintes:

1. O novo aeroporto é construído no local A.
2. O novo aeroporto é construído no local B.

A Figura 14.2 mostra a matriz de resultados para esse problema. Nessa planilha, as linhas representam as possíveis alternativas de decisão, e as colunas correspondem aos estados da natureza que podem ocorrer. Cada valor na tabela indica o retorno financeiro (em milhões de dólares) esperado de cada decisão possível sob cada estado da natureza.

14.4.3 OS VALORES DE RETORNO

O valor na célula B5 na Figura 14.2 indica que, se a empresa comprar o terreno próximo ao local A e o aeroporto for construído nessa área, a Magnolia Inns pode esperar receber um retorno de $ 13 milhões. Esse valor de $ 13 milhões é calculado com base nos dados mostrados na Figura 14.1 da seguinte forma:

Valor presente dos fluxos de caixa futuros se o hotel e o aeroporto forem construídos no local A	$ 31.000.000

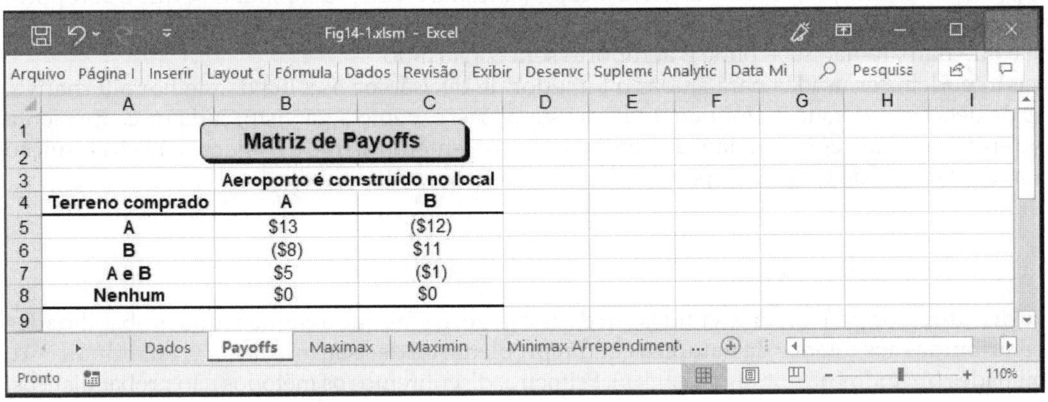

Matriz de Payoffs

	Aeroporto é construído no local	
Terreno comprado	A	B
A	$13	($12)
B	($8)	$11
A e B	$5	($1)
Nenhum	$0	$0

FIGURA 14.2
Matriz de resultados para o problema da Magnolia Inns.

menos:

Preço de compra atual do terreno do hotel no local A	–$ 18.000.000
	$ 13.000.000

O valor na célula C5 na Figura 14.2 indica que, se a Magnolia Inns comprar o terreno no local A (por $ 18 milhões) e o aeroporto for construído no local B, a empresa posteriormente revenderia o terreno no local A por apenas $ 6 milhões, incorrendo, assim, em uma perda de $ 12 milhões.

Os cálculos dos retornos para o terreno próximo ao local B são feitos usando uma lógica similar. O valor na célula C6 na Figura 14.2 indica que, se a empresa comprar o terreno próximo ao local B, e o aeroporto for construído nessa área, a Magnolia Inns pode esperar receber um retorno de $ 11 milhões. O valor na célula B6 na Figura 14.2 indica que, se a Magnolia Inns comprar o terreno no local B (por $ 12 milhões) e o aeroporto for construído no local A, a empresa posteriormente revenderia o terreno no local B por apenas $ 4 milhões, incorrendo, assim, em uma perda de $ 8 milhões.

Consideremos agora os retornos se ambos os terrenos forem comprados, nos locais A e B. O valor na célula B7 na Figura 14.2 indica que haverá um retorno de $ 5 milhões se ambos os terrenos forem comprados e o aeroporto for construído no local A. Esse valor de retorno é calculado da seguinte forma:

	Valor presente dos fluxos de caixa futuros se o hotel e o aeroporto forem construídos no local A	$ 31.000.000
mais:		
	Valor presente do preço de venda futuro do terreno não usado no local B	+$ 4.000.000
menos:		
	Preço de compra atual do terreno do hotel no local A	–$ 18.000.000
menos:		
	Preço de compra atual do terreno do hotel no local B	–$ 12.000.000
		$ 5.000.000

O valor na célula C7 indica que ocorrerá uma perda de $ 1 milhão se os terrenos em ambos os locais A e B forem comprados e o aeroporto for construído no local B.

A alternativa final disponível para a Magnolia Inns é não comprar nenhuma propriedade nesse momento. Essa alternativa garante que a empresa não ganhará nem perderá, independentemente do local do aeroporto. Assim, as células B8 e C8 indicam que essa alternativa tem um retorno de $ 0, independentemente do estado da natureza ocorrido.

14.5 Regras de decisão

Agora que foram determinados os retornos para cada alternativa sob cada estado da natureza, se Barbara soubesse com certeza em qual local o aeroporto seria construído, seria uma simples questão de selecionar a alternativa mais desejável. Por exemplo, se ela soubesse que o aeroporto seria construído no local A, um retorno máximo de $ 13 milhões poderia ser obtido por meio da compra do terreno nesse local. Da mesma forma, se ela soubesse que o aeroporto seria construído no local B, a Magnolia Inns poderia atingir o retorno máximo de $ 11 milhões ao comprar o terreno nesse local. O problema é que Barbara não sabe onde o aeroporto será construído.

Várias regras de decisão podem ser usadas para ajudar o tomador de decisão na escolha da melhor alternativa. Nenhuma dessas regras de decisão funciona melhor em todas as situações, e, como será visto, cada uma apresenta alguns pontos fracos. No entanto, essas regras ajudam a aumentar o nosso entendimento e a aguçar a nossa intuição em relação aos problemas de decisão, de forma que possamos tomar decisões mais embasadas.

14.6 Métodos não probabilísticos

As regras de decisão que discutiremos podem ser divididas em duas categorias: as que assumem que probabilidades de ocorrência podem ser atribuídas aos estados da natureza em um problema de decisão (**métodos probabilísticos**) e as que não usam probabilidades (**métodos não probabilísticos**). Primeiro, discutiremos os métodos não probabilísticos.

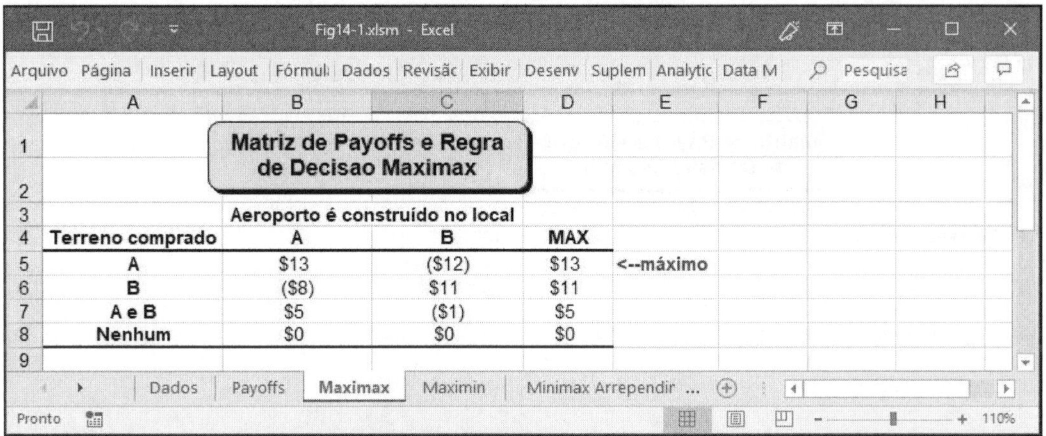

Fórmulas das principais células		
Célula	**Fórmula**	**Copiado para**
D5	=MÁXIMO(B5:C5)	D6:D8

FIGURA 14.3
A regra de decisão maximax para o problema da Magnolia Inns.

14.6.1 A REGRA DE DECISÃO MAXIMAX

Como mostrado na Figura 14.2, o maior retorno possível ocorrerá se a Magnolia Inns comprar o terreno no local A e o aeroporto for construído nesse local. Assim, se a empresa acredita, de maneira otimista, que a natureza sempre estará "ao seu lado" independentemente da decisão tomada, deve comprar o terreno no local A, porque essa compra leva ao maior retorno possível. Esse tipo de raciocínio é refletido na **regra de decisão maximax**, que verifica o retorno máximo para cada alternativa e, então, seleciona a alternativa associada ao maior retorno. A Figura 14.3 ilustra os resultados da regra de decisão maximax em nosso problema exemplo.

Embora a alternativa sugerida pela regra de decisão maximax permite que a Magnolia Inns obtenha o melhor retorno possível, não garante que esse retorno ocorrerá. O retorno real depende de onde o aeroporto será localizado. Se seguirmos a regra de decisão maximax e o aeroporto for construído no local A, a empresa receberia $ 13 milhões; mas, se o aeroporto for construído no local B, a empresa perderia $ 12 milhões.

Em algumas situações, a regra de decisão maximax leva a más decisões. Por exemplo, considere a seguinte matriz de resultados:

	Estado da natureza			
Decisão	**1**	**2**	**MAX**	
A	30	–10.000	30	← máximo
B	29	29	29	

Nesse problema, a alternativa A seria selecionada usando a regra de decisão maximax. No entanto, muitos tomadores de decisão preferem a alternativa B, porque seu retorno garantido é apenas ligeiramente menor que o retorno máximo possível e evita a potencial perda grande relacionada à alternativa A, caso o segundo estado da natureza ocorra.

14.6.2 A REGRA DE DECISÃO MAXIMIN

Uma abordagem mais conservadora para a tomada de decisão é dada pela **regra de decisão maximin**, que assume, de maneira pessimista, que a natureza sempre estará "contra nós" independentemente da decisão tomada. Essa regra de decisão pode ser usada para a proteção contra o pior resultado possível de uma decisão. A Figura 14.4 ilustra o efeito da regra de decisão maximin em nosso problema exemplo.

Para aplicar a regra de decisão maximin, primeiro verificamos o retorno mínimo possível para cada alternativa e, então, selecionamos a alternativa com o maior retorno mínimo (ou o máximo dos retornos mínimos – daí o termo "maximin"). A coluna D na Figura 14.4 lista o retorno mínimo para cada alternativa. O maior (máximo) valor na coluna D é o retorno de $ 0 associado a não comprar nenhum terreno. Assim, a regra de decisão maximin sugere que a Magnolia Inns não deve comprar nenhum dos terrenos porque, na pior das hipóteses, as outras alternativas resultam em perdas, enquanto essa alternativa não.

FIGURA 14.4
A regra de decisão maximin para o problema da Magnolia Inns.

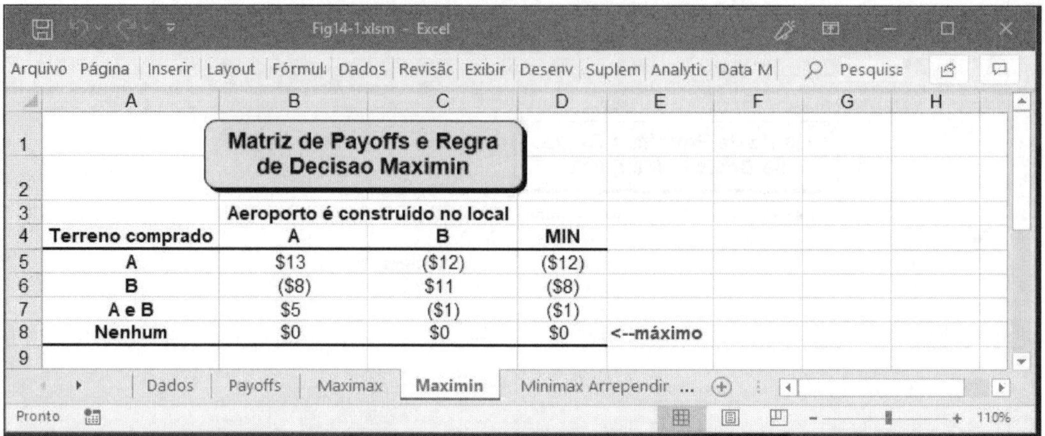

Fórmulas das principais células		
Célula	**Fórmula**	**Copiado para**
D5	=MÍNIMO(B5:C5)	D6:D8

A regra de decisão maximin também pode levar a más decisões. Por exemplo, considere a seguinte matriz de resultados:

	Estado da natureza			
Decisão	**1**	**2**	**MIN**	
A	1.000	28	28	
B	29	29	29	← máximo

Nesse problema, a alternativa B seria selecionada usando a regra de decisão maximin. No entanto, muitos tomadores de decisão preferem a alternativa A, porque seu retorno na pior das hipóteses é apenas ligeiramente menor que o retorno da alternativa B e oferece o potencial de um retorno muito maior se o primeiro estado da natureza ocorrer.

14.6.3 A REGRA DE DECISÃO DE ARREPENDIMENTO MINIMAX

Outra maneira de abordar os problemas de decisão envolve o conceito de **arrependimento**, ou perda de oportunidade. Por exemplo, suponha que a Magnolia Inns decida comprar o terreno no local A, conforme sugerido pela regra de decisão maximax. Se o aeroporto for construído no local A, a empresa não se arrependerá dessa decisão, porque oferece o maior retorno possível sob o estado da natureza ocorrido. No entanto, o que aconteceria se a empresa comprasse o terreno no local A e o aeroporto fosse construído no local B? Nesse caso, a empresa sentiria um arrependimento, ou uma perda de oportunidade, de $ 23 milhões. Se a Magnolia Inns tivesse comprado o terreno no local B, teria recebido um retorno de $ 11 milhões, e a decisão de comprar o terreno no local A resultou em uma perda de $ 12 milhões. Assim, há uma diferença de $ 23 milhões nos retornos dessas duas alternativas sob esse estado da natureza.

Para usar a regra de decisão de arrependimento minimax, devemos primeiro converter a nossa matriz de resultados em uma matriz de arrependimento, que resume as possíveis perdas de oportunidade resultantes de cada alternativa de decisão sob cada estado da natureza. A Figura 14.5 mostra a matriz de arrependimento para nosso problema exemplo.

Os lançamentos na matriz de arrependimento são gerados com base na matriz de resultados da seguinte forma:

Fórmula para a célula B5: =MÁXIMO(Payoffs!B$5:B$8) – Payoffs!B5
(Copiar para as células B5 a C8.)

Cada lançamento na matriz de arrependimento mostra a diferença entre o retorno máximo que pode ocorrer sob determinado estado da natureza e o retorno que seria obtido de cada alternativa sob o mesmo estado da natureza. Por exemplo, se a Magnolia Inns comprar o terreno no local A e o aeroporto for construído nesse local, a célula B5 indica que a empresa sente arrependimento 0. No entanto, se a empresa comprar o terreno no local B e o aeroporto for construído no local A, a empresa tem uma perda de oportunidade (ou arrependimento) de $ 21 milhões (13 – (–8) = 21).

A coluna D na Figura 14.5 resume o arrependimento máximo que poderia ocorrer com cada alternativa de decisão. A decisão de arrependimento minimax corresponde à alternativa com o menor (ou mínimo) arrependimento máximo. Como indicado na Figura 14.5, a decisão de arrependimento minimax em nosso problema exemplo é comprar os

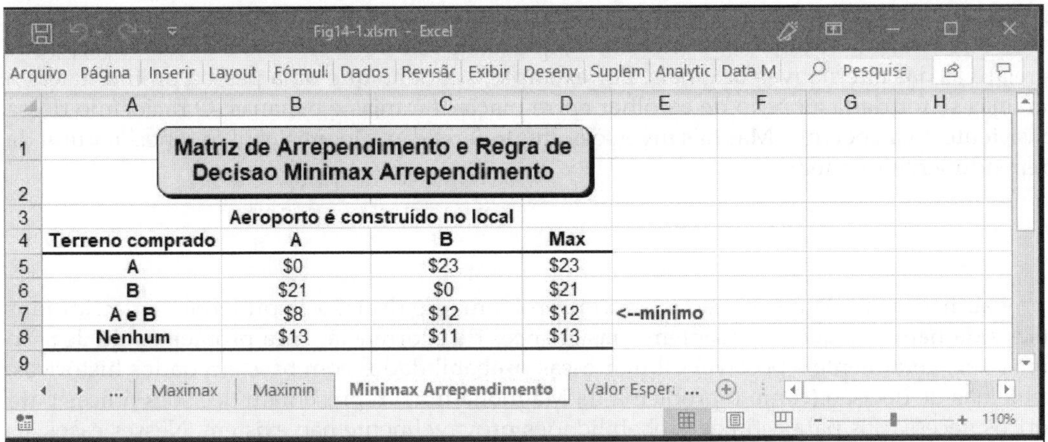
Fig14-1.xlsm - Excel

Matriz de Arrependimento e Regra de Decisao Minimax Arrependimento

	Aeroporto é construído no local		
Terreno comprado	**A**	**B**	**Max**
A	$0	$23	$23
B	$21	$0	$21
A e B	$8	$12	$12 <--mínimo
Nenhum	$13	$11	$13

Maximax | Maximin | Minimax Arrependimento | Valor Esper...

Fórmulas das principais células		
Célula	**Fórmula**	**Copiado para**
B5	=MÁXIMO(Payoffs!B$5:B$8)−Payoffs!B5	B5:C8
D5	=MÁXIMO(B5:C5)	D6:D8

FIGURA 14.5
A regra de decisão de arrependimento minimax para o problema da Magnolia Inns.

terrenos em ambos os locais. O arrependimento máximo que poderia ocorrer com a implementação dessa decisão é de $ 12 milhões, enquanto todas as outras decisões poderiam causar um maior arrependimento.

A regra de decisão de arrependimento minimax pode levar a uma peculiar tomada de decisão. Por exemplo, considere a seguinte matriz de resultados:

	Estado da natureza	
Decisão	**1**	**2**
A	9	2
B	4	6

A matriz de arrependimento e a decisão de arrependimento minimax para esse problema são representadas por:

	Estado da natureza			
Decisão	**1**	**2**	**MAX**	
A	0	4	4	← mínimo
B	5	0	5	

Assim, se as alternativas são dadas por A e B, a regra de decisão de arrependimento minimax selecionaria a alternativa A. Agora, suponha que uma nova alternativa é adicionada a esse problema de decisão, obtendo a seguinte matriz de resultados:

	Estado da natureza	
Decisão	**1**	**2**
A	9	2
B	4	6
C	3	9

Observe que os retornos para as alternativas A e B não mudaram – simplesmente adicionamos uma nova alternativa (C). A matriz de arrependimento e a decisão de arrependimento minimax para o problema revisado são representadas por:

	Estado da natureza			
Decisão	**1**	**2**	**MAX**	
A	0	7	7	
B	5	3	5	← mínimo
C	6	0	6	

A decisão de arrependimento minimax é dada agora pela alternativa B. Alguns tomadores de decisão ficam perturbados com o fato de que a adição de uma nova alternativa, que não é selecionada como a decisão final, pode mudar as preferências relativas das alternativas originais. Por exemplo, suponha que uma pessoa prefira maçãs a laranjas, mas prefira laranjas se for dada a opção de escolher entre maçãs, laranjas e bananas. O raciocínio dessa pessoa é um tanto inconsistente ou incoerente. Mas tais inversões em preferências são uma consequência natural da regra da decisão de arrependimento minimax.

14.7 Métodos probabilísticos

As regras de decisão probabilísticas podem ser usadas em um problema de decisão se puderem ser atribuídas probabilidades aos estados da natureza que representem suas chances de ocorrência. Para problemas de decisão que ocorrem mais de uma vez, geralmente é possível estimar essas probabilidades com base em dados históricos. No entanto, muitos problemas de decisão (como o problema da Magnolia Inns) representam decisões únicas para as quais os dados históricos necessários para estimar probabilidades provavelmente não existem. Nesses casos, as probabilidades são muitas vezes atribuídas de maneira subjetiva com base em entrevistas com um ou mais especialistas. Técnicas de entrevista altamente estruturadas existem para solicitar estimativas de probabilidade que sejam razoavelmente acuradas e livres de vieses inconscientes que possam afetar as opiniões de um especialista. Essas técnicas de entrevista são descritas em várias das referências ao final deste capítulo. Aqui, focaremos nas técnicas que podem ser usadas após estimativas de probabilidades apropriadas serem obtidas com base em dados históricos ou de entrevistas com especialistas.

14.7.1 VALOR MONETÁRIO ESPERADO

A **regra de decisão de valor monetário esperado** seleciona a alternativa de decisão com o maior valor monetário esperado (VME). O VME da alternativa i em um problema de decisão é definido da seguinte forma:

$$\text{VME}_i = \sum_j r_{ij} p_j$$

em que

r_{ij} = o retorno para a alternativa i sob o j-ésimo estado da natureza
p_j = a probabilidade do j-ésimo estado da natureza

A Figura 14.6 ilustra a regra de decisão de VME para nosso problema exemplo. Nesse caso, a Magnolia Inns estima que há 40% de chance de o aeroporto ser construído no local A e 60% de chance de ser construído no local B.

As probabilidades de cada estado da natureza são calculadas nas células B10 e C10, respectivamente. Usando essas probabilidades, o VME para cada alternativa de decisão é calculado na coluna D da seguinte forma:

Fórmula para a célula D5: =SOMARPRODUTO(B5:C5;$B$10:$C$10)
(Copiar para as células D6 a D8.)

O maior VME está associado à decisão de comprar o terreno no local B. Assim, essa é a decisão sugerida de acordo com a regra de decisão de VME.

Consideremos o significado dos valores na coluna VME na Figura 14.6. Por exemplo, a decisão de comprar o terreno no local B tem um VME de $ 3,4 milhões. O que esse valor representa? A tabela de resultados indica que a Magnolia Inns receberá um retorno de $ 11 milhões se comprar esse terreno e o aeroporto for construído lá, ou perderá $ 8 milhões se comprar esse terreno e o aeroporto for construído no outro local. Então, não parece haver maneira de a empresa receber um retorno de $ 3,4 milhões se comprar o terreno no local B. No entanto, imagine que a Magnolia Inns enfrenta essa mesma decisão não apenas uma, mas várias vezes (talvez semanalmente). Se a empresa sempre decidir comprar o terreno no local B, seria esperado que ela recebesse um retorno de $ 11 milhões em 60% das vezes e incorreria em uma perda de $ 8 milhões em 40% das vezes. Então, a longo prazo, a decisão de comprar o terreno no local B resulta em um retorno médio de $ 3,4 milhões.

O VME para determinada alternativa de decisão indica o retorno médio que seria recebido se um problema de decisão idêntico fosse enfrentado repetidamente e se essa alternativa fosse sempre selecionada. A seleção da alternativa com o VME mais alto faz sentido em situações em que problemas de decisão idênticos serão enfrentados repetidamente e podemos "apostar nas médias". No entanto, essa regra de decisão pode ser muito arriscada em problemas de decisão enfrentados apenas uma vez (como em nosso problema exemplo). Consideremos, por exemplo, o seguinte problema:

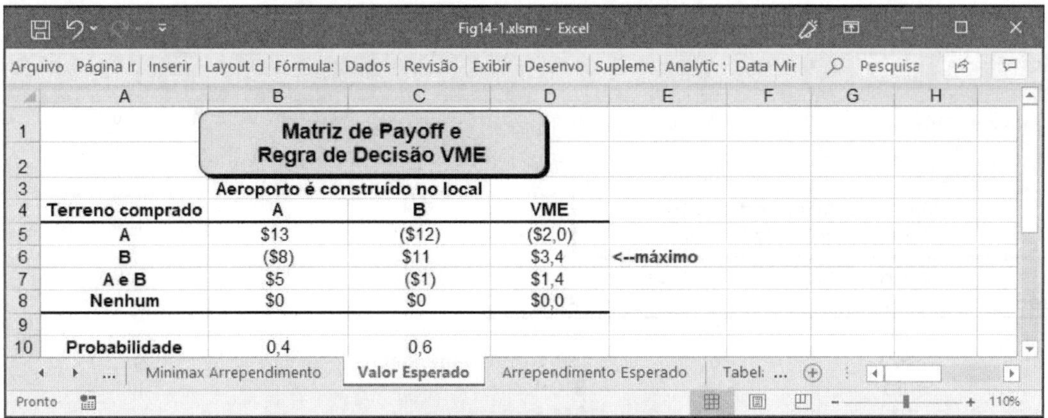

	A	B	C	D	E
1		Matriz de Payoff e Regra de Decisão VME			
3		Aeroporto é construído no local			
4	Terreno comprado	A	B	VME	
5	A	$13	($12)	($2,0)	
6	B	($8)	$11	$3,4	<--máximo
7	A e B	$5	($1)	$1,4	
8	Nenhum	$0	$0	$0,0	
10	Probabilidade	0,4	0,6		

Fórmulas das principais células		
Célula	**Fórmula**	**Copiado para**
D5	=SOMARPRODUTO(B5:C5;$B$10:$C$10)	D6:D8
C10	=1–B10	--

FIGURA 14.6
A regra de decisão de valor monetário esperado para o problema da Magnolia Inns.

Decisão	Estado da natureza 1	2	VME	
A	15.000	–5.000	5.000	← máximo
B	5.000	4.000	4.500	
Probabilidade	0,5	0,5		

Se enfrentarmos uma decisão com esses retornos e probabilidades repetidamente e sempre selecionarmos a decisão A, o retorno a longo prazo seria em média $ 5.000. Como esse valor é maior que o retorno médio a longo prazo da decisão B, igual a $ 4.500, a seleção da decisão A seria sempre melhor. Mas o que aconteceria se enfrentássemos esse problema de decisão apenas uma vez? Se a decisão A for selecionada, é igualmente provável que receberemos $ 15.000 ou perderemos $ 5.000. Se a decisão B for selecionada, é igualmente provável que receberemos retornos de $ 5.000 ou $ 4.000. Nesse caso, a decisão A é mais arriscada. Ainda assim, esse tipo de risco é completamente ignorado pela regra de decisão de VME. Mais tarde, discutiremos uma técnica – conhecida como a teoria da utilidade – que permite levar em conta esse tipo de risco em nossa tomada de decisão.

14.7.2 ARREPENDIMENTO ESPERADO

Também é possível usar a probabilidade dos estados da natureza para calcular o **arrependimento esperado**, ou a **perda de oportunidade esperada (POE)**, para cada alternativa em um problema de decisão. A Figura 14.7 ilustra esse processo para nosso problema exemplo.

Os cálculos na Figura 14.7 são idênticos àqueles usados para os VMEs; a diferença é que, aqui, apenas substituímos os valores de arrependimento (ou perdas de oportunidade) pelos retornos. Como mostrado na Figura 14.7, a decisão de comprar o terreno no local B resulta na menor POE. Não é por acaso que essa mesma decisão também resultou no maior VME na Figura 14.6. A decisão com a menor POE também terá o maior VME. Assim, as regras de decisão de VME e de POE sempre resultam na seleção da mesma alternativa de decisão.

> **VME e POE**
>
> As regras de decisão de valor monetário esperado (VME) e de perda de oportunidade esperada (POE) sempre resultam na seleção da mesma alternativa de decisão.

FIGURA 14.7 *A regra de decisão de arrependimento esperado para o problema da Magnolia Inns.*

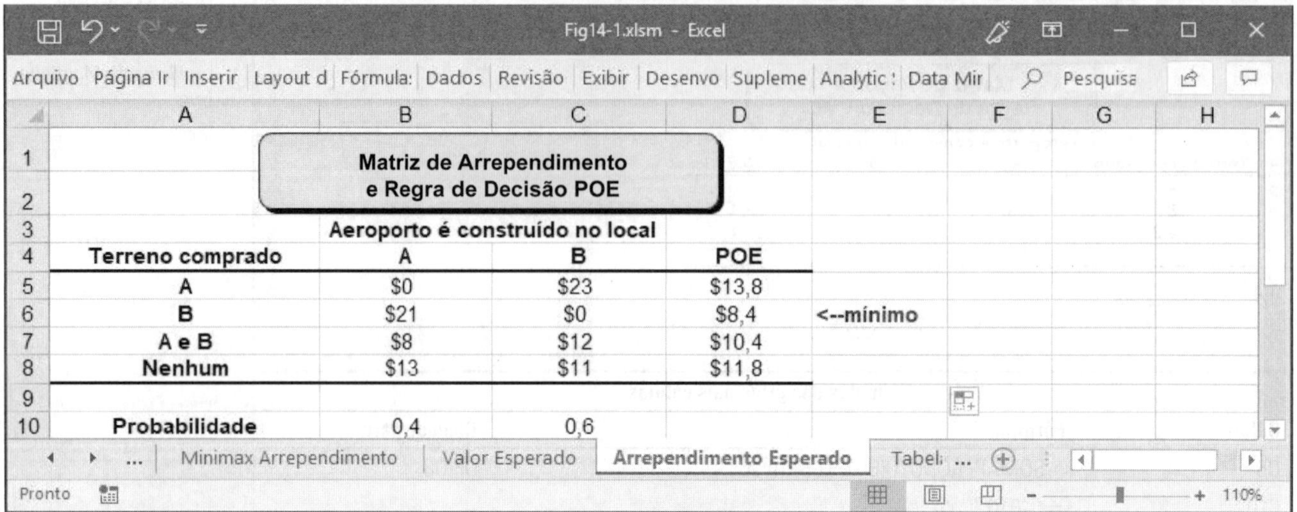

Fórmulas das principais células		
Célula	**Fórmula**	**Copiado para**
B5	=MÁXIMO(Payoffs!B$5:B$8)–Payoffs!B5	B5:C8
D5	=SOMARPRODUTO(B5:C5;$B$10:$C$10)	D6:D8
C10	=1–B10	--

14.7.3 ANÁLISE DE SENSIBILIDADE

Ao usar as regras de decisão probabilísticas, deve-se sempre considerar o quão sensível a decisão recomendada é em relação às probabilidades estimadas. Por exemplo, a regra de decisão de VME mostrada na Figura 14.6 indica que, se há uma probabilidade de 60% de o novo aeroporto ser construído no local B, a melhor decisão é comprar o terreno no local B. No entanto, o que aconteceria se essa probabilidade fosse de 55%? Ou de 50%? Ou de 45%? Ainda seria melhor comprar o terreno no local B?

Podemos responder essas perguntas com a construção de uma tabela de dados que resume os VMEs para cada alternativa conforme variamos as probabilidades. A Figura 14.8 mostra como criar uma tabela de dados para esse problema.

Primeiro, nas células A14 a A24, lançamos os valores de 0 a 1 que representam as diferentes probabilidades de o aeroporto ser construído no local A. Em seguida, nas células B13 a E13, lançamos as fórmulas ligadas aos VMEs para cada uma das alternativas de decisão. Para completar a tabela de dados, siga estes passos:

1. Selecione as células A13 a E24.
2. Clique em Dados, Teste de Hipóteses, Tabela de Dados.
3. Especifique uma Célula de Entrada da Coluna de B10 (como mostrado na Figura 14.8).
4. Clique em OK.

Isso faz que o Excel coloque cada um dos valores das células A14 a A24 na célula B10, recalcule a planilha e, então, grave os VMEs resultantes para cada alternativa de decisão em nossa tabela. (Observe que a fórmula na célula C10 faz que a probabilidade de o aeroporto ser construído no local B dependa do valor na célula B10.) A tabela de dados resultante é mostrada na Figura 14.9.

A tabela de dados na Figura 14.9 indica que, se a probabilidade de o aeroporto ser construído no local A for de 0,4 ou menor, a compra do terreno no local B tem o VME mais alto. No entanto, se for igualmente provável que o aeroporto seja construído em qualquer um dos locais, a decisão de compra do terreno em ambos os locais A e B tem o VME mais alto. Se for mais provável que o aeroporto seja construído no local A, então, a compra do terreno nesse local se torna a decisão preferencial.

O gráfico dos retornos possíveis, mostrado na Figura 14.9, evidencia que a compra de terrenos em ambos os locais A e B é uma alternativa menos arriscada que a compra em qualquer local individualmente. Se há muita incerteza nas estimativas de probabilidade, a alternativa preferencial poderá ser a compra de ambas as propriedades. Para valores de probabilidade entre 0,4 e 0,6, o VME de compra de terrenos em ambos os locais A e B é sempre positivo e varia entre $ 1,4 milhão e $ 2,6 milhões. Dentro dessa mesma faixa de probabilidades, uma decisão de comprar no local A individualmente ou no local B individualmente representa um risco de um VME negativo.

FIGURA 14.8 *Criando uma tabela de dados de VMEs para as diversas alternativas conforme as probabilidades mudam.*

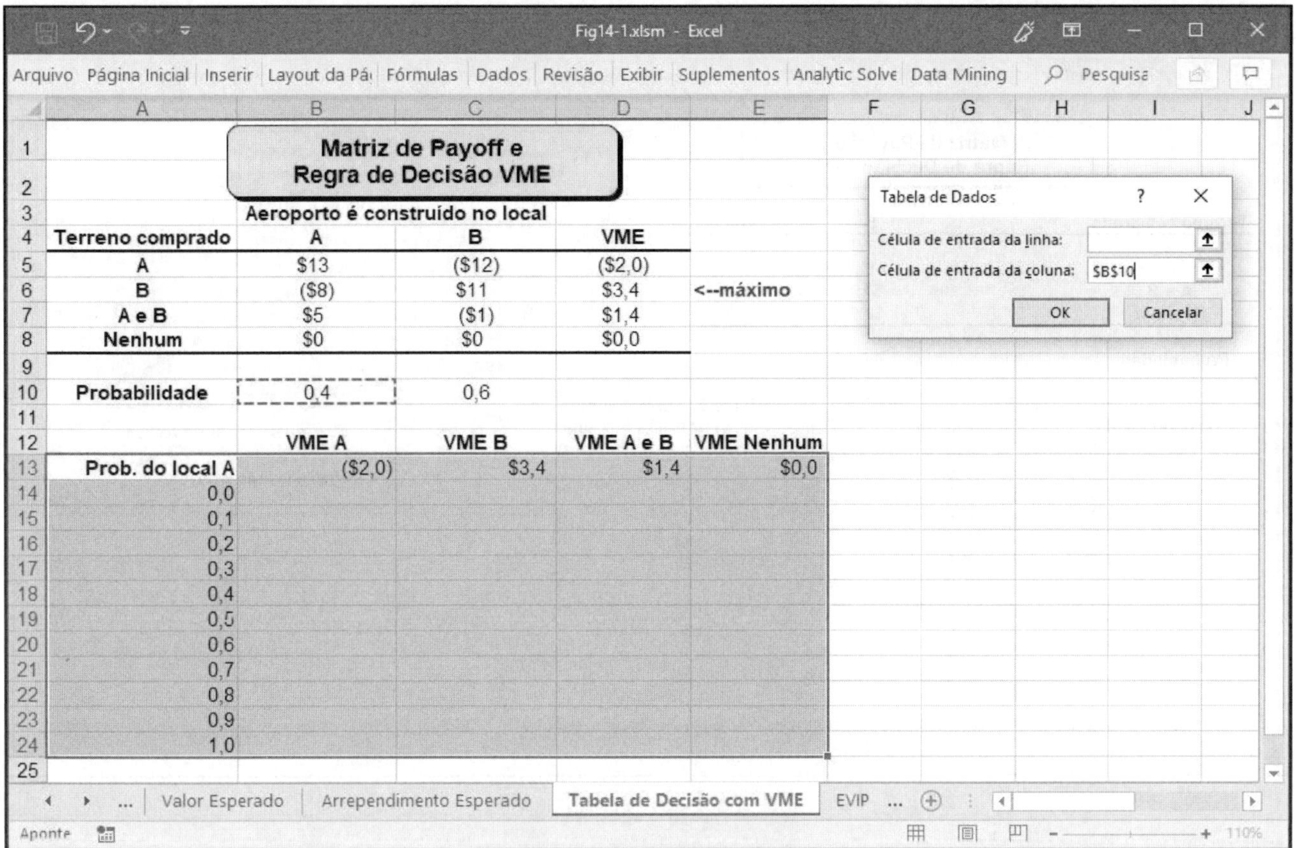

Fórmulas das principais células		
Célula	**Fórmula**	**Copiado para**
D5	=SOMARPRODUTO(B5:C5;$B$10:$C$10)	D6:D8
C10	=1–B10	--
A15	=A14+0,1	A16:A24
B13	=D5	--
C13	=D6	--
D13	=D7	--
E13	=D8	--

14.8 O valor esperado da informação perfeita

Uma das principais dificuldades na tomada de decisão é que geralmente não sabemos qual estado da natureza ocorrerá. Como já visto, estimativas de probabilidade de cada estado da natureza podem ser usadas para calcular o VME de várias alternativas de decisão. No entanto, as probabilidades não dizem qual estado da natureza ocorrerá – apenas indicam a probabilidade dos vários estados da natureza.

Suponha que pudéssemos contratar um consultor que pudesse dizer, com antecedência e 100% de precisão, qual estado da natureza ocorrerá. Se nosso problema exemplo fosse um problema de decisão repetível, o consultor indicaria em 40% das vezes que o aeroporto seria construído no local A, e a empresa compraria o terreno nesse local e receberia um retorno de $ 13 milhões. Da mesma forma, em 60% das vezes, o consultor indicaria que o aeroporto seria construído no local B, e a empresa compraria o terreno nesse local e receberia um retorno de $ 11 milhões. Assim, com a informação perfeita antecipada sobre o local onde o aeroporto será construído, o retorno médio seria o seguinte:

Valor esperado *com* informação perfeita $= 0{,}40 \times \$\,13 + 0{,}60 \times \$\,11 = \$\,11{,}8$ (em milhões)

Então, quanto a Magnolia Inns deveria estar disposta a pagar para esse consultor a fim de obter tais informações? Com base na Figura 14.6, sabemos que, *sem* os serviços desse consultor, a melhor decisão identificada resulta em

FIGURA 14.9 *Tabela de dados para o problema da Magnolia Inns.*

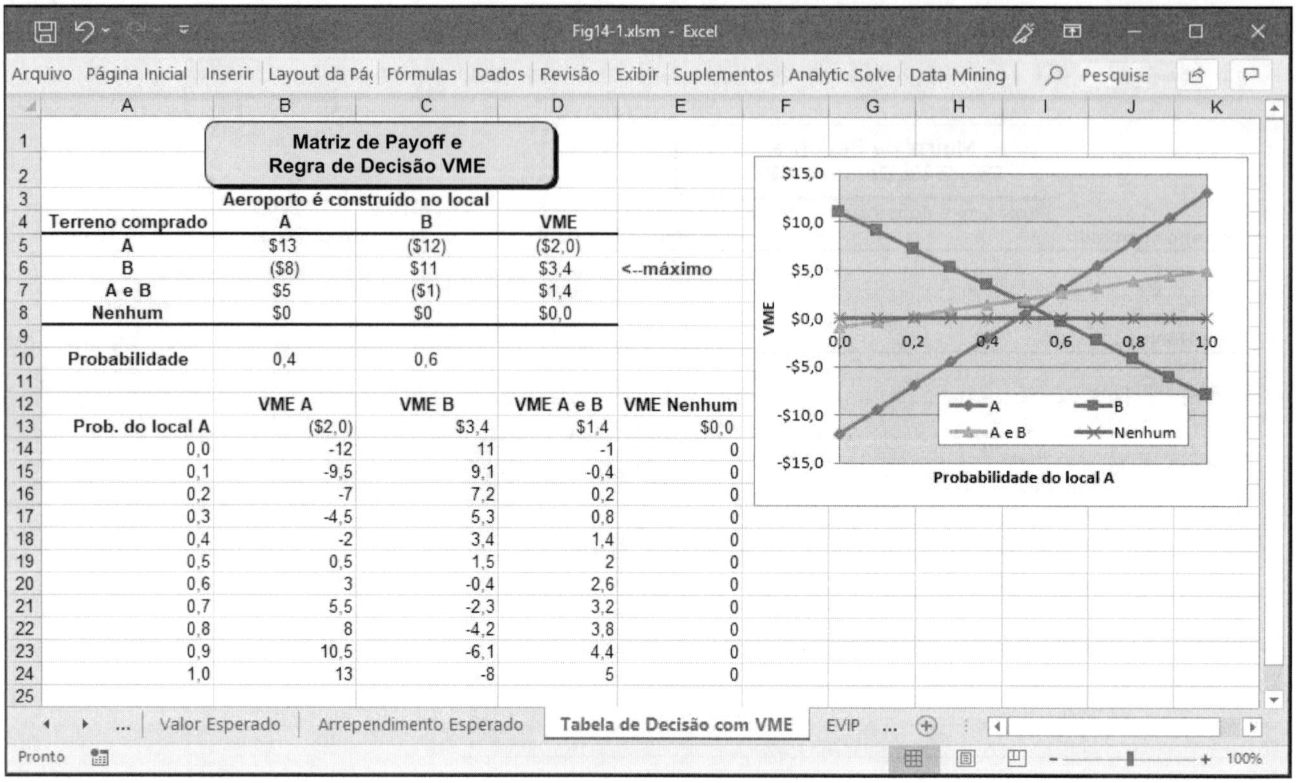

Matriz de Payoff e Regra de Decisão VME

Terreno comprado	Aeroporto é construído no local A	B	VME	
A	$13	($12)	($2,0)	
B	($8)	$11	$3,4	<--máximo
A e B	$5	($1)	$1,4	
Nenhum	$0	$0	$0,0	
Probabilidade	0,4	0,6		

	VME A	VME B	VME A e B	VME Nenhum
Prob. do local A	($2,0)	$3,4	$1,4	$0,0
0,0	-12	11	-1	0
0,1	-9,5	9,1	-0,4	0
0,2	-7	7,2	0,2	0
0,3	-4,5	5,3	0,8	0
0,4	-2	3,4	1,4	0
0,5	0,5	1,5	2	0
0,6	3	-0,4	2,6	0
0,7	5,5	-2,3	3,2	0
0,8	8	-4,2	3,8	0
0,9	10,5	-6,1	4,4	0
1,0	13	-8	5	0

um VME de $ 3,4 milhões. Portanto, as informações fornecidas pelo consultor permitiriam que a empresa tomasse decisões que aumentam o VME em $ 8,4 milhões ($ 11,8 – $ 3,4 = $ 8,4). Assim, a empresa deveria estar disposta a pagar ao consultor até $ 8,4 milhões pelo fornecimento da informação perfeita.

O **valor esperado da informação perfeita (VEIP)** é o valor esperado obtido com a informação perfeita menos o valor esperado obtido sem a informação perfeita (que é dado pelo VME máximo), ou seja:

$$\begin{matrix}\text{Valor esperado } \textit{da} \\ \text{informação perfeita}\end{matrix} = \begin{matrix}\text{Valor esperado } \textit{com} \text{ a} \\ \text{informação perfeita}\end{matrix} - \text{VME máximo}$$

A Figura 14.10 resume o cálculo do VEIP para nosso problema exemplo. A célula D6 na Figura 14.10 mostra o cálculo do VME máximo de $ 3,4 milhões, descrito anteriormente em nossa discussão sobre a regra de decisão de VME. Os retornos das decisões tomadas sob cada estado da natureza com a informação perfeita são calculados nas células B12 e C12 da seguinte forma:

Fórmula para a célula B12: =MÁXIMO(B5:B8)
(Copiar para a célula C12.)

O valor esperado *com* a informação perfeita é calculado na célula D12 da seguinte forma:

Fórmula para a célula D12: =SOMARPRODUTO(B12:C12;B10:C10)

Finalmente, o valor esperado da informação perfeita é calculado na célula D14 da seguinte forma:

Fórmula para a célula D14: =D12 – MÁXIMO(D5:D8)

Observe que o valor de $ 8,4 milhões do VEIP na célula D14 é idêntico à POE mínima mostrada anteriormente na Figura 14.7. Isso *não* é apenas uma coincidência. Em um problema de decisão, a POE mínima será sempre igual ao VEIP.

Ponto-chave

O valor esperado da informação perfeita (VEIP) é equivalente à perda de oportunidade esperada (POE) mínima.

FIGURA 14.10 *O valor esperado da informação perfeita para o problema da Magnolia Inns.*

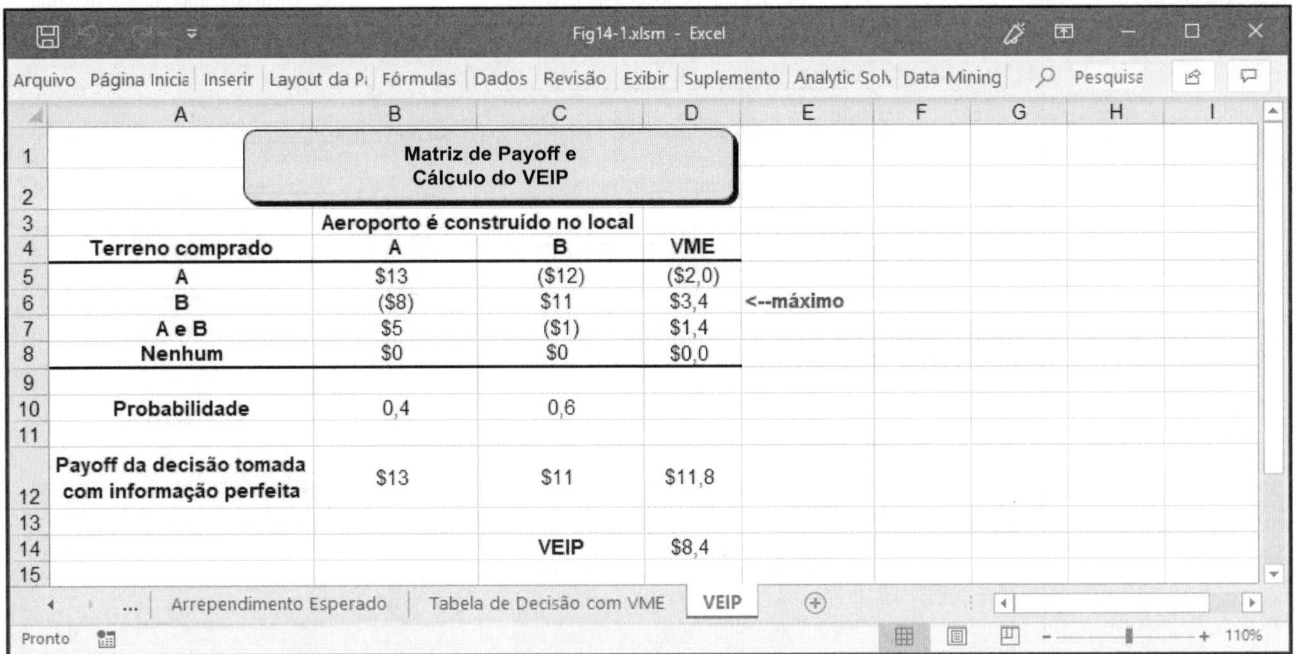

	Matriz de Payoff e Cálculo do VEIP		
	Aeroporto é construído no local		
Terreno comprado	**A**	**B**	**VME**
A	\$13	(\$12)	(\$2,0)
B	(\$8)	\$11	\$3,4 <--máximo
A e B	\$5	(\$1)	\$1,4
Nenhum	\$0	\$0	\$0,0
Probabilidade	0,4	0,6	
Payoff da decisão tomada com informação perfeita	\$13	\$11	\$11,8
		VEIP	\$8,4

Fórmulas das principais células

Célula	Fórmula	Copiado para
B12	=MÁXIMO(B5:B8)	C12
D5	=SOMARPRODUTO(B5:C5;\$B\$10:\$C\$10)	D6:D8 e D12
D14	=D12–MÁXIMO(D5:D8)	--

14.9 Árvores de decisão

Embora alguns problemas de decisão possam ser representados e analisados efetivamente com o uso das tabelas de resultados, também podemos representá-los em uma forma gráfica conhecida como **árvore de decisão**. A Figura 14.11 mostra o problema da Magnolia Inns representado nesse formato.

Como mostrado na Figura 14.11, uma árvore de decisão é composta de um conjunto de nós (representados por círculos e quadrados) interligados por ramos (representados por linhas). Um nó quadrado é chamado **nó de decisão**, pois representa uma decisão. Os ramos que saem de um nó de decisão representam as diferentes alternativas para uma decisão em particular. Na Figura 14.11, um único nó quadrado de decisão representa a decisão enfrentada pela Magnolia Inns sobre onde comprar o terreno. Os quatro ramos que saem desse nó de decisão representam as quatro alternativas em análise. O fluxo de caixa associado com cada alternativa também está listado. Por exemplo, o valor de –18 abaixo da alternativa rotulada "Comprar A" indica que, se a empresa comprar o terreno no local A, deve pagar \$ 18 milhões.

Os nós circulares em uma árvore de decisão são chamados **nós de evento**, pois representam eventos incertos. Os ramos que saem dos nós de evento (chamados **ramos de evento**) correspondem aos possíveis estados da natureza ou aos possíveis resultados de um evento incerto. A Figura 14.11 mostra que cada alternativa que sai do nó de decisão é seguida por um evento incerto, representado pelos nós de evento 1, 2, 3 e 4. Os ramos de cada nó de evento representam um possível local para o novo aeroporto. Em cada caso, o aeroporto pode ser construído no local A ou B. O valor abaixo de cada ramo dos nós de evento indica o fluxo de caixa que ocorrerá para essa combinação de decisão/evento. Por exemplo, no nó 1, o valor 31 abaixo do primeiro ramo de evento indica que, se a empresa comprar o terreno no local A e o aeroporto for construído nesse local, ocorrerá um fluxo de caixa de \$ 31 milhões.

Os diversos ramos em uma árvore de decisão terminam em objetos chamados **folhas**. Uma vez que cada folha corresponde a uma maneira como o problema de decisão poderá finalizar, as folhas também são referidas como **nós terminais**. Cada nó terminal na Figura 14.11 corresponde a um lançamento na tabela de resultados na Figura 14.2. O retorno ocorrido em cada nó terminal é calculado pela soma dos fluxos de caixa ao longo do conjunto de ramos que levam a cada folha. Por exemplo, seguindo os ramos superiores da árvore, há um retorno de \$ 13 milhões se a

FIGURA 14.11
Representação do problema da Magnolia Inns como árvore de decisão.

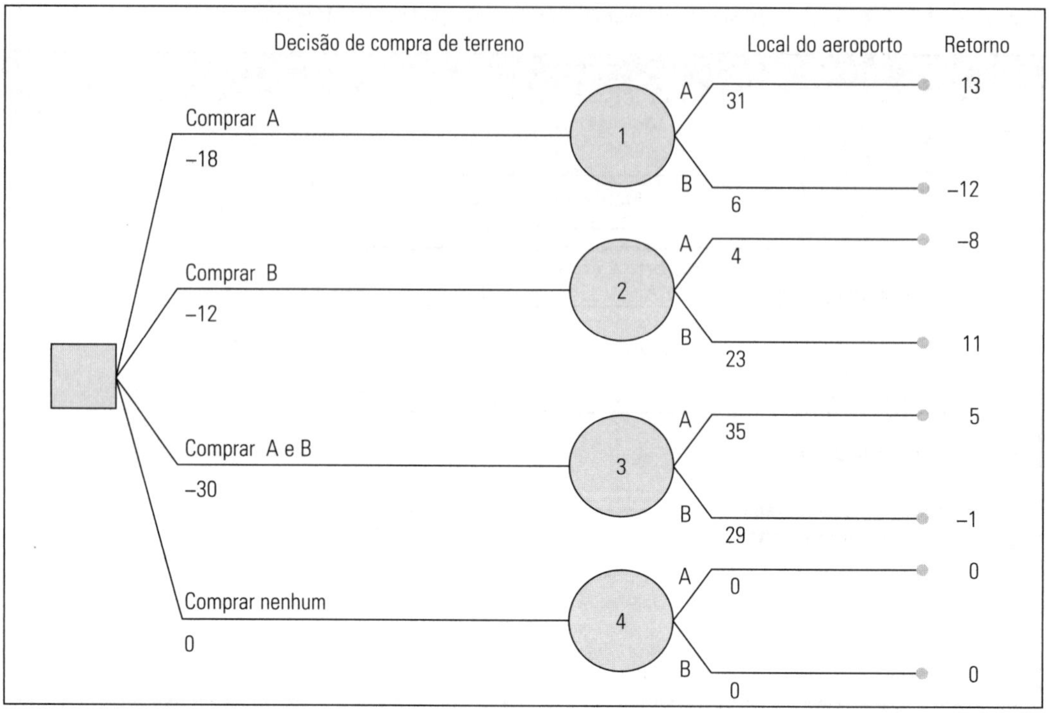

decisão de comprar o terreno no local A for seguida pela construção do novo aeroporto nesse local (–18 + 31 = 13). É necessário verificar os valores de fluxo de caixa em cada ramo e em cada folha antes de prosseguir.

14.9.1 CALCULANDO O VME DE UMA ÁRVORE DE DECISÃO

Após o cálculo dos retornos em cada nó terminal, podemos aplicar qualquer uma das regras de decisão descritas anteriormente. Por exemplo, podemos identificar o retorno máximo possível para cada decisão e aplicar a regra de decisão maximax. No entanto, as árvores de decisão são usadas com mais frequência para implementar a regra de decisão de VME – ou seja, para identificar a decisão com o maior VME.

Podemos aplicar um processo conhecido como *rolling back* em uma árvore de decisão para determinar a decisão com o maior VME. A Figura 14.12 ilustra esse processo para nosso problema exemplo.

Como a regra de decisão de VME é um método probabilístico, a Figura 14.12 indica as probabilidades associadas a cada ramo de evento que sai de cada nó de evento (ou seja, existe uma probabilidade de 0,4 de o novo aeroporto ser construído no local A e uma probabilidade de 0,6 de ser construído no local B). Para realizar os cálculos nessa árvore de decisão, começamos pelos retornos e seguimos em uma movimentação da direita para a esquerda, de trás para a frente da árvore de decisão, calculando os valores esperados para cada nó. Por exemplo, o evento representado pelo nó 1 tem uma probabilidade de 0,4 de resultar em um retorno de $ 13 milhões e uma probabilidade de 0,6 de resultar em uma perda de $ 12 milhões. Assim, o VME no nó 1 é calculado da seguinte forma:

$$\text{VME no nó } 1 = 0{,}4 \times 13 + 0{,}6 \times -12 = -2{,}0$$

Os cálculos do valor esperado para o restante dos nós de evento na Figura 14.12 são resumidos da seguinte forma:

$$\text{VME no nó } 2 = 0{,}4 \times -8 + 0{,}6 \times 11 = 3{,}4$$
$$\text{VME no nó } 3 = 0{,}4 \times 5 + 0{,}6 \times -1 = 1{,}4$$
$$\text{VME no nó } 4 = 0{,}4 \times 0 + 0{,}6 \times 0 = 0{,}0$$

O VME para um nó de decisão é calculado de forma diferente. Por exemplo, no nó de decisão (quadrado), enfrentamos uma decisão entre quatro alternativas que levam a eventos com VMEs de –2, 3,4, 1,4 e 0, respectivamente. Em um nó de decisão, a alternativa que leva ao melhor VME é sempre selecionada. Assim, o VME no nó de decisão é de 3,4, que corresponde ao VME resultante da decisão de compra de um terreno no local B. (Essa decisão é representada pelo número 2 no nó de decisão, pois a decisão de comprar um terreno no local B é a segunda alternativa nesse nó.) Às vezes, a alternativa ótima em um nó de decisão é indicada ao "podar" os ramos subótimos. Os ramos podados na Figura 14.12 são indicados pelas linhas duplas verticais (||) mostradas nas alternativas subótimas que saem do nó de decisão.

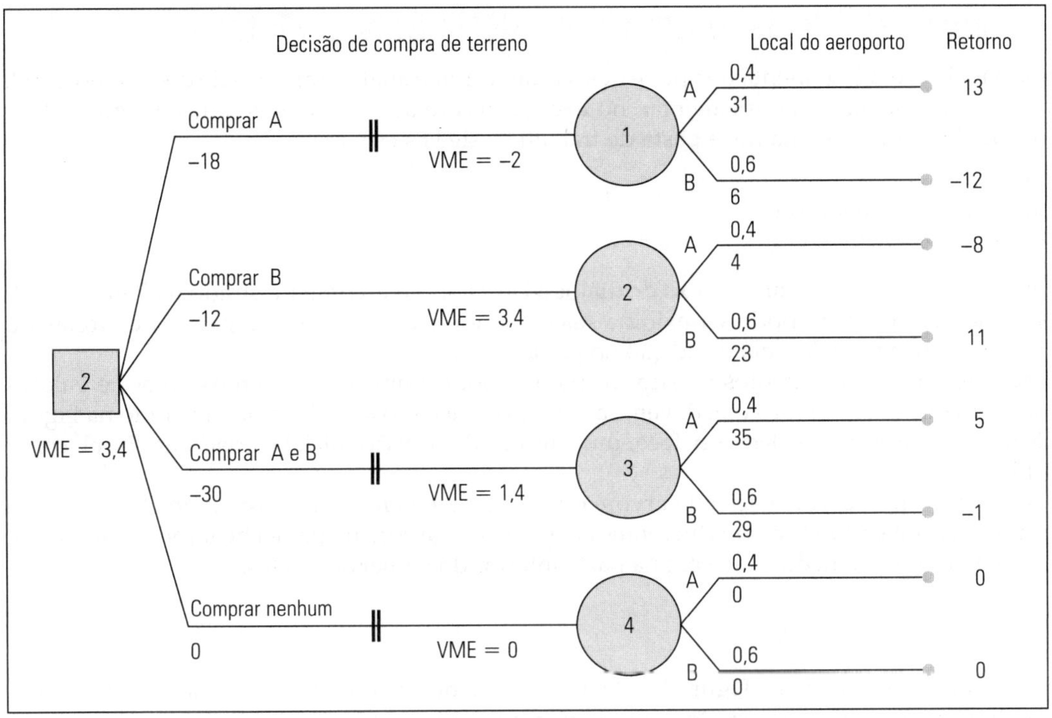

FIGURA 14.12 *Calculando o VME da árvore de decisão para o problema da Magnolia Inns.*

Agora, a relação entre a árvore de decisão na Figura 14.12 e a tabela de resultados na Figura 14.2 deve estar clara. No entanto, você pode se perguntar se é necessário incluir o nó de evento 4 na árvore mostrada na Figura 14.12. Se a Magnolia Inns decidir não comprar nenhuma propriedade, o retorno recebido não depende do local onde o aeroporto for enfim construído – independentemente desse local, a empresa receberá um retorno de 0.

A Figura 14.13 mostra uma maneira alternativa, e talvez mais eficiente, de representar esse problema como uma árvore de decisão em que fica claro que a decisão de não comprar nenhum terreno resulta em um retorno definitivo de 0.

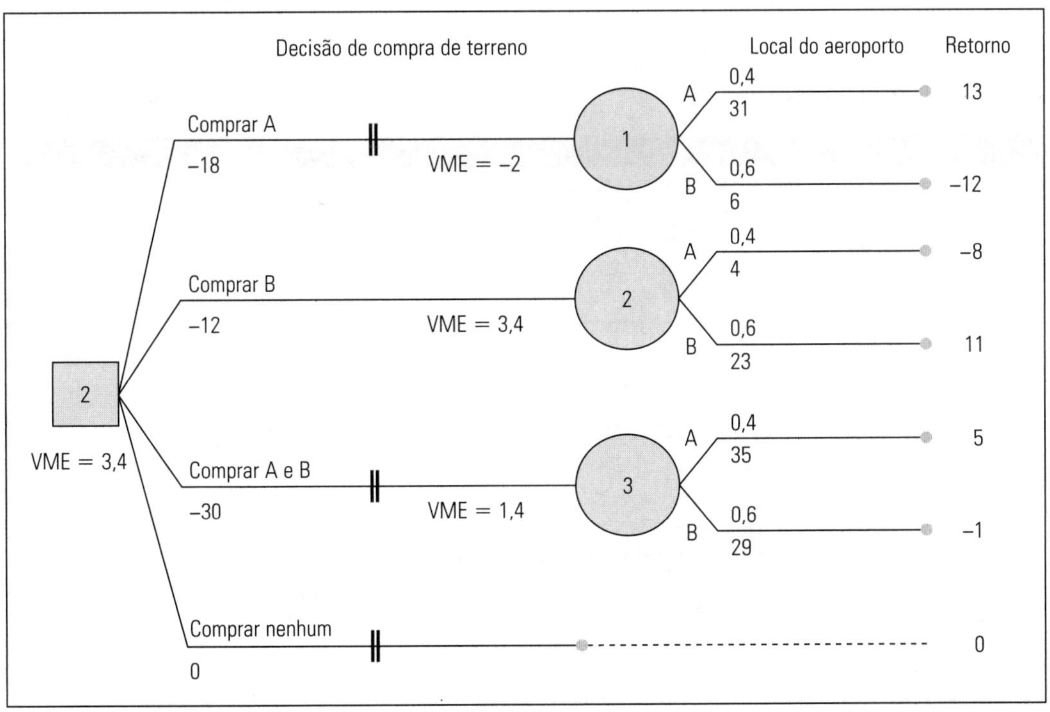

FIGURA 14.13 *Representação alternativa da árvore de decisão para o problema da Magnolia Inns.*

14.10 Criando árvores de decisão com o Analytic Solver Platform

O Analytic Solver Platform inclui uma ferramenta que pode nos ajudar a criar e analisar árvores de decisão no Excel. Ilustraremos como usar essa ferramenta para implementar, no Excel, a árvore de decisão mostrada na Figura 14.13.

Para criar uma árvore de decisão, abra uma nova pasta de trabalho e siga estes passos:

1. Selecione a célula A1.
2. Clique na guia do Analytic Solver Platform.
3. Clique em Decision Tree, Node, Add Node.

Em resposta, o Analytic Solver Platform exibe a caixa de diálogo Decision Tree, como mostrado na Figura 14.14. (A caixa de diálogo Decision Tree também pode ser exibida selecionando Decision Tree no painel de tarefas do Analytic Solver e clicando no ícone verde de sinal de adição no painel de tarefas.)

Na Figura 14.14, preenchemos os lançamentos mostrados para o Node Name e fornecemos nomes e valores (fluxos de caixa) para cada um dos quatro ramos que devem sair do nó de decisão inicial (como mostrado na Figura 14.13). Ao clicar em OK na caixa de diálogo Decision Tree, uma árvore de decisão inicial é criada no Excel, como mostrado na Figura 14.15.

Na Figura 14.15, observe que uma representação da árvore de decisão também é criada na seção Decision Tree do painel de tarefas do Analytic Solver. Se clicar em diferentes elementos da árvore no painel de tarefas, várias propriedades associadas ao elemento selecionado aparecem na parte inferior do painel de tarefas.

14.10.1 ADICIONANDO NÓS DE EVENTO

Cada um dos três primeiros ramos de decisão na Figura 14.13 leva a um nó de evento com dois ramos. Assim, é preciso adicionar nós de evento similares aos da árvore de decisão mostrada na Figura 14.15. Para adicionar o primeiro nó de evento, siga estes passos:

1. Selecione o nó terminal para o ramo rotulado Comprou A (célula F3).
2. Clique em Decision Tree, Node, Change Node.

Isso faz que a caixa de diálogo Decision Tree apareça novamente. No entanto, como mostrado na Figura 14.16, desta vez selecionamos a opção Event/Chance e fornecemos as informações de name, value (ou fluxos de caixa) e chance (probabilidade) associadas ao nó de evento que desejamos adicionar à árvore. A planilha resultante é mostrada na Figura 14.27.

O procedimento usado para criar o nó de evento para a decisão Comprou A poderia ser repetido para criar nós de evento para as decisões correspondentes a Comprou B e Comprou A & B. No entanto, como todos os nós de evento são idênticos nesse problema (exceto para os valores nos ramos), também seria possível simplesmente copiar o nó de evento

FIGURA 14.14 *Caixa de diálogo inicial Decision Tree.*

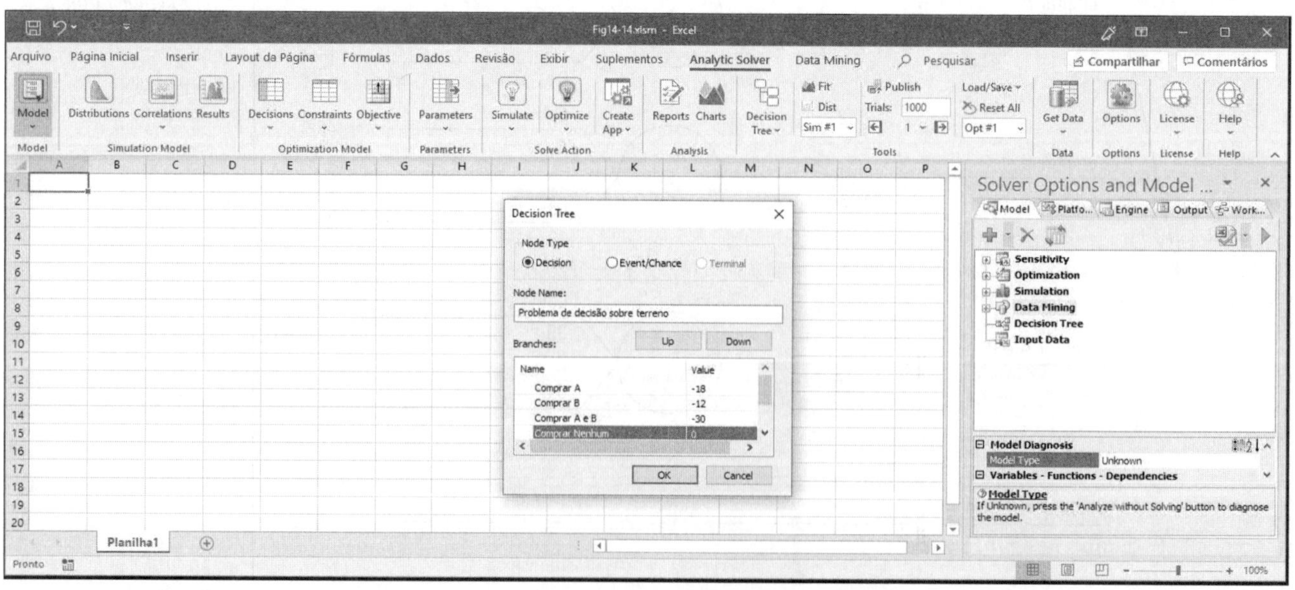

FIGURA 14.15 *Árvore inicial com quatro ramos de decisão.*

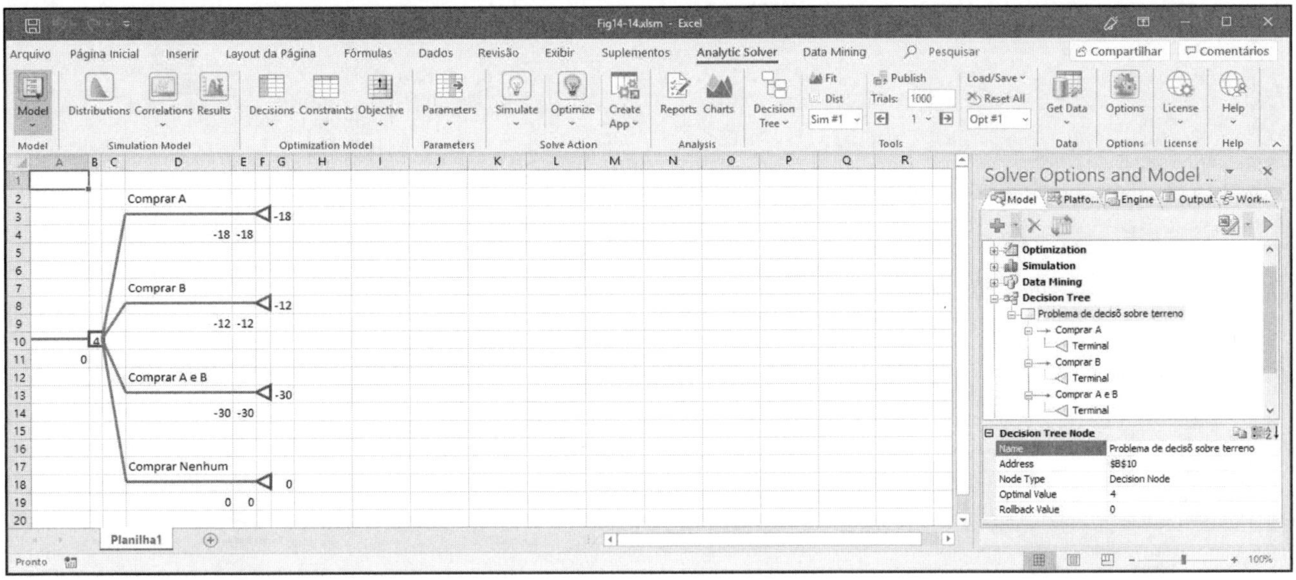

FIGURA 14.16 *Adicionando um nó de evento.*

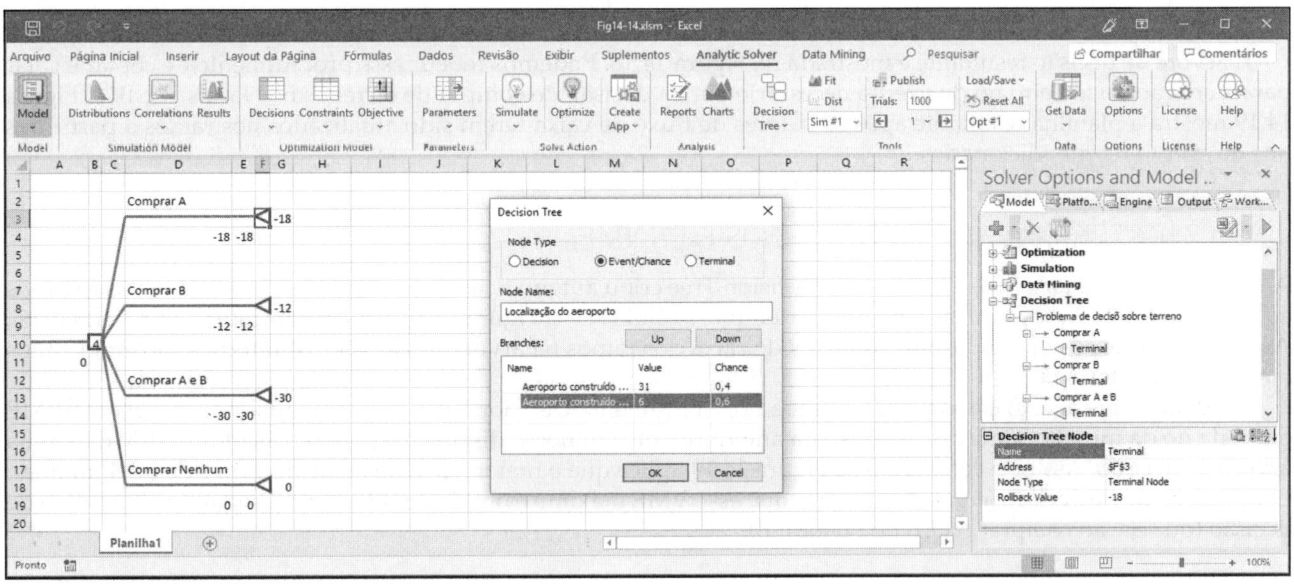

existente por duas vezes. Pode ser tentador copiar e colar o nó de evento existente usando os comandos padrão do Excel – mas, ao fazer isso, o Analytic Solver não pode atualizar corretamente as fórmulas na árvore. Assim, é importante copiar e colar partes da árvore de decisão usando os comandos Copy Node e Paste Node do Analytic Solver. Para criar uma cópia do nó de evento:

1. Selecione o nó que deseja copiar (célula F5).
2. Clique em Decision Tree, Node, Copy Node.

Isso cria uma cópia do nó de evento selecionado na memória do seu computador. Para colar uma cópia dessa subárvore no próximo ramo na árvore de decisão:

1. Selecione o local da célula de destino (célula F13).
2. Clique em Decision Tree, Node, Paste Node.

FIGURA 14.17 *Árvore de decisão modificada com um nó de evento.*

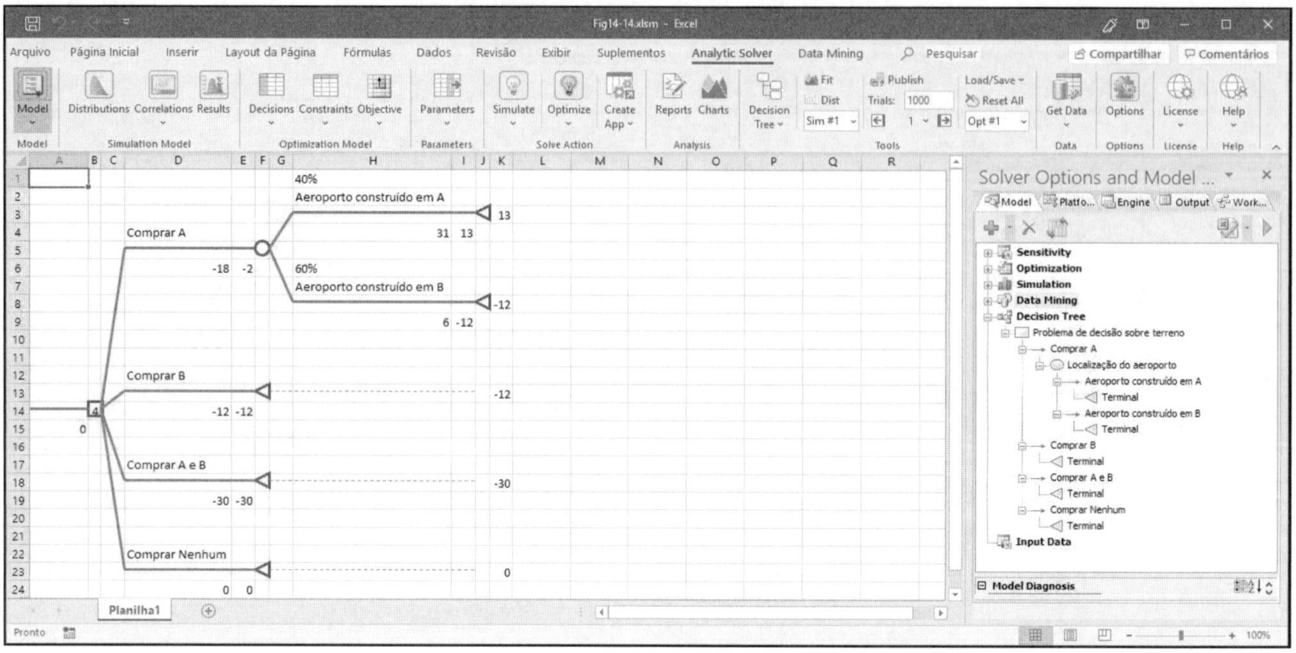

A árvore de decisão resultante é mostrada na Figura 14.18. Podemos repetir esse procedimento de copiar e colar para a criação do terceiro nó de evento necessário para a decisão de compra de terrenos nos locais A e B. A Figura 14.19 mostra a planilha resultante após os valores de fluxo de caixa terem sido atualizados nos ramos a partir dos nós de evento recém-adicionados.

14.10.2 DETERMINANDO OS RETORNOS E OS VMEs

Ao lado de cada nó terminal, a ferramenta Decision Tree criou automaticamente uma fórmula que soma os retornos ao longo dos ramos que levam a esse nó. Por exemplo, a célula K3 na Figura 14.19 contém a fórmula =SOMA(H4;D6). Assim, ao lançarmos ou mudarmos os fluxos de caixa dos ramos na árvore de decisão, os retornos são atualizados automaticamente.

Imediatamente abaixo e à esquerda de cada nó, a ferramenta Decision Tree criou fórmulas que calculam o VME em cada nó da mesma forma que foi descrita anteriormente em nossa discussão sobre os cálculos do VME de uma árvore de decisão. Assim, a célula A20 na Figura 14.19 indica que o maior VME no nó de decisão é de $ 3,4 milhões. O valor 2 no nó de decisão (célula B19) indica que esse VME máximo é obtido ao selecionar a segunda alternativa de decisão (ou seja, ao comprar o terreno no local B).

14.10.3 OUTROS RECURSOS

A discussão anterior destinava-se a oferecer uma visão geral de como funciona a ferramenta Decision Tree e algumas de suas capacidades e opções. Muitas de suas outras capacidades são autoexplicativas.

Por padrão, a ferramenta Decision Tree assume que os VMEs calculados representam valores de lucro e que queremos identificar a decisão com o maior VME. No entanto, em algumas árvores de decisão, os valores esperados podem representar custos que queremos minimizar. Na Figura 14.19, observe que, quando o componente Decision Tree é selecionado na guia Model no painel de tarefas do Analytic Solver, diversas propriedades são exibidas na parte inferior do painel de tarefas. A opção EV/CE do Decision Node permite especificar se os valores usados devem ser maximizados ou minimizados.

Além disso, por padrão, a ferramenta Decision Tree assume que queremos analisar a árvore de decisão usando valores esperados. No entanto, outra técnica (descrita mais adiante) usa funções de utilidade exponenciais em vez de valores esperados. Assim, a propriedade Certainty Equivalents controla se a ferramenta Decision Tree utiliza valores esperados ou funções de utilidade exponenciais ao avaliar as alternativas em uma árvore de decisão.

FIGURA 14.18 *Árvore de decisão com três nós de evento.*

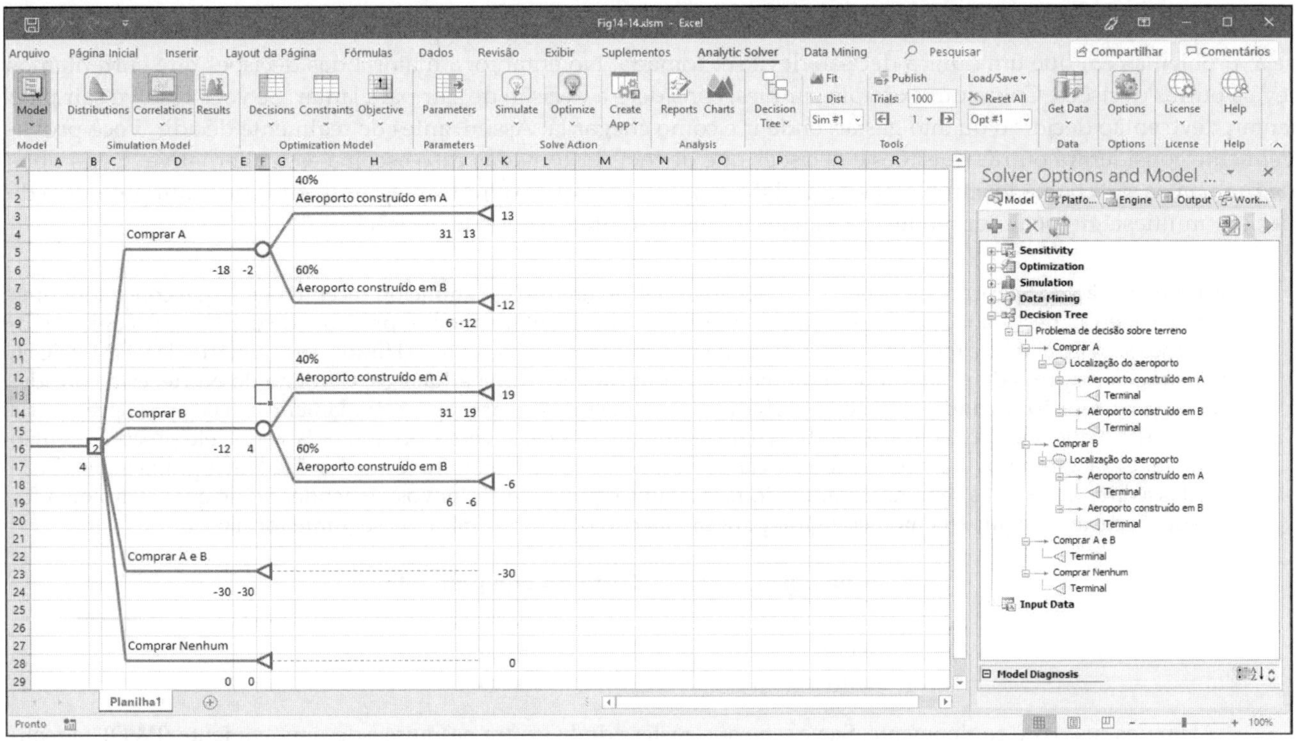

FIGURA 14.19 *Árvore de decisão completa para o problema da Magnolia Inns.*

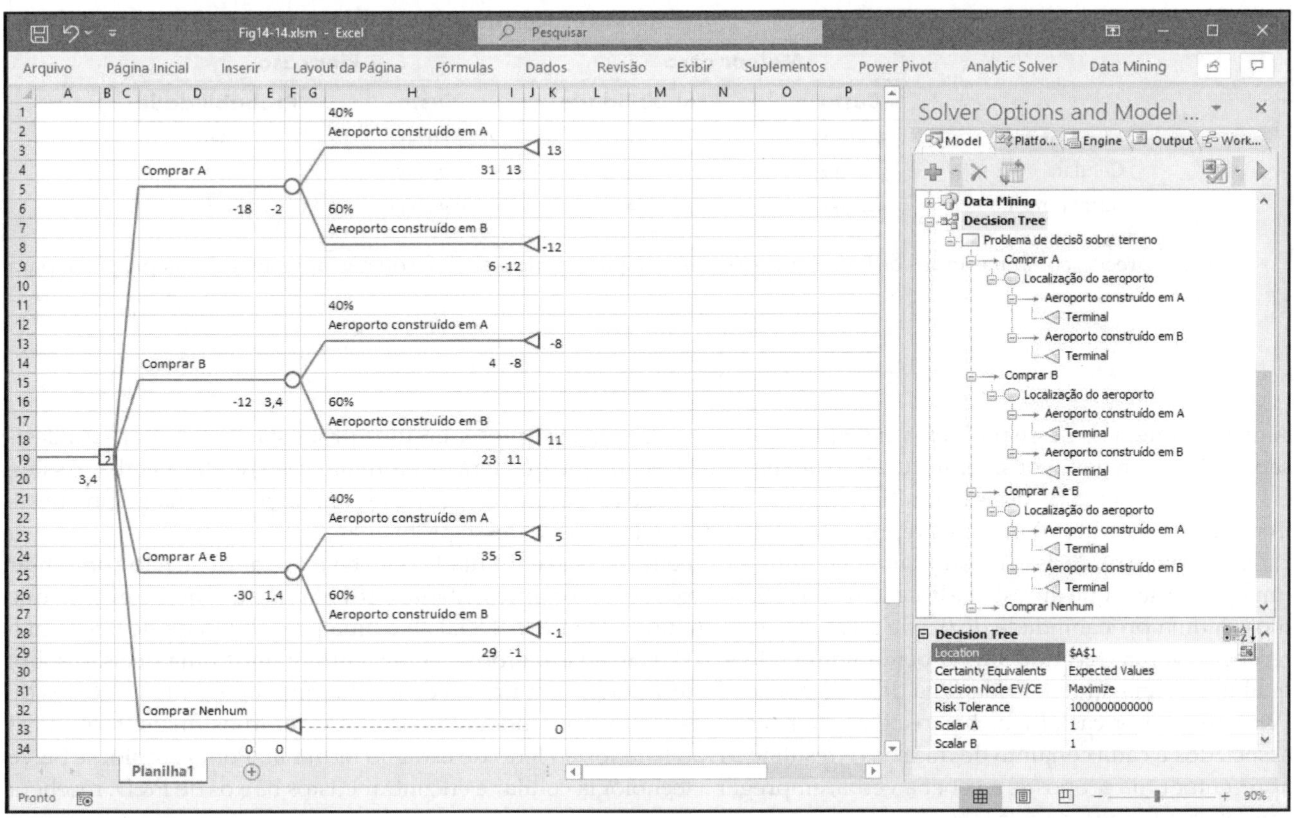

14.11 Problemas de decisão multiestágios

Até este ponto, nossa discussão sobre análise de decisão considerou apenas problemas com um **único estágio** – ou seja, problemas em que uma única decisão deve ser tomada. No entanto, a maioria das decisões que enfrentamos leva a outras decisões. Como um exemplo simples, considere a decisão de sair para jantar. Se você resolve sair para jantar, deve então decidir o quanto gastar, onde ir e como chegar lá. Assim, antes de realmente decidir, você provavelmente considerará outras questões e decisões que devem ser tomadas caso escolha essa alternativa. Esses tipos de problemas são chamados problemas de decisão **multiestágios**. O exemplo a seguir ilustra como um problema de decisão multiestágio pode ser modelado e analisado usando uma árvore de decisão.

A Administração de Segurança e Saúde Ocupacional (OSHA, em inglês) anunciou recentemente que concederá uma verba de pesquisa de $ 85.000 para a pessoa ou empresa que apresentar a melhor proposta de uso de tecnologia de comunicação sem fio a fim de melhorar a segurança na mineração de carvão. Steve Hinton, proprietário da COM-TECH, uma pequena empresa de pesquisa de comunicações localizada próxima a Raleigh, Carolina do Norte, está considerando se deve ou não se candidatar a essa verba. Steve estima que gastaria aproximadamente $ 5.000 para preparar a sua proposta e que tem cerca de 50% de chance de realmente receber a verba. Se receber a verba, ele precisaria então decidir se usará a tecnologia de comunicação via micro-ondas, celular ou infravermelho. Ele tem alguma experiência em todas as três áreas, mas seria necessário adquirir alguns equipamentos novos, dependendo de qual tecnologia for utilizada. O custo do equipamento necessário para cada tecnologia é resumido da seguinte forma:

Tecnologia	Custo do equipamento
Micro-ondas	$ 4.000
Celular	$ 5.000
Infravermelho	$ 4.000

Além dos custos do equipamento, Steve sabe que gastará dinheiro em pesquisa e desenvolvimento (P&D) na realização da pesquisa proposta, mas ele não sabe exatamente quais serão os custos de P&D. Para simplificar, Steve estima os seguintes custos de P&D associados ao uso de cada tecnologia, no melhor e no pior caso, e atribui probabilidades para cada resultado, baseando-se em seu grau de *expertise* em cada área.

	Possíveis custos de P&D			
	Melhor caso		Pior caso	
	Custo	Probabilidade	Custo	Probabilidade
Micro-ondas	$ 30.000	0,4	$ 60.000	0,6
Celular	$ 40.000	0,8	$ 70.000	0,2
Infravermelho	$ 40.000	0,9	$ 80.000	0,1

Steve precisa combinar todos os fatores nesse problema para decidir se deve ou não apresentar uma proposta para a OSHA.

14.11.1 UMA ÁRVORE DE DECISÃO MULTIESTÁGIO

A decisão imediata nesse problema exemplo é se Steve deve ou não apresentar uma proposta. Para tomar essa decisão, ele também deve considerar a decisão de seleção de tecnologia que terá de enfrentar caso receba a verba. Assim, esse é um problema de decisão multiestágio. A Figura 14.20 (e o arquivo Fig14-20.xlsm, disponível na página deste livro no site da editora) mostra a representação da árvore de decisão desse problema.

Essa árvore de decisão mostra claramente que a primeira decisão enfrentada por Steve é se deve ou não apresentar uma proposta e que apresentá-la custará $ 5.000. Se a proposta for apresentada, enfrentamos um nó de evento que mostra uma probabilidade de 0,5 de receber a verba (e um retorno de $ 85.000) e uma probabilidade de 0,5 de não receber a verba (levando a uma perda líquida de $ 5.000). Se a verba for recebida, enfrentamos uma decisão sobre qual tecnologia adotar. Cada uma das três opções de tecnologia tem um nó de evento que representa os custos de P&D no melhor caso (mais baixos) e no pior caso (mais altos) que podem ocorrer. Os retornos finais (terminais) associados a cada conjunto de decisões e resultados são listados ao lado de cada nó terminal. Por exemplo, se Steve apresentar uma proposta, receber a verba, empregar a tecnologia celular e encontrar custos baixos de P&D, receberá um retorno líquido de $ 35.000.

FIGURA 14.20 *Árvore de decisão multiestágio para o problema de apresentação de proposta da COM-TECH.*

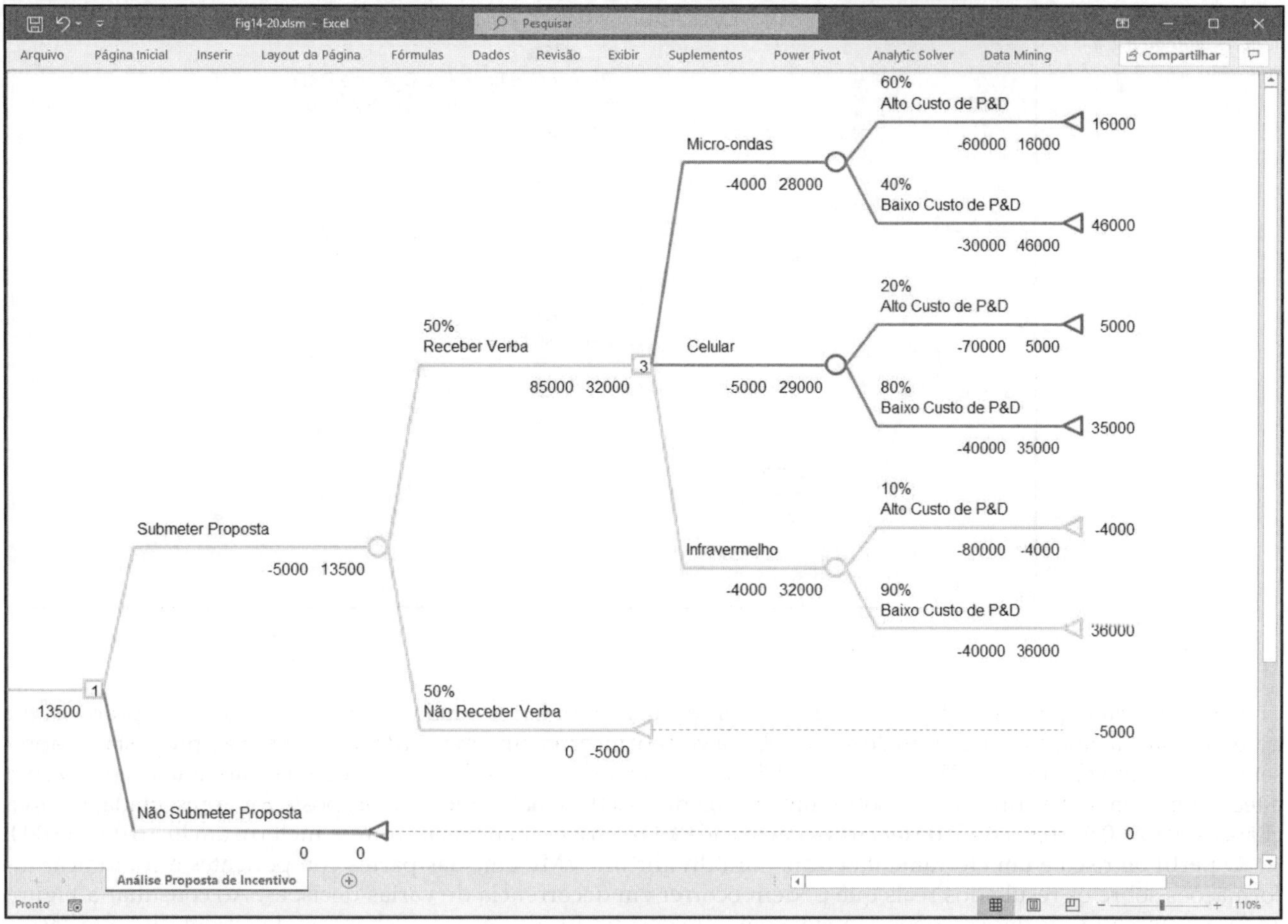

De acordo com essa árvore de decisão, Steve deve apresentar uma proposta, porque o valor esperado dessa decisão é de $ 13.500, e o valor esperado de não apresentar uma proposta é de $ 0. A árvore de decisão também indica que, se Steve receber a verba, deve adotar a tecnologia de comunicação via infravermelho, porque o valor esperado dessa decisão ($ 32.000) é maior que os valores esperados das outras tecnologias.

Na Figura 14.20, observe que as probabilidades nos ramos em qualquer nó de evento sempre devem somar 1, porque esses ramos representam todos os eventos que poderiam ocorrer. Os custos de P&D que realmente ocorreriam com o uso de determinada tecnologia podem assumir um número infinito de valores. Alguns podem argumentar que esses custos poderiam ser modelados com mais precisão por uma variável aleatória contínua. No entanto, o nosso objetivo é estimar o valor esperado dessa variável aleatória. A maioria dos tomadores de decisão provavelmente acharia mais fácil atribuir probabilidades subjetivas para um conjunto pequeno e discreto de resultados representativos para uma variável como custos de P&D, em vez de tentar identificar a distribuição de probabilidade adequada para essa variável.

14.11.2 DESENVOLVENDO UM PERFIL DE RISCO

Ao usar árvores de decisão para analisar problemas de decisão única, é particularmente útil desenvolver um perfil de risco a fim de se certificar de que o tomador de decisão compreende todos os resultados possíveis que podem ocorrer. Um **perfil de risco** é simplesmente um gráfico ou uma árvore que mostra as chances associadas aos resultados possíveis. A Figura 14.21 mostra os perfis de risco associados com a não apresentação da proposta e com a estratégia ótima de tomada de decisão por VME (apresentação da proposta e uso da tecnologia via infravermelho), identificada na Figura 14.20.

FIGURA 14.21
Um perfil de risco para as alternativas de apresentar ou não a proposta.

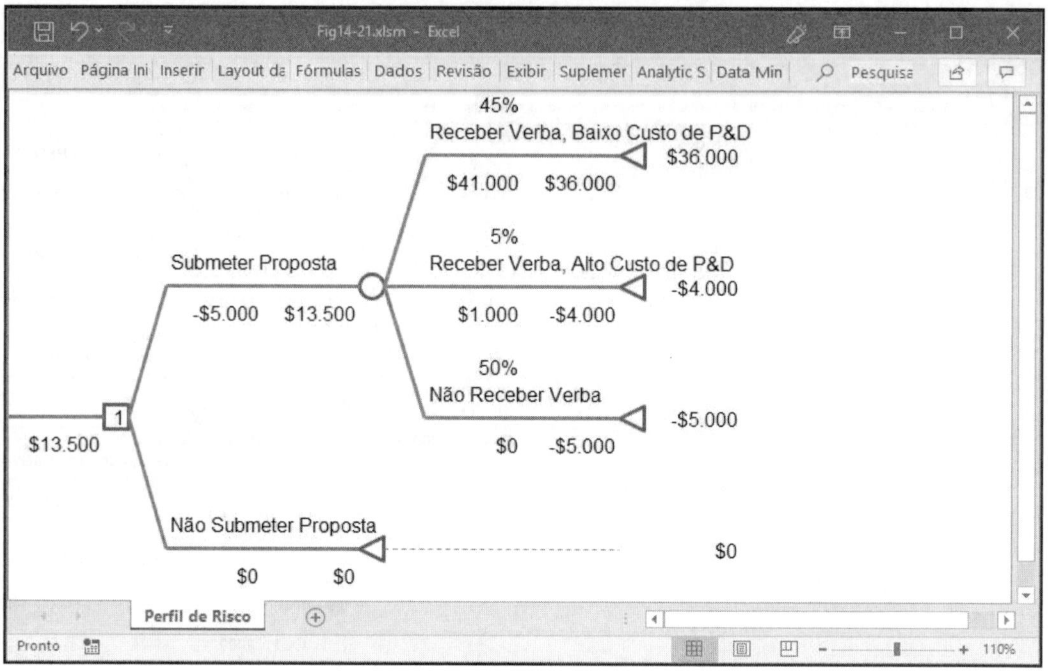

Com base na Figura 14.21, fica claro que, se a proposta não for apresentada, o retorno será $ 0. Se a proposta for apresentada, há uma chance de 0,50 de não receber a verba e incorrer em uma perda de $ 5.000. Se a proposta for apresentada, há uma chance de 0,05 (0,5 × 0,1 = 0,05) de receber a verba e também incorrer em custos altos de P&D com a tecnologia via infravermelho e de sofrer uma perda de $ 4.000. Finalmente, se a proposta for apresentada, há uma chance de 0,45 (0,5 × 0,9 = 0,45) de ter custos baixos de P&D com a tecnologia via infravermelho e um lucro de $ 36.000.

O perfil de risco é uma ferramenta eficaz para dividir um VME em suas partes componentes e comunicar informações sobre os resultados reais que podem ocorrer em decorrência de várias decisões. Ao consultar a Figura 14.21, um tomador de decisão poderia razoavelmente decidir que os riscos (ou chances) de perder dinheiro caso a proposta seja apresentada não valem o benefício potencial a ser ganho se a proposta for aceita e custos baixos de P&D ocorrerem. Esses riscos não seriam evidentes se o tomador de decisão recebeu apenas informações sobre o VME de cada decisão.

14.12 Análise de sensibilidade

Antes de implementar a decisão de apresentar uma proposta, conforme sugerido pela análise anterior, é importante que Steve considere o quão sensível a decisão recomendada é a mudanças nos valores na árvore de decisão. Por exemplo, Steve estima que há uma chance de 50% de receber a verba se ele apresentar uma proposta. Mas o que aconteceria se essa avaliação de probabilidade estiver errada? E se a chance de receber a verba for de apenas 30%, 20% ou 10%? Ele ainda deveria apresentar a proposta?

Usando uma árvore de decisão implementada em uma planilha, é bastante fácil determinar o quanto qualquer um dos valores na árvore de decisão pode variar sem que haja mudança na decisão indicada. Por exemplo, a Figura 14.22 (e o arquivo Fig14-22.xlsm, disponível na página deste livro no site da editora) mostra como é possível usar a otimização para determinar quão pequena a probabilidade de recebimento da verba deveria ser para que a opção de apresentação da proposta não fosse mais a melhor (de acordo com a regra de decisão de VME).

Nessa planilha, usamos a célula H13 (a probabilidade de receber a verba) como nossa célula objetivo e nossa célula variável. Na célula H31, lançamos a seguinte fórmula para calcular a probabilidade de não receber a verba:

Fórmula para a célula H31: =1 – H13

A minimização do valor na célula H13 (usando o mecanismo de GRG não linear do Analytic Solver Platform) com a restrição do valor de B31 ser igual a 1 determina a probabilidade de receber a verba, fazendo que o VME de apresentação da proposta seja igual a zero. A probabilidade resultante (ou seja, aproximadamente 0,1351) dá ao tomador de decisão uma ideia do quão sensível a decisão é a mudanças no valor da célula H13.

FIGURA 14.22 *Usando a otimização para determinar a sensibilidade de uma decisão a mudanças nas probabilidades.*

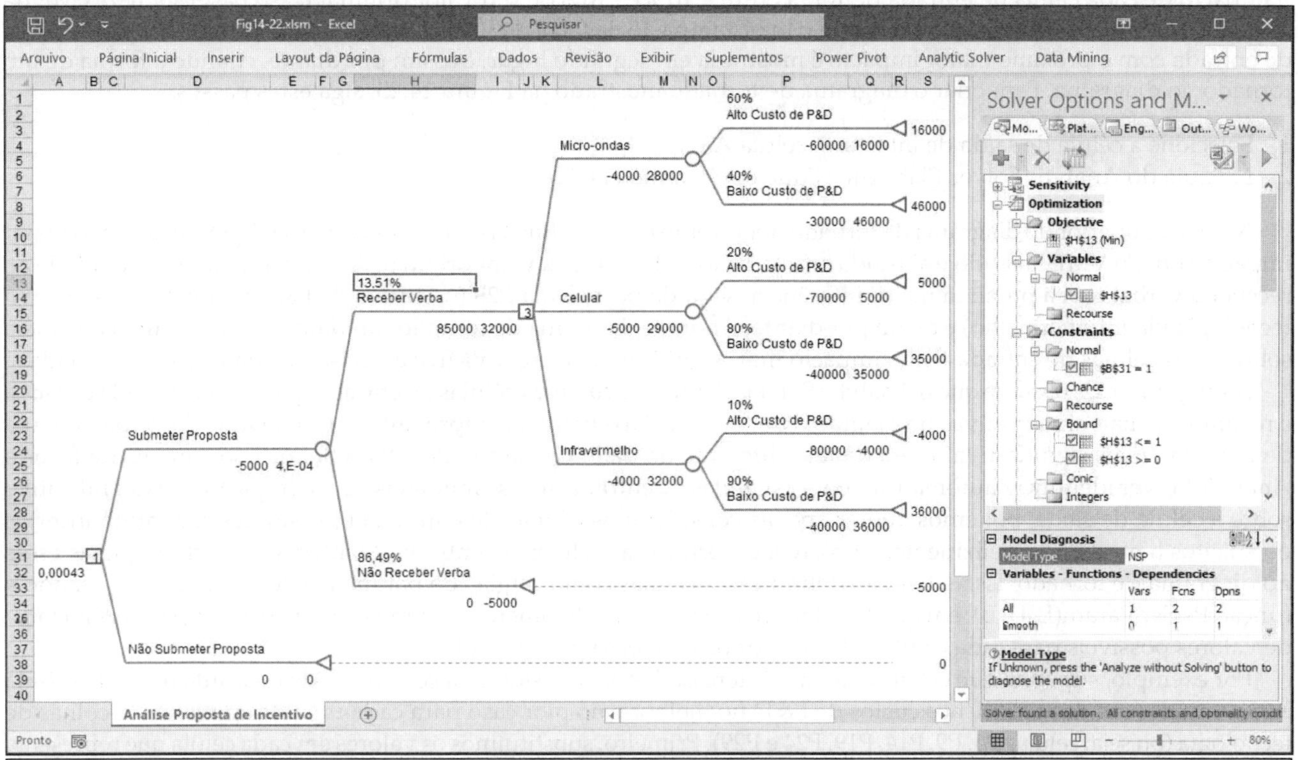

Fórmulas das principais células		
Célula	**Fórmula**	**Copiado para**
H31	=1–H13	--

Se o VME da apresentação da proposta for zero, a maioria dos tomadores de decisão provavelmente não iria querer apresentá-la. De fato, mesmo com um VME de $ 13.500 (como mostrado na Figura 14.20), alguns tomadores de decisão ainda não iriam querer apresentar a proposta, porque ainda há um risco de ser recusada e de ocorrer uma perda de $ 5.000. Como mencionado anteriormente, a regra de decisão de VME é aplicada de maneira mais apropriada quando enfrentamos uma decisão que será feita repetidamente, e as consequências de maus resultados podem ser equilibradas ou compensadas com bons resultados.

14.12.1 DIAGRAMAS DE TORNADO

Como mostrado na seção anterior, a otimização pode ser usada para determinar a quantia pela qual quase qualquer valor em uma árvore de decisão pode variar sem que haja alteração na decisão recomendada (baseada no VME). No entanto, devido ao número de estimativas financeiras e de probabilidade usadas como entradas em uma árvore de decisão, muitas vezes é útil usar diagramas de tornado para identificar as entradas que, se mudadas, têm o maior impacto sobre o VME. Isso ajuda a identificar as áreas em que a análise de sensibilidade é mais importante e a priorizar onde tempo e recursos devem ser aplicados para refinar as estimativas financeiras e de probabilidade representadas na árvore de decisão.

O Analytic Solver Platform oferece uma maneira simples de criar diagramas de tornado. Essa ferramenta permite especificar uma célula de saída de interesse e identificar automaticamente as células de entrada que têm o maior impacto sobre o valor da célula de saída. (O diagrama de tornado refere-se às células de entrada identificadas como *candidate cells.*) A ferramenta incrementalmente muda o valor de cada célula de entrada de acordo com o seu valor de caso base (mantendo constantes as outras células de entrada) dentro de um intervalo de porcentagem especificado (±10%, por padrão) e grava o efeito de cada mudança sobre o valor da célula de saída.

Por exemplo, suponha que estamos interessados em identificar as células de entrada da árvore de decisão da COM--TECH, mostrada na Figura 14.23 (e no arquivo Fig14-23.xlsm, disponível na página deste livro no site da editora), que têm a maior influência sobre o VME mostrado na célula A32. O diagrama de tornado na Figura 14.23 resume o impacto de cada célula de entrada definida entre +10% e –10% de seu valor original (caso base) sobre o VME da árvore de decisão. A célula de entrada com o maior impacto na faixa de VME é mostrada em primeiro lugar, a célula de entrada com o próximo maior impacto é mostrada em segundo lugar, e assim por diante, criando a forma de um tornado no diagrama. Para criar o diagrama de tornado mostrado na Figura 14.23, siga estes passos:

1. Selecione a célula de saída de interesse (célula A32).
2. Na guia do Analytic Solver Platform, clique em Parameters, Identify.

Na parte superior do diagrama de tornado, logo vemos que a célula H16 (o valor da verba de $ 85.000) tem o maior impacto sobre o VME, quando é ajustada entre –10% a +10% de seu valor original. A célula H13 (a probabilidade de receber a verba) tem a próxima maior influência, seguida pela célula P29 (os custos de P&D no melhor caso para a tecnologia via infravermelho) e assim por diante. Assim, o diagrama de tornado rapidamente nos dá uma boa ideia sobre quais células de entrada têm o impacto mais significativo sobre o VME e a decisão recomendada associada.

Na Figura 14.23, observe que o Analytic Solver identificou ***todas*** as células de entrada que afetam a célula de saída e resumiu as mais significativas no diagrama de tornado. No entanto, é improvável que a quantia da verba (a célula de entrada "mais significativa") será de fato diferente do valor declarado de $ 85.000. Por isso, em vez de fazer o Analytic Solver identificar automaticamente as células de entrada que, se mudadas, têm o impacto mais significativo sobre a célula de saída, podemos querer apenas considerar as células de entrada cujos valores são muito incertos ou sujeitos a mudanças. Felizmente, é possível especificar as células de entrada de interesse e incluir apenas essas no diagrama de tornado. Isso é feito ao definir essas células como células de parâmetro de sensibilidade usando a função PsiSenParam(L, U, B), em que L e U representam, respectivamente, os limites inferiores e superiores na faixa de valores possíveis para cada célula e B é o valor de caso base para a célula.

Por exemplo, suponha que estamos apenas interessados em considerar a sensibilidade da célula de saída (célula A32) a mudanças de até 20% nos custos de P&D no melhor e no pior caso para cada uma das possíveis escolhas de tecnologia (ou seja, células P4, P9, P14, P19, P24 e P29). Primeiro, substituímos os valores em cada célula que representa os custos de P&D pelas funções PsiSenParam( ), que permitem que suas células sejam variadas entre mais ou menos 20% de seus valores originais, como mostrado na Figura 14.24 (e no arquivo Fig14-24.xlsm disponível na página deste livro no site da editora). Então, ao criar um novo diagrama de tornado e selecionar a opção Show Current Parameters, o diagrama mostra a mudança na célula de saída, enquanto as células de parâmetro (ou seja, aquelas que contêm as funções PsiSenParam( )) variam de seu limite inferior até o seu limite superior.

FIGURA 14.23 *Um diagrama de tornado automático para o problema de decisão da COM-TECH.*

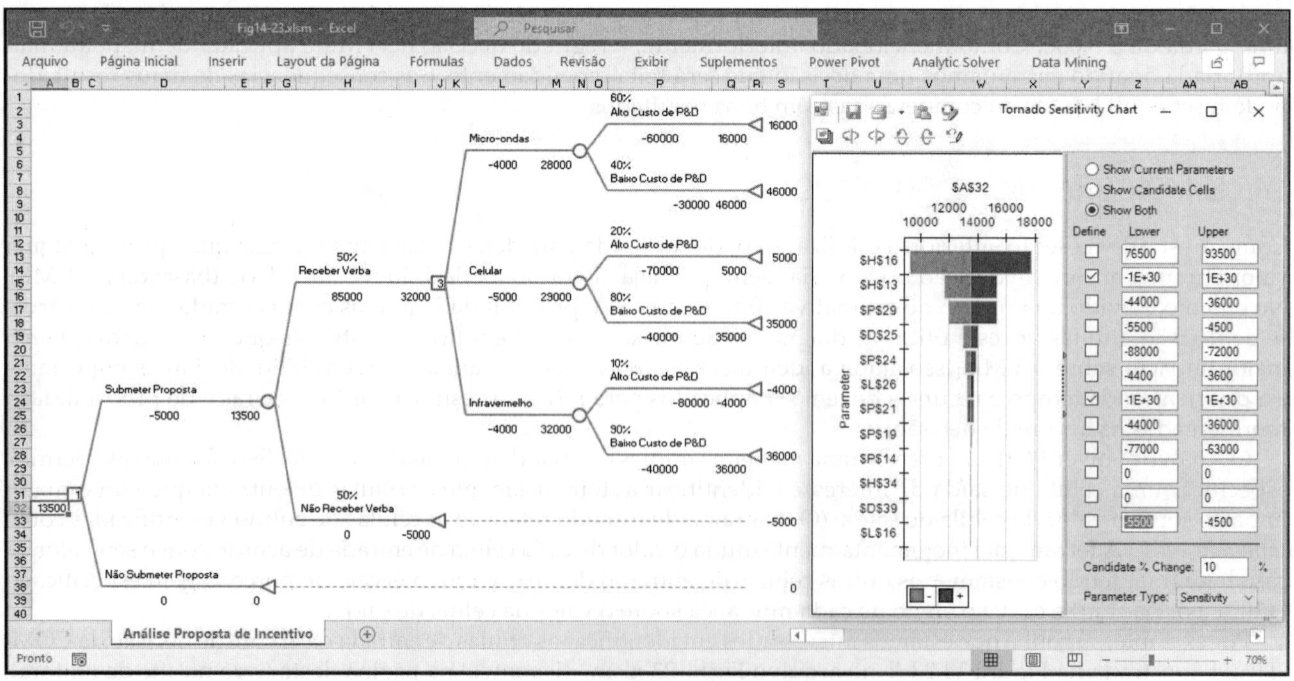

FIGURA 14.24 *Um diagrama de tornado personalizado para o problema de decisão da COM-TECH.*

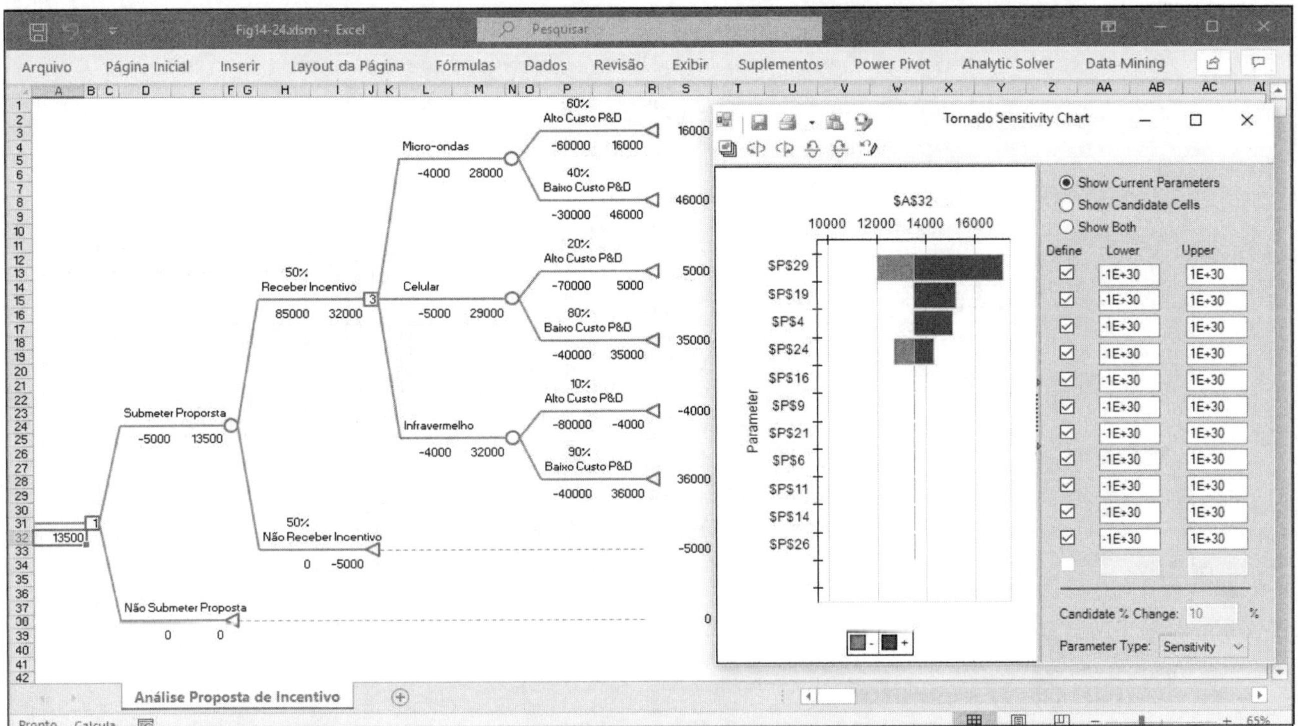

Fórmulas das principais células		
Célula	**Fórmula**	**Copiado para**
P4	=PsiSenParam(–60000*1,2; –60000*0,8)	; – 60000
P9	=PsiSenParam(–30000*1,2; –30000*0,8)	; – 30000
P14	=PsiSenParam(–70000*1,2; –70000*0,8)	; – 70000
P19	=PsiSenParam(–40000*1,2; –40000*0,8)	; – 40000
P24	=PsiSenParam(–80000*1,2; –80000*0,8)	; – 80000
P29	=PsiSenParam(–40000*1,2; –40000*0,8)	; – 40000

Observação sobre o software

Os resultados plotados em um diagrama de tornado podem consistir de dois tipos diferentes de células de entrada: aquelas identificadas automaticamente pelo Analytic Solver (chamadas *candidate cells*) e aquelas identificadas manualmente como parâmetro de sensibilidade (por meio das funções PsiSenParam( )). A opção "Candidate % Change" na seção inferior do diagrama de tornado (veja a Figura 14.24) se aplica apenas às células candidatas – ela ***não*** afetará as células que contêm as funções PsiSenParam( ). Dessa forma, é possível que um diagrama de tornado simultaneamente exiba resultados em que, por exemplo, as células candidatas variam em ± 10% de seus valores de caso base e os parâmetros de sensibilidade variam entre valores diferentes, como ± 20% de seus valores de caso base.

14.12.2 TABELAS DE ESTRATÉGIA

Uma **tabela de estratégia** é outra técnica de análise de sensibilidade que permite que um tomador de decisão analise como a estratégia ótima de decisão muda em resposta a duas mudanças simultâneas nas estimativas de probabilidade. Por exemplo, a estratégia ótima mostrada anteriormente na Figura 14.20 é apresentar a proposta e usar a tecnologia via infravermelho. No entanto, suponha que há incerteza sobre a probabilidade de receber a verba e a probabilidade de encontrar custos altos de P&D durante a realização da pesquisa proposta. Especificamente, suponha que o tomador de decisão queira ver como a estratégia ótima muda se a probabilidade de receber a verba

FIGURA 14.25 *Configurando uma tabela de estratégia para o problema de decisão da COM-TECH.*

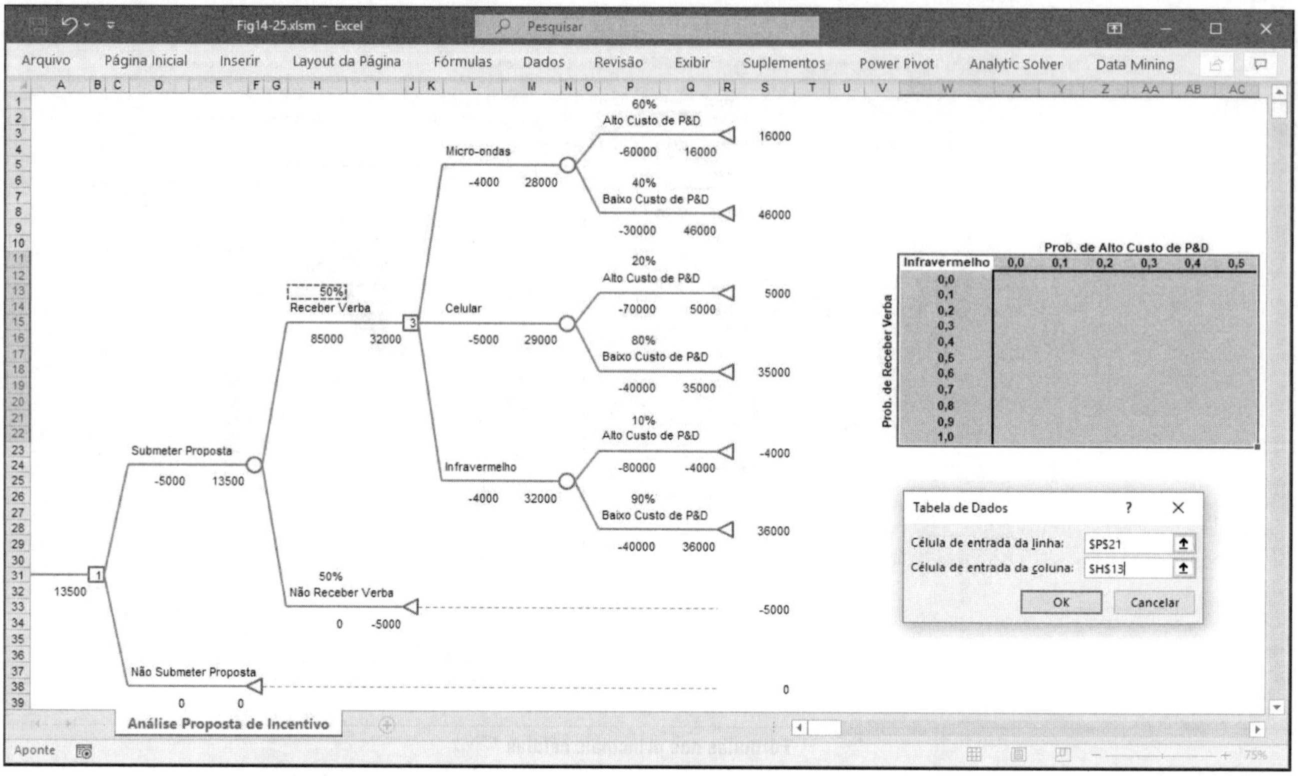

Fórmulas das principais células		
Célula	**Fórmula**	**Copiado para**
H31	=1–H13	--
P26	=1–P21	--
W11	=SE(B31=1;ESCOLHER(J15;"Micro-ondas";"Celular";"Infravermelho");"Não Submeter")	--

variar entre 0,0 e 1,0 e a probabilidade de encontrar custos altos de P&D de infravermelho variar entre 0,0 e 0,5. Como mostrado na Figura 14.25 (e no arquivo Fig14-25.xlsm, disponível na página deste livro no site da editora), uma tabela de dados de dupla entrada pode ser usada para analisar essa situação.

Na Figura 14.25, as células W12 a W22 representam diferentes probabilidades de receber a verba. Com o uso do comando Tabela de Dados, o Excel será instruído a colocar cada um desses valores na célula H13, que representa a probabilidade de receber a verba. A fórmula a seguir foi lançada na célula H31 para calcular a probabilidade complementar de não receber a verba.

Fórmula para a célula H31: =1 – H13

As células X11 a AC11 representam as diferentes probabilidades de encontrar custos altos de P&D. Com o uso do comando Tabela de Dados, o Excel será instruído a colocar cada um desses valores na célula P21, que representa a probabilidade de receber a verba. A fórmula a seguir foi lançada na célula P26 para calcular a probabilidade complementar de não receber a verba.

Fórmula para a célula P26: =1 – P21

Com a mudança nessas diferentes probabilidades, a planilha será recalculada, e o valor retornado pela fórmula na célula W11 será gravado na célula apropriada na tabela de dados.

Fórmula para a célula W11: =SE(B31=1;ESCOLHER
(J15;"Micro-ondas";"Celular";"Infravermelho");"Não Submeter")

FIGURA 14.26 *Tabela de estratégia completa para o problema de decisão da COM-TECH.*

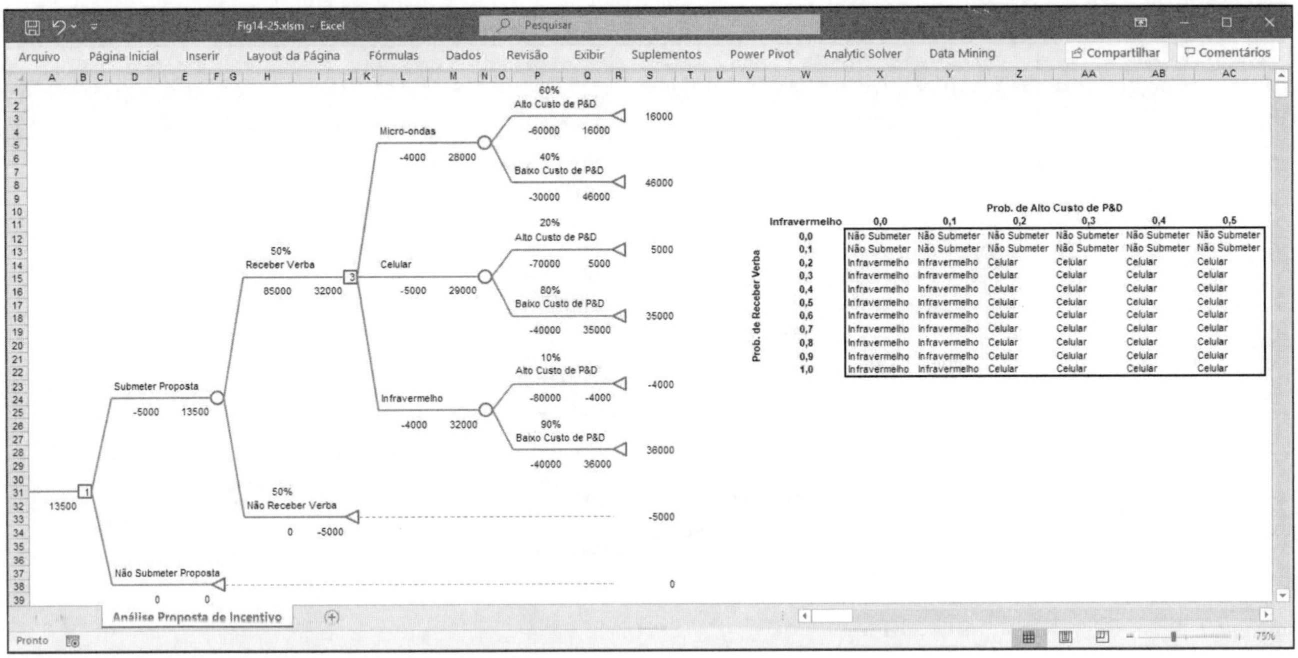

Infravermelho (Prob. de Receber Verba)	Prob. de Alto Custo de P&D 0,0	0,1	0,2	0,3	0,4	0,5
0,0	Não Submeter	Não Submeter	Não Submeter	Não Submeter	Não Submeter	Não Submeter
0,1	Não Submeter	Não Submeter	Não Submeter	Não Submeter	Não Submeter	Não Submeter
0,2	Infravermelho	Infravermelho	Celular	Celular	Celular	Celular
0,3	Infravermelho	Infravermelho	Celular	Celular	Celular	Celular
0,4	Infravermelho	Infravermelho	Celular	Celular	Celular	Celular
0,5	Infravermelho	Infravermelho	Celular	Celular	Celular	Celular
0,6	Infravermelho	Infravermelho	Celular	Celular	Celular	Celular
0,7	Infravermelho	Infravermelho	Celular	Celular	Celular	Celular
0,8	Infravermelho	Infravermelho	Celular	Celular	Celular	Celular
0,9	Infravermelho	Infravermelho	Celular	Celular	Celular	Celular
1,0	Infravermelho	Infravermelho	Celular	Celular	Celular	Celular

Essa fórmula inspeciona, primeiro, o valor da célula B31, que é igual a 1 se o VME de apresentação de proposta for positivo. Assim, se B31 é igual a 1, a fórmula retorna (escolhe) o rótulo Micro-ondas, Celular ou Infravermelho, dependendo se o valor na célula J15 for igual a 1, 2 ou 3, respectivamente. Caso contrário, a fórmula anterior retorna o rótulo Não Submeter, indicando que a proposta não deve ser apresentada. Os resultados da execução do comando Tabela de Dados são mostrados na Figura 14.26.

A Figura 14.26 resume a estratégia ótima para as várias combinações de probabilidade. Por exemplo, se a probabilidade de receber a verba for de 0,10 ou menos, a empresa não deve apresentar uma proposta. Observe que a célula Y17 corresponde à solução do caso base mostrada anteriormente na Figura 14.20. A tabela de estratégia deixa claro que essa solução é relativamente insensível a mudanças na probabilidade de receber o valor. No entanto, se a probabilidade de encontrar custos altos de P&D via infravermelho aumentar, a estratégia preferida muda rapidamente para a alternativa de tecnologia celular. Assim, o tomador de decisão pode querer dar mais atenção aos riscos de enfrentar os custos altos de P&D via infravermelho antes de implementar essa estratégia.

14.12.3 DIAGRAMAS DE ESTRATÉGIA

Semelhante às tabelas de estratégia, um **diagrama de estratégia** é uma técnica para mostrar graficamente como as estratégias de decisão ótimas mudam em resposta a duas mudanças simultâneas nas estimativas de probabilidade. Novamente, suponha que há incerteza sobre a probabilidade de receber a verba e a de enfrentar custos altos de P&D durante a realização da pesquisa proposta. Especificamente, assuma que o tomador de decisão queira ver como a estratégia ótima muda se a probabilidade de receber a verba variar entre 0,0 e 1,0 e a de enfrentar custos altos de P&D de infravermelho variar entre 0,0 e 0,5. Para criar um diagrama de estratégia para essa situação usando o Analytic Solver Platform, primeiro mudaremos as células P21 e H13 na Figura 14.27 (e no arquivo Fig14-27.xlsm, disponível na página deste livro no site da editora) para células de parâmetro de sensibilidade da seguinte forma:

Fórmula para a célula P21: =PsiSenParam(0; 0,5)

Fórmula para a célula H13: =PsiSenParam(0,1)

Também devemos criar uma célula de saída que atribui um valor numérico único para cada estratégia de decisão. Isso é feito na célula W2 da seguinte forma:

Fórmula para a célula W2: =SE(B31=2;0;J15)

FIGURA 14.27 *Configurando um diagrama de estratégia para o problema de decisão da COM-TECH.*

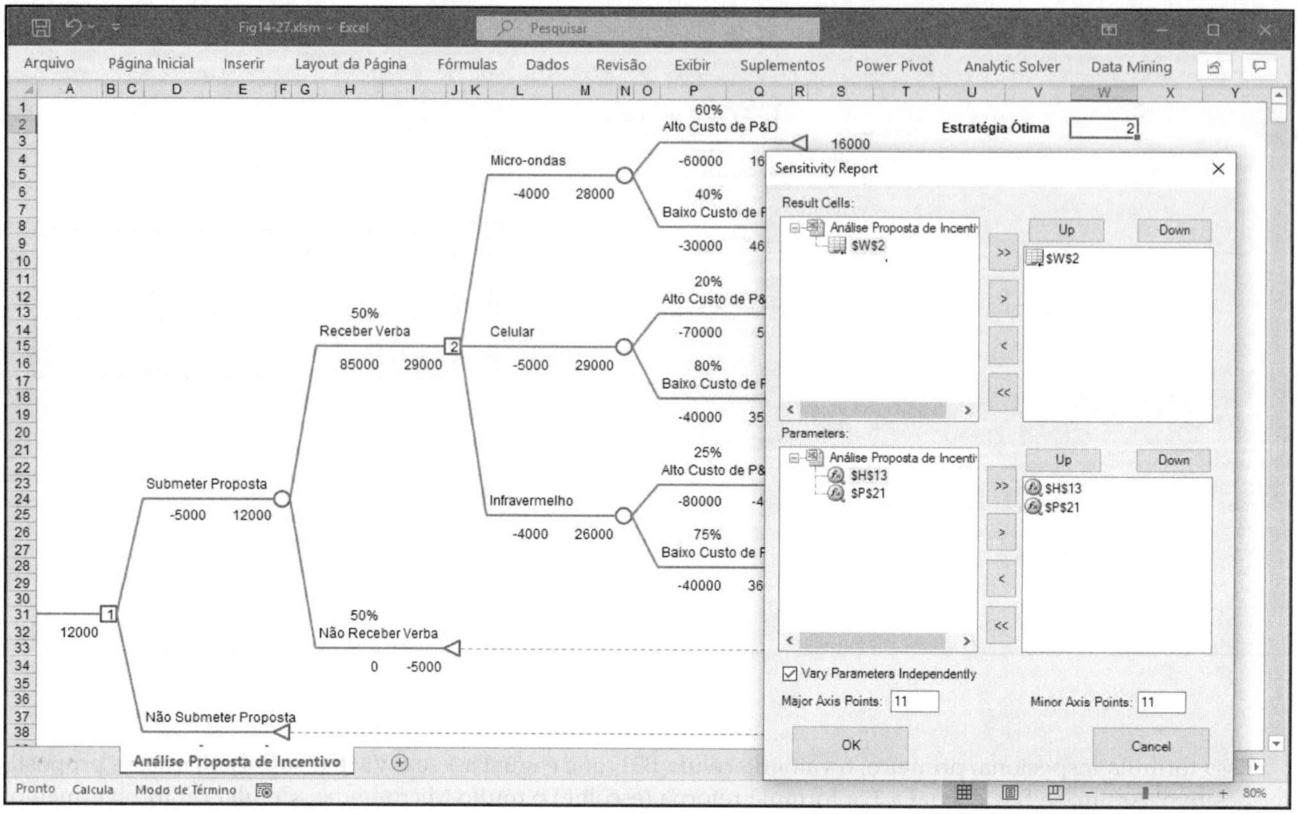

Fórmulas das principais células		
Célula	**Fórmula**	**Copiado para**
H13	=PsiSenParam(0; 1)	--
H31	=1–H13	--
P21	=PsiSenParam(0; 0,5)	--
P26	=1–P21	--
W2	=SE(B31=2;0;J15)	--

Observe que a fórmula na célula W2 retorna o valor 0 se a estratégia ótima for não apresentar uma proposta (ou seja, se B31 = 2); mas retorna o valor de 1, 2 ou 3 (da célula J15) se a decisão ótima for apresentar uma proposta e usar a tecnologia via micro-ondas, celular ou infravermelho, respectivamente.

Então, criamos um diagrama de estratégia para o nosso problema da seguinte forma:

1. Selecione a célula W2.
2. Na faixa de opções do Analytic Solver, clique em Charts, Sensitivity Analysis, Parameter Analysis.
3. Preencha a caixa de diálogo Sensitivity Report como mostrado na Figura 14.27.
4. Clique em OK.

Então, o Analytic Solver Platform cria o gráfico de área 3D mostrado na Figura 14.28. Esse gráfico mostra como a estratégia de decisão ótima muda para diferentes combinações de valores de probabilidade nas células P21 e H13. Observe que o gráfico de decisão fornece um resumo gráfico dos resultados na tabela de estratégia mostrada na Figura 14.26.

14.13 Usando informação amostral na tomada de decisão

Em muitos problemas de decisão, temos a oportunidade de obter informações adicionais sobre a decisão antes de realmente tomá-la. Por exemplo, no problema da Magnolia Inns, a empresa poderia ter contratado um consultor

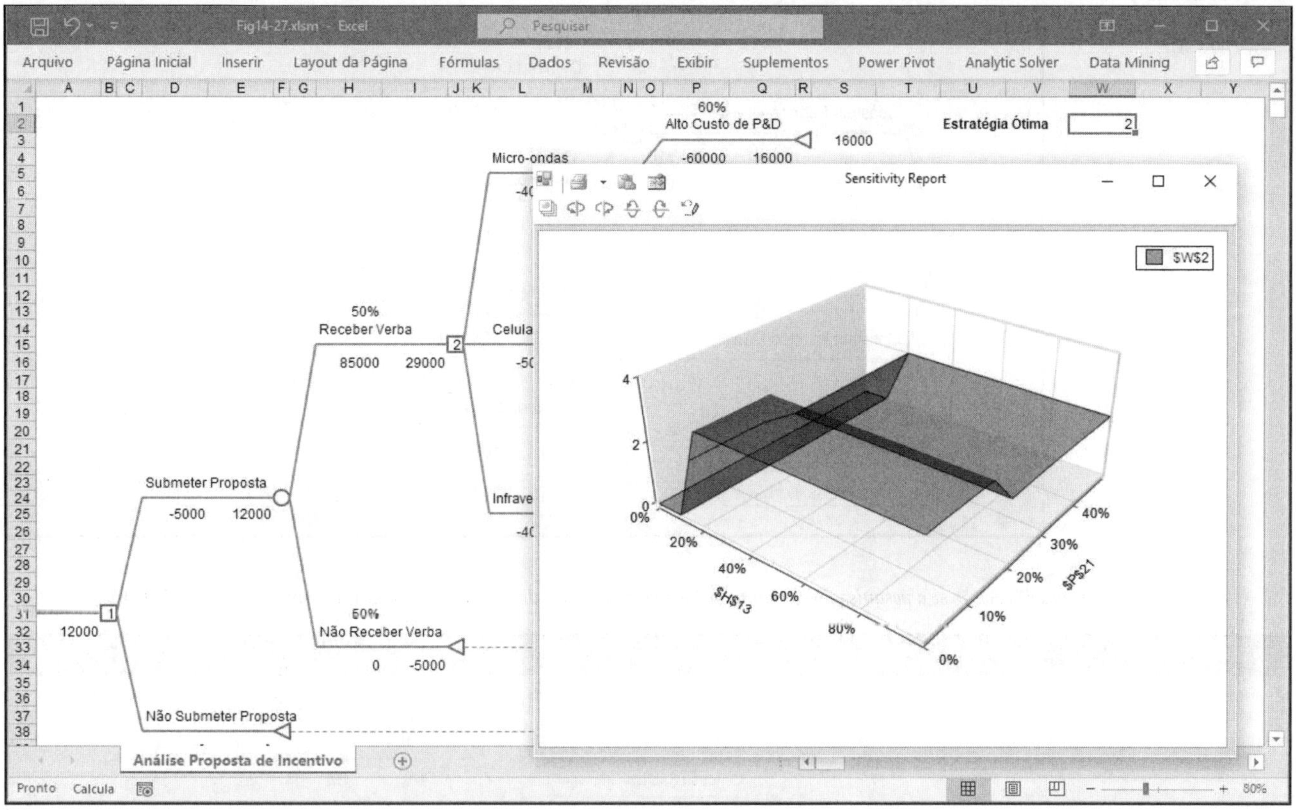

FIGURA 14.28 *Diagrama de estratégia completo para o problema de decisão da COM-TECH.*

para estudar as questões econômicas, ambientais e políticas que cercam o processo de seleção do local e prever qual será selecionado para o novo aeroporto pelo conselho de planejamento. Essas informações podem ajudar a Magnolia Inns a tomar uma decisão melhor (ou mais embasada). O potencial para o uso desse tipo de informação amostral adicional na tomada de decisão levanta uma série de questões interessantes que são ilustradas no exemplo a seguir.

A Colonial Motors (CM) está tentando determinar qual o tamanho da fábrica que será construída para um carro novo que está desenvolvendo. Apenas dois tamanhos de fábrica estão sendo considerados: grande e pequeno. O custo de construção de uma fábrica grande é de $ 25 milhões e o de uma fábrica pequena é de $ 15 milhões. A CM acredita que há 70% de chance de esse novo carro ter uma alta demanda e 30% de chance de ter uma baixa demanda. A tabela a seguir resume os retornos (em milhões de dólares) que a empresa espera receber para cada combinação de tamanho de fábrica e demanda (sem contar o custo da fábrica).

	Demanda	
Tamanho de fábrica	**Alta**	**Baixa**
Pequena	$ 175	$ 95
Grande	$ 125	$ 105

Uma árvore de decisão para esse problema é mostrada na Figura 14.29 (e no arquivo Fig14-29.xlsm, disponível na página deste livro no site da editora). A árvore de decisão indica que a decisão ótima é construir a fábrica grande e que essa alternativa tem um VME de $ 126 milhões.

Agora suponha que, antes de tomar a decisão sobre o tamanho da fábrica, a CM realize uma pesquisa para avaliar as atitudes dos consumidores sobre o novo carro. Para simplificar, assumiremos que os resultados dessa pesquisa indiquem uma atitude favorável ou desfavorável sobre o novo carro. Uma árvore de decisão revisada para esse problema é mostrada na Figura 14.30 (e no arquivo Fig14-30.xlsm, disponível na página deste livro no site da editora).

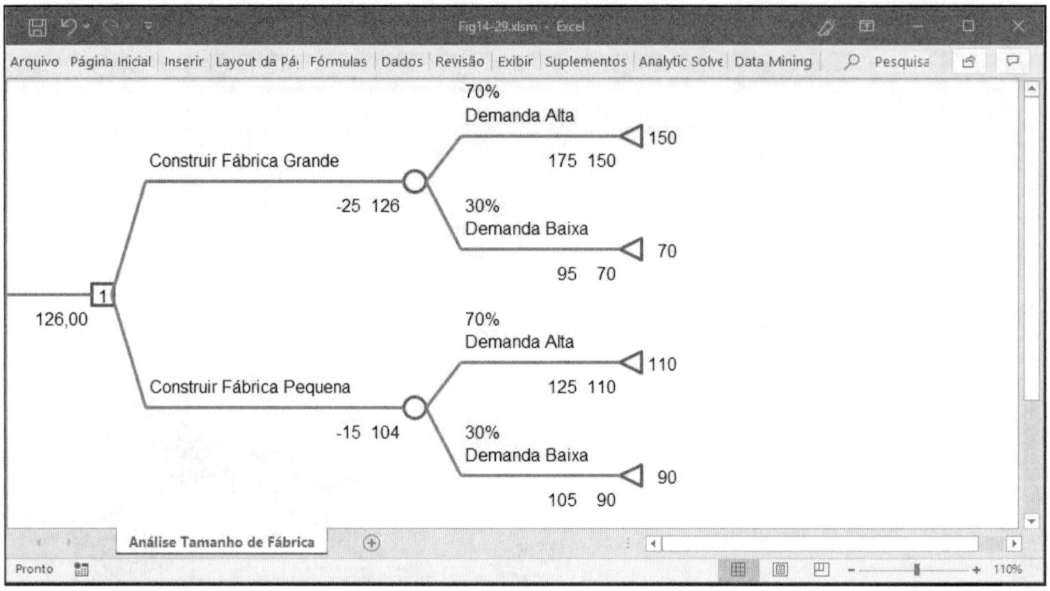

FIGURA 14.29 *Árvore de decisão para o problema de tamanho de fábrica da CM.*

FIGURA 14.30 *Árvore de decisão se a pesquisa do consumidor for realizada antes de a CM tomar a decisão sobre o tamanho da fábrica.*

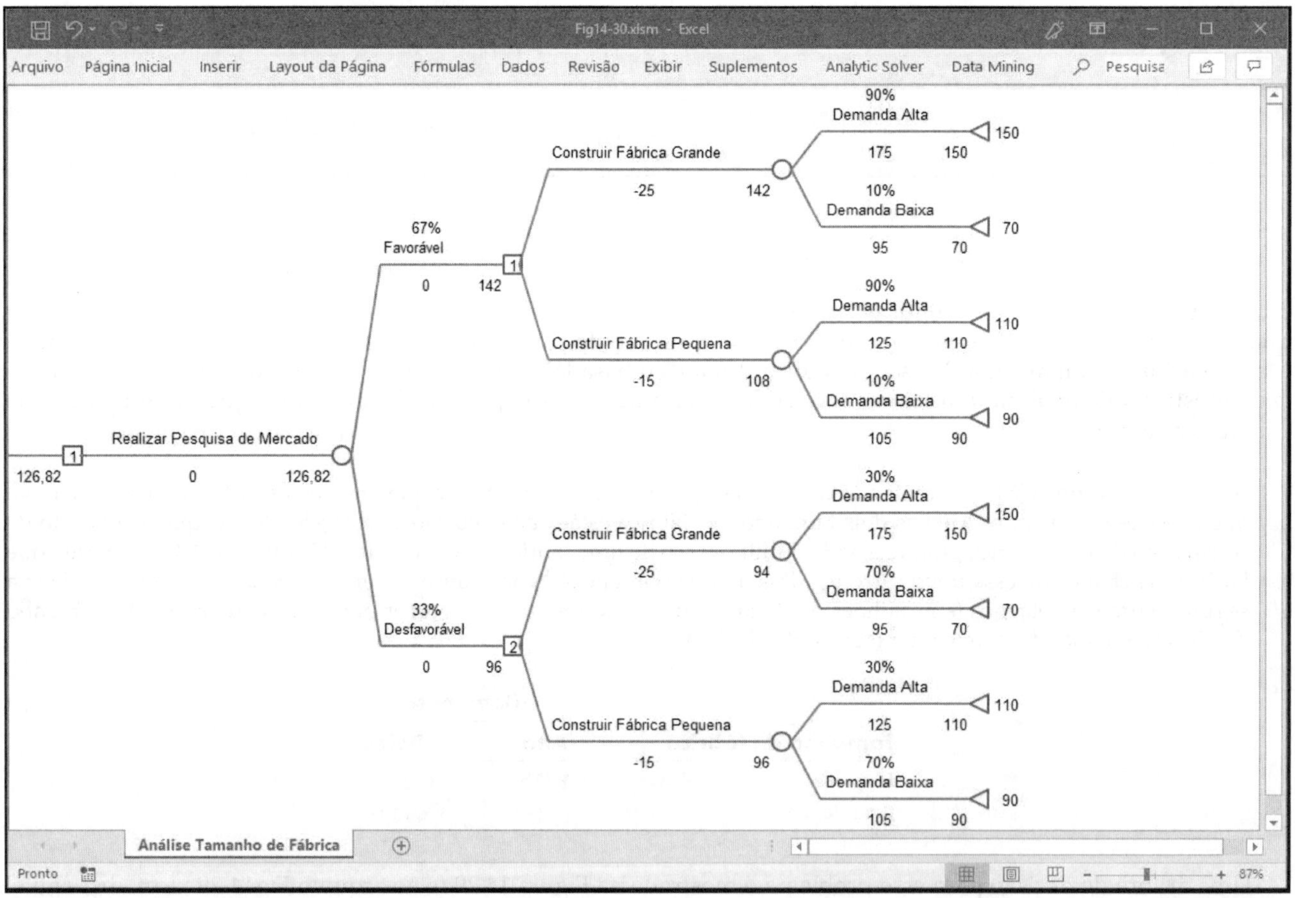

A árvore de decisão na Figura 14.30 começa com um nó de decisão com um único ramo, que representa a decisão de realizar a pesquisa de mercado. Por enquanto, assuma que essa pesquisa pode ser feita sem nenhum custo. Um nó de evento se segue, correspondente ao resultado da pesquisa de mercado que pode indicar atitudes favoráveis ou desfavoráveis sobre o novo carro. Assumimos que a CM acredita que a probabilidade de uma resposta favorável é de 0,67 e a de uma resposta desfavorável é de 0,33.

14.13.1 PROBABILIDADES CONDICIONAIS

Após os resultados da pesquisa serem conhecidos, os nós de decisão na árvore indicam que uma decisão deve ser tomada sobre a construção de uma fábrica grande ou pequena. Depois de cada ramo de decisão, há nós de evento com ramos que representam as demandas de mercado que poderiam ocorrer para o carro. Quatro nós de evento representam a demanda de mercado que pode ocorrer para esse carro. No entanto, as probabilidades que atribuímos aos ramos desses nós provavelmente serão diferentes, dependendo dos resultados da pesquisa de mercado.

Anteriormente, indicamos que a CM acredita que existe uma probabilidade de 0,70 de a demanda pelo novo carro ser alta, expressa matematicamente como a seguinte:

$$P\,(\text{alta demanda}) = 0{,}7$$

Nessa fórmula, P(A) = X é lido como "a probabilidade de A é X". Se a pesquisa de mercado indicar que os consumidores têm uma impressão favorável do novo carro, esse fator aumentará as expectativas de que a demanda pelo carro será alta. Assim, dada uma resposta de pesquisa favorável, poderíamos aumentar a avaliação de probabilidade de uma alta demanda de mercado para 0,90. Isso é expresso matematicamente como a seguinte probabilidade *condicional*:

$$P(\text{alta demanda} \mid \text{resposta favorável}) = 0{,}90$$

Nessa fórmula, P(A|B) = X é lido como "a probabilidade de A dado B é X".

Como observado anteriormente, as probabilidades nos ramos em qualquer nó de evento devem sempre somar 1. Se a resposta de pesquisa favorável aumenta a estimativa da probabilidade de ocorrência de uma alta demanda, deve diminuir a estimativa da probabilidade de uma baixa demanda, dado esse resultado da pesquisa. Assim, a probabilidade de uma baixa demanda dada uma resposta favorável na pesquisa é:

$$\begin{aligned} P(\text{baixa demanda} \mid \text{resposta favorável}) &= 1 - P(\text{alta demanda} \mid \text{resposta favorável}) \\ &= 1 - 0{,}90 = 0{,}10 \end{aligned}$$

Essas probabilidades condicionais são mostradas na Figura 14.30 nos primeiros quatro ramos de eventos, que representam as demandas alta e baixa dada uma resposta de pesquisa favorável.

Se a pesquisa de mercado indicar que os consumidores têm uma resposta desfavorável ao carro novo, esse fator diminuirá as expectativas de uma alta demanda de mercado. Assim, dada uma resposta de pesquisa desfavorável, poderíamos reduzir a estimativa da probabilidade de uma alta demanda de mercado para 0,30:

$$P(\text{alta demanda} \mid \text{resposta desfavorável}) = 0{,}30$$

Também devemos rever a estimativa da probabilidade de uma baixa demanda de mercado dada uma resposta de mercado desfavorável da seguinte forma:

$$\begin{aligned} P(\text{baixa demanda} \mid \text{resposta desfavorável}) &= 1 - P(\text{alta demanda} \mid \text{resposta desfavorável}) \\ &= 1 - 0{,}3 = 0{,}70 \end{aligned}$$

Essas probabilidades condicionais são mostradas nos últimos quatro ramos de demanda na Figura 14.30. Mais tarde, discutiremos um método mais objetivo para determinar esses tipos de probabilidades condicionais.

14.13.2 O VALOR ESPERADO DA INFORMAÇÃO AMOSTRAL

A informação adicional disponibilizada pela pesquisa de mercado permite fazer estimativas mais precisas das probabilidades associadas com a demanda incerta de mercado. Isso, por sua vez, permite que se tomem decisões mais precisas. Por exemplo, a Figura 14.30 indica que, se os resultados da pesquisa forem favoráveis, a CM deve construir uma fábrica grande e, se forem desfavoráveis, deve construir uma fábrica pequena. O valor esperado dessa estratégia de tomada de decisão é \$ 126,82 milhões, assumindo que a pesquisa pode ser feita sem nenhum custo – o que é improvável. Então, quanto a CM deve estar disposta a pagar para realizar essa pesquisa? A resposta a essa questão é fornecida pelo valor esperado da informação amostral (VEIA), que é definido da seguinte forma:

$$\text{VEIA} = \begin{pmatrix} \text{Valor esperado da melhor} \\ \text{decisão com informação} \\ \text{amostral (obtida sem nenhum custo)} \end{pmatrix} - \begin{pmatrix} \text{Valor esperado da melhor} \\ \text{decisão sem informação} \\ \text{amostral} \end{pmatrix}$$

O VEIA representa a quantia *máxima* que devemos estar dispostos a pagar para obter a informação amostral. Com base na Figura 14.30, sabemos que o valor esperado da melhor decisão *com* a informação amostral para o nosso problema exemplo é $ 126,82 milhões. De acordo com a Figura 14.29, sabemos que o valor esperado da melhor decisão *sem* a informação amostral para o nosso problema exemplo é $ 126 milhões. Então, para o nosso problema exemplo, o VEIA é determinado da seguinte forma:

VEIA = $ 126,82 milhões – $ 126 milhões = $ 0,82 milhão

Assim, a CM deve estar disposta a gastar até $ 820.000 para realizar a pesquisa de mercado.

14.14 Calculando probabilidades condicionais

Em nosso problema exemplo, assumimos que os valores das probabilidades condicionais foram atribuídos subjetivamente pelos tomadores de decisão na CM. No entanto, uma empresa muitas vezes tem dados disponíveis, com base nos quais pode calcular essas probabilidades. Ilustraremos esse processo para o exemplo da CM. Para simplificar nossa notação, usaremos as seguintes abreviações:

A = alta demanda
B = baixa demanda
F = resposta favorável
D = resposta desfavorável

Para completar a árvore de decisão na Figura 14.30, determinamos os valores para as seguintes seis probabilidades:

$P(F)$
$P(D)$
$P(A|F)$
$P(B|F)$
$P(A|D)$
$P(B|D)$

Assumindo que a CM já tenha certa experiência no ramo de automóveis, sem dúvida realizou outras pesquisas de mercado antes da introdução de outros novos modelos. Alguns desses modelos provavelmente tiveram uma alta demanda de consumidores, enquanto outros, apenas uma baixa demanda. Assim, a CM pode usar dados históricos

FIGURA 14.31
O cálculo das probabilidades condicionais para o problema de decisão da CM.

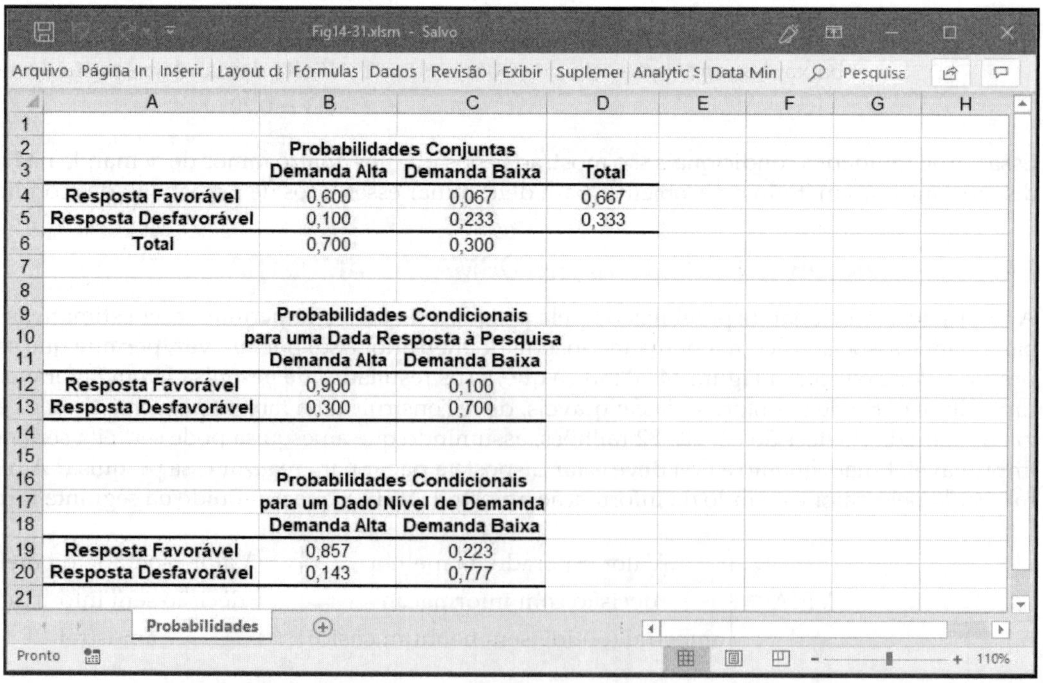

	Probabilidades Conjuntas		
	Demanda Alta	Demanda Baixa	Total
Resposta Favorável	0,600	0,067	0,667
Resposta Desfavorável	0,100	0,233	0,333
Total	0,700	0,300	

	Probabilidades Condicionais para uma Dada Resposta à Pesquisa	
	Demanda Alta	Demanda Baixa
Resposta Favorável	0,900	0,100
Resposta Desfavorável	0,300	0,700

	Probabilidades Condicionais para um Dado Nível de Demanda	
	Demanda Alta	Demanda Baixa
Resposta Favorável	0,857	0,223
Resposta Desfavorável	0,143	0,777

para construir a tabela de probabilidade conjunta mostrada na parte superior da Figura 14.31 (e no arquivo Fig14-31.xlsm, disponível na página deste livro no site da editora).

O valor na célula B4 indica que, de todos os novos modelos de carro que a CM desenvolveu e sobre os quais realizou uma pesquisa de mercado, 60% receberam uma resposta favorável na pesquisa e posteriormente tiveram uma alta demanda. Isso é matematicamente expresso da seguinte forma:

$$P(F \cap A) = 0{,}60$$

Nessa fórmula, $P(A \cap B) = X$ é lido como "a probabilidade de A *e* B é X". Da mesma forma, vemos na tabela de probabilidade conjunta que:

$$P(F \cap B) = 0{,}067$$
$$P(D \cap A) = 0{,}10$$
$$P(D \cap B) = 0{,}233$$

Os totais da coluna nas células B6 e C6 representam, respectivamente, as probabilidades estimadas de alta e baixa demanda da seguinte forma:

$$P(A) = 0{,}70$$
$$P(B) = 0{,}30$$

Os totais da linha nas células D4 e D5 representam, respectivamente, as probabilidades estimadas de uma resposta favorável e desfavorável. Esses valores correspondem aos dois primeiros dos seis valores de probabilidade listados anteriormente, ou seja:

$$P(F) = 0{,}667$$
$$P(D) = 0{,}333$$

Com esses valores, agora estamos prontos para calcular as probabilidades condicionais necessárias. Uma definição geral de probabilidade condicional é:

$$P(A|B) = \frac{P(A \cap B)}{P(B)}$$

Podemos usar essa definição, junto com os valores na tabela de probabilidade conjunta, para calcular as probabilidades condicionais necessárias para a Figura 14.30 da seguinte forma:

$$P(A|F) = \frac{P(A \cap F)}{P(F)} = \frac{0{,}60}{0{,}667} = 0{,}90$$
$$P(B|F) = \frac{P(B \cap F)}{P(F)} = \frac{0{,}067}{0{,}667} = 0{,}10$$
$$P(A|D) = \frac{P(A \cap D)}{P(D)} = \frac{0{,}10}{0{,}333} = 0{,}30$$
$$P(B|D) = \frac{P(B \cap D)}{P(D)} = \frac{0{,}233}{0{,}333} = 0{,}70$$

Podemos calcular essas probabilidades condicionais dos níveis de demanda para determinada resposta de pesquisa na planilha. Isso é feito na segunda tabela na Figura 14.31 usando a seguinte fórmula:

Fórmula para a célula B12: =B4/$D4
(Copiar para as células B12 a C13.)

Embora não seja necessário para a Figura 14.30, também podemos calcular as probabilidades condicionais das respostas da pesquisa para determinado nível de demanda, da seguinte forma:

$$P(F|A) = \frac{P(A \cap F)}{P(A)} = \frac{0{,}60}{0{,}70} = 0{,}857$$
$$P(D|A) = \frac{P(A \cap D)}{P(A)} = \frac{0{,}10}{0{,}70} = 0{,}143$$
$$P(F|B) = \frac{P(B \cap F)}{P(B)} = \frac{0{,}067}{0{,}30} = 0{,}223$$

$$P(D|B) = \frac{P(B \cap D)}{P(B)} = \frac{0,233}{0,30} = 0,777$$

A terceira tabela na Figura 14.31 calcula as probabilidades condicionais das respostas de pesquisa para determinado nível de demanda usando a seguinte fórmula:

Fórmula para a célula B19: =B4/B$6
(Copiar para as células B20 a C20.)

14.14.1 TEOREMA DE BAYES

O **teorema de Bayes** oferece outra definição de probabilidade condicional que às vezes é útil:

$$P(X|Y) = \frac{P(Y|X)P(X)}{P(Y|X)P(X) + P(Y|\bar{X})P(\bar{X})}$$

Nessa fórmula, X e Y representam quaisquer dois eventos, e $\bar{X}$ é o complemento de X. Para ver como essa fórmula pode ser usada, suponha que queremos determinar P(A | F), mas não temos acesso à tabela de probabilidade conjunta na Figura 14.31. De acordo com o teorema de Bayes, sabemos que:

$$P(A|F) = \frac{P(F|A)P(A)}{P(F|A)P(A) + P(F|B)P(B)}$$

Se soubermos os valores das várias quantidades no RHS dessa equação, podemos calcular P(A | F) como no exemplo a seguir:

$$P(A|F) = \frac{P(F|A)P(A)}{P(F|A)P(A) + P(F|B)P(B)} = \frac{(0,857)(0,70)}{(0,857)(0,70) + (0,223)(0,30)} = 0,90$$

Esse resultado é consistente com o valor de P(A | F) mostrado na célula B12 na Figura 14.31.

14.15 Teoria da utilidade

Embora a regra de decisão de VME seja amplamente utilizada, às vezes a alternativa de decisão com o VME mais alto não é a alternativa mais desejada ou preferida pelo tomador de decisão. Por exemplo, suponha que pudéssemos comprar, exatamente pelo mesmo preço, qualquer uma das duas empresas listadas na tabela de resultados a seguir:

	Estado da natureza			
Empresa	**1**	**2**	**VME**	
A	150.000	–30.000	60.000	← máximo
B	70.000	40.000	55.000	
Probabilidade	0,5	0,5		

Os valores de retorno listados nessa tabela representam os lucros anuais esperados para esse negócio. Assim, em qualquer ano, há 50% de chance de a empresa A gerar um lucro de \$ 150.000 e 50% de chance de gerar uma perda de \$ 30.000. Por outro lado, em cada ano, há 50% de chance de a empresa B gerar um lucro de \$ 70.000 e 50% de chance de gerar um lucro de \$ 40.000.

De acordo com a regra de decisão de VME, deveríamos comprar a empresa A, porque tem o maior VME. No entanto, a empresa A representa um investimento muito mais arriscado que a empresa B. Embora a empresa A possa gerar o maior VME a longo prazo, poderíamos não ter os recursos financeiros para suportar as potenciais perdas de \$ 30.000 por ano, o que poderia ocorrer a curto prazo com essa alternativa. Com a empresa B, podemos ter a certeza de lucrar pelo menos \$ 40.000 por ano. Embora o VME da empresa B possa não ser, a longo prazo, tão grande quanto o da empresa A, para muitos tomadores de decisão, é mais que compensado pela maior tranquilidade associada ao nível de lucro relativamente estável da empresa B. No entanto, outros tomadores de decisão podem estar dispostos a aceitar o risco maior associado à empresa A, na expectativa de atingir os retornos potenciais mais altos que essa alternativa fornece.

Como ilustrado por esse exemplo, os VMEs das diferentes alternativas de decisão não refletem necessariamente a atratividade relativa das alternativas para determinado tomador de decisão. A **teoria da utilidade** oferece uma maneira de incorporar as atitudes e as preferências do tomador de decisão em relação ao risco e retorno no processo de análise de decisão, de forma que a alternativa de decisão mais desejável seja identificada.

14.15.1 FUNÇÕES UTILIDADE

A teoria da utilidade assume que cada tomador de decisão usa uma **função utilidade** que converte todos os retornos possíveis de um problema de decisão em uma medida não monetária conhecida como utilidade. A **utilidade** de um retorno representa a importância, o valor ou quão desejável é o resultado de uma alternativa de decisão para o tomador de decisão. Por conveniência, iniciaremos representando as utilidades em uma escala de 0 a 1, em que 0 representa o menor valor e 1, o maior.

Diferentes tomadores de decisão têm diferentes atitudes e preferências em relação a risco e retorno. Aqueles que são "neutros ao risco" tendem a tomar decisões usando a regra de decisão de VME máximo. No entanto, alguns tomadores de decisão evitam o risco (ou são "avessos ao risco"), e outros procuram por ele (ou são "propensos ao risco"). As funções utilidade normalmente associadas a esses três tipos de tomadores de decisão são mostradas na Figura 14.32.

A Figura 14.32 ilustra como o mesmo retorno monetário pode produzir diferentes níveis de utilidade para três tomadores de decisão diferentes. Um tomador de decisão "avesso ao risco" atribui a maior utilidade relativa para qualquer retorno, mas tem uma utilidade marginal decrescente para retornos crescentes (ou seja, cada dólar adicional em retorno resulta em aumentos menores na utilidade). O tomador de decisão "propenso ao risco" atribui a menor utilidade para qualquer retorno, mas tem uma utilidade marginal crescente para retornos crescentes (ou seja, cada dólar adicional em retorno resulta em aumentos maiores na utilidade). O tomador de decisão "neutro ao risco" (que segue a regra de decisão de VME) está no meio desses dois extremos e tem uma utilidade marginal constante para retornos crescentes (ou seja, cada dólar adicional em retorno resulta na mesma quantidade de aumento da utilidade). As curvas de utilidade na Figura 14.32 não são as únicas que podem ocorrer. Em geral, as curvas de utilidade podem assumir praticamente qualquer forma, dependendo das preferências do tomador de decisão.

14.15.2 CONSTRUINDO FUNÇÕES UTILIDADE

Assumindo que os tomadores de decisão usam funções utilidade (talvez em um nível subconsciente) para tomar decisões, de que forma determinamos como se parece uma função utilidade de determinado tomador de decisão?

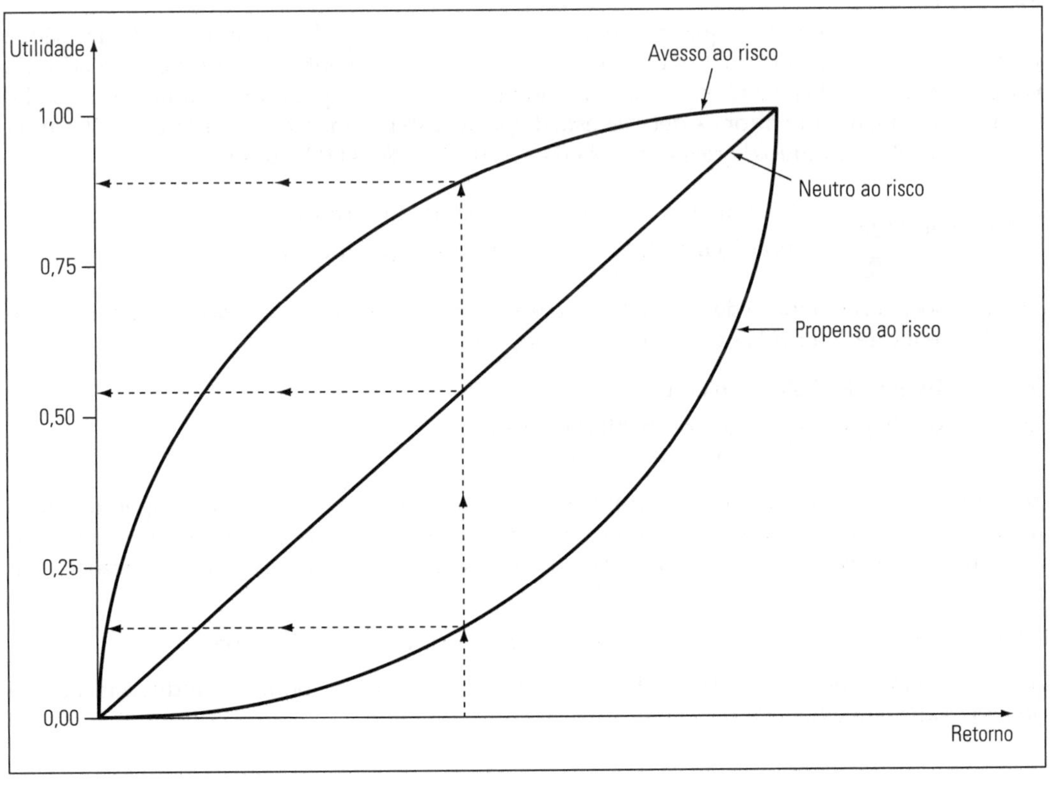

FIGURA 14.32
Três tipos comuns de funções utilidade.

Uma abordagem envolve a atribuição de um valor de utilidade 0 para o pior resultado em um problema de decisão e um valor de utilidade 1 para o melhor resultado. Para todos os outros retornos são atribuídos valores de utilidade entre 0 e 1. (Embora seja conveniente usar valores extremos de 0 e 1, quaisquer valores podem ser usados, desde que o valor de utilidade atribuído ao pior retorno seja menor que o atribuído ao melhor retorno.)

Faremos $U(x)$ representar a utilidade associada ao retorno de \$ x. Assim, para a decisão de comprar a empresa A ou B, descrita anteriormente, temos:

$$U(-30.000) = 0$$
$$U(150.000) = 1$$

Agora, suponha que queremos encontrar a utilidade associada ao retorno de \$ 70.000 em nosso exemplo. Para fazer isso, devemos identificar a probabilidade p, na qual o tomador de decisão é indiferente entre as alternativas a seguir:

Alternativa 1: Receber \$ 70.000 com certeza.

Alternativa 2: Receber \$ 150.000 com probabilidade p e perder \$ 30.000 com probabilidade $(1 - p)$.

Se $p = 0$, a maioria dos tomadores de decisão escolheria a alternativa 1, porque preferem receber um retorno de \$ 70.000 em vez de perder \$ 30.000. Por outro lado, se $p = 1$, a maioria dos tomadores de decisão escolheria a alternativa 2, porque preferem receber um retorno de \$ 150.000 em vez de \$ 70.000. Então, quando p aumenta de 0 para 1, atinge um ponto – p^* – em que o tomador de decisão é indiferente entre as duas alternativas. Ou seja, se $p < p^*$, o tomador de decisão prefere a alternativa 1, e se $p > p^*$, ele prefere a alternativa 2. O ponto de indiferença, p^*, varia de um tomador de decisão para outro, dependendo de sua atitude em relação ao risco e de acordo com sua capacidade de suportar uma perda de \$ 30.000.

Em nosso exemplo, suponha que o tomador de decisão seja indiferente entre as alternativas 1 e 2 quando $p = 0{,}8$ (de modo que $p^* = 0{,}8$). A utilidade do retorno de \$ 70.000 para esse tomador de decisão é calculada da seguinte forma:

$$U(70.000) = U(150.000)p^* + U(-30.000)(1 - p^*) = 1p^* + 0(1 - p^*) = p^* = 0{,}8$$

Observe que, quando $p = 0{,}8$, o valor esperado da alternativa 2 é:

$$\$\ 150.000 \times 0{,}8 - \$\ 30.000 \times 0{,}2 = \$\ 114.000$$

Como o tomador de decisão é indiferente entre uma decisão arriscada (alternativa 2), que tem um VME de \$ 114.000, e uma decisão não arriscada (alternativa 1), que tem um retorno certo de \$ 70.000, esse tomador de decisão é avesso ao risco. Ou seja, o tomador de decisão está disposto a aceitar apenas \$ 70.000 a fim de evitar o risco associado a uma decisão que tem um VME de \$ 114.000.

A expressão **equivalente de certeza** refere-se à quantia de dinheiro que, na mente de um tomador de decisão, é equivalente a uma situação que envolve a incerteza. Por exemplo, \$ 70.000 é o equivalente de certeza do tomador de decisão para a situação incerta representada pela alternativa 2, quando $p = 0{,}8$. Uma expressão bastante relacionada, **prêmio de risco**, refere-se ao VME que um tomador de decisão está disposto a abandonar (ou pagar) para evitar uma decisão arriscada. Em nosso exemplo, o prêmio de risco é \$ 114.000 – \$ 70.000 = \$ 44.000; ou seja:

$$\text{Prêmio de risco} = \begin{pmatrix}\text{VME de uma}\\ \text{situação incerta}\end{pmatrix} - \begin{pmatrix}\text{Equivalente de certeza}\\ \text{da mesma situação incerta}\end{pmatrix}$$

Para encontrar a utilidade associada ao retorno de \$ 40.000 em nosso exemplo, devemos identificar a probabilidade p na qual o tomador de decisão é indiferente entre as alternativas a seguir:

Alternativa 1: Receber \$ 40.000 com certeza.

Alternativa 2: Receber \$ 150.000 com probabilidade p ou perder \$ 30.000 com probabilidade $(1 - p)$.

Como a quantia de retorno listada na alternativa 1 foi reduzida de seu valor anterior de \$ 70.000, é esperado que o valor de p, no qual o tomador de decisão seja indiferente, também seja reduzido. Nesse caso, suponha que o tomador de decisão seja indiferente entre as alternativas quando $p = 0{,}65$ (de modo que $p^* = 0{,}65$). A utilidade associada a um retorno de \$ 40.000 é:

$$U\ (40.000) = U\ (150.000)\ p^* + U\ (-30.000)\ (1 - p^*) = 1\ p^* + 0\ (1 - p^*) = p^* = 0{,}65$$

Novamente, a utilidade associada à quantia dada na alternativa 1 é equivalente ao ponto de indiferença p^* do tomador de decisão. Isso não é uma coincidência.

> **Ponto-chave**
>
> Quando as utilidades são expressas em uma escala de 0 a 1, a probabilidade p^*, na qual o tomador de decisão é indiferente entre as alternativas 1 e 2, sempre corresponde à utilidade do tomador de decisão para a quantia listada na alternativa 1.

Observe que, quando $p = 0{,}65$, o valor esperado da alternativa 2 é:

$$\$\ 150.000 \times 0{,}65 - \$\ 30.000 \times 0{,}35 = \$\ 87.000$$

Novamente, é um comportamento de aversão ao risco, porque o tomador de decisão está disposto a aceitar apenas $ 40.000 (ou pagar um prêmio de risco de $ 47.000) para evitar o risco associado a uma decisão que tem um VME de $ 87.000.

Para o nosso exemplo, as utilidades associadas aos retornos de –$ 30.000, $ 40.000, $ 70.000 e $ 150.000 são 0,0, 0,65, 0,80 e 1,0, respectivamente. Se plotarmos esses valores em um gráfico e ligarmos os pontos com linhas retas, podemos estimar a forma da função utilidade do tomador de decisão para esse problema, como mostrado na Figura 14.38. Observe que a forma dessa função utilidade é consistente com a forma geral da função utilidade para um tomador de decisão avesso ao risco, dada na Figura 14.32.

14.15.3 USANDO UTILIDADES PARA TOMAR DECISÕES

Após determinar o valor de utilidade de cada retorno monetário possível, podemos aplicar as ferramentas padrão de análise de decisão para determinar a alternativa que oferece a maior utilidade esperada. Isso é feito usando valores de utilidade em vez de valores monetários em tabelas de resultados ou em árvores de decisão. Para o nosso exemplo atual, substituímos as utilidades apropriadas na tabela de resultados e calculamos a utilidade esperada para cada alternativa de decisão da seguinte forma:

	Estado da natureza			
Empresa	**1**	**2**	**Utilidade esperada**	
A	1,00	0,00	0,500	
B	0,80	0,65	0,725	← máximo
Probabilidade	0,5	0,5		

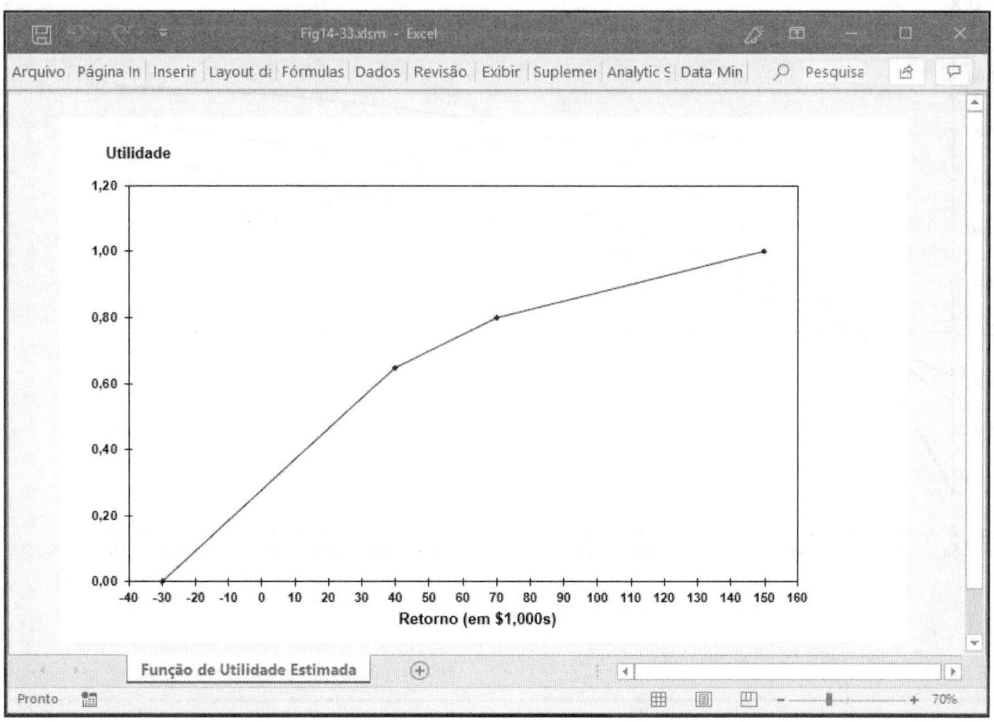

FIGURA 14.33
Uma função utilidade estimada para o problema exemplo.

Nesse caso, a decisão de comprar a empresa B oferece o maior nível esperado de utilidade para esse tomador de decisão – embora nossa análise anterior tenha indicado que seu VME de \$ 55.000 seja menor que o VME de \$ 60.000 da empresa A. Assim, usando utilidades, os tomadores de decisão podem identificar a alternativa que é mais atraente de acordo com suas atitudes pessoais acerca de risco e retorno.

14.15.4 A FUNÇÃO UTILIDADE EXPONENCIAL

Em um problema de decisão complicado com vários valores de retorno possíveis, pode ser difícil e demorado para um tomador de decisão determinar os valores diferentes para p^* que são necessários para determinar a utilidade de cada retorno. No entanto, se o tomador de decisão for avesso ao risco, a **função utilidade exponencial** pode ser usada como uma aproximação da função utilidade real do tomador de decisão. A forma geral da função utilidade exponencial é:

$$U(x) = 1 - e^{-x/R}$$

Nessa fórmula, e é a base do logaritmo natural ($e = 2{,}718281\ldots$), e R é um parâmetro que controla a forma da função utilidade de acordo com a tolerância ao risco do tomador de decisão. A Figura 14.34 mostra exemplos do gráfico dessa função para vários valores de R. Observe que, conforme R aumenta, a forma da curva de utilidade torna-se menos curva (ou menos avessa ao risco). Observe também que, conforme x se torna maior, $U(x)$ se aproxima de 1; quando $x = 0$, então $U(x) = 0$; e se x for menor que 0, então $U(x) < 0$.

Para usar a função utilidade exponencial, é preciso determinar um valor razoável para o parâmetro de tolerância ao risco R. Um método usado para fazer isso envolve a determinação do valor máximo de Y, pelo qual o tomador de decisão está disposto a participar de um jogo de azar com os seguintes resultados possíveis:

Ganhar \$ Y com probabilidade 0,5

Perder \$ Y/2 com probabilidade 0,5

O valor máximo de Y para o qual o tomador de decisão aceitaria esse risco deve nos dar uma estimativa razoável de R. Observe que um tomador de decisão disposto a aceitar esse risco apenas com valores muito pequenos de Y é

FIGURA 14.34
Exemplos da função utilidade exponencial.

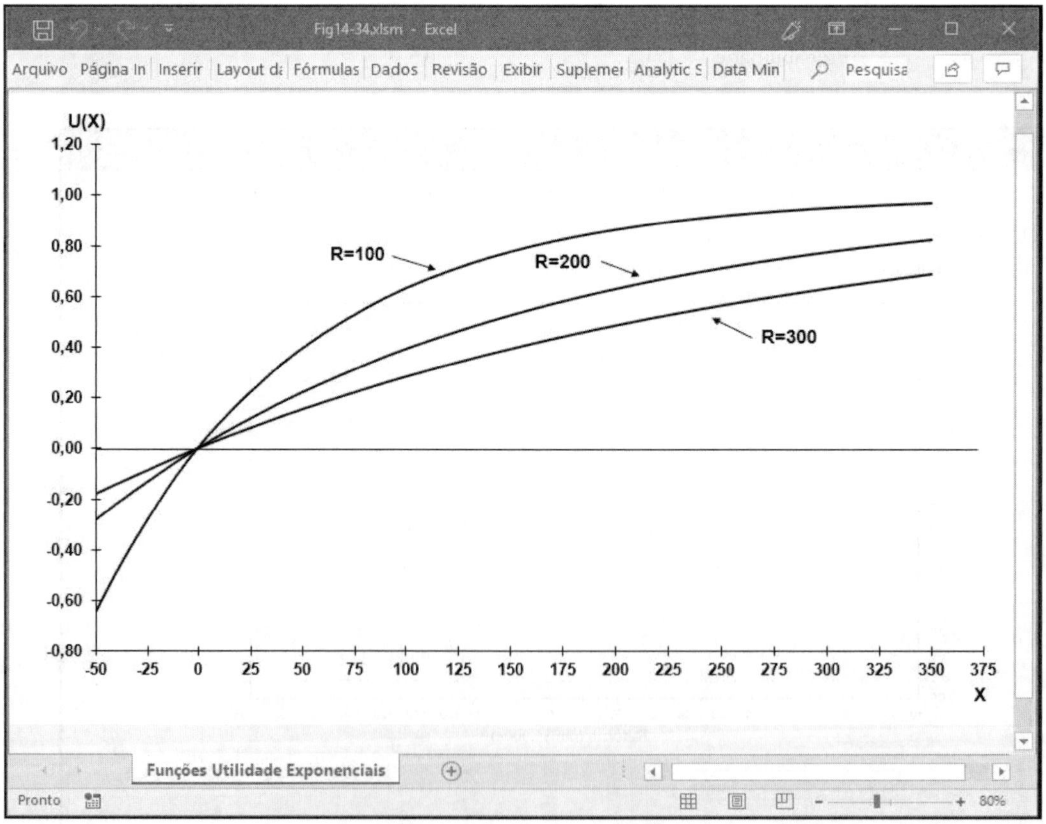

avesso ao risco, enquanto um tomador de decisão disposto a jogar com valores maiores de Y é menos avesso ao risco. Isso corresponde à relação entre as curvas de utilidade e os valores de *R*, mostrada na Figura 14.34. (Como regra geral, estudos não científicos sugerem que muitas empresas apresentam tolerâncias ao risco de aproximadamente um sexto do patrimônio ou 125% do lucro líquido anual.)

14.15.5 INCORPORANDO UTILIDADES EM ÁRVORES DE DECISÃO

A ferramenta Decision Tree do Analytic Solver Platform oferece uma maneira simples de usar a função utilidade exponencial para modelar as preferências de decisão avessa ao risco em uma árvore de decisão. Ilustraremos usando a árvore de decisão desenvolvida anteriormente para a Magnolia Inns, em que Barbara precisa decidir qual terreno comprar. A árvore de decisão desenvolvida para esse problema é mostrada novamente na Figura 14.35 (e no arquivo Fig14-35.xlsm, disponível na página deste livro no site da editora).

Para usar a função utilidade exponencial, primeiro construímos uma árvore de decisão da forma habitual. Então, determinamos o valor de tolerância ao risco de *R* para o tomador de decisão, usando a técnica descrita anteriormente. Como Barbara está tomando essa decisão em nome da Magnolia Inns, é importante que ela forneça um valor estimado de *R* com base nos níveis de risco aceitáveis da corporação – e não no seu nível de tolerância ao risco pessoal.

Nesse caso, assumimos que $ 4 milhões é o valor máximo de Y que Barbara acredita que a Magnolia Inns está disposta a arriscar, ganhando $ Y com probabilidade 0,5 e perdendo $ Y/2 com probabilidade 0,5. Portanto, *R* = Y = 4. (Observe que o valor de *R* deve ser expresso nas mesmas unidades dos retornos na árvore de decisão.)

Agora, a ferramenta Decision Tree é instruída a usar uma função utilidade exponencial para determinar a decisão ótima, seguindo estes passos:

1. Selecione o elemento Decision Tree no painel de tarefas do Analytic Solver.
2. Altere a propriedade Risk Tolerance para 4.
3. Altere a propriedade Certainty Equivalents para Exponential Utility Function.

FIGURA 14.35 *Árvore de decisão para o problema de compra de terreno da Magnolia Inns.*

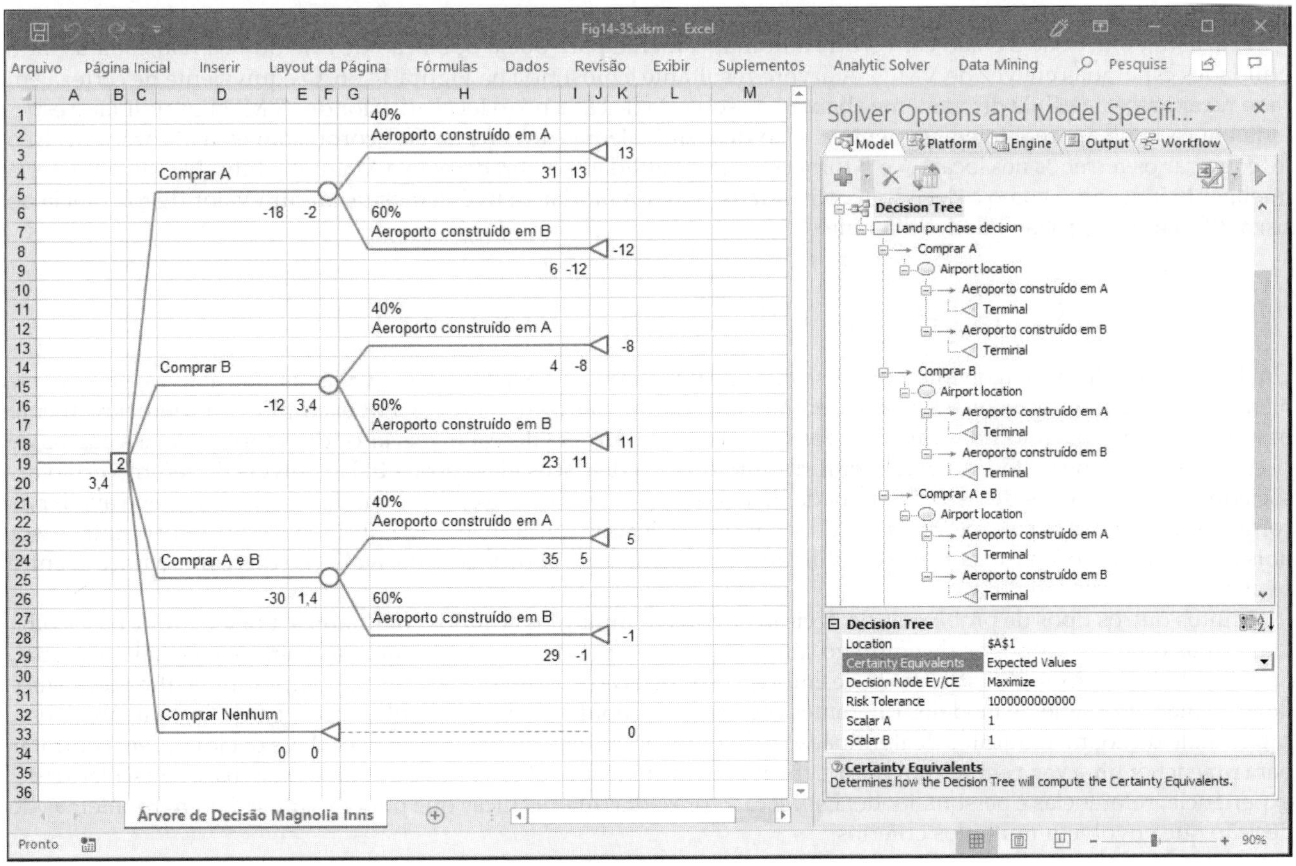

FIGURA 14.36 *Análise da árvore de decisão da Magnolia Inns usando uma função utilidade exponencial.*

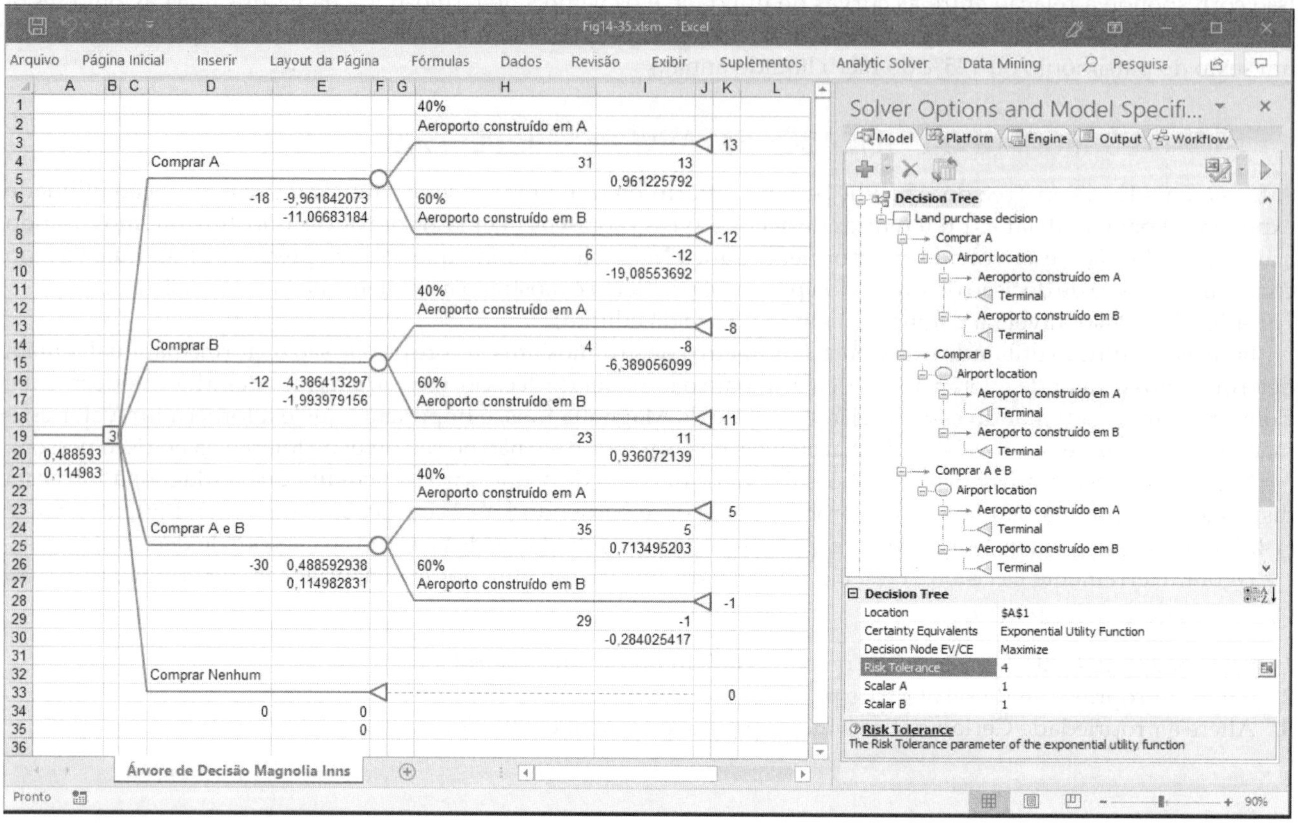

A árvore de decisão é então convertida automaticamente para que a operação de cálculo seja realizada usando utilidades esperadas em vez de VMEs. A árvore resultante é mostrada na Figura 14.36. O equivalente de certeza em cada nó aparece na célula diretamente abaixo e à esquerda de cada nó (o local anterior dos VMEs). A utilidade esperada em cada nó aparece imediatamente abaixo dos equivalentes de certeza. De acordo com essa árvore, a decisão de comprar os terrenos nos locais A e B fornece a maior utilidade esperada para a Magnolia Inns. Novamente, seria inteligente investigar como a decisão recomendada poderia mudar se tivéssemos usado um valor de tolerância ao risco diferente ou probabilidades diferentes.

14.16 Tomada de decisão multicritério

Um tomador de decisão frequentemente usa mais de um critério ou objetivo para avaliar as alternativas em um problema de decisão. Às vezes, esses critérios entram em conflito uns com os outros. Por exemplo, considere novamente os critérios de risco e retorno. A maioria dos tomadores de decisão deseja níveis altos de retorno e níveis baixos de risco. Porém retornos altos são geralmente acompanhados de riscos elevados, e baixos níveis de retorno estão associados a baixos níveis de risco. Na tomada de decisão de investimentos, um tomador de decisão deve avaliar as compensações entre risco e retorno a fim de identificar a decisão que atinge o equilíbrio mais satisfatório entre esses dois critérios. Como já visto, a teoria da utilidade representa uma abordagem de avaliação das compensações entre os critérios de risco e retorno.

Muitos outros tipos de problemas de decisão envolvem múltiplos critérios conflitantes. Por exemplo, na escolha entre duas ou mais propostas de emprego diferentes, você deve avaliar as alternativas com base no salário inicial, oportunidade de promoção, segurança de emprego, localização e assim por diante. Se comprar uma filmadora, você deve avaliar uma série de modelos diferentes com base na reputação do fabricante, preço, garantia, tamanho, peso, capacidade de zoom, requisitos de iluminação e diversas outras características. Se você deve decidir quem contratar para preencher uma vaga em sua empresa, provavelmente terá de avaliar vários candidatos com base na escolaridade, experiência, referências e personalidade. Esta seção apresenta duas técnicas que podem ser usadas em problemas de decisão que envolvem múltiplos critérios.

14.17 O modelo multicritério de pontuação

O **modelo multicritério de pontuação** é um procedimento simples, em que cada alternativa em um problema de decisão recebe um ponto (ou escore) com base em cada critério. A pontuação para a alternativa j no critério i é denotada por s_{ij}. Pesos (denotados por w_i) são atribuídos a cada critério, indicando sua importância relativa para o tomador de decisão. Para cada alternativa, podemos calcular uma pontuação média ponderada da seguinte forma:

$$\text{Pontuação média ponderada para a alternativa } j = \sum_i w_i s_{ij}$$

Então, selecionamos a alternativa com a maior pontuação média ponderada.

O início deste capítulo descreveu uma situação que muitos alunos enfrentam ao se formarem na faculdade – a escolha entre duas propostas de emprego. A planilha na Figura 14.37 (e no arquivo Fig14-37.xlsm, disponível na página deste livro no site da editora) ilustra como podemos usar um modelo multicritério de pontuação para ajudar nesse problema.

Na escolha entre duas (ou mais) propostas de emprego, seriam avaliados critérios para cada alternativa, como salário inicial, potencial de desenvolvimento profissional, segurança de emprego, localização e talvez outros fatores também. A ideia em um modelo de pontuação é atribuir um valor de 0 a 1 para cada alternativa de decisão, refletindo sua importância relativa em cada critério. Esses valores podem ser considerados avaliações subjetivas da utilidade que cada alternativa oferece nos vários critérios.

Na Figura 14.37, as pontuações para cada critério foram lançadas nas células C6 a D9. Essas pontuações indicam que o salário inicial oferecido pela empresa B fornece o valor maior, mas o salário oferecido pela empresa A não é muito pior. (Observe que essas pontuações não significam necessariamente que o salário inicial oferecido pela empresa B foi o mais alto. Essas pontuações refletem o *valor* dos salários para o tomador de decisão, levando em conta

FIGURA 14.37 *Um modelo multicritério de pontuação.*

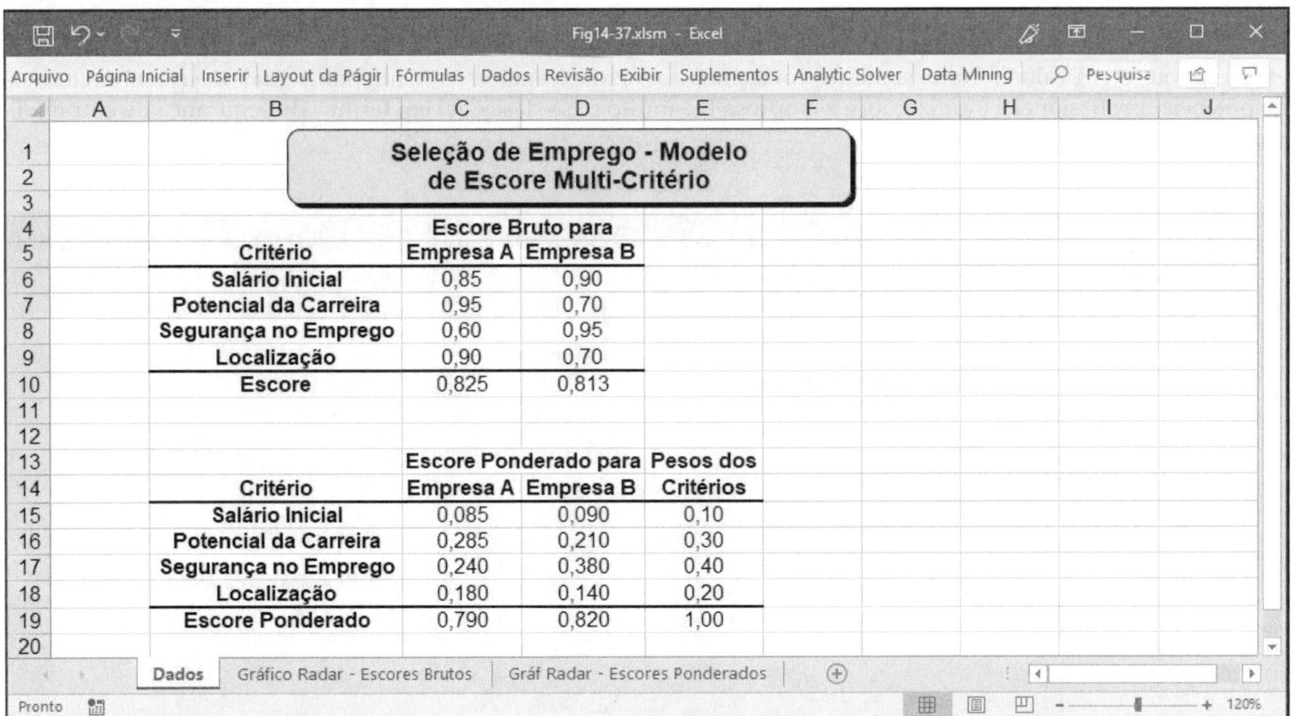

Seleção de Emprego - Modelo de Escore Multi-Critério

Critério	Escore Bruto para Empresa A	Empresa B
Salário Inicial	0,85	0,90
Potencial da Carreira	0,95	0,70
Segurança no Emprego	0,60	0,95
Localização	0,90	0,70
Escore	0,825	0,813

Critério	Escore Ponderado para Empresa A	Empresa B	Pesos dos Critérios
Salário Inicial	0,085	0,090	0,10
Potencial da Carreira	0,285	0,210	0,30
Segurança no Emprego	0,240	0,380	0,40
Localização	0,180	0,140	0,20
Escore Ponderado	0,790	0,820	1,00

Fórmulas das principais células

Célula	Fórmula	Copiado para
C10	=MÉDIA(C6:C9)	D10
C15	=C6*$E15	C15:D18
C19	=SOMA(C15:C18)	D19:E19

fatores como o custo de vida em diferentes locais.) As pontuações restantes na tabela indicam que a empresa A oferece o maior potencial de promoção e está situada em um local mais atraente, mas fornece uma segurança de emprego consideravelmente menor que a oferecida pela empresa B. As pontuações médias associadas a cada proposta de emprego são calculadas nas células C10 e D10 da seguinte forma:

Fórmula para a célula C10: =MÉDIA(C6:C9)
(Copiar para a célula D10.)

Observe que a proposta da empresa A tem uma pontuação média maior que a da empresa B. No entanto, esse fator assume implicitamente que todos os critérios são de igual importância para o tomador de decisão, o que nem sempre é o caso.

Em seguida, o tomador de decisão especifica pesos que indicam a importância relativa de cada critério. Novamente, isso é feito subjetivamente. Os pesos hipotéticos para cada critério nesse exemplo são mostrados nas células E15 a E18 na Figura 14.37. Observe que esses pesos devem somar 1. As pontuações ponderadas para cada critério e alternativa são calculadas nas células C15 a D18 da seguinte forma:

Fórmula para a célula C15: =C6*$E15
(Copiar para as células C15 a D18.)

Então, somamos esses valores para calcular a pontuação média ponderada para cada alternativa da seguinte forma:

Fórmula para a célula C19: =SOMA(C15:C18)
(Copiar para a célula E19.)

Nesse caso, as pontuações médias ponderadas totais para a empresa A e B são 0,79 e 0,82, respectivamente. Assim, quando a importância de cada critério é contabilizada com os pesos, o modelo indica que o tomador de decisão deve aceitar o emprego na empresa B, porque tem a maior pontuação média ponderada.

Gráficos de radar fornecem uma maneira eficaz de resumir graficamente várias alternativas em um modelo multicritério de pontuação. A Figura 14.38 mostra as pontuações brutas associadas a cada uma das alternativas em nosso exemplo de seleção de emprego. Uma olhada rápida nesse gráfico deixa claro que as propostas de ambas as empresas oferecem valores muito similares em termos de salário; a empresa A é um pouco mais desejável em termos de potencial profissional e localização, e a empresa B é muito mais desejável em termos de segurança de emprego.

FIGURA 14.38
Gráfico de radar das pontuações brutas.

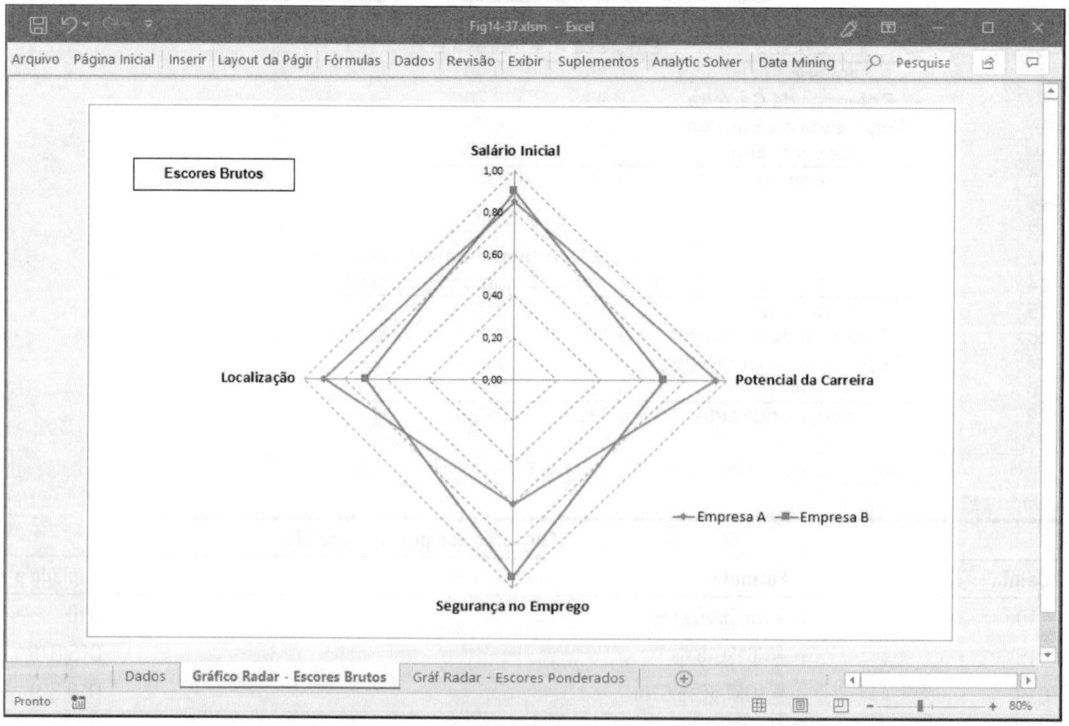

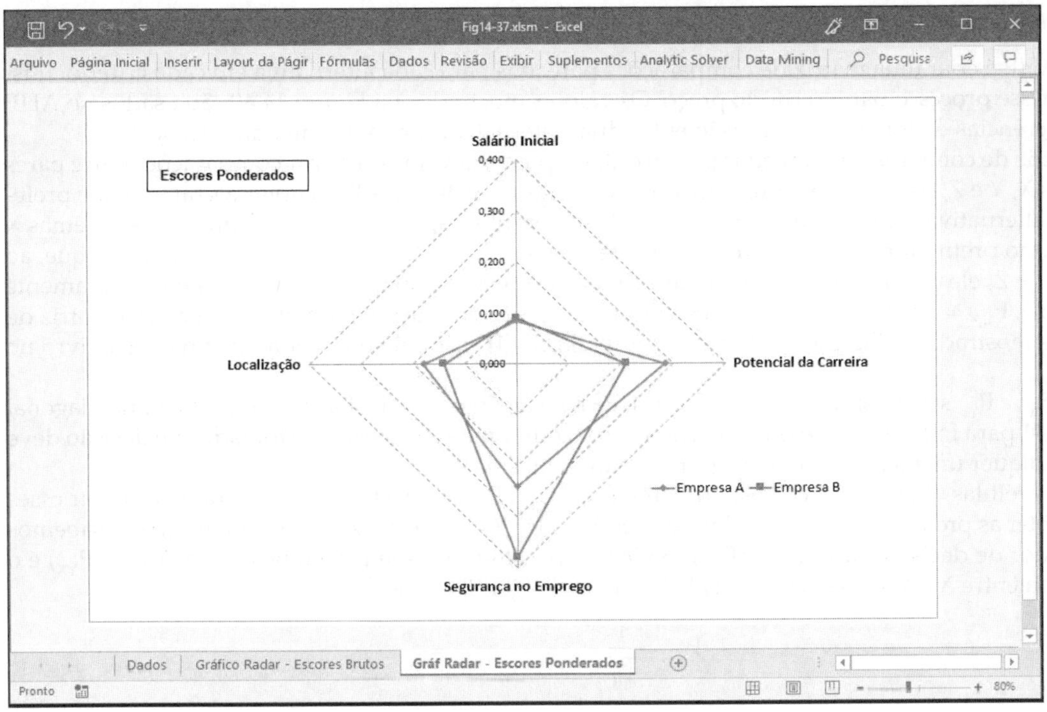

FIGURA 14.39
Gráfico de radar das pontuações ponderadas.

A Figura 14.39 mostra outro gráfico de radar das pontuações ponderadas de cada uma das alternativas. Usando as pontuações ponderadas, o gráfico de radar tende a acentuar as diferenças nos critérios que foram fortemente ponderados. Por exemplo, aqui as propostas das duas empresas são muito similares em termos de salário e localização e mais diferentes em relação a potencial profissional e segurança de emprego. A capacidade do gráfico de radar de retratar graficamente as diferenças entre as alternativas pode ser bastante útil – especialmente para os tomadores de decisão que não se relacionam bem com tabelas de números.

Criando um gráfico de radar

Para criar um gráfico de radar como o mostrado na Figura 14.39, siga estes passos:

1. Selecione as células B14 a D18.
2. Clique no menu Inserir.
3. Clique em Gráficos.
4. Clique em Radar com Marcadores.

Então, o Excel cria um gráfico básico que você pode personalizar de diversas formas. Ao clicar com o botão direito do *mouse* sobre um elemento do gráfico, surgirá uma caixa de diálogo com opções para modificar a aparência do elemento.

14.18 O processo de análise hierárquica

Às vezes, um tomador de decisão tem dificuldade em determinar subjetivamente as pontuações e os pesos dos critérios necessários em um modelo multicritério de pontuação. Nesse caso, o processo de análise hierárquica (AHP, em inglês) pode ser útil. O AHP fornece uma abordagem mais estruturada para a determinação das pontuações e dos pesos para o modelo multicritério de pontuação, descrito anteriormente. Isso pode ser especialmente útil em ambientes de tomada de decisão em grupo, focando a atenção e a discussão nos aspectos importantes de um problema. No entanto, a validade do AHP não é universalmente aceita. Como em qualquer processo estruturado de tomada de decisão, as recomendações do AHP não devem ser seguidas cegamente e sim ser cuidadosamente consideradas e avaliadas pelo(s) tomador(es) de decisão.

Para ilustrar o AHP, suponha que uma empresa queira comprar um novo sistema de informação de registro de folha de pagamento e de pessoal e está considerando três sistemas, identificados como X, Y e Z. Os sistemas diferem com relação a três critérios fundamentais: preço, suporte ao usuário e facilidade de uso.

14.18.1 COMPARAÇÕES PAREADAS

O primeiro passo no AHP é criar uma matriz de comparações pareadas para cada alternativa em cada critério. Ilustraremos os detalhes desse processo para o critério preço. Os valores mostrados na Figura 14.40 são usados no AHP para descrever as preferências do tomador de decisão entre duas alternativas em determinado critério.

Para criar uma matriz de comparações pareadas para o critério preço, devemos realizar comparações entre pares de preços dos sistemas X, Y e Z, usando os valores mostrados na Figura 14.40. Faça P_{ij} denotar o grau em que preferimos a alternativa *i* à alternativa *j* em determinado critério. Por exemplo, suponha que, ao comparar os sistemas X e Y, o tomador de decisão prefira fortemente o preço de X. Nesse caso, $P_{XY} = 5$. Da mesma forma, suponha que, ao comparar os sistemas X e Z, ele prefira muito fortemente o preço de X; e ao comparar Y e Z, prefira moderadamente o preço de Y. Nesse caso, $P_{XZ} = 7$ e $P_{YZ} = 3$. Usamos os valores dessas comparações pareadas para criar a matriz de comparações pareadas mostrada na Figura 14.41 (e no arquivo Fig14-41.xlsm, disponível na página deste livro no site da editora).

Os valores de P_{XY}, P_{XZ} e P_{YZ} são mostrados nas células D4, E4 e E5 na Figura 14.41. Lançamos o valor 1 na diagonal principal na Figura 14.41 para indicar que, se uma alternativa for comparada a si mesma, o tomador de decisão deve preferir igualmente qualquer uma das alternativas (porque são as mesmas).

Os lançamentos nas células C5, C6 e D6 correspondem a P_{YX}, P_{ZX} e P_{ZY}, respectivamente. Para determinar esses valores, poderíamos obter as preferências do tomador de decisão entre Y e X, Z e X e Z e Y. No entanto, se já sabemos a preferência do tomador de decisão entre X e Y (P_{XY}), podemos concluir que sua preferência entre Y e X (P_{YX}) é o recíproco da preferência entre X e Y; ou seja, $P_{YX} = 1/P_{XY}$. Então, em geral, temos:

$$P_{ji} = \frac{1}{P_{ij}}$$

FIGURA 14.40
Escala para comparações pareadas no AHP.

Valor	Preferência
1	Igualmente preferido
2	De igualmente a moderadamente preferido
3	Moderadamente preferido
4	De moderadamente a fortemente preferido
5	Fortemente preferido
6	De fortemente a muito fortemente preferido
7	Muito fortemente preferido
8	De fortemente a extremamente preferido
9	Extremamente preferido

FIGURA 14.41
Comparações pareadas do critério preço para os três sistemas.

Fig14-41.xlsm - Excel

Critério Preço
Comparações Pareadas

	X	Y	Z
X	1,000	5,000	7,000
Y	0,200	1,000	3,000
Z	0,143	0,333	1,000
Soma	1,343	6,333	11,00

Planilhas: Preço | Suporte ao Usuário | Facilidade de Uso | Critérios | Resumo

Fórmulas das principais células

Célula	Fórmula	Copiado para
C5	=1/D4	--
C6	=1/E4	--
D6	=1/E5	--

Assim, os valores nas células C5, C6 e D6 são calculados desta forma:

Fórmula para a célula C5:	=1/D4
Fórmula para a célula C6:	=1/E4
Fórmula para a célula D6:	=1/E5

14.18.2 NORMALIZANDO AS COMPARAÇÕES

O próximo passo no AHP é normalizar a matriz de comparações pareadas. Para fazer essa operação, primeiro calculamos a soma de cada coluna na matriz de comparações pareadas. Então, dividimos cada lançamento na matriz pela soma de sua coluna. A Figura 14.42 mostra a matriz normalizada resultante.

A média de cada linha na matriz normalizada será usada como a pontuação para cada alternativa do critério em análise. Por exemplo, as células F11, F12 e F13 indicam que as pontuações médias no critério de preço para X, Y e Z são 0,724, 0,193 e 0,083, respectivamente. Essas pontuações indicam a preferência relativa das três alternativas do tomador de decisão em relação ao preço. A pontuação para X indica que essa é a alternativa mais atraente em relação ao preço, e a alternativa Y é um pouco mais atraente que a Z. Observe que essas pontuações refletem as preferências definidas pelo tomador de decisão na matriz de comparações pareadas.

14.18.3 CONSISTÊNCIA

Ao aplicar o AHP, o tomador de decisão deve ser coerente com as classificações de preferência dadas na matriz de comparações pareadas. Por exemplo, se o tomador de decisão prefere fortemente o preço de X ao de Y e o preço de Y ao de Z, seria incoerente indicar indiferença (ou igual preferência) em relação ao preço de X e Z. Assim, antes de usar as pontuações derivadas da matriz de comparações normalizada, as preferências indicadas na matriz de comparações pareadas original devem ter suas consistências verificadas.

Uma medida de consistência para cada alternativa é obtida da seguinte forma:

$$\text{Medida de consistência para X} = \frac{0{,}724 \times 1 + 0{,}193 \times 5 + 0{,}083 \times 7}{0{,}724} = 3{,}141$$

Fig14-41.xlsm - Excel

Critério Preço Comparações Pareadas

	X	Y	Z
X	1,000	5,000	7,000
Y	0,200	1,000	3,000
Z	0,143	0,333	1,000
Soma	1,343	6,333	11,00

	Comparações Normalizadas X	Y	Z	Escores de Preço	Medida de Consistência
X	0,745	0,789	0,636	0,724	3,141
Y	0,149	0,158	0,273	0,193	3,043
Z	0,106	0,053	0,091	0,083	3,014

Preço | Suporte ao Usuário | Facilidade de Uso | Critérios | Resumo

Fórmulas das principais células

Célula	Fórmula	Copiado para
C7	=SOMA(C4:C6)	D7:E7
C11	=C4/C$7	C11:E13
F11	=MÉDIA(C11:E11)	F12:F13

FIGURA 14.42 *Pontuações de preço obtidas com base na matriz de comparações normalizada.*

$$\text{Medida de consistência para Y} = \frac{0{,}724 \times 0{,}2 + 0{,}193 \times 1 + 0{,}083 \times 3}{0{,}193} = 3{,}043$$

$$\text{Medida de consistência para Z} = \frac{0{,}724 \times 0{,}143 + 0{,}193 \times 0{,}333 + 0{,}083 \times 1}{0{,}083} = 3{,}014$$

O numerador em cada um desses cálculos multiplica as pontuações obtidas na matriz normalizada pelas preferências dadas em uma das linhas da matriz de comparações pareadas original. Os resultados são somados e, em seguida, divididos pela pontuação da alternativa em questão. Essas medidas de consistência são mostradas na Figura 14.43 nas células G11 a G13.

Se o tomador de decisão for perfeitamente consistente ao declarar preferências, cada medida de consistência será igual ao número de alternativas no problema (que, nesse caso, é igual a três). Então, parece haver alguma inconsistência nas preferências dadas na matriz de comparações pareadas. Isso não é incomum. É difícil para um tomador de decisão ser perfeitamente consistente ao declarar preferências entre um grande número de comparações pareadas. Desde que a quantidade de inconsistência não seja excessiva, as pontuações obtidas na matriz normalizada serão razoavelmente acuradas. Para determinar se a inconsistência é excessiva, calculamos as seguintes quantidades:

$$\text{Índice de Consistência (IC)} = \frac{\lambda - n}{n - 1}$$

$$\text{Razão de Consistência (RC)} = \frac{\text{IC}}{\text{IR}}$$

em que:

λ = a medida de consistência média para todas as alternativas
n = o número de alternativas
IR = o índice aleatório apropriado da Figura 14.44

Se a matriz de comparações pareadas for perfeitamente consistente, então $\lambda = n$, e a razão de consistência é 0. Os valores de IR na Figura 14.44 dão o valor médio de IC se todos os lançamentos na matriz de comparações pareadas forem escolhidos de maneira aleatória, dado que todos os lançamentos diagonais são iguais a 1 e

FIGURA 14.43
Verificando a consistência das comparações pareadas.

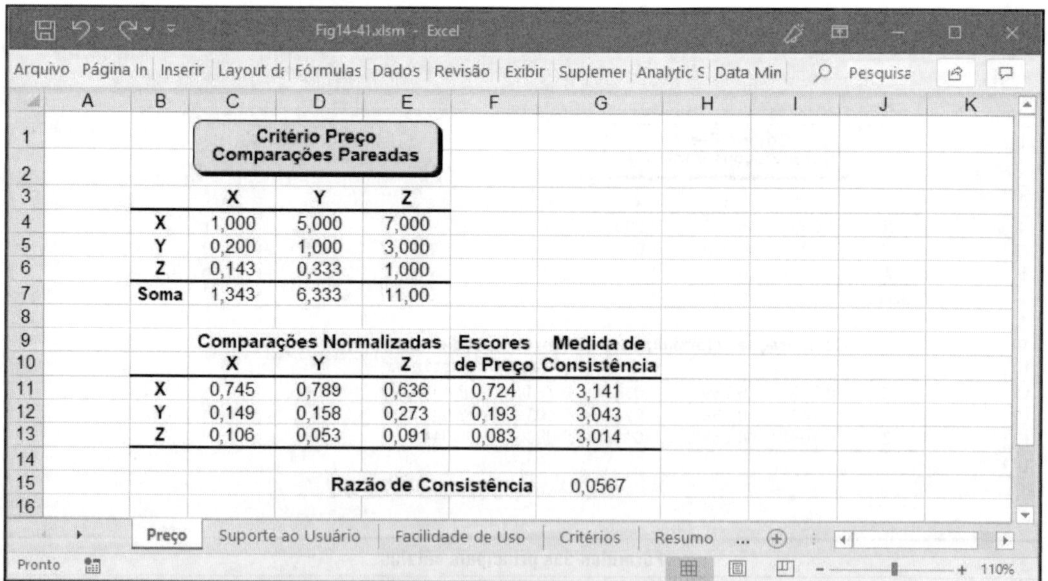

Fórmulas das principais células

Célula	Fórmula	Copiado para
G11	=MATRIZ;MULT(C4:E4;$F$11:$F$13)/F11	G12:G13
G15	=(MÉDIA(G11:G13)–3)/(2*0,58)	--

n	IR
2	0,00
3	0,58
4	0,90
5	1,12
6	1,24
7	1,32
8	1,41

FIGURA 14.44
Valores de IR para uso no AHP.

$P_{ij} = 1/P_{ji}$. Se RC $\leq$ 0,10, o grau de consistência na matriz de comparações pareadas é satisfatório. No entanto, se RC > 0,10, podem existir sérias inconsistências, e o AHP pode não produzir resultados significativos. O valor de RC mostrado na célula G15 na Figura 14.43 indica que a matriz de comparações pareadas para o critério preço é razoavelmente consistente. Portanto, podemos assumir que as pontuações para o critério preço, obtidas com base na matriz normalizada, são razoavelmente acuradas.

14.18.4 OBTENDO PONTUAÇÕES PARA OS CRITÉRIOS RESTANTES

Podemos repetir o processo de obtenção das pontuações do critério preço para obter as pontuações para os critérios suporte ao usuário e facilidade de uso. Resultados hipotéticos para esses critérios são mostrados nas Figuras 14.45 e 14.46, respectivamente.

Essas duas planilhas podem ser facilmente criadas, copiando a planilha do critério preço (mostrada na Figura 14.43) e fazendo o tomador de decisão preencher as preferências relacionadas aos critérios suporte ao usuário e facilidade de uso nas matrizes de comparações pareadas. Observe que as preferências dadas nas Figuras 14.45 e 14.46 parecem ser consistentes.

14.18.5 OBTENDO PESOS PARA OS CRITÉRIOS

As pontuações mostradas nas Figuras 14.43, 14.45 e 14.46 indicam como as alternativas se comparam com relação aos critérios preço, suporte ao usuário e facilidade de uso. Antes de usar esses valores em um modelo de pontuação, deve-se também determinar os pesos que indicam a importância relativa dos três critérios para o tomador de decisão. O processo de comparações pareadas, usado anteriormente para gerar pontuações para as alternativas em cada critério, também pode ser usado para gerar os pesos dos critérios.

Critério Suporte ao Usuário
Comparações Pareadas

	X	Y	Z		
X	1,000	0,333	2,000		
Y	3,000	1,000	5,000		
Z	0,500	0,200	1,000		
Soma	4,500	1,533	8,000		
	Comparações Normalizadas			Escores	Medida de
	X	Y	Z	de Preço	Consistência
X	0,222	0,217	0,250	0,230	3,003
Y	0,667	0,652	0,625	0,648	3,007
Z	0,111	0,130	0,125	0,122	3,001
			Razão de Consistência		0,003

FIGURA 14.45
Planilha usada para calcular as pontuações para o critério suporte ao usuário.

FIGURA 14.46 *Planilha usada para calcular as pontuações para o critério facilidade de uso.*

Critério Facilidade de Uso
Comparações Pareadas

	X	Y	Z
X	1,000	0,500	0,333
Y	2,000	1,000	0,500
Z	3,000	2,000	1,000
Soma	6,000	3,500	1,833

	Comparações Normalizadas X	Y	Z	Escores de Preço	Medida de Consistência
X	0,167	0,143	0,182	0,164	3,004
Y	0,333	0,286	0,273	0,297	3,008
Z	0,500	0,571	0,545	0,539	3,015

Razão de Consistência 0,008

FIGURA 14.47 *Planilha usada para determinar os pesos dos critérios.*

Critérios

	Preço	Suporte ao Usuário	Facilidade de Uso
Preço	1,000	0,333	0,250
Suporte ao Usuário	3,000	1,000	0,500
Facilidade de Uso	4,000	2,000	1,000
Soma	8,000	3,333	1,750

	Comparações Normalizadas Preço	Suporte ao Usuário	Facilidade de Uso	Escores dos Critérios	Medida de Consistência
Preço	0,125	0,100	0,143	0,123	3,006
Suporte ao Usuário	0,375	0,300	0,286	0,320	3,019
Facilidade de Uso	0,500	0,600	0,571	0,557	3,030

Razão de Consistência 0,016

A matriz de comparações pareadas na Figura 14.47 mostra as preferências do tomador de decisão para os três critérios. Os valores nas células C5 e C6 indicam que o tomador de decisão acha que suporte ao usuário e facilidade de uso são mais importantes (ou mais preferíveis) que o preço, e a célula D6 indica que facilidade de uso é um pouco mais importante que o suporte ao usuário. Essas preferências relativas são refletidas nos pesos dos critérios mostrados nas células F11 a F13.

14.18.6 IMPLEMENTANDO O MODELO DE PONTUAÇÃO

Agora temos todos os elementos necessários para analisar esse problema de decisão usando um modelo de pontuação. Assim, o último passo no AHP é calcular as pontuações médias ponderadas para cada alternativa de decisão. As pontuações médias ponderadas são mostradas nas células C8 a E8 na Figura 14.48. De acordo com essas pontuações, a alternativa Y deveria ser selecionada.

FIGURA 14.48 *Modelo de pontuação final para a seleção de sistema de informação.*

Modelo de Escore AHP - Final

Critérios	Alternativas X	Y	Z	Pesos dos Critérios
Preço	0,724	0,193	0,083	0,123
Suporte ao Usuário	0,230	0,648	0,122	0,320
Facilidade de Uso	0,164	0,297	0,539	0,557
Escore Médio Ponderado	0,254	0,397	0,350	1,000

Fórmulas das principais células

Célula	Fórmula	Copiado para
C8	=SOMARPRODUTO(C5:C7;$G$5:$G$7)	D8:E8

14.19 Resumo

Este capítulo apresentou diversas técnicas para a análise de uma variedade de problemas de decisão. Primeiro, foi discutido como uma tabela de resultados pode ser usada para resumir as alternativas em um problema de decisão monoestágio. Em seguida, foram apresentadas diversas regras de decisão não probabilísticas e probabilísticas. Nenhuma dessas regras de decisão funciona melhor em todas as situações, mas juntas, ajudam a destacar os diferentes aspectos de um problema e podem ajudar a desenvolver e a aguçar o entendimento e a intuição em relação a um problema, para que melhores decisões sejam tomadas. Quando probabilidades de ocorrência podem ser estimadas para as alternativas em um problema, a regra de decisão de VME é a técnica mais comumente utilizada.

Árvores de decisão são particularmente úteis para expressar problemas de decisão multiestágio em que uma série de decisões deve ser considerada. Cada nó terminal em uma árvore de decisão é associado ao retorno líquido que resulta de cada possível sequência de decisões. Uma técnica de cálculo determina a alternativa que resulta no maior VME. Uma vez que diferentes tomadores de decisão atribuem diferentes níveis de valor com base no mesmo retorno monetário, o capítulo também discutiu como a teoria da utilidade pode ser aplicada a problemas de decisão para considerar essas diferenças.

Finalmente, o capítulo discutiu dois procedimentos para lidar com problemas de decisão que envolvem múltiplos critérios de decisão conflitantes. O modelo multicritério de pontuação exige que o tomador de decisão atribua uma pontuação para cada alternativa em cada critério. Então, pesos são atribuídos para representar a importância relativa dos critérios, e uma pontuação média ponderada é calculada para cada alternativa. A alternativa com a pontuação mais alta é a alternativa recomendada. O AHP oferece uma abordagem estruturada para a determinação das pontuações e dos pesos utilizados em um modelo multicritério de pontuação, caso o tomador de decisão tiver dificuldade para especificar esses valores.

14.20 Referências

BODIN, L.; GASS, S. On Teaching the Analytic Hierarchy Process. *Computers & Operations Research*, v. 30, p. 1487-1497, 2003.

CLEMEN, R. *Making Hard Decisions: An Introduction to Decision Analysis*. Mason, OH: Cengage Learning, 2001.

CORNER, J.; KIRKWOOD, C. Decision Analysis Applications in the Operations Research Literature 1970-1989. *Operations Research*, v. 39, n. 2, 1991.

COYLE, R. *Decision Analysis*. Londres: Nelson, 1972.

HASTIE, R.; DAWES, R. *Rational Choice in an Uncertain World: The Psychology of Judgment and Decision Making*. Thousand Oaks, CA: Sage Publications, Inc., 2001.

HEIAN, B.; GALE, J. Mortgage Selection Using a Decision-Tree Approach: An Extension. *Interfaces*, v. 18, jul.-ago. 1988.

HOWARD, R. A. Decision Analysis: Practice and Promise. *Management Science*, v. 34, p. 679-695, 1988.

KEENEY, R. *Value-Focused Thinking*. Cambridge, MA: Harvard University Press, 1992.
KEENEY, R.; RAIFFA, H. *Decision with Multiple Objectives*. Nova York: Wiley, 1976.
MERKHOFER, M. W. Quantifying Judgmental Uncertainty: Methodology, Experiences & Insights. *IEEE Transactions on Systems, Man, and Cybernetics*, v. 17, p. 741-752, 1987.
SKINNER, D. *Introduction to Decision Analysis: A Practitioner's Guide to Improving Decision Quality*. Gainesville, FL: Probabilistic Publishing, 2001.
WENSTOP, F.; CARLSEN, A. Ranking Hydroelectric Power Projects with Multicriteria Decision Analysis. *Interfaces*, v. 18, n. 4, 1988.
ZAHEDI, F. The Analytic Hierarchy Process – A Survey of the Method and Its Applications. *Interfaces*, v. 16, n. 4, 1986.

O MUNDO DA *BUSINESS ANALYTICS*

Teoria da decisão ajuda a Hallmark a cortar descartes

Muitos itens distribuídos pela Hallmark Cards, Inc. só podem ser vendidos durante uma única temporada. As sobras, ou descartes, devem então ser vendidos fora dos habituais canais de revenda. Por exemplo, itens de mesa como guardanapos podem ser usados no refeitório da empresa, doados para a caridade ou vendidos sem o nome de marca com descontos de quantidade. Outros itens não têm nenhum valor residual.

Um gerente de produto que precisa decidir sobre o tamanho de certo lote de produção ou qual quantidade comprar de um fornecedor enfrenta dois riscos. O primeiro é consequência de escolher uma quantidade maior que a eventual demanda pelo produto. Produtos já pagos devem ser descartados, e o valor residual (se houver) pode não compensar o custo. O segundo risco é a quantidade ser menor que a demanda, e nesse caso, perdem-se rendas.

Um aumento substancial no volume monetário de descartes fez que a gerência da Hallmark iniciasse um programa de treinamento para gerentes de produto e controladores de estoque. Eles foram ensinados a usar o custo de produto e o preço de venda junto com a distribuição de probabilidade da demanda para poderem tomar decisões sobre a quantidade de pedido. O formato para a realização da análise foi uma matriz de resultados, na qual as linhas representavam as quantidades de pedido e as colunas, os níveis de demanda. Cada célula na matriz de resultados continha uma estimativa da contribuição para o lucro.

Os valores residuais e os custos de escassez não foram incluídos nos valores das células da matriz de resultados. Em vez disso, a análise de sensibilidade forneceu faixas de valores, dentro das quais a quantidade de pedido ainda era ótima.

Embora algumas distribuições de probabilidade pudessem ser estimadas com base em dados de vendas dos anos anteriores, às vezes foi necessário usar probabilidades subjetivas. Isso foi especialmente válido para promoções especiais que não tinham nenhum histórico relevante de produto. Por essa razão, os gerentes de produto foram ensinados a especificar probabilidades subjetivas. Embora a avaliação direta de uma função de distribuição acumulada se vincularia mais eficientemente à decisão de quantidade de pedido, os gerentes aderiram mais a estimativas de uma função de probabilidade discreta.

Um número suficiente de gerentes adotaram a técnica de matriz de resultados com consequências positivas, de modo que o programa de treinamento continuou e foi expandido dentro da empresa.

Fonte: BARRON, F. Hutton. Payoff Matrices Pay Off at Hallmark. *Interfaces*, v. 15, n. 4, p. 20-25, ago. 1985.

Questões e problemas

1. Este capítulo apresentou o problema de ter de decidir entre duas propostas de emprego. O tomador de decisão poderia aceitar o emprego na empresa A, aceitar o emprego na empresa B ou recusar as duas propostas e esperar por uma melhor. Você pode pensar em outras alternativas para esse problema?
2. Dê um exemplo de um líder comercial, político ou militar de seu país que tomou uma boa decisão que teve um mau resultado, ou uma má decisão que obteve um bom resultado.
3. Considere a seguinte matriz de resultados:

	Estado da natureza		
Decisão	**1**	**2**	**3**
A	50	75	35
B	40	50	60
C	40	35	30

O tomador de decisão por alguma razão deve selecionar a alternativa de decisão C? Justifique sua resposta.

4. Um dos investimentos de Philip Mahn está para vencer e ele quer determinar como investir o resultado de $ 30.000. Philip está considerando dois novos investimentos: um fundo mútuo de ações e um certificado de depósito (CD) de um ano. O CD garante pagar um retorno de 8%. Philip estima que o retorno sobre o fundo mútuo de ações será de 16%, 9% ou –2%, caso as condições de mercado sejam boas, médias ou ruins, respectivamente. Ele estima que a probabilidade de um mercado bom, médio e ruim será 0,1, 0,85 e 0,05, respectivamente.
   a. Construa uma matriz de resultados para esse problema.
   b. Qual decisão deve ser tomada de acordo com a regra de decisão maximax?
   c. Qual decisão deve ser tomada de acordo com a regra de decisão maximin?
   d. Qual decisão deve ser tomada de acordo com a regra de decisão de arrependimento minimax?
   e. Qual decisão deve ser tomada de acordo com a regra de decisão de VME?
   f. Qual decisão deve ser tomada de acordo com a regra de decisão de POE?
   g. Quanto Philip deveria estar disposto a pagar para obter uma previsão de mercado que seja 100% precisa?
5. Brenda Kelley tem uma loja especializada em roupas de esqui, localizada próxima a Boone, Carolina do Norte. Ela deve fazer o pedido de parcas bem antes da temporada de esqui, pois o fabricante produz as peças nos meses de verão. Brenda precisa determinar se deve fazer um pedido grande, médio ou pequeno de parcas. O número vendido dependerá em grande parte da quantidade de neve que cairá na região, pesada, normal ou fraca, durante a temporada de esqui. A tabela a seguir resume os retornos que Brenda espera receber em cada cenário.

	Quantidade de neve		
Tamanho do pedido	**Pesada**	**Normal**	**Fraca**
Grande	10	7	3
Médio	8	8	6
Pequeno	4	4	4

Retornos (em $ 1000)

   Brenda estima a probabilidade de neve pesada, normal e fraca em 0,25, 0,6 e 0,15, respectivamente.
   a. Qual decisão deve ser tomada de acordo com a regra de decisão maximax?
   b. Qual decisão deve ser tomada de acordo com a regra de decisão maximin?
   c. Qual decisão deve ser tomada de acordo com a regra de decisão de arrependimento minimax?
   d. Qual decisão deve ser tomada de acordo com a regra de decisão de VME?
   e. Qual decisão deve ser tomada de acordo com a regra de decisão de POE?
6. The Fish House (TFH) em Norfolk, Virgínia, vende peixes e frutos do mar frescos. A TFH recebe cargas diárias de trutas de cativeiro de um fornecedor nas proximidades. Cada truta custa $ 2,45 e é vendida por $ 3,95. Para manter a sua reputação de alimentos frescos, a TFH vende, ao final do dia, qualquer sobra de truta para um fabricante local de rações para animais por $ 1,25 cada. O proprietário da TFH quer determinar quantas trutas pedir por dia. Historicamente, a demanda diária de truta é:

Demanda	**10**	**11**	**12**	**13**	**14**	**15**	**16**	**17**	**18**	**19**	**20**
Probabilidade	0,02	0,06	0,09	0,11	0,13	0,15	0,18	0,11	0,07	0,05	0,03

   a. Construa uma matriz de resultados para esse problema.
   b. Qual decisão deve ser tomada de acordo com a regra de decisão maximax?
   c. Qual decisão deve ser tomada de acordo com a regra de decisão maximin?
   d. Qual decisão deve ser tomada de acordo com a regra de decisão de arrependimento minimax?
   e. Qual decisão deve ser tomada de acordo com a regra de decisão de VME?
   f. Qual decisão deve ser tomada de acordo com a regra de decisão de POE?
   g. Quanto o proprietário da TFH deveria estar disposto a pagar para obter uma previsão de demanda que seja 100% precisa?
   h. Nesse caso, você recomendaria o uso de qual regra de decisão pela TFH? Por quê?
   i. Suponha que a TFH receba um desconto de quantidade que reduz o preço para $ 2,25 por truta se ele comprar 15 ou mais. Nesse caso, quantas trutas você recomendaria que fossem pedidas pela TFH por dia?
7. Um vendedor de carros está oferecendo essas três opções de arrendamento de dois anos:

Plano	**Pagamento fixo mensal**	**Custo adicional por milha**
I	$ 200	$ 0,095 por milha
II	$ 300	$ 0,061 pelas primeiras 6.000 milhas; $ 0,050 por milha adicional
III	$ 170	$ 0,000 pelas primeiras 6.000 milhas; $ 0,14 por milha adicional

Suponha que um cliente espera dirigir entre 15.000 e 35.000 milhas durante os próximos dois anos, de acordo com a seguinte distribuição de probabilidade:

P(dirigir 15.000 milhas) = 0,1
P(dirigir 20.000 milhas) = 0,2
P(dirigir 25.000 milhas) = 0,2
P(dirigir 30.000 milhas) = 0,3
P(dirigir 35.000 milhas) = 0,2

a. Construa uma matriz de resultados para esse problema.
b. Qual decisão deve ser tomada de acordo com a regra de decisão maximax? (Lembre-se de que, aqui, os "resultados" são custos, em que quanto menos, melhor.)
c. Qual decisão deve ser tomada de acordo com a regra de decisão maximin?
d. Qual decisão deve ser tomada de acordo com a regra de decisão de arrependimento minimax?
e. Qual decisão deve ser tomada de acordo com a regra de decisão de VME?
f. Qual decisão deve ser tomada de acordo com a regra de decisão de POE?

8. Bob Farrell, proprietário da Farrell Motors, está tentando decidir se compra uma apólice de seguro para cobrir os danos causados por granizo em seu estoque de mais de 200 carros e caminhões. Tempestades ocorrem frequentemente e às vezes produzem granizo do tamanho de bolas de golfe, que podem danificar severamente os automóveis. Bob estima os potenciais danos causados por granizo no próximo ano da seguinte forma:

Danos causados por granizo (em $ 1.000)	**0**	**15**	**30**	**45**	**60**	**75**	**90**	**105**
Probabilidade	0,25	0,08	0,10	0,12	0,15	0,12	0,10	0,08

Bob está considerando três alternativas para lidar com esse risco:

- Ele pode comprar uma apólice de seguro por $ 47.000 que cobriria 100% de quaisquer perdas ocorridas.
- Ele pode comprar uma apólice de seguro por $ 25.000 que cobriria todas as perdas superiores a $ 35.000.
- Ele pode optar pelo autosseguro, no qual não terá de pagar nenhum prêmio de seguro, mas pagará por quaisquer perdas ocorridas.

a. Construa uma matriz de resultados para esse problema.
b. Qual decisão deve ser tomada de acordo com a regra de decisão maximax?
c. Qual decisão deve ser tomada de acordo com a regra de decisão maximin?
d. Qual decisão deve ser tomada de acordo com a regra de decisão de arrependimento minimax?
e. Qual decisão deve ser tomada de acordo com a regra de decisão de VME?
f. Qual decisão deve ser tomada de acordo com a regra de decisão de POE?

9. A Morley Properties está planejando construir um condomínio em St. Simons Island, Geórgia. A empresa está tentando decidir entre construir um empreendimento pequeno, médio ou grande. Os retornos recebidos para cada tamanho de empreendimento dependerão da demanda de mercado por condomínios na região, que pode ser baixa, média ou alta. A matriz de resultados para esse problema de decisão é:

	Demanda de mercado		
Tamanho do empreendimento	**Baixa**	**Média**	**Alta**
Pequeno	400	400	400
Médio	200	500	500
Grande	−400	300	800
		Retornos (em $ 1.000)	

O proprietário da empresa estima que há uma chance de 20% de a demanda de mercado ser baixa, 35% de ser média e 45% de ser alta.

a. Qual decisão deve ser tomada de acordo com a regra de decisão maximax?
b. Qual decisão deve ser tomada de acordo com a regra de decisão maximin?
c. Qual decisão deve ser tomada de acordo com a regra de decisão de arrependimento minimax?
d. Qual decisão deve ser tomada de acordo com a regra de decisão de VME?
e. Qual decisão deve ser tomada de acordo com a regra de decisão de POE?

10. Consulte a questão anterior. A Morley Properties pode contratar um consultor para prever o nível de demanda mais provável para esse projeto. Esse consultor já realizou muitos estudos similares e forneceu à Morley Properties a seguinte tabela de probabilidade conjunta, que resume a precisão dos resultados:

	Demanda real		
Demanda prevista	**Baixa**	**Média**	**Alta**
Baixa	0,1600	0,0300	0,0100
Média	0,0350	0,2800	0,0350
Alta	0,0225	0,0450	0,3825

A soma dos lançamentos na diagonal principal dessa tabela indica que a previsão do consultor é correta em cerca de 82,25% do tempo, em geral.

a. Construa a tabela de probabilidade condicional mostrando as probabilidades das diversas demandas reais dada cada uma das demandas previstas.
b. Qual é o VME da decisão ótima sem a assistência do consultor?
c. Construa uma árvore de decisão que a Morley Properties usaria para analisar o problema de decisão se o consultor for contratado a um custo de $ 0.
d. Qual é o VME da decisão ótima com a assistência grátis do consultor?
e. Qual é o preço máximo que a Morley Properties deveria estar disposta a pagar para o consultor?

11. Consulte a questão 9. Suponha que a função utilidade para o proprietário da Morley Properties possa ser aproximada pela função utilidade exponencial:

$$U(x) = 1 - e^{-x/R}$$

em que o valor de tolerância ao risco $R = 100$ (em $ 1.000).

a. Converta a matriz de resultados em valores de utilidade.
b. Qual decisão oferece ao proprietário da empresa a maior utilidade esperada?

12. Consulte a questão 10. Suponha que o honorário do consultor seja $ 5.000 e que a função utilidade para o proprietário da Morley Properties possa ser aproximada pela função utilidade exponencial:

$$U(x) = 1 - e^{-x/R}$$

em que o valor de tolerância ao risco $R = 100$ (em $ 1.000).

a. Qual nível esperado de utilidade é obtido se a Morley Properties contratar o consultor?
b. Qual nível esperado de utilidade é obtido se a Morley Properties não contratar o consultor?
c. Com base nessa análise, a Morley Properties deve contratar o consultor?

13. A Tall Oaks Wood Products Company está considerando comprar uma área florestal por $ 5 milhões que seria uma futura fonte de fornecimento de madeira para as operações da empresa durante os próximos 10 anos. Alternativamente, por $ 5 milhões, a empresa também poderia comprar a madeira conforme a demanda no mercado aberto. Estima-se que os futuros fluxos de caixa decorrentes do uso de madeira terão um valor presente de $ 6 milhões, independentemente de a empresa comprar a área florestal agora ou esperar para comprar sua madeira conforme a demanda durante os próximos 10 anos. Isso significa que há um valor presente líquido (VPL) de $ 1 milhão da compra da área florestal agora ou da compra de madeira conforme a demanda. Em outras palavras, do ponto de vista financeiro, as duas estratégias alternativas de aquisição de madeira seriam iguais. Agora, suponha que a empresa acredite que há apenas 60% de chance de que os regulamentos ambientais que afetam o fornecimento de madeira permanecerão inalterados. Além disso, a empresa acredita que há 30% de chance de os regulamentos se tornarem mais rigorosos durante os próximos 10 anos e apenas 10% de chance de que os regulamentos serão mais amenos. Uma redução no fornecimento de madeira deve causar um aumento do valor presente dos futuros fluxos de caixa decorrentes do uso de madeira devido aos preços de vendas mais altos e um aumento no valor presente do custo de compra de madeira conforme a demanda. (Claro, a mudança no preço de venda e no custo de compra pode não ser igual.) Caso os regulamentos se tornem mais rigorosos, a empresa acredita que o VPL da compra de área florestal agora aumentaria para $ 1,5 milhão, enquanto o VPL da compra de madeira conforme a demanda diminuiria para –$ 0,5 milhão. Os aumentos no fornecimento de madeira devem ter o efeito oposto. Assim, caso os regulamentos se tornem menos rigorosos, a empresa acredita que o VPL da compra de área florestal agora diminuiria para –$ 0,5 milhão, enquanto o VPL da compra de madeira conforme a demanda aumentaria para $ 1,5 milhão.

a. Construa uma matriz de resultados para esse problema.
b. Qual decisão deve ser tomada de acordo com a regra de decisão maximax?
c. Qual decisão deve ser tomada de acordo com a regra de decisão maximin?
d. Qual decisão deve ser tomada de acordo com a regra de decisão de arrependimento minimax?
e. Qual decisão deve ser tomada de acordo com a regra de decisão de VME?
f. Qual decisão deve ser tomada de acordo com a regra de decisão de POE?
g. Construa uma árvore de decisão para esse problema.

14. Estudos médicos têm mostrado que 10 em cada 100 adultos têm doença cardíaca. Quando uma pessoa com doença cardíaca realiza um eletrocardiograma, há uma probabilidade de 0,9 de que o exame indicará a presença de doença cardíaca. Quando uma pessoa sem doença cardíaca realiza um eletrocardiograma, há uma probabilidade de 0,95 de que o exame indicará que a pessoa não tem doença cardíaca. Suponha que uma pessoa chegue ao pronto-socorro reclamando de dores no peito. Um eletrocardiograma é realizado e indica que a pessoa tem doença cardíaca. Qual é a probabilidade de a pessoa realmente ter doença cardíaca?
15. Um fabricante tem duas máquinas que produzem as mesmas peças para motores de caminhão a diesel. Uma máquina é cinco anos mais velha que a outra. A máquina antiga tem uma execução mais lenta e produz 35% das peças, das quais 85% são de qualidade aceitável e não exigem retrabalho. Apenas 8% das peças produzidas pela máquina mais nova exigem retrabalho.
    a) Se uma peça for considerada como fora da especificação e exigir o retrabalho, qual é a probabilidade de a peça ter sido produzida pela máquina mais velha?
16. Bill e Ted estão a caminho da praia esperando viver uma aventura fantástica. Antes de ir, eles leram um relatório feito pela maior autoridade mundial em comportamento de tubarões-tigre que indicava que, quando um tubarão-tigre está próximo de nadadores na praia, há uma probabilidade de 0,20 de ele morder um nadador. Pouco depois de chegar à praia e entrar na água, Bill e Ted avistaram a inconfundível nadadeira dorsal de um tubarão-tigre na superfície da água, nas proximidades de onde eles estavam nadando. Bill diz a Ted, "Cara, vamos sair da água, há uma probabilidade de 0,20 de alguém ser mordido por aquele tubarão". Ted responde ao Bill, "Você está *muito* errado, cara! Essa probabilidade *pode* ser zero. Relaxe e curta o surfe, cara".
    a. Mostre que Ted está certo sobre a probabilidade. (*Sugestão*: Considere que $P(A) = P(A \cap B) + P(A \cap \overline{B})$.)
    b. Suponha que Bill e Ted decidam permanecer na água e sejam mordidos pelo tubarão. Foi uma boa decisão permanecer na água? A decisão teve um bom ou mau resultado?
    c. Suponha que Bill e Ted decidam permanecer na água e não sejam mordidos pelo tubarão. Foi uma boa decisão permanecer na água? A decisão teve um bom ou mau resultado?
17. A MicroProducts, Incorporated (MPI) fabrica placas de circuito impresso para um importante fabricante de computadores. Antes de uma placa ser enviada ao cliente, três componentes fundamentais devem ser testados. Esses componentes podem ser testados em qualquer ordem. Se qualquer um dos componentes falhar, toda a placa deve ser descartada. Os custos de teste dos três componentes são fornecidos na tabela a seguir, junto com a probabilidade de falha de cada componente:

Componente	Custo de teste	Probabilidade de falha
X	$ 1,75	0,125
Y	$ 2,00	0,075
Z	$ 2,40	0,140

    a. Crie uma árvore de decisão para esse problema que poderia ser usada para determinar a ordem na qual os componentes devem ser testados, de modo que minimize o custo esperado de realização dos testes.
    b. Em qual ordem os componentes devem ser testados?
    c. Qual é o custo esperado de realização dos testes nessa sequência?
18. Consulte a questão anterior. Um engenheiro de produção da MPI recolheu os seguintes dados sobre as taxas de falha dos componentes X, Y e Z em uma amostra aleatória de 1.000 placas de circuito:

X	Y	Z	Número de placas
p	p	p	710
p	f	p	45
p	p	f	110
p	f	f	10
f	p	p	95
f	f	p	10
f	p	f	10
f	f	f	10
		Total:	**1.000**

(p = passa, f = falha)

Por exemplo, a primeira linha nessa tabela indica que todos os componentes X, Y e Z passaram em suas inspeções, em 710 das 1.000 placas verificadas. A segunda linha indica que 45 placas passaram na inspeção dos componentes X e Z, mas falharam no componente Y. As linhas restantes podem ser interpretadas da mesma forma.
    a. Usando esses dados, calcule as probabilidades condicionais para a árvore de decisão desenvolvida na questão 13. (Observe que $P(A|B) = P(A \cap B)/P(B)$ e $P(A|B \cap C) = P(A \cap B \cap C)/P(B \cap C)$.)
    b. De acordo com as probabilidades revisadas, em qual ordem os componentes devem ser testados?

c. Qual é o custo esperado de realização dos testes nessa sequência?

19. A Southern Gas Company (SGC) está se preparando para fazer uma oferta para os direitos de arrendamento de petróleo e gás em uma área de perfuração recém-descoberta no Golfo do México. A SGC está tentando decidir se apresenta uma oferta alta de $ 16 milhões ou uma oferta baixa de $ 7 milhões. A empresa espera estar competindo com a sua principal concorrente, a Northern Gas Company (NGC), e prevê que ela apresentará uma oferta de $ 10 milhões com probabilidade de 0,4 ou uma oferta de $ 6 milhões com probabilidade de 0,6. Dados geológicos coletados no local da perfuração indicam uma probabilidade de 0,15 de as reservas do local serem grandes, uma probabilidade de 0,35 de serem medianas e uma probabilidade de 0,50 de serem não utilizáveis. Uma reserva grande ou mediana provavelmente representaria um valor líquido de ativo de $ 120 milhões ou $ 28 milhões, respectivamente, após todos os custos de perfuração e de extração serem pagos. A empresa que vencer a licitação perfurará um poço comercial no local por um custo de $ 5 milhões.
   a. Desenvolva uma árvore de decisão para esse problema.
   b. Qual é a decisão ótima de acordo com o critério de VME?
   c. Crie uma tabela de estratégia mostrando como a decisão ótima mudaria se a probabilidade da NGC apresentar a oferta de $ 10 milhões variar de 0% a 100% em incrementos de 10%.
   d. Crie uma tabela de estratégia mostrando como a decisão ótima mudaria se o valor do ativo líquido de uma reserva grande variar de $ 100 milhões a $ 140 milhões em incrementos de $ 5 milhões, e o valor do ativo líquido de uma reserva mediana variar de $ 20 milhões a $ 36 milhões em incrementos de $ 2 milhões.

20. O Condado de Bulloch nunca permitiu a venda de bebidas alcoólicas em restaurantes. No entanto, em três meses, os moradores do condado votarão em um referendo para permitir que bebidas alcoólicas sejam vendidas. Atualmente, as pesquisas indicam que há 60% de chance de o referendo ser aprovado pelos eleitores. Phil Jackson é um especulador imobiliário local que está de olho em um restaurante fechado, programado para ser vendido em um leilão selado. Phil estima que, se apresentar uma oferta de $ 1,25 milhão, há uma chance de 25% de obter a propriedade; se for uma oferta de $ 1,45 milhão, há uma chance de 45% de obter a propriedade; e se for uma oferta de $ 1,85 milhão, há uma chance de 85% de obter a propriedade. Se ele adquirir a propriedade e o referendo for aprovado, Phil acredita que poderia então vender o restaurante por $ 2,2 milhões. No entanto, se o referendo não for aprovado, ele acredita que poderia vender a propriedade por apenas $ 1,15 milhão.
   a. Desenvolva uma árvore de decisão para esse problema.
   b. Qual é a decisão ótima de acordo com o critério de VME?
   c. Crie uma tabela de estratégia mostrando como a decisão ótima mudaria se a probabilidade de o referendo ser aprovado variar de 0% a 100% em incrementos de 10%.
   d. O VME é mais sensível a qual estimativa financeira na árvore de decisão?

21. A Banisco Corporation está negociando um contrato para tomar $ 300.000 emprestados, a serem pagos à vista ao final de nove anos. Os pagamentos de juros do empréstimo serão feitos no final de cada ano. A empresa está considerando os seguintes três acordos de financiamento:
   - A empresa toma o dinheiro usando um empréstimo de taxa fixa (ETF) que exige o pagamento de juros de 9% ao ano.
   - A empresa toma o dinheiro usando um empréstimo de taxa ajustável (ETA) que exige o pagamento de juros de 6% no final de cada um dos primeiros cinco anos. No início do sexto ano, a taxa de juros do empréstimo poderia mudar para 7%, 9% ou 11%, com probabilidades de 0,1, 0,25 e 0,65, respectivamente.
   - A empresa toma o dinheiro usando um ETA que exige o pagamento de juros de 4% no final de cada um dos primeiros três anos. No início do quarto ano, a taxa de juros do empréstimo poderia mudar para 6%, 8% ou 10%, com probabilidades de 0,05, 0,30 e 0,65, respectivamente. No início do sétimo ano, a taxa de juros poderia diminuir em 1 ponto percentual com uma probabilidade de 0,1, aumentar em 1 ponto percentual com uma probabilidade de 0,2 ou aumentar em 3 pontos percentuais com uma probabilidade de 0,7.

   a. Crie uma árvore de decisão para esse problema, calculando o total de juros pagos em cada cenário possível.
   b. A empresa deve tomar qual decisão se deseja minimizar seus pagamentos de juros totais esperados?

22. Consulte a questão anterior. O valor presente (VP) de um valor futuro de fluxo de caixa (VF) é definido da seguinte forma:

$$VP = \frac{VF}{(1+r)^n}$$

em que n é o número de anos no futuro em que ocorre o fluxo de caixa, e r é a taxa de desconto. Suponha que a taxa de desconto para a Banisco seja de 10% ($r = 0{,}1$).
   a. Crie uma árvore de decisão para esse problema, calculando o VP do total de juros pagos em cada cenário possível.
   b. A empresa deve tomar qual decisão se deseja minimizar o VP esperado de seus pagamentos de juros totais?

23. Segundo estatísticas da indústria, uma empresa de cartão de crédito sabe que 0,8 de seus potenciais titulares não apresentam risco de crédito, e 0,2 apresentam risco de crédito. A empresa usa a análise discriminante para fazer uma triagem dos solicitantes de cartão e determinar quais devem receber cartões de crédito. Ela concede cartões a 70% dos solicitantes. A empresa apurou que, entre aqueles que recebem cartões de crédito, 95% não apresentam riscos de crédito. Qual é a probabilidade de o solicitante que apresenta risco de crédito ter seu cartão negado?

24. A empresa Mobile Oil recentemente adquiriu direitos de exploração de petróleo para uma nova fonte potencial de óleo natural no Alasca. O atual valor de mercado desses direitos é de $ 90.000. Se houver óleo natural no local, estima-se que valerá $ 800.000; no entanto, a empresa teria de pagar $ 100.000 em custos de perfuração para extrair o óleo. A empresa acredita que há uma probabilidade de 0,25 de o local de perfuração proposto realmente atingir a reserva de óleo natural. Alternativamente, a empresa pode pagar $ 30.000 para primeiro realizar um levantamento sísmico no local da perfuração proposto. A probabilidade de um levantamento sísmico favorável quando há óleo no local da perfuração é de 0,6. A probabilidade de um levantamento sísmico desfavorável quando não há óleo é de 0,80.
    a. Qual é a probabilidade de um levantamento sísmico favorável?
    b. Qual é a probabilidade de um levantamento sísmico desfavorável?
    c. Construa uma árvore de decisão para esse problema.
    d. Qual é a estratégia de decisão ótima usando o critério de VME?
    e. O VME é mais sensível a qual estimativa financeira na árvore de decisão?
25. A Johnstone & Johnstone (J&J) desenvolveu um novo tipo de loção para as mãos com uma fragrância inconfundível. Antes de distribuí-lo nacionalmente, a J&J fará um teste de mercado para o novo produto. A probabilidade conjunta de um teste de mercado bem-sucedido e de altas vendas com distribuição nacional é de 0,5. A probabilidade conjunta de um teste de mercado bem-sucedido e de baixas vendas nacionalmente é de 0,1. As probabilidades conjuntas de um teste de mercado malsucedido e de vendas altas ou baixas são ambas de 0,2.
    a. Use esses dados para construir uma tabela de probabilidade conjunta.
    b. Qual é a probabilidade marginal de um teste de mercado bem-sucedido?
    c. Qual é a probabilidade condicional de altas vendas dado um teste de mercado bem-sucedido?
    d. Qual é a probabilidade condicional de um teste de mercado bem-sucedido, dado que o produto é destinado a altas vendas nacionalmente?
26. A Eagle Credit Union (ECU) tem apresentado uma taxa de inadimplência de 10% com os seus clientes de empréstimo comercial (ou seja, 90% dos clientes de empréstimo comercial pagam seus empréstimos). A ECU desenvolveu um teste estatístico para ajudar na previsão de qual cliente deixará de pagar seu empréstimo. O teste atribui uma classificação de "Aprovado" ou "Recusado" para cada candidato a empréstimo. Quando aplicado aos clientes recentes que pagaram seus empréstimos, o teste classificou 80% dos casos examinados como "Aprovado". Quando aplicado aos clientes recentes que deixaram de pagar seus empréstimos, o teste classificou 70% dos casos examinados como "Recusado".
    a. Use esses dados para construir uma tabela de probabilidade conjunta.
    b. Qual é a probabilidade condicional de uma classificação "Recusado", dado que o cliente é inadimplente?
    c. Qual é a probabilidade condicional de uma classificação "Aprovado", dado que o cliente é inadimplente?
    d. Suponha que um novo cliente receba uma classificação "Recusado". Se o empréstimo é dado ao cliente, apesar da classificação, qual é a probabilidade de esse cliente deixar de pagar?
27. Thom DeBusk, arquiteto, está considerando comprar, restaurar e revender uma casa no bairro histórico de Draper-Preston, em Blacksburg, Virgínia. O custo da casa é de $ 240.000, e Thom acredita que ela possa ser vendida por $ 450.000 após ser restaurada. Ele espera poder vender a casa assim que a restauração for concluída e pagar $ 1.500 por mês em despesas de financiamento desde o momento da compra da casa até a sua venda. Thom desenvolveu dois conjuntos de planos para a restauração. O plano A custará $ 125.000 e exigirá três meses para ser concluído. Esse plano não requer mudanças na frente da casa. Espera-se que o plano B custe $ 85.000 e exigirá quatro meses de trabalho. Esse plano envolve mudanças na frente da casa – o que exigirá a aprovação do comitê de preservação histórica da cidade. Thom espera que o processo de aprovação para o plano B leve dois meses e custe cerca de $ 5.000. Ele acha que há uma chance de 40% de o comitê de preservação histórica aprovar esse projeto. Thom planeja comprar a casa imediatamente, mas não consegue decidir o que deve fazer em seguida. Ele poderia iniciar imediatamente o plano de restauração A ou o plano de restauração B. Claro, se começar com o plano B, ele não saberá por dois meses se o comitê de preservação histórica aprovará esse plano. Se não for aprovado, ele terá de começar de novo e implementar o plano A. Recomeçar com o plano A custaria um adicional de $ 20.000 sobre o custo normal do plano A e acrescentaria mais um mês para a programação de conclusão normal do plano A. Alternativamente, Thom pode adiar a implementação de qualquer plano até saber o resultado da decisão do comitê de planejamento histórico.
    a. Crie uma árvore de decisão para esse problema.
    b. Qual conjunto de decisões Tom deve tomar se seguir o critério de VME máximo?
28. Suponha que você receba as duas alternativas a seguir:

    Alternativa 1: Receber $ 200 com certeza.

    Alternativa 2: Receber $ 1.000 com probabilidade p ou
    perder $ 250 com probabilidade $1 - p$.

    a. Em qual valor de p você seria indiferente entre essas duas alternativas?
    b. Dada a sua resposta na parte a, você se classificaria como avesso, neutro ou propenso ao risco?
    c. Suponha que a alternativa 2 mudou, de forma que você receberia $ 1.000 com probabilidade p ou perderia $ 0 com probabilidade $(1 - p)$. Para qual valor de p você agora seria indiferente entre essas alternativas?

d. Dada a sua resposta na parte c, você se classificaria como avesso, neutro ou propenso ao risco?

29. Rusty Reiker está procurando um local para construir um novo restaurante. Ele reduziu as opções para três locais possíveis. A tabela a seguir resume a forma que ele classifica cada local, usando os critérios mais importantes para seu negócio.

Critério	Local 1	Local 2	Local 3
Preço	0,9	0,7	0,4
Acessibilidade	0,6	0,7	0,8
Crescimento de tráfego	0,9	0,8	0,7
Concorrência	0,4	0,5	0,8

Após refletir, Rusty decidiu que os pesos a serem atribuídos para cada critério seriam os seguintes: Preço 20%, Acessibilidade 30%, Crescimento de Tráfego 20% e Concorrência 30%.

a. Crie um modelo multicritério de pontuação para esse problema.
b. Crie um gráfico de radar mostrando as pontuações ponderadas para cada local em cada um dos critérios.
c. De acordo com esse modelo, Rusty deve comprar qual local?

30. Hiro Tanaka quer comprar um carro novo e reduziu sua decisão para três sedãs diferentes. A tabela a seguir resume a forma com que ele classifica cada sedã, usando os critérios mais importantes para ele.

Critério	Sedã 1	Sedã 2	Sedã 3
Economia	0,9	0,7	0,4
Segurança	0,6	0,7	0,8
Confiabilidade	0,9	0,8	0,7
Estilo	0,4	0,5	0,8
Conforto	0,5	0,8	0,9

Após refletir, Hiro decidiu que os pesos a serem atribuídos para cada critério seriam os seguintes: Economia 30%, Segurança 15%, Confiabilidade 15%, Estilo 15% e Conforto 25%.

a. Crie um modelo multicritério de pontuação para esse problema.
b. Crie um gráfico de radar mostrando as pontuações ponderadas para cada carro em cada um dos critérios.
c. De acordo com esse modelo, Hiro deve comprar qual carro?
d. Suponha que Hiro esteja incerto sobre os pesos que atribuiu para os critérios de conforto e segurança. Se ele estiver disposto a trocar* conforto por segurança, como a solução mudaria?
e. Suponha que Hiro esteja incerto sobre os pesos que atribuiu para os critérios de economia e segurança. Se ele estiver disposto a trocar* economia por segurança, como a solução mudaria?

31. O presidente da Pegasus Corporation está tentando decidir qual dos três candidatos (denotados como candidatos A, B e C) ele deve contratar como novo vice-presidente de marketing da empresa. Os principais critérios que o presidente está considerando são a capacidade de liderança, as habilidades interpessoais e a capacidade administrativa de cada candidato. Após considerar cuidadosamente as qualificações, o presidente usou o AHP para criar as seguintes matrizes de comparações pareadas para os três candidatos em vários critérios:

	Capacidade de liderança		
	A	B	C
A	1	3	4
B	1/3	1	2
C	1/4	1/2	1

	Habilidades interpessoais		
	A	B	C
A	1	1/2	3
B	2	1	8
C	1/3	1/8	1

	Capacidade administrativa		
	A	B	C
A	1	1/5	1/8
B	5	1	1/3
C	8	3	1

Em seguida, o presidente da Pegasus considerou a importância relativa dos três critérios. Isso resultou na seguinte matriz de comparações pareadas:

* N.R.T.: Isto é, considerar ambos critérios igualmente valiosos.

	Critérios		
	Capacidade de liderança	**Habilidades interpessoais**	**Capacidade administrativa**
Capacidade de liderança	1	1/3	1/4
Habilidades interpessoais	3	1	1/2
Capacidade administrativa	4	2	1

a. Use o AHP para calcular as pontuações para cada candidato em cada um dos três critérios e os pesos de cada um dos critérios.
b. O presidente foi consistente ao fazer as comparações pareadas?
c. Calcule a pontuação média ponderada para cada candidato. Qual candidato deve ser selecionado de acordo com seus resultados?

32. Kathy Jones está planejando comprar uma nova *minivan*, mas, após reduzir suas escolhas para três modelos (X, Y e Z) dentro de sua faixa de preço, ela está tendo dificuldade em decidir qual dos veículos deve comprar. Kathy comparou os modelos com base em quatro critérios: preço, segurança, economia e conforto. Suas comparações são resumidas da seguinte forma:

	Preço		
	X	**Y**	**Z**
X	1	1/4	3
Y	4	1	7
Z	1/3	1/7	1

	Segurança		
	X	**Y**	**Z**
X	1	1/2	3
Y	2	1	8
Z	1/3	1/8	1

	Economia		
	X	**Y**	**Z**
X	1	1/3	1/6
Y	3	1	1/3
Z	6	3	1

	Conforto		
	X	**Y**	**Z**
X	1	1/4	1/8
Y	4	1	1/3
Z	8	3	1

Kathy quer incorporar todos esses critérios na sua decisão final, mas nem todos são igualmente importantes. A matriz a seguir resume as comparações de Kathy quanto à importância dos critérios:

	Critérios			
	Preço	**Segurança**	**Economia**	**Conforto**
Preço	1	1/7	1/2	1/5
Segurança	7	1	4	2
Economia	2	1/4	1	1/2
Conforto	5	1/2	2	1

a. Use o AHP para calcular as pontuações para cada *minivan* em cada um dos quatro critérios e os pesos de cada um dos critérios.
b. Kathy foi consistente ao fazer as comparações pareadas?
c. Calcule a pontuação média ponderada para cada *minivan*. Com base nessa análise, qual *minivan* Kathy deve comprar?

33. Identifique um produto eletrônico que você queira comprar (por exemplo: uma TV, câmera digital, *tablet* e assim por diante). Identifique pelo menos três modelos desse produto que você consideraria comprar. Identifique pelo menos três critérios nos quais esses modelos diferem (por exemplo, preço, qualidade, garantia, opções).
    a. Crie um modelo multicritério de pontuação e gráficos de radar para esse problema. Usando esse modelo, qual produto você escolheria?
    b. Use o AHP para determinar pontuações para cada modelo em cada um dos critérios e para determinar pesos para os critérios. Qual modelo você escolheria de acordo com os resultados de AHP?

Prezcott Pharma

CASO 14.1

Desenvolvido em associação com o Dr. Cem Saydam, Belk College of Business, UNC Charlotte.

Qualquer pessoa que tenha sofrido com uma doença aguda ou crônica provavelmente apreciará muito qualquer medicamento disponível para curar ou controlar a doença. Nos Estados Unidos, a Food and Drug Administration (FDA) é a agência governamental que supervisiona o processo de desenvolvimento, teste e monitoramento de medicamentos; veja o endereço http://www.fda.gov/Drugs/. Desenvolver novos fármacos que abordem com segurança questões médicas específicas sem produzir efeitos colaterais desagradáveis ou perigosos é um processo muito longo e caro, geralmente levando de 10 a 15 anos de trabalho e custando em média $ 4 bilhões. O longo prazo de entrega de medicamentos no mercado deve-se principalmente aos testes clínicos necessários. Assim, os fabricantes de medicamentos têm que tomar decisões muito importantes e de alto risco quando consideram colocar ou não um novo medicamento no processo de ensaios clínicos.

Suponha que os cientistas na Prezcott Pharma tenham descoberto um potencial avanço em medicamentos para o tratamento da doença de Alzheimer, e os executivos agora precisam decidir se vão ou não conduzir testes clínicos e buscar a aprovação da FDA para comercializar o remédio. A empresa gastou $ 295 milhões até o momento em despesas de pesquisa. O custo dos testes clínicos é estimado em $ 145 milhões, e a probabilidade de um resultado bem-sucedido com apenas efeitos colaterais menores é de 0,15, enquanto a probabilidade de um resultado bem-sucedido com efeitos colaterais importantes é de 0,2. Depois que os testes clínicos forem concluídos, a empresa pode solicitar a aprovação da Food and Drug Administration (FDA) a um custo estimado de $ 25 milhões. Se os estudos clínicos sugerirem que o medicamento produziu apenas efeitos colaterais menores, a chance de aprovação pela FDA é de 0,6. Como alternativa, a chance de obter aprovação da FDA se o medicamento tiver efeitos colaterais importantes é de 0,35. O potencial de mercado do medicamento foi estimado em grande, médio ou pequeno, com as seguintes probabilidades e características:

	Efeitos colaterais menores		Efeitos colaterais importantes	
	Receita	**Probabilidade**	**Receita**	**Probabilidade**
Grande	$ 4.200	55%	$ 2.300	35%
Médio	$ 2.150	35%	$ 1.400	50%
Pequeno	$ 1.500	10%	$ 850	15%

(A receita é expressa em milhões de dólares.)

Se a Prezcott não conseguir garantir a aprovação da FDA, ela ainda pode tentar vender o medicamento a uma empresa internacional conhecida por procurar medicamentos que tenham completado com sucesso os testes clínicos, mas que não conseguiram a aprovação da FDA. Um analista de negócios da Prezcott estima que, se o medicamento não conseguir a aprovação da FDA, há 50% de chance de a empresa vender o remédio por $ 500 milhões se os testes clínicos reportarem efeitos colaterais menores, e 30% de chance de a companhia conseguir $ 200 milhões pelo medicamento se os ensaios clínicos relatarem efeitos colaterais importantes.

1. Desenvolva uma árvore de decisão para determinar o melhor curso de ação recomendado pelo critério VME.
2. Qual sequência de decisões pode levar ao pior resultado?
3. Qual é a sua sequência recomendada de decisões e por quê?

Persistir ou desistir?

CASO 14.2

O sucesso ou o fracasso de um agricultor depende em grande parte das incertezas do clima durante os períodos de cultivo. Considere a seguinte citação de uma notícia recente:

> "[...] Em um verão atormentado pela seca e pelo calor, muitas safras sulistas estão murchando nos campos, diminuindo os lucros dos agricultores. Alguns deles estão lutando para encontrar um equilíbrio. Mas outros não têm a esperança de que a safra deste ano sobreviverá à colheita. 'Os agricultores devem decidir se eles irão continuar a cultivar essa safra ou desistir e ará-la', diz George Shumaker, economista do Serviço de Extensão da Faculdade de Ciências Agrárias e Ambientais da Universidade da Geórgia. Essa decisão requer coragem e um cálculo cuidadoso."

Assuma que você seja um agricultor que está enfrentando a decisão de arar ou não as suas lavouras. Suponha que você já investiu $ 50 por acre em sementes, água, fertilizantes e mão de obra. Você estima que será necessário mais $ 15 por acre para produzir e colher uma safra comercializável. Se o clima permanecer favorável, estima-se que sua safra trará um preço de mercado de $ 26 por acre. No entanto, se o clima se tornar desfavorável, estima-se que sua colheita trará um preço de mercado de $ 12 por acre. Atualmente, os meteorologistas preveem condições meteorológicas favoráveis, com uma probabilidade de 0,70. O proprietário da fazenda vizinha (que está cultivando o mesmo produto e fez o mesmo investimento de $ 50 por acre) decidiu arar seus campos, porque o adicional de $ 15 por acre, necessário para produzir uma safra comercializável, seria apenas "colocar dinheiro bom em cima de dinheiro ruim".

1. Desenvolva uma árvore de decisão para o seu problema de decisão.
2. Qual é o VME da colheita e da comercialização da safra?
3. Você continuaria com essa safra até a colheita ou araria sua terra como seu vizinho?
4. Em quanto a probabilidade de clima favorável teria de mudar antes de sua resposta para a questão na parte 3 mudar?
5. Em quanto o custo de $ 15 por acre pela comercialização da safra teria de mudar antes de sua resposta para a questão na parte 3 mudar?
6. Que outros fatores você pode querer considerar ao tomar essa decisão?

CASO 14.3 Larry Junior deve ir ao tribunal ou entrar em acordo?

Em meados da década de 1990, a DHL era a maior transportadora do mundo, com $ 5,7 bilhões em receitas e 60.000 funcionários. Larry Hillblom era o "H" na DHL e fundador da empresa. Com um orçamento apertado, a DHL foi fundada em 1969, e seu plano de negócios consistia na entrega de documentos de transporte por via aérea para portos dias antes da chegada de navios de carga, de modo que os navios pudessem ser descarregados rapidamente e continuar em seu caminho. A empresa cresceu e se transformou em uma transportadora aérea internacional, e Hillblom se tornou um milionário antes de completar 30 anos. Embora não tão famosa nos Estados Unidos quanto a Federal Express, a DHL é tão onipresente no exterior que seu nome é sinônimo de transportadora aérea 24 h, da mesma maneira que a palavra "Coca" é usada como sinônimo de "refrigerante".

Para evitar o imposto de renda dos Estados Unidos, Hillblom mudou-se da Baía de São Francisco para Saipan, um paraíso fiscal tropical localizado mil milhas ao sudeste da costa do Japão. Ele se tornou um chefão da Micronésia, abrindo dezenas de empresas e financiando projetos de desenvolvimento urbano nas Filipinas, no Havaí e no Vietnã. Ele possuía castelos e hotéis europeus, um jato chinês, uma empresa aérea chamada Continental Micronesia e, além de sua mansão em Saipan, tinha residências em Manila, Havaí e Half Moon Bay. Seus *hobbies* incluíam equipamentos de som de última geração, barcos, aviões, carros de luxo e, supostamente, relacionamentos ilícitos com jovens garotas asiáticas.

Em 21 de maio de 1995, Hillblom e dois sócios decolaram da Ilha Pagan para Saipan em seu hidroavião bimotor para uma viagem curta de negócios. O mau tempo fez os viajantes voltarem, mas logo depois, os despachantes de voo perderam contato com o avião. Na manhã seguinte, uma equipe de resgate localizou partes do avião e os corpos afogados dos companheiros de Hillblom. O seu corpo nunca foi encontrado.

Larry Hillblom nunca casou ou teve filhos legítimos. Infelizmente para o patrimônio de Hillblom, seu testamento não continha uma cláusula de deserdação de quaisquer filhos ilegítimos. Nos termos da legislação vigente, ele poderia ter excluído seus filhos do testamento, mas como não o fez, qualquer um que pudesse comprovar ser seu filho teria direito a uma herança. Logo após a morte de Hillblom, um filho, Larry Junior (12 anos), entrou com uma ação reivindicando uma parte da herança. (Meses depois de sua morte, várias jovens mulheres do Vietnã, das Filipinas e das ilhas da Micronésia alegaram ter tido um breve caso com Hillblom que resultou em crianças. Veja em <http://dna-view.com/sfstory.htm> para saber mais detalhes sórdidos.)

Vários possíveis impedimentos estavam no caminho da reivindicação de Larry Junior pelo patrimônio de Hillblom. Primeiro, Larry Junior e seus advogados devem aguardar o resultado de um projeto de lei (conhecido como a Lei Hillblom) escrito sob uma grande pressão financeira dos advogados do patrimônio de Hillblom. Se aprovado pelo Poder Legislativo e assinado pelo governador, o projeto de lei invalidaria retroativamente as reivindicações de herdeiros ilegítimos que não foram especificamente mencionados em um testamento. Os consultores de Larry Junior estimam uma probabilidade de 0,60 de o projeto de lei ser aprovado. Se aprovado, os advogados de Larry Junior pretendem contestar sua constitucionalidade e atribuem uma probabilidade de 0,7 de essa contestação ser bem-sucedida.

Se a Lei Hillblom não for aprovada (ou for aprovada e mais tarde for considerada inconstitucional), Larry Junior ainda terá de apresentar evidências de que é filho do falecido Larry Hillblom. Tais alegações de paternidade são rotineiramente comprovadas ou refutadas usando a comparação de DNA. No entanto, Hillblom desapareceu sem deixar traços físicos. (Doze litros de ácido muriático foram entregues à casa de Hillblom logo após a sua morte, e quando o advogado de Larry Junior chegou lá, a casa havia sido limpa com antissépticos.) Mas, durante uma cirurgia de reconstrução facial realizada após outro acidente de avião que Larry Hillblom havia sofrido e sobrevivido, um sinal foi removido de seu rosto. Esse sinal poderia ser usado para o teste de DNA caso o advogado de Larry Junior pudesse ter acesso a ele. Mas o sinal está na posse de um centro médico que é o principal beneficiário do patrimônio de acordo com o testamento contestado. Sem a evidência do DNA, o caso não vai em frente. O advogado de Larry Junior estima uma probabilidade de 0,8 de conseguir obter a evidência de DNA apropriada de uma forma ou de outra. Se eles conseguirem obter uma amostra de DNA, os advogados estimam uma probabilidade de 0,7 de que essa amostra comprovará a relação biológica entre Larry Junior e o falecido.

Se for estabelecida a prova de DNA do alegado parentesco de Larry Junior, seu advogado acredita que o patrimônio de Hillblom oferecerá um acordo de aproximadamente $ 40 milhões para evitar que o caso vá ao tribunal. Se esse acordo for recusado, a equipe jurídica de Larry Junior enfrentará um resultado incerto no tribunal. O advogado acredita que há

0,20 de chance de a reivindicação ser rejeitada pelo tribunal (e nesse caso Larry Junior receberia $ 0). No entanto, mesmo se forem bem-sucedidos no tribunal, o valor da indenização para Larry Junior dependeria de quantos outros filhos ilegítimos terão sucesso em suas reivindicações ao patrimônio. Os consultores de Larry Junior estimam uma probabilidade de 0,04 de ele ganhar $ 338 milhões, uma probabilidade de 0,16 de receber $ 68 milhões, uma probabilidade de 0,40 de receber $ 34 milhões e uma probabilidade de 0,20 de receber $ 17 milhões.

Embora negassem veementemente que Larry Junior era filho do sr. Hillblom, no início de 1996 (e antes do resultado da Lei Hillblom), os fiduciários do patrimônio de Hillblom ofereceram a Larry Junior um acordo em torno de $ 12 milhões se ele renunciasse a todas as suas reivindicações ao patrimônio de Hillblom. Assim, Larry Junior e seus advogados enfrentam uma decisão difícil. Eles devem aceitar o acordo do patrimônio ou esperar que a Lei Hillblom não seja aprovada e que a evidência de DNA estabeleça a legítima reivindicação de Larry Junior ao patrimônio de Hillblom?

1. Crie uma árvore de decisão para esse problema.
2. Qual decisão deve ser tomada por Larry Junior de acordo com o critério de VME?
3. Qual é a oferta mínima de acordo que Larry Junior deveria aceitar segundo o critério de VME?
4. O que você faria se fosse Larry Junior?
5. Se você fosse o consultor de Larry Junior, que outras questões você consideraria ao tomar essa decisão?

As guerras de planilhas

CASO 14.4

Contribuição de Jack Yurkiewicz, Lubin School of Business, Pace University, Nova York.

Sam Ellis está preocupado. No ano passado, como presidente e CEO da Forward Software, Sam introduziu no mercado um novo produto de planilhas chamado Cinco. A Forward Software vem desenvolvendo e comercializando pacotes de software de alta qualidade há mais de cinco anos, mas esses produtos são, em sua maioria, interpretadores de linguagens, similares ao Pascal, FORTRAN e C. Esses produtos receberam críticas excelentes, e, por causa dos preços e da propaganda agressiva da Forward, a empresa rapidamente capturou uma grande fatia desse mercado de software. Impulsionada por sua ampla aceitação, a Forward decidiu, no ano passado, entrar na arena de aplicações para a IBM e seus compatíveis, dando início com o Cinco e seguindo com uma aplicação de processamento de texto, o Fast.

O mercado de planilhas é dominado pela Focus Software, cujo produto Focus A-B-C – tem uma fatia de mercado de 80%. O Focus A-B-C foi lançado em 1981, logo após a introdução do IBM PC, e os dois produtos tiveram um efeito simbiótico imediato. A planilha foi um grande avanço em relação ao que estava disponível no momento, mas precisava do poder de processamento de 16 bits oferecido pelo IBM PC. A IBM, por outro lado, precisava de uma aplicação que transformasse seu PC em um produto obrigatório. As vendas do Focus A-B-C e do IBM PC decolaram devido aos seus lançamentos quase simultâneos.

Na época de seu lançamento, o Focus A-B-C era um excelente produto, mas apresentava falhas. Por exemplo, como o software era protegido contra cópia, ele poderia ser instalado em um disco rígido, mas o disquete original tinha de ser inserido antes de cada execução do software. Muitos usuários achavam que esse passo era um aborrecimento. Outro problema com o A-B-C era a impressão de gráficos. Para imprimir um gráfico, os usuários tinham de sair do software e carregar um novo programa, chamado Printgraf, que então realizava a impressão. Finalmente, o produto tinha um preço de tabela de $ 495, e o melhor preço com desconto disponível era de aproximadamente $ 300.

No entanto, o Focus A-B-C tinha um sistema de menu distinto que era intuitivo e fácil de usar. Ao pressionar a tecla de barra (/), o sistema de menu era exibido na parte superior da planilha. O menu permitia que o usuário fizesse escolhas e fornecia uma explicação de uma linha para cada opção do menu. Em comparação com os comandos crípticos ou toques de teclas que os usuários tinham de lançar em outros produtos, o sistema de menu do Focus A-B-C era um modelo de simplicidade e clareza. Milhões de usuários se acostumaram com o sistema de menu e aclamaram o seu uso.

Outra vantagem do Focus A-B-C era a sua capacidade de permitir que os usuários criassem suas próprias macros. Literalmente um programa, uma macro permitia ao usuário automatizar tarefas de planilha e, em seguida, executá-las com um ou dois toques.

Em 1985, uma pequena empresa chamada Discount Software introduziu a própria planilha no mercado. Chamado VIP Scheduler, o produto era parecido e funcionava exatamente como o Focus A-B-C. Ao pressionar a tecla de barra, um menu idêntico ao do Focus A-B-C era exibido, e o produto poderia ler quaisquer macros desenvolvidas com o outro programa. O VIP Scheduler foi projetado para parecer e funcionar exatamente como o Focus A-B-C para que os usuários não tivessem de aprender um novo sistema e pudessem começar seu trabalho produtivo imediatamente. O VIP Scheduler também oferecia duas vantagens sobre o Focus A-B-C: seu preço de tabela era de $ 99, e o software não era protegido contra cópia. As vendas do VIP Scheduler eram fortes, mas muitos consumidores, talvez se sentindo mais seguros com o nome da Focus, não compraram o produto, mesmo que as críticas tenham sido positivas. No entanto, o VIP Scheduler encontrou um mercado receptivo na comunidade acadêmica.

Quando a Forward lançou o seu primeiro produto de planilha, Cinco, ele foi aclamado pela crítica como um produto no geral melhor que o Focus A-B-C. Ele tinha gráficos melhores, permitia que os usuários imprimissem gráficos a partir do Cinco e era 100% compatível com o Focus A-B-C. O Cinco tinha o próprio sistema de menu, que era tão flexível quanto o sistema do Focus A-B-C, mas os menus e as opções eram organizados mais intuitivamente. Para usuários que não queriam investir seu tempo em aprender um novo sistema de menus, o Cinco podia emular o sistema de menu do Focus A-B-C. Ambos os menus eram ativados pressionando a tecla de barra, e os usuários podiam especificar facilmente qual o sistema de menu desejado. Todas as macros criadas pelo Focus A-B-C eram executadas perfeitamente no Cinco, desde que o sistema de menu do Focus A-B-C estivesse sendo usado. Devido às críticas favoráveis e à propaganda agressiva feita pela Forward, o Cinco rapidamente ganhou participação no mercado.

Em uma ação que surpreendeu a indústria, a Focus recentemente processou a Discount Software, criadora do VIP Scheduler, por violação de direitos autorais. A Focus alegou que o seu sistema de menu era um trabalho original e que o VIP Scheduler, ao incorporar o sistema em seu produto, havia violado as leis de direitos autorais. A empresa alegou que a aparência de seu sistema de menu não poderia ser usada em outro produto sem permissão. Sam está certo de que a Focus iniciou esse processo porque o Cinco fez progressos dramáticos ao conseguir uma participação no mercado de planilha. Ele também tem certeza de que o alvo da Focus não é realmente o VIP Scheduler, já que esse tem uma pequena participação no mercado, mas o Cinco.

Após discutir com os advogados da Forward, Sam acha que, se ele fizer uma proposta discreta para a Focus, de modo que resolva a situação fora dos tribunais, a empresa seria receptiva a tal proposta. Isso evitaria uma potencial publicidade negativa caso a Focus vença o seu processo contra a Discount Software e em seguida entre com um processo contra a Forward. Com base nas projeções de vendas do Cinco, os advogados da Forward acham que a Focus poderia pedir $ 5, $ 8 ou até $ 15 milhões em danos. Sam acredita que a probabilidade de a Focus concordar em $ 5 milhões é de 50%, $ 8 milhões é de 30% e $ 15 milhões é de 20%.

Ele sabe que entrar em um acordo agora significa uma perda imediata de renda, na quantia de uma das três estimativas dadas, além de uma admissão de derrota e culpa para a Forward. Por outro lado, Sam poderia esperar pelo resultado do processo Focus *versus* Discount Software. Os advogados da Forward acreditam que a Focus tenha 40% de chance de vencer o processo contra a Discount Software. Com uma vitória, a Focus teria seu precedente judicial para processar a Forward. Não há nenhuma certeza de que a Focus entraria com um processo contra a Forward, pois essa empresa é muito maior que a Discount Software e poderia pagar por uma boa defesa jurídica. Além disso, o caso contra a Forward não seria tão claro, uma vez que o Cinco tem o seu próprio sistema de menu como o principal modo de operação e oferece o sistema de menu do Focus A-B-C para aqueles que querem usá-lo. Já o VIP Scheduler fornece apenas o sistema de menu do Focus A-B-C. No entanto, os advogados da Forward acreditam que há 80% de chance de a Focus iniciar um processo contra a Forward caso ela vença o processo contra a Discount Software.

Sam acredita que, mesmo se a Focus processar a Forward, ele ainda poderia tentar, em tal momento, resolver o caso fora dos tribunais ou decidir ir a julgamento. Uma tentativa de acordo extrajudicial em tal momento seria mais dispendiosa para a Forward, pois a Focus se sentiria segura da vitória no caso contra a empresa, já tendo vencido o processo contra a Discount Software. Assim, os advogados da Forward acham que a Focus só aceitaria um acordo de não menos que $ 7 milhões, possivelmente pedindo $ 10 milhões ou até mesmo $ 12 milhões. As respectivas probabilidades de a Focus entrar em um acordo por essas quantias ($ 7, $ 10 e $ 12 milhões) são estimadas em 30%, 40% e 30%. Além disso, a Forward teria de pagar a seus advogados cerca de $ 1 milhão pelo procedimento do acordo.

No entanto, se a Focus processar a Forward e a empresa decidir ir a julgamento em vez de iniciar o procedimento de acordo, a Forward poderia perder o caso. Os advogados da Forward estimam que exista 80% de chance de a Forward perder o julgamento, resultando em uma sentença de $ 10 milhões, $ 12 milhões ou $ 18 milhões contra a Forward, com probabilidades de 10%, 20% e 70%, respectivamente. Os advogados também estimam que seus honorários pelo julgamento possam chegar a até $ 1,5 milhão.

Use a análise de decisão para determinar qual deve ser a estratégia ótima de Sam. Crie a árvore de decisão para esse problema, incluindo todos os custos e probabilidades, e encontre a estratégia de decisão ótima e o custo esperado para essa estratégia. Considere que Sam seja neutro ao risco nessa análise.

Índice remissivo

D

E

F

G

H

I

J

K

L

W

X

Y

Z